# Schweizer Literaturgeschichte

unter Mitarbeit von
Claudia Brinker, Rémy Charbon, Regula Fuchs,
Doris Jakubec, Ricarda Liver, Beatrice von Matt,
Dominik Müller, Elsbeth Pulver, Clà Riatsch,
Beatrice Sandberg, Antonio Stäuble,
Stefan Bodo Würffel, Fred Zaugg

herausgegeben von
Peter Rusterholz und Andreas Solbach

Mit 195 Abbildungen

Verlag J. B. Metzler
Stuttgart · Weimar

Bibliografische Information der Deutschen Nationalbibliothek
Die Deutsche Nationalbibliothek verzeichnet diese Publikation in der
Deutschen Nationalbibliografie; detaillierte bibliografische Daten sind im
Internet über http://dnb.d-nb.de abrufbar.

Gedruckt auf chlorfrei gebleichtem, säurefreiem und alterungsbeständigem
Papier

ISBN: 978-3-476-01736-9

© 2007 J.B. Metzler'sche Verlagsbuchhandlung und Carl Ernst Poeschel
Verlag GmbH in Stuttgart
www.metzlerverlag.de
info@metzlerverlag.de
Einbandgestaltung: Willy Löffelhardt
Satz: Typomedia GmbH, Ostfildern
Druck und Bindung: Kösel GmbH, Krugzell
www.koeselbuch.de

Printed in Germany
September 2007

Verlag J.B. Metzler Stuttgart · Weimar

# Inhalt

Vorwort   IX


Von den Anfängen bis 1700
*(Claudia Brinker)*

Einleitung: Zeitraum – Geschichte – Literatur   1
Literarische Topographie   4
Autorentypen   11
Literarische Anfänge   18
Lyrik   19
Epik   25
Das Drama   30
Mystik und Erbauungsliteratur   37
Totentanz   40
Chronistik   41
Wissensliteratur   47


Das achtzehnte Jahrhundert (1700–1830)
*(Rémy Charbon)*

Zeitliche und geographische Abgrenzung   49
Anfänge   51
Historische und soziale Verhältnisse   51
Präliminarien   52
Erforscher und Dichter der Alpen: Albrecht von Haller   55
1740–1760: Bodmers Zürich   59
Gesellschaftskultur   65
Vielfalt der 70er Jahre   71
Die 80er Jahre: Für das Volk – Über das Volk –
   Aus dem Volk   80
1789–1798: Von der Französischen Revolution zur Helvetischen
   Revolution   88
Am Vorabend der Helvetischen Revolution   90
1798: Der Umsturz   91
1798–1830: Entdeckung der Volkskultur und Beginn
   des Tourismus   92
Literatur in der Zeit der Mediation (1803–14/15) und Restauration
   (1815–1830)   96
Gesellschaftskultur zu Beginn des 19. Jahrhunderts   98
Zuflucht für Emigranten   100
Der Regeneration entgegen   102
Schlussbemerkung   103

Der liberale Bundesstaat (1830–1848–1914)
*(Dominik Müller)*

Jeremias Gotthelf – Liberaler Aufbruch und konservative
   Einsprüche    104
Gottfried Keller – Literatur aus der Zeit der Bundesstaatsgründung    117
Conrad Ferdinand Meyer – abseits der Schweizer Gegenwart    136
Carl Spitteler – Literatur für wenige und Literatur für viele    148
Exkurs: »Unser Schweizer Standpunkt«    158
Robert Walser und die »andere« Schweizer Literatur 1900–1914    162


Von 1914 bis zum Zweiten Weltkrieg
*(Andreas Solbach)*

Tradition und Neuanfang    174
»Schweizerart ist Bauernart«: Jakob Bosshart, Hermann Hesse und
   Felix Moeschlin    175
Hermann Hesse    177
Autorenporträt Jakob Schaffner    178
Felix Moeschlin    181
Kindheiten    182
Schweizer Avantgarde? Expressionismus und Dada-Zürich    184
Expressionismus    186
Autorenportrait Max Pulver    188
Ausbrüche aus der Nachkriegsgesellschaft    189
Autorenportrait Otto Wirz    195
Kriminalgeschichte der Gesellschaft    198
Autorinnen zwischen Tradition und Moderne    200
Autorenportrait Annemarie Schwarzenbach    202
Autorenportrait Albin Zollinger    203
Autorenportrait Mainrad Inglin    205


Geistige Landesverteidigung (1933–1945)
*(Beatrice Sandberg)*

Zum Begriff der Geistigen Landesverteidigung    210
Das Konzept der Geistigen Landesverteidigung    210
Die kulturpolitischen Voraussetzungen für den Gedanken einer GLV    212
Psychologische Kriegsführung, Pressezensur, Exilautoren und GLV    213
Das literarische Schaffen zur Zeit der geistigen Landesverteidigung    215
Theater und Zeitstück in der Zwischenkriegszeit    222
Das Festspiel als Ausdruck geistiger Landesverteidigung    224
Die Landesausstellung 1939 – Höhepunkt schweizerischer Selbst-
   darstellung    225
Der Schweizer Film im Dienste der GLV    227
Kulturelle Neuetablierungen aus dem Geist der Besinnung auf eigene
   Werte    228


Exkurs: Exilliteratur
*(Stefan Bodo Würffel)*    232

Nachkrieg – Frisch – Dürrenmatt – Zürcher Literaturstreit –
Eine neue Generation (1945–1970)
*(Peter Rusterholz)*

Nachkrieg   241
  Nachklang und Abschied vom bürgerlichen Roman   241
  Lyrik: Von der Restauration zur Rekreation der Moderne   244

Max Frisch   257
  Frühe Prosa – Auf der Suche nach dem wirklichen Leben   257
  Frühe Stücke nach 1945   258
  Das Tagebuch 1946–1949 als Keimzelle des späteren Werks   260
  Die Ich-Rollen in den Romanen und im Tagebuch 1966–1971   262
  Figurationen des Ich im Drama   271
  Die späten Erzählungen   276
  Schweiz als Heimat?   278

Friedrich Dürrenmatt   280
  Erste Wege aus dem Labyrinth   280
  Antihelden – Mutige Menschen   286
  Die Frage nach der Gerechtigkeit – Parodie des Kriminalromans   292
  Die tragischen Komödien   295
  Die große Krise: Der Mitmacher   301
  Späte Stoffe – Späte Texte   305
  Politische Essays – Reden   308

Der Zürcher Literaturstreit   311

Eine neue Generation   314
  Kurzprosa als Form gesellschaftlichen Wandels   314
  Zeitromane – Zeitbrüche   321

Exkurs: Der neue Schweizer Film
*(Fred Zaugg)*   328


Von der Protest- zur Eventkultur (1970–2000)
*(Elsbeth Pulver)*

1970: Ein Ausgangspunkt und eine offene Grenze   345
Sich wandelnde Konstanten   348
Vier Längsschnitte entlang von Formen und Gattungen   359
Romane der siebziger Jahre – Zwischen Resignation und Widerstand   371
Die achtziger Jahre: Katastrophenängste   378
Die neunziger Jahre: Kehraus des Jahrhunderts und ein Paradigmenwechsel
  im literarischen Leben   386
Ausblick ins nächste Jahrhundert   394


Der Aufbruch der Frauen (1970–2000)
*(Beatrice von Matt)*

Neues Terrain erkunden   400
Medusa: weiblicher Mythos   408
Fahrten zurück   411

Erzählte Mädchenkindheiten   415
Die Töchter   419
Fazit   425
Exkurs: Ein eigenes Frauen-Zimmer? Die aktuelle Situation nach 2000
*(Regula Fuchs)*   425


Literatur der französischen Schweiz
*(Doris Jakubec; Übersetzung: Michèle Stäuble)*

Reformation   436
Das 18. Jahrhundert   439
Das 19. Jahrhundert   443
Die erste Hälfte des 20. Jahrhunderts   449
Die zweite Hälfte des 20. Jahrhunderts   459


Literatur in der italienischen Schweiz
*(Antonio Stäuble)*

Literatur in der italienischen Schweiz   476


Rätoromanische Literatur in Graubünden im 16./17. Jahrhundert
*(Ricarda Liver)*

Einleitung   485
Die Anfänge der engadinischen Literatur   486
Die Anfänge der rätoromanischen Literatur im rheinischen Gebiet (Sutselva
   und Surselva)   490
Engadinisches Schrifttum im 17. Jahrhundert   493
Rechtstexte   496


Literatur der rätoromanischen Schweiz (18. –20. Jh.)
*(Clà Riatsch)*

Aufklärung. Entstehung einer weltlichen Literatur (1700–1850)   497
Sprachbewegung, Heimat- und Bauernliteratur (1850–1950)   500
Öffnung und Modernisierung im 20. Jahrhundert   503


Bibliographie   507
Personenregister   517
Bildquellen   528

# Vorwort

Der Lektor eines großen deutschen Verlagshauses hat auf meine Frage, weshalb ihn Autoren aus der Schweiz faszinierten, die Antwort gegeben, weil sie nicht alle denselben Beziehungsknatsch zum Besten gäben, da sie trotz des oft beschworenen Untergangs des Subjekts unverkennbare Individualität und Eigenart ihrer unterschiedlichen Kulturen behielten, auch die Autoren und Autorinnen der verschiedenen Regionen der deutschen Schweiz. Tatsächlich wird man die Sprache eines Wallisers nicht mit der eines Berners verwechseln, nicht einmal diejenige eines Baslers mit der eines Zürchers. Ja, selbst die schon jahrelang in Berlin lebenden, wie Matthias Zschokke oder Thomas Hürlimann, verwandeln schreibend die helvetischen Prägungen der Herkunft, aber verlieren sie nie.

## Literatur aus der Schweiz in deutschen Literaturgeschichten

Wenn man die in den letzten Jahrzehnten erschienenen deutschen Literaturgeschichten Revue passieren lässt, findet man die verschiedensten Prinzipien der Auswahl und der Gliederung der deutschen Sprach- und Kulturräume der Literaturen Deutschlands, Österreichs und der Schweiz. Die einzige ausführliche, umfassende Darstellung der *Deutschsprachige(n) Schweizerliteratur im 20. Jahrhundert* wurde »von einem Autorenkollektiv unter der Leitung von Klaus Pezold« in der DDR erarbeitet und erschien nach der Wende 1991. In Ralf Schnells *Literatur der Bundesrepublik. Autoren, Geschichte, Literaturbetrieb* (Stuttgart 1986) werden Autoren aus Österreich und der Schweiz nur im Kontext der literaturgeschichtlichen Entwicklung in der Bundesrepublik berücksichtigt. Der von Klaus Briegleb und Sigrid Weigel im Rahmen von *Hansers Sozialgeschichte der deutschen Literatur vom 16. Jahrhundert bis zur Gegenwart* herausgegebene Band *Gegenwartsliteratur seit 1968* (München 1992) berücksichtigt »Literaturverhältnisse und besondere Entwicklungen in der deutschschweizer und österreichischen Literatur« nur in einem marginalen Exkurs. Der letzte Band der von Horst Albert Glaser bei Rowohlt (Bände 1–9), dann bei Haupt (Band 10) herausgegebenen Reihe *Deutsche Literatur. Eine Sozialgeschichte: Deutsche Literatur zwischen 1945 und 1995* enthält nur ein einziges unseren Bereich betreffendes Kapitel: *Romane und Erzählungen der Schweiz*. Auch in der von Wilfried Barner herausgegebenen *Geschichte der deutschen Literatur von 1945 bis zur Gegenwart* (München 1994) erscheinen Autoren aus der Schweiz nur als Begleitstimmen und nur aus der Perspektive von Entwicklungen der Literatur Deutschlands. Auch in der 6. Auflage des von Wolfgang Beutin herausgegebenen Bandes *Deutsche Literaturgeschichte: Von den Anfängen bis zur Gegenwart* (Stuttgart 2001) erscheinen selbst Frisch und Dürrenmatt nur im Kontext der Literatur der Bundesrepublik der 60er Jahre, ihr Spätwerk wird gar nicht erwähnt. Zu wünschen bleibt deshalb eine Geschichte der Literatur aus der Schweiz, die sich nicht auf das 20. Jahrhundert beschränkt, sondern Literatur in historischer Entwicklung darstellt, die Texte nicht nur in rein literaturgeschichtlicher Perspektive sieht, sondern im Kontext der Geschichte der Kulturen, der Geschichte und Politik der Schweiz.

*Kann es überhaupt eine »Schweizer Literaturgeschichte« geben?*

Im Früh- und Hochmittelalter gab es weder einen politischen Raum, der dem Gebiet der heutigen Schweiz entspräche, noch ein ihren Bewohnern eigenes Bewusstsein der Identität. Das Gebiet der heutigen Schweiz war der südlichste Teil des Römischen Reiches deutscher Nation. Zwar wurden die Gründungsakten des Bundes der Urorte der Eidgenossenschaft, wie der *Bundesbrief* von 1291 oder der *Rütlischwur* von 1307, erst viel später literarisch wirksam. Doch die Schlacht bei Sempach 1386 mit dem Sieg der Eidgenossen über das habsburgische Ritterheer inspirierte die Geschichtsdichtung, und schon Ende des 15. Jahrhunderts setzt nach den von den Eidgenossen gewonnenen Burgunderkriegen eine reichhaltig dokumentierte Reflexion der Genese und Geschichte des Bundes ein. Die daraus sich entwickelnden Mythen und Ideologien verstehen diesen Prozess als schicksalhaftes und einzigartiges Geschehen und sind für das Selbst- und Fremdbild der Schweiz bis in die Gegenwart von nicht zu unterschätzender nachhaltiger Wirkung. 1599 erfolgte die faktische Trennung vom Reich; 1648 wurde sie de jure anerkannt. Die alte Eidgenossenschaft war ein Staatenverein von ursprünglich drei und schließlich dreizehn unabhängigen Orten mit ihren jeweiligen Untertanengebieten. Sie wurde 1798 durch den Einmarsch französischer Truppen beendet, nach dem Diktat Napoleons der Einheitsstaat der *Helvetik* begründet, der die Forderungen der französischen Revolution erfüllte, jedoch den Eigenarten der vielfältigen Kulturen widersprach. Die Revolutionsphase wurde 1848 beendet durch die Gründung des modernen Bundesstaates, der die zentralen Kompetenzen des Bundes und föderale Kompetenzen der einzelnen Gliedstaaten, der Kantone, unterscheidet, so, wie er in seinen Grundzügen noch heute besteht, damals allerdings noch als repräsentative, heute als direkte Demokratie.

*Eine Nation – Eine Nationalliteratur?*

Es gibt zweifellos die *Schweizerische Eidgenossenschaft, Confédération suisse, Confederazione Svizzera, Confederaziun svizra,* wie die offizielle Bezeichnung lautet. Aber es gibt keine Schweizer Nationalliteratur, denn die Schweiz ist keine Nation im Sinne eines einheitlichen Sprach- und Kulturraums, sondern eine politische Willensnation aus vier Sprach- und Kulturräumen, dem deutschen, dem französischen, dem italienischen und dem rätoromanischen, die je in sich vielfältig gegliedert und differenziert sind. Das Verhältnis unter sich und das Verhältnis zu den kulturell verwandten Kulturen gleicher Sprache unterlag allerdings historischen Veränderungen, die vor allem in Kriegszeiten aktuell wurden und das Verhältnis zu den Nachbarn veränderten.

*Schweiz – Nachbarkulturen*

Für die Zeit von 1848–1914 gilt die klare Trennung von politischer und kultureller Identität, wie sie Gottfried Keller in *Der grüne Heinrich* begründet hat. Er bekannte sich zur schweizerischen nationalen Identität und zur deutschen kulturellen Identität. Die deutschen Emigranten der in Deutschland gescheiterten, in der Schweiz realisierten 48er Revolution hatten einen bedeutenden Einfluss auf Keller.

Der Erste Weltkrieg stellte die Willensnation auf eine ernste Probe, da die Sympathien der Deutsch- und der Welschschweizer vornehmlich den Kriegs-

parteien gleicher Sprache galten. Carl Spittelers Position in seiner berühmten
Rede vom 14. Dezember 1914 *Unser Schweizer Standpunkt* setzte sich nur
langsam durch. Der entscheidende Satz lautete: »Wir müssen uns bewußt
werden, daß der politische Bruder uns näher steht als der beste Nachbar und
Rassenverwandte.« Diese notwendige Distanzierung, diese Beschränkung
auf die eigenen kleinen Räume hatte freilich ihre unbestreitbaren Schattenseiten kultureller Isolation. 1918 hätte ein neuer Anfang einsetzen können.
Ansätze waren vorhanden, wie etwa Leonhard Ragaz' Programmschrift *Die
neue Schweiz*, Jakob Bossharts *Ein Rufer in der Wüste* oder Inglins *Die Welt
in Ingoldau*. Doch der Ruf zur Erneuerung wurde von wenigen wahrgenommen, von manchen abgelehnt oder verkannt wie vor dem Krieg die Romane
Walsers. Der Zweite Weltkrieg führte dann zur radikalen Isolation des von
den Achsenmächten umschlossenen Landes. Vorerst notwendige und differenzierte, dann aber degenerierte Formen und Nachwirkungen der *Geistigen
Landesverteidigung* führten zu Beschränkungen kultureller Entfaltung, die
erst durch die Generation der Frisch und Dürrenmatt gelöst werden konnten.
In Kriegszeiten verändert sich das Verhältnis von Eigenem und Fremden. Die
Einheit des Schweizerischen wird gegenüber den Differenzen der verschiedenen Sprach- und Regionalkulturen betont. Doch dies ist immer mit Gefahren
der Mythisierung, ja Ideologisierung verbunden, die von anschließenden
Phasen der Entmythologisierung abgelöst werden. Die Literatur erweist sich
dabei als Seismograph dieser Verschiebungen. Die Imagination und Tradition
des »Schweizerischen« wird damit zum immer wieder neu sich stellenden
Problem.

## Doppelte Teilhabe – Doppelte Differenz

Die Vielfalt der Sprachen und Kulturen der Schweiz, die Differenz zwischen
politischen Grenzen und Sprachgrenzen führt dazu, dass die Schreibenden
sowohl als Schweizer an der allgemeinen politischen Identität teilhaben als
auch als Schreibende einer je besonderen Sprachkultur sich von dieser abgrenzen müssen und dass sie andererseits als Deutsch oder Französisch
Schreibende sowohl an der deutschen oder französischen Kultur teilhaben
als sich auch von dieser, je nach historischer Konstellation, abgrenzen müssen.

Peter Bichsel formulierte seine Ambivalenz als Autor und Bürger prägnant
mit dem Bekenntnis: »Ich bin mit Recht beleidigt, wenn man mich im Zusammenhang mit meinem Lesen und Schreiben als Schweizer bezeichnet.« Er
ergänzt aber: »Würde es auf einem Plakat für eine Lesung nicht ›Der Schweizer Schriftsteller Peter Bichsel‹ heißen, sondern ›Bichsel (Schweiz)‹, so könnte
mir das schon gefallen.« Er drückt damit aus, dass er als Mensch und Bürger
seine Herkunft durchaus bejaht, sich aber als schriftdeutscher Autor betrachtet und sich und seine Texte niemals mit den klischierenden Begriffen *Schweizerliteratur* und *Schweizer Autor* sehen will. Der Autor aus der deutschen
Schweiz hat überdies ein spezifisches Sprachproblem.

## Mundart – Schriftsprache

Bichsel meinte dazu während eines Vortrags: »Die Sprache, die ich schreibe,
findet ausschliesslich und nur auf dem Papier statt. Ich rede nicht so, wie ich
schreibe. Und was ich jetzt hier tue, das ist keine Rede – ich lese ihnen vor,
was ich geschrieben habe, ich lese ihnen Schriftdeutsch vor.« Dürrenmatt hat
die Sprachprobleme, die sich für den Autor aus der deutschsprachigen

Schweiz ergeben, weil er Dialekt spricht und Schriftdeutsch schreibt, metaphorisch mit dem Gegensatz zwischen »Vater- und Muttersprache« beschrieben: »Der deutschschweizerische Schriftsteller bleibt in der Spannung dessen,
der anders redet als er schreibt. Zur Muttersprache tritt gleichsam eine ›Vatersprache‹. Das Schweizerdeutsche als seine Muttersprache ist die Sprache
seines Gefühls, das Deutsche als seine ›Vatersprache‹ die Sprache seines Verstandes, seines Willens, seines Abenteuers.« Diese poetologische Differenz-
struktur ist konstitutiv für die Literatur aus der deutschen Schweiz. Sie kann
je nachdem als fruchtbarer, Kreativität entbindender Widerstand erfahren
werden – wie bei Bichsel und Dürrenmatt – oder lähmend wirken bei weniger Begabten. Die Eigenart und Frische der Texte aus der Schweiz ist durch
die Faktoren bedingt, die eben knapp skizziert wurden.

### *»Schweizer Literaturgeschichte«* – *Geschichte der Literatur aus der* *Schweiz*

Diese Literaturgeschichte möchte in breiterer Form zur Lektüre von Literatur
aus den Kulturräumen der deutschen und in gedrängter Form des Essays aus
den Kulturräumen der französischen, der italienischen und der rätoromanischen Schweiz anregen – mit Bezügen zu prägnanten Momenten des politischen, des sozialen und des kulturellen Wandels von den Anfängen bis zur
Gegenwart. Unterschiedliche Phasen der Öffnung und der Schließung der
Grenzen, sowohl nach innen gegenüber der politischen Einheit wie nach außen gegenüber den Nationen gleicher Sprache, prägen das je verschiedene
kulturelle Klima während verschiedener Epochen der Kriege und des Friedens.
        Die Autorinnen und Autoren streben keine Vollständigkeit an. Sie möch-
ten – in Kenntnis der wissenschaftlichen Literatur und auf Grund eigener
Arbeiten – Lesende mit unterschiedlichen Voraussetzungen  für diese Literaturen gewinnen, auch für die etwas ausführlicher vorgestellten  älteren Texte,
die sich durch individuelle und kulturelle Prägungen ausgezeichnet haben,
und für die neueren und neuesten Beispiele, die lokale Differenzierung mit
der Aneignung fremder Kulturen und globaler Öffnung verbinden.
        Gerhard Meier hat uns Lesenden zu bedenken gegeben: »Ich glaube, dass
man nur Weltbürger wird über den Provinzler. Man muss den Dienstweg
einhalten: erst Provinzler, dann Weltbürger.«

                                                              Peter Rusterholz

# Von den Anfängen bis 1700

Claudia Brinker

## Einleitung: Zeitraum – Geschichte – Literatur

Von ›Schweizer Literatur‹ zu sprechen, ist für die hier zu behandelnden Jahrhunderte insofern problematisch als es in den ersten Jahrhunderten weder einen Herrschaftsraum gab, der auch nur annähernd dem Gebiet der heutigen Schweiz entspräche, noch ein Bewusstsein für eine gemeinsame Identität. Und eine eigentliche ›Nationalliteratur‹ gibt es für den ganzen Zeitraum nicht, wobei dies allerdings nicht nur für die Schweiz, sondern für den gesamten deutschsprachigen Raum gilt. Dennoch sind seit der Mitte des 14. Jh.s Tendenzen und spezifische literarische Entwicklungen erkennbar, welche zwar nicht losgelöst sind vom deutschen Kulturraum, sich aber doch im Einzelnen von diesem unterscheiden. Es sind dabei sicher nicht die politischen Veränderungen allein, welche schweizerische Eigenheiten der Literatur provozieren, sondern auch die bereits im frühen und hohen Mittelalter zu beobachtende lebhafte, auf neue Strömungen reagierende oder auch selbst Impuls gebende ›Literaturszene‹ im heutigen Schweizer Gebiet, in der Herrschaftsträger den Repräsentationswert von Literatur erkannten, Bildungsinstitutionen deren Potential zur Belehrung und einige Dichter auch deren subversive Sprengkraft. Nie aber ist Literatur gänzlich losgelöst von der Umgebung, in der sie entsteht, und daher wirkten Geschichtsverlauf wie politisch wechselnde Konstellationen auch auf die literarischen Formen und Themen. So brachte es die frühe Missionierung der heutigen Ostschweiz durch irische Mönche mit sich, dass auch deren hochentwickelte Schriftkultur Einzug hielt und mit dem Kloster St. Gallen eines der wichtigsten Kulturzentren entstand, dem wir einige der frühesten Belege volkssprachiger Schriftlichkeit verdanken. Eine eigentlich höfische Kultur im Hochmittelalter ist vor allem im Minnesang greifbar, wobei sich bereits hier seit der Mitte des 13. Jh.s eine Verlagerung vom Hof in die Stadt als nicht nur wirtschaftlichem, sondern auch kulturellem Zentrum abzeichnet, eine Entwicklung, die erst im 17. Jh. endgültig abgeschlossen ist. Der ›Bundesbrief‹ von 1291 und der ›Rütlischwur‹ von 1307 mit dem sich in ihnen dokumentierenden bäuerlichen Selbstbewusstsein finden keinen Niederschlag in der Dichtung um 1300, was kaum erstaunen kann, sind beide doch erst sehr viel später und nicht zuletzt über die Literatur zu historisch bedeutsamen, ja staatssetzenden Ereignissen gestaltet worden. Geschichtsmythischen Charakter erhielt im Rückgriff auch die Schlacht von Morgarten 1315. Doch im Bewusstsein der Zeitgenossen bedeutete wohl erst die Schlacht bei Sempach 1386 eine deutliche Zäsur. Auf beiden Seiten rief die Niederlage des ritterlichen Habsburger Heers gegen die unkonventionell kämpfenden Eidgenossen eine wahre Flut positiver wie negativer Reaktionen hervor, vermittelt meist im Medium der Literatur. Spätestens hier hatte man die agitatorische Wirkung der Geschichtsdichtung erkannt.

Waren bereits im 14. Jh. Luzern (1332), Zürich (1351), Zug (1352), Glarus und Bern (1353) dem Bund der ›Ur-Eidgenossen‹ beigetreten, so folgten im 15. Jh. – keineswegs immer freiwillig – das Oberwallis, Thurgau, das

*Entwicklung der*
*Eidgenossenschaft*

St. Galler Rheintal, Freiburg und Solothurn. Genf und die Waadt fielen nach dem Sieg über die Burgunden 1478 an Bern, blieben aber Untertanengebiet. Eine drohende Spaltung der Eidgenossenschaft konnte im Stanser Verkommnis 1481 verhindert werden. Der Vermittler des Ausgleichs, der Obwaldner Einsiedler und Mystiker Bruder Klaus, der vor seiner religiösen Berufung als Nikolaus von Flüe Ratsherr, Richter und eidgenössischer Gesandter war, sollte schon bald nicht nur als ›National‹heiliger verehrt, sondern in der Literatur zur geradezu mythischen Figur des neuen Staates erhoben werden.

*»eydgenössisch Landesspraach«*

Ein wichtiger Markstein auf dem Weg zu einem eigenständigen Staat war die Auseinandersetzung, die – je nach dem Blickwinkel, aus dem heraus sie gesehen wurde – Schwaben- oder Schweizerkrieg hieß. Sie führte 1499 zur de facto Abtrennung vom römischen Reich. Nur kurze Zeit später wurde in der Schlacht von Marignano 1515 dem Großmachtstreben der Eidgenossen ein Ende gesetzt. Dass man sich spätestens ab jetzt innerhalb des großen deutschen Sprachraums einer gewissen kulturellen Eigenständigkeit bewusst war, zeigt die Entwicklung einer ›eydgenossischen Landspraach‹ im 16. Jh. Eine Vielzahl von Dichtern bekannte sich zu ihr, ohne deshalb einer einheitlichen auf festen Regeln beruhenden Schreibsprache das Wort zu reden. Die Variationsmöglichkeiten waren überaus groß, aber es gab Richtlinien, deren Einhaltung mehr oder weniger versucht wurde. Vor allem Renward Cysat hat – u. a. in seinem *Dictionarius vel Vocabularius Germanicus diversis linguis respondens* über die Besonderheit des ›helvetischen‹ oder ›schwytzerischen‹ Deutsch reflektiert und es gegenüber dem ›hochtütsch‹ abgegrenzt.

> Hafen jn hochtütsch Topff / Ein Modius jst bey den Eydgnossen ein Mütt, vnd by iren Nachpuren, den Hochtütschen, ein Sester. Ancken, die Vsslender nennend's Schmaltz.

Es handelt sich hierbei keineswegs um eine bloße Verschriftlichung gesprochener Mundart, auch wenn die Grenze zwischen gesprochener und geschriebener Sprache ungleich weniger scharf gezogen war als im 17. und dann vor allem im 18. Jh., sondern um den dezidierten Versuch, sich eine eigene Sprachidentität zu geben. Nicht zuletzt weist die »begrenzte Uneinheitlichkeit« (W. Haas) der ›Landspraach‹ wohl auch und gerade auf die Entwicklung einer Schweiz hin, welche sich charakterisieren lässt als Einheit in Vielfalt. Die Reformation (Anfang 16. Jh.) mit ihrem dezidiert schweizerischen Sonderweg durch den Zürcher Huldrych Zwingli und den französischen Rechtsgelehrten Johannes Calvin, sowie die vornehmlich von Jesuiten und Kapuzinern initiierte Gegenreformation (ca. 1550–1650) führten nicht nur zu permanenten Krisen und Auseinandersetzungen zwischen den Konfessionen, sondern prägten ganz entscheidend das kulturelle Leben: barocke Repräsentation, Schaulust und pompöse Festinszenierung in den altgläubigen Orten, rigide Disziplinierung des Lebens in den reformierten Regionen. Doch trotz dieser konfliktträchtigen inneren Spaltung wird gerade in den je nach Konfession so unterschiedlichen literarischen Werken deutlich, dass die Eidgenossenschaft als gemeinsames Ganzes gesehen wird. Denn ungeachtet aller konfessionellen Polemik in Dramen, Totentänzen, politischen Liedern und Flugschriften fehlt nur selten der dringende Appell an eine geeinte und gefestigte Eidgenossenschaft.

Als Literaturlandschaft verliert die Schweiz im 17. Jh. an Bedeutung. Innovative Impulse gehen jetzt von anderen Regionen Deutschlands aus, allen voran Schlesien. Dies mag zum einen daran liegen, dass die höfische Kultur, welche in hohem Maß Kunst und Literatur des Barock initiierte und förderte, in der Schweiz nicht existierte, zum anderen aber auch daran, dass die

Schweiz von dem beherrschenden, die deutsche Literatur in vielfältiger Weise intrigierenden Ereignis weitgehend verschont blieb: dem Dreißigjährigen Krieg. Nur eine markante Figur kennt die Schweizer Literatur in diesem Zusammenhang: Georg Jenatsch (1596–1639), den ehemaligen reformatorischen Pfarrer, der 1621 den katholischen Pompejus Planta, den Anführer einer Söldnertruppe, die für die Ermordung von 500 Protestanten im Veltlin verantwortlich war, tötete, später zum katholischen Glauben übertrat, sich mit Österreich und Spanien verbündete und 1639 von einem Sohn Plantas ermordet wurde. Den vom Krieg gebeutelten Zeitgenossen erschien dennoch die Schweiz als »irdisch paradis«, denn

> da war gantz keine Forcht vor dem Feind / keine Sorg vor der Plünderung / und keine Angst / sein Gut / Leib und Leben zu verlieren / ein jeder lebte sicher unter seinem Weinstock und Feigenbaum / und zwar gegen andern Teutschen Ländern zu rechnen / in lauter Wollust und Freud. (J. J. v. Grimmelshausen)

Dieses Bild von außen hielt und hält sich hartnäckig ungeachtet aller inneren Spannungen und Krisen. Folgenlos blieb der Dreißigjährige Krieg allerdings auch für die Schweiz nicht. Denn der Westfälische Friede (1648) beendete nicht nur den Dreißigjährigen Krieg, sondern schrieb nun auch de iure die Unabhängigkeit der Schweiz fest. Neue Stabilität war damit aber keineswegs verbunden, im Gegenteil, eine Wirtschaftskrise führte ab 1652 zu Unruhen, die sich 1653 im Bauernkrieg entluden und mit einem eindeutigen Sieg der Obrigkeit gegenüber den Bauern endete. Glauben wir Jakob Baechtold, der vor hundert Jahren die bis heute einzige umfassende Literaturgeschichte der Schweiz geschrieben hat, so ist Krisenstimmung auch in der Literatur angesagt, sei doch in ihr nichts als ein Rückzug in die geistige Enge zu beobachten. Und Emil Ermatinger doppelte in seinem Buch *Dichtung und Geistesleben der Deutschen Schweiz* nach, wenn er konstatiert: »Zu keiner Zeit bietet die Geschichte der Schweiz ein so klägliches Bild wie im siebzehnten Jahrhundert.« Einzeluntersuchungen – vor allem zum Theater – haben dieses Bild zwar relativiert, aber nicht aus der Welt schaffen können. Dies liegt sicher nicht zuletzt daran, dass eine Vielzahl von Texten des 17. Jh.s, allen voran die Casualcarmina unediert in den Archiven lagern und selbst edierte Werke in Vergessenheit geraten sind. Ein wirklicher Überblick wird auch hier nicht geleistet werden können, aber die Nennung einzelner Werke und Autoren sollte wenigstens dazu führen, dass man sich ohne Vorurteile den spezifischen Formen der Barockdichtung nähern kann.

Angesichts des nahezu tausend Jahre umfassenden Zeitraums, der hier behandelt werden soll, kann es nicht das Ziel sein, einfach Namen und Werke aufzuzählen, sondern es gilt, die Eigenheiten zu fokussieren, welche sich aus der regionalen Konstellation ergeben, und innovative Elemente daraufhin zu befragen, inwiefern sie sich aus dem geographischen, politischen und sozialen Raum heraus entwickeln. Nicht Vollständigkeit wird angestrebt, sondern Exemplarität. Neben aufgrund von Geburt und Aufenthaltsort ›echten‹ Schweizern werden Handschriften aufgenommen, welche sich im Besitz von Schweizer Klöstern und Bibliotheken befinden, Autoren, welche aus dem heutigen Gebiet der Schweiz stammen, aber an Nichtschweizer Orten tätig waren, anonyme Werke, welche in der heutigen Schweiz angesiedelt sind, bzw. sich dezidiert Schweizer Themen annehmen, Werke, welche von Schweizer Mäzenen in Auftrag gegeben wurden, sowie Dichter, die zwar nicht in der Schweiz geboren sind, aber dort lebten und wirkten. Nie sollte aus dem Blick geraten, dass die deutschsprachige Literatur, um die es gehen wird, nur einen kleinen Teil der literarischen Produktion ausmacht. Zwar bestimmte die deutsche Sprache sowohl politisch, als auch literarisch die Schweiz bis 1798, aber neben dieser gegenüber dem Französischen und Italienischen dominierenden Volkssprache war bis zum Ende des hier besprochenen Zeitraums Latein die dem Deutschen überlegene Kultur- und Bildungssprache.

## Literarische Topographie

Klöster, Höfe und Städte im Mittelalter waren nicht nur ökonomische und machtpolitische Zentren, sie boten auch die notwendige Infrastruktur für die Entstehung einer Literaturszene. Denn nur sie verfügten über die Kenntnisse und die finanziellen Mittel, um literarische Vorlagen zu beschaffen, sowie Schreibmaterial und Schreibstoff bereitzustellen, sie besaßen geschulte Schreiber und wussten Literatur einzusetzen als Mittel zur Erziehung, zur Repräsentation sowie zur Legitimierung des Herrschaftsanspruchs. Und sie boten den Rahmen für den Auftritt adeliger Sänger, wandernder Berufsdichter und Geschichtenerzähler sowie für die Aufführung geistlicher und weltlicher Schauspiele. Adelige Minnesänger haben auch auf heutigem Schweizer Gebiet ihre Spuren von der Westschweiz bis in den Thurgau hinterlassen. Dennoch wird hier keine eigentliche Hofkultur fassbar. Umso mehr waren es Klöster und Städte, welche die literarische Landschaft beherrschten. Frauenklöster wie Töß bei Winterthur, Ötenbach in Zürich, St. Katharinental bei Dießenhofen verfügten nicht nur über bestens ausgestattete Skriptorien, sondern beherbergten visionär begabte Schwestern, denen sich die göttliche Stimme in deutscher Sprache offenbarte und deren Viten in sog. Schwesternbüchern gesammelt wurden. Freiburg gehörte Ende des 16./Anfang des 17. Jh.s zu den geistig lebendigsten Städten der katholischen Schweiz. Als Sitz der französischen Ambassadoren wurde Solothurn im 17. Jh. eine blühende Metropole des Barock. Die bedeutendsten Zentren der literarischen Produktion aber waren die fünf folgenden Städte.

### St. Gallen

Eine entscheidende Rolle bei der Entstehung deutschsprachiger Schriftlichkeit weit über die heutigen Schweizer Landesgrenzen hinaus kommt dem Kloster St. Gallen zu. Bereits Gallus, aus dessen Eremitenzelle 719 das Kloster entstanden ist, soll in der alemannischen Volkssprache gepredigt haben. Die erste kulturelle Hochblüte erlebte das Kloster im 9. und 10. Jh., als unter Äbten wie Gozbert, Grimald, Hartmut und Salomo bis zu 100 Schreiber im Skriptorium eine Vielzahl prachtvoller Codices herstellten und die Klosterschule den Ruf äußerster Gelehrsamkeit gewann. Auch wenn die bedeutendsten literarischen Werke in Latein verfasst waren, gibt es von Anfang an Hinweise auf althochdeutsche Schriftlichkeit, angefangen bei zahlreichen Glossen und Schreiberversen über ein althochdeutsches Galluslied Ratberts, das allerdings nur in lateinischer Übersetzung die Zeit überdauerte, bis hin zu den frühmittelalterlichen Übersetzungen lateinischer Schulwerke durch Notker III. Doch nicht allein die eigene literarische Produktion macht die literarhistorische Bedeutung des Klosters und der Stadt St. Gallen aus, sondern auch die rege Sammeltätigkeit deutscher Literaturdenkmäler. Dies beginnt mit dem *Abrogans*, einem lateinisch-althochdeutschen Synonymenwörterbuch Ende des 8. Jh.s, setzt sich fort in einer Fuldaer Abschrift der Evangeli-

Das Kloster St. Gallen

enharmonie nach Tatian (um 850) und reicht bis hin zur weltlich fiktionalen Literatur. Mit Rudolf von Steinach (urk. belegt 1209–1221) wird im *Guoten Gerhard* des Rudolf von Ems erstmals ein Ministerialer als Auftraggeber genannt. Traditionsverbundenheit bei gleichzeitiger Innovation kennzeichnet die Chronistik, allen voran die *nüwen Casus monasterii Sancti Galli* des Christian Kuchimaister im 14. Jh. Außenwirkung zeigen die Predigten und Traktate des aus St. Gallen stammenden, aber in Prag und dem bayerischen Raum wirkenden Predigers Heinrich von St. Gallen. Im Nachlass des Aegidius Tschudi findet sich eine Sammelhandschrift, in der vor allem die 21 Kleinerzählungen des sog. *Schweizer Anonymus* von Bedeutung sind. 1768, in einer Zeit als St. Gallen erneut das bedeutendste Kloster der Eidgenossenschaft war, gelangte eine, wahrscheinlich im St. Galler Raum entstandene illuminierte Sammelhandschrift in die Bibliothek, in der Wolframs von Eschenbach *Parzival*, die berühmte Handschrift B des *Nibelungenlieds*, die *Klage*, Strickers *Karl der Große* und Wolframs *Willehalm* vereinigt sind. Zumindest einer der vier Schreiber einer um 1300 entstandenen prachtvoll illuminierten Handschrift mit der ein halbes Jh. früher entstandenen *Weltchronik* des Rudolf von Ems und – daran anschließend – dem Kreuzzugsepos *Karl der Große* des Stricker, der Zürcher Chorherr Konrad, dürfte aus St.

Gallen stammen. Seit 1740 wird der Codex in der Kantonsbibliothek (Vadiana) aufbewahrt, die ihr Entstehen dem bedeutenden Humanisten und Reformator Joachim von Watt (Vadianus) verdankt, vermachte er doch der Vaterstadt seine ca. 1250 Titel umfassende Bibliothek. Konfessionell zweigeteilt wurden Stadt und Kloster im 16. Jh., als die Stadt sich bereits früh zur Reformation bekannte. Hatten beide, Kloster und Stadt, bis zur Mitte des 17. Jh.s dennoch weitgehend einhellig zusammengearbeitet, um dem Druck von außen standzuhalten, so führten danach die Versuche des Klosters, die Bevölkerung wieder zum Katholizismus zu bekehren, zu häufigen Spannungen und Konflikten. Literarisch bedeutsam war, dass aller reformierten Theaterfeindlichkeit zum Trotz im 17. Jh. Schulaufführungen und sogar öffentliche Schauspiele stattgefunden haben.

## Zürich

Der literarische Ruhm Zürichs ist eng verknüpft mit der Manessischen Liederhandschrift. Nach Auskunft Meister Hadlaubs waren es Rüdiger Manesse und sein Sohn Johans, denen wir die größte und prunkvollste Sammlung mittelalterlicher Lyrik verdanken. Ausgestattet mit farbenprächtigen Autorenbildern haben in ihr 140 Dichter aus einem Zeitraum von über 180 Jahren mit mehr als 6000 Strophen Aufnahme gefunden. Über die Hälfte davon sind nur in diesem Codex überliefert.

Die Familie Manesse gehörte zu den angesehenen Ratsgeschlechtern, die im letzten Drittel des 13. Jh.s die städtische Politik bestimmten. Es war eine politisch, gesellschaftlich und kulturell von Aufbruch und Umbruch bestimmte Zeit. Repräsentative mit aufwändigen Wandmalereien ausgestaltete Wohntürme ersetzten mehr und mehr die früheren Holzbauten, der Handel blühte, doch die Führungsposition der ritterlichen Adelsgeschlechter war durch die Niederlage gegen den Habsburger Albrecht 1292 gefährdet. Es galt, sich dem mächtigen Herrn wieder vorsichtig anzudienen. In diesem Kontext ist die Sammlung und Archivierung von Liedern, in denen sich adeliges Selbstverständnis bzw. eine höfische Kultur artikuliert, weit mehr als nur literarische Begeisterung. Sie besitzt hohen Repräsentationswert und kann daher öffentlicher Imagepflege dienen (entsprechend heißt es bei Hadlaub in der Manessischen Liederhandschrift: »ir êre prüevet man dabî«). Der illustre ›Manesse-Kreis‹, der zusammen mit Rüdiger Manesse Hadlaub angeblich in seinem Minnedienst unterstützt, u.a. die Fürstäbtissin vom Fraumünster und der Bischof von Konstanz mit seinem Bruder, zeugt denn auch mehr von diesem Bedürfnis nach gesellschaftlicher Inszenierung denn von historischer Realität. Denkbar ist sogar ein politischer Hintergrund. Denn alle genannten Teilnehmer im Hadlaublied sind als loyale Habsburganhänger bekannt, was Rüdiger Manesses Bestreben, wieder die Gunst Albrechts zu gewinnen, nur recht sein konnte. Literatur und Politik sind kein Gegensatz, sondern im Gegenteil eine ideale Verbindung. Dies zeigt etwa auch eine Abschrift des *Schwabenspiegels*, in der als Blattfüllsel eine Reihe von Liedstrophen eingefügt ist. Dass das literarische Mäzenatentum in Zürich um 1300 Konjunktur hatte, zeigen verschiedene andere Handschriften, welche zweifelsfrei hier entstanden sind: Fragmente einer *Parzival/Tristan* Handschrift aus dem letzten Drittel des 13. Jh.s, eine vollständige *Parzival*handschrift, Bruchstücke verschiedener Romane: des *Willehalm* Wolframs von Eschenbach, des *Partonopier und Meliur* Konrads von Würzburg, des *Cligès*, wahrscheinlich von Ulrich von Türheim, u.a. Und schließlich haben sich auch einige Zürcher selbst als Dichter einen Namen gemacht: Johannes Hadlaub,

Die Stadt Zürich Anfang
des 16. Jahrhunderts

Meister Heinrich Teschler, Jakob von Warte als Minnesänger, Eberhard von
Sax als Marienpreisdichter, Johannes von Konstanz mit einer *Minnelehre.*
Für weniger Talentierte waren möglicherweise die gereimten Liebesbriefe als
Vorlage gedacht, welche 1843 zwischen zwei Dachbalken in einem Haus am
Rennweg gefunden wurden.

   Einschneidende Veränderungen auch und gerade des literarischen Lebens
brachte die Reformation mit sich. Sie nahm mit Huldrych Zwingli ihren Anfang in Zürich und machte die Stadt – zusammen mit Genf, der Stadt des
französischen Rechtsgelehrten und Reformators Johannes Calvin – zum Zentrum der reformatorischen Bewegung. Bereits 1523 hatte der Zürcher Rat
das Reformprogramm des Leutpriesters am Großmünster, die »67 Schlussre-
den«, angenommen und in kurzer Zeit durchgesetzt. Fünf Jahre vor Luthers
Bibelübersetzung, zwischen 1524 und 1529, gab Zwingli die *Zürcher Bibel*
heraus, die in Zusammenarbeit mit Leo Jud, einigen ehemaligen Chorherren
und dem Buchdrucker Christoph Froschauer entstanden war. Nachdem im
sog. Abendmahlsstreit mit Luther keine Einigung erzielt werden konnte, ging
die Reformation in der Schweiz eigene Wege, was sich auch auf das kulturelle
Leben in Zürich und ganz generell in allen reformatorischen Städten auswirkte. Bildersturm und äußerst rigide Vorschriften der Lebensführung waren
für eine lebendige Literaturszene wenig geeignet. Theater war seit der Mitte
des 16. Jh.s nur noch in höchst eingeschränktem Maß erlaubt und ab dem
17. Jh. ganz verboten. Predigt und Didaxe standen im Vordergrund. Mit den
sich zunächst in erzieherischer Absicht an die Jugend richtenden Neujahrs-
blättern entwickelt sich ab 1645 eine Form des Einblattdrucks, die – wenn
auch in veränderter Form – eine ›Spezialität‹ Zürichs geblieben ist.

*Das Zwinglianische*
*Zürich*

Abbruch des Basler
Totentanzes: 1805 wurde
der Totentanz abgerissen,
der um 1440 auf den Ver-
putz der Innenseite der
Friedhofsmauer des
Dominikanerklosters
gemalt worden war.
(Radierung von
J. R. Feyerabend, 1805)

## Basel

Auch Basel erlebte im 13. Jh. einen ungeheuren Aufschwung. Im *Lob der
rheinischen Städte* preist sie ein unbekannter Dichter als »dú vil werde«, die
ihresgleichen sucht. Die ehemalige bischöfliche Untertanenstadt war zur
freien Stadt geworden, Bürger übernahmen vermehrt an Stelle der Adeligen
die Führung, die Handwerker schlossen sich zu Zünften zusammen. Dies
hinderte sie allerdings nicht daran, bis weit ins 15. Jh. der ritterlich-höfischen
Kultur nachzuleben. Alle Bedingungen für literarisches Mäzenatentum waren
erfüllt: Reichtum, kulturelles Interesse und einander konkurrierende Geschlechter. Der Minnesänger Walter von Klingen lebte die letzten Lebensjahre
in Basel und setzte sich abgesehen von seinen Liedern in dem von ihm gestif-
teten und nach ihm benannten Frauenkloster in Kleinbasel ein Denkmal.
Bürger wie der Bürgermeister Peter Schaller, Aufsteiger wie Arnold Fuchs
und Heinrich Merschant, Zünfter wie Johann Arguel, Adelige wie der Kano-
niker des Basler Domstifts Dietrich an dem Orte oder der Archidiakon Liutold von Roetelen, gehörten zu den potenten Auftraggebern Konrads von
Würzburg. Plastiken, z.B. im Münster belegen die Rezeption weltlich fiktionaler Literatur, etwa der Dietrichsepik. Erstaunlich ist es daher, dass sich
keine Handschriften aus Basler Besitz erhalten haben. Nur eine späte Bearbeitung und Erweiterung von Lamprechts Alexander, der sog. *Basler Alexander* ist wohl hier entstanden. Ihre eigentliche kulturelle Hochblüte erlebte
Basel zunächst als Konzils-, dann als Universitätsstadt im 15. und 16. Jh. Die
Literatur drängte in Verbindung mit dem Bild in den öffentlichen Raum, sei
dies in Form des Totentanzes oder in Form des Theaters, an dem die örtlichen
Honoratioren nicht nur als Zuschauer, sondern selbst als Schauspieler teil-
nahmen. Reformation und Humanismus gelang trotz divergierender Positionen ein fruchtbares Nebeneinander. Namen wie Sebastian Brant, Ulrich von
Hutten, Johannes Oekolampad, Erasmus von Rotterdam, Felix Platter, Sebastian Münster oder auch Christian Wurstisen stehen für ein reges, von er-

staunlicher Offenheit geprägtes intellektuelles Leben. Für die Verbreitung auch höchst umstrittenen Gedankenguts sorgten die zahlreichen Druckereien, welche schon am Beginn des 16. Jh.s Basel zu einem Zentrum des neuen Mediums haben werden lassen. Die Werke Martin Luthers wurden von hier aus genauso verbreitet wie eine lateinische Übersetzung des Korans (1542), die Gesamtausgabe der Werke Erasmus' von Rotterdam nur vier Jahre nach seinem Tod (1540) oder auch die gesammelten Schriften des Paracelsus. Einen Umschwung brachten die 80er Jahre des 16. Jh.s. Mit dem Einzug der Gegenreformation verstärkten sich die repressiven Tendenzen, im Zentrum stand ein nahezu obsessiver Ordnungsgedanke, der wenig Raum ließ für kreative oder intellektuelle Neugier.

## Luzern

Eine herausragende Rolle darf Luzern im literarischen Leben der Schweiz beanspruchen. Die Stadt, trotz sehr viel längerer Besiedelung erst 1210 als solche erwähnt, entwickelte sich in mancherlei Hinsicht anders als Basel und Zürich. Als erste Stadt trat Luzern 1332 dem ›Ewigen Bund‹ der Waldstätte bei, nachdem sich die Bürger bereits 1330 zu einem Bund gegen die österreichische Herrschaft zusammengeschlossen und das wichtige Schultheißenamt in ihre Gewalt gebracht hatten. 1386 nach der Schlacht von Sempach erfolgte dann auch de facto die Loslösung von Habsburg. 1412 wird Luzern freie Reichsstadt unter der Regierung eines relativ kleinen Kreises aristokratischer Geschlechter, die ihr Amt jeweils der nächsten Generation vererbten. Der Reformation trotzte Luzern beharrlich und übernahm die Führung der katholischen Orte, die sie im 16. und 17. Jh. in den verschiedenen Konfessionskriegen zu behaupten wusste. Literaturgeschichtlich interessant ist Luzern als Theaterstadt. Gut dokumentiert sind 18 Aufführungen des Luzerner Osterspiels zwischen 1453 bis 1583, die auf dem Weinplatz gespielt wurden. 1470 wird die erste und im Folgenden auch bedeutendste städtische Spielgemeinschaft, die ›Bruderschaft zur Dornenkrone‹ gegründet. Zu ihren Mit-

Der Weinmarkt von Luzern, damals noch Fischmarkt genannt, war nicht nur wichtigster Warenumschlagplatz der Stadt, sondern im 16. Jahrhundert Schauplatz zahlreicher Theateraufführungen

gliedern zählten die einflussreichsten Bürger. Ihnen oblag die gesamte Organisation der alle fünf bis zehn Jahre stattfindenden Aufführungen. Aus ihren Reihen rekrutierten sich die oft mehr als hundert Schauspieler. Die Finanzierung wurde von der städtischen Obrigkeit übernommen. Neben die religiösen Spiele traten seit dem 16. Jh. die Fastnachtsspiele. Dank dem Stadtschreiber und Polyhistor Renward Cysat hat sich eine Vielzahl dieser Spiele mit z.T. aufschlussreichen Regieanweisungen und Zeichnungen von Bühnenbildern erhalten. Vor allem seine Inszenierung des Luzerner Osterspiels 1583 ist bis in alle Details überliefert. Sie dauerte zwei ganze Tage, an denen jeweils zwölf Stunden ununterbrochen gespielt wurde. Genaue Bühnenzeichnungen belegen die Umgestaltung des öffentlichen städtischen Raums zu einem *theatrum mundi*, in dem das Heilsgeschehen abgehandelt wird. Solche Theateraufführungen waren für die Luzerner Obrigkeit ein Prestigeunternehmen, zu dem auch aus umliegenden Gegenden eingeladen wurde, um die eigene Stärke und das Festhalten am katholischen Glauben zu demonstrieren. Nachdem 1574 die Jesuiten in Luzern ansässig geworden waren und mit dem Ritterschen Palast eines der repräsentativsten Gebäude von der Stadt erhalten hatten, übernahmen sie 1616 die Leitung der Spiele und führten diese Tradition als Schultheater bis weit ins 18. Jh. fort.

## Bern

Bern tritt als Literaturstadt seit dem Beginn des 14. Jh.s in Erscheinung. In Ulrich Boner hatte die Stadt einen Autor, der aufgrund seiner Fabelsammlung bis zum Ende des 15. Jh. als eigentlicher »meister esopus« im deutschsprachigen Raum verehrt wurde. Seine politisch wie kulturell »große Zeit« erlebte Bern aber vor allem im 15. und 16. Jh. Dank einer geschickten Bündnis- und Expansionspolitik war die jüngste der Schweizer Städte nicht nur größter Stadtstaat nördlich der Alpen geworden, sondern beherbergte in ihren Mauern auch eine Vielzahl von Gelehrten, Künstlern und Dichtern. Sie kamen von außerhalb, vornehmlich, um sich an den ehrgeizigen Bauprojekten zu beteiligen, aber auch, um die 1481 gegründete, weit über die Stadt hinaus bekannte und von bedeutenden Humanisten geführte Lateinschule zu besuchen, oder, um sich zu Schreibern und Magistraten in der Berner Kanzlei ausbilden zu lassen. Literarischen Ruhm erwarb sich die Stadt aber vornehmlich dank zwei angesehenen Stadtbürgern, dem Ratsherrn, Schultheiß und Diplomat Thüring von Ringoltingen, dessen Prosaroman *Melusine* zur Weltliteratur zählt, sowie dem Maler, Dichter und Politiker Niklaus Alemann, besser bekannt unter dem Namen Niklaus Manuel Deutsch, dessen Totentanz den öffentlichen Raum genauso beherrschte wie seine Spiele, die bis zur Einführung der Reformation in den Berner Straßen zur Aufführung kamen. Städtisches Selbstbewusstsein spricht aus den seit dem ersten Drittel des 15. Jh.s im Auftrag des Rats entstehenden Stadtgeschichten von Justinger (ca. 1420), Diebold Schilling d. Ä. (1483) und Michael Stettler (1627). Im 17. Jh. führte die zunehmende Aristokratisierung der politisch einflussreichen Geschlechter zu einer Bevorzugung der französischen Sprache. Eine eigentlich höfische Kultur konnte sich aber nicht entwickeln, weil Zwinglianer und Calvinisten derartige Bestrebungen entschieden bekämpften.

Nur die beiden Wahrzeichen der Stadt, der Christoffel- und der Zeitglockenturm zeigen, dass es sich bei der Stadtansicht um Bern handeln soll (aus der Tschachtlanchronik)

## Autorentypen

### Notker III.: Übersetzer und Lehrer

Notker III. mit dem Beinamen ›Labeo‹, (der mit der breiten Unterlippe) in Abgrenzung zu den anderen Notkeren, wurde wahrscheinlich um 950 in der Gegend von Wil oder Jonschwil geboren. Er war kein Dichter, sondern Übersetzer. Gleichwohl hat er für die Sprach- und Literaturgeschichte einen kaum zu überschätzenden Beitrag geleistet. Nicht umsonst ist er bereits von seinen Zeitgenossen auch als *Teutonicus*, als einer der Deutsch schreibt, bezeichnet worden. Die geradezu revolutionäre Innovation dieses Unterfangens war ihm selbst bewusst, wenn er in einem Brief an Hugo von Sitten 1015 von seinem »beinahe unerhörten« Unternehmen (*rem paene inusitatam*) spricht. Die Sprache und Schrift der Gebildeten war Latein, die Verwendung des Deutschen bedurfte der Legitimation. Für Notker lag diese vor allem in den Vorteilen eines muttersprachlichen Unterrichts. Zu diesem Zweck und aus »Liebe zu seinen Schülern« (*propter caritatem discipulorum*) übersetzte er vornehmlich Texte, die den Bereich der *septem artes liberales,* der sieben freien Künste oder *siben buochliste* (sieben Buchkünste), wie er es nannte, umspannten. Ergänzt wurden diese um Übersetzungen schulischer Pflichtlektüren: Boethius' *Consolatio Philosophiae* (Trost der Philosophie), Aristoteles' Kategorien und Hermeneutik, die spätantike, allegorisierende Artes-Dichtung

»Aus Liebe zu seinen Schülern« übersetzte Notker Labeo oder Teutonicus zahlreiche Schultexte. Die lateinische Vorlage ist dabei mit roter Tinte geschrieben, die althochdeutsche Übersetzung und Erläuterung in schwarzer

Konrad von Würzburg: Auf der Miniatur im Codex Manesse diktiert der Dichter dem Schreiber seine Werke

*De nuptiis Mercurii et Philologiae* (Hochzeit Merkurs mit der Philologie) des Martianus Capella, biblische Texte – ein vollständig erhaltener *Psalter*, ein am Tag seines Todes vollendeter, aber leider verlorener *Hiob* und das *Hohelied* – sowie antike Werke wie Vergils *Bucolica* und die *Disticha Catonis*, eine Spruchsammlung, die das ganze Mittelalter hindurch Vorlage für didaktische Schriften blieb. Auch Notkers lateinische Schulwerke sind meist mit althochdeutschen Erklärungen ergänzt oder auch bereits zweisprachig konzipiert (*De syllogismis*).

Schon die Zeitgenossen, allen voran sein Schüler Ekkehard IV., erkannten die Bedeutung des ›unvergleichlichen Lehrers‹, der 1022 an der Pest gestorben war. Hochgelehrt, getrieben von tiefer Religiosität und schulisch-pädagogischem Eifer, entwickelte er zum ersten Mal in St. Gallen höchste Kompetenz in volkssprachigem Schreiben. Die Verwendung von Sprichwörtern und Sentenzen gehörte dazu genauso wie die Neubildung althochdeutscher Wörter sowie die Fähigkeit zu einer selbständigen, nicht dem Latein entlehnten, sondern der gesprochenen Sprache nahestehenden Diktion, die dennoch für jedes lateinische Wort das genaue Äquivalent fand. Auch wenn Kloster- und Schulreformen bereits kurz nach Notkers Tod das Bildungswesen veränderten, wurden doch bis ins 14. Jh. seine Werke rezipiert und seine Arbeit in einer den neuen Zeiten angepassten Form fortgeführt.

## Konrad von Würzburg, der ›ausländische‹ Berufsdichter

Konrad stammt, wie sein Beiname verrät, nicht aus dem alemannischen Raum. Doch zweifellos hat er ca. 20 Jahre seines Lebens in Basel verbracht und dort Spuren hinterlassen, die ihn, den ›Ausländer‹ und Vertreter höfisch-ritterlicher Dichtung innerhalb der Stadt, zum integralen Bestandteil der Basler Literaturgeschichte machen: In fünf seiner Werke nennt er bekannte Basler Persönlichkeiten als seine Mäzene: im Märchenroman *Partonopier und Meliur* den Führer der Adelspartei Peter Schaler, im gewaltigen, nicht mehr von ihm abgeschlossenen Antikenroman *Trojanerkrieg* den Domherrn und Cantor Dietrich an dem Orte, in der Legende *Silvester* den angesehenen Domherrn Liutold von Roetelen, im *Alexius* die beiden Bürger Johannes von Bermeswil und Heinrich Isenlin, im *Pantaleon* den ebenfalls einflussreichen Bürger Johannes von Arguel. An der Spiegelgasse (der heutigen Augustinergasse) besaß er ein Haus, seine Frau hieß Berchta, seine beiden Töchter Gerina und Agnesa. So steht es im Anniversarienbuch des Basler Münsters unter dem 31. August, das als Grablege die Maria-Magdalena-Kapelle angibt. 1287, vermerken die Colmarer Annalen, ist Konrad, »in theutonico multorum bonorum dictaminum compilator« (Verfasser vieler guter Dichtungen in deutscher Sprache), gestorben. Sein Geburtsdatum kennen wir genauso wenig wie seine ständische Herkunft. Die Colmarer Annalen bezeichnen ihn als »vagus«, d.h. als Fahrenden, was darauf schließen ließe, dass er erst in Basel sesshaft geworden ist. Die häufige Anrede als »Meister« (magister) deutet auf eine gelehrte Schulbildung, die sich in seinem Werk bestätigt. Konrad konnte zweifellos Latein, hatte eine große Literaturkenntnis und verfügte über juristisches, heraldisches und theologisches Wissen. Nie wird er als »her« bezeichnet, auf seinem Autorenbild in der Manessischen Liederhandschrift fehlt das Wappen, was für eine nichtadelige Abstammung spricht, die er selbst indirekt bestätigt: »wære ich edel, ich tæte ungerne eim iegelîchen tôren liep«. (Wäre ich adelig, ich würde keinem Dummkopf Gutes tun.)

Sein Werk weist ihn als überaus produktiven und vielseitigen Dichter aus: Mit Ausnahme des Artusromans ist nahezu jede Gattung vertreten: Legenden

(*Engelhardt; Silvester; Alexius; Pantaleon*); Minne- und Aventiureroman (*Partonopier und Meliur*); Antikenroman (*Trojanerkrieg*); Mariendichtung (*die Goldene Schmiede*), Lieder (23 Minnelieder), Leich, Sangspruch, Mären (*die halbe Birn; Herzmære*), kleine Erzählungen (*Schwanritter; der Welt Lohn; Heinrich von Kempten*).

Unmittelbar historische Anspielungen auf Basel und/oder die Mäzene finden sich nicht. Die Wahl der Themen kann aber z.T. als Reflex auf die politischen Verhältnisse verstanden werden. So existierte eine Pantaleon-Bruderschaft in Basel, die sich aus Handwerkern zusammensetzte. Der Auftraggeber des *Pantaleon*, Johannes von Arguel, schlug sich in der Auseinandersetzung der Zünfte mit dem Patriziat auf deren Seite. Kaum Verbreitung hatte der Alexius-Kult in Basel. Doch ist es wohl kaum Zufall, dass die Auftraggeber für die Legende um Alexius, den Patron von Bettlern und Pilgern, sich karitativ betätigten. Der *Silvester* könnte mit seiner Darstellung einer Zusammenarbeit von geistlicher und weltlicher Obrigkeit auf die Auseinandersetzung zwischen dem Basler Bischof und Graf Rudolf von Habsburg 1268 anspielen. Troja ist zwar kaum mit Basel zu vergleichen, bot aber »Identifikationspotential für einen stadtadeligen Rezipienten« (E. Lienert).

Konrad repräsentiert den vielseitigen Berufsautor, der in der Stadt Basel ein zahlungswilliges und zahlungskräftiges Publikum fand, das höfische Lebensformen adaptierte und Literatur als Mittel zur Repräsentation wahrnahm.

## Meister Johannes Hadlaub, der ›Schweizer‹ Minnesänger

Der wohl bekannteste Schweizer Minnesänger ist Johannes Hadlaub. Zum einen verdankt sich diese Bekanntheit seinem berühmten Gönnerlob, nach dem die Manessische Liederhandschrift in Zürich entstanden ist, zum anderen aber auch seinen Liedern selbst, in denen er (pseudo-)biographische Details preisgibt, welche nicht zuletzt Gottfried Keller zu seiner Novelle *Hadlaub* inspiriert haben.

Urkundlich tritt Hadlaub nur zweimal auf. Am 4.1.1302 kaufte er ein Haus am Neumarkt 1/Ecke Froschaugasse für den stattlichen Preis von 56 Pfund Pfennige, was darauf schließen lässt, dass er sich nicht nur in den einflussreichen Kreisen der Stadt bewegte, sondern selbst auch Vermögen besaß. Im Jahrzeitbuch der Grossmünsterprobstei von 1338/39 wird sein Todestag mit dem 16. März angegeben, allerdings, wie in diesen Registern üblich, ohne Jahr. Als Meister dürfte er über eine gelehrte Schulbildung verfügt haben. Auf seine wohl wichtige, wenn auch in Einzelheiten nicht mehr rekonstruierbare Rolle bei der Sammlung und Gestaltung der Manessischen Liederhandschrift weisen verschiedene Besonderheiten: Die Überlieferung seiner Lieder ist überaus umfangreich, so dass man wohl von einem lückenlosen Gesamtwerk sprechen kann. Es fehlt über dem Textkorpus der Name, wie es im Allgemeinen üblich ist. Das Schlussblatt blieb als einziges unliniert, sollte also wahrscheinlich den Kodex beschließen. Und schließlich wurden alle seine Lieder von einem Schreiber geschrieben, dessen Handschrift sonst an keiner Stelle in der Liederhandschrift zu finden ist. Dieselbe Handschrift – dies wurde erst vor wenigen Jahren entdeckt – trägt eine zwischen 1300 und 1304 datierbare Kopie des Zürcher Richtebriefs. Oft geäußerte Vermutungen, Hadlaub selbst könnte der Schreiber seines Œuvres und als Schreiber des Richtebriefs dann auch Kanzleischreiber von Zürich gewesen sein, sind damit zwar nicht bewiesen, aber zumindest die Datierung des Codex Manesse um 1300 ist bestätigt.

Zwei Szenen aus den Liedern Hadlaubs hat der Maler ins Bild gesetzt. Oben hält der Dichter solange selbstvergessen die Hand der Geliebten bis sie ihn, bzw. hier im Bild das Hündchen, in die Hand beißt. Unten heftet er als Pilger verkleidet der in die Messe eilenden jungen Frau einen Brief an (Codex Manesse)

In seinen 54 Liedern finden sich neben den üblichen Formen des Minnesangs neue Gattungen, in denen traditionelle Inhalte verbunden werden mit realistischen Bezügen zu Gesellschaft und städtischem Leben Zürichs um 1300. In fünf Erzählliedern schildert er seinen Versuch, als Pilger verkleidet der zur Frühmette gehenden Geliebten einen Brief zuzustecken (1), er berichtet von seliger Ohnmacht, als er endlich zu ihr von hohen Herren, die er namentlich nennt, getragen wird, von ihrem »bizzen«, als er ihre Hand nicht mehr loslassen wollte und von dem Nadelbüchslein, das sie ihm schließlich auf Drängen der versammelten Gesellschaft zuwirft (2), er beobachtet voller Wehmut ihre Zärtlichkeit zu einem Kind und liebkost dieses statt ihrer (4), findet erneut in bekannten Herren der Zürcher Gesellschaft Minnehelfer (5) und kann dann doch kein Wort mehr herausbringen, als er die Dame seines Herzens vor den Toren der Stadt unvermutet antrifft (6). Im sog. *Lied von der Haussorge* (7) klagt er über die Leiden eines Hausherrn, dem es nicht gelingt, die hungrigen Mäuler seiner Lieben satt zu bekommen, was dennoch kein Vergleich ist zu den Leiden aufgrund der Unnahbarkeit seiner Geliebten. Vorgegebene literarische Motive erfahren auf diese Weise eine ›Biographisierung‹, indem sie in einen real erkennbaren Raum gestellt und mit historisch fassbarem Personal bestückt werden. Entstanden ist damit nicht eine lyrische Autobiographie, sondern eine neue, äußerst raffinierte Form von Rollenlyrik, welche den traditionellen Minnesang um eine wichtige Dimension bereichert.

### Elsbeth Stagel, geistliche Freundin

Elsbeth Stagel: Die Nonne sitzt in der Initiale S am Schreibpult und liniert die Seiten des Buches, das sie gleich schreiben wird. Das Pult steht auf einer Blumenwiese, die wohl den Paradiesgarten darstellen soll

Die Figur der »Staglin« ist ein gutes Beispiel für die Schwierigkeit, Texte wirklich einem Autor bzw. in diesem Fall einer Autorin zuzuweisen, obwohl Zeitgenossen ihre Autorschaft betonen. Nahezu alles, was wir von Elsbeth Stagel zu wissen glauben, stammt aus den Schriften des Mystikers Heinrich Seuse. Seiner – wie er sie nennt – geistlichen Tochter (*geischlichù tohter*) gesteht er darin einen großen Anteil an seinem literarischen Schaffen zu. Als junge Nonne habe sie sich mit der Bitte um Belehrung an ihn gewandt, die ihr nach der Lektüre Meister Eckarts nötig erschien. Das ganze *Briefbüchlein* habe sie aus seinen Briefen an sie und an andere Nonnen zusammengestellt. Mindestens zwei Briefe weisen tatsächlich auf eine intensiv geführte Korrespondenz zwischen beiden hin. Heimlich habe sie auch die Berichte von seinem geistlichen Leben aufgeschrieben und als Vita konzipiert. Zwar habe er einen Teil dieses Materials verbrannt, nachdem er es entdeckt hatte, sei aber in einer Botschaft von Gott selbst aufgefordert worden, das noch Vorhandene zu behalten, um sehr viele Jahre später mit Hilfe dieser Aufzeichnungen seine *Vita* zu schreiben. Auch in deren zweitem Teil wird sie als Mitautorin genannt und an anderer Stelle klagt Seuse über die aufgrund ihrer Krankheit fehlende Mitarbeit. Darüber hinaus habe er auch nach ihrem Tod Lehrpartien *in ir person*, d.h. in Rollenfiktion der Staglin, ergänzt. Und schließlich sei sie auch die Verfasserin des *Tösser Schwesternbuchs*, in dem 33 Viten von Tösser Nonnen zu finden sind.

Dass Elsbeth eine wichtige Rolle im Leben und Wirken des Mystikers spielte, ist unbestritten. Ob sie aber tatsächlich Mitautorin war oder ihr nur eine Autorenrolle zugewiesen wurde, wird in der Forschung zwar heiß diskutiert, wird sich aber wohl nie ganz klären lassen. Auch ihre Beteiligung am *Tösser Schwesternbuch* wird heute als eher marginal eingestuft, lassen sich doch mindestens sechs verschiedene Schichten erkennen, die auf eine kontinuierliche Sammlung vom 14. bis ins 15. Jh. weisen. Unbestritten ist allerdings ihre Herkunft aus einer angesehenen Zürcher Familie. Ihr Vater, Rudolf

Der Tod spricht zum Maler: / »Manuel, aller Wällt Figur / Hast gemalet an diese Mur. / Nun muost stärben, da hilft kein Fund, / Bist ouch nit sicher Minut, noch Stund.« / Manuel, der Maler, gibt Antwort: / »Hilff, einiger Heyland, drum ich dich bitt! / dann hie ist keines Bleybens nit. / So mir der tod min Red wirt stellen, / So bhüet üch Gott, mine lieben Gesellen!« (Niklaus Manuel, Selbstbildnis am Schluss des zwischen 1516 und 1520 an einer Mauer des Predigerklosters in Bern gemalten Totentanzes)

Stagel, war Ratsherr und seit 1323 Verwalter der Zürcher Fleischbank. Elsbeth dürfte um 1300 geboren sein und kam wohl schon früh ins Nonnenkloster Töss bei Winterthur, wo sie zeitlebens blieb und um 1360 starb. Sie hatte offensichtlich drei Brüder, Friedrich, Otto und Rudolf, ihre Mutter hieß Margarete. So jedenfalls steht es in einer Engelberger Handschrift von Seuses *Büchlein der ewigen Weisheit*, in der sie wahrscheinlich sogar eigenhändig um das Gedenken ihrer selbst und der Familienmitglieder bittet.

## Niklaus Manuel: Politiker, Reformator, Maler, Dichter

Niklaus Manuel vertritt den Typ des ›Allrounders‹, der sein Dichten genauso wie sein politisches Wirken als Beitrag zur reformatorischen Idee versteht. Er entstammt einer im 15. Jh. aus Chieri bei Turin eingewanderten Familie Alamand, die an der Kreuzgasse eine Apotheke führte. Noch in seinem Ehebrief 1509, dem ersten urkundlichen Beleg des zu dieser Zeit 25jährigen, heißt er Niclaus Aleman. Nur ein Jahr später wird Manuel in Anlehnung an seinen Vater Emanuel als Geschlechtsname anerkannt und an die Nachkommen vererbt. Verschlüsselt führt er aber seinen ursprünglichen Familiennamen weiter, ist doch das D in seinem Monogramm, mit dem er seine Bilder signiert, mit »Deutsch« aufzulösen, eine Übersetzung des welschen Aleman. Nicht zuletzt durch seinen Großvater mütterlicherseits, den Stadt- und Gerichtsschreiber Thüring Fricker, sowie durch seine Frau Katharina Frisching, Tochter des Ratsherrn Hans Frisching d. Ä. gehörte er in den Kreis der angesehensten Berner Familien. Bereits im Jahr seiner Eheschließung wurde er in den großen Rat aufgenommen, spätestens 1522 war er zu einem der entschiedensten Vertreter der Reformation geworden, 1523 übernahm er das Amt des Landvogts von Erlach, an der Berner Disputation 1528 amtete er als Rufer und Herold, erhielt im selben Jahr Einsitz in den Kleinen Rat und war in den letzten zwei Lebensjahren einer der führenden Politiker der Stadt. An der Tagsatzung in Baden 1529 gehörte er zu den Teilnehmern. Seine politische Karriere ist beeindruckend, macht aber nur einen kleinen Teil seines Schaffens aus. Denn zunächst scheint er als Maler begonnen zu haben, mit offensichtlich gutem finanziellen Erfolg, konnte er doch bereits 1514 ein Haus an der Gerechtigkeitsgasse kaufen, in dem er zeitlebens wohnte. 1516 zog Manuel wohl als Reisläufer und Schreiber in den Krieg, 1522 nahm er an der Schlacht von Bicocca teil, Erfahrungen, die sowohl auf sein bildnerisches als auch dichterisches Werk Einfluss nahmen. Zwischen 1516 und 1520 entstand der 100 m lange Totentanz an der Kirchhofmauer des Predigerklosters, ein eindrückliches *memento mori,* uns heute allerdings nur noch in den Umzeichnungen Albrecht Kauws überliefert, da das Original 1660 einem Straßenbau hatte weichen müssen. In 21 Szenen wurden die verschiedenen Stände und Berufe der Stadt vom Tod gepackt und Richtung Beinhaus geführt, vor dem verschiedene Gerippe in grotesken Verrenkungen musizieren. Vieles spricht dafür, dass Manuel auch die beigefügten deutschen Texte verfasste, auch wenn spätere Überarbeitungen wahrscheinlich sind. Ebenfalls in diesen Jahren entstanden seine wichtigsten Bildwerke im Berner Münster.

*Literatur im Dienst der Reformation*

Als Antwort auf und Rechtfertigung für die Niederlage in der Schlacht von Bicocca schrieb er 1522 ein Lied, in dem er die feigen Landsknechte verhöhnt, welche den offenen Kampf nicht wagten, sondern sich wie »Tachs vnd Murmelthier« verkrochen haben. Hier wird zum ersten Mal Manuels satirische Begabung fassbar, die sein Lied von anderen zeitgenössischen Kampfliedern abhebt. Sehr früh erkannte Manuel die agitatorische Kraft der Literatur. Für die Einführung der Reformation in Bern waren seine religiösrevolutionären Fastnachtsspiele ein wichtiger Wegbereiter. Dabei ging es ihm weniger um die altkirchliche Lehre – nirgends verurteilte er z.B. Heiligenkult oder Sakramente –, als um die Dekadenz der Kirche als Institution. Im Spiel *Vom Papst und seiner Priesterschaft,* oder auch *Von Papst und Christi Gegensatz,* beide wohl 1523 aufgeführt, prangert er das Luxusleben, die skrupellose Gewinnsucht und die sexuellen Ausschweifungen des Klerus an, setzt sich mit aktueller Tagespolitik, etwa der Türkengefahr oder auch dem Reisläufertum auseinander und endet mit einem an Luther orientierten reformatorischen Bekenntnis des Vertrauens auf die Gnade Gottes.

Im *Ablaßkrämer,* das am Beginn seiner Landvogtzeit entstand, gelingt ihm eine auch die Bauern verunglimpfende grobianische Satire auf das Ablassunwesen, das ja nicht zuletzt Anstoß für die reformatorische Bewegung war.

Später wählte Manuel für seine politischen Invektiven das Spottlied und den Prosadialog. In *Ecks und Fabers Badenfahrt* verhöhnen zwei Bauern diese beiden Gegner der Reformation, im Versgespräch *Barbeli* wehrt sich das elfjährige Mädchen gegen den Plan der Mutter, sie ins Kloster zu stecken und gewinnt mit ihren biblischen Argumenten die Disputation gegen sechs Geistliche. Kurz vor oder sogar während der Berner Disputation entstand der Prosadialog *Krankheit der Messe.* Nachdem ein Kardinal dem Papst von der ernsthaften Erkrankung der Messe berichtet hatte, werden die Verfechter der alten Lehre vom Papst als Ärzte zu deren Heilung aufgeboten. Aber alle Versuche scheitern, mit Hilfe altkirchlicher Rituale – Weihwasser, Öl, Kerzen, Palmzweige usw. – die Krankheit auszutreiben. Aus Angst, ihr Honorar zu verlieren, suchen die Altgläubigen das Weite, wollen aber auf Anfrage bestätigen, dass es der Messe ausgezeichnet gehe.

Ergänzt wird diese beißende Satire um das *Testament der Messe,* in dem alle zu ihr gehörenden Gegenstände in einer komischen Vergabe an die Gegner der Reformation dem Spott preisgegeben werden. Dieser Text ist als letzte Dichtung Manuels auch gleichsam sein Testament, in dem sich wie in allen seinen Werken noch einmal das religiöse Ringen mit dem politischen und sozialen Bewusstsein des Bürgers der Oberschicht und der bildhaften, pointierten Sprachgewalt vereint.

## Hortensia Gugelberg von Moos – *honnête femme der Eidgenossen*

Als Hortensia von Salis, die älteste Tochter des Stadtvogts von Maienfeld, Karl Gubert von Salis-Soglio, bereits mit sechzehn Jahren den zahlreichen Geschwistern die Mutter ersetzen und den Haushalt versorgen musste, deutete nichts darauf hin, dass sie einmal den Typ der hochgebildeten, Geselligkeit und Konversation pflegenden Frau des literarischen Salons repräsentieren würde. Eine eigentliche Salon-Kultur, wie wir sie im 17. Jh. vor allem in Frankreich, aber auch in Deutschland antreffen, hat es in der Schweiz nie gegeben. Doch dürfte Hortensia schon früh über die mütterliche Verwandtschaft, die sich in französischen Adelskreisen bewegte, mit dieser Gesellschaftsform in Kontakt gekommen sein. Auch ihr Mann, Rudolf Gugelberg von Moos, den sie mit 23 Jahren heiratete, war nach seinem Studium in Heidelberg Kapitänleutnant Ludwigs XIV., in dessen Diensten er 1692 fiel.

Hortensia von Salis

Doch Hortensia zog sich nun nicht, wie es die Konvention eigentlich verlangt hätte, aus dem gesellschaftlichen Leben zurück, sondern pflegte einen intensiven Austausch mit Schweizer Gelehrten, Landadeligen und gebildeten Bürgern, bei denen sie aufgrund ihrer Bildung hochgeachtet war. Auf welche Weise sie sich ihr erstaunliches Wissen angeeignet hatte, ist unbekannt. Neben ihren intellektuellen Interessen kümmerte sie sich um die Erziehung von Waisenkindern, nachdem ihre eigenen Kinder alle gestorben waren, und betätigte sich in der Krankenpflege. 1695 trat sie – durchaus ungewöhnlich für eine Frau – mit einer theologischen Streitschrift in die Öffentlichkeit: *Glaubens=Rechenschafft einer Hochadenlichen Reformiert=Evangelischen Dame [...],* [Zürich] 1695.

Ihre Berühmtheit aber verdankt sie ihrem ein Jahr später erschienenen Werk: *Geist= und Lehr=reiche ConversationsGespräche Welche in ansehenlicher Gesellschafft bey unterschidlichem Anlaaß von Göttlichen Sittlichen und Natürlichen Sachen geführet; Jezund aber Durch eine Hoch=Adenliche Dame alß Fürnemstes Glid derselbigen Zu gemeiner und eigener Belustigung; absonderlich Dem Frauenzimmer zu Ehren in Form eines Romans, zu Papier gebracht worden. Getruckt zu Zürich im Jahr Christi MDCXCVI.*

Hortensia adaptiert hier ein Genre, das im 17. Jh. in besonders hohem Ansehen stand: das Gesprächsspiel, eine geistreich geführte Konversation im geselligen Kreis, in dem Frauen eine gleichberechtigte Rolle spielen. Als Ort des Zusammentreffens ist ein Heilbad angegeben, wo in lockerer Folge die verschiedensten Themen aus allen nur denkbaren Bereichen abgehandelt werden, nicht mit dem Ziel systematischer Durchdringung, sondern im Bestreben eine offene Atmosphäre zu schaffen, in der jede Person zu Wort kommt und frei ihre Gedanken äußern kann, ohne Rücksicht auf ständische, geschlechterspezifische oder dogmatische Hierarchien. Alle am Gespräch Beteiligten führen denn auch – meist griechische – Namen, welche die wahre Identität verschleiern: Hortensia selbst verbirgt sich unter dem Decknamen »Zenobia«, andere heißen »Artemisia«, »Philemon« oder auch »Berenice«. Hortensia bleibt sich dabei immer bewusst, dass in der Schweiz eine derartige

*Gesprächsspiel*

Gesprächskultur gerade bei Frauen die Ausnahme darstellt. Sie führt dies auf
die zu großen Haushaltspflichten zurück und plädiert für bessere Rationalisierung, um die notwendigen Mußestunden für Weiterbildung und Konversation zu gewinnen. Allerdings geht sie nicht so weit – wie dies für ihre
französischen Kolleginnen selbstverständlich war – eine Entbindung von allen sozialen Pflichten zu fordern. Auch die französischen Formen der Galanterie und Courtoisie finden bei den Schweizer Frauen keinen Anklang. Sie
bevorzugen Ehrlichkeit, Einfachheit und Treue, berufen sich also auf die
etablierten eidgenössischen Tugenden, welche nur schwer mit der offenen,
toleranten Heiterkeit eines Salons zu verbinden waren.

## Literarische Anfänge

Die ersten literarischen Versuche finden wir meist als Füllsel in lateinischen
geistlichen Handschriften. Berühmt ist der stabende *St. Galler Schreibervers*
aus dem 9. Jh.: »Chumo kiscreib / filo chumor kipeit« (mühsam habe ich
fertig geschrieben, mit noch viel größerer Mühe habe ich darauf gewartet),
an dem deutlich wird, welch physische Anstrengung mit der Buchproduktion
verbunden war.

*Spottverse*          Auch einige sog. *St. Galler Spottverse* sind überliefert, von denen einer aus
dem späten 9. Jh. erstaunlich frühe Formen des Endreims zeigt.

> Liubene ersatze sine gruz
> unde kab sine tohter uz
> do chum aber Starzfidere
> prahte imo sina tohter uuidere.
>
> (Liubene bereitete sein Würzbier und gab seine Tochter aus – später aber kam
> Starzfidere wiederum und brachte ihm seine Tochter zurück)

Geschildert wird hier ein bäuerlicher Hochzeitsbrauch, nachdem der Vater
mit dem Verlobungstrunk seine Tochter übergibt, die aber vom Bräutigam
wieder zurückgebracht wird. Der Name »Starzfidere«, d.h. Schwanzfeder,
birgt aber auch einen obszönen Nebensinn und hat die Vermutung aufkommen lassen, es könne sich um eines der Rätsel handeln, welche sich ganz offensichtlich in klösterlicher Gemeinschaft großer Beliebtheit erfreuten.
*Zaubersprüche*          Bekannt ist der *Zürcher Haussegen*, der zur Gattung der Zaubersprüche
gehört, welche letztlich bis heute Arkanwissen geblieben sind, weil sie allen
durchaus überzeugenden Interpretationen zum Trotz ihren Charakter des
Geheimnisvollen bewahrt haben:

> wohla wiht, taz du weist, / taz du wiht heizist, / taz du neweist noch nechanst /
> cheden, chnospinci. (Wohlan du Wicht, dass du weißt / dass du Wicht heißt, /
> dass du nicht weißt noch kannst / sprechen, du Knösperich).

Ein schädlicher Hausdämon soll hier gebannt werden, indem diesem in der
verächtlichen Benennung »wiht« oder gar »knösperich« seine ganze Bedeutungslosigkeit vorgeführt wird. Doch weit über diesen praktischen Zweck
hinausgehend, findet sich in den Worten in prägnanter Verdichtung das, was
das Werden der volkssprachigen Literatur bestimmt: das sich in Stabreim
und Alliteration manifestierende Abgrenzen von Alltagssprache, die Mischung von heidnischen und christlichen Elementen, die magische auf die
Kraft der geheimnisvollen Worte vertrauende Formulierung, das Eindringen

der auf Oralität angelegten, im Ritual verwendeten Beschwörungsformeln in die Schriftlichkeit. Verloren gehen bei diesem Wechsel von einem Medium in das andere allerdings die zweifellos dazugehörenden rituellen Gebärden, unbekannt bleiben die rituellen Orte und Zeiten sowie der initiierte Rezipientenkreis. Dafür bleiben sie aber über die Schrift dem kulturellen Gedächtnis erhalten und können immer wieder neu abgerufen werden.

Von Anfang an präsentiert so der Schweizer Raum innovative literarische Formen und besitzt eine literarische Kultur, die in den folgenden Jahrhunderten immer wieder Bemerkenswertes hervorbringen wird.

# Lyrik

## Geistliche Lyrik

Gesungene geistliche Dichtung steht am Beginn des lyrischen Schaffens. Und wieder sind es St. Galler Mönche, welche diese Entwicklung einleiten: Notker I., Balbulus (der Stammler) gestaltete die Sequenz zur Dichtkunst von poetischer Eindringlichkeit, Tuotilo, sein Mitbruder verfasste und komponierte Tropen, poetisch musikalische Zudichtungen zu den Messtexten, Ratpert, ebenfalls Mitbruder, schrieb nach Auskunft Ekkehards IV. ein althochdeutsches Galluslied, das allerdings nur noch in drei lateinischen, dem Original aber offensichtlich nahe stehenden Versionen Ekkehards vorhanden ist. Er habe das *carmen barbaricum*, das volkssprachige Lied übersetzt, um die schöne Melodie zu erhalten. *Der Beginn*

Die *Mariensequenz von Muri* ist die älteste vollständig erhaltene volkssprachige Sequenz aus dem Ende des 12. Jh.s. Gute Gründe sprechen für eine Entstehung im alemannischen Raum, die aus den Klöstern Muri und Engelberg stammenden Handschriften legen eine schweizerische Provenienz nahe. Der erst 1963 entdeckten Engelberger Handschrift sind Neumen der lateinischen Sequenz *Ave praeclara maris stella* unterlegt, der sich die Mariensequenz zwar formal, nicht aber inhaltlich anlehnt. Im Zentrum stehen nicht alttestamentliche Bilder und Präfigurationen wie im *Melker Marienlied* und auch nicht die christologische Ausrichtung wie im *Vorauer Marienlob*, sondern mariologische Aspekte, allen voran die Jungfrau und Mutter Maria, die in ein inniges personales Verhältnis zum Sprecher-Ich tritt und als Fürbitterin bei ihrem Sohn angerufen wird. Aufgrund der szenischen und thematischen Auswahl dürfte die Sequenz zum liturgischen Gebrauch an Lichtmess (Purificatio Mariae, 2. Febr.) gedient haben, dem Fest der Heilsversicherung der Christen. *Mariendichtung*

Um 1275, also wahrscheinlich in seiner Basler Zeit verfasste Konrad von Würzburg die *Goldene Schmiede*, ein 2000 Reimpaarverse umfassendes Marienlob, eines der am häufigsten überlieferten Gedichte, das großen Einfluss auf die Mariendichtung vor allem späterer Sangspruchdichter hatte. In einem weit ausgreifenden Prolog bekennt er seine Unfähigkeit, der *himelkeiserin* ein ihr angemessenes Lob zu schmieden und nennt als unerreichbares Vorbild Gottfried von Strassburg. Ganz dem geblümten Stil verpflichtet, sucht er dann aber in einer schier unendlichen panegyrischen Bilderreihung dessen Sprachvirtuosität zu überbieten. Die Dynamik liegt dabei in einer ständigen Verschiebung der Aspekte. Typologische Präfigurationen stehen neben antikmythologischen Bildern, die christlich umgedeutet werden, sowie Vergleichen mit Alltagsgegenständen oder mit der belebten und unbelebten Natur. Parallelisierung, Wiederholungen, Bildresponsionen und Häufungen bestimmen den Stil. Die schier unerschöpfliche Aufzählung macht die unerreichbare Vollkommenheit Marias emotional-assoziativ erfassbar.

Unmittelbaren Einfluss zeigt Konrads Marienlob auf Eberhard von Sax. Der aus dem Rheintal stammende Predigermönch in Zürich ist in der Manessischen Liederhandschrift mit einem *Marienlob* vertreten und wird den ›Schweizer Minnesängern‹ zugerechnet. Die Inschriftenrolle auf seinem Autorenbild, die einzige im Codex, sowie die geradezu porträthafte Gestaltung haben zu Vermutungen Anlass gegeben, Eberhard könnte selbst der Auftraggeber seiner Miniatur und möglicherweise nach Rüdiger Manesses Tod an der Weiterführung der Handschrift beteiligt gewesen sein. Beweise gibt es dafür aber nicht. In seinem Marienlied bedient sich Eberhard hauptsächlich biblischer Typologie. Im Zentrum seines Lobs steht Maria als jungfräuliche Gottesgebärerin. Wie bei Konrad reiht sich ein Bild an das andere, ergänzt um die wiederholte Beteuerung, niemand, nicht einmal die Engel seien in der Lage, ihre Vollkommenheit angemessen zu würdigen. In mystischer Ekstase bittet Eberhard sie, welche die Liebe Gottes genossen und die Liebe schlechthin, Christus geboren hat, ihn mit ihrer Minneglut zu entzünden, um so mit Gott vereint zu werden. In dieser sinnlichen Betonung von Maria als der Geliebten des Herrn geht Eberhard über Konrads *Goldene Schmiede* hinaus zu einer charismatisch orientierten Religiosität, die ihren Höhepunkt in der ekstatischen Brautmystik des 14. Jh.s finden wird.

Das zitierte Marienlob beginnt auf der zweiten Spalte in der zweiten Zeile

Weniger weit ausgreifend, aber nicht minder eindringlich preist Johann von Ringgenberg in einer Strophe die jungfräuliche Gottesmutter und bittet um ihre Vermittlung vor Gott:

> Des vaters segen, des engels wort
> des heiligen geistes gebender fluz den hôhen hort
> dir gab, Marîe, in dînen lîb: den got der aller dinge ist ein waltære
> [...]
> Und den du tougen sunderbar
> hâtost umbevangen in dir reineklîche.
> der elliu ding umbevangen gar
> hât: wazzer, luft, fiur, erde und himelrîche
> des wære dû ein klose hie.
> durch daz alz unde swaz dir ie
> von im sælden widerfuor, so hilfe, daz uns niht sîn gnâde entwîche.

> (Der Segen des Vaters, das Wort des Engels und das gebende Ausströmen des Heiligen Geistes gab dir, Maria, den großen Schatz in deinen Körper: den Gott, der Herrscher über alle Dinge ist [...] und den du im Verborgenen unverzüglich in dir rein umfangen hast, demjenigen, der alle Dinge umfängt: Wasser, Luft, Erde und Himmelreich, dem warst du hier eine Behausung. Um alles dessen willen und was dir je an Glück von ihm geschenkt wurde, hilf uns, dass uns seine Gnade nicht verlustig gehe.)

## Weltliche Lyrik

*Schweizer Minnesang*

›Schweizer Minnesänger‹, unter diesem Titel gab Bartsch 1886 eine Sammlung von 32 Autoren heraus, die aus einem Zeitraum vom Ende des 12.–14. Jh.s mit deutlichem Schwerpunkt in der Mitte des 13. bis Anfang des 14. Jh.s stammten. Alle Dichter sind in der Manessischen Liederhandschrift vertreten, nur acht Sänger sind auch in anderen Liederhandschriften zu finden.

Die Zuordnung erfolgte aufgrund der Herkunft aus heutigem Deutschschweizer Gebiet, inhaltlich – dies stellt bereits Bartsch fest – bilden diese »keine besondere und charakteristische Gruppe innerhalb der Lyrik«. Doch dieses Auswahlprinzip ist nicht unproblematisch. Einige lassen sich biographisch und damit auch geographisch kaum fassen, ihre Zuordnung zur Schweiz muss also hypothetisch bleiben. In der Neuauflage durch Schiendorfer sind daher nur noch 30 Dichter vertreten, wobei immer noch einige Zuweisungsprobleme bleiben.

Keinerlei Anhaltspunkte gibt es für die Herkunft des Sängers mit dem Namen Gast. Möglicherweise handelt es sich gar nicht um einen Familiennamen, sondern um ein Pseudonym, wie Bumke vermutet. Die Namen Pfeffel, Taler und Trostberg sind zwar in Basel bzw. im St. Galler und Zürcher/Aargauer Raum bezeugt, eine eindeutige Zuweisung aber ist nicht möglich, weil dieselben Namensformen auch in Österreich und in Schwaben auftauchen und Wappen entweder fehlen oder nicht zu einem Schweizer Geschlecht passen. Ungeklärt ist auch die Herkunft von Winli. Zwar gibt es in Engelberg/Wolfenschiessen eine Ministerialenfamilie diesen Namens, es gibt aber keine Hinweise, dass unser Sänger aus dieser Familie stammt. Heinrich von Tettingen könnte einem im heutigen Döttingen bei Zürich beheimateten Ministerialengeschlecht angehören. Es finden sich aber auch im Bodenseeraum Vertreter dieses Namens. Den von Bûwenburg glaubte man lange mit Konrad von Bûwenburg, Kantor der Abtei Einsiedeln identifizieren zu können. Anlass dafür war die einen Viehraub darstellende Miniatur im Codex Manesse, die man als Reflex auf einen in den Chroniken erwähnten Raubzug Schwyzer Bauern gegen das Kloster Einsiedeln sehen wollte. Ein Konrad von Bûwenburg ist dort ausdrücklich erwähnt. In den 50er Jahren des letzten Jh.s tauchte dann aber ein Lied auf, das einem »Ulricus de bovmberg armiger« zugewiesen ist und mit großer Sicherheit Buwenberg zugeschrieben werden kann. Träger dieses Namens finden sich in Württemberg, womit dieser Minnesänger dann ›ausgebürgert‹ wäre.

Leider ist auch eine der schillernsten Figuren des Minnesangs biographisch nicht fassbar: Steinmar. Seine Zuordnung zu den Schweizer Sängern scheint aber dennoch aufgrund intertextueller Verweise als weitgehend sicher. Steinmar ist ein virtuoser Kenner und Könner des Minnesangs. Wie kein anderer vor ihm, versteht er es, traditionelle und derb-erotische Elemente in einem Minnelied zu vereinen. Am bekanntesten ist zweifellos sein Herbstlied, in dem er der ungnädigen Dame seinen Dienst aufkündigt, um sich dem Herbst anzudienen und Sauf- und Fressorgien zu feiern. Auf einem Steinrelief am Straßburger Münster ist er in dieser Rolle verewigt.

Bei allen anderen Sängern befinden wir uns dann aber auf weitgehend gesichertem Terrain. Regional verteilen sich die Sänger von der Westschweiz bis in den Thurgau mit deutlichem Schwerpunkt in der Ostschweiz. Bekanntester Vertreter ist zweifellos Johannes Hadlaub, doch sollte man darüber das vielschichtige Liedschaffen der anderen nicht vergessen.

Eine Sonderstellung nimmt Rudolf von Fenis-Neuenburg ein, der zwischen 1158 und 1192 urkundet. Er ist einer der wenigen Vertreter des Minnesangs, der aufgrund seiner romanischen und deutschen Besitzungen mit beiden Kulturkreisen vertraut war. In seine, dem Hohen Minnesang verpflichteten Lieder nimmt er romanische Motive und Formen auf, die er variiert und assimiliert. Er gilt als einer der Wegbereiter des deutschen Minnesangs.

Drei Minneleiche, welche gute literarhistorische Kenntnisse belegen, sind von dem von Gliers überliefert, zu identifizieren wohl mit Wilhelm von Gliers von Montjoie (Froberg) am Doubs.

Auch wenn nicht klar ist, welcher der zwei urkundlich belegten Namenträger der Dichter ist, von dem zwei konventionelle Minneklagen überliefert sind, so steht die Herkunft Heinrichs von Stretelingen vom Thunersee doch außer Frage.

Hinter Johannes von Ringgenberg, der in 17 Sangspruchstrophen allgemeine Lebensregeln mit meist geistlicher Argumentation aufstellt, verbirgt sich mit großer Wahrscheinlichkeit der 1291–1350 bezeugte Vogt von Brienz, der politisch und wirtschaftlich sowohl als Gegenspieler wie als Verbündeter Berns auftrat. Ihm gilt wohl auch die Widmung der ersten deutschsprachigen Fabelsammlung von Boner, ein weiterer Beleg für sein literarisches Interesse.

Goeli, zu übersetzen mit Spaßmacher oder auch Narr (Löli), ist als Familienname in Basel bezeugt. Seine vier Lieder stehen in der Tradition Neidharts, ohne aber dessen parodistisch-höfische Elemente zu übernehmen.

Über das Leben des Walter III. von Klingen sind wir ausnehmend gut unterrichtet. Von Klingnau im Aargau stammend, lebte er zeitweise in Strassburg, gehörte zum Hofgefolge Rudolfs I. und zog 1284 nach Basel, wo er im selben Jahr starb. Vier Lieder und ein Tanzleich vornehmlich mit Motiven des Hohen Sangs sind überliefert.

Ebenfalls aus dem Aargau stammt Hesso von Rinach. Zwei Vertreter dieses Namens sind bezeugt. Welcher von diesen beiden die Minneklage und ein Lied der Minnesehnsucht geschrieben hat, ist nicht zu entscheiden.

Jakob III. von Warte, der aus sprachgeschichtlichen Überlegungen mit dem Minnesänger identifiziert wird, stammt zwar aus einem Thurgauer Geschlecht mit der Stammburg Wart bei Neftenbach, die zahlreichen urkundlichen Belege zeigen aber, dass er den größten Teil seines aktiven Politikerlebens in Zürich verbrachte und dort mit Rüdiger Manesse und anderen zum ›Manesse-Kreis‹ gehörenden Personen in gutem Kontakt stand. Wegen der Beteiligung seines Bruders an der Ermordung König Albrechts wurde sein Stammsitz geschleift. Die Miniatur des Codex Manesse zeigt ihn als alternden Mann, badend unter einer Linde und umsorgt von drei Damen. In seinen sechs Liedern ist allerdings die Klage über den vergeblichen Dienst vorherrschend.

Auch Meister Heinrich Teschler, Hausbesitzer im Zürcher Oberdorfquartier, ist auf seiner Miniatur in einer ungewöhnlichen Situation dargestellt: Er kniet neben dem Bett einer halbnackten Dame, die ganz offensichtlich empört ist ob dieser Dreistigkeit. Seine – mit Sicherheit nicht biographischen – Lieder gruppieren sich in zwei Zyklen um ein Tagelied. Der erste Zyklus endet in verstummender Resignation, der zweite meldet ein neues Dienstverhältnis, das schließlich auch zum Erfolg führt.

Nahezu frivol wird die Szenerie in der Miniatur des Rost, Kirchherrn von Sarnen. Vor der Dame kniend, greift er ihr ungeniert unter das Kleid. Ob sie ihm deshalb droht, ein Haarbüschel abzuschneiden, oder nur die Webfäden mit ihrem Webschwert kappt, belässt der Maler in der Schwebe. Wenig geistlicher Ernst ist auch in den neun leidenschaftlichen Minneliedern Rosts zu spüren. Selbst wenn er von *engelsanc* spricht, denkt er nicht an die himmlischen Heerscharen, sondern an den zärtlichen *umbevanc* der Dame. Offensichtlich interessierten ihn auch in seinem Leben mehr die Einnahmen als Pfarrherr, denn das Seelenheil seiner Gemeinde, ist er doch nahezu lückenlos in Zürich urkundlich belegt.

Das Wappen im Codex Manesse weist Wernher von Teufen dem Geschlecht von Alt-Teufen zu. Der einzige bekannte Vertreter des Namens urkundet im ersten Drittel des 13. Jh.s. In seinen vier konventionellen Minneliedern bedient er sich zwar des topischen Arsenals wie Natureingang, Minneklage und Minnepreis, kombiniert diese Elemente aber in ungewöhnlicher Form. Ein Sangspruch ist als Rätsellied angelegt, dessen Schluss der Forschung selbst Rätsel aufgibt. Verbirgt sich hinter den Worten *triôs, triên, trissô* (Lied 5) ein raffiniertes Anagramm oder ist es ein parodistischer Angriff gegen die gelehrten Meister?

Aus Rapperswil stammen Wernher von Homberg und Albrecht, Marschall von Raprechtswil. Während letzterer nicht näher bestimmbar ist, ist das Leben Wernhers gut dokumentiert. Es war ein kurzes, kriegerisches Leben, das ihn nach Preußen und Italien führte, ihm eine längere Gefangenschaft, aber auch den einträglichen Flüeler Zoll einbrachte. Sein Tod 1320 wird in einer allegorischen Totenklage von Frau Minne, Frau Ehre und Frau Tugend intensiv bedauert, zwei Chroniken (Niklaus Jeroschin und Mathias Neuenburg) loben seine Taten. Ungewöhnlich sind auch seine Lieder. Biographische Reflexe sind nicht zu übersehen. Wenn er als einziger aller Minnesänger aber bekennt, die Dame seines Herzens sei verheiratet und er dem »tiuvel« von Ehemann alles nur erdenklich Schlechte wünscht (Lied 6), dann ist dies eher die Aufnahme eines Motivs aus der Trobadorlyrik denn eigenes Erleben.

Ein Heinrich von Frauenberg findet sich in Urkunden aus Pfäfers und Reichenau in den Jahren 1257–66, ein anderer 20 Jahre später. Welcher von beiden das Tagelied und die einfach gebauten Minneklagen geschrieben hat, muss offen bleiben.

Heinrich von Sax ist zwischen Werdenberg und Buchs zu Hause. Das im Codex Manesse verwendete Wappen weist auf Heinrich III., den Onkel des ebenfalls in der Liederhandschrift vertretenen Eberhard von Sax. Tenor seiner vier Minnelieder und des Tanzleichs sind die Klage über den Verlust der Freude und des »hohen muot«, traditionelle Motive des Hohen Sangs.

Das Geschlecht Konrads von Altstetten, bei dem es sich nur um den 1268 urkundlich belegten Konrad handeln kann, hatte das Meieramt in St. Gallen inne. Seine vier Lieder – eine Minnekanzone, drei Lieder mit Tanzliedcharakter – weisen Ähnlichkeiten mit Liedern anderer Dichter auf, die im Zürcher Umkreis anzusiedeln sind.

Der Truchseß Ulrich von Singenberg ist mit einem 36 Lieder umfassenden Oeuvre neben Johannes Hadlaub zweifellos der bedeutendste Schweizer Minnesänger. Als Dichter kommt nur Ulrich III. in Frage, der erstmals 1209 urkundlich auftaucht und in den 30er Jahren gestorben ist. Er war damit Zeitgenosse Walthers von der Vogelweide, dem er einen Nachruf widmete. Als erster nicht professioneller Dichter schreibt er – wie der Berufsdichter Walther – Minnelieder *und* Sangspruchstrophen. Minneklagen, Gesprächs- und Dialoglieder, Tagliedvariationen, parodistische Umformungen und eine ausgefeilte Formkunst belegen den souveränen und innovativen Umgang mit tradierten Formen. Seine Spruchdichtung richtet sich mahnend an nicht namentlich genannte Herrscher, in den beiden religiösen Liedern dominiert der vanitas-Gedanke. Reinmar von Brennenberg widmete ihm einen Nachruf.

Ebenfalls ein Hofamt nahm der Schenke Konrad von Landeck ein. Mit 22 Liedern gehört er ebenfalls zu den produktiven Dichtern. Sein heute nicht mehr erhaltener Stammsitz lag in der Nähe von Flawil, zwischen Ramsau und Buebenberg. Dank einer Spruchstrophe, in der auf die Belagerung Wiens durch Rudolf I. Bezug genommen wird (Lied V), lässt sich der Dichter als der Konrad identifizieren, der 1271–1306 in Urkunden auftritt. Er beherrscht das sprachliche und formale Repertoire des Minnesangs, arbeitet aber erstaunlich wenig mit poetischen Bildern. Frauenpreis herrscht gegenüber der Minneklage vor.

Kraft von Toggenburg stammt aus dem Gebiet zwischen Gonzen und Müselbach, südlich von Wil. Auch wenn man bei den drei urkundlich belegten Namensträgern am ehesten zu Kraft II. tendiert, ist letzte Sicherheit nicht zu erhalten. Die sieben Lieder sind konventionelle Minneklagen eines adeligen Dilettanten.

*Das historisch-politische Lied*

Nirgends finden sich so viele Lieder, die sich mit historischen Ereignissen auseinandersetzen wie in der Schweiz. Das wahrscheinlich älteste historische Volkslied – wie diese Gattung nicht unproblematisch seit dem 19. Jh. genannt wird – handelt bereits im 13. Jh. von einem Friedensschluss der beiden Städte Freiburg und Bern. Offensichtliche Parteigänger Berns lassen einige Jahrzehnte später im *Lied vom Güminenkrieg* (1331/32) die alte Feindschaft mit Freiburg wieder aufleben. Vor allem der Sieg bei Sempach (1386) löst dann eine wahre Flut von Liedern aus, in denen ansatzweise ein Bewusstsein für eine nationale Identität greifbar wird. Das wohl erst im 16. Jh. verfasste *große Sempacherlied* ist dabei von besonderer Bedeutung, weil es erstmals die Sage der heldenhaften Tat Winkelrieds darstellt. Es basiert auf dem sehr viel früher entstandenen *kleinen Sempacherlied*, das in der Chronik des Historiographen Melchior Ruß 1482 überliefert wurde. Im *Tellenlied* (um 1477) findet sich einer der frühesten Belege der Tellsage. Auch die Näfelser Schlacht (1388) fand Eingang in die Lieddichtung vor allem des 15. und 16. Jh.s. Mathis Zolner, der Verfasser mehrerer Lieder über die Burgunderkriege, bedient sich im *Murtenlied* aus dem Jahr 1476 biblischer Vergleiche, um die Bedeutung dieser Schlacht zu unterstreichen, und stilisiert die Schlacht gegen die Burgunder zum Kampf gegen die Gottlosen, aus dem die Eidgenossen mit Gottes Hilfe siegreich hervorgehen, denn »Gott woltz nit mer vertragen / sin straf tet Gott zuhand / durch den grossen pundt genant« (B. M. Buchmann).

Im 16. Jh. ist mehr und mehr eine Tendenz zum Rückzug von der politischen Weltbühne zu beobachten. Das um 1514 entstandene *Bruder-Klausen-Lied* ruft dezidiert zur Besinnung auf die eidgenössischen Werte – Eintracht und Schlichtheit – auf. Niemand solle sich blenden lassen vom Geld der Mächtigen und der »frömden Herren müssig gon«. Ganz ähnlich warnt 1557 Hans Rudolf Manuel in seinem Lied *Hübsch nüw Lied, vnnd frundtliche warnung, an ein Lobliche Eydgnoschafft* vor der Übernahme neuer Sitten, wie sie in Deutschland Mode geworden sind. Das Bild des aufrechten, einfachen Bauern als Prototyp des Schweizers verfestigt sich zusehends. Im Entleburger Bauernaufstand 1653 wird dieser nationale Mythos dezidiert propagandistisch eingesetzt: In alteidgenössischem Gewand verkleidet beschworen die Anführer als die drei Tellen ihren Bund und erinnerten an Nikolaus von Flüe. Vermittlern der gegnerischen obrigkeitlichen Partei wurde bei ihrem Rückzug das *Tellenlied* (um 1477) hinterhergeschmettert.

*Barocke Casuallyrik*

Die barocke Lyrik in der Schweiz ist so gut wie unerforscht. Die wenigsten der zu allen nur denkbaren Gelegenheiten verfassten Gedichte sind bisher ediert. Und auch von dem wohl bekanntesten Dichter seiner Zeit, von Johann Grob, sind nur seine Epigramme in verschiedenen älteren Ausgaben greifbar. Grob stammt aus einer angesehenen Toggenburger Familie, erhielt eine sorgfältige humanistische Ausbildung, trat als Soldat in die Schweizer Leibgarde des Kurfürsten Johann Georg II. von Sachsen ein, begab sich 1664 nach seiner Entlassung auf ausgedehnte Bildungsreisen in ganz Europa, um Ende der 60er Jahre nach Gobtenschwyl zurückzukehren, wo er 1670 Landeskommissär wurde. Aufgrund konfessioneller Auseinandersetzungen siedelte er 1675 nach Herisau über. 1690 gelang es ihm, das Embargo des deutschen Kaisers gegen die Ostschweiz aufzuheben und diesen mit einigen Huldigungsgedichten so für sich einzunehmen, dass er ihn in den Adelsstand erhob. Seine satirischen und lehrhaften, in Alexandrinern geschriebenen Epigramme stammen aus seinen Reisejahren, 1678 erschienen sie erstmals im Druck. Sie zeigen ein großes Spektrum in Form und Inhalt. Knappe, pointiert formulierte Zweizeiler stehen neben ausführlichen Verserzählungen, bereits aus der Antike bekannte Rollenklischees mischen sich mit aktueller Polemik zu Modeströmungen. Daneben finden sich kurze Gedichte, in denen er von ihm bereiste Städte und Länder charakterisiert und darin auch autobiographische Bemerkungen einflicht.

# Epik

## Höfischer Versroman

Nur zwei höfische Romane haben mit Sicherheit einen Schweizer Autor: Der *Lanzelet* des Ulrich von Zatzikhoven und der *Reinfried von Braunschweig* eines anonymen Dichters, der sich aber als Ostschweizer, nicht dem Adel entstammender Mann (»âne geburt«) zu erkennen gibt. Was ihn bewog, den Welfen Heinrich den Löwen in dem nach 27 627 Versen unvollendet abbrechenden, fabulös ausgeschmückten und mit lehrhafter Moralisierung begleiteten Minne- und Abenteuerroman zur gerühmten Hauptperson zu machen, ist nicht erkennbar.

Wahrscheinlich aus dem heutigen Zäzikon stammt Ulrich, den man mit dem 1214 in einer St. Galler Urkunde auftauchenden Leutpriester von Lommis identifiziert. Allerdings sind in der jüngeren Forschung Zweifel an dieser Herkunft geäußert worden. Den Stoff des Artusritters Lanzelet will er von einem Engländer erhalten haben, Huc von Morville, der 1194 als eine der Geiseln für Richard Löwenherz gestellt wurde. Der Roman ist die erste deutschsprachige Bearbeitung des beliebten Stoffes und entstand nur unerheblich später als der *Iwein* oder *Erec*. Von diesen unterscheidet er sich insofern als er deren Strukturmodell nicht übernimmt. Lanzelet ist nicht der Krisenheld, sein Aufstieg ist ohne Brüche. Erzogen von einer Meerfee zieht er in die Welt, um seinen Namen zu erfahren. Der »wipsaelige man« besteht diverse Abenteuer und wird in die Artusrunde aufgenommen. In einem zweiten Âventiure-Zyklus bestätigt er seine Qualitäten und gewinnt schließlich Frau und Herrschaft.

Glauben wir dem Codex Manesse, dann würde auch einer der berühmtesten mittelalterlichen Epiker, Hartmann von Aue, in eine Schweizerische Literaturgeschichte gehören. Denn das ihm in der Miniatur beigegebene Wappen weist ihn den seit 1238 urkundlich belegten Thurgauer Ministerialen von Wespersbühl zu. Beweisen lässt sich damit nichts, kann die Wahl des Wappens doch auch im Interesse der Kompilatoren begründet sein, den berühmten Dichter der näheren Heimat zuzuschlagen oder gar den Zähringer Adlern nachgebildet sein. Die neuere Forschung sieht ihn denn auch eher in deren Umkreis.

Zweifellos alemannischer Herkunft ist Konrad Fleck, der in seinem Roman *Flore und Blancheflur* die weit verbreitete Liebes- und Leidensgeschichte des heidnischen Königsohns Flore und der am selben Tag geborenen Blancheflur, Tochter eines christlichen Gefangenen erzählt. Doch auch bei ihm ist nicht zu ermitteln, ob es sich um einen Elsässer oder womöglich um einen Basler handelt.

### Prosaroman

War bisher die epische Erzählung ausschließlich Versdichtung, so setzt sich im 15. Jh. der Prosaroman durch. Einer der ersten und erfolgreichsten ist die *Melusine* des Thüring von Ringoltingen. Thüring, der Berner Schultheiß, Mitglied des großen Rats, Pfleger des Münsterbaus und Diplomat hatte zwar schon 1456 die bearbeitete Übersetzung eines französischen Versroman von Couldrette abgeschlossen, erstmals gedruckt wurde der Roman aber erst 1474. Viele Nachdrucke folgen. Der Autor stammt aus einem angesehenen Geschlecht, das bis Anfang des 15. Jh.s »Zigerli« hieß, sich dann aber mit dem Namen Ringoltingen des bereits ausgestorbenen Geschlechts nobilitierte. Als Stifter des Dreikönigsfensters im Berner Münster bekunden er und seine Familie den Willen zu adeliger Repräsentation. Auch der Roman ist in diesem Kontext anzusiedeln. Gewidmet ist er dem Grafen von Neuchâtel, Rudolf von Hochberg, der glänzende Verbindungen zum burgundischen Hof besaß, einem der wichtigsten politischen und kulturellen Zentren der damaligen Welt. Der Roman, der den sagenhaften Ursprung des adeligen Geschlechts derer von Lusignan erzählt, war durchaus geeignet, solch politisch bedeutsame Kontakte zu festigen und den Anspruch auf Partizipation an der höfisch-exklusiven Lebensform zu markieren. Eine »frömde« und »aventürliche« Geschichte erzählt Thüring, deren Kernfabel – Verbindung zweier Menschen mit einem überirdischen Wesen – aus vielen Kulturen bekannt ist. Melusine, die Fee in Menschengestalt, die sich jeden Samstag im Bad nabelabwärts in einen Drachen verwandelt, ist aber kein Dämon, wie in früheren lateinischen Bearbeitungen, sondern eine überaus fromme, christlich denkende und handelnde Frau. Sie gebiert dem Gründervater der Lusignans acht Söhne, die alle bis auf den jüngsten ein signifikantes Körperzeichen tragen. Nachdem Raymond zweimal das Tabu, am Samstag nicht nach ihr zu forschen, bricht, muss sie ihn verlassen. Erst danach wird das Geheimnis um sie und ihre Herkunft von ihren Söhnen aufgedeckt. Das Grundmotiv der ›gestörten Marthenehe‹ wird so um viele Elemente erweitert. Mit dem vier Generationen umfassenden Geschehen, mit parallelen Handlungssträngen, zeitlichen Vor- und Rückblenden, dazwischen gesetzten Episoden, einem breiten geographischen Raum sowie eingeschobenen lehrhaften Kommentaren integriert Thüring das Wunderbare und Phantastische vergangener Welten in den empirisch erfassbaren Geschichtsablauf und ›beweist‹ die Faktizität der *histori*, wie alle Autoren der Frühen Neuzeit ihre Romane nennen.

Als »ware und gerechte history« bezeichnet auch Wilhelm Ziely, ebenfalls Berner Bürger, seinen Roman *Olivier und Artus* (1521), während er den *Valentin* als Aufmunterung für »schwermütige menschen« versteht und explizit darum bittet, nicht alles für wahr zu halten. Beide Erzählungen gehören zum Typ Freundschaftssage. *Valentin*, der die äußerst verschlungenen Abenteuer eines von einer Bärin geraubten und als sprachlosen Waldmenschen aufwachsenden Knaben Orsin und dessen höfisch erzogenen Zwillingsbruders erzählt, wurde zu einem beliebten Fastnachtspiel, dessen Aufführung sogar in Brueghels berühmtem ›Wimmelbild‹ *Vom Streit der Fastnacht mit der Fasten* zu erkennen ist. Eine nur als Fragment erhaltene *Cleomades*-Erzählung deutet darauf hin, dass in Bern großes Interesse an der neuen Romanform bestand.

In der Prosaauflösung verschiedener mittelalterlicher Versromane wird in den *Zürcher Legenden* (1474/78) der Versuch unternommen, tradierte Stoffe zu einem Zyklus zu vereinen.

*Verbindung von ›Fiktionalität‹ und Faktizität*

Thüring von Ringoltin-
gen: *Melusine* – Raymond
übertritt das Verbot, Me-
lusine im Bad zu sehen ein
erstes Mal und erschrickt,
als er »sahe das sein weib
vnd gemahel in einem pad
nacket saß /vnd sy was
von dem nabel auff der-
massen vnd vnaußsprech-
lich ein schoen weiplich
pilde von leyb vnd von
angesicht vnseglichen
schoen /Aber von dem
nabel hinab do was sy ein
grosser langer veyntlicher
und vngehewrer wurmes
schwancz von ploer lasur
mit weisser silberin
varbe«

## Heldenepos

Viel diskutiert und umstritten ist die Frage nach der Herkunft des lateinischen Heldenepos *Waltharius*. Laut Ekkehard IV. soll sein Mitbruder Ekkehard I. als junger Mann das Leben des Waltharius Starkhand (manu fortis) in
gebundener Rede geschrieben haben, die von ihm eigenhändig überarbeitet
wurde. Der überlieferte Waltharius ist aber keine Vita im eigentlichen Sinn,
auch fällt der Name ›Starkhand‹ nie. In einem Prolog, der einigen Handschriften beigegeben ist, nennt sich ein Geraldus, der dem Bischof Echambal-
dus das Werk zur Kurzweil überreicht. Einen Gerald gab es zwar im Kloster
St. Gallen, aber auch anderswo. Die Verfasser- und damit die Herkunftsfrage
muss deshalb offen bleiben.

## Reimpaardichtungen: Fabel – Bîspel – Märe

Beliebte Erzählformen vor allem des Spätmittelalters waren kleinere Reimpaardichtungen mit meist belehrendem Hintergrund. Je nach Inhalt werden
sie verschiedenen Gattungen zugewiesen. Die Fabel, qua definitione eine un-
wahre Rede, weil sie – so Isidor von Sevilla – der Natur widerspricht, bedient
sich nicht-menschlicher, aber wie Menschen agierender Akteure, meist Tieren, aber auch Pflanzen und Steinen, aus deren Verhalten sich eine Lehre
ableiten lässt. Sie hat eine in die Anfänge der Literatur zurückreichende Geschichte und findet auch in Mittelalter und Früher Neuzeit vielfältige Verwendung. Die erste umfassende und geschlossene Sammlung in hochdeut-
scher Sprache entsteht in der Mitte des 14. Jh.s. Der Autor nennt sich Bonerius und dürfte identisch sein mit dem Berner Dominikanermönch dieses
Namens, der zwischen 1324 und 1350 urkundet und aus einem Berner
Handwerker- und Bauerngeschlecht stammt. Als Quellen für die 100 Fabeln
benutzt er zwei lat. corpora – den *Anonymus Neveleti* im ersten Teil (1–62),
Avian im zweiten Teil (63–91) – sowie moralisierende Reimpaardichtungen
aus der mittelalterlichen Exempelliteratur. Den Titel entwickelt Boner aus
der Eingangsfabel: Ein Hahn findet einen Edelstein auf dem Mist, wirft ihn

aber weg, weil er nichts damit anfangen kann. Das Epimythion dazu lautet: Nur der Kluge weiß mit den Edelsteinen der folgenden Fabeln umzugehen. Deren Ziel ist es, »kluogheit«, d.h. ein der jeweiligen politischen oder gesellschaftlichen Situation angemessenes Verhalten, zu vermitteln mit Hilfe des von Gott geschaffenen ›Buchs der Natur‹ und zwar nicht als »satirische Sittenpredigt«, sondern als »heitere natürliche Feststellung« (M. Wehrli). Auffallend ist die häufige Thematisierung von Freiheit, vielleicht ein Reflex auf die Hegemonialbestrebungen der Stadt Bern oder auch auf die z.T. angespannte politische Lage des Johannes von Ringgenberg, dem er sein Werk widmete.

Als der eigentliche »meister esopus« gilt Boner noch im 15. Jh. Die breite Überlieferung belegt die hohe Popularität der Sammlung. Abgesehen von den 32 mehrheitlich illustrierten Hss. ist _der Edelstein_ eines der ersten gedruckten Bücher überhaupt (Druckfassung: Bamberg: Albrecht Pfister, 1461). Und auch die germanistische Forschung hat sich früh mit ihm beschäftigt. Georg Scherz gibt ihn teilweise heraus, Breitinger fast vollständig. In den Fabeltheorien des 18. und 19. Jh.s nimmt der _Edelstein_ einen gewichtigen Raum ein.

Eine Nachfolge hat Boner im sog. _Schweizer Anonymus_ gefunden. Der zwar eindeutig aus der Schweiz stammende, aber nicht lokalisierbare Autor schreibt Boners Sammlung ab und fügt ihr 21 eigene Reimpaardichtungen an, die über Boner insofern hinausgehen, als nur fünf Erzählungen der Fabel zugeordnet werden können, deren didaktischen Aspekt er gegenüber Boner sehr viel mehr herausarbeitet. Die anderen Texte verteilen sich auf fünf Mirakelerzählungen und zwölf Mären, die sich vor allem dahingehend von der Fabel unterscheiden, als sie ausschließlich mit menschlichem Personal arbeiten. Sechs davon stehen dem Bîspel nahe, d.h. einer Erzählung, die der Auslegung und Deutung des vorgeführten Illustrationsmaterials breiten Raum gibt. Fünf Mären lassen sich dem schwankhaften Typ zuordnen. Skatologisches verbindet sich mit derber Sexualität und typisierter Figurenkomik. Das literaturhistorisch interessanteste Märe ist der _Pfaffe im Käskorb_, in dem das einzige Mal in der mittelalterlichen Kleinepik ein Lied eingelagert ist, die freche Parodie eines Prozessionslieds. Die Ehefrau des zu früh heimgekehrten Mannes singt es und macht ihren Liebhaber, den Pfarrer, so darauf aufmerksam, dass das, was »im bi sinen beinen gewachsen was« aus dem Käsekorb, in den er sich geflüchtet hat, heraushängt. Auf diese Weise kann sich der Pfarrer gerade noch der Entdeckung entziehen und fliehen.

Nicht ein ehebrecherischer Pfaffe, sondern ein Ritter wird im Märe _Der Ritter underm Zuber_ versteckt und dank des Einfallsreichtums seiner verheirateten Geliebten gerettet. Im Abdruck einer Handschrift gibt sich der Autor als Jacob Appet zu erkennen. Der Name weist auf seine Herkunft in oder um Zürich. Wohl im Rückgriff auf das Märe zitiert der Autor des _Reinfried von Braunschweig_ ihn als Kenner weiblicher List und Unverfrorenheit.

Bertschi Triefnas und Mätzli Rüerenzumpf, zwei einfältige Dörfler aus Lappenhausen beschwören in ihrer törichten Liebe einen Krieg apokalyptischer Ausmaße herauf. (Heinrich Wittenwiler: _Der Ring_)

## Satire und Parodie

Der _Ring_ des Heinrich Wittenwiler, ein komisch-didaktisches Epos, gilt als das erstaunlichste und überwältigendste Erzählwerk des Spätmittelalters. Er hatte keine Vorbilder, keine Nachfolger, aufgrund der unikalen Überlieferung wohl auch nicht viele Rezipienten und entzieht sich letztlich jeder eindeutigen Gattungszuordnung. In farbigen, drastischen, oft derb-obszönen Bildern schildert er die Werbung des Bertschi Triefnas um Mätzli Ruerenzumpf und deren Hochzeit im Dorf Lappenhausen, die in einen Krieg ausartet, der apokalyptische Ausmaße annimmt. Dazwischen gesetzt sind belehrende Passagen zu allen nur denkbaren Lebenssituationen eines gebildeten Laien: Tischzuchten (ex negativo), Ehelehren, Glaubensfragen, Kriegslehren und vieles mehr bieten zusammen mit der Handlung ein buntes Panoptikum des Weltwissens mit einer deutlich negativ geprägten Sicht auf das weltliche Treiben. Einmalig in mittelalterlicher Literatur und durchaus verwirrend für den Leser setzt Wittenwiler graphische Elemente ein – grüne, bzw. rote Randlinien – zur Unterscheidung von ernsthaften und unterhaltenden Partien.

Die Familie Heinrichs stammt aus dem Weiler Wittenwil im oberen Murgtal im Thurgau. Heinrich ist wahrscheinlich identisch mit dem adeligen Advokaten, der in den Jahren 1387–95 urkundlich als Meister auftritt, d.h. über eine akademische Bildung verfügt, und in einem undatierten Nekrolog als Hofmeister am Bischofshof zu Konstanz bezeugt ist. Er lebte in einer ausgesprochenen Krisenzeit. Unruhen ergaben sich aus der 1370 eingeführten vollen Gleichberechtigung der Zünfte in der Politik und aus dem Bündnis der Bauern der Region mit der Eidgenossenschaft gegen die österreichischen Herren und ihre adeligen Verbündeten. Dem Sieg der Bauern im sog. Appenzellerkrieg 1403 folgte zwar 1408 deren Niederlage und die Auflösung des Bundes, doch mit der Aufnahme Appenzells und kurz darauf St. Gallens in die Eidgenossenschaft blieben die Spannungen bestehen. Ganz generell werden die Gegner des Adels in den Chroniken der Zeit als »gepuren« bezeichnet, und auch wenn nur eine ungefähre Datierung zwischen 1360 und 1414 möglich ist, dürften sich im *Ring* die genannten Ereignisse aus der Sicht eines Anhängers der Adelspartei spiegeln. Anspielungen auf historische Personen sprechen ebenso dafür wie die explizite Nennung gerade der Gegenden, die früh an der Bauernerhebung beteiligt sind. Sogar die fiktiven Ortsbezeichnungen lassen sich heute noch als Ortsnamen im Toggenburg auflösen.

*Geschichte in Geschichten*

Eine »gottgefällige Satire« solle man Sebastian Brants *Narrenschiff* nennen, schlägt Trithemius, der Sponheimer Abt und Zeitgenosse des Autors vor. Als Ausgangspunkt einer neuen Literaturgattung, der Narrendichtung, gilt es heutiger Literaturwissenschaft. 1494, in der Basler Zeit des Dichters, Rechtsprofessors und Humanisten ist die Sammlung von 112 Bildgedichten erschienen. In Latein und verschiedene Volkssprachen übersetzt, wurde es in kürzester Zeit zum europäischen Bucherfolg. Vorgeführt werden alle Formen menschlicher Schwäche und Lasterhaftigkeit, die sich jeweils in der Figur des Narren ikonographisch einprägsam abbilden. Büchernarren, Modenarren, alte Narren, geile Narren, Spottvögel, Weibernarren und viele mehr bevölkern das Schiff als bekanntes Sinnbild des vergänglichen und gefährdeten irdischen Lebens. Der fressende, saufende und hurende Sankt Grobian des 72. Kapitels ist Vorlage der im 16. Jh. modisch werdenden grobianischen Literatur.

*Narrendichtung*

Die Satire hat nicht nur Niklaus Manuel als Kampfmittel für Anhänger und Gegner der Reformation erkannt. Eine Antwort auf sein *Testament* ist *Des alten Bären Testament*, das Thomas Murner 1528 in seiner Luzerner Zeit verfasste. Eine Verssatire *Das Kegelspiel* (1522) vertritt ebenfalls die katholische Seite. Im Zusammenhang mit der ersten Zürcher Disputation vom 29. Januar 1523 dagegen steht eine Schrift mit dem Titel *Gyrenrupfen*, in der sich sieben Handwerker zu Zwinglis Thesen bekennen.

Als »Beschreibung einer Reiß, so zween Exulanten durch Heuteliam gethan« kündigt der vermutliche Verfasser, Hans Franz Veiras seine Satire über die Schweiz an (*Heutelia*, 1658). Die Schweiz erscheint in den Augen der Reisenden als gänzlich unbekanntes Land in der ›Neuen Welt‹, in der sie sich alle Informationen erfragen müssen. Werden dabei die Religionsfragen sehr moderat abgehandelt, so stellt sich das Staatswesen als korrupt und willkür-

*Utopie*

lich dar. Der Einfluss der *Utopia* des Thomas Morus ist nicht zu übersehen, besonders deutliche Parallelen aber sind zur *Icaria* (1637) des Jesuiten Johannes Bisselius zu erkennen.

### Allegorische Lehrdichtung

Die Schachallegorie gehört zur Großform der Lehrdichtungen. Mit Hilfe der Schachfiguren beschreibt sie das Verhältnis und die Hierarchien der einzelnen Stände oder auch Berufsgruppen und gibt damit einer bestehenden Gesellschaft Regeln für ein geordnetes Zusammenleben. Sie geht auf den italienischen Dominikaner Jacobus de Cessolis zurück, der um 1300 erstmals einen Prosatraktat *Über das Verhalten der Menschen und über die Pflichten der Adeligen anhand des Schachspiels* schreibt (De moribus hominum et de officiis nobilium super ludo scaccorum). Auch Konrad von Ammenhausen orientiert sich in seinem 1337 abgeschlossenen *Schachzabelbuch* an dieser Vorlage. Mit seinen 19 336 Versen ist es die umfangreichste, mit 27 Handschriften auch die offensichtlich meistgelesene Schachallegorie. Verschiedene spätere didaktische Werke sind von ihr beeinflusst. Vor allem kulturgeschichtlich interessant sind die Erweiterungen, die der beim Abschluss seines Buches »niht gar alt[e]« Mönch und spätere Leutpriester bäuerlicher Herkunft aus Stein a. Rhein vornimmt. Deutlich verstärkt ist die Belehrung, welche er aus eigener Erfahrung und Beobachtung gewinnt, breiter ausgeführt ist die Allegorese und zugefügt sind 18 Exempel.

*Allegorie des Schachspiels*

## Das Drama

›Sonderfall Schweiz‹, für das mittelalterliche und frühneuzeitliche Drama trifft dieses Diktum in positivem Sinn zu. Denn in der Schweiz ist nicht nur eine gegenüber anderen deutschsprachigen Regionen überdurchschnittliche Produktion und Aufführungsdichte zu erkennen, auch die aufgegriffenen Themen und Formen unterscheiden sich beträchtlich. Man kann durchaus mit Baechtold einig gehen, in der Schweiz die Geburtsstätte des mittelalterlichen Dramas zu sehen. Er zählt über 200 Spieldarbietungen aus allen größeren Städten auf. Die vielen, noch in den Archiven lagernden und bis heute nicht edierten Spieltexte lassen aber vermuten, dass die Spielfreudigkeit noch sehr viel höher anzusetzen ist. Gespielt wurde auf Simultanbühnen mitten in der Stadt. Die Schauspieler rekrutierten sich aus den angesehenen Bürgern. Erhaltene Spielerlisten – vor allem in Luzern – belegen, welch repräsentativer Wert einer Rolle im Spiel zukam. Das 16. Jh. ist die Blütezeit geistlicher wie weltlicher Spiele, nicht zuletzt deswegen, weil zunächst Reformierte wie Altgläubige das Theater als geeignetes Medium für politische und konfessionelle Agitation sowie moralische Belehrung entdeckten. Seit der Mitte des 16. Jh.s verstärken sich allerdings in den reformierten Städten die theaterfeindlichen Tendenzen. Die dabei ins Feld geführten Argumente fasst der Zürcher Antistes (der Vorsteher des Kirchenkonvents) Johann Jakob Breitinger in seiner Schrift *Bedenken von Comoedien und Spielen* zusammen, die 1624, d.h. im selben Jahr wie die Poetik des Martin Opitz erschien. Er bemüht alle nur denkbaren Autoritäten, von der Bibel über die Kirchenväter bis zu den Reformatoren, um die Zürcher Jugend, die bei Bildungsaufenthalten in anderen Städten wohl mit der ausgeprägten jesuitischen Schultheaterkultur in Berüh-

*Schweizer Vielfalt*

rung gekommen war, von deren Gefährlichkeit für das Seelenheil zu überzeugen. Nur ein Spiel will er gelten lassen, das Spiel, in dem jedem Einzelnen auf Erden seine Rolle nach dem göttlichen Willen zugewiesen ist: das theatrum mundi, denn alles weist darauf hin,

*theatrum mundi*

> daß der allmächtige Gott noch grosses vorhabe / vnnd daß er der Welt noch Comoedien und Tragoedien gnůg zeigen werde / ehe diser Krieg / leidige thewrung / vnnd seinerzeit die Pestilentz ihre person verträtten haben vnnd feyrabend machen werdend [...] Vnd so vnser ein jeder sich fleissen wirt vor Gott vnd der Welt zů præsentieren vnd zůverträtten die Person eines widergebornē rechtschaffnen Christē/ da neherend wir vns vngezweiflet der aller herrlichisten ewig wårenden Comoedi in dem himmelischen *Amphitheatro*.

In Zürich zeitigte die Schrift Wirkung. Bis 1760 wurde dort kein Drama mehr aufgeführt. In St. Gallen aber erfolgte Widerspruch durch den Rektor des Gymnasiums, David Wetter. In Form einer Disputation zwischen drei Lateinschülern wird das pro und contra des Theater Spielens sorgfältig abgewogen, um schließlich zu dem Schluss zu kommen, der auch in Deutschland dem protestantischen Drama zur Blüte verhalf: Das Theater ist eine Schule des Lebens, weil es auf die gottgewollte Gesellschaftsordnung, auf die Nichtigkeit und Vergänglichkeit alles Irdischen und das trügerische Glück verweist sowie hilft, soziale Rollen einzuüben.

## Geistliche Spiele

Seinen Anfang nimmt das mittelalterliche Drama im Kultraum der Kirche. Aus der Osterliturgie heraus entwickelten sich erste Spielformen, die visuell und akustisch einprägsam die Auferstehung vor den Augen der Gläubigen inszenierten. Mit der Ausweitung der liturgischen Spielszenen verändern diese sich zu selbständigen Osterspielen, die ihre Bühne nun vor der Kirche, auf dem Marktplatz, seltener auch im Kloster- oder Burghof finden und vor einem höfisch-bürgerlichen Publikum in deutscher Sprache aufgeführt werden. Das erste, wenn auch nur als Fragment überlieferte Spiel dieser Art ist das *Osterspiel von Muri*, dessen unbekannter Autor in Zürich oder auch im Aargau zu suchen sein dürfte. Datiert wird es auf ca. 1240–60. Ursprünglich muss es sich um eine ca. zwei Meter lange Soufflierrolle gehandelt haben, die in späterer Zeit zerschnitten worden war und zwei Bibeleinbänden als Stabilisierung diente. Inhaltlich folgt das Osterspiel den Gattungsvorgaben:

*Das Osterspiel*

> Nach dem verlorenen Anfang führt uns der Text mitten in die Lohnverhandlungen zwischen Pilatus, den Juden und den Grabwächtern. Der Oberrichter Pilatus fordert das Volk auf, seine Rechtsfälle zu präsentieren, und verabschiedet es dann. Unter mächtigem Donner- und Blitzschlag, über den die tiefbestürzten Wächter disputieren, vollzieht sich die Auferstehung Christi. Die Wächter werden zu Pilatus gerufen, der sich mit den Juden nun darüber berät, was zu tun ist, schließlich geht es ums Ansehen der Machthabenden. Wieder ist von Geld die Rede, die Wächter lassen sich ihr Schweigen teuer bezahlen (Pilatus- und Wächterszene). Gleich anschließend erscheint der Krämer vor Pilatus, und erneut wird um Geld verhandelt, diesmal um die Verkaufslizenz, die der Salbenverkäufer gegen das Versprechen, Pilatus am sicherlich üppigen Profit teilhaben zu lassen, erhält. Verkaufsfreudig preist der Krämer sein lustförderndes Sortiment den Liebesbereiten beiderlei Geschlechtes an; den Frauen eher Make-up und den Männern Potenzsteigerndes und Geschenke für die Umworbene. Abrupt folgt nun im Textfragment das Teufelsspiel, in dem sich Christus dem Höllenfürsten als Befreier aller in der Hölle weilenden Altväter, also der Menschen aus alttestamentlicher Zeit, zu erkennen gibt. Diese flehen ihren Erlöser auch sogleich mit einem lateinischen Wechselgesang an, sie ja nicht im Stich, das heißt im Höllenschlund, zu lassen. Der Auferstandene reicht den armen Seelen die Hand und

zieht sie aus der Hölle (Christi Höllenfahrt). Gleich darauf begegnen sich der
Krämer und Maria Magdalena, die Salböl für den Totendienst kauft (Krämer-
szene). Dann spricht der Engel die drei Frauen an und fragt sie nach ihrem
Grund, so früh morgens ans Grab zu kommen, worauf sie ihm Auskunft geben
und vom Engel von der Auferstehung erfahren (Kernszene Quem-quaeritis-Tro-
pus). Nach einer weiteren Lücke schließt sich eine ausführliche, sehr anrührende
Anrede der Maria Magdalena an den ihr begegnenden Christus an (Hortolanus
Szene), in dem sie das von ihm erfahrene Heil preist und ihn beschwört, es der
ganzen sündigen Menschheit zu schenken. In den letzten Zeilen des schlusslosen
Fragments versichert Christus der treuen Magdalena des rettenden Beistands.

Bemerkenswert am *Osterspiel von Muri* ist nicht das *was*, sondern das *wie*
der Darstellung. Und dieses ›wie‹ ist untypisch für die Gattung. Ohne er-
kennbare Zwischenstufe haben wir es hier mit einem Rededrama zu tun, in
dem die liturgischen Gesänge – soweit erkennbar – in den Hintergrund gedrängt sind, die Schauspieler sprechen in vierhebigen Reimpaarversen, wie
sie aus der höfischen Dichtung bekannt sind, höfisch-ritterliche Werte und
deutlich bürgerlich-merkantile Akzente stehen nebeneinander. Ein Einfluss
auf spätere Osterspiele ist nicht zu erkennen.

*Das Spiel als*      Am *Luzerner Osterspiel* lässt sich in einmaliger und exemplarischer Weise
*städtischer Großanlass*    die Entwicklung vom ursprünglichen Osterspiel zum umfassenden heilsge-
schichtlichen Drama zeigen, das mit der Schöpfung beginnt und im Pfingst-
wunder endet. Wie kein anderes erlaubt es einen Einblick in die städtische
Theaterkultur. Achtzehn Aufführungen sind zwischen 1453 und 1583 bezeugt. Bekannte frühneuzeitliche Dramenautoren haben Regie geführt – Hans
Salat (1538), Zacharias Bletz (1545 und 1560) und Renward Cysat (1583)
– und das Spiel zu einem städtischen Großanlass gemacht, an dem 300 Rollen mit mehr als 12 000 Versen für ein zweitägiges Dauerspektakel gelernt
werden mussten.

*Weltgerichtsspiele*      Noch größere Dimensionen hatte das *Luzerner Antichrist- und Weltgerichtsspiel*, das 1549 Zacharias Bletz auf der Grundlage älterer Vorlagen
verfasste und inszenierte. Drei Tage dauerte das überaus effektvolle Spektakel, das deutlich antireformatorisch polemisiert. Der Antichrist ist – wie auch
in Streitschriften üblich – der konfessionelle Gegner und tritt daher im Gewand des Reformators auf. Seine Anhänger gründen ihren Reichtum auf
Kirchen- und Klosterdiebstahl.

Lokalkolorit zeichnet das *Churer Weltgerichtsspiel* aus, das 1517 wahrscheinlich mit dem *Churer Antichristspiel* aufgeführt wurde. So tritt der Hl.
Florinus, der zweite Diözesanpatron von Chur auf und eine Regianweisung
nennt einen dort 1504 arrestierten Ulrich Thomali. Gegenüber dem in derselben Donaueschinger-Rheinauer Tradition stehenden, sehr viel früheren und
auch kürzeren *Berner Weltgerichtsspiel* (1462) ist es in fünf Akte eingeteilt,
die jeweils von einem precursor eingeleitet werden. Nur wenig jünger ist das
1467 von Hans Trechsel im St. Agneskloster in Schaffhausen verfasste
*Schaffhauser Weltgerichtsspiel*. Auf die auch noch im 17. Jh. andauernde
Beliebtheit dieser Spiele, in denen einerseits das göttliche Gericht und andererseits das Auftreten und der Fall des Antichrist thematisiert sind, weisen
zwei heute leider verschollene Spieltexte, das *Walenstadter Weltgerichtsspiel*
(1653) und *Wülkers Weltgerichtsspiel*, das vermutlich aus Bern stammt.

*Passionsspiele*      Eines der wenigen reformierten Passionsspiele ist *das lyden unsers Herren
Jesu Christ* des Arztes Jakob Ruf, in dem er z.T. wörtlich Passagen des vorre-
formatorischen *Zurzacher Passionsspiel* (1494, gedr. 1545) des Mathias
Gundelfinger übernimmt. Auch dieser Spieltyp scheint aber bereits sehr viel
früher in der Schweiz gepflegt worden zu sein. Erst kürzlich wurde das sog.
*Pfäferser Fragment* im Einband eines Gregorius-Codex entdeckt, das auf den

Anfang des 14. Jh. zu datieren ist. Gut ein Drittel des Textes dürfte erhalten sein. Interessant sind vor allem die außergewöhnlich lange Einführung durch den Proclamator, der den Bogen vom Sündenfall zur Passion spannt, sowie die teilweise Neumierung der Gesänge.

Noch im letzten Drittel des 13. Jh.s dürfte das *St. Galler Weihnachtsspiel* entstanden sein, das allerdings erst in einer fehlerhaften Lesefassung aus der Mitte des 15. Jh.s erhalten ist. Mit dem Fehlen des Kindelwiegens und der Herbergssuche, der Aufnahme seltener oder sonst gar nie vorkommender Szenen, z.T. pantomimisch neben den dialogischen Szenen ablaufenden Geschehnissen im Zeitraffertempo sowie der bis in die Regieanweisungen hinein ausschließlichen Verwendung der deutschen Sprache hebt sich auch dieses Spiel deutlich von üblichen Formen ab.

Im 17. Jh. zogen die mit Musik, Geschützdonner, ganzen Seeschlachten und Feuerwerk aufwendig inszenierten Einsiedler Wallfahrtsspiele die Aufmerksamkeit eines großen Publikums auf sich. Im 20. Jh. besann man sich auf diese Tradition und führt seither in regelmäßigen Abständen das von Calderon inspirierte, zuletzt von Thomas Hürlimann bearbeitete *Große Einsiedler Welttheater* auf.

*Weihnachtsspiele*

## Das weltliche Spiel

Auch beim weltlichen Spiel führen die Anfänge in die Schweiz. Das Spiel von *Herbst und Mai* ist in einer Schweizer Handschrift des späten 15. Jh.s erhalten. Sprachliche Merkmale deuten darauf hin, dass es auch in dieser Region entstanden ist und zwar wohl um 1350. Die Handlung ist einfach und geradlinig:

*Jahreszeitenspiel*

> Gotelint, die Tochter des Mai, wird vom reichen, gefräßigen Herbst entführt, sehr zu ihrem eigenen Vergnügen. Zwölf Ritter des Herbstes verteidigen sie gegen ebenso viele Getreue des erzürnten Vaters. Der Herbst mit seinen Bratwürsten und Weinfässern überwindet den zarten Frühling und behält Gotelint. Die Maßlosigkeit und Gefräßigkeit des Herbstes wird durch die sprechenden Namen seiner Mitstreiter unterstrichen: Vüllewîn (füll den Wein), Schlintenkrug (schluck den Krug), Lerbuch (Leerbauch), Huenerschlunt, Schluckendarm, Gensfraus usw. Ihnen stehen die lieblichen Mairitter entgegen: Rosenkranz, Lilienstengel, Minnegast, Morgenrot, die alle dem Minnedienst verpflichtet sind, gegen die rüden Methoden der Herbstritter aber keine Chance haben.

Ganz zweifellos handelt es sich hier um ein Jahreszeitenspiel, wie es aus rituellen Volksbräuchen bezeugt ist. Aber es ist bereits bis zur Unkenntlichkeit verwandelt, findet der Kampf doch nicht zwischen Winter und Frühling, sondern zwischen Herbst und Frühling statt und die rituellen Momente sind deutlich überlagert von parodierten Elementen höfischer Dichtung, so wie wir dies auch aus den Schlemmerliedern Steinmars kennen.

Genauso wie die geistlichen Spiele hat das Fastnachtspiel seinen festen Platz im Kirchenjahr. Aber anders als etwa im Nürnberger Fastnachtspiel, das allen Einwänden zum Trotz auch heute noch oft als allgemeinverbindlicher Prototyp gehandelt wird, verbinden die Schweizer Spiele damit weder einen eindeutigen Inhalt noch eine eindeutige Form. Geistliche und weltliche Themen werden kaum voneinander getrennt. Heiligenspiele, Bibeldramen, politische Spiele, Moralitäten und reformationspolemische Dramen sind gegenüber den ›klassischen‹ Reihen- und Handlungsspielen mit meist derb-komischem und/oder obszönem Inhalt in der Überzahl. Zeitgeschichte und Zeitkritik fließen in alle Spieltypen ein, ab dem 16. Jh. zeichnet sich mehr und mehr eine patriotisch orientierte Haltung ab. Die Aufführungen finden

*Fastnachtspiele*

nicht wie beim Nürnberger Spiel als kurze Darbietungen in Wirtshausstuben statt, sondern exklusiv auf öffentlichen Plätzen. Die Vielfalt der Themen und Motive sowie die strukturelle Heterogenität erschwerten eindeutige Zuweisungen zu bestimmten Typen. Sie seien bei der folgenden exemplarischen Auswahl nur als Orientierungshilfe verstanden.

*Heiligen- und Legendenspiel*

Das Heiligenspiel ist vor allem bei den Luzerner Jesuiten vertreten, allerdings in lateinischer Sprache. Deutschsprachige Heiligenspiele – *Bruder Klaus* (ca. 1624), *Sanct Stanislaus* (1620), *Heiliger Oswald* (ca. 1629) – sind Johannes Mahler zugeschrieben, einem aus Cham stammenden Priester. Breite Moralisierung, politischer Patriotismus und – im *Bruder Klaus* – die Ablehnung des Pensionenwesens zeigen eine gewisse Nähe zum fast 90 Jahre früher verfassten *Etter Heini* des protestantischen Jakob Ruf. Legendenspiele sind fast ausschließlich Schweizer Ursprungs. Mit großem finanziellem Aufwand wurden anlässlich der hundertjährigen Aufnahme Solothurns in die Eidgenossenschaft an zwei aufeinanderfolgenden Tagen die fünfaktigen Spiele *St. Mauritius* und *St. Ursus* (1581) aufgeführt, geschrieben von Hanns Wagner, alias Ioannes Carpentarius, einem Lehrer aus Solothurn, von dem neben zahlreichen lateinischen Texten und den genannten Dramen auch ein *Dreikönigsspiel* überliefert ist.

*Bibeldramen und Moralitäten*

Besonders beliebt waren Bibeldramen. Ein Großteil der namentlich bekannten Autoren hat mindestens eines verfasst. Ein *verlorener Sohn* ist überliefert von Johannes Salat (inszeniert 1533 in Luzern), Jakob Funckelin (1561), Jos Murer (kombiniert mit dem Acolastusstoff unter dem Titel *Der jungen Mannenspiegel*) und Johannes Kolross, der 1532 das Gleichnis mit dem Jedermann-Stoff und dem Totentanz-Motiv zusammenführt in *Ain schön spil von Fünfferlay betrachtnussen, den menschen zur Buß reizende*. Ebenfalls von Funckelin stammen *Loth und Abraham* (1552), *Ashaver und Esther* (1553), sowie *Susanna* (1565). Diese Vorliebe für weibliche Figuren ist angesichts der ausschließlich männlichen Schauspieler nicht ganz ohne Pikanterie. Und auch der Inhalt ist keineswegs dazu angetan, ausschließlich der religiösen Belehrung zu dienen: »eine ehrbare Schöne im Bade, zwei Lustgreise, zwei immer willkommene Gerichtsszenen, der Auftritt eines inspirierten Knaben und die Steinigung des Übeltäters – was wollte man mehr!« (M. Wehrli) Hans von Rüte wendet sich da eher unverfänglicheren biblischen Stoffen zu, nachdem seine tendenziösen Fastnachtsatiren in Bern nicht mehr erwünscht waren (1538 *Joseph*, 1540 *Gedeon*, 1546 *Noe*, 1555 *Goliath*). Die Spiele des Jos Murer basieren alle auf der Bibel, lehnen sich aber größtenteils an bereits dramatisierte Vorlagen an. U. a. erweitert er das *Zürcher Lazarusspiel* 1550 zur *gantz lustige[n] und nutzliche[n] Tragoedi [...] vom Rychen Mann und armen Lazaro*.

In der Themenwahl unterscheiden sich diese Dramen nicht von den deutschen Vertretern. Typisch aber ist erneut die enge Verflechtung von biblischen Vorgaben mit schweizerischen Verhältnissen. In der Wahl der biblischen Figuren sind keine konfessionellen Unterschiede zu erkennen, allerdings sind Bibeldramen von katholischer Seite deutlich seltener und in deren Bearbeitung ist bei den reformierten Bibeldramen eine größere Nähe zum Bibeltext zu beobachten. Allen gemein sind Invektiven gegen den jeweiligen konfessionellen Gegner.

*Politische Spiele und Moralitäten*

Eine ›Schweizer Spezialität‹ sind politische Spiele mit oft moralisch-didaktischem Anspruch. Vor allem das Theater des 16. Jh.s reflektiert dabei die politische Realität der Eidgenossenschaft, findet sich doch eine Fülle von Szenen mit Tagsatzungen, Ratsversammlungen, Abstimmungsverfahren und Gerichtsverhandlungen sowie der Verweis auf aktuelles Zeitgeschehen.

Pamphilus Gengenbach:
*Die Gouchmatt*, Titel-
kupfer.
Gezeigt werden auf die-
sem Titelkupfer berühmte
»Liebesnarren«, die trotz
ihrer Stärke und ihrem
Verstand sich der »Wei-
bermacht« unterwarfen:
von oben im Uhrzeiger-
sinn: Samson, Salomon,
Aristoteles, Vergil

So ist das erste Schweizer Fastnachtspiel eines namentlich bekannten Autors – *Die X alter dyser welt* von Pamphilus Gengenbach – eine moralisch-
didaktische Ständekritik, die aber deutlich auf die Basler Geschehnisse im
Jahr 1515 Bezug nimmt. Ziel dieses und aller anderen Fastnachtspiele von
Gengenbach – *Nollhart* (1517), *Gouchmatt* (1519?) – ist es, zur sittlich-reli-
giösen Umkehr zu mahnen und damit auch auf die politische (Neu)Ordnung
zu wirken. Ähnliches gilt für den *Etter Heini* des Jakob Ruf, eine Bearbeitung
des Schuldramas von Balthasar Spross. Und sogar die burleske Bearbeitung
des bekannten *Markolfus* durch Zacharias Bletz, den ersten namentlich bekannten Luzerner Fastnachtsspieldichter, erweist sich bei genauem Hinsehen
als aktuelles Stück, welches auf die politischen und religiösen Ereignisse in
Luzern deutlich Bezug nimmt.

Große Bedeutung hatten die politischen Fastnachtspiele in den reformatorischen Glaubensauseinandersetzungen. Nicht nur Niklaus Manuel, auch

heute unbekannte Anhänger der Reformation wie Jakob Ruf, Utz Eckstein und viele mehr haben ihre Dramen in den Dienst der Reformation gestellt. Auf eine französische Moralität greift Renward Cysat, der Universalgelehrte, Staatsmann, eifrige Verfechter der katholischen Glaubensreform und produktive Theatermann in seinem *Convivii Process* (1593 aufgeführt) zurück, verbindet den Stoff dann aber mit Elementen geistlicher wie weltlicher Spiele, Totentanzmotiven sowie den jesuitischen seelsorgerlichen Bemühungen. Als ›Tragicomoedia‹ wird das Stück zwar an der Luzerner Herrenfastnacht 1593 aufgeführt, geht aber mit seiner dezidierten Moraldidaxe, dem memento mori sowie den eindringlichen Aufrufen zu Buße und Beichte weit über die bekannten Formen des Fastnachtspiels hinaus.

Im 17. Jh. steht die Spieltradition ganz im Zeichen der neu erstarkten katholischen Kirche. Prunkvolle Inszenierungen hatten ihren festen Platz im Kirchenjahr. Das *Bruder Klausen Spiel* des Johannes Mahler ist dabei eines der letzten, welche politisches und legendarisches Geschehen verbinden. Niklaus von Flüe stellte für die Eidgenossenschaft immer eine wichtige Integrationsfigur dar, bekommt aber in der jesuitischen Tradition besonderes Gewicht als Mahner zur Umkehr und Bekämpfer aller Gottlosigkeit. Das wohl bedeutendste Barockdrama der katholischen Schweiz, Johann Caspar Weissenbachs *Eydgnoßsisches Contrafeth* wurde 1672 in Zug uraufgeführt, erlebte drei Druckauflagen und wirkte bis ins 18. Jh. Genauso wie auf reformierter Seite Josua Wetter, versucht Weißenbach ungeachtet aller konfessionellen Spannungen ein eidgenössisches Zusammengehörigkeitsgefühl aufzubauen. Mit großem dramaturgischen Aufwand, mit Musikeinlagen und 93 Schauspielern, welche sich 200 Rollen teilen, wird an zwei Spieltagen ein barockes Gesamtkunstwerk inszeniert, in dem auch alle nationalen Vorbildfiguren wie Nikolaus von Flüe oder Tell ihren prominenten Platz haben. Michael Stettler, ein Berner Notar, verfasste zwei gewaltige Dramen von 33 bzw. 19 Akten, die den Ursprung der Eidgenossenschaft und die Erbauung Berns beschreiben. Barocker Vanitasgedanke wird in den beiden Dramen des bereits genannten St. Gallers Josua Wetter spürbar, *Karl von Burgund* (1653) und *Denkwürdiges Gefecht der Horatier und Curatier* (1654). Der Einfluss von Opitz, Rist und Gryphius ist hier nicht zu übersehen.

### Schuldramen

*Politische Spiele*

Schuldramen sind die Spiele, die nicht an eine bestimmte Zeit im Kirchenjahr gebunden sind. Meist gehören sie zum Typ politisches Spiel. Als eines der frühesten gilt das *Spiel von den alten und jungen Eidgenossen* (so der Titel seit Baechtold) (aufgeführt zu Neujahr 1514) des Zürcher Schulmeisters Balthasar Sproß. Die Bühnenanweisungen deuten darauf hin, dass es in einem Innenraum gespielt wurde, nicht wie üblich auf einem freien städtischen Platz. Im Kern sind hier alle Themen vorhanden, welche auch spätere Spiele kennzeichnen: Die Anprangerung eidgenössischer Missstände in Dialog- und Reihenspielszenen, die latente Gefahr durch die Türken, die Kritik an der prunk- und herrschsüchtigen Geistlichkeit, die positive Wertung des Bauernstandes sowie die politische Belehrung. Wie auch im *Urner Tellenspiel*

*Teilmythos*

(1512/13?), der ersten dramatischen Gestaltung der Apfelschussszene als zentralem Kern des Mythus von Tell, oder in Gengenbachs *Gouchmatt* wird der Narr zur lehrhaften Figur schlechthin. Das ganze Arsenal allegorischer, biblischer und ständischer Figuren zieht Valentin Boltz in seinem zwei Tage dauernden *Wellt Spiegel* (aufgeführt am 11./12. Mai 1550 in Basel) heran, lässt dazu die Vertreter der eidgenössischen Orte auftreten, um sowohl den einzelnen Menschen als auch den eidgenössischen Bund zur Erneuerung aufzurufen.

Von besonderer Bedeutung war seit der Mitte des 16. Jh. das jesuitische Schuldrama. In Latein abgefasst, sollte es die Schüler einerseits in der Bildungssprache üben, ihnen aber auch Ansporn und Motivation bringen. Vor allem Jakob Gretser ist in diesem Zusammenhang zu nennen, der in den zwei Jahren seiner Freiburger Tätigkeit zehn Stücke für die Schulbühne geschrieben hat und trotz der ausschließlich lateinischen Texte vielfältig auf das deutschsprachige Theaterschaffen wirkte. Seine *Comoedia de vita Nicolai Unterwaldii eremitae Helvetii*, in der die alte katholische Einheit verherrlicht wird, beeinflusste deutlich spätere Bruder Klaus-Spiele, auch wenn die politische Strahlkraft, die von Niklaus von Flüe ausging und ihn zum Typus des treuen Eidgenossen schlechthin werden ließ, nicht zum Thema gemacht wird. *Jesuitentheater*

# Mystik und Erbauungsliteratur

»Praktische Mystik« (A. M. Haas) kennzeichnet eine im 14. Jh. verbreitete Form weiblicher Spiritualität. Sie fand ihren Niederschlag in sog. ›Schwesternbüchern‹, in denen Lebensberichte einzelner Nonnen zusammengefasst wurden. Drei von ihnen stammen aus dem Gebiet der heutigen Schweiz: aus St. Katharinental bei Diessenhofen, dem Kloster Oetenbach in Zürich sowie dem Kloster Töss bei Winterthur.

Das *Oetenbacher Schwesternbuch* – von einer oder mehreren Schwestern kurz nach 1340 verfasst und wahrscheinlich vom Dominikaner Johannes Meyer redaktionell bearbeitet – enthält neben einer Klosterchronik fünf Nonnenviten und in einem dritten Teil das *Büchlein des Lebens und der Offenbarungen* der Schwester Elsbeth von Oye, einer aus Zürich stammenden Mystikerin, die bereits mit sechs Jahren ins Kloster eintrat, wo sie sich bis zu ihrem Lebensende durch eine besonders strenge Form der Askese und Selbstkasteiung auszeichnete. *Nonnenviten*

Das *Tösser Schwesternbuch* enthält 33 Viten von Nonnen, die zwischen 1250 und 1350 gelebt haben. Als Autorin wird von verschiedener Seite – Heinrich Seuse, Johannes Meyer, Elsbeth von Cellikon – Elsbeth Stagel genannt. Ihr Anteil beschränkte sich aber wohl auf die erste der in der Forschung ausgemachten sechs Schichten. Johannes Meyer gilt auch hier als Redaktor, der neben einem Prolog ein Vorwort mit der Vita der Elsbeth Stagel und ein Nachwort mit der Vita der Mutter Heinrich Seuses beifügte. Die einzelnen Viten gruppieren sich um die zwei herausragenden Gestalten Sophie von Klingnau und Mechthild von Stans. »Eine Perle früher Prosaerzählung« (M. Wehrli) stellt die Lebensgeschichte Elisabeths, der Königin von Ungarn dar.

Beim *Diessenhofener Schwesternbuch* handelt es sich um eine Sammlung redaktionell bearbeiteter, aber sich dennoch sehr unterschiedlich präsentierender Nonnenleben aus einer Zeit vom Anfang bis zum Ende des 14. Jh.s.

Schwere Krankheiten, blutige Selbstkasteiung mit Nagelkreuzen, Fesselungen und Geißelungen, todesartige Erstarrung, unermüdliches Beten, Fasten und Wachen führen in allen genannten Büchern die Schwestern in einer eigentliche Leidensekstase zur Seelenschau, zu Begegnungen mit Maria und den Heiligen, zum unmittelbar von Gott gewährten Eucharistieempfang und zur gnadenhaften Heilsgewissheit, zu göttlichen Weisungen und zahlreichen Wundern bis zur lactatio des Jesuskindes und der eigentlichen unio, der nuptialen Vereinigung mit Gott. Licht- und Duftwunder ereignen sich, Elevationen spielen eine wichtige Rolle.

Hysterie und andere psychopathologische Krankheitszustände aufgrund des klausurierten Lebens hat die Forschung aus dieser ins Extrem gesteigerten Frömmigkeit herauslesen wollen. Der literarische Rang der Prosa wird erst in neuerer Zeit vermehrt beachtet. Denn die Verfasserinnen bedienen sich Formen wie sie aus der Hagiographie, vor allem aus Legende, Mirakelerzählung und Vita bekannt sind. Die Texte mit ihren Bezügen zu Bibel, Kirchenvätern und Mystikern, allen voran Meister Eckart, aber auch zum religiösen Brauchtum (z.B. dem Kindelwiegen) weisen immer wieder auf den hohen Bildungsgrad der schreibenden Nonnen hin. Sie sind gedacht als mystische Lehre für die Mitschwestern. Tugendhaftes, der klösterlichen Regel unterworfenes, auf Demut und »abegescheidenheit« von der Welt gerichtetes Leben wird in oft martialischer Drastik exemplarisch vorgeführt.

*Christliche Lebenslehre*

Eine christliche Lebenslehre bietet auch der Basler Franziskaner Otto von Passau in seinem Werk *Die 24 Alten oder der goldene Thron der minnenden Seele.* Jeder der Ältesten der Apokalypse führt darin zu je einem Thema der Glaubenslehre einen Dialog mit der personifizierten, von der Liebe zu Gott erfüllten Seele in einer Mischung zwischen allegorisierender theologischer Doktrin und mystischer Anleitung. Bis ins 17. Jh. gehörte das Werk zu den am weitesten verbreiteten, in der Regel mit zahlreichen Abbildungen versehenen Handschriften bzw. Drucken.

*Gottesfreunde*

Einer der großen Prediger des 14. Jh.s war der sog. Engelberger Prediger, dessen Identität trotz aller Forscheranstrengungen bisher nicht geklärt werden konnte. In der Tradition der gelehrten Predigt und vertraut mit mystischer Spekulation eines Meister Eckart, zeigt er den Weg zu einem Einswerden mit Gott in drei Stufen: erstens im Verzicht auf weltliches Gut und auf Eigenwillen, zweitens in der unermüdlichen Übung und Schärfung der Vernunft für die Erkenntnis Gottes sowie drittens in einem tätigen Leben, in der Passionsnachfolge und einer alles beherrschenden Liebe.

Jahre des Exils verbrachten Johannes Tauler und Heinrich Seuse in der Schweiz, als die Dominikaner während der Auseinandersetzungen des Papstes mit Ludwig d. Bayern sich gezwungen sahen, dem Einflussbereich des Kaisers zu entfliehen. Tauler hielt sich zwischen 1338/39 und 1346/47 vorwiegend in Basel auf, wo er als Prediger und Beichtvater wirkte, die Beziehungen zu den »Gottesfreunden« pflegte und stärkte und an einer Übersetzung der niederdeutschen Schriften Mechthilds von Magdeburg ins Alemannische arbeitete.

Seuse fand zwischen 1338/39 und 1346/49 Zuflucht in Diessenhofen, ob im Schottenkloster oder im Kloster Katharinental ist nicht geklärt. Sicher aber sind seine seelsorgerischen Kontakte, die er zu den Katharinentaler, aber auch den Oetenbacher und Tösser Schwestern pflegte. In vielfältiger Weise ist sein Werk mit ihnen verknüpft. So richtet sich das *Buch der Wahrheit* unter anderem in der Absicht an die Nonnen, ihnen die eckartsche Mystik zu erläutern sowie Fragen einer angemessenen Lebensführung zu beantworten. Im *Großen Briefbuch* wendet er sich an verschiedene Dominikanerinnen, allen voran Elsbeth Stagel, um ihnen den Weg zur wahren Liebe zu zeigen, die nur über die Liebe zu sich selbst und die Bereitschaft, Leid auf sich zu nehmen, erreicht werden kann. Im Prolog des *Exemplars*, der von ihm zusammengestellten Werkausgabe, räumt er erneut Elsbeth Stagel einen gewichtigen Platz ein. Und schließlich scheint die Freundschaft mit ihr bedeutsam für die Entstehung der Vita gewesen zu sein, auch wenn ihr tatsächlicher Anteil daran umstritten ist. In Übernahme von Mustern des Höfischen Romans schildert Seuse im ersten Teil sein »cristformig liden«, das – ähnlich wie in den Schwesternbüchern – extreme Formen der Selbstkasteiung annimmt: ständiges Tragen eines mit Nägeln gespickten Holzkreuzes, Fesselungen, Verzicht auf Essen und Trinken, Verweigerung jeglicher Körperpflege u. v. m. Im 40. Lebensjahr erfolgt eine Wende: Als er einen Hund mit einem Fußtuch spielen sieht, erkennt er darin ein Zeichen, diese Bußübungen zu beenden und stattdessen das ihm von außen angetane Leid willig und demütig anzunehmen. Im zweiten Teil setzen ihm denn auch der Neid, die Missgunst und die Verleumdungen der Mitmenschen zu, Zweifel und Verzweiflung suchen ihn heim. Exempel sollen all diese Leiden sein für die Staglin, um sie zur erstrebten Gelassenheit zu führen. Und so endet die *Vita* denn auch mit belehrenden Erörterungen der existentiellen Fragen zur mystischen Erfahrung. Seuses Schriften wurden bis weit in die Neuzeit breit rezipiert und gaben nicht zuletzt in den Nonnenkonventen die Muster einer idealen Lebensführung vor.

*Vita als Exempel*

Auch der bekannteste Schweizer Mystiker wurde von den Schriften Seuses deutlich beeinflusst, obwohl er zeitlebens Analphabet geblieben war: Nikolaus von Flüe. Als »Bruder Klaus«, »lieber Vater«, »Freund des Friedens«, »lebender Heiliger«, »pater patriae« wurde er von Zeitgenossen verehrt, als »alpiner Apollo« wird er der nachfolgenden Generation vorgestellt (Abt Trithemius von Sponheim: Hirsauer Annalen), ein eidgenössischer Mythos ist er bis heute.

*Eidgenössischer Mythos: Bruder Klaus*

1417 wurde Nikolaus auf dem Flüeli bei Sachseln geboren als Sohn eines Obwaldner Freibauern und der Nidwaldnerin Hemma Ruobert. Im ›Alten Zürichkrieg‹ 1439–46 nahm er als Hauptmann teil, an einem Feldzug nach Nürnberg 1449 war er beteiligt, eventuell auch an der Eroberung des Thurgaus 1460. Mit seiner Ehefrau Dorothe Wyss hatte er zehn Kinder. Nichts deutete zunächst auf ein geistlich-mystisches Leben, auch wenn Zeitgenossen ihm rückblickend bescheinigten, er habe sich in kriegerischen Auseinandersetzungen »allwegen nebent us zogen« (R. Durrer) und ihm äußerste Friedensliebe attestierten. Doch diese äußere ›Normalität‹ täuschte. 1467, nach Jahren der Unruhe, der Depressionen und der Zweifel »ist der seelig bruder Claus gegangen von wib und kinden in die wilde«. In Ranft, nicht weit von seinem Heimathof entfernt, den er zwanzig Jahre früher zu einem stattlichen Anwesen ausgebaut hatte, lebte er weitere 20 Jahre, angeblich »ann libliche spis«, bis zu seinem Tod am 21.3.1487. Als Ratgeber in geistlichen und politischen Fragen wurde er in diesen Jahren nicht nur von Nachbarn und einfachen Leuten, sondern auch von Gesandten hoher Herrschaftsträger und den Gebildeten seiner Zeit besucht. Die Burgunderkriege lassen Bruder Klaus endgültig zum Symbol von Frieden und Gerechtigkeit werden. In den Geschichtsbüchern wird er zum Initiator und Vermittler des Stanser Verkommnis 1481, in dem – ebenfalls mythisierend – eine erste Verfassung der Schweiz gesehen wird.

Zahlreiche Visionen und Erscheinungen lassen ihn einerseits Antworten auf die Fragen der Hilfesuchenden finden, quälen ihn aber auch in hohem Maße, weil ihm immer wieder der Teufel selbst erscheint, der mit ihm seine Kämpfe ausficht. Inwiefern die Visionen-Berichte, die zwei Briefe an Konstanz bzw. den Rat von Bern und die Sprüche tatsächlich auf dem Diktat des Niklaus von Flüe beruhen, ist nicht mehr auszumachen. Und auch bei dem bekanntesten Text, *Klausens gewonlich bet,* das deutlich den Einfluss Seuses verrät, ist seine Autorschaft keineswegs gesichert. In der Literatur der Schweiz

*Visionen*

aber ist Niklaus von Flüe lebendig geblieben als vorbildlicher, frommer Eid-
genosse, »ein wahrhafter Bote Gottes, ein Engel des Friedens auf Erden«
(J. Gotthelf). Als Mahner tritt er in den Dramen des 15.-17. Jh.s auf, als Bewahrer der alten Ordnung in Flugschriften, als Prophet der Glaubensspaltung in historischen Liedern, als heiliger Held gar in dramatischen Bearbeitungen des 20. Jh.s (Cäsar von Arx, 1936), als immer neue Quelle der Imagination und Identifikation bis heute.

## Totentanz

*Jenseits konfessioneller*
*Grenzen*

Der Tanz mit dem Tod, den alle Stände gleichermaßen tanzen müssen, ist in
der Schweiz auffallend häufig anzutreffen. Ob als monumentaler Totentanz
– in Basel, Bern, Luzern, Freiburg oder Wolhusen – oder auch in gedruckter
Form – als Liedflugschrift (1635 in Luzern) oder als *Sterbespiegel* des Zürcher reformierten Conrad Meyer (entstanden zwischen 1634 und 1650) –
überall ist, ungeachtet konfessioneller Zugehörigkeit, die große Attraktion
zu erkennen, die in der szenischen Darstellung der menschlichen Todesver-
haftetheit liegt. Nichts kann eindrücklicher die Aufhebung aller Macht und
ständischer Privilegien im Angesicht des Todes sowie die menschliche Vergänglichkeit demonstrieren und zum memento mori, zu einem den Tod immer mitbedenkenden Leben auffordern, als der danse macabre, in dem der
Tanz als Ausdruck höchster Lebendigkeit und Lebenslust verknüpft wird mit
dem jähen Ende menschlichen Lebens. Nicht von ungefähr befanden sich
daher der *Basler* (entstanden ca. 1440/50) sowie der von Niklaus Manuel
kurz vor der Reformation geschaffene *Berner Totentanz* an den Friedhofs-
mauern des Dominikanerklosters (s. o., Abb. S. 14). In einem langen Reigen
müssen die mit ihren ständischen Attributen ausgestatteten Männer und
Frauen der Aufforderung des als Skelett bzw. als verwesende Leiche auftretenden Todes Folge leisten. In einem kurzen schriftlich festgehaltenen Dialog
beklagen sie ihr Schicksal. Als Folge von Einzelszenen schuf wahrscheinlich
Jakob von Wil ca. 1615 für das Jesuitenkolleg in Luzern einen Totentanz,
während sein Schüler Caspar Meglinger seinen 67 Bildtafeln umfassenden
Totentanzzyklus (entst. zw. 1626–35) dann an einen Ort bürgerlich-weltli-
chen Alltagslebens plazierte: in das Dachgebälk der Spreuerbrücke. Auf diese
Bilder bezieht sich eine 1635 bei Johann Hederlin in Luzern erschienene
Liedflugschrift. Aus ihr übernimmt wiederum der mit 61 Radierungen sehr
umfangreiche reformierte *Sterbespiegel* die Vierzeiler unter den Bildern. Genauso wie *Berner* und *Basler Totentanz* den reformatorischen Bildersturm
überlebten, weil in ihnen keine eigentlich religiösen Bilder gesehen wurden,
sondern erst im 17. resp. im 19. Jh. Anstoß erregten und weichen mussten,
waren offensichtlich auch bei den Texten die konfessionellen Grenzen durchlässiger, trotz deutlich geäußerter Bedenken der Zürcher Zensurbehörde.
Denn der Tod macht keine Unterschiede, er »ist die sonnenklare Vorstellung
menschlicher Nichtigkeit durch alle Ständ und Geschlechter« (I. Ströle) und
– so müsste man hinzufügen – durch alle Religionen.

# Chronistik

## Geschichtsschreibung

Früher als in anderen Regionen werden in der Schweiz Geschichtswerke auch in der Volkssprache verfasst. Ist die Chronik des Johann von Winterthur im ersten Drittel des 14. Jh.s noch in Latein geschrieben, so macht um 1335 Christian Kuchimaister in den *Nüwen Casus Monasterii Sancti Galli* den Anfang einer ganz der Volkssprache verpflichteten Geschichtsschreibung und stellt sich gleichzeitig bereits im Titel dezidiert in die Reihe der lateinischen Vorgänger Ratbert, Ekkehard IV. und Konrad von Fabaria, welche die Klostergeschichten vom 9. bis zum ersten Drittel des 13. Jh.s verfolgt haben. Der einer Bürgerfamilie entstammende Kuchimaister behandelt den Zeitraum von 1228–1329, wobei nicht geklärt ist, warum er die Jahre bis zur Abfassungszeit 1335 nicht mehr berücksichtigt. Erstaunlich ist die auf den Vortrag angelegte, elaborierte und präzise Prosa, mit der sich das Werk auch von der bisher vertretenen volkssprachigen Reimchronik abhebt. Kuchimaisters Klostergeschichte gehört zu den wichtigsten Quellen des Bodenseeraums für das 13. und 14. Jh. Joachim von Watt (Vadian) zog sie für seine Geschichte der *Äbt des closters S. Gallen* zu Rate, auch Aegidius Tschudi und Johannes Stumpf arbeiteten mit ihr. 1736 gab J. J. Breitinger die Chronik in der »Helvetischen Biblioteck« heraus und stieß damit auf breites Interesse von Seiten einer größeren historisch, biographisch, aber auch sprach- und literaturwissenschaftlich interessierten Öffentlichkeit.

*Anfänge in der Volkssprache*

Besondere Bedeutung hatten in den folgenden Jh.en Stadtgeschichten, Darstellungen einzelner Ereignisse und Schweizerchroniken für die Entwicklung einer eigenen sich von den ›fremden Herren‹ absetzenden Identität der sich allmählich entwickelnden Eidgenossenschaft. Städtisches Selbstbewusstsein und regionaler Autonomieanspruch kennzeichnen die zahlreichen Stadtchroniken. Meist werden sie von angesehenen, politisch aktiven Bürgern oder Stadtschreibern verfasst. Melchior Russ baut in seiner *Luzerner Chronik* (um 1482) die Tellsage endgültig als Ursprungsmythos der Eidgenossenschaft ein. Gerold Edlibach beginnt 1485 seine von ihm selbst illustrierte *Zürcher- und Schweizerchronik* und setzt sie bis zu seinem Tod fort. Schier unerschöpfliches historisches, kultur- und naturwissenschaftliches Quellenmaterial bieten die 22 handgeschriebenen Folianten *Collectanea und denkwürdige Sachen pro chronica Lucernensi et Helvetiae* des Renward Cysat. Die Basler Geschichte wurde 1580 von Christian Wurstisen festgehalten, eine Schaffhauser Chronik verfasste 1606 Johann Jakob Rüger, 1666 entstand eine Solothurner Chronik durch Franz Haffner. Besonders intensiv aber setzte sich die Stadt Bern mit ihrer und der eidgenössischen Geschichte auseinander. 1420 hatte deren Rat Konrad Justinger, einen aus Rottweil stammenden, ehemaligen Stadtschreiber beauftragt, eine amtliche Chronik zu verfassen. Mit Hilfe städtischer Urkunden stellte dieser durchaus kritisch die Geschichte der Stadt zwischen 1152 und 1421 dar, betonte die Bedeutung der gemeinschaftlichen Ordnung und bettete sie in den überregionalen, weil weltumspannenden göttlichen Heilsplan ein. Benedict Tschachtlan und Heinrich Dittlinger ergänzen diese Chronik um eine ausführliche Darstellung des Twingherrenkriegs (1470) – eines Geschehens, das auch Thüring Fricker in Form einer dramatischen Wechselrede aufgearbeitet hatte – und fügen Teile der aus Schwyzer Perspektive heraus geschriebenen Chronik des Alten Zürichkriegs von Hans Fründ bei. Die Bedeutung der privaten, nicht in amtlichem Auftrag geschriebenen Chronik liegt vor allem in den mehr als

*Stadtgeschichte*

*Tellsage*

230 Illustrationen. Möglicherweise war bereits Diebold Schilling d. Ä. daran beteiligt, der 1483 im Auftrag des Berner Rats die Weiterführung der Justinger Chronik übernimmt und diese in sein Werk integriert. Ausführlich berichtet er von den Burgunderkriegen, welche er als Augenzeuge erlebt hat. Genauso wie die Tschachtlaner und *Luzerner Chronik* seines Neffen Diebold Schilling d. J. sind dem Text eine Vielzahl von Bildern beigegeben, welche interessante Einblicke in Alltag, Kriegsführung und Lebensformen der Zeit gewähren. Die Burgunderkriege standen auch im Zentrum der Berner Chronik des vom Rat als Geschichtsschreiber angestellten Valerius Anshelm, gen. Rüd, ergänzt um Ereignisse der eigenen Gegenwart und mit bitteren Klagen über die sittliche Verwilderung der Eidgenossen. Als früher Anhänger der Reformation stand er in Kontakt mit Zwingli, Vadian und Niklaus Manuel und verstand Geschichte als moralische Lehre und Warnung. Eine weitere Ergänzung erfuhr die Stadtgeschichte durch Michael Stettler 1627.

Singulär ist die *Strätlinger Chronik* des Elogius Kiburger, eines Leutpriesters im Berner Oberland. Erzählt wird darin die mit Sagen und Wundern dokumentierte Geschichte der Herren von Bubenberg und die herausragende Bedeutung des Kirchleins Einigen, das zum ältesten kirchlichen Zentrum im Berner Oberland erhoben wird. Wenn auch der historische Quellenwert als gering zu veranschlagen ist, so gibt die Chronik doch eine gute Vorstellung von dem Weltbild und der Frömmigkeit des Spätmittelalters.

Beachtung finden aber auch einzelne Ereignisse, welche von Zeitgenossen als besonders markant und richtungsweisend empfunden wurden. Die *Appenzeller Reimchronik* befasst sich mit dem Kampf der Appenzeller Bauern gegen die Herrschaft des St. Galler Klosters 1400–04 aus der von Bauernhass geprägten Optik der St. Galler Herren. Eine Nähe zum historischen Volkslied ist erkennbar, gewisse Anklänge an Wittenwilers Ring sind zwar nicht zu übersehen, bleiben aber zu allgemein, um von einer direkten Beeinflussung ausgehen zu können.

Von eidgenössischem Geschichtsbewusstsein zeugen zwei Beschreibungen des Schwabenkriegs (1499): Die ebenfalls bebilderte Chronik des aus Reutlingen stammenden, in Luzern eingebürgerten Niklaus Schradin und eine eigenwillige Reimchronik in ca. 12 000 Versen des Hans Lenz, der aus dem mit der Eidgenossenschaft verbündeten Rottweil stammte und vor allem in Saanen, Brugg und Freiburg i. Ue. tätig war. Sie ist als Zwiegespräch des Autors mit einem Eremiten angelegt und bezieht Wunderzeichen und geistliche Deutungen in den historischen Ablauf mit ein.

*Reformations-geschichte*

Im 16. Jh. richtete sich natürlich das besondere Interesse der Historiker auf die Reformation. Die Zürcher Reformation von 1520–26 steht im Zentrum bei Georg Edlibach, Bernhard Sprüngli gibt eine *Beschribung beyder Cappellerkriege*, Bernhard Wyss stellt die Ereignisse von 1519–30 in einer Reformationschronik zusammen, Werner Steiner verbindet Reformationschronik mit der Darstellung der Mailänderkriege, Johannes Kessler richtet sein Augenmerk auf die Reformation in St. Gallen. Am wichtigsten aber sind Heinrich Bullinger, der eine ausführliche Reformationsgeschichte aus der Sicht der Protestanten entwirft, und Hans Salat, der die Sicht der Katholiken wieder gibt.

*Geschichte der Eidgenossenschaft*

Die erste gedruckte Gesamtdarstellung der Eidgenossenschaft ist die *Kronika von der loblichen Eydtgenossenschaft, jr harkommen und sust seltzam strittenn und geschichten* des Luzerner Gerichtsschreibers Petermann Etterlin. Die etwas später entstandene reich bebilderte *Eidgenössisch Chronik* des Stadtschreibers und Schultheißen von Bremgarten Werner Schodoler d. Ä.

basiert auf der Schilling Chronik, führt sie aber bis 1525 weiter. Der aus Bruchsal in die Schweiz gekommene Johanniterprior und spätere reformierte Prediger Johannes Stumpf erlangte dank seiner Chronik *Gemeiner loblicher Eydgnoschaft Stetten, Landen und Völckeren Chronikwirdiger Taten beschreybung* (gedruckt 1548) das Zürcher Bürgerrecht. Neben annalistischen Aufzeichnungen und einer Fülle von Holzschnitten sind die von Stumpf selbst gezeichneten Landkarten von Bedeutung. »Leitend war dabei der Gedanke einer Helvetia illustrata, d.h. einer die Topographie des Landes und seiner Geschichte in eins sehenden, die Gegenwart auf den Hintergrund antikischer Vergangenheit projizierenden Darstellung« (M. Wehrli).

Die beiden bedeutendsten Historiographen aber sind Vadian und Aegidius Tschudi.

Joachim von Watt, Vadianus, der wohl einflussreichste Reformator, bedeutende Humanist und poeta laureatus befasste sich intensiv mit der Geschichte seines Heimatorts St. Gallen und der Eidgenossenschaft. Um 1425 beginnt er mit der Großen Chronik der Äbte und erarbeitet dann ab 1544 auf Bitte Heinrich Brennwalds, der eine Schweizer Chronik der Eidgenossen plante, eine Serie historischer Schriften, die von der Geschichte der römischen und fränkischen Könige bis zum aktuellen Reformationsgeschehen und anderen zeitgeschichtlichen Ereignissen reichen. Diese Texte stellte er dann Johannes Stumpf zur Verfügung, der sie teilweise in sein Werk aufnahm. Vollständig gedruckt wurden seine historischen Werke aber erst im 19. Jh. Für die Literaturgeschichte sind sie von Bedeutung, weil sie nicht nur in einem gepflegten Humanistendeutsch geschrieben sind, sondern sich auch in einer Vielzahl narrativer Elemente bedienen. Sprichwörter und Redensarten finden genauso Verwendung wie drastisch-derbe Ausdrücke und treffende Bilder. Lateinische Verse werden eingeflochten und souverän unter Berücksichtigung des lateinischen Metrums übersetzt. Immer bleibt Vadian dabei strenger Wissenschaftlichkeit verpflichtet, indem er intensive Quellenstudien betreibt, die historischen Fakten kritisch und reflektiert in den Blick nimmt und sich dezidiert gegen »fabelwerk« wendet, welche die Entwicklung der Eidgenossenschaft verklären. Einer solchen, eher mythisierenden Entstehungsgeschichte hängt dagegen der Glarner Aegidius Tschudi an und beeinflusste damit die Schweizer Geschichtsschreibung in weit höherem Maß als Vadian. Der Schüler Zwinglis und Glareans durchlief zunächst eine glänzende politische Karriere, musste dann aber aufgrund seiner radikal katholischen Position im Glarnerhandel (›Tschudikrieg‹) von seinen Ämtern zurücktreten und widmete sich von da an ausschließlich seinen historischen Interessen. Wie Vadian betrieb er intensive Quellenstudien. Seine Chronik *Uralt warhafftig Alpisch Raetia* ist allerdings das einzige Werk, das zu Lebzeiten gedruckt wurde, während sein *Chronicon helveticum*, das die Zeit von 1001 bis 1470 behandelt, sowie eine vorrömische und römische Geschichte und eine Geschichte Galliens, *Gallia comata*, erst im 18. Jh. veröffentlicht wurden. Tschudi hängt der humanistischen Kontinuitätstheorie an, nach der im Bund der Eidgenossen das alte vorrömische Helvetien wieder erstanden sei. Ziel ist es, den ursprünglichen Zustand zu restituieren und allen Streitigkeiten zum Trotz »die Identität der Eidgenossenschaft plastisch hervortreten« zu lassen (M. Wehrli). Dazu greift er die erstmals in aller Deutlichkeit im *Weißen Buch von Sarnen* (ca. 1470) formulierten Elemente Rütlischwur, Tellsage, Burgenbruch und Tyrannenmord auf, verlegt das Geschehen in die Zeit zwischen 1304 und 1308 und verknüpft die historischen Ereignisse mit der Sage. Indirekt prägte er damit das Schweizer Geschichtsbild bis in die Neuzeit, denn Johannes von Müller (*Geschichten der Schweizer,* ab 1780) und Friedrich Schiller

*Wegweisende Historiographen*

(*Wilhelm Tell*, 1804), welche so entscheidend dafür verantwortlich waren, bezogen ihr Wissen weitgehend aus den Geschichtswerken des Aegidius Tschudi.

## Flugschriften

*Dialogische Streit-*
*gespräche*

Ein neues und beliebtes Medium meist politisch-satirischer Schriften wurde ab dem 16. Jh. die Flugschrift. Die Schmäh-, Schmach-, Schand- oder Läster-schriften, wie sie Zeitgenossen nannten, erreichten in kurzer Zeit eine breite Öffentlichkeit und wirkten damit in hohem Maß meinungsbildend. In oft dialogischen Streitgesprächen polemisieren die konfessionellen und politi-schen Kontrahenten gegeneinander, beigefügte Holzschnitte karikieren den Gegner. Der Bauer oder einfache Mann aus dem Volk erhält eine prominente Stimme, etwa im *Karsthans*, einer anonymen, wahrscheinlich in der Schweiz entstandenen Invektive gegen die Irrlehre der Katholiken, in welcher der einfältige Bauer den gelehrten Thomas Murner zunächst in deftig grobiani-scher Sprache lächerlich macht, um sich dann im Disput mit dem Studenten, seinem Sohn, als überlegener Vertreter der neuen Lehre zu erweisen. Auch in der *Göttlichen Mühle* (1521) lassen die mutmaßlichen Verfasser Huldrych Zwingli, Hans Füßli und der Maienfelder Martin Seger, »zwen schweytzer bauren« zu Wort kommen, welche in einer Prosa- und einer Versrede den Titelholzschnitt erläutern. Die abgebildete göttliche Mühle, d. i. das göttliche Wort, mit Christus als Müller, der aus seinem Sack das gute Mehl – Paulus und die Evangelisten – ausleert, hat lange stillgestanden. Jetzt aber haben Erasmus und Luther sie wieder in Gang gesetzt, Erasmus als Müllerknecht mahlt das Getreide, Luther backt es zu Brot. Von katholischer Seite lässt die Antwort nicht lange auf sich warten. Im *Kegelspiel* werden die Anhänger des neuen Glaubens als bequeme und gewinnsüchtige Spieler entlarvt und im Verweis auf Bruder Klaus ermahnt, auf dem alten, dem richtigen Weg zu bleiben. 1522 hatte angeblich ein Landmann aus dem Entlebuch im *gestryfft Schwyzer* der Reformation das Wort geredet, in einer Diktion, die sehr deut-lich auf einen theologisch gebildeten Verfasser verweist. Niklaus Manuel lässt ebenfalls die Disputation von Baden 1526 in seinem *Hübsch lied, [...]* *des Fabers vnd Eggen Badenfart betreffende* von Bauern kommentieren. Versöhnlicher zeigt sich Sebastian Meyer, ein ehemaliger Barfüßermönch aus Basel, der in *von der Badenfahrt guter Gesellen* (1526) die Vertreter der eid-genössischen Stände auftreten lässt und vor allem die Zürcher zum Frieden auffordert. Die Texte Utz Ecksteins, eines dezidierten Anhängers Zwinglis – *Concilium* (1525), *Der Reichstag* (1526), *Klag des Glaubens* (ca. 1526) – sind demgegenüber theologisch überfrachtet. Die katholische Position zum zweiten Kappelerkrieg stellt Hans Salat im *Tanngrotz* dar. Auch eine ano-nyme Schrift, *Der alte und der neue Prophet des Schweizerlandes* (Anf. 17. Jh.), ist eine deutliche Polemik der katholischen Seite mit Nikolaus von Flüe als altem und Zwingli als neuem Propheten. Ende des 17. Jh.s stößt Grobs *Treu-g'meiner Eydgnössischer Aufwecker* (1688), in dem er die Expansions-politik der Franzosen anprangert, auf große Resonanz. Zwar gab es zu seiner Zeit bereits periodisch erscheinende Zeitschriften, welche auch aktuelles Geschehen wiedergaben, aber durch dessen dezidierte Wertung hatte die Flugschrift ein größeres Potential, Geschichte nicht nur zu kommentieren, sondern »Geschichte zu machen« (J. Schwitalla).

Die göttliche Mühle, 1525

## Autobiographien

Die Viten des Mittelalters tendieren dazu, das Allgemeine, Exemplarische eines Lebenslaufs zu betonen, Individuelles kommt nur am Rande zur Sprache. Dies ändert sich in Renaissance und Humanismus, wo vermehrt die individuelle Erfahrung Ausgangspunkt der Reflexion wird. Und so erfährt seit dem 15., vor allem aber im 16. Jh. die Aufzeichnung subjektiv erfahrener Lebensläufe in der Volkssprache weite Verbreitung. Die Selbstdarstellung dient nicht mehr allein der Behauptung eigener Vorbildlichkeit, sondern lässt auch einen Blick in die Privatsphäre, auf die Stimmungen und Emotionen des schreibenden Ich zu. Die bewegte Schilderung des Berners Ludwig von Diesbach über das Leiden und den Tod von Frau und Kind bei dessen Geburt, den Jammer, der ihn beim Geleit der Verstorbenen nach Bern überfällt, sind deutlicher Ausdruck subjektiver Betroffenheit, wie er so in früheren Viten nicht zu finden ist. Diesbach, der Angehörige einer Kaufmannsfamilie, die dank intensiver Handelsbeziehungen in den Adelsstand erhoben worden war, will denn die Aufzeichnungen seines Lebens auch nicht – wie dies für Viten in der Regel selbstverständlich war – öffentlich machen, er verpflichtet die Erben, sie nur innerhalb der Familie weiterzugeben, betont aber gleichzeitig die »bloß und luter Wahrheit« seiner Darstellung, die nicht zuletzt dazu dienen soll, dass »zu ewigen Zyten nit vergessen werd der Gutthäter, und man sich hüt vor dem Bösen« (H. Wenzel), womit neben dem apologetischen Interesse auch

*Einblicke in das private Leben*

*Außergewöhnliche*
*Zeitzeugen*

wieder das didaktische Moment exemplarischer Lebensläufe ins Spiel gebracht ist.

Von einem unkonventionellen und bewegten Leben berichtet Thomas
Platter in seiner Autobiographie. Auf Bitten seines Sohnes habe er sie in angeblich nur sechzehn Tagen niedergeschrieben, ein ungewöhnliches Zeitzeug-
nis, das in vielen Details den Lebensalltag verschiedener sozialer Schichten
im 16. Jh. wiedergibt. Als Hirtenbub musste sich der 1499 in Gränchen geborene, früh verwaiste Knabe schon mit sechs Jahren seinen Lebensunterhalt
verdienen. Die Entbehrungen und die Lieblosigkeit, denen er ausgesetzt war,
sind ihm auch im Alter noch lebhaft in Erinnerung:

> do hatt miner mutter säligen schwester ein man, der hieß Thoman an Riedyn,
> der saß uff eim hoff, hieß Imboden; dem mußt ich das erst jar der gitzin by dem
> huß hieten. Do mag ich mich denken, das ich etwen im schnee bstäket, das ich
> kum drußt mocht kummen, mier offt die schülin do hinden bliben und ich bar-
> fuß zittrend heim kam. Der selb pur hatt by 80 geiß; dären mußt ich das 7. und
> 8. jar hieten. Und als ich noch so klein was, wen ich den stall uff datt und nit
> glich näbendsich sprang, stießen mich die geiß nider, liffen über mich uß, dratten
> mir uff den kopff, oren und ruggen, dan ich fiell mer teill für sich. Wen ich den
> die geiß über die Vispen über bruggen treib, liffen mier die ersten in die säit (in
> die koren äcker), wen ich die druß treib, liffen die andren drin; do weinet ich den
> und schrey, dan ich wußt woll, das man mich znacht wurd strichen.

Nachdem er mit neun Jahren das Schreiben und Lesen gelernt hatte, floh er
vor den Misshandlungen seines Dienstherrn und schloss sich *Bacchanten*
(älteren Studenten) an, denen er während den Jahren der Wanderschaft durch
ganz Deutschland Knechtsdienste zu leisten hatte und das Nötigste zum
Überleben zusammenbettelte. Ein erster kurzer Schulbesuch in Schlettstadt
zeitigte wenig Erfolg. Erst mit zwanzig Jahren begann er in Zürich ein ernst-
haftes Studium der drei ›Heiligen‹ Sprachen – Latein, Griechisch, Hebräisch
– und lernte gleichzeitig das Seilerhandwerk. Als Parteigänger Zwinglis übernahm er während der Badener Disputation 1526 Nachrichtendienste zu Oe-
colampad in Basel, wo er sich kurze Zeit später als Seiler niederließ und
gleichzeitig an der Universität Vorlesungen in Hebräisch hielt. Nach der Teilnahme am 1. Kappeler Krieg, der Heirat mit Anna Ditschi und einem kurzen
Abstecher zurück in seine Heimat, wo er in Visp als Lehrer tätig war, kehrte
er endgültig nach Basel zurück. Dort wirkte er als Lehrer, Schul- und Inter-
natsleiter, richtete eine Druckerei ein, kaufte sich ein Landgut in Gundolfin-
gen und starb 1582 als angesehener und wohlhabender, mit den Gelehrten
seiner Zeit in engem Kontakt stehender Mann ohne je einen akademischen
Abschluss gemacht zu haben. Er selbst ist erstaunt angesichts der entbehrungsreichen Kindheit und Jugend, der zahlreichen gefährlichen Situationen,
die er zu meistern und der vielen, so unterschiedlichen Arbeit, die er geleistet
hatte: »wie ist es miglich, das ich noch läb, stan oder gan kan, so ein lange
zyt.« Ein selbstbewusstes Ich staunt über den eigenen Lebensweg, ein Ich,
das seine eigene Leistung betont, die den sozialen Aufstieg ermöglicht hat,
ein Ich, das die Erinnerung an sich nicht nur bei der Familie, sondern auch
bei seinen Schülern wach halten will. Ein Ich aber auch, das ohne Selbstgefälligkeit schreibt, humorvoll und meist kommentarlos zu berichten weiß und
sich der Führung durch eine höhere Macht gewiss ist.

Von seinen Söhnen Felix (aus erster Ehe) und Thomas (d. Jüngere, aus
zweiter Ehe) wird die Familienchronistik weitergeführt. Beide waren angesehene Ärzte und Medizinprofessoren in Basel. Felix beschreibt eine glückliche,
behütete Kindheit, seine Studienzeit in Montpellier mit interessanten Einbli-
cken in den Wissenschaftsbetrieb der berühmten medizinischen Fakultät,

sowie seine ersten, Aufsehen erregenden, anatomischen Untersuchungen und seine Eheschließung mit seiner Jugendliebe. Anders als sein Vater interessierte ihn nicht allein die Wiedergabe eines möglichst umfassendes Lebensbilds, sondern einzelne Momente, die ihm in Erinnerung geblieben sind – die erste Hose, ein Hund mit Namen Canis, die Begegnung mit der Mutter des aufgrund eines Diebstahl mit dem Tod bestraften und danach als Forschungsobjekt von ihm sezierten Mannes usw. – sowie die genaue, geradezu psychologische Beobachtung und Analyse besonderer Vorlieben bzw. Abneigungen. Seinen Stiefbruder Thomas hatte er nach dem Tod des Vaters bei sich aufgenommen und dessen Arztstudium finanziert. Von ihm sind Tagebuchnotizen erhalten, in denen er Auskunft gibt über seine Studienreisen nach England, Frankreich und Spanien.

Das Leben eines Kaufmanns zwischen 1550 und 1603 schildert detailreich der Basler Andreas Ryff. Die zunächst lateinisch abgefassten Biographien berühmter Männer – angefangen bei Adam – verbindet Heinrich Pantaleon in der deutschen Ausgabe, dem *Teutscher Nation Heldenbuch* (1568–71) mit seiner eigenen Lebensgeschichte und reiht sich damit selbstbewusst in diese Reihe herausragender Gestalten ein. Josua Maaler, Pfarrer in Witikon, später in Elgg, Bischofszell und Winterthur verfasst im Alter eine durchaus humorvolle Hauschronik für seine Kinder. Der Churer Buchhändler Georg Frell, der aufgrund seiner Zugehörigkeit zu den Täufern mehrmals verbannt wurde, schreibt seine Biographie als Rechtfertigung, in der er das harte Leben eines armen, früh verwaisten Kindes schildert.

# Wissensliteratur

Wörterbücher und Glossen sind die ersten volkssprachigen Denkmäler. Den größten Anteil an ihnen hatte einmal mehr St. Gallen. Unter Glosse versteht man die interlineare, marginale oder kontextuale Erklärung bzw. Übersetzung eines Einzelworts in einem Text durch ein äquivalentes volkssprachiges, in unserem Fall deutsches Wort. Glossiert werden Texte des Unterrichts, der religiösen Unterweisung, aber auch juridische Urkunden.

Erste Übersetzungen sind das *St. Galler Paternoster*, das *St. Galler Credo*, sowie die Interlinearversion der *Benediktinerregel*. Zwischen Notker Teutonicus, dem ersten, der die Volkssprache dezidiert im Schulunterricht einsetzte, und deren Wiederaufnahme in diesem Kontext liegen nahezu 500 Jahre. Niklas von Wyle macht mit den *translationen/translatzen*, den literarischen Übersetzungen mehrheitlich italienischer Renaissanceautoren, einen erneuten Anfang. In Bremgarten bei Zürich 1415 geboren, durchlief er eine glänzende Laufbahn, welche ihn vom Lehrer an der Schule des Großmünsters Zürich über den prothonotarius der Stadt Esslingen und Vertrauten Markgraf Karls I. von Baden bis zum zweiten Kanzler Ulrichs von Württemberg führte. Motivation für seine sorgfältige literarische keineswegs bloße Wort zu Wort-Übersetzung war sein sprachpädagogisches Interesse, band er diese doch in die rhetorische Ausbildung der Kanzleischüler ein. Sein Beispiel machte Schule. Der Basler Polyhistor Heinrich Pantaleon übersetzt seine lateinische Biographie berühmter Männer ebenso ins Deutsche (*Teutscher Nation Heldenbuch*, 1568–71) wie Johann Adelphus, Stadtarzt von Schaffhausen verschiedenste medizinische, historische, religiöse und pädagogische Schriften. Und es sind nicht zuletzt diese Übersetzungen, welche auf das sich

*Übersetzungen*

ausbildende Nationalbewusstsein weisen. Ziel ist es, in *guoter eidgenossi-
scher sprach* zu schreiben, ein Bemühen, das auch in der Bibelübersetzung
Zwinglis und Leo Juds zu erkennen ist und sowohl Johann Kolross in seinem
*Enchiridion, Handbüchlin tütscher Orthographie* (1530) als auch Johannes
Fries aus Zürich (*Dictionarium latino-germanicum* (1541); *Dictionariorum
puerorum latino-germanicum* (1554)) und Josua Maaler (*Die teutsche
Spraach,* 1561) ausdrücklich beherzigen. Von großer wissenschaftlicher Be-
deutung waren im 17. Jh. die Arbeiten Johann Jakob Breitingers. Mit seiner
Bearbeitung des Neuen Testaments 1629, die 1639 in die Neuausgabe der
Bibel übernommen wurde, trug er Entscheidendes zu einer Normierung der
Schriftsprache und deren Angleichung an die deutsche Hochsprache bei.

*Deutsch im universitä-
ren Unterricht*

Legte Conrad Gessner mit seinen naturkundlichen Studien die Fundamente einer systematischen Botanik in lateinischer Sprache, so hatte der in
Einsiedeln geborene Theophrast Bombast von Hohenheim, besser bekannt
unter dem Namen Paracelsus, bereits 1527 in Basel deutschsprachige Vorlesungen gehalten. Seine ablehnende Haltung gegen die etablierten Schulmedi-
ziner zwang ihn allerdings bereits ein Jahr später zur Flucht. Während seinem
unsteten Wanderleben verfasste Paracelsus eine schier unüberschaubare Fülle
meist deutscher Schriften zu Medizin, Theologie, Philosophie, Kosmologie
und Alchemie, die alle in höchst eigenwilliger Art mittelalterliches Gedankengut und auf Empirie ausgerichteten Reformwillen verbinden. Als Begründer einer leistungsfähigen deutschen Wissenschaftssprache ist Paracelsus
zwar nicht zu sehen, wohl aber als Wegbereiter einer Emanzipation des
Deutschen im akademischen Umfeld. In seiner eigenen Einschätzung in den
*Defensiones* klingt eine Typisierung an, welche das Bild der Schweiz noch
lange, wenn nicht bis heute bestimmen wird:

> Damit ich aber mich verantwort/ wie mein wunderliche weiß zuuerstehen sey/
> merckent also. Von der Natur bin ich nicht subtil gespunnen/ ist auch nicht
> meins landts arth/ dass man was mit Seidenspinnen erlange. Wir werden auch
> nicht mit Feigen erzogen/ noch mit Meht/ noch mit Weitzenbrodt: aber mit Kaeß/
> Milch vnnd Haberbrodt: es kan nicht subtil gesellen machen. [...] dann dieselbi-
> gen/ in weichen Kleidern/ [...] vnnd wir, die in Tannzapfen erwachsen/ verstehnd
> einander nit wohl. [...] Also geschicht mir auch/ was ich für Seiden acht/ heissen
> die andern Zwillich und Drillich. (Defensiones, S. 86 ff.)

Einer seiner Nachfolger, Felix Platter, Stadtarzt in Basel ab 1571, legt dann in
seinen *Observationes in functium sensu et motus laesionibus* erneut in Latein
völlig neuartige ärztliche Erfahrungsberichte vor, welche deutlich auf einen
Paradigmenwechsel in der Medizin weisen. Die Naturwissenschaften haben
sich weitgehend von Theologie und Philosophie emanzipiert und gründen
ihre Erkenntnisse nicht länger auf Autoritäten der Schrift, sondern auf Empirie.

# Das achtzehnte Jahrhundert (1700–1830)

Rémy Charbon

## Zeitliche und geographische Abgrenzung

Unbestritten gehört das 18. Jh. zu den großen Epochen der deutschsprachigen Schweizer Literatur, so wie das 16. und dann wieder das 19. »18. Jh.« meint hier primär das Zeitalter der Aufklärung samt ihren Seiten- und Nebentrieben. Zwar gibt es einige – und sogar bemerkenswerte – Beispiele für einen Sturm und Drang aus der Schweiz; sie sind jedoch, abgesehen von Johann Caspar Lavater, der aber nur mit einem relativ kleinen Teil seines Werks der Geniebewegung zugerechnet werden kann, und dem Dramatiker Johann Ludwig Ambühl, eher Ableger deutscher Entwicklungen. Die Empfindsamkeit fand in der Schweiz so wenig nennenswerte Resonanz wie die Romantik in all ihren Ausprägungen mit Ausnahme der Begeisterung für Volkslieder und volkstümliche Überlieferungen.

Mit guten Gründen darf postuliert werden, die Aufklärungstradition gehe in der Schweizer Literatur mehr oder weniger bruchlos in den bürgerlichen Realismus über. Bis um 1830 wirken aufklärerische Impulse kontinuierlich weiter. Kurz nach 1830 beginnt mit Jakob Stutz' *Gemälde*[n] *aus dem Volksleben* eine trotz des bäuerlichen Milieus realistische Literatur, 1836/37 legt Jeremias Gotthelf (Albert Bitzius) seinen *Bauernspiegel* vor – sowohl Stutz wie der frühe Gotthelf sind den Wert- und Moralvorstellungen der Aufklärung verpflichtet. *(Aufklärung und Realismus)*

Noch die Erzähler des späteren 19. Jh.s von Jakob Frey bis Joseph Joachim – die große Ausnahme ist Conrad Ferdinand Meyer – knüpfen direkt an die Aufklärung an, wenn auch mit den Stilmitteln des Realismus. In *Martin Salander* (1886) prangert Gottfried Keller die Verfallserscheinungen des Bundesstaates und die Verluderung der öffentlichen wie der privaten Moral aus aufklärerischem Geist, in der Berufung auf den Erziehungsauftrag des Staates und die Verantwortung des selbstbewussten Bürgers fürs Ganze an. Spuren dieses Geistes finden sich selbst noch in Werken der sogenannten Heimatliteratur, deren schweizerische Ausprägung weit mehr von Gottfried Keller als von Ludwig Ganghofer beeinflusst ist. Die Linie ließe sich weiter verfolgen bis zu Max Frischs bitter-resigniertem Abgesang auf den »Geist der Aufklärung« anlässlich der Solothurner Feier zu seinem 75. Geburtstag – genau ein Jahrhundert nach dem Erscheinen des *Martin Salander*.

Kann man aber im Zusammenhang des 18. Jh.s überhaupt von »Schweizer Literatur« sprechen? Wie später die Romantik war die Aufklärung ein europäisches Phänomen. Mathematik, Naturwissenschaften und Medizin, aber auch Bildende Kunst und Musik lassen wenig nationale Eigenarten erkennen; im Gegenteil legte man Wert auf die Internationalität der Forschung und des kulturellen Austauschs. Zwar büßte das Latein seine Bedeutung als Sprache der Wissenschaft allmählich ein – als erster Gelehrter der Neuzeit nach Paracelsus hielt Christian Thomasius 1687/88 an der Universität Leipzig eine Vorlesung auf Deutsch –, doch sorgten Übersetzungen für Verbrei- *(Kosmopolitismus)* tung der wesentlichsten Werke. Als Sprache der höheren Stände und der Gebildeten erhielt das Französische die Funktion einer lingua franca. Dennoch gibt es, vor allem in Literatur, Staatstheorie und Philosophie, autochthone Ausprägungen innerhalb der großen Tendenzen der Epoche. Nicht zufällig machte Montesquieu in *De l'esprit des lois* (Vom Geist der Gesetze, 1748) auf die Bedeutung unterschiedlicher Ausgangsbedingungen – Klima, Geschichte etc. – für die Ausgestaltung der Gesetzgebung aufmerksam. In dem Maße, wie der christliche Ordo an Verbindlichkeit verlor, richteten sich auch kulturelle Diskurse vermehrt nach Geschichte und Mentalität kleinerer Gemeinschaften, ohne deswegen die »Menschheit« als das verpflichtende Ganze aus den Augen zu verlieren.

*Die Schweiz in Europa*    De facto seit 1499, seit 1648 auch de iure war die Eidgenossenschaft ein vom Heiligen Römischen Reich unabhängiges Staatswesen. Ihre Lage zwischen der zentralistischen Großmacht Frankreich, der Habsburgermonarchie und dem zerfallenden Reich, ihre föderalistische Binnengliederung als Bündnis autonomer Republiken, kleine und kleinsten Territorien mit unterschiedlichsten Staatsformen und Traditionen und sogar eigener Außenpolitik und schließlich die Vielfalt der Wirtschaftsweisen von der alpinen Vieh- und Milchwirtschaft über Ackerbau und Gewerbe und die im Verlauf des Jahrhunderts entstehenden neuen Manufakturen – Uhrmacherei und Textilindustrie – bis zu den Kaufleuten und Bankiers in Basel und Zürich und dem verbündeten Genf verschafften ihr eine Sonderstellung und bildeten ein Selbstverständnis aus, das sie sowohl von den Großmächten wie den deutschen Kleinstaaten trennte.

*Kulturraum Deutsch-    Muss eine politische Geschichte der Schweiz trotz aller Divergenzen den
schweiz*    Gesamtraum ins Auge fassen, so rechtfertigen die literarischen Gegebenheiten eine Begrenzung auf die deutsche Schweiz. Für die französischsprachige Westschweiz, die sich literarisch erst spät zu Wort meldete, war die kulturelle – nicht aber die politische und religiöse! – Orientierung nach Frankreich stets wichtiger als jene zur deutschen Schweiz. Zwar bemühte sich der »Doyen« Philippe-Sirice Bridel gegen Ende des Jahrhunderts um kulturellen Austausch über die Sprachgrenze hinweg und hoffte mit Übersetzungen deutschsprachiger Autoren und eigenen patriotischen Dichtungen einer helvetischen Nationalliteratur den Boden zu bereiten. Dauerhafter Erfolg war ihm indessen nicht beschieden. Eine Schweizer Literatur in italienischer Sprache gab es im ganzen 18. Jh. nicht; wer immer künstlerisch oder literarisch begabt war, wandte sich nach Italien, vorzugsweise in die Lombardei. Die Literatur der deutschen Schweiz hingegen partizipiert an der europäischen wie der deutschen Aufklärung und bildet überdies innerhalb des deutschen Kulturraums, aber stets mit Blick auf die andersprachigen Teile des Landes, einen eigenständigen Binnendiskurs aus.

Nicht einfach zu bestimmen sind im 18. Jh. die Grenzen dessen, was noch unter »Literatur« zu verstehen sein soll. Die Übergänge zur Philosophie, im letzten Jahrhundertdrittel auch zur Geschichtsschreibung, verlaufen fließend; Reisebeschreibungen haben zwar meist literarischen Charakter, sind jedoch oft zugleich oder sogar vorwiegend wissenschaftliche Bestandsaufnahmen oder Handbücher für Touristen. Es empfiehlt sich daher, pragmatisch vorzugehen und historische, philosophische und staatstheoretische Werke heranzuziehen, soweit sie mit literarischen Tendenzen konform gehen, sie ergänzen oder vorwegnehmen; ausgeschlossen sind rein naturwissenschaftliche Werke und theologische und philosophische Abhandlungen im engeren Sinn.

# Anfänge

Um 1700 präsentierte sich die literarische Landschaft der Schweiz nicht eben vielversprechend. Noch 1724 bedauerte der aus Baden stammende, in Basel als Archivar wirkende Carl Friedrich Drollinger das Land, in dem »zum Vorwurf unsrer Zeit, / Fast keinem Dichter mehr ein deutsches Lied gedeiht [...] und dessen Schätze stets in fremdem Schmucke blinken.« Er selbst war *Übergänge* seit dem Tod Johannes Grobs der einzige nennenswerte schweizerische Dichter. Ähnlich wie Johann Christian Günther und Barthold H(e)inrich Brockes steht er am Übergang vom Barock zur Aufklärung. Aber auch Drollinger fand erst in den 1720er Jahren zu einem eigenen, vom spätbarocken »Schwulst« seiner Jugendwerke befreiten Ton. Obwohl seine Gedichte – geistliche und weltliche, Lehrgedichte, Fabeln sowie Übersetzungen und Nachdichtungen aus dem Lateinischen, Französischen und Englischen – noch nicht der eigentlichen Aufklärungslyrik zuzurechnen sind, nehmen sie doch andeutend schon manches vorweg, was sich in den folgenden Jahrzehnten entfalten sollte: die Hinwendung zur Natur, die nun nicht mehr bloß als Verweis auf Gottes Schöpfung gesehen wird, zum Philosophisch-Lehrhaften und zum Idyllischen. Nicht zuletzt kommt in ihnen ein poetologisches Programm zur Sprache, das freilich erst spätere Autoren verwirklichten. Als einer der Ersten beklagte Drollinger die Schwerfälligkeit des deutschen Alexandriners und plädierte für den fünffüßigen Jambus der englischen Dichtung. Er wandte sich gegen die engen Vorschriften bezüglich des Reims in den alten Poetiken – und wagte doch nicht den Schritt zum reimlosen Gedicht.

Trotz Gottscheds und später Bodmers Hochschätzung war die unmittelbare Wirkung von Drollingers verstreut publizierten Gedichten sehr gering; als sie 1743 (postum) endlich gesammelt erschienen, war ihre Zeit auch schon vorüber. Bereits hatte sich ein anderes Verständnis dichterischer Qualität durchzusetzen begonnen: Nicht mehr das handwerklich Gekonnte und gedanklich Klare, sondern das intim Persönliche und das Spielerische galten nun als vorbildlich.

Wenig später war Drollingers Klage gegenstandslos geworden und die Schweiz maßgeblich an der Herausbildung und Entwicklung der deutschen wie der europäischen Aufklärung beteiligt, ohne deswegen ihre eigenen Traditionen und ihre sprachliche, kulturelle und politische Eigenart zu verleugnen. Dem kam die von jeher (und bis heute) kleinräumige Gliederung des deutschen Kulturraums entgegen. Hier gab es kein Zentrum, wie es Paris und der Hof zu Versailles seit dem 16. Jh. für Frankreich waren.

Carl Friedrich Drollinger, Porträt in der postumen Werkausgabe 1743

# Historische und soziale Verhältnisse

Umso erstaunlicher ist dieser geistige Aufbruch, als er in einer Zeit politischer wie gesellschaftlich-sozialer Stagnation, verschärfter konfessioneller Gegensätze und generell in Opposition zu den verkrusteten Institutionen erfolgte.

Die politische Schweiz des 18. Jh.s, genauer: die dreizehnörtige Eidgenossenschaft, war ein nur lose zusammenhängendes, heterogenes Gebilde aus Staatswesen unterschiedlichster Art, vom Patrizierregime (Bern, Luzern, Freiburg, Solothurn) über Zunftregimente (Basel, Zürich, Schaffhausen, Stadt St. Gallen) bis zu den Landsgemeindekantonen Uri, Schwyz, Unterwalden, Glarus, Zug und der beiden Appenzell. Unabhängig von der Regierungsform zog seit dem 17. Jh. überall eine kleine, sich immer mehr abkapselnde Oligarchie die Macht an sich. In den Stadtkantonen erfolgten kaum mehr Aufnahmen ins Bürgerrecht – und nur Stadtbürger waren zu politischer Partizipation berechtigt –, und selbst innerhalb der Bürgerschaft kam es zu Differenzierungen der politischen Einflussmöglichkeiten. In den sogenannten demokrati-

*Herrschaftsstrukturen*

schen Kantonen herrschten trotz der Institution der Landsgemeinde in Wirklichkeit einige wenige Familien. Zudem gab es neben den Vollbürgern eine wachsende Anzahl von Einwohnern mit minderem Rechtsstatus, Niedergelassene und Geduldete, dazu eine nicht unbeträchtliche Anzahl von Menschen ohne jegliche Heimatrechte. Enge Gewerbe- und Zunftordnungen und Sittenmandate reglementierten und lähmten das ökonomische und soziale Leben. Erst recht waren die Bewohner der Untertanengebiete (eines einzelnen Kantons) und der Gemeinen Herrschaften (mehrerer oder aller Kantone, die im Turnus »Landvögte« entsandten) wirtschaftlich abhängig und vom Zugang zu höherer Bildung und zu staatlichen Ämtern ausgeschlossen. Vereinzelt gab es sogar noch Leibeigenschaft.

1712 brachen in dem sich zum Zweiten Villmerger Krieg ausweitenden Konflikt zwischen dem Abt von St. Gallen und den Toggenburgern die Gräben zwischen Katholiken und Reformierten erneut auf. Hatten nach dem Kappeler Landfrieden von 1531 und der darauf folgenden Rekatholisierung

*Innere Konflikte*

einiger Gebiete die Reformierten sich benachteiligt gefühlt, so nun die Katholiken. Ein Separatbündnis der katholischen Orte mit Frankreich mit einem geheimen, von Ludwig XIV. freilich nicht ratifizierten Zusatz (»Trücklibund«), der ihnen die Unterstützung Frankreichs bei der Rückgewinnung der verlorenen Machtpositionen zusicherte, verärgerte die Reformierten und blockierte die längst fällige Reform des im Kern spätmittelalterlichen Staatsgebildes endgültig. Noch immer bildete das Stanser Verkommnis von 1481 die konstitutionelle Grundlage der Eidgenossenschaft. Da die Tagsatzung, das oberste Organ des Staatenbundes, Beschlüsse nur durch Konsens (die Zustimmung aller Orte) fassen konnte, war die Alte Eidgenossenschaft im letzten Jh. ihres Bestehens faktisch paralysiert; selbst der unmittelbar bevorstehende Einmarsch der französischen Truppen im Jahr 1798 veranlasste die Abgeordneten lediglich zu einem ebenso pathetischen wie folgenlosen Bekenntnis zu den alten Bündnissen.

# Präliminarien

Der Neubeginn um 1720 erfolgte ohne Rekurs auf Traditionen, ohne das Bewusstsein einer Verbindung zur literarischen Vergangenheit. Vorangegangen waren die Naturwissenschaften. Im ganzen 17. Jh. war die Vorherrschaft

*Naturwissenschaften und Theologie*

der Theologie in Fragen der Welterklärung noch unbestritten gewesen, und wenn jemand Ansichten vertrat, die mit den kirchlichen Dogmen nicht in Übereinstimmung zu bringen waren, dann entweder unter dem Schutzmantel der Hypothese oder aber mit dem Hinweis auf die beschränkte Erkenntnisfähigkeit des Menschen. Im 18. Jh. jedoch setzte sich die wissenschaftlich-rationale Erklärung der Welt allmählich an die Stelle der theologischen. Freilich hatte sie noch längere Zeit mit alten Vorstellungen, kirchlichen Dogmen und Voreingenommenheiten der Forscher zu kämpfen. Johann Jakob Scheuchzer, der bedeutende Kompilator empirischen Materials und Verfasser einer umfassenden topographischen Beschreibung der Schweiz (die auf Geheiß des Zürcher Rats nicht nur auf Lateinisch, sondern auch auf Deutsch gedruckt wurde) ist einer jener Wissenschafter, in deren Werk sich die mühsame Ablösung der christlich-metaphysischen Weltdeutung durch die empirisch-wissenschaftliche deutlich ablesen lässt. In den Sedimenten und Versteinerungen am Pilatus erkannte er Überbleibsel längst verschwundener Meere, zog daraus jedoch den Schluss, die Sintflut, die ihrerseits eher auf eine »unmittelbare göttliche Wunderkraft« als auf die »zwar auch von Gott eingesetzten« Naturgesetze zurückzuführen sei, müsse diese Zeugen hinterlassen haben.

Ähnlich verlief die Entwicklung in Bezug auf die Auffassungen vom Wesen und den Verpflichtungen des Menschen. Obwohl niemand dessen Gotteskindschaft bestreitet, erhält seine individuelle Verantwortung für sein Schicksal nun die zentrale Stelle: Der einzelne Mensch hat sich freiwillig nach den Gesetzen der Moral zu richten, wobei »Moral« in dieser Epoche noch nicht die Bedeutung ›gesellschaftliche Norm‹ hat, sondern ethisch und sozial definiert ist. Als moralisch gilt, was ein geregeltes Zusammenleben ermöglicht und mit der höheren Bestimmung des Menschen im Einklang steht. Überall in Europa, zuerst in England, entstanden »Moralische Wochenschriften«, die eben wegen dieser neuen Orientierung nicht einfach dekretierten, was als richtig zu gelten habe, sondern an die Vernunft appellierten, die den Menschen befähige, das Richtige zu erkennen und danach zu handeln. Hatte im vorangehenden Jahrhundert Geschichte nur als Heilsgeschichte oder als chronikalische Erinnerung Bedeutung und waren Philosophie und Theologie voneinander nicht zu trennen, so erheben nun Naturwissenschaft, Geschichte und Philosophie den Anspruch, eigenständige Wege zur Erkenntnis zu eröffnen.

*Moralische Wochenschriften*

Zu den ersten dieser Wochenschriften im deutschen Sprachgebiet gehören *Die Discourse der Mahlern* (1721–1723). In lockerer Folge erörterten sie – erstaunlich früh – zentrale Fragen der europäischen Aufklärung, die ihre definitive Formulierung erst viel später fanden: die Autonomie der menschlichen Vernunft gegenüber Autoritätsansprüchen jeglicher Art und daraus abgeleitet die Forderung nach religiöser Toleranz (jedoch nicht Indifferenz!); die Notwendigkeit, seine Geisteskräfte permanent auszubilden, aber auch das Verhältnis von Kunst und Natur, die der Kunst ihre Regeln zu geben habe, d.h. eine Absage an die bisher verbindlichen Kunsttheorien. Darüber hinaus entwarfen sie ein Programm der schweizerischen Aufklärung für die erste Hälfte des 18. Jh.s. Von der Notwendigkeit, sich mit der vaterländischen Geschichte zu befassen, ist die Rede, und zwar nicht mehr in der Weise der alten Chroniken, sondern auf Grund von Archiv- und Quellenstudien.

*Discourse der Mahlern,* Titelblatt der ersten Lieferung 1721

Die *Discourse* richteten sich nicht primär an Gelehrte, sondern an ein allgemeines, und, ebenfalls neu, vorzugsweise auch an ein weibliches Publikum. Das weibliche Geschlecht sollte nicht dazu »verurteilt« sein, die beste Zeit des Tages ausschließlich mit Handarbeiten zuzubringen. »Ein aufgeweckter zierlicher und wohl bereder Geist ist eine kostbarere Morgengabe, die eine Dame ihrem Bräutigam bringen kann, als die größte Schönheit.« (Die Verfasser der Beiträge freilich waren ausschließlich Männer.)

*Frauenbildung*

Zürich, wo Johann Jakob Bodmer und seine Freunde die *Discourse* herausgaben, war bis weit über die Jahrhundertmitte hinaus das Zentrum der schweizerischen Aufklärung und ein literarischer Brennpunkt. Aber auch Bern und später Basel brachten bedeutende Geister hervor, die dank der Schreibfreudigkeit des Jahrhunderts in regem Kontakt mit ihren Gesinnungsfreunden im In- und Ausland standen.

## Ein Vorläufer: Beat Ludwig von Muralt

Von größter Bedeutung für die deutsche Literaturgeschichte ist die allmähliche Abwendung von der französischen Kultur und die vermehrte Aufmerksamkeit für die englische. Sie vollzieht sich nicht plötzlich, sondern allmählich, über Jahrzehnte hinweg. Fassbar wird sie in der Schweiz erstmals in Beat Ludwig von Muralts schon in den 1690er Jahren verfassten, aber erst 1725 publizierten *Lettres sur les François et les Anglois et sur les Voyages* (Briefe über die Franzosen und die Engländer und über das Reisen). In direkter Kommunikation mit dem Leser, den er zu Beginn jedes Briefes mit »Monsieur« anspricht, wendet sich von Muralt gegen die kulturellen (und damit indirekt auch die politischen) Hegemonieansprüche Frankreichs und deren schädliche Auswirkungen auf die gegenwärtige Schweiz; er dachte wohl in erster Linie an das Berner Patriziat. Dem oberflächlichen »bel-esprit« der Franzosen stellt er den »bon sens« der Engländer gegenüber und empfiehlt seinen Landsleuten, sich an den rauhen, aber von Aufrichtigkeit bestimmten Engländern ein Beispiel zu nehmen. Ihre Art des Umgangs entspreche weit eher den Sitten der alten Eidgenossen – die hier erstmals als nachahmenswerte Vorbilder in Tugend und Sittenreinheit genannt werden – als die französische Galanterie. Jahrzehnte vor Rousseau meinte Muralt, es sei notwendig »de revenir à l'Etat de Nature, où l'Homme se doit trouver et recevoir la Vérité simple et familière« (»in den Naturzustand zurückzukehren, wo der Mensch sich selbst findet und die einfachen und vertrauten Wahrheiten erkennt«). Deswegen seien auch die so genannten Kavalierstouren reine Zeitverschwendung und eine Gefahr für die Moral der jungen Leute; statt sich fremde Manieren anzueignen, sollten sie sich mit den Sitten des eigenen Landes bekannt machen.

Obwohl Voltaire und Rousseau sich auf die *Lettres* beriefen, darf von Muralt nicht ohne weiteres als Vorläufer der Aufklärung gelten. Vielmehr verbindet sich in seinem Werk in für die Schweiz typischer Weise Aufklärung mit Aufklärungskritik. Für den radikalen Pietisten, dessen Umtriebe die Berner Regierung veranlassten, ihn in die Verbannung zu schicken, bedeutete der Rückzug von der Welt, den er selbst praktizierte, eine Wendung nach innen, nicht wie für Rousseau nach außen, und erst recht war ihm Voltaires Religionskritik ein Greuel, obwohl er dessen Abneigung gegen die Institution Kirche teilte. Im Gegensatz zu den eigentlichen Aufklärern bezieht Muralt auch klar fortschrittsskeptische Positionen. Die Geschichte der Zivilisation ist für ihn eine Geschichte des Niedergangs. Einig weiß er sich mit ihnen aber in der Überzeugung von der Verpflichtung des Menschen, sich frei zum Guten zu entscheiden.

*Frankreich oder England?*

## Deutsch als Literatursprache?

Nur scheinbar steht die Tatsache, dass der Deutschberner Patrizier Muralt seine *Briefe* auf Französisch verfasste, im Widerspruch zu den darin vorgetragenen Überzeugungen. Noch war das Deutsche erst auf dem Weg zur Literatursprache. Im Berner Patriziat sprach und schrieb man traditionellerweise Französisch, so dass selbst ein so unabhängiger, seiner Schicht und ihren Traditionen kritisch gegenüberstehender Geist wie Karl Viktor von Bonstetten seine deutschen Manuskripte von Freunden korrigieren lassen musste. Samuel Henzi, der Empörer wider die Herrschaft der Gnädigen Herren, schrieb sein Tell-Drama *Grisler ou l'ambition punie* (Gessler oder Die bestrafte Anmassung, 1748, gedruckt postum 1762) nicht nur nach dem Muster der französischen klassischen Tragödie, sondern auch in der Sprache Corneilles. Von der geistreichen Julie Bondeli, der Schülerin Henzis, Freundin Christoph Martin Wielands und Brieffreundin Johann Georg Zimmermanns, gibt es nur ganz wenige Briefe in deutscher Sprache. Aber auch der Zürcher Henri Meister, der Zuger Beat Fidel Zurlauben und andere fühlten sich im Französischen mehr zu Hause als im Deutschen. Wer Deutsch schrieb, litt gelegentlich unter einem Minderwertigkeitskomplex. Albrecht von Haller bemerkte 1748, als er schon über ein Jahrzehnt in Göttingen lebte, in der Vorrede zur vierten Auflage seiner Gedichte, er habe sich bemüht, sprachliche Fehler der früheren Ausgaben auszumerzen und meinte entschuldigend: »Aber ich bin ein Schweizer, die deutsche Sprache ist mir fremd, und die Wahl der Wörter war mir fast unbekannt.« Tatsächlich finden sich in der Erstausgabe ausgesprochen schweizerische Formen wie »Brünnen« oder »Armen« (für ›Arme‹); andererseits bereicherte Haller die Literatursprache beispielsweise um »Abhang« und »staunen«. Nicht anders Johann Georg Zimmermann: In Bezug auf die »Reinigkeit der Sprache«, meint er 1758, seien die Schweizer weit von der »Annehmlichkeit« entfernt, »die ein jedes Frauenzimmer in Leipzig oder Dreßden ohne Mühe erreichet«, und noch Jahrzehnte später sprach er von dem »erzgroben Organ der Sprache« und der »barbarischen Elocution«, »die ich und alle Schweizer ohne Ausnahme, und einige von uns in einem hyperbarbarischen Grade haben.«

*Französisch und Deutsch*

Andere bezeugten schon früh größeres Selbstbewusstsein. Der Basler Gelehrte Johann Jakob Spreng redet 1743 in der Gedächtnisrede auf Drollinger zwar ebenfalls einer Reinigung der deutschen Sprache und einer Annäherung des schweizerischen Sprachgebrauchs an den deutschen das Wort, verwahrt sich aber entschieden gegen die »dictatorische Dreistigkeit, mit welcher ein gewisser sächsischer oder preußischer Kunstrichter [Gottsched] unsern Landsleuten allen Begriff von dem Wolklange in der Beredsamkeit und Dichtkunst« abspreche. Bodmer beklagte 1746 – Gottscheds *Grundlegung einer Deutschen Sprachkunst* war noch nicht erschienen – »die unverschämte und ungerechte Tyrannie der Sachsen über den schweizerischen und alle anderen Dialekten der deutschen Provintzen« (gemeint sind die Bemühungen des Gottsched-Kreises zur Vereinheitlichung von Orthographie und Phonetik) und spielte gar mit dem Gedanken einer »Ausputzung und Erweiterung« der schweizerischen Dialekte »zu einer für sich selbst bestehnden, und für sich zulänglichen Sprache.« Solch extreme Positionen waren selten, und auch Bodmer kam später nicht darauf zurück; es beginnt sich aber im Verlauf des Jh.s neben dem Bestreben nach sprachlicher Reinheit auch ein Bewusstsein kultureller Differenz herauszubilden.

*Einheitliches Deutsch?*

# Erforscher und Dichter der Alpen: Albrecht von Haller

Ein Bewunderer von Muralts war der junge Albrecht von Haller. Im Sommer 1728 brach er mit einem Freund zu einer großen Schweizerreise auf. Eine der ersten Stationen war Muralts Gut in der Gegend von Neuchâtel. Zu seinem Bedauern war der Hausherr, dieser »homme unique [...] qui peut seul donner une idée du Suisses fort opposée de celle du vulgaire«, abwesend.

Hallers Reise war keine Vergnügungsreise oder jedenfalls nur in zweiter Linie. Er, der angehende Mediziner und Naturwissenschaftler, der einige

Jahrzehnte später einer der angesehensten Gelehrten Europas sein sollte, auf
Lebenszeit gewählter Präsident der Königlichen Großbritannischen Gesellschaft der Wissenschaften in Göttingen, den Friedrich II. von Preußen, die
Kaiserin Maria Theresia und der russische Zar an ihre Höfe und Akademien
zu locken hofften, und der auf all diese glänzenden Angebote verzichtete, als
er in seiner Heimatstadt das bescheidene Amt des Rathausammanns erhielt
– dieser Haller wollte sich mit den geologischen und botanischen, aber auch
den sozialen Verhältnissen der Schweiz bekannt machen. Von Neuchâtel aus
ging die Reise an den Lac Léman, dann ins Wallis, über die Gemmi ins Berner
Oberland und weiter über den Brünig und zurück nach Bern. Im folgenden
Jahr entstand das Gedicht *Die Alpen* in 490 Alexandrinern, die erste ernst-
hafte Auseinandersetzung mit der alpinen Welt und zugleich der Ursprung
des modernen Alpenmythos. Gedruckt erschien es zum ersten Mal 1732 in
Hallers Sammlung *Versuch schweizerischer Gedichten* [sic].

*Utilitarismus*

Hallers Alpen-Gedicht handelt von Geologie und Botanik der Alpenwelt,
die Haller einerseits wissenschaftlich exakt beschreibt (von der vierten Auflage 1748 an nennt er sogar in Anmerkungen die lateinischen Namen der
Pflanzen), die er andererseits aber von menschlichen Bedürfnissen und Verhältnissen aus bewertet und deutet:

> Der Blumen scheckicht Heer scheint um den Rang zu kämpfen,
> Ein lichtes Himmel-Blau beschämt ein nahes Gold;
> [...]
> Dort ragt das hohe Haupt am edlen Enziane
> Weit übern niedern Chor der Pöbel-Kräuter hin

Schönheit und (hier medizinischer) Nutzen für den Menschen bestimmen
den Rang in der Pflanzenwelt. Die Gesetze und Regeln des Zusammenlebens
sind denn auch das eigentliche Thema des Gedichts. Übereinstimmend mit
Muralt preist Haller zu Beginn die naturnahe, unverdorbene Lebensweise,
die Simplizität und Geradheit der menschlichen Beziehungen und die Bedürf-
nislosigkeit der Bergbewohner. Vorangegangen war ihm außer Muralt
Scheuchzer in der *Naturgeschichte des Schweizerlandes* (1716–18), der in
den Sennen den »Abtruck der alten schweizerischen [...] Einfalt« sah und
ihnen eben jene Tugenden zuschrieb, die er in seiner Gegenwart vermisste:

*Hirten und Sennen*

Arbeitsamkeit, Geduld, Willenskraft, Aufrichtigkeit und Hilfsbereitschaft;
ferner die Verfasser der *Discourse der Mahlern*, die sich im fünften Stück
1721 ganz ähnlich über das »Genie« dieses Volks in den Bergen äußern, das
sich nur von Milch, Käse und Butter ernähre und, von schwerer Arbeit abge-
härtet, seine Lebensregeln aus dem »Trieb der Natur« und den »Satzungen
der Vorfahren« ableite. Von harter Arbeit und von der Landschaft geprägt,
seien sein Wesen und seine Sprache

> grob, aber wolgemeint; sein Gemüth ist ehrlich ohne ungehaltene Begierde des
> Lobes; großmüthig ohne Pracht. Die Zärtlichkeit die Üppigkeit sind ihm unbe-
> kannte Laster; es lebet ohne den Gebrauch der kostbaren Metallen. Es liebet die
> Ruhe und erzörnt sich nicht wenn es nicht gereitzet wird; es ist geneigt einem
> gütigen Herrn gehorsam zuseyn aber ist ein geschworner Feind der Tyrannie.

Die Tugenden, die Beat Ludwig von Muralt den alten Schweizern zuschreibt,
suchen die Mahler und Haller bei den Alpenbewohnern ihrer Gegenwart,
und von da aus verselbständigt sich der Lobpreis des einfachen, sündelosen
Lebens in den Bergen zum literarischen Topos, der im späteren 18. Jh. von
ausländischen Reisenden weiter ausgebildet, von ihnen wiederum in die
Schweizer Überlieferung übernommen und bis ins 20. Jh. tradiert wird. Be-

wusstseinsprägend war gewiss auch die im 18. Jh. von Frankreich und England her erneut aufgeflammte Begeisterung für den »edlen Wilden«, den unverdorbenen, von Wissenschaft und gesellschaftlicher Verfeinerung unberührten Naturmenschen.

Anders als später Rousseau redet Haller jedoch nicht einem »retour à la nature«, dem Rückzug in eine vorwissenschaftliche, vermeintlich ›natürliche‹ soziale Ordnung, das Wort; auch Rousseaus Postulat der prinzipiellen Gleichheit aller findet sich nicht bei Haller. Und vollends zweifelt er nicht am Nutzen der Wissenschaft für den Fortschritt der Menschheit und am Sinn dieses Fortschritts selbst.

Die idealisierte Welt der Hirten und Sennen setzt Haller in Gegensatz zur städtischen Gesellschaft und erweckt damit wie Muralt einen zweiten, schon in früheren Jh.en gelegentlich (und ebenfalls aus politischen Gründen) beschworenen Mythos zu neuem Leben: den der tapferen, tugendhaften, einfach und bescheiden lebenden alten Eidgenossen der »Heldenzeit«. Zwar war er sich durchaus bewusst, dass dieses Bild der schweizerischen Wirklichkeit nicht entsprach. Es ging ihm aber nicht so sehr um die reale Lebensweise der Gebirgsbevölkerung als um ein kritisches Gegenbild zum luxuriösen Leben der gegenwärtigen Berner Patrizier. Seine satirischen Gedichte *Die verdorbenen Sitten* (1731) und *Der Mann nach der Welt* (1733) sind daher Gegenstücke zum Alpen-Gedicht; zwei Zeilen aus dem ersten wurden rasch zum geflügelten Wort:

*Tugendideale*

> Sag an, Helvetien, du Helden-Vaterland!
> Wie ist dein altes Volk dem jetzigen verwandt?

Albrecht von Haller, Stich von B.A. Dunker (1777)

Zur Debatte steht ebenso ein Allgemein-Menschliches wie ein spezifisch Schweizerisches. Die als ursprünglich ausgegebenen Tugenden sind in Wahrheit zukünftig anzustrebende, die Zivilisationskritik zielt präzis auf Degenerationserscheinungen der eidgenössischen Gegenwart, hat damit allerdings auch an gesamteuropäischen Debatten der Epoche, z.B. der Luxusdiskussion, teil. Dichtung ist hier noch klar leserbezogen, letztlich pädagogisch intendiert, wie es dem Geist der Zeit entsprach.

Sowohl Hallers *Alpen* wie die Satiren sind herausragende Beispiele für die im 18. Jh. im ganzen deutschen Sprachraum beliebte lehrhafte Dichtung. Seien es, wie bei Haller, naturwissenschaftliche und gesellschaftliche, seien es später in Bodmers patriotischen Dramen oder Lavaters *Schweizerliedern* historische Lehren, die vermittelt werden sollen: stets geht es darüber hinaus um moralisch-ethische Fragen.

So sehr Haller zur europäischen Aufklärung gehört, so entschieden vertritt er Positionen, die sich von denen der französischen Aufklärer unterscheiden. Voltaires spöttisch-ironisches Verhältnis zur Religion war ihm ein Greuel, noch mehr der Materialismus eines La Mettrie. Wie übrigens ausnahmslos alle schweizerischen Aufklärer äußerte er zeitlebens nie den geringsten Zweifel am Christentum. Seine philosophischen Gedichte haben, im Gegensatz etwa zu denjenigen Schillers, die christliche Weltanschauung als Basis; von ihr aus deutet Haller nicht nur die Phänomene, sondern auch die Empfindungen des Subjekts.

Das bedeutendste dieser Gedichte ist *Der Ursprung des Übels* (1734). Ausgehend von der Aussicht vom Gurten, dem Inbegriff vollkommener Naturschönheit, diskutiert Haller die im 18. Jh. so heiß umstrittene Theodizeefrage: Wie kommt es, dass Gott in seiner schönen Welt so viel Ungerechtigkeit, Bosheit und Leiden Unschuldiger duldet und die Leiden nicht einmal mit dem Tod zu Ende sind? Hallers Dilemma ist es, weder den Glauben noch

*Theodizee*

die Vernunft dem jeweils anderen unterordnen und auch keine klare Scheidung zwischen beiden vollziehen zu können. Ein »zweideutig Mittelding von Engeln und von Vieh« sei der Mensch (in der Urfassung noch schärfer: »ein unselig Mittelding«) und daher nur zu sehr bereit, von seiner Bestimmung abzuweichen. Die Willensfreiheit, die ihn in seine Zwangslage bringt, weil sie auch eine Entscheidung zum Schlechten und Bösen erlaubt, ist aber andererseits Bedingung seines Menschseins und somit ebenfalls Ausdruck von Gottes Güte. Über diese Aporie gelangt Haller nicht hinaus, und so bleibt das Gedicht ohne eigentliches Ende und mündet in ein Eingeständnis der Ratlosigkeit: »Verborgen sind, o Gott! die Wege deiner Huld, / Was in uns Blindheit ist, ist in dir keine Schuld.« Als empirischer Wissenschafter mag Haller nicht spekulieren, als gläubiger Christ nicht alles Metaphysische negieren, als Philosoph ist er noch nicht imstande, wie später Kant die Welt der Ideale als dem Menschen grundsätzlich unzugänglich zu erklären.

Wissenschaft und Philosophie (im Alter auch staatstheoretische Fragen) sind die Fundamente von Hallers Dichtungen. Er vermochte aber auch seine Erschütterung beim Tod seiner Gemahlin in Worte jenseits der Konventionen zu fassen (*Trauerode beim Absterben seiner geliebten Marianne*, 1736) und fand damals noch unerhörte Ausdrucksweisen für seinen Schmerz. Schillers Vorwurf, Hallers Gedichte brächten nicht so sehr Empfindungen als Reflexionen über Empfindungen zur Sprache, hat etwas für sich; etwas anderes war aber in der ersten Jahrhunderthälfte gar nicht zu erwarten. Die ›reine‹, unmittelbare lyrische Empfindung hält erst (und sehr allmählich) seit den 1750er Jahren Einzug in die deutsche Literatur.

*Haller als Wissenschafter*

Wiederholt betonte Haller, er habe seine dichterischen Arbeiten nur »in Nebenstunden« verfasst. In der Tat gehörte seine Arbeitskraft fast ausschließlich medizinischen und botanischen Fragen sowie der praktischen Tätigkeit als Arzt, Anatom und Dozent. Ein zweibändiges Werk über die Pflanzen der Schweiz (1742), mehrbändige Kompendien zur Botanik und Anatomie, eine achtbändige Grundlegung der Physiologie im Quartformat und mehrere umfangreiche Bibliographien mit insgesamt 52.000 Titeln waren Frucht seines enzyklopädischen Wissens. Eine ausgedehnte wissenschaftliche Korrespondenz und nicht zuletzt fast 10.000 Rezensionen hauptsächlich naturwissenschaftlicher, aber auch mathematischer, historischer, theologischer, geographischer und literarischer Werke zeugen von fast unvorstellbarem Fleiß und pausenloser Lektüre, die Haller sogar während der Mahlzeiten und bei wissenschaftlichen Gesprächen fortsetzte.

*Haller und Bern*

In Bern wusste man mit Haller nichts anzufangen. Nicht nur weigerten sich die Gnädigen Herren, die sich selbst zum »von« verholfen hatten, seinen von Kaiser Franz ausgestellten Adelsbrief anzuerkennen. Mehrere Bewerbungen für medizinische Ämter, unter anderem die Stelle als vierter Stadtarzt, blieben erfolglos; gerade schaffte es der ehemalige Direktor des medizinischen Instituts der Göttinger Universität noch zum Sanitätsrat. Sechs Jahre lang wirkte Haller als »Salzdirektor« der bernischen Salinen in Roche, verbesserte die Methoden zur Salzgewinnung, führte eine umfangreiche Melioration durch und kümmerte sich, ohne zu klagen, um alltägliche Fragen wie Friedhofsplanung und Verbesserung der Bienenzucht und eine Zusammenfassung des geltenden Rechts. Dennoch erklärte er im Alter im letzten der drei Staatsromane *Fabius und Cato* (1774) die aristokratische Regierungsform Berns zur vollkommensten.

# 1740–1760: Bodmers Zürich

Auf den verschiedensten Gebieten trug die Schweiz um die Jahrhundertmitte zur Verbreitung und Differenzierung aufklärerischen Denkens und bereits auch zu dessen Relativierung bei. War Basel dank der Familie Bernoulli auch nach Leonhard Eulers Berufung an die Petersburger Akademie eine Hochburg der Mathematik, verhalfen Haller in Bern, Charles Bonnet und andere in der Westschweiz den Naturwissenschaften zu Ansehen, so galt das Interesse in Zürich der Literatur und der Geschichte.

Ohne jede Ironie schrieb Ewald Christian von Kleist, der Onkel Heinrichs von Kleist und selbst ein damals prominenter Autor, der als preußischer Werbeoffizier in Zürich weilte, 1752 an Johann Wilhelm Ludwig Gleim:

> Zürich ist wirklich ein unvergleichlicher Ort, nicht nur wegen seiner vortrefflichen Lage, die unique in der Welt ist, sondern auch wegen der guten und aufgeweckten Menschen, die darin sind. Statt daß man in dem großen Berlin kaum 3 bis 4 Leute von Genie und Geschmack antrifft, trifft man in dem kleinen Zürich mehr als 20 bis 30 derselben an. [...] Alle haben Genie [...] und sind dabei lustige und witzige Schelme.

Hier erarbeitete der Ratsherr Johann Jacob Leu sein heute noch unentbehrliches zwanzigbändiges *Allgemeines, Helvetisches, Eydgenössisches, Oder Schweitzerisches Lexicon [...]* (1747–1765), das einheimische Pendant zu Johann Heinrich Zedlers *Grossem vollständigem Universal-Lexicon aller Wissenschaften und Künste [...]* in 64 Bänden (1732–1754). Im Unterschied zu den französischen Enzyklopädisten (1751–1772) wollten Leu und Zedler weder philosophische Systembildung noch Aufklärungspropaganda betreiben, sondern in polyhistorischer Tradition möglichst alles verstreute Wissen alphabetisch geordnet verfügbar machen. Hier, in einer Stadt von nicht einmal zehntausend Einwohnern, las man, früher als in Frankreich, Rousseau mit Begeisterung. Hier wirkten schließlich Dichter und Theoretiker, deren Wirkung weit über die Schweiz und sogar den deutschen Kulturraum hinausreichte.

*Zürich als Zentrum*

## Wegbereiter der neuen Dichtung: Bodmer und Breitinger

Zu Beginn der 1740er Jahre leiteten theoretische Arbeiten der Zürcher Johann Jakob Bodmer und Johann Jakob Breitinger den endgültigen Bruch mit der Dominanz französischer Regelpoetiken und die Überwindung frühaufklärerischer Auffassungen vom Wesen und der Aufgabe der Dichtung ein.

Als junger Mann hatte Bodmer sich von John Miltons Epos *Paradise Lost* (1667/74) faszinieren lassen und 1723 mit der Übersetzung begonnen (*Verlust des Paradieses*, 1732, bis 1780 mehrfach überarbeitet). Die Gegenwelt zum Rationalismus der Zeit, die Sphäre der himmlischen und teuflischen Wesen öffnete ihm den Blick für fundamentale Unterschiede von Dichtung und Philosophie, die Haller noch nicht wahrzunehmen vermochte. 1740 veröffentlichte er, um Einwände Voltaires und anderer gegen Milton zu widerlegen, die *Critische Abhandlung von dem Wunderbaren in der Poesie [...]*, ein Manifest für die Wahrheit der dichterischen Phantasie, die von der Wahrheit des Verstandes verschieden, aber mit ihr gleichberechtigt sei. Ergänzend dazu bestimmt er in den *Critischen Betrachtungen über die poetischen Gemälde der Dichter* (1741) das Wesen und die Wirkung des Dichterischen als Appell an Gemüt und Einbildungskraft und grenzt sie von der Überzeugung

*John Milton*

durch das Argument ab. Der Dichter ist Schöpfer, der sinnliche Eindrücke wiedergeben, aber auch Übersinnliches schaffen kann und mit Allegorien und Symbolen Bereiche erschließt, die der Vernunft unzugänglich bleiben müssen.

Damit nahm er den Kampf gegen die rein utilitaristische Auffassung von Dichtung aus dem Gottsched-Kreis auf. Unterstützung erhielt er von seinem Vertrauten und Freund Johann Jakob Breitinger. Wie Bodmer wirkte Breitinger, der Theologe und Altphilologe, am Carolinum, der höchsten Zürcher Lehranstalt. War Bodmer der funkelnde, aber etwas sprunghafte Geist, so
*Angriff auf Gottsched*      Breitinger der systematische, bedächtige. Es war daher nur natürlich, dass er die Poetik verfasste, welche Gottscheds Autorität in Frage stellte und eine neue Theorie der Dichtkunst begründete. 1740 erschien, mit einem Vorwort und einigen Kapiteln von Bodmer, die *Critische Dichtkunst*. Schon der Titel bedeutete wegen des Anklangs an Johann Christoph Gottscheds 1730 erstmals erschienenen und danach mehrfach neu aufgelegten *Versuch einer critischen Dichtkunst vor die Deutschen* eine Provokation. Obwohl der eigentliche Gegner Nicolas Boileau-Despréaux und dessen noch immer als kanonisch geltende *Art Poétique* (1674) war und Breitingers Abhandlung in manchem Punkt Gottschedsche Anschauungen lediglich modifiziert, entfachten die Zürcher eine Dichter- und Kritikerfehde, die den deutschen Kulturraum jahrelang in zwei feindliche Lager spaltete. Gemeinsam mit Gottsched ist ihnen die Ablehnung des »Lohensteinischen Schwulsts« und die Hochschätzung des gemäßigteren Martin Opitz sowie die Überzeugung, Nachahmung der Natur sei der Ursprung aller Kunst. Gottsched allerdings mochte nicht über die Nachahmung des Wirklichen, d.h. mit den Sinnen Erfassbaren oder aus schriftlichen Aufzeichnungen Geschöpften hinausgehen. Diese Beschränkung auf die »wirkliche« Welt war den Zürchern für die Poesie zu dürftig. Während das »historische Wahre« lediglich unterrichte, habe das »poetische Wahre« »noch den besondern Vortheil, daß es uns zugleich durch das Verwundersame einnimmt und belustigt, da es Dinge, die nicht würcklich sind, in unsere Gegenwart bringet«. Neben das Wahre (in der Natur und in Dokumenten Nachweisbare) und das Wahrscheinliche, das, wenngleich nicht belegt, so doch plausibel ist, tritt als das eigentliche Feld der Dichtung das
*Mögliche Welten*            »Mögliche«, das zum Bereich des Wunderbaren gehört. »Ein jedes wohlerfundenes Gedicht ist darum nicht anderst anzusehen, als eine Historie aus einer andern möglichen Welt« und der Dichter der Schöpfer »eines neuen Zusammenhanges der Dinge«. So wie Gott, heißt es in Anlehnung an Leibniz, »unter allen möglichen Welt-Gebäuden das gegenwärtige erwehlet, daß er es in den Stand der Würcklichkeit überbrächte, weil er es nach seiner unbetrüglichen Einsicht vor das beste unter allen, und vor dasjenige befand, das vor seine Absichten am bequemsten war«, so kann und soll der Dichter gleichfalls aus allen Möglichkeiten die ihm gemäße Wirklichkeit werden lassen.

Damit wird weder die Mimesis-Forderung noch das aufklärerische Postulat, Dichtung habe der Herausbildung des Menschlichen zu dienen, definitiv preisgegeben.

> Die Natur hat in der Erschaffung dieser gegenwärtigen Welt nicht alle ihre Kräfte erschöpfet, wenn also der Poet etwas vorstellet, das die Natur zwar noch nicht zur Würcklichkeit gebracht hat, aber doch an das Licht zu bringen vermögend ist, so kann dieses wieder keine Verbesserung der Natur, sondern nur eine Nachahmung derselben auch in dem Möglichen selbst, geheissen werden,

weil unrealisiert gebliebene Entwürfe gleichwohl »eine eigentliche [eigene] Wahrheit« haben. Wenn Jahre später Lessing zwischen »die Natur nachah-

J.H. Füßli, *Der Künstler
im Gespräch mit
J.J. Bodmer*, Ölgemälde
um 1778/79 (vgl. S. 66)

men« (Akkusativ) und »der Natur nachahmen« (Dativ) unterschied, meinte
er mit Letzterem nichts anderes: die Nachahmung nicht einer vorgefundenen
Realität, sondern der schöpferischen Energie. Dem Wunderbaren soll der
Dichter »die Farbe der Wahrheit anstreichen, und das Wahrscheinliche in die
Farbe des Wunderbaren einkleiden«. »Von der Kunst, gemeinen Dingen das
Ansehen der Neuheit beyzulegen« lautet denn auch eine Kapitelüberschrift.
Aber noch das »Verwundersame« muss zumindest den »Schein der Wahr-
heit« bewahren; das ganz und gar Phantastische oder das Absurde hat in
Breitingers Poetik keinen Raum.

Diese Abgrenzung des Feldes der Dichtung von dem der Naturbeschrei-
bung und der Geschichtsschreibung ist die eine große Differenz der beiden
Poetiken. Die andere ist Breitingers ausdrücklicher Verzicht auf eine Regel-      *Ablehnung des*
poetik. Gottscheds Werk war auch als praktische Anleitung für Dichter und       *Normativen*
Kritiker gedacht; Breitinger dagegen will die Dichter ermutigen, aus sich
selbst mittels der »Einbildungskraft« eine neue Wirklichkeit zu schaffen und
die Kritiker verpflichten, das Kunstwerk nach dessen eigenen Gesetzen zu
beurteilen. Grenzen setzt einzig der »Geschmack«, der im subjektiven Urteil
gleichwohl gesellschaftliche Verbindlichkeit beansprucht und der Überprüfung durch die Vernunft standhält. Besteht Gottsched auf der Einhaltung von
Regeln, die er als überzeitlich betrachtet und verlangt er vom Dichter, dass er
sich von seinen Affekten distanziere, bevor er sich ans Werk mache, so nen-

*Autonomie der*
*Dichtung*

nen die *Discourse* schon 1721 die poetische »Raserey« als Inspirationsquelle, die den Dichter mit sich fortreiße und die innere Stimmigkeit des Werks als das entscheidende Kriterium für dessen Wert. Wesentliche poetologische Positionen des Sturm und Drang klingen hier bereits an. Freilich reden die Zürcher noch nicht der unmittelbaren Empfindung und schon gar nicht individueller Willkür das Wort, und auch später konnten weder Bodmer noch Breitinger sich mit dem Geniewesen befreunden.

Mit Bodmers und Breitingers Schriften beginnt die Auffassung sich Bahn zu brechen, Dichtung sei nicht die Magd der Philosophie oder der Moral (die im 18. Jh. angewandte Philosophie war), vielmehr autonom, d. h. nur den Geboten der Poesie verpflichtet.

Bodmers eigene Dichtungen – mehrere Bibelepen, Nachdichtungen mittelalterlicher Epenstoffe und über fünfzig historische, biblische und patriotische Dramen – wirken, abgesehen von den Übersetzungen Miltons und Homers (1778, der ersten in Hexametern), flach und uninspiriert, unsinnlich und überaus didaktisch. Er vermochte jedoch andere zu begeistern und junge Talente um sich zu versammeln. Sehr früh wies er seine Schüler und Freunde auf Dante und Shakespeare, aber auch auf die neueste englische Dichtung, auf Jonathan Swift, Alexander Pope und Samuel Richardson hin, und wie sein Leipziger Kontrahent war er bestrebt, Autoren zu entdecken und zu fördern, die seinen Vorstellungen von einer zeitgemäßen Literatur entsprachen.

*Fabeln*

1744 erschien *Ein halbes Hundert neuer Fabeln* des Weininger Gerichtsherrn, Malers und Jägers Ludwig Meyer von Knonau mit einem Vorwort Bodmers. Bei Autoren und Kritikern des 18. Jh.s war die sogenannte äsopische Fabel überaus beliebt. Nach Jean de La Fontaines Vorbild *Fables* (1668–94) verfassten Friedrich von Hagedorn, Christian Fürchtegott Gellert, Lessing und andere ihre Fabeldichtungen. Die Theoretiker schätzten sie wegen ihres moralischen Nutzens (Gottsched) oder der Verbindung des Wunderbaren und Unterhaltenden mit dem Nützlich-Lehrhaften (Bodmer und

*Meyer von Knonau*

Breitinger). Meyer von Knonau indessen hielt sich weder an theoretische Vorgaben noch an literarische Konventionen. Zwar lässt er der Tradition gemäß die Tiere reden, verzichtet aber auf zu weitgehende Anthropomorphisierungen und nimmt die Moral, statt sie am Ende auszusprechen, in die Geschichte hinein. Wenn die Kuh dem Fuchs treuherzig »zu einem guten Jahre [...] zur Sommerszeit Kohl, Gras und fetten Klee« und für den Winter »Haber, Saltz und Heu, und Stroh für deine Füß« wünscht, so wird die Erkenntnis ›niemand kann aus seiner Vorstellungswelt heraus‹ und die Aufforderung, anderen Lebensweisen tolerant zu begegnen, im absurden Dialog vorgeführt statt mit erhobenem Zeigefinger aufgedrängt. Meyers Fabeln sind anarchisch und preisen Lebensfreude und Übermut, nicht kluge Vorsicht und ängstliche Planung. Listig unterläuft er die Gattungskonventionen, indem er ihre Muster aufnimmt, sie aber gegen die Lesererwartung wendet. Ermahnungen zu sozialverträglichem und vernunftgeleitetem Verhalten sucht man vergeblich; des öfteren vermitteln seine Fabeln gar eine eher subversive Moral. Das Gedicht von der frohen Lerche, die unaufhörlich singt und ihren Gesang nur unterbricht, um neue Kräfte zu schöpfen und sich mit ihren Jungen zu freuen, ist geradezu eine ironische Replik auf La Fontaines *La cigale et la fourmi* (Die Grille und die Ameise).

*Anakreontik*

Mit bemerkenswertem Gespür fand Bodmer auch in Deutschland Autoren nach seinem Geschmack. 1745 gab er Immanuel Jakob Pyras (eines erbitterten Gottsched-Gegners) und Samuel Gotthold Langes *Thirsis' und Damons freundschaftliche Lieder* in Nachbildungen antiker Odenstrophen heraus, in denen trotz des anakreontisch anmutenden Titels bereits ein neues, auf die empfindsame Dichtung voraus weisendes Verhältnis zur Natur und der Freundschaftskult der 50er Jahre anklingen.

1748 druckten die *Bremer Beiträge*, die Zeitschrift der jungen empfindsamen Generation, die ersten drei, durch Bodmers Milton-Übersetzung angeregten Gesänge von Friedrich Gottlieb Klopstocks *Messias*. Im Verfasser *Klopstock* glaubte Bodmer endlich den Dichter gefunden zu haben, der schuf, was ihm selbst vorschwebte, wozu er aber nicht imstande war. In der Hoffnung, als Förderer und verständnisvoller Kritiker wirken zu können, lud er den Autor nach Zürich ein. Statt des erwarteten seraphischen Jünglings erschien jedoch ein lebensfroher junger Mann, und statt in einsamer Klausur in Bodmers Haus fleißig am *Messias* weiterzudichten, suchte und fand Klopstock Freundschaften und unternahm mit einer Gesellschaft junger Zürcherinnen und Zürcher eine Fahrt auf dem Zürichsee zur Halbinsel Au, die Anlass war für eines der großartigsten Gedichte des Jahrhunderts: *Der Zürchersee* (1750/71), Bodmer aber so sehr erzürnte, dass es wenig später zum unheilbaren Zerwürfnis kam. Nicht weniger enttäuschend verlief zwei Jahre später die Begegnung mit Christoph Martin Wieland. Dessen Hexameterepos *Hermann* *Wieland* (1751) bewog Bodmer zu einer Einladung nach Zürich, doch war auch dieser Gast nicht weniger am Schlittschuhlaufen – dem Modesport der Zeit – und den schönen Zürcherinnen interessiert als an literarischen und moralischen Erörterungen mit dem asketischen Bodmer. Dennoch weilte Wieland zwei Jahre in Bodmers Haus und wirkte danach weitere fünf Jahre als Hauslehrer in Zürich und nochmals eines in Bern. In dieser Zeit fand er seinen eigenen Stil, verfasste u.a. das erste deutsche Drama in Blankversen (*Lady Johanna Gray*, UA Winterthur 1758) und legte auf Bodmers Anregung den Grundstein für seine Shakespeare-Übersetzung (1762–66).

Bodmers literaturtheoretische Arbeiten und seine Bemühungen um die neueste Literatur bilden nur ein Segment seines Œuvres. Als Literarhistoriker entdeckte er die mittelalterliche Poesie neu, veröffentlichte 1748, wiederum *Mittelalter* mit Breitinger, erste Proben aus der Manessischen Liederhandschrift (vollständig 1758/59), 1757 Boners *Edelstein* und Teile des Nibelungenliedes (vollständig 1782–84 durch Bodmers Schüler Christoph Heinrich Müller). Lange vor der Romantik begann damit die Wiederentdeckung der Dichtung des »schwäbischen Zeitalters«, wie Bodmer es mit Bezug auf die Stauferkaiser nannte. Es war nicht allein antiquarisches Interesse, das die Herausgeber leitete. Die Sprache dieser alten Werke, meinten sie, könne gegenwärtige Dichter inspirieren, da sie »noch nicht so auspoliert, dass sie dadurch wäre abgeschliffen und geschwächet worden«, die Charaktere seien von vorbildlicher Kraft und Ursprünglichkeit und die Stoffe, wie es die zeittypische Besinnung auf autochthone Traditionen verlangte, national.

Im schweizerischen Kontext schließlich sind andere Facetten von Bodmers vielseitigem Wirken von nicht geringerer Bedeutung. Als Professor für vaterländische Geschichte am Carolinum von 1725/31 bis 1775 vermittelte er, lange vor den Revolutionen in Amerika und Frankreich, mehreren Generati- *Republikanismus* onen der Zürcher Elite an antiken Tugendidealen orientierte republikanische Werte. Er veranlasste erste Quellenpublikationen zur Schweizergeschichte, regte andere Autoren zu patriotischen Dichtungen an und nahm als Gründer und spiritus rector mehrerer Gesellschaften und Freundschaftskreise unter radikal aufklärerischen Prämissen Stellung zu tagespolitischen Fragen, meist im Widerspruch zu den Positionen des Zürcher Establishments, dem er durch Herkunft und Tätigkeit doch selbst angehörte.

### Dichter und Maler der Idylle: Salomon Gessner

J.F. Bause, Salomon Gessner im Alter von ca. 36 Jahren

Waren Bodmers und Breitingers theoretische Schriften und die Wiederentdeckung der mittelalterlichen Dichtung von Bedeutung für den ganzen deutschen Kulturraum, so entzückten Salomon Gessners Epos *Der Tod Abels* (1758), der Hirtenroman *Daphnis* (1754) und vor allem seine in über zwanzig Sprachen übersetzten *Idyllen* (1756) Europa. Die scheinbare Naivität seiner Dichtungen, der Appell an Sehnsüchte nach einem einfachen, von gesellschaftlichen Normen und Zwängen freien Leben in der Natur – wenn auch in einer domestizierten, liebevoll mit Grotten, Bächlein und Brücklein und lauschigen Hainen ausstaffierten, mit Faunen und Satyrn bevölkerten Natur –, die unschuldige Liebe erstaunlich junger Menschen trafen ein emotionales Defizit der Aufklärungsepoche. Dieselbe zarte Verschmitztheit kennzeichnet auch Gessners Porzellanmalereien für seine Schoorener Manufaktur, die eine Zeitlang zu den berühmtesten Europas zählte.

Gessner war sich bewusst, dass die »Züge aus dem Leben glüklicher Leute« mit der Realität seiner Zeit wenig zu tun hatten.

> Diese Dichtungs-Art bekömmt daher einen besondern Vortheil, wenn man die Scenen in ein entferntes Weltalter setzt; sie erhalten dardurch einen höhern Grad der Wahrscheinlichkeit, weil sie für unsre Zeiten nicht passen, wo der Landmann mit saurer Arbeit unterthänig seinem Fürsten und den Städten den Überfluß liefern muß, und Unterdrükung und Armuth ihn ungesittet und schlau und niederträchtig gemacht haben.

*Utopie*

Trotzdem sind Gessners Idyllen nicht eskapistisch, sondern Utopien eines unentfremdeten Lebens in Harmonie und Anmut, »frey von allen den Sclavischen Verhältnissen«. Bukolische Szenerie, antikisierende Einkleidung und empfindsamer Ausdruck kontrastieren mit den Zwängen der Lebenswelt und der formalisierten Sprache der Behörden und der kirchlichen Orthodoxie und weisen damit auf uneingelöste emanzipatorische Postulate hin.

Im Gegensatz zu den vernunftgeleiteten Utopien der Aufklärung, zu den Staatstheorien und Robinsonaden, ist die Gessnersche gefühlsbestimmt. Das Gefühlte steht jedoch nicht im Widerspruch zum Rationalen, vielmehr strebt es wie jenes die Übereinstimmung des Menschen mit der Natur und seiner höheren Bestimmung an. Verkam die höfisch-galante Schäfermode, wie sie vor allem im Frankreich des 17. und 18. Jh.s blühte, bald zum unverbindlichen Zeitvertreib der oberen Gesellschaftsschichten, so ist für Gessner der unmittelbare Ausdruck von Empfindung durch Sprache, nicht deren Insze-

*Dichtung und Leben*

nierung das Wesentliche. Indem der Sprecher sich ihrer vergewissert, schafft er sie zugleich im Leser nach. Selbst die kunstvollste Drapierung bezweckt nichts anderes als den Eindruck des scheinbar absichtslos Natürlich-Naiven.

Als Zeichner, Maler, Radierer und Kupferstecher gestaltete Gessner die Landschaften der Idyllen als »Ideallandschaften«, als »Sihlherr« (Aufseher über die städtischen Wälder im Sihltal) lebte er sie in späteren Jahren in den Sommerwochen mit seinen Freunden; Gottfried Keller hat in *Der Landvogt von Greifensee* (1877) ein anschauliches Bild dieser Rokoko-Geselligkeit entworfen. Gessner war aber auch Kaufmann, Verleger, Mitbesitzer der Porzellanfabrik Schooren, vielfacher Amtsträger, Ratsmitglied und einer der Mitbegründer der Helvetischen Gesellschaft und lange Jahre eifriger Besucher der Versammlungen in Schinznach, wo – zumindest in den ersten Jahren – ganz konkrete Staats- und Erziehungsmodelle zur Debatte standen. Darin liegt kein Widerspruch. Der Mensch ist für Gessner nicht nur ursprünglich empfindendes Wesen, sondern auch fürs Ganze verantwortlicher Staatsbür-

Salomon Gessner, *Damon et Phillis. Idille* (Stich nach Gessners Gemälde von Carl Wilhelm Kolbe d.Ä., 1805)

ger. Als solcher wandte er sich gegen die Verurteilung Lavaters und Füßlis im Grebel-Handel und die Verbannung eines angeblich ketzerischen Theologen.

## Gesellschaftskultur

Das europäische 18. Jh. war ein Jahrhundert der Geselligkeit und der Gesellschaften. Wissenschaftliche und kulturelle Sozietäten, literarische und musikalische Salons, philanthropische Vereinigungen, aber auch informelle Freundeskreise spielten eine wichtige Rolle für Aufklärung und Rokoko. Unter repressiven Regimes bildeten sie, wenn auch misstrauisch beobachtet, ein Refugium des freien Geistes. Hier setzte man sich mit den neuesten Erkenntnissen der Naturwissenschaften auseinander, erörterte soziale Fragen und entwarf Idealbilder einer zukünftigen Gesellschaft.

Die Schweiz hatte an dieser Geselligkeitskultur nicht nur Teil, sie entwickelte sogar spezifische Formen. Zwar fanden literarische Salons, wie sie in Paris schon seit über einem Jahrhundert florierten, so wenig fruchtbaren Boden wie im zeitgenössischen Deutschland, wo erst in den beiden letzten Jahrzehnten des 18. Jh.s eine Salonkultur entstand – mit einer freilich bemerkenswerten Ausnahme, bezeichnenderweise in einer der französischen Kultur nahe stehenden Stadt: In Bern bildete der Salon der Julie Bondeli ein geistiges Zentrum nach Pariser Vorbild. Mit Wieland war Bondeli 1759 eng befreundet, Rousseau besuchte sie, Lavater war wochenlang ihr Gast, mit vielen prominenten Zeitgenossen wie Johann Georg Zimmermann oder Sophie von Laroche unterhielt sie rege Briefwechsel. Von größerer Bedeutung waren wissenschaftliche und patriotische Zirkel.

*Julie Bondeli*

## Die ökonomischen Patrioten

Obwohl es in der Schweiz keine eigentlichen Akademien wie an den großen
Fürstenhöfen oder in bedeutenden Universitätsstädten gab, war eine Vielzahl
von gelehrten Vereinigungen und wissenschaftlichen Gesellschaften bestrebt,
neue Erkenntnisse zu diskutieren und auf ihren praktischen Nutzen zu prü-
fen. Im Zusammenhang einer Literaturgeschichte sind insbesondere die
»ökonomischen Patrioten« als Träger der Volksaufklärung ›von oben‹ von
Interesse.

*Hans Caspar Hirzel*

Von Frankreich her gelangte die physiokratische Lehre, wonach der Bau-
ernstand der einzig produktive und fürs Staatsganze nützliche sei, in die
Schweiz. 1759 gründeten aufgeschlossene Patrizier in Bern die Ökonomische
Gesellschaft mit Zweigstellen im ganzen Kanton, im selben Jahr gliederte
sich die Physikalische Gesellschaft in Zürich (gegr. 1746) auf Betreiben des
Stadtarztes Hans Caspar Hirzel, eines überzeugten Physiokraten (»Der
Ackerbau ist die einzige Quelle einer wahren und dauerhaften Glückseligkeit
eines Staates«), eine ökonomische Kommission an. Beide Gesellschaften verfuhren pragmatisch statt wie die französischen Theoretiker dogmatisch und
orientierten sich an den lokalen Bedürfnissen. Um ein breiteres Publikum
anzusprechen, bediente man sich gern der im 18. Jh. beliebten didaktischen
Poesie. Die Lehrgedichte des Berner Patriziers Vinzenz Bernhard von Tscharner *Von der Wässerung* (1761) und *Ode auf den Feldbau* (1769) propagieren,
wenn auch eher für die Gebildeten und die Vermittler – im Kanton Bern
waren dies vor allem die ländlichen Pfarrherren – als für die Bauern selbst,
agrarökonomische Lehren in Versform.

*Musterbauer Kleinjogg*

In Zürich hoffte die Regierung mit Preisausschreiben und sogenannten
Bauerngesprächen die landwirtschaftliche Modernisierung voranzutreiben –
noch herrschte ja weiterhum die mittelalterliche Dreizelgenwirtschaft mit
freiem Weidgang auf der Allmend und in den Wäldern. Damit es nicht bei der
Theorie blieb, suchte man einen Musterbauern und fand ihn in Jakob Gujer
(1716–85), genannt Kleinjogg. Auf Betreiben Hirzels verpachtete ihm die
Zürcher Regierung anstelle des überschuldeten väterlichen Hofes den Kat-
zenrütihof bei Affoltern. Kleinjogg enttäuschte die Erwartungen nicht; sein
Reformeifer machte aus dem Gut bald einen Musterbetrieb. 1761 legte Hirzel Kleinjoggs Erfahrungen und seine eigenen Überlegungen zum Stand und
der Würde des Bauern in *Die Wirthschaft eines philosophischen Bauers*, einer
Mischung von Traktat, landwirtschaftlichem Lehrbuch und sozialtheoreti-
scher Abhandlung, vor. Nicht weniger als an der Popularisierung intensiver
Landwirtschaft mittels Drainagen, sorgfältiger Düngung, Stallfütterung etc.
und der Rationalisierung der Arbeitsgänge, wozu Hirzel genaueste Anweisungen gibt, lag ihm am Entwurf eines idealen Bauern, der auf seinem Hof
als Patriarch und kleiner Monarch wirtschaftet und seine Angehörigen zu
rastloser Arbeit und asketischer Lebensweise anhält, sich jedoch hütet, die
Grenzen seines Standes zu überschreiten.

> Der Bauer, der Handwerker, der Gelehrte, der Regent, jeder findet in seinem Be-
> ruf Anlas genug, seine Seelenkräfte zu üben, und jeder ist in den Augen GOttes,
> der die allgemeine Glückseligkeit des menschlichen Geschlechts mit einem Blick
> übersiehet, gleich schätzbar, wenn er sein empfangenes Talent in seinem Beruf
> wol anwendet.

Hirzels Schrift wurde sogleich ins Französische (Le socrate rustique, 1762)
und weiter ins Englische (The Rural Socrates, 1764) übersetzt und machte
Kleinjogg zu einer Berühmtheit. Von Rousseau stammt das Wort: »Heureux

le pays où les Kleinjogg cultivent la terre!« (»Glücklich das Land, wo die Kleinjoggs den Acker bebauen!«). 1775 und 1779 besuchte ihn Goethe, der Herzog von Württemberg umarmte ihn bei einer Tagung der Helvetischen Gesellschaft mit Tränen der Rührung in den Augen.

Nicht nur fand Hirzel Nachahmer in anderen Ländern; seine Impulse wirkten auch in der Schweizer Literatur weit über seine Zeit hinaus. Noch Jeremias Gotthelf gestaltet seine Bauernhöfe als autonome Staatswesen im Kleinen mit dem vorbildlichen Bauern als Regent, der im Bewusstsein, ein ihm von Gott anvertrautes Gut zu verwalten, durch Arbeit seinen Wohlstand sichert und zugleich bestrebt ist, anderen ein Beispiel zu geben und die Einheit von moralisch-sittlichem und ökonomischem Gedeihen vorzuleben.

## Die helvetischen Patrioten

Eine schweizerische Besonderheit bilden die historisch-patriotischen Gesellschaften. Ihr Anliegen war die Überwindung des Kantönligeistes, die Pflege eines eidgenössischen Bewusstseins und die Reform des verknöcherten, immobilen Staatswesens. Im Besonderen des Allgemeinen gewahr werden, in den Unterschieden des Verbindenden und Partikularinteressen der Solidarität unterordnen – so lauteten die Maximen der helvetischen Patrioten, wie sie sich selbst nannten.

Die Besinnung auf die schweizerische Heimat und der gelegentlich naive Patriotismus standen keineswegs im Gegensatz zum Kosmopolitismus und zu den menschheitlich-universalistischen Idealen der europäischen Aufklärung; vielmehr ging es darum, diese Ideale zu konkretisieren und im Kleinen zu verwirklichen, was im Großen notwendigerweise Postulat bleiben musste. In einer Zeit, als der Zürcher Pfarrherr Johann Rudolf Schinz im Bericht von seiner Schweizerreise mit sieben jungen Patriziern noch 1773 von den Zürchern und Bernern als zwei grundverschiedenen »Nationen« sprach, bedeutete allein schon der Blick aufs Gesamtschweizerische eine Öffnung.

Seit dem Ende des 17. Jh.s gab es vereinzelt patriotisch-politische Gesellschaften. Gemeinschaftsstiftende Funktion und breitere Ausstrahlung bekamen sie jedoch erst im 18. Den Anfang machte einmal mehr Bodmer mit der 1727 gegründeten ersten Helvetischen Gesellschaft. Mit wöchentlichen Vorträgen über Fragen der vaterländischen Geschichte, Erinnerungen an die idealisierte Sittenreinheit der Vorfahren und der Aufforderung, ihnen nachzueifern sowie der Beschäftigung mit geschichtlichen Quellen hoffte er den künftigen Regenten aufklärerische (und mit zunehmendem Alter immer radikaler demokratische) Anschauungen und Werte zu vermitteln.

*Anfänge in Zürich*

Mit jeder Generation seiner Schüler traf sich Bodmer in neuen Gesellschaften: in den 40er Jahren in der mehr literarisch orientierten Wachsenden Gesellschaft, in den 60ern in der Helvetisch-vaterländischen Gesellschaft zur Gerwi und der Historisch-politischen Gesellschaft zu Schumachern.

## Dichter, Maler und Rebell: Johann Heinrich Füßli

Wie untrennbar im Bodmer-Kreis historische und literarische Interessen mit direktem staatsbürgerlichem Engagement verbunden waren, zeigt das Beispiel Johann Caspar Lavaters und Johann Heinrich Füßlis.

Füßli ist heute fast nur noch als Maler bekannt, als Hauptvertreter der Schauerromantik (»Gothic movement«), Schöpfer des *Nachtmahrs* (1781) und düsterer Szenen aus der nordischen Mythologie, aber auch des (nur als Stich Carl Guttenbergs nach dem verschollenen Gemälde überlieferten) *Tell-*

*Füßli als Dichter*

»Tue den siebten Teil von dem, was du tun kannst«, Füßlis Autograph des Gedichts auf Lavaters Tod, London ca. 1802

*Grebel-Handel*

*Literatur in der Malerei*

*sprungs* und des ursprünglich für das Zürcher Rathaus bestimmten *Rütlischwurs* (1779). Begonnen jedoch hat er als Dichter und blieb es, obwohl zu Lebzeiten nur elf seiner Gedichte gedruckt erschienen, bis in die späten Londoner Jahre, weit über die Jahrhundertwende hinaus, wie man erst seit Kurzem weiß. Um 1760 veröffentlichte er seine ersten Oden in Zeitschriften, thematisch noch ganz Klopstock und dessen Germanenmythos verpflichtet, und doch schon mit einer dichterischen Kraft, die die fehlende Originalität der Motive vergessen lässt. Der hohe poetische Aufschwung, den Bodmer vergeblich anstrebte, gelang seinem Schüler und Freund; kein anderer Schweizer Dichter des Jahrhunderts hat das Dithyrambische so gemeistert wie Füßli mit seinen – noch immer nach Klopstocks Vorbild – im Exil entstandenen Gedichten in antiken Odenmaßen und freien Rhythmen auf die Freundschaft (*Ode an seine zurückgelassenen Freunde*, 1765) und das verlorene Vaterland (1768). »Was für eine Glut und Inngrimm in dem Menschen ist«, schrieb Goethe 1775 denn auch bewundernd an Herder. Mit einigen Beispielen von Gedankenlyrik und seinem einzigen empfindsam-lyrischen Gedicht (*Nannas Auge,* 1779), das persönliche Erschütterung unmittelbar reflektiert, hatte Füßli an den anderen bedeutenden Strömungen der Zeit Anteil.

Dass aus dem Zürcher Dichter Johann Heinrich Füßli der Londoner Maler und Kunstkritiker Henry Fuseli wurde, Mitglied und Direktor der Royal Academy und in der St. Paul's Cathedral begraben, hängt direkt mit den politischen Verhältnissen des schweizerischen Ancien Régime und Bodmers Freundschaftskreis zusammen. Ein Landvogt (Verwaltungsbeamter mit umfassenden hoheitlichen Befugnissen) hatte sich während seiner Amtszeit schamlos auf Kosten der Untertanen bereichert, ohne dass die Regierung dagegen eingeschritten wäre. In der Gesellschaft zur Gerwi wurde die Affäre 1762 diskutiert. Der gerade zwanzigjährige Johann Caspar Lavater zog die Konsequenz und sandte dem Schuldigen einen Brief mit der Aufforderung, seine Verfehlungen zu bekennen und das ertrogene Gut zurückzugeben. Als dieser nicht reagierte, legte er, zusammen mit seinen gleichaltrigen Freunden Johann Heinrich Füßli und Bodmers Neffen Felix Heß, in einer Novembernacht allen Mitgliedern des Zürcher Rats eine zweite, nun gedruckte Schrift (seine erste Publikation!) auf die Türschwelle. Nun musste die Obrigkeit Stellung beziehen. Zwar wurde der Übeltäter bestraft und verbannt, doch bekamen auch seine Ankläger einen Verweis, weil sie sich in ungehöriger Weise in obrigkeitliche Angelegenheiten eingemischt hätten; Bodmer hingegen nannte die Aktion in einem Brief »ein hinreißendes Exempel des Patriotismus«. Die drei begaben sich daraufhin auf eine längere Studienreise nach Deutschland. Lavater und Heß kehrten nach einem Jahr zurück, Füßli jedoch reiste durch Vermittlung Johann Georg Sulzers nach England, wo er sich zunächst mit literatur- und theaterkritischen Arbeiten und einer Schrift über Rousseau befasste. Nach einem langen Aufenthalt in Italien 1770–78 wandte er sich definitiv der Malerei zu, ließ sich aber weiterhin von der Weltliteratur (Homer, Dante, Nibelungenlied, Milton, Shakespeare, von den Neueren Wieland und andere), die er durch Bodmer kennengelernt hatte, inspirieren. Seinem alten Lehrer bewahrte er Treue und Anhänglichkeit; ein 1778/79 beim letzten Besuch in der alten Heimat entstandenes Gemälde zeigt ihn im angeregten Gespräch mit dem verehrten Bodmer vor einer überlebensgroßen Homer-Büste (siehe hier S. 61).

## Die Helvetische Gesellschaft: Staatsreform und patriotische Lieder

Patriotische Vereinigungen gab es außer in Zürich auch in Basel und Bern; von gesamteidgenössischer Bedeutung war indessen erst die 1762 in Bad Schinznach auf Initiative des Basler Ratsschreibers und Philosophen Isaak Iselin, des Zürcher Stadtschreibers Salomon Hirzel (1727–1818, ein Bruder des Stadtarztes) und des Dichters Salomon Gessner gegründete Helvetische Gesellschaft. Eine Art Konstitution bildete die Schrift *Patriotische Träume* *eines Eydgenossen, von einem Mittel, die veraltete Eydgnoßschaft wieder zu* *verjüngeren* [sic] des Luzerner Schultheißensohns Franz Urs (von) Balthasar, die Iselin 1758 mit dem fingierten Druckvermerk »Freystadt, bey Wilhelm Tells Erben« herausgab. Das darin vorgestellte Projekt einer eidgenössischen Erziehungsanstalt zur Heranbildung der künftigen politischen Elite knüpft an Überlegungen Beat Ludwig von Muralts an. Statt ihre Kräfte in auswärtigen Kriegsdiensten und Vergnügungsreisen zu vergeuden, sollen junge Leute aus allen Kantonen – und das bedeutete auch: beider Konfessionen – mit den Grundlagen des Staates bekannt gemacht und zu bürgerlicher Gesinnung und Verantwortung und gegenseitigem Vertrauen erzogen werden, um dem drohenden »Sturmwetter« zuvorzukommen, »welches uns in Noth, Schreken, und äußerste Gefahr versenken werde«.

*Politische Erziehung*

Gemeinsam war den Schinznachern die Überzeugung von der Reformfähigkeit und Reformwürdigkeit der staatlichen und kirchlichen Institutionen. Verpflichtung aufs größere Ganze, religiöse Toleranz und Partizipation möglichst vieler am Staat – so ließen sich die leitenden Ideen dieser »freundschaftlichen Tagsatzung« umschreiben. Bei den jährlichen Zusammenkünften versuchte man im geselligen, zwanglosen, vernünftigen Umgang Gleichberechtigter diese Utopie wenigstens während einiger Tage zu leben. Leitbild war das erstmals von den französischen Enzyklopädisten 1751 postulierte, von Rousseau und später von Kant aufgegriffene Ideal des Bürgers als »Citoyen« »qui prend à coeur les intérêts de sa ville« (»der sich das Wohl der Vaterstadt zu Herzen nimmt«), während der »Bourgeois« sich nur um seinen eigenen Vorteil kümmert, und das komplementäre Ideal einer Gemeinschaft, »dont chaque particulier connoît les affaires & aime le bien, & peut se promettre de parvenir aux premières dignités« (»deren Angelegenheiten jedem Privatmann vertraut sind, der das Gute schätzt und hoffen kann, die höchsten Würden zu erreichen«).

*Staatsreform*

*Citoyen und Bourgeois*

Das Selbstverständnis der Helvetischen Gesellschaft als eine Art inoffizieller Nationalversammlung war den sich ängstlich am Althergebrachten festklammernden Kantonsregierungen suspekt; die eine oder andere verbot ihren Untertanen sogar den Besuch der Versammlungen. Umso wichtiger erschien es, über den kleinen, etwas elitären engeren Kreis hinaus – zu den jährlichen Versammlungen erschienen im ersten Jahrzehnt zwischen 30 und 50 Mitglieder und Gäste – die breite Bevölkerung zu erreichen. Mit staatstheoretischer Argumentation war dies nicht zu leisten. So unterbreitete der Pädagoge Martin von Planta auf der Jahresversammlung 1766 einen *Vorschlag, die Denkungs-Art des gemeinen Volkes durch Lieder zu verbessern.*

> Der Nutzen solcher Lieder, wenn sie rechter Art sind, kann nicht gering seyn. Eine artige Geschichte, die in reiner Poesie eingekleidet, durch eine angenehme Melodie vorgetragen, und mit sinnreichen Einfällen und Anmerkungen begleitet wird, muß gefallen, und wenn der Inhalt die Tugend liebenswürdig macht, so muß sie nützen.

Eine erste Probe brachte Lavater mit:

> Wer, Schweizer! wer hat Schweizerblut?
> Der, der mit Ernst und frohem Muth
> Dem Vaterlande Gutes thut;
> In seinem Schoose friedlich ruht;
> Nicht fürchtet seiner Feinde Wuth;
> In dem fließt reines Schweizerblut.
> [...]

*Dichtung und
Patriotismus*

Im folgenden Jahr lag bereits ein ganzes Bändchen mit Lavaters *Schweizerliedern* vor. Dreizehn historische Lieder besingen die Schlachten von der Belagerung Zürichs durch König Albrecht bis zum Schwabenkrieg und natürlich Wilhelm Tell (das Tellenlied blieb eines der populärsten) und ebenso viele patriotische die eidgenössischen Tugenden und die Wehrbereitschaft. Seine Absicht sei es gewesen, »immer auf den moralischen und politischen Zweck zu arbeiten«, schrieb Lavater in der Vorrede zur dritten Auflage 1768, »denn die Dichtkunst ist doch um Wahrheit, Tugend und des Patriotisme willen da, und nicht diese leztern um der Dichtkunst willen.«

Heutige Leser befremdet die Mischung von Pathos und naivem Selbstlob (»sagt, wo ist ein Volk, wie wir?«), kritiklosem Patriotismus und scheinbar einfältiger Heldenverehrung in den *Schweizerliedern*. Wie schon in Hallers Schilderung der Hirten und Sennen und Gessners Idyllen ist jedoch nicht eine Realität Gegenstand der Dichtung, nicht einmal eine subjektiv ins Optimistische verzerrte. Wie es um die wirkliche Eidgenossenschaft bestellt war, hatte Lavater wenige Jahre zuvor im Grebel-Handel erfahren; 1767 beobachtete die Zürcher Regierung seine Aktivitäten noch immer misstrauisch und verbot den Druck der *Schweizerlieder* mit der Begründung, es sei völlig unnötig, »diesen alten Mist aufzuwärmen«. Vielmehr wird einmal mehr ein utopisches Gegenbild des realen Staates entworfen, in der Hoffnung, wie sich fast ein Jahrhundert später Gottfried Keller anlässlich des *Fähnleins der sieben Aufrechten* (1860) ausdrückte, das Volk werde »durch das Bild auch angeregt zur teilweisen Verwirklichung«.

*Weltliche Liedkultur*

Nicht zuletzt dank der eingängigen Kompositionen Johannes Schmidlins (1722–72) begründete Lavater eine neue weltliche Liedkultur und eine regelrechte Mode. 1768 erschien bereits die dritte Auflage, 1787 ein ganzer Band mit Schweizerliedern anderer Autoren. Ein Grund für die bis ins 19. Jh. anhaltende Popularität vor allem des *Tellenliedes* war gewiss der Mangel an ursprünglichem Volksgut. Im Gefolge von Reformation und Gegenreformation waren die alten Lieder fast gänzlich in Vergessenheit geraten oder wurden von der Obrigkeit unterdrückt. Zwar gab es populäre Gesänge, doch waren sie entweder obszön oder stupid. Ein reisender Sachse schrieb 1779 an einen Freund, »das mehreste, was man hier singt, ist zu abgeschmackt, als daß ich Ihnen eine Probe geben dürfte.« Aus dem Kanton Bern wusste der Göttinger Professor Christoph Meiners 1784 zu berichten: »Nichts machte mich mehr lachen, als daß Bauern, wenn sie so besoffen sind, daß ihre Zungen nachgerade unbeweglich werden, Psalmen zu singen anfangen. [...] Sie singen diese Psalmen nicht aus Andacht, sondern weil sie meistens nichts anderes zu singen wissen.« Erst zu Beginn des 19. Jh.s entstanden jene Volkslieder, die uns heute als ›altes‹ Gemeingut gelten.

# Vielfalt der 70er Jahre

Verglichen mit der Aufbruchstimmung der 40er und 60er Jahre erscheinen die frühen 70er auf den ersten Blick als eine Zeit der Stagnation und der Konsolidierung. 1772 gab Salomon Gessner eine Sammlung *Neuer Idyllen* heraus. Obwohl mit nicht weniger Kunstverstand als die früheren verfasst, riefen die Rokoko-Reminiszenzen zu einer Zeit, als die Literatur in Deutschland in vollem Umbruch begriffen war, fast nur noch Unverständnis und Ablehnung hervor. Goethe, der soeben die erste Fassung des *Götz von Berlichingen* vollendet hatte und gerade seine *Werther*-Phase durchlebte, ließ in seiner Rezension lediglich die letzte, patriotische Idylle *Das hölzerne Bein* gelten. Sein harsches Urteil ist ebenso verständlich wie ungerecht. Gewiss verfügte die empfindsame Dichtung der 70er Jahre über vielfältigere Register und ließ, im Unterschied zu Gessner, das einmalige Subjekt, nicht den Typus, zur Sprache kommen. Gessners Verhängnis war es, fast zwanzig Jahre nach dem ersten Band nochmals die alten Töne anzuschlagen.

Die Beschäftigung mit dem Hergebrachten eröffnete aber auch neue Perspektiven.

## Ökonomie und Philanthropie: Isaak Iselin

Der Basler Ratsschreiber Isaak Iselin hatte sich zwar mit einem staatsphilosophischen Werk einen Namen gemacht und den Anstoß zur Gründung der Helvetischen Gesellschaft gegeben, vertrat jedoch als Antipode Rousseaus und überzeugter Physiokrat die Überzeugung, nicht patriotische Gesinnung sei für den Fortschritt der Menschheit von Bedeutung, sondern die Beförderung von Ökonomie, Bildung und Wissenschaft. Sein großangelegtes Werk *Über die Geschichte der Menschheit* (1764/68) (wahrscheinlich Anregung für Schillers kulturphilosophisches Gedicht *Der Spaziergang*) ist denn auch von aufklärerischem Fortschrittsoptimismus geprägt, von der Überzeugung, die Menschheit entwickle sich zum Besseren hin und der Erwartung eines neuen Goldenen Zeitalters in der Zukunft. Gegen Rousseau bejaht Iselin den zivilisatorischen Fortschritt und vertritt die Meinung, allein völlige Wirtschaftsfreiheit und angewandte Wissenschaft vermöchten die Menschheit weiterzubringen.

*Fortschrittsglaube*

Weit über die Landesgrenzen hinaus wirkte Iselins Zeitschrift *Ephemeriden* [= Tagebuch, Zeitschrift] *der Menschheit* (1776–78 und 1780 ff.) als Forum für ökonomische, pädagogische, politische, soziale und religiöse Fragen. Von der Notwendigkeit umfassender sozialer Reformen überzeugt, war Iselin gern bereit, die Ideen Johann Heinrich Pestalozzis zu verbreiten, zuerst in den *Ephemeriden*, später als Bearbeiter und Herausgeber des ersten Teils von *Lienhard und Gertrud*.

Schließlich geht die noch heute bestehende Basler Gesellschaft zur Aufmunterung und Beförderung des Guten und Gemeinnützigen (1777), die durch Popularisierung von Wissen, Bildungsangebote für breite Schichten und Unterstützung philanthropischer Bestrebungen breiten Bevölkerungsschichten direkt nützlich zu sein suchte, auf Iselins Initiative zurück.

## Kunsttheorie: Johann Georg(e) Sulzer

1771 und 1774 erschienen die beiden Bände der *Allgemeinen Theorie der schönen Künste* des schon längst in Deutschland lebenden Winterthurers

Johann Georg Sulzer,
Porträt von A. Graff
(1771)

Johann Georg(e) Sulzer mit Artikeln von Bodmer, Wieland und anderen. Beabsichtigt war nicht mehr noch weniger als eine Gesamtschau und zugleich eine Wegleitung für Autoren, Komponisten und bildende Künstler. Eine Wegleitung, nicht eine Anleitung: Der Schüler Bodmers und Breitingers verzichtet auf theoretische Vorgaben und praktische Anweisungen. Er will andererseits aber auch nicht lediglich eine Bestandsaufnahme bieten. Seine *Theorie* ist durchaus praxisbezogen, allerdings nicht so sehr auf die Arbeit des Künstlers wie auf die Wirkung auf das Publikum.

Sulzers Ästhetik ist in mehrfacher Hinsicht von Interesse. Sie setzt die im 18. Jh. sich vollziehende Ablösung der Kunst von der Theologie und ihre Verselbständigung gegenüber der Philosophie fort und bereitet die Kunstautonomie der Hochklassik und der Romantik vor. Einerseits bildet sie einen gewissen Abschluss der Aufklärungspoetik, andererseits bahnt sie den Weg zur klassischen Ästhetik insbesondere Schillers. Als erster Theoretiker brach Sulzer mit der auf Aristoteles zurückgehenden Mimesisforderung, an der noch Lessing festhielt, und vertrat die Meinung, nicht der Wille zur Nachahmung der Natur, sondern das Bedürfnis nach Ausdruck von Empfindungen sei das Fundament aller Kunst; ihre Berechtigung liege in der »Erhöhung des Geistes und Herzens«. Anders als Gottsched verwirft Sulzer normative Bestimmungen der Kunstgattungen und explizite Regeln für die Künstler; anders als die Zürcher schreibt er dem Wunderbaren, Übernatürlichen und Einmaligen aber nicht an sich, sondern nur im Hinblick auf die beabsichtigte Wirkung Bedeutung zu. Und diese Wirkung ist nach wie vor das Zentrale, getreu der aufklärerischen Auffassung, wonach die Bestimmung der Kunst in der Vervollkommnung des Menschen liege. Im Gegensatz zu den gleichzeitigen Stürmern und Drängern geht es Sulzer nicht um die Manifestation eines einmaligen Kraftgenies, sondern um die Emotionen der Zuschauer oder Leser, die durch das literarische Werk zu moralischer Erkenntnis angeregt werden sollen. Noch Schillers Schaubühnen-Aufsatz nennt keine andere Bestimmung des theatralischen Kunstwerks, und auch seine Auffassung von der Kunst als Vermittlerin zwischen der groben Sinnlichkeit und der abstrakten Vernunft ist bei Sulzer vorgebildet.

Obwohl die alphabetische Anordnung der Einsicht in den Gesamtzusammenhang nicht gerade entgegenkommt, war die Wirkung in der Epoche enorm; 1792–94 erschien eine auf vier Bände erweiterte Neuausgabe, einige Artikel wurden sogar in die französische Enzyklopädie aufgenommen.

### *Patriotismus, Selbsterforschung und mystische Gottsuche: Johann Caspar Lavater*

Wie Bodmer war Lavater ein ausgesprochener Vielschreiber. Literarische Werke – zahlreiche Gedichte, um die fünfzig Dramen, umfangreiche Bibelepen in der Nachfolge Miltons und Klopstocks –, ein *(Geheimes) Tagebuch (eines Beobachters seiner Selbst)* (1771/73) in pietistischer Tradition von bohrender Eindringlichkeit, theologische Arbeiten und Tausende von Briefen, dazu eine ausgedehnte Predigttätigkeit, Unterhaltungen mit ungezählten Besuchern zeugen von phänomenaler Schaffenskraft und Schaffenslust. Die Kehrseite solcher Produktivität sind dichterische Schwächen; auch war der hymnisch-emphatische, Klopstock nachempfundene Ton bereits epigonal. Anhaltende Wirkung und breite Ausstrahlung waren nicht zuletzt deswegen nur ganz wenigen Werken beschieden.

Drei von ihnen repräsentieren die drei konzentrischen Kreise von Lavaters Wirken: Die bereits erwähnten *Schweizerlieder* den patriotisch-schweizerischen, die *Aussichten in die Ewigkeit* (3 Bde. 1768–73, Nachtrag 1778) den deutschen, die *Physiognomischen Fragmente, zur Beförderung der Menschenkenntnis und Menschenliebe* (1775–78) den europäisch-universalen. Dabei folgt das eine nicht auf das andere. Zeitlebens, von der frühen Grebel-Schrift über die *Schweizerlieder* und patriotische Neujahrsblätter für die Zürcher Jugend, Stellungnahmen zu den Auseinandersetzungen zwischen der Stadt und den aufrührerischen Untertanen am Zürichsee in den 90er Jahren bis zu Adressen an die französischen Besatzer, befasste sich Lavater immer wieder mit konkreten tagesaktuellen ebenso wie mit grundsätzlichen staatspolitischen Fragen seiner engeren Heimat; sein letztes Werk überhaupt war das Gedicht *Zürich am Anfange des 19. Jahrhunderts* (1801).

Johann Caspar Lavater (Pinselzeichnung, von Joh. Heinrich Lips, von 1790)

Das spekulativ-theologische Opus *Aussichten in die Ewigkeit* in Briefen an den gerade als königlicher Leibarzt nach Hannover berufenen Freund Johann Georg Zimmermann ist ein Beitrag zur damals beliebten Unsterblichkeitsliteratur, die von Leibniz' Monadenlehre neue Impulse empfangen und durch den Genfer Naturforscher Charles Bonnet eine entscheidende Wendung erfahren hatte. Lavater griff Bonnets These von der Kontinuität von Präexistenz vor der Geburt, Leben und weiterer Vervollkommnung nach dem Tod auf und modifizierte sie durch die Forderung nach der Imitatio Christi, die dem Menschen aktive Partizipation an seiner Vervollkommnung schon im irdischen Leben, aber im Hinblick auf die erste Auferstehung im Tausendjährigen Reich und die zweite nach dem Jüngsten Gericht als Aufgabe setzte. Womit sich die Seligen beschäftigen, auf welche Weise sie sich in der anderen Welt verständigen und wie die Erhöhung der physischen, geistigen, sittlichen und politischen Kräfte nach dem leiblichen Tod zu denken sei, legte Lavater in 25 offenen Briefen dar, einer damals beliebten Kommunikationsform, die die Mitte hält zwischen rein persönlich-privater Ansprache und gelehrter Abhandlung und ihm erlaubte, »auch seine kühnsten und halbreifen Gedanken ohne Bedenklichkeit und Zurükhaltung mitzutheilen«.

Dasjenige Werk Lavaters, das weit über den deutschen Kulturraum hinaus Furore machte, ist in mancher Hinsicht auch sein bedenklichstes. 1775–78 erschienen in vier opulent ausgestatteten Bänden *Physiognomische Fragmente, zur Beförderung der Menschenkenntnis und Menschenliebe*. Das Programm des ganzen Unternehmens eröffnet sich aus dem Motto »Gott schuf den Menschen sich zum Bilde!« Einerseits hoffte Lavater auf empirischem Weg den Zusammenhang von Gesichtsform, Charakter und Temperament nachweisen und sogar praktische Anweisungen für die Einschätzung von Menschen geben zu können, andererseits aus der vergleichenden Betrachtung unzähliger menschlicher Antlitze dem in Jesus Christus verkörperten Urbild des Menschen (das zugleich Inkarnation Gottes sei) näher zu kommen. Mit fast manischer Besessenheit und unter Aufopferung seines Vermögens und seiner Gesundheit trug er um die 30 000 Blätter mit Bildnissen von Prominenten und Anonymen zusammen: Gemälde und Graphiken, Stiche und Drucke, Schattenrisse (die er wegen der Hervorhebung der festen, unveränderlichen Teile des menschlichen Körpers, vor allem des Schädels, für besonders aussagekräftig hielt), verfertigt von Meistern und Stümpern, aber auch vergleichende Reihen einzelner Körperteile: Augen, Ohren, Nasen, Hände. Er animierte Künstler, für ihn zu zeichnen, erbat sich Bildnisse von seinen Freunden – alles in der Absicht, aus der Empirie das intellektuell nicht Fassbare dennoch erahnen zu können. Die höchste aller Gewissheiten ist ihm die innere Evidenz. So wie er die Religion der Theologie entgegensetzte und bei der Lektüre der Bibel Intuition und Emphase, den »Herzensglauben« höher schätzte als Tradition und Orthodoxie – ohne sich freilich der landes-

*Physiognomische Fragmente*

*Physiognomik als Wissenschaft*

kirchlichen Tradition völlig zu entfremden –, hofft er in der Physiognomik die untrügliche Zeichensprache der Natur mit dem inneren Sinn deuten zu können. Insofern macht er sich die Grundsätze der Geniebewegung zu eigen. Andererseits ist er jedoch genötigt, zu systematisieren und zu klassifizieren, d. h. sich der Methoden der aufklärerischen Naturwissenschaft zu bedienen. Die Definition der Physiognomik als »die Fertigkeit durch das Aeußerliche eines Menschen sein Inneres zu erkennen«, die Überzeugung, es ließen sich »bestimmte Regeln« formulieren, »die sich lehren und lernen, mittheilen, empfangen und fortpflanzen lassen«, und das Postulat, die Physiognomik sei so gut eine Wissenschaft wie die Physik, die Arzneikunst und die Theologie und der »Schlüssel zu allen Tiefen der menschlichen Natur«, bringen ein weiteres deterministisches Element in die Lehre von der Physiognomik. So sehr Sprache und Impulsivität der *Fragmente* und die vielen Verweise auf das »Herz« als Königsweg zur Erkenntnis religiöser wie dichterischer Wahrheit auf den Pietismus und das Geniewesen verweisen, ist das Werk als Ganzes doch ein Seitentrieb der Aufklärung. Lavater erkannte den Zwiespalt wohl, als er postulierte, das letzte Ziel der Physiognomik sei der Umschlag von der »Wissenschaft der Wissenschaften« in reine »Empfindung«, die dann nicht mehr gelehrt und gelernt zu werden brauche.

Historisch stehen hinter solchen Anschauungen nicht nur ältere Bemühungen um Physiognomik seit der Antike, sondern auch die Lehre von den Temperamenten und die Tradition, im »Buch der Natur« die zweite Offenbarung Gottes neben dem geschriebenen Wort der Bibel zu sehen.

*Prädestination*

Obwohl es nicht angeht, Lavater für den Missbrauch anthropometrischer und physiognomischer Verfahren im 20. Jh. haftbar zu machen, bedeutet seine Überzeugung, Physiognomik treiben heiße »die sichtbaren Zeichen unsichtbarer Kräfte aufsuchen, bestimmen, klassifizieren [...] allgemeine, angebliche, mitteilbare Zeichen der Geisteskräfte, oder überhaupt der innern Kräfte der Menschheit auffinden«, die Reduktion des Individuums auf seine äußere Erscheinung, und zwar, im Unterschied zur Pathognomik, auf deren unveränderliche Teile: Schädelform, Stirn etc., nicht aber Mienen- und Muskelspiel. Mit dem Äußeren, so Lavaters Axiom, ist auch der Charakter des Menschen bestimmt, körperliche und moralische (in der weiten Bedeutung des 18. Jh.s) Schönheit bzw. Hässlichkeit harmonieren notwendig miteinander: »Je moralisch besser; desto schöner. Je moralisch schlimmer; desto hässlicher.« In der früheren programmatischen Schrift *Von der Physiognomik* (1772) zieht er die später nicht mehr in dieser Schärfe formulierte, aber noch immer implizite Konsequenz, unvorstellbar sei es,

> daß *Leibniz* oder *Newton* in dem Körper eines Stupiden, eines Menschen aus dem Tollhause, der große Metaphysiker oder Mathematiker hätte seyn können; daß der eine von ihnen im Schädel eines Lappen die Theodicee erdacht, und der andere im Kopfe eines Mohren, dessen Nase aufgedrückt, dessen Augen zum Kopfe heraus ragen, dessen Lippen, so aufgeworfen sie sind, kaum die Zähne bedecken, der allenthalben fleischicht und rund ist, die Planeten gewogen, und den Lichtstrahl gespalten hätte.

Kein Wunder, dass der körperlich missgebildete Georg Christoph Lichtenberg, der große Naturwissenschafter und Aphoristiker, der anfänglich durchaus Interesse an der Physiognomik aufbrachte, mit überaus scharfer Kritik und beißendem Spott reagierte und die zitierte Stelle lapidar mir »*Und warum nicht?*« kommentierte.

Aufschlussreich sind Lavaters Erläuterungen zu den Bildern, in denen er das Abbild mit seinen Vorstellungen vom Vorbild in Beziehung setzt. Aus ihnen wird deutlich, dass eben doch ein Vor-Urteil die Interpretation der Bilder bestimmt. Anlässlich von Herders Profil teilt Lavater zunächst mit, was er zu sagen hätte, »wenn ich nichts von dem Urbilde wüßte«, fügt dann Korrekturen auf Grund seiner Kenntnisse »aus Schriften und Briefen« bei und zitiert schließlich wörtlich »einige Gedanken eines Freundes von ihm«. Von vornherein fragwürdig sind physignomische Analysen von Bildern, die unmöglich nach der Natur entstanden sein können, wie beispielsweise Holbeins Bildnisse Christi und Judas'. Dem Physiognomen bleibt keine andere Wahl, als die Interpretation des Künstlers seinerseits zu interpretieren. Die etwas hilflose Schlussfolgerung »Ich würde den für den größten Mahler halten, der den *Kuß des Judas*, die beyden Gesichter, in ihrem wahren Kontraste, ohne Uebertriebenheit und Affektation, aber doch jedes in seiner unvergleichbaren Individualität, zeichnen und mahlen könnte«, drückt den Wunsch aus, eine künstlerische Darstellung zu erhalten, die Lavaters vorbestehende, auf Grund der Bibellektüre gewonnene Auffassung bestätigt. Die beigegebene Darstellung eben dieses Judaskusses durch Johann Rudolf Schellenberg aber »hat sehr wenig von dem, was ich fordern würde.« Hier wird Physiognomik unversehens zur Kunstkritik, die entweder im Bild eigene Vorstellungen bestätigt findet oder aber sich genötigt sieht, darzulegen, woran es den Bildnissen zu physiognomischer Wahrheit – so wie Lavater die Vorbildfiguren versteht! – mangelt.

*Dilemma der Physiognomik*

Die fatalistische Auffassung, die von der Natur bestimmte Bildung des Knochenbaus, ja selbst ethnische und nationale Zugehörigkeit drücke dem Menschen unausweichlich, und eben nicht nur physisch, sondern moralisch und charakterlich ihren Stempel auf, steht im Widerspruch zu der sich zur selben Zeit herausbildenden Konzeption des autonomen Individuums. Vielleicht deswegen verleugnete Goethe später seinen Anteil an den Fragmenten, zu denen er wie Herder und andere Prominente beigetragen hatte. Sympathisanten der ersten Stunde wie Zimmermann und Sulzer zogen sich zurück, Haller bewahrte von vornherein Distanz. Suspekt war vielen seiner Zeitgenossen auch Lavaters Interesse an parapsychologischen Phänomenen, an Wunderheilungen und dem eben Mode werdenden »tierischen Magnetismus« (einer Vorform der Hypnose) und sein Umgang mit zwielichtigen Gestalten, Scharlatanen und Exorzisten bis hin zum Goldmacher Cagliostro.

*Bedenken der Zeitgenossen*

Die Popularität der *Fragmente* litt nicht darunter. So erfolgreich waren sie, dass »Lavater« in Frankreich zum Markenzeichen wurde. Teils mehrfach aufgelegte Werke wie *Le Lavater des Dames* (1810), *Le Lavater portatif* (1809) versprachen praktische Anweisungen zur Einschätzung von Menschen und vertraten die Stelle der heutigen Ratgeberliteratur.

## Sturm und Drang in der Schweiz

Obwohl der Beitrag schweizerischer Autoren zur Geniebewegung des Sturm und Drang nicht sehr bedeutend war, kann man ihn nicht übergehen.

Zu den schweizerischen Vertretern des Geniekults gehörten Lavater und Füßli (letzterer mehr noch mit seinen Gemälden als den Gedichten), zeitweilig auch Johann Georg Zimmermann und gegen Ende des Jahrzehnts Johann Ludwig Ambühl. Erstaunlich früh fanden sie die neuen, statt an den urteilenden Verstand an das mitschwingende Herz appellierenden Töne. Schon 1765 schrieb Lavater dem »Originalgenie« eine »leuchtende Deutlichkeit« zu, »die nicht nachgemacht werden kann. [...] Alles ist *Leben*, Gefühl, Ausdruck; alles ist Herz, Erfahrung, Teilnehmung.« Ein Jahrzehnt später widmete er dem

»Genie« in den *Physiognomischen Fragmenten* längere, auch sprachlich vom Gegenstand geprägte Passagen.

> Und Genie, ganzes, wahres Genie, ohne Herz – ist [...] Unding. – Denn nicht hoher Verstand allein; nicht Imagination allein; nicht beide zusammen machen Genie – Liebe! Liebe! Liebe – ist die Seele des Genies. [...]
> Was ist Genie? Wer's nicht ist, kann nicht; und wer's ist, wird nicht antworten. – Vielleicht kann's und darf's einigermaßen, wer dann und wann gleichsam in der Mitte schwebt, und dem's wenigstens bisweilen gegeben ist, un die Höhe über sich, und in die Tiefe unter sich – hinzublicken. [...] Genie ist Genius.

Prototyp des wahren Genies war ihm Goethe, dessen Freundschaft ihm auf der ersten Schweizerreise zuteil geworden war und der später nichts mehr von ihm wissen wollte.

*Erfinder des*
*»Sturm und Drang«*

Christoph Kaufmann,
Zeichnung von A. Graff
(1794)

Die Inkarnation des zugleich empfindsamen, mystischen, von Lavater beeinflussten Ideen zugeneigten und kraftgenialischen Stürmers und Drängers war Christoph Kaufmann aus Winterthur, der »Genieapostel«, den Friedrich (Maler) Müller den »Gottesspürhund« nannte, aus dessen Feder zwar nur ein einziges, bestenfalls mittelmäßiges Gedicht floss, der aber lebte, worüber die jungen Genies schrieben (und, nachdem er öffentlichem Spott anheim gefallen war, sein Leben als herrnhutischer Arzt beschloss...). Sogar der besonnene Iselin war von ihm fasziniert; Lavater widmete ihm in den *Physiognomischen Fragmenten* ein hymnisches Porträt. Auf einer wahren Triumphreise schlug er 1776/77 halb Deutschland in seinen Bann. Weder Herder noch Goethe mochten sich ihm entziehen. Mit bis zum Bauchnabel offenem Hemd, wallendem Haar – in der Perückenzeit! – und einem dicken Knotenstock soll er an der Weimarer Hoftafel aufgekreuzt sein. Vor allem aber verhalf er der Bewegung zum Namen, als er Friedrich Maximilian Klinger riet, sein Stück *Wirrwarr* doch lieber *Sturm und Drang* (1777) zu nennen. Mit einem Freund zusammen gab Kaufmann 1776 eine Anthologie *Allerley, gesammelt aus Reden und Handschriften grosser und kleiner Männer*, eine Sammlung von Kraftsprüchen aus der Geniebewegung heraus.

Der alte Bodmer, Breitinger und Salomon Gessner freilich, denen schon Herder suspekt war, wiegten bedenklich die Häupter ob der exaltierten Geister, die, wie Bodmer an Sulzer schrieb, »Jünglinge von guten Köpfen« verderbt hätten. Johann Jakob Hottinger replizierte 1778 auf das *Allerley* mit einer Anthologie *Brelocken* [Berlocken: Ziergehänge an Uhrketten] *an's Allerley der Gross- und Kleinmänner* auf Kaufmanns Anthologie. Gleich zwei Gegenstücke zu Goethes *Werther* erschienen 1777 und 1778 in Zürich. Beweist der eine Held sich endlich als nüchterner Liebhaber und pflichtbewusster Staatsbürger, so findet der andere, statt Selbstmord zu begehen, Erfüllung in edler Menschenliebe.

Die Differenzen waren weit mehr als eine Frage des Stils und der Lebensweise. Als Goethe im Juni 1775 den »würdigen Patriarchen« Bodmer besuchte, begrüßte dieser das junge Genie und dessen Freunde »ironisch teilnehmend«. Es kam zu einer Kontroverse über Bodmers Cäsar-Drama, die die gegensätzlichen Auffassungen des eingefleischten Republikaners und des Stürmers und Drängers charakterisiert. Waren Brutus und Cassius für Goethe »niederträchtige« Gestalten, weil sie Cäsar von hinten ermordeten, so hielt Bodmer dagegen, Cäsar habe seine Mutter, die Republik, zeitlebens ermordet.

*Shakespeare*

Worin Anhänger und Gegner der Geniebewegung übereinstimmten, war die Begeisterung für Shakespeare. Einmal mehr war Bodmer der Wegbereiter. Spätestens 1724 besaß er eine englische Shakespeare-Ausgabe; 1732 im Vorwort zur Milton-Übersetzung und 1740 in der *Critischen Abhandlung von dem Wunderbaren in der Poesie* setzte er sich ausführlich mit ihm auseinander. 1752 war Wieland Bodmers Gast und ließ sich von diesem so sehr für den Engländer begeistern, dass er sich einige Jahre später an die erste umfangreichere Übersetzung (noch in Prosa) machte; 1762–1766 erschien sie in Zürich im Verlag Orell Gessner & Co. mit Titelvignetten Salomon Gessners – es war diese Ausgabe, die die deutschen Stürmer und Dränger inspirierte.

## Patriotismus in Dichtung und Geschichtsschreibung

1775, im Alter von fast achtzig Jahren, veröffentlichte Bodmer vier kurze *Schweizerische Schauspiele* zum Tell-Stoff und der Befreiung der Waldstätte. Diese patriotischen Dramen – Überarbeitungen des 1762 entstandenen Dramas *Die gerechte Zusammenschwörung* – waren nicht für die Aufführung bestimmt und hätten wohl zu einem Zeitpunkt, als *Götz von Berlichingen* und *Emilia Galotti* bereits vorlagen, auch kein Publikum mehr gefunden. Er selbst rechtfertigte sie auf ähnliche Weise wie Lessing wenig später seinen *Nathan der Weise*: als Möglichkeit, vor der Zensur in das Medium des Spiels auszuweichen. Das Drama erlaube »politische Wahrheiten, die den Regierungen verhaßt sind, ungestraft [zu] sagen«, und weil dieselben Regierungen es nicht zuließen, »daß Unterthanen oder Bürger sich versammelten, um gemeinschaftlich und darum desto stärker die Würde und die Rechte der Menschen zu fühlen«, gebe er sich mit Lesedramen zufrieden. Trotz der dramatischen Unbeholfenheit sind Bodmers Dramen Meilensteine in der Geschichte des politischen Dramas; nicht nur, weil sie (ein Jahr vor der amerikanischen Menschenrechtserklärung!) das Widerstandsrecht des Volkes gegen willkürliche, ungerechte und tyrannische Herrschaft propagieren und damit in eine tagesaktuelle Diskussion eingreifen, sondern noch mehr als Anreger einer bis ins 19. Jh. reichenden Tradition. Von Bodmer beeinflusst und sogar von ihm beraten, verfasste der Jesuitenpater und Rhetorikprofessor am Luzerner Gymnasium Joseph Ignaz Zimmermann 1777 sein eigenes Tell-Drama, das gleichfalls die Menschenrechtsdiskussion aufnahm und – vielleicht noch wichtiger – über den patriotischen Appell ein Band zwischen den seit 1712 zerstrittenen, einander misstrauenden und auf getrennten Tagsatzungen beratenden katholischen und reformierten Eidgenossen knüpfte. Schon 1768 hatte der Luzerner Rat verfügt und 1771 in der neuen Schulordnung festgehalten, die Schuldramen – deren Tradition bis ins 16. Jh. zurückreicht – sollten fortan, statt, wie es die jesuitische Regel verlangte, in lateinischer, ausschließlich in deutscher Sprache gehalten sein, »damit die Jugent in ihrer eigenen Muttersprach desto besser unterrichtet werde«. Da 1774 nach der Aufhebung des Jesuitenordens das Luzerner Kollegium zur weltlichen Schule wurde, bestand auch kein Grund mehr, vorwiegend geistliche Stücke aufzuführen. Von da an brachten Zimmermann und sein Freund und Kollege Franz Regis Crauer abwechselnd fast alljährlich ein historisch-patriotisches Drama zur Aufführung; dazwischen wurden auch Komödien, belehrende Schauspiele und Operetten aufgeführt. Auf anderem Weg strebten die beiden Luzerner Dramatiker also ähnliche Ziele wie die Helvetische Gesellschaft an: die Erneuerung des alten eidgenössischen Geistes durch Besinnung auf die gemeinsame Geschichte. Den Autoren lag das Verbindende der Eidgenossenschaft am Herzen, nicht das Trennende. Keins dieser Dramen reicht denn auch über die Zeit des Stanser Verkommnisses hinaus in die Epoche der Glaubensspaltung und der Religionskriege. Schon Lavaters historische Schweizerlieder enden ja, vermutlich aus demselben Grund, mit dem Schwa-

*Republikanisches Drama*

*Jesuit und Patriot*

benkrieg; im *Loblied auf Helvetische Eintracht* appelliert er an Brüderlich-
keit, Tugend und Redlichkeit »mit und ohne Rosenkranz«, da ja Katholiken
und Protestanten »nur Einen Vater« im Himmel anbeten.

## Katholische Aufklärung?

Ob überhaupt von einer ›katholischen Aufklärung‹ gesprochen werden kann,
muss offen bleiben. Charakteristisch für die Aufklärung ist ja das Bestreben,
konfessionelle Schranken zu überwinden und an das Humane schlechthin zu
appellieren. Ohne Bedenken gab der Protestant Isaak Iselin Franz Urs von
Balthasars *Patriotische Träume* heraus, die ihrerseits auf Gedanken des radikalen Pietisten Beat Ludwig von Muralt beruhten. Kein Zweifel besteht jedoch am Einfluss aufklärerischen Gedankengutes auf führende Vertreter des
Geisteslebens in den katholischen Kantonen.

Vor allem in Luzern, aber auch in den Klöstern Einsiedeln und Engelberg
zeigte man sich zumindest der patriotischen Aufklärung gegenüber aufge-
schlossen. Diesen Geist der Toleranz fasste der Domherr Joseph von Beroldingen in ein Lied für die Helvetische Gesellschaft:

> [...]
> Seht! Es drücken beide Stände,
> Geist- und Weltlich, sich die Hände.
> Reformierte Schweizertreu
> Ist mit Röm'scher einerlei.
> [...]

*Concordia-Gesellschaft*

Andererseits gab es massiven Widerstand gegen aufklärerisches Ideengut und
überkonfessionellen Dialog. Als die Luzerner Reformpartei nach heftigen
Auseinandersetzungen aus der Regierung verdrängt wurde, war es Luzernern
nicht mehr gestattet, an den Versammlungen der Helvetischen Gesellschaft
teilzunehmen. Die 1768 als Konkurrenz und Ersatz gegründete Helvetische
Concordia-Gesellschaft und ihr spiritus rector Franz Josef Leonti Meyer von
Schauensee, Zisterziensermönch, königlich sardinischer Offizier, Priester und
Komponist von Kirchenmusik, Schöpfer einer leicht frivolen Mundartoper
*Talhochzeit von Engelberg* (1781), weiterer Singspielen und komischen
Opern, ebenso frommer Katholik wie glühender Patriot, verfolgten jedoch
dieselben Ziele wie die Schinznacher: Sorge ums Vaterland, Appell an den
Bürgersinn, Pflege interkantonaler Geselligkeit.

## Patriotischer Sturm und Drang: Johann Ludwig Ambühl

*Goethe-Wirkung*

Ganz im Stil des Sturm und Drang verfasste der Wattwiler Schulmeister
Johann Ludwig Ambühl (oder Am Bühl), Mitbegründer der Toggenburger
Moralischen Gesellschaft und Freund Ulrich Bräkers, sein erstes, anonym
erschienenes Drama *Der Schweizerbund* (1779). Es sei »in Goethes Geschmack«, meldete denn auch der Weimarer Großherzog Karl August, der
gerade mit seinem Erzieher und Gefährten die Schweiz bereiste, nach Hause.
Tatsächlich ist Ambühls Stück dramaturgisch (viele Schauplatzwechsel,
mehrere Handlungsstränge) und sprachlich von *Götz von Berlichingen* beeinflusst, doch ist die Perspektive weit revolutionärer. Träger des Freiheits-
gedankens sind nicht so sehr die Anführer der Schweizer als die Bauern,
und wenn davon die Rede ist, dass Attinghausens Vorfahren ihrerseits die
Untertanen gequält hätten, stellt der Autor damit ein Jahrzehnt vor der
Französischen Revolution die Adelsfrage. Nach der Revolution kam Am-

bühl auf die Befreiungssage zurück und gab ihr nochmals eine neue Wendung.

## Geschichtsschreibung: Johannes (von) Müller

Nicht nur in der Dichtung bahnte sich um 1780 ein gemeineidgenössisches Bewusstsein über Kantons- und Konfessionsgrenzen hinweg an. Auch die Geschichtsschreibung erreichte eine neue Qualität.

So wie die Dramatiker sich der vaterländischen Geschichte zuwandten und ihren Werken gelegentlich sogar Auszüge aus historischen Werken voranstellten oder in Anmerkungen auf historische Quellen verwiesen, begannen umgekehrt die Geschichtsschreiber – vielleicht nach dem Vorbild von Justus Mösers *Osnabrückischer Geschichte* (1768) – Geschichte zu erzählen, d. h. sie mit literarischen Mitteln darzustellen, statt nur Chronologien und isolierte Fakten mitzuteilen.

*Narrative Geschichts-schreibung*

Fast gleichzeitig mit den patriotischen Dramen Bodmers, Zimmermanns, Crauers und Ambühls gab Johannes Müller aus Schaffhausen, in seinen jungen Jahren Anhänger der Reformpartei und der Stürmer und Dränger (das adelige »von« kam erst hinzu, nachdem er sich in den Dienst deutscher und österreichischer Fürsten gestellt hatte) der Eidgenossenschaft ihre erste Geschichte im modernen Sinn. Die Chroniken des 15. und 16. Jh.s verfuhren annalistisch, und selbst noch Aegidius Tschudis Monumentalwerk, dessen »Mittelbuch« erstmals eine durchgehende Erzählung der Schweizergeschichte von ca. 1000 bis 1370 auf der Basis von urkundlichen Quellen bot (auch wenn er diese Quellen parteilich auswählte und arrangierte), war noch dieser älteren Tradition verpflichtet. 1734 erschien das Mitte des 16. Jh.s entstandene *Chronicon Helveticum* erstmals gedruckt und fand sogleich gewaltiges Interesse. Lange Zeit war Tschudis Version der Befreiungsgeschichte samt den falschen Datierungen kanonisch; noch Schillers *Wilhelm Tell* bezieht sich darauf. Auch Johannes Müller übernimmt manches von Tschudi; aber er schreibt eine dramatische Geschichtserzählung, so als ob er dabei gewesen wäre; die Schilderung des Föhnsturms und Tells Sprung auf den Fels stammen aus demselben Geist wie Füßlis heroisches Gemälde.

> Da sie nicht weit jenseit des Rütli gekommen, brach aus den Schlünden des Gotthard plötzlich der Föhn mit seiner eigentümlichen Gewalt los: es warf der enge See die Wellen wütend hoch und tief; mächtig rauschte der Abgrund, schauervoll tönte durch die Felsen sein Hall. In dieser großen Todesnot befahl Gessler voll billiger Furcht, Wilhelm Tellen, einen [!] starken, mächtigen Mann, den er als vortrefflichen Schiffer kannte, die Fesseln abzunehmen. Sie ruderten, in Angst, vorbei die grauen Felsenufer; sie kamen bis an den Axenberg, rechts wenn man aus Uri fährt. An diesem Ort ergriff Tell sein Schießzeug und nahm den Sprung, auf einen platten Fels.

Einmal mehr steht eine Initiative Bodmers für den Neubeginn. Als junger Mann, Volontär bei der Staatskanzlei, stöberte er in den alten Urkunden, bis die Regierung es ihm verbot, weil Archivmaterial damals Geheimwissen war, über das nur die Behörden verfügen durften. (Noch 1780 wurde der Zürcher Pfarrer Johann Heinrich Waser hingerichtet, weil er statistisches Material nach Deutschland übermittelt hatte, wo sich gerade eine empirisch begründete Kameralwissenschaft zu etablieren begann.) Dennoch verdanken wir Bodmer die ersten Aktenpublikationen im modernen Sinn.

*Quellenarbeit*

Müller nahm Bodmers Plan einer »nicht den verstorbenen Helden zu Gefallen, sonder den Nachkinderern diser großen Leüthen und ihren Compatrioten« verfassten Schweizergeschichte auf. In der Vorrede zum vierten Teil

(1805) hielt Müller fest, Zweck der Geschichtsschreibung sei, »daß man sehe, wie alles war, wie alles gekommen und gemacht worden, auf daß die Leser nicht staunen, sondern lernen«.

Von Bedeutung ist Müllers Schweizergeschichte aber nicht allein als Kunstwerk und für das Selbstverständnis der Schweizer; indem er die Gründungsgeschichte der Eidgenossenschaft als göttliche Fügung interpretierte, wies er zugleich die Vorwürfe österreichischer Historiker wegen des ›Verrats‹ am Haus Habsburg zurück.

»Sister Republics«

Gedruckt wurden *Die Geschichten der Schweizer* 1780 in Bern. Aus Angst vor der Zensur musste aber ein fiktiver Druckort angegeben werden: Boston, die Stadt, wo der amerikanische Unabhängigkeitskampf seinen Anfang genommen hatte.

# Die 80er Jahre:
# Für das Volk – Über das Volk – Aus dem Volk

### Für das Volk: Johann Heinrich Pestalozzis vorrevolutionäres Werk

Johann Heinrich
Pestalozzi, Stich von
Matthias Pfenningen

Zwischen Literatur, Pädagogik, Politik und Philosophie oszilliert das Œuvre Johann Heinrich Pestalozzis. Seine literarischen Werke verfolgen erzieherische Absichten, die politischen Traktate der Revolutionszeit und die theoretischen Abhandlungen zu pädagogischen Fragen arbeiten mit spezifisch literarischen Mitteln: Gleichnissen, Metaphern und rhetorischen Figuren. Dabei war für ihn Theorie nur im Hinblick auf künftige Praxis von Bedeutung.

Wie Bodmer stammte er aus einer alteingesessenen Zürcher Familie. In dessen letztem Jünglingskreis und als Mitglied der Gesellschaft zur Gerwi setzte er sich mit Rousseau auseinander, den er zugleich bewunderte und kritisierte. Zwar teilte er mit ihm die Überzeugung, der Mensch sei zum Guten und Edlen bestimmt; der Auffassung, es gelte diese natürlichen Anlagen nur aufzudecken, stand er jedoch skeptisch gegenüber. Als einer der ersten erkannte er die Aporie der Aufklärung: Auf welcher Basis sollte eine neue, auf Selbstbestimmung begründete Ordnung errichtet werden, wenn das Volk in Unwissenheit und Aberglauben seinen Verführern folgt? Zu gut war er mit den Realitäten vertraut, als dass er die Gesundung des Gemeinwesens auf die Einsicht der Mehrheit gegründet hätte. Die Reichen verfolgen bloß ihre eigenen Interessen, den Armen muss, als Voraussetzung für jegliche Emanzipation, zuerst eine ausreichende materielle Existenzbasis verschafft werden. Adressat seiner Bemühungen ist daher der vernünftiger Argumentation zugängliche, wenn auch in seiner Entfaltung behinderte »Mittelstand«.

Pestalozzi war ebenso radikaler Denker wie enthusiastischer Praktiker und alles andere als der gutmütige und etwas weltfremde Kinderfreund, als den ihn verharmlosende spätere Darstellungen, etwa die populären, sogar als Schulwandbilder verbreiteten Gemälde Albert Ankers *Pestalozzi in Stans* (1870) und Konrad Grobs *Pestalozzi im Waisenhaus Stans* (1879) zeichnen. Schon in seinen frühen Schriften postuliert er, gegen den unverbindlichen Philanthropismus der Zeit, als Ziel seiner Pädagogik nicht den idealen Menschen, sondern einen, der in der sozialen Realität zu bestehen vermag. »Der Arme muss zur Armut auferzogen werden«, hält er 1777 in seiner ersten großen pädagogischen Schrift dem Plan des Berner Patriziers Niklaus Emanuel von Tscharner für eine Armenanstalt entgegen. In *Die Abendstunde ei-*

*nes Einsiedlers* (1780) entwirft er ein patriarchalisches Gesellschaftsmodell. Drei Kreise, der innerste familiäre, der beruflich-gesellschaftliche und der staatliche bestimmen das Leben der Menschen, jeder von ihnen mit einem Vorsteher, der wiederum der übergeordneten Instanz Rechenschaft schuldig ist, bis hin zum Fürsten mit seiner Verantwortung vor Gott.

Seinen eigenen praktischen Bestrebungen freilich war lange Zeit kein Erfolg beschieden. Nachdem 1780 der zweite Versuch mit einer Erziehungsanstalt im aargauischen Neuhof Schiffbruch erlitten hatte, blieb er, eine Episode als Fürstenerzieher ausgenommen, fast zwei Jahrzehnte lang auf den Schreibtisch verwiesen. Bereits im folgenden Jahr erschien der erste Band von *Lienhard und Gertrud*. Anders als die Tscharner-Briefe richtet sich der Roman nicht mehr an einen kleinen Kreis Gebildeter. *Ein Buch für das Volk* lautet der Untertitel, und das Volk ist auch Thema des Romans. Die Tradition der Volksaufklärung des 18. Jh.s mit ihrem Interesse an ›einfachen Menschen‹ und ihrem pädagogischen Eifer zusammen mit der Einsicht in die moralische Labilität der unteren Volksschichten bestimmen die Anlage des Romans. Stellt Hirzel ein bereits gefestigtes Muster eines vorbildlichen Bauern vor, so interessiert sich Pestalozzi für den Prozess der Erziehung, zuerst eines verkommenen, arbeitsscheuen und gewalttätigen Angehörigen der Unterschicht zu einem brauchbaren Arbeiter und liebevollen Familienvater und dann einer ganzen Dorfgemeinschaft, die sich aus dumpfer Unwissenheit und fatalistischer Ergebung in die Misere zu einem geordneten, sich selbst verwaltenden Gemeinwesen entwickelt. Damit die Reform- und Erziehungsarbeit des aufgeklärten und weitsichtigen Landvogts Arner, hinter dem Niklaus Emanuel von Tscharner zu erkennen ist, Früchte tragen kann, muss dieser zusammen mit dem neuen Pfarrer eine skrupellose, sich am Gemeingut bereichernde und die Bevölkerung zum Alkoholismus verführende Dorfoligarchie entmachten. An die Stelle des alten Schlendrian sollen Selbsthilfe und Solidarität

*Das Volk, wie es ist*

Aus den Illustrationen D. Chodowiecki zu Pestalozzis *Lienhard und Gertrud*: Verurteilung des Vogts, der vor seinem Herrn, dem Landvogt Arner, und dem Pfarrer kniet. – Lienhard und Gertrud werden bei der Ankunft in Rudis Wohnung von den Kindern freudig begrüßt

treten – und zwar sowohl die Solidarität zwischen Arm und Reich als auch der Armen untereinander.

Im Bestreben um Popularität schreckt Pestalozzi vor drastischen Schilderungen und krassen Übertreibungen nicht zurück, schlägt aber auch den innigen Gefühlston an. Gern greift er auf volkstümliche Vorstellungen und sogar abergläubische Vorurteile zurück, um am Exempel zu demonstrieren, wohin Verblendung, Raffgier und Egoismus führen, aber auch, was Güte, Gelassenheit und Verständnis für menschliche Schwächen bewirken können.

Stil und Metaphorik von Pestalozzis Frühwerk mit der Zentralmetapher »Herz« stehen dem Sturm und Drang nahe – die Intention jedoch ist entgegengesetzt. Was in den Werken der Genies und der Empfindsamen Selbstzweck, ästhetisches Experiment und Provokation war, dient nun der Aufklärung und der Volksbildung. Dem jungen Goethe, den er in einem Brief an Iselin ein »Irrlicht zwischen Engel und Satan« nannte, wirft er prometheisches Gehabe, verantwortungslose Selbstinszenierung und Überheblichkeit vor.

*Theorie und Praxis*    Zur Volkserziehung gehören außer ethisch-moralischen Grundsätzen auch praktische, die ökonomischen Theorien der Zeit widerspiegelnde Veränderungen wie die Aufteilung der Allmend und die Einführung der Manufaktur zur Verbesserung der Lebensbedingungen und eine penible Dorfbuchhaltung, die die Verhältnisse jedes einzelnen Haushaltes festhält.

So entscheidende Bedeutung Pestalozzi der familiären Erziehung in den ersten beiden Teilen des Romans beimaß, schien ihm doch der Rekurs auf autoritäre Strukturen in Schule, Kirche und Staat unerlässlich. Im dritten Teil (1785) tritt mit dem neuen Dorfschulmeister ein aufgeklärter Volksfreund in den Mittelpunkt, der zwar das Beste des Volkes will, aber einsieht, dass nur rigorose Gesetze ihm auch zum Durchbruch zu verhelfen vermögen. Dennoch lassen die aufklärerische Auffassung von der Perfektibilität des Menschen sowie die Überzeugung, »daß alles, was allgemein als höchstnotwendig auffalle, höchstwahrscheinlich auch möglich sei«, der sich die Bauern im Verlauf des Romans anschließen, ein gutes Ende zu, obwohl Pestalozzi von Band zu Band den Anweisungen von oben größeres und den Initiativen von unten geringeres Gewicht zumisst. Im Widmungsschreiben zum vierten Teil (1787), in dem der Schauplatz etwas unvermittelt von den heimatlichen Gefilden in ein deutsches Herzogtum mit einem aufgeklärt absolutistischen Regenten wechselt, kann der Erzähler befriedigt feststellen: »Ich fing bei der Hütte einer gedrückten Frauen, und mit dem Bild der größten Zerrüttung des Dorfes an, und ende mit seiner Ordnung.« Der Gang vom Häuslichen über die Dorfgemeinschaft zum kleinen Feudalstaat nimmt die Vorstellung der Lebenskreise auf und verdeutlicht die Verantwortung der Repräsentanten jedes dieser Wirkungsbereiche.

Für Karl Philipp Moritz war *Lienhard und Gertrud* »eins der nützlichsten Produkte unseres Jahrhunderts«. Pestalozzis Hoffnung, »dem Volk einige ihm wichtige Wahrheiten auf eine Art zu sagen, die ihm in Kopf und ans Herz gehen sollte«, blieb jedoch unerfüllt. Ein Schriftsteller, der mitreißend zu gestalten wusste, war er nicht; die relative Geschlossenheit des ersten Teils ist nicht zuletzt Iselins Redaktionsarbeit zu verdanken. Pestalozzis Publikum waren die Vermittler, die Pfarrer und Lehrer. Lavater sah klar, als er meinte, der Roman sei eher ein Buch über das Volk als für das Volk.

Revolutionär sind Pestalozzis Anschauungen in Bezug auf vor- und uneheliche Beziehungen und deren Folgen. Zwar müssen in *Lienhard und Gertrud* unverheiratete Mütter einen »Zigeunertanz« und eine Strohhütte vor ihrem Heim dulden, bestraft werden sie jedoch nicht. Noch entschiedener ergriff er in einem nichtfiktionalen Werk Partei für die verführten Frauen. Angeregt durch eine Preisaufgabe über »die besten ausführbaren Mittel, dem Kindermorde Einhalt zu tun« verfasste er die Schrift *Über Gesetzgebung und Kindermord* (1783). Anders als die übrigen Bearbeiter des Themas beschäftigen Pestalozzi nicht so sehr abstrakte juristische und moralische Fragen als die Not der jungen Frauen und das Versagen der Rechtsprechung. Neben theoretischen Ausführungen und praktischen Anweisungen stehen drastische Exempelerzählungen in volkstümlicher Sprache, Auszüge aus Verhörprotokollen und Amtsberichten. »Ohne stilles Rasen, und ohne innere verzweifelnde Wut, würget kein Mädchen sein Kind«. Vielmehr seien unmenschliche Gesetze, hartherzige und übelwollende Behördenmitglieder und frauenfeindliche gesellschaftliche Normen Ursache der Verzweiflungstaten. Statt ledige Mütter an den Pranger zu stellen und Kindsmörderinnen hinzurichten, solle der Staat präventiv das Gute und Tugendhafte im Menschen bilden, uneheliche Kinder als »Staatswaisen« betrachten und ihre Erziehung ehrbaren Bauern und Handwerkern anvertrauen. »Für den Staat ist ein uneheliches Kind nur in so fern ein Schaden, als es nicht recht erzogen wird. – Für die Menschheit ist ein uneheliches Kind unzweydeutig ein Gewinnst, wenn es recht erzogen wird.« Strenge Bestrafung fordert er hingegen für die gewissenlosen Verführer, die sich ihrer Verantwortung entziehen.

Obwohl Pestalozzi die Französische Revolution begeistert begrüßte und – im Unterschied zu dem ebenfalls ausgezeichneten Klopstock – das ihm 1792 von der Nationalversammlung verliehene Bürgerrecht der Republik auch unter dem Eindruck der Terreur nicht zurückwies oder sich, wie Schiller, distanzierte und sich sogar um ein Wirkungsfeld im revolutionären Frankreich bemühte, gab er in der zweiten Fassung des Romans 1790–92 dem aufgeklärten Herzog und dem verantwortungsbewussten Ratgeber noch größeren Einfluß. Weniger als je schien ihm das Volk imstande, sich selber aus der Misere zu helfen. Erst mit der Helvetischen Revolution von 1798 glaubte er seine Hoffnungen erfüllt. Rückhaltlos stellte er sich auf die Seite der neuen Ordnung. Nun erhielt er auch wieder Gelegenheit, sich als praktischer Pädagoge zu bewähren.

Wie ein Vorbote der Umwälzung von 1798 nimmt sich die erste Ausgabe von Pestalozzis Fabeln *Figuren zu meinem ABC Buch oder zu den Anfangsgründen meines Denkens* (1797) aus, eine im Verlauf von fast zwei Jahrzehnten entstandene Sammlung von über 200 kurzen Prosastücken. Im klassischen Gewand der Tierfabel, aber auch in Gleichnissen, Gesprächen unter Menschen aus dem Volk und sogar unter toten Gegenständen setzt Pestalozzi sich mit der Legitimation von Herrschaft und den Voraussetzungen einer gerechten gesellschaftlichen Ordnung auseinander. Einige der Fabeln zielen ganz direkt auf schweizerische Zustände und aktuelle Ereignisse in der engeren Heimat (in der Neuausgabe 1823 fielen sie weg).

## Über das Volk: Karl Viktor von Bonstetten

Karl Viktor von Bonstetten, Berner Patrizier und enger Freund Johannes von Müllers, war ein überaus kritischer Geist und das schwarze Schaf unter seinen Standesgenossen. Mit scharfem Blick erkannte er die Mängel der Staatsverfassung, mit unermüdlichem Eifer trug er Material zusammen, um Verbesserungen herbeizuführen. Als bernischer Landvogt im Saanenland verfasste er, auf umfassendes empirisch erhobenes Material gestützt, die *Briefe über ein schweizerisches Hirtenland*, ein noch heute überaus wertvolles und lesenswertes, auf genauster Beobachtung und exakten Recherchen beruhen-

*Zeitproblem Kindermord*

*Fabelsammlung*

des Kompendium über die Lebensbedingungen der Bevölkerung, ihre Wirtschaftsweise, ihre Mentalität und ihre Bräuche. Johannes von Müller redigierte und übersetzte es, um ein eigenes Kapitel und manche historische Anmerkung ergänzt, ins Deutsche, Wieland druckte es 1780 im *Teutschen Merkur*, im folgenden Jahr erschien es als Buch.

Über seine wirtschaftsgeschichtliche und volkskundliche Bedeutung hinaus ist Bonstettens Werk ein Beispiel dafür, wie literarisch geprägte Muster in Konkurrenz zum Augenschein treten. Als Ethnologe lässt er sich im empirischen Teil über »die Häßlichkeit, besonders der Weiber« aus. »Bey diesen werden Kröpfe in sehr großer Menge, lange hagere Züge, ungesunde Farbe und alle Krankheiten, die die Erschlappung des Nervensystems hervorbringt, angetroffen.« In der Einleitung jedoch reproduziert er all jene Klischees, die seit Hallers *Alpen* zur Charakteristik der Bergbewohner gehören und preist »diese Dörfer von Holz, bey denen am Ufer klarer Bäche auf der großen Tapezerey vom lebhaftesten Grün und von wollustathmenden Blumen die schönsten Schweizermädchens wohnen«. Die Macht literarischer Bilder scheint ihn den Widerspruch nicht bemerken zu lassen; ebenso, wie wenig die karge, oft ärmliche Existenz der Saanenländer zum Bild der freien, glücklichen Hirten passen will.

Von Bedeutung sind die Hirtenlandbriefe schließlich wegen der Verbindung von größter Genauigkeit im Detail und panoramischer Gesamtschau, wie sie zur selben Zeit Franz Ludwig Pfyffers Relief der Urschweiz (vollendet 1786), ein Meisterwerk der Vermessung und Gestaltung, und die allmählich aufkommenden Leporello-Panoramen auszeichnet.

*Literatur und Realität* (Randtitel)

### Aus dem Volk: Ulrich Bräker, der arme Mann aus dem Tockenburg

Ist Aufklärung für Pestalozzi Aufklärung ›von oben‹ durch eine verantwortungsbewusste Elite, die erst die Voraussetzungen für das Zu-sich-selbst-Kommen des Menschen zu schaffen hat, so repräsentiert Ulrich Bräker, der »Arme Mann aus dem Tockenburg«, die Aufklärung ›von unten‹.

In Person und Werk Bräkers, der sich als Kleinbauer, Salpetersieder und Garnhändler mehr schlecht als recht durchschlug, überkreuzen sich aufklärerische und pietistische, plebejische und gelehrte Traditionen. Er war weder der naive Autodidakt noch das reine Naturtalent, als welche ihn die Legende gern sähe. Zwar besuchte er nach eigener Aussage die Schule »nur wenige Wochen […] bey Haus hingegen mangelte es mir gar nicht an Lust, mich in mancherley unterweisen zu lassen.« Das Vorbild des Vaters und eigene Wissbegier brachten ihn früh mit der Welt der Bücher in Kontakt. Unter dem Einfluss des im Toggenburg auch in der zweiten Jh.hälfte noch immer lebendigen Pietismus las der junge Bräker die Schriften der Mme Guyon oder die *Historie der Wiedergebohrnen* und verwarf noch 1768 weltliche Lektüre als unnützen Zeitvertreib und schädliche Ablenkung vom Wesentlichen.

Als die Schleusen aber einmal gebrochen waren, kannte Bräkers Lesehunger keine Grenzen mehr. Er wurde zum unersättlichen, ja manischen Leser, stets in der Hoffnung, in den Büchern »etwas zu finden das auf meinen Zustand paßte«. Gryphius und Cervantes, von den Neueren Wieland, Rousseau, Goethe und Salomon Gessner ließen ihn die eigene Situation schärfer sehen.

Zum Lesen kam das Schreiben. Von unstillbarem »Schreibhang«, von »Schreiblust«, ja »Schreibsucht« ergriffen, vergewissert er sich seiner Individualität und reflektiert über Anlass und Vorgang des Schreibens, das ihm unentbehrliches Lebenselixier und zu gewissen Zeiten sogar Lebensersatz,

Ulrich Bräker, (kolorierter Stich von Heinrich Füßli (1797)

Entschädigung für Entbehrungen und Zurücksetzungen, Kompensation von Defiziten und Trost in den Fährnissen des Alltags ist.

Den Kern von Bräkers schriftstellerischem Werk bilden seine erst seit kurzer Zeit vollständig edierten Tagebücher. Sie beginnen 1768 und reichen bis wenige Tage vor seinem Tod. Wann immer seine Tagesgeschäfte ihm etwas Zeit ließen, oft nachts, auf Reisen, setzte er seine Aufzeichnungen kontinuierlich, wenn auch unterschiedlich in Umfang und Aussagekraft, fort. Über 4.000 Manuskriptseiten kamen auf diese Weise zusammen.     *Tagebücher*

Bräkers Tagebücher sind nicht nur unschätzbare Zeugnisse eines eigenwilligen Autodidakten; sie vermitteln auch authentische Einblicke in die Lebensumstände einer sonst literaturfernen Sozialschicht. Sie begleiten das Leben als Kommentar, Selbstanalyse und Selbstrechtfertigung und zugleich Bestimmung seines Verhältnisses zur Mitwelt. Reflektiert verwendet er Stilmittel unterschiedlichster Herkunft von der Selbstbeobachtung in pietistischer Tradition bis zur Statistik und setzt sich gleichermaßen mit seinem Inneren, seinem engeren sozialen Umkreis wie mit der Weltgeschichte auseinander. Differenzierter als mancher städtische Gelehrte kommentiert er die Ereignisse der Französischen Revolution. Weder bejubelt er den Bastillesturm noch verdammt er die Hinrichtung des Königs; beide Ereignisse betrachtet er in ihren internationalen Zusammenhängen. Nicht anders die Umwälzung im heimatlichen Toggenburg, den freiwilligen Verzicht des Fürstabts Beda Angehrn in der »gütlichen Einigung«, die erneuten Auseinandersetzungen unter dessen Nachfolger und die endgültige Trennung.

In einer Vielzahl literarischer Genres prägen sich Bräkers enormer Bildungsdrang und sein nicht weniger enormes Mitteilungsbedürfnis aus. Außer den Tagebüchern und der Autobiographie verfasste er, teils in die Tagebücher eingegliedert, teils separat notiert, Dialoge, Theaterstücke, den Ansatz zu einem psychologischen Roman, Gespräche, religiöse Betrachtungen, überaus präzise Aufzeichnungen zur Meteorologie und Ökonomie sowie literaturkritische Glossen.

In seinen dramatischen bzw. dialogischen Werken – *räisonierendes baurengespräch, über das bücherlesen und den üßerlichen gottesdienst* (1777), *Die Gerichtsnacht [...]* (1780) – gelingen ihm in locker gereihten Szenenfolgen ländliche Sittenbilder unter wirklichen, nicht nach städtischem Geschmack stilisierten Bauern von so ungeschminkter Lebendigkeit und derber Treffsicherheit, wie sie – ein halbes Jahrhundert später – erst wieder Jakob Stutz zu gestalten vermochte. Um Trotz und Eifersucht geht es, um Geisterspuk und Liebeshändel und den Kampf der Geschlechter, um bramarbasierende Bauern und halbgebildete Herrensöhnchen, Prügeleien und handfeste Gerechtigkeit.     *Reale Bauern*

Die unterschiedlichen Haltungen der Bauern dem Bücherlesen gegenüber und Bräkers eigene Wandlung reflektiert das *baurengespräch*. Einer der Bauern liest ausschließlich religiöse und mystische Werke, ein anderer vorzugsweise »wunderbares, schrekhaftes, oder lächerliches: wo das blut ein bisgen wallt; oder romanen«, der dritte, ein Atheist, hält überhaupt nichts von Lektüre; der vierte schließlich, hinter dem unschwer der Autor zu erkennen ist, kann der Verlockung des »büchernaschens« nicht widerstehen und bekommt von seiner Frau und den Nachbarn deswegen Vorwürfe zu hören, er vernachlässige sie und die Arbeit. Über das Biographisch-Anekdotische hinaus wird hier der Wandel der Lesegewohnheiten von der repetitiv-intensiven zur extensiven Lektüre sichtbar, wie er sich im letzten Drittel des Jh.s vollzog.

Der zweite entscheidende Wendepunkt in Bräkers Leben nach der Hinwendung zur Bücherwelt war die Aufnahme in die 1767 gegründete Refor-

*Entwurzelung*

mierte toggenburgische Moralische Gesellschaft Wattwil – eine der zahlreichen von Angehörigen der ländlichen Oberschicht getragenen literarischen Vereinigungen – am 22. Juni 1776 auf Fürsprache des Pfarrers Martin Imhof und des Schulmeisters und Dichters Johann Ludwig Ambühl und gegen den Widerstand einiger ›vornehmer‹ Herren. Sie verschaffte ihm Selbstvertrauen und neue Zuversicht und Zugang zu einer vorzüglichen Bibliothek, isolierte ihn aber auch von seiner kleinbäuerlichen Umgebung. »Meine Nachbarn, und andre alte Freunde und Bekannten, kurz Meinesgleichen, sahen mich, wo ich stuhnd und gieng, überzwerch an. Hie hört' ich ein höhnisches Gezisch'; dort erblickt' ich ein verachtendes Lächeln.« Mit dem Beitritt und seinem nun immer offener zutage tretenden Interesse an geistiger Auseinandersetzung geriet Bräker ins intellektuelle Niemandsland. Seiner Herkunftswelt und seiner Familie entfremdete er sich; andererseits gehörte er trotz gelegentlicher Kontakte mit Füßli, Hirzel und anderen Exponenten des geistigen Zürich auch nicht zur Schicht der städtischen Geistlichen und Gelehrten, die wiederum als einzige Adressaten seiner Werke in Frage kamen.

*Shakespeare*

Auf Bräkers Anregung beschaffte die Moralische Gesellschaft Eschenburgs seit 1777 vollständig vorliegende Prosa-Übersetzung Shakespeares. Band für Band las Bräker durch und notierte sich zu jedem einzelnen Stück seine Gedanken, Einfälle und auch Einwände. Unbeeinflusst von der zeitgenössischen Shakespeare-Diskussion verschaffte er sich selbständig Zugang zum Elisabethaner, überwältigt von der Macht des dichterischen Wortes: »ja, du hast himmelsmacht, göttlicher mann«. Naiv ist der Ton, mit dem er Shakespeare anredet, als säße er mit ihm am selben Tisch, von höchster Verehrung geprägt aber schon der Titel der Aufzeichnungen: *etwas über William Shakespeares schauspiele. von einem armen ungelehrten Weltbürger; der das glück genoß, denselben zulesen* (1780, zu Bräkers Lebzeiten nicht gedruckt), und geradezu hymnisch die abschließende Bemerkung nach den Erörterungen zu den einzelnen Werken: »ich zehle dich unter meine heiligen«.

*Bräker und Füßli*

Der *Autor* Bräker freilich war nicht zuletzt ein Geschöpf Johann Heinrich Füßlis (des »Obmanns«). Möglicherweise war es Füßlis Absicht, ein Komplement zum *Philosophischen Bauern* Kleinjogg, so wie ihn Hans Caspar Hirzel dargestellt hatte, zu schaffen: Hier der in der Literatur sein Eigenes findende Bräker, dort der allem Literarischen abholde Gujer; hier der sich in allen möglichen Berufen versuchende, umherschweifende, immer wieder von Krisen und Niederlagen gebeutelte Kleinbauer, dort der sein Anwesen planmäßig und erfolgreich konsolidierende Agrarökonom. Was nicht in das städtische Konzept der »Bauernaufklärung« (im doppelten Sinn: ›Aufklärung über die Bauern‹ und ›Aufklärung der Bauern‹) passte, wie die Shakespeare-Schrift oder die Dialoge, kam nicht zum Druck.

Nach den ersten Erfolgen hoffte Bräker auf ein regelmäßiges Einkommen aus seiner Schriftstellerei und sandte Füßli bereitwillig weitere Tagebuchbände; jenen für 1790 versah er gar mit einem Vorspruch »An das Publico« und nahm im Vertrauen auf künftige Veröffentlichungen Geld auf. Zwar erschienen noch Tagebuchauszüge in einem Kalender und – wiederum von Füßli stark redigiert – die Tagebücher 1779–82 mit Proben aus den früheren Bänden als zweiter Band der *Sämtliche[n] Schriften des Armen Mannes im Tockenburg*, dann aber war es mit dem Autorruhm zu Ende, und Bräker verfiel in Resignation.

*Lebensgeschichte und natürliche Ebentheuer des Armen Mannes im Tockenburg*

Seit 1781 schrieb Bräker, veranlasst durch eine Bitte Ambühls, ihm Beiträge für seine Zeitschrift *Die Brieftasche aus den Alpen* zu senden, mit langen Unterbrüchen an seiner Lebensgeschichte. Imhof vermittelte sie an Füßli, der sie 1788/89, anonym und vom Herausgeber geglättet und stilisiert, in Fortsetzungen in seiner Monatsschrift *Schweitzersches Museum* veröffentlichte; noch 1789 erfolgte, nun mit Nennung des Verfassers, die Buchausgabe.

Bräker ist nicht der erste Angehörige der ländlichen Unterschicht, der eine Autobiographie im modernen Sinn, d.h. ohne primär religiöse Zielsetzung, verfasste, wohl aber vermutlich der erste, der für ein städtisch-bürgerliches Publikums schrieb, ohne zuvor – wie etwa Jung-Stilling – selbst in diese Schicht gewechselt zu haben. Was sein Werk einzigartig macht, ist die Verbindung von ›innerer‹ und ›äußerer‹ Biographie: Seelenschau und Reflexion über Sinn und Zweck seiner Existenz einerseits, präzise, sogar bezifferte Information über die Sorgen und Nöte und die Konjunkturabhängigkeit des Kleinbauern, der sich als Salpetersieder, Weber und Garnhändler einen Zusatzverdienst verschafft, seine Ehe und seine häusliche Ökonomie andererseits. Obwohl im Hintergrund pietistische Introspektion durchklingt, Bräker Jung-Stillings Autobiographie (1777 ff.) kannte und später Karl Philipp Moritz' *Magazin für Erfahrungsseelenkunde* (1783–93) über Imhof kennenlernte, ist sein Unternehmen durchaus eigenständig. Bräker versteht seine Lebensgeschichte ebenso sehr als Selbstvergewisserung und Rechenschaftsbericht wie als literarisches Projekt.

Zwar ist sie alles andere als ein durchkomponiertes Ganzes. Die einzelnen Kapitel haben sehr ungleiches Gewicht; bald lässt sich Bräker ausführlich über einzelne Ereignisse und ökonomische Details aus, dann wieder rafft er – vor allem in der späteren Lebenszeit – mehrere Jahre in einem kurzen Absatz. »Es ist ein Wirrwarr – aber eben meine Geschichte.« Die Authentizität des Ganzen wird dadurch nur bestätigt. Dies gilt nur bedingt für die abschließenden Kapitel, die sich auch stilistisch von der eigentlichen Lebensgeschichte abheben. Sie ziehen – unter Füßlis Einfluss? – eine Art Summe eines bewegten Lebens ohne äußeren Glanz, als wolle der Autor mit sich selbst ins Reine kommen, entwerfen ein idyllisierendes Bild der Landschaft Toggenburg und ihrer Bewohner und preisen, gelegentlich mit entelechischen Zügen, die Bescheidung im Kleinen.

Der unbefangene Blick ›von unten‹ eröffnet Perspektiven auf die große Welt, die der Historiographie fern liegen. Aus Abenteuerlust und Leichtsinn lässt sich der junge Bräker von einen preußischen Werbeoffizier übertölpeln und wird zum Rekruten gepresst, lernt in der Berliner Garnison den menschenverachtenden Drill der friderizianischen Armee kennen und wenig später die blutige Realität des Siebenjährigen Krieges, den sich die beiden ›aufgeklärtesten‹ Herrscher der Epoche lieferten: Friedrich II. von Preußen, der feinsinnige Musiker und Verehrer Voltaires, der sich zu Vernunft, Toleranz Recht und Moral bekannte und schon zu Lebzeiten den Beinamen »der Große« bekam, und die Kaiserin Maria Theresia. Der Kampf um Schlesien kostete einer halben Million Soldaten – zum großen Teil ausländische Söldner oder wie Bräker zum Kriegsdienst Gezwungene oder Verführte – das Leben. Im blutigen Gemetzel der Schlacht bei Lobositz am 1. Oktober 1756 wird Bräker Zeuge der Gräueltaten; was er mit dem Blick des naiven Beobachters registriert, bringt die Diskrepanz zwischen aufklärerischer Gesinnung und machtpolitischer Praxis schärfer zum Ausdruck als jede theoretische Reflexion:

*Schlacht bei Lobositz*

> Auf der Ebene am Wasser vor dem Städtchen Lowositz postirten sich die Panduren wieder, und pülferten tapfer in die Weinberge hinauf, daß noch mancher vor und neben mir ins Gras biß. Preussen und Panduren lagen überall durcheinander; und wo sich einer von diesen letztern noch regte, wurde er mit der Kolbe vor den Kopf geschlagen, oder ihm ein Bajonett durch den Leib gestossen.

Für sich selbst zog er die Konsequenz: »was gehen mich eure Kriege an«, desertierte und schlug sich auf abenteuerlichen Wegen in die Heimat durch.

# 1789–1798: Von der Französischen zur Helvetischen Revolution

## Reflex der Revolution: Ambühls Tell-Drama

Der Wachsamkeit der Zensurbehörden und dem Umstand, dass Druckereien ausschließlich in Kantonshauptorten und Munizipalstädten betrieben werden durften, wo sie leicht zu überwachen waren, ist es vermutlich zuzuschreiben, dass die Französische Revolution in der Deutschschweizer Literatur erstaunlich wenige Spuren hinterließ. Weder Lavaters hymnisches *Lied eines Schweizers über die französische Revolution* (1791), das er im folgenden Jahr, nach den Septembermorden, Strophe für Strophe widerrief, noch Pestalozzis differenziert kritische Überlegungen zur Revolution und deren Bedeutung für andere Staatswesen (also auch das schweizerische) gelangten an die Öffentlichkeit – erstaunlicherweise jedoch ein Werk, das die Zeitereignisse am Nationalmythos spiegelt.

1791 gewann Johann Ludwig Ambühl mit *Wilhelm Tell, ein schweizerisches Nationaldrama* den von der Zürcher Knabengesellschaft ausgesetzten Preis für ein patriotisches Stück. Schon das Motto »Brutus erat nobis« (»Er [Tell] war unser Brutus«) stellt den Bezug zur Zeit her. Die französischen Revolutionäre hatten den im schweizerischen Ancien Régime wegen seiner Unbotmäßigkeit suspekten Helden neben dem Cäsarmörder Brutus zur Galionsfigur erkoren, Tell-Dramen gehörten zum obligatorischen Repertoire der Pariser Bühnen.

Ambühls Bearbeitung des Stoffes balanciert virtuos zwischen Insubordination und Affirmation. Im Gegensatz zu allen früheren Tell-Dramen, aber auch zu Müllers Darstellung, spielt das Volk die Hauptrolle und wird dennoch nicht eigentlich zum historischen Subjekt. Dem Ruf der aufgebrachten *Widerstandsrecht* Menge »Vor die Burg! Vor die Burg!« (der Anklang an »À la Bastille!« ist unüberhörbar) setzen Fürst und Attinghausen den Appell an »gehörige Ordnung« und vernünftige Zurückhaltung entgegen. Zwar gelingt es ihnen, den drohenden Aufruhr abzuwenden, doch bekommt Attinghausen, als er sich aufmacht, um mit Gessler zu verhandeln, ein Ultimatum mit auf den Weg: »Sagt ihm, wir wollen es […] und wenn es nicht mit Güte geschehe, so brauchen wir Gewalt«. Die Auffassung, der Repräsentant des Volkes habe auch dessen Forderungen zu vertreten, grenzte im alten Zürich an Provokation, ebenso Gesslers Einlenken unter dem Druck der Masse. Am Ende des Stücks, nach der Ermordung Gesslers, stehen Rütlischwur und Burgenbruch unmittelbar bevor. »Geht, und werdet die Stifter eines glücklichen Volks!« ruft Attinghausen in seiner letzten Replik den Umstehenden zu: Die Bewährungsprobe hat Volk und einheimische Obrigkeit zusammengeschweißt, Eintracht im Innern erlaubt die Vertreibung der fremden Tyrannen.

## Lyrisches Intermezzo

*»Freut euch des Lebens«* Am 17. Januar 1793, vier Tage vor der Hinrichtung Ludwigs XVI., erklang in einem geselligen Kreis von Künstlern und Kunstfreunden zum ersten Mal

Johann Martin Usteris *Gesellschaftslied*: »Freut euch des Lebens, weil noch das Lämpchen glüht, pflücket die Rose, eh sie verblüht«. Nicht zuletzt dank der Melodie des Musiklehrers Isaac Hirzel (und nicht, wie meist angenommen, des berühmteren Hans Georg Nägeli, der nur das Arrangement und den Druck besorgte), wurde es sogleich zum vielfach variierten und parodierten Gassenhauer und schließlich zum Evergreen. Es war auch der elegische Abgesang auf das Ancien Régime. Längst war die bürgerliche Idylle brüchig geworden, das bescheidene Glück im häuslichen und im Freundeskreis von Missbehagen im öffentlichen überschattet.

## Lyriker und Generalstabschef: Johann Gaudenz von Salis-Seewis

So bedeutend der schweizerische Beitrag zur Literatur des 18. Jh.s insgesamt ist, beschränkt er sich doch weitgehend auf Prosa, Drama und Lehrgedichte sowie volksaufklärerische, patriotische, literaturtheoretische und wissenschaftliche Schriften.

Johann Gaudenz von Salis-Seewis als Offizier der Schweizergarde

Das Lyrische im engeren Sinn, die empfindsame, vorromantische Seelenlyrik, wie sie sich seit der Mitte des Jh.s herausbildete, lag schweizerischen Autoren weniger. Bis in die 60er Jahre zehrten sie von Hallers Erbe, ohne indessen über seine Sprachkraft, seinen klaren Geist und sein Gespür für die Gradation der Sprechweisen zu verfügen. Einen eigenen Ton fand keiner von ihnen. Erst mit Füßli gewann Lyrik aus der Schweiz wieder Konturen. Seine Ausstrahlung war jedoch gering; von seinen insgesamt 40 Gedichten erschienen nur ganz wenige verstreut in Zeitungen und Zeitschriften.

*Einen* Lyriker von Rang hat die Schweiz immerhin hervorgebracht: Johann Gaudenz von Salis-Seewis. Als Sohn des reichsten Bündners seiner Zeit trat er, der Familientradition folgend, mit 17 Jahren als Fähnrich in die königlich französische Schweizergarde ein und war 24-jährig bereits Hauptmann. Mit 18 Jahren veröffentlichte er aber auch sein erstes Gedicht im *Schweizerschen Museum*. Bald erschienen seine Dichtungen in den angesehensten deutschen Almanachen und Zeitschriften. Deprimiert ob der Gewalttaten der Revolutionäre, zu deren ideellen Zielen er sich öffentlich bekannte, obwohl er als Gardeoffizier auf der anderen Seite stand, unternahm er im Winter 1789/90 eine längere Deutschlandreise und saß als schon wohlbekannter Lyriker in Weimar bei Goethe mit Herder und Wieland zu Tisch. 1793 quittierte er den französischen Dienst, kehrte in die Heimat zurück, heiratete und gab auf Veranlassung des Freundes Friedrich Matthisson seine *Gedichte* gesammelt heraus. Immer wieder überarbeitet – neue kamen kaum noch hinzu –, erlebten sie bis zu seinem Tod nicht weniger als elf Auflagen.

*Zwischen Geist und Tat*

Natürliche Schlichtheit und Innigkeit kennzeichnet Salis' Gedichte, eine leise Melancholie, die aber nie in Sentimentalität abgleitet und die abgegriffenen Floskeln und Bilder Matthissons, mit dem er zu Unrecht immer wieder verglichen wird, vermeidet.

Einige von Salis' Liedern (»Traute Heimat meiner Lieben...«, »Bunt sind schon die Wälder...«) leben bis heute als Volksgut weiter. Zu verdanken ist dies nicht zuletzt den Komponisten. Allein Franz Schubert vertonte 14 Salis-Gedichte, einige sogar mehrmals; aber auch Johann Friedrich Reichardt, Hans Georg Nägeli, Vincenzo Righini und viele andere fühlten sich von den leisen, unangestrengt warmen Tönen angezogen. Insgesamt sind über 400 Vertonungen von 180 Komponisten bekannt.

Dabei war Salis alles andere als ein weltabgewandter Ästhet. Als Generalstabschef diente er im Sommer 1799 der Helvetischen Republik, als Politiker in vielen Funktionen seiner bündnerischen Heimat; mehrmals bekleidete er das Amt des Bundeslandammanns und war Präsident des Kleinen Rates. Sein Wirken für die Gemeinschaft, meinte er am Ende seines Lebens, sei von weit größerer Bedeutung als seine Dichtung.

## Am Vorabend der Helvetischen Revolution

Die Unfähigkeit der kantonalen Behörden und der Tagsatzung, längst notwendige Reformen in die Hand zu nehmen, Unzufriedenheit über politische und ökonomische Zurücksetzung in den Untertanengebieten und den Gemeinen Herrschaften, aber auch in der Führungsschicht der ländlichen Gebiete und selbst bei der von den Regierungsgeschäften ausgeschlossenen Mehrheit der Stadtbürger sorgte für ständige Spannungen. Wiederholt kam es im 18. Jh. zu Aufständen, die jeweils rasch niedergeschlagen wurden. Vor dem Hintergrund der Ereignisse in Frankreich veränderte sich in den 90er Jahren die Situation.

*Staatskrise*

Trotz aller Abwehrmaßnahmen verbreitete sich das revolutionäre Gedankengut weiter als den Gnädigen Herren lieb war, und nicht nur in den für geistige Auseinandersetzungen offenen Städten. In den Jahren vor der Französischen Revolution begann sich in Nebenzentren wie den bernischen Munizipalstädten oder den zürcherischen Seegemeinden allmählich eine lesefreudige und politisch interessierte Schicht von »Chirurgen« (in der Stadt ausgebildete Landärzte), »Fabrikanten« (Vermittler zwischen den hauptstädtischen Handelshäusern und den ländlichen Spinnern und Webern), Justizbeamten und Schulmeistern, gelegentlich auch Geistlichen, herauszubilden.

*Revolutionäres Gedankengut*

1790 gründeten sie in Stäfa und Wädenswil Bibliotheken mit philosophischen und literarischen Werken, diskutierten über Rousseau und Voltaire und interessierten sich, nicht zuletzt wegen ihrer politischen Einflusslosigkeit, für die Vorgänge in Frankreich. Sehr rasch fanden revolutionäre Zeitungen und Flugschriften ihren Weg in diese Zirkel. Von ihnen gingen die Impulse zur Gleichberechtigung von Stadt und Land aus, hier holten sich die Anführer im Stäfner Handel ihr geistiges Rüstzeug. (Nach der Niederschlagung der Revolte verbot die Zürcher Regierung denn auch die Lesegesellschaften.)

Als 1794 die Anwohner des rechten Zürichseeufers ihnen jahrhundertelang vorenthaltene Freiheitsrechte einforderten und sich im folgenden Jahr gegen die Vorherrschaft der Stadt auflehnten, wagten die Behörden nicht mehr so rigoros durchzugreifen wie bei früheren Gelegenheiten. Mit dazu beigetragen haben mochte der Umstand, dass Lavater in einem langen Gedicht und Pestalozzi in Traktaten Verständnis für die Landbevölkerung bekundeten und zur Mäßigung rieten. Erstmals – und fortan bis zur Gründung des Bundesstaates regelmäßig in politischen Krisenzeiten: zu Beginn und am Ende der Helvetik, 1814/15, um 1830 und nochmals 1844–48 – wurde Literatur im »Stäfner Handel« zum Medium direkter politischer Auseinandersetzung. Außer den beiden Prominenten meldete sich eine Vielzahl meist anonymer Autoren mit tagesaktuellen Pamphleten, Gedichten und dramatischen Szenen zu Wort. Pestalozzis Fabelsammlung gehört gleichfalls in diesen Kontext.

Briefkopf der Helveti-
schen Behörden

# 1798: Der Umsturz

Im März 1798 fiel die Alte Eidgenossenschaft in wenigen Wochen wie ein
Kartenhaus in sich zusammen. Dem Einmarsch der französischen Truppen –
manchenorts wurden sie als Befreier bejubelt und mit Freiheitsbäumen begrüßt – hatte sie nichts mehr entgegenzusetzen, weder militärisch noch geistig. Einzig die Innerschweiz, das kleine Nidwalden sogar noch im September
1798, leistete ebenso verzweifelten wie aussichtslosen Widerstand. Am 12.
April 1798 proklamierten die neuen Behörden in Aarau die zentralistische
»Eine und unteilbare Helvetische Republik«. Erneut schwappte eine Sturz-
welle von Flugschriften über das Land. Keine literarische Form, die nicht
nutzbar gemacht worden wäre: Spottgedichte auf die alten und die neuen
Herren, dramatische Szenen, Totengespräche, Gleichnisse... Neben plumper
Propaganda in schrillen, oft gehässigen Tönen finden sich in manchen dieser
kurzatmigen, hastig auf schlechtes Papier gedruckten Ergüsse aber auch originelle Adaptationen der französischen Revolutionslieder, einfallsreiche Allegorien und Fabeln und funktionalisierte Geschichtsmythen. Eine Hauptrolle
spielte Wilhelm Tell. Auf ihn beriefen sich sowohl die um Popularität bemüh-      *Tell als Revolutionär ...*
ten Repräsentanten der Helvetik wie die Gegner des Neuen. Auf dem Brief-
kopf der helvetischen Behörden prangt er in rührender Pose mit seinem Sohn
Walter, der ihm den eben durchschossenen Apfel entgegenstreckt, in Gedichten tritt er gegen die Anmaßungen der (alten) Machthaber an, die revolutionäre Rhetorik apostrophierte die Schweizer als Söhne und Enkel Tells. Die
Revolutionsgegner ihrerseits erinnerten daran, dass Tell gegen eine Fremd-       *... und Revolutions-*
herrschaft gekämpft hatte und ließen ihn gegen die neuen Vögte wettern.        *gegner*

## Helvetische Publizistik

Literarische Werke von bleibendem Wert brachte die Helvetik nicht hervor.
Wohl aber entstand im Gefolge der Neuordnung eine bisher ungekannte Art
von Publizistik. Sie knüpfte zwar in gewissem Sinne an die volksaufklärerischen Bestrebungen des 18. Jh.s an, modifizierte sie aber durch entschiedene
Politisierung. Nicht mehr der im moralischen Sinn richtig handelnde und
wirtschaftende Mensch und Staatsbürger war angesprochen, sondern der
Parteigänger. Bewusst verwischte sie die Grenze zwischen politischem Journalismus und Literatur. Im Bestreben, den ›einfachen Mann‹ anzusprechen
und die neue Ordnung in leicht fasslicher Form zu propagieren, griff man
mit Vorliebe auf vertraute Embleme, Symbole und Geschichtsmythen zurück.

*Revolutionäre*
*Forderungen*

Enthusiastisch traten die Redaktoren für die Ideale der Helvetischen Revolution ein, für Menschenrechte, Gleichberechtigung (auch der Sprachen – erstmals war die offizielle Schweiz mehrsprachig) und Anspruch auf individuelle, von ständischen und ökonomischen Beschränkungen freie Entfaltung eines jeden, Abschaffung von Feudallasten und Zunftzwang und Niederlassungsfreiheit.

Unter diesen Periodica ragen zwei heraus: das kurzlebige, von Pestalozzi herausgegebene *Helvetische Volksblatt* und *Der aufrichtige und wohlerfahrene Schweizerbote* unter Heinrich Zschokkes Federführung.

Schon früh hatte der gebürtige Magdeburger Zschokke als Autor von Skandal- und Trivialliteratur von sich reden gemacht. Auf der Rückreise aus dem nachrevolutionären Paris gelangte er 1795 mehr zufällig in den Kanton Graubünden, übernahm die Leitung des Seminars Reichenau und erhielt das Bürgerrecht. Nach dem Sieg der gegenrevolutionären Kräfte musste er fliehen. In Aarau stellte er sich den helvetischen Behörden zur Verfügung und bekam von Philipp Albert Stapfer die Leitung des »Bureau d'esprit public« (d.h. des Propagandaministeriums) zugewiesen.

*Popularität*

Mit dem *Schweizerboten* erreichte er, was Pestalozzi nicht gelungen war: den ›Volkston‹ zu finden, breite Bevölkerungskreise anzusprechen und sie mit revolutionärem – gelegentlich schon frühliberal anmutendem – Gedankengut vertraut zu machen, indem er nicht dozierte, sondern erzählte, berichtete und in der Rolle des Vertrauten praktische Ratschläge, etwa auf landwirtschaftlichem und medizinischem Gebiet oder über den Nutzen des Blitzableiters, erteilte.

# 1798–1830: Entdeckung der Volkskultur und Beginn des Tourismus

## Volkslieder und Mundartdichtung

In die Umbruchzeit um 1800 fällt auch – abgesehen von einigen wenigen Vorläufern, darunter immerhin Meyer von Schauensees Oper *Talhochzeit von Engelberg* – der Beginn einer volkstümlichen Dichtung in Mundart. Lavaters *Schweizerlieder* waren ganz selbstverständlich in Schriftsprache gehalten – noch galten die Dialekte nicht als literaturfähig. Im Revolutionsjahr 1798 jedoch meldeten sich gleich mehrere Autoren, zunächst mit tagesaktuell-politischen Gedichten und Liedern, im Dialekt zu Wort. Zwei von ihnen, der Luzerner Geistliche Jost Bernhard Häfliger, ein entschiedener Anhänger der Helvetik, und sein reformierter bernischer Amtsbruder Gottlieb Jakob Kuhn, ein nicht weniger entschiedener Gegner der Neuordnung, können als Begründer des neueren schweizerischen Mundartliedes gelten.

*Politische Mundart-*
*dichtung*

Mit dem Ende der Helvetik lösten sich die Mundartlieder von der direkt politischen Instrumentalisierung.

Eine Art Initialzündung gab das erste Hirtenfest vor der Burgruine Unspunnen bei Interlaken im Juli 1805. Auf Veranlassung der Berner Regierung, die sich damit auch mit den einmal mehr rebellischen Oberländern versöhnen und zugleich den beginnenden Tourismus ankurbeln wollte, wurden nicht nur die alten Hirtenspiele wiederbelebt bzw. neu erfunden; als Festgabe erschien auch eine erste, später wesentlich erweiterte Sammlung von *Schweizer-Kühreihen, mit Musik und Text.* 1806 veröffentlichte Kuhn eine umfang-

Appenzeller Ruguser –
Titelmedaillon zu
*Schweizer-Kühreihen und
Volkslieder*, 4. Aufl. Bern
1826 (Stich von J.J. Lips)

reiche, teilweise auf Fragmenten alter Lieder beruhende Sammlung *Volkslieder und Gedichte*. Viele von ihnen wurden sogleich populär, das eine oder
andere (»Ha a-m-ene Ort es Blüemeli gseh«) blieb es bis heute. Vorangegangen war ihm 1803 Johann Peter Hebel mit den *Alemannischen Gedichten*,
die Kuhn aber vermutlich so wenig kannte wie Herders *Stimmen der Völker
in Liedern* (1778/79). Mit Kuhn beginnt die Hochschätzung des Dialekts,
der ebenso angenehm sei wie die Schriftsprache und gepflegt werden müsse,
um nicht zu verkommen. Die im Vorwort verkündete Absicht, »manches
abgeschmackte, elende oder gar sittenlose Lied zu verdrängen«, hinderte
Kuhn nicht daran, einige gar nicht so prüde Kiltlieder aufzunehmen.

Die zeitliche Koinzidenz zu deutschen Bemühungen um das Volkslied ist
frappant. 1806–08 gaben Achim von Arnim und Clemens Brentano *Des
Knaben Wunderhorn* heraus. Dessen Konzeption beruht jedoch auf einer
völlig anderen Auffassung vom Wesen des Volksliedes. Suchten die deutschen
Romantiker den Eindruck zu erwecken, bei ihren Liedern handle es sich um
kostbare Überreste uralten Volksgutes, riet Wilhelm Grimm gar dazu, »die
Recherchen über die Verfasser der Lieder [...] aufzugeben; das Volkslied
dichtet sich von selbst«, so verzichteten die Schweizer Autoren gern auf den
Mythos der schöpferischen Volksseele. Weder für Kuhn noch für seinen
Freund Johann Rudolf Wyß d.J. war das Überlieferte notwendig auch das
Echte, Ursprüngliche; vielmehr, meinten sie, gelte es, sich von den zersunge-
nen Resten alter Lieder zu neuen Schöpfungen inspirieren zu lassen. Anders
als die Herausgeber des *Wunderhorns* bekannten sie sich zu Eingriffen und
Bearbeitungen und zeichneten die neu gedichteten Lieder mit ihrem Namen.
Zwar meint auch Kuhn, eigentliche Volkslieder seien »vom Volk für das
Volk« gemacht, räumt aber ein, zu allen Zeiten seien sie nur den poetisch
Begabten geglückt. Noch klarer äußerte sich Wyß: Die Verfasser von Volksliedern seien eins mit ihrem Volk, »und was [sie] ansprechend ihm singen,
das wird von selbst ein allgemeines Volkslied, ohne daß man just einen Ge-

*Schöpferische Volks-
seele?*

gensatz zwischen Liedern zu beachten hätte, die von oben hinab, und die von unten herauf zum erstenmal angestimmt worden«. Zum Volkslied werde ein Lied dann, wenn der Name des Verfassers vergessen sei und das Volk mit dem Lied nach seinen Bedürfnissen umgehe. Folgerichtig mischt Wyß, der wahrscheinlich Herders Sammlung und das *Wunderhorn* kannte, als Herausgeber der späteren Auflagen der *Kühreihen und Volkslieder* Volkslieder mit Kunstliedern und eigenen Bearbeitungen mündlich und schriftlich überlieferter Stücke. Immer aber bemüht er sich um möglichst quellentreue Wiedergabe und bewahrt die häufige Mischung von Dialekt und Schriftsprache. Seine eigenen Lieder verfasste er in Mundart (»Was heimelig syg«, 1815) und Hochsprache. Das populärste wurde 1811 auf die Melodie des »God save the king« für eine bernische Artillerieübung verfasst und später im Bundesstaat zur Nationalhymne: »Rufst du, mein Vaterland?«

*Neue Volkslieder*      Andere nahmen Kuhns und Wyß' Anregungen auf, und bis zum Ende der Restaurationszeit waren fast alle ›klassischen‹ schweizerischen Volkslieder beisammen. »Im Aargäu sind zwei Liebi« entstand vermutlich zur Zeit des Russlandfeldzugs, Josef Anton Hennes »Luaged vo Bärgen u Thal« 1822 als *Abendlied der Wehrliknaben in Hofwil*; im selben Jahr verfasste Johann Georg Krauer im ›fernen‹ Freiburg im Breisgau das Rütlilied »Von ferne sei herzlich gegrüsset«, Aloys Glutz 1828 »Morge früh, eh' d'Sunne lacht«.

## Ethnographie, Dialektologie und Tourismus

An Haller und Bonstetten anknüpfend, erkundeten der Entlebucher Pfarrherr Franz Josef Stalder (*Fragmente über Entlebuch*, 1797) und Johann Gottfried Ebel (*Schilderung der Gebirgsvölker der Schweiz*, 1798/1802) systematisch die Lebensbedingungen einer Region und die Sitten ihrer Bewohner. Stalder sammelte überdies Material zum ersten überregionalen Mundartwörterbuch (*Versuch eines schweizerischen Idiotikons*, 1806/12), der Berner Maler Franz Niklaus König arbeitete an einer umfassenden Sammlung von Trachtenbildern, die zuerst als Einzeldrucke und in Almanachen, später in prachtvollen Buchausgaben erschienen.

*Die Schweiz der Touristen*      Das folkloristische Interesse um 1800 ging eine seltsame Allianz mit den Wünschen der immer zahlreicheren Touristen ein. Nachdem Hallers Alpendichtung den Bann gelöst und die Schreckenslandschaft zur Hirtenidylle umgedeutet hatte, wurde die Schweiz zum Sehnsuchtsland der Naturenthusiasten und Zivilisationsflüchtlinge und schließlich zur Modedestination. Die Fremden bewunderten die Naturschönheiten, die Einfachheit der Bewohner und entweder die demokratischen Institutionen der Landsgemeindekantone oder die weise Herrschaft der Berner Patrizier. Fleißig notierten sie ihre Beobachtungen und publizierten sie umgehend. Das Naturerlebnis wird regelrecht inszeniert: Man geht zum Staubbachfall bei Lauterbrunnen, um im Mondlicht das zu sehen und zu empfinden, worüber man bei anderen gelesen hat. Dennoch sind diese Reiseberichte nicht nur von mentalitäts-, sondern auch von kulturgeschichtlichem Interesse. Oft bilden sie die einzigen Quellen für Volksbräuche und Alltagsleben: Was den Ausländern auffiel, hielt man hierzulande nicht für aufschreibenswert.

1793 erschien die erste Auflage der *Anleitung, auf die nützlichste und genussvollste Art die Schweiz zu bereisen* des Preußen und Wahlschweizers Ebel, dem die Helvetische Republik 1801 das Bürgerrecht verlieh. Diese *Anleitung* war weit mehr als ein Vorläufer des Baedeker, obwohl es darin an praktischen Hinweisen jeder Art nicht fehlt. Die Überschrift eines der einleitenden Kapitel nennt, worauf es Ebel im wesentlichen ankam; sie ist zugleich die Summe der vorangegangenen Reisebeschreibungen: »Das Reisen und der Aufenthalt in der Schweiz befördert die moralische Gesundheit«. Dass dieses paradiesische Hirtenland mit seinen reichen, dank Handel und Gewerbe blühenden Städten von inneren Krisen erschüttert war, mochten die Besucher nicht wahrnehmen.

Die Reisenden wollten nicht nur die Landschaft bestaunen und die Alpen erstürmen; sie interessierten sich auch für einheimisches Brauchtum. Die verschiedenen Auflagen der *Kühreihen und Volkslieder* waren beliebte Souvenirs, Königs Älplerszenen gelangten als kolorierte Kupferstiche in die halbe Welt, schon vor 1800 weckten gestochene meterlange 360°-Panoramen und seit 1815 Transparente (auf halb durchsichtige Leinwände gemalte und von hinten mit Kerzen beleuchtete Landschaftsszenerien wie etwa der Mondschein auf dem Brienzersee) Sehnsucht nach Alpenromantik. 1818 trafen die ersten englischen Pauschalreisenden im Berner Oberland ein, schon 1816 hatte das erste Hotel auf dem Rigi seine Pforten geöffnet. Echte und arrangierte Folklore, patriotisches, wissenschaftliches und kommerzielles Interesse waren fortan aufs engste verbunden.

*Kommerzialisierung des Reisens*

Franz Niklaus Königs *Reise in die Alpen* (1814) und vor allem Johann Rudolf Wyß d. J. zweibändige *Reise in das Berner Oberland* (1816/17) sind nicht nur historische, ökonomische und ethnologische Studien ersten Ranges, wahre Kompendien der alpinen Lebensweise und Mythologie zu Beginn des 19. Jh.s, sondern auch für fremde Besucher gedachte Orientierungshilfen; Wyß fügte seinem Werk gar ein Verzeichnis der lokalen Bergführer bei. In Brienz legte der Lehrer Johann Kehrli (1774–1854) 1818 einen später auf Kosten der Berner Regierung verlängerten Fußpfad zum Giessbachfall an und sang mit seiner vielköpfigen Familie für die Fremden, die Elisabeth Grossmann und ihre Freundinnen – ebenfalls singend – auf dem See heranruderten. Eine unglücklich verlaufene Liebesgeschichte der schönen Schifferin mit einem Berner Patrizier diente 1827 Adolphe Adam und Eugène Scribe gar als Stoff für eine Pariser Oper *Le mal du pays ou La Bâtelière de Brientz*, ihr Porträt wurde als Andenken verkauft.

Schon länger waren Schweizer Stoffe – oder was man dafür hielt – beliebte Sujets für Komponisten und Librettisten gewesen, von Goethes mehrfach vertontem und bearbeitetem Singspiel *Jery und Bäteli* (1780/1791), einer »kleine[n] Operette, worin die Akteurs Schweizerkleider anhaben und von Käs und Milch sprechen«, über Joseph Weigls Oper *Die Schweizerfamilie* (1809, die erfolgreichste Oper zwischen *Zauberflöte* und *Freischütz*) bis zu Gioacchino Rossinis *Guillaume Tell* (1829). Alphörner und Kühreihenmelodien tauchen in Joseph Haydns *Die Jahreszeiten* (1801), in Beethovens Pastoralsymphonie (1806) und bei vielen anderen auf.

*Export der Schweizer Folklore*

Ob die Konjunktur des Sujets und die einseitige Fokussierung auf die idyllische Schweiz mehr dem Einfluss Rousseaus oder der Repression in der Napoleonzeit und in der Restauration zu verdanken sind, ist schwer zu entscheiden. Jedenfalls wirkten diese Fremdbilder wiederum in die Schweiz zurück und bestimmten weitgehend den patriotischen Diskurs des 19. und selbst des beginnenden 20. Jh.s.

# Literatur in der Zeit der Mediation (1803–14/15) und Restauration (1815–30)

Nach den Stürmen der Revolutionszeit – zwischen 1800 und 1802 erschütterten nicht weniger als vier Staatsstreiche die Schweiz, Russen und Franzosen lieferten sich auf Schweizerboden blutige Gefechte – verschaffte die von Napoleon diktierte Mediationsverfassung 1803 dem Land eine Zeit der Ruhe und der staatlichen und gesellschaftlichen Konsolidierung, obwohl Revolten gegen die Wiederherstellung alter Abhängigkeiten und Privilegien nicht ausblieben. Die Mehrsprachigkeit des Landes war fortan in der Verfassung verankert.

Auch die Literatur wandte sich nun dem Beschaulichen und Gemüthaften zu und blieb im Wesentlichen bis gegen Ende der Restaurationszeit dabei. Familie und Freundeskreis treten an die Stelle der von den Aufklärern erträumten Solidargemeinschaft und ihrer Menschheitsvisionen und der Parteikämpfe der Helvetik.

## Das Glück im Winkel

Kulturgeschichtliche Erzählungen, Biographien und Idyllen erfreuten sich in der mit dem Verlegenheitsbegriff »schweizerisches Biedermeier« nur unzureichend charakterisierten Epoche bei Autoren und Leserschaft großer Beliebtheit. Johann Martin Usteris (Dichter von »Freut euch des Lebens«)

*Mundartidyllen*  Idyllen in zürichdeutschen Hexametern, *De Vikari* und *De Herr Heiri* (1807–1810) erzählen von Liebe und Heirat, von Verwirrungen und deren glücklicher Auflösung. In ihnen bloß gefällige Miniaturen zu sehen, wird Usteri nicht gerecht. Sie geben auch dem Wunsch nach einem ungestörten Dasein im kleinen Kreis Ausdruck, wo jeder seines Glückes Schmied sein darf und sind, wenngleich ins Beschauliche gewendet, ein letzter Nachhall von Salomon Gessners Idyllen. Zeitlebens konnte Usteri sich nicht entschließen, die Tracht des 18. Jh.s abzulegen. »Er trug noch immer Puder in seinen frisierten blonden Haaren, und einen kleinen Zopf; einen großen dreikantigen Hut; silberne Schnallen in den Schuhen«, als ob mit der Kleidertracht auch das Lebensgefühl des Rokoko zu bewahren wäre. Ja, er suchte in einigen seiner Werke sogar die Sprache des 15. und 16. Jh.s nachzuahmen.

Die Liebe zum Alten teilte Usteri mit seinem Freund und Biographen David Heß. In der Revolutionszeit hatte der auch als Maler talentierte Heß bösartige Karikaturen gegen die Franzosen und ihre schweizerischen Adepten verfertigt. Seine dichterischen Anfänge erinnern an die Nachempfindsamkeit; erst in der Restauration fand er sein eigenes Feld. *Die Badenfahrt* (1818) berichtet, ausgehend von einer Reise zur Kur in der Gegenwart, von einer versunkenen Welt; mit dem 1820 entstandenen Lebensbild Salomon Landolts, des Landvogts von Greifensee (es fand partienweise wörtlich Eingang in Kellers Novelle) porträtierte er einen markanten Vertreter des Ancien Régime, mit der Doppelbiographie *Johann Caspar Schweizer und dessen Gattin Magdalena Heß* (postum 1884) war er bestrebt, einem umstrittenen Charakter aus der Revolutionszeit Gerechtigkeit widerfahren zu lassen. Liebevoll und ausdauernd befasste er sich für seine wohl beste Erzählung *Elly und Oswald oder die Auswanderung von Stürvis* (1819) mit Volkssagen, forschte in Archiven und besuchte die Örtlichkeiten.

Der bedeutendste von ihnen ist der Winterthurer Ulrich Hegner. Seine Sa-

tire *Die Molkenkur* (1812) – fingierte Briefe eines pensionierten norddeutschen Obersten aus dem Kanton Appenzell an Freunde zu Hause – nimmt
mit sicherem Stilgefühl allerlei Modetorheiten aufs Korn: die in Konvention
erstarrte Naturschwärmerei und Alpenbegeisterung, den grassierenden Phil-
helvetismus, die albernen Vergnügungen der Kurgäste. Mit dem verfremden-
den Blick des Gastes und liebevoller Ironie nimmt der Oberst solche Skurri-
litäten wahr, doch erkennt er auch die unverdorbene Natürlichkeit des Volkes
und die Bedeutung von Freundschaft, Vertrauen und Hilfsbereitschaft. Insofern sind *Die Molkenkur* und die Fortsetzung *Suschens Hochzeit* (1819)
weder romantisch noch antiromantisch, sondern ein leicht elegischer Nachklang des geselligen 18. Jh.s. »Was hindert uns aber, meine Freunde alle, das
Ganze unseres hiesigen Aufenthalts als ein solches Fest anzusehen, das uns in
Liebe und Freundschaft vereinigte, als den kurzen Abschnitt eines unverstell-
ten Menschenlebens in tadelloser Freiheit und geselligem Verständnis?« Die
Unaufdringlichkeit und Stilsicherheit von Hegners Prosa, die Gelassenheit
seines Erzählens beugen Gefühligkeit und sentimentalem Schwulst vor, ohne
den Zauber des bescheidenen Glücks im Kleinen zu zerstören. Selbst der
Verschwörer- und Agentenroman *Saly's Revolutionstage* (1814), ein Rückblick auf die Zeit unmittelbar vor 1798, mildert den scharfen Ton von Hegners Tagebuchaufzeichnungen aus der Revolutionszeit ins Anekdotische und
rechnet humorvoll mit den bramarbasierenden Weltverbesserern ab.

*Nachklänge des 18. Jahrhunderts*

Alle drei, Hegner, Heß und Usteri, verfassten gelegentlich Beiträge für den
von Gottlieb Jakob Kuhn und Johann Rudolf Wyß d. J. 1811–30 herausgegebenen Almanach *Alpenrosen*, der ebenfalls ein typisches Produkt der Media-
tions- und Restaurationszeit war: bewusst apolitisch und betont schweizerisch, dem zeitlos Schönen verpflichtet und doch der Gegenwart zugewandt.
Zwar ist vieles in den liebevoll gestalteten Duodezbändchen nichts anderes
als epigonale Romantik. Hier finden sich aber auch die frühesten Dorfgeschichten der deutschen Literatur, ferner auf mündlicher Überlieferung und
Archivgut beruhende Sagenerzählungen, Blicke in die Kulturgeschichte und
Erkundungen des eigenen Landes, die, im Gegensatz zu den Berichten und
Handbüchern ausländischer Reisender, nicht so sehr das Pittoreske als das
Alltägliche in den Vordergrund rücken, um zur besseren Kenntnis von Land
und Leuten beizutragen und die Schweiz als vielgestaltiges Ganzes wahrzunehmen. Noch hatte ja kaum ein städtischer Handwerker oder Lehrer Gele-
genheit, die alpine Welt kennen zu lernen.

*»Alpenrosen«*

Erstmals wird im Vorwort zum ersten Bändchen, als Reaktion auf die beängstigend deutschtümelnden Töne der Napoleonzeit in Deutschland und
die überhebliche Inanspruchnahme aller deutsch Sprechenden als Deutsche,
eine eigenständige Schweizer Literatur in deutscher Sprache postuliert.

*Eigenständigkeit der Schweiz*

> Deutschland hat bis auf diesen Tag das Vorrecht gehabt, auch unsre Schweiz mit
> Almanachen zu versorgen. [...] Da fliegen über den Rhein die niedlichen Büch-
> lein her, ein buntes singendes Geflügel, ein luftiges Völklein, unaussprechlich
> angenehm, und von tausendfältigem Nutzen für – Deutsche. Und wir nun, in
> unsern lieben Bergen, wir sollten hinsitzen und sollen das Herz erquicken, den
> Geist erheben, den Scharfsinn üben, an all den vielgestalten Dingerchen, die
> nicht für uns gesagt und nicht für uns gesungen, voll fremder Sitte, in andrer
> Denkweise, von ausländischen Menschen hingesetzt, kaum Hunderten von uns
> verständlich, und einem Dutzend kaum gemütlich sind?

Obwohl die *Alpenrosen* nur zufällig, durch den Tod des Hauptherausgebers
Wyß, 1830 vorerst zu erscheinen aufhörten, war mit dem Ende der Restauration ihre Zeit vorüber.

Ein für das Ende der Napoleonischen Ära ebenso charakteristisches wie

*Robinsonade*

erfolgreiches Werk ist *Der Schweizerische Robinson oder der schiffbrüchige Schweizer Prediger und seine Familie*. Basierend auf einem Manuskript seines Vaters, des Berner Münsterpfarrers Johann David Wyß, gab ihn Johann Rudolf Wyß d. J. 1812/13 heraus; Erweiterungen erschienen 1826/27. Seit dem 18. Jh. waren Robinsonaden beliebt. In der Gestalt des Schiffbrüchigen, der sich unter größter Mühsal eine neue Existenz aufbaut, ließen sich die Sehnsucht nach der Rückkehr in den Naturzustand, Abenteuerlust und die Frage nach den Schäden der Zivilisation aufs glücklichste unter einen Hut bringen; den meisten Robinsonaden eignet denn auch ein utopisches Moment. In dieser Variante strandet gleich eine ganze Familie. Glücklicherweise können die wichtigsten Geräte und einige Vorräte aus dem gekenterten Schiff geborgen werden. Ungestört von schädlichen äußeren Einflüssen baut der dank der Lektüre von Reiseberichten mit allen Überlebensstrategien vertraute Hausvater einen auf Lernbereitschaft und gegenseitige Hilfe begründeten patriarchalischen Hausstand auf. Der befürchtete ›Kampf mit der Natur‹ erweist sich als unnötig, da sie dem, der sie zu beobachten weiß, ihre Schätze bereitwillig zur Verfügung stellt. So sehr sind die Pioniere von den Vorzügen ihrer neuen Lebensweise überzeugt, dass nur zwei der vier Söhne eine Gelegenheit zur Rückkehr ergreifen. Die Verbleibenden gründen ein »Neu-Schweizerland« und erhalten auch gleich Zuzug. Das Manuskript mit dem Bericht über die Koloniegründung freilich geht zu Nutz und Frommen der Europäer in die Alte Welt.

## Gesellschaftskultur zu Beginn des 19. Jahrhunderts

Modifiziert wirkten Geselligkeitsformen des 18. Jh.s – freundschaftlicher Umgang unter prinzipiell Gleichberechtigten und uneigennützige Hingabe an ein überindividuelles Ziel – zu Beginn des 19. weiter, obwohl sich eine Differenzierung in eine (populär-)wissenschaftliche, eine eher elitäre literarisch-ästhetische und eine von breiteren Bevölkerungsgruppen getragene politisch-patriotische Gemeinschaftskultur abzuzeichnen begann.

### Kosmopolitismus: Der Kreis von Coppet

*Germaine de Staël*

Nachdem Napoleon persönlich sie aus Paris vertrieben hatte, versammelte Germaine de Staël, die Tochter des Genfer Bankiers und Finanzministers Ludwigs XVI. Jacques Necker, »diese merkwürdige, so sehr verehrte Frau« (Goethe), ab 1803 auf dem Landsitz Coppet am Lac Léman zusammen mit ihrem Ehemann, dem Waadtländer Benjamin Constant, einen internationalen Kreis von »hommes de lettres« um sich. August Wilhelm Schlegel, Adelbert von Chamisso, Lord Byron, Karl Viktor von Bonstetten und andere waren ihm mehr oder weniger eng verbunden.

Bestrebt, die Eigenarten verschiedener Kulturen zu ergründen, durch Übersetzungen die eine mit der anderen bekannt zu machen und die Grenzen zwischen Literatur, Geschichte und Philosophie zu überschreiten, reflektierte man über das Wesen der Nationalität und versuchte eine neue Begründung nicht nur der Dichtung, sondern des schöpferischen Prozesses überhaupt. Dem »Geist von Coppet« ist de Staëls Werk *De l'Allemagne* (Über Deutschland, 1813) zu verdanken, mit dem sie eine Brücke zwischen deutscher und französischer Geisteswelt zu schlagen und die in Frankreich herrschende Überzeugung kultureller Suprematie zu relativieren hoffte.

## Gesellschaften und patriotische Festkultur

Zahlreiche künstlerische, philanthropische und wissenschaftliche Gesellschaften – alle mit dem Zunamen »Schweizerisch« – boten in der Mediationszeit Gleichgesinnten ein Forum. Sobald die seit 1803 illegalen politischen Vereinigungen wieder erlaubt waren, verschoben sich die Gewichte: die in der Restauration neu gegründeten Gesellschaften setzten sich in erster Linie patriotische Ziele.

Sowohl die 1819 wiederbelebte Helvetische Gesellschaft wie der im selben Jahr nach dem Vorbild der deutschen Burschenschaften – wenn auch ohne deren aggressiven Chauvinismus – gegründete Zofingerverein Schweizerischer Studierender und der Sempacherverein (1821) pflegten einen gleichermaßen traditionsbewussten wie gegenwartsbezogenen, aus einem in der »Heldenzeit« des Spätmittelalters verwurzelten Geschichtsverständnis abgeleiteten und dem Ideal eines solidarischen Bundes freier Bürger verpflichteten Patriotismus. Feiern zum Gedenken der großen Schlachten der Alten Eidgenossenschaft des 14. und 15. Jh.s und patriotische Wallfahrten (1815 ff.) gaben zugleich Anlass, sich über aktuelle staatspolitische Fragen zu besprechen.

Die bedeutendste dieser Gesellschaften war der 1824 in Aarau gegründete Eidgenössische Schützenverein. Entschiedener als die Sempacher und Zofinger drängten die Schützen auf eine Reform des Bundesvertrags von 1815. Vaterländischer Enthusiasmus verband sich bei ihnen mit kämpferischem Einsatz für eine umfassende Neuordnung. *Patriotische Schützen*

In den Liederbüchern der Zofinger und Sempacher und der Schützen finden sich neben deutschen Studentenliedern und von deutschen Vorbildern adaptierten vaterländischen Gesängen neue Schöpfungen in deutscher und französischer Sprache. Trotz der formalen Unbeholfenheit und der motivischen Stereotypie des Großteils dieser patriotischen Lyrik darf ihre Bedeutung für die Gemeinschaft nicht unterschätzt werden. Die Festrituale mit pathetischen Reden und gemeinsamem Gesang, die Aufrufe zur Überwindung des Kantönligeistes, ständischer und sozialer Vorurteile, der Appell an ein gesamteidgenössisches Bewusstsein trugen wesentlich zur Identitätsstiftung einer von langen Kämpfen und quälenden Ungewissheiten zermürbten Gesellschaft bei. »Das politische Rendez-vous des Volkslebens« nannte Gottfried Keller rückblickend die im Zweijahresturnus stattfindenden eidgenössischen Schützenfeste und meinte damit die während einiger Sommertage gelebte Demokratie des mittleren und gehobenen Bürgertums und liberal gesinnter Würdenträger. *Gemeinschaftslieder*

Die angestrebte Staatsreform scheiterte vorerst. Als sich jedoch 1830/31 zehn Kantone liberale Verfassungen gaben und damit einen bis 1848 andauernden Erneuerungsprozess in Gang setzten, gehörten Mitglieder der genannten Vereinigungen zu den treibenden Kräften.

# Zuflucht für Emigranten

Sahen sich im 18. Jh. nicht wenige schweizerische Literaten und Gelehrte
genötigt, ins Ausland zu gehen, wollten sie ihre Talente ausbilden und Wirkung erzielen, so war die Schweiz am Ende des 18. und in der ersten Hälfte
des 19. Jh.s ihrerseits Zufluchtsort für Intellektuelle und Politiker. Für manchen wurde sie zur Heimat.

*Wahlschweizer*

Ein frühes Beispiel ist der aus Bayern gebürtige Franz Xaver Bronner.
Nach einer geistlichen Erziehung, einem Noviziat bei den Jesuiten und der
Priesterweihe trat er in den Benediktinerorden ein, verfiel aber schon bald in
Glaubenszweifel, wandte sich den Illuminaten (einem mit den Freimaurern
vergleichbaren, aber radikaleren Geheimbund) zu und floh 1785, steckbrief-
lich verfolgt, aus dem Kloster. In der Schweiz war er als Redaktor u.a. der
*Zürcher Zeitung* tätig und übernahm nach der Helvetischen Revolution den
Posten eines Kanzleichefs beim Unterrichtsminister Philipp Albert Stapfer.
Mit der Mediation sagte er politischem Radikalismus ab, amtete als Mathe-
matik- und Physiklehrer an der Kantonsschule Aarau, danach sieben Jahre
als Professor für Physik im russischen Kasan und wurde nach der Rückkehr
zum Kantonsbibliothekar und Staatsarchivar gewählt.

Bronners schriftstellerisches Werk widerspiegelt diese Entwicklung. Es
beginnt 1787 mit idyllischen *Fischergedichten und Erzählungen* in der Nachfolge Gessners, der sich in Zürich seiner angenommen hatte. 1796 bilanziert
er in einer Autobiographie seine erste Lebenszeit und rechnet scharf mit der
klerikalen Welt ab. In der Zeit der helvetischen Revolution verfasst Bronner
martialische Gedichte, seit der Mediationszeit mäßigt er die Töne und plädiert für Verständigung und Versöhnung. Noch etwas später wendet er sich
pädagogischen und wissenschaftlichen Schriften zu und beschließt sein Werk
1844 mit einer zweibändigen Enzyklopädie des Kanton Aargau – einer Geste
der Dankbarkeit gegenüber seiner neuen Heimat.

Im Zusammenhang mit den Karlsbader Beschlüssen (1819) und der vom
Deutschen Bund auf Metternichs Betreiben angeordneten »Demagogenver-
folgungen« strömten zahlreiche Politiker, Burschenschafter, Autoren und
Journalisten in die Schweiz. Bevorzugtes Ziel war wegen seiner liberalen
Aufnahmepraxis und der im Aufbau begriffenen modernen Bildungsanstal-
ten der Kanton Aargau. Um 1820 wirkten hier – um nur die literarisch be-
deutenden Namen zu nennen – August Anton Ludwig Follen, Joseph Görres,
Wolfgang Menzel und Ernst Münch.

## Liberale Stimme in der Restauration: Heinrich Zschokke

Johann Heinrich
Zschokke, Stich von
Samuel Amsler nach
Johannes Notz

Am nachhaltigsten von allen Emigranten prägte Heinrich Zschokke das
schweizerische Geistesleben. In seinem literarischen und publizistischen Werk
vereinigen sich Ausläufer der Volksaufklärung des 18. Jh.s mit staatsbürgerlichem Engagement und liberaler Gesinnung. Von 1798 bis 1830 war er
maßgeblich am Aufbau des neuen Kantons Aargau beteiligt und als Politiker,
Staatsbeamter und Publizist dessen eigentlicher spiritus rector.

Im Kontext einer Schweizer Literaturgeschichte ist außer dem 1804 wie-
derbegründeten *Schweizerboten* nur ein verhältnismäßig kleiner Teil seines
umfangreichen Œuvres von Interesse.

Mit der »anmutige[n] und wahrhafte[n] Geschichte« *Das Goldmacherdorf* (1817) griff Zschokke in die beginnende Diskussion über die Ursachen
der ländlichen Massenarmut und Maßnahmen zur Abhilfe ein.

Aus französischen Kriegsdiensten in sein Heimatdorf zurückgekehrt, gründet Oswald, der Sohn des alten Schulmeisters, zu mitternächtlicher Stunde mit allerlei Hokuspokus eine Gesellschaft der Goldmacher. Er macht sich den Aberglauben der Dorfbewohner und die zeitgenössische Lust am Geheimbündlerischen zunutze, um ein aufklärerisches Ziel zu verfolgen: die ökonomische Konsolidierung und moralische Erziehung einer verkommenen Dorfgemeinschaft. Damit knüpft Zschokke einerseits an die Hausväterliteratur des 18. Jh.s, andererseits an Pestalozzis *Lienhard und Gertrud* an. Wie Arner erlässt Oswald drakonische Gesetze, wie jener rechnet er mit der alten, korrupten Dorfoligarchie ab und baut sein Werk auf einen Kreis von Verbündeten.

In der praktischen Umsetzung geht Oswald jedoch weiter als Arner. Sein Ziel ist eine straff organisierte Kommune auf genossenschaftlicher Basis mit Gemeinschaftseinrichtungen und genauester Buchführung, auch über die Moral der Familien und Einzelpersonen. Das Wohl des Kollektivs geht allen individuellen Ansprüchen vor. Den Dorfarmen droht Zwangsarbeit im Arbeitshaus; nur wer ohne eigenes Verschulden unfähig ist, seinen Lebensunterhalt zu verdienen, wird aus Mitteln der Gemeinschaft unterstützt, muss allerdings auf jegliche Autonomie und Entscheidungsfreiheit verzichten.

1833 lag bereits die fünfte Auflage vor; hinzu kamen illegale Nachdrucke. Übersetzungen ins Bulgarische, Englische, Finnische, Französische, Holländische, Italienische, Kroatische, Ungarische, Rätoromanische, Russische, Slowakische, Slowenische und Tschechische, »Seitenstücke« und Nachahmungen verhalfen dem *Goldmacherdorf* zu europäischer Resonanz.

Mit diesem Werk führte Zschokke den Typus des Heimkehrers in die Schweizer Literatur ein, der über Gotthelfs *Der Bauernspiegel* (1837) bis zu Kellers *Martin Salander* (1886), ja als Problematisierung und Negation bis zu Max Frischs *Stiller* (1954) und Dürrenmatts Claire Zachanassian in *Der Besuch der alten Dame* (1956) immer neu variiert werden sollte: Einer zieht aus, weil er es zu Hause nicht mehr aushält oder keine Existenzgrundlage findet, lernt in der Fremde andere Lebensweisen kennen und macht nach der Rückkehr das Gelernte für die Heimat fruchtbar. *Der Rückkehrer*

*Das Goldmacherdorf* ist Höhepunkt und zugleich Endpunkt der Dorfutopien alten Stils; erst Jeremias Gotthelf wird mit *Die Käserei in der Vehfreude* (1850), nun aber mit ganz anderen Prämissen und auf anderer Basis, nämlich der Selbsterziehung der Gemeinschaft, den Faden wieder aufnehmen.

*Des Schweizerlands Geschichte für das Schweizervolk* (1822) wurde in der liberalen und reformierten Schweiz sogleich zum Volks- und Schulbuch und blieb es lange Zeit. Die erste Auflage von 5000 Exemplaren war nach zwei Monaten vergriffen. Man habe sie, schrieb Zschokke einem Freund, »hundertweis gekauft, um sie im Volk auszuteilen, zu Prämien des Jugendfleißes zu machen, sie in Schulen […] einzuführen«. Obwohl Zschokke keine Quellenstudien betrieb und sich weitgehend auf Johannes von Müller stützte, ist die Schweizergeschichte als frühliberales Plädoyer mitten in der Restauration von Bedeutung. »Die alten Sagen [zu] verjüngen im Gemüth alles Volks« und sie im Hinblick auf die Gegenwart zu erzählen, war Zschokkes Absicht. Leitfaden ist die bald gewonnene, bald wieder beinahe verlorene »Freiheit«, die Zschokke als »Freiheit von innen, […] Unabhängigkeit von aussen« bestimmt. Mit den Warnungen vor einer Wiederkunft der alten Zeiten, in denen die Eidgenossen »lieber Unterthanen und Leibeigene, als freie Mitbürger« hatten, bezieht er Position gegen die schweizerische und europäische Restauration. *Schweizergeschichte*

Komplementär zum Plädoyer des Historikers Zschokke für eine gemäßigt liberale Schweiz und gegen den Immobilismus des Bundesvertrags von 1815 sind die im selben Zeitraum verfassten historischen Erzählungen und Romane. Erlaubt in der Schweizergeschichte das narrative Verfahren, politische Überzeugungen historisch zu legitimieren, so bieten die Erzählungen Gelegenheit, am scheinbar entlegenen Stoff drängende Fragen der Gegenwart zu erörtern. Die Entdeckung Walter Scotts im deutschen Sprachgebiet kam Zschokke dabei zupass. Wie dieser, den er zu seinen Lieblingsautoren zählte, verbindet er Privates und Öffentliches und greift auf Stoffe aus der eigenen Vergangenheit zurück. *Der Freihof von Aarau* (1823/24) spielt zur Zeit des Alten Zürichkriegs, *Addrich im Moos* (1825/26) im Bauernkrieg von 1653; *Die Rose von Disentis* (1844, vermutlich früher entstanden) hat den Einfall der französischen Truppen zum Hintergrund.

Im Spiegel der Historie beschwört der Autor die drohende Spaltung in eine »Eidgenossenschaft der Herren« und eine »Eidgenossenschaft des Volkes« und warnt zugleich vor unüberlegtem Aktionismus. Die Niederlage der Bauern in *Addrich* bedeutet kein definitives Scheitern, sondern ist Folge unüberlegten Handelns und falscher Ansprüche. Das Kernproblem jeder historischen Erzählung, die Verbindung von historisch Verbürgtem und literarisch Fiktivem, löst Zschokke auf zeittypische Weise, indem er nach Scotts Vorbild eine Mittelpunkts- und Identifikationsgestalt erschafft, die nicht ganz oben in der Hierarchie steht (also in den historischen Quellen nicht genannt würde, selbst wenn sie gelebt hätte), die aber durch ihren Beruf oder ihre Lebensschicksale zwanglos an die Brennpunkte der Geschichte versetzt werden kann und die er der Leserschaft zudem durch eine Familien- oder Liebesgeschichte menschlich nahe bringt.

*Lehren für die Gegenwart*

Sowohl die Warnung an die Gnädigen Herren vor dem Unmut des Volkes wie die Warnung an das Volk vor blinder Gewalt waren gegen Ende der Restaurationszeit von höchster Aktualität. Bereits machten sich die Vorboten der liberalen Erneuerung in den Kantonen bemerkbar, die sich im Gefolge der Julirevolution in den Jahren 1830 und 1831 überraschend schnell durchsetzen sollte. Hellhörig wies Zschokke auf die Gefahren unüberlegten Revoluzzertums hin, ohne dem Volk das Recht auf Selbstbestimmung vorenthalten zu wollen. Es sollte aber – hier meldet sich nochmals der Erbe der Aufklärung zu Wort – ein seiner politischen Verantwortung bewusstes, überlegt handelndes Volk sein, das sich eine neue Ordnung schafft.

Zschokkes Vermächtnis und zugleich ein faszinierendes Zeitbild ist der autobiographische Teil von *Eine Selbstschau* (1842) die zwar gelegentlich ein geschöntes Bild des Autors, aber zugleich auch Einblicke in die Vorgänge der Umbruchzeit 1798–1841 vermittelt, die aus den historischen Quellen nicht zu erschließen sind. Der zweite, reflektierende Teil der *Selbstschau* trägt den Untertitel »Meine Welt- und Gott-Anschauung« und plädiert für geistigen Eklektizismus und religiöse Toleranz, wie dies schon Zschokkes populäre Zeitschrift *Stunden der Andacht zur Beförderung wahren Christenthums und häuslicher Gottesverehrung* 1809–16 getan hatte.

# Der Regeneration entgegen

*Weitere Autoren*

Mancher Autor der Restaurationszeit könnte noch genannt werden, etwa der heute völlig vergessene »poetische Appenzeller«, der Mundartautor Johannes Merz, der die Eigenarten seiner Landsleute mit träfem Witz zeichnete und karikierte, der Naturforscher und Naturphilosoph Rudolph Meyer, des-

sen Erzählung *Der Geist des Gebirges* (1830) mit ihren Anklängen an Novalis' *Heinrich von Ofterdingen* (1802) den bedeutendsten Schweizer Beitrag
zur Romantik bildet, Autorinnen wie die dem Untergang des alten Bern noch
immer nachtrauernde Marie von Graffenried, die Verfasserin höchst moralischer Erzählungen aus vergangenen Zeiten mit weiblichen Hauptgestalten,
oder Rosalie Müller (Pseudonym für Anna Rothpletz, geb. Meiss) mit einem
sentimentalen Briefroman; beide kamen den Erwartungen eines nicht allzu
anspruchsvollen, an traditionellen Werten orientierten, insbesondere weiblichen Publikums entgegen. Ferner Susanne Ronus mit erbaulichen Jugendbüchern und Johann Conrad Appenzeller mit historischen und sozialen Erzählungen (*Die Heimatlosen*, 1821).

Als erster Lyriker nach Salis-Seewis fand Karl Rudolf Tanner auch jenseits
des patriotischen Kontextes mit hochdeutschen Gedichten bei den Zeitgenossen Anklang. Seine *Heimatlichen Bilder und Lieder* (1826 u. ö.) empfahl
Gottfried Keller noch 1846 »allen unbefangenen Freunden des Schönen« zur
Lektüre.

In der Umbruchzeit am Ende der Restauration, als die Liberalen immer
ungestümer eine Revision des Bundesvertrags verlangten, erschien 1825 die
nach Meyer von Knonau und Pestalozzi dritte bedeutende Schweizer Fabelsammlung: *Hundert neue Fabeln* des Aargauer Theologen und Lehrers Abra- *Fabeln*
ham Emanuel Fröhlich. Vieles gehört zum konventionellen Bestand der Gattung. In der zweiten, veränderten und vom Oltener Martin Disteli (in einem
separaten Beiheft) illustrierten Auflage 1829 jedoch nehmen Autor und Illus-
trator satirisch Stellung zur Zeitsituation, zu gesellschaftlichen und politischen Verhältnissen, wenden sich gegen Untertanengeist und feudale Willkür,
Pfaffentum und Opportunismus. Noch vereinte das Unbehagen an der erstarrten Schweiz der Restauration zwei Künstler, deren Wege sich wenig
später, als die Kantone Aargau und Solothurn sich liberale Verfassungen gaben, trennten. In den 40er Jahren wurde Fröhlich zu einem konservativen
Wortführer, Disteli zum radikalen Karikaturisten, dessen *Schweizerischer
Bilderkalender* sich ganz in den Dienst der Staatsumwälzung stellte.

# Schlussbemerkung

Trotz aller gegenläufigen Tendenzen bestimmen das Gedankengut und die
Argumentationsweise der Aufklärung die deutschsprachige Schweizer Literatur bis weit über die Wende zum 19. Jh. hinaus. Die klassischen Epochen-
gliederungen werden damit nicht hinfällig, müssen aber relativiert werden.
Am Sturm und Drang partizipierte die Schweiz mit Werken, die nicht primär
literarisch intendiert waren, Romantisches kam allenfalls in der volkstümlichen Dichtung zu Ehren, hingegen zeigen sich schon früh Stilmerkmale, die
auf den Realismus voraus weisen. Keiner der bedeutenden Autoren der Zeit
zwischen 1720 und 1830 sah sich ausschließlich als Dichter, andererseits
verfassten viele Werke, die, obwohl volkskundlichen, pädagogischen, historischen oder theologischen Charakters, literarischen Kriterien standhalten und
als Beispiele ›angewandter‹ Literatur gelten dürfen.

# Der liberale Bundesstaat (1830–1848–1914)

Dominik Müller

## Jeremias Gotthelf – Liberaler Aufbruch und konservative Einsprüche

### Politische Regeneration und ein Erzähldebüt

Im Jahre 1837 erscheint im kleinen Burgdorfer Verlag Langlois ein Roman beachtlichen Umfangs mit dem Titel: *Der Bauern-Spiegel oder Lebensgeschichte des Jeremias Gotthelf. Von ihm selbst beschrieben.* Nach einem Vorwort beginnt darin die eigentliche Erzählung mit einem Satz, der einen Anfang außerhalb der gewohnten Zeitrechnung statuiert:

> Ich bin geboren in der Gemeinde Unverstand, in einem Jahre, welches man nicht zählte nach Christus.

Mit diesem fulminanten Erzähleinsatz beginnen ein großartiger Roman und ein einzigartiges literarisches Œuvre, das seinerseits außerhalb der Zeitrechnung der Literaturgeschichte zu stehen scheint. Es machte indessen Epoche, ja es gibt Gründe zu behaupten, dass damit in der deutschsprachigen Schweizer Literatur eine neue Zeitrechnung anbrach. Jeremias Gotthelf – Albert Bitzius, der Verfasser des Romans, benützte den Namen seines Helden später als Schriftstellerpseudonym – steht am Anfang dessen, was als zusammenhängende Literaturgeschichte der deutschsprachigen Schweiz über Fachkreise hinaus im Bewusstsein interessierter Leserinnen und Leser heute noch gegenwärtig ist. Gewiss, Johann Heinrich Pestalozzi, Salomon Gessner, Ulrich Bräker, Albrecht von Haller oder die Manessische Liederhandschrift haben darin auch ihren Platz, werden aber einer fernerliegenden Geschichte zugerechnet. In Gotthelf sieht man den Vorläufer Gottfried Kellers, des Übervaters dieser Literatur, gegen dessen Bann sich auch noch Autoren zu wehren hatten, die in der ersten Hälfte des 20. Jh.s hervortraten und von denen einige, wie Albin Zollinger, Impulse gaben, die von Max Frisch aufgenommen wurden, der seinerseits wieder zur literarischen Vaterfigur wurde. Wie eng die Zusammenhänge da erscheinen können, illustriert das nicht ganz ernste, aber auch nicht ganz aus der Luft gegriffene Bonmot, wonach sich Gotthelf in Friedrich Dürrenmatt und Keller in Max Frisch reinkarniert habe.

Dabei ist zu berücksichtigen, dass die relative Gegenwärtigkeit Gotthelfs auch eine stilgeschichtliche Ursache haben dürfte, handelt es sich doch hier um einen der frühen Vertreter der realistischen Schreibweise, welche – nicht nur in der Schweiz – beim breiten Lesepublikum besonders beliebt ist, auch nach der eigentlichen Epoche des Realismus nie mehr verschwand und insbesondere in der Unterhaltungsliteratur das Feld beherrscht.

Verstärkt wird der Eindruck eines engen literaturhistorischen Zusammenhangs durch die im europäischen Kontext völlig einmalige historische Kontinuität, welche die politische Geschichte der Schweiz seit Gotthelfs Zeiten zusammenhält. Die Bundesverfassung, die 1848 erarbeitet wurde, ist in ihren Grundsätzen bis heute in Kraft, so dass die schweizerischen Schriftstellerin-

*Der Beginn einer neuen Epoche in der deutschsprachigen Literatur der Schweiz*

nen und Schriftsteller seit jener Zeit stets in einem vergleichbaren politisch-gesellschaftlichen Umfeld agiert haben.

Im Folgenden wird der Eindruck, mit Gotthelf beginne eine neue, kohärente Epoche in der Literaturgeschichte der Schweiz, allerdings auch zu relativieren sein. Gotthelf, der nicht nur viel schrieb, sondern auch viel las, führte verschiedene ältere Traditionslinien fort und wirkt in manchem als Relikt einer älteren Zeit innerhalb dieser neueren Schweizer Literatur, die ihrerseits viele Brüche kennt. Gewisse Autoren waren darin mehr, andere weniger eingebunden, griff doch, wer sich in der Schweiz literarisch betätigte, längst nicht nur Anregungen auf, welche von Landsleuten ausgegangen waren. Es ist indessen die Aufgabe dieser Literaturgeschichte, die schweizerischen Binnentraditionen besonders hervorzuheben, durchaus im Bewusstsein, dass eine solche Fokussierung einseitige literarhistorische Ordnungskonstruktionen hervorbringt. Die Kanonisierung gewisser Autoren – im Fall des vorliegenden Kapitels Jeremias Gotthelf, Gottfried Keller, Conrad Ferdinand Meyer und Robert Walser – führt zu einer Konstellation von literarischen Persönlichkeiten und Œuvres, die in einem durch viele andere, heute vergessene Akteure des literarischen Lebens vermittelten Verhältnis zueinander stehen. Dennoch wird der Kanonisierung hier Rechnung getragen und den mit Abstand bekanntesten Autoren auch die größte Aufmerksamkeit geschenkt. Obwohl sie aus dem Umfeld herausragen, sind sie doch darin auch wiederum so stark verwurzelt, dass sie auch als exemplarische Fälle gelten können.

Jeremias Gotthelf, Held und fiktiver Ich-Erzähler des *Bauern-Spiegels*, ist der Sohn einer kinderreichen, verarmten Familie. Er wird als Kind von der Gemeinde nacheinander bei denjenigen Bauernfamilien in Pflege gegeben, welche dafür die geringste Entschädigung verlangen (»verdingen« nannte man diese, für Missbräuche höchst anfällige Fürsorgeform). Völlig schutzlos ist er den Launen der Pflegeeltern und der übrigen Hausgenossen ausgesetzt und wird als billige Arbeitskraft rücksichtslos ausgebeutet. Die Schule darf er nur besuchen, wenn gerade keine Arbeit ansteht. Aus dem Kind wird so, übergangslos, ein Bauernknecht, den alle übers Ohr hauen und dem zu allem Unglück schließlich auch noch Änneli, seine Braut, stirbt, weil der Arzt sich weigert, eine mittellose Patientin zu behandeln. Jeremias geht in französische Kriegsdienste. Hier nimmt sich ein einfacher alter Soldat namens Bonjour des kräftigen aber mit sich selber im Hader lebenden Burschen an, bringt ihm als ein zärtlich-bärbeißiger Mentor das Lesen und Schreiben bei und unterweist ihn im christlichen Glauben. Jeremias kehrt als gereifter Mann in die Schweiz zurück und lebt nun als ein Art Volksaufklärer in einem Wirtshaus, wo er in der Gaststube die Bauern unterweist, sie zur Erprobung moderner Anbaumethoden ermutigt und sich auch an die Niederschrift seiner Lebensgeschichte macht.

Albert Bitzius, der Verfasser des *Bauern-Spiegels*, hatte sich vor Erscheinen des Romans schon wiederholt in kämpferischen Zeitungsartikeln zu Worte gemeldet und legte nun mit vierzig Jahren sein erstes umfangreiches Erzählwerk vor. Nach einem Studium in Bern und Göttingen und einer langen Vikariatszeit war Bitzius 1832 zum Pfarrer der Emmentaler Bauerngemeinde Lützelflüh ernannt worden, wo er die schon früher gewonnen Einsichten in die Bauerngesellschaft vertiefen konnte. Mit enormer Energie engagierte er sich für die Verbesserung der Volkserziehung und des Armenwesens.

Das Arrangement des Romans ermöglichte es dem Pfarrer, unter dem Schutzmantel der Fiktion sehr Verschiedenes gleichzeitig zu tun: er legt soziale Missbräuche offen und angespannte Seelenzustände, erzieht, predigt, lebt aber auch seine Gestaltungs- und Fabulierfreude aus, fern von jener traditio-

*Traditionslinien*

Jeremias Gotthelf alias
Albert Bitzius

Der Bauern-Spiegel
*(1837)*

*Praktisch-konkretes Engagement*

nellen geistlichen Literatur, wie sie andere Pfarrer der Zeit zuhauf hervorbrachten. Dabei veranlasst die Erzählerrolle den sehr gebildeten und belesenen Pfarrer, seine theoretischen Interessen immer ins Praktisch-Konkrete zu übersetzen. (Die Bekanntschaft mit dem Kleinbauern Joseph Burkhalter, der zu einem seiner wichtigsten Briefpartner zur Erörterung theologischer und literarischer Fragen wurde, führte Bitzius vor Augen, dass sich Bildung nicht auf die akademischen Kreise beschränkt.) In der Darstellung der ökonomischen Verhältnisse, der gesellschaftlichen Umgangsformen aber auch der Nachtseiten der menschlichen Seele wagt sich Bitzius weit vor und schreckt nicht davor zurück, auch die niederträchtigsten Machenschaften, die gröbsten Schimpftiraden, die boshaftesten Hintergedanken unbeschönigt ans Licht zu ziehen. Doch verfügt der Erzähler auch über eine verhaltene Zärtlichkeit, etwa wenn er im *Bauern-Spiegel* die Liebe des verwilderten Bauernknechts zu seinem Änneli beschreibt oder davon berichtet, wie der gereifte Romanheld sich um das Wirtstöchterlein kümmert und in ihm eine Art Muse für seine autobiographischen Exerzitien findet. Der Humor, der das Erzählen grundierte – Bitzius verehrte Jean Paul – hat manchmal eine sarkastische, dann wieder eine versöhnliche Note.

Die pädagogischen Anliegen treten im Laufe des Romans immer stärker hervor und drängen die dokumentarisch-anklägerischen in den Hintergrund. Unverkennbar wirkt hier das Vorbild Johann Heinrich Pestalozzis nach, der seine Konzeption von Armenerziehung selber in der Form eines Romans, *Lienhard und Gertrud* (1781–89), zu propagieren versuchte: Ohne dieses Buch ist *Der Bauern-Spiegel* kaum denkbar, auch wenn das Vorbild durch den fulminanten Erstling literarisch bereits völlig in den Schatten gestellt wird.

Ausdrucksvermögen und gestalterisches Talent machen Albert Bitzius zu einer Ausnahmeerscheinung, so dass die Vorstellung nahe liegt, dessen Bücher seien über die literarische Landschaft der deutschen Schweiz hereingebrochen wie ein Gewitter. Es ist jedoch nicht zu übersehen, dass dieses literarische Debüt auch von einer politischen Aufbruchsstimmung getragen war, welche in jenen 1830er Jahren viele erfasste. Sie markierte in der Geschichte der Schweiz einen so tiefgreifenden Einschnitt, dass nicht nur das spektakuläre Auftreten Jeremias Gotthelfs auf der literarischen Bühne dafür spricht, mit diesem Zeitraum in der vorliegenden Darstellung ein neues Kapitel beginnen zu lassen. Der Anstoß kam einmal mehr aus dem Ausland, aus Paris,

*Liberale Regeneration (1830/31)*

mit der Juli-Revolution von 1830. In etwas mehr als der Hälfte der Kantone kam es zu Umstürzen und zur Entmachtung der alten, teilweise patrizischen Führungsschichten, die nach 1815 noch einmal Morgenluft gewittert hatten und während einer 15 Jahre dauernden »Restauration« versuchten, die helvetische Revolution und die republikanischen Verfassungen der Helvetik und der Mediation zu verteufeln und ungeschehen zu machen. Mit der auf einen Heilungsprozess anspielenden Bezeichnung »Regeneration« deutet die vom Liberalismus geprägte Geschichtsschreibung die Jahre von 1830 bis 1848 als eine Periode, die fortschrittlichen Kräften wieder Auftrieb verlieh und das einmal schon Erreichte wieder zu beleben trachtete. Die neuen, liberalen Verfassungen beseitigten u. a. die Dominanz der Städte, die namentlich in Bern, Zürich oder Luzern die Landschaft als Untertanengebiet betrachteten. (In Basel führte diese Auseinandersetzung zur Aufteilung in die Halbkantone Basel-Stadt und Basel-Land).

Im Kanton Bern wurden die jetzt tonangebenden liberalen Kräfte von zwei Brüdern, dem Juristen Karl und dem Arzt Hans Schnell angeführt, die nicht aus der Kantonshauptstadt Bern stammten, sondern aus dem Landstädtchen

Alpauffahrt bei Lützel-
flüh, Radierung von Franz
Hegi nach Gabriel Lory
père (um 1790)

Burgdorf. Ihnen schloss sich Bitzius schon zu Beginn der Umsturzbewegung an und publizierte in deren Organ, dem *Berner Volksfreund*, kritische, bisweilen polemische Artikel.

Dass Albert Bitzius der erste Pfarrer war, der von der neuen liberalen Regierung in sein Amt in der Gemeinde Lützelflüh eingesetzt wurde, mochte eine Folge dieses Engagements gewesen sein und deutet darauf hin, dass das, wofür er und wofür sich die neue Regierung einsetzten, anfänglich im Einklang stand. Die Verbesserung der Lebensbedingungen auf dem Land und des Schulwesens hatten Priorität. Mit einem Amtskollegen rief Bitzius eine Armenerziehungsanstalt ins Leben und versah über Jahre das Amt eines Schulinspektors mit einem solchen pädagogischen Furor, dass er immer wieder in Konflikt mit Eltern, Gemeindebehörden und schließlich auch mit der kantonalen Erziehungsdirektion geriet. Nahm er sich im *Bauern-Spiegel* der Sache des Kindes an, so setzte er sich in seinem zweiten, noch umfangreicheren Roman, *Leiden und Freuden eines Schulmeisters* (1. Teil 1838, 2. Teil 1839), mit der äußerst prekären Situation der Lehrer auseinander.

*Bildungsoffensive*

Die Bildungsoffensive der Liberalen war für das kulturelle Leben in der Schweiz von großer Bedeutung. In Zürich (1833) und Bern (1834) wurden die Hochschulen zu vollen Universitäten ausgebaut. Für diese, aber auch für neu gegründete Mittelschulen und Lehrerausbildungsstätten benötigte man Unterrichtspersonal, das zu einem nicht unerheblichen Teil aus dem Kreis der deutschen Emigranten rekrutiert wurde, die seit den 1820er Jahren in der Schweiz Zuflucht gefunden hatten, als man in Deutschland und Österreich damit begann, »Demagogen« zu verfolgen. In Zürich provozierte die Berufung des liberalen Theologen David Friedrich Strauß dann aber so heftigen Protest, dass die liberale Regierung zurücktreten musste (»Straußenhandel«, »Züriputsch«). Nicht ganz so folgenreich, aber ebenfalls sehr umstritten war davor schon die Ernennung von zwei deutschen Emigranten, Ludwig und Wilhelm Snell, zu Professoren der juristischen Fakultät der Universität Bern gewesen. Nicht nur der empörte Albert Bitzius sah darin ein frühes Anzeichen für die Radikalisierung der liberalen Bewegung, welche bald auch Liberale der ersten Stunde wie die Gebrüder Snell um ihren Einfluss brachte. Auch Bitzius' Hinwendung zur Literatur dürfte mit dieser politischen Margi-

*Radikal gegen Liberale*

nalisierung in einem gewissen Zusammenhang gestanden haben. Während die Liberalen die Führungsrolle im Staat der Bildungselite vorbehalten wollten, gingen die Radikalen von einer egalitären Konzeption aus. Gewisse Einschränkungen des aktiven und passiven Wahlrechts wurden aufgehoben. Darauf reagierte Bitzius mit seinen aggressiven Porträts parvenühafter und eigennütziger Amtsträger, denen er die verantwortungsvollen und traditionsbewussten Patriarchen gegenüberstellte.

Eine weit entschiedenere Abkehr vom radikalisierten liberalen Lager vollzog der Schriftsteller und Pädagoge Johann Jakob Reithard (1805–1857). Als Redakteur des *Berner Volksfreundes* mit Bitzius befreundet und wie dieser ein Verehrer Pestalozzis, wechselte er insbesondere unter dem Eindruck des Zürcher »Straußenhandels« das politische Lager, wurde zu einem Wortführer der Konservativen und rechnete in seiner äußerst polemischen *Radikalen Jesuitenpredigt* (1845) mit der radikalen Schweiz ab.

### Zeittypisch und exzeptionell

Bitzius veröffentlichte auch sein zweites Buch *Leiden und Freuden eines Schulmeisters* nicht unter seinem eigenen Namen, sondern demjenigen des Romanhelden, Peter Käser. Bei der gleichzeitigen Veröffentlichung der Erzählung *Wie fünf Mädchen im Branntwein jämmerlich umkommen* (1838) griff Bitzius jedoch wieder auf den Namen seines ersten Helden, Jeremias Gotthelf, zurück und benützte diesen von nun an als Schriftstellerpseudonym. Die im *Bauern-Spiegel* entworfene Gestalt eines weltoffenen, durch eigene schmerzliche Erfahrungen für das Elend der Menschen sensibilisierten, über keine akademische Ausbildung verfügenden Volksaufklärers schien Bitzius offenbar als Personifikation seiner schriftstellerischen Intentionen weiterhin geeignet zu sein. Das Festhalten am Namen bedeutete das Festhalten an dem eingeschlagenen Weg. Das zeigt sich auch an der thematischen Ausrichtung von Gotthelfs Dichtung: Die Mehrzahl der ca. 70 Erzählungen und mit einer einzigen Ausnahme (*Jakobs des Handwerksgesellen Wanderungen durch die Schweiz*, 1846) alle 13 Romane, die Bitzius zwischen 1837 und 1854 neben seinem Pfarramt aufs Papier brachte, spielen im zeitgenössischen Berner Bauernmilieu.

*Dorfgeschichten*          Zusammen mit den *Schwarzwälder Dorfgeschichten* Berthold Auerbachs (4 Bände, 1843–54) gelten Gotthelfs Romane und Erzählungen als die ersten Beispiele einer Gattung, die sich auch gerade in der Schweiz rasch großer Beliebtheit erfreute, der Dorfgeschichte. Dabei handelt es sich allerdings nicht einfach um eine literarische Kreation, zu welcher Bitzius und Auerbach durch die ihnen vertrauten Lebensräume angeregt worden wären. Bitzius kannte das Dorf nicht nur aus der konkreten Anschauung, sondern auch aus der Literatur. Erscheint das Dorf in älteren Texten entweder als Idylle oder als Ort der Rückständigkeit und damit als Betätigungsfeld aufklärerischer Reformer, durchdringen sich diese gegensätzlichen Dimensionen in Gotthelfs Dorfdarstellungen. Wenn in den Erzähleingängen die Berner Landschaft mit den darin eingebetteten Höfen und dem Alpenkranz im Hintergrund beschrieben wird, geht es nicht um einen bestimmten geographischen, sondern einen idealen Ort, eine Art Arkadien, den Vorschein einer besseren Welt; unterschwellig wirkt dabei der alte Topos von der Schweiz als dem Land des Friedens nach, wie er etwa in Grimmelshausens *Simplizissimus* Gestalt findet. Wenn der Blick sich dann aber verengt und das Innere der Häuser und schließlich gar dasjenige ihrer Bewohner gemustert wird, hat es mit der Überhöhung rasch ein Ende.

Im Roman *Die Käserei in der Vehfreude* (1849) ist das Dorf nicht einfach Schauplatz der Handlung, sondern deren Hauptakteur. Es wird erzählt, wie die Dorfgemeinschaft trotz Pannen und Intrigen eine genossenschaftliche Talkäserei zu betreiben lernt. Gegenüber der alten, dezentralen Produktion in privaten Sennereien stellt die Neuerung einen Fortschritt dar, für den sich Gotthelf in volksaufklärerischer Absicht engagiert, ohne dabei zu übersehen, dass er zu Lasten der Frauen geht, die im alten System den Gewinn aus dem Milchhandel verwalten konnten. Anders als in Pestalozzis *Lienhard und Gertrud* oder in Zschokkes *Das Goldmacherdorf* geht die Reform nicht von einer Autoritätsperson, sondern vom Kollektiv aus. Gibt es ein Werk, in dem die politische Kultur der republikanischen Schweiz nach 1830, die im Kontext des sonst noch durchwegs monarchisch organisierten Europa ein Unikum darstellte, zur literarischen Gestaltung kommt, so ist es Gotthelfs *Käserei in der Vehfreude*.

Dass die Dorfgeschichte auf die eine und andere Weise immer des Komplements der Stadt bedarf, führen Auerbachs Dorfgeschichten vor Augen, wenn sie Dorf- und Stadtbewohner unmittelbar aufeinander treffen lassen. Bei Gotthelf kommt es nur selten zu solchen Konfrontationen, und die Städter, welche da in die dörfliche Welt hereinstolpern, machen sich durch ihr inadäquates Verhalten meist bloß lächerlich. Auf der literatursoziologischen Ebene jedoch spielen auch bei Gotthelf die Städter eine große Rolle, waren sie es doch, welche den Reiz dieser Dorfgeschichten entdeckten und Gotthelfs literarischen Ruhm begründeten. Gottfried Keller wurde zu Beginn der 1850er Jahren Zeuge, wie Gotthelf in den Berliner Teesalons Furore machte. Dafür sorgte der junge, aber rasch prosperierende Verlag von Julius Springer, der – auch unter dem Eindruck der preußischen Volksbuchbewegung – nach 1845 die Mehrzahl der Werke des Berner Dichters in Berlin veröffentlichte. Mit den überdurchschnittlich hohen Honoraren, die er nach Lützelflüh schickte, dokumentierte er, wie viel ihm an einem Autor lag, dessen Bodenständigkeit durch den Transfer eine exotische Note bekam. Springer leitete kurz vor Gotthelfs Tod eine Ausgabe von dessen *Gesammelten Schriften* in 24 Bänden in die Wege (1856–58), eine Ehre, die im 19. Jh. nur sehr wenigen Autoren zu Lebzeiten zuteil wurde. Die Unternehmung wurde für den Verlag allerdings zum Verlustgeschäft, da Gotthelfs Popularität außerhalb der Schweiz nicht lange anhielt.

Von den Dorfgeschichten Auerbachs unterscheiden sich diejenigen Gotthelfs durch den Mut, auch die harten Seiten des Landlebens unbeschönigt zur Darstellung zu bringen; eine zeitgenössische Karikatur stellt Gotthelf mit einer Mistgabel in der Hand dar. Um dieser Auffälligkeit markanten Ausdruck zu verleihen, wendet man gelegentlich Ausdrücke auf Gotthelfs Schaffen an, die auf spätere Epochen der Literaturgeschichte verweisen: »Naturalismus« und »Reportage«. Dabei steht der Literaturhistoriker vor der schwierigen Aufgabe, diese modernen zu den gerade besonders traditionell anmutenden christlich-erbaulichen Zügen in Gotthelfs Werken in Relation zu setzen.

Besonders interessante Studienobjekte für das Zusammenspiel von Dokumentarischem und Erbaulichem sind zwei frühe Publikationen Gotthelfs, die als Reportage zu bezeichnen sich besonders anbietet. *Die Armennot* (1840) stellt eine jener großen, anklagenden Schriften des Vormärz dar – Bettina von Arnim oder Friedrich Engels sind andere ihrer bekannten Autoren – welche die Lebensbedingungen der ländlichen Unterschicht und des sich bildenden Industrieproletariats dokumentieren und nach den Ursachen des Pauperismus fragen. *Die Wassernot im Emmental am 13. August 1837* zielt darauf,

Die Käserei in der
Vehfreude *(1849)*

»Wo Herr Jeremias
Gotthelf die Stoffe zu
seinen Werken
herinimm«, Karikatur aus
dem *Guckkasten*,
14.12.1850

*Reportage und Predigt*

die Öffentlichkeit zur Solidarität mit den Opfern einer Flutkatastrophe auf-
zufordern. Dabei beschränkt sich Gotthelf nicht darauf, einen aufrüttelnden
Tatsachenbericht zu liefern. Er geht auch ein auf die mentale Verarbeitung
des Unglücks durch die Betroffenen und holt zu einer ausführlichen theologi-

*Reportage als Predigt* schen Deutung aus. So ist die Reportage auch Predigt, was damit begründet
wird, dass Gott durch das Naturereignis zu den Menschen spreche, ein Got-
teswort, das der Pfarrer-Reporter nun auslegt. Daraus ergibt sich ein Nebeneinander von darstellenden und kommentierenden Passagen, von Vergegen-
wärtigung und Räsonnement, das charakteristisch ist für alle Werke Gotthelfs. Auch wenn der moralisierende Zug Gotthelfscher Kommentare, denen
man unzählige Kalendersprüche entnommen hat, modernen Lesern gelegentlich lästig fällt, ist der besondere rhetorische Glanz nicht zu übersehen, mit
dem der Dichter-Pfarrer solche Passagen wie die folgende aus *Wie Anne Bäbi
Jowäger haushaltet und wie es ihm mit dem Doktern geht* (1. Teil, 20. Kp.)
auszuzeichnen weiß:

> Man wundert sich oft, wie die Menschen hin- und hergehen, wie Hanfstengel im
> Hanffelde. Heute lehnen sich diese Stengel aneinander, morgen sind sie vonein-
> ander feindselig abgekehrt, und übermorgen drückt einer den andern noch
> feindseliger dem Boden zu. So begegnen sich heute die feindschaftlich, die mor-
> gen verbrüdert scheinen bis in den Tod, und handkehrum kniet wieder einer auf
> dem andern und setzt an die Kehle ihm den Dolch. Das geht gerade so wie im
> wogenden See, im wirbelnden Flusse; da tanzen die Wellen auch miteinander, als
> obs lauter Herrlichkeit wäre, und ist es ausgetanzt, so verschlingt eine die andere.
> Und wenn man meint, jetzt seis aus, so spuckt die eine die andere wieder aus und
> tanzt wieder mit ihr, als ob gar nichts geschehen wäre. So tanzen die Menschen
> Kehraus und andere Tänze, schlenggen einander ins Grab, halten einander die
> Beine vor, küssen einander, daß der Schinder des Teufels werden möchte, und
> alles kehrum. Das alles geschieht denen, die als Wellen auf dem Strome treiben
> und kein Steuerruder haben, die als Spänchen auf den Wellen wirbeln und keine
> Wurzeln mehr haben. Nun gibt es doch noch Menschen, die weder Wellen sind
> noch Spänchen ohne Wurzeln, die wissen, warum sie zusammenstehen, und wa-
> rum sie sich scheiden, die wirbeln nicht herum, die bleiben dann auch so gestellt,
> wie sie sich mit Wissen gestellt; sie haben Wurzeln, die tanzen nicht auf Wellen,
> die wachsen nach oben.

Nicht selten entsteht der Eindruck, die Kommentare würden die komplexen
Einblicke, welche die Erzählungen vermitteln, vereinseitigen. Doch sind die
Kommentare aus Gotthelfs Erzählen nicht einfach wegzudenken. Darin wird
moralisiert, wird skizziert, wie das Gute aussähe, und indem der Erzähler so
am Höheren das Maß nimmt, verschafft er sich insgeheim die Freiheit, das
Unzulängliche beim Namen zu nennen.

Kenner des volksaufklärerischen Schrifttums, der politischen Publizistik
der Zeit, der Agitation der Metternichschen Restauration oder der religiösen
Erbauungsliteratur haben nachgewiesen, in welch hohem Maße Jeremias
Gotthelf an all diesen Diskursen partizipierte. Gotthelf ist ein kämpferischer
Schriftsteller aus einer, was die Schweiz angeht, kämpferischen Zeit. Das
Engagement schärfte seinen Blick. Dem längerfristigen literarischen Gedächt-
nis hat er sich aber nur deshalb eingeprägt, weil er sich in seinen Schriften nie
nur einer Tendenz unterstellte.

*Uli der Knecht*           Das illustriert auch derjenige von Gotthelfs Romanen, welcher wohl das
nachhaltigste Echo fand: *Wie Uli der Knecht glücklich wird* (1841). Wenn
man ihn als einen Bildungsroman im Bauernmilieu bezeichnet, bringt dies
allein schon zum Ausdruck, wie sich da durchdringt, was sonst gesonderten
Sphären zugeordnet wird. Der Roman erzählt, wie ein verwilderter, seinem
unsteten Temperament schutzlos ausgelieferter Bauernknecht unter der Füh-

rung eines überlegenen, gütigen Meisters zum verantwortungsvollen Meisterknecht heranwächst. Diese Karriere, die sich nicht ohne Rückschläge vollzieht, wird dadurch gekrönt, dass Uli den Betrieb, auf dem er angestellt ist, schließlich in Pacht nimmt. (Wie es ihm danach ergeht, erzählt die Fortsetzung: *Uli der Pächter*, 1847.) Grundlage dieser Erfolgsgeschichte sind intakte patriarchalische Verantwortungsstrukturen, welche Familienmitglieder und Dienstboten gleichermaßen einbinden in das soziale Gefüge jener großen Haushaltungen, welche eine Lebens- und Wirtschaftsgemeinschaft darstellten und im bäuerlichen Milieu noch funktionierten, als sie im industriellen und städtischen schon im Verschwinden begriffen waren. Trotz dieser Orientierung an überkommenen Gesellschaftsmodellen ist auch dieser Roman ein Plädoyer für mannigfaltige Neuerungen. Uli verdankt seine Erfolge einer rational planenden Bewirtschaftung seines Hofs. Er stellt tüchtiges Personal an, das er gut bezahlt, und bringt seine Ersparnisse auf die Bank, um sie bei Bedarf reinvestieren zu können. Allerdings verheimlicht der Autor auch hier nicht die Schattenseiten, macht er doch deutlich, wie Uli in seiner Tüchtigkeit einem Machbarkeitswahn verfällt und die schmerzliche Erfahrung machen muss, dass alles sich nicht erzwingen lässt. In Handlung und Personal gibt es viele Gemeinsamkeiten zwischen den *Uli*-Romanen und dem *Bauern-Spiegel*. Allerdings steht der Erstlingsroman dem Bildungsroman in der Tradition von Goethes *Wilhelm Meisters Lehrjahren* noch näher, erzählt er doch davon, wie sein Held schließlich zu einer ganz individuellen Lebensgestaltung findet, für die es kein Vorbild gibt. Die Gegenüberstellung der beiden Bücher rückt eine generelle Entwicklung in Gotthelfs Schaffen ans Licht, in deren Zug die drastische Anklage der Zeichnung vorbildhaften Verhaltens Platz macht, die jedoch nie ohne einen markanten Widerpart an Polemik auskommt.

*Uli der Pächter*

Gotthelf zeigt in seiner *Wassernot* auf, wie die betroffene Bevölkerung bei der Bewältigung des Schreckens immer wieder bei Sagen Zuflucht nimmt, welche sich um frühere Überschwemmungen rankten. Dass Gotthelf solche Sagen nicht nur nachzuerzählen, sondern auch selber zu kreieren wusste, belegt seine berühmteste Erzählung, *Die schwarze Spinne*, die er 1842 in seiner Sammlung *Bilder und Sagen aus der Schweiz* veröffentlichte. Das Interesse für Sagenstoffe teilte Gotthelf mit seinen Zeitgenossen, auch wenn sein Vermögen, das Sagenhafte mit der Darstellung der aktuellen Alltagswirklichkeit zu kombinieren, gerade wieder seine Einmaligkeit hervorhebt. Im Gefolge der Sagen-Sammlung der Gebrüder Grimm erschienen durch das ganze 19. Jh. hindurch in der Schweiz immer neue Sagenaufzeichnungen und -bearbeitungen. Friedrich Otte (eigentlich Johann Georg Friedrich Zetter: *Schweizer-Sagen in Balladen, Romanzen und Legenden*, 1840) und Johann Jakob Reithard (*Geschichten und Sagen aus der Schweiz*, 1853) redigierten die von ihnen gesammelten Sagen in Gedichtform. Eine Edition wissenschaftlichen Zuschnitts stellt dagegen der umfangreiche Band *Die deutsche Volkssage. Beitrag zur vergleichenden Mythologie mit eingeschalteten tausend Original-Sagen* (1874) dar, den Otto Henne am Rhyn aufgrund von Sammelbeständen seines Vaters, des liberalen Politikers, Geschichtsprofessors und Schriftstellers Josef Anton Henne herausgab. Dieser hatte 1826 *Diviko und das Wunderhorn oder die Lemanschlacht, ein deutsches National-Heldengedicht* veröffentlicht (Diviko war der Anführer des keltischen Volks der Helvetier, die aus ihrem Lebensraum in der heutigen Schweiz in Richtung Südwesten aufbrachen, von den Truppen Cäsars aber schließlich zurückgeschlagen wurden).

*Sagen und historische Stoffe*

Zwischen Gotthelfs Sagenerzählungen und seinen historischen Erzählungen gibt es einen fließenden Übergang: Erzählungen wie *Kurt von Koppigen* (1842), *Der Druide* (1843), *Elsi, die seltsame Magd* (1843) oder *Der Knabe des Tell* (1846) spielen – wie die Lokalsagen – in mehr oder weniger fernen Zeiten, aber an nahen Orten, die so für die Leser historische Tiefe gewinnen. Die Rückblenden erfolgen nicht, wie in historistischen Erzählungen der zweiten Hälfte des 19. Jh.s, um des genau rekonstruierten exotischen Dekors willen und sind frei von Sehnsüchten nach einer besseren oder zumindest heroischeren Welt. Sie erlauben dem Autor, Konflikte oder Verhaltensformen in modellhafter Weise herauszuarbeiten, oder aber historische Zustände – vor der Christianisierung oder vor der Französischen Revolution – zu schildern, welche die gegenwärtigen in ein scharfes Kontrastlicht rücken. In einer Zeit, in der sich die Schweiz anschickte, sich als Bundesstaat zu konstituieren, nutzte nicht nur Gotthelf die Möglichkeit, bei der Konstruktion einer helvetischen Identität auf die Geschichte zurückzugreifen.

*Geld und Geist,*
*Körper und Seele*

An der Erzählkunst des Realismus wird immer wieder das Einfühlungsvermögen gerühmt, mit welchem die inneren Zustände der geschilderten Figuren ausgeleuchtet werden. Ursachen und Folgen von Liebesaffären, die Befindlichkeit von hochsensiblen Künstlern, aber auch von wilden Gewaltherrschern kommen zu nuanciertester Darstellung. Dass jedoch die narzisstischen Kränkungen, der Neid und die Eifersucht für darstellungswürdig erachtet werden, die beim Besuch im Gemüsegarten einer Nachbarin das Gemüt einer Bäuerin, beim Besuch im Stall eines Kollegen dasjenige eines Bauern aufwühlen, das findet man wohl nur bei Gotthelf. Dieser ist ein Meister im Aufspüren der Auswirkungen materieller Lebensbedingungen auf das psychische Gleichgewicht seiner Figuren. Im Titel des Romans *Geld und Geist* (1843) werden die beiden Sphären einander polar entgegensetzt. Das Buch lehrt aber nicht etwa, dass sich der Geist über das Geld einfach zu erheben, sondern dass er den materiellen Gegebenheiten in verantwortungsvoller Weise Rechnung zu tragen habe, durchaus mit dem Ziel, diese auch zu verbessern.

Das vielleicht eindrücklichste Zeugnis von Gotthelfs Kunst, ein hoch differenziertes Psychogramm aus einer Milieuschilderung herauszuentwickeln, ist der zweiteilige Roman *Wie Anne Bäbi Jowäger haushaltet und wie es ihm mit dem Doktern geht* (1843/44). Auch dieses Buch beginnt, wie der *Bauern-Spiegel,* mit einem energiegeladenen ersten Satz, der gleich ins Zentrum der Konfliktlage zielt:

> Hansli Jowäger war ein braver Mann, und Anne Bäbi, sein Weib, meinte es auch gut, aber uf sy Gattig.

Was es heißt, wenn Anne Bäbi es gut meint, damit aber nur Schaden anrichtet, weil ihm ein tieferes Verständnis für die Objekte seines Wohlmeinens fehlt, das bekommt vor allen andern der einzige, kränkelnde Sohn des reichen Bauernpaars zu spüren. Die Kuren schlagen deshalb nicht an, weil den psychischen Bedürfnissen des Kranken nicht Rechnung getragen wird. Was als eine von den Gesundheitsbehörden angeregte kleine Kampfschrift gegen die Kurpfuscherei konzipiert war, wird so zu einer umfangreichen Studie über die Zusammenhänge zwischen Körper und Seele. Der zwei dicke Bände umfassende Roman gipfelt in einem langen und unentschiedenen Streitgespräch zwischen einem Pfarrer und einem nach modernsten naturwissenschaftlichen Methoden verfahrenden Arzt, die sich gegenseitig eingestehen müssen, dass die ihnen zur Verfügung stehenden Mittel dem leidenden Menschen nur beschränkt helfen können. Das beweist, dass Pfarrer Bitzius beim Erfinden seiner Werke nicht einfach nur die eigene Sache vertritt, so wenig wie er gegen die Kurpfuscher einfach nur polemisiert, sondern einige als feine Menschenkenner schildert. Das Vermögen, auch der Gegenposition Gerechtigkeit widerfahren zu lassen, bewährt sich auch im Umgang mit der Figur des Anne Bäbi; es gäbe viele Gründe, sie als verstockte Sünderin abzustempeln. Im Wahnsinn, dem sie schließlich verfällt, lässt ihr Gotthelf jedoch eine mitleiderheischende, tragische Größe zuwachsen. Hier zeigt sich, dass Gotthelf mehr als ein bloßer Zeitgenosse Georg Büchners ist.

Gleichzeitig ist er auch ein Zeitgenosse Adalbert Stifters. Das berühmte Diktum aus Stifters Vorwort zu *Bunte Steine* (1853) – »Die Kraft, welche die Milch im Töpfchen der armen Frau empor schwellen und übergehen macht, ist es auch, die die Lava in dem feuerspeienden Berge empor treibt, und auf den Flächen der Berge hinab gleiten läßt.« – passt auch zu Gotthelf. Dabei ließ ein aufbrausendes Temperament den Berner Dichter immer eher zur Monumentalisierung des Kleinen als zur Miniaturisierung des Grossen neigen, ganz im Gegensatz zu den »Kleinmeistern«, welche in der Schweizer Landschaftsmalerei der Zeit einen dominierenden Platz einnahmen. Gotthelf besaß indessen das Zartgefühl, etwa in *Das Erdbeerimareili* (1851) oder *Käthi die Grossmutter* (1847) subtile Psychogramme von unscheinbaren weiblichen Randexistenzen, wahrhaft »schönen Seelen« aus der ländlichen Unterschicht, zu entwerfen, womit sich diese Texte bündiger in das Epochenprofil des Biedermeier einfügen als andere Werke.

## Gotthelfs Umgang mit dem Dialekt und die Mundartliteratur der Zeit

*Gotthelfs Kunstsprache*

Der Eingangssatz des *Anne Bäbi*-Romans kann zur Illustration eines weiteren Spezifikums von Gotthelfs Erzählkunst herangezogen werden, das deren Einmaligkeit noch steigert, jedoch auch ihre Ausstrahlungskraft über die Schweiz hinaus behindert: das Auftreten von einzelnen Ausdrücken, von Sätzen, ja von ganzen Abschnitten im berndeutschen Dialekt. Mitten im Satz wechselt der Erzähler die Sprache: »Anne Bäbi […] meinte es auch gut« heißt es da auf Hochdeutsch, dann folgt aber ein Zusatz im Dialekt: »aber uf sy Gattig« (aber auf seine Art). Treffsicher wird mit dem Sprachwechsel ein rhetorischer Effekt erzielt. Der Satz hält fest, dass Anne Bäbi sich nicht so verhält, wie man es erwartet. Und genau diese Aussage wird hier, höchst wirkungsvoll, durch einen Verstoß gegen die Sprachnorm in Tat umgesetzt. Das beweist, dass da nicht einfach ein Vielschreiber die ästhetische Kontrolle über seinen Text verliert. Vor dem Hintergrund eines für Deutschschweizer typischen sprachlichen Alltags, in dem er das Hochdeutsch etwa für seine Korrespondenz oder für die Predigten benützt und den Dialekt für das seelsorgerliche Gespräch, wusste sich Bitzius für sein literarisches Werk eine ganz einmalige, kunstvolle Hybrid-Sprache zu entwickeln, die der enormen Spannweite dieser Erzählprosa gemäß ist. Die Wechsel vom einen Idiom ins andere sind höchstens beim Übergang in die direkte Rede gelegentlich vorhersehbar. Zahl und Umfang der dialektalen Einsprengsel in den hochdeutschen Grundtext variieren stark, manchmal bereits innerhalb eines einzelnen Werkes, vor allem aber von einem Werk zum anderen. Dabei spielt eine Rolle, ob der Autor einen deutschen oder einen Schweizer Verleger im Auge hatte: So drängte er bei den Werken, die bei Springer in Berlin erschienen, die Berndeutsch-Anteile zurück, was sich etwa an der für diesen Verlag besorgte Überarbeitung des *Uli der Knecht* beobachten lässt.

*Sprache als Thema*

Gotthelf lenkt nicht nur durch den Wechsel von der Mundart ins Standartdeutsch die Aufmerksamkeit seiner Leser auf die Sprache, sondern macht die Sprache auch immer wieder zum Thema, etwa wenn er schildert, welche verheerenden Folgen ein einziges verletzendes Wort auch unter Menschen haben kann, denen sonst alle Zimperlichkeit fern liegt. Im ersten Teil des

Romans *Geld und Geist* wird davon erzählt, wie ein unverschuldeter finanzieller Engpass das Gespräch zwischen Bauer und Bäuerin zum Verstummen bringt und so auch das allabendliche gemeinsame Gebet unterbleibt. In einer »Wirtschaft des ganzen Hauses« vermag dies den gesamten Bauernbetrieb zu lähmen, bis die krank gewordene Bäuerin nach einem Predigtbesuch endlich die Kraft aufbringt, das Gespräch mit ihrem Mann zu suchen. Dass es viel häufiger Verstockte sind, welche solche Kommunikationsnotstände hervorrufen, als egozentrische Vielredner, kann man mit dem Stereotyp des wortkargen Schweizers in Verbindung bringen. Auch Kellers grüner Heinrich oder sein Pankraz der Schmoller und zahlreiche Helden in den Dorfgeschichten von Jakob Frey sind dem Syndrom unterworfen.

*Dialektliteratur:*
*Jakob Stutz*

Gotthelf machte zwar mit seinem Verfahren, Hochdeutsch und Dialekt zu mischen, nicht Schule, was wahrscheinlich damit zusammenhing, dass die beiden Sprachen auch im schweizerischen Sprachalltag nie gemischt werden (einzig Friedrich Glauser in Ansätzen und Tim Krohn werden im 20. Jh. solche Mischungen erproben), öffnete aber die Erzählprosa für den Dialekt.

Schon vorher eingeführt war dieser in der Lyrik – unter Anknüpfung an die Volksliedtradition und die bahnbrechenden *Alemannischen Gedichte* von Johann Peter Hebel – und im volkstümlichen Drama. In diese dramatische Tradition reihte sich der Zürcher Oberländer Jakob Stutz ein, der in den sechs zwischen 1831–1853 erschienenen Bändchen seiner *Gemälde aus dem Volksleben* Mundartszenen und -dramen veröffentlichte. Stutz' Rang liegt darin begründet, dass es ihm gelang, den programmatischen Vorsatz, zu dem er sich im Untertitel seiner *Gemälde* bekannte – *nach der Natur aufgenommen und treu dargestellt* – auf bemerkenswerte Weise zu verwirklichen, was ihn den Literaturästheten seiner Zeit suspekt machte. So war es nicht als Lob, sondern als Vorwurf gemeint, wenn Robert Weber festhielt: »Stutz idealisirt nirgends: er *photographirt* das Leben in der oft harmlosen, oft widrigen Beschränktheit, worin es sich ihm zeigt.« In *Der Brand von Uster* schilderte Stutz die desaströsen Arbeits- und Lebensbedingungen unter den Webern im Zürcher Oberland im Zeitraum zwischen 1805 und 1832. (In einer verharmlosenden Weise stellt die Probleme der Textilindustrie auch Abraham Emanuel Fröhlich in seiner Erzählung *Der Tüchler* – in: *Schweizer Novellen*, 1853 – dar.) Wie Gotthelf bewährte sich Stutz als kritischer Diagnostiker von wirtschaftlichen und sozialen Umbrüchen und könnte so vielleicht mit noch mehr Recht als Vorläufer des Naturalismus gelten, macht er sich doch, wie später Gerhard Hauptmann, in seinen sozialkritischen Dramen nicht mehr anheischig, Wege aufzuzeigen, die aus den Missständen herausführen könnten.

Während sich Gotthelf über formale Normen hinwegsetzt und eine mehrstimmige Erzählsprache schafft, in welcher sich Figurenrede, Schilderungen und leidenschaftliche Kommentare durchdringen, überlässt es Stutz seinen Figuren, über ihre Lage Rechenschaft zu geben. Obwohl diese sich durch Dialekt und Ausdrucksweise unterscheiden, zwingt Stutz ihre Rede ins Korsett eines monotonen fünfhebigen Jambus, so dass die inhaltliche Sprengkraft der Texte durch die Sprache eher entschärft als verdeutlicht wird.

Wie die Volkssagen wurden auch die Dialekte um die Jahrhundertmitte immer mehr Gegenstand wissenschaftlicher Forschung, was einem so freien Umgang damit, wie Gotthelf ihn pflegte, kaum Vorschub leisten konnte. Der mit Jakob Stutz befreundete Jakob Senn verfasste auf Anregung der Antiquarischen Gesellschaft Zürich eine Sammlung von Gedichten unter dem Titel *Chelläländer-Schtückli* (1864). Darin hält er nicht nur einen speziellen Dialekt fest, sondern auch Redensarten und Brauchtum der Landbevölkerung.

Stutz und Senn schreiben Dialekt offenbar in dokumentarischer Absicht; darauf deutet die Tatsache hin, dass sie auf den Dialekt verzichten, wenn sie in ihren umfangreichen, mehr oder weniger verschlüsselt autobiographischen Schriften gewissermaßen in eigener Sache sprechen (Jakob Stutz: *Siebenmal sieben Jahre aus meinem Leben*, 1843–55; Jakob Senn: *Hans Grünauer*, 1888).

Auch hoch gebildete Autoren fanden Gefallen an den Ausdrucksmöglichkeiten der Mundart. Der literarisch ambitionierte August Corrodi veröffentlichte neben hochdeutschen Werken auch drei Mundartidyllen in Hexametern (*De Herr Professer*, 1857, *De Herr Vikari* 1858, *De Herr Dokter*, 1860). Jacob Burckhardt schloss sein weitgehend verlorenes literarisches Jugendwerk mit einem schmalen Bändchen von Mundartgedichten, *E Hämpfeli Lieder* (1853) ab. Darin ist in einem äußerst verhaltenen Ton nicht von welthistorischen Zusammenhängen, sondern von privaten Dingen die Rede. Ein Thema ist auch hier die gestörte Kommunikation:

*Mundartgedichte*

> By Liecht
>
> Do liege neui Büecher uf em Tisch,
> Und d'Lampe brennt – i soll e wenig lese,
> Händ d'Tante gseit, i heig e gueti Stimm, -
> Und gegenüber sitzt das liebsti Wese!
>
> Es strickt und strickt, ich aber lies und lies,
> Und dusse schneit's; die beide Tante gähne,
> Und schlofe-n-y, und wie-n-i übrelueg,
> So gseh-n-i in de schöne-n-Auge Träne;
>
> Nit vo der Gschicht, vo der i glese ha,
> Es het e-n-andre Grund und tiefer lyt er.
> Ganz still isch's gsi, nur's Tiktak vo der Uhr
> Und 's klopfed Herz – bis daß Es seit: lies wyter!
>
> I stackle wyter – 'S het der Muet nit gha
> Mi rede z'losse, i bi folgsam bliebe.
> Bald druf schloht's langsam achti, und das het
> Die Tante gweckt, sie händ sich d'Auge griebe.

## Konservatismus: Jeremias Gotthelf und Abraham Emanuel Fröhlich

Jeremias Gotthelf wurde wegen den christlichen Moralpredigten in seinen Büchern, seinen Plädoyers für patriarchalische Binnenstrukturen in der Gesellschaft, seinen Warnungen vor Missbräuchen des Freiheits- und Gleichheitsprinzips, vor allem aber wegen seiner scharfzüngigen Attacken gegen radikale Politiker von den Zeitgenossen immer deutlicher als konservativer Polemiker wahrgenommen. Auch Gottfried Keller erkannte das Format des Berner Pfarrer-Dichters nicht sofort, weil er ihn mit anderen konservativen Schriftstellern in einen Topf warf. Zu diesen gehörten, aus dem katholischen Lager der Innerschweiz, Johann Nepomuk Schleuniger oder Joseph Balthasar Ulrich und aus der Stadt Basel Karl Gustav Jung, Wilhelm Wackernagel sowie Theodor Meyer-Merian. Als Schriftsteller am bekanntesten waren der Zürcher Johann Jakob Reithard und der Aargauer Abraham Emanuel Fröhlich.

Wie Bitzius und Reithard hatte sich auch Fröhlich anfänglich für die liberale Sache engagiert. Persönliche Enttäuschungen, aber auch ein Vorgang wie die Aufhebung der aargauischen Klöster (1841–43), in welcher der protes-

*Abraham Emanuel Fröhlich:* Alpenrosen

tantische Theologe eine Attacke gegen den christlichen Glauben sah, ließen Fröhlich zu dem sich radikalisierenden Liberalismus auf Distanz gehen, so dass auch bei ihm die konservative Einstellung sich erst als Gegenreaktion auf den Radikalismus voll ausbildete. (Die Reihenfolge der vorliegenden Darstellung, in welcher die politische Literatur des Radikalismus anhand ihres berühmtesten Vertreters, Gottfried Keller, erst im nachfolgenden Kapitel dargestellt wird, steht im Widerspruch zu diesem Wirkungszusammenhang.) Die politische Umorientierung lässt sich auch an der neuen Folge der *Alpenrosen* ablesen, die Fröhlich mit wechselnden Partnern und mit Unterbrüchen von 1831 bis 1854 herausgab. Der renommierteste Almanach der damaligen deutschen Schweiz wurde mehr und mehr zu einem Forum konservativer Schriftsteller, von denen Gotthelf der berühmteste und zugkräftigste war. Nicht zufällig erschien in dessen Todesjahr 1854 die letzte Nummer der *Alpenrosen*.

Die Novellen, welche Fröhlich selber beisteuerte und von denen er 1853 eine Auswahl im Sammelband *Schweizer-Novellen* vereinte, weisen zumindest in der oberflächlichen ideologischen Ausrichtung Gemeinsamkeiten mit denjenigen Gotthelfs auf. Auch Fröhlich erzählt von Menschen, die sich zum Guten wandeln, weil sie sich plötzlich der alten Werte christlicher Nächstenliebe erinnern. Er begnügt sich jedoch bei der Figurencharakterisierung mit der Gegenüberstellung von Menschen, die es gut, und solche, die es nicht gut meinen. Den von Gotthelf an der Figur des Anne Bäbi demonstrierten Fall, dass jemand gerade mit dem Gut-Meinen Schaden anrichtet, kann es bei Fröhlich nicht geben, steht für ihn doch fest, dass die gute Intention letztlich über die widrigen Umstände und Verstocktheit triumphiert.

Die Gegenüberstellung von Gotthelf und Fröhlich rückt nicht nur den Unterschied an literarischer Gestaltungskraft ans Licht, sondern auch die Relativität der Etikettierung »konservativ«. Bei Fröhlich scheint der Konservatismus für das Schwarz-Weiß der Bewertungen verantwortlich zu sein, während er bei Gotthelf zu einer Schärfung des Problembewusstseins führte. Manche Modernisierungserscheinungen wurden von Gotthelf begrüßt, ja, wie etwa die *Uli*-Romane beweisen, gar befürwortet. Doch erkannte er auch viele negative Konsequenzen dieser Entwicklung mit einer Klarsicht, die im Rückblick aus einer Zeit, die von den Ergebnissen dieser Modernisierungsprozesse geprägt ist, besonders beeindruckend wirkt. Damit bergen seine Werke über ihre unvergleichliche Sprachkraft und ihre hochdifferenzierte Menschendarstellung hinaus noch manche erstaunlich Einsicht in Phänomene, die heutigen Leserinnen und Lesern vertrauter sind als es Geschichten aus der Emmentaler Bauernwelt des 19. Jh.s erwarten lassen.

»Wie zu Gotthelfs Zeiten« ist in der Schweiz allerdings zu einem stehenden Ausdruck geworden, um altertümliche Zustände zu bezeichnen. Die Verbindung mit dem Dichternamen sorgt dabei für eine verklärende Note. Auch wenn die überwiegende Mehrzahl der Schweizer heute in Städten oder in städtischen Agglomerationen wohnt, lebt in deren Köpfen die Überzeugung, eigentlich sei die Schweiz ein Bauernland, das in dem häufiger beschworenen als wirklich gelesenen Jeremias Gotthelf seinen exemplarischen Chronisten gefunden habe.

# Gottfried Keller – Literatur aus der Zeit der Bundesstaatsgründung

## Anfänge

Auch die literarischen Anfänge Gottfried Kellers werden – wie diejenigen des um eine Generation älteren Albert Bitzius – von der politisch angeheizten, aufbruchsfreudigen Zeit zwischen 1830 und 1848 bestimmt. Es handelt sich dabei um die Periode, die man, jedenfalls was die Jahre von 1840 bis 1848 betrifft, häufig als »Vormärz« bezeichnet, womit man sie ganz unter das Zeichen des Ereignisses stellt, das an ihrem Ende stand, die im März 1848 ausbrechende Revolution, die 1849 weitgehend mit einem Fiasko endete. In der Schweiz waren diese Jahre erst recht von einer Dynamik bestimmt, die 1848 zu einem Abschluss kam, den die fortschrittlichen Kräfte jedoch nicht als Niederlage, sondern als Sieg feiern konnten: die Bundesstaatsgründung. Nachdem 1830/31 in einer guten Hälfte der Kantone die Liberalen an die Macht gekommen waren, ging es um die Frage, ob nun auch die Eidgenossenschaft als Ganze in einen modernen liberalen Bundesstaat umgewandelt werden solle. Das konservative Lager, insbesondere die kleinen, katholischen Innerschweizer Kantone, versuchte dies zu verhindern. Die zwei Seiten überboten sich mit Provokationen, die schließlich 1847 in einen Bürgerkrieg mündeten, den »Sonderbundskrieg«, den die liberalen Kantone nach kurzer Zeit für sich entschieden. In der Folge wurde eine neue, liberale Bundesverfassung ausgearbeitet, die dank vieler kantonaler Autonomierechte auch für die Konservativen einigermaßen akzeptabel ausfiel. Bei dieser neuen Verfassung, die Ende 1848 durch eine Volksabstimmung in Kraft gesetzt wurde, handelte es sich um ein im europäischen Vergleich höchst progressives Grundgesetz, das die Eidgenossenschaft aus einem losen Verbund souveräner Staaten (der Kantone) in einen modernen, liberalen Bundesstaat verwandelte. Dieser Ausgang macht den Begriff »Vormärz«, der auf die vorausgehende Periode den Schatten der Vergeblichkeit wirft, für die Schweizer Geschichte untauglich.

Als Schriftsteller wurde Gottfried Keller zuerst von einer politischen Öffentlichkeit wahrgenommen, denn bei seinen ersten Publikationen handelte es sich 1844 um politische Gedichte und Zeitungsartikel. Erst zehn Jahre später folgte mit dem *Grünen Heinrich* der erste Titel des erzählerischen Œuvres, das seinen literarischen Ruhm dauerhaft begründen sollte. Die Auseinandersetzung mit dem liberalen Staatswesen blieb jedoch ein entscheidendes Bezugsfeld für sein Schaffen; in einigen Werken tritt es stärker, in anderen kaum in Erscheinung. Als fast 70-Jähriger legte Keller mit seinem Roman *Martin Salander* noch einmal ein Werk vor, das sich ganz direkt mit den aktuellen politischen Zuständen befasste und diese an den Utopien des liberalen Aufbruchs der 1840er Jahre maß. Wenn im Rahmen einer Geschichte der Schweizer Literatur Gottfried Keller hier etwas über Gebühr als politischer Autor dargestellt wird, dann scheint dies allein schon durch diese auffällige Klammer von früher politischer Lyrik und spätem Zeitroman gerechtfertigt zu sein.

Kellers frühe Lyrik führt aber auch die Relativität dieses Schweiz-Bezugs vor Augen. Der enragierte Gedichtschreiber wetterte darin gegen die Restauration, gegen Feudalherren, gegen Kaiser- und Papsttum, gegen ein verschlafenes Zeitalter, ohne Rücksicht darauf, was von diesen Feindbildern für die Schweiz oder konkreter noch: für Zürich nun einschlägig war und was nicht. Prägungen durch den engeren Kontext des schweizerischen Lebensraums

*Schweizerischer Vormärz?*

Arnold Böcklin, Bildnis Gottfried Keller, Ölgemälde (1889)

und den weiteren des deutschsprachigen Kulturraums überlagern sich, so dass man die frühe Lyrik Kellers durchaus auch als Produkt des europäischen Vormärz charakterisieren kann, was auch darauf zurückzuführen ist, dass sich einige von dessen Exponenten in Zürich aufhielten.

Dass er zwei Bezugsräumen angehörte, dem schweizerischen und dem des ganzen deutschen Sprachraums, wurde Keller selber erst deutlich bewusst, als er sich 1848 bis 1855 in Deutschland aufhielt und abzuwägen hatte, in welchem Maße Schweizerisches in seinen Novellen in Erscheinung treten solle. Während Gotthelf, dessen Erfolg in Deutschland vor Augen führte, dass Lokalkolorit durchaus gefragt war, sich lediglich überlegt hatte, wie viel Mundartausdrücke er seinen deutschen Lesern bei der Schilderung seiner fraglos schweizerischen Stoffe zumuten wollte, stand für Keller auch gerade diese Stoffwahl zur Disposition.

Zeichnung aus einem Notizbuch Gottfried Kellers

Gottfried Keller wuchs als Kind eines Handwerkerehepaars in der Stadt Zürich auf. Früh verlor er seinen Vater. In seinem vierzehnten Lebensjahr wurde er aus fragwürdigen Disziplinargründen vorzeitig von der Schule gewiesen. Der in der Ratlosigkeit gefasste Entschluss, Kunstmaler zu werden, wurde während fast zehn Jahren hartnäckig aufrechterhalten, obwohl sich auch nach einem Studienaufenthalt in München kaum konkrete Erfolge einstellten. Ob dies an mangelndem Talent, mangelndem Fleiß oder aber an einer wenig förderlichen Umgebung lag – ein Kunstleben gab es in dieser Zeit in Zürich noch kaum – lässt sich anhand der Landschaftsgemälde, die sich von Keller erhalten haben, schwer entscheiden. Mit seinen politischen Gedichten dagegen fand Keller rasch Beachtung, so dass ihm das Schreiben, das er – wie zwei umfangreiche Schreibbücher verraten – schon im Maleratelier zwischendurch betrieben hatte, vielversprechender erschien als die Malerei. Das Einsetzen der lyrischen Produktion im Sommer 1843, einem Zeitraum, in dem es auch mit dem Zeichnen und Malen plötzlich wieder vorwärts zu gehen schien, stellte Keller 1876 in einem autobiographischen Rückblick als ein Ereignis von eruptiver Wucht dar:

> Eines Morgens, da ich im Bette lag, schlug ich den ersten Band der Gedichte Herweghs auf und las. Der neue Klang ergriff mich wie ein Trompetenstoß, der plötzlich ein weites Lager von Heervölkern aufweckt. In den gleichen Tagen fiel mir das Buch »Schutt« von Anastasius Grün in die Hände, und nun begann es in allen Fibern rhythmisch zu leben, so daß ich genug zu tun hatte, die Masse ungebildeter Verse, welche sich täglich und stündlich hervorwälzte, mit rascher Aneignung einiger Poetik zu bewältigen und in Ordnung zu bringen. Es war gerade die Zeit der ersten Sonderbundskämpfe in der Schweiz; das Pathos der Parteileidenschaft war eine Hauptader meiner Dichterei und das Herz klopfte mir wirklich, wenn ich die zornigen Verse skandierte.

Als Kind von Eltern, die vom Land in die Stadt gekommen waren, stand Keller gleichsam von Haus aus dem Liberalismus nahe, welcher der Emanzipation der Landgebiete zum Durchbruch verholfen hatte. Die liberale Sache wurde nun aber in Zürich auch von deutschen Emigranten vertreten, welche eine große intellektuelle Anziehungskraft auf den jungen Künstler ausübten. Obwohl Ausländer, führten sie keine Randexistenz, sondern waren namentlich im Bildungs- und Pressewesen tonangebend. Der aus Württemberg stammende Pädagoge Ignaz Thomas Scherr schuf die neuen Strukturen des liberalen Bildungswesens Zürichs; der ebenfalls aus Deutschland stammende Julius Fröbel, seit 1833 Lehrer an der neugegründeten Industrieschule, wo Keller sein Schüler war, leitete zeitweise die linksliberale Zeitung *Der schweizerische Republikaner*. Publizistisch tätig war auch Kellers Freund, der aus Hessen nach Zürich geflohene Staatsrechtler Wilhelm Schulz, ein enger Vertrau-

Erstdruck des Gedichts »Sie kommen, die Jesuiten« von Gottfried Keller mit Illustration von Martin Disteli

ter Georg Büchners während dessen letzten Lebensmonaten in Zürich. Schweizerische und ausländische Liberale arbeiteten Hand in Hand. Dass allerdings die Assimilationskraft Zürichs nicht unbeschränkt war, illustrierten die missglückte Berufung des junghegelianischen Theologen David Friedrich Strauß an die Universität, welche 1839 zum »Züriputsch«, dem Sturz der ersten liberalen Regierung, führte, und 1843 die Ausweisung des Kommunisten Wilhelm Weitling.

Fröbels und Follens
›Litterarisches
Comptoir‹

Julius Fröbel und dessen Geschäftspartner August Adolf Ludwig Follen verhalfen Keller zu ersten Publikationen. Ihr ›Litterarisches Comptoir‹ in Winterthur war der wichtigste deutsche Exilverlag des Vormärz. Er nahm 1841 seine Produktion mit Georg Herweghs Sammlung *Gedichte eines Lebendigen* auf, die für Kellers literarische »Erweckung« so ausschlaggebend war. Wie sehr der junge Keller dem Vorbild Herweghs und Ferdinand Freiligraths nacheiferte, verraten seine Gedichte durch die politische Programmatik, das Freiheitspathos und die Vorliebe für didaktisch-allegorische Verfahren, die den persönlichen Fall immer nur als Exempel für eine Problematik von genereller Bedeutung zur Geltung bringen. Allerdings fand Keller zwischendurch auch schon persönlichere Töne, etwa wenn er im Zyklus *Lebendig begraben* dem in der Vormärz-Literatur beliebten Thema der Fesselung individueller Entfaltungsmöglichkeit auch schon die Lebensproblematik des Außenseiters eingestaltete.

Von den politischen Kämpfen der Zeit zeugt auch das erste Gedicht Gottfried Kellers, das 1844 im Druck erschien: *Sie kommen, die Jesuiten.* (In Kellers erster Buchpublikation, der Sammlung *Gedichte* von 1846, lautet der Titel: »Loyola's wilde verwegene Jagd«.) Die provokative Berufung der Jesuiten nach Luzern markierte um 1844 den Beginn der heißen Phase der Auseinandersetzung zwischen dem radikal-liberalen und dem konservativen Lager in der Schweiz. Dass man diese Auseinandersetzung gerne auch in poetischer Form führte, stand im Zusammenhang mit der Festkultur der Liberalen. Namentlich die eidgenössischen Schützenfeste boten Gleichgesinnten die relativ seltene Gelegenheit, über Kantonsgrenzen hinweg Kontakte zu knüpfen. In den Festzelten wurde patriotisch oder parteipolitisch motivierte Gelegenheitspoesie vorgetragen. Neben vielen andern traten auch Jeremias Gotthelf, Gottfried Keller, Georg Herwegh oder der in seinen Gedichten eher zurückhaltend agitierende radikale Politiker Karl Rudolf Tanner mit literarischen Beiträgen zu diesen Schützenfesten hervor. Erregte Lieder feuerten schließlich auch die Freischarenzüge an, welche durch die Jesuitenberufung in Rage versetzte Radikale nach Luzern unternahmen, Vorgänge, die auch literarisch bearbeitet wurden, etwa in Christian Wältis Freischarenstück *Dr. Steigers Befreiung oder die Jesuiten in Luzern* (1847) und in Kellers *Seldwyla*-Novelle *Frau Regel Amrain und ihr Jüngster* (1855, bereits aus zehnjähriger, ironischer Distanz verfasst).

### »Der grüne Heinrich«

Ein zweifacher
Kontext: die Schweiz
und der deutschsprachige Kulturraum

Kurz bevor die neue Bundesverfassung 1848 in Kraft gesetzt wurde, trat Keller einen erneuten Studienaufenthalt in Deutschland an. Dieser wurde durch ein Stipendium ermöglicht, das einige Zürcher Regierungsmitglieder dem vielversprechenden Parteigänger verschafft hatten, und sollte speziell dem Theater gelten, der Gattung, welche allgemein das höchste Ansehen genoss, erst recht aber bei einem Republikaner, der damit den Traum von einer in der Öffentlichkeit und für diese sich verwirklichenden Literatur verband. In der Universitätsstadt Heidelberg, wo Keller zuerst anderthalb Jahre verbrachte, und dann in Berlin, das ihn wegen seiner Bühnen anzog, wurden verschiedene Theaterprojekte ins Auge gefasst, die indessen alle in ihren Anfangsphasen stecken blieben. (Einzig von einem Stück mit dem Titel *Therese* hat sich im Nachlass so viel Entwurfsmaterial erhalten, dass es einigermaßen Kontur gewinnt.) Denn statt sich zum weltläufigen Theatermann zu mausern, vergrub sich Keller mehr und mehr in einem literarischen Projekt von höchst persönlichem Zuschnitt, dem Roman *Der grüne Heinrich*. Dieses

Werk bedurfte zu seiner Entstehung zwar vielleicht der fremden Umgebung, lenkte die Gedanken seines Autors jedoch zurück an die Orte seiner Kindheit und Jugend. So legt das mit dieser großen Prosaarbeit verbundene zweite literarische Debüt auch ganz andere Antriebe von Kellers literarischer Kreativität offen als die politische Lyrik. Diese wurzelte im republikanischen Engagement, ähnlich wie die Erstlingswerke Gotthelfs, der sich auch später immer als in der und für die Öffentlichkeit agierender Schriftsteller und Volkserzieher verstehen konnte. Im Gegensatz zum tatkräftigen Pfarrer führte Keller, lange bevor er zu publizieren begann, eine eigenbrötlerische Künstlerexistenz. Künstler zu sein, hatte Keller nach dem ungerechten Ausschluss aus der Schule zum Lebensplan erkoren, ohne ihm aber noch einen Inhalt geben zu können. In einer durch und durch bürgerlich geprägten Stadt wie Zürich, wo es keine nennenswerte Künstlerszene gab, war es kein Leichtes, an diesem Ziel festzuhalten. Mit seiner politischen Lyrik stieß Keller dagegen rasch auf öffentliches Interesse. Sie trug ihm auch das Stipendium für seinen zweiten Deutschlandaufenthalt ein, das ihm erlaubte, seine Künstlerexistenz weiterzuführen, ohne ihn jedoch vor materieller Not zu bewahren. Daraus befreite ihn erst die Übernahme einer Beamtentätigkeit, bei der es sich allerdings nicht um irgendeinen Brotberuf handelte, sondern um das sehr angesehene und fordernde Amt des Staatsschreibers des Kantons Zürich, womit der Künstler einmal mehr mit der Sphäre der Öffentlichkeit und der Politik in Kontakt trat. (Die Amtsbezeichnung »Staatsschreiber« wurde später gerne als Chiffre für Kellers literarische Existenz benutzt.)

Kellers und Gotthelfs literarisches Debüt darf man insofern als typisch schweizerisch bezeichnen, als eine spezifische politische Kultur auf der einen und die Absenz eines mit Prestigewert verbundenen künstlerischen und literarischen Lebens auf der anderen Seite dafür ausschlaggebend waren. Dass die bürgerliche Welt den Künstler unter einen besonders ausgeprägten Legitimationsdruck stellt, ist allerdings bezeichnend für die gesamte Epoche des Realismus, den man oft ausdrücklich den »bürgerlichen« nennt. (Dass es sich dabei um diejenige der großen Epochen der deutschen Literatur handelt, zu welcher Schweizer Autoren den bedeutendsten Beitrag leisteten, dürfte indessen auch kein Zufall sein.)

*Der grüne Heinrich* war anfänglich geplant als ein knapper Künstlerroman. Als 1855 endlich sein vierter Band in Druck gehen konnte, umfasste das Werk ein Vielfaches des vorgesehenen Umfangs. Daran war der Umstand schuld, dass Keller sich bei der Gestaltung des Künstlerromans an der eigenen, abgebrochenen Malerkarriere orientierte, die er so wohl auch literarisch zu einem Abschluss führen wollte. Damit geriet er in ein autobiographisches Fahrwasser und verarbeitet nun auch seine Kindheitserinnerungen, die dem Roman eine unvergleichliche Lebensfülle vermitteln und offenbar Kellers Braunschweiger Verleger Eduard Vieweg dazu bewogen, bei der Stange zu bleiben und die entgegen allen Abmachungen über Jahre sich hinziehende Vollendung des Buches abzuwarten. Der Titelheld stellt sich nach einer Exposition, die ihn in seinem Lebensraum schildert, selber mit der in der Ich-Form verfassten Jugendgeschichte vor, die eng auf die Jugendgeschichte seines Autors bezogen ist: früher Tod des Vaters, enge Mutterbindung (die im Roman durch die Abwesenheit der Schwester, mit welcher der unverheiratete Gottfried Keller bis ins hohe Alter zusammenlebte, noch exklusiver erscheint), vorzeitiger Abbruch der Schulzeit und Entschluss, Maler zu werden, Aufenthalte in der Familie des Onkels auf dem Land. Nach dem Einschub dieser Jugendgeschichte wird die Fortsetzung und das schließliche Scheitern von Heinrichs Malerkarriere erzählt.

*Der Bildungsroman
des Realismus*

*Realismus und
Phantasie*

Der Roman erwies sich als ein Werk von epochaler Bedeutung. *Der Grüne Heinrich* ist nicht nur *der* Bildungsroman des deutschsprachigen Realismus, sondern ein Werk, das Realismus auf sehr grundsätzliche Weise thematisiert. Dem Titelhelden bleibt als Maler der Durchbruch zu einer realistischen Kunst versagt, und das wird nun nicht einfach als ein technisches, sondern als ein existentielles Problem dargestellt. Heinrich zwingt sich zwar zu genauen Naturstudien und besucht sogar naturwissenschaftliche Vorlesungen, eine Demarche, die den Geist der Zeit spiegelt. Doch gewinnt immer wieder eine eigenmächtige Phantasie die Oberhand, woraus sich eine Malweise ergibt, die der Roman als romantisch-spiritualistisch diffamiert und zum Symptom von Heinrichs prinzipiellem Unvermögen erklärt, sich der Wirklichkeit zu stellen, die Selbstbezogenheit abzulegen und mit den wichtigsten Bezugspersonen, der Mutter und den jungen Frauen, die er lieben möchte, in eine wahrhafte Kommunikation zu treten. Diese Verunglimpfung der Romantik als Fehleinstellung der Welt gegenüber dient zwar der Selbstvergewisserung des Realisten, bietet aber auch die Möglichkeit – ohne in den Geruch der Epigonalität zu gelangen – das Überwundene nochmals zu vergegenwärtigen, was auch die zahlreichen Interpreten für den Roman einnahm, welche die Romantik höher stellen als den Realismus. Und in der Tat ist Heinrich als Träumer und Phantast ein weit prächtigerer Erzählgegenstand, als er es wäre, wenn er sich der geforderten realistischen Nüchternheit anbequemt hätte.

Endgültig wird der Stab über den Romanhelden gebrochen, wenn sich bei dessen Heimkehr herausstellt, dass die Mutter, die sich um ihre eigene Existenzgrundlage gebracht hatte, um ihren Sohn finanziell zu unterstützen, aus Sorge gestorben ist. Heinrich stirbt ihr wenig später nach. So kann er am öffentlichen Leben des jungen Bundesstaats, das ihn kurz zuvor beim Besuch eines Schützenfestes noch so begeistert hat, nicht mehr partizipieren. Das liberale Staatswesen hat eine Zukunft, in der verträumte und egozentrische Romantiker nichts mehr zu suchen haben.

Von diesem einseitigen Verdikt, auf das der Romanschluss hinauszulaufen scheint, nahm Keller Abstand, als er den 1855 hastig beendeten Roman 1879/80 einer tiefgreifenden Revision unterzog. Heinrich darf am Leben bleiben, wird Beamter und steht zum liberalen Staat in einem Verhältnis kritischer Loyalität, so dass das Schwarz-Weiß des alten Schlusses in ein schwankendes Gleichgewicht überführt wird, was durch die herausgehobene Bedeutung der Grau-Töne in diesem neuen Schluss auch allegorisch verdeutlicht wird. Heinrich fungiert jetzt als Erzähler des ganzen Romans und nicht mehr bloß der Jugendgeschichte, was den oft schulmeisterlichen Ton des auktorialen Erzählers zum Verstummen bringt. Viele Reflexionspassagen der alten Fassung werden in anschauliche Handlung überführt, so dass es sich bei der Erstlektüre empfiehlt, zur zweiten Fassung zu greifen.

*Erzählkunst*

Reich nuancierte Personendarstellung und eine höchst anschauliche Schilderung von Heinrichs Lebensräumen verleihen dem Roman genau jene Lebensfülle, die er Heinrichs Malerei abspricht. Wie Heinrich als Kind etwa das elterliche Stadthaus erforscht, wie er über die Dächer der Stadt blickt und plötzlich zu erkennen meint, dass es sich beim Hahn auf einem nahen Kirchturm um den lieben Gott handelt, wie er einen Trödelladen und wie er schließlich die Welt des Dorfes erlebt, wird mit solcher Eindringlichkeit und Anschaulichkeit geschildert, dass man immer wieder konstatierte, hier sei eben ein Maler am Werk. Allerdings handelt es sich um Schilderungen, die das Dargestellte nie in statische Bilder bannen, sondern immer von den Aktivitäten des Romanhelden bestimmt sind, und die konkreten Gegebenheiten auch immer auf die sozialen, politischen und historischen Hintergründe hin transparent machen.

Diese Erzählkunst scheint sich erst bei der Niederschrift des autobiographisch grundierten Buches entzündet zu haben. Abgesehen vielleicht von einigen eindringlichen Traumprotokollen des *Traumbuchs* verraten frühere Versuche kaum ein außergewöhnliches Erzähltalent. Spätestens vom Anfang der Jugendgeschichte an ist jener einzigartige Erzählton zu vernehmen, auf den Kellers literarischer Ruhm sich gründet und der die Balance hält zwischen der phantasievollen Identifikation mit der Wahrnehmungs- und Denkweise des Helden und der ironischen Distanz dazu. Die Art, wie dabei die Welt des Kindes vergegenwärtigt wird, darf man als erzählerische Sensation bezeichnen. Das Kind wird nicht einfach nur von seinen niedlichen Seiten dargestellt, sondern als eine Persönlichkeit von abgründiger Komplexität. Dabei hält der Erzähler an seiner Erwachsenenperspektive fest und gibt der Kinderperspektive nur in beschränkter, dafür aber umso wirkungsvollerer Weise Raum. Das kann man etwa dort studieren, wo geschildert wird, wie Heinrich einen Zoo einrichtet: Die gefangenen Tiere werden einmal mit ihren richtigen Namen – Mäuse, Spinnen, Eidechse – bezeichnet, dann wieder mit denjenigen der Tiere, welche das spielende Kind darin sieht – Bär, Tiger, Krokodil:

*Identifikation und Distanz des Erzählers*

> Mit vielem Fleiße wandelte ich dazu kleine Kästchen um, verfertigte deren aus Pappe und Holz und spannte Gitter von Draht und Zwirn davor, je nach der Stärke des Tieres, welches dafür bestimmt war. Der erste Insasse war eine Maus, welche mit eben der Umständlichkeit, mit welcher ein Bär installiert wird, aus der Mausefalle in ihren Kerker hinübergeleitet wurde. Dann folgte ein junges Kaninchen; einige Sperlinge, eine Blindschleiche, eine größere Schlange, mehrere Eidechsen verschiedener Farbe und Größe; ein mächtiger Hirschkäfer mit vielen andern Käfern schmachteten bald in den Behältern, welche ordentlich auf einander getürmt waren. Mehrere große Spinnen versahen in Wahrheit die Stelle der wilden Tiger für mich, da ich sie entsetzlich fürchtete und nur mit großem Umschweife gefangen hatte. Mit schauerlichem Behagen betrachtete ich die Wehrlosen, bis eines Tages eine Kreuzspinne aus ihrem Käfig brach und mir rasend über Hand und Kleid lief. Der Schrecken vermehrte jedoch mein Interesse an der kleinen Menagerie, und ich fütterte sie sehr regelmäßig, führte auch andere Kinder herbei und erklärte ihnen die Bestien mit großem Pomp. Ein junger Weih, welchen ich erwarb, war der große Königsadler, die Eidechsen Krokodile, und die Schlangen wurden sorgsam aus ihren Tüchern hervorgehoben und einer Puppe um die Glieder gelegt. Dann saß ich wieder stundenlang allein vor den trauernden Tieren und betrachtete ihre Bewegungen. Die Maus hatte sich längst durchgebissen und war verschwunden, die Blindschleiche war längst zerbrochen, sowie die Schwänze sämtlicher Krokodile, das Kaninchen war mager wie ein Gerippe und hatte doch keinen Platz mehr in seinem Käfig, alle übrigen Tiere starben ab und machten mich melancholisch, so daß ich beschloß, sie alle zu töten und zu begraben. (Bd. I, 10. Kap., »Das spielende Kind«)

Neben der subtilen Perspektiveführung tritt in der Passage ein zentrales Thema des Romans in Erscheinung: die Phantasie. Sie ist zwar oft ein Mittel fruchtbarer Weltaneignung, aber häufiger noch ein Verblendungsinstrument, das dem Helden den Zugang zur Welt verbaut, indem es ihn in seine Spekulationen und Tagträume einsperrt, wie hier das spielende Kind in seinen eigenen Zoo. Dabei macht der Roman deutlich, dass Heinrichs Eigenbrötlertum auch mit der sozialen Lage eines Einzelkindes in einem Witwenhaushalt zu tun hat.

Die Romanhandlung lehnt sich nicht nur an Kellers Biographie an, sondern auch an die Romanhandlung von Goethes *Wilhelm Meisters Lehrjahre*, dem folgenreichsten Vorbild für das Genre des deutschen Bildungsromans;

*Zwischen Goethe und Gotthelf*

zu nennen wäre da neben der chronologisch-biographischen Gesamtanlage der Aufbruch des Helden in die Fremde, dessen Entschluss, eine künstlerische Karriere einzuschlagen, um schließlich wieder darauf zu verzichten, sowie das Zusammentreffen mit gegensätzlichen Geliebten, Vaterfiguren und Leidensgenossen. Am Schluss beider Bücher bleibt offen, ob der Held nun etwas gelernt habe, oder lediglich ziellos von einem Abenteuer ins andere geraten sei. Der *Heinrich*-Roman unterscheidet sich vom *Wilhelm*-Roman aber nicht nur dadurch, dass der Kindheit viel mehr Beachtung geschenkt wird, sondern auch durch eine sorgfältigere Situierung der einzelnen Begebenheiten in einem je ganz spezifischen geographischen und sozialen Kontext. So wird man beispielsweise über die Herkunft und den sozialen Status von Heinrich Lees Familie genau unterrichtet oder weiß von jeder wichtigen Figur, womit sie ihren materiellen Lebensunterhalt verdient. Dies erinnert daran, dass neben Goethe auch Gotthelf dem Werk Pate stand.

Kellers Auseinandersetzung mit dem Berner Dichter fällt genau in die Ausarbeitungszeit des *Grünen Heinrich*. Davon zeugen vier zwischen 1849 und 1855 erschienene, ausführliche Buchrezensionen von Gotthelfschen Werken, die neben den Briefen an den Heidelberger Freund, den Literaturwissenschaftler Heinrich Hettner, die wichtigsten literaturtheoretischen Verlautbarungen Kellers darstellen. Keller hatte erstaunlicherweise erst in Deutschland begonnen, sich mit dem Berner Dichter, in dem er vorher lediglich einen konservativen Propagandisten gesehen hatte, zu beschäftigen, nachdem er aus Leipzig einen Rezensionsauftrag erhalten hatte. Keller rügt an Gotthelf die politischen und weltanschaulichen Positionen, erklärt ihn aber schließlich zum »größten epischen Talent«, »welches seit langer Zeit und vielleicht noch für lange Zeit lebte«.

*Ein Schweizer Roman?* Dass die Geschichte des Helden in einem so sorgfältig ausgeleuchteten sozioökonomischen, kulturellen und politischen Kontext verankert wird, ist neben der Kindheitsdarstellung das wichtigste Novum in Kellers Beitrag zum Genre des Bildungsromans. Darin erfährt man sehr viel von den spezifischen Lebensbedingungen in einer Schweizer Stadt in der ersten Hälfte des 19. Jh.s. Dass die helvetischen Verhältnisse nicht nur die Kulisse einer Lebensgeschichte bilden, sondern immer wieder ins Zentrum gerückt werden, illustriert beispielsweise die breite Schilderung einer *Wilhelm Tell*-Aufführung, der Heinrich nach seiner Relegation aus der Schule auf dem Dorf beiwohnt. Die Bevölkerung macht das Spektakel zu einem farbenprächtigen, ausgelassenen Fest. Akteure und Zuschauer, Theaterhandlung und Wirklichkeit, historische Zeit und Gegenwart durchdringen sich und geben so Aufschluss über das komplizierte Verhältnis von politischer Utopie und gesellschaftlicher Realität.

Auf Heinrichs künstlerischen Werdegang haben die lokalen Verhältnisse einen ungünstigen Einfluss. Mangelhaft ist möglicherweise das Talent, mangelhaft sind aber auch die Ausbildungsmöglichkeiten, die sich schließlich auf eine Lehre bei einem Vedutenmaler beschränken, der in Serie Schweizer Ansichten für Touristen fertigt. Die Kunst scheint in der Schweiz nicht viel mehr darzustellen als einen Nebenzweig des Tourismus, was auch damit zusammenhängt, dass es keine um Repräsentation bemühte Hauptstadt und keine Fürstenhöfe gibt. Heinrich sucht, was ihm zu Hause fehlt, in einer deutschen Residenzstadt, die aus Kontrastgründen einfach die »Kunststadt« genannt wird, um aber prompt zu konstatieren, dass hier dafür die politische Freiheit der Bürger unterdrückt wird. Das Heimweh, das als »Schweizer Krankheit« schon seit dem 18. Jh. sprichwörtlich war und etwa durch die legendären Heidi-Romane von Johanna Spyri (*Heidis Lehr- und Wander-*

*jahre*, 1880, und *Heidi kann brauchen, was es gelernt hat*, 1881) Berühmtheit erlangen sollte, befällt Heinrich aber erst, wenn alle Ressourcen an Geld und Schaffenskraft aufgebraucht sind. Zurück in der Schweiz fühlt er sich zwar politisch wieder zu Hause, kommt sich aber als Künstler überflüssig vor. Ganz zu Hause fühlt sich der Romanheld, genau wie sein Autor, weder in der einen noch in der anderen Welt.

## Gottfried Kellers »Leute von Seldwyla« und das Genre der »Schweizer Erzählungen«

Bis auf den heutigen Tag ist Seldwyla, der Schauplatz der unter dem Titel *Die Leute von Seldwyla* (1. Teil 1856, 2. Teil 1874) vereinigten Novellen, als sympathischer Prototyp einer kleinen Schweizer Stadt sprichwörtlich geblieben. Dies dürfte indessen auf einem Missverständnis beruhen. Keller stellt die Seldwyler als Leute dar, welche das Leben zu genießen verstehen und mit der vielbeschworenen schweizerischen Tüchtigkeit nicht so viel anfangen können. Höchstens im Alter, wenn die ersten, schnellen Gewinne längst verjubelt sind, bequemen sie sich dazu, einer regelmäßigen, unspektakulären Arbeit wie etwa derjenigen eines Nagelschmieds (in *Der Schmied seines Glücks*) nachzugehen. Die wirtschaftliche Prosperität, welche die Jahre nach 1848 der Schweiz brachten, scheint vorerst am verkehrstechnisch sehr ungünstig gelegenen Seldwyla vorbeizugehen. Wird die kleine Stadt also nicht gerade als ein Ort außerhalb der allgemein bekannten Realität gekennzeichnet, als ein Phantasieort, ein literarisches Konstrukt und ein Gegenentwurf zu realen Schweizer Städten? Es drängt sich der Eindruck auf, Seldwyla liege halb in der Schweiz, und halb im Reich der Poesie.

*Seldwyla als Ort des »poetischen Realismus«*

Die klug ausgetüftelte literarische Konstruktion »Seldwyla«, eine erfundene Stadt in einem realen Land, erfüllt mannigfalte Funktionen: Sie erlaubt dem Autor, Lokalkolorit einzusetzen und ein kritisches Licht auf die reale Schweiz zu werfen, gleichzeitig aber auch zu dokumentieren, dass diese Erzählungen Produkte einer literarischen Imaginationskraft und einer Fabulierfreude sind, welche sich gegenüber dem Gebot der Realitätstreue ihre Freiheiten nehmen. Keller unterstrich in seinen seltenen Verlautbarungen zur Dichtkunst den Anspruch auf diese Freiheiten. Die wohl bekannteste Äußerung dieser Art findet sich in einem Brief an den Schriftstellerkollegen Paul Heyse vom 27. Juli 1881. Keller reagiert darin auf den Vorwurf, es mit der Glaubwürdigkeit seiner Geschichten manchmal nicht so genau zu nehmen: »Im stillen nenne ich dergleichen die Reichsunmittelbarkeit der Poesie, d. h. das Recht, zu jeder Zeit, auch im Zeitalter des Fracks und der Eisenbahnen, an das Parabelhafte, das Fabelmäßige ohne Weiteres anzuknüpfen, ein Recht, das man sich nach meiner Meinung durch keine Kulturwandlung nehmen lassen soll.« Diese Formulierung erlangte Berühmtheit, weil sie das Darstellungsprinzip der ganzen Epoche, des »poetischen Realismus«, zu umreissen schien. Mit dem Ausdruck »Reichsunmittelbarkeit« rückt Keller dabei einen staatsrechtlichen Begriff ins Zentrum. Dieser wurde auf Territorien des alten Deutschen Reichs angewendet, welche unmittelbar dem Kaiser und keiner feudalen Zwischeninstanz unterstanden. Im politischen Selbstverständnis der Schweiz spielte der Begriff deshalb eine entscheidende Rolle, weil eine Reihe jener Orte, die sich im Spätmittelalter zur Eidgenossenschaft zusammenschlossen, sich darauf beriefen. Das Bild verrät nicht nur, wie nahe zueinander Politik und Ästhetik bei Keller stehen, sondern verweist auch auf jenen Grundgedanken, dass man gleichzeitig im Lokalen verwurzelt und auf ein großes Ganzes bezogen, Schweizer Bürger und Dichter der deutschen Literatur sein könne. Dass Keller so in einem Zug über seine Zugehörigkeit zu zwei Kulturräumen und über realistische Ästhetik sprechen kann, spiegelt den Umstand, dass der Realismus als Gesamterscheinung von der regionalen Färbung der Werke, in denen er sich manifestierte, wesentlich bestimmt war. Für Keller war die Verankerung in den Schweizer Kontexten, genau wie für Fontane diejenige in den Berliner und für Storm in den Husumer, somit kein Hindernis, sondern eine Voraussetzung, um zu einem prototypischen Autor des Realismus zu werden.

*Andere »Schweizer Erzählungen« von Abraham Emanuel Fröhlich und Jakob Frey*

Auch andere Autoren versuchten die Nachfrage nach Erzählwerken mit deutlichem Lokalkolorit zu befriedigen, auch wenn sie nicht über Kellers Kunst verfügten, den Schauplatz einer erzählten Handlung zu einem eigentlichen Mitspieler zu machen. Das zeigt sich an den 1853 erschienenen *Schweizer Novellen* von Abraham Emanuel Fröhlich, der sich nach seinen liberalen Anfängen in den 1830er Jahren dem konservativen Lager zuwandte und etwa in *Der junge Deutsch-Michel* (1843) gegen die Radikalen polemisierte. Die Novelle *Klara's Briefe ab dem Rigi* spielt an einem genau bezeichneten Schauplatz, ohne dass die Touristengegend am Vierwaldstättersee jedoch irgendwelchen Einfluss auf die rührselige Liebesgeschichte hätte. Fröhlichs Weltanschauungsnovellen beklagen in immer neuen Varianten, dass rechtgesinnte, gläubige oder kunstsinnige Menschen in einer säkularisierten, materialistischen Welt keinen Platz mehr fänden. Ansätze zu einer funktionalen Bedeutung des Schweizer Raums finden sich am ehesten noch in der Erzählung *Benedikt*, wo es um jenes prekäre Zusammenleben von Protestanten und Katholiken geht, das Fröhlich aus seinem Heimatkanton Aargau kannte.

Spezifische Schweizerische Gegebenheiten spielen dagegen im umfangreichen Erzählwerk Jakob Freys immer wieder eine ausschlaggebende Rolle. Frey hatte sich als Zeitungsjournalist betätigt, bevor er Redakteur und Mitarbeiter eines neuen Typs von Zeitschriften wurde, welche ein breites Publikum mit belletristischem Lesestoff versorgten und sich, wie die Namen verraten, durch ihren Wirkungsraum definierten: *Schweizer Illustrierte Zeitung*, *Schweizerischer Volks-Novellist*, *Die Schweiz*. Auch in den Titeln von Freys Erzählsammlungen wird der Raumbezug betont: *Zwischen Jura und Alpen* (Leipzig 1858), *Schweizerbilder*, (Aarau 1864) und *Neue Schweizerbilder* (Bern 1877). Frey vermeidet zwar ausschweifende Ortsschilderungen, siedelt seine Erzählhandlungen aber immer in einer für seine Leser klar identifizierbaren Region an. Im Gegensatz zu den meisten andern Autoren, die, wie Gotthelf, auf eine Region bezogen blieben, hat Frey verschiedenste Regionen der deutschen Schweiz gleichsam belletristisch kartografiert. Eine Bergbäuerin aus dem Alpenraum, ein Handwerker in einer kleinen Stadt oder ein wohlhabender Landwirt des Mittellandes treten ihre Geschichten mit je unterschiedlichen Voraussetzungen an und partizipieren auch auf eine je andere Art an der Politik oder am öffentlichen Festleben, das für Frey ein ebenso beliebtes Thema war wie für Gotthelf und Keller. Die Stärke von Freys Erzählungen liegt in der Darstellung der Auswirkungen, welche die gesellschaftlichen Rahmenbedingungen auf das gefährdete psychische Gleichgewicht seiner Figuren haben. Eine ersehnte Eheschließung bildet öfter den Ausgangs- als den Schlusspunkt der Handlung, die dann zutage bringt, wie Notlagen verschiedenster Art das Einvernehmen eines Paares auf die Probe stellen und untergraben können: Frey steht, was die Handlungen seiner Erzählungen angeht, Gotthelf näher als Keller. Wiederholt beschäftigte er sich mit einem Ereignis, das in der Literatur sonst erstaunlich wenig Niederschlag gefunden hat, obwohl es das Leben so vieler Familien noch im 19. Jh. immer wieder überschattete: der Tod eines Kindes. Freys Erzählungen zu diesem Thema (u.a. *Eine Dorf-Ehe*, 1852; *Kindersegen*, 1856) strafen die Annahme Lügen, dass man mit einem Unglück deshalb leichter zurechtkam, weil es an der Tagesordnung lag. Frey schildert das Leben der Dorfbewohner weder in verklärender, noch in vergröbernd archaisierender Weise. Auch wenn die Figuren und der Erzähler durchaus den Blick haben für landschaftliche Schönheiten, ist das Dorf keine Idylle, sondern ein Lebensraum, der seinen Bewohnern nichts schenkt. Dem Heiratswunsch eines hoffnungsvollen Liebespaars werden in der Erzählung *Im Lande der Freiheit* von der Kirche, der Gemeinde und den Geschäftspartnern des Bräutigams im fernen, dubiosen Zürich so große Widerstände entgegengestellt, dass die Braut schließlich daran zerbricht – der Titel der Erzählung ist der Spruch, den ihr der verbitterte Bräutigam auf den Grabstein setzt. Anders als in der berühmtesten der *Seldwyla*-Erzählungen, *Romeo und Julia auf dem Dorf*, mit der Freys Dorfgeschichte nicht nur durch die symbolische Geometrisierung einer Flusslandschaft verbunden ist, steht den Liebenden nicht eine alte Familienfeindschaft und eine verinnerlichte bürgerliche Tugendmoral im Wege, sondern die unkontrollierten Machenschaften öffentlicher Würdenträger und Wirtschaftskrimineller. Frey hat zwar Kellers Bildkraft und eindringlicher Personenzeichnung nichts Gleichrangiges gegenüberzustellen, wagt es aber, Disfunktionen und Missbräuche anzuprangern, welche dem liberalen Projekt eines freiheitlichen Rechtsstaates Hohn sprechen.

Von Vorgängen in klar identifizierten lokalen Verhältnissen, teils in der *Samuel Haberstich*
Gegenwart, teils in der Vergangenheit erzählten auch Samuel Haberstich (er veröffentlichte seine zahlreichen Dorfgeschichten und historischen Erzählungen unter dem Pseudonym Arthur Bitter) und Alfred Hartmann, dessen *Kiltabendgeschichten* (1852/54) besonders deutlich den mächtigen Einfluss verraten, den Jeremias Gotthelf auf diese beiden Autoren ausübte, obwohl sie nicht dem konservativen Lager angehörten. Robert Weber ließ in seinen Gedichten, Dorfgeschichten und historischen Erzählungen sein politisches Engagement deutlich hervortreten, das ihn in den 1860er Jahren zu einem Sympathisanten der demokratischen Bewegung machen sollte.

Haberstich, Hartmann, Weber, Frey auch Reithard gaben ihre ursprünglichen, z.T. akademischen Berufe auf, um sich als Schriftsteller und Zeitungsleute durchzuschlagen, was ihnen eine große und daher nicht immer gleich qualitätvolle Produktion abverlangte. Für ihre literarischen Erzeugnisse gab es in der Schweiz einen Markt, auf dem man nicht reich werden, aber sich notdürftig seinen Unterhalt verdienen konnte. Keiner von ihnen durfte es sich jedoch gestatten, seine Werke so lange ausreifen zu lassen wie Gottfried Keller, der es mit 43 Jahren vorzog, nach Jahren der Not Staatsbeamter zu werden und damit einen Brotberuf auszuüben, der von seiner schriftstellerischen Arbeit klar geschieden war. Wenn diese Autoren von oft durchaus kritischer Warte von den spezifischen Zuständen in Schweizer Gemeinwesen erzählten, so partizipierten sie an der politischen Öffentlichkeit des demokratischen Staates. Ein Vergleich mit der Erzählprosa, wie sie zur selben Zeit, also um die Mitte des 19. Jh.s, in Deutschland und Österreich entstand, vermittelt den Eindruck, dass die unmittelbar engagierten Bezüge auf die aktuellen politischen Gegebenheiten dort weit weniger häufig waren, obwohl Ansätze dazu in der Literatur des Vormärz durchaus noch existiert hatten. Anders als der Katzenjammer, den die gescheiterte Revolution von 1848/49 in Deutschland und Österreich zurückließ, wirkte sich der politische Neuanfang von 1848 in ungewöhnlich direkter Weise positiv auf das literarische Leben in der Schweiz aus. Dass mit Gotthelf und Keller zwei der bedeutendsten Autoren des Landes in dieser Zeit tätig waren, dürfte daher wohl kein Zufall gewesen sein.

### Die Frage einer Schweizerischen Nationalliteratur

Vom noch sehr jungen Jakob Frey ist aus dem Jahre 1846 der Ausspruch überliefert, er wolle ein »Schweizerischer Nationaldichter« werden. Darin artikuliert sich nicht nur persönlicher Ehrgeiz, sondern auch der epochentypische Wunsch, mit literarischen Mitteln der Idee der Nation zu dienen, welche nicht nur in der momentan entzweiten Schweiz die Herzen höher schlagen ließ. Was die Schweiz angeht, so ist daran zu erinnern, dass sich hier nationalistische Ideen immer in einem Argumentationsnotstand befanden. Die Schweiz stellt mit ihren vier Sprachen, der konfessionellen Spaltung, den Bergen, die den Verkehr zwischen den Landesteilen behindern, ein Gebilde dar, dessen nationale Einheit nie unmittelbare Plausibilität besaß. Umso verlockender mochte es den Schriftstellern erscheinen, sich an der Seite von Historikern, bildenden Künstlern oder Architekten an der Kreation identitätsstiftender Schweiz-Bilder zu beteiligen. Dies geschah in der Form der besprochenen »Schweizer Erzählungen« oder aber von Theaterstücken mit Stoffen aus der nationalen Geschichte. In wie hohem Maße um die Mitte des 19. Jh.s die Autoren die nationale Integration zu ihrer Sache machten, zeigt ein kurzer Seitenblick auf die französischsprachige Schweiz, wo sich in diesem Zeitraum eine Literatur etablierte, die von der Schilderung lokaler Besonderheiten lebt. Auffallend ist hier das Bestreben, die Geschichte der alten Eidgenossenschaft, welcher französischsprachige Territorien erst als Untertanengebiete angehörten, als Bestandteil der eigenen Geschichte anzuerkennen. 1852 veröffentlichte der Genfer Jules Mulhauser seine Übersetzung von Schillers *Wilhelm Tell* und 1855 ein Theaterstück über die Schlacht von Sempach. 1868 erschien das Drama *Iénatsch, ou les Grisons pendant la guerre de trente ans* von Théodore de Saussure. Nicht nur Stoffe passierten im Zug dieser Bemühungen um nationale Leitbilder die Sprachgrenze, sondern auch

Hauptgebäude des 1855 eröffneten Eidgenössischen Polytechnikums (Entwurf: Gottfried Semper)

literarische Werke. In den 1860er und frühen 1870er Jahren wurden verschiedene Werke Gottfried Kellers, der sich gerade als profiliertester Autor des deutschsprachigen Landesteils zu etablieren im Begriffe war, von Übersetzern aus der Westschweiz ins Französische übertragen. Eine der treibenden Kräfte war dabei der Waadtländer Eugène Rambert, der 1860–1881 als Professor für französische Literatur einen jener Lehrstühle innehatte, mit welchen das 1854 ins Leben gerufene eidgenössische Polytechnikum in Zürich einen Beitrag zur kulturellen Integration der Schweiz zu leisten versuchte. (Keller wurde angefragt, ob er einen entsprechenden Lehrstuhl für deutsche Literatur übernehmen wolle.)

Die erste Erzählung Kellers, die ins Französische übersetzt wurde, ist bezeichnenderweise die Novelle *Das Fähnlein der sieben Aufrechten*, ein Werk, das selber schon dem Bestreben nach nationaler Integration verpflichtet ist. Im Zentrum dieser Erzählung steht das eidgenössische Schützenfest, das im Jahre 1849 in Aarau durchgeführt wurde und nach dem Sonderbundskrieg und der Bundesstaatsgründung zur nationalen Versöhnung beizutragen hatte. Dieser Idee huldigten zahlreiche andere Texte der Zeit, so dass man von einer eigentlichen »Versöhnungsliteratur« sprechen kann. Keller bringt den Integrationsgedanken dadurch besonders wirkungsvoll zur Geltung, dass er von Differenzen ausgeht. Mit feiner Ironie wird dargestellt, wie die sieben Männer, die mit ihrem »Fähnlein« an das Schützenfest reisen, in ihren politischen Überzeugungen zwar geeint, durch soziale Differenzen aber klar voneinander separiert sind. In einer Ansprache vor der Festgemeinde wird diese Vielgestaltigkeit in der Einheit auch als ein Kennzeichen der Schweiz gepriesen:

*Nationale Integration*

> »Wie kurzweilig ist es, daß es nicht einen eintönigen Schlag Schweizer, sondern daß es Zürcher und Berner, Unterwaldner und Neuenburger, Graubündner und Basler giebt, und sogar zweierlei Basler! daß es eine Appenzeller Geschichte giebt und eine Genfer Geschichte; diese Mannigfaltigkeit in der Einheit, welche Gott uns erhalten möge, ist die rechte Schule der Freundschaft, und erst da, wo die politische Zusammengehörigkeit zur persönlichen Freundschaft eines ganzen Volkes wird, da ist das Höchste gewonnen; denn was der Bürgersinn nicht ausrichten sollte, das wird die Freundesliebe vermögen und beide werden zu einer Tugend werden! […]«

Die Tatsache, dass auch Gotthelf (in dem zu Lebzeiten des Autors unveröffentlichten Roman *Der Herr Esau*) und Abraham Emanuel Fröhlich (*Spiel und Gewinn am eidgenössischen Schützenfeste in Aarau 1849*, in: *Schweizer Novellen*) oder Alfred Hartmann (*Der Glücksschütze vom Glärnisch*, 1860) Schützenfeste literarisch gestalteten, belegt, welche Wichtigkeit man solchen Anlässen um die Mitte des 19. Jh.s beimaß. Dem fröhlich-geselligen Charakter des Anlasses entspricht der Humor, der alle diese Gestaltungen bestimmt. Bei Gotthelf, der das Fest als politische Bauernfängerei denunziert, hat er einen Zug ins Sarkastische, wogegen Keller ihm 1861 noch einen verklärenden Zug gibt und das Fest zum Vorschein eines utopischen Zustandes stilisiert.

Neben diesem Interesse an nationalen Stoffen, die auch die Kluft zwischen dem deutsch- und dem französischsprachigen Kulturraum der Schweiz überwinden, machen sich auch Bemühungen bemerkbar, eine eigentliche schweizerische Nationalliteratur zu kreieren. Dabei lassen sich retrospektive Aktionen, welche Werke älterer und neuerer Autoren unter dem Etikett ›Schweizer Literatur‹ versammeln, von solchen unterscheiden, welche durch gezielte Maßnahmen eine nationale Ausprägung der literarischen Produktion herbeizuführen hoffen.

Zu diesem zweiten Typus gehören die Aktivitäten Ludwig Eckardts, der als politischer Flüchtling aus Österreich in der Schweiz Zuflucht fand. Er

*Ein schweizerisches Nationaltheater*

lehrte an der Universität Bern und rief dort einen »Literarischen Verein« sowie eine Literaturzeitschrift, *Die Schweiz*, ins Leben, in deren erstem Jahrgang er seine Programmskizze »Idee und Grundzüge eines schweizerischen Nationaltheaters« veröffentlichte. Eckardt gibt seinem Erstaunen darüber Ausdruck, dass die republikanische Schweiz über keine ihr angemessene Theaterkultur verfüge, obwohl ja das Theater »das wahre Kunstinstitut des Republikanismus« darstelle. Er konstatiert, dass in den Stadttheatern ausländische Schauspieler unter ausländischer Regie ausländische Stücke aufführten.

Keller, der sich nicht darauf verstehen wollte, die politische Sonderstellung der Schweiz in eine kulturelle zu überführen, stand zwar Eckardts Forderung nach einem schweizerischen Nationaltheater sehr skeptisch gegenüber, nahm sie aber doch so ernst, dass er ihr 1861 in seinem Essay *Am Mythenstein* einen Art Gegenentwurf gegenüberstellte. Diesem gab er die Gestalt einer Vision, die ihm angeblich die Feier zur Einweihung des Schillerdenkmals am Vierwaldstättersee eingegeben hatte. Was Keller vorschwebt, ist nicht eine feststehende nationale Theaterinstitution, sondern eine Vielzahl von Festspielen, die nur ungefähr alle zehn Jahre stattfinden sollten. Keller denkt sich diese als Werk des Volkes selber, das sich der Künstler nur als Vollstrecker seiner Vorstellungen bedient und so einer »einfachen großen Nationalästhetik« Gestalt zu verleihen weiß. Damit erweist sich die Vision als utopischer Entwurf einer demokratischen Kunst, die aus dem Volk hervorgeht und auf dieses zurückwirkt, eine Vorstellung, mit der Keller wiederholt gespielt, mit deren Konkretisierung er sich aber nie so weit vorgewagt hat wie im Mythenstein-Essay.

*Pompöse Jubiläums-feiern*

Kellers Vision wurde zwar ebenso wenig realisiert wie diejenige von Ludwig Eckardt, stand aber insofern der Wirklichkeit näher, als das Festspiel einige Jahre später zu einem Modegenre wurde. Nachdem die Schiller- und Beethovenjubiläen (1859 bzw. 1870) mit pompösen Festen gefeiert worden waren, setzte 1886 mit der Feier zum 500. Jahrestag der Schlacht von Sempach eine Serie von Jubiläumsfeiern ein, in deren Zentrum prunkvolle Festspiele standen. Daran waren oft mehrere Hundertschaften von Schauspielern, Chorsängern, Musikern, Statisten, Kulissenbauern etc. beteiligt. Was aufgeführt wurde, waren weniger Theaterstücke mit durchgängiger Handlung als lockere Folgen von szenischen Bildern, welche verschiedene Etappen historischer Verläufe wie beispielsweise der Geschichte Berns (beim Festspiel zum 700. Gründungstag der Stadt im Jahre 1891) vergegenwärtigen sollten.

Der retroaktiven Konstruktion einer schweizerischen Nationalliteratur waren die Bemühungen einiger Literaturhistoriker gewidmet. Johann Caspar Mörikofer veröffentlichte 1861 seine Monographie *Die schweizerische Literatur des 18. Jh.s* und begründete damit das Genre, dem auch der vorliegende Band noch angehört. Der Schriftsteller Robert Weber, der in Zürich einen Ableger von Eckardts »Literarischem Verein« gegründet hatte, gab 1866/67 die ersten drei Bände seiner Anthologie *Die poetische Nationalliteratur der Schweiz* heraus, eine Unternehmung, die er später mit seiner dreiteiligen *Nationalbibliothek. Schweizerische Dichter und Redner des 18. und 19. Jh.s* (1883–1890) fortführte, Sammlungen, die für Literaturhistoriker heute von einigem dokumentarischem Wert sind. Der Schriftsteller und Feuilleton-Redakteur der Berner Tageszeitung *Der Bund*, Joseph Viktor Widmann, übte in einer Rezension dieser Sammlung 1883 scharfe Kritik an Webers Auswahlkriterien, welche dieser dann in einer speziellen Schrift rechtfertigte. Darin stellt er einen Forderungskatalog an schweizerische Schriftsteller auf:

[...] Gründlichkeit des Denkens, Tüchtigkeit der Gesinnung, sittlichen Ernst, engern Anschluß der künstlerischen Produktion an das öffentliche Leben, eine gesunde Nüchternheit des Geistes, der, immerfort der Wirklichkeit zugewandt, bei allem idealen Schwung vor romantischen Träumereien und Ueberschwänglichkeiten bewahrt bleibt, Naturwahrheit der Darstellung, Unmittelbarkeit der Inspiration und jene spürbare Wärme, womit des Verfassers ganze Persönlichkeit an der Sache Theil nimmt; Verbannung einer *blos* moralisierenden, rhetorischen und rein tendenziösen Behandlung des Stoffes, wie des leeren Phrasenthums, Festhalten dagegen an den unerläßlichen Forderungen eines geläuterten Geschmacks und der poetischen Technik.

Dass dieses Profil, das mit der Literatur eines Gotthelf oder Keller, vor allem aber eines Robert Weber zur Not in Einklang zu bringen ist, zu Ausschließungen führen muss, scheint Weber durchaus akzeptiert zu haben, denn er begründet damit, warum der von Widmann in der *Nationalbibliothek* vermisste Spitteler darin eben keinen Platz finden dürfe.

## Gottfried Kellers Spätwerk

Nach seiner Rückkehr aus Berlin lebte Keller bis zu seinem Tode im Jahre 1890 in Zürich. Der Verfasser des *Grünen Heinrich* verdankte seinen *Leuten von Seldwyla*, die Berthold Auerbach lobend besprochen hatte, einen ersten bescheidenen Ruhm. Er schlug sich als freier Schriftsteller und gelegentlich auch als Verfasser von Zeitungsartikeln eher mühsam durchs Leben. Ein wichtiges Betätigungsfeld bildete die intensive Festkultur, zu der er Festgedichte beisteuerte, die auf Flugblätter gedruckt oder als vertonte Lieder unter die Festgemeinden kamen. Die Jahre 1862–1876, in denen Keller als Staatsschreiber des Kantons Zürich wirkte, ließen wenig Zeit für die literarische Arbeit. Das Wagnis, auf diesen Brotberuf zu verzichten, ging Keller erst ein, als zwei neue Werke, *Sieben Legenden* (1872) und die erweiterte Neuausgabe der *Leute von Seldwyla* (1874) guten Absatz fanden. Keller machte sich an die Ausarbeitung alter Projekte (*Das Sinngedicht*), überarbeitete den *Grünen Heinrich* und sichtete seine Gedichte (*Gesammelte Gedichte*, 1883).

Die *Sieben Legenden* gehen auf die Legendensammlung eines Romantikers, Ludwig Theobul Kosegarten, zurück. Wenn Keller im Vorwort erläutert, wie er mit dieser Vorlage umgegangen sei, gibt er auch gleich die erste Kostprobe des feinen Humors, der die Bearbeitungen bestimmt:

*Sieben Legenden und Das Sinngedicht*

> Wie nun der Maler durch ein fragmentarisches Wolkenbild, eine Gebirgslinie, durch das radierte Blättchen eines verschollenen Meisters zur Ausfüllung eines Rahmens gereizt wird, so verspürte der Verfasser die Lust zu einer Reproduktion jener abgebrochen schwebenden Gebilde, wobei ihnen freilich zuweilen das Antlitz nach einer anderen Himmelsgegend hingewendet wurde, als nach welcher sie in der überkommenen Gestalt schauen.

So präsentiert sich das charmant hintersinnige Werklein als Literatur, die aus Literatur entstanden ist. Von l'art pour l'art kann indessen nicht gesprochen werden, lässt doch das humorvolle intertextuelle Spiel gewichtige weltanschauliche Implikationen erkennen. Die Umorientierung der Blickrichtung, von der Keller im Vorwort spricht, manifestiert sich etwa in der hinreissenden Schlussszene des Zyklus, die im Himmel spielt. Die antiken Musen sind als Gäste geladen und stimmen einen Gesang an, der alle, die »je auf grüner Wiese gegangen oder gelegen« vor Sehnsucht »außer Fassung« geraten lässt, so dass die »allerhöchste Trinität selber« einschreiten muss, »um zum Rechten zu sehen«. Keller hatte 1849 in Heidelberg den Philosophen und Religionskritiker Ludwig Feuerbach kennen gelernt, unter dessen Einfluss seine religiösen Zweifel sich zu atheistischen Überzeugungen verfestigten. Aus der

Art, wie er diese in den *Sieben Legenden* zur Geltung kommen lässt, ist alles Dogmatische gewichen, obwohl die kühnen Pointen, in denen die christliche Doktrin der Weltentsagung in Weltbejahung umschlägt, in genauer Analogie zu Feuerbachs Verfahren stehen, den Jenseitsglauben als Produkt sehr diesseitiger Bedürfnisse zu entlarven. Dass das Buch in der Schweizer Presse einige Blasphemie-Vorwürfe provozierte, war nicht erstaunlich: Sowohl Fröhlichs wie Freys Erzählungen dokumentieren, wie stark der Einfluss der Kirche in der säkularisierten Gesellschaft der Schweiz im 19. Jh. noch war. Außerdem hatte der in dieser Zeit ausbrechende Kulturkampf mit dem Antagonismus zwischen den Konfessionen die Präsenz des Religiösen wieder verstärkt.

Die Legendenerzählungen sollten einem noch in der Berliner Zeit gefassten Plan zufolge Teil eines umfangreichen Zyklus von Heiratsgeschichten sein, die Keller nun erst Jahrzehnte später zu Papier brachte und unter dem Titel *Das Sinngedicht* 1881 veröffentlichte. Es handelte sich dabei – nach *Die Leute von Seldwyla*, *Sieben Legenden* und *Züricher Novellen* – um Kellers vierten Erzählzyklus, der sich durch eine ausgebaute Rahmenhandlung auszeichnet. Diese stellt ihrerseits eine Heiratsgeschichte dar, deren Figuren dann aus je bestimmtem Anlass die einzelnen Novellen erzählen. Dieses höchst geistreiche Arrangement, das nicht zufällig auf Lessing Bezug nimmt, gibt zu verstehen, dass man erzählend eine Strategie verfolgen, argumentieren und das Herz eines Zuhörers erobern kann.

Die *Sieben Legenden* spielen in der Antike und im Mittelalter, die Novellen des *Sinngedichts* zum Teil in nicht näher identifizierten alteuropäischen Adelskreisen. So sind die beiden Zyklen die Schweiz-fernsten Werke Kellers und zugleich diejenigen, welche ihre Literarizität am deutlichsten herausstreichen. Sie trugen wesentlich dazu bei, das literarische Ansehen Kellers in Deutschland zu festigen, wofür auch zuträglich war, dass *Das Sinngedicht* (so wie vorher schon die *Züricher Novellen*) in der angesehenen, von Julius Rodenberg herausgegebenen Monatsschrift *Deutsche Rundschau* zum Vorabdruck kam.

Martin Salander

Noch bevor die letzte Folge dieses Vorabdrucks erschienen war, kündigte Keller Rodenberg einen neuen, einbändigen Roman an, der zu den aktuellen gesellschaftlichen und politischen Zuständen in der Schweiz pointiert Stellung nehmen werde. Keller lag offenbar daran, dem verspielten *Sinngedicht* sofort ein Buch an die Seite zu stellen, das nun auch wieder seinen Namen als Schweizer Autor befestigte. Bis es soweit war und *Martin Salander* erscheinen konnte, dauerte es allerdings noch fünf Jahre.

Um die Unvoreingenommenheit des Blicks glaubhaft zu machen, der da auf die Aktualität geworfen wird, bedient sich Keller eines Kunstgriffs, der von Bräkers *Armem Mann in Tockenburg* über Gotthelfs *Bauernspiegel* und Spittelers *Imago* bis zu Frischs *Stiller* in der Schweizer Literatur immer wieder angewendet worden ist: Ein Schweizer kehrt nach längerer Abwesenheit in die Heimat zurück und mustert seine aus der Ferne womöglich verklärte Heimat mit neuen Augen. Kellers Protagonist, Martin Salander, hat insgesamt zehn Jahre, getrennt von seiner Familie, in Brasilien verbracht und sich dort ein zweites Mal das Vermögen erarbeitet, das er einst als Textilindustrieller in viel kürzerer Zeit erworben und durch eine unvorsichtige Bürgschaft wieder verloren hatte. Salander fällt es nicht ganz leicht, sich in seiner Heimatstadt Münsterburg wieder zurecht zu finden: Das architektonische Gesicht der Stadt, aber auch die politische Kultur haben sich stark verändert; unverkennbar brachte Keller an Münsterburg zur Darstellung, was er aus Zürich kannte. Auch dieses war von einem beispiellosen Bauboom heimgesucht worden und erlebte in der zweiten Hälfte der 1860er Jahre, wie andere Kantone der Schweiz, einen tiefgreifenden politischen Umgestaltungsprozess, die Demokratische Bewegung, die 1874 auch eine Revision der Bundesverfassung nach sich zog. Ziel der Bewegung war die Einrichtung einer direkten Demokratie, welche das Volk über die Wahl des Parlaments hinaus auch durch die Direktwahl der Regierung und anderer Amtsträger, sowie durch Sachabstimmungen unmittelbar an den politischen Entscheidungsfindungen partizipieren lässt. Während die Politik im Kanton Zürich vorher die Sache einer relativ kleinen Elite war, in welcher der Wirtschaftskapitän Alfred Escher eine tonangebende Rolle spielte, wurde der Kreis der politischen Akteure durch die Demokratische Bewegung stark erweitert. Keller, der zum »Escherschen System« einst kritische Distanz markiert hatte, durch die Wahl zum Staatsschreiber aber ein Teil davon geworden war, verfolgte die Umwälzungen mit einigem Argwohn. Wie einst der Radikalismus Gotthelf, lässt die Demokratische Bewegung Keller in ein (allerdings längst nicht so kompromisslos) kritisches Verhältnis zum politischen Establishment treten.

Martin Salander bringt es in Münsterburg als Kaufmann rasch wieder zu Ansehen und engagiert sich in der Politik. Er versucht, auch seine Kinder auf ein öffentliches Engagement einzuschwören. Die Gatten seiner Töchter, bei denen es sich groteskerweise um Zwillinge handelt, scheinen seinem Vorbild nacheifern zu wollen, erweisen sich aber bald als gesinnungslose, schließlich gar kriminelle Opportunisten. Salander lässt sich jedoch in seinem Glauben an den Fortschritt und an die Bereitschaft der Bürger, verantwortlich für das Kollektiv zu handeln, nicht beirren. Damit scheint der Roman die Frage aufzuwerfen, ob solche Prinzipientreue in einer Welt, welche dem Profit des Einzelnen höchste Priorität zumisst, nicht bloß noch der Ausdruck von Weltfremdheit sei. Hat der Liberalismus nur den egoistischen Geschäftssinn stimuliert (und damit bis zum Ausbruch der Grossen Depression Mitte der 1870er Jahre eine beispiellose wirtschaftliche Prosperität ermöglicht) und den Gemeinsinn verkümmern lassen? Hat er den Citoyen vor dem Bourgeois kapitulieren lassen? Indem das Buch solche Fragen aufwirft, zieht es eine ernüchterte Bilanz jener fünfzig Jahre Liberalismus in der Schweiz, die Keller als Teil seines eigenen Lebens und als Nährboden seines literarischen Schaffens betrachten musste. Salanders Optimismus ist als Übertünchung der Bedenken so leicht zu durchschauen, dass er diese erst recht aufkommen lässt.

*Bilanz von fünfzig Jahren Liberalismus*

Der Eindruck, dass Keller in seinem Altersroman die politische Kultur, die ihn selber prägte, einer kritischen Überprüfung unterzieht, wird auch durch eine letzte ausführliche Gestaltung des Festmotivs genährt, welche sich im langen Mittelkapitel findet. Die Doppelhochzeit, die Salander für seine Töchter veranstaltet und zum Volksfest stilisiert, lässt nur falsche Töne und Spannungen in Erscheinung treten. In einer Entwurfsnotiz zum Roman hielt Keller fest: »Der Autor stellt sich anläßlich des Festschwindels (Schulreisen etc.) selbst dar als büßenden Besinger und Förderer solchen Lebens. Alternder Mann der unter der Menge geht und seine Lieder bereut etc.«

*Martin Salander* ist aber nicht nur deshalb ein bemerkenswertes Buch, weil darin das Œuvre eines politischen Autors an ein Ende gebracht und ein folgenreiches Kapitel schweizerischer (Literatur-)Geschichte zu Ende gedacht wird, sondern auch weil Keller damit formales Neuland betritt. Der Roman gehört zu jenen späten Werken realistischer Autoren, in denen der Realismus über sich selber hinausgeht. Während dies in Fontanes *Stechlin* durch eine radikale Perspektivierung, in Raabes *Die Akten des Vogelsangs* durch eine ständige Problematisierung des Erzählgeschäfts geschieht, manifestiert es sich hier hauptsächlich in einem höchst lässigen Umgang mit dem Wahrscheinlichkeitsgebot. Dass Salanders Töchter, Setti und Netti, sich mit einem Zwillingsbrüderpaar liieren, gibt Gelegenheit zu slapstikartigen Verwechslungsepisoden. Soll damit angedeutet werden, dass die moderne Industriegesellschaft das Konzept der unverwechselbaren Individualität, das für Kellers Bildungsroman, den *Grünen Heinrich*, leitend war, zu untergraben im Begriffe sei? *Martin Salander* wäre dann ein Zeitroman, der nicht einfach nur Zeiterscheinungen bespricht, sondern darauf auch durch seine Form reagiert. Die Verdoppelung von Figuren oder der forciert anmutende Zufall, dass Salander mehrmals nacheinander das Opfer desselben Betrügers wird, lässt den parabolischen Charakter der Handlung deutlich in Erscheinung treten, der auf Werke des 20. Jh.s – etwa eines Kafka oder Dürrenmatt – vorausweist.

*Auswanderung als Thema: Caspar Aloys Bruhin und Johann Jakob Romang*

Die Auswandererthematik, welche in *Martin Salander* nur aufgegriffen zu werden scheint, um eine Rückkehr zu inszenieren, war zu Kellers Zeit von größter Virulenz. Die Schweiz war auch im 19. Jh. noch ein Auswandererland – erst als gegen dessen Ende namentlich die Bauindustrie immer mehr Arbeiter hauptsächlich in Italien rekrutierte, überstieg die Zahl der Einwanderer erstmals die der Auswanderer. Die Auswanderung, welche insbesondere Angehörigen der ländlichen Unterschicht als letzter Ausweg aus einer wirtschaftlichen Notlage noch blieb, wurde von anderen Schriftstellern indessen durchaus thematisiert. Caspar Aloys Bruhin erzählt in seinem Roman *Leo der Arbeiter und sein Leben* (1864) nicht nur von den Härten des Lebens in der Schweiz, sondern auch von einem längeren Amerikaaufenthalt. Auch Johann Jakob Romang nimmt sich als Schriftsteller der Sorgen der ›kleinen Leute‹ an und erzählt etwa in *Ein Oberländer-Hosenlupf in Smyrna* (erschienen in Romangs Erzählband *Aus Ost und West* von 1864) von einem Auswandererschicksal. In der Themenwahl dieser ›engagierten‹ Autoren (die auf formaler Ebene weit konventioneller waren als der späte Gottfried Keller) spiegelt sich auch deren Parteinahme für die Demokratische Bewegung, die in ihren Anfängen auch sozialistische Strömungen einzubinden wusste, bevor sich ihre Repräsentanten mit den Liberalen bzw. Radikalen 1894 zur freisinnig-demokratischen Partei der Schweiz zusammenschlossen und der Arbeiterbewegung entgegentraten.

### Kellers Lyrik

Man nannte das, wofür der junge Gottfried Keller in den 1840er Jahren mit seinen Gedichten eintrat, abkürzend gerne einfach »den Fortschritt« und diejenigen, die sich dafür engagierten, »Fortschrittsmänner«: Ihre Gegenspieler, die Konservativen vom Schlage eines Jeremias Gotthelf dagegen, wurden zu reaktionären Dunkelmännern stilisiert. Wenn Martin Salander seine klarsichtige Frau mit seinem unverwüstlichen Optimismus zum Schmunzeln bringt, führt dies jedoch vor Augen, dass ein unerschütterlicher Fortschrittsglaube gegen Ende des Jahrhunderts kaum noch ganz ernst genommen werden konnte. Solchen Zweifeln verleiht Keller auch in einem 1879, also wenige Jahre vor dem Altersroman entstandenen Gedicht Ausdruck, dem einmal mehr eine Heimkehrerszene zugrunde liegt:

Land im Herbste

Die alte Heimat seh' ich wieder,
Gehüllt in herbstlich feuchten Duft;
Er träufelt von den Bäumen nieder,
Und weithin dämmert grau die Luft.

Und grau ragt eine Flur im Grauen,
Drauf geht ein Mann mit weitem Schritt
Und streut, ein Schatten nur zu schauen,
Ein graues Zeug, wohin er tritt.

Ist es der Geist verschollner Ahnen,
Der kaum erstrittnes Land besät,
Indeß zu Seiten seiner Bahnen
Der Speer in brauner Erde steht?

Der aus vom Kampf noch blut'gen Händen
Die Körner in die Furche wirft,
So mit dem Pflug von End' zu Enden
Ein jüngst vertriebnes Volk geschürft?

Nein, den Genossen meines Blutes
Erkenn' ich, da ich ihm genaht,
Der langsam schreitend, schweren Mutes
Die Flur bestäubt mit Aschensaat.

Die müde Scholle neu zu stärken
Läßt er den toten Staub verweh'n;
So seh' ich ihn in seinen Werken
Gedankenvoll und einsam geh'n.

Grau ist der Schuh an seinem Fuße,
Grau Hut und Kleid, wie Luft und Land;
Nun reicht er mir die Hand zum Gruße
Und färbt mit Asche mir die Hand.

Das alte Lied, wo ich auch bliebe,
Von Mühsal und Vergänglichkeit!
Ein wenig Freiheit, wenig Liebe,
Und um das Wie der arme Streit!

Wohl hör' ich grüne Halme flüstern
Und ahne froher Lenze Licht!
Wohl blinkt ein Sichelglanz im Düstern,
Doch binden *wir* die Garben nicht!

Wir dürfen selbst das Korn nicht messen,
Das wir gesät aus toter Hand;
Wir gehn und werden bald vergessen,
Und unsre Asche fliegt im Land!

Der graue Mann, der da über das Feld geht, erscheint dem Betrachter, der in seine Heimat zurückkehrt, auf den ersten Blick wie ein Sämann, der neu eroberfes Land bestellt. Bei genauerem Hinsehen zeigt sich, dass nicht Saatgut ausgebracht wird, sondern Asche, welche alles mit bleiernem Grau zudeckt. Wird da statt des neuen Lebens nur Tod verbreitet? Auch dieser Eindruck täuscht. Die Asche düngt den Boden. Sie bringt zwar neues Grün nicht selber hervor, sie ist nicht Saat, aber sie ist Dünger. Der Vorgang, der da geschildert wird, ist so befremdlich, dass es sich aufdrängt, ihn allegorisch als eine historisch-politische Standortbestimmung zu lesen, der zufolge die Zeit des kühnen Neubeginns, der Staatengründung (wie 1848) vorbei sei, und es nun darum gehe, in zäher und entbehrungsreicher Arbeit – im »armen Streit« um »das Wie« – das Gemeinwesen am Funktionieren zu halten und auch vor Unangenehmem, vor dem Sich-schmutzig-Machen nicht zurückzuschrecken (etwa mit einem kritischen Buch von der Art des *Martin Salander*, von dem sein Autor gesagt haben soll, es sei »nicht schön«). Eine schnelle

Ernte ist da nicht in Sicht, der graue Sämann wird sie jedenfalls nicht erleben.

*Grauer Alltag*

So gedeutet wäre dieses rätselhafte Gedicht das Zeugnis eines Paradigmenwechsels. Die Euphorie der Gründerzeit (im allgemeinen, aber auch im spezifisch schweizerischen Sinn) macht dem grauen Alltag Platz, die kühnen Entwürfe sorgevollem Verwalten. Viele werden im 20. Jh. die Schweiz als ein Land der Stagnation sehen und mit Nostalgie an die Zeit des liberalen Aufbruchs erinnern: *Land im Herbste* markiert den Umschlag.

Das Gedicht, und darin ist es kein Einzelfall in der lyrischen Produktion Gottfried Kellers, mutet in seiner Bildhaftigkeit sehr konstruiert an, verdankt aber der streng durchgehaltenen Monochromie eine eigene Suggestionskraft und Größe. Gottfried Keller hat als Erzähler einen unverwechselbaren Ton gefunden, welcher das ganz Prosa-Œuvre durchzieht, in dem es kaum qualitative Einbrüche gibt, obwohl es im Nebeneinander von Bildungsroman, Dorfgeschichten, historischem Roman, Legendenparodie, Zeitroman vielfältiger ist und sich mehr Freiheiten nimmt als die Werke der anderen großen Erzähler des Realismus. Kellers Lyrik dagegen vermittelt nicht den Eindruck, dass sie sich stets auf dem Niveau höchsten Gelingens hält. Dieses stellt sich momentweise ein; daneben gibt es das Angestrengte, die Provokation, aber auch das Konventionelle. So ist es kein leichtes Unterfangen, den Lyriker Gottfried Keller und den Prosaautor gleichen Namens zusammenzudenken und ihnen *einen* Platz in der Literaturgeschichte zuzuweisen.

## Conrad Ferdinand Meyer – abseits der Schweizer Gegenwart

### Julius Rodenberg zu Besuch in Zürich

Julius Rodenberg

Im Spätsommer 1877 machte der Berliner Zeitschriftenredakteur Julius Rodenberg zusammen mit seiner Frau auf einer Ferienreise Zwischenhalt in Zürich. Rodenberg hatte 1874 seine monatlich erscheinende Zeitschrift *Deutsche Rundschau* lanciert, welche bald als eines der angesehensten Publikationsorgane anspruchsvoller deutschsprachiger Gegenwartsliteratur galt. Programmatisch bringt der Titel zum Ausdruck, dass nach der durch die Reichsgründung von 1871 besiegelten politischen Einigung Deutschlands auch eine Zusammenschau der literarischen Produktion zu erfolgen habe. Rodenberg, der sich eine großdeutsche Lösung unter Einschluss Österreichs gewünscht hatte, schenkte den deutschsprachigen Räumen, welche das Bismarck-Reich (noch) nicht einbezog, besondere Aufmerksamkeit (er hatte für seine Zeitschrift auch den Titel »Berlin und Wien« erwogen). In Zürich wollte er mit Gottfried Keller, einem seiner zugkräftigsten Autoren, aber auch mit Conrad Ferdinand Meyer zusammentreffen, um sich neue Texte der beiden Autoren für den Abdruck zu sichern, eine Unternehmung, die in verschiedenerlei Hinsicht symptomatisch ist.

Rodenberg konnte das Zusammentreffen mit seinen beiden Autoren mit einer Ferienreise verbinden. Die Schweiz war im Laufe der vergangenen hundert Jahre zu einem Tourismusland geworden, dessen Bergtäler zu durchreisen dank immer besser ausgebauter Verkehrswege und einer immer höheren Komfortansprüchen genügenden Hotellerie nicht mehr nur ein abenteuerlustiges Publikum anzog. Vor diesem Hintergrund hatten literarische Ortsschilderungen damit zu rechnen, dass sie mit den Reiseerfahrungen ihrer bürgerlichen Leserschaft verglichen wurden. Hatte man früher gelesen, weil man nicht reisen konnte, las man jetzt auch während des Reisens oder danach. Das Buch, das den Ruhm des Basler Kulturhistorikers Jacob Burckhardt begründete, einer der herausragenden Figuren des kulturellen Lebens der Schweiz dieser Zeit, trug den Titel *Der Cicerone. Eine Anleitung zum Genuß der Kunstwerke Italiens* (1855), womit es sich selber dazu empfahl, auf die Reise mitgenommen zu werden. Das erste Werk, das die *Rundschau* von den beiden Zürchern vorabgedruckt hatte, waren Kellers *Züricher Novellen* gewesen. Daraus kannte Rodenberg auch den Zürichberg, den er nun besuchen wollte.

Auch den beiden Autoren war am Kontakt mit Rodenberg viel gelegen. Die deutsche Reichsgründung, der die italienische Einigung vorausgegangen war, hatte die Stellung der Schweiz in ihrem europäischen Umfeld einschneidend verändert. Martin Salander, der Held von Kellers Altersroman, sollte das später auf die Formel bringen: »Rings um uns hat sich in den großen geeinten Nationen die Welt wie mit vier eisernen Wänden verschlossen.« Lief die Schweiz damit Gefahr, ins kulturelle Abseits zu geraten? Meyer und Keller, die sich als Autoren der deutschen Literatur verstanden, sahen in der *Deutschen Rundschau* den Garanten dafür, dass ihre Texte das gebildete bürgerliche Lesepublikum des gesamten deutschen Sprachraums erreichen konnten. (Außerdem war ein Zeitschriftenabdruck auch lukrativer als die daran anschließende Veröffentlichung der Buchausgabe, für die Keller und Meyer ebenfalls nur deutsche Verlage wählten.)

Dass der Besuch den beiden Autoren galt, man sich aber nicht zu dritt traf, zeigt, dass schon damals Keller und Meyer als die herausragenden Gestalten der literarischen Schweiz wahrgenommen wurden, diese aber einen eher distanzierten persönlichen Kontakt zueinander pflegten. Es behagte ihnen nicht sonderlich, dass man sie gerne in einem Atemzug nannte. Meyer sah sich durch Keller, der älter war und sich früher einen Namen gemacht hatte, eher zur Abgrenzung als zur Nachahmung herausgefordert. Von Keller ist der Stoßseufzer überliefert, ihm beginne es verdrießlich zu werden, stets als der eine »Genosse einer Schweizerfirma ›Keller und Meyer‹ – oder [...] als ›ewiger siamesischer Zwilling‹« vorgeführt zu werden.

## *Wohnort und ideelle Heimat*

Im Gegensatz zu Gottfried Keller, der sich in Zürich zu Hause fühlte und am öffentlichen Leben der Schweiz partizipierte, konnte Conrad Ferdinand Meyer mit dem kleinen Land und seiner politischen Verfassung wenig anfangen. Er war nie Teil jenes auf die Schweiz zentrierten literarischen Lebens, das unter dem Eindruck der Bundesstaatsgründung von 1848 stand. Was in Meyers Werk von der Schweiz Gestalt fand, das ist einerseits die Landschaft, insbesondere des Zürichsees und der Bergtäler des Kantons Graubünden, andererseits einige Kapitel der zurückliegende Geschichte, kaum jedoch das Leben und die Mentalität der aktuellen Bewohner und ihre republikanische politische Kultur, von der Gotthelf und Keller so entscheidende Impulse empfingen. Meyers Verhältnis zur Schweiz könnte man so mit demjenigen eines Reisenden vergleichen, der sich für die Naturschönheiten und die Geschichte des besuchten Landes interessiert. Dazu passt, dass Meyer bei der Wahl seiner Wohnungen schöne, aussichtsreiche Lagen außerhalb der Stadt Zürich bevorzugte, was auch seiner Menschenscheu entgegenkam.

Dabei war Meyer von seiner Herkunft her viel solider im Zürcher Stadtbürgertum verankert als Keller, dessen Eltern vom Land in die Stadt gekom-

Conrad Ferdinand Meyer, Radierung von Karl Stauffer-Bern (1886)

men waren, in der Integration im Stadtbürgertum aber wohl gerade deshalb ein erstrebenswertes Ziel sahen. Sowohl Meyers eigene Familien als auch diejenige seiner Gattin waren in Zürich alteingesessen und auch so wohlhabend, dass der Schriftsteller nie auf eine Erwerbsarbeit angewiesen war. Der Vater hatte nach juristischen und historischen Studien in Lausanne, Berlin und Göttingen in seiner Geburtsstadt eine Laufbahn als Staatsbeamter und Politiker eingeschlagen, gehörte nach 1830 für kurze Zeit der ersten liberalen Regierung an, war Kantonsschullehrer und führte dann ein eher zurückgezogenes Leben als historisch interessierter Privatgelehrter. Er starb, als sein Sohn erst 15-jährig war. Von schwermütiger Veranlagung, unterwarf seine Gattin die Familie dem Regime ihrer strengen pietistisch-puritanischen Gläubigkeit. Für die früh erwachten Dichterträume des Sohnes durfte es hier keinen Raum geben. Erst der Aufenthalt in einer psychiatrischen Klinik in der Westschweiz erlöste den jungen Mann aus dem ans Autistische grenzenden Rückzug in eine eigene Welt, ein bezeichnender Vorgang, scheinen sich doch Meyers Lebensgeister und seine Kreativität immer nur geregt zu haben, wenn er sich von seinem angestammten Zuhause oder der Gegenwart entfernte. Was jedoch die konkrete Lebensführung anbelangte, brach Meyer die Brücken nicht ab. Nach einem Studienaufenthalt in der französischen Schweiz und ausgedehnten Reisen nach Paris und nach Italien kehrte er immer wieder ins heimatliche Zürich zurück. Nach dem Selbstmord der Mutter (1856), der sich für den Sohn gleichzeitig als Befreiung und als andauernde Belastung erwies, wurde die Schwester Betsy in so hohem Maße zur Komplizin der sich nun nach und nach Bahn brechenden schriftstellerischen Arbeit, dass man in ihr eine Art Mitautorin gewisser Texte zu sehen hat. Meyers Lebensende schließlich war bestimmt von der endgültigen Rückkehr der Schwermut, die zu einer erneuten medizinischen Betreuung zwang, so dass Meyers Erwachsenen- und Dichterleben eingerahmt war von Aufenthalten in psychiatrischen Kliniken.

In jüngeren Jahren fühlte sich Meyer dem romanischen Kulturraum – der französischen Schweiz, Paris und Italien – besonders verbunden. Er beherrschte die französische Sprache perfekt. Den deutsch-französischen Krieg und die deutsche Reichsgründung fasste Meyer dann aber als Nötigung auf, Farbe zu bekennen, was zu einer fast gewaltsamen Identifikation mit Deutschland führte. Ein wichtiger Faktor für diese Positionierung war die Freundschaft mit François und Eliza Wille, die als Meyers Nachbarn in Meilen am Zürichsee ein kultiviertes Haus führten, in dem auch Keller, Richard Wagner oder der Architekt Gottfried Semper verkehrten. Wille, Studienfreund Bismarcks, war 1848 Abgeordneter im Frankfurter Parlament gewesen und kam danach, wie Wagner und Semper, ins Schweizer Exil.

### »Huttens letzte Tage«

Der literarische Durchbruch gelang dem 47-jährigen Dichter, der erst vereinzelte Gedichte publiziert hatte, mit dem Gedichtzyklus *Huttens letzte Tage*. Es dreht sich um die letzten Lebensmonate Ulrich von Huttens (1488–1523), des deutschen Humanisten, Poeten und Kämpfers für die Reformation, welchem der Zürcher Reformator Huldrych Zwingli die kleine Zürichseeinsel Ufenau als Refugium zur Verfügung stellte. Die Stoffwahl geht zurück auf die Hutten-Biographie des Theologen David Friedrich Strauß, dessen Berufung an die Universität die erste liberale Zürcher Regierung, der Meyers Vater angehörte, 1839 zum Rücktritt gezwungen hatte. (Dank dieses Bezugs ist auch das literarische Debüt Meyers indirekt noch mit jenem liberalen Aufbruch der Jahre zwischen 1830 und 1848 vermittelt, der für Gotthelf und

Keller so entscheidend war.) In den Monologen, aus denen der Zyklus besteht, vergegenwärtigt sich Hutten Stationen seines ereignisreichen Lebens, erinnert sich an große, seine Zeit prägende Persönlichkeiten und setzt sich mit dem eigenen Sterben auseinander. Exil und Krankheit zwingen ihn zur Kontemplation, doch toben in seinem Innern die Kämpfe einer von der Reformation aufgewühlten Umbruchszeit. Das erkennt auch der Arzt, den Hutten um Rat fragt: »Wie steht's? Sag an! – ›Herr Hutten, Eure Kraft | Erliegt dem Stoß der Herzensleidenschaft | Und Euer Geist, das scharfe Schwert, zerstört | Den Leib, die Scheide, die zum Schwert gehört. […]‹.«

Als das Werk 1872 erschien, lag es für die Leser auf der Hand, hinter der Umbruchszeit, welche Hutten in seinen Reflexionen evoziert, die aktuellen Ereignisse um die deutsche Reichsgründung zu sehen. Die Anspielungen ließen an Deutlichkeit nichts zu wünschen übrig und rückten die Aktualität in ein heroisches Licht. Dies war für die positive Aufnahme des Werkes in Deutschland sehr förderlich, begann Meyer aber zunehmend zu stören, so dass er bei den wiederholten Umarbeitungen (namentlich für die 3. Auflage von 1881) allzu deutliche Anspielungen tilgte. Im *Hutten* spiegelt sich auch die eigene Situation des Dichters, der sich, wie sein späteres Novellenwerk illustriert, im Exil seines zurückgezogenen Lebens gern mit spektakulären historischen Ereignissen beschäftigte und sich in die Nähe faszinierender, oft gleichzeitig auch erschreckender Tatmenschen phantasierte. (Meyer scheute auch nicht davor zurück, den Größten – Michelangelo, Dante – seine Worte in den Mund zu legen.)

*Die deutsche Reichsgründung*

Schließlich kann man die Distanz, welche Hutten dazu zwingt, sich die großen politischen Vorgänge in der Vorstellungskraft zu vergegenwärtigen, auch zur Distanz in Analogie setzten, welche die neutrale Schweiz offiziell zum deutsch-französischen Krieg und zur Reichsgründung wahrte. Das hinderte die Bevölkerung freilich nicht daran, sich mit der einen oder der anderen Seite zu solidarisieren, was im Gefolge der Siegesfeier der starken deutschen Kolonie in Zürich zu gewalttätigen Ausschreitungen führte (»Tonhallenkrawall«). Zu einem Zeitpunkt, als auch viele französische Militärpersonen in der Schweiz interniert waren (Bourbaki-Armee), erschien die Feier als Provokation. Die unerwartete Mobilisationskraft der Unruhen machte zudem deutlich, dass die durch die Modernisierung der Gesellschaft geschaffenen Antagonismen zu gewalttätigen Entladungen führen konnten.

## Historische Erzählungen

Historische Stoffe finden sich in den Werken fast aller Erzähler, die sich vor und nach der Jahrhundertmitte in der Schweiz einen Namen machten. Sie stehen aber – wie sich bei Gotthelf und bei Keller zeigt – jeweils im Kontext eines Erzähl-Œuvres, das zur Hauptsache in der Gegenwart spielt. Meyers Novellen dagegen gestalten ausschließlich historische Stoffe. Meyer geht es nicht darum, der Gegenwart historische Tiefenschärfe zu geben, und er nähert sich der Geschichte auch nicht, gleichsam demokratisch, durch die Perspektive der kleinen Leute an, wie das Gotthelf etwa mit seiner Erzählung *Elsi, die seltsame Magd* oder Keller mit *Ursula* (aus den *Züricher Novellen*) vormachten. Ihn faszinieren die Heroen und die Tatmenschen, wenn er auch immer wieder darstellt, wie diese an Grenzen stoßen, und ängstlich-besorgte Beobachterfiguren deren Bedrohungspotential erleben lässt. Meyer greift mit der historischen Erzählung zwar ein Modegenre auf – den durchschlagendsten Erfolg erzielte darin Joseph Victor von Scheffels *Ekkehard. Eine Geschichte aus dem 10. Jahrhundert* (1855) – entwickelte aber seine eigene

*Meyers Beitrag zu einem Mode-Genre*

Spielart, die sich kaum in den Dienst nationaler Mythenbildung stellte, wie sie auch vom historischen Festspiel betrieben wurde. Charakteristisch für Meyers Literarisierung der Geschichte ist auch der Verzicht auf ein minutiöses Ausmalen des historischen Dekors, so dass er sich mit der (auch bei den Zeitschriftenredaktionen beliebten) knappen Novellenform begnügen konnte. Auch wenn Meyer sich über den historischen Wissensstand immer sehr genau ins Bild setzte, lag die Attraktivität der geschichtlichen Stoffe für ihn darin, dass sie ihn von den Zwängen der Empirie entlasteten. Meyers Erzählkunst ist darauf fokussiert, wie politisch-kulturelle Konflikte nicht nur die Menschen untereinander entzweien, sondern auch den Einzelnen spalten, was dem Dichter nach eigenem Bekunden erlaubte, hinter der Maske der historischen Gestalten Eigenstes besser zur Darstellung zu bringen als in den sich als subjektive Aussage gebenden Gedichten. Dabei wählte er immerhin mit Vorliebe historische Konflikte, die auch in der Gegenwart noch wirksam waren, etwa den Antagonismus zwischen der germanischen und romanischen oder zwischen der protestantischen und katholischen Welt, der als Kulturkampf in den 1870er und 1880er Jahren in der Schweiz alte Gräben aus der Sonderbundszeit wieder aufriss.

Meyer liebt es, die Konflikte auf spektakuläre Weise zur Entladung zu bringen, wählt dafür jedoch eine distanzierte, geradezu ungerührte Erzählweise, offenbar das einzige Mittel, angesichts der Gewalttätigkeit die Fassung nicht zu verlieren. Trotz seiner Stoffe partizipiert so auch Meyer an jener erzählerischen Gelassenheit, welche die realistische Erzählkunst von Zeitgenossen wie Keller oder Fontane auszeichnete. Obwohl Meyers Novellen stark im Psychologischen wurzeln, wird vom Erzähler viel weniger ausdrücklich psychologisiert als in den meisten anderen zeitgenössischen Erzähltexten. Dies hängt mit einer Vorliebe für szenische Erzählverfahren zusammen, die immer wieder den Eindruck entstehen lassen, es handle sich bei Meyers Novellen eigentlich um verkappte Bühnenstücke. Meyer bekundete selber immer wieder die Absicht, den scheinbar kleinen Schritt zur dramatischen Gattung hin zu machen, wagte den Versuch dann aber ebenso wenig wie Keller und andere prominente Autoren der Zeit. Über die Gründe, warum der Realismus keine Dramen von Rang hervorbrachte, wurde viel spekuliert. Ausschlaggebend dürften einerseits die Bedingungen des literarischen Marktes gewesen sein, der mit seinen zahlreichen Literaturzeitschriften die literarische Öffentlichkeit immer mehr zu einer machte, die aus privaten Lesern bestand, andererseits das ästhetische Bedürfnis der Realisten, die Wirklichkeit relativierend als eine perspektivisch wahrgenommene wiederzugeben. Dieser Relativierungswunsch kommt bei Meyer weniger in der Erzählsprache als in der Vorliebe für Rahmenerzählungen zum Ausdruck, in denen der Erzähler der Binnengeschichte als Person mit ihren Voreingenommenheiten vorgestellt wird.

Was an Meyers Novellenwerk ans Drama erinnert, ist auch die klare Scheidung in tragische *(Der Heilige,* 1879/80, *Gustav Adolfs Page,* 1882, *Die Versuchung des Pescara,* 1887, *Angela Borgia,* 1891) und komödienhafte Stoffe *(Der Schuss von der Kanzel,* 1878, *Plautus im Nonnenkloster,* 1881). Dass sich überhaupt eine so klare Unterscheidung vornehmen lässt, macht erneut die markante Differenz deutlich, welche Meyer von Keller trennt, wo das Tragische und das Komische sich oft mischen und das Lachen dem Weinen ganz nahe stehen kann. Der Humor, der solche Übergänge zu bewerkstelligen hilft und der für Kellers und Gotthelfs Erzählen ebenso konstitutiv ist wie für dasjenige von Fontane und Raabe, spielt bei Meyer eine viel geringere Rolle, was nicht bedeutet, dass nicht auch in seinem Werk Figuren in ironischem Licht erscheinen können.

Der Titelheld von Meyers umfangreichster historischer Erzählung ist ein legendärer Schweizerischer Volksheld, ein Politiker aus der Zeit des Dreißigjährigen Krieges, dessen fintenreichen Schachzügen man es zu verdanken glaubte, dass das zu jener Zeit mit der schweizerischen Eidgenossenschaft erst locker verbundene Graubünden im Konflikt zwischen Spanien (Habsburg) und Frankreich nicht aufgerieben wurde. Die Erzählung schildert, wie Jenatsch diesem politischen Ziel sehenden Auges seine Freundschaften und sein persönliches Lebensglück opfert und dabei auch nicht vor Verrat und Mord zurückschreckt. Mit seinen protestantischen Gefolgsleuten kämpft er gegen die Anhänger des katholischen Spaniens und ermordet deren Anführer, Pompejus von Planta, den Vater seiner Jugendgeliebten Lucretia. Er findet das Vertrauen des Repräsentanten Frankreichs, des Hugenotten Herzog Heinrich von Rohan, der in seiner humanen Kultiviertheit und moralischen Gradlinigkeit als sein Gegenteil erscheint und von ihm schließlich ebenfalls verraten wird. Jenatschs Ende ist die Konsequenz einer Politik, welche auf das Persönliche keine Rücksicht nimmt: Er wird von Lucretia, die er liebt und die ihn liebt, erschlagen.

Die Mischung aus Faszination und Abscheu, welche die zwielichtige Gestalt des Jürg Jenatsch bei den Lesern hervorruft, findet im Ratsherren Waser Gestalt, der als Gesandter des sich in dem Konflikt neutral verhaltenden Zürich und als Studienfreund des streitbaren Bündners das Geschehen verfolgt, genau wie die Schweizer die deutsch-französische Auseinandersetzung, in welcher Bismarck, in dem man ein Vorbild für Meyers Jenatsch sah, eine Hauptrolle spielte.

Die *Pescara*-Novelle zeigt die unvergleichliche Verdichtungskunst, über welche der Erzähler (und auch der Lyriker) Conrad Ferdinand Meyer gebot. Ihr Stoff hätte zu einem breiten Fresko ausgemalt werden können, wird jedoch anhand einer knappen Folge hoch konzentrierter Einzelszenen erzählt. Außerdem ist die Novelle ein Beleg für Meyers spezielle Vorliebe für eine kulturgeschichtliche Epoche, die Renaissance.

Diese Epoche kam bekanntlich erst im 19. Jh. zu ihrem Namen und verdankte ihr Profil wesentlich der folgenreichen Schrift *Cultur der Renaissance in Italien* (1860) des Basler Kulturhistorikers Jacob Burckhardt. In vornehm-konservativem Basler Milieu aufgewachsen, war dieser einer der renommiertesten Gelehrten seines Fachs. 1855–1858 lehrte er am eidgenössischen Polytechnikum in Zürich (wo er gelegentlich mit Keller verkehrte) Kunstgeschichte und danach bis 1893 an der Universität Basel zuerst allgemeine Geschichte, dann Kunstgeschichte. Unter den dem Positivismus verpflichteten Fachkollegen seiner Zeit zeichnete er sich durch die Fähigkeit aus, historisches Spezialwissen zu einprägsamen Gesamtdarstellungen zu synthetisieren. Dabei ging er von einem breiten Kulturbegriff aus, was ihn für die kulturwissenschaftliche Debatte der Gegenwart interessant macht und sich im Facettenreichtum seines Renaissance-Bildes niederschlug. Dass Meyer ein Leser von Burckhardts Büchern, seiner *Cultur der Renaissance* und seines *Cicerone* war, lässt sich anhand von daraus übernommenen Einzelheiten nachweisen. In Burckhardts *Weltgeschichtliche Betrachtungen*, die 1905 von Jakob Oeri aufgrund von Vorlesungsmanuskripten und -mitschriften herausgegeben wurden und nach dem Ersten Weltkrieg eine große Resonanz fanden, tritt der kulturpessimistische Zug in Burckhardts Denken besonders deutlich hervor.

In Meyers *Die Versuchung des Pescara* trifft man erneut auf die Gegenüberstellung von Intrigantentum und Edelmut, politischem Durchsetzungsvermögen und Ohnmacht. Dabei sind die Pole klarer geschieden als in *Jürg*

*Jürg Jenatsch. Eine Bündnergeschichte (1874/76)*

*Jacob Burckhardt, die Renaissance und die Novelle* Die Versuchung des Pescara *(1886)*

Jacob Burckhardt

Johann Rudolf Rahn,
»Bläsi Zgraggen uß Uri«,
Zeichnung

*Jenatsch.* Der Titelheld vereinigt in sich den Edelmut *und* den politischen Durchblick. Er soll von einer Gruppe um den Herzog von Mailand und dessen durchtriebenen Kanzler Morone nach der Schlacht von Pavia im Jahre 1525 dazu bewegt werden, sich vom Kaiser, dem er bisher gedient hatte, loszusagen und seine überlegene Feldherrenkunst in den Dienst der antikaiserlichen »Liga«, einer Allianz verschiedener italienischer Territorialfürsten mit Frankreich, zu stellen. Ziel dieses Plans ist es, Italien von der spanischen Fremdherrschaft zu befreien, es zu einigen und Pescara zum König zu krönen. Dies verrät deutlich, dass Meyer eine politische Leitidee seines Jh.s in den historischen Stoff hineinprojiziert. Dabei deutet die Tatsache, dass diese Idee von Meyer mit einem Verrat, mit etwas Anrüchigem also, assoziiert wird, auf jenes Misstrauen dem Nationalstaat gegenüber hin, das auch Jacob Burckhardt artikulierte. Pescara weist das ihm von Morone mit höchster rhetorischer Kunst unterbreitete, ehrenvolle Ansinnen entschieden und ungerührt zurück und stellt damit eine fast übermenschliche Charakterfestigkeit unter Beweis. Er vermag offenbar schöne politische Ideale und auch den eigenen Ehrgeiz seiner Loyalitätspflicht unterzuordnen. Man erfährt erst später, dass die Abgeklärtheit noch einen ganz anderen Grund hat: Der Feldherr weiß (ähnlich wie Hutten), dass er nach einer Verwundung in der Schlacht von Pavia den Tod in sich trägt und Zukunftspläne für ihn gegenstandslos sind.

Die Art und Weise, wie das Geheimnis von Pescaras Verletzung gelüftet wird, ist bezeichnend für das Raffinement von Meyers Erzählkunst, die sich gerne indirekter, allegorischer und symbolischer Verfahren bedient. Pescara meditiert in einer Kirche vor einem Altarbild mit dem gekreuzigten Christus, dem der römische Soldat die Seitenwunde zufügt. Pescara mustert diesen vierschrötigen Soldaten und stutzt, um ihn dann als den Schweizer Söldner zu identifizieren, der ihn in der Schlacht von Pavia verletzte. Allein schon dessen Schweizer Name, Bläsi Zgraggen, sorgt in der eleganten italienischen Adelswelt für eine schrille Dissonanz. Die Episode mit dem Altarbild scheint indirekt auch darüber Aufschluss zu geben, wie Meyer sich die Funktionsweise seiner historischen Novellistik vorstellte: Das Kunstwerk konfrontiert den Betrachter mit etwas scheinbar weit weg Liegendem, worin dieser jedoch umso deutlicher seine eigene Situation wiedererkennen kann.

## Meyers Lyrik

*Das Leben und
der Tod*

Dass Gottfried Keller zwischen 1848 und 1855 in Deutschland lebte, prägte zwar seine intellektuelle Statur, hat in seinem Erzählwerk jedoch wenig inhaltliche Spuren hinterlassen. Conrad Ferdinand Meyer dagegen liebte es, die Orte, die er meist mit seiner Schwester Betsy bereiste, literarisch zu gestalten. Dabei ist er alles andere als ein Reiseschriftsteller; die fremden Schauplätze werden nie um ihrer selbst willen beschrieben. Ihre Evokation konzentriert sich auf wenige charakteristische Züge, die einer Handlung als symbolträchtiger Hintergrund dienen oder in ein allegorisches Bild gebracht werden. Das zeigt sich etwa an folgendem Venedig-Gedicht, das Meyer erst viele Jahre nach seinem Besuch der Lagunenstadt zu Papier brachte.

Auf dem Canal Grande

Auf dem Canal grande betten
Tief sich ein die Abendschatten,
Hundert dunkle Gondeln gleiten
Als ein flüsterndes Geheimnis.

Aber zwischen zwei Palästen
Glüht herein die Abendsonne,
Flammend wirft sie einen grellen
Breiten Streifen auf die Gondeln.

In dem purpurroten Lichte
Laute Stimmen, hell Gelächter,
Überredende Gebärden
Und das frevle Spiel der Augen.

*Eine* kurze kleine Strecke
Treibt das Leben leidenschaftlich
Und erlischt im Schatten drüben
Als ein unverständlich Murmeln.

Die Geschwister Conrad
Ferdinand und Betsy
Meyer bei Silvplana im
Engadin, Sommer 1866

Venedig wird anhand weniger Einzelheiten – Gondeln, Wasserstraße, Paläste – evoziert. Der italienische Name des die ganze Stadt durchziehenden Kanals gibt dem deutschen Text eine nobel-exotische Note. Doch das Spezielle rückt ein in die übersichtliche symmetrische Struktur des Gedichtes, welche das Geschaute einprägsam nachbildet. Die kurze Spanne, während der die menschenbesetzten Gondeln durchs Licht gleiten, ist ein Moment der Atemlosigkeit, was sich auch in der hastigen Syntax der dritten Strophe bemerkbar macht. Die Schlussstrophe lädt dazu ein, in dem Bild die allegorische Darstellung der Lebenskürze zu sehen. So schließt dieses Ende nicht nur den Schattenrahmen, sondern hat auch die Funktion einer kommentierenden Subscriptio, die den Gehalt des emblematischen Bildes entschlüsselt. Es ist typisch für Meyer, dass das in der Gedichtmitte sich kurz aufbäumende Leben dezent aber unmissverständlich mit negativen Akzenten versehen ist. Das Licht ist grell und das Verhältnis der Gondelpassagiere, denen der Betrachter unvermittelt so nahe ist, dass er ihr Gebärden- und Augenspiel beobachten kann, von Verführung und Zudringlichkeit bestimmt. So haftet dem Eintauchen in die Schattenwelt etwas Erlösendes an. Form und Inhalt, konkreter Tatbestand und Hintersinn werden in diesem Gedicht in äußerster Ökonomie so aufeinander abgestimmt, dass der Text ganz und gar selbstverständlich wirkt und die Meisterschaft sich erst auf den zweiten Blick zu erkennen gibt.

*Symbolismus*

Die Gedichte, in denen Meyer sich auf ein einzelnes Bild beschränkte und Einprägsamkeit mit Vieldeutigkeit zu verbinden wusste, sind nicht sehr zahlreich, aber eine Auswahl daraus fehlt in keiner deutschen Gedichtanthologie. Sie verbürgen den Ruf von Meyer als bedeutendstem Vertreter des Symbolismus in der deutschen Literatur vor George und vor Hofmannsthal (der übrigens diese Kanonisierung einer knappen Auswahl unter Meyers Gedichten einleitete). In der von Meyer 1882 (ein Jahr vor Kellers *Gesammelten Gedichten*) veröffentlichten, streng durchkomponierten Sammlung mit dem lakonischen Titel *Gedichte*, die zu Lebzeiten des Dichters noch sechs, stets wieder erweiterte und revidierte Neuauflagen erlebte, stößt man indessen auf Gedichte sehr mannigfaltiger Art, sowohl was die Gattung angeht – es finden sich hier auch bekannte Balladen wie etwa *Die Füße im Feuer* – als auch die Tonlage, die durchaus auch ins Komische und Skurrile wechseln kann.

Das Gedicht *Auf dem Canal Grande* scheint das Produkt einer raschen, glücklichen Eingebung gewesen zu sein: Es sind davon keine Vorstufen überliefert wie zu den meisten Gedichten Meyers. Über Jahre hinweg konnte sich die Gestaltungs- und Umgestaltungsarbeit hinziehen. Hier wurden zwei verschiedene Texte zu einem verschmolzen, dort aus einem einzelnen Ansatz mehrere Gedichte herausentwickelt, hier wurde komprimiert, dort ausgefaltet. Das Entwurfsmaterial ist zu einem großen Teil erhalten und vermittelt

*Das Leben und die Kunst*

dank einer mustergültigen Präsentation in der von Hans Zeller und Alfred Zäch herausgegebenen historisch-kritischen Ausgabe von Meyers *Sämtlichen Werken* einen faszinierenden Einblick in eine Dichterwerkstatt.

Die große Bedeutung, welche Distanzierung und Stilisierung für Meyer spielten, zeigt sich auch an einem andern Gedicht, das noch über weitere zeittypische Züge im Schaffen Meyers Aufschluss gibt.

Auf Goldgrund

Ins Museum bin zu später
Stunde heut ich noch gegangen,
Wo die Heilgen, wo die Beter
Auf den goldnen Gründen prangen.

Dann durchs Feld bin ich geschritten
Heißer Abendglut entgegen,
Sah, die heut das Korn geschnitten,
Garben auf die Wagen legen.

Um die Lasten in den Armen,
Um den Schnitter und die Garbe
Floß der Abendglut, der warmen,
Wunderbare Goldesfarbe.

Auch des Tages letzte Bürde,
Auch der Fleiß der Feierstunde
War umflammt von heilger Würde,
Stand auf schimmernd goldnem Grunde.

Wird hier der Nachmittag eines kultivierten Müßiggängers beschrieben? Im Museum mustert er religiöse Gemälde des Mittelalters, welche ihre Figuren noch nicht vor einem realistisch blauen Himmel auftreten lassen, sondern vor einem Goldgrund. Indem die Bilder nicht nur Heilige darstellen, sondern auch »die Beter«, nehmen sie gleichsam den Kunstverehrer in ihre Kunstwelt auf. So in seiner Andachtshaltung bestärkt, lässt er nach dem Verlassen des Kunsttempels die Verklärung auch der Arbeitsszene auf dem Feld zuteil werden. Wenn die Landarbeiter so den Platz der Heiligengestalten einnehmen, kann man dies als Ausdruck der Säkularisation betrachten, die lange vor 1800 beginnend, sich im 19. Jh. endgültig durchsetzte. Durch die Verklärung der Schnitterszene scheint, wie so oft in Werken des Realismus, der Arbeit ein Denkmal gesetzt zu werden. Ungewöhnlich ist dabei aber, dass Meyer durch den Umweg durch das Museum gleichsam die Energiequelle für die verklärende Wahrnehmung offenlegt. Die Verklärung, die in vielen Werken des Realismus als unhinterfragtes Gestaltungsprinzip wirkungsvoll ist, wird hier als Folge einer Art ästhetischer Indoktrination problematisiert. Durch diese Offenlegung wird die Programmatik des Realismus, wonach das Leben das Primäre zu sein habe und nicht die Kunst, auf den Kopf gestellt. Kommt hinzu, dass das Gedicht-Ich nicht nur ästhetischen Glanz über die Schnitterszene gießt, sondern daran auch die jenseitigen Züge wahrnimmt, indem es durch Ausdrücke wie »zu später Stunde«, »Abendglut«, »Schnitter« und »letzte Bürde« Todesassoziationen weckt. Der ästhetische Blick wird so dem Blick des Scheidenden, mit dem auch Hutten und Pescara die Welt sehen, angeglichen. Auch in den hinreißenden Gedichten, in denen Meyer den See und die darauf verkehrenden Schiffe gestaltet (*Im Spätboot, Eingelegte Ruder, Schwarzschattende Kastanie*) herrscht das Abendlicht vor.

Meyers Texte weisen voraus auf die Literatur der Jahrhundertwende, auf Werke Hugo von Hofmannsthals etwa oder Thomas Manns, welche die Af-

*Verklärung der Schnitterszene*

finität von Kunst und Tod und die mortifizierende Kraft von Ästhetisierung dann weit exzessiver in Szene setzen und einfache Landarbeiter gute Leute sein lassen.

## Die Lyriker Heinrich Leuthold, Dranmor und Gertrud Pfander

1877 wurde der Dichter Heinrich Leuthold, der aus einfachen bäuerlichen Verhältnissen des Zürcher Oberlands stammte, seinen bescheidenen Ruhm als Lyriker aber in Deutschland holte, nach einem geistigen Zusammenbruch in die psychiatrische Klinik Burghölzli in Zürich eingeliefert, wo er seinem Tod im Jahre 1879 entgegendämmerte. Seither hat die Schweizerische Literaturgeschichtsschreibung das Problem Leuthold. Einer ihrer ersten Vertreter, Jakob Baechtold, veranstaltete in Zusammenarbeit mit Keller eine Ausgabe seiner *Gedichte* (1879); man sammelte Geld, um die Pflege des Kranken etwas zu verbessern. Leutholds Gedichte orientieren sich an antiken Vorbildern, an Hölderlin und vor allem an Platen, umkreisen Themen allgemeiner Art und huldigen einem Ästhetizismus, wie man ihn bisher in der Schweizer Literatur nicht kannte. Leuthold war in München zu Hause, gehörte dem Dichterkreis der Krokodile an und erwarb sich an der Seite von Emanuel Geibel große Verdienste als Übersetzer (daraus gingen 1862 die *Fünf Bücher französischer Lyrik in deutscher Nachdichtung* hervor). Hat es denn überhaupt einen Sinn, Leuthold in einer Schweizer Literaturgeschichte zu verzeichnen, nur weil er aus dem Zürcher Oberland stammte, in München eine Handvoll Heimwehgedichte verfasste und als hinfälliger Mann schließlich in einer Schweizer Klinik strandete? So fragt nur, wer sich über die Homogenität des Gegenstandsbereichs einer Schweizer Literaturgeschichte irrige Vorstellungen macht. Eine solche Literaturgeschichte hat sich Rechenschaft auch über jene Autoren zu geben, welche alles daran setzen, ihr Werk von Spuren ihrer Herkunft frei zu halten, (so wie es Schweizerinnen und Schweizer gibt, welche sich bemühen, ein akzentfreies Hochdeutsch zu sprechen, während andere ihren Akzent akzeptieren oder gar kultivieren). Außerdem führt der Fall Leuthold vor Augen, dass es ein Autor auch nicht allein in der Hand hat, welchen Zuordnungen er schließlich unterzogen wird. Die Tatsache, dass Leuthold aus der Schweiz stammte, war zwar vielleicht für sein literarisches Werk unbedeutend, nicht aber für dessen Rezeption, die von der Reaktion auf sein trauriges Lebensende mitbestimmt war (Leser von Schweizer Literatur haben ihre Erfahrungen mit Rückkehrern). Leuthold scheute sich nicht, gelegentlich durchblicken zu lassen, dass er die Schweiz als kulturellen Holzboden sah, und war so einer der ersten Schweizer, die an jener Stilisierung der Schweiz als geistlose, ja geisttötende Provinz arbeiteten, welche seither den Gegenpol zu den patriotisch-verklärenden Darstellungen bildet. (Hugo Lötscher wird rund hundert Jahre später dafür den Ausdruck »negatives Jodeln« prägen.) Auch Conrad Ferdinand Meyer leistete mit seinem Essay *Kleinstadt und Dorf um die Mitte des vorigen Jahrhunderts* (1881) einen Beitrag dazu. Wie das folgende Sonett von 1853 bezeugt, vertrug sich das bei Leuthold durchaus mit dem Wunschtraum, für die erbrachten kulturellen Leistungen künftig dann doch noch die Anerkennung seiner Landsleute zu finden, was diesen dann auch die Chance böte, sich vom Vorwurf der Kulturlosigkeit reinzuwaschen.

*Ein kultureller Holzboden?*

Aus der Fremde

Als Kind durchwacht' ich oft die Winternächte
Bei alten Sagen, Chroniken, Geschichten,
Die von Helvetiens Helden uns berichten,
Im Frieden treu und siegreich im Gefechte.

Wie schlug die Brust für ihre heil'gen Rechte!
Wie wähnt' ich, einst in Worten und Gedichten
Ein Denkmal früh'rer Größe aufzurichten
Dem heutigen verkommenen Geschlechte!

Doch Neid und Rachsucht suchten stets die Habe
Der Poesie im Busen mir zu mindern
Und zu vergiften meine beste Gabe.

Nur *den* Triumph soll niemand mir verhindern,
Daß einst die Schweiz erkennt an meinem Grabe:
Hier ruhet eins von meinen treusten Kindern.

*Kulturpessimismus*

Das Gedicht ist symptomatisch für seinen Autor und die Zeit, in der es entstand. Die Beschäftigung mit der Geschichte soll die Gegenwart nicht darüber aufklären, woher sie kommt, sondern sie beschämen und ihr am Glanz des Früheren die eigene Nichtigkeit vor Augen führen: Das ist, in etwas überspitzter Form, das Geschichtsverständnis, dem auch Meyer oder Leutholds Lehrer, Jacob Burckhardt, anhingen, das Schopenhauers Kulturpessimismus zum Hintergrund hatte und dem evolutiven Geschichtsverständnis eines Gotthelf oder Keller diametral entgegenstand. Laut Leutholds Gedicht ist es nicht derjenige, der sich im öffentlichen Leben engagiert, der sich »früh'rer Größe« würdig erweist, sondern der Poet. Seine »Gabe« (seine Begabung) ist deren einziger Abglanz und die einzige feste »Habe«, die von dauerhaftem Wert ist und sich keiner gesellschaftlichen Bewährungsprobe zu unterziehen braucht. In solchem Reden vom verkannten Künstler scheint sich jene Verabsolutierung des Ästhetischen bemerkbar zu machen, die Leutholds Gedichten vorgeworfen wurde und worin der Grund liegen dürfte, dass diese, anders als die ästhetisch nicht weniger durchgestalteten, aber weit sinnfälligeren Gedichte Meyers, heute nahezu vergessen sind: So beschränkt sich der am Ende des Gedichts *Aus der Fremde* erhoffte, späte »Triumph« auf die Erwähnungen in Literaturgeschichten wie der vorliegenden.

*Ferdinand Schmid*

Ein in seiner Zeit sehr erfolgreicher Lyriker war der aus Bern stammende Ferdinand Schmid, der sein Gedicht-Œuvre, das ebenfalls Übertragungen enthält, unter dem Pseudonym Dranmor veröffentlichte. Auch er stand in der Tradition Platens, verfügte aber nicht über das breite Ausdrucksspektrum von Leuthold oder gar von Meyer. Das scheint seinem Erfolg aber eher zugute gekommen zu sein. Seine *Gesammelten Dichtungen* (in erster Auflage 1873) werden bestimmt von Klagen: über die verlorene Jugend, die verlorene Heimat, das verspielte Lebensglück. Mit seinem oft prägnanten, gelegentlich aber auch ins Larmoyante verfallenden Ton traf Dranmor ein Lebensgefühl der Zeit. Das kapitalistische Wirtschaftsleben forderte vom Einzelnen einen hohen Einsatz, den man – wie der Wirtschaftskriminelle Louis Wohlwend in Kellers *Martin Salander* – gerne vulgärdarwinistisch zum »Kampf ums Dasein« stilisierte. Die Erfolge und die Gewinne wurden immer atemberaubender, die Zusammenbrüche immer fataler: Ferdinand Schmid musste dies als Kaufmann in Brasilien selber erfahren. Die Sphäre der Kunst erschien da als eine Gegenwelt, welche der malträtierten Seele des Geschäftsmanns Erholung und Trost verheißt, und sei es nur, um sich die Glücksdefizite eingestehen zu dürfen.

Von einer ganz persönlichen Misere und den dagegen gestellten Glücksvisionen zeugen die achtzig Gedichte, welche die 1898 mit vierundzwanzig Jahre verstorbene Gertrud Pfander hinterließ und von denen 1908 unter dem Titel *Passifloren* eine erste Auswahl erschien. Gertrud Pfander ist als Formkünstlerin weniger virtuos als Leuthold und Dranmor, weiß aber in einem eher an Heine geschulten Stil ihren Gedichten eine einprägsame Gestalt zu vermitteln und damit heutige Leserinnen und Leser noch unmittelbar anzusprechen.

## Walther Siegfried, Karl Stauffer-Bern

Zwanzig Jahre nach Leuthold ging ein anderer Schweizer Autor ganz im Münchner Künstlermilieu auf und machte dieses auch zum zentralen Thema seines großen zweibändigen Künstlerromans *Tino Moralt. Kampf und Ende eines Künstlers* (1890). Der aus dem Aargau stammende Walther Siegfried war als noch nicht Dreißigjähriger nach München gekommen, nachdem er seine lukrative Kaufmannstätigkeit an den Nagel gehängt hatte. Er brachte es hier rasch zum wohlhabenden Literaten, ließ sich in Garmisch-Partenkirchen nieder und begeisterte sich im hohen Alter noch für Hitler, womit er sich die ehrenvolle Rückkehr in die Schweizer Literatur, die Leuthold gerade noch schaffte, verspielte. Ihn im vorliegenden Zusammenhang zu behandeln, legitimiert sich nicht wegen einiger Novellen, in denen Siegfried auf Schweizer Lokalkolorit zurückgreift (*Um der Heimat willen*, 1898; *Gritli*, 1904), sondern weil sein hoch gelobter Malerroman unmittelbar zu einem (fast zwangsläufig ungerechten) Vergleich mit dem *Grünen Heinrich* herausfordert, der für die Entwicklung der Literatur von Schweizern am Ende des Jh.s Bezeichnendes zum Vorschein bringt. Tino Moralt ist, anders als der Romanheld Kellers, ein reicher Luxusmensch, der etwas auf die Leinwand bringen will, das an ultimativem Anspruch den Wagnerschen Opern entspricht, für die er schwärmt. Der Roman schildert mit großer Anteilnahme und einer Makartschen Liebe für Opulenz die mondäne Plüschwelt der Münchner Bohème, die Künstler aus ganz Europa vereinen, welche unter Aufbietung gängiger nationaler Stereotype dargestellt werden. Tino Moralt bleibt ganz auf diese Welt bezogen, auch wenn er sich ihr auch immer wieder zu entziehen versucht und sich auch nicht einzugestehen wagt, dass er eigentlich sein Modell, einen armen, jungen Italiener liebt. Obwohl viel weltläufiger als Kellers Heinrich Lee, gibt sein Schicksal zu einem weit weniger welthaltigen Buch Anlass. Er hat sich seinen pathetischen Weltentwürfen verschrieben, denen er trotz herausragendem Talent nicht Gestalt zu geben vermag, und steigert sich schließlich in das Schauspiel eines tragischen Scheiterns mit tödlichem Ausgang.

Es wird vermutet, dass neben Anderen der Maler Karl Stauffer-Bern Walther Siegfried zu seinem Romanhelden inspiriert hatte. Dieser Pfarrerssohn aus dem Emmental hatte sich nach seinen Studien in München in Berlin rasch einen Namen als Porträtist gemacht. Von der hohen Qualität seiner naturalistischen Porträtkunst, die zu einer soliden Existenzgrundlage zu machen der ewige Selbstzweifler sich versagte, zeugen unter anderem auch Bildnisse Gottfried Kellers und Conrad Ferdinand Meyers. Eine Liebesaffäre mit seiner Mäzenin, Lydia Welti (sie war die Tochter Alfred Eschers) endet tragisch; die beiden werden auf ihrer Flucht in Rom von der Polizei aufgespürt. Stauffer kommt ins Gefängnis, später in eine Irrenanstalt, wo er sich mit dem Schreiben von Gedichten gegen den geistigen Zusammenbruch stemmt. Die sehr gegensätzlichen Stücke der postum erschienenen schmalen

Lydia Welti-Escher, Bildnis von Karl Stauffer-Bern

Sammlung *Aus Kerker und Irrenhaus* zeugen vom multikulturellen Zuschnitt von Stauffers Welt. Er evoziert den Gefängnisalltag und produziert einen eigenwillig hybriden Text, indem er ausführlich das gesprochene Italienisch seiner unzimperlichen Gefängniskumpane in das deutsche Gedicht einmontiert, gestaltet, wie die klassizistischen Maler seiner Zeit, Szenen aus der antiken Mythologie, erinnert sich aber auch an seine Emmentaler Kindheit, der er, in Anlehnung an Gotthelf, den schon Keller als Homer der Bauernwelt tituliert hatte, elementare Größe verleiht. In einem Nebenfluss der Emme, der Ilfis, sieht er – in *Mein Lied* (1927) – ein Sinnbild seiner eigenen aufgewühlten Künstlerexistenz:

> [...]
> Dort, wo die Ilfis schäumend jagt zu Tal,
> Hab' ich die Wasser wühlen sehn einmal,
> Wie Fels und Tannen, Steingeröll und Hirten
> Die grässlichen, die tollen Fluten führten.
> Es war in meiner Jugend frühsten Tagen,
> ich hab's gesehen, nicht etwa hören sagen.
> So ist mein Lied wie jener Strom der Berge,
> Es braust wild und weiß ...
> [...]

## Carl Spitteler – Literatur für wenige und Literatur für viele

### Prometheus und Epimetheus; Der olympische Frühling

1881 und 1882 veröffentlichte Carl Spitteler (unter dem Pseudonym Carl Felix Tandem) die beiden Bände seines Erstlingswerks, des in rhythmischer Prosa verfassten Epos *Prometheus und Epimetheus*. Die Entstehung hatte sich über mehr als zehn Jahre hingezogen und füllte die Jahre aus, welche Spitteler nach seinem Theologiestudium zwischen 1871 und 1881 in St. Petersburg als Hauslehrer zubrachte. Der Autor versprach sich viel von seinem Debüt, und mit Hilfe seiner Freunde Josef Viktor Widmann und Adolf Frey wurden Kontakte geknüpft, namentlich zu den beiden literarisch renommiertesten Autoren der deutschsprachigen Schweiz, zu Gottfried Keller und Conrad Ferdinand Meyer. Um Spitteler den Weg zum Durchbruch zu ebnen, brauchten diese – so die Erwartung – nur bei Julius Rodenberg, dem Redakteur der *Deutschen Rundschau* in Berlin ein gutes Wort für Spitteler einzulegen. Der Plan misslang, und das anspruchsvolle Erstlingswerk des jungen Autors blieb fast unbeachtet. Keller und Meyer hatten ihm zwar reservierten Respekt bezeugt, jedoch nicht versucht, den ihnen ja äußerst wohl gesonnenen Rodenberg umzustimmen, der, einem realistischen Literaturverständnis verpflichtet, Spittelers Kunst entschieden ablehnte. Spitteler setzte so zwar auf die bewährten Kanäle zur Lancierung einer über die Schweiz hinausstrahlenden Karriere, hatte indessen ein Werk verfasst, dem es gerade auf den Bruch mit den literarischen Gepflogenheiten anzukommen schien, die nicht nur in der Schweiz Erfolg versprachen. Das macht *Prometheus und Epimetheus* sogleich deutlich, wenn es die Leser mit den Anfangssätzen empfängt:

Es war in seiner Jugendzeit – Gesundheit rötete sein Blut und täglich wuchsen seine Kräfte –.
Da sprach Prometheus Übermutes voll zu Epimetheus seinem Freund und Bruder:
»Auf! laß uns anders werden als die Vielen, die da wimmeln in dem allgemeinen Haufen!
Denn so wir nach gemeinsamem Beispiel richten unsern Brauch, so werden wir gemeinen Lohnes sein und werden nimmer spüren adeliges Glück und seelenvolle Schmerzen!«

Da wird nicht zuerst erzählerisch ein Ambiente geschaffen, gar mit etwas Lokalkolorit. Nur die Figuren zählen, die beiden Brüder Prometheus und Epimetheus, die vor uns treten wie Statuen im leeren Museumssaal. Und diese Herausgehobenheit wird dann von Prometheus auch sogleich zum Lebensprogramm erhoben. Das Ziel ist eine Existenzform, die um keinen Preis gemeinsame Sache macht mit den »Vielen«, den gewöhnlichen Menschen, sondern sich kühn einer Exklusivität verschreibt, die mit einem Adjektiv charakterisiert wird, von dem man erwarten würde, dass es in der demokratischen Schweiz wenig Kredit fände: »adelig«. Der feierliche Duktus der Sprache lässt gleich vermuten, dass da nicht lediglich ein Jüngling in pubertärem Überschwang Vorsätze fasst, von denen ihn mehr oder minder schmerzliche Erfahrungen bald wieder kurieren werden. Und was dann in dem Buch erzählt wird, ist in der Tat keine der in der Literatur der Schweiz so häufigen Desillusionierungsgeschichten, sondern es ist der in modellhafter Stilisierung geschilderte Lebensgang von zwei Helden, die ein Leben in adliger Exklusivität durchaus zu realisieren wissen. Epimetheus lässt sich zum König krönen und spielt seine Rolle zuerst in umsichtiger Weise als guter Herrscher, bis er, aus dem Bedürfnis, von seinem Volk geliebt zu werden, mit dem bösen Prinzip einen Pakt eingeht. Prometheus dagegen bringt die Kraft auf, das Nicht-Verstandenwerden auszuhalten und seinen Idealen treu zu bleiben. Diese völlige geistige Unabhängigkeit lebt Prometheus nicht einfach in asketischer Zurückgezogenheit: Er geht unter die Leute, verdingt sich als Bauernknecht und tritt mit der Welt in körperlichen Kontakt, besonders auch durch sein Faible für Tiere, das er übrigens mit seinem Autor und vielen symbolistischen Künstler und Dichtern teilt.

Der hohe Grad an Anschaulichkeit, den Spittelers Werk aufweist, obwohl *Anschaulichkeit*
darin kaum auf Konkreta des Alltagslebens eingegangen wird, beruht auf der Bildhaftigkeit der Ausdrucksweise, deren »Schönheiten« Keller rühmte. Die Tatsache, dass von mythologischen Figuren die Rede ist, die in einer von Engeln und Teufeln bevölkerten Welt leben, in der Tiere und Bäume sprechen können, provoziert beim Lesen das Bedürfnis, das Erzählte allegorisch aufzulösen und die äußeren Vorgänge als Bilder für innerpsychische Abläufe zu deuten: Doch haben die exegetischen Bemühungen der nicht sehr zahlreichen Interpreten, die sich bisher auf Spitteler einließen, ergeben, dass sich dessen Werke einer bündigen Aufschlüsselung widersetzen.

Jeremias Gotthelf hatte in seinem großen Roman *Wie Anne Bäbi Jowäger haushaltet und wie es ihm mit dem Doktern geht* eine Art Schadenanalyse einer eigensinnigen Persönlichkeit vorgenommen; ähnliches kann man in gewissem Sinne von Gottfried Kellers *Grünem Heinrich* sagen, wo allerdings ironische Distanz und Sympathie im Verhältnis zum problematischen Helden sich die Waage halten. Conrad Ferdinand Meyer interessierte sich für Herrscherpersönlichkeiten und ihren Willen, in ungewohnten Bahnen groß zu denken, den diese aber meist mit ihrem Untergang bezahlen. Demgegenüber wird in *Prometheus und Epimetheus* der Eigensinn absolut gesetzt. Das ist möglich, weil Prometheus niemandem schadet und er frei ist vom Dominationstrieb der Zarathustra-Figur Nietzsches, mit welcher er gelegentlich in Verbindung gebracht worden ist, ein Vergleich, der sich durchaus aufdrängt, obwohl sich Spitteler wiederholt kritisch zu dem Werk des Philosophen äußerte, das fast zeitgleich mit seinem Erstling erschienen war.

*Nähe zu Nietzsche*    Die Nähe zu Nietzsche einerseits und die dezidierte Abkehr von einer realistischen Literatur, wie sie in der Schweiz von drei bedeutenden Autoren vertreten worden war, machen deutlich, dass Spitteler bei aller Betonung des Eigensinns durchaus ein Kind seiner Zeit, der Moderne der Jahrhundertwende war. Die Geste der Abgrenzung ist dafür kennzeichnend und sorgte für jenen Pluralismus der Stilrichtungen, der so Gegensätzliches wie symbolistischen Jugendstil und Naturalismus sich nebeneinander ausbilden ließ.

Spitteler setzt den in *Prometheus und Epimetheus* eingeschlagenen Weg mit dem großen Versepos *Olympischer Frühling* fort, welches erneut auf höchst eigenwillige Weise die griechische Mythologie aufgreift und neu gestaltet. Es wird geschildert, wie die griechischen Götter aus einem langen Schlaf erwachen und sich auf den Weg zum Olymp machen, um dort ihre Herrschaft zu errichten. Bei der Schilderung dieser Bergfahrt weiß Spitteler einen ganz eigenen, unverwechselbaren Ton anzuschlagen, der Pathos und Ironie, Stilisierung und fast anekdotische Detailliebe verbindet.

In späteren Jahren übertrug Spitteler auch die rhythmisierte Prosa der *Prometheus*-Dichtung in Verse. Auch die Entscheidung für das Versepos ist Ausdruck des Eigensinns, steht Spitteler doch damit in seiner Zeit völlig isoliert da. Spitteler wollte die Anregung dazu nicht den Versepen des 19. Jh.s wie Conrad Ferdinand Meyers *Engelberg* oder Joseph Viktor von Scheffels höchst populärem *Trompeter von Säckingen* (1854), sondern der Begegnung mit Ariosts *Orlando furioso* verdanken haben, auf den ihn sein Basler Lehrer Jacob Burckhardt aufmerksam gemacht hatte.

## Spittelers Erzählwerk und der Roman Imago

Das Echo, das Spittelers Erzählungen wie *Die Mädchenfeinde* oder *Conrad der Leutnant* und schließlich der Roman *Imago* fanden, stand im umgekehrten Verhältnis zu der Wertschätzung durch den Autor. Spitteler betrachtete diese Werke, die er in einer realistisch geschilderten Gegenwart spielen lässt, als Ergebnisse eines Kompromisses und ordnete sie den beiden epischen Hauptwerken mit ihren mythologischen Stoffen unter. Auch in *Imago* kehrt indessen die Thematik des starken Einzelnen wieder, der einer bürgerlichen Gesellschaft, die sich selbstgefällig und scheinheilig in ihrer »Hölle der Gemütlichkeit« eingerichtet hat, die Stirne bietet. Viktor, die Zentralgestalt des Romans, ist nur deswegen aus der großen Welt in die heimatliche Kleinstadt – sie liegt offensichtlich in der Schweiz – zurückgekehrt, weil er hier die Frau wieder sehen will, in die er sich einst während eines kurzen Ferienaufenthaltes verliebt hatte und die er seither kühn als seine Ehegattin betrachtet, ungeachtet der Tatsache, dass sie inzwischen einen andern geheiratet hat und Mutter geworden ist. Die Gleichgültigkeit, mit dem sie ihm nun begegnet, kränkt ihn, obwohl er sich äußerst klarsichtig über den Mechanismus Rechenschaft zu geben vermag, der ihn die reale Frau zum persönlichen Phantasma umstilisieren ließ. Er gibt diesem selber den Namen »Imago«, wogegen er die reale Frau abschätzig »Pseuda« nennt und so kurzerhand die äußere Wahrheit der inneren unterordnet. Muss das nicht mit einer schmerzhaften Desillusionierung enden? Bei Spitteler nicht. Viktor hält an seiner Imago fest und erklärt sie selbstsicher zur Muse für seine noch sehr hypothetische Lauf-

bahn als Künstler, kehrt Pseuda den Rücken und verlässt die miefige Kleinstadt in Richtung weite Welt. So feiert er den Sieg, den ihm sein Name immer
schon verheißen hat. Das ist ein höchst bemerkenswertes Szenario. Die Wirklichkeit lässt denjenigen, der sie sich auf seine Fasson zurechtmodelt, gewähren. Die sehr avancierte, ganz im Dienst der Figurenperspektiven stehende
Erzählweise von Spittelers Roman weist die Phantasie, die fast wahnhafte
Züge annimmt, in keine Schranken mehr. Sie darf sich absolut setzen, und ob
dieser Eigensinn nun eher dem Lächerlichen oder dem Heroischen zuneigt,
bleibt offen.

In vielen Künstlererzählungen und -romanen seit der Romantik wurde
geschildert, wie Kreativität aus Liebesbeziehungen hervorgeht. In Spittelers
*Imago* wird die Entstehung und die Funktionsweise innerer Bilder und deren
Bedeutung für die künstlerische Kreativität in einer geradezu modellhaften
Weise durchgespielt, was dem Werk unter künstlerisch-literarischem Blickwinkel betrachtet vielleicht nicht unbedingt gut tut. Es ist aber nicht verwun-
derlich, dass der klug durchdachte Roman bei der um die Jahrhundertwende
sich konstituierenden Psychoanalyse (von der Spitteler selber allerdings wenig hielt) Beachtung fand. Unter Vermittlung Carl Gustav Jungs entlehnte
Sigmund Freud 1912 Spittelers Romantitel als Name für die von ihm herausgegebene *Zeitschrift für Anwendung der Psychoanalyse auf die Geisteswis-
senschaft.*

*Sigmund Freuds
Interesse an Spitteler*

## Josef Viktor Widmann

Dass Carl Spittelers Werk nach der den Autor tief kränkenden Nichtbeachtung von *Prometheus und Epimetheus* nach und nach doch ins Bewusstsein
der Zeitgenossen drang, war zu einem guten Teil das Verdienst Josef Viktor
Widmanns, mit dem Spitteler in jungen Jahren im Zeichen von Jean Pauls
*Titan* einen Freundschaftsbund geschlossen hatte. Dieser blieb unverbrüch-
lich, bis Widmann als erster der beiden Freunde 1911 starb. Dass unter ihnen
beiden Spitteler der eigentliche Dichter sei, galt Widmann von jeher als aus-
gemacht, lange bevor dafür Beweise vorlagen. Nach dem Theologiestudium
wurde Widmann ebensowenig Pfarrer wie Spitteler, ging in den Schuldienst
und stand mehr als zehn Jahre in Bern einer Mädchenschule vor. Wegen seines als zu liberal verschrieenen Religionsunterrichts zum Rücktritt gezwungen, übernahm Widmann die Leitung von Feuilleton und *Sonntagsblatt* der
Berner Tageszeitung *Der Bund* und wurde als Literaturkritiker, aber auch als
politischer Kommentator im In- und Ausland zu einer Instanz. Widmann
schrieb neben seiner Arbeit an der Schule und später bei der Zeitung auch
Erzählungen (*Die Weltverbesserer und andere Geschichten*, 1896) und zahlreiche Reisebücher feuilletonistischer Art (z.B. *Spaziergänge in den Alpen*,
1885). Von Widmanns Dramen wurden mehrere durch die renommierte
Theatertruppe des Meininger Hoftheaters aufgeführt, womit der einge-
fleischte Demokrat sich zu seinem eigenen Erstaunen nicht schwer tat. Dieses
Theater verdankte sich einem kunstsinnigen Kleinfürsten, der sein Herzogtum Sachsen-Meiningen zu einem zweiten Weimar zu machen trachtete.
Nicht mehr ganz in der Reihe dieser eher konventionellen Stücke mit mythologischen oder historischen Stoffen (*Oenone, Königin des Ostens*, 1880,
*Jenseits von Gut und Böse*, 1902, *Die Muse des Aretin*, 1902) steht die höchst
eigenwillige *Maikäfer-Komödie* (1897), die mit ihren episch-lyrischen Ein-
sprengseln als Lesedrama konzipiert ist. Sie stellt dar, wie ein Maikäfervolk
erwartungsvoll flügge wird und seine Erdwohnungen verlässt (in völlig anderer Tonlage scheint hier der Aufbruch der olympischen Götter vorwegge-

Josef Viktor Widmann

nommen zu sein, den Spitteler im *Olympischen Frühling* gestalten wird). Die Käfer nehmen erwartungsvoll von der oberirdischen Welt Besitz, werden dann aber auch mit deren Widrigkeiten konfrontiert, die ihnen allesamt binnen Monatsfrist den Garaus machen werden. Es stellt sich heraus, dass es auch bei den Maikäfern gesellschaftliche Ungleichheit, Kampf der Geschlechter, Ideologieanfälligkeit und Kitschbedürfnis gibt. So spiegelt sich im Maikäfervolk das Menschenvolk. Daneben sind die Menschen aber auch die Widersacher der Maikäfer. Der Kampf gegen die wehrlosen Tiere, die von den Menschen als Schädlinge betrachtet werden, erscheint als brutales Massaker, was der Satire eine anklägerische Seite verleiht. So durchbohrt ein Knabe die vier letzten Überlebenden mit einer Nadel, um sie mit einem Faden als Pferde einem Spielzeugfuhrwerk vorzuspannen. Eine Fee, die dem Knaben zuschaut, entfacht in diesem das schlechte Gewissen und weist ihn dazu an, als Erwachsener zur Sühne den Misshandelten »ein Denkmal zu bauen, [...] eine Bühne«. Damit sind gleichzeitig Ethos und Genese offen gelegt, denen das Stück sich verdankt.

Trotz eines illusionslosen Blicks auf die Welt baut Widmann, gegen Nietzsche, auf die Fähigkeit des Menschen zum Mitleid. Er scheint daraus auch Kraft für sein rastloses journalistisches Engagement geschöpft zu haben, mit dem er immer wieder Anstoß erregte. Der empörte Protest gegen eine martialische Rede des jungen Kaisers Wilhelm II. kostet Widmann die Freundschaft mit Johannes Brahms.

### Endlich doch noch ein Dramatiker? Arnold Ott

Während das vielgestaltige Werk Widmanns mit seinen brillanten Essays, seinen hellhörigen und engagierten Literaturkritiken, seinen klassizistischen aber auch zeitkritischen Dramen und seinen Reisejournalen heutige Leser zu interessieren vermag, ziehen die Dramen Arnold Otts höchstens noch die Aufmerksamkeit von Literaturhistorikern auf sich. Die Spezies der Dramatiker von Rang ist in der Schweizer Literatur vor Dürrenmatt so rar, dass man Ott noch nach dem Zweiten Weltkrieg eine Werkausgabe widmete. (Frank

Der 1903 eröffnete Neubau des Stadttheaters Bern

Wedekind, Otts Zeitgenossen, der seine ganze Schulzeit bis zum Abitur in der Schweiz verbrachte, getraute man sich nicht der Schweizer Literatur zuzuschlagen, obwohl etwa dessen frühe Erzählung *Der Brand in Egliswil* im Aargau spielt und eine der eindrücklichsten Schweizer Dorfgeschichten darstellt.) Ott, von Beruf Arzt, wurde von den Schiller- und Shakespeare-Aufführungen, mit welchen die Meininger Theatertruppe in vielen europäischen Städten und 1887 auch in Basel gastierte, so gefesselt, dass er sich im Alter von 47 Jahren mit Feuer an das Verfassen von Theaterstücken machte. Bereits zwei Jahre nach diesem Erweckungserlebnis führte das Meininger Theater eine *Agnes Bernauer* des Schweizers auf. Die Vorliebe für Pathos und historisches Kostüm, wie sie dieses Theater auszeichnete, war auch in einem zweiten Bezugsrahmen von Otts Dramenkunst gefragt, dem schweizerischen Festspiel. Ott verfasste 1895 ein solches zur Einweihung des von Richard Kissling gestalteten Tell-Denkmals in Altdorf. 1900 wurde das opulente historische Drama *Karl der Kühne* in sehr erfolgreichen Freilichtaufführungen gezeigt. Als Ott dem betagten Gottfried Keller sein Erstlingsstück *Konradin* im Manuskript übersandte, weil auch er sich von der obersten literarischen Instanz des Landes einen Zuspruch erhoffte, bemerkte er im Begleitbrief vom 18.1.1888: »Es ist für Meiningen bestimmt, mit der bewußten Absicht, Deutschland eine Gegengabe zu bieten für den ›Tell‹, eine Schilderung deutschen Heldentums und deutscher Treue für die Verherrlichung schweizerischen Freiheitssinns.« Mit dieser selbstbewussten Aussage stellt sich der Schweizer Autor in die Tradition der Weimarer Klassiker und parallelisiert die heroische Vergangenheit seines Landes mit derjenigen des Reiches. Damit setzt er sich über das Bewusstsein historischer Brüche und politischer Differenzen hinweg, das für seinen Adressaten noch bestimmend war. Während Keller und viele seiner Zeitgenossen, welche die Bundesstaatsgründung von 1848 miterlebten, die deutsche Reichsgründung noch mit republikanischen Vorbehalten mitverfolgten, erlag die Generation, der Ott angehörte, leicht der Faszination für das Wilhelminische Reich.

Vom Verschwinden eines politisch-kulturellen Differenzbewusstseins zeugte auch die Uniformität der prunkvollen klassizistischen Theaterbauten, welche in allen größeren Schweizer Städten im Zeitraum zwischen 1880 und 1914 in Betrieb genommen wurden und nicht von denen in deutschen oder österreichischen Städten zu unterscheiden waren. Ein gut situiertes Stadtbürgertum ließ sich hier von meist deutschen oder österreichischen Schauspielerinnen und Schauspielern Stücke von ausländischen Autoren darbieten, was lediglich die einheimischen Schriftsteller verdross. Ott vermochte hier als Schweizer für eine kurze Zeit eine Art Marktlücke zu füllen und ein letztes Mal an die Idee eines schweizerischen Nationaltheaters zu erinnern. Mit seiner rückwärtsgewandten Kunst passte er vorerst gut in den historistischen Plüsch der neuen Musentempel, musste es dann aber noch selber erleben, dass er kurz nach der Jahrhundertwende aus der Mode kam.

## Unterschiedliche Spielarten des sogenannten »Heimatromans«

Viel dauerhafter als Ott wurde eine nationale Breitenwirkung einigen Autoren zuteil, die sich dem Genre des Romans zugewandt hatten. Diese kümmerten sich kaum um die große deutsche Literaturtradition, an die Ott anzuknüpfen und die Spitteler zu erneuern suchten. Ein Ernst Zahn, ein Johann Christoph Heer, ein Alfred Huggenberger oder ein Heinrich Federer verfassten ihre Bücher so, dass sie damit eine breite Leserschaft erreichen konnten, und setzten dabei auf bewährte Mittel realistischen Erzählens. So glaubten sie sich immerhin auf einen Gottfried Keller als Vorbild berufen zu können, dem – auch auf Grund seiner republikanischen Überzeugungen – an der Akzeptanz seiner Werke auch schon gelegen war. Den aktuellen Problemkreis kapitalistischen Wirtschaftens, dem sich Keller in seinem letzten Roman *Martin Salander* noch zugewandt hatte, suchten diese Autoren ihren Leserinnen und Lesern allerdings weitgehend zu ersparen. Sie ließen ihre Geschichten lieber auf dem Land und in den Bergen spielen. Darin liegt der Hauptgrund dafür, dass man diese Bücher im historischen Rückblick einer die Probleme der modernen Welt verschleiernden Heimatliteratur zuordnete, einer bestenfalls gehobenen Unterhaltungsliteratur. Dabei stellt sich die Frage, ob man es sich mit einer solchen Zuordnung nicht etwas leicht macht und einfach eine Abgrenzung zwischen populärer und anspruchsvoller Literatur reproduziert, welche gerade in jenen Jahren von ambitionierten Autoren und Literaturkritikern wieder vermehrt betont wurde: Während die realistischen Autoren weniger Berührungsängste gegenüber der populären Literatur gezeigt hatten, wurde die Trennungslinie zwischen Trivialliteratur und hoher, exklusiver Literatur jetzt wieder deutlicher gezogen. (Spitteler nahm eine Grenzziehung zwischen hoher und populärer Literatur auf hohem Niveau auch innerhalb seines eigenen Schaffens vor.) Eine Selbstverständlichkeit war diese Grenzziehung, welche sich die Literaturgeschichtsschreibung später aneignete, allerdings für die zeitgenössische Kritik noch nicht. Namentlich Ernst Zahn, in dessen enormer literarischer Produktion sich Werke von höchst unterschiedlicher Qualität finden, galt auch bei vielen Fachleuten als legitimer Nachfolger Kellers und wurde so zu den bedeutenden Autoren gerechnet.

*Trivialliteratur?*

Wenn trotz aller Zweifel an der Tauglichkeit des Etiketts »Heimatroman« die Verfasser dieser Werke hier als Gruppe vorgestellt werden, so muss nachdrücklich auf die Unterschiede verwiesen werden, die unter ihnen dennoch auszumachen sind. Wenn ein Autor von Bergdörfern erzählt, von Menschen, die dort mit einer unwirtlichen Natur zu kämpfen haben und mit Argwohn den ersten Touristen begegnen, dann muss dies nicht notwendig in der klischeehaften Form geschehen, welche die in enormen Auflagen gedruckten Romane *An heiligen Wassern* oder *Der König der Bernina* von Johann Christoph Heer zum Inbegriff des kitschigen Heimatromans machten. Dieser lässt einige gute auf einige schlechte Menschen treffen, wartet auf mit einer spannungsvollen Handlung, die Schritt um Schritt anhand von überschaubaren Szenen entrollt wird. Diese bieten Raum für etwas Theatralik und viel Rührung, bis das Ganze schließlich in ein Happy-End mündet, dem ein geschickt dosierter Wermutstropfen gerade noch die Glaubwürdigkeit sichert. Ein Roman wie *Albin Indergand* (1901) hingegen, mit welchem Ernst Zahn, der Wirt des Bahnhofrestaurants von Göschenen, seinen literarischen Durchbruch schaffte, wahrt zu solchen Klischees deutliche Distanz und zeichnet sowohl das präzise Soziogramm einer Dorfgemeinschaft als auch das nuancierte Psychogramm des Titelhelden, eines auf Unabhängigkeit bedachten Bauern, und seines Gegenspielers, des Dorfpfarrers. Der Konflikt zwischen alter und neuer Zeit, den triviale Heimatromane immer wieder inszenieren, um ihn dann durch ein plakatives und verklärendes Plädoyer für das Alte aus der Welt zu schaffen, erscheint hier als eine historisch präzis bestimmte Pattsituation. Ähnliches gilt für die Bücher Heinrich Federers, die von ausgeglichenerer Qualität sind als diejenigen von Zahn und Heer, insbesondere für dessen Bergroman *Pilatus* von 1912. Dass auch ausgesprochen gesellschaftskritische Literatur sich das Bergdorf als Schauplatz wählen kann, führen die Erzählungen des 1918 erst 29-jährig verstorbenen William Wolfensberger

vor Augen. Seine Dorfgeschichte »Die Glocken von Pralöng« aus der Sammlung *Köpfe und Herzen* (1919) deckt auf, wie Enge und Abgeschiedenheit die
Dorfbewohner, für die sich Wolfensberger als Pfarrer der Gemeinde Fuldera
im bündnerischen Münsertal mit großem Engagement einsetzte, anfällig für
Ressentiments werden lassen und wie sie sich der Fuchtel machthungriger,
eigennütziger Dorfmagnaten unterwerfen.

Zahns *Albin Indergand* und Federers *Pilatus* zeugen von einer Vorliebe für
Helden, welche durch die harten Lebensbedingungen des alpinen Raumes
geprägt sind, aber dennoch über ein empfindsames Gemüt verfügen, Verkör-
perungen der Redensart vom weichen Kern in der rauen Schale. Der Alpöhi
in Johanna Spyris *Heidi*-Romanen, ein menschenscheuer Außenseiter, der
sich über die ihm unerwartet zufallende Aufgabe, ein Waisenkind aus seiner
Verwandtschaft zu betreuen, zu einer gütigen Vaterfigur mausert, ist ein Vorläufer dieses Typus. Dessen große Verbreitung in der populären schweizerischen Erzählliteratur der Zeit um die Jahrhundertwende trifft wohl nicht
zufällig mit dem Auftreten des Schlagwortes vom »Homo alpinus« zusammen, welches suggerierte, dass die Alpenbewohner ein gemeinsames anthro-
pologisches Profil zeigten. Die Möglichkeit, mit Hilfe dieses Konzeptes den
Schweizern trotz ihren unterschiedlichen Kulturen und Sprachen doch noch
eine naturgegebene Zusammengehörigkeit zu zimmern, sorgte für Aufsehen
und fand zahlreiche Verfechter, obwohl dabei auch gleich noch die Tiroler
oder die Savoyer mit in den Kauf gingen. (Die Idee des »Homo alpinus«, zu
der sich auch in den 1930er Jahren noch Charles Ferdinand Ramuz bekannte,
verschwand erst von der Bildfläche, als nach dem Zusammenbruch des Dritten Reichs rassistisch angehauchte Modelle, die ja nicht bloß in Hitler-
deutschland Anhänger hatten, in Verruf gekommen waren.)

Heidi und der Alpöhi,
anonym. Illustration zu
Johanna Spyri, *Heidis
Lehr- und Wanderjahre*

Gefragt war die Bergbauern- und Hochwildjägerthematik aber noch aus
einem anderen Grund. Im Laufe des 19. Jh.s war die Schweiz zu einem Tourismusland geworden. In vielen Bergdörfern prangte neben den alten Bau-
ernhäusern ein palastähnliches Grand-Hotel. Die Gäste, die hier abstiegen,
lasen an Regentagen gerne einen Roman, welcher ihnen Einblicke in das Leben der Bergbevölkerung versprach. Die Bergromane rundeten so das touristische Angebot kulturell ab und dürften das Ihrige zur Fremdwahrnehmung
der Schweizer und zu deren Eigenwahrnehmung beigetragen haben. Zahn
und Heer waren Autoren, welche weit über die Landesgrenzen hinaus gelesen
wurden.

Das Verfassen von Heimatromanen konnte durchaus zu einem rentablen
Geschäft werden, falls ihre Verfasser sich einen relativ raschen Produktions-
rhythmus angewöhnten, wie ihn etwa Ernst Zahn vormachte. Im 19. Jh. gab
es noch kaum Autoren in der Schweiz, die von ihrer schriftstellerischen Arbeit leben konnten. Falls sie nicht über ein Familienvermögen verfügten (wie
Conrad Ferdinand Meyer), mussten sie daher einem Brotberuf nachgehen,
sei es als Pfarrer (wie Gotthelf), als Journalisten (wie Jakob Frey) oder als
Beamte (wie Keller). Spitteler verdiente sich sein Leben als Lehrer und als
Zeitungsredakteur, bevor er sich dank seiner wohlhabenden Frau ganz seiner
kompromisslosen Literatur widmen konnte. Bei den Verfassern von Heimatromanen war das anders: Ihre literarische Produktion war darauf hin angelegt, existenzsichernd zu sein. So erstaunt es nicht, dass die treibenden Kräfte
bei der 1912 erfolgten Gründung eines Berufsverbandes, des Schweizerischen
Schriftstellervereins (SSV), aus dem Kreis dieser Autoren stammten (Huggenberger, Federer und später auch Zahn). Kantone und Eidgenossenschaft hatten am Ende des 19. Jh.s damit begonnen, zaghaft eine Kulturpolitik zu betreiben, und waren bereit, kulturelles Schaffen mit öffentlichen Geldern zu

fördern. Außerdem war ein neues Urhebergesetz in Beratung. So war es erwünscht, dass Berufsverbände, wie sie von den Malern und Bildhauern sowie den Tonkünstlern schon früher gegründet worden waren, als Ansprechpartner den Behörden gegenübertraten. Eines der wichtigsten Ziele des neu gegründeten Verbandes war die Förderung einheimischen Schaffens auf den Bühnen der Stadttheater. Schon 1905, im hundertsten Todesjahr des in der Schweiz hoch verehrten *Wilhelm Tell*-Dichters, war die Schweizerische Schillerstiftung gegründet worden, die mit beschränkten öffentlichen Mitteln in Not geratenen Schriftstellern unter die Arme greifen konnte.

## Die Mundartliteratur

Carl Albert Loosli

Der erste Präsident des Schweizerischen Schriftstellervereins war Carl Albert Loosli. Der kampflustige Berner, der als Sekretär der Gesellschaft schweizerischer Maler und Bildhauer über Erfahrungen im Bereich der Berufsverbände verfügte, wurde dem Verein aber bald zur Belastung und musste sein Amt an den angesehenen Ernst Zahn abtreten. Loosli hatte 1913 mutwillig das Gerücht in die Welt gesetzt, dass die unter dem Namen Jeremias Gotthelf veröffentlichten Werke nicht aus der Feder des Pfarrers Albert Bitzius stammten, sondern aus derjenigen eines einfachen Bauern. Der Scherz, mit dem dieses enfant terrible der Literaturszene gleichsam ein literatursoziologisches Experiment lancierte, wurde ihm nie verziehen, was darauf hinweist, dass der sehr streitbare Jeremias Gotthelf inzwischen zur unantastbaren Denkmal-Figur geworden war. Loosli ging es offenbar darum, der literarischen Öffentlichkeit ihren Traum von einer ganz und gar authentischen, nicht kulturell überformten Volksliteratur vor Augen zu führen. Seine eigenen Erzählbände in phonetisch präzis wiedergegebenem Emmentaler Berndeutsch, *Üse Drätti* und *Mys Dörfli* (beide 1910), verraten, dass Loosli diesem Traum einer authentischen Volksliteratur bis zu einem gewissen Grad selber anhing. Darin treten Figuren aus der ländlichen Unterschicht auf, und die Vorkommnisse, die sie unverblümt und pointenreich meist selber erzählen, sind weit davon entfernt, das Landleben zur Idylle zu verklären. Da man solches aber von einer Mundartliteratur erwartete, die sich seit der Jahrhundertwende einer steigenden Beliebtheit erfreute, erschien Loosli als ein schwarzes Schaf unter den Mundartautoren. Darin mochte auch der Grund liegen, dass er sich von der Munadarterzählung abwandte und nur noch seine Gedichte in Berndeutsch verfasste. Er veröffentlichte eine vierbändige Monographie über den Maler Ferdinand Hodler (*Ferdinand Hodler, Leben, Werk und Nachlass*, 1921–24), mit dem ihn das kämpferische Temperament verband. Hodler war der erste Repräsentant moderner Kunst gewesen, der in der Schweiz ins Bewusstsein einer breiteren Öffentlichkeit gedrungen war und diese polarisiert hatte. In den 1920er Jahren denunzierte Loosli die Missstände in der Jugendstrafjustiz und trat noch vor dem Zweiten Weltkrieg gegen den Antisemitismus in der Schweiz auf.

*Otto von Greyerz*

    Nicht über solche Aufgeschlossenheit für Ausdrucksformen moderner Kunst verfügte Otto von Greyerz, welcher nicht nur selber Mundarttexte verfasste, sondern (schließlich als Professor für »Sprache und Literatur der deutschen Schweiz« an der Universität Bern) die Mundartliteratur mit wissenschaftlicher Akribie erforschte. Aus dieser Arbeit gingen mehrere Wörterbücher sowie die sechsbändige Volksliedsammlung *Im Röseligarte* hervor, deren erster Band 1908 exakt hundert Jahre nach *Des Knaben Wunderhorn* erschien. Von Greyerz war auch der wissenschaftliche Berater Emanuel Friedlis, der zwischen 1905 und 1928 unter dem Titel *Bärndütsch als Spiegel*

*bernischen Volkstums* eine vielbändige Folge höchst materialreicher, volks-
kundlich-dialektologischer Regionalporträts aus dem Kanton Bern herausbrachte. Am nachhaltigsten wirkte aber wohl das Engagement für das Dia-
lekttheater: Von Greyerz schrieb eigene Stücke und gründete 1915 das Berner
»Heimatschutztheater«. Dessen Name lässt klar die konservativ-bewahrende
Grundtendenz in der Sprachpflege in Erscheinung treten, welche von Greyerz
mit Leidenschaft und enormer Sachkenntnis betrieb. Dass seine Monographie *Die Mundartdichtung der deutschen Schweiz, geschichtlich dargestellt*
(1924) ein Referenzwerk geblieben ist, beweist jedoch, dass es von Greyerz
nicht gelungen ist, die Mundartliteratur dauerhaft zu einem Forschungsge-
biet der Literaturwissenschaft in der Schweiz zu machen.

Dabei nährten die Erfolge des Dialektschriftstellers Rudolf von Tavel eine     *Rudolf von Tavel*
Zeitlang die Hoffnung, dass sich in der Schweiz die Mundartliteratur gleichberechtigt neben der standartdeutschen etablieren könnte. Bücher wie *Ja gäll,
so geit's* (1901), *Stärn vo Buebebärg* (1907), *Veteranezyt* (1927) oder *Ring i
der Chetti* (1931) standen in den Bücherregalen schweizerischer Literatur-
liebhaber der ersten Hälfte des 20. Jh.s neben den Werken eines Thomas
Mann, Jakob Wassermann oder Stefan Zweig. Der außerordentlich produktive von Tavel bearbeitete sehr mannigfaltige Stoffe, wodurch er sich von den
übrigen Mundartautoren der Schweiz unterscheidet. Trotzdem verließ auch
er in seinen Büchern nie die Welt, in welcher mehr oder weniger die Sprache,
die er schrieb, das Stadtberndeutsch, gesprochen wurde. Auch für ihn war
offenbar undenkbar, sich in der Themenwahl von der verwendeten Sprache
ganz zu emanzipieren. Von Tavel bevorzugte Stoffe aus der langen und wech-
selvollen Geschichte des Berner Patriziats, das er mit Humor und Zuneigung
schilderte.

Unter den Dialektautoren, welche der Mentor der Heimatschutzbewe-
gung, Otto von Greyerz, besonders schätzte, überzeugen heute am ehesten
noch der Solothurner Josef Reinhart und der Berner Simon Gfeller. Beide
stammten aus bäuerlichem Milieu, wurden Lehrer und unterrichteten an
Volksschulen auf dem Land, Reinhart schließlich auch am Lehrerseminar.
Unkompliziert und mit Witz schildern sie in ihren Büchern die ländliche
Welt, die sie aus eigener Anschauung kannten. Die Vertrautheit mit der beschriebenen Welt wird durch eine Handhabung des darin gesprochenen Dialekts zusätzlich beglaubigt, die dessen besondere Nuancen zum Klingen
bringt. Wie gerne sich die Leser in den Büchern dieser Autoren wiederfanden,
illustriert der in der Literaturgeschichte wohl einmalige Vorgang, dass eine
Emmentaler Landgemeinde, Dürrgraben, ihren Namen 1968 gegen den ein-
tauschte, mit der Simon Gfeller seine hier gesammelten *Bilder u Bigäbeheiten
us em Pureläbe* überschrieben hatte: *Heimisbach* (1911).

Unter den Mundartlyrikern, deren Gedichte auch als Liedertexte in volkstümlicher Musik Verwendung finden, machte sich neben Josef Reinhart
(*Liedli ab em Land*, 1898) der Schwyzer Meinrad Lienert einen Namen. Die
mehrbändige Sammlung seiner Mundartgedichte, *'s Schwäbelpfyffli*, erlebte
zwischen 1906 und 1925 verschiedene Neufassungen und Erweiterungen.     *Meinrad Lienert*
Dass Lienert mit seinen populären Gedichten auch anspruchsvolle Leser anzusprechen verstand, zeigt die Reaktion Carl Spittelers, der bemerkte, man
könnte daraus »sämtliche Gesetze der volksmäßigen Liederpoesie heraus-
konstruieren, oder besser: herausfühlen. [...] Lienert ist nämlich mein Lyriker, jener, an welchen ich allererst denke, wenn von Lyrik die Rede ist.« Sowohl Lienerts Mundartgedichte, als auch seine vorwiegend in Hochdeutsch
verfassten Erzählungen und Romane zeichnen sich durch einen Verzicht auf
Pathos, Sentimentalität und auf betont schicksalsträchtige Handlungsver-

läufe aus. Dabei knüpft Lienert an volkstümliche Lied- und Erzähltraditionen an, ohne den falschen Schein zu erwecken, diese Tradition lebe in seinen Werken einfach ungebrochen fort. So lässt er in seinen *Geschichten aus den Schwyzerbergen* (1894) die Komödienfigur des lüsternen Greises auftreten. Der Schauplatz verschafft den Erzählungen zwar Kolorit, ohne jedoch zum Ort eines heroischen Kampfs mit der Natur oder einer besonders authentischen Lebensweise stilisiert zu werden. Tiere, Mond und Sterne begleiten die Handlung als Statisten, was den Erzählungen einen jugendstilhaften Einschlag verschafft und an die Bilderbücher von Lienerts Zeitgenossen und Landsmann Ernst Kreidolf erinnert, in denen vermenschlichte Pflanzen und Tiere die Akteure sind. Es erstaunt nicht, dass Lienert auch gerne für Kinder schrieb (*Erzählungen aus der Schweizer Geschichte*, 1930). Wie subtil und humorvoll Lienert das Unspektakuläre mit dem Hintergründigen zu kombinieren wusste, mag sein origineller Beitrag zum alten Genre des Spinnerinnenliedes innerhalb der Erzählung »Im Thale der Weglosen« (aus den *Geschichten aus den Schwyzerbergen*) illustrieren:

> Muetter, i cha nüd spinne,
> Der Finger thuet mer weh;
> Es tönt im Härz e Saite –
> Tanze chönt i eh'.
>
> Mi Muetter, die hät kibe:
> »S'ist jetz nüd Chilbizit;
> Mi mueß nüd welle grase,
> Wenn's pfuset und wenn's schniet.«
>
> Und jetz isch Chilbi worde,
> Vergange ist der Schnee –
> Im Härz die gsprungnig Saite
> Spannt mir kei Giger meh'.

> (Mutter, ich kann nicht spinnen, | Der Finger tut mir weh; | Im Herzen tönt eine Saite – | Tanzen könnt ich schon. || Meine Mutter schimpfte: | »Es ist jetzt nicht Kirchweih; | Man darf nicht grasen wollen, | wenn es windet und schneit.« || Und jetzt ist Kirchweih, | vergangen ist der Schnee – | Die gesprungene Saite im Herzen | spannt mir kein Geiger neu.)

## Exkurs: »Unser Schweizer Standpunkt«

Carl Spitteler ist hier als Autor beschrieben worden, der sich programmatisch vom Konzept des republikanischen Schriftstellers lossagte. Seine Rede zu Gottfried Kellers 100. Geburtstag von 1919 unterschied sich zwar durch den Verzicht auf Beweihräucherung und die Warnung vor der »Vergötzung« des gefeierten Dichters wohltuend von anderen Verlautbarungen zu dem Anlass. Wenn Spitteler darin aber das politische Engagement Kellers als einen Zeitvertreib eines nicht durchwegs poetisch inspirierten Schriftstellers deutet und den »idealen Politizismus« der 1840er Jahre als eine »Naivität« belächelt, die sich nicht mehr »aufwärmen« lasse, zeigt sich, wie gleichgültig ihm das Zusammenspiel von Politik und Kultur war, das für die Liberalen des 19. Jh.s einen so hohen Stellenwert hatte.

*Spittelers Rede*    Die Ironie der Geschichte wollte es nun, dass ausgerechnet Spitteler sich mit einer öffentlichen Rede politischen Inhalts, der Rede »Unser Schweizer Standpunkt«, weit mehr Nachruhm erwarb als mit seinen kunstvollen litera-

rischen Hauptwerken. Unmittelbar nachdem diese am 14. Dezember 1914
vor der Zürcher Sektion der Neuen Helvetischen Gesellschaft gehalten worden war, wurde sie in der ganzen Schweiz intensiv diskutiert. Spitteler umreißt den Anlass seines Auftrittes, zu dem er sich »so ungern als möglich«
aufgerafft habe, so: »Wir haben es dazu kommen lassen, daß anläßlich des
Krieges zwischen dem deutsch sprechenden und dem französisch sprechenden Landesteil ein Stimmungsgegensatz entstanden ist.« Jetzt drohten die
gegensätzlichen Sympathien der zwei Landesteile für die zwei benachbarten
Kriegsparteien das Land zu spalten.

Dieser »Stimmungsgegensatz« zwischen den Landesteilen wurde zwar
durch den Krieg massiv verschärft, hatte sich jedoch schon früher wiederholt
bemerkbar gemacht, beispielsweise beim »Tonhallenkravall« im Jahre 1871.
Intensive kommerzielle und kulturelle Kontakte sorgten dafür, dass die deutsche Schweiz, vor allem aber die Wirtschaftsmetropole Zürich, sich immer
exklusiver auf das deutsche Reich hin orientierten. Über den politischen Gegensatz wurde dabei mehr und mehr hinweggesehen; Neuigkeiten aus den
deutschen Fürstenhäusern füllten die Klatschspalten der Zeitungen. In den
tonangebenden Familien Zürichs wurde nicht selten hochdeutsch gesprochen. Ein eindrücklicher Beweis dieser Verbundenheit war der umjubelte
Staatsbesuch Kaiser Wilhelms II. im Jahre 1912. Besonders stark ausgeprägt
waren die Sympathien für Deutsch- und Preußentum in den höheren Armee-
kreisen.

In seiner Rede demonstriert Spitteler am eigenen Fall die engen persönlichen Beziehungen vieler Deutschschweizer zu Deutschland. Im Gegensatz
dazu erscheine die nationale Einheit vielen als eine eher abstrakte Angelegenheit: »Wir sollen einig fühlen, ohne einheitlich zu sein. Wir haben nicht dasselbe Blut, nicht dieselbe Sprache, wir haben kein die Gegensätze vermitteln-
des Fürstenhaus, nicht einmal eine eigentliche Hauptstadt.«

Wie prekär es in der Tat um das Verhältnis zwischen den Landesteilen
stand, illustrierte auch die Literatur. Kurz nach Ausbruch des Krieges hatte
Ernst Zahn, der im Reich meistgelesene Schweizer Autor der Zeit, in einer
deutschen Zeitung ein feurig deutschnationales Gedicht veröffentlicht. Der
Berner Rudolf von Tavel, der in seinen Romanen beredt zum Ausdruck zu
bringen wusste, wie gegenwärtig das französische Element in den Berner Pa-
trizierfamilien war, ließ sich kurze Zeit später zu groben Invektiven gegen die
französisch sprechenden Landsleute hinreißen. Dass solches nicht ganz ohne
Hinterabsicht geschah, deutet Spitteler in seiner Rede an:

> Der Parteinahme winkt unmäßiger Lohn, der Unparteilichkeit drohen vernich-
> tende Strafen. Mit elenden sechs Zeilen unbedingter Parteinahme kann sich
> heute jeder, der da mag, in Deutschland Ruhm, Ehre, Beliebtheit und andere
> schmackhafte Leckerbissen mühelos holen. Er braucht bloß hinzugehen, sich zu
> bücken und es aufzuheben. Mit einer einzigen Zeile kann einer seinen guten Ruf
> und sein Ansehen verwirken.

Damit nahm Spitteler auch gleich schon die Reaktion auf seine Rede vorweg.
Deutsche Blätter riefen zum Boykott von Spittelers Büchern auf, welche der
Eugen Diederichs-Verlag in Jena verlegte, obwohl sich der Redner sorgfältig
aller Kritik am Deutschen Reich enthalten, lediglich die staaterhaltende Bedeutung der schweizerischen Neutralität betont und seine Landsleute dazu
aufgerufen hatte, der Solidarität zu den »Brüdern« im eigenen Land diejenige
zu den »lieben Nachbarn« im andern Land hintanzustellen.

Spitteler war nun nicht der erste, welcher den diagnostizierten Gegensät-       *Die Neue Helvetische*
zen zwischen den Landesteilen entgegentrat. In der französischen Schweiz        *Gesellschaft*

hatte sich seit der Jahrhundertwende die Bewegung des Helvetismus für eine nationale Integration engagiert. Aus ihr ging jene Neue Helvetische Gesellschaft hervor, die als Forum von Spittelers Rede somit Symbolwert hatte. Wortführer dieser Gesellschaft wie Conzague de Reynold oder Robert de Traz gehörten einem neuen Typus von Intellektuellen an, die sich aus den politischen Tagesdiskussionen heraushielten, dafür aber kulturkritische Essays grundsätzlicher Art veröffentlichten, in denen sie einen Wertezerfall, eine allgemeine geistige Krise diagnostizierten. Das liberale Gedankengut des 19. Jh.s galt ihnen als überholt, diskreditiert durch eine Fokussierung aufs Wirtschaftliche. Demgegenüber wurden, insbesondere von Conzague de Reynold, pointiert konservative, autoritär-elitistische Staatsvorstellungen vertreten. Den neuen Intellektuellen standen neu gegründete Organe wie *Nouvelle Société Helvetique*, *Les Feuillets* oder *La voile latine* als Sprachrohre zur Verfügung. Die Zeitschrift *Wissen und Leben*, die 1907 vom Waadtländer Ernest Bovet gegründet wurde, der an der Universität Zürich französische Literatur lehrte, unterschied sich von den Konkurrenzunternehmungen durch ein offeneres, liberaleres Profil, sowie durch den Versuch, die Annäherung der Landesteile durch Zweisprachigkeit auch zu praktizieren. Dem Wunsch, Brücken zu schlagen, entsprang schließlich eine Publikation, welche hier auch deshalb zu erwähnen ist, weil es sich dabei um eine Vorläuferin der vorliegenden Literaturgeschichte handelt, die zweibändige *Geschichte der schweizerischen Literatur*, die, vom Deutschschweizer Ernst Jenny und dem Romand Virgile Rossel gemeinsam verfasst, 1910 gleichzeitig in einer deutschen und einer französischen Ausgabe erschien. Als Inhaber des Lehrstuhls für französische Literatur am Eidgenössischen Polytechnikum fast von Amtes wegen engagiert sich auch der Genfer Romanist und Redakteur des *Journal de Genève*, Paul Seippel, für die Verständigung zwischen den Landesteilen.

Dass Spitteler zu so klaren und bestimmten Worten fand, dürfte sich seinem unbestechlich kritischen Blick für nationalistische Gefühlsaufwallungen verdankt haben, mit dem er 1914 ziemlich allein stand, wie in Österreich Karl Kraus (der unermüdlich Anschauungsmaterial zu Spittelers Feststellung sammelte: »Zur Kriegsmunition zählt eben leider auch der Geifer«). Die Schweiz, so mahnte Spitteler, könne sich als Kleinstaat aus dem Konflikt heraushalten, anders als die europäischen Großmächte, die auf das Gewaltprinzip gegründet seien: »Nicht umsonst führen Staaten mit Vorliebe ein Raubtier im Wappen. In der Tat lässt sich die ganze Weisheit der Weltgeschichte in einen einzigen Satz zusammenfassen: Jeder Staat raubt, so viel er kann. Punktum.« Jacob Burckhardt, Spittelers Basler Lehrer, vertrat in seinen *Weltgeschichtlichen Betrachtungen*, die 1905 postum erschienen waren, ähnliche Ansichten.

Spitteler, der sich in seiner Rede einer betont nüchternen Sprache befleißigte, obwohl er als Dichter durchaus das Pathos einzusetzen wusste, endet wirkungsvoll mit einem emotionalen Appell, indem er an die von Widmann gegen Nietzsche betonte Fähigkeit des Menschen zum Mitleid erinnert und den Rat erteilt: »füllen wir angesichts dieser Unsumme von internationalem Leid unsere Herzen mit schweigender Ergriffenheit und unsere Seelen mit Andacht, und vor allem nehmen wir den Hut ab.« Mit dieser Aussage steht Spitteler am Anfang einer Reihe von Schriftstellern, die im 20. Jh. über das Verschontsein der Schweiz nachdachten und darin oft die Ursache nationaler Selbstgefälligkeit erblickten, wobei Spittelers Einsicht, dass es sich dabei grundsätzlich einmal um einen Glücksfall handle, gelegentlich vergessen wurde.

Spittelers Intervention fand bei den besonneneren seiner Landsleute durchaus offene Ohren. Ihnen stand die Gefahr einer Grabenbildung deutlich vor Augen, besonders wenn sie in gesamteidgenössischen Organisationen wie dem Schweizerischen Schriftstellerverein tätig waren, für den Ernst Zahn wegen seines deutschnationalen Gedichts und sein designierter Nachfolger Rudolf von Tavel wegen seiner Invektiven gegen die Romands als Präsidenten untragbar geworden waren. In der französischen Schweiz wurde Spitteler auf einen Schlag eine Berühmtheit – 1915 wurde ihm der Ehrendoktortitel der Universität Lausanne verliehen – während er in der deutschen Schweiz auch gehässige Angriffe über sich ergehen lassen musste und man sich fragen konnte, ob die Rede nicht noch Öl ins Feuer gegossen habe.

Den Nimbus einer vaterländischen Tat bekam sie erst im Rückblick. Für die unter anderem von Romain Rolland betriebene Verleihung des Nobelpreises an Spitteler im Jahre 1920 war die Rede von ausschlaggebender Bedeutung. An sie erinnerte man sich auch, als nach der Machtergreifung der Nationalsozialisten in Deutschland der nationalistische Massenfanatismus als Bedrohung erkannt wurde und die Gefahr eines ideologischen Grabens noch größeren Ausmaßes zwischen Deutschschweiz und Romandie in den Blick trat. Nach dem Zweiten Weltkrieg versuchte man, Spitteler mit einer aufwändigen, vom schweizerischen Innen- und Kulturminister Philipp Etter patronisierten Gesamtausgabe zu einer Art Nationaldichter zu machen; Spittelers klassizistischer Zug, seine Distanz zu Tagesaktualität und zu Parteipositionen schien ihn für eine solche Rolle besonders zu empfehlen. Es gelang jedoch nie, aus Spitteler einen viel gelesenen Autor zu machen.

*Nobelpreis 1920*

Spittelers Rede ist nicht nur als Reflex auf das immer wieder prekäre Verhältnis zwischen den Sprachregionen der Schweiz von paradigmatischer Bedeutung, sondern auch als eine Intervention neuen Typs, mit der sich ein Kulturschaffender zu einer aktuellen politischen Frage äußert. In den Anfangssätzen seiner Rede bezeichnet sich Spitteler als »bescheidenen Privatmann«, der aus »Bürgerpflicht«, »ungern« aus seiner »Einsamkeit in die Öffentlichkeit« trete, Bescheidenheitsfloskeln, welche den Überlegenheitsanspruch nur mangelhaft tarnen, der mit einem Hinweis auf Niklaus von der Flüe auch eingestanden wird und auf der Überzeugung beruht, dass über mehr Weitsicht verfüge, wer keiner politischen Partei angehöre. Spitteler leitet daraus die Legitimation ab, für das Ganze zu sprechen, was auch der ambitiöse Titel der Rede unterstreicht. Er spricht im Namen jenes »Wir«, das man künftig in vielen politischen Verlautbarungen engagierter Schriftsteller

Ferdinand Hodler, Studie zu: Bildnis Carl Spitteler, Privatbesitz

wie Albin Zollinger, Max Frisch oder Adolf Muschg wieder antreffen wird. Der damit verbundene Anspruch hebt diese Interventionen entschieden von denjenigen eines Albert Bitzius oder Gottfried Keller ab, die als Bürger unter Bürgern und durchaus auch als Parteimänner in politische Debatten eingriffen und nie als Schriftsteller für sich in Anspruch nahmen, von einer höheren Warte aus zu sprechen.

Mit seiner Rede sicherte sich Spitteler schließlich den Respekt eines Mannes, der es gewohnt war, Gegenstand öffentlicher Anfeindungen zu sein: der Maler Ferdinand Hodler. Dieser hatte gleich zu Beginn des Kriegs den Zorn deutschfreundlicher Kreise auf sich gezogen, als er den Protest gegen die Beschießung der Kathedrale von Reims durch die deutsche Armee unterschrieb. Carl Albert Loosli arrangierte es, dass Hodler Spitteler malte. Angesichts von Hodlers Spitteler-Porträt könnte man dasselbe sagen wie angesichts von Böcklins Keller-Porträt: Da hat der bedeutendste Schweizer Maler der Zeit den bedeutendsten schreibenden Landsmann gemalt. Dass der Superlativ Hodler gebührt, ist unbestritten. Dem Nobelpreisträger Spitteler wird indessen nach heutiger Einschätzung die Spitzenposition von einem Dichter streitig gemacht, der von den Zeitgenossen weit weniger, von den Literaturliebhabern und -wissenschaftlern unserer Tage aber unvergleichlich viel intensiver beachtet wird als Spitteler: Robert Walser.

## Robert Walser und die »andere« Schweizer Literatur 1900–1914

Um 1910 wurden in der Literaturkritik Stimmen laut, welche auf eine neue, jüngere, eine »andere Schweizer Literatur« hinwiesen. Von ihren Autoren heißt es in einem Robert Walser-Porträt Hermann Hesses, das am 28. April 1909 in der Berliner Zeitschrift *Der Tag* erschien: »sie lieben, kennen und schildern weniger die einst beliebte Welt der Dörfer und Sennhütten als die der Städter und des modernen Lebens, und ihr Schweizertum tritt nicht absichtlich und betont hervor, sondern äußert sich ungewollt, wenn schon deutlich genug, teils in der Denkart, teils in Wortwahl und Satzbau.« Noch 1918 warnte Eduard Korrodi, seit 1914 Feuilletonredaktor bei der *Neuen Zürcher Zeitung*, in einem programmatischen Essay mit dem Titel *Seldwylergeist und Schweizergeist* davor, diese »andere Schweizer Literatur« zu überhören, in der »nicht immer die weißrote Bannerseide knistert,« dafür aber »feinere psychologische Regungen« registriert würden. Zum Kernbestand der Autoren, welche Hesse, Korrodi, aber auch Ernst Jenny und Virgile Rossel in ihrer *Geschichte der schweizerischen Literatur* von 1910 dieser »jungschweizerischen Literatur« (Hesse) zurechneten, gehören Jakob Schaffner, Albert Steffen, Robert Walser und Paul Ilg. (Jenny/Rossel nannten zudem Konrad Falke, während Korrodi auch Felix Moeschlin, Ruth Waldstetter und Heinrich Federer der Gruppe zuordnete.) Bezeichnend für solche Hinweise auf eine neue Schweizer Literatur ist, dass man diese immer als eine Gegenbewegung zu einer traditionellen Schweizer Literatur charakterisierte, die damit ihrerseits festgeschrieben wurde. Indem die Kritiker sich so für das Randständige stark machten und damit ihre Aufgeschlossenheit für das Neue zur Schau stellten, zementierten sie zugleich die Klischees über den angeblichen Mainstream, ein Vorgang, der sich im 20. Jh. wiederholen wird. Wie instabil und fragwürdig die Gruppenbildung aber eigentlich war, illustriert das Beispiel des Schriftstellers Heinrich Federer, den nur Korrodi zur »anderen« Schweizer Literatur rechnet, obwohl viele von dessen Büchern als Alpen- oder Bauernromane bezeichnet werden können. Die Darstellung von »feineren psychologische Regungen«, die Korrodi der neuen Literatur attestiert, reicht so weit in die sogenannte »Heimatliteratur« hinein, dass sie als Unterscheidungskriterium wenig tauglich ist. Dass die vorliegende Darstellung die von den zeitgenössischen Experten vorgeschlagene Einteilung wenn auch mit Vorbehalten aufgreift, ist ein Eingeständnis, dass ohne solche Einteilungen kein literaturhistorischer Überblick zu gewinnen ist.

Eine Gruppe bildeten die genannten Repräsentanten einer neuen Schweizer Literatur allerdings schon durch den Umstand, dass sie alle *einer* Generation angehörten und um die Jahrhundertwende zu publizieren begannen. Der wenn auch nicht unbedingt qualitativ so doch quantitativ meist gewichtigere Teil ihrer Werke entstand erst nach dem Ersten Weltkrieg. Dabei entwickelten sich diese Autoren in so unterschiedlicher Richtung, dass es aus dem historischen Rückblick heute erstaunt, sie in einem Atemzug genannt zu finden: Schaffner setzte sich ganz nach Deutschland ab, entfaltete eine enorme, heterogene Produktion und diskreditierte sich in der Schweiz schließlich durch sein Bekenntnis zum Nationalsozialismus. Albert Steffen schloss sich der anthroposophischen Bewegung an, in der er nach dem Tod Rudolf Steiners eine führende Rolle spielte. Paul Ilg schließlich wandte sich nach dem Skandal, den sein militärkritischer Roman *Der starke Mann* (1916) ausgelöste hatte, populäreren Themen zu und verspielte damit das Ansehen, das er sich mit seinem autobiographisch grundierten Frühwerk (den vier zwischen 1906–1913 erschienenen Romanen *Lebensdrang*, *Der Landstörtzer*, *Brüder Moor*, *Das Menschlein Matthias*) auch in Deutschland bei der Literaturkritik erworben hatte. Einzig Robert Walser hatte die Kraft, sich nicht anzupassen und keinen ideologischen oder weltanschaulichen Unterschlupf zu suchen.

Die Werke, welche die vier Autoren vor 1914 verfassten, verzichteten sowohl auf schweizerische Bodenständigkeit (sei diese nun echt oder erkünstelt), als auch auf den hohen Ton, wie ihn in der Schweiz vor allem Spitteler kultivierte, und wie ihn später etwa auch Steffen in den Werken seiner anthroposophischen Periode anschlagen sollte. Der Ton ist oft betont nonchalant, es gibt einen Kult des Aufbruchs, der Bewegung, des Tempos; bei Schaffner und Steffen scheint sich schon vor 1910 gelegentlich der Expressionismus anzukündigen. Das Großstadtleben und die Errungenschaften der Technik übten offensichtlich eine starke Faszination auf die Autoren aus. So manifestiert sich in deren Büchern »eine besondere Art von Modernität« (Hesse), wobei auch der kitschigste Heimatroman, die gewagteste mythologische Eskapade Spittelers ja insgeheim Produkte der Moderne sind.

*Eine neue Generation*

## Berlin als literarischer Fluchtpunkt

Die Großstadt trug für Schaffner, Steffen, Ilg und Walser einen konkreten Namen: Berlin. Alle vier hielten sich für eine kürzere oder längere Zeit hier auf, so dass der irritierende Eindruck entstehen konnte, der aufregendste Teil des literarischen Lebens der Schweiz sei in die preußische Metropole disloziert. Es war wiederum der Korrodi, der 1911 in einem Essay (»Berlin und die Schweizerdichtung«, in der Zeitschrift *Die Gegenwart*) auf die Bedeutung Berlins für die »junge Schweizer Literatur« aufmerksam machte.

In dem Feuilleton-Text »Guten Tag, Riesin!«, den Robert Walser 1907 in der *Neuen Rundschau* veröffentlichte und später in die Sammlung *Aufsätze* (1913) übernahm, tönt das dann zum Beispiel so:

Das ist das Wunder der Stadt, daß eines jeden Haltung und Benehmen untertaucht in all diesen tausend Arten, daß das Betrachten ein flüchtiges, das Urteil ein schnelles und das Vergessen ein selbstverständliches ist. Vorüber. Was ist vorüber? Eine Fassade aus der Empirezeit? Wo? Da hinten? Ob sich da einer wohl entschließen kann, sich nochmals umzudrehen, um der alten Baukunst einen Extrablick zu schenken? I woher. Weiter, weiter. Die Brust dehnt sich, die Riesin Weltstadt hat jetzt in aller üppigen Gemächlichkeit ihr schimmernddurchsonntes Hemd angezogen. So eine Riesin kleidet sich eben ein bisschen langsamer an; dafür aber duftet und dampft und pocht und läutet jede ihrer schönen, großen Bewegungen.

Droschken, Autos, Straßenbahnen und die legendäre Stadtbahn sorgen für ein ständiges Unterwegssein in der Stadt, das Walser hier – nicht ohne Ironie – mit jenem Fortschrittsglauben in Zusammenhang bringt, den der Zeitgeist sich auf die Fahnen geschrieben hat. Der Geschichte, im ausgehenden 19. Jh. eben gerade noch allbestimmend, hofft man sich zu entledigen. So konnte die

*Ort der Befreiung*     Stadt auch als ein Ort der Befreiung erlebt werden, welcher gestattete, in der Schweiz noch gültige Rollenmuster abzustreifen. Gerade für Autoren wie Schaffner und Ilg, die aus ausgesprochen kleinen Verhältnissen stammten, bürgte Berlin so für eine Art Chancengleichheit. Dass der Faszination indessen auch Bedrohliches innewohnte, bringt Walsers Bild der Riesin ebenfalls zum Ausdruck. Die jungen Schweizer Autoren dachten sich gerne Szenarien aus, in denen ein zugereister junger Mann in die Fänge einer mit allen Wassern gewaschenen Berlinerin gerät. Dem Mann eröffnet sich so ein völlig neues Leben, während die Frau der Vitalität des Burschen vom Land erliegt. Das Erlebnis Großstadt wird so mit einer erregend-schwierigen erotischen Erfahrung parallelisiert, dass der Eindruck entsteht, in den sich weltoffen gebenden Texten lebe versteckt etwas von der Gegenüberstellung von dekadenter Stadt und unverdorbener Provinz weiter, welche viele Dorfgeschichten des 19. Jh.s in Szene gesetzt hatten.

*Modernitätserfahrung*     Die Modernitätserfahrung, welche die zwei aus der Schweiz stammenden jugendlichen Zentralgestalten des 1909 in Berlin erschienenen Romans *Der Landstörtzer* von Paul Ilg in der Großstadt machen, wird dadurch vervollständigt, dass sie in der Redaktion einer auflagenstarken illustrierten Zeitung tätig sind. Die beiden eignen sich zwar soviel an Zynismus an, dass sie sich mit den Anforderungen des Sensationsjournalimus arrangieren können, wahren dazu aber doch ihre kritische Distanz. Wenn sich der Eine dann aber mit einer Frau aus begütertem, adligem Haus verbindet, wird das von seinem Freund als eine Art Verrat an der republikanischen Herkunft verstanden. Mit seinem tragischen Ende lässt das Buch keinen Zweifel daran, dass die Leidenschaft für die vornehme Dame eine selbstzerstörerische Verblendung des jungen, künstlerisch veranlagten Journalisten darstellt. Nicht auszuschließen ist, dass durch diese Romanhandlung jenes Schweizer Interesse für deutsche Adelshäuser bloßgestellt wird, das auch Spitteler in seiner Rede »Unser Schweizer Standpunkt« ironisierte. (Dem jungen Schweizer kommt offenbar zugute, dass sein durchaus bürgerlicher, schweizerischer Name Vonwyler ihm, genau wie Robert Walsers Jakob von Gunten einen adligen Anstrich gibt.) Auch wenn die Erfahrungen nach der Rückkehr in die Schweiz es verhinderten, die republikanischen Verhältnisse zu verklären, bieten diese doch die Grundlage für die sehr kritische Einschätzung des Großstadtlebens in Ilgs Buch.

*Jakob Schaffner:*     Ganz anders verhält es sich in dieser Hinsicht in Jakob Schaffners Roman
*Hans Himmelhoch*     *Hans Himmelhoch*. Beim Titelhelden handelt es sich zwar wieder um einen mit einer verheirateten Berlinerin liierten Schweizer, der aber auf seinen Entdeckungsreisen in den europäischen Metropolen seine Herkunft vergisst. Das Buch, das ebenfalls 1909 im renommierten Fischer-Verlag erschien, be-

steht aus den Briefen, welche der Titelheld an seine reiche Geliebte richtet, die ihm seine Reisen ermöglicht. Wenn der Briefschreiber einen neuen Ort schildert – Kopenhagen, Paris, Rom – so nimmt er dabei immer Bezug auf die Heimatstadt der Adressatin, so dass Berlin hier gewissermaßen zum Maß aller Dinge wird. Hans Himmelhoch ist ein äußerst egozentrischer und vollmundiger Berichterstatter, und ein Reiz des Buches besteht darin, dass offen bleibt, ob es seinen Protagonisten als Genie der Selbstverwirklichung nun eigentlich feiere oder denunziere. Hans Himmelhoch ist neugierig und weiß zu beobachten, scheut aber auch nicht vor raschen, blasierten Urteilen zurück, so dass Weltoffenheit und Beschränktheit sich die Waage halten. Das Buch scheint es in erster Linie darauf abgesehen zu haben, einen Habitus zu zelebrieren, den Hass auf alles Festgefahrene, bürgerlich Etablierte. Dieser manifestiert sich auch in einer erregten Sprache, wodurch die Thematik, anders als im traditioneller erzählten Roman von Paul Ilg, in der Form gespiegelt wird. Hans Himmelhochs Briefe sind nicht nur Zeugnis einer Selbstverwirklichung, sondern deren Schauplatz, was der Verfasser in einer einleitenden Selbstdeklaration so umschreibt: »Betrachten Sie mich als einen ideellen Aviatiker und dieses Buch als meinen Aeroplan, mit dem ich von der Anziehung des Stoffes loskommen will.« *Hans Himmelhoch* stellt zwar wohl einen Extrempunkt in der Produktion dieser berliner-schweizerischen Schriftsteller dar, ist dafür aber doch repräsentativ. Gleiches gilt in Bezug auf das literarische Schaffen seines Autors. Der Wunsch, abzuheben, auszubrechen aus den Beschränkungen einer miefigen Kleinbürgerwelt, eine Vorliebe fürs Reisen, für Größe und Pathos kennzeichnen auch die übrigen Werke Schaffners, in welchen der Stoff dann allerdings eine wichtigere Rolle spielen darf. Die später im ersten Band von Schaffners Johannes-Tetralogie (*Johannes. Roman einer Kindheit*, 1922) dargestellte Anstaltsjugend des Waisenkindes und die kleine Welt des Schustergesellen auf der einen, das Renommee des bekennenden Autors des Nationalsozialismus auf der anderen Seite markieren biographisch gesehen Anfang und Endpunkt dieses Spannungsbogens. Ihm verdankt Schaffners Prosa jene Dynamik, die den Beobachtern der schweizerischen Literaturszene vor dem Ersten Weltkrieg so vielversprechend erschien. Nochmals Korrodi 1911: »*Schaffner* ist nicht mehr bloß eine immergrüne Hoffnung der Schweiz, sondern ein Erfüller. Er rennt allen andern einige hundert Kilometer ins Geistige voraus.«

## Robert Walser

Sieht man vom Ansehen Steffens in anthroposophischen Kreisen ab, so räumte die Rezeptionsgeschichte einem einzigen dieser »Berliner« Autoren schließlich einen dauerhaften Platz im literarischen Gedächtnis des 20. Jh.s ein: Robert Walser. Allerdings war es erst in den 1970er Jahren soweit; bei seinem Tod im Jahre 1956 war Walser ein fast vergessener Autor gewesen.

*Leben und Legende*

Es gehört zu den Ruhmestaten des Literaturkritikers Josef Viktor Widmann, dem zwanzigjährigen kaufmännischen Angestellten aus Biel die Möglichkeit gegeben zu haben, im *Sonntagsblatt des Bund* erste Gedichte und kurze Zeit später auch erste Prosa zu veröffentlichen. Dass Walsers erstes Buch, *Fritz Kocher's Aufsätze,* 1904 im exklusiven Leipziger Insel-Verlag erscheinen konnte, hing damit zusammen, dass der Bruder, Karl Walser, der sich einen Namen als Buchgestalter gemacht hatte, das kleine Werk in kongenialer Weise illustrierte. Karl Walser, der bald auch als Bühnenbildner Max Reinhardts Erfolg hatte, war seinem Bruder auch behilflich, im literarischen Berlin Fuß zu fassen. Während seiner Berliner Jahre, 1905–1913, wohnte

Robert Walser

Robert Walser eine Zeit lang sogar mit seinem Bruder zusammen, bevor die beiden sich mehr und mehr auseinanderlebten, was auch mit gegensätzlichen künstlerischen Überzeugungen zusammenhing: Der Maler verstand sich auf Anpassung, wechselte mehrmals seinen Stil, um auf dem Kunstmarkt präsent zu bleiben, während der Dichter seine Schreibweise auf dem eingeschlagenen Weg konsequent weiterentwickelte und auch radikalisierte.

In Berlin war es mit Publikationsmöglichkeiten vorerst noch gut bestellt. Verschiedene Zeitschriften und Tageszeitungen, die auch andere renommierte Feuilletonisten der Zeit ins Brot setzten, veröffentlichten Kurzprosa von Walser, während der Verlag von Bruno Cassirer die drei Romane *Geschwister Tanner* (1907), *Der Gehülfe* (1908), *Jakob von Gunten* (1909) und *Gedichte* (1909) herausbrachte. Kurt Wolff, der auch Franz Kafka verlegte, publizierte zwischen 1913 bis 1915 drei Sammlungen mit Kurzprosa. Damit war aber der Höhepunkt von Robert Walsers literarischem Erfolg zu Lebzeiten bereits überschritten. Nach der Rückkehr in die Schweiz (1913) und im Gefolge des Weltkriegs gestaltete sich die Suche nach Publikationsmöglichkeiten immer mühseliger. Dank Kontakten zu den Redaktionsstuben einiger Zeitungen in der Schweiz und im Ausland bis hin nach Prag konnte sich Walser mit der Veröffentlichung von Prosatexten eine Existenz hart an der Armutsgrenze sichern. In Schweizer Verlagen erschienen noch weitere Prosasammlungen, schließlich eine letzte, *Die Rose* (1925), bei Rowohlt in Berlin; die Veröffentlichung eines weiteren Romans war aber nicht mehr möglich.

1929 trat Robert Walser in die Berner Nervenklinik Waldau ein. Hier war er weiterhin schriftstellerisch tätig, hört dann aber 1933, im Jahre von Hitlers Machtantritt, endgültig mit dem Schreiben auf, nachdem man ihn gegen seinen Willen in die Heil- und Pflegeanstalt von Herisau in seinem Heimatkantons Appenzell-Außerrhoden überstellt hatte. Dass Walser in seinem Roman *Geschwister Tanner* vom Tod eines Dichters während eines Schneespaziergangs erzählt hatte, der seinem eigenen Tod am Weihnachtstag des Jahres 1956 auf verblüffende Weise ähnelt, wurde zu einem wichtigen Baustein des Legendengebäudes, das sich um Walser zu bilden begann. Er war über lange Jahre ein Geheimtipp unter Literaturkennern, bis er in den 1970er Jahren im Gefolge der von Jochen Greven betriebenen Ausgabe des *Gesamtwerks* (Genf/Hamburg 1966–75) und der Übernahme der Verlagsrechte durch den Frankfurter Suhrkamp Verlag in einer Weise in das Bewusstsein der literarischen Öffentlichkeit drang, die den bescheidenen Ruhm während der Berliner Jahre in den Schatten stellte und so weit mehr als eine bloße Renaissance war. Aber auch jetzt noch beschäftigte Walser die Gemüter nicht nur durch seine Texte, sondern auch durch seine Persönlichkeit. Immer neu wurde die Frage erörtert, ob die langen Anstaltsjahre sich aus psychiatrischen Gründen wirklich aufgedrängt hätten oder doch eher einen willentlichen Rückzug darstellten. Die Aufzeichnungen von Gesprächen mit dem Herisauer Anstaltsinsassen, die sein Vormund, der Schriftsteller Carl Seelig 1957 unter dem Titel *Wanderungen mit Robert Walser* veröffentlichte, zeichnen das Bild eines äußerst wachen, keineswegs geistig verwirrten Menschen.

Zusätzliche Nahrung für Legendenbildungen bot die von Bernhard Echte und Werner Morlang betreute Edition der »Mikrogramme«, Nachlasstexten in einer von bloßem Auge kaum entzifferbaren Miniaturschrift, in der Walser seine Produktion der 1920er Jahre niederschrieb, bevor er ausgewählte Stücke daraus für den Druck bereitstellte, indem er sie ins Reine schrieb.

*Ein Autor für Autoren*       Robert Walser war immer ein Autor für Autoren: Musil, Hesse und Zollinger äußerten sich mit Bewunderung über seine Werke, und von Kafka weiß man, dass er daraus auch Anregungen bezog. Im letzten Drittel des 20. Jh.s wurde Walser erneut für eine beträchtliche Zahl von Autoren zu einer Art Identifikationsgestalt, so dass sich zu all den anderen Eigentümlichkeiten dieser Rezeptionsgeschichte auch noch das Phänomen einer Art Rückkoppelung auf die Literatur gesellte. Jürg Amann, Peter Bichsel, Gerhard Meier, Jörg Steiner, Urs Widmer, Gertrud Wilker, aber auch die beiden Nobelpreisträger Elias Canetti und Elfriede Jelinek erwiesen Robert Walser ihre Reverenz. Im Rahmen einer Geschichte der Schweizer Literatur, welche ein besonderes Augenmerk auf Traditionslinien innerhalb dieses Landes zu richten hat, gilt es so das eigenartige Faktum zu vermerken, dass Robert Walser, dem alles Autoritätsgehabe selber äußerst fremd war, in den 1970er Jahren begann, Max Frisch als Leitfigur innerhalb der Schweizer Literatur den Rang abzulaufen.

Auch wer sich an einem allzu personalisierten Zugang zu Walsers Werken stößt, muss einräumen, dass die Werke selber diesem Vorschub geleistet haben. In dem, was die Ich-Erzähler, die in den Prosatexten auftreten, diese Spaziergänger, kleinen Angestellten, ungeschickten Liebhaber, Literaturschwärmer, Möchtegernschauspieler von sich selber verlauten lassen, trifft man immer wieder auf Spiegelungen von Walsers eigener Biographie. Dieser bemerkte einmal selber, seine Kurzprosa stelle im Grunde ein »mannigfaltig zerschnittenes oder zertrenntes Ich-Buch dar«. Der Eindruck, dass man in diesen Texten den Autor persönlich sprechen höre, steht nur scheinbar im Widerspruch für deren auffallende Vorliebe für Rollenspiele. Ist das Maskenhafte so deutlich betont, provoziert dies, nach der Person des Maskenträgers zu fahnden.

Das lässt sich bereits an jenem Prosazyklus studieren, der Walsers erster Buchpublikation den Titel gab: *Fritz Kochers Aufsätze*. Bei den zwanzig, fast auf die Zeile gleich langen Prosastücken handelt es sich angeblich um die Schulaufsätze eines vierzehnjährigen Schülers. Dieser bemüht sich, den Erwartungen des Lehrers gerecht zu werden, indem er sich altklug gibt und eine angestrengt positive Einstellung an den Tag zu legen versucht. Seine Beflissenheit erleidet aber immer wieder Schiffbruch: Statt die Norm zu erfüllen, verletzt der Schüler diese auf eine Weise, die nicht nur äußerst geistreich und poetisch wirken kann, sondern auch Aufschluss gibt über die Vorlieben und die Gedanken, die der Schüler eigentlich geheim halten möchte.

*Die literarischen Anfänge: Fritz Kochers Aufsätze*

Wie Arthur Schnitzler oder andere Erneuerer des Erzählens experimentierte auch Robert Walser um die Jahrhundertwende mit einer betont subjektiven Erzählerstimme. Dabei ging es Walser weniger um eine realistische Darstellung einer bestimmten Bewusstseinslage als darum, sprachliche Stereotype bloßzustellen und in einer höchst virtuosen Simulation der Entgleisungen des kindlichen Aufsatzschreibers ein ungewohntes Ausdruckspotential zu erschließen. Es ist kein Zufall, dass *Fritz Kochers Aufsätze* in einer Zeit entstanden, in der sich das Interesse an der Kreativität von Kindern auch bei bildenden Künstlern – etwa bei Paul Klee, dem in Bern aufgewachsenen Altersgenossen Walsers – zu regen begann, die einen Ausweg aus dem Akademismus des 19. Jh.s suchten.

Dass das Schreiben von Schulaufsätzen eine Tätigkeit ist, in der man vor allem das Schreiben von Schulaufsätzen trainiert, wird ironisch beleuchtet, wenn Fritz Kocher auch über das Aufsatzschreiben einen Aufsatz zu schreiben hat:

> *Der Schulaufsatz*
> Einen Aufsatz soll man reinlich und mit leserlichen Buchstaben schreiben. Nur ein schlechter Aufsatzschreiber vergißt, sich der Deutlichkeit sowohl der Gedanken als der Buchstaben zu befleißen. Man denke zuerst, bevor man schreibt. Mit unfertigen Gedanken einen Satz beginnen, ist eine Liederlichkeit, die nie zu ver-

Titelseite: Robert Walser,
*Fritz Kochers Aufsätze*,
1904, gestaltet von Karl
Walser

zeihen ist. Die Trägheit des Schülers allerdings glaubt, Worte ergeben sich aus
Worten. Das ist aber nichts als eine eitle und gefährliche Einbildung. Man wird
viel leichter des Gehens auf der Landstraße müde, wenn man sich nicht vorher
ein Ziel vorgenommen hat. – Punkte, Komma und sonstige Zeichen zu vernach-
lässigen, ist ein Fehler, der einen weiteren zur Folge haben muß, die Unordent-
lichkeit des Stils. Stil ist Ordnungssinn. Wer einen unklaren, unordentlichen, un-
schönen Geist hat, wird einen ebensolchen Stil schreiben. Am Stil, ist ein altes,
geschwätziges, aber deshalb nicht minder wahres Sprichwort, erkennt man den
Menschen. – Beim Aufsatzschreiben fahre man mit den Ellbogen nicht allzu un-
gestüm hin und her. Dadurch belästigt man seinen Nebenschreiber, der gewiß
nicht unempfindlich für Störungen ist, da er ein Denkender und Schreibender ist.
Schreiben ist eine Sache des still sich Ereiferns. Wer nie ruhig sitzen kann, sondern immer laut und wichtig zu einer Arbeit tun muß, um diese zu verrichten,
wird nie schön und lebhaft schreiben können. –

*Selbstreferentialität*

Es gehört zu den Eigenheiten von Walsers Prosa bis hin zum experimentellen,
noch heute bestürzend modern anmutenden, erst 1972 aus dem Nachlass
veröffentlichten Roman *Der Räuber* von 1925, dass darin deren Verfertigung
immer wieder thematisiert wird. Im Schulaufsatz über den Schulaufsatz kann
man eine frühe Spielart dieser Selbstreferentialität sehen. Auf den ersten Blick
tut der Schüler nicht viel mehr, als einen Gemeinplatz an den andern zu reihen. Erst bei genauerem Hinsehen wird man der leichten Verwerfungen gewahr, durch welche die Aufsätze, gewissermaßen hinter dem Rücken des
Schülers, erst eigentlich zu sprechen beginnen und Fragen antippen, welche
den wirklichen Schreiber eher angehen als den fiktiven. Das beginnt gleich
im ersten Satz mit der Thematisierung der Schrift, der Walser, wie die erhal-
tenen Manuskripte zeigen, große Aufmerksamkeit schenkte, die er aber auch
zum Instrument seiner Maskeraden machen konnte (die Mikrogramm-Schrift
scheint später den Versuch darzustellen, sich dem Korsett der Schönschrift zu
entledigen). Später lässt Walser seinen Schüler die Meinung tadeln, beim
Schreiben gäbe ein Wort das andere, so dass die Texte sich gleichsam aus sich

selber heraus generierten. Gerade das wird indessen Walsers Texten oft nachgesagt, was mit der Häufigkeit von gedanklichen oder lautlichen Assoziationen begründet werden kann.

Paradigmatisch für Robert Walsers Prosa ist an den Schulaufsätzen nicht nur die Selbstreferentialität, sondern auch das Primat der Schreibtätigkeit vor der Mitteilung. Immer wieder vermitteln Walsers Texte den Eindruck, dass sie erst nach und nach und fast zufällig zu ihren Themen finden. Das Schreiben erscheint so als eine Tätigkeit um ihrer selbst Willen, die gern mit anderen Tätigkeiten verglichen wird, die ebenfalls nicht zielorientiert sind, wie das Spazieren oder das Tanzen, oder eben das Gehen auf einer Landstrasse. (Von diesem behauptet Fritz Kocher, es strafe den mit Müdigkeit, der es ohne Ziel tue, womit er einmal mehr seine Rechtschaffenheit unter Beweis zu stellen sucht und genau das Gegenteil von dem vertritt, was eigentlich für Walser zutrifft.) Im Spazieren eine Verbildlichung des Schreibens zu sehen, bietet sich durch den Umstand an, dass viele von Walsers Erzählungen vom Spazieren sprechen; die Erzählung »Der Spaziergang«, 1917 als Einzelpublikation veröffentlicht und später wieder abgedruckt im Sammelband *Seeland* (1919), ist einer der berühmtesten Prosatexte Robert Walsers.

An der Vorliebe für das Spazieren lässt sich ablesen, wie Walser gleichzeitig ein Kind seiner Zeit und ein Außenseiter ist. Der Wunsch, unterwegs zu sein, ist in dieser jungen Literatur, die sich nach 1900 zu Worte meldete, allgegenwärtig. Man will Konventionen, Erstarrungen abschütteln, zelebriert den Aufbruch: Jakob Schaffners *Hans Himmelhoch*, der schließlich mit dem Flugzeug abhebt, ist dafür bezeichnend; im Reisegepäck liegen die Bücher Friedrich Nietzsches. Walser lenkt diesen Bewegungstrieb in die sanfteren, kreisenden Bahnen seiner Spaziergänge, die immer wieder an ihren Ausgangspunkt zurückkehren, von dort aber unausgesetzt wieder aufbrechen und sich so dem Sesshaftwerden viel dauerhafter verweigern als ein Abenteuer, das einmalig bleibt. Dazu passt, dass sich Walsers Figuren, wie hier Fritz Kocher, nicht mit pathetischen Worten von Autoritäten lossagen, sondern mit solcher Übertriebenheit respektvollste Anpassung mimen, dass diese Autoritäten nur umso empfindlicher verhöhnt werden.

*Vorliebe für das Spazieren*

*Fritz Kochers Aufsätze* ist nicht einfach ein Erstling, dem anders geartete Bücher folgen, sondern es wird darin ein Darstellungsverfahren entwickelt, dem Walser treu bleibt, auch wenn er es radikalisiert und Rollensituationen schaffen wird, welche weniger durchsichtig sind. Das illustriert etwa der dritte der drei Berliner Romane, *Jakob von Gunten*. Auch hier gibt der Name des Helden und fiktiven Schreibers dem Buch den Titel, und wieder handelt es sich dabei um einen Schüler. Auch er ist um Anpassung bemüht, will sich bei seinen Lehrern beliebt machen. Allerdings spielt sich dies alles nicht in einer öffentlichen Schule ab, sondern im Institut Benjamenta, das in einem schäbigen Hinterhofhaus einer Großstadt – Berlin ist leicht wieder zu erkennen – seine Zöglinge in enge Schulzimmer und noch engere Schlafkammern pfercht und zu Dienern ausbildet. Die tagebuchartigen Aufzeichnungen Jakobs, aus denen der Roman besteht, spiegeln nun nicht einfach die geistige Welt eines bürgerlich erzogenen, harmlosen Durchschnittsschülers, sondern geben nach und nach einem leicht surreal anmutenden pädagogischen Etablissement, einer bunten Schülerschar und einem Titelhelden von höchst eigenartigem Zuschnitt Gestalt. Schon ganz zu Beginn seiner Aufzeichnungen hält Jakob fest, dass er sich selber ein Rätsel sei:

*Jakob von Gunten*

> Vielleicht steckt ein ganz, ganz gemeiner Mensch in mir. Vielleicht aber besitze ich aristokratische Adern. Ich weiß es nicht. Aber das Eine weiß ich bestimmt: Ich werde eine reizende, kugelrunde Null im späteren Leben sein. Ich werde als

alter Mann junge, selbstbewusste, schlecht erzogene Grobiane bedienen müssen, oder ich werde betteln, oder ich werde zugrunde gehen.

Und wenn Jakob am Schluss als letzter Schüler das Institut verlässt, um angeblich mit dessen abgetakeltem Vorsteher zu einer Wüstenexpedition aufzubrechen, hält er fest: »Und wenn ich zerschelle und verderbe, was bricht und verdirbt denn? Eine Null.« Radikal wird so dem Ziel, eine Individualität auszubilden, dem der deutsche Bildungsroman im Gefolge von Goethes *Wilhelm Meisters Lehrjahre* so große Aufmerksamkeit schenkte und das auch Carl Spitteler noch so kompromisslos hoch hielt, Hohn gesprochen. Der Hinweis darauf, dass Jakob von Gunten als Unperson auch nicht zerbrechen kann, deutet an, dass die Unterlegenheit sich in Überlegenheit verwandeln könnte, ein Umschlag, der in Walsers Büchern in immer neuen Varianten durchgespielt wird. Jakob von Gunten wird durch alles und durch nichts eingeschränkt, ihm stehen alle Möglichkeiten offen, und er ist so ein jünglingshafter Vorläufer des Titelhelden eines andern bedeutenden deutschen Romans der Moderne, Robert Musils *Der Mann ohne Eigenschaften*.

*Nachbarschaft zu Kafka*

Zieht man nun den Schauplatz von Walsers *Jakob von Gunten* in Betracht, dieses sonderbare Institut Benjamenta, zeigt sich die Nachbarschaft zu einer anderen Schlüsselfigur dieser Klassischen Moderne, zu Franz Kafka, der gerade diesen Roman Walsers besonders schätzte. Es herrscht darin eine ähnliche, leicht surreale Atmosphäre wie etwa in Kafkas Schloss, so dass man sich die Frage stellen kann, ob es sich bei diesen Schauplätzen um Ausgeburten der inneren Befindlichkeit der Figur handle. Doch auch sehr handfeste soziale Gegebenheiten der Zeit spiegeln sich darin: ein antiquiertes Bildungswesen, verkrustete patriarchalische Familienstrukturen, durch die industrielle Revolution obsolet gewordene Kleinbetriebe. Von Kafka unterscheidet sich Walser dadurch, dass er das Monströse gleichsam im Diminutiv präsentiert.

Zu einer Strategie des Kleinmachens, Kleinredens und Beschwichtigens, die von *Fritz Kochers Aufsätzen* bis zum späten *Räuber*-Roman das Werk Walsers durchzieht, passt die Vorliebe für die literarische Form des Prosastücks, das Walser selber gern mit der Diminutivform »Prosastückli« ansprach, in der für Schweizer Ohren das Wort »Stückli«, die Dialektbezeichnung für kleines Gebäck, hörbar ist. Unvermittelt kann sich die Kleinheit dann aber als majestätische Größe zu erkennen geben und dem ausgebeuteten Diener zum Triumph über seinen kleinlaut gewordenen Herrn verhelfen. Immer wieder erzählt Walser, wie ein bescheidener Büroangestellter oder Verkäufer plötzlich vor seinen Patron tritt, ihm die Leviten liest und mit Pomp seinen Dienst aufkündigt, Szenen von denen man munkelt, dass sie auch der reale Robert Walser herbeizuführen wusste, der zahllose Anstellungen immer nach verhältnismäßig kurzer Zeit wieder verließ. Der Dialektik zwischen Herr und Diener, die namentlich im Dienerroman *Der Gehülfe* (1908) eine zentrale Rolle spielt, sind mehrere Studien zu Robert Walser gewidmet. Das zeittypische Thema der fragwürdigen Autorität geht Walser also nicht, wie Jakob Schaffner oder auch Hermann Hesse (*Unterm Rad*, 1906) durch pathetische Denunziation an, sondern mit seinem ganz eigenen Rollenverwirrspiel.

*Späte Kurzprosa und Gedichte*

Walsers Weigerung, in seinen Werken verlässliche weltanschauliche Koordinaten zu setzen, stach noch mehr ins Auge, als nach der Katastrophe des Weltkriegs der Ruf nach sinngebender Literatur besonders laut ertönte. Züge, die für Robert Walsers Schreiben immer schon bestimmend waren, prägten sich noch stärker aus: die wortspielerische Seite, die Freude am Nonsens, die Vorliebe für Märchen. Falsch wäre es jedoch, in Walser lediglich den weltabgewandten Sprachartisten zu sehen. Wie eh und je greift er aktuelle Themen auf, reagiert in seinen für die Zeitung bestimmten Feuilleton-Artikeln auf Debatten, welche in eben diesen Zeitungen geführt werden. Das erkennt der heutige Leser oft erst, wenn er sich genau darüber kundig macht, was im Zeitraum der Entstehung eines bestimmten Prosastücks gerade die Gemüter erregte. Das soll ein eher zufällig ausgewähltes Beispiel illustrieren. Es passte durchaus zu den Gepflogenheiten von Zeitungsfeuilletons, in denen ja oft kulturelle Ereignisse besprochen wurden, wenn Walser im Dezember 1925 in der *Prager Presse* unter dem Titel *Hodlers Buchenwald* eine Bildbesprechung veröffentlicht. Die umständliche Annäherung an den Gegenstand inszeniert Walser einmal mehr in Form eines Stadtspaziergangs, der auch an einem Fliegerdenkmal vorbeiführt, von dem es heißt, es habe bei seiner Einweihung eine öffentliche Debatte ausgelöst.

> Ich kam dann zur Reproduktion eines Gemäldes, die im Schaufenster einer Buchhandlung ausgestellt war. Hier blieb ich vergnügt, verjüngt stehen. [...] Jetzt dachte ich daran, wie ich das Original dieses Bildes einst im Hause seiner Besitzerin gesehen hatte. Es hing gleichsam so in einer Domestikenstube. Nun, irgendwo müssen Bilder eben plaziert werden. Das Haus war ja ganz voll von Erlesenheiten der Malerei, und die Frau, die all das ihr eigen nannte, stellte sich als ein Figürchen dar, und ich trank in dieses Figürchens Gesellschaft den Tee, und meine tadellose Aufführung war eine Sehenswürdigkeit. Es wurden auch belegte Brötchen herumgereicht, und indem ich sie mir schmecken ließ, brachte ich das Gespräch auf Spitteler, und mein Freund glaubte mir, als wir die Villa verlassen hatten, gestehen zu müssen, er hätte nie gedacht, daß gerade ich mich so korrekt benehmen könne, und nun schaute ich also die Reproduktion an, und es rief in mir: »Wundervolle Studie!«
> Man konnte da in einen winterlich-kahlen Buchenwald hineinschauen, der mit der besten Charakteristik wiedergegeben ist. Das Bild ist von Hodler, aber abgesehen davon, wenn es nun von einem andern, Unbekannteren wäre, so würden Wert und Freude nicht geringer. Die Stämme sind schlank, hell und dünn, und hie und da hängen einige klappernde Blätter dran.

Auch in diesem späten Text stoßen wir auf Verhaltensformen, die wir von Robert Walser schon kennen: die scheinbar treuherzige Geschwätzigkeit, das demonstrative Bemühen um gute Manieren, das Interesse an der Sphäre der Domestiken. Dabei wird hier aber deutlich, dass diese Verhaltensformen zu der evozierten Salonkultur gehören, die dargestellt wird, als wäre sie längst schon Geschichte, wodurch der Eindruck erweckt wird, Carl Spitteler, dessen Tod bei Erscheinen des Prosatextes erst ein Jahr zurück lag, sei irgend ein verschollener Rokoko-Dichter.

Der Erinnerung an alte Zeiten war, wie schon erwähnt, die Evokation einer Aktualität des kulturellen Lebens vorausgegangen, der Debatte um den künstlerischen Rang eines Denkmals für den Flugpionier Oscar Bieder, welche 1924 die Spalten der Berner Lokalpresse füllte (dem Heroen der Gegenwart hatte übrigens auch Paul Ilg ein Buch gewidmet: *Probus. In Memoriam Oskar Bider*, 1922). So wird deutlich, dass die zwanglos anmutende Plauderei die Frage nach der öffentlichen Wahrnehmung von Kunst und der Kürze des kulturellen Gedächtnisses umkreist, eine Frage, die auch den Autor unmittelbar angeht, der es in Kauf genommen hat, selber gewissermaßen aus der Mode zu kommen. Das wird, ohne dass ein einziges programmatisches Wort fiele, indirekt an Ferdinand Hodler verdeutlicht. Obwohl 1918 verstorben, ist er noch in der Diskussion, allerdings nicht mit Werken wie dem beschriebenen Waldstück, sondern in erster Linie immer noch mit den für das Schweizerische Landesmuseum in Zürich geschaffenen Fresken, die in brutaler Monumentalität verwundete Schweizer Landsknechte nach der folgenrei-

Ferdinand Hodler,
Der Buchenwald,
Ölgemälde (1885)

chen Niederlage in der Schlacht von Marignano darstellen und um 1900 den ersten veritablen Kunstskandal in der Geschichte der Schweiz heraufbeschworen hatten. Ihnen gegenüber wirkt der *Buchenwald,* der nur das gleichmäßige Gewirr von Blättern, Ästen und jungen, parallelen Stämmen zeigt, harmlos beschaulich, obwohl das Gemälde, das kein Zentrum hat und sich von weitem wie ein abstraktes Farbengeflimmer ausnimmt, als künstlerisch besonders innovativ erscheint und in Hodlers Erarbeitung seines Prinzips des »Parallelismus« eine bedeutende Rolle gespielt hatte. Indem das Prosastück gerade diesem abseitigen Gemälde des großen Malers höchstes Lob entgegenbringt und sich über die aktuelle Fliegerdenkmalsdebatte lustig macht, tritt es dem Zeitgeschmack entgegen und lanciert eine Art kulturpolitischen Gegendiskurs. So konnte sich Robert Walser als ein Zeitkritiker entpuppen, der mit Harmlosigkeit und entwaffnender Konzilianz getarnt, scheinbar Feststehendes wirkungsvoller in Frage zu stellen vermochte als mancher, der sich mit wehender Fahne in die ideologischen Fehden stürzte.

*Witz und Melancholie*      Es gibt wenig Texte von Robert Walser, die seine Leser nicht zum Lächeln bringen. Gleichzeitig ist nicht zu verkennen, dass Robert Walser zu den großen Melancholikern der deutschen Literatur gehört. Besonders gut wird die Verbindung von Witz und Melancholie in seinen Gedichten greifbar. Deren Zug ins Verspielte und Ornamentale, der auf mannigfaltigen semantischen und lautlichen Wiederholungsstrukturen beruht, hat man mit dem Jugendstil in Verbindung gebracht, dem Walser ja etwa durch seinen Kontakt zum Kreis der *Insel* nahe stand. Walsers erste Veröffentlichungen von 1889 im Berner *Bund* und 1899 in der *Wiener Rundschau* waren Gedichte. Diese frühe Produktion wurde im von Karl Walser illustrierten Band *Gedichte* (1909, 2. Aufl. 1919) versammelt und in den 1920er Jahren in den Mikrogramm-Manuskripten zwischen den Prosaentwürfen fortgeführt. Zu den frühen Gedichten gehört

Trug

Nun wieder müde Hände,
nun wieder müde Beine,
ein Dunkel ohne Ende,
ich lache, dass die Wände
sich drehen, doch dies eine
ist Lüge, denn ich weine.

## Adolf Wölfli

Als Robert Walser 1929 in die psychiatrische Klinik Waldau bei Bern eintrat, lebte dort ein Patient, der in unermüdlichem Fleiß großformatige Papierbogen mit Zeichnungen, Schrift und Notenzeichen überzog, wenn er sie nicht mit Illustrationen beklebte, die er aus Zeitschriften ausgeschnitten hatte. Anders als bei Walser bestand bei Adolf Wölfli kein Zweifel daran, dass er an einer gravierenden geistigen Krankheit litt, welche eine Internierung aufdrängte. Wölflis Arzt, der Psychiater Walter Morgenthaler, der sich als einer der ersten seines Fachs gründlich mit der Frage der künstlerischen Kreativität von Geisteskranken befasste, ermunterte seinen Patienten zum Schreiben und Zeichnen und brachte erste Proben von dessen Arbeiten an die Öffentlichkeit. Zu seinem internationalen Ruhm kam Wölfli aber, wie Walser, erst lange nach seinem Tod. 1985, im gleichen Jahr wie der erste Band der Edition von Robert Walsers Mikrogrammen, erschien eine Buchedition mit einem Teil der Schriften, die Wölfli in seinen ebenfalls illustrierten Textheften festgehalten hatte (*Von der Wiege bis zum Graab. Oder, durch arbeiten und schwitzen, leiden, und Drangsal bettend zum Fluch. Schriften 1908–1912*). Es wird darin in ausfernder und repetitiver Weise von einer fabelhaften Weltreise erzählt, welche die Wölflische Großfamilie mit einer Forscherequipe unternimmt. Es werden Gefahren überwunden, enorme Wegstrecken zurückgelegt, man ist zu Gast in den aberwitzigsten Königspalästen, steigt ab in Hotels von der Weitläufigkeit einer Stadt. Der kleine Adolf ist nicht, wie sein reales Alter Ego, ein verwahrlostes Bauernkind, sondern das umsorgte Zentrum der Reisegruppe. Das Obsessive dieser Texte liegt auf der Hand; es bricht sich Bahn in einem Sprachfluss, der mit seinen Aufzählungen und sich überbietenden Superlativen, seiner Mischung von Bern- und Hochdeutsch, seinen Wortkreationen und Klangspielen eine ganz eigene Suggestionskraft entwickelt.

Nach Adolf Wölfli und Robert Walser hielt sich noch ein dritter prominenter Autor zeitweise in der Berner Nervenklinik Waldau auf, Friedrich Glauser, von dem im nachfolgenden Kapitel die Rede sein wird. Dieses Zusammentreffen wurde verschiedentlich mit Erstaunen registriert und die Vermutung geäußert, das Irrenhausschicksal dieser drei herausragenden Künstlerpersönlichkeiten sei möglicherweise das Ergebnis einer gewissen Kunstfeindlichkeit der Schweiz. Die Belobigung von Autoren, die es nach Berlin gezogen hatte und denen man deshalb die Überwindung eines angeblichen kulturellen »Seldwyler-Geistes« zutraute, bildet das erste Kapitel jenes Diskurses über die Enge, mit dem die kulturpolitischen Debatten in der Schweiz des 20. Jh.s immer wieder geführt wurden (Paul Nizon gab 1970 dem Phänomen mit dem Essayband *Diskurs in der Enge* seinen Namen). Dieser Diskurs pflegte mit dem Gedanken zu liebäugeln, dass die großen kreativen Geister des Landes nur die Alternative gehabt hätten, ins Ausland oder ins Irrenhaus zu gehen. Dabei muss die Frage, ob das kulturelle Leben in der Schweiz seit 1900 stärker an einer tatsächlichen Enge oder aber an der Behexung durch die Angst vor dieser Enge litt, für die einzelnen Zeitabschnitte gesondert erörtert werden.

Seite aus Adolf Wölfli, *Von der Wiege bis zum Graab* (ca. 1910)

# Von 1914 bis zum Zweiten Weltkrieg

Andreas Solbach

## Tradition und Neuanfang

*Verspätung*

In Deutschland und Österreich werden die Tendenzen der modernen Literatur (Naturalismus, Impressionismus, Symbolismus) spätestens Ende der 80er Jahre aufgenommen und verarbeitet; die Schweizer Literatur dagegen überschlägt eine Generation und kennt keine spezifische Literatur und Kunst des *fin de siècle*. Erst wenige Jahre nach der Jahrhundertwende beginnt die Schweizer Moderne erste kräftige Lebenszeichen von sich zu geben, die allerdings noch von einer auch ideologisch übermächtigen Mehrheitskultur überformt wird. Die dominante Heimatliteratur (Alfred Huggenberger, Ernst Zahn, J.C. Heer) ist dabei allerdings nicht nur konservativ-kitschige Volkstumsideologie, sondern sie liefert auch für einen wichtigen Teil der literarischen Strömungen Ansatzpunkte, die bis in die Gegenwart nicht verloren gegangen sind und weit in die frühere Literaturgeschichte zurückreichen. Es zeigt sich nämlich bei näherer Betrachtung, dass die »Verspätung« der Schweiz einerseits nicht wirklich existiert, andererseits aber durchaus auch vorteilhafte Aspekte bietet. Der Heimatroman kann zwar nicht den ausgefallenen Naturalismus und seine Diskussion ersetzen, aber er nimmt teilweise dessen Inhalte auf und führt seine Thematik in den Mittelpunkt des literarischen Lebens. In dieser Verkleidung gelingt es, die einseitigen und kontroversen Elemente des Naturalismus zu marginalisieren und die soziale Thematik für die Literatur ins Zentrum zu stellen. Zudem sollte bedacht werden, dass die ästhetischen Debatten im Deutschen Reich und in Österreich quasi ›stellvertretend‹ geführt werden, was nicht bedeutet, dass sie in der Schweiz unbekannt geblieben wären. Die Schweizer Literatur erspart sich am Ende des 19. Jh.s die Wiederholung von ästhetischen Diskussionen und gewinnt dadurch ein Fundament, das seit etwa 1905 eine bemerkenswerte Blüte der Literatur trägt, auch wenn es sich dabei sichtbarlich um ein polyphones Werk handelt, das nicht ohne starke Widersprüche und Kontraste auskommt.

Für diese Auffassung lassen sich eine Reihe von literaturgeschichtlichen Werken als Beleg heranziehen: Einerseits die Stellvertreterfunktion der Zürcher Dada-Bewegung und andererseits die Werke Jakob Bossharts, Carl Albert Looslis, Paul Ilgs und Felix Moeschlins. Einen gewichtigen Sonderfall finden wir in Hermann Hesse, der überwiegend der Schweizer Literaturgeschichte angehört.

Ein Großteil der Literatur dieser Epoche ist durch die monumentale Anthologie *Frühling der Gegenwart* (30 Bände) und zahlreiche Editionen von Charles Linsmayer mustergültig überliefert und vor dem Vergessen bewahrt worden.

# »*Schweizerart ist Bauernart*«: *Jakob Bosshart, Hermann Hesse und Felix Moeschlin*

Vor allem seit dem Ende des 19. Jh.s dienen die Alpen als natürliche und das dörfliche Bauerntum als gesellschaftliche Fassade der dominierenden kulturellen Identitätspolitik der Schweiz. Die Vorstellung eines organischen und naturverhafteten Daseins als Gegenentwurf zu der unübersehbar fortschreitenden Industrialisierung und Verstädterung verklärt die außerstädtische Bauernexistenz nicht nur in der älteren Literatur zu einem Ideal, das allerdings abseits der massenwirksamen Romane nie ungestört war. Gleichzeitig ist der bäuerliche Raum ein Ort, an dem sich mehrere bedeutende Linien kultureller Identitätssuche treffen. Dazu zählt einerseits die nationalgeschichtliche Tradition, die die wehrhafte Verteidigung der Heimat profiliert und den gesamteuropäischen Mustern der nationalen Identitätspolitik folgt. Andererseits verbindet sich die zentrale Stellung der nationalstaatlichen Unabhängigkeitsidee mit der geschichtlich vermittelten der Neutralität. Die hier sich manifestierende Freiheitsidee trägt allerdings auch die Züge einer möglicherweise problematischen Vorstellung der Nicht-Einmischung in eigene Belange, die im Laufe der Zeit zunehmend das Andere und Fremde als Ausschlusskriterium der nationalen und gesellschaftlichen Identität privilegiert. Freiheit meint dann auch im innerschweizerischen Diskurs die Affirmation der Alterität, einer Idee von Demokratie, die den starken Föderalismus mit der Vorrangstellung nationaler Souveränität verbindet, so dass es nicht wundert, dass die letzten Jahrzehnte des 19. Jh.s auch eine Zeit der Etablierung der politischen und gesellschaftlichen Macht der eidgenössischen Bundesregierung waren.

Vor diesem Hintergrund wird die Bedeutung der Bauernexistenz als Raum sich kreuzender und widersprechender Identifikationsstrategien und sozialer und künstlerischer Phantasien deutlich. Das Dorf als zivilisationsferner, aber dennoch im Bann moderner »Zersetzung« stehender Ort liefert dabei sowohl das Bildprogramm wie auch die Handlungsmatrix für eine umfassende und komplexe Beschreibung des Stands kultureller Selbstfindung. Untrennbar verbinden sich hier melancholische und regressive Konzepte, die den Verlust kultureller Identität, so prekär diese Konzeption auch sein mag, beklagen und/oder ihre Restauration als Garanten eines erfüllten Lebens fordern. Die Topik des traditionellen Heimatromans verwandelt sich dabei unversehens in eine reine Diskursivität: Die Dorfgeschichte wird zur Sprache und zum Ausdrucksmedium zivilisatorischer Differenzen, und das Dorf wird zunehmend zum Ausdruck komplexer Modernisierungserfahrung.

Die kulissenhafte Verwendung der dörflichen Natur und der in ihr eingelagerten »Menschheitskonflikte« sollte nach Absicht der Autoren die Grenze der Heimatliteratur überschreiten. Jakob Bosshart versteht sich dann auch dezidiert nicht als Heimatdichter, obgleich er im Wesentlichen an die Tradition des älteren Heimatromans anknüpft, der sich allerdings selbst gelegentlich mit gesellschaftskritischen Elementen der realistischen Literatur des 19. Jh.s verbindet. Vorbild ist Autoren wie dem katholischen Heinrich Federer, der sich christlich-sozial engagiert, etwa Kellers *Martin Salander* (1886) oder das Werk Gotthelfs. Heinrich Federer, William Wolfensberger und Jakob Bosshart übernehmen dabei teilweise die literaturgeschichtliche Funktion des Naturalismus, der in der deutschsprachigen Literatur in der Prosa kaum unterscheidbar vom traditionellen Realismus ist. Bosshart ist überwiegend Novellist, sein einziger Roman *Ein Rufer in der Wüste* erscheint 1921 recht

*Heimat*

Jakob Bosshart

*Jakob Bosshart*

spät und steht etwas vereinzelt in seinem Werk, das durch ein ungleichge-
wichtiges Novellenwerk dominiert wird (*Im Nebel*, 1898, *Das Bergdorf*,
1900, *Die Barettlitochter*, 1901, *Durch Schmerzen empor*, 1903, *Die alte
Salome*, 1907, *Vom Golde*, 1907, *Das Pasquill*, 1908, *Früh vollendet*, 1910).
Seine Themen wählt er bevorzugt aus dem ländlichen Milieu und aus der eigenen Erfahrung einer harten Lebensschule, und die pädagogisch-diskursive
Dimension des überzeugten und ernsten Lehrers zeigt sich in vielen seiner
Werke deutlich. Sie erscheinen nicht selten als ein gut gemeintes Konglome-
rat aus gedanklichen Konzeptionen, die sich zumeist mit ethischen Problemen vor dem Hintergrund sozialkritischer Gesellschaftsdarstellung befassen,
und einer immer wieder durchbrechenden Sentimentalität des Gefühls. In
*Freund Paul* etwa findet sich die Geschichte zweier Freunde, die von einer
umfassenden philosophischen Skepsis erfasst werden und am Sinn des Lebens zu zweifeln beginnen. Während der Ich-Erzähler von seiner Familie gerettet und durch eine in harter Arbeit erworbene Naturfrömmigkeit von seinem Zweifel geheilt wird, endet Freund Paul im Selbstmord. Dabei beherrscht
Bosshart zumeist die psychologische Charakterisierung seiner Helden und
die novellistische Handlungskonstruktion, aber seine Erzählungen sind
durchweg von Überzeugungen geprägt, deren Ernsthaftigkeit einen teilweise
krassen Realismus fordert, der im Kontrast zu den tief empfundenen aber oft
nur leblos bleibenden, nicht selten auch kitschigen Stereotypen der Heimatliteratur stehen. Der unheilvolle Einfluss des Geldes, der damit einhergehende
Neid und die materiellen Begehrlichkeiten äußern sich bei dem Autor nicht
selten in Szenen brutaler Gewalt und verdrängter Sexualität. Sowohl in der
*alten Salome* wie auch in *Durch Schmerzen empor* wird die Selbstverleug-
nung in Gestalt des Mitleids zum ideologischen Fluchtpunkt, während in
*Das Pasquill* die Wahrheitsliebe den aufrichtigen jungen Helden tötet. Demut
und Mitleid, Mut und Aufrichtigkeit, Arbeit und Verlässlichkeit sind die Tugenden, die Bossharts Helden als Fixpunkte dienen. Diese abstrakte Gegen-
sätzlichkeit drückt sich einesteils in einer überpointierten Charakterzeich-
nung aus, die der Etablierung einer krassen Antithetik von Gut und Böse
dient, anderenteils resultiert sie nicht selten in einer rhetorischen Sentimentalität, die aus dem Gedanklichen erwächst.

*Ein Rufer in der Wüste*      Bleibendes Interesse kann neben einigen Erzählungen nur der genannte
Roman beanspruchen, der als Summe seiner künstlerischen und moralisch-
pädagogischen Ziele bereits im Titel die Stärken und Schwächen eines traditionellen Schweizerspiegels verdeutlicht: Bosshart gelingt es hier, eine Summe
seiner düsteren Auffassungen zu präsentieren, die allerdings durch den kas-
sandrahaften Prophetenton an Überzeugung verliert. Der Roman erzählt die
Geschichte des Niedergangs der Familie Stapfer, die den Bezug zu den traditionellen Werten verliert und sich in einer Jagd nach Reichtum und Geld dem
»Zeitgeist« hingibt. Dem Helden Reinhart Stapfer gelingt es nicht, für sich
einen sicheren Weg jenseits des von Bosshart vehement kritisierten »Mam-
monismus« zu finden. Er schwankt zwischen einem realitätsfernen Gefühls-
sozialismus, fernöstlichen Lehren und einer allgemeinen Zivilisationskritik,
bis er am Ende bei einer Auseinandersetzung tödlich verletzt wird. Sterbend
kann er noch miterleben, wie nach dem Versagen der Elterngeneration und
der geldsüchtigen Geschwister diejenigen Familienmitglieder, die dem »Zeitgeist« widerstanden haben, einen Neuanfang abseits der Stadt und der materialistischen Weltordnung versuchen. Trotz des überwiegend städtischen
Handlungsraums und des alle Gesellschaftsschichten umfassenden Personals
bleibt der Autor auf die Perspektive seiner früheren Erzählungen verpflichtet.
Deutlich wird sein Wunsch, mit diesem Roman einen wirkungsvollen Aufruf

an seine Zeitgenossen zu Besinnung und Umkehr zu formulieren, deutlich auch die Nähe zu Thomas Manns *Buddenbrooks* und Heinrich Manns Zeitkritik. Überraschung lösten schließlich 1923 die Illustrationen Ernst Ludwig Kirchners zu Bossharts letzter Erzählsammlung *Neben der Heerstrasse* aus. Die eindrucksvollen Holzschnitte Kirchners verhelfen den Texten jedoch nicht zu einem ganz unwahrscheinlichen Expressionismus, sondern sie werfen ein bezeichnendes Licht auf ihre vom Autor intendierte existenzielle Bedeutung. Bosshart bleibt sowohl inhaltlich wie auch formal seinem realistisch grundierten Stil treu, gerade wenn er sich seiner künstlerischen Überzeugung nach mehr und mehr um Ernsthaftigkeit und rhetorische Verknappung im Sinn der Neuen Sachlichkeit bemüht.

Bosshart gehört allerdings noch nicht wirklich zu den Autoren der sogenannten »epischen Dekade«, die etwa ab 1905 publizieren und mit ihren Werken die Literaturentwicklung bis zum Ersten Weltkrieg inspirieren. Robert Walser, der junge Jakob Schaffner, Paul Ilg, Albert Steffen und auch Felix Moeschlin können hier neben dem frühen Werk Hermann Hesses genannt werden.

# Hermann Hesse

Hesse wird 1877 in Calw geboren und zieht mit vier Jahren nach Basel. Dort wird der ganzen Familie die schweizerische Staatsbürgerschaft verliehen, die bei der Rückkehr nach Calw nur aus finanziellen Gründen aufgegeben wird, um dem Knaben die Teilnahme am württembergischen Landschulexamen zu ermöglichen. Der Ausbruch des Ersten Weltkriegs hindert Hesse dann vorerst daran, die Naturalisierung in der Schweiz zu beantragen, nachdem er bereits seit Jahren wieder in dem Land lebt und es bis an sein Lebensende als Heimat betrachtet. Erst 1924 wird er anlässlich seiner zweiten Eheschließung als Schweizer wieder eingebürgert.

Hermann Hesse

Nach einer unruhigen und teilweise auch verstörenden Jugendzeit hatte der hochbegabte, aber auch äußerst sensible Hesse während seiner Lehrzeit als Buchhändler wieder das Gleichgewicht gefunden. 1899 geht der 22-jährige nach Basel, und nun beginnt er seine ersten noch deutlich neuromantisch beeinflussten Werke zu veröffentlichen: *Romantische Lieder* (Gedichte, 1899), *Eine Stunde hinter Mitternacht* (Prosa, 1899) und *Hinterlassene Schriften und Gedichte von Hermann Lauscher* (Prosa, 1901).

Peter Camenzind

Nach einem Italienaufenthalt erscheint 1904 bei Fischer der Durchbruchsroman *Peter Camenzind*. Der Held wächst in dem fiktiven Nimikon in der Nähe des Vierwaldstätter Sees in dörflicher Umgebung auf und verbindet die kräftige Physis des Homo alpinus mit einer überdurchschnittlichen Intelligenz, künstlerischer Sensibilität und einer markanten Arbeitsscheu. Sein Wunsch, Schriftsteller zu werden, wird von seinem Studienfreund Richard befördert, aber Camenzind verfällt der Versuchung des journalistischen Schreibens und bricht sein Studium in Zürich ab. Er bewegt sich in den Kreisen der künstlerischen Bohème, bleibt aber mit sich und seiner Umwelt unzufrieden. Sein großes literarisches Projekt der umfassenden Naturdarstellung macht keine Fortschritte, und als nicht nur Liebesangelegenheiten scheitern und sein einziger Halt, der Freund Richard, stirbt, ist der Held am Ende. Doch schon zuvor hatte sich bei einer gemeinsamen Reise auf den Spuren des heiligen Franz von Assisi die bevorstehende Lebenswende angedeutet. Aus Lebens- und Zivilisationsekel findet Camenzind durch die selbstlose Pflege des körperlich verkrüppelten, aber menschlich überragenden Boppi einen Ausweg. Boppis überlegene Heiterkeit und weise Gelassenheit im Angesicht des eigenen Leidens und Sterbens verwandeln Camenzind und führen zu seiner Rückwendung zur eigenen Familie und der dörflichen Heimat, denen er sein menschliches Mitgefühl und seine soziale Verantwortung entgegenbringt. Am Ende steht die erneuerte Existenz in der ländlichen Heimat als Erkenntnis der Unzugehörigkeit zur Großstadtzivilisation und die Überwindung des nihilistischen Daseinsekels durch tätiges Mitleid. Camenzind kann seine Naturdichtung nicht vollenden, weil ihr künstlerisches Ziel falsch ist, denn nicht in der Erhabenheit der menschenleeren Alpenlandschaft liegt die Medizin gegen die modernen Zivilisationskrankheiten, sondern in der aktiven Mitmenschlichkeit den Leidenden und Bedürftigen gegenüber. Statt des aufgegebenen Naturepos überliefert der Held dann auch den eigenen Lebensbericht. Hier finden sich alle wesentlichen Elemente der neuen schweizerischen Literatur nach der Jahrhundertwende; die für das gesamte Werk Hesses wichtige Darstellungsart des Dualismus erscheint in typisch schweizerischer Form: Stadt-Land, Kunst-Leben und Zivilisation-Natur sind als Polaritäten in die charakteristische Gesellschaft der Schweiz eingebettet.

Die folgenden Romane *Gertrud* (1910) und *Roßhalde* (1914) entwerfen dagegen das Spektrum von Beziehungs- und Eheproblemen, wie sie in der zeitgenössischen Literatur nicht ungewöhnlich sind. Mit den drei Geschichten der Prosasammlung *Knulp* (1915, entstanden 1907–1914) tritt dann wieder ein unverwechselbarer Hesse-Held auf: ein liebenswürdiger und selbstbeherrscht-ordentlicher Landstreicher, der sich seinen bürgerlichen Gastgebern und Freunden durchweg als überlegen erweist. Knulp, der eine frühe Liebesenttäuschung nicht bewältigt hat, steht im besten Mannesalter dennoch an der Schwelle des Todes. Die Erzählungen berichten unzusammenhängende Episoden aus seinem Leben, die ihn als melancholischen Einspänner zeigen, der auf äußere und innere Sauberkeit hält und den Beschwernissen des Lebens gegenüber souverän ist. Erst als er im Angesicht des Todes im Schneetreiben mit Gott spricht, beklagt er sich über sein Schicksal, seine Einwände werden aber mit dem Hinweis auf die Erfüllung eines überlegenen Lebensplans zurückgewiesen: Knulps Aufgabe war es, als Teil der göttlichen Torheit und Naivität den Menschen ein Zeichen und eine Aufmunterung zu sein. Auch wenn diese Geschichten, ähnlich wie viele seiner frühen Erzählungen in der Gerbersau genannten Umgebung von Calw spielen, lässt sich der Zusammenhang mit dem *Camenzind* nicht übersehen. Dieser Zusammenhang wird noch deutlicher, wenn man die frühen Werke des fast gleichaltrigen Jakob Schaffner betrachtet.

**Knulp**

## *Autorenporträt Jakob Schaffner*

Jakob Schaffner zählt bis heute zu den ›schwierigsten‹ Autoren der deutschsprachigen Schweiz, weil er sein großes Talent im Dienst der nationalsozialistischen Bewegung kompromittiert und mit seiner ressentimentgeladenen Kritik an der Heimat viele Leser von sich abwendet.

Schaffner wird in Basel als Kind eines Schweizer Vaters und einer deutschen Mutter geboren, und verlebt dort glückliche erste Jahre. Er verliert mit dem Tod des Vaters (1883) und der Emigration der Mutter früh die Sicherheit im Leben; die Unterbringung in der pietistischen Waisenanstalt Beuggen, die Härte der religiösen Erziehung, die Abweisung seines Wunsches nach einer Lehrerausbildung und die Lehr- und Wanderzeit als Schustergeselle haben den Autor und sein Werk nachhaltig geprägt. Ab 1916 radikalisieren sich unter dem Einfluss seiner zweiten Frau, die eine überzeugte Nationalsozialistin der ersten Stunde ist, Schaffners politische Ansichten in dieser Hinsicht. Bis in die Mitte der 20er Jahre hinein kann der Autor als deutlich nationalistisch und konservativ gelten, mit der Entwicklung der NSDAP in den späten 20er Jahren verfällt er dann immer stärker deren Ideologie, worunter auch seine Werke sichtbarlich leiden. Trotz seines unverzeihlichen und verstörenden Engagements für die Nazis bleibt das frühe Werk des Autors, der im Jahr der Machtergreifung bereits 58 Jahre alt war, für die Entwicklung der Schweizer Literatur unverzichtbar, wohingegen die späteren Schriften nicht nur wegen ihrer politischen Tendenz, sondern auch wegen ihrer manifesten künstlerischen Schwächen unberücksichtigt bleiben können.

Jakob Schaffner

Sein erster Roman *Irrfahrten* (1905) erscheint bereits bei Fischer und ermöglicht dem Autor nach seiner ersten sechs Jahre langen Wanderschaft als Handwerksgeselle eine erneute »Wanderschaft« durch Deutschland, Dänemark und Holland. Neben einem ausgedehnten Erzählwerk entstehen Romane in schneller Folge: *Die Erlhöferin* (1908), eine traditionelle Bauerngeschichte auf baslerischem Gebiet, *Hans Himmelhoch* (1909), *Konrad Pilater* (1910) und der historische Roman aus dem 17. Jh. *Der Bote Gottes* (1911). 1909 bis 1911 lebt er mit Unterbrechungen zum letzten Mal in der Schweiz, danach bleibt sein Hauptwohnsitz das deutsche Reich, und er verbringt auch die Zeit des Ersten Weltkriegs dort. Vielleicht beschäftigt er sich gerade deshalb intensiv mit der Schweiz als Thema: *Geschichte der schweizerischen Eidgenossenschaft* (Stuttgart, 1915), *Die Schweiz im Weltkrieg* (Stuttgart, 1915) und die Novelle *Das Schweizerkreuz* (Berlin, 1916) bezeugen sein Interesse. Trotz oder gerade wegen seines heftigen Engagements für Deutschland und seiner bitteren persönlichen Kritik an der Heimat bleibt er dezidiert Schweizer, obgleich er seine Werke mehr und mehr außerhalb der Schweiz situiert: *Der Dechant von Gottesbüren* (1917), *Die Weisheit der Liebe* (1919), *Kinder des Schicksals* (1920) und *Das Wunderbare* (1923) spielen allesamt in Deutschland und imitieren deutsche Befindlichkeiten bis in den Dialektgebrauch hinein. Während des Krieges rechtfertigt sich Schaffner indirekt durch die Beschäftigung mit Schweizer Themen, mit Ende des Krieges und der Revolution zielt er auf eine literarische und politische Verarbeitung der Ereignisse der deutschen Geschichte, und der Bezug zur Heimat tritt zurück.

*Frühwerk*

*Die Schweiz als Thema*

Schaffners literarisches Werk ist durch eine Reihe von scheinbaren Ungleichgewichtungen gekennzeichnet, die auf frühe Traumatisierung durch den Tod des Vaters, den Verrat der Mutter und die Unterbringung in der Erziehungsanstalt Benggen verweisen. Seine Sehnsucht nach der deutschen Mutter verschiebt bereits der Jugendliche auf Deutschland, das in den folgenden Jahren immer stärker im Sinne seiner persönlichen Erlösungswünsche idealisiert wird. Zentral für sein frühes Werk ist nach der Erkenntnis, dass er schreibend seine Probleme objektivieren kann, das Motiv der Bewegung: Seine Helden sind zwanghafte Wanderer und Reisende, die in der wiederholten Entfernung von Heimat, Familie und Partner die Rolle der unverlässlichen Mutter reinszenieren. Der Held des Romanerstlings *Irrfahrten* (1905) kehrt aus Amerika nach Deutschland zurück, und *Konrad Pilater* (1910) ist

Konrad Pilater

ein Schuhmachergeselle auf der Walz. Zusammen mit der literarischen Hauptgestalt der *Johannes*-Tetralogie repräsentieren sie Schaffners autobiographische Erfahrungen. Erst relativ spät entschließt sich der Autor, die verschiedenen Ansätze seiner Lebensgeschichte systematisch in neuer Form darzustellen, wobei er erstmals die traumatische Internatserfahrung beschreiben kann, weil er sie nun in einen größeren Zusammenhang stellt. *Konrad Pilater* gilt ihm als erster wichtiger Roman, denn erst 1910 hat er seine Orientierungsversuche in literarischer Hinsicht vorläufig beendet. Die vorausliegenden Texte dürfen allerdings als erstaunliche Dokumente einer Suche gelten, die für Schaffners ganze Generation bezeichnend ist, wie auch seine Entscheidung für den gemäßigt realistischen Stil und weltanschauliche, zunehmend nationale, Themen.

Das Experimentelle und Suchende zeigt sich bis 1907 in den teilweise radikalen Erzählungen des Autors, zu denen *Unter stählernen Bestien* (1905), *Der Kilometerstein* (1907) und *Die Eschersche* (1907) zählen. In ihnen versucht Schaffner mit teilweise grellen Effekten, die sich auch in anderen Texten finden, den traditionellen Themenhorizont aufzubrechen. Im Grunde aber bleiben diese Erzählungen Ausnahmen in einem Werk, das neben den wichtigen und auch einzig überzeugenden autobiographisch inspirierten Texten nur eine große Bandbreite an Themen der Schweizer und deutschen Tradition bietet.

Hans Himmelhoch

Der einzige Text, der die vom Gewohnten abweichenden Erzähltendenzen bündelt und als Alternative zu den konventionellen Romanen wie *Die Erlhöferin* (1908), *Der Bote Gottes* (1911) oder *Der Dechant von Gottesbüren* (1917) erscheint, ist *Hans Himmelhoch. Wanderbriefe an ein Weltkind* (1909). Kaum ein Roman zu nennen, bleibt das Buch, das eine Reihe von Reisebriefen an eine imaginäre Geliebte versammelt (zumeist schon einzeln in Zeitschriften vorabgedruckt), unbeachtet und erfolglos. Der Autor selbst erkennt wohl nicht, welchen Einflüssen er hier unterliegt und welche literarischen Möglichkeiten er ungenutzt lässt. In der Zeit von 1906 bis 1909 bewegt sich Schaffner an der vordersten Front der deutschen Literatur: Er emanzipiert sich vorübergehend von der rückwärtsgewandten Berichtsposition der Autobiographie und entwickelt eine einzigartige Schreibweise, deren unkonventionelle Euphorie erstaunliche Parallelen zum gleichzeitig entstehenden Futurismus aufweist, wie die Akklamation der technischen Fortschritte und ihrer Übersteigerung. Seine gefestigte monistische Weltanschauung setzt der Autor mit zarathustrischer Emphase gegen religiöse Bekenntnisse, und seinen Beobachterstandpunkt erhebt er unter dem Einfluss von Nietzsche und der entstehenden Flugbegeisterung als »ideeller Aviatiker« in den Himmel. Am überraschendsten ist vielleicht die paradoxe Ähnlichkeit

Gemeinsamkeiten mit Robert Walser

mit der Stilhaltung des nur geringfügig jüngeren Robert Walser, der zur gleichen Zeit in Berlin lebt und dort seine drei großen Romane *Geschwister Tanner* (1907), *Der Gehülfe* (1908) und *Jakob von Gunten. Ein Tagebuch* (1909) veröffentlicht. Beide Autoren bearbeiten vergleichbare Themen, wie die entbehrungsreiche Existenz junger Handwerker und Angestellter, aber Walser entwickelt dabei einen besonderen Stil sanfter Subversion durch demütige Selbstverkleinerung, der durch seine ironische Dialektik von Idyllik und Grauen seine Wirkung entfaltet. Ebenso wie er entwirft Schaffner einen in seiner Naivität bestrickenden Ich-Erzähler im *Hans Himmelhoch*, der allerdings seine unverstellte Persönlichkeit überwiegend als Exaltation der Fremderfahrung zeigt. Schaffners Held ist ein Bruder der leisen Rebellen Walsers, aber sie erkennen sich nicht; Hans Himmelhoch bleibt eine Episode im Werk des Baslers, dem diese Figuration eines literarischen Helden nicht wegweisend wurde und der die darin angelegten thematischen und darstellerischen Möglichkeiten nicht sehen wollte oder konnte.

Der Impuls, der von diesem singulären Roman ausgeht, findet dann Eingang in das wohl repräsentativste Werk der frühen Periode des Autors, in
den *Konrad Pilater* (1910). Hier gibt Schaffner ein Porträt des Künstlers als
junger Mann und zeichnet den Weg nach, der ihn zum Schriftsteller macht,
und hier wird auch deutlich, welche Themen und Probleme die künstlerische
Vorstellungskraft eines Autors dominieren, der seiner Beeindruckbarkeit eine
gewollte Entscheidungsstärke entgegensetzt. So überzeugend der Erfahrungs-
und Wissenshunger des wandernden Weltenfahrers wirkt, so konventionell
prägt er sich in der formlosen Themenvielfalt der übrigen Werke aus. Der
erste Band der *Johannes*-Tetralogie (1922), der die Kindheitsgeschichte des
Verfassers schildert, zeigt dies noch einmal überdeutlich auf: Schaffner lebt
von dem Selbsterfahrenen seiner Jahre bis etwa 1910; künstlerische Impulse
vermag er bis zum Beginn des Weltkriegs zu setzen, danach hört er auf, eine
innovative literarische Kraft zu sein. Die ersten Bände der Tetralogie sind
keine Neuansätze des Autors, sondern Sammlung und Summe einer immer
problematischer werdenden künstlerischen und politischen Weltsicht.

*Johannes-Tetralogie*

# Felix Moeschlin

Felix Moeschlin schließt in seinem Werk direkt an Hesse und Bosshart an,
obwohl für seinen hoch gelobten Erstlingsroman *Die Königschmieds* (1909)
Thomas Mann die Grundidee liefert, die jedoch völlig eigenständig ins Werk
gesetzt wird. Dieser Drei-Generationenroman umspannt das halbe Jahrhundert bis zur Jahrhundertwende und zeigt eine Familie im vollen Verfall. Vergleichbar mit Bossharts späterem *Rufer* und Inglins *Schweizerspiegel* wird
den Repräsentanten der Eltern- und Gründergeneration der Spiegel vorgehalten und ihre Besitzgier und ihre bedenkenlose Hingabe an die materialistische Zivilisation gegeißelt. Moeschlin propagiert dabei allerdings stärker
als Bosshart und Hesse ein an Nietzsche und Hauptmann erinnerndes naturalistisches Naturempfinden und konservatives Arbeitsethos. Nach dem
misslungenen *Hermann Hitz* (1910) zeigt der *Amerika-Johann* (1912), der in
Schweden spielt, den Autor auf der Höhe seiner Fertigkeiten. Moeschlin, der
mit seiner schwedischen Frau lange Jahre in deren Heimat lebte, beschreibt
darin die skrupellosen Machenschaften eines reichen Amerika-Rückkehrers
in seinem verarmten Heimatdorf. Die ahnungslosen und zivilisationsfernen
Dörfler werden zuerst von dem selbstsicheren Auftreten und dem Reichtum
des Amerika-Johann und dann von den kurzlebigen Anfangserfolgen seiner
bodenlosen Spekulationen geblendet, bis sie schließlich erkennen müssen,
dass sie nur manipuliert wurden. Die getäuschten und ihres schmalen Besitzes beraubten Bauern töten schließlich den offen zynischen Machtmenschen,
nachdem sein neuestes bevorstehendes Täuschungsmanöver durch den eigenen Sohn verraten wird. Am Ende steht wie in Bossharts *Rufer* der Versuch,
das Verlorene im Geiste ehrlicher Arbeit und aufrechter Bemühung wieder
aufzubauen. Moeschlin schildert wie viele seiner Zeitgenossen die schweren
Konflikte im Zuge der Industrialisierung, der Landflucht und die Anpassungsschwierigkeiten an die Härten der sich beschleunigenden Gesellschaftsentwicklung. Auch seine Helden sind die Modernisierungsgewinner und
-verlierer und ihre Konflikte, wobei im *Amerika-Johann* der negative Held

*Amerika-Johann*

erstmals allegorisch als nietzscheanischer Machtmensch erscheint. Moeschlins Überzeugung von der fast evolutionsbiologisch-darwinistischen Sinnhaftigkeit des Geschehens, das schließlich den Fortschritt garantiere, steht dabei in einem nicht ganz auflösbaren Widerspruch zu dem naturhaften Arbeitsethos des Autors.

## Kindheiten

Die Schweizer Vorkriegsliteratur wie auch die Autoren der »epischen Dekade« (R. Walser, P. Ilg, C.A. Loosli, J. Schaffner, C. Strasser u. A. Steffen) stehen zu Beginn noch unter dem Einfluss Kellers und seinem Muster vom Entwicklungsroman, und so kennt die Literatur der ersten Hälfte des Jh.s eine große Anzahl von Romanen und Erzählungen, in denen der Entwicklungsgang des Helden durch Kindheit und Jugend nachgezeichnet wird. Fast immer muss sich der Protagonist mit harten und entbehrungsreichen Lebensumständen auseinandersetzen, die seinem Bildungs- und Lebenswillen entgegenstehen. Erniedrigende soziale Umstände und die beschämenden Demütigungen von Eltern und Erziehern lösen in den missachteten Seelen der Kinder einen Impuls zum Widerstand aus, der oft nur noch die Flucht in die Fremde sinnvoll erscheinen lässt.

*Hermann Hesse, Unterm Rad*

Eines der frühesten Modelle einer derartigen Kindertragödie entwirft H. Hesse in seiner Schulerzählung *Unterm Rad*, die zuerst 1904 in Fortsetzungen in der *NZZ* erscheint und die in den Zusammenhang einer ganzen Reihe von Internats- und Schulerzählungen gehört. Doch Hesses noch heute populäre Erzählung entwirft nur an der Oberfläche die Leidensgeschichte des Hans Giebenrath, der unter dem Leistungsdruck seiner Umwelt zerbricht. Der Autor zeichnet gegen das Modell einer vorschnellen Identifikation durch Mitleid eine subtile Hintergrundstudie, die die Befangenheit des Helden im System der Leistungsethik zeigt. Giebenrath geht nicht primär an der Gesellschaft zugrunde, sondern auch durch seinen eigenen Ehrgeiz, der ihn verblendet und ihn nicht auf seine innere Stimme und Berufung hören lässt, wie es seinem Freund Hermann Heilner gelingt, der mit sicherem Instinkt aus dem Internat ins Leben flieht. Der Flüchtende praktiziert damit eine Haltung, die Hesse in einem Essay 1918 als »Eigensinn« bezeichnet und die nicht nur für viele seiner literarischen Gestalten, sondern auch für so manchen schweizerischen Protagonisten bezeichnend ist: »Wer eigensinnig ist, gehorcht einem anderen Gesetz, einem einzigen, unbedingt heiligen, dem Gesetz in sich selbst, dem ›Sinn‹ des ›Eigenen‹.« Es ist auch dieser Eigensinn, der in seiner Erzählung *Kinderseele* (1919) für einen unverständlichen und belanglosen Diebstahl des kindlichen Helden verantwortlich ist. Der Erzähler fragt sich, wieso er denn dem Vater die Feigen entwendete, obgleich er nicht nur um das Unrecht wusste, sondern auch gar keine Begierde danach verspürte. Der Eigensinn und die Unergründlichkeit der Tat verweisen dabei auf das Motiv der Anteilnahme am Leben, die sich von den Beschränkungen der Konvention frei machen muss und in der Annahme des Eigenen erst zum Leben durchbrechen kann. Das Leiden des Knaben, der wissentlich und willentlich das Unrechte tut, resultiert dann in einem fortgeschrittenen Bewusstsein, das dasjenige der Väter, die in ihrem selbstgerechten Sekuritätsdenken verharren, überholt.

Auch für Albert Steffen steht vor allem in seinem Frühwerk die Frage nach der Funktion des Bösen und Hässlichen im Vordergrund. »Die andere Entdeckung, die ich damals machte, war, dass in der Tiefe der Menschheit das Böse lauert, und zu dieser Menschheit gehörte man selber, man schleppte mit, bis auch der letzte Mensch erlöst war. Ohne dass man sich selber als Stufe zu einem höheren Menschentum benutzte, musste man sinken und die anderen zur Tiefe ziehen.« Noch bevor er die Tristesse der Großstadt in Berlin erlebt, beendet er mit einundzwanzig Jahren seinen ersten Roman *Ott, Alois und Werelsche*, den Fischer 1907 veröffentlicht. Der junge Gymnasiast Alois Tenger steht darin in wechselseitigem Verhältnis zu dem missgestalteten Maler Heinrich Ott und dem Medizinstudenten Wilhelm Werelsche. Nur drei Jahre nach Hesses *Peter Camenzind* (1904) nimmt Steffen Motive und Themen Hesses auf und führt sie weiter. Alois muss sich von seinen Freunden, die ebenso wie er selbst eine Wandlung erfahren, die sie vom Rebellentum zur Mitleidsethik führt, emanzipieren. Schon in diesem ersten Roman zeichnet sich dabei das ab, was Steffen in den folgenden Arbeiten *Die Bestimmung der Rohheit* (1912), *Die Erneuerung des Bundes* (1913), *Der rechte Liebhaber des Schicksals* (1916) und *Sibylla Mariana* (1917) variantenreich beschreibt: Die Veredelung und Erlösung des Menschen kann nur durch die bewusste Entscheidung zum Geist und zur Natur herbeigeführt werden. Anders als bei Hesse tritt Steffen dem Bereich des Dunklen, den er mit der Faszination des Grauens beschreibt, mit der Entschiedenheit des heilenden Arztes entgegen, wobei das Element des Didaktischen das ursprüngliche Erzählinteresse durchweg verdrängt und Mythologeme die unzusammenhängende, mosaikartige Handlung überformen. Anders als Hesse, der seine philosophisch-religiösen Erfahrungen bewusst unsystematisch und unfertig hielt, wird Steffen zum wichtigsten Propagator der anthroposophischen Bewegung nach dessen Begründer R. Steiner, was die Qualität und Rezeption seiner Werke eindeutig bestimmt.

Stärker als bei A. Steffen tritt das Kindheits- und Jugendthema bei Paul Ilg hervor, der mit *Lebensdrang* (1906) und *Der Landstörzer* (1909) den dritten und vierten Teil einer autobiographisch inspirierten Tetralogie vorlegt und damit seinen Erfolg begründet. Erst 1912 folgt mit *Die Brüder Moor* die Jugend- und mit *Das Menschlein Matthias* 1913 die Kindheitsgeschichte. Der Zyklus wird entgegen früheren Absichten 1941–43 zu einer einheitlichen Tetralogie unter dem Gesamttitel *Das Menschlein Matthias* umgearbeitet und geglättet. Sind die ersten Bände noch durch eine vielgestaltige Handlungsführung gekennzeichnet, die weder jähe Umschwünge noch krasse Effekte scheut, präsentiert sich vor allem der chronologisch erste Teil *Das Menschlein Matthias* in ruhigerer Form. Der uneheliche Sohn des »Musterfräuleins« Brigitte Böhni wächst bei deren bösartiger Schwester auf dem Berg auf. Als sie schließlich das verstörte Kind zu sich in die Stadt holt, wo es mit seinem leiblichen Vater zusammentrifft, der ihm durch seine herausragende Stellung in der gleichen Firma, in der seine Mutter arbeitet, imponiert, wendet sich der Knabe langsam von der Mutter ab, die sich ebenso wie ihr Sohn in den Absichten des Vaters täuscht, der keineswegs seiner Schwäche für die attraktive Brigitte unterliegt und den eigenen Sohn öffentlich barsch und roh abkanzelt, als dieser sich ihm als Vater nähert. Den folgenden Erniedrigungen durch die Familie der Schwester, zu der er zurückkehren muss, entflieht er in die Stadt, wo seine Mutter durch Intrigen ihre Arbeit verloren hat. Am Hafen trifft er zufällig auf seinen Vater und fällt vor Schreck ins Wasser. Der Vater rettet ihn, kommt dabei aber ums Leben, und Matthias kehrt zu seiner Mutter zurück, die jetzt als Heimarbeiterin tätig ist. Ilgs Sprache ist ungekünstelt und direkt, passagenweise klingt seine Erzählweise an R. Walser und H. Hesse an, die sich ähnlichen Themen widmen. Ilg ist dort am

*Albert Steffen,* Ott, Alois und Werelsche

Paul Ilg, *Das Menschlein Matthias*

überzeugendsten, wo er auf eigene Kindheitserfahrungen zurückgreifen kann. Seine Helden sind soziale Aufsteiger oder bewegen sich in einem Aufsteigermilieu, scheitern aber zumeist mit ihren Ambitionen und delegitimieren so den geglückten und öffentlich zur Schau gestellten Aufstieg des Verfassers. Dabei entwickelt er seine Charaktere an der Glaubwürdigkeitsgrenze, weil er sie auf eine plakative Psychologie beschränkt, was früher als expressionistischer Stilzug angesehen wurde. Doch Ilg geht es um die moralische Selbstverantwortung des Einzelnen in dynamischen sozialen Verhältnissen, die er deshalb vereindeutigt. Die Verhältnisse der Protagonisten zueinander erscheinen oft als eindimensional und monokausal, und in verschwiegener Nähe zu darwinistischen Vorstellungen werden komplexe menschliche Beziehungen auf einen irreduziblen Triebkomplex verengt, der dann im Gegenzug mit sentimentalen Motiven überdeckt wird.

## *Schweizer Avantgarde? Expressionismus und Dada-Zürich*

Mit Ausbruch des Weltkriegs ändert sich nicht nur für Österreich und das Deutsche Reich alles, auch die Schweiz ist intensiv betroffen. Staat und Gesellschaft werden konsequent auf die Kriegsbedingungen umgestellt mit teilweise drastischen Konsequenzen für Alltag und Kultur. Offenkundige Sympathien für eine der Krieg führenden Parteien lösen gewaltige Spannungen zwischen deutsch- und französischsprachigen Schweizern aus und vergiften das innerschweizerische Klima. Die anscheinende Gefährdung der Neutralität führt zu einer ostentativen Beschäftigung mit sich selbst, die die ohnehin in »splendid isolation« lebende Schweizer Literaturgesellschaft verstärkt von europäischen Entwicklungen abkoppelt. In der deutschsprachigen Literatur finden sich keine Reflexe der englischen und französischen Moderne und Avantgarde, und dabei wird es auch noch eine weitere Generation lang bleiben. Das tonangebende Bürgertum zieht sich immer weiter auf seine traditionellen Werte zurück.

*Emigranten*    In dieser Situation kultureller Windstille treten nun plötzlich Künstler und Schriftsteller auf, die mehrheitlich als politische Emigranten mit den Gegebenheiten ihres Gastlandes unvertraut sind oder sich nicht daran gebunden fühlen. Dabei existieren durchaus einige Anknüpfungspunkte für zeitgenössische Künstler wie der »Moderne Bund« um Hans Arp, Walter Helbig und Oscar Lüthy, der mit Ausstellungen moderner Kunst in Luzern und Zürich auftritt. Vor allem aber gibt es eine Reihe von Galerien, die sich der künstlerischen Moderne nicht verschließen (Bollag, Neupert, Tanner, Wolfsberg, Corray, Rembrandt) und auch abstrakte Kunst ausstellen. Einen anderen Anknüpfungspunkt bildet die kleine aber hochkarätige linke Opposition in der Schweiz, vor allem Fritz Brupbacher und seine Zeitschrift *Der Revoluzzer*. Überhaupt ist die neutrale Schweiz das Zentrum der pazifistischen und linksoppositionellen Bewegung, wie sich an den Konferenzen von Zimmerwald und Kiental zeigt.

> Das Zürich von 1916 war vom Krieg umtobt. Inmitten der Verwüstungen, inmitten eines Meeres von Feuer, Eisen und Blut war es ein Zufluchtshafen. Und nicht nur das, sondern auch ein Treffpunkt allen Rebellentums, eine Oase des denkenden Menschen, ein Spionagezentrum, eine Brutstätte künftiger Ideologien und eine Heimat für Dichter und freiheitsliebendes Vagabundentum. (Marcel Janco)

Marcel Janco, *Cabaret Voltaire*, Ölgemälde (1916)

Hugo Ball und Emmy Hennings kommen 1915 dauerhaft nach Zürich, ebenso wie die rumänischen Künstler Marcel Janco und Tristan Tzara. Hans Arp und seine Partnerin Sophie Taeubner stoßen zu der Gruppe, 1916 kommt auch Richard Huelsenbeck aus Berlin. Doch schon vor der legendären Eröffnung des »Carbaret Voltaire« verbindet die Beteiligten ein dichtes Netz von persönlichen und künstlerischen Korrespondenzen, das sich schließlich unter dem Druck des Krieges verdichtet und vorübergehend eine raketenhafte künstlerische Dynamik freisetzt. Mehrere Faktoren sind für den Erfolg von Dada wichtig: die offene Struktur, die Internationalität, die Zusammenarbeit mit den Kunstgalerien. Entscheidend aber ist die zwanglose Verbindung von Kunst und Literatur, die ganz neue Form des künstlerischen Cabarets und gemeinsame politische und künstlerische Überzeugungen.

*Cabaret Voltaire*

> Angeekelt von den Schlächtereien des Weltkriegs 1914, gaben wir uns in Zürich den schönen Künsten hin. Während in der Ferne der Donner der Geschütze rollte, sangen, malten, klebten, dichteten wir aus Leibeskräften. Wir suchten eine elementare Kunst, die den Menschen vom Wahnsinn der Zeit heilen und eine neue Ordnung, die das Gleichgewicht zwischen Himmel und Hölle herstellen sollte. (Arp)

Die Dadaisten finden diese neue Kunst im Gestus des Verlachens aller alten, traditionellen und bürgerlichen Kulturformen als Reaktion auf die Zerstörung der menschlichen Ordnung durch den Krieg. Der Dadaismus spricht die implizite Sinnloserklärung durch den Krieg in künstlerischer Form als Entwertung und Verlachung der bürgerlichen Kultur aus und unterzieht sich selbst in einer genialen Wendung der gleichen Kritik.

*Schnelles Ende von Dada in Zürich*

In den Vorstellungen des Cabarets und in den Dada-Soireen manifestiert sich schließlich der künstlerische Ertrag der Bewegung: Simultan- und Lautgedichte werden, unterstützt von phantastischen Kostümen und Masken, intoniert, Tanzdarbietungen spielen eine wichtigere Rolle als die Rezitation von moderner Literatur; Musik und Kunstwerke begleiten die ersten Abende. Die radikale Emphase trägt die Bewegung eine kurze und intensive Zeit, doch schon bei Kriegsende hat sich Dada in Zürich überlebt; die Mitglieder verstreuen sich – teilweise im Streit. Für die literarische Szene der Schweiz bleibt wenig, denn die Mehrzahl der Autoren nimmt Dada nicht als literarisches Phänomen war, und Friedrich Glauser bleibt der einzige bekannte Schweizer Autor, der an Dada Zürich mitarbeitet – allerdings nur am Rande und noch nicht als Autor von Kriminalromanen. Das publizistische Echo bleibt distanziert-kritisch, jenseits der eigenen Dada-Gruppe interessiert sich allenfalls die Zürcher Bohème für die Bewegung, und dieses öffentliche Interesse zielt primär auf die bildende Kunst. Dennoch hat Dada einen nicht unwichtigen Effekt in der Schweiz, denn es zeigt sich, dass avantgardistische Kunst und Literatur auch in der Schweiz möglich sind.

## Expressionismus

Der Berliner Dadaismus ist ohne sein Vor- und Gegenbild des Expressionismus nicht wirklich zu verstehen, Huelsenbecks dadaistisches Frühwerk etwa geht direkt auf seine expressionistischen Arbeiten zurück. Für die Schweiz lässt sich ein solcher Zusammenhang sicher nicht konstruieren. Der diffuse weltanschauliche Impuls und der emphatische Ausdrucksdrang, der viele expressionistische Dichter und Künstler bei aller Unterschiedlichkeit vereint, fehlt in dieser Form. Zwar sind die Schweizer Dichter mit ähnlichen Grundbefindlichkeiten wie Verlust der Ordnung, Relativismus, Skeptizismus und einer allgemeinen Krisenstimmung bekannt, aber die Rahmenbedingungen sind doch kaum vergleichbar. Bevor die eidgenössischen Autoren mit Verspätung auf den deutschen und österreichischen Expressionismus reagieren können, präsentiert sich ihnen mit dem Zürcher Dadaismus bereits dessen avantgardistische Überwindung. Es fehlen aber im Wesentlichen die zentralen Publikationsorgane, die, wie *Der Sturm* und *Die Aktion*, teilweise über Jahre hinweg ein propagandistisches Sprachrohr für die neue Bewegung bilden, wie auch die enthusiastischen Propagatoren wie H. Walden und F. Pfemfert. Die Schweizer Schriftsteller teilen einige Voraussetzungen mit den literarischen Expressionisten in Deutschland, aber das äußert sich fast ausschließlich in der Bearbeitung ähnlicher Themen und Motive. Der Anteil der deutschen Emigranten an dieser Bewegung überwiegt deutlich denjenigen der originär Schweizer Autoren, und so wundert es nicht, wenn bei Kriegsende mit der Remigration auch der Expressionismus von der Tagesordnung verschwindet.

Expressionistische Stilmittel und Themen werden von zahlreichen Autoren aufgegriffen, ob aber vereinzelte Erzählungen von J. Bosshart und J. Schaffner als frühexpressionistisch gelten dürfen, ist fraglich. Expressionistische Dichter sind im strengeren Sinn nicht einmal der Lyriker Karl Stramm, Hans Ganz und Max Pulver. Noch unter dem Eindruck von Meyer, Rilke und George bleibt die Naturlyrik von Siegfried Lang.

Nach spätromantischen Anfängen (*Erste Lese*, 1906) und formstärkeren Versuchen (*Neue Gedichte*, 1912, *Verse 1913–1914*, 1914) findet er in *Gärten und Mauern* (1922) zu eigener Form und ausdrucksvoller Sprache, angeregt durch die französische Tradition der lyrischen Moderne.

*Lyrik: Siegfried Lang und Karl Stamm*

> Große Stille drin wir leben
> Wenn umdämmernd die Gebüsche
> Alle Hauche mehr verdunkeln
> In ein Frösteln, traumergeben…
> Reiche Glut, des Abends Festen
> Stumm entsegelnd, wirft noch flüchtig
> Rieselnd rotes Gold in Flocken.
> Alle Freude starb im Westen.
> Großgezackte Blätter starren
> Vor dem Tore in den Scherben,
> Auch die dünnen Brunnen sterben…
> Willst du Sterne heut erharren?
> (*Verwehen*, 1922)

Im näheren Umkreis expressionistischen Stil- und Ausdruckswollens bewegen sich Leo von Meyenburg mit deutlich sozialkritischer Attitüde (*Leidende Landschaften*, 1916), Konrad Bänninger, Salomon David Steinberg als dezidierter Pazifist (*Untergang*, 1917) und Hans Roelli, der sich mit den Innerschweizer Unruhen auseinandersetzt (*Der Gottsucher*, 1918). In diesem Zusammenhang ist auch noch Charlot Strasser als engagierter Sozialist zu nennen, dessen Werk sich allerdings im Wesentlichen auf Prosaarbeiten beschränkt (*In Völker zerrissen*, 1916, *Wer hilft?*, 1918).

Karl Stamms erste Lyriksammlung *Das Hohelied* (1913) bleibt dagegen noch stark im Abstrakten und Allgemeinen. Von Anfang an verbindet sich eine verwirrende Mitleidssehnsucht mit zum Teil ekstatischer Religiosität, die besonders die zweite und letzte Lyriksammlung *Aufbruch des Herzens* (1919) charakterisiert. Hier ist es vor allem der Abschnitt »Soldat vor dem Gekreuzigten«, der expressionistisch anmutet, gemeinsam mit dem »Spital«-Gedicht und einigen Versen, die sich von der religiösen Thematik passagenweise lösen können. Stamms eindringliche Prosa-»Legenden« vertiefen die schmerzhaft empfundene Mitleidstopik, erscheinen aber erst postum. Zweifellos eine der größten lyrischen Begabungen seiner Generation, wirken seine Gedichte jedoch bei aller Reife insgesamt anachronistisch und nicht selten selbstquälerisch. Aus der Lyrik Stamms fällt der Blick eher zurück als nach vorn.

Karl Stamm im Zürcher Café Odeon, Ölgemälde von E. Gubler

Ähnlich sieht es für das Drama aus, denn erst seit 1917/18 werden die bekannten Stücke der deutschen Expressionisten und der Schweiz aufgeführt, und in Hans Ganz findet sich ein Autor, der diese Stiltendenzen aufnimmt. In *Der Morgen* (1917) nutzt er noch den trojanischen Krieg als historische Ku-

*Drama: Hans Ganz*

lisse für seine Kriegskritik, während *Der Lehrling* (1920) den bekannten Generationenkonflikt in Szene setzt. Ganz verschmilzt routiniert naturalistisch-realistische Elemente mit dem klassischen Expressionistenthema des rebellierenden Sohnes, der am Ende allerdings scheitert.

## Autorenporträt Max Pulver

Max Pulver. Radierung von F. Pauli (1924)

Innerhalb dieser Gruppe von Autoren ragt Max Pulver heraus, weil er gleichermaßen alle Gattungen der Literatur bedient und schon durch das Ausmaß seines Werkes besondere Beachtung verdient. Dabei gilt er seinen Zeitgenossen über lange Zeit eher als ein der Tradition verhafteter Formkünstler mit neuklassischen und neuromantischen Tendenzen. Er stammt aus einer alten Berner Apothekerfamilie und entwickelt schon früh sein künstlerisches Selbstbewusstsein, das sich hartnäckig mit der Thematik der Persönlichkeitsbildung und der Charakterentwicklung befasst, so dass er in den letzten Jahrzehnten seines Lebens die Dichtung zugunsten seiner ausgedehnten wissenschaftlichen Beschäftigung mit der Graphologie und Psychologie – er lehrt Graphologie an der Universität Zürich und veröffentlicht eine Reihe von Lehrbüchern – zurückstellt. Nach dem Studium in Straßburg, Leipzig und Freiburg i. Br. geht er über Paris nach München und lebt dort bis 1924. Pulver gehört zu denjenigen Schweizern, die weit ausgreifende intellektuelle Beziehungen besitzen: Wundt, Rickert, Meinecke, Geiger, Pfänder, Bergson, Janet, Husserl, Scheler, Rilke und Kafka. Trotz oder gerade wegen der vielfältigen philosophisch-psychologischen Interessen, die sich auf gnostisch-manichäische und verwandte mythologische Vorstellungen konzentrieren, ist Pulver auch ein präzis beobachtender Zeitzeuge der politischen Entwicklung in Deutschland, bis ihn die unmittelbare Erfahrung des Hitler-Putsches 1923 in die Heimat zurückführt.

*Gedichte und Dramen*

Der größte und formal traditionsverhaftete Teil seines Werkes entsteht in den zehn Münchener Jahren, die dem Autor die Not der Kriegs- und Nachkriegszeit deutlich machen. Pulver reagiert darauf mit der Aufforderung, der ungeschminkten Realität aktiv gegenüberzutreten und den Verlust der Idylle der Vorkriegszeit tätig zu bewältigen. So heißt sein erster Gedichtband programmatisch *Selbstbegegnung* (1916), der zweite ebenso zielgerichtet *Auffahrt* (1919). Hier, wie auch in dem späteren Band *Die weisse Stimme* (1924), zeigt sich seine hauptsächlich an Rilke geschulte Stilkraft, der er jedoch immer wieder auch expressionistische Elemente beimengt. Seine unorthodoxe religiös-mystische Gestimmtheit findet in dem formal unsicheren Versepos *Merlin* (1918) Ausdruck, wie auch in einer Reihe von Dramen, die zum Teil auch erfolgreich aufgeführt werden, aber kaum dramaturgisch wirksam sind und eigentümlich entrückt wirken: *Robert der Teufel* (1917), *Alexander der Große* (1917), *Igernes Schuld* (1918), *Christus im Olymp* (1918), *Zwischenspiele* (1919) und die Komödie *Das große Rad* (1921). Pulvers künstlerische Begabung neigt nicht zum Theater, sondern eindeutig zur kleinen Form des Gedichts und der Prosaminiatur, wie er sie nach seiner Rückkehr in die Heimat veröffentlicht: *Arabische Lesestücke* (1925) und *Kleine Galerie* (1925). In diesen Prosastücken gelingt es dem Autor, die Formbegrenzung seiner Lyrik zu überwinden, indem er den lyrischen Impuls in ausdrucksstarke Landschaftsstimmungen verwandelt. Im Bereich der Prosa kann er schließlich auch den expressionistischen Stilimpuls bändigen und zu einem sicheren

Arabische Lesestücke

Stilmittel machen, so dass hier eine an die besten Beispiele expressionistischer Prosa anschließende Form entsteht.

Die Übertragung dieses Verfahrens auf die Großform des Romans in *Himmelpfortgasse* (1927) zeigt dagegen die Grenzen dieser Darstellungsart. Die Wirkung wird durch die übergreifende Handlungstektonik eingeschränkt, die sich nicht dauerhaft mit dem ausdrucksstarken Pointillismus seiner Prosastücke verbindet. Die Drastik einer krassen Liebesgeschichte im Wiener Kokainistenmilieu verlangt zusätzlich andere Darstellungsmittel. Der Roman entwickelt daher einen eigenen Stil, der dazu dient, die autobiographisch gefärbte Selbstbegegnung des in eine Lebenskrise geratenen Helden überzeugend darzustellen. Pulver hat nach diesem Roman, den er aus persönlichen Gründen ablehnte und der wegen seiner kontroversen Thematik in der Schweiz erfolglos blieb, keine weiteren Erzählungen mehr verfasst. Gerade wegen seiner stilsicheren und überzeugenden Darstellung einer erotischen Obsession bleibt der Roman ein zentrales Dokument einer Krisenbewältigung durch Selbstbegegnung.

*Himmelpfortgasse*

## Ausbrüche aus der Nachkriegsgesellschaft

Mit dem Kriegsende steht Europa ernüchtert vor den Trümmern der alten Ordnung, und während allenthalben politischer Revanchismus und kulturelle Restauration an der Wiedererrichtung derjenigen Verhältnisse arbeiten, die den Krieg herbeigeführt haben, und andere allein den revolutionären Umsturz propagieren, ist die Mehrheit der Menschen von einer tief greifenden Orientierungskrise erfasst, die sich bereits vor dem Krieg in Form vielfältigster weltanschaulich-religiöser Erlösungslehren andeutete. Radikale politische, religiöse und mystisch-esoterische Überzeugungen konkurrieren miteinander um die Aufmerksamkeit der Entwurzelten und vor allem der Jugend, die mit exotischen, aber auch traditionellen Weltanschauungen ihre Desillusionierung und ihren Existenzekel zu bekämpfen suchen.

Eines der wichtigsten Dokumente dieser Auseinandersetzung ist Hesses Nachkriegsroman *Demian* (1919), der die Selbstfindung des Erzählers Emil Sinclair schildert. Sinclairs Weg aus kindlich-jugendlicher Verstrickung in kleinere Sünden und sein unangepasstes Verhalten wird immer wieder von dem etwas älteren, geheimnisvollen Demian begleitet. Demian verhilft dem verwirrten Sinclair zur Auffassung, dass Gut und Böse als reine Konventionen betrachtet werden müssen und beide als unverzichtbare Persönlichkeitsanteile zum Charakter jedes Menschen gehören. Sinclair gelingt es im Verlauf des Romans, sich selbst als Auserwählten und Wissenden zu finden, ein dauerhaftes Ich-Ideal in sich zu errichten und schließlich auch auf den Beistand seines spirituellen Führers Demian zu verzichten. Der Roman fasziniert die Zeitgenossen, allen voran die Jugend, die sich genau getroffen fühlt und hinter dem zunächst pseudonym veröffentlichten Text nicht den arrivierten Erfolgsautor vermutet. Hesse selbst schreibt sich mit dem *Demian* aus einer persönlichen Krise heraus und entwirft dabei ein wirkungsmächtiges Beispiel von erfolgreicher Krisenbewältigung durch Selbstfindung. Das Thema ist ihm seit dem *Peter Camenzind* (1904) geläufig, und es beherrscht auch die zwei anderen epochemachenden Erzählungen *Klein und Wagner* und *Klingsors letzter Sommer*, beide 1919. *Klein und Wagner* entwirft das scheiternde Projekt der Selbstbefreiung eines kleinen Beamten, der mit unterschlagenem

*Hesses* Demian

Geld in den Süden flieht und sich zuletzt aus Selbstangst tötet. Auch *Klingsors letzter Sommer* spielt in der Gegend von Hesses Tessiner Wohnort Montagnola, und auch hier stirbt der Held, der aber jene Versöhnung mit dem Leben erreicht, die Friedrich Klein versagt bleibt. Klingsor versenkt sich rauschhaft in die Erfahrung und künstlerische Wiedererweckung des gelebten Augenblicks und erreicht dabei das Leben.

*Das Leben der Anderen*

Das Leben will auch der Held von Paul Ilgs *Der starke Mann* (1916) erreichen, der sich allerdings auf eine militärische Karriere bezieht und damit das Thema der früheren Romane wieder aufnimmt. Hier formuliert Ilg in *Der starke Mann* seine Kritik am Selbstbild eines preußisch gesinnten Militaristen, der an seiner selbst verordneten Rolle als »starker Mann« scheitert. Der Kavallerie-Instruktor Lenggenhager entstammt zwar nicht der Unterschicht, aber auch er will aufsteigen. Er macht seine ehrgeizigen Pläne durch einen Akt impulsiver Brutalität selbst zunichte, als er als Zeichen der Stärke einen demonstrierenden Arbeiter erschießt. Diese unangemessene Handlung ist aber viel eher Ausdruck seiner Unsicherheit und der Bedrohung seiner Stärke, und sie isoliert ihn so nachhaltig, dass er alles verliert; am Ende erschießt er sich in einem spektakulären Auftritt. Auch hier geht es Ilg nicht um eine Kritik am Militär mitten im Krieg, sondern um die moralischen Dimensionen des Aufstiegs und seiner Konsequenzen. Aus ihrem »Lebensdrang« leben sie ein inauthentisches Leben der Anderen als Mimikry. Letztlich aber bleibt eine tiefe Skepsis angesichts sozialer Ambitionen, die den Helden immer entwurzelt und entfremdet, wobei der Autor nicht auf Gesellschaftskritik aus ist, sondern die auf einzelne Motive verknappte Figurenpsychologie beleuchtet. Dies gilt auch für Ilgs *Probus* (1922), der auf das Leben des bekannten Flugpioniers Oskar Bider zurückgreift; auch hier wird ein komplexes sozialpsychologisches Geflecht letztlich auf ein »Lebensdrang«-Motiv reduziert, das am Ende sentimentalisiert und überhöht wird.

*Aus Konrad Sulzers Tagebuch*

Auch Jakob Bührer macht Bekanntschaft mit Oskar Bider und baut diese Erfahrung in *Aus Konrad Sulzers Tagebuch* (1917) ein. Der Titelheld arbeitet sich aus dem Schaffhauser Armutsmilieu empor, erringt nach einigen Irrwegen und Enttäuschungen die Stelle eines bürgerlichen Redakteurs, verzweifelt jedoch an der Korruptheit des Umfelds. Bührer zeigt einerseits verletzte Heimatliebe des Erzählers und andererseits die fortschreitende Desillusionierung des Aufstiegswilligen durch die kranke Metropole Berlin, die wohlsituierte Geliebte und die Realität der Schweizer Gesellschaft. Von allen Seiten wird er in eine Entschiedenheit getrieben, die er im Inneren ablehnt. Der Versuch einer bürgerlichen Existenz scheitert dann am augenfälligsten in seiner unglücklichen Ehe. Der Held wird zum rabiaten Parteijournalisten wider Willen und für die falsche Sache. Bührer zeigt eine gequälte Seele, die sich von den Begrenzungen ihres Milieus befreien will, aber erkennen muss, dass sie nur in immer neue Zwänge gerät. Während eines Fluges bricht sich in ihm schließlich ein eigentümliches Glücksgefühl Bahn, und er glaubt zu erkennen, dass der Fortschritt der Zukunft die Erlösung von der schweren Bindung an das Milieu bringen wird. Diese Hoffnung durch metaphorische Horizonterweiterung steht allerdings im Kontrast zur Abschiedsszene des Romans, die den Helden in seiner Schwäche und Verzweiflung als Suchenden zeigt, der am Rande des Selbstmordes steht.

Bührer gibt ein überzeugendes, wenngleich auf die scharfe Kontur berechnetes Gesellschaftsbild der Vorkriegszeit. In seinem Helden laufen die Entwicklungskräfte der Zeit in widersprüchlicher Form zusammen, ohne dass sie miteinander versöhnt werden. Dies gilt auch für *Brich auf!* (1921) und *Kilian* (1922), dessen Held am Ende auch scheitert. Dennoch findet sich in

Jacob Bührer

Bührers Werk immer wieder der Aufruf zur Anstrengung, die soziale Ungleichheit der Stände zu bereinigen. In seinen satirischen Komödien (*Das Volk der Hirten*, 1918–1935) wählt er die gängigen Kleinbürgerlaster als Zielscheibe seines Spottes, während er in seinem umfangreichen Romanwerk die Vorstellung eines friedlichen und demokratischen Sozialismus verfolgt. Bührers Helden stehen dabei nicht selten im Widerspruch von persönlicher Motivation und übergreifenden Notwendigkeiten politischen Handelns, an denen sie scheitern. Sein Werk ist bereits in den 20er und 30er Jahren von unterschiedlicher Qualität, es erhält aber durch den durchgehaltenen Gestus eines sozialen Humanismus' eine einheitliche und überzeugende Gestalt. Der Autor erkennt scharfsichtig soziale Probleme in Bereichen, die erst nach seinem Tod virulent werden und wird nicht müde, immer wieder seiner Zeit den kritischen Spiegel vorzuhalten und ihr deutlich zu machen, dass sie sich entscheiden muss, radikale Maßnahmen zu ergreifen, wenn sie nicht die Zukunft verlieren will. In diesem Sinne setzt er mit seinem öffentlichen Beitritt zur sozialistischen Partei auch seine Karriere aufs Spiel, gewinnt aber damit auch die Freiheit, deutlich Position zu beziehen, wie in *Man kann nicht* (1932). Die These von der Unumgänglichkeit einer veränderten Gesellschaftsordnung findet allerdings unter den Zeitgenossen und Kritikern keine Zustimmung. In eine ähnliche Richtung zielt *Das letzte Wort* (1935), in dem der Niedergang einer Familie durch die Ausschließlichkeit ihrer materiellen Interessen herbeigeführt wird. Der Erzähler richtet schließlich seine Hoffnungen auf das Proletariat als Träger seiner Ideale und Visionen. Am eindrücklichsten wird das Programm einer notwendigen Veränderung der Gesellschaft dann allerdings in *Sturm über Stifflis* (1934) formuliert. Auch dort ist eine engagierte Frau Vorkämpferin des Wandels, die mit ihrer Tochter für eine genossenschaftliche Reform eintritt. Was diesen Roman auszeichnet, ist die offene Auseinandersetzung mit den »Frontisten« und ihrer reaktionären Hetze, die dem Autor viel Kritik einbringt.

Stellt sich Jakob Bührer durch seine entschiedene sozialpolitische Parteinahme und seinen Kampf gegen falsche bürgerliche Ideale an den Rand der Gesellschaft, so werden andere Autoren durch die Extravaganz ihres Lebens oder ihres Werks an den Rand gedrängt, wie etwa Hans Morgenthaler, der sich selbst Hamo nennt. Als Botaniker und Geologe ist er promovierter Naturwissenschaftler und zugleich begeisterter Bergsteiger (*Ihr Berge. Stimmungsbilder aus einem Bergsteiger-Tagebuch*, 1916). Drei Jahre verbringt er im Auftrag einer Firma im siamesischen Dschungel, muss aber wegen einer Malariaerkrankung 1920 zurückkehren. Seine Eindrücke verarbeitet er in *Matahari. Stimmungsbilder aus den malayisch-siamesischen Tropen* (1921) und *Gadscha puti. Ein Minenabenteuer* (1929). Die literarische Form der locker gereihten Prosastücke, die Selbsterlebtes mit Beobachtungen und Reflexionen verbinden, ist offenkundig Morgenthalers spezifische Handschrift. Er durchbricht dieses überzeugende, wenngleich nicht erfolgreiche Muster mit seinem radikalen Bekenntnisbuch *Ich selbst. Gefühle* (1923), in dem er mit schonungsloser Offenheit von seinen Problemen und seinem Leiden an sich selbst spricht. Hier gewinnt die Form des Bekenntnisses das Übergewicht, und sein Schreiben wird zur Selbstanklage aus Wahrheitssehnsucht. Seine einsame Außenseiterrolle peinigt ihn ebenso wie die selbstzufriedene bürgerliche Gesellschaftskonvention, der er nicht gehorchen will. Nicht minder bekenntnishaft ist der autobiographische Roman *Woly. Sommer im Süden* (1924), in dem er seine Sehnsucht nach Liebe beschreibt und seine Verzweiflung. Die geliebte Woly interessiert sich für den Erzähler als Freund und Gesprächspartner, aber nicht als Mann. Die gemeinsame Zeit im Süden ist

*Sozialer Humanismus*

*Sturm über Stifflis*

*Hans Morgenthaler*

Hans Morgenthaler,
Holzschnitt von I. Epper

dabei von einer latenten erotischen Spannung geladen, die sich in den Streitgesprächen noch steigert, und auch dieses Buch ist eine radikale, bis zur
Verletzung reichende Selbstentblößung eines leidenden und verstörten Künstlers, der auf seiner Suche nach Erlösung durch die Frau auf eine emanzipierte
Frau trifft, die sich in dieser Rolle nicht verwirklichen will.

*Rudolf Jakob Humm*          Das Vorbild der Woly ist Henriette Louise Quarles van Ufford, die später
den Mediziner und Nobelpreisträger Tadeusz Reichstein heiratet, und die
auch eine tragende Rolle in Rudolph Jakob Humms Roman *Das Linsengericht. Analysen eines Empfindsamen* (1928) spielt. Humm wird in Modena
in Italien geboren und wächst auch dort auf. Nach der Matura in Aarau
studiert er zuerst Mathematik und Physik in Göttingen, München und Berlin
und anschließend Volkswirtschaft in Zürich. 1922, nach Abbruch des Studiums, arbeitet Humm als freier Schriftsteller und Journalist und legt mit dem
*Linsengericht* seinen ersten Roman vor, der sich noch ganz auf die Explika-
tion seiner persönlichen Probleme im Umfeld einer Gruppenreise konzentriert. Der Roman zeichnet dabei eine Konfiguration, die für Humms Wirken
in den 30er und 40er Jahren charakteristisch sein sollte. Der Autor ist Mittler
und Zentrum eines literarisch-künstlerischen Kreises von Autoren aus dem
In- und Ausland. Spätestens seit dem Einzug in das legendäre »Rabenhaus«
am Zürcher Hechtplatz wird Humm zur Drehscheibe vor allem der linken
und freiheitlichen Kunstszene. Mit Friedrich Glauser und Hermann Hesse
unterhält er langjährige Korrespondenzen, und er wirkt vor allem durch sein
antifaschistisches und sozialistisches Engagement. Humm schreibt für linke
Zeitschriften und propagiert die Ideale des »neuen Russland«, er nimmt an
internationalen antifaschistischen Schriftstellerkongressen teil und wirkt in
seiner Heimat als unermüdlicher Ideengeber. Mit dem Beginn der Moskauer
Prozesse und der stalinistischen Säuberungen und der gleichzeitigen Einkap-
selung der Schweiz zieht sich aber auch Humm zurück. Dieser Rückzug ist
jedoch schon länger vorbereitet und durch die Bewältigungsversuche eigener
innerer Probleme begleitet, wie sein wohl wichtigster Roman *Die Inseln*
(1936) deutlich macht.

Die Inseln          Der Roman ist eines der reifsten literarischen Dokumente modernen
Schreibens in der Schweiz. Der autobiographisch inspirierte Text rekonstru-
iert »Inseln« der Erinnerungen an die italienische Kindheit, die nur locker
und anspielungsreich miteinander verwoben sind. In diesen Kindheitsbe-
trachtungen reflektiert der erwachsene Erzähler, der sich als aktiv politisch
Handelnder aus den aktuellen Auseinandersetzungen herauszieht, sein kon-
fliktreiches Verhältnis zum Vater und den langsamen Prozess der Selbstfindung. Ist das Thema auch konventionell und in der Literatur der Zeit nicht
selten, überraschen doch Humms außerordentliches Sprachgefühl und sein
künstlerischer Stil, der dem Werk einen herausragenden Platz unter den Romanen seiner Zeit sichert.

*Hans Mühlestein*          Neben Humm und Bührer steht Hans Mühlestein als Vertreter einer dezidiert linken, in diesem Fall eindeutig auf den »realen« Sozialismus ausgerichteten Politik. Mühlestein, der schon früh mit Gedichten hervortritt, wandelt
sich unter dem Eindruck des Krieges zum Kriegsgegner, nimmt in Göttingen
an der deutschen Revolution teil und wird ausgewiesen. Von 1929 bis 1932
ist er Lehrbeauftragter für Kulturgeschichte in Frankfurt a. M., kehrt dann
aber als überzeugter Parteikommunist in die Schweiz zurück, wo er wegen
seines politischen Engagements zu einer Gefängnisstrafe verurteilt wird. Neben seinem umfangreichen wissenschaftlichen Werk über die Etrusker, seinen
kulturphilosophischen und politischen Schriften und seinen Büchern über
Ferdinand Hodler veröffentlicht er in größeren Abständen immer wieder

Rudolf Jakob Humm

Dramen (*Die Eidgenossen. Ein Rückzug aus der Weltgeschichte*, 1914, *Der Diktator und der Tod. Die Tragödie Jürg Jenatschs*, 1933, *Menschen ohne Gott*, 1934, *Stella, oder: Zehn Minuten vor Zwölf*, 1937). Sein wichtigstes literarisches Werk ist der Roman *Aurora. Das Antlitz der kommenden Dinge* (1935), der sich mit dem aktuellen Aufstand der Bergarbeiter in Arturien befasst, allerdings nicht zu einer künstlerisch überzeugenden Einheit findet.

Einen singulären und eigenwilligen Fall bildet der utopische Roman *Die Sonnenstadt* (1923) von Jakob Vetsch. Der Autor, doppelt promovierter Germanist und Jurist, heiratet in eine der reichsten Schweizer Familien ein, macht eine exzellente Karriere, nur um wenige Jahre später sein Leben vollständig umzuwerfen. Mit der *Sonnenstadt*, die er in mehreren, selbstfinanzierten Auflagen kostenlos versendet, will er den »Mundismus« als »Erbe und Sieger in der Arbeiterbewegung« propagieren. Vetsch ruinierte sich dabei nicht nur finanziell, er isolierte sich auch familiär und gesellschaftlich bis an die Grenze zur Einweisung in eine Heilanstalt, denn in seinem Roman kritisiert er die bürgerlich-kapitalistische Gesellschaftsordnung mit einer fanatischen Entschiedenheit. Im Zentrum seiner Kritik steht das Geld und die damit einhergehende Entfremdung, aber seine Ablehnung trifft alle Bereiche des sozialen Lebens von der Familie über die Erziehung, Schule, Arbeitsverhältnisse, Prostitution bis hin zu einer umfassenden Entlarvung der allgegenwärtigen Scheinmoral. Im Gegenentwurf verbindet er nahezu alle zeitgenössischen Reformideen miteinander und schafft dabei einen für die heutige Leserschaft überzeugenderen utopischen Entwurf als noch in den 20er Jahren. Die Kritik steht Vetschs kostenloser Utopie distanziert und spöttisch gegenüber, aus seinem direkten Freundeskreis erwächst ihm die schmerzlichste,

*Jakob Vetsch,*
Die Sonnenstadt

wenngleich vorhersehbare Ablehnung. Doch was der Verfasser noch als realistischen Entwurf einer zukünftigen Gesellschaftsordnung empfindet, von dem er glaubt, dass er durch seine Überzeugungskraft sofortige Zustimmung erfahren wird, erscheint heute als literarische Utopie, die vor allem in der Beschreibung emanzipatorischer und körperzentrierter Verhaltensweisen äußerst modern und anregend wirkt. Für Vetsch ist seine Idealvorstellung unwiderlegbar und er versteht sich unbewusst auch als Gesetzgeber einer neuen Welt, zu deren Durchsetzung er nichts unternehmen muss. Bleibt der Autor auch eine tragische Figur, so handelt die *Sonnenstadt* von ganz gegenwärtigen Phänomenen, so dass sich der Untertitel »Ein Roman aus der Zukunft für die Gegenwart« doch erfüllt.

*Siddhartha*

Zeit- und Kulturkritik ist jedoch nicht auf utopische und sozialrevolutionäre Modelle beschränkt; bis Mitte der 30er Jahre darf sie fast als dominantes Thema auch für die traditionelle bürgerliche Literatur gelten. Direkt im Anschluss an die *Klingsor*-Erzählung schreibt Hesse seinen *Siddhartha. Eine indische Dichtung* (1922), von dem er erste Teile zunächst in der *NZZ* und den *Basler Nachrichten* veröffentlicht. Hesses später einflussreiche Erzählung berichtet von der Selbstfindung des reichen Siddhartha und seines Freundes Govinda, die beide aus der Routine konventionellen Lebens ausbrechen und sich bedürfnis- und besitzlosen asketischen Bettlern anschließen. Enttäuscht von der Auslöschung des Ich wenden sie sich anschließend Buddha zu, dessen Schüler Govinda bleibt, während Siddhartha weiterzieht und sich dem Weltgenuss öffnet. Doch auch seiner Geliebten und dem weltlichen Leben in Luxus entflieht er, um zum Fährmann Vasudeva zu gehen, dessen Gehilfe er wird. Nach Jahren trifft er wieder auf seine Geliebte und seinen Sohn, von dem er erst jetzt erfährt und der sich ihm und seinen Belehrungsversuchen entzieht, wie vordem er seine Familie verlassen hat. Nach Vasudevas Tod bleibt er allein als Fährmann zurück. Am Ende begegnet er ein letztes Mal Govinda, der in ihm die höchste buddhistische Vollendung erkennt. Die Erzählung zielt bei aller eklektisch-mystischen Synthese von asiatischen Lebenslehren mit europäischem Individualismus, was sich in der literarischen Form deutlich spiegelt, auf die Rechtfertigung der Verwerfung. Der Held kann und will sich nicht an eine Lehre oder eine Person binden und erfährt erst im eigenen Verlassenwerden die höchste Einsicht der Identität der Gegensätze. Hesse verarbeitet damit nicht nur einen persönlichen Konflikt, sondern er entwirft auch ein allgemeines Modell, das das Sich-Entziehen als ultimative Verpflichtung legitimiert. Die besondere Wirkung des Textes resultiert dabei neben dem Reflexiv-Gedanklichen in der angemessenen Darstellungsform einer Legende und dem adäquaten Stilgestus, der die Erzählung ins Überzeitlich-Jenseitige transponiert.

*Der Steppenwolf*

Dies gilt überhaupt nicht für den 1927 veröffentlichten *Steppenwolf*, der nachvollziehbar in Basel spielt und deutliche zeitgeschichtliche Elemente enthält, allerdings auch wieder Dokument einer persönlichen Krise ist. Nach außen gibt der Roman die selbsterzählte Geschichte der Krisis des fast fünfzigjährigen Harry Haller, der zwischen weltverachtendem Ästhetentum und steppenwölfischem Zynismus und Eigensinn oszilliert. Er leidet an seiner Isolierung und Vereinsamung, die nur im Kunstgenuss Linderung findet, und er ersehnt die materielle und emotionale Sicherheit der bürgerlichen Existenz, die er jedoch gleichzeitig als inhaltsleer, entfremdet und banal erkennt. Der Dualismus von Bürger und ästhetisch-intellektuellem Rebell, der als Selbstdiagnose auch Therapiefunktion haben soll, wird zu Beginn des Romans in dem anonymen »Tractat vom Steppenwolf« einer radikalen Kritik unterzogen und als eindimensionale Selbsttäuschung entlarvt. Harry lernt die Edelprostituierte Hermine, wie er eine Figuration des Autors, und durch sie ihre Freundin Maria und den Musiker Pablo kennen. Mit ihrer Hilfe findet er Zugang zu den vordem verachteten Lebensgenüssen der körperlichen Liebe, des Tanzes und der Drogen, und er überwindet die beschränkende Vorstellung eines ausschließenden Dualismus zugunsten der Möglichkeit infiniter Lebensentwürfe. Der Held erkennt dies am Ende des Romans in der drogeninduzierten Erfahrung des »Magischen Theaters«, aber der endgültige Durchbruch bleibt ihm noch versagt. Sein virtueller Mord an Hermine erscheint als ein Mangel an Humor, der zu der bedeutendsten Kategorie des Romans wird und an die Stelle der religionsphilosophischen Konzepte der früheren Werke tritt. Hesse stellt sich mit dem Humor in die Nachfolge der Romantiker und vor allem Jean Pauls und konzentriert damit seine Aussage auf die Rolle der Kunst.

Das Thema der Kunst beherrscht auch *Narziß und Goldmund* (1930), bis kurze Zeit vor Kriegsende der letzte Roman Hesses, der hier wieder auf das erprobte Dualismusschema seiner früheren Werke zurückgreift und etwas mechanisch in den Titelhelden Lebensgenuss und Kunst gegen asketische Intellektualität stellt. Das Bedeutsamste daran ist wohl die Neupositionierung der Kunst auf der Seite des Lebens, womit Hesse deren traditionelle Dichotomie aufhebt. Aber auch das Leben wird aus den Grenzen bürgerlicher Welterfahrung gelöst und gereinigt. Leben und Kunst treffen sich in der idealisierten, aber dennoch deutlich erotischen Liebesbegegnung, die, das Thema *Siddharthas* aufnehmend, zwar höchste Form irdischer Erfüllung neben der Kunst ist, aber doch wie das Leben insgesamt vergänglich. Der im *Steppenwolf* exponierte Humor wird in *Narziß und Goldmund*, der in einer zeitlosmagischen Mittelalter-Landschaft spielt und gezielt archaische Stilzüge romantischer Sprachverwendung nutzt, als Voraussetzung künstlerischen Schaffens gänzlich verinnerlicht und an die Seite der Sehnsucht nach der Mutter gestellt. Goldmund ist als Protagonist weiter als Haller, weil er dessen selbstentfremdete Partikularität überwunden hat, gleichzeitig hat er aber auch Überzeugungen preisgeben müssen. Die reine Innerweltlichkeit des Künstlers ist so nur noch im Rückzug aus der zeitgenössischen Geschichte darzustellen.

*Narziß und Goldmund*

# Autorenporträt Otto Wirz

Der neben Humm und Morgenthaler berühmteste Bewunderer Hesses unter den Schweizer Autoren ist zweifellos Otto Wirz, der 1905 durch die Lektüre des *Peter Camenzind* überhaupt erst zur Literatur als kreativer Künstler findet. Wirz, der als Ingenieur ebenso begabt ist wie als Musiker und Komponist, ist beruflich erfolgreich und verfolgt zudem eine aussichtsreiche militärische Karriere, die er 1917 wegen seiner schwachen Gesundheit abbrechen muss. Wirz gehört also nicht zu den Antimilitaristen und sozialistischen Gesellschaftskritikern, mit denen ihn aber durchaus der Gestus des künstlerischen Rebellen verbindet. Er bleibt allerdings in einer selbst gewählten Distanz zu seinen Zeitgenossen, die ihn als Autor erst mit der Veröffentlichung von *Gewalten eines Toren* (1924) wahrnehmen. Da ist Wirz bereits 47 Jahre alt. Seine frühen Gedichte und vereinzelten Erzählungen zeigen einen in der Tradition befangenen Autor, der erst mit dem großen Erstlingsroman zu seinem monomanischen Thema findet: dem Gegeneinander von nutzenorien-

*Gewalten eines Toren*

tiertem Alltagsmaterialismus und von Gottsuchertum, der Welt der praktischen Zwecke und dem inneren Reich der ewigen Wahrheit. Diese Dichotomie entspricht in vielem der dualistischen Welt Hesses, was Wirz'
Hesse-Nachfolge verständlich macht, und sein Held Hans Calonder ist – wie
der Autor – als Ingenieur und künstlerisch-religiös Empfindender zwischen
beiden Welten aufgespannt. Sein Weg, in der Auseinandersetzung mit den
begleitenden allegorischen Gestalten Kigol (d. h. Logik) und Toguasch (d. h.
Gottschau) führt zu Männern und Frauen, von den Menschen fort und zu
ihnen zurück. Wie Hesses Knulp ist auch Calonder ein wandernder Vaga-
bund, allerdings ein bei aller Wirklichkeitsverbundenheit esoterischer. Ist die
Suche nach dem neuen Menschen auch ein für die zeitgenössische Literatur
konventionelles Thema, so ist doch die sprachliche und stilistische Durchführung bei Wirz bis zur Unverständlichkeit eigenwillig. Sein Held ist ein
ekstatischer Sonderling, der sich in einer überaus subjektiv geprägten Welt
bewegt, deren stilistische Besonderheiten (zahlreiche, vor allem in den späteren Werken überbordende, Neologismen, weltanschauliche Digressionen und
religiös-mystisches Pathos) eine grandiose Fremdheit vermitteln. Visionäre
Traumgesichter von teilweise groteskem Schrecken, krasse Handlungsele-
mente und allegorische Abstraktheit verweben sich zu einem eigentümlichen
Werk, dessen Hauptreiz in seiner Alterität liegt. Der Held verfällt vorübergehend dem Wahnsinn und wird von der Geliebten Clio fast ermordet, um ihn
davon zu heilen. In einem eindrücklichen Schlusstableau wird er schließlich
von dem wahnsinnig gewordenen Gatten Clios, dem Pfarrherrn, geblendet,
entmannt und in der Kirche gekreuzigt, während eine weitere Geliebte nackt
vor ihm tanzt, sein Mörder vor dem Kreuze kniet und Clio in einer Ecke sein
Kind zur Welt bringt.

Dies gilt für die Werke seiner mittleren Periode, die *Novelle um Gott*
(1925), den Roman *Die geduckte Kraft* (1928) und den letzten vollendeten
Roman *Prophet Müller-zwo* (1933) nur in abgeschwächter Form. In diesen
Texten findet sich eine stärkere Berücksichtigung der Handlungsführung,
abstrakte und abschweifende Elemente werden einer stärkeren Kontrolle
unterworfen, wenngleich auch *Die geduckte Kraft* noch keine dem anspruchsvollen Thema des »magischen Ich« entsprechende Handlungskonstellation präsentiert. Dieses »magische Ich«, das als das absolute und echte
Ewige im Vergänglichen begriffen wird und das Ideal des Gottsuchers darstellt, ist in Wirz' zweitem Roman zu sehr Spielball von Täuschung und Be-
**Prophet Müller-zwo**       trug geworden, während es in *Prophet Müller-zwo* auf den moralischen Impuls zurückgeführt wird, das falsche Leben zu beenden und das richtige zu
führen. Dieser Roman ist sein einheitlichster und geschlossenster, und wohl
auch deswegen sein konventionellster, weil die autobiographischen Bezüge
hier weitgehend an den Rand gedrängt sind. Der Wissenschaftler Müller, der
an chemischen Waffen für das Deutsche Reich arbeitet, gerät in eine Krise
und wird schließlich vom Giftgashersteller zum Heilmittelforscher. Auch hier
gibt es mystische Frauenfiguren auf dem Weg des Wandels und allegorische
Gestalten wie den Untermann (d. h. das Unterbewusste), auch hier figuriert
die Kindheimat als Hoffnungsort. Müller wird schließlich zum Sprachrohr
des »magischen Ich« und berichtet seine Lebensgeschichte einem Schriftsteller, um sie so verbreiten zu lassen. Die Romane *Späte Erfüllung* (1936) und
*Rebellion der Liebe* (1937) fallen aus dem eigentlichen Werk des Autors heraus; sie sind vorübergehende Versuche, auf dem (NS-)Literaturmarkt mit
konventionellen Liebesromanen zu Erfolg zu kommen.
**Rebellen und Geister**       In den letzten Jahren vor seinem Tod arbeitet Wirz an dem erst postum
und fragmentarisch veröffentlichten Roman *Rebellen und Geister* (1965),

der sich in einer gewaltigen Anstrengung noch einmal auf die Ursprungsproblematik zurück bezieht, jetzt aber eine andere Handlungskonstellation wählt. Die Rebellen sind hier Gymnasiasten, die sich gegen die geisttötende Schulordnung als Sinnbild der Gesellschaft wenden und dabei die Unterstützung einzelner erwachsener Außenseiter finden. Abgesehen von einzelnen Episoden entwickelt sich aber keine übergreifende Handlungslinie, und der Roman gewinnt seine Überzeugungskraft aus der bis ins Bizarre gehenden Sprachgestaltung, die zwar in ihrer Kreativität avantgardistisch anmutet, letztlich aber doch nur eine sehr spezielle Übersteigerung impressionistischer und expressionistischer Tendenzen darstellt. Das eindrucksvolle Werk von Otto Wirz wird auch in Zukunft eine Sonderstellung einnehmen, denn trotz seiner konventionellen Thematik ist die eigentümlich subjektive Darstellungsweise zu ungewöhnlich und extravagant, um eine nachträgliche Wirkung wahrscheinlich erscheinen zu lassen.

Auch die Romanwelt Alfred Fankhausers kennt Exzentriker und Sonderlinge, die in gewissem Sinne fast eine schweizerische Spezialität darstellen. Fankhauser beginnt mit der Schulmeistergeschichte *Rosenbaum. Aus Peter Buchers Tagebuch* (1914) in der *Berner Woche*, die er 1919 zu *Peter der Tor und seine Liebe* umarbeitet. Der für Otto von Greyerz' Berner Heimatschutztheater geschriebene *Chrützwäg* (1917) ist dagegen ein soziales Drama in der Volksstückmanier des späten 19. Jh.s mit teilweise grellen Effekten, die den tragischen Charakter der Handlung unterstreichen. Fankhauser kommt in Bern schließlich mit dem kommunistischen Agitator Karl Radek zusammen und bleibt sein Leben lang ein undogmatischer Sozialist.

*Alfred Fankhauser*

1921 erscheint *Der Gotteskranke*, der nur zufällig in den Zusammenhang der Grenzbesetzungsliteratur gerät und heftige Kritik hervorruft. Der Offizier Johannes Freudiger hat ein Erweckungserlebnis, das ihn erkennen lässt: »Ich bin krank von dem Gedanken, wie die Erde sein sollte und wie sie nicht ist.« Er desertiert, wird gefangen und stirbt noch im Gefängnis. Der Roman zeigt einige expressionistische Stilzüge, kann insgesamt jedoch ebenso wenig wie *Die Brüder der Flamme* (1925) als expressionistischer Roman gelten. *Die Brüder der Flamme* berichtet, nur geringfügig kaschiert, von der Verfolgung der Sekte der Antonianer im ersten Jahrzehnt des 19. Jh.s. Die Sekte, die sich im Roman um den visionären Bauern Samuel Glanzmann schart, zielt auf die Aufhebung der Obrigkeit und die Errichtung neuer Lebensformen vor allem zwischen den Geschlechtern, verbindet so soziale Frage und religiöse Problematik mit eindringlichen Naturschilderungen und einer ausdrucksstarken Beschreibung bäuerlicher Verhältnisse. Bei allem kräftigen Kolorit ist die Handlungsführung und Personenzeichnung funktional und stimmig, was nicht für die Folgebände *Engel und Dämonen* (1926) und *Der Herr der inneren Ringe* (1929) gilt, die die Handlung mit verminderter Überzeugungskraft fortführen. Erst nach 1940 gelingen Fankhauser erneut überzeugende Romane, die er überwiegend für die Büchergilde Gutenberg schreibt und die in Thema und Durchführung auf deren sozialdemokratisches Programm ausgerichtet sind. *Der Messias* (1940) stellt ein geistig behindertes Kind und seinen Vater, der sich zu ihm bekennen muss, in den Vordergrund, *Wahlwort* (1944) zeichnet das harte Leben eines Lohnkäsers aus dem Emmental und verarbeitet dabei eigene Erfahrungen, während *Von Frühling zu Frühling* (1944) die Probleme einer Siedlungsgemeinschaft thematisiert. Fankhausers letzter Roman *Die Allmend* (1952) nimmt dieses Thema wieder auf, zeigt Gefahren und Scheitern an der Kleinmütigkeit der Menschen und klingt eher melancholisch und desillusioniert aus.

Der Gotteskranke

Die Brüder der Flamme

# Kriminalgeschichte der Gesellschaft

Stehen Fankhausers rebellierende Gottessucher in der Nähe der expressiv-extremen Helden bei Wirz, so ist sein Handlungsschema an die Kriminalgeschichte angelehnt, die für die weitere Schweizer Literaturgeschichte von besonderer Bedeutung werden soll; allerdings nicht im Sinne der englischen Tradition des eleganten Meisterdetektivs oder des amerikanischen »hard-boiled detective«, sondern als Gesellschaftsspiegel, in dem über einen Staat nach Maßgabe seiner Rechtssprechung geurteilt wird. Dabei verbindet sich das Motiv des Gerichtsprozesses mit dem der Aufdeckung von Straftaten und ihrer Motivation, so dass die verborgenen und vorgeschobenen Handlungsmotive in ideologiekritischer Absicht entlarvt werden können.

*Carl Albert Loosli:*
Die Schattmattbauern

Dies gilt in hohem Maße für *Die Schattmattbauern* (1932) des streitbaren Berner Demokraten Carl Albert Loosli, der sich mit mehreren Beiträgen zu Missständen in der staatlichen Fürsorge und Erziehung, die er als ehemaliger Zögling gut beurteilen kann, missliebig macht. Seine politischen Schriften und Pamphlete treffen die bürgerlichen Parteien ebenso wie seine Philologensatire um die Verfasserschaft von Gotthelfs Werken die Kritiker und Feuilletonisten. Loosli ist Mitbegründer des Schweizerischen Schriftsteller-Verbandes und einer der entschiedensten Kritiker des Nationalsozialismus und des Antisemitismus. Ebenso wie Hans Mühlestein engagiert er sich mit umfangreichen Werken für den Maler Ferdinand Hodler. Als Literat tritt er mit Dialektdichtungen (*Mys Dörfli*, 1910, *Üse Drätti*, 1910, *Wi's öppe geit*, 1921, *Mys Ämmitaw*, 1911) und Erzählungen hervor, bekannt wird jedoch vor allem sein Kriminalroman aus dem bäuerlichen Milieu im Emmental. Auch wenn Loosli selbst sein Werk als direkte Justiz- und Gesellschaftskritik verstanden wissen will, zeigt sich doch mehr in dem effektiv gebauten Roman: Er ist ein frühes Beispiel für eine bis in die Gegenwart betriebene Kriminalgeschichte der Gegenwart, die in sich ästhetische, politische und philosophisch-ethische Diskurse versammelt und damit einen wesentlichen Beitrag zur Vielfältigkeit der Schweizer Literatur leistet.

*Friedrich Glauser*

Dies gilt vor allem für den heute vielleicht meistgelesenen Autor der Zwischenkriegszeit, für Friedrich Glauser, dessen Leben von den tragischen Konsequenzen seiner Morphiumsucht bestimmt wurde. Schon früh in die Abhängigkeit geraten, wird er, ohnehin als ein schwieriges Kind gebrandmarkt, bald straffällig und gerät in das Netz von Erziehern und Psychologen. Mit der gleichen Diagnose »moralischen Wahnsinns« (moral insanity), die schon den jungen Hermann Hesse in eine psychiatrische Anstalt brachte, wird auch Glauser interniert; in beiden Fällen auf Wunsch der Eltern. Glauser verliert durch seine Krankheit einen beträchtlichen Teil seiner Freiheit: Nicht nur dass er selbst unter dem Zwang der Abhängigkeit handeln muss, er wird auch einem Vormund unterstellt, der sein Leben dominiert. Bis zu seinem frühen Tod durch eine zufällige Überdosis Schlaftabletten kann er sich nicht von der Droge und ihren leidvollen Konsequenzen befreien, sein Leben bleibt zu großen Teilen fremdbestimmt.

Dieser Thematik unterliegt in mehr oder minder deutlicher Form sein gesamtes literarisches Werk, das ihm gleichzeitig Entlastung, (Selbst-)Therapie und Befreiungsversuch ist. Der sensible junge Mann kommt 1916 in Kontakt mit den Zürcher Dadaisten, die ihn künstlerisch nicht nachhaltig beeinflussen; aber in Hugo Ball und Emmy Hennings findet er zumindest vorübergehend Freunde, die ihm Schutz gewähren. Die Abfolge der Internierungen und scheiternden Lebensversuche wird nur 1921 bis 1923 durch den Dienst in

Friedrich Glauser

der französischen Fremdenlegion unterbrochen, den er in seinem ersten, vollständig erst postum veröffentlichten Roman *Gourrama* (1940) schildert. Der
Legionärsroman entwirft ein nahezu existenzialistisches Bild menschlicher
Sehnsüchte und Leiden. Die knappe, realistische Sprache beschreibt die Erfahrung der Alterität von Marginalisierten in einer kolonialistischen Welt
mit künstlerisch überzeugender Eindringlichkeit. Bereits hier wird die Freiheit des Willens zum zentralen Problem der Protagonisten, die sich naturhaften Zwängen unterworfen sehen, die sie nur unzureichend kontrollieren
können. Auch der folgende Roman *Der Tee der drei alten Damen* (1939/41),
als Erfolgsroman geplant, findet erst nach Glausers Tod einen Verleger. Die
Kriminalgeschichte kommt noch ohne den legendären Berner Fahndungs-
kommissar Studer aus und bringt neben einigen autobiographischen Elementen eine etwas überfrachtete Handlung. Den Durchbruch erzielt Glauser mit
*Wachtmeister Studer* (1936), zuerst mit dem Titel »Schlumpf Erwin Mord«
geplant, der 1939 von L. Lindtberg mit Heinrich Gretler in der Hauptrolle
erfolgreich verfilmt wird und den Kommissar zum fast archetypischen Helden macht, dem auch Dürrenmatt folgt. Studer ist ein ordnungsliebender
Anarchist, dem die herrschende Ordnung unheimlich ist und der sie als
fremde und grausame Notwendigkeit erkennt, die den Handelnden ihren
Willen aufzwingt. Gleichzeitig bedarf es bei aller ideologiekritischen Aufklä-
rungsarbeit auch einer Anstrengung zur Selbsttäuschung, um den überall
wirkenden Zwängen nicht zu unterliegen, so dass Studer gleichzeitig Kritiker
wie auch Komplize des Systems ist. Gerade diese Doppelbödigkeit erhebt
ihn, der sich von den rational-kalkulierenden Detektiven unterscheidet und
eher in der Nähe von Simenons Maigret-Figur steht, über viele seiner literarischen Kollegen. Auch in den anderen Studer-Romanen *Matto regiert*
(1936), *Fieberkurve* (1938), *Der Chinese* (1939) und *Krock & Co.* (1941)

Gourrama

*Alterität*

Wachtmeister Studer

schöpft der Autor aus Selbsterlebtem in psychiatrischen Kliniken und in den Grenzsituationen menschlichen Daseins.

## Autorinnen zwischen Tradition und Moderne

Das Bild, das sich dem Betrachter der Literatur der Zwischenkriegsjahre bietet, findet seine Bestätigung in der Literatur von Frauen aus dieser Zeit. Auffällig ist allerdings angesichts der abhängigen Stellung der Frau in den 20er und 30er Jahren die relativ große Anzahl der Autorinnen, die sich jedoch überproportional auf Verfasserinnen schnelllebiger Erfolgsliteratur bezieht. Die bürgerliche Schweizerin wird in dieser Zeit nur ausnahmsweise zur Schriftstellerin, und dann bewegt sie sich fast ausnahmslos in traditionellen Bahnen. Es wundert daher nicht, dass die schreibenden Frauen nicht selten von erniedrigenden und depravierten Lebensumständen berichten (Loos, Gerter) oder sich in religiös fundierte oder allgemeine Nischen und Visionen begeben (Ullmann, Lauber). Alles in allem ist der Beitrag der Autorinnen sowohl in quantitativer wie auch in qualitativer Hinsicht unverzichtbar: Sie eröffnen teilweise radikale Sichtweisen, die sich in der im Ganzen von Männern dominierten literarischen Szene sonst nicht finden. Dass ihre Arbeiten bis auf wenige Ausnahmen für die folgende Generation von Schriftstellerinnen nicht entscheidend wichtig werden, ist dabei Ausdruck einer überwiegenden formalen Traditionsverpflichtung, die diese Literatur zu Unrecht als nur inhaltlich modern erscheinen lässt.

Zu den Vertretern der eher konservativen Frauenliteratur gehören Ruth Waldstetter, Olga Amberger und Lisa Wenger, während die bildungsbürgerlich geprägte Maria Waser auf ausgreifendere Bedeutungsdimensionen zielt.

*Maria Waser*

In *Die Geschichte der Anna Waser. Ein Roman aus der Wende des 17. Jahrhunderts* (1913) zeigt sie zwar die Frau im Besitz völlig emanzipierter geistiger und künstlerischer Fähigkeiten, lässt sie aber zugunsten ihrer sorgenden Menschlichkeit auf eine konsequente Durchsetzung ihrer Individualität verzichten. Das Ziel einer egalitären Selbstverwirklichung wird auch in *Das Jätvreni* (1917), den Erzählungen *Scala Santa* (1918) und *Wende* (1929) oder in *Land unter Sternen. Roman eines Dorfes* (1930) den Strukturen einer als benevolent verstandenen patriarchalischen Gesellschaft geopfert. Wasers Romane sind repräsentativ für das Selbstbild der gebildeten bürgerlichen Frau, wobei die Autorin durch ihre Literatur vermittelnde Arbeit, sie gehört etwa zu den ersten Förderern A. Zollingers, ihre literarisch zurückhaltende Position selbst überschreitet.

*Regina Ullmann*

Auch Regina Ullmann bleibt in ihren Werken im vertrauten Raum bäuerlicher und bürgerlicher Verhältnisse; allerdings wählt sie in ihren zahlreichen Novellenbänden, *Von der Erde des Lebens* (1910), *Die Landstraße* (1921), *Die Barockkirche* (1925), *Vier Erzählungen* (1930), *Vom Brot der Stillen* (1932), *Der Apfel in der Kirche* (1934), *Der Engelskranz* (1942), *Madonna auf Glas* (1944) und *Schwarze Kerze* (1954), oft die Abseitigen und Beeinträchtigten zu ihren Helden. Im Vordergrund ihres Erzählens steht der oft dunkel erfahrene Zusammenhang alles Kreatürlichen von der Pflanze bis zum Menschen, der sich gerade an und in den marginalisierten Helden ihrer bäuerlich-ländlichen Schauplätze geheimnisvoll andeutet. Ihre bildhaft-eindrückliche Sprache nutzt einen nur auf den ersten Blick naiven Erzählgestus, der die religiösen Untertöne der katholischen Konvertitin durch die gesuchte Nähe zu impressionistischen Tönen weit über die Grenzen heimatverbundener Literatur hinaushebt. Ullmann wird von Beginn an von R. M. Rilke und einem weitläufigen Freundeskreis von bedeutenden Intellektuellen und Künstlern unterstützt (Th. Mann, A. Steffen, L. Derleth, K. Wolfskehl, H. Carossa, A. Schäffer, R. Kassner u. v. a.), gewinnt aber keinen größeren Lesekreis.

Die mystische Korrespondenz von Mensch, Tier und Pflanze ist auch das *Cécile Lauber* zentrale Thema von Cécile Lauber, das sie nach dem frühen neuromantischen Künstlerroman *Die Erzählung vom Leben und Tod des Robert Duggwyler* (1922) und nach dem vom Mitleidsgedanken getragenen *Die Versündigung an den Kindern* (1924) in der thematisch und personell unverbundenen Trilogie kreatürlicher Allverbundenheit ausdrückt: *Die Wandlung* (1929), *Stumme Natur* (1939) und *In der Gewalt der Dinge* (1961). Der schicksalhafte Zusammenhang von Mensch und Tier wird in oft abstoßenden Szenen thematisiert, die die Anteilnahme am Los der Tiere wecken sollen, und in *Stumme Natur* inszeniert Lauber die Rache der missbrauchten Natur an den sie erniedrigenden Menschen und entwirft dabei eine Handlung, die von bedrückender Aktualität ist. Mit den vier Bänden ihrer Jugenderzählung *Land deiner Mutter* (1946–1957) schafft sie schließlich eine erfolgreiche und anspruchsvolle Verbindung von verschiedenen Stoffen und Gattungen, die noch 1970 neu aufgelegt wird. Kommen Waser, Ullmann und Lauber aus bürgerlichen Kreisen, so knüpft Cécile Ines Loos in ihrem zumeist autobiographisch *Cécile Ines Loos* getönten Werk an die eigene Erfahrung mit Armut und Erniedrigung an. Nach dem Tod der Eltern und der Ziehmutter kommt sie mit zehn Jahren in ein Armenwaisenhaus und muss sich seit ihrem sechzehnten Lebensjahr ihren Unterhalt als Gouvernante, Kellnerin und Sekretärin verdienen. Dabei zehrt sie von der Erinnerung an ihre frühen Kindheitsjahre, die sie in *Der Tod und das Püppchen* (1939) als Gegensatz zu der folgenden Heimerziehung verklärt. Den Durchbruch erzielt sie bereits 1929 mit *Matka Boska* (poln. Matka Boska »Große Mutter«), einem Roman, in dem sie ihre Erfahrungen der Isolation und der Armut als ein Mutterschicksal erzählt, das in Irrsinn und Tod mündet. Diesem erfolgreichen Schicksalsroman folgt das ähnlich angelegte *Rätsel der Turandot* (1931) und *Leise Leidenschaften* (1934), das vor allem durch die Betonung buddhistischer Weisheiten keine Zustimmung findet. Erst fünf Jahre später verfasst sie mit *Der Tod und das Püppchen* einen bedeutenden Der Tod und das Text, der jedoch durch unglückliche Zufälle völlig wirkungslos bleibt. Hier, Püppchen wie auch in *Hinter dem Mond* (1942) gelingt ihr eine in ihrer Einfachheit überzeugende Sprache, die die kindliche Perspektive der verschwisterten Protagonistinnen aufrecht erhält und von der Sehergabe der Susanna Tanner inspiriert ist, ein Effekt, der durch die Kopplung von Ich-Erzählperspektive mit dem schon in *Der Tod und das Püppchen* praktizierten Präsens als Erzähltempus erreicht wird. Zeugt noch *Jehanne* (1946), ein Jeanne d'Arc-Roman nach der Vorlage von F. Mauriac, von ihren Fertigkeiten, so fällt *Leute am See* (1951) deutlich ab.

Auch Elisabeth Gerter überschreitet eindeutig die Vorstellungswelt des *Elisabeth Gerter* Bürgertums, sie zieht aber bei einer vergleichbaren Lebenssituation andere Konsequenzen als Cécile Loos, die ihr Leben lang vom Adel und Großbürgertum fasziniert bleibt. Gerter ist bis zum Verbot Mitglied der Kommunistischen Partei, danach der Sozialistischen Partei, und sie wirkt aktiv im Rahmen ihrer politischen Überzeugungen, womit sie für die einzig ausschlaggebende bürgerliche Presse unmöglich wird, wie vor ihr bereits J. Bührer, H. Mühlestein und andere.

Ihr Erstlingsroman *Schwester Lisa* (1934) berichtet in einfacher Sprache von den erschütternden Umständen der Ostschweizer Stickereiindustrie, die

Die Sticker

die Erfahrungswelt des »ersten umfassenden Industrieromans der Schweiz« (G. Huonker) D*ie Sticker* (1938) abgeben, die sie persönlich kennt. Sie beschreibt die Arbeitskonflikte, die den unvermeidlichen Niedergang dieser Branche begleiten, aus der Sicht der Frauen und gibt ein detailreiches Bild der Abhängigkeit und der sozialen Not. Auch in ihren späteren Werken, die fast ausnahmslos im Selbstverlag erscheinen müssen, nimmt sie Partei für die Entrechteten: »Solange noch ein Mensch leidet, gleich welches Leid es sei, bin ich ihm verpflichtet.«

Lore Berger

Erst Anfang der 1980er Jahre kommt der bereits 1944 veröffentlichte Roman *Der barmherzige Hügel. Eine Geschichte gegen Thomas* von Lore Berger zu nachhaltiger Berühmtheit. In dieser Erzählung, deren Höhepunkt, den Selbstmord durch den Sprung vom Wasserturm auf den Basler Bruderholz, die Verfasserin nachvollzieht, verbindet sich die ausweglose Tragik einer unerfüllten Liebe mit der Hoffnungslosigkeit der Zeit. Bei Erscheinen war die Kompromisslosigkeit der persönlichen Entscheidung zum Freitod noch zu fremd, um dem Text das breite Interesse zu verschaffen, das ihm Jahrzehnte später entgegengebracht wird.

## *Autorenporträt Annemarie Schwarzenbach*

Annemarie Schwarzenbach

Lyrische Novelle

Neun Monate vor dem Selbstmord Lore Bergers stirbt die ebenfalls noch junge und außerordentlich begabte Annemarie Schwarzenbach, Tochter eines reichen Seidenfabrikanten und mütterlicherseits Enkelin des Generals Wille. Schwarzenbach wächst in der kunstgesättigten Atmosphäre des Zürcher Großbürgertums auf, entwickelt aber schon in früher Jugend eine tief greifende melancholische Disposition, die durch ihre lebenslangen heftigen Dispute mit der dominanten und Besitz ergreifenden, bisweilen eigensüchtig-tyrannischen Mutter noch verschärft wird. Schon früh macht sich ihre Neigung zu gleichgeschlechtlichen Beziehungen bemerkbar, die sie trotz gesellschaftlicher und familiärer Sanktionen relativ offen auslebt. Dabei ist sie eine konzentriert und auch diszipliniert arbeitende Studentin der Geschichte und Literatur in Paris und Zürich, die mit 23 Jahren promoviert. Ein Jahr zuvor lernt sie Erika und Klaus Mann kennen, mit denen sie von nun an in einen regen persönlichen und künstlerischen Austausch tritt. Wie nur wenige Schriftsteller ihrer Zeit ist Schwarzenbach literarisch informiert und wie keine andere Frau zeigt sie schon früh ihre künstlerische Reife: Mit 25 Jahren hat sie von drei Romanen einen veröffentlicht, *Freunde und Bernhard* (1931), und neben der *Lyrischen Novelle* (1933) eine Reihe von Erzählungen, Skizzen und Essays, sogar an einem alternativen Reiseführer schreibt sie mit.

Der Erstlingsroman zeichnet mit noch ungelenker Hand das Zustandsbild einer Clique junger Menschen mit dem Gefühl des Unbedingten, gefangen im Alltäglichen. Schon hier deutet sich an, worin Schwarzenbachs Modernität besteht, die ihr weiteres Werk dominiert. Liebe und Literatur, Kunst und Politik werden zu den Vehikeln der Ausbruchsversuche aus der Welt bürgerlicher Konventionen. Mit ihrem Berlinaufenthalt 1931 bis 1933 kommt schließlich auch das Morphium als Fluchtmittel, das sie ebenso wie Glauser nicht mehr abschütteln kann.

Die *Lyrische Novelle* reduziert den Gruppenroman schließlich auf eine nur dürftig kaschierte lesbische Liebesgeschichte, deren Melancholie und Ausweglosigkeit zu ihrer Zeit von den Kritikern als oberflächlich und unverantwortlich verstanden wird, obgleich sie neben Kästners *Fabian* und Fleißers *Mehlreisende Frieda Geier* zu den bedeutenderen Erzählungen der Neuen Sachlichkeit zählt. Trotz der teilweise im Gebirge stattfindenden Handlung ist der erst postum erschienene Roman *Flucht nach oben* (1991) ebenfalls ein Gruppenroman, wie er später von S. de Beauvoir gepflegt wurde, der die bekannten Themen variiert. Die dort im Titel erscheinende Flucht führt dann ab 1933 die Autorin auf eine Serie von Reisen, die sie fast um die ganze Welt leiten.

Ihr weiteres Leben wird dabei nahezu einer einzigen Reise gleich, einer durch vorübergehende Aufenthalte in der Heimat unterbrochenen permanenten Bewegung an die Ränder der erfahrbaren Welt, die ihr mehr und mehr als einzig erträgliche Orte erscheinen. Ihre schmerzhafte Sehnsucht nach Aufhebung der Einsamkeit findet nur in den selbst geschaffenen Ausnahmesituationen der Fremde und des Rausches Entlastung, und es zeichnet sie als Schriftstellerin aus, dass sie in ihren Reiseberichten einen Stil findet, der scharfsichtige Sozialreportage mit teilweise fiktionalen autobiographischen Konstellationen so verbindet, dass eine Reportageform entsteht, die sowohl als Erzählung wie auch als Sachbuch gelesen werden kann und an die viel spätere Form des »new journalism« der 60er Jahre erinnert. Eines ihrer herausragenden Mittel ist die Kamera, die ihre paradoxe Ästhetik einer subjektiv getönten Objektivität dokumentiert und ebenfalls ein Zeichen der Grenzverwischung zwischen Realität und Imagination darstellt, die für ihr Werk charakteristisch ist. Neben zahlreichen Reportagen für die Tagespresse, gesammelt in den Bänden *Auf der Schattenseite* (1990), *Insel Europa* (2005) und *Jenseits von New York* (1992), entstehen auch längere Bücher: *Winter in Vorderasien. Tagebuch einer Reise* (1934), *Alle Wege sind offen. Die Reise nach Afghanistan 1939/40* (2000) und der zu Lebzeiten wegen der unverdeckten Darstellung lesbischer Liebe unveröffentlichte *Tod in Persien* (1995). Persien ist auch die Inspirationsquelle für ihren letzten veröffentlichten Roman *Das glückliche Tal* (1940), die überarbeitete Version von *Tod in Persien*.

*Reisen und Reportagen*

*Tod in Persien*

Aus der vielgestaltigen und eindrucksvollen Literatur der Zwischenkriegsjahre sind es neben Zollinger und Inglin vorwiegend die Werke Friedrich Glausers und Annemarie Schwarzenbachs, die auch im 21. Jh. noch gelesen werden. Werke, die durch ihre offene oder verdeckte Exzentrizität und ihr Engagement für die Marginalisierten Interesse wecken, geschrieben aus der Erfahrung der inneren und äußeren Fremde und in steter Vorahnung des Todes. Es ist deshalb kein Zufall, dass die zwei typischsten Vertreter der Literatur zwischen den Kriegen, Albin Zollinger und Meinrad Inglin, die sich bei aller Versuchung von den Extremen konsequent fernhalten, nur mehr als Repräsentanten des Kanons gelesen werden.

## *Autorenporträt Albin Zollinger*

Ein Jahr vor Annemarie Schwarzenbach stirbt Albin Zollinger an plötzlichem Herzversagen, und obwohl er nur elf Jahre älter ist als sie, gehört er offenkundig einer anderen Welt an. Seinerseits trennt ihn wiederum etwa eine Dekade von der Generation der deutschen Expressionisten, die noch durch den Krieg geprägt wurde, wie auch Zollinger selbst; Schwarzenbachs Generation dagegen ist vom Krieg nicht mehr unmittelbar betroffen. Dennoch teilen die beiden Autoren einige gemeinsame Voraussetzungen: Wie sie ist

Albin Zollinger

Die große Unruhe

Die Gärten des Königs

*Lyrik*

Zollinger ein melancholischer Einsamer, am Rande der Gesellschaft und in steter Gefahr. Ihm gelingt es allerdings nicht, sein Leiden in die Dynamik einer bedeutenden Künstlergemeinschaft einzubetten und sich mitreißen zu lassen, woran sicher die ungleichen Ausgangsvoraussetzungen Schuld tragen. Zollinger erfährt seine einfache, im Grunde proletarische Herkunft und die familiären Beeinträchtigungen vor allem durch die lebensdurstige Mutter ähnlich ambivalent wie Jakob Schaffner. Der Einzelgänger lernt es, im Leben zurechtzukommen und bildet, von manchen Hindernissen beschwert, sein literarisches Talent eigenständig, hauptsächlich an der literarischen Tradition orientiert, aus. 1929/30 sind Zollinger und Schwarzenbach gleichzeitig in Paris, gekannt haben sie sich nicht, und es ist bezeichnend, wie unterschiedlichen Gebrauch sie von diesem Aufenthalt machen. Die Industriellentochter nimmt Paris als selbstverständliche Anregung, Zollinger kommt der Stadt nicht wirklich nahe. Beide nutzen sie für literarische Werke, in denen Freundescliquen die zentrale Rolle spielen. In *Die große Unruhe* (1939) beschreibt Zollinger den großen Umweg seiner Hauptfigur Urban von Tscharner, den er auf eine kathartische Reise schickt, die den problematischen Helden bis nach Argentinien führt. Dabei handelt es sich bei dem Protagonisten Tscharner um ein Missverständnis, denn seine große Unruhe ist nichts anderes als die Sehnsucht nach Ruhe und Sicherheit. Er ist wie Th. Manns Tonio Kröger »ein Bürger auf Abwegen«, der am Leben vornehmlich als Beobachter partizipiert und der am Ende geläutert zurück in die Ehe findet. Diese oft kritisierte Wende des empfindsamen Außenseiters ins Bürgertum ist aber nur die Erfüllung einer Hoffnung des Autors, der seinen Helden als Verwandelten aus bewußter Wahl und nicht aus Konvention zurückkehren läßt. Kehrten sie nicht zurück, wäre Tscharners Frau im Bannkreis Hitlers geblieben und der Held selbst hätte die bedrohte Heimat in der kritischsten Phase im Stich gelassen. Zollingers Erstling *Die Gärten des Königs* (1921), die ziselierte Geschichte eines dem Wahnsinn verfallenen Königsmörders im Frankreich des 17. Jh.s, bleibt ebenso wie *Der halbe Mensch* (1929) eine autobiographisch inspirierte Selbstfindungsgeschichte, ohne breitere Resonanz. Der Erstlingsroman präsentiert eine prekäre Balance zwischen einem an C. F. Meyer angelehnten Impressionismus und teilweise bildkräftiger expressionistisch getönter Sprache. Die Fabel ist von Meyers *Die Leiden eines Knaben* angeregt, gewinnt aber gegenüber den suggestiven Bild-Tableaus keine Eigenständigkeit. Sind bereits in *Die Gärten des Königs* autobiographische Elemente eingeflossen, so ist der Folgeroman eine fast unverdeckte Selbstbeschreibung, die Zollinger von einem umfassenden Entwicklungsroman zur Beschreibung einer Lebenspassage und Wende umarbeitet. Es ist die Geschichte eines Versuchs der Annäherung an das Leben, der zu dem Zeitpunkt der Veröffentlichung bereits in neue Bahnen treten sollte.

Parallel zur Arbeit an der *Großen Unruhe* veröffentlicht Zollinger vier Gedichtbände, die ihn zum bedeutendsten Lyriker seiner Epoche machen: *Gedichte* (1933), eine Sammlung bereits früher entstandener Texte, *Sternfrühe* (1936), *Stille des Herbstes* (1939) und *Haus des Lebens* (1939). Die Gedichte stehen in der Tradition der Natur- und Liebeslyrik, den Arbeiten von Loerke, Lehmann und Krolow nahe, nicht selten aber finden sich zufällige Anklänge an Benn. Der melancholische Gestus seiner Lyrik setzt das Bild fest und entrückt es auch sprachlich der Zeit, vor allem die späteren Gedichte verknappen eine erlesene Sprache zum gesteigerten Ausdruck einer mythischen und zeitenthobenen Kindheitsutopie. Stellenweise streift Zollinger dabei die Grenzen des hermetischen Gedichts, seltener erscheinen Elemente der zeitgenössischen Wirklichkeit.

Die Abstinenz von zeitkritischen Impulsen befremdet dabei vor allem deshalb, weil er in zahlreichen Äußerungen und prominent – und zum eigenen Nachteil – als Herausgeber der Zeitschrift *Die Zeit* entschieden politisch Position bezieht. Seine Beiträge zeugen von einem undogmatischen linken Humanismus, der auch die zahlreichen Reportagen Schwarzenbachs inspiriert. Doch während sie sich vor allem auch mit der Kamera an die Realität annähert, bleibt Zollinger intellektueller politisch-künstlerischer Kommentator. Ungewöhnlich schnell schreibt er nach der *Großen Unruhe* seinen letzten zu Lebzeiten veröffentlichten Roman *Pfannenstiel. Die Geschichte eines Bildhauers* (1940). *Pfannenstiel* verändert den Erzählansatz des vorangegangenen Romans und setzt dessen Ergebnis, die Rückkehr in die Heimat, voraus. Dabei verbinden sich wieder die persönlichen Probleme der Protagonisten mit politischen und gesellschaftlichen Standortbestimmungen. Die geographische Lage des Pfannenstiels symbolisiert die innere Zielbestimmung: Übersicht bei intensiver Verknüpfung mit dem Unten und dem Oben. Am Ende steht eine kritische Parteinahme für die Humanität und die Freiheit, die sich auch gegen die Borniertheit der Zeitgenossen durchsetzen muß. Die postum veröffentlichte Fortsetzung *Bohnenblust oder die Erzieher* (1942) ist künstlerisch nicht vollends durchgeformt und krankt an der zuweilen zu abstrakten Intellektualität der Diskurse. Der Erzieher Bohnenblust ist trotz seiner ungewöhnlichen Liebe zu sehr Idealgestalt geblieben, die sich hartnäckig einem realistischen Leserzugriff entzieht – trotz aller realistischen Details. Beide »späte« Romane zeigen aber vielleicht gerade in ihrem Scheitern an den Vorgaben realistischer Gestaltung im Zeitroman eine tiefere Dimension als das ein gekonnt gemachter Roman im Stil Feuchtwangers vermocht hätte. Gerade in der gebrochenen lyrischen Prosa Zollingers erscheint die Differenz von Innenwelt und Außenwelt plastisch und überzeugend als Konfiguration der Dimension des Politischen.

Als Mittler zwischen dem Werk Zollingers und Inglins kann der im bürgerlichen Spektrum bleibende Traugott Vogel betrachtet werden. Vogel ist vor allem als Förderer und Ratgeber von Schriftstellerkollegen wie Zollinger und Hohl wichtig, aber auch als eigenständiger Autor von Romanen wie *Der blinde Seher* (1930), der neben Inglins *Schweizerspiegel* als ein charakteristischer Zeitroman angesehen werden kann. Vogels Darstellungen erscheinen allerdings als etwas zu ausgerechnet und auf den Zweck der repräsentativen Verteilung weltanschaulicher Positionen ausgelegt, als dass sie breit wirken könnten. Sein früheres Werk, *Unsereiner* (1924) und *Ich liebe, du liebst* (1926), wie auch spätere Romane, *Leben im Grund oder Wehtage des Herzens* (1938) und *Anna Foor* (1944) kreisen um die wachsende Distanz bäuerlicher Traditionswelten und der Gegenwart. Am erfolgreichsten ist Vogel jedoch mit einer Anzahl von Kinder- und Jugendbüchern wie *Die Spiegelknöpfler* (1932/34) oder *Der Engelkrieg* (1940).

*Herausgeber der* Zeit

*Pfannenstiel*

Bohnenblust oder die Erzieher

*Traugott Vogel*

# Autorenporträt Meinrad Inglin

Nach außen hat Meinrad Inglin (1893–1971), neben Glauser, Schwarzenbach und Zollinger, am besten überdauert: Zwei Gesamtausgaben, eine repräsentative Biographie und ein nicht unbeachtliches wissenschaftliches Schrifttum zeugen von seinem Status als »Klassiker der Moderne« der Schweiz. Einer der Gründe für seine Kanonizität liegt sicher im Umfang sei-

**Die Welt in Ingoldau**

nes Lebenswerks, für das er dreißig Jahre länger Zeit hatte als die Genannten; ein anderer liegt in der Repräsentativität seines Werkes. Mit vielen Zeitgenossen teilt er eine schwierige Kindheit und Jugend; auch wenn er keine Entbehrungen zu erleiden hat, fällt ihm nach dem frühen Tod der Eltern die Lebensorientierung nicht leicht. Nach einem unterdrückten ersten Roman *Phantasus* (1917), der noch einem Nietzscheanischen Aristokratismus verpflichtet ist, den er den Gesellschaftsschäden entgegensetzt, und dem ebenfalls unveröffentlichten *Rudolf von Markwald* (1916/17) verstört Inglin seine Schwyzer Mitbürger durch *Die Welt in Ingoldau* (1922), in dem er in durchsichtiger Form allgemein bekannte Persönlichkeiten zum Material seiner Erzählung von menschlichen Fehlern, moralischen Schwächen und Zwängen macht. Der Roman ist Ausdruck von Inglins Wende zum demokratischen Ideal und zur Welt des Bürgers. Die heftige Ablehnung der porträtierten Bür-

**Wendel von Euw**

ger vertreibt den Autor zeitweise aus seinem Heimatdorf und provoziert teilweise auch das Thema des folgenden Romans *Wendel von Euw* (1925), der die Anfeindungen eines Dorfes gegen einen Rückkehrer zeigt, der erneut die Heimat flieht, um erst an der Ostsee zu sich und seiner Liebe zu finden. In den folgenden Erzählungen und Romanen konzentriert sich Inglin jedoch wieder ganz auf die Schweiz: Die längere Erzählung *Über den Wassern* (1925) feiert in stilisierter, hymnischer Sprache die Alpennatur und mythisiert Flora und Fauna im Sinne eines »magischen Realismus«. Die göttlich durchwaltete Natur dient nicht nur hier als Gegenentwurf zur schlechten Realität der Gegenwart, die er im Sinnbild des Hotels in seinem nächsten

**Grand Hotel Excelsior**

Roman *Grand Hotel Excelsior* (1928) beschwört, der von Th. Manns *Zauberberg* inspiriert ist. Hier wehrt sich Peter Sigwart, der zivilisationskritische Bruder des Hoteldirektors Eugen Sigwart, mit dem Akt der Brandstiftung gegen die von ihm als zerstörerisch empfundene Hotelgesellschaft, die als Mikrokosmos die größere Welt spiegelt. Sein Anschlag ist allerdings nur Ausdruck einer weitgehenden Wirkungslosigkeit, denn die Tat bewirkt nichts in seinem Sinn: Das Hotel wird noch luxuriöser wieder aufgebaut, und er selbst wird aus der bürgerlichen Gesellschaft verbannt. Anders als *Wendel von Euw* hat der Roman Erfolg und darf nach dem Skandal von *Die Welt in Ingoldau* als Durchbruch gelten, vor allem wohl, weil Korrodi den Roman in seiner NZZ-Besprechung lobt. Beide Texte werden vom Autor in späteren Jahren verleugnet und aus dem Werk ausgeschlossen.

Nahezu gleichzeitig erscheint *Lob der Heimat* (1928), ein Essay, der an die von Hamsun beeinflusste Erzählung *Über den Wassern* anschließt und in den engeren Zusammenhang mit *Jugend eines Volkes* (1933), einer Sammlung von Erzählungen, und auch dem folgenden bedeutenden Roman *Die graue March* (1935) gehört. Inglins Rückzug auf die Heimat, die er vor allem in der Identifikation mit einer geschichtslosen Natur verkörpert, drängt allerdings über die Grenzen des Zeitlosen hinaus; doch bevor er zu seinem Hauptwerk *Schweizerspiegel* (1938) ansetzt, erweitert er sein Thema einer ursprungshaften, natürlichen und bäuerlichen Gegenwelt zur Zivilisation ins Historische.

**Die Jugend eines Volkes**

*Die Jugend eines Volkes* transponiert das Heimatthema in die Frühgeschichte der Eidgenossenschaft und reiht sich damit in die späteren Bemühungen um die geistige Landesverteidigung ein, ohne jedoch als Aufbauliteratur konzipiert zu sein. Die historischen Erzählungen erproben eine Erzählhaltung, die sich der Schweizer Gegenwart in kritischer Absicht nähern will. Inglins erste demokratische Wende um 1918 wird nun nach einem längeren Interim auf einer höheren Stufe und in vorsichtigen Schritten wiederholt. Das Lob der Heimat wird aus der eindimensionalen Naturverbundenheit herausgelöst, die sich schon in Erzählungen wie *Schneesturm im Hochsommer* (1926) als trügerisch erweist, und in geschichtliche Zusammenhänge gebracht. Tatsächlich erzählt der Text aber nicht nur die Dynamik der schweizerischen Befreiungsbewegungen, sondern der Autor spiegelt darin seine eigene schriftstellerische Entwicklung als Befreiung.

Der wichtigste Schritt dazu und gleichzeitig auch der entscheidende Zugang zum deutschen Markt bringt schließlich *Die graue March*, die von jeder Idealisierung und Idyllisierung absieht und den brutalen Existenzkampf der armen Bauern in einen mythischen Zusammenhang mit der Natur bringt. »Menschen und Tiere« lautete der ursprüngliche Titel, der Inglins Etappenlösung seines Erzählproblems umschreibt: Der handelnde und leidende Mensch ist gleichermaßen in den Zusammenhang einer geschichtlichen wie naturhaften Schicksalsgemeinschaft gestellt, so dass sich in dem stark symbolhaften Jagdritual alle Lebewesen in magischer Einheit begegnen.

Im *Schweizerspiegel* befreit sich Inglin schließlich von den naturmagischen Tendenzen, und er entwirft ein umfassendes Gesellschaftspanorama der Jahre von 1912 bis 1919. Am Beispiel der Familie des Nationalrats Ammann zeichnet der Autor die widerstrebenden politischen und kulturellen Auffassungen der Zeit, die sich allesamt vom routinierten und seelenlos gewordenen Liberalismus der Vätergeneration abwenden. Der Roman zeigt die Gefahren und Schwächen ideologisierter Positionen auf, ohne jedoch eine allgemein gültige Lösung zu präsentieren. Seine Gesinnung scheint weitgehend bürgerlich, wenngleich auch der Schwerpunkt vom repräsentativen Großbürgertum auf die ordnungsstiftende Kraft des kleinen und mittleren Bürgertums verschoben ist. Die Krise des Liberalismus findet hier Ausdruck in den jeweiligen Lebensentwürfen der vier Kinder des Nationalrats. Seine Tochter Gertrud wendet sich nach ihrer gescheiterten Ehe mit dem Berufsoffizier Hartmann dem Lyriker Albin zu, wird aber nach dessen Tod wieder zur Familie zurückkehren. Der älteste Sohn Severin steht einem aristokratischen Nietscheanismus mit entsprechenden Herrschaftsallüren nah und neigt zu undemokratischen Maßnahmen und präfaschistischen Zielen. Paul ist das Gegenteil seines Bruders: Als Pazifist sucht er die Nähe zu den sozialistischen Arbeitern, denen er sich beim Generalstreik schließlich doch nicht vollgültig anschließen kann. Auch er kehrt ins Elternhaus zurück. Der dritte Sohn Fred schwankt zwischen seinen Brüdern, fühlt sich jedoch am ehesten dem Raum des Bäuerlichen nah, der ihm am angemessensten ist. Letzlich bietet der Roman jedoch keinen billigen Ausweg, denn auch die Welt des Bürgertums bleibt in sich widersprüchlich und offeriert keine allgemein gültigen Lösungen. Gerade diese Polyperspektivität verbindet die ansonsten unterschiedlichen Entwürfe von Inglin und Zollinger, die sich in ihrer Dialektik von Skepsis und freiheitlicher Überzeugung treffen.

Die graue March

Schweizerspiegel

Meinrad Inglin

# Geistige Landesverteidigung (1933–1945)

Beatrice Sandberg

Beatrice Sandberg

Die geistige Landesverteidigung (GLV), die im Laufe der 30er Jahre zur Mobilisierung geistiger Abwehrkräfte gegen Nationalsozialismus, Faschismus und Kommunismus ins Leben gerufen wurde, ist ein Phänomen, das von komplexen politischen, kulturellen und mentalitätsspezifischen Faktoren der Zwischenkriegszeit geprägt ist und daher aus dem Kontext der damals herrschenden Bedingungen historisch verstanden werden muss. Ihre Grundlagen, Äußerungsformen und kulturpolitischen Konsequenzen waren von Anfang an Gegenstand von Kontroversen. Während die zeitgenössischen Kritiker auf die Gefahr einer Haltung hinwiesen, die einseitig »schweizerisches Gedankengut« favorisierte, ihre Einwände jedoch unter dem Aspekt der zunehmenden Bedrohung zurückstellten und sich schließlich mit den Grundsätzen der Bewegung weitgehend solidarisierten, tendieren Vertreter der Nachkriegsgenerationen dazu, in ihren Darstellungen die Bewegung retrospektiv moralisierend vom heutigen Wissensstand her zu kritisieren und sie einseitig von ihren negativen Auswüchsen her zu beurteilen. So gesehen wird aus der von der Aktiv-Kriegsdienst-Generation als notwendig erachteten GLV eine »rechtsextreme Erscheinung mit helvetischen Vorzeichen« (Niklaus Meienberg), die der faschistischen Denkweise gleichgestellt und des »Rassismus« und der »Blut- und Bodenverherrlichung« (Charles Linsmayer) bezichtigt wird. Verärgerung über enttäuschende Befunde bei der Aufarbeitung einer lange mythifizierten Rolle der Schweiz im Zweiten Weltkrieg liegt wohl solchen Charakteristiken zugrunde. Neuere Untersuchungen korrigieren die Sehweisen, welche die GLV einseitig auf Phänomene wie Réduit, Nationalismus, Engstirnigkeit, Selbstverherrlichung und Mittelmaß reduzieren, und zeigen ein differenzierteres Bild aufgrund einer historisch abwägenden, kontextuellen Berücksichtigung der unterschiedlichen relevanten Faktoren (Fritschi, Rings, Lasserre, Stern, Charbon, Müller, Sandberg). Negativ wertend ist die Darstellung bei Literaturforschern, die von einer Diskursivierung des Fremden ausgehen und auf einer ahistorischen Projektionsfläche ihre theoretischen Vorgaben bestätigt finden.

Die geistige Landesverteidigung als eine Art Vorgabe von Wertvorstellungen für vaterländisches Verhalten trug von ihren Anfängen in den späten 1920er Jahren den Kern zu Widersprüchen in sich, bis sie 1962 mit der Auflösung der »Arbeitsgemeinschaft für Geistige Landesverteidigung« (AGGLV) aus dem politischen Alltag der Schweiz verschwand. Die entscheidende Rolle als aktivierende Kraft spielte die GLV von 1933 bis 1945. Der Versuch bestimmter Kreise, sie in den 1950er Jahren als antikommunistische Abwehrorganisation noch einmal zum Leben zu erwecken, scheiterte nach wenigen Jahren, da sich die 1956 neu errichtete Abteilung »Heer und Haus« in Richtung Überwachungsorgan entwickelte und ihr die Gefolgschaft versagt wurde. Der Unterschied zwischen den beiden Erscheinungsformen der GLV geht aus der Stellungnahme des Historikers und Journalisten Jean-Rudolf von Salis hervor, der sich in den 30er Jahren voll hinter die GLV gestellt und

*Kontroversen über die GLV*

Abstimmungsplakat. Parallel zur GLV erfolgte der Aufruf zur Stärkung der militärischen Wehrbereitschaft

Sonderfall? Die Schweiz
zwischen Réduit und
Europa

mit seinen Radioberichten einen wesentlichen Beitrag zu einer sachlichen
Beurteilung der politischen Lage beigetragen hatte. Die neue Variante lehnte
er mit Entschiedenheit ab mit der Begründung, dass eine Denkart, welche in
den kritischen Jahren der faschistischen Umklammerung als Aktivierung des
Abwehrwillens und der Besinnung auf eigene Werte gedacht war, nicht zum
Normalzustand erklärt werden dürfe. Der »Sonderfall Schweiz« liefe sonst
Gefahr, durch Berufung auf Tradition und nationale Eigenart in einen My-      *Selbstgenügsamkeit?*
thos der Selbstgenügsamkeit transformiert zu werden. Diese neu erweckte
GLV entsprang dem reaktionären Geist des Kalten Krieges und ließ sich nicht
rechtfertigen durch eine akute Bedrohung der nationalen Existenz. Dass die
Überwachungsmentalität trotzdem Fuß fasste, wie es der Fichenskandal später an den Tag brachte, geht zulasten des Kalten Krieges und kann nicht
mehr der GLV angelastet werden.

Wenn im Folgenden die Auswirkungen der GLV auf das kulturelle Leben
der Schweiz und insbesondere auf die Literatur betrachtet werden, sind drei
Faktoren wichtig für eine angemessene historische Beurteilung: Erstens die
Berücksichtigung der kulturellen und politischen Lage nach dem Ersten
Weltkrieg als einer Vorbedingung für die von der GLV vorgeschlagene Kurs-
richtung, zweitens das Wissen um die extreme politische und existentielle
Bedrohung von außen durch das Dritte Reich, die im Inneren zu Labilität
und zeitweise stark defaitistischen Haltungen führte, und drittens die Einbeziehung zeitgenössischer und literarischer Dokumente, welche zentrale Vorgänge erhellen und die Stimmung der Zeit vermitteln. Wer in der GLV nur
ein Konstrukt der Fremdenfeindlichkeit oder ein Instrument protektionisti-
scher schweizerischer Interessen sieht, urteilt aufgrund von Resultaten einer
missbräuchlichen Auslegung der Leitvorstellungen. Mit der Tradition humaner Werte nicht vereinbare Praktiken wie die Flüchtlingspolitik der Fremden-

*Berufsverbote für*
*Exilautoren*

polizei wurden auch von Anhängern der GLV selbst kritisiert. Die unwürdige Behandlung von Exilautoren weckte ebenfalls den Widerspruch von Zeitgenossen, welche zwar den Grundsätzen einer geistigen Landesverteidigung zustimmten, die angewandten Kriterien jedoch nicht guthießen. Sie ist das Resultat extremer Restriktionen, welche von einzelnen Verantwortlichen, u.a. dem Präsidenten und Sekretär des Schweizerischen Schriftstellerverbandes (SSV), ausgeübt wurden durch ihre Handhabung des Berufsverbots für ausländische Autoren, wobei sie sich auf den Wunsch nach Förderung »schweizerischen Schrifttums« sowie die strenge Pressezensur berufen konnten, damit aber gerade die befürchteten negativen Konsequenzen einer falsch verstandenen GLV ins Werk setzten.

## Zum Begriff der Geistigen Landesverteidigung

Schon Ende der 1920er Jahre, lange bevor 1938 der bundesrätliche Erlass die geistige Landesverteidigung als Programm in verschiedenen Punkten festhielt und zur Aktivierung der Verteidigung eigener Werte im Kampf gegen unschweizerisches Gedankengut aufrief, war laut dem *Historischen Lexikon der Schweiz* der Begriff im Umlauf.

Eine der frühen offiziellen Verwendungen des Begriffs findet sich in einem Nationalratsbeschluss vom 18. Mai 1933, der eine Empfehlung an den Bundesrat vorsieht, dass auf Rundfunkebene »ausländischen Angriffen auf die demokratische Staatsform mit einer geistigen Landesverteidigung entgegenzuarbeiten« sei. Die Direktion von Radio Bern hatte bereits früher bedauert, dass allzu wenig schweizerische Schriftsteller und Komponisten schweizerisches Kulturgut präsentierten. 1937 wurde in der Sondernummer der *Schweizer Radio Illustrierten* zur Geistigen Landesverteidigung der Wunsch formuliert, dass »die Darstellung der nationalen Ideale in ihrer regionalen Eigenart und Auswirkung, die Werbung für ihre Schönheit« ein zentrales Anliegen sein sollte. Dass GLV zu den Aufgaben des Radios gehören sollte, war völlig unbestritten, nur diskutierte man die Form, in der sie zu vermitteln war. Man wünschte keine niveaulose, heimattümelnde Beeinflussung der Hörer mit Heimatliedern und Soldatenmärschen nach dem Muster totalitärer Nachbarstaaten, sondern – so der Vorschlag der Arbeiterpresse – die Vermittlung von Treue und Liebe zur Heimat und eine Stärkung der geistigen Abwehr durch innerliche Festigung gegen autoritäres Gedankengut. Zentrale Bedeutung bekamen die Hörspielabende sowie die Aufführungen von Funkopern, etwa Heinrich Sutermeisters Radiooper *Die schwarze Spinne* (1936).

*Darstellung*
*»nationaler Ideale«*

## Das Konzept der Geistigen Landesverteidigung

Eine Rede von Philipp Etter, in der er im Mai 1936 zur Eröffnung der Zürcher Hochschulwoche für Landesverteidigung an der ETH Zürich das Verhältnis zwischen militärischer und geistiger Landesverteidigung erörtert, enthält die Kerngedanken der GLV als Ausdruck eines nationalen Kultur-konsenses und Überlegungen, mit denen er einem möglichen Missbrauch des Begriffs vorzubeugen sucht:

> Wir sprechen heute viel von geistiger Landesverteidigung. Ich sage in aller Of-fenheit, dass ich fürchte, es werde diese Losung von der geistigen Landesvertei-digung auch wieder eines jener Schlagworte, die sich rasch abgreifen und dann mehr einschläfern als aufrütteln. Ich habe sogar den Eindruck, dass heute schon mitunter versucht wird, hinter der Flagge der geistigen Landesverteidigung im Grunde genommen recht materielle, einseitige und egoistische und selbst be-denkliche Ziele zu verstecken.
>
> Unter geistiger Landesverteidigung verstehe ich zunächst einmal eine ruhige, ge-wissenhafte *Besinnung auf die geistigen Eigenwerte unseres Landes*, eine Besin-nung darauf, was als eigenständige schweizerische Kultur oder wenigstens als Umprägung allgemeiner Kulturwerte in schweizerisches Kulturgut angesprochen werden kann. Also Besinnung z.B. auf schweizerisches Kulturschaffen, auf schweizerische Malerei, auf schweizerische Bildhauerei, auf schweizerisches Schrifttum, schweizerisches Theater, schweizerische Musik. Und dann wären hochherzige Folgerungen aus dieser Besinnung zu ziehen: Verpflichtung gegen-über dem schweizerischen Schaffen, Förderung starker Talente, und bei diesen wiederum Verpflichtung gegenüber dem Lande und gegenüber der geistigen Ei-genart des Landes. [...] Unter geistiger Landesverteidigung verstehe ich die *Be-sinnung auf die Eigenart und Größe des eidgenössischen Staatsgedankens* und auf die *europäische Sendung der eidgenössischen Idee*. [...] Die eidgenössische Staatsidee lebt nicht aus einer nationalen, sondern aus einer übernationalen Kraft. Nicht die Sprache und die Rasse ist es, die den Staat formt, sondern ein geistiges, gewissermaßen europäisches und *universelles* Element: die Überzeu-gung von der Möglichkeit und Notwendigkeit eines freien, friedlichen Zusam-menspiels jener Kulturen, die zusammen die abendländische Geisteswelt tragen. Die nationale Einheit des Schweizervolkes gründet auf die Gemeinsamkeit eines supranationalen Bewusstseins, das jede Überspannung des Nationalen durch eine gesunde Begrenzung der nationalen Affekte verhindert.

Das Konzept der GLV lässt sich im Wesentlichen in vier Punkte fassen: Es geht erstens um die Betonung der geistig-kulturellen Eigenständigkeit der Schweiz, zweitens den Rückgriff und die Besinnung auf das historische Erbe, drittens eine Aktivierung der Demokratie und viertens die Abwehr von frem-den äußeren Einflüssen. Das 48-seitige offizielle bundesrätliche Dokument vom 9.12.1938, das von Philipp Etter verfasst und im *Bundesblatt* veröf-fentlicht wurde, ist an den einzelnen Bürger gerichtet und fordert ihn auf, seinen Auftrag im Staate wahrzunehmen und die überlieferten Werte zu ver-teidigen. Dabei wird das »Schweizerische« ohne weitere Konkretisierungen gegen das »Unschweizerische« beschworen:

> Das Wesentliche unserer Abwehr gegen unschweizerisches Gedankengut erbli-cken wir [...] in der positiven Besinnung auf die geistigen Grundlagen unserer schweizerischen Eigenart, unseres schweizerischen Wesens und unseres schwei-zerischen Staates in den großen Komponenten seiner Geschichte, seines Volks-tums, seines Geistes und seiner Einrichtungen.

Zu den Aufgaben der GLV gehören außerdem die Überprüfung und Förde-rung des eigenen Selbstverständnisses, ein besseres gegenseitiges sich Ken-nen- und Verstehenlernen der verschiedenen Kulturen untereinander – womit eine Aufforderung Carl Spittelers von 1914 aufgegriffen wird – sowie das Bestreben, die *kulturelle Vielfalt* als Kennzeichen der Schweiz als einer *Wil-lensnation* stärker hervorzuheben. Darin liegt eine markierte Absage an die nationalsozialistische Propagierung von Volk und Nation als einer sprachli-chen Einheit, während die Betonung der *geistigen* Werte und deren Verteidi-gung eine deutliche Distanzierung von der Verabsolutierung der *biologischen*

*Rassentheorien* und den Blut und Boden-Mythen des Nationalsozialismus bekundet.

## Die kulturpolitischen Voraussetzungen für den Gedanken einer GLV

Dass eine Bewegung wie die GLV über alle Parteizugehörigkeiten hinweg in der Bevölkerung eine breite Zustimmung finden konnte, hat seine Gründe. Sie liegen zum einen in der verschärften politischen Weltlage, welche die Voraussetzungen für eine Stärkung des Zusammenhalts im Inneren geschaffen hatte. Zum anderen wirkten die Erfahrungen des Ersten Weltkriegs nach, welcher eine kulturelle Kluft zwischen der französischsprachigen West-

*Westschweiz vs. Deutschschweiz*

schweiz und der Deutschschweiz verursacht und Spannungen geschaffen hatte, die es nahe legten, künftigen Konflikten durch vermehrte Beschäftigung mit den eigenen Kulturen und unverfänglichen Themen vorzubeugen und sich weniger direkt an Frankreich und Deutschland zu orientieren. Ein solcher literarisch-soziokultureller Helvetismus wurde als ein gutes Vorbeugungsmittel angesehen, um fremde Konflikte innerhalb der eigenen Grenzen zu vermeiden und die innere Einigkeit zu fördern. Dass damit aber das Bedürfnis nach interkulturellem Austausch schon eingeschränkt wurde zu einer Zeit, als eine internationale Orientierung noch möglich war, welche Autoren anderer Länder zu innovativen Leistungen inspirierte, schien nicht ins Gewicht zu fallen. Erst später zeigte es sich, dass die angebliche Eigenständigkeit bereits tendenziell den Keim der Provinzialisierung in sich trug und literarisch zu einer Qualitätseinbuße führte. Schon vor der Zeit der nationalsozialistischen Bedrohung und dem damit verbundenen Programm der GLV hatten ländlich-schweizerische Inhalte und vaterländische Gesinnung kulturpolitisch den Vorrang vor literarischen Qualitäten, was zur Marginalisierung jener Autoren beitrug, die nicht im Dienste eines staatspolitisch aufbaulichen Modells standen, wie der wiederentdeckte Kriminalschriftsteller Friedrich Glauser, die wenig konforme Autorin von Romanen und Reiseschilderungen Annemarie Schwarzenbach und der in der Schweiz erst lange nach seinem Tod zur Geltung gekommene Robert Walser.

*»Heroismus der Mitte«*

Die zunehmende Kriegsgefahr hatte eine solidarisierende Wirkung auf die rivalisierenden politischen Lager, nachdem die Arbeiterschaft auf die aufkommenden rechtsextremen Strömungen zunächst mit Radikalisierungstendenzen reagiert hatte. Die Zusammenarbeit von Mitte/Links brachte bereits 1933 die Wochenzeitung *Die Nation* hervor und führte dazu, dass die sozialdemokratische Partei 1935 die Landesverteidigung mit Vorbehalten, 1937 dann bedingungslos anerkannte und für die GLV eintrat. Man sah in der Integration der Sozialdemokraten in die bürgerliche Mitte eine der schweizerischen Wirklichkeit angemessene Maßnahme, und in Verlängerung dieser Perspektive blieb für Abweichungen nach rechts oder links nur ein geringer Toleranzraum.

In der Literatur macht sich die gleiche Tendenz zu Kompromissen geltend, die man, in ironischer Abwandlung von Meinrad Inglins Begriff, als »Heroismus der Mitte« bezeichnet hat. Autoren, die nicht in das vorgegebene Schema passten, weil sie andere literarische Ziele verfolgten – neben den schon Genannten Walser, Glauser und Schwarzenbach auch Lore Berger, Adrien Turel oder Ludwig Hohl – fühlten sich an den Rand geschoben. Dass ein »Diskurs der Mitte« (Ursula Amrein, 2001) über längere Zeit antimoderne Dichtungstheorien favorisiert, ist eine der Wirkungen, welche einerseits die Großmachtpolitik und andererseits die gewählten eigenen Strategien für die Schweiz mit sich brachten.

Zieht man die vorhin genannte Entwicklung nach dem Ersten Weltkrieg mit den innenpolitischen Spannungen und der nachhaltigen Entfremdung zwischen der französischen und der deutschen Schweiz in Betracht, wird deutlich, dass hier zwei Tendenzen zusammentrafen, deren Stoßkraft in die gleiche Richtung ging. Ab Mitte der 30er Jahre bedrohte der wachsende außenpolitische Konflikt erneut den notwendigen Austausch mit den zugehörigen Kulturräumen und damit besonders den künstlerischen Lebensnerv der deutschsprachigen Schweiz. Deren ganzes Presse- und Verlagssystem war (und ist) auf den deutschen und österreichischen Markt ausgerichtet, die Autoren waren damals wie heute abhängig von den Ausbezahlungen deutscher Verlage und Aufträgen deutscher Zeitungsfeuilletons, was bei der wachsenden ideologischen Verengung für viele Schreibende folgenschwer war.

## Psychologische Kriegsführung, Pressezensur, Exilautoren und GLV

Neben der latenten Gefahr einer militärischen Invasion von deutscher Seite begann für die Schweiz ab 1933 ein unaufhörlicher Kampf gegen die nationalsozialistischen Anfeindungen der Schweizer Presse, welche zum Sündenbock gemacht und stetiger Provokationen angeklagt wurde. Die Nazis, die in Sachen Medien und Propaganda Experten waren, bauten ihre Attacken zu einem systematischen Nervenkrieg gegen das Schweizer Schrifttum aus. Regierung und Behörden reagierten 1934 auf die Anschuldigungen mit der Einführung des Presse-Notrechts, um die Außenbeziehungen nicht zu gefährden. Die Maßnahme stieß auf starken Widerspruch, da damit eine zentrale demokratische Freiheit eingeschränkt wurde und man die Regierung allzu bereitwilliger Nachgiebigkeit bezichtigte, doch half dies wenig. Die Nazipropaganda warf der Presse die »Hauptschuld an den konfliktreichen Beziehungen zwischen den beiden Ländern« vor und verfolgte kritische Berichterstattungen mit gehässigen Angriffen: Von »Misstönen aus dem Alphorn«, von »öligen Synagogendienergehirnen« war die Rede, von der Schweiz als einem der »Schuttablageplätze von Emigranten und Judenknechten«, für die im neuen Europa kein Platz mehr sein werde. Man bezichtigte sie der »Blutschuld« und »Kriegsschuld« und drohte mit entsprechenden Maßnahmen, welche die Wirkung nicht verfehlten. 1939 übernahm die Armee die Pressekontrolle, eine Maßnahme, die zu Protesten führte, aber in Anbetracht der prekären Situation schwer zu umgehen war. Film und Radio waren leichter zu kontrollieren als das vielfältige Pressewesen. Man schloss die drei Landessender (Beromünster, Sottens und Monte Ceneri) zwecks besserer Kontrolle zur Schweizerischen Radiogesellschaft (SRG) zusammen und erklärte sie zum Staatsradio.

Als öffentliche Medien für kritische Meinungsäußerungen gab es schließlich nur noch die dank der Mundart etwas weniger exponierten, obwohl auch der Zensur unterstehenden Cabarets *Cornichon* in Zürich (1933), *Resslirytti/Der Spiegel* in Basel (1934) und *Bärentatze* in Bern (1936), um die

Flugblatt der »Nationalen Front«

Frühturn-Rezept für Redaktoren:
eingeführt seit dem Verbot der »S. Z.« am Sonntage

Man nimmt einen Stuhl
Und hockt uf s Muul!

Juni 1939

Karikatur zur Presse-
zensur

*Emil Oprechts*
*Europa-Verlag*

wichtigsten zu nennen. Die *Pfeffermühle* unter der Leitung von Erika Mann war dauernden Angriffen ausgesetzt und musste schließlich aufgeben, während sich das *Cornichon* unter Leitung von Walter Lesch bis 1951 halten konnte. Auch die satirische Zeitschrift *Der Nebelspalter* überlebte, wurde jedoch regelmäßig von deutschen Dienststellen angefeindet.

Mit dem Ziel, wenigstens einen internen Informationsfluss aufrecht zu erhalten, wurde 1938 die Sektion »Heer und Haus« gegründet, eine Art zivilen Aufklärungsdienstes, wo in kontrollierten Versammlungen, Kursen und Vorträgen zur Sprache kommen sollte, was wegen der Zensur nicht geschrieben werden durfte. Es war eine Initiative militärischer Kreise, denen das abwartende Verhalten der Regierung zu passiv und zu gefährlich schien, während der Bundesrat nichts wissen wollte von einer Einmischung des Militärs in die Politik. Nach der Niederlage Frankreichs 1940 sollte die Zivilbevölkerung besser informiert und ihr Widerstandswillen aktiviert werden. Bei den Vorbereitungen stellte sich heraus, dass von den Idealen einer geistigen Landesverteidigung bei den gewöhnlichen Soldaten wenig zu finden war. Vielmehr wirkten die untätige Warterei im Militär, der Arbeitsverlust und die mehrheitlich schlechte finanzielle Lage der Familien demoralisierend und hatten einen negativen Einfluss auf das Durchhalteethos. »Heer und Haus« sollte wieder Vertrauen schaffen durch Information.

Die Rolle dieser Organisation ist umstritten: Die Schlussberichte bilanzieren die Aktion als Erfolg und als Ergänzung zur GLV. Ihre Kritiker hingegen sehen diese Art von Tätigkeit als unzulässige Meinungsbildung und -überwachung. Was sich auf dem Papier als sachliche Maßnahme darstellte, konnte im Endeffekt ebenso gut in unzulässiger Ideologisierung enden.

Der jahrelange intensive Druck auf die Schweizer Presse wurde von den Behörden für das Schreibverbot der Exilschriftsteller verantwortlich gemacht, die Verordnung als notwendige Maßnahme erklärt, mit der man die Machthaber in Deutschland von der angedrohten Reaktion – der Invasion – abhalten wollte. Es ist von heute aus unmöglich zu beurteilen, ob eine entschiedenere Linie mehr Nutzen oder Schaden angerichtet hätte – die Behörden wählten eine Politik der größtmöglichen Anpassung und des Nicht-Provozierens. Dies führte für eine Reihe der zwischen 150 und 180 in der Schweiz niedergelassenen Exilautoren zu ökonomisch und mental äußerst prekären Lebensverhältnissen, so dass einige von ihnen die Schweiz verließen und in anderen Ländern unterzukommen suchten oder ein kümmerliches Dasein fristeten, wenn sie nicht das Glück hatten, von tatkräftigen Schweizer Freunden unterstützt zu werden. Eine solche Ausnahme bildete der Europa-Verlag, in dem Emil Oprecht mit großem Mut ausschließlich Bücher von Emigranten und antifaschistischen Autoren herausbrachte. Das von ihm geschaffene Milieu bot, neben dem des Zürcher Schauspielhauses und einigen anderen privaten Zentren, wie J. R. Humms »Rabenhaus«, eine der wenigen Möglichkeiten des Ideenaustausches zwischen Exilanten und einheimischen Autoren. Auf offizieller Ebene blieb die Chance der Begegnung ungenützt und es kam weder zu den von vielen Exilanten erhofften geistigen Kontakten, noch zu einer Erneuerung des Schweizer Schrifttums.

Die engstirnige Interpretation geistiger Landesverteidigung erreichte im Bereich der Literatur ihre negativsten Auswirkungen: Aus Angst vor erhöhter Konkurrenz auf dem eingeschränkten einheimischen Markt wachten sowohl die Fremdenpolizei als auch der Schriftstellerverband mit Argusaugen darüber, dass nur »literarisch und geistig hervorragende Schriftsteller« die Einreisegenehmigung erhielten. Ein größeres Kontingent führe die Gefahr der »Verdeutschung des Schweizer Schrifttums« mit sich. Futterneid und Angst vor überlegenem Können wurden unter Berufung auf die von der GLV gewünschte Förderung einheimischen Schrifttums in edlere Beweggründe überführt.

Der systematischen Einengung des kulturellen und literarischen Lebens aufgrund der politischen Lage entsprachen eine zunehmende Ablehnung moderner Kunstrichtungen und die Rückbesinnung auf die Werte von Heimat- und Volkskunst im Sinne Gotthelfs und Kellers (Robert Faesi). Sie führte in der deutsch- und französischsprachigen Schweiz zu einer konservativen Kunstauffassung. Man sah in den traditionellen Formen den Vorteil einer einigenden Kraft für die seit dem Ersten Weltkrieg in verschiedene Lager gespaltenen Kulturblöcke. Doch gibt es auch Ausnahmen: in der Musik, in der Graphik und in der Baukunst, wo modernistische Formen durchaus in den Geschmack fielen – selbst wenn Le Corbusier nicht zum Zuge kam und seine Bauten im Ausland realisieren musste.

*Einengungen*

Dass es einer Literatur, die kritische Fragen ausblendet, an innovativer Kraft fehlt, stellte man erst später fest. Wie sich die Situation auf die Schriftsteller und ihre Arbeit auswirkte, soll im Folgenden näher betrachtet werden.

# Das literarische Schaffen zur Zeit der geistigen Landesverteidigung

Der sozialistische Autor Jakob Bührer, unermüdlicher Kämpfer für seine politische Überzeugung, sprach sich bereits 1934 für die Notwendigkeit einer »geistigen« Landesverteidigung aus. In seinem Roman *Sturm über Stifflis* von 1934 warnt er vor der Gefahr der Gruppenmentalität der Faschisten, welche durch Masse und kollektives Auftreten ihre Übermacht demonstrieren und Zucht und Kraft an die Stelle von Einsicht und Erkenntnis setzen. Im Sinne der GLV werden die zukunftsträchtigen Möglichkeiten der richtigen Haltung hervorgehoben.

Bührer ist ein scharfer Kritiker der Regierungspolitik, die allzu wenig für die »geistige Gemeinschaft« der drei Landesteile getan und damit die Abhängigkeit von der Unkultur der Nachbarländer erhöht habe (der Vorwurf gilt der Überschwemmung mit schlechter deutscher, oft brauner Kioskliteratur). Den Schriftstellern selbst wirft er fehlende Sachkenntnisse und fehlenden Geist vor, die richtigen Bücher zu schreiben, welcher die Zeit und das Volk bedürften. Mit seinem Artikel »Faschismus und schweizerisches Schrifttum« (1934) hatte er Zollinger verletzt durch die Behauptung, die Schweiz habe keine Schriftsteller, nur Dilettanten, die sich im Nebenberuf in der hohen Dichtkunst versuchten. Zollinger, der sich besonders als Lyriker angegriffen fühlte, verteidigt sich in mehreren Briefen gegen diese Verunglimpfung als Liebhaberschriftsteller, der als Ästhet an den Problemen der Zeit vorbeigehe und verweist auf Hölderlin und dessen Engagement. Zollinger und Bührer markieren zwei entgegengesetzte Positionen in der literarischen Landschaft der 30er Jahre: Bührer sieht sich als Kritiker und Literat, dem es weniger auf die Form als auf den Inhalt ankommt und der sich gegen die Einengung der Literatur auf nur *eine* Aufgabe zur Wehr setzt:

Buchcover zu *Sturm über Stifflis*

Drum sei ich ein Unruhestifter,
Ein gemeingefährlicher Hund,

> Ein richtiger Brunnenvergifter,
> So schrien sie und schlugen mich wund ...
>
> Wie kannst du Poesie verwechseln
> Mit Notschrei und Protest!
> Ein Dichter soll Hymnen drechseln
> Aufs vaterländische Fest...

Wie uneinig sich die beiden Autoren in formalästhetischen und sozialpoliti-schen Fragen auch waren, in vielem kämpften sie Seite an Seite im Sinne der GLV. Beiden ging es um eine Verbesserung des literarischen Standards und um die Möglichkeit, als Schriftsteller von der Arbeit leben zu können. Bührer kämpfte außerdem zeitlebens für eine Schweizer Volksbühne.

*Albert J. Welti*        Albert J. Welti, in Genf lebender Schriftsteller und Maler, der mit einem Wandbild und zwei Schauspielen, von denen das Mundartstück *Steibruch* den Wettbewerb des SSV gewonnen hatte, auf der Landesausstellung von 1939 vertreten war, ist ein typisches Beispiel für einen Autor, der sich der GLV anschließt trotz kritischer Einwände gegen die staatliche Kulturpolitik. Wie Ludwig Hohl in Genf ansässig, klagt er über den dort gänzlich fehlenden Resonanzraum für den deutschsprachigen Schriftsteller, doch stellt er seine grundsätzlichen Angriffe nach Kriegsausbruch ein, da jetzt nicht der richtige Zeitpunkt für Regimekritik sei. Wie sein Nachlass zeigt, geht er ab September 1939 dazu über, sein Tagebuch fortan auf Schweizerdeutsch zu schreiben. Er verinnerlicht in diesem Protest gegenüber dem nationalsozialistischen Übergriff die Haltung der geistigen Landesverteidigung durch den Verzicht auf die deutsche Sprache im privaten Bereich. An der Entwicklung von Weltis Arbeiten wird deutlich, dass das Anliegen der GLV seiner eigenen Besorgnis um die Entwicklung des Geisteslebens weitgehend entsprach. Ohne einem Vergangenheitskult zu verfallen oder die moderne Zeit auszublenden, pocht er auf die Wichtigkeit der Tradition als einer Konstante in der Entwicklung des nationalen Kulturlebens, das durchaus auf Neuerungen angewiesen ist. Sie aber müssen vom einzelnen Individuum ausgehen, von dessen selbstver-antwortlicher und solidarischer Handlungsweise.

Welti repräsentiert einen Künstlertyp, dem die Bewahrung der Tradition ein Anliegen war und der eine kulturelle Entwicklung auf der Basis histori-scher Kontinuität wünschte im Anschluss an die Dichter des 19. Jh.s, wobei er eine kritische Hinterfragung nicht ausschloss, aber eidgenössische Reprä-sentativität anstrebte. Der Wunsch nach Tradition und Kontinuität hatte sich allgemein verstärkt nach dem Ersten Weltkrieg, und in der sich zunehmend aktualisierenden Krisensituation brauchte es wenig, dass diese Haltung von der politischen Führung in einzelne Punkte gefasst und zu einem geistigen Programm erhoben werden konnte, dem breite Zustimmung sicher war.

*Inglins Schweizer-*        Deshalb erstaunt es nicht, dass auch Meinrad Inglin bereits 1931 aus dem
*spiegel*        Gefühl eines »Auftrags« heraus an seinem Roman *Schweizerspiegel* (1938) zu arbeiten begann, der ein Bild von der Schweiz während des Ersten Welt-krieges entwirft, aber mit deutlichem Blick auf das politische Geschehen und die drohende Gefahr eines zweiten Weltkriegs geschrieben ist. Im Zentrum steht eine Zürcher Familie mit unterschiedlichen politischen Auffassungen, auf deren Hintergrund er verschiedene individuelle Konstellationen und Konflikte veranschaulicht. Der Dualismus, welcher der Figurenkonstellation und der Handlung zugrunde liegt, lässt an Hesse und andere Schriftsteller denken, die den Konflikt zwischen Geist und Gefühl thematisieren und ihn auf andere Lebensbereiche übertragen – eine Thematisierung, die literarisch anspruchsvoll ist, soll sie nicht einem Schwarz-Weiß-Schematismus verfallen.

Weder der Grundkonflikt noch die Bemühungen um seine Bewältigung in einem Natur und Vernunft vereinenden, Gefühl und Geist miteinander versöhnenden toleranten Gleichgewicht sind von daher gesehen neu. Eine Handlungswiedergabe des *Schweizerspiegels* läuft Gefahr, der künstlerischen Seite des Romans nicht gerecht zu werden, da Inglins Leistung in einer differenzierenden Gestaltungsweise liegt, die das Schematische aufbricht und es auf der Sprach- und Figurenebene zu nuancieren vermag. Er schafft ein überzeugendes Bild historischer Gegebenheiten und Mentalitäten, in dem die Überzeugungen, im Unterschied zu A. Zollingers seitenlangen politischen Disputen und Meinungsdarlegungen in *Pfannenstiel* (1940) und *Bohnenblust* (1942), weit mehr in die Handlung integriert sind. Seinen Kerngedanken von der notwendigen Verbindung von Vernunft und Gefühl überführt er am Schluss auf den schweizerischen Staat, der von der Form her ein Produkt des Geistes und der Vernunft ist, dessen Inhalt aber mit »volkshaftem Lebensreichtum« gefüllt ist und damit ein »Werk der Natur« repräsentiert. Es ist der Westschweizer René, der sich mit dem Deutschschweizer Fred auf die Notwendigkeit eines Gleichgewichts dieses schöpferisch-fruchtbaren Spannungsverhältnisses einigt, das »Freiheit und Ordnung« gewährleistet. Indem Inglin diese Strukturen einfängt in seinem Spiegel, doppelt er diesen Prozess nach in der Form, die er seinem Roman auferlegt, und darin Natur und Lebensfülle bändigt. Die Besinnung auf das Wesentliche, das Streben nach dem Gleichgewicht, ist Resultat einer Einsicht, die einer genauen Prüfung unterworfen wurde und deshalb eine Art Garantie für die Zukunft des Staatwesens abgibt.

Buchcover zu Meinrad Inglin, *Schweizerspiegel*

Erstaunlich ist, dass Inglins Leipziger Verleger den *Schweizerspiegel* noch 1938 herausbringen konnte, obwohl das Buch deutliche Anspielungen auf die aktuelle Situation enthielt und die Schweizer Druckerzeugnisse schärfstens überwacht wurden. Eine briefliche Äußerung Inglins von 1938 lässt keinen Zweifel daran, dass seine Aufmerksamkeit beim Schreiben auf die gegenwärtige Situation gerichtet war, wenn er meint, das Vaterland brauche seinen Roman vielleicht ebenso sehr wie die Bundesfeier. Dies gilt auch für die Hervorhebung der Werte, die durchaus dem Geist der GLV entsprechen, wie die zentrale Stellung von Natur und bäuerlicher Welt, das Hochhalten von Freiheit und anderen Idealen als Erbstücken der Vergangenheit und eines guten föderalistischen Geistes. Sie sind dem Roman nicht als Tribute an den Zeitgeist aufgepfropft, sondern werden von innen her entwickelt, Ausdruck dafür, dass der Wille zur Verteidigung zentraler Werte das Geistesleben und den Alltag durchsetzte. Die Akzentuierungen variieren entsprechend den individuellen Überzeugungen und entbehren durchaus nicht kritischer Untertöne oder kritischer Stellungnahmen im öffentlichen Leben. Die Einsicht in die Notwendigkeit eines kulturellen Grundkonsenses in der aktuellen Situation der Gefährdung erklärt, weshalb so unterschiedliche Geister wie Albert J. Welti, Meinrad Inglin, Albin Zollinger, Jakob Bührer und Max Frisch sich ihr nicht entzogen, auch wenn sie sich später, wie Max Frisch, von ihrer damaligen Denkweise distanzierten.

*Freiheit und Ordnung*

*Natur und Landschaft*

In der Literatur und bildenden Kunst aller vier Landesteile werden fast notgedrungen Sprache, Landschaft und Geschichte als mit dem Schweizerischen verflochtene Größen die häufigsten Themen und die Darstellung der Schweiz als einer Schicksalsgemeinschaft erhält den Status einer Überlebensstrategie, die thematisiert wird. So schreibt der Germanist Robert Faesi beispielsweise eine Trilogie über seine Heimatstadt Zürich *Die Stadt der Väter* (1941), *Die Stadt der Freiheit* (1944), *Die Stadt des Friedens* (1952), die getragen ist von der Überzeugung der kulturellen Sendung der Schweiz, das

*Sprache und Geschichte*

europäische Geisteserbe zu erhalten, zu verwalten und zu entfalten, wie er es in seinen *Betrachtungen* (1948) festhält. Auch Jakob Bührer wendet sich historischen Stoffen zu mit seiner Trilogie *Im roten Feld* (1938 ff.). Häufig sind die Protagonisten Heimkehrer, was bereits aus den Werktiteln hervorgeht, und die heile Natur spielt vermehrt wieder eine zentrale Rolle. Sie ist Zuflucht in einer Welt voller Konflikte etwa in Meinrad Inglins *Die graue March* (1935), Kurt Guggenheims *Riedland* (1938) oder Ruth Blums *Blauer Himmel, grüne Erde* (1941). Für Innovatives bleibt wenig Spielraum, wenn die Anregungen hauptsächlich von innen und nicht mehr von außen kommen.

*Volkstümlichkeit*

Dies zeigt sich in der stattlichen Anzahl von Schriftstellern, die keine hohen literarischen Ambitionen hatten, aber Romane und Erzählungen schrieben, die volksnah waren und Themen und Probleme behandelten, welche die Ansprüche der GLV erfüllten und eine breite Leserschaft fanden. Darunter wären zu nennen: Josef Reinhart mit *Mutterli. Ein Lebensbild* (1935), Maria Dutli-Rutishauser mit *Der Hüter des Vaterlandes* (1935), einem Roman über Bruder Klaus, oder Mary Lavater-Slomans *Der Schweizer König* (1935) und Josef M. Camenzinds Romane aus der Innerschweiz, welche Selbstlosigkeit und Opferbereitschaft mit Handlungskraft im entscheidenden Augenblick vor Augen führen. Die Mundartlyrik nahm einen Aufschwung, da Gefühle wie Heimatliebe und Vaterländisches gefragt waren und Dialektliteratur sich großer Beliebtheit erfreute.

Zu den auch im Ausland erfolgreichen Autoren, die unangefochten von den Umständen der Zeit weiterschrieben, gehören Ernst Zahn, Alfred Huggenberger, John Knittel (*Via Mala*) und Emanuel Stickelberger, deren Trivialromane hohe Auflagen erreichten, die Ausleihestatistiken der Bibliotheken dominierten und z. T. auch verfilmt wurden.

*Albin Zollinger*

Von wenig Erfolg gekrönt ist dagegen das fast fieberhafte Schaffen Albin Zollingers, der sich als Lyriker, Romanautor und Journalist betätigte neben seinem Beruf als Lehrer.

In Zollingers Roman *Pfannenstiel* ereifert sich der Bildhauer Byland:

> »Haben wir verlangt, ihr sollt ausschließlich Schweizer Kunst kaufen? Wir haben, um eurer selbst willen, euch angefleht, auch Schweizer Kunst zu kaufen! Geht nun nicht hin, euer Armbrüstchen drauf zu setzen! [...] Verbannt uns nicht in die Krautgärten des Provinziellen, lasst uns das Firmament des Universellen! Mundart ist das bodennahe Nahrhafte, aber auch Umzäunte, die Sprache Luthers und Goethes die Himmelsklarheit geläuterter Abstraktion. Hat die Mundart das Gewachsene der Pflanze, so die klassische Konvention die Richtigkeit des Durchdachten. Sich ins Teil zu verkriechen, ist gegen die Idee der Schweiz.«

Dieser Ausbruch von Zollingers Sprachrohr Byland ist als eine Reaktion auf eine falsch verstandene Praktizierung von geistiger Landesverteidigung zu verstehen, gegen welche die beiden Künstler im Roman mit verschiedenen Mitteln ankämpfen.

Aus Zollingers Briefen spricht schon sehr früh die Besorgnis über fehlende persönliche Anerkennung in der Schweiz, eine Erfahrung, die sich erweitert zum Leiden an mangelnder Durchschlagskraft und Chancenlosigkeit und zum Gefühl des Nichtwahrgenommenwerdens von Schweizer Schriftstellern generell im Vergleich zu den überlegenen ausländischen Autoren, die den Markt beherrschen und als Lieferanten für Feuilletons und Literaturseiten vorgezogen werden. Die Schuld an diesen Zuständen sieht er bei den verantwortlichen Redaktionen der einschlägigen Zeitungen und Zeitschriften und deren restriktivem Verhalten gegenüber einheimischen Autoren. Wie sollen Schweizer Schriftsteller ein Auskommen finden, wenn für ihre Themen im

Ausland das Interesse fehlt und sie im Inland nicht zu Wort kommen? Als Lyriker hat Zollinger es nicht leicht, denn Gedichte gehören nach seiner Auffassung dem innersten Bereich eines Menschen an und sind deshalb von der Tagespolitik fernzuhalten. Die Überschriften seiner Sammlungen besagen genug: *Sternfrühe* (1936), *Stille des Herbstes* (1937), *Haus des Lebens* (1940). Es sind die Bereiche des Schönen, die er dem Kampf um die Existenz abringt als Orte der Utopie. Landschaften und Jahreszeiten nehmen einen zentralen Platz ein, die Motive kreisen um Liebe, Traum, Vergänglichkeit und Tod.

> Welche Hand formt mir Träume aus schwarzem
> Marmor der Nacht
> Finsternis gleichend
> Erheben Gestalten sich aus dem Stein von nichts
> Schwer von Bedeutung des Nichts
> Und funkelnd
> Vom Innern der Nacht

Die Lyrik ist für Zollinger ein sublimes Mittel zur Erkenntnis von Bereichen, die dem Verstand und dem Gefühl verschlossen sind. In seinen besten Gedichten entfaltet sich eine Sprachkraft, die ihm einen Platz sichert unter den bedeutendsten Lyrikern der Zeit. Auch Albert Ehrismanns Lyrik (auch die mundartliche) repräsentiert eine wichtige Stimme in diesem Zusammenhang. Sie verdient mehr Aufmerksamkeit als ihr zuteil wurde, da die ungünstigen Rezeptionsbedingungen dieser Jahre sich für viele Autoren negativ auswirkten.

*Buchcover zu Albin Zollinger, Stille des Herbstes*

Mit dem zunehmenden Bedürfnis Zollingers nach Engagement in der politischen und kulturellen Debatte, wo er auch für den spanischen Bürgerkrieg eintritt, wachsen seine Stellungnahmen in die immer breitere Zustimmung findende Haltung der GLV hinein, über die er sich in verschiedenen Artikeln äußert, besonders in seinem Aufsatz »Geistige Landesverteidigung«, der in der Berner Zeitschrift *Die Zeit* im Juni 1936 erscheint und in der er die GLV auf ihre konkreten Forderungen hin befragt. Er ist besorgt um die eidgenössische Unabhängigkeit zu einer Zeit, wo eine Weltpsychose mit Propaganda von rechts und links großen Schaden anrichtet. Die Schweiz als im Kleinen verwirklichter Völkerbund muss nach Zollinger aktiv verteidigt werden aus der Einsicht heraus, dass »nur die Kultur, das Fluidum geistigen Bewusstseins, nicht eine Fortifikation aus Bankhäusern ein Land legitimiert und am Leben erhält.« Er sieht in der GLV die Ermöglichung einer politischen und geistigen nationalen Selbstgestaltung und die Übernahme von Leistungen im Eigeninteresse, welche das Ausland in der gegebenen Situation verweigert. Die GLV wendet sich deshalb – nach Zollinger – auch gegen den Feind im Innern, und das heißt gegen Denkfaulheit, Eigennutz und Heuchelei. Wenn nichts mehr in Frage gestellt würde und die Schriftsteller als Gewissen der Nation ungehört blieben, wäre die Folge geistige Stagnation und politischer Selbstverlust. Hier wird klar, welche Werte die GLV, richtig interpretiert, zu verwalten hat. Diese Interpretation ist weit entfernt vom Protektionismus der selbstgerechten Variante der GLV, vor der selbst Philipp Etter gewarnt hatte und der gegenüber Arnold Kübler 1938 im Vorwort zur *Zürcher Illustrierten*, die der Geistigen Landesverteidigung gewidmet ist, zu bedenken gibt:

*Nationale Selbstgestaltung*

> Gegen wen haben wir uns zu verteidigen? Gegen allerlei Geschriebenes und Gehörtes aus dem Ausland? – Gegen uns selbst haben wir uns zu verteidigen! Gegen Gleichgültigkeit, gegen Engherzigkeit, Parteilärm, gegen alle möglichen Entartungen des eidgenössischen Lebens […]. Die Demokratie ist etwas Schwieriges

> [...]. Jeder ist bei uns jederzeit für den Gang des Ganzen verantwortlich. Dieses
> Gefühl lebendig in sich zu erhalten ist geistige Landesverteidigung.

In diesem Sinn darf auch die glückerfüllte Rückkehr des Protagonisten in die
Heimat am Schluss des Romans *Die große Unruhe* (1939) als ein Tribut an
die GLV gelesen werden: Das Beständige und Vertraute wird als Wert erkannt
und als Kompensation für die Enge gutgeheißen, die den Protagonisten erst
auf die Flucht nach Paris trieb. Ein stiller und unklischierter Tribut, wie er
auch im wenig später erschienenen *Pfannenstiel* spürbar ist durch den Versuch der beiden Hauptfiguren Stapfer und Byland, den Haltungen von
Selbstgenügsamkeit und Spießbürgertum mit Kreativität und weltoffenen
Perspektiven entgegenzuwirken.

*»Landesgeist«: Max*
*Frischs* Blätter aus dem
Brotsack

Auch Max Frisch ist nicht unbeeinflusst von den Strömungen der Zeit,
wenn er als junger Journalist in seiner Stellungnahme zum Schauspielhaus
eine Bühne schweizerischer Gesinnung wünscht und für schweizerische Stücke plädiert oder sich über die »leichtfertige Deutschfeindlichkeit« jüdischer
Emigranten am Schauspielhaus äußert, oder den fehlenden Humor eines jüdischen Karikaturisten beklagt. Im Militärdienst begann Frisch ein Tagebuch
zu führen, das er als *Blätter aus dem Brotsack* 1940 veröffentlichte. Darin
gibt er dem Ausdruck, was auch als »Landigeist« bekannt ist: ein Gefühl der
Verbundenheit, der Dankbarkeit, des Stolzes und des Opferwillens beseelte
die Menschen dem Land gegenüber, das – so Frisch – dank dem Verteidi-
gungswillen seiner Vorfahren im Laufe seiner Geschichte zu einer multikulturellen Identität gefunden habe, die es zu bewahren galt. Und er greift zu
großen Worten, wenn er an einer Stelle meint: »Menschen eines Kleinstaates,
was haben wir denn in der Welt zu erobern, wenn nicht die Weite des Herzens, die Reinheit und den Adel einer Gesinnung?« Der Ton der Aufzeichnungen vom Herbst 1940, die in der *NZZ* als »Neue Folge« erscheinen, ist
bereits gedämpfter und skeptischer: »Wir stehen da, gefesselte Betrachter
[...], zum Sehen verdammt. Oder berufen? Wir sind eine Insel, und man sagt,
Europa braucht eine Insel. Wer sagt es? Wir sagen es.«

Max Frisch ist ein typisches Beispiel dafür, wie sich für die meisten Augen-
zeugen im Blick zurück auf die Vergangenheit mit den Jahren eine perspektivische Verschiebung vollzieht, welche eine Korrektur der früheren Sehweise
bewirkt. Beides lässt sich ablesen an der kommentierten (Re-)Konstruktion
der Erinnerung und der Umschreibung der Tagebuch-Aufzeichnungen im
*Dienstbüchlein* von 1973, das eine lebhafte Diskussion auslöste. Frischs erste
Aufzeichnungen stehen ganz unter dem Einfluss der Zeit, der Situation des
ersten Grenzdienstes und der Liebe zur Natur, der Heimat. Sie sind poetisch,
selbstzentriert, »treuherzig« nach Frischs Urteil, aber auch erschreckend
apolitisch und unempfindlich gegenüber der Kriegssituation:

> Wo, denkt man oft, wo ist nun das Gespenst des Krieges, das Bild des Tötens und
> das Antlitz der Toten, das Antlitz der andern, die in dieser Stunde umherziehen
> wie getriebenes Wild [...] und wo sind die rauchenden Städte?
> Ich sehe nichts. Auch wenn ich daran denke, aus Anstand daran denke...
> Ich sehe den Rauch von verbrannten Stauden, der zwischen den braunen Stäm-
> men schleiert, zwischen Erlen und Espen und Birken, und der langsam über den
> glitzernden See kriecht. Ich stehe am abendlichen Strand, die Füße im gläsernen
> Wasser, und dass es Krieg gibt, was geht es mich an? Meine Trauben schmecken
> wunderbar.

Mit der sich ändernden Sehweise geht eine Umwertung der Werte einher und
eine Neueinschätzung der historischen Situation. Obwohl Frisch in seinem
ganzen Werk darauf besteht, dass die Vergangenheit nicht zu ändern ist und

entsprechend die Schuld für falsches Verhalten in der Gegenwart mitgetragen werden muss, versucht er, eine Selbstkorrektur und damit auch eine Geschichtskorrektur vorzunehmen, da er von heute aus die Situation anders sieht und beurteilt als damals, und er eine andere Verhaltensweise als wünschenswert empfindet. Zeitlicher Abstand verändert die Sehweise, die sich korrigieren lässt. Doch wird sie dadurch richtiger? Die Forschung zeigt, dass Erinnerung und Erinnerungsversuche immer Vergangenheitskonstruktionen sind, die einem subjektiven Standpunkt unterworfen bleiben.

Frischs Reflexionen im *Dienstbüchlein* zeigen, welch wichtiger Faktor die Angst war: »Man rechnete mit dem deutschen Überfall. Ich hatte Angst. Ich war dankbar für alles, was nach Waffe aussah. Ich verweigerte mich jedem Zweifel an unserer Armee.« »Ich habe mich damals nie gefragt: Wird unsere Armee kämpfen? Kein Zweifel damals.« Und er weiß: »Indem ich mich heute erinnere, wie es damals so war, sehe ich es natürlich nach meiner Denkart heute.« Und von dieser Denkart aus tut er sich schwer, seine Unterordnung von damals zu verstehen, sein (angebliches) Nicht-Sehenwollen, seine Idealisierung der Schweiz, die er später ganz anders einschätzt.

Als Beispiel einer differenzierten und zugleich für weitere Kreise repräsentativen Haltung zur GLV seien die Meinungsäußerungen des Germanisten Karl Schmid angeführt, der sich intensiv mit vielen Schweizer Schriftstellern, auch Max Frisch, befasst hat, und der sein Lehrmandat an der ETH Zürich auch im Sinne der Vermittlung von Geisteshaltungen interpretierte.

In einer Rezension von 1936 sieht er die Verteidigung des Schweizerischen als selbstverständliche Aufgabe der Zeit und definiert die GLV als »Verteidigung des demokratischen und republikanischen Denkens«, präzisiert aber: Besinnung auf das Eigene, sofern es den Forderungen des Tages entspricht, als Tendenz zu geistiger Autarkie wäre es stupid. Der Vorschlag zur Schaffung einer schweizerischen Schriftsprache gehört in die Kategorie des Irrationalen und Schwärmerischen, da die schweizerische Eigenart weder an Lauten noch an der Sprache klebe. Die prinzipielle Andersartigkeit der schweizerischen Literatur sieht Schmid in ihrem geistigen Doppelbürgertum, ihrem Gleichgewicht von kultureller Verankerung im deutschen Sprachbereich, das momentan gestört sei, und rationalem, demokratisch-republikanischem Geist, den es zu verteidigen gelte. 1944 warnt Schmid in seiner mutigen und unzeitgemäßen Antrittsvorlesung vor der Gefahr für den Kleinstaat, sich kritiklos an die Sieger anzulehnen, oder der gefährlichen Ausbildung vom Mythos einer geistigen Autarkie anheim zu fallen. Zukunftslos wie die militärische Réduit-Strategie, aber notwendig als richtiger Entscheid zu einem bestimmten Zeitpunkt, so sei die GLV mit der Befestigung des Eigenen der einzig mögliche Weg in der gegebenen Situation, aber nur als ein Ausnahmezustand, der so bald wie möglich rückgängig zu machen sei, da er im Widerspruch stünde zum schweizerischen Geist der kulturellen Offenheit über die Grenzen hinaus.

Jean-Rudolf von Salis beklagt in diesem Zusammenhang den Schaden, den die fremdenpolizeilichen Vorschriften für die Exilanten dem kulturellen Leben der Schweiz zufügten. Statt von der Anstellung der geflohenen Geisteselite an den Hochschulen zu profitieren, isolierte sich auch die Forschung über Jahre hinweg und verzichtete auf diese einmalige Chance, die beispielsweise die USA an die Spitze der Forschung brachte. Auf dem gesamten Gebiet des Geisteslebens sah sich das Land ins Abseits geschoben durch die nationale Introversion, die Schmid als Provinzialisierung, Max Frisch als Abseits von der Geschichte bezeichnet, die teils der eigenen Politik, teils außerhalb der eigenen Macht liegenden Kräften zuzuschreiben war.

Dienstbüchlein:
*Versuch der*
*Geschichtskorrektur*

Die Stellungnahmen von Karl Schmid und Jean-Rudolf von Salis verdeutlichen, dass die GLV nur unter den Bedingungen einer prekären Ausnahmesituation ihre Berechtigung hatte. Karl Barth, Denis de Rougemont und Georg Thürer sind Beispiele für Intellektuelle, die vor überspitzten nationalen Gefühlen und deren Umschlag ins Negative warnten, die aus der GLV ein »Spottgebilde eines neuen helvetischen Nationalismus« (Barth) machen würden.

Albert J. Welti ironisiert das Problem 1938 in seinem Dialektstück *De Chaschperli und di geischtig Landesverteidigung*. Sarkastisch macht er auf die Gefahr dieser Haltung aufmerksam, wenn er den Teufel zu Kaspar sagen lässt: »Das Theater der geistigen Landesverteidigung hat darüber zu wachen, dass die geistige Landesverteidigung nicht zum Theater wird.«

## Theater und Zeitstück in der Zwischenkriegszeit

*Schweizerisches Nationaltheater?*

Für das Theater, das in der Schweiz in volkstümlichen Dialektstücken, Festspielen und Zeitstücken im Volksleben verankert ist und aufgrund der drei verschiedenen Kultursprachen keine Nationalbühne kennt, wie sie sich in den anderen europäischen Nationalstaaten herausgebildet hat, wird im Umkreis der GLV die Aufgabe eines schweizerischen National- oder Berufstheaters diskutiert. A. Ehrismann, Felix Moeschlin, Jakob Bührer und Hans Mühlestein sowie die Literaturwissenschaftler Walter Muschg und Emil Ermatinger traten 1933 für ein schweizerisches Theater ein. Sie protestierten gegen die rein ausländische Besetzung des Schauspielhauses Zürich und forderten eine Chance für Schweizer Dramatiker und Schauspieler. Es wäre jedoch falsch, die Versuche verschiedener Dramatiker, unter ihnen auch W. J. Guggenheims, dem Mundarttheater eine Chance zu geben durch die Etablierung einer Schweizer Volksbühne für Mundartstücke, als eine engstirnige Favorisierung von Schweizer Dramatik zu sehen, betonte dieser doch als Präsident der SGD die Wichtigkeit universeller Spielpläne an den Theatern. Gleichzeitig sah er jedoch die Chancenlosigkeit der Schweizer, in Konkurrenz mit den internationalen Dramatikern ihre Stücke je aufgeführt zu bekommen. Guggenheim selbst liefert Beispiele für mutige, ja brisante Stücke mit *Bomber für Japan* (1937) und *Erziehung zum Menschen* (1944), die aus der Haltung geistiger Landesverteidigung heraus geschrieben sind, aber aus jener, welche aktuelle Probleme zur Sprache bringt und die moralische Verantwortung eines Waffenherstellers in der Zwischenkriegszeit diskutiert, das heiße Thema von Moral und Geldgeschäft aufgreift und Machenschaften kritisch beleuchtet. Da ist nichts von Selbstprotektionismus oder jenen pharisäischen Eigenschaften zu finden, welche Teile der GLV in Misskredit bringen. *Bomber für Japan* griff in die Debatte ein, als eine Volksinitiative gegen die private Rüstungsindustrie lief. Das Argument der Arbeitsbeschaffung, das von den Arbeitern gegen die moralischen Bedenken und die Ablehnung des Auftrags angeführt wird, nahm die Wirklichkeit voraus, als der Bundesrat 1939 das Waffenembargo wieder aufhob aus Gründen der Schädigung des Arbeitsmarktes.

*Cabaret Cornichon*

Walter Lesch kämpfte ebenfalls für eine schweizerische Bühne und schrieb Dramen und Hörspiele. Ein für die Landesausstellung geschriebenes Stück gelangte nicht zur Aufführung, doch ist Lesch bekannt für seine ironisch-witzigen Texte, die er für das *Cabaret Cornichon* schrieb. Es stand unter Leschs Leitung und gilt als das beste politische Cabaret-Theater, das die

Szene aus der Vorstellung: »Das Buch in der Schweiz« an der Landesausstellung 1939 des *Cabaret Cornichon*: Deutscher: Wat verkoofen Sie denn da? Schweizer: Es chlys, bescheides Büechli über es chlys bescheides Ländli – miteme Nachsätzli über d'Freiheit

Schweiz von 1931–1952 hatte, doch profitierte es von der Schirmherrschaft Heinrich Rothmunds, der mit Lesch befreundet war und die Opportunität einzelner Nummern beurteilte.

Bei Hans Wilhelm Kellers politischem Drama *Der Mann im Moor* (1937/38), dem Gewinner für den vom Schauspielhaus Zürich ausgeschriebenen Wettbewerb, war die Kritik geteilt: Man fand das Stück zu grell und plakativ, zu nah an der Gegenwart und zu negativ in seiner Kritik. Nur die sozialistische Presse war begeistert, dass Keller das auf die Bühne bringe, was sich als Drama der Zeit und des Landes abspiele. Keller behandelt in den acht Bildern den Sturz eines Diktators, der durch sein Machtsystem die Tuchfühlung mit seinen Untertanen verloren hat. Für die einen ist er zum Mythos geworden und für die anderen eine Herausforderung der Machtkonzentration. Er findet den Tod im Moor, nicht ohne dass ihn ein Schweizer zuvor noch deutlich über die schweizerische Haltung solchen Tyrannen gegenüber und deren Schicksal aufgeklärt hätte.

Auch A. J. Weltis in der Mundart geschriebenes Zeitstück *Steibruch* (1939) liegt auf der gleichen Linie und erbringt den Beweis, dass auch der Dialekt für die Bühne taugt, wenn das Stück gut ist und gute Schauspieler wie Heinrich Gretler, Margrit Rainer u.a. die Rollen bekleiden. Im Stück geht es um die Eingliederung eines Außenseiters in die Gemeinschaft. Die Eingliederung des Behinderten ist eine klare Absage an die Eugenik und andere modische Tendenzen einer »dogmenfreien Ethik«, die der Eugenik huldigen. Ihnen wird eine christliche Ethik mit dem Eigenwert des menschlichen Individuums entgegenstellt.

*Modernität und*
*Tradition*

Diese Haltung stimmt mit den Werten der GLV, der Verankerung der Schweiz im kulturellen christlichen Erbe überein und enthält zugleich eine klare Distanzierung gegenüber dem rassistisch-arischen Gedankengut des Nachbarstaats mit seiner Lebensborn-Philosophie und der Vernichtung lebensunwerten Lebens in den Eugenik-Experimenten. Mit der motivisch konstanten Heimkehrerfigur aus Amerika bringt Welti die Konzepte von Modernität und Tradition vor Augen und macht deren Konfrontation fruchtbar durch eine Verbindung der Gegensätze, mit der das Stück ausklingt.

## Das Festspiel als Ausdruck geistiger Landesverteidigung

Während es die Aufgabe des *Zeitstücks* ist, kontroverse Fragen aufzuwerfen und sie kritisch zu bedenken, ist das *Festspiel* von seinem Zweck her ausgerichtet auf das Positiv-Bejahende, auf Selbstfeier und Selbstinszenierung. Dennoch wird die faschistische Bedrohung von außen und innen ein selbstverständliches Thema im aktuellen Zeitraum: Die Bühne wird zum Kampfplatz zwischen Gut und Böse, ist moralische Anstalt und – wichtig im Dienst der geistigen Landesverteidigung – Wegweiser in die Zukunft auf der Grundlage traditioneller Werte. Historische Stoffe sind besonders geeignet als Anschauungsmaterial für das Meistern von Krisen, sodass es ein reichhaltiges Sortiment an Stücken gibt, in denen geschichtliche Helden oder bedeutende Schweizer (Tell, Winkelried, Stauffacher, Niklaus von Flüe, Pestalozzi) dem Volk als Ideale vor Augen geführt werden.

Wie schwierig es allerdings war, Festspiele zu finden, die dem Anlass der Landesausstellung 1939 und zugleich den Wünschen der Auftraggeber – und das heißt auch: dem Geist der GLV – gerecht wurden, zeigen die abschließenden Berichte: Entweder waren die eingereichten Vorschläge zu schwierig oder zu unbefriedigend, oder sie wurden nicht zum Abschluss gebracht, so dass schließlich ein Außenseiter, Edwin Arnet, mit dem *Eidgenössischen Wettspiel* (1939) den offiziellen Wettbewerb gewann. Albert Ehrismann brachte die dramatische Erzählung *Der neue Kolumbus* (1939) als Festspiel auf die Bühne, das er im Auftrag der sozialdemokratischen Partei für die Landesausstellung in Zusammenarbeit mit Kurt Früh geschrieben hatte. Der an Brecht erinnernde Ton ist eher verhalten und lässt keine unkritische Selbstinszenierung zu. Ehrismann arbeitet mit Chören, Solisten und, laut Kritik, zu düsteren Farben, aber schöner Sprache und monumentalen Bildern, die für die Versöhnung der Gegensätze eintreten.

Wie perfekt geplant und wie aufwendig Festspiele inszeniert wurden, zeigen Darstellungen, die diese Tradition genauer untersuchen, etwa der Sammelband von Engler/Kreis aus dem Jahre 1988. Einen Höhepunkt solcher Regiearbeit erreicht 1941 die Inszenierung eines Festspiels innerhalb der dreitägigen Bundesfeier zur 650. Jahrestag des Bestehens der Eidgenossenschaft.

*Schweizerisches*
*Heldentum*

Der ganze Anlass wurde mit großem Aufwand zu einem »nationalen Gesamtkunstwerk« stilisiert, das nach allen Regeln der Kunst – und den Anweisungen Bundesrat Etters, der sich wiederum persönlich einmischte – eine Darstellung schweizerischen Heldentums sein sollte. Dass sie mehr zur heroisch-mythischen Pose gerann und in ihrer Rückwärtsgewandtheit nichts von den Problemen der Wirklichkeit vermittelte, kann als ein Ausdruck der politischen und geistigen Überforderung der Verantwortlichen gesehen werden.

Cäsar von Arx war der Dramatiker, der eine umfassende Theaterpraxis als Regisseur und Dramaturg an verschiedenen Theatern im In- und Ausland vorweisen konnte und großen Erfolg hatte mit seinen historischen Stücken und dem Schauspiel *Der Verrat von Novara* (1934). Er hatte sich um die Erneuerung des Festspiels verdient gemacht und konzentrierte sich auf einen Einsatz als Dichter im Dienst der geistigen Landesverteidigung. Er wurde deshalb vom Bundesrat beauftragt, das offizielle *Jubiläumsfestspiel* (1941) zur 650-Jahrfeier der Eidgenossenschaft zu schreiben. Bundesrat Etter formulierte die Vorschrift eigenhändig: »[...] kurz, mannhaft, einfach und wuchtig [...]. Jene Tugenden und Kräfte wecken, die heute nötig sind, um durchzuhalten: Wehrbereitschaft, Opferbereitschaft, Einigkeit, Vertrauen: Gottvertrauen und Selbstvertrauen«. Das von von Arx selbst vorgeschlagene Thema der schweizerischen Flüchtlingspolitik war, nicht ohne Grund, als für den Anlass ungeeignet abgelehnt worden. Im Spiel tritt ein junger Soldat auf, welcher der faschistischen Propaganda zu erliegen droht. Darauf lässt man Rufe von Verwundeten an sein Ohr dringen, worauf er sich von der humanitären und antifaschistischen Sendung seines Vaterlandes überzeugen lässt, und es als Soldat verteidigen will. Faschismus als Verblendung und als Versuchung zur Größe. So ist er auch dargestellt in W. J. Guggenheims Zeitroman *Erziehung zum Menschen* (1938/39), als Drama aufgeführt 1944, das in einem Internat spielt und die Notwendigkeit der Erziehung eines verblendeten jungen Nazis und eines in seinem Hass verhärteten jüdischen Zöglings zu guten Menschen darstellt. Mit der Feier von 1941 scheint ein Höhepunkt und zugleich ein Schlusspunkt unter die Geschichte des Festspiels gesetzt worden zu sein. Es war der Versuch, etwas von den starken Emotionen des Landesausstellungserlebnisses in der Kriegszeit nochmals aufleben zu lassen.

*Cäsar von Arx*

## Die Landesausstellung 1939 – Höhepunkt schweizerischer Selbstdarstellung

Allgemein wird die Landesausstellung als ein Höhepunkt der Markierung nationaler Geschichte, schweizerischer Geistesart und schweizerischen Leistungswillens am Vorabend des Zweiten Weltkriegs verstanden. Albin Zollingers Erzähler im *Pfannenstiel* charakterisiert sie so:

*»Landi 1939«*

> [...] sie arbeiteten auf eine Landesausstellung hin, die sich denn auch zum Ereignis auswuchs. [...] Zu einer Zeit, da im Zank um Minderheiten ständig der Weltbrand schwelte, zwangshafte Völkerwanderungen das Gesetz der Vermischung vergewaltigten, gab die kleine Alpenrepublik das Beispiel der Verträglichkeit unter Sprachen, Rassen, Glaubensbekenntnissen. [...] Stapfer und Byland streiften auch durch die Blumenrabatten, stolz auf den Hintergrund des Volksfleißes [...], stolz auf all das, doch mit den Augen zuhause in den Baumkronen, auf den Wolkenballen überm See, in der Ferne des silbernen Gebirges [...]. Es war keine bloße Messe, es war die künstlerisch überlegte Veranschaulichung einer Art mit deutlichem Willen zur Demonstration selbst einer Weltauffassung, mit einer Spitze, sei es, gegen Doktrinen, welche das Ländchen ohne Lebensraum, ohne Kolonien, ohne Meerhäfen nicht anders als mit der Buntheit der Leistung widerlegen wollte.

Die Absicht der Veranstaltung ist deutlich für die Besucher, die Kommunikation gelungen nach Ansicht des Soldaten Max Frisch in den *Blättern aus dem Brotsack* (1940):

> Wir denken noch oft an die Landesausstellung. Natürlich besonders nach unserem Urlaub. Sie kam wohl zu der äußersten, zur besten Zeit. Wie begeisterte sie uns, unter viel anderem, für den Grundzug schweizerischer Eidgenossenschaft, für diese freie Bruderschaft verschiedener Sprachen!

Es sind die großen Worte, die Frisch später ablehnt und die uns heute befremden, die aber damals zum Vokabular gehörten, wenn man von Dichtung sprach. Weihevoll war auch die Atmosphäre, in welcher die Dichtung dem Volk präsentiert wurde. Die Wandbeschriftung lautete: ›Die Förderung der schöpferischen Kräfte ist die beste geistige Landesverteidigung.‹ Eine Sammlung von Selbstdarstellungen der Schriftsteller war ausgelegt unter dem klingenden Titel *Voce dei Viventi*. Es waren Textproben, welche die Vielfalt des Schaffens in den vier Sprachen dokumentieren sollten. Die Autorenlesungen wurden abgehalten im »Weiheraum der Dichtung«, der mit elf monumentalen Wandbildern von Dichtern ausgeschmückt und darüber hinaus mit Manuskripten und Buchschätzen aus Bibliotheken und Privatsammlungen ausgestattet war. Der Zeitgeist verbindet sich hier mit einem Pathos und einer Rhetorik, die auch in der politischen, literarischen und literaturwissenschaftlichen Sprache zu finden ist (so bei Philipp Etter, Max Frisch oder Emil Staiger). Sie wirkt heute schwülstig und kann nur mit Mühe ernst genommen werden.

Zusammenfassend lässt sich sagen, dass die Landesausstellung und viele Manifestationen in deren Umkreis mit ihren stark emotionalen und rhetorischen Mitteln die Besucher zu einem tieferen Verständnis aufriefen für die Aufgabe, die Kultur und die Demokratie zu verteidigen. Ihre Durchschlagskraft bestätigt sich aus den gut dokumentierten Berichten und der einhelligen

Weiheraum der Dichtung an der Landesausstellung 1939. Wandmalerei von Elsa Moeschlin: »Elf schweizerische Dichtergestalten«

Begeisterung, die auch aus den privaten Zeugnissen spricht. Jean-Rudolf von Salis konstatiert als Zeitzeuge, dass sich niemand der Wirkung der Landesausstellung entziehen konnte und das Erlebnis dieses »Landigeistes« die gesamte Bevölkerung von links bis rechts einte und begeisterte. Kritische und unkritische Formen geistiger Landesverteidigung waren in dieser Manifestation vereint, die Emotionen fielen schwer ins Gewicht wegen der außergewöhnlichen Situation unmittelbar vor Ausbruch des Zweiten Weltkriegs. Sie verlieh dem Ereignis einen Glanz, der nur von der besonderen Atmosphäre her zu verstehen ist. Die Schweizerische Landesausstellung von 1939 kann als der Höhepunkt positiv vermittelter und rezipierter geistiger Landesverteidigung gesehen werden.

## Der Schweizer Film im Dienste der GLV

Eine wichtige Rolle spielt der sich gerade etablierende Schweizer Film, der durch die GLV einen Aufschwung erfährt. Die ersten Erfolge gelingen auf der Grundlage von Büchern, die den Ersten Weltkrieg zum Schauplatz haben, wie Robert Faesis *Füsilier Wipf* (1917), der 1938 anläuft in der Regie Leopold Lindtbergs und zum Großerfolg wird, gefolgt von Rudolphe Bolo Maeglins *Gilberte de Courgenay* (1939, Regie Schnyder), der an den Soldatenfilm anschließt und an den Durchhalte- und Opferwillen appelliert. Statt es bei historisierenden Schilderungen zu belassen, aktualisieren beide Filme den Stoff, indem sie den drohenden Ausbruch des Zweiten Weltkriegs vorwegnehmen und in erbaulicher Weise die zu verteidigenden Werte schweizerischer Eigenart in Form von Landschafts-, Heimat- und Menschenliebe vor Augen führen. Den größten Erfolg innerhalb dieser Gattung verzeichnet Leopold Lindtbergs *Landammann Stauffacher* von 1941, der den Filmvorschriften der GLV entsprach, die Abwehrhaltung mit suggestiver Kraft zu gestalten und an die Volksfamilie zu appellieren. Analysen zeigen, wie der GLV-Film die Probleme anschneidet aber nicht visualisiert, sondern sie gleich auf die symbolische Ebene hebt, um Resultate zu präsentieren. Der Publikumserfolg scheint zu bestätigen, dass die Botschaft verstanden wurde. 1943 kommt auch Schnyders Verfilmung von Kurt Guggenheims Roman *Wilder Urlaub* in die Kinos, der beinahe der Zensur zum Opfer gefallen wäre. Der versöhnliche Schluss vermochte wohl das heikle Thema der Desertion zu entschärfen, die aus menschlicher Schwäche und Angst erfolgte.

*Publikumserfolge*

Unter der Regie von Leopold Lindtberg gelangen 1943 und 1944 zwei selbstkritischere Filme in die Kinos auf der Grundlage von Richard Schweizers *Marie Louise* (1944) und *Die letzte Chance* (1945). Sie thematisieren die Flüchtlingspolitik und zeigen die äußerste Bedrohung der Flüchtenden im Kampf vor den Verfolgern. Erst viele Jahre später sollten die Zahlen der Opfer bekannt werden, welche an der Grenze abgewiesen und in den Tod getrieben wurden, ein Thema, das erst dann neu verfilmt wurde.

*Leopold Lindtberg*

An literarischen Stoffen wurden 1941 Kellers *Romeo und Julia auf dem Dorfe* und Paul Ilgs *Das Menschlein Mathias* verfilmt, 1942 Weltis *Steibruch*. Der Regie Leopold Lindtbergs verdanken sich die Großerfolge von F. Glausers *Wachtmeister Studer* (1939), G. Kellers *Die missbrauchten Liebesbriefe* (1940) und *Der Schuss von der Kanzel* (1942). Kleinbürgerliche Verhältnisse werden von außen gesehen und ironisiert, der Soldat steht höher im Kurs als der Zivilist, aber auch Randfiguren wecken Interesse. Der Mensch wird bei

Flüchtlinge übertreten die
Schweizer Grenze 1941

der Arbeit gezeigt, und immer spielt die Landschaft eine entscheidende Rolle:
Sie gleicht Gegensätze aus oder überspielt sie durch ihre ästhetischen Reize,
sie steht im Blickpunkt und weckt Staunen und Dankbarkeit. Sie wird so zur
Heimat, für die sich Opfer und Einsatz lohnen. Neben den künstlerisch-lite-
rarisch ausgerichteten Filmen läuft ab 1939 die Produktion der auf Abwehr
und Bekämpfung im Sinne der GLV ausgerichteten Filme an wie *Wehrhafte
Schweiz, Die Entstehung der Schweiz, Unsere Armee.*

## Kulturelle Neuetablierungen aus dem Geist der Besinnung auf eigene Werte

Bevor abschließend eine Reihe von Neuetablierungen auf dem kulturellen
und literarischen Sektor erwähnt werden, die ihren Ursprung dem kreativen
Denken in Verbindung mit der Besinnung auf die Förderung eigener kultureller Werte verdanken, ein Blick auf die Lage des Zeitschriftenmarktes.

*Neue Zeitschriften*     Eine der zentralen Bemühungen Zollingers ging dahin, eine Zeitschrift als
Forum für Schweizer Literatur zu schaffen, nachdem Walter Muschgs *Die
Annalen* 1928 eingegangen waren und das Nachfolgblatt *Freies Wort* 1930
eingestellt worden war. Es gelang Zollinger, die von 1932–36 erscheinende
*Zeitglocke* durch die in Bern erscheinende Zeitschrift *Die Zeit* abzulösen, für
die er von 1936–37 Redaktor war und 17 Nummern herausbrachte. Daneben gab es das *Flugblatt*, das Felix Moeschlin von 1932 bis 1938 herausgab,
welches ein weites Spektrum von Reiseliteratur, Kunst, Lyrik, politischen
Artikeln und literarischen Arbeiten umfasste und keineswegs schweizerisch-
völkisch angehaucht war, auch wenn Moeschlin als Präsident des SSV in
Zusammenarbeit mit der Fremdenpolizei eine Linie verfolgte, die mittels ihrer restriktiven Beschlüsse äußerst emigrantenfeindlich war. Sie wurde unter-

stützt von verschiedenen Redaktionen schweizerischer Zeitungen und Verlage, welche bestrebt waren, das schweizerische Schrifttum zu fördern und deshalb aktiv verhinderten, dass ausländische Konkurrenten zum Zuge kamen. Dies führte auch zur Abweisung deutscher Verlagsniederlassungen in der Schweiz (S. Fischer) und verunmöglichte die geplante Herausgabe einer deutschen Exilzeitschrift. Moeschlin, der in seinem Roman *Barbar und Römer* (1931) eine deutlich profaschistische Haltung zum Ausdruck bringt, bleibt eine problematische Figur, deren Zwielichtigkeit nicht aufgehoben wird dadurch, dass er dank seiner Taktik in Berlin erreichte, dass die Schweizer Schriftsteller nicht der Deutschen Reichsschrifttumskammer angehören mussten, um weiterhin publizieren zu können.

Wie in anderen Bereichen ist auch auf dem Gebiet der Zeitschriften nicht immer klar zu unterscheiden, was dem Einfluss der GLV zuzuschreiben, und was als eine Folge der nach dem Ersten Weltkrieg eingetretenen Veränderungen anzusehen ist. Als Beispiel dafür kann der *Schweizer Spiegel*, 1925 gegründet von Adolf Guggenbühl und Fortunat Huber, gelten, dessen Gründungsszene Kurt Guggenheim in *Alles in Allem* (1952 f.) schildert. Er ist dem Geist der GLV verpflichtet, schon viele Jahre bevor die Betonung des Schweizerischen zum Programm erhoben wurde. Bereits die erste Nummer rühmt sich, hundertprozentiges Schweizertum zu liefern und verkündet: »*Der Schweizer Spiegel* ist ein Erzeugnis schweizerischer Qualitätsarbeit. Er ist in der Schweiz, auf Schweizer Papier gedruckt. Die Mitarbeiter sind Schweizer, die Bilder sind von Schweizer Künstlern entworfen und in der Schweiz klischiert.« 1935 jedoch veröffentlichen die beiden Herausgeber im gleichen Verlag Wolfgang Langhoffs erste Schilderung eines Konzentrationslagers *Die Moorsoldaten* (1935), welche die Existenz von KZs beweist und aufzeichnet und in kürzester Zeit hohe Auflagen erfährt, und der gleiche Adolf Guggenbühl gibt von 1931–35 im Schweizer Spiegel Verlag Friedrich Glauser heraus, den nicht-konformen Autor, der Schwierigkeiten hatte Beachtung zu finden bei den anderen Schweizer Verlagen, dessen langjährige Verkennung nicht einseitig nur der GLV zur Last gelegt werden kann. Diese Beispiele zeigen deutlich, wie eng die Widersprüche mit einander verbunden sein konnten.

Ab 1933 erscheint die *Neue Schweizer Rundschau*, zu deren Autoren u. a. Max Rychner, Emil Staiger, Walther Meier, Begründer der Manesse-Bibliothek der Weltliteratur, und Max Frisch gehören, die aber auch die nationalsozialistischen Fronten zu Wort kommen lässt.

Ab Mitte 1932 erscheint im Verlag Emil Oprecht die marxistisch inspirierte Zeitschrift *Information. Wirtschaft, Wissenschaft, Erziehung, Technik, Kunst* mit dem Ziel, »alles Stagnierende und alles Rückwärtsgewandte zu bekämpfen und auf allen Gebieten des Lebens den Sinn für Geschichte, Entwicklung, Leben, Kampf lebendig zu machen«, bei der Rudolf Jakob Humm mitwirkte, der auch als Kriegsgegner aktiv war.

Ganz anderer Art ist die Zeitschrift *Trivium*, die Emil Staiger herausgibt, gedacht als eine schweizerische Variante zur *Corona*. Sie erscheint von 1942/43 bis 1951/52, bekennt sich zu den drei großen Kultursprachen der Schweiz und veröffentlich Aufsätze (entsprechend dem Bewusstsein der GLV?) in drei Sprachen, wendet sich aber, wohl aufgrund der Erfahrung frontistischer Irrungen des Herausgebers, der »überzeitlichen künstlerischen Form« zu.

Auf dem kulturellen Sektor wird eine Reihe von Initiativen verwirklicht, welche die Besonderheit des schweizerischen Staatsgedankens hervorhebt. Dazu gehört die offizielle Anerkennung des Rätoromanischen als vierter Landessprache durch die Volksabstimmung von 1938. Sie ist das Resultat

»*Der Schweizer Spiegel* – schweizerische Qualitätsarbeit«

einer Neubesinnung auf den Wert der Sprachenvielfalt zu einem Zeitpunkt, wo politische und kulturelle Isolation den Austausch begrenzen. Diese Situation wird zum Anlass genommen, die Multikulturalität im eigenen Lande wahrzunehmen und eine weitaus aktivere Förderung auch der *italienischen Sprache und Kultur* einzuleiten. Zugleich erscheint die Pflege der Dialekte als eine wichtige Aufgabe, die zu schweizerdeutschen Gedichtsammlungen und der wissenschaftlichen Aufzeichnung aller Dialekte im Zürcher Phonogramm-Archiv führt.

**prohelvetia**

Unter der akuten Kriegsdrohung und aus dem Willen zur Geistigen Landesverteidigung heraus erfolgt 1939 die Gründung der Kulturstiftung *Pro Helvetia* zur Bewahrung der kulturellen schweizerischen Eigenart, nachdem der Bundesrat 1938 in einer offiziellen Botschaft die Richtlinien für die »Organisation und Aufgabe der schweizerischen Kulturwahrung und -werbung« unter defensiven Vorzeichen veröffentlicht hatte. *Pro Helvetia* gehört zu den Institutionen, die ihren Kulturförderungsauftrag nach dem Krieg neu definierten und 1949 die »Überwindung der kulturellen und geistigen Isolation« zu ihrer Zielsetzung machten, in welchem Sinn sie bis heute den Kulturaustausch zwischen den Sprachgebieten und Kulturkreisen innerhalb und außerhalb der Schweiz fördert. Weiter gehören die *Luzerner Festspiele*, die 1938 ins Leben gerufen wurden, um das eigene Musikleben zu fördern und zu vermitteln, zu den Einrichtungen, die aus der gleichen konservativ-defensiven und heute zum Teil protektionistisch anmutenden Haltung gegenüber dem Eigenen heraus geschaffen wurden, die sich aber weiterentwickelten und eine interkulturelle Ausrichtung anstrebten.

Neu errichtet wurde auch die *Schweizer Feuilletonzentrale* mit ihrem eigenen Feuilletondienst zur Lieferung kultureller Beiträge an die Zeitungen, sowie die *Schweizer Filmwochenschau*, beides Maßnahmen, welche die Mengen an ausländischer, vor allem reichsdeutscher Propaganda eindämmen und eigene Leistungen fördern sollten.

*Büchergilde Gutenberg*

1933 wurde in Zürich die *Büchergilde Gutenberg* nach ihrem Verbot in Leipzig eröffnet, die zahlreiche, darunter viele preisbelohnte Bücher von schweizerischen und ausländischen Autoren veröffentlichte, Wettbewerbe ausschrieb und eine Zahl von über 100.000 Mitgliedern erreichte. Ein etwas anderes Profil hatte die *Neue Schweizer Bibliothek* (NSB), welche 1934 gegründet wurde. Die Werbung macht den Bezug dieser Bücher zur vaterländischen Pflicht: »Es gilt der *geistigen Landesverteidigung!* Wir müssen unsere Eigenart gegenüber dem Einbruch fremder Ideen verteidigen. Das kann aber nur geschehen, wenn das Volk als Einheit allen entfremdenden Einflüssen gegenübersteht.« Dies gelinge umso besser, als es sich um eine rein nationale Schöpfung handle: »Vom Schriftsteller zum Redaktor, von da in die Druckerei und schlussendlich zum Abonnenten, immer geht's durch Schweizerhände.« Rudolf Jakob Humm, der eine Mitarbeit für die Neue Schweizer Bibliothek abgelehnt hatte, mokiert sich in einer Kritik, die NSB fungiere als eine Art von »Staubsauger der schweizerischen Literatur. Alles, was alt und modrig ist, zieht sie an sich und versorgt es treuherzig in ihrem sanften Beutel.« Hier zeigt sich deutlich das Dilemma dieser Art der Förderung von Schweizer Literatur: Sie stößt wegen ihrer begrenzten Zielsetzung auf Ablehnung von Seiten der Literaten, welche in der Folge die Resultate wegen mangelnder Qualität kritisieren. Dass der sozialistisch engagierte Schriftsteller R. J. Humm, der sein »Rabenhaus« mit Exil-Schriftstellern füllte und durch seine Gastfreiheit viel zu deren Wohl und zur Ehrenrettung Zürichs beigetragen hat, Maßnahmen ablehnte, welche einseitig die Schweizer favorisierten, versteht sich von selbst. Er gehörte auch zu den Initianten, die 1937 ein Grab für Georg Büchner beim Rigiblick anlegten und später die Grabstätte für James Joyce besorgten.

Die der Geistigen Landesverteidigung innewohnende Widersprüchlichkeit, welche in ihrer doppelten Funktion, Eigenes zu schützen und durch Restriktionen zu bewahren, sowie Inhalte zu fördern, die im Dienste einer genau definierten, vaterländischen Ideologie standen, angelegt waren, wurde in der Ausstellung des Kunsthauses Zürich *Dreißiger Jahre Schweiz* von 1982 dokumentiert unter dem Motto: *Ein Jahrzehnt im Widerspruch*. Die Widersprüche werden deutlich sichtbar in den Formulierungen der Dokumente, die, unterschiedlich ausgelegt, gegensätzlichen Intentionen dienen konnten. Viele literarische Texte zeigen, wie die einzelnen Schriftsteller sich mit den Anforderungen der geistigen Landesverteidigung und dem Problem »schweizerischen Schaffens« auseinandersetzten. Nicht alle äußerten sich dazu. Einige führten nur Tagebuch und kamen erst später zum Schreiben (Kurt Guggenheim, Arnold Kübler u. a.). Andere zogen sich an die Ränder zurück, wofür Ludwig Hohl der prominenteste Repräsentant ist. Er verharrte nicht in der oft üblichen Gefühlsambivalenz der Heimat gegenüber, sondern wandte sich mit Verachtung von allem Deutschschweizerischen, vor allem der Mundart, ab und begab sich nach Genf ins innere und nach Holland ins äußere Exil, wo er von 1934–36 sein Hauptwerk *Die Notizen oder Von der unvoreiligen Versöhnung* schrieb, frei von Spuren des Zeitgeschehens. Die schweizerische Mentalität jedoch blieb, auch in ihren Äußerungsformen als geistige Landesverteidigung, nicht von seinen scharfen Angriffen verschont. Sie war ein wesentlicher Faktor für sein buchstäblich exzentrisches, einsames Schriftstellerdasein.

*Jahrzehnt im Widerspruch*

Ohne Zweifel stellten die 30er Jahre und die anschließende Kriegszeit mit den erschwerten Schreibbedingungen und den stark reduzierten Publikationsmöglichkeiten eine belastende Zeitspanne dar für alle Literaten und Kulturschaffenden. Die politische Verpflichtung, in erster Linie Schweizer und erst in zweiter ein Schriftsteller zu sein, war eine Herausforderung, welche die Kreativität auf eine harte Probe stellte und der sich einzelne Autoren verweigerten. Andere sahen im vaterländischen Schreiben einen Auftrag, der ihnen ein Bewusstsein der Berufung und das Gefühl einer Zugehörigkeit gab und sie zu literarischem Arbeiten ansporntte. Die Situation des Auf-sich-selbst-Verwiesen Seins enthielt die Gefahr, auch über die Krisenzeit hinaus in Selbstgenügsamkeit zu verharren und die ursprüngliche Herkunftsbezeichnung »Schweizer Literatur« als ein Markenzeichen für eine nationale Ästhetik zu begreifen. Mythifizierungen der verschiedenen Abgrenzungs- und Ausschlussmechanismen, die zu Maßnahmen im Dienste nationaler Selbstbesinnung und schweizerischer Eigenart erklärt wurden, beherrschten lange das öffentliche Bewusstsein. Das Verhältnis von Literatur und Nation wurde erst 2003 nach langen Kontroversen neu geregelt durch die Konstituierung des Vereins der »Autorinnen und Autoren der Schweiz«, die sich damit von einem nationalliterarischen Literaturverständnis, wie es die GLV wünschte, distanzierten.

*Krise und Neuorientierung*

# Exkurs: Exilliteratur

Stefan Bodo Würffel

## Der Beginn des Exils

Der Beginn des ›Dritten Reiches‹ mit der Ernennung Hitlers zum Reichs-
kanzler am 30. Januar 1933 ist nicht gleichzusetzen mit dem Beginn der
Emigration zahlreicher deutscher Künstler, Schriftsteller und Intellektueller
meist jüdischer Herkunft und/oder linksliberaler Provenienz. Während Kurt
Tucholsky – in seiner hellsichtigen, von keiner Illusion getrübten Analyse der
politischen Situation am Ende der Weimarer Republik zweifellos ein Einzelfall – bereits vor 1930 ins Ausland gegangen war, andere wie Arthur Koestler,
Lion Feuchtwanger, Erich Maria Remarque und René Schickele sich auf Le-
sereisen oder aus Gesundheitsgründen im Ausland aufhielten, setzte in den
meisten Fällen der Exodus der deutschen Intellektuellen mit einer gewissen
Verspätung ein.

*Erste Emigrationswelle*       Ihren ersten Höhepunkt erlebte die unfreiwillige Emigration nach dem
Reichstagsbrand vom 27. Februar, der eine lange vorbereitete Verfolgungs-
welle auslöste. Zahlreiche Autoren, die gewarnt worden waren wie Carl von
Ossietzky oder die sich wie Erich Mühsam entschlossen hatten, Deutschland
zu verlassen, wurden verhaftet bzw. zu Tode gejagt. Von den vielen anderen,
denen es gelang, aus Deutschland zu entkommen, flohen Johannes R. Becher
und Bertolt Brecht über die ČSR nach Österreich, Bruno Frank und Karl
Wolfskehl in die Schweiz. Rudolf Olden, Franz Pfemfert, Berthold Viertel
und Arnold Zweig schlugen sich in die ČSR durch, Harry Graf Kessler, Alfred Kantorowicz und Walter Benjamin nach Frankreich. Nach der Abset-
zung der bayrischen Regierung Held im März gingen neben Theodor Wolff
und Else Lasker-Schüler auch Erika und Klaus Mann ins Schweizer Exil.

Weitere Emigrationswellen folgten nach den Bücherverbrennungen am
10. Mai 1933 und parallel zu den Ausbürgerungslisten, deren ersten beiden
am 23. August 1933 und am 24. März 1934 u.a. die Namen von Johannes
R. Becher, Albert Einstein, Lion Feuchtwanger, Oskar Maria Graf, Kurt
Grossmann, Alfred Kerr, Heinrich Mann, Theodor Plievier, Leopold Schwarzschild und Ernst Toller verzeichneten. Die vierte Liste vom 8. Juni 1934
bürgerte neben Bertolt Brecht und Hermann Budzislawski, seit März 1934
Herausgeber der *Neuen Weltbühne*, auch Kurt Hiller, Walter Mehring, Franz
Pfemfert und Friedrich Wolf aus.

*Thomas Mann*       Thomas Manns Name erschien erst auf der Liste 7 vom 2. Dezember
1936, was weniger mit der durchaus willkürlichen Ausbürgerungspraxis zusammenhing als mit seinem langen öffentlichen Schweigen gegenüber den
Zuständen im ›Dritten Reich‹. Trotz seiner unbestrittenen Ablehnung des
Faschismus, von der nicht zuletzt seine Tagebucheintragungen zeugen, hatte
sich der prominente deutsche Nobelpreisträger vor allem aus Rücksicht auf
die Publikationsmöglichkeiten in Deutschland lange – zu lange, wie seine
Kinder Erika und Klaus meinten – nach außen indifferent gezeigt, worauf er
sich bei seinem Ersuchen um die Verlängerung des Passes bei der Deutschen
Botschaft in Bern 1934 ebenso berief wie auf seine öffentliche Distanzierung
von der Exilzeitschrift seines Sohnes Klaus *Die Sammlung*. Erst Thomas
Manns öffentliche Stellungnahme am 3. Februar 1936 in der *Neuen Zürcher
Zeitung* als Antwort auf den Artikel »Deutsche Literatur im Emigrantenspie-
gel« ihres Feuilletonchefs Eduard Korrodi markierte als entschiedene Absage
an den nationalsozialistischen Staat und als solidarisches Bekenntnis zu den

exilierten Schriftstellern den endgültigen Bruch mit dem ›Dritten Reich‹. Erst jetzt begann auch für ihn das Exil.

## Exilland Schweiz

Dass Thomas Mann seine Stimme aus der Schweiz erhob, war so naheliegend wie das Land, das für einen Großteil der ins Exil Getriebenen gleichsam die natürliche Zuflucht zu sein schien: An Deutschland grenzend und mit diesem durch die gemeinsame Sprache und Kultur verbunden, setzte es sich durch seine lange demokratische Tradition deutlich ab von der nationalsozialistischen Diktatur. Zudem hatte es seit der Mitte des 19. Jh.s immer wieder Flüchtlingen aus Deutschland Asyl gewährt. Die drei Aspekte der gemeinsamen Sprache und Kultur, der demokratischen Verfassung und der langjährigen Asyltradition ließen die Schweiz als idealen Fluchtraum für die aus Deutschland Verstoßenen werden – zweifellos eine Illusion.

*Das ideale Asyl?*

Zwar hatte die Schweiz seit den Hugenottenverfolgungen unter Ludwig XIV. kontinuierlich Flüchtlinge aufgenommen, nach 1848 vor allem aus Italien, Deutschland, Russland und Polen, doch war das Asylrecht weder in der Verfassung noch in Gesetzen festgeschrieben und blieb in weiten Kreisen der Bevölkerung durchaus umstritten. Letzteres war vor allem der Fall, wenn es sich um politische Flüchtlinge mit revolutionärer bzw. kommunistischer Einstellung handelte, die mit zunehmendem Misstrauen betrachtet wurden. Nach 1933 in der durchaus angespannten sozialpolitischen Situation der Schweiz mit ansteigender Arbeitslosigkeit weckten sie ungute Erinnerungen an die Zeiten des Generalstreiks von 1918: keine günstige Ausgangslage für eine liberale Asylpolitik.

Diese war zudem beeinflusst durch die Situation der Schweiz zwischen zwei totalitären Systemen, eine Situation, die sich nach der Annexion Österreichs im Frühjahr 1938 und erneut nach der Besetzung Frankreichs 1940 entscheidend verschärfen sollte. Die daraus erwachsene »Neurose des Igels« (Arnold Künzli), die 1940 in der Idee des Réduit auch eine militärpolitische

Geburtstagsfeier für Thomas Mann im Juni 1949 (Th. Mann mit seiner Frau Katja und Emil Oprecht)

Dimension gewann, war bereits in den 30er Jahren abzulesen an der doppelten Konfliktvermeidungsstrategie der Schweiz gegenüber den totalitären Nachbarstaaten nach außen und gegenüber den verschiedenen Bünden der Frontisten nach innen. Diese machten in Anlehnung an die totalitären Regime in ihren Presseorganen Propaganda für einen autoritären Staat, und schreckten auch nicht davor zurück, sich in ihrem Wahlkampfstil an den gewalttätigen Auseinandersetzungen der Weimarer Republik zu orientieren.

*Appeasement-Politik*

Der außenpolitischen Isolation der Schweiz entsprang eine Appeasement-Politik, die die Beziehungen vor allem zu Deutschland aus ökonomischen Interessen nicht gefährdet sehen wollte und deshalb die Emigranten argwöhnisch beobachtete bzw. sie im Oktober 1938 durch die willfährige Einführung des Juden-Stempels an den Grenzen zurückwies, eine Haltung, die nach Ausbruch des Weltkriegs noch verstärkt wurde durch die permanente Furcht, Opfer der Kriegs- und Eroberungsstrategie des ›Dritten Reiches‹ zu werden.

Innenpolitisch führte die Situation zu einer Sammlungsbewegung, die 1938 in der »Geistigen Landesverteidigung« ihren kulturpolitischen Ausdruck fand. Neben der nachdrücklichen Verteidigung demokratischer Traditionen bildete sich im Zuge der Rückbesinnung auf ein bodenständiges Schweizertum auch ein spezifisch staatstreuer, ja intoleranter Nationalismus, der die restriktive und vielfach auch repressive Asylpolitik der Schweiz – zuständig war der Chef der Polizeiabteilung im Eidgenössischen Justiz- und Polizeidepartement Heinrich Rothmund – nachhaltig beeinflusste.

Angesichts dieser Rahmenbedingungen war von Anfang an eine deutliche Unterscheidung zwischen gern und ungern gesehenen Ausländern in der Schweiz auszumachen, auf die der Basler Theologe Karl Barth im Juni 1941 explizit hinwies, als er zu den Ersteren diejenigen zählte, die mehr oder weniger überzeugte Anhänger der entsprechenden politischen Systeme waren und sich deshalb mit »ordentlichen« Papieren in der Schweiz aufhielten, zu der zweiten Gruppe jedoch all diejenigen rechnete, die aus Widerspruch gegen die totalitären Systeme bzw. als deren Opfer in die Schweiz emigriert waren. Bezeichnend für die damalige Situation war die Tatsache, dass der Vortrag Barths von der Zensur verboten wurde und erst nach Kriegsende gedruckt werden konnte.

Georg Kaiser,
Caesar von Arx

Waren auf diese Weise sowohl die weit zurückreichende Asyltradition der Schweiz, aber auch ihre demokratischen Grundeinstellungen durch die politischen Umstände entscheidend relativiert, so erwies sich bald auch der Bezug auf die gemeinsame Sprache und Kultur, die als dritter Aspekt die Schweiz als ideales Exilland hatte erscheinen lassen, als ein brüchiges Konstrukt.

Für die in die Schweiz exilierten Schriftsteller war der SSV, der »Schweizerische Schriftsteller-Verband« zuständig, dessen Mitglieder den deutschen Kollegen keineswegs unvoreingenommen gegenüberstanden, da sie in ihnen eine unliebsame Konkurrenz sahen. Unterstützung fanden die deutschen Autoren daher zumeist bei einzelnen, von der Fronten-Presse stets heftig angefeindeten Schweizern wie dem überaus engagierten Rudolf Jakob Humm, dem Zürcher Literaturkritiker Carl Seelig, den Brüdern Oprecht, dem bekannten Dramatiker Cäsar von Arx, der Zuckmayer und Kaiser in bedrängter Situation half, und anderen couragierten Helfern, zu denen neben den ›Flüchtlingsmüttern‹ Gertrud Kurz-Hohl und Regina Kaegi-Fuchsmann, dem Pfarrer Paul Vogt und der Schwester Anny Pflüger auch der naturalisierte Schweizer Hermann Hesse zählte, der Döblin, Musil und dem jungen Peter Weiss im Kampf mit der Fremdenpolizei beistand und dabei mit grundsätzlicher Kritik an der offiziellen Asylpolitik nicht sparte.

Demgegenüber arbeitete der offizielle Schriftsteller-Verband eng mit der Fremdenpolizei zusammen, indem er die ihm vorgelegten Aufenthaltsgesuche der exilierten Autoren begutachtete. Die dabei getroffene Unterscheidung zwischen prominenten Autoren, die als künstlerische Bereicherung des Landes betrachtet wurden, und »kleinen Zeilenschreibern« und »verantwortungs- und charakterlosen Skribenten« hat dazu geführt, dass zahlreichen Emigranten die Aufenthalts- bzw. die Arbeitserlaubnis, in vielen Fällen auch beides verwehrt wurde. Dieses Verhalten hat dazu beigetragen, dass die Exil- und Asylsituation in der Schweiz bis zum Ende des Krieges äußerst problematisch blieb und die gleichfalls belegten Unterstützungs- und Rettungsaktionen des Verbandes in Vergessenheit gerieten.

Den vielen Schriftstellern, die keine Unterstützung durch den Verband oder durch Freunde und Gönner fanden, blieb allein der Weg des heimlichen Arbeitens und Publizierens unter Pseudonymen, stets in der Furcht, entdeckt und »ausgeschafft« zu werden, was zu häufigem Quartierwechsel führte. In diesem Kontext polemisierte der SSV ganz allgemein gegen deutsche Schriftsteller, die sich als Pseudonym »möglichst schweizerisch klingende Namen beilegen, um das Publikum über ihre Herkunft zu täuschen. […] Diese Berliner in schweizerischen Sennentrachten erinnern eben doch an Wölfe im Schafspelz«. *Anfeindungen durch den SSV*

Entgegen der ursprünglichen Erwartung stellte sich zudem verstärkt das Problem der Sprache, die den Zugereisten, von wenigen Ausnahmen wie dem Mitbegründer des *Cabaret Cornichon*, dem im April 1934 nach Zürich übergesiedelten Otto Heinrich Weissert abgesehen, auf Grund der Nichtbeherrschung der dialektalen Rede als Ausländer kenntlich machte und eine Integration erheblich erschwerte. Aus all diesen Gründen blieb die Schweiz in den meisten Fällen lediglich eine Durchgangsstation auf der Exil-Odyssee.

## Phasen des Exils

Die Bedingungen des Exils sind auch in der Schweiz nicht konstant geblieben. Sie waren entscheidend abhängig von den innen- und außenpolitischen Veränderungen. Die erste Emigrantenwelle konnte noch mit einer großen Solidarität der links stehenden Organisationen rechnen, was zum Teil mit der Vermittlung von Anstellungen der Exilierten in Verlagen und bei Zeitungen verbunden war. Gleiches gilt für das Theater, das in Zürich zu einem Sammelpunkt der emigrierten künstlerischen Opposition wurde. Erster Höhepunkt war am 30. November 1933 die Uraufführung des Dramas *Die Rassen* des österreichischen Schriftstellers Ferdinand Bruckner, der zahlreiche Repräsentanten der exilierten deutschen Kultur wie Thomas Mann, Franz Werfel, Leonhard Frank und Bruno Walter beiwohnten. Das Zürcher Schauspielhaus hatte, ungeachtet der Anfeindungen durch die Frontisten, eine politische Demonstration gewagt, die weder in Wien noch in Prag, ja selbst nicht in London hatte stattfinden können.

Ferdinand Bruckner, *Die Rassen*, Aufführung im Schauspielhaus Zürich 30.11.1933

Die Anzahl der exilierten Schriftsteller, Journalisten und Künstler aus Deutschland war und blieb dabei durchaus marginal: Vor der Annexion Österreichs hielten sich im Frühjahr 1938 ca. 85 Exilierte dieser Kategorien in der Schweiz auf, von denen bis 1945 nur 50 bleiben konnten, während die anderen, die zumeist schon seit 1933 in der Schweiz lebten, das Land bis zum Ende des Jahres 1941 wieder verlassen mussten. Bis zum Kriegsausbruch kamen nochmals 90 Autoren hinzu, von denen bei Kriegsende noch 30 in der Schweiz verblieben waren. Die Vorstellung von der Schweiz als einem Transitland und der damit verbundene Druck, das Land so schnell wie möglich

*Latente Juden-*
*feindschaft*

wieder zu verlassen, hat alle politischen Entwicklungen dieser Jahre unbeschadet überstanden.

Dabei spielte auch die latente Judenfeindschaft eine bestimmende Rolle, wie eine Umfrage des *Emmenthaler Blattes* im September 1935 belegte. Die Vorstellung, die aus den Nachbarländern auftauchenden Rettungssuchenden könnten die Schweiz überfluten, hat damals nicht nur den Chef der Polizeiabteilung Rothmund zutiefst erschreckt, sondern entsprach einer durchaus verbreiteten Furcht, aus der sich auch der einstimmige Beschluss des Bundesrats zur Judenstempel-Vereinbarung mit dem Deutschen Reich im Oktober 1938 erklärt.

Die zweite Phase des Exils in der Schweiz muss von der Besetzung Österreichs im Frühjahr 1938 bis zur Kriegswende 1942 angesetzt werden. Nach dem Ausbruch des Krieges gelang es nur noch wenigen, in die Schweiz zu entkommen. Am 1. August 1942, kurz vor dem Angriff auf Stalingrad, beherbergte die Schweiz 8300 Flüchtlinge jüdischen und christlichen Glaubens, eine verhältnismäßig kleine Zahl angesichts der Verfolgungs- und Pogromsituation im damaligen Europa. Die Diskriminierung der jüdischen Flüchtlinge wurde erst im Juli 1944 nach der Landung der Alliierten in der Normandie aufgehoben, ohne dass die Maßnahme zu diesem Zeitpunkt noch irgendetwas am fortgeschrittenen Holocaust hätte ändern können.

Die dritte Phase des Exils dauerte schließlich bis zum Kriegsende und brachte allmählich eine Verbesserung der Lebens-, kaum aber der Arbeitsbedingungen für die Exilierten in den Lagern. Als im August 1944 die Umklammerung durch die Achsenmächte Deutschland und Italien fortfiel, kam es zur Lockerung der Einreisebestimmungen und zu größeren Fluchtbewegungen in die Schweiz, die am Ende des Krieges ca. 65 000 Flüchtlinge aufgenommen hatte, darunter 29 000 Juden.

### Namen und Werke

Von einer geschlossenen deutschen Exilliteratur in der Schweiz kann man nicht sprechen. Die einzelnen Werke entstanden zwar unter denselben kulturpolitischen Rahmenbedingungen, aber so unterschiedlich die Autoren waren, so unterschiedlich gestaltete sich auch der jeweilige Aufenthalt in der Schweiz. Eher könnte man auf der Seite der Schweizer Freunde und Helfer von einer einheitlichen Front sprechen. Es waren die kritischen, die liberalen und linken Kräfte und Gruppierungen innerhalb des Bundesstaates, die sich gegen die Fronten mobilisierten und die politische Entwicklung des Landes inmitten der faschistischen Diktaturen mit Skepsis und Sorge verfolgten. Die beeindruckende Solidarität, die den exilierten Autoren von dieser Seite zukam und die sich deutlich abhob von der offiziellen Asylpolitik, war die Voraussetzung dafür, dass überhaupt literarische Arbeiten im Schweizer Exil entstehen konnten.

Dennoch ist die Liste der in diesen Jahren in der Schweiz entstandenen und publizierten oder doch zumindest konzipierten Arbeiten eindrucksvoll. Auch von den Schriftstellern, die sich in den Jahren von 1933 bis 1945 in der Schweiz nur vorübergehend aufhielten, und das waren die meisten, liegen bedeutende Werke vor, die gleichsam Schweizer Luft atmen.

Das gilt zuallererst für Thomas Mann, der, aufgrund seiner internationalen Reputation weitgehend unbehelligt von den Behörden, an seinem *Joseph*-Roman arbeiten konnte. Zunächst auch wegen der fortbestehenden Publikationsmöglichkeit in Deutschland kaum an einen dauernden Aufenthalt denkend, hielt er sich mit politischen Äußerungen auf seinen Vortragsreisen in

*Bei uns im Rabenhaus*

der Schweiz und in den Artikeln in Schweizer Zeitungen auffallend zurück. Auch nach dem öffentlichen Bekenntnis zur Exilliteratur, das ein durchaus zwiespältiges Echo in der helvetischen Öffentlichkeit fand, und der im selben Jahr erfolgten Ausbürgerung aus dem Reich blieben Thomas Mann die privilegierten Arbeitsmöglichkeiten erhalten.

Die Gründung der eigenen Exil-Zeitschrift *Mass und Wert*, die seit dem Sommer 1937 im Verlag Oprecht erschien und neben den Schweizern Rudolf Jakob Humm und Carl Seelig und den ausländischen Beiträgern Jean-Paul Sartre und Ignazio Silone alles versammelte, was unter den exilierten Autoren Rang und Namen hatte, war zweifellos Thomas Manns bedeutendste Leistung im Schweizer Exil. Hier publizierten Walter Benjamin und Ernst Bloch, dessen *Erbschaft dieser Zeit* 1935, nachdem er die Schweiz bereits verlassen hatte, bei Oprecht erschien. Karl Mannheim und Alfred Einstein gehörten ebenso zum Mitarbeiterkreis wie Horváth, Döblin, Wassermann, Musil und Kaiser neben den Familienmitgliedern Heinrich und Klaus Mann. Die Zeitschrift, in der 1939 der Vorabdruck des Romans *Lotte in Weimar* erschien, blieb mit ihren 17 Heften Thomas Manns kulturpolitisches Geschenk an das Gastland, auch über 1938 hinaus, als ihm nach der Besetzung Österreichs die Situation in Europa zunehmend bedenklich erschien und er in die USA weiterreiste.

Erika Mann, die 1933 mit ihrem politischen Kabarett *Die Pfeffermühle* in die Schweiz emigriert war und mit ihrem Ensemble, zu dem Therese Giehse und Robert Trösch gehörten, in Zürich und auf Gastspielreisen nach Holland, Belgien und der Tschechoslowakei große, von der konservativen Schweizer Presse aber stets angefeindete Erfolge feiern konnte, kehrte schließlich auf Grund der vom Kanton Zürich erlassenen ›Lex Pfeffermühle‹, die den Auftritt ausländischer politischer Kabaretts verbot, nach einer letzten Gastspielreise in die USA 1937 nicht mehr in die Schweiz zurück.

Erich Maria Remarque, der 1931 einen Besitz in Porto Ronco erworben hatte, war im Januar 1933 in die Schweiz emigriert, wo er nach eigenen Angaben drei Jahre brauchte, um seinen dritten Roman *Drei Kameraden* fertig zu stellen: eine für viele Exilautoren charakteristische Arbeitshemmung.

Bertolt Brecht traf auf seiner Flucht aus Deutschland in der Schweiz mit Alfred Döblin, Anna Seghers, Lion Feuchtwanger, Bernard von Brentano und Kurt Kläber zusammen und schmiedete Pläne für eine antifaschistische Künstlerkolonie, aufgrund der damaligen Schweizer Politik ein geradezu aberwitziges Projekt. Sein literarischer Beitrag zum kulturellen Leben und zur Bedeutung der Exilliteratur in der Schweiz lag in den späteren Uraufführungen der Stücke *Mutter Courage und ihre Kinder* (1941), *Der gute Mensch von Sezuan* (1943) und *Das Leben des Galilei* (1943) am Zürcher Schauspielhaus und in der Erstsendung des Hörspiels *Das Verhör des Lukullus*, das 1940 von Radio Beromünster ausgestrahlt wurde.

Von Ulrich Becher, dessen Novellen bei Oprecht erschienen, wurde 1936 sein zwei Jahre zuvor erschienenes Mysterienspiel *Niemand* im Berner Stadttheater erfolgreich uraufgeführt. Zwei Jahre später folgte in Zürich Hans Sahls gefeierte politische Demonstration seines Chorwerks *Jemand*. Beiden Werken war die Parteinahme für die Armen und Unterdrückten deutlich abzulesen, bei Becher in der Tradition Dostoevskij deutlicher an die Person Christi gebunden als bei Sahl, der, sich immer nur vorübergehend in der Schweiz aufhaltend, in seinem Auftragswerk für den ›Schweizer Arbeitersängerverein‹ zwar auch das Schicksal eines Proletariers der Leidensgeschichte Jesu nachempfand, das Ganze mit der sich an barocken Oratorien orientierenden Musik von Tibor Kasics jedoch zu einem Gesamtkunstwerk formte,

*Mass und Wert*

Erika Mann

dessen wiederholte Aufführungen 1938 zu den Höhepunkten des Arbeiter-
theaters in der Schweiz gehörten.

*Stephan Hermlin*

Stephan Hermlin war 1943 noch unter seinem eigentlichen Namen Rudolf
Leder von Frankreich aus in die Schweiz geflüchtet, wo er sich bis zu seiner
Ausreise im August 1945 in die SBZ in Flüchtlingslagern und bei Freunden
aufhielt. Hermlin konnte zu dieser Zeit vom gelockerten Publikationsverbot
für ausländische Schriftsteller profitieren. Sein erster Lyrikband *Zwölf Balladen von den grossen Städten*, der 1945 im Morgarten-Verlag Zürich erschien
und neben dem Spätwerk *Abendlicht* zu seinen bedeutendsten Werken zählt,
zeigte, dass Hermlin zu den wenigen Autoren gehörte, die sich während ihres
Schweiz-Aufenthaltes produktiv entwickeln konnten.

Weniger glücklich verlief der vorübergehende Aufenthalt von Else Lasker-
Schüler, deren Schweizer Exiljahre in ihre letzte, durch und durch problematische Lebensphase fielen. Bleibendes Schweizer Vermächtnis ist neben zahlreichen Gedichten der Reiseband *Das Hebräerland*, der, mit eigenen Zeichnungen versehen, nach einer ersten Orientreise entstand. Von der dritten und
letzten kehrte sie nicht zurück, da die Schweiz ihr angesichts des drohenden
Kriegsausbruchs die Aufenthaltsgenehmigung verweigerte, wodurch sie in
ihr letztes Exil nach Jerusalem gezwungen wurde.

Die bedrückenden Erfahrungen all derer, die die Schweiz verlassen mussten, haben in Albert Ehrensteins Erzählung *Der Emir*, die im Nachlass des
zwischen der Schweiz und den USA hin- und herirrenden Autors ihre authentische, durch bittere Satire geschärfte Form gefunden.

Zu den bekanntesten Autoren, die in der Schweiz bleiben konnten, gehörte
neben Fritz Hochwälder, Jakob Haringer, Manès Sperber, Margarete Susman
und Hans Weigel Robert Musil, der Ende August 1938 Österreich verlassen
hatte und sich bis zu seinem Tod 1942 in Genf trotz einiger Vortrags- und
Leseveranstaltungen unter ärmlichsten Verhältnissen mit dem Schlussband
des *Mann ohne Eigenschaften* beschäftigte.

*Robert Musil*

Georg Kaiser, ebenfalls stets in finanzieller Bedrängnis und mit vorüberge-
henden Aufenthaltsgenehmigungen ausgestattet, konnte bis zu seinem Tod
im Juni 1945 in der Schweiz sein bedeutendes Spätwerk verfassen: *Der Soldat Tanaka*, 1940 am Zürcher Schauspielhaus uraufgeführt, *Napoleon in
New Orleans*, *Die Spieldose* und *Das Floss der Medusa*, das kurz vor Kriegsende in den Basler Kammerspielen in Szene gesetzt wurde. Schließlich *Zweimal Amphytrion*, das im April 1944 mit mäßigem Erfolg am Schauspielhaus
Zürich über die Bühne ging, und die beiden letzten Stücke *Pygmalion* und
*Bellerophon*.

Kurt Kläber, der Verfasser proletarisch-revolutionärer Erzählungen und
Romane, und seine Frau Lisa Tetzner, die als Kinderbuchautorin und Mär-
chenerzählerin begonnen hatte, entwickelten sich, nur zeitweilig vom Publikationsverbot behelligt, im Laufe ihrer Schweizer Jahre endgültig zu bedeutenden Jugendbuchautoren. Kläbers 1941 unter dem Pseudonym Kurt Held
erschienener Roman *Die rote Zora und ihre Bande* stellt auf diesem Gebiet
bis heute die bedeutendste Leistung der Exilliteratur dar.

*Bernard von Brentano*

Eine vergleichbare Wandlung durchlebte Bernard von Brentano, der nach
dem Verbot seiner Bücher und auf Grund seiner Beziehungen zur KPD im
März 1933 in die Schweiz floh, wo er publizieren durfte und, in engem Kontakt zu Thomas Mann stehend und mit Jean Rudolf von Salis befreundet, in
den Schweizer PEN-Club aufgenommen wurde. Neben Theaterkritiken in
der *NZZ*, der *Weltwoche* und der *Neuen Schweizer Rundschau* veröffentlichte er 1936 seinen wohl bekanntesten Roman *Theodor Chindler* bei
Oprecht. In den folgenden Jahren gewann er zunehmend Abstand zum Kom-

munismus und geriet wegen seines Patriotismus, der ihn 1940 zu einem
Rückkehrgesuch nach Deutschland bewegt hatte, dem nicht stattgegeben
wurde, in immer größere Isolation, die auch nach seiner Übersiedlung nach
Wiesbaden 1949 bis zu seinem Tode 1964 anhielt.

Auch Bruno Schönlank, der als politischer Dichter erst an der Seite der
KPD, dann der SPD begonnen hatte und im Oktober 1933 emigriert war,
erhielt eine Arbeitsbewilligung, war zeitweilig Mitarbeiter des *Nebelspalter*
und wandelte sich in der Schweiz, die ihm 1949 dauerndes Bleiberecht gewährte, zum religiösen Sozialisten und Gottsucher, als der er 1965 in Zürich
gestorben ist.

W. Langhoff als
Robespierre

Ernst Preczang, der Mitbegründer und langjährige Cheflektor der Büchergilde Gutenberg, konnte sich ebenso schriftstellerisch betätigen wie der nach
über einem Jahr Gefängnis und Konzentrationslager 1934 in die Schweiz
geflohene Wolfgang Langhoff. Langhoffs Erlebnisbericht, der unter dem Titel
*Die Moorsoldaten* 1935 im Schweizer Spiegel Verlag in Zürich erschien, gilt
als eines der ersten und populärsten Zeugnisse antifaschistischer Literatur in
deutscher Sprache.

Als bemerkenswertes Beispiel für all die Autoren, deren Spur sich in der
Schweiz nur unvollkommen erhalten hat, weil sie sich nur kurze Zeit im
Land aufhielten wie Hermann Broch, Heinrich Mann und Kurt Tucholsky,
auf der Durchreise waren wie Alfred Döblin, Karl Wolfskehl und Bertolt
Brecht oder ausgewiesen wurden wie Ernst Bloch, Hans Marchwitza und
Erich Weinert, ist Eduard Claudius zu nennen, der sich seit 1933 illegal in
der Schweiz aufhielt und 1936 unter einem Pseudonym seinen ersten Roman
*Umbruch einer Jugend* veröffentlichte. Vor der Schweizer Fremdenpolizei
zunächst nach Paris geflohen, nahm er am Spanischen Bürgerkrieg teil, um
1939 wiederum illegal in die Schweiz zurückzukehren, wo er in Albert Ehrenstein, schließlich auch in Hesse die Freunde und Beschützer fand, die ihn
vor der Auslieferung nach Deutschland, nicht aber vor der Einweisung ins
Zuchthaus und schließlich in die verschiedenen Arbeitslager retten konnten.
Neben dem Exilbericht *Ruhelose Jahre* und dem Spanienroman *Grüne Oli-
ven und nackte Berge*, die zum Kernbestand der Emigrationsliteratur in der
Schweiz gehören, fasst die kleine Erzählung, mit der Claudius 1945 den ersten Preis einer Emigrantenzeitschrift gewann, das Schicksal der emigrierten
Autoren bereits im Titel anschaulich zusammen: *Auf der Grenze*.

*Durchreisende*

## Neuerungen und Nachwirkungen

Die Exilliteratur in der Schweiz ist wie diese selbst in den Jahren 1933–1945
von extremen Widersprüchen und Gegensätzen gekennzeichnet. An die kulturpolitischen Rahmenbedingungen gebunden, spiegelt sich in der Literatur,
mehr noch im Schicksal ihrer Autoren eine spannungsreiche Epoche der
Schweiz zwischen Selbstbehauptung und Abgrenzung, nationaler Identitätssuche und kulturellen bzw. politischen Neu- und Umorientierungen. Dabei
markiert das Ende des Zweiten Weltkriegs in der Schweiz wie in Deutschland
nicht auch schon das Ende der Exilliteratur. Erst die endgültige Rückkehr
oder der endgültige Entscheid, im Gastland zu bleiben, kennzeichnen den
Beginn einer neuen Epoche. Dieser Prozess ist erst um das Jahr 1950 abgeschlossen.

Bertolt Brecht, der sich nach seinem ersten Aufenthalt 1933 noch zweimal
in den Jahren 1947/48 und 1949 für längere Zeit in der Schweiz aufhielt, um
seine Übersiedlung nach Deutschland vorzubereiten, aber auch um im Februar 1948 in Chur seine *Antigone*-Bearbeitung aufzuführen und im Sommer

*Brecht in Chur und Zürich*

desselben Jahres in Zürich an der Inszenierung der Uraufführung von *Herr Puntila und sein Knecht Matti* durch Kurt Hirschfeld mitzuarbeiten, ist ein bezeichnendes Beispiel für die Nachwirkungen der Exilliteratur in der Schweiz.

Im Rückblick sind dabei die fremdenpolizeilichen Umstände und Maßnahmen, die noch einmal Einfluss und Willkür der Schweizer Behörden nun im Zeichen des ausgebrochenen Kalten Krieges illustrierten, gewiss weniger wichtig als die unmittelbaren literarischen Folgen und die theaterpolitischen Auswirkungen. Nicht nur, dass Brecht während seines Zürcher Aufenthaltes sein *Kleines Organon für das Theater* konzipierte und das *Antigonemodell 1948* als Grundlage seiner späteren Theaterarbeit nach Berlin mitnahm; der Kontakt mit Max Frisch, dem Zürcher Schauspielhaus, seinen Regisseuren und Dramaturgen und den Schauspielern des ehemaligen ›Emigrantenensembles‹, darunter Leonard Steckel und Therese Giehse, schließlich mit dem Westschweizer Regisseur Benno Besson, der für erste Brecht-Übersetzungen ins Französische besorgt gewesen war und ihm 1949 in die DDR folgte, belebte und beeinflusste die Schweizer Kulturszene und schuf die Voraussetzungen für die Theaterarbeit Frischs und Dürrenmatts in den Nachkriegsjahren.

Auch wenn es keinen Grund gibt, das Zürcher Schauspielhaus in den Jahren 1933 bis 1945 als »antifaschistisches Theater« und »Kampfgemeinschaft« zu glorifizieren, wie es Oskar Wälterlin, der 1938 die Direktion übernommen hatte, im Rückblick des Jahres 1946 tat, und wenn es schon gar keinen Grund gibt, die Schweiz als ganze auch nur in die Nähe solcher Begriffe zu rücken, so wird man doch kaum umhin können, die Leistung der deutschsprachigen Exilliteratur in der Schweiz als einen Beitrag zu jenem Mentalitätswandel zu würdigen, der sich damals ankündigte. Mit der wechselseitigen Förderung der emigrierten Künstler und ihrer zahlreichen Schweizer Freunde und Helfer, in der Unterstützung der Emigranten durch die fortschrittlich-kritischen Kräfte der Schweiz und in der vielfältigen Ausstrahlung der Emigrantenliteratur, des Emigranten-Theaters, des Emigrantenkabaretts, der einzelnen Autoren und Schriftsteller in den »schweizerischen geistigen Raum« (Jakob Bührer) wurde ein Mentalitätswechsel eingeleitet, der auch heute noch nicht abgeschlossen ist, der sich damals jedoch bereits abzuzeichnen begann, sei es bei der Uraufführung von Sahls *Jemand* am 10. März 1938 im Limmathaus, sei es bei der Wahl von Ernst Nobs, der Sahl um das Festspiel, den »Gottesdienst des Proletariats« (*Die Nation*, 1938), gebeten hatte, zum ersten sozialdemokratischen Bundesrat 1943.

Plakat für *Jemand* von Hans Sahl

# Nachkrieg – Frisch – Dürrenmatt – Zürcher Literaturstreit – Eine neue Generation (1945–1970)

Peter Rusterholz

## Nachkrieg

### Nachklang und Abschied vom bürgerlichen Roman

Literatur aus der Schweiz nach 1945 kennt keine Stunde Null, sie kennt nicht Bruch noch Neuanfang. Sie steht vielmehr im Zeichen des Erhaltens, des Bewahrens, der Pflege der realistischen und klassizistischen Traditionen, obgleich Bahn brechende moderne Autoren und Autorinnen früh vorangegangen waren. Doch die Stunde der Walser und Glauser war noch nicht gekommen, selbst Inglins *Schweizerspiegel* ist noch von manchen als zu modern verkannt worden, *Dada Zürich* war längst vergessen und schon damals nur von kleinen Kreisen zur Kenntnis genommen worden. Albin Zollingers Hoffnung, es möchte eine Fortsetzung des *Schweizerspiegel* geschrieben werden, der die Schweiz im Zweiten Weltkrieg ebenso gültig darstelle wie Inglins Buch im ersten, blieb unerfüllt. Repräsentativ war viel eher der betont gepflegte Stil des Zürcher Patriziers und Professors Robert Faesi.

Faesis Romantrilogie über seine Vaterstadt Zürich – *Die Stadt der Väter* (1941), *Die Stadt der Freiheit* (1944), *Die Stadt des* Friedens (1952) – handelt nicht von den brisanten historischen Ereignissen der Gegenwart, sondern von aufgeklärten, patrizischen Bürgerssöhnen, die sich mit den Folgen der französischen Revolution für ihre Vaterstadt auseinandersetzen. Eine durch den Verfasser neu bearbeitete Auflage in zwei Bänden ist noch 1967 unter dem Titel *Herrschaft und Freiheit* neu aufgelegt worden. In seiner Rede zum Dank für den ihm 1945 verliehenen Literaturpreis der Stadt Zürich – *Bekenntnis zur Stadt meiner Väter* – sprach Faesi von der Verantwortung der vom Untergang Verschonten und sah darin eine »beneidenswerte Kulturaufgabe«: »Es ist ein Amt des Erhaltens, Verwaltens, Entfaltens.« Dass man diese damals dominante großbürgerliche Tendenz auch als beklemmendes Moment des Stillstands, als Verkennung der Moderne und der damals durchaus vorhandenen, aber nicht geschätzten Arbeiterkultur verstehen konnte, war jenseits seines Horizonts. Die nachhaltigste Wirkung Faesis war die Verfilmung seiner den Grenzdienst im Ersten Weltkrieg schildernden Novelle *Füsilier Wipf* (1917) durch Leopold Lindtberg (1938). Dies war nicht nur der erste Film der *Geistigen Landesverteidigung*, sondern der erste Schweizerfilm mit Breitenwirkung bis in die 50er Jahre, ein nicht aus künstlerischen, wohl aber aus mentalitätsgeschichtlichen Gründen ganz unverzichtbares Dokument. Es stellt patriotischen Soldaten den Zivilisten, positiven Werten des Landlebens die negative Moral der Städte gegenüber, negiert soziale Konflikte und beschwört die Harmonie bis zur Geschichtsklitterung: In die-

*Robert Faesi*

sem Film geht der militärisch niedergeschlagene Generalstreik der Arbeiterschaft nicht, wie es historisch richtig wäre, im November 1918 zu Ende, sondern endet harmonisch schon mit dem Nationalfeiertag am 1. August.

Die nationalsozialistische Bedrohung führte in der Schweiz zu einem seit 1937 bestehenden Arbeitsfrieden zwischen Arbeitgebern und Arbeitnehmern, zu einem Verzicht auf Streiks und zur Schlichtung durch neutrale Instanzen. Dies trug dazu bei, dass, zumindest vorerst, die Stellung und die Traditionen des Bürgertums gesichert schienen und Formen des realistischen Romans wenig erschüttert überlebten.

_Meinrad Inglin_

1955 ist die zweite Fassung von Inglins _Schweizerspiegel_ erschienen, nach strengen Prinzipien klarer Form gestaltet. Er zeigt die Schweiz, wie die erste Fassung (1938), aus der Perspektive einer großbürgerlichen Familie, deren Söhne linke und rechte Opposition gegen das Ideal der Mitte repräsentieren. Die schon in der ersten Fassung gegebene Tendenz, das klassisch Überzeitliche zu betonen, erscheint noch gesteigert. Man hat Inglin als Bewahrer der Mitte betrachtet oder ihn geradezu als »Lesebuchheiligen« apostrophiert. Damit trifft man aber nur seine gesellschaftlich bedingte Anpassung, nicht aber seinen ebenfalls vorhandenen Widerstand. Inglins Leben und Schreiben ist von beträchtlichen Widersprüchen gezeichnet zwischen dem vorerst rechten, nach dem Ersten Weltkrieg linken Rebellen bis zum bürgerlichen Schriftsteller. Doch prägt eine antikonventionelle Haltung nicht nur die Quintessenz seines Frühwerks _Die Welt in Ingoldau_ (1922), ein Jugendroman zu Gunsten jener Menschen, die innerlich gebrochen aus dem Erziehungswirrsal von Familie, Staat und Kirche hervorgehen, sondern auch noch seinen zivilisationskritischen Roman _Urwang_ (1954), ein Warnbuch gegen die Kulturen zerstörende Wachstumsideologie der 60er Jahre. Es ging der ökologischen Bewegung voraus und ist bis heute aktuell geblieben.

_Albert Jacob Welti_

Radikaler in der Darstellung politischer und sozialer Konflikte der Zeit schrieb Albert Jacob Welti seine komplementären Romane _Wenn Puritaner jung sind_ (1941) und _Martha und die Niemandssöhne_ (1948). Puritaner verzweifeln an der Macht familiärer und gesellschaftlicher Tradition und Konvention. Die Niemandssöhne, Outcasts traditioneller Gesellschaft ohne familiären Halt, drohen an diesem Mangel zu scheitern. Im Vorwort zu _Wenn Puritaner jung sind_ schreibt Welti zwei Sätze, die über seine Zeit hinaus für die Schweizergeschichte wie für die Schweizerliteratur von Bedeutung sind:

> Als Schweizer ist man Bürger einer Nation, deren historisches Hauptmerkmal darin besteht und hoffentlich auch weiterhin bestehen wird, eine Art gütigen Schutzengel über sich zu haben. Er pflegt jedoch auf so unauffällige Art einzugreifen, daß es jedesmal aussieht, als ob man in einer kritischen Lage mehr Glück als Verstand gehabt hätte. Das hindert natürlich nicht, daß die derweise Behüteten ihren Uebergang über die Bruchstellen finden müssen, die jeweilen nicht der, sondern den Weltkrieg verursacht haben und über deren Breite, Ausdehnung und Zahl in sehr weite Zukunft noch keine Schlüsse gezogen werden können.

_Kurt Guggenheim_

Wenn wir Kurt Guggenheims großen Roman _Alles in Allem_ (1952–55) mit dem _Schweizerspiegel_ Inglins vergleichen, sehen wir doch eine deutliche Verschiebung der Gewichte. Inglin schreibt vom Zentrum bürgerlicher Mitte, Guggenheim, Zürcher jüdischer Herkunft, betont die Peripherie des Außenstehenden, des von der bürgerlichen Gesellschaft materiell abhängigen und ideell kritischen Geistes, der doch und trotz allem in ihr seine Heimat zu finden versucht. In _Wir waren unserer vier_ (1949) wurde er zum Chronisten der zweiten schweizerischen Grenzbesetzung, in seinem Hauptwerk _Alles in Allem_ zeigt er Szenen der ersten fünf Jahrzehnte Zürichs im 20. Jh., ein vielfältig differenziertes Bild verschiedenster Milieus mit ihren Bezügen zur russischen Revolution und zu den Weltkriegen. »Diese beiden Kriege«, sagt dort die zentrale Figur, der jüdische Schriftsteller Aaron Reiss, »diese gespensterhafte Wiederholung haben unserer Generation ihren Stempel aufgedrückt.« Wie viele Figuren des Romans erscheint der Dichter Albin Zollinger unter seinem wirklichen Namen. Beim letzten Treffen mit Reiss lässt Guggenheim ihn sagen: »Spürst Du es nicht? Wie dieses Stillestehen um uns, in diesem Land, in diesem Leben auf unserer Insel ein Trugbild ist, von Fliegen gesehen, die an der Decke dahinwandeln? Wir leben im Windschatten der Zeit, im Vakuum, dicht hinter ihrem Sog.« Im späteren Roman *Gerufen und nicht gerufen* (1973) erscheinen kritische Töne verstärkt in der Sicht des alternden Schriftstellers Karl Dinhard, der seine literarische Chronik von 1945–70 schreibt. Er hat vor 1945, wie Guggenheim selbst, »Drehbücher im Sinne der Landesverteidigung, der humanitären Mission der Schweiz, der Völkerversöhnung« geschrieben. Nun kommt ihm das seltsam unwirklich vor. Er weiß nicht wie und wovon er leben soll, weiß nicht ob bezahlte Auftragsschriftstellerei ihm noch erlauben würde, seinen künstlerischen Ambitionen zu folgen, ein zeitloses Werk zu schreiben. So zeigt das Buch das verzweifelte Unternehmen, in der Zeit materiellen Aufschwungs, im Kontext des Aufstiegs der vom Krieg verschonten Schweiz zur elften Handelsnation und zum dritten Finanzplatz der Erde die sozialen und kulturellen Krisenerscheinungen der Stadt Zürich zu schildern.

Während die Schattenseiten bürgerlicher Lebensformen bei Inglin nur sehr gedämpft, bei Guggenheim schon deutlicher erscheinen, steht bei Jacob Bührer die Frage nach der Korruption der bürgerlichen Gesellschaft und die Frage nach einer besseren Welt im Zentrum seines Schreibens. Bührer ist Sozialist, freilich mit der Überzeugung, dass dem schweizerischen Staatsgedanken der Wille zur sozialen Demokratie innewohne. Schon der Titel seines Erstlings – *Kleine Skizzen von kleinen Leuten* (1910) – verrät, wem seine Liebe und sein Engagement galten. Im Roman *Sturm über Stiflis* (1934) schildert er ein Dorf nach der Weltwirtschaftskrise, warnt vor dem Frontenfrühling des Nationalsozialismus und setzt ihm seine Utopie genossenschaftlich organisierter Wirtschaft entgegen. Sein Hauptwerk, die Romantrilogie *Im roten Feld* (1938, 1944, 1951, Ergänzung 1988) behandelt wie diejenige Faesis die Schweiz und die französische Revolution, jedoch nicht aus nostalgischer Sicht des Patriziers, der trotz Neigungen zur Aufklärung den Untergang der alten Eidgenossenschaft beklagt, sondern aus der Perspektive des Gesellschaftskritikers, der sich wünscht, sie hätte nicht nur eine Erneuerung des politischen, sondern auch des Wirtschafts- und Geldsystems gebracht. Sein später, auch autobiographisch geprägter Roman *Yolandas Vermächtnis* (1957) ist eine kleine, literarisch freilich konventionelle ideelle Summe seines Werks, ein Rückblick auf die Hoffnungen und Enttäuschungen eines mutigen Menschen, der durch sein politisches Engagement seine Existenz als Journalist verlor und als frei schaffender oppositioneller Autor Werke hervorbrachte, die als historische Dokumente immer noch Beachtung verdienen.

Jacob Bührer

Arnold Kübler hat mit seinen vier *Öppi*-Romanen – *Öppi von Wasenwachs* (1943), *Öppi der Student* (1947), *Öppi und Eva* (1951), *Öppi der Narr* (1964) – eine monumentale Romantetralogie über seine eigene Entwicklung – nach dem Modell *Der grüne Heinrich* – geschrieben, eine Darstellung der Wege und Irrwege des Bauernbuben, als Student, als Bildhauer, als Schauspieler seinen Weg zu suchen, bis er schließlich als Redaktor eine feste Anstellung findet. Öppi (aus zürichdeutsch *öppis* = etwas und *öpper* = *jemand)* ist ein everybody, ein *Jedermann,* aber schließlich auch ein Besonde-

*Arnold Kübler*

rer, der in seiner mühsam erworbenen Eigenart sich in eine schon als frag-würdig empfundene aber doch akzeptierte Gesellschaft einzugliedern versucht. Kübler war schon, als der erste Band erschien, Chefredaktor der für das literarische und kulturelle Leben bedeutenden Zeitschrift *Du*. Als Redaktor wie als Texter für das Kabarett *Cornichon* setzte er sich für den geistigen Widerstand gegen den Nationalsozialismus ein. Zu seinen lange nachwirkenden Büchern gehören aber auch seine Reiseberichte, vor allem der Bericht des fünfundsiebzigjährigen Autors über die fünfhundert Kilometer lange Wanderung *Paris-Bâle à pieds* (1967).

*Rudolf Jakob Humm*     Rudolf Jacob Humm war und ist in vielen Funktionen für Literatur und Literaturbetrieb der deutschen Schweiz von Bedeutung. Er war Gastgeber, Entdecker und Förderer junger Talente. Sein Haus *Zum Raben* am Hechtplatz in Zürich war Wirkungs- und Begegnungsstätte in- und ausländischer, anerkannter, verkannter und verfolgter Künstler, ja zeitweise geradezu ein Zentrum exilierter antifaschistischer Literatur. Sein Roman *Carolin* (1944) und sein autobiographisches Buch *Bei uns im Rabenhaus* (1963) bezeugen sein Engagement. Sein nach dem Jugendroman *Linsengericht* (1928) zweiter Roman *Die Inseln* (1936) sowie sein letzter Roman *Spiel mit Valdivia* (1964) reflektieren das Erzählen und brechen damit die in der Schweiz lange dominante Realismus-Tradition. In *Die Inseln* erinnert sich der Autor seiner bürgerlichen Kindheit als Auslandschweizerkind an der Riviera, bekennt sich angesichts der nationalsozialistischen Bedrohung zum Sozialismus und fragt sich nach dem Verhältnis dieses Schreibens zu seiner Gegenwart, zu seiner Solidarität mit den Arbeitern, zu seinem politischen Engagement. *Spiel mit Valdivia* beginnt mit dem Satz: »Der Leser wird ersucht, gemeinsam mit dem Verfasser ein Grandhotel zu betreten.« So erscheint der Leser als Compagnon des Autors; er beteiligt sich an der Konzeption der Figuren, ist aber selbst Figur des Autors. So wird zwar die Realitätsillusion gebrochen, der Fiktionscharakter des Erzählens offen gelegt, die Allmacht des Erzählers aber gewahrt, zeichenhaft für die bestmögliche Position jener Zeit deutschschweizerischen Erzählens nach 1945, die Zwischenstellung zwischen Innovation und Tradition.

## Lyrik: Von der Restauration zur Rekreation der Moderne

### Lyrik der Restauration

*Paul Adolf Brenner:*    Die Lyrik jener Zeit zeigt Züge der Regeneration aber auch der Regression.
*Sprechende Titel*     Der Schock der Kriegserfahrung und die Traditionsbrüche, die Günter Eichs Gedichte prägen, sind hier noch nicht, oder jedenfalls nur vereinzelt angekommen. Brenner beherrscht die traditionellen Formen der Klassik und der Romantik. Seine Lyrik hat sich zwar in den Bänden *Das trostreiche Antlitz* (1941) und *Die ewige Stimme* (1943) auf den Weltkrieg bezogen. Dies geschieht aber nur aus dem Réduit des Privaten, aus innerer Emigration. Nach dem Krieg ist der Bezug zur Gegenwart nur indirekt, in der Form des Traums, als Gegenbild zur Wirklichkeit präsent. Die Titel der Lyrikbände Brenners sind auch nach 1945 bezeichnend: *Haus der Nacht* (1954), *Bilder und Schatten* (1956), *Dein Abendbuch* (1959), *Und ist kein anderes Wunder* (1961). Sie bezeugen ein traditionelles Dichtungsverständnis, das ungebrochen überlebt. Das Gedicht »Wenn ich die Worte wende« in *Dein Abendbuch* beginnt mit der Strophe:

Wenn ich die Worte wende
Nachts unterm Lampenstrahl,
Zeichen ins Dunkel sende
Von einst und dazumal –

Werner Zemp blieb vor wie nach dem Krieg der *poésie pure* verpflichtet, in der Nachfolge von George, von Valéry und Mallarmé. Meilenweit entfernt von den patriotischen Moralismen der Nachwehen geistiger Landesverteidigung und ohne Beachtung erster Ansätze engagierter Lyrik, gestaltete er formvollendete Kunstgebilde, ein kompromissloser Anwalt des im und durch das lyrische Gedicht vom Leben getrennten Schönen, einer Schönheit, die in frühen Texten in überlieferten Bildern zu erstarren droht. In späteren Texten reflektiert dieses lyrische Ich seine Grenzen – »Vielleicht lebt ich – wer weiß? Zu lang allein« – sagt es im Gedicht *Schnee*: »O Sternentrauer jenseits aller Namen! Wir spannen noch das Nichts in einen Rahmen.« Sein letztes Gedicht, der sterbenden Pallas Athene, seiner Muse, gewidmet, setzt nicht nur der Göttin, sondern auch dem Verhältnis seiner Dichtung zu seiner Zeit ein adäquates Denkmal mit den Worten:

*Werner Zemp: Kunst und Künstlichkeit der Form*

Der Trank vertan. Unsterblichkeit versäumt.
Die Göttin wurde Stein: so zeigt der Stein sie.
Die Völker, die sie liebte, sind nicht mehr.
Mag wütendes Geschmeiß gen Himmel stieben,
Die Flur veröden, mag der Himmel bersten –
Du siehst es nicht.
Und sprangst doch auf bei eines Rosses Schnauben
Und wittertest der fernen Lanze Blitz
Und flogst voran, wenn die Trompete schrie!

Albert Ehrismann bezieht die moderne Welt schon in seinem ersten Gedichtband *Lächeln auf dem Asphalt* (1930) mit ein, vorerst gewiss mit der Absicht, sie weniger zu verändern, als sie durch Schönheit zu verwandeln. Doch an seinem mutigen Eintreten für das Leben ist kein Zweifel erlaubt. Er hat 1932, zu einer Zeit den Militärdienst verweigert, als dies noch mit Gefängnis und mit dem Ausschluss aus der bürgerlichen Gesellschaft bestraft wurde. 1939, in seiner *Rede über den Traum des Dichters*, bekennt er sich zur politischen Funktion der Literatur. Im selben Jahr schrieb er zur Landesaustellung, zusammen mit Kurt Früh, das lyrische Oratorium *Der neue Kolumbus*, ein leidenschaftliches Manifest für eine neue, sozial gerechtere Schweiz, 1945 ergänzt und in dramatischer Form aktualisiert mit *Kolumbus kehrt zurück*. Er gehörte zu den Begründern und Textern der originellsten Richtung geistiger Landesverteidigung, des *Cabaret Cornichon*. Im Band *Riesenrad der Sterne* (1960) ist die Rede von der Straße »zwischen Athen und Marathon«, auf welcher während des Kriegs hundert Geiseln gehenkt wurden:

*Albert Ehrismann: Lächeln auf dem Asphalt – Ersterbender Reim*

Und zum erstenmal,
seit ich's bedenke,
erstirbt mir unter den Fingern
der Reim.

Der Schauplatz bleibt klassischer Tradition verpflichtet, doch die Dichtung dient nicht dem Glanz der Sieger, sondern der Erinnerung der Opfer, und damit wird auch die Tradition der Form fragwürdig. Im späten Gedichtband *Mich wundert, daß ich fröhlich bin* (1973) steht dann das Gedicht *Eine Art Bilanz*, eine rückhaltlose Rechenschaft des engagierten Dichters. Es beginnt:

Ungefähr tausend Slogans schrieb ich
    in dreissig Jahren
zugunsten der Schweizer Spende, der Winterhilfe, der
    Europa-,
Ausland-, Flüchtlings- und Tibethilfe,
für das Arbeiter-Hilfswerk, die Bergbauern und noch für
    die eine
oder andere Zentralstelle und Ärztehilfe, die die
Summe menschlicher Leiden geringer [...] machen möchten...

Er schließt diesen ersten Teil: »Was hat es genützt? Die Welt ist übler dran als sie je war.«

Darauf folgt ein Rückblick auf seine schönen wie auf seine engagierten Gedichte, um dann seinen Freund zu nennen, der während des Krieges die Schweiz verließ »und Operationsnotstellen einrichtete, während über ihm vielleicht schweizerische Bomben niedersausten.« Er beendet seine Bilanz mit dem Fazit, dass »tausend Atemzüge eines geretteten Menschen« schwerer wögen als »tausend Slogans, tausend Gedichte«. Eines der eindrücklichsten Gedichte Ehrismanns bleibt aber sein Mundartgedicht *Em Tod syni Mueter* (Die Mutter des Todes) aus dem Band *Wir haben Flügel heut* (1962). Es beginnt mit der Strophe:

| | |
|---|---|
| Hüt chunnt er spaat häi. | Heute kommt er spät nach Hause. |
| S' isch nöd guet, | Es ist nicht gut, |
| wän er so lang na | wenn er noch so lange |
| schaffe tuet. | arbeitet. |
| S' isch naime wider | Irgendwo ist wieder |
| öppis gschee. | etwas geschehen. |
| Iez holt er's häi, | Jetzt holt er es nach Hause, |
| s tuet käim mee wee. | es schmerzt niemanden mehr. |
| Näi, s tuet nöd wee. | Nein, es schmerzt nicht. |
| S wird jedem nachëër liecht. | Es wird sich jedermann nachher leicht fühlen. |
| I hetts gliich gëërn, | Aber ich möchte doch lieber, |
| wän er's nöd eebig miecht. | wenn er das nicht für immer tun würde. |

Die Mutter führt dann Klage über das Schicksal ihres Sohns, dem keine Frau, kein Kind, nicht einmal ein eigner Tod gegeben sei, da das Buch der Ewigkeit solches bestimme. Sie fragt, wer ihr den Vater des Sohns, ihren Mann, genommen, sie wisse es nicht und zweifle an der Wahrheit des Buches der Ewigkeit. Schließlich wünscht sie sich und ihrem Kind erlösenden Schlaf:

| | |
|---|---|
| Iez möchte i schlaafe. | Jetzt möchte ich schlafen. |
| Ha de Schlaaf nie känt. | Nie kannte ich den Schlaf. |
| Es Schlaaflied singe | Ein Schlaflied singen |
| Für de Bueb, mis Chind... | Für den Knaben, für mein Kind... |
| Chum, Tood, chum häi! | Komm, Tod, komm nach Hause! |
| Es hät vil z vil, wo gstoorbe sind | Viel zu viele sind schon gestorben |

Hier hat sein theoretisch, künstlerisch und praktisch erklärtes und bewährtes Bekenntnis gegen den Tod für ein besseres Leben eine ergreifende symbolische Form gefunden.

## Kritische Ästheten – lyrische Vermittler der Moderne

*Max Rychner:*
Glut und Asche

Max Rychner darf als Lyriker zum Kreis der seiner Vergänglichkeit bewussten Anwälte des Schönen gezählt werden. Sein Gedicht *Vor unseren Augen* im Band *Glut und Asche* (1945) beschreibt die Bewegung des Wassers – »Jede

Welle ein Zeichen wie Schwindendes bleibt« –, aber auch, wie sie »im Rauschen versprüht gleich als würde sie Geist« und endet mit den Zeilen:

Gleich als würde sie Wort,
Wie's von Ewigkeit lebt,
Wie es Blüten und See
Ins Geliebtere hebt,

Auf den Wink, der so weist,
Daß du einmal verstehst,
Dich im Dauernden weißt
Und versprühst und vergehst.

Der weltliterarischen Tradition verpflichtet, stand er der Gegenwart kritisch gegenüber, bereicherte sie aber durch die Vermittlung der vor dem Krieg nur unzulänglich rezipierten großen Autoren europäischer Moderne wie zum Beispiel Valéry, Joyce und Proust. Da er sie in seinen komparatistischen Essays nicht nur in ästhetischem, sondern auch in soziokulturellem Kontext sah, bildete er damit Grundlagen des Verstehens neuer Entwicklungen. Im Gegensatz zu den Zeitgenossen, für die Humanismus und abendländische Kultur durch den Krieg endgültig zerstört schienen, sah er die Aufgabe des Dichters wie des Kritikers in der Erneuerung eines europäischen Humanismus. Zwar bevorzugte er gegenüber den allzu oft epigonalen Texten der Nachkriegszeit ganz eindeutig die Größen der Tradition. Als Feuilletonchef der Tageszeitung *Die Tat* hat er aber, gemeinsam mit dem ebenfalls als Autor und Kritiker wirkenden Chefredaktor Erwin Jäckle und der Romanistin und Theaterkritikerin Elisabeth Brock-Sulzer, die das erste Buch über den jungen Dürrenmatt schrieb, die *Tat* zu einem offenen Forum für neue Entwicklungen gemacht. Dolf Sternberger hat den polyglotten homme de lettres Rychner im Nachwort zu dessen postum erschienenen *Aufsätze[n] zur deutschen Literatur* (1966) aufs beste charakterisiert:

Max Rychner (links) bei
der Verleihung des
Zürcher Literturpreises
1961

immer von neuem bewegt von Lessing und Goethe, Paul Valéry und Marcel Proust, wiederum von Thomas Mann und Gottfried Benn, aber als Literaturkritiker von der wachsten, pfleglichsten, nie erlahmenden liebevollen Aufmerksamkeit auf die neuen Talente, auch die entlegenen, auch die experimentierenden, vieles verstehend, [...] zur Bewunderung, zum Entzücken bereit.

*Erwin Jäckle*

Während viele Autoren bis weit in die 60er Jahre die Nachwehen einer idealistischen Naturlyrik in epigonaler Nachfolge Wilhelm Lehmanns kultivierten, die die moderne Welt der Technik nicht zur Kenntnis nahm, zum Beispiel Hermann Hiltbrunner, zeigt die Lyrik Jäckles auch die Zeichen einer durch die Technik zunehmend bestimmten Zeit. Er schreibt unter anderem Gedichte mit den Titeln *Die Stimme des toten Dichters auf Schallplatten* (1957) oder *Hunter Mk 6* (1957), die Bezeichnung der zweiten Serie der Überschalljäger der Schweizer Armee. Es beginnt mit den Zeilen:

> der falke
> mit der gier der leeren himmel
> der niedersticht
> zündender funke
> im ton der sirenen von morgen-
> voraus
> die saphirspur der geschosse,
> beflügelter,
> vierling
> mit strengem hauch-
> heulend auch sie
> die orgel.

In diesem Text wandelt sich das lyrische Bild des Falken zum Bild der Mordmaschine, die bisherige Vorstellungen von Zeit- und Raumwahrnehmung sprengt. Diese Verfremdung lyrischer Harmonie wird durch die Brechung des Rhythmus und die Absenz des Reims zum kongenial entsprechenden Ausdruck des Traditionsbruchs gegenüber traditioneller Naturlyrik.

Auch von St. Gallen gingen wichtige Impulse der Erneuerung aus. Hier hat der Zürcher Traugott Vogel seine *Bogenreihe* (1950–64), Hans Rudolf Hilty seine literarische Zeitschrift *Hortulus* (1951–64) herausgegeben.

*Hans Rudolf Hilty:*
Hortulus

Hilty förderte mit der auch graphisch eindrücklichen Zweimonatsschrift *Hortulus* Erstpublikationen junger Lyrik, auch seine *Quadratbücher* druckten nur Erstausgaben vorwiegend junger Autorinnen und Autoren, wie zum Beispiel des später auch als Kritiker aktiven Dieter Fringeli oder die *republikanische*(n) *gedichte* (1959) von Kurt Marti. Marti schrieb nach Hiltys Tod: »die Bundesrepublik hatte ihre ›Gruppe 47‹, die deutschsprachige Schweiz ihren *Hortulus*.« Hilty hat selbst als vielseitiger Kritiker wie als Lyriker neue Sprachstile und Sprachspiele der Moderne und neuerer experimenteller Lyrik erprobt und propagiert, nicht zuletzt auch die Kombination von literarischer Traditions- und Alltagssprache. In vielen seiner Gedichte dokumentiert sich der Konflikt zwischen erstarrender Tradition, bieder helvetischer Enge und dem Wunsch nach einer weltbürgerlichen Perspektive. In seinem Gedicht *Merkblatt für Weltraumfahrer* ist ihm ein exemplarischer Text, ein Dokument der Emanzipation, der formalen wie inhaltlichen Erneuerung gelungen. Der exponierende erste Teil lautet:

> Laß zuhaus deinen kleinen Stehaufmann der an den verhäng-
>     ten Morgen da die Sterne blind waren siebzigmal geduckt
> siebzigmal wieder aufstand wie die Liebe des Troubadours
> zu seiner meeräugigen Herrin die ihn nicht erhörte
> Es wäre zu schrecklich plötzlich zu erkennen daß er fern der

Erde nicht mehr aufzustehen vermag die kleine Leiche ei-
ner alten Liebe ist nicht das passende Reisegepäck zu deiner
Fahrt nach der Milchstraße
Da musst du schon lernen dein eigener Stehaufmann zu sein.

Hilty hat 1965–72 auch als Feuilletonredaktor der sozialdemokratischen Tageszeitung *Volksrecht* in Zürich wirken können. Er stellte dort vergessene moderne und neue schweizerische, europäische und außereuropäische Texte vor und schaffte Autorinnen und Autoren Raum, die in der bürgerlichen Presse selten oder gar nicht zu Worte kamen.

## Schöpfungsbruch – Das konkrete Gedicht

Erika Burkart entzieht sich jeder gängigen Zuordnung. Ihre frühen Gedicht-bände (*Der dunkle Vogel*, 1953; *Sterngefährten*, 1955; *Bann und Flug*, 1956; *Geist der Fluren*, 1958; *Die gerettete Erde*, 1960) sind geprägt durch eine intensive Erfahrung der Natur, nicht heiler Welt angehörig, eher archaisch, vorzeitlich, Spiegel einer wachen, allen Sinnen offenen Seele, die sich vorerst der Natur rückhaltlos anvertraut, dann zunehmend die Entfremdung von Mensch und Natur, den Schöpfungsbruch, wahrnimmt – »Die Spinne ver-packt ihre Beute, der Mensch erklärt dem Menschen den Krieg« heißt es im Gedicht *Arcanum* – und doch immer wieder die verlorene Einheit im Ge-dicht neu erfindet, in einer wie es im Gedicht *genius loci* heißt »wie neu er-fundenen Sprache«. Gewiss kannte sie die Tradition der Naturlyrik, doch wird man beim Lesen ihrer Gedichte eher an Eich, Krolow, Nelly Sachs oder Rose Ausländer denken als an Wilhelm Lehmann. Auch das verlorene Land der Kindheit erscheint im Gedicht nicht nostalgisch romantisiert, sondern als Zustand der Präexistenz, der Vergangenes und Künftiges verbindet: »Ver-schlungen sinken wir zurück / In unsern Ursprung, unser Ziel.« (»Mein Schatten«, aus: *Bann und Flug*). Zwar spricht ihre »Familienballade« von der Mutter, »die mir den Mut zur Liebe vererbt hat«, aber auch von der Angst vor dem Vater, der im Rausch die Katze erschoss, Rechnungen ungern bezahlte, sie unter dem Rahmen, der leer war, an den Fleischerhaken spießte, »weil er das Bild (ein Totenschädel und handgemalt) eingetauscht hatte für Schnaps.« Mag eine Tendenz zur Generalisierung des Verdikts gegen die Zi-vilisationswüsten der Städte gelegentlich skeptisch stimmen, wird man dies doch als frühe Sorge um die Erhaltung der Natur verstehen. Auch ihre Ro-mane sind lyrisch gestimmt und durch autobiographische Erfahrung des schreibenden Ich geprägt, wie der Roman von Lilith und Laurin *Moräne* (1970) oder der mit den Gedanken an die verstorbene Mutter beginnende, Kriegs- und Nachkriegszeit schildernde Roman *Der Weg zu den Schafen* (1979). In *Die Spiele der Erkenntnis* (1985) begegnet die autobiographische Figur Laura dem Kind Manuel, eine Rekonstruktion eigener und fremder Kindheit, verbunden mit einer im Kapitel »Gang im November« entwickel-ten Poetologie. Diese Sprache entfernt sich weit vom epigonalen »Bewispern von Nüssen und Gräsern«, das Gottfried Benn zu Recht verspottet hat, und auch das so viele Nachkriegsgedichte treffende Verdikt Rühmkorfs von der Wiedergeburt des Mythos aus dem Geist der Kleingärtnerei ist hier aus-nahmsweise nicht zutreffend. Dafür ist Erika Burkarts Horizont zu weit, die sich ins Kosmische erstreckende Welt zu groß und das historische Bewusst-sein, das sie im Prosaband *Grundwasserstrom* (2000) reflektiert hat, zu zen-tral und prägend für ihr gesamtes Schreiben: »Es gibt noch Dichtung nach Auschwitz, aber der Resonanzraum ist ein grundlegend anderer. Kein Wort bedeutet dasselbe wie einst, und jeder Farbe ist ein fahles *caput mortuum*

*Erika Burkart: Frühe Erfahrung der Einheit – Schöpfungsbruch*

beigemischt.« So reicht ihr Schreiben weiter in die Zukunft als auch weiter zurück, in bedeutendere Traditionen als die Nachklänge heiler Welt; viel eher ist ihre Sprachauffassung den Konzepten Johann Georg Hamanns oder Jacob Böhmes verwandt, geprägt von der Erkenntnis, dass Poesie eine Sprache spricht, für die das Wort fehlt.

*Rainer Brambach*      Rainer Brambach ist im Basler Arbeiterquartier St. Johann-Vorstadt als Sohn eines deutschen Klavierstimmers und einer Matthias Claudius liebenden Bernerin aufgewachsen. Brambach hat eine Malerlehre angefangen und nebenbei eine Schauspielschule besucht. Er hatte wenig Glück sowohl in seinem Mutter- wie in seinem Vaterland. Er wurde wegen »Herumtreiberei und Arbeitsscheu« aus der Schweiz ausgewiesen und in Deutschland zum Arbeits- und Wehrdienst eingezogen. Schließlich ist dem Deserteur die Rückkehr in die Schweiz gelungen. Zwei Zeilen seines Gedichts *Niemand wird kommen* fassen das Elend seiner Jugend prägnant zusammen: »kenne einige Gefängnisse inwendig / und auswendig die Sprache der Henker.« Nach seiner Entlassung aus dem Internierungslager verdiente er sein Brot mit ganz verschiedenen Arbeiten als Bote, Chauffeur, Werbetexter und Gartenbauarbeiter. Seine Gedichte entstehen aus unmittelbarer körpernaher Erfahrung eines freien, jedes Wort sorgfältig prüfenden Geistes. In den frühen Gedichten gibt er ein Bild des Bauarbeiters:

> Er schleppt den Stein, er karrt den Sand.
> Die Hornhaut wächst ihm an der Hand.
> Der Schlapphut hängt schief im Genick,
> verschwimmt im Mostrausch trüb der Blick.

Rainer Brambach

Brambach ist, von Walter Höllerer und Hans Bender empfohlen, in Deutschland durch Texte in Zeitschriften und Anthologien berühmt geworden, bevor seine erster Gedichtband *Tagwerk* (1959) erschien. Das Titelgedicht zeigt beispielhaft die Klarheit und Schärfe des Ausdrucks dieser Sprache, frei von jedem sentimentalen Ballast:

> Der auf dem Fahrrad früh zum Steinbruch fährt
> und aus dem Steinbruch spät nach Hause kehrt
> Dazwischen liegen dreizehn Stunden
> Sprengschuß
> Den Stein der Weisen hat er nicht gefunden
> Nur Sand und Schotter blieben ihm erhältlich
> Zum Tagwerk fiel der Regen unentgeltlich.

Brambach kannte philosophische und literarische Größen seiner Zeit, begegnete dem Philosophen Heidegger nicht ohne Kritik, auch mit Humor und Günter Eich mit Dankbarkeit und Verehrung. Eich war ihm seit 1950 Vorbild, Lehrmeister und Freund geworden. Nach kurzer Zeit der Nachfolge hat er aber seinen ganz unverkennbar eigenen Stil gefunden. Auch in Basel ist ein Freundeskreis für ihn wichtig, ganz besonders Jürg Federspiel und Frank Geerk. Gemeinsam mit Federspiel schrieb er die Gedichte *Marco Polos Koffer* (1968), zusammen mit Frank Geerk die *Kneipenlieder* (1974/82). Geerk hat 1989 das Gesamtwerk von Brambach mit dem Titel *Heiterkeit im Garten* herausgegeben. Wer das Werk nicht kennt, muss wenigstens das Gedicht, das diesem Band den Titel gab, kennen, um diesen Titel nicht falsch zu verstehen:

> Kann ich sagen: Der Brunnen brunnt?
> Schnittlauch gehört nicht in die Vase,
> auch wenn er violett blüht.
> Sagt mir, warum nicht?

Ich zerreibe ein Salbeiblatt zwischen den Fingern,
Malven kommen hoch,
ein Regiment von Farnkraut steht mir entgegen.
Saufbrüderchen blühen rot,
ich blau, compostifolium brambachcensis.

Gwerder ist der tragische Fall eines jungen Talents, das, zwischen den Zeiten *Alexander Xaver*
geboren, keinen Raum fand, der ihm die Möglichkeit gegeben hätte, sich frei *Gwerder*
zu entwickeln. Er lebte und schrieb, als die unkritisch rezipierte Tradition
und bürgerliche Moral der Mehrheit seiner Zeitgenossen für ihn schon unglaubwürdig war, als diese aber die Normen der Gesellschaft noch weitgehend beherrschten. So lebte und schrieb er in doppeltem Widerspruch. Er
lebte in innerer Emigration zur Enge des Kleinstaats, der die gegen den Nationalsozialismus notwendige geistige Landesverteidigung nicht nur nahtlos in
einen in Grenzfällen zwanghaft erscheinenden Antikommunismus übergehen
ließ, sondern der Gefahr nicht entging, diese Abwehrhaltung nicht nur gegen
Diktaturen zu richten sondern gegen alle kritisch Gesinnten, gegen alles
Fremde und Neue, vor allem auch gegen Künstler und Kritiker traditioneller
Wirtschaftsordnung, auch wenn diese soziale und demokratische Überzeugungen vertraten. Seine Gedichte erinnern gelegentlich an diejenigen Gottfried Benns, wie zum z.B. *Herbstzeitlos* aus seinem einzigen zu Lebzeiten
gedruckten Band *Blauer Eisenhut* (1951). Die ersten beiden Strophen zeigen
dies deutlich:

Unter Strahlen, unter Stunden
Spuren nur –, Bewältigung –
Beste Blüte, früh erfunden,
herbstzeitlos – ; Erinnerung.

Was wir tun, wird nie verstanden,
was gelingt, ist nie erreicht –
Flüchtig dauern, fremdher stranden,
wasserschwer und aufgeweicht...

Er hatte allerdings vorerst nur einzelne Gedichte Benns aus dem von Rychner
betreuten Literaturteil der *Tat* gekannt und sein Werk in größerem Umfang
erst kennengelernt, als der Großteil des genannten Bandes längst geschrieben
war. Dennoch ist er lange Zeit als bloßer Benn-Epigone unterschätzt oder
später als Kultfigur junger Autoren überschätzt worden. Verständnis, Anerkennung und auch Kritik fand er bei Karl Krolow, der die erste Rezension
des Bandes *Blauer Eisenhut* schrieb, bei Max Rychner und Erwin Jäckle, die
seine Texte in der *Tat* veröffentlichten, bei Hans Rudolf Hilty, der seine Lyrik
im *Hortulus* druckte und nach Gwerders Tod den Band *Dämmerklee* (1955)
und den ersten Prosaband herausgegeben hat. Seine Prosatexte sind als bio-
graphisch-historische Dokumente wertvoll, wenn auch von ästhetisch unter-
schiedlichem Wert. Oft bleibt er aus verständlicher Enttäuschung polemisch,
ohne im anspruchsvolleren Sinn gesellschaftskritisch zu argumentieren, trifft
aber akute Krankheiten Helvetiens, wenn er gegen die »Stinktiere der Anpassung« wettert. (*Möglich, dass es gewittern wird*; *Maschenriß. Gespräche am
Kaffeehaustisch*, beide 1957). Den Traditionsbruch, den er erlitt und vollzog,
hat er in der ersten Strophe des Gedichts *Die Weise vom Kriterium eines
Heutigen* (*Land über Dächer*, 1959) exemplarisch gestaltet:

›Reiten, reiten, reiten‹ – das konnte der Dichter
neunzehnten Jahrhunderts
mit Wolken und Mond noch. Uns
blieb der Ritt in Stahl und Benzin; besser:

dazwischen. Es bleibt kaum Tag
für den Fischzug der Bazare, und nächstens
werden persönliche Bedürfnisanstalten sowie
Selbstbedienungskrematorien
verabfolgt.

Sein Bestes aber gab er in lyrischer Kurzform, z. B. im Gedicht *Ebenbild*
(*Dämmerklee*, 1955):

Ich suchte, vor sich Nacht genaht
Nach meinem Ebenbild –
Mein letzter Schritt am Abgrund trat
Auf den zerbrochnen Schild.

Ich sucht' auf edlem Trümmerstück
Vergeblich nach dem Reim –
Und liess dann Schild und Nacht zurück...
Nun find' ich nicht mehr heim.

Es stellt das Scheitern der Suche nach Reim und Ebenbild dar, das Scheitern
der Ich-Aussage; die Sprache hat ihre mimetische Qualität der Aussage des
Wirklichen verloren. Dieses Ich findet sich nicht in ihm adäquaten Formen
der Aussage und entfremdet sich einer Welt, in der es sich nicht mehr abbilden kann. Dieses Gedicht hebt das Scheitern nicht auf, aber es bezeichnet
präzise den historischen Ort der Lyrik Gwerders: die Bruchstelle zwischen
einer Tradition, die nicht mehr trägt, und einer neuen Form, die noch nicht
oder nur fragmentarisch gefunden ist. Gwerder hat mit 29 Jahren verzwei-
felnd seine Familie, seine Frau und zwei Kinder verlassen und in Begleitung
seiner Geliebten auf seiner einzigen Auslandreise in Arles, auf den Spuren
van Goghs, 1951 den Freitod gewählt. Eine produktive Antwort auf diese
Krisensituation traditioneller Lyrik ist die durch die konkrete Kunst Max
Bills angeregte konkrete Poesie Eugen Gomringers.

*Eugen Gomringer:*
*Avantgardist des*
*konkreten Gedichts*

Gomringer ist Schweizer, wurde in Bolivien geboren, hat die Oberrealschule
in Zürich besucht (heute Gymnasium naturwissenschaftlicher Richtung), an
den Universitäten Bern und Rom Nationalökonomie und Kunstgeschichte
studiert und war dann 1954–58 Sekretär Max Bills an der Hochschule für
Gestaltung in Ulm, 1959–67 Werbeleiter eines industriellen Unternehmens in
Frauenfeld (Schweiz), 1962–67 Geschäftsführer des Schweizerischen Werk-
bundes in Zürich und 1976–90 Dozent und Professor an der Staatlichen
Kunstakademie in Düsseldorf. Diese Kombination verschiedener, sonst meist
getrennter Kulturen, Studienrichtungen und Berufsfelder wirkte auch als
Grundlage seiner Entwicklung von Kunsttheorien und -praktiken. Gomringer
hat sich von Anfang an von der traditionellen Kunst klassizistischer Tradition
völlig distanziert und wollte eine Kunst für die moderne, durch Technik und
Ökonomie bestimmte Arbeitswelt schaffen, die tendenziell den Unterschied
zwischen Kunst- und Gebrauchsliteratur aufhebe. In seinem ersten programmatischen Text *vom vers zur konstellation* (1954) bestimmte er Zweck und
Form seiner neuen Dichtung. Er hält das Gedicht in Versform für eine historische Größe, abgetrennt von der Sprache des gelebten Lebens. Vorstufen und
Anregungen für sein Konzept sieht er in den Versuchen von Arno Holz, den
Texten des späten Mallarmé und in den *Calligrammes* von Apollinaire oder in
Hans Arps und Hugo Balls dadaistischen Texten, die das Wort aus syntaktischen Strukturen lösen und es als eigene Wirklichkeit setzen. Sprache ist dann
nicht Ausdruck eines Individuums noch Verweis auf eine symbolische Bedeutung. Sprache erscheint in der konkreten Lyrik als Material, visuell als Bild.
Eine frühe Konstellation ist *das schwarze geheimnis*:

```
das schwarze geheimnis
ist                    hier
hier                    ist
das schwarze geheimnis
```

Die weiße Fläche des Papiers kontrastiert mit der Schwärze der Zeichen. Der Leser fragt sich: Worin besteht das schwarze Geheimnis? Ist es der von den Zeichen umschlossene Raum oder ist das Faktum gemeint, dass der Raum des Geheimnisses durch die schwarzen Zeichen geschaffen wird?

Eine der berühmtesten seiner visuellen Konstellationen ist *schweigen* aus *worte sind schatten* (1996):

```
schweigen schweigen schweigen
schweigen schweigen schweigen
schweigen          schweigen
schweigen schweigen schweigen
schweigen schweigen schweigen
```

Die Zeichen des Wortes umschließen einen weißen Raum des Schweigens. Sie versuchen konkret, durch die graphische Gestaltung, die Aufteilung des Raums, zu sein, was sie bedeuten. Variationen mit entsprechenden Worten anderer Sprachen sind möglich.

Gomringer hat in seinem frühesten theoretischen Text diese Versuche als *Konstellationen* bezeichnet. Nach seinen späteren Texten wären dies aber *Ideogramme*, d.h. geschlossene Gebilde aus Buchstaben und Wörtern, »welche durch präzise konkretionen semantischer wie semiotischer intentionen entstehen.« Als Konstellationen bezeichnet er später »nicht unbedingt geschlossene gebilde« – die Unschärfe der Argumentation steht in seltsamem Gegensatz zum Anspruch, Theorie der Kunst im wissenschaftlich-technischen Zeitalter zu schreiben –, er meint damit Gebilde, die in dem Sinne offen sind, als sie durch Buchstaben-, Wort- und Satzkombinationen entstehen, die durch Techniken der Kombination und der Permutation sowie der zyklischen Vertauschung der Glieder veränderbar sind und durch die Lesenden weiter variiert oder als Modelle auf andere Zeichenkombinationen analoger Struktur übertragen werden können.

Eugen Gomringer

Gomringer betont in seinen *definitionen zur visuellen poesie* die Bedeutung der konkreten Poesie für die Dialektgedichte und die Bedeutung der Dialektgedichte, sowohl als Sprechgedichte als auch als visuelle Dichtung. In der Tat war die konkrete Dichtung sowohl Anlass zur Wiederentdeckung früherer origineller Formen als auch zur Wandlung, zur Regeneration erstarrter, klischierter Formen der Dialektlyrik. Gomringer hat selbst Dialektkonstellationen geschrieben, die Strukturmodelle schweizerischen Verhaltens darstellen, z.B. *schwiizer* (Schweizer):

| | |
|---|---|
| luege | sehen |
| aaluege | ansehen |
| zueluege | zusehen |
| | |
| nöd rede | nichts sagen |
| sicher sii | sicher sein |
| nu luege | nur sehen |
| | |
| nüd znäch | nicht zu nahe |
| nu vu wiitem | nur von weitem |
| ruig bliibe | ruhig bleiben |
| | |
| schwiizer sii | schweizer sein |
| schwiizer bliibe | schweizer bleiben |
| nu luege | nur sehen |

Der Text lebt von den Variationen von *luege* (sehen). Reden erscheint nur in Form der Negation. Reden hieße den Stand des sicheren Beobachters mit dem Stand des unsicheren Redners zu vertauschen. Das Gedicht hat insofern eine paradoxe Struktur, als es eine Kommunikation über die Schweizer Nicht-Kommunikation darstellt. Von Handeln aber kann nicht einmal in dieser Form die Rede sein. Der Text ist stark reduziert auf eine reine Verhaltens- und Reaktionsform, gelöst aus Objektbezügen. Natürlich ist dies eine ethnische Typisierung, zur Zeit der Entstehung noch repräsentativer als heute, wo sich zum mindesten die in Städten lebende Jugend von solchen Verhaltensformen emanzipiert hat. Dieser Text nimmt eine Mittellage ein zwischen einer Heimatstilpose, die diese Haltung verklären würde, und einer reinen Parodie, einer Cabaret-Einlage, die diese Haltung verständnislosem Gelächter überließe. Die Texte konkreter Lyrik beziehen die Lesenden mit ein. Dieses Beispiel verweist den ausländischen Leser auf eine Eigenart in der Schweiz vorkommenden, in bestimmten Milieus typischen Verhaltens. Dem Sprecher aus der Schweiz bietet es die Chance der Identifikation, der Selbsterkenntnis und der spielerischen Befreiung von dieser Haltung, insofern es ihm während des Sprechens den Syndromcharakter dieser Interaktionsform bewusst macht – eine stilisierte Interaktionsform, die die vielfältigsten Spielräume der Assoziation, die viele Möglichkeiten der Konkretisation eröffnet.

*Konkrete Poesie*  Gomringers Begründung der *Konkreten Poesie* gab internationale Impulse der Entwicklung einer Lyrik, die in einer Phase rasanter wirtschaftlicher und technischer Entwicklung die Distanz zur Alltagssprache aufgab, auf Ich-Aussage verzichtete und die Grenzen zwischen den Künsten überschritt. In Brasilien haben die Vertreter der Gruppe *noigandres*, in der Bundesrepublik Helmut Heissenbüttel, Max Bense, Reinhard Döhl und Franz Mon, in Österreich Ernst Jandl und die Wiener Gruppe, in der Schweiz Kurt Marti, Claus Bremer und Dieter Roth Konzepte und Gedanken Gomringers aufgenommen und selbständig weiter entwickelt.

Die Grenzen von Gomringers Ansatz zeigen sich in den theoretischen Äußerungen. Er sieht nur eine Richtung historischer Entwicklung vom Vers zur Konstellation, spricht davon, dass Schreiben und Lesen Übel seien, die viel Zeit erforderten, weshalb Sprache auf einfachste Strukturen reduziert werden müsse. Dies kann sowohl zu ästhetischer Konzentration aber auch zu reklametechnischer Rationalisierung führen. Gomringer betrachtet mit dogmatischer Ausschließlichkeit konkrete Dichtung als einzige dem technischen Zeitalter gemäße Form sprachlicher Kunst, die sich zur universalen Gemeinschaftssprache entwickeln sollte. Letzteres blieb reine Utopie. Konkrete Dichtung in Gomringers Sinn konnte in den 60er Jahren des Traditionsbruchs, des Wechsels von älteren zu neueren Formen des Lebens und des Schreibens die größte Wirkung entfalten. Sie hatte nachhaltigen Einfluss auf die Techniken der Reklame und auf Versuche, die Grenzen zwischen den Künsten zu öffnen, verlor dann aber breiteres Interesse mit Ausnahme der Autoren, die selbständig und undogmatisch neuere und ältere Formen der Aussage kombinierten, wie vor allem Ernst Jandl und Kurt Marti.

## Grenzsituationen – Das engagierte Gedicht

*Kurt Marti*  Kurt Marti ist vielseitiger Schriftsteller und Theologe und war 1961–83 Pfarrer an der Nyddeggkirche in Bern. Die Konventionen und Rituale der Kirche und der politischen Gemeinde trieben und treiben ihn zum phantasievollen Spiel mit Traditionen, zur Erfindung neuer Sprache, zur Variation und Kombination alter und neuer Modelle. Gleichzeitig mit seinem ersten Gedichtband *Boulevard Bikini* erschien 1958 seine programmatische Schrift *Das Bildnisverbot und die konkrete Kunst*. Die Wirkung Gomringers ist ganz unverkennbar, doch ebenso klar die Marti von ihm unterscheidende Beziehung von Theologie und Kunst. In seinem zweiten Lyrikband *Republikanische Gedichte* (1959) zeigt sich ein weiteres Charakteristikum Martis, die Verbindung von konkreter Lyrik und engagierter Literatur. So kritisiert er in seinem Gedicht *demokratisches modell* die Scheinharmonie helvetischer Politik:

```
        stimme              stimme
        stimme              stimme
            ja                  nein
        stimm               stimm
damit es stimmt       denn du bestimmst
        stimmend stimmt ihr
            ja und nein
              überein
```

Nur wer weiß, dass zu jener Zeit Lyrik in überwältigender Mehrheit traditioneller Ich-Aussage verpflichtet war, avantgardistische Experimente der Form randständig blieben, nur wenigen bekannt, und politische Lyrik selten publiziert, aber fast immer dem Vorwurf kommunistischer Agitation ausgesetzt wurde, kann begreifen, dass Martis Gedichte vom traditionellen Bürgertum als Provokation empfunden und dezidiert abgelehnt wurden. »piff paff« beginnt die zweite Strophe des gleich lautenden Gedichts: »wer anders denkt als sie / und nicht wie bern es wünscht der ist / – hell tönt ihr hallali – ein kommunist«. Im Gegensatz zu Gomringer hat Marti eine Fülle von Formen mit und ohne Reim gepflegt und neben politischer Lyrik auch Liebes- und Naturgedichte, in für ihn charakteristischer Art Altes und Neues verbindend, geschrieben, z. B. in *gedichte, alfabeete & cymbalklang* (1966). Sein Gedichtband *leichenreden* (1969) ist, wie schon *gedichte am rand* (1963), aus der Praxis des Theologen geschrieben, einer Theologie, die gerade auf der Schwelle von Diesseits und Jenseits auf das Leben hier und jetzt verweist, auf das Faktum, dass hier beginnen muss, was vor Gott bestehen soll. Auch seine durch theologische Praxis inspirierte Poesie ist nie von anderen Lebensbereichen getrennt. Sie wirkt, da sie sich gegen lebensfeindlich erstarrte Konvention wendet, gesellschaftskritisch, auch gegen starre Moraltheologie der Kirche, wie im folgenden Beispiel aus den *leichenreden*:

```
es war eine gute ehe
sie blieben sich treu
es war eine gute ehe
nicht das geringste geschah
es war eine gute ehe
die stark war wie stahl
es war eine gute ehe
die still war wie stein
es war eine gute ehe
nicht das geringste geschah
es war eine gute ehe
jetzt ist das gefängnis gesprengt
```

In der Schweiz hat Marti mit keinem Band so viel Erfolg gehabt wie mit dem ersten Band seiner bei Luchterhand erschienenen Mundartlyrik *Rosa Loui*. Werner Weber, damals Feuilletonchef der *Neuen Zürcher Zeitung* (1967), schrieb über diese vierzig Gedichte in Berner Umgangssprache, die schweizerdeutsche Dichtung sei mit einem »Meisterschlag aus ihrer Formelstarre befreit worden«. Dialektlyrik, sonst allzu oft ländlich-bieder und sentimental degeneriert, gewinnt hier Welt und Weite, ja es gelingt Marti sogar in knappster Form, in wenigen Zeilen die Quintessenz einer Ästhetik zu erfassen, die, von Ernst Bloch angeregt, dem Prinzip von Martis Schreiben entspricht. Das Gedicht *chlyni aesthetik* zitiert als Motto Ernst Blochs Satz: »so schlägt es gerade dem allzu schönen gut an, wenn der lack springt.« Die vorletzte Strophe Martis erfasst das ständige Vergehen und Werden des Schönen, das »scho nümme... jitz wider« (schon nicht mehr... jetzt wieder neu) sich zeigt:

| | |
|---|---|
| immer geit | immer geht |
| nöimen öppis no anders | irgendwo etwas noch anders |
| und wyters: entschpringt | und weiter: entspringt |
| em schöne wird schön | dem schönen wird schön |
| im entschprung | im entspringen |
| und wenns | und wenn es |
| em entschprung | dem entsprung |
| wo aachunnt und löjet | der ankommt und ruht, |
| wider entschpringt | wieder entspringt |

Martis Schreiben gilt nicht dem zeitlos Ewigen sondern dem Schönen, das sich in und durch Verwandlung lebendig erhält, nicht durch Abgrenzung sondern durch die intensivste Zuwendung zu den aktuellen Herausforderungen der geistigen, wirtschaftlichen und politischen Fragen des Lebens und Überlebens. Dazu gehören nach 1970 in zunehmendem Maße auch seine Prosatexte. Schon 1960 waren seine *Dorfgeschichten* erschienen. Mit seinem politischen Tagebuch *Bern 1972* begann eine Reihe von Tagebüchern, Notizen und Essays des politischen Chronisten, die sowohl von literarischer Qualität als auch unverzichtbare Dokumente zur Mentalitätsgeschichte und zur geistigen Situation der Zeit sind. Kurt Marti war nicht der einzige, wohl aber der vielseitigste der Autoren, die zu dieser Zeit neue Formen erprobten und mit wachen Sinnen die aktuellen und kommenden Veränderungen wahrnahmen.

*Hans Werthmüller:*
*Ars antipoetica*

Nach Abbau der kargen staatlich gelenkten Kriegswirtschaft konnte sich dank völlig intakten, vom Krieg unversehrten Anlagen sehr rasch eine florierende Konsumgesellschaft entfalten, gefördert durch die durch den Krieg beschleunigten Techniken der Luftfahrt, der Elektronik, der Informationsmedien, unterstützt durch die Wettbewerbstendenzen des Kalten Krieges und den Arbeitsfrieden der vor wie nach 1945 mit den Arbeitgebern sich weitgehend partnerschaftlich verhaltenden Arbeiterschaft. Hans Werthmüller formulierte poetologische Konsequenzen in seiner *Ars antipoetica*:

> Begreiflich
> daß heutige Gedichte unbegreiflich
> und nicht mehr Gedichte sein möchten
> oder nur ganz knapp noch Gedicht:
> lyrische Grenzsituation...

Doch auch die Inhalte zeigen veränderte *Gegensätze*. So formuliert er im entsprechenden Gedicht: »Früher knisterten die Gegensätze [...] zwischen Morgenland und Abendland«, – heute aber zwischen »Rußland und Amerika«, um aber in prophetischer Ahnung, dass auch dieser Gegensatz vergänglich sein könnte, mit der Zeile zu enden: »Von heute sind sie beide.«

*Jürg Steiner*

Der erste Lyrikband des später als Romancier berühmt werdenden Jürg Steiner – *Episoden aus Rabenland* (1956) – enthält utopische Bilder eines Landes, in dem für jeden ein Haus bereit steht, in welchem er Heimat findet. Über Steiners *Der schwarze Kasten* (1965) schreibt Kurt Marti im Nachwort:

»*Der schwarze Kasten*, zunächst als Kamera genommen«, registriere, was
von und mit den Leuten gespielt würde, »unentscheidbare Spiele ohne abschließende Lösung.« So würde der schwarze Kasten »zum aus der Kyberne-
tik übernommenen Bild für die Interdependenz aller Fakten und Probleme,
die immer nur Teillösungen zulässt, da jede Lösung neue Fakten und neue
Probleme hervorbringt.« Der wirtschaftliche und gesellschaftliche Wandel
verändert auch die Poesie. Sie kann weder Zeitloses noch mit Goethe Dauer
im Wechsel verkünden, sondern nur noch den dauernden Wechsel anzeigen
und den Widerspruch zu tradierten Konventionen der Formen des Lebens
und der Sprache: »Handwerk hat goldenen Boden, die Gärtner wollen ihren
Beruf wechseln.« Allerdings bleibt immer ein utopischer ›Vorschein‹. Das
Titelgedicht von Steiners Band *Als es noch Grenzen gab* (1976) handelt von
einem Mann, den es noch nicht gibt, der schwarz, ohne Papiere über die
Grenze kam, Aufnahme fand und bei uns die Wörter »Fremder, Polizei, Aus-
weis« nie gelernt habe: »Sein erstes Wort in unserer Sprache sei das Wort
Freude gewesen.« Doch der Mann fehlt, fehlt nicht nur im Gedicht. Dieses
aber bezeugt, dass die Öffnung der Grenzen zum Welthandel sich rascher
vollzog als die Erweiterung des Bewusstseins der Bürger zu Weltbürgern. Jenes ist Sache internationaler Verträge, dieses ein Ziel regional verankerter
aber ihre Grenzen sprengender Literatur.

# Max Frisch

## Frühe Prosa – Auf der Suche nach dem wirklichen Leben

Schon die ersten, vor 1945 entstandenen Texte Frischs enthalten Bezüge zu
später zentralen Motiven und Formen. Sie sind eindrücklich als Dokumente
der Identitätsbildung, doch deutlich zu unterscheiden von den Werken nach
Kriegsende 1945/46, dem Beginn seines politischen Engagements. Frisch
stand seinen Anfängen später distanziert gegenüber. Er hat seine Jugendro-
mane *Jürg Reinhart. Eine sommerliche Schicksalsfahrt* (1934) und *Antwort
aus der Stille* (1937) nie mehr selbst herausgegeben. Im Winter 1930/31 hatte
er an der Universität Zürich mit dem Studium der Germanistik, der Roma-
nistik und der Kunstgeschichte begonnen, aber 1933, nach dem Tod des Vaters, dieses abgebrochen und als Journalist für verschiedene Blätter, vor allem
für die *Neue Zürcher Zeitung,* Feuilletons und Berichte von seinen Ausland-
reisen nach Prag, über Ungarn nach Istanbul, durch Serbien, Bosnien und
Dalmatien nach Griechenland geschrieben. Autobiographische Spuren dieser
Reisen, die er streckenweise zu Fuß unternahm, finden sich in *Jürg Reinhart,*
einer Figur, die, traditionell beschrieben, mit einem jungen Mann nicht nur
das Alter, sondern auch die zentralen Themen der ersten Liebe und des Todes
teilt. Die Figur Reinharts erscheint darauf wieder im Roman *Die Schwierigen
oder J'adore ce qui me brûle* (1942/1957), der Geschichte eines scheiternden
Künstlers. Sie ist noch nach dem Modell von Gottfried Kellers *Der grüne
Heinrich* geschrieben, zeigt aber schon Analogien zur Identitätsproblematik
in *Stiller.* Die Erzählung *Antwort aus der Stille* hat er selbst als epigonal bezeichnet. Dieser Text scheint der Anlass gewesen zu sein, vorübergehend auf
eine Zukunft als Autor zu verzichten, seine Skizzen und Tagebücher zu ver-
brennen, von 1936–1942 an der ETH Zürich Architektur zu studieren und
damit die Grundlage einer bürgerlichen Existenz zu schaffen. 1942 gewann
er das Preisausschreiben für das Freibad Letzigraben, eröffnete ein Architek-

Max Frisch 1955

turbüro und verheiratete sich mit der aus altangesehener Familie stammenden Constanze von Meyenburg. Der Ausbruch des Weltkriegs 1939 und sein Militärdienst als Kanonier provozierten gesellschaftliche und politische Fragen. 1939 kam es zu dem von ihm selbst so bezeichneten »Vertragsbruch«, zum Neubeginn literarischen Schreibens, zu seinem Tagebuch *Blätter aus dem Brotsack*. Es schildert sehr einfach und konkret den Alltag eines Schweizer Soldaten zwischen unmittelbarer Erwartung des Einmarschs der deutschen Wehrmacht und der Sorge um das Schicksal der zu Hause Zurückgebliebenen, mit dem Bewusstsein: »Gewiß: es gibt andere, die zur gleichen Stunde gegen ein Maschinengewehr anrennen, gegen eine Reihe von Tanks, die über ihre Gräben hereinbrechen, und solche, die in den Drahtverhauen hängen, die neben den Einschlägen liegen, das Gesicht in den Dreck gepreßt, wartend, ob es auch sie zerfetzt oder nicht –«. Er hat mit dem Tagebuch eine später weiter entwickelte Stil bildende Form gefunden, die Stimmungsbilder und Beschreibungen mit Reflexionen verbindet und so weder eine auktoriale Übersicht noch eine ebenso problematische Ganzheit fingiert. Die durch das Tagebuch gegebene Ich-Erzählung bewährt sich in neu gewonnener Heiterkeit und Eleganz in den Aufzeichnungen *Bin oder die Reise nach Peking*, 1944 geschrieben, 1945 gedruckt, eine kontrastive Ergänzung zur bedrückenden Welt des Wehrmanns, die Erzählung einer Traumreise, die unendliche Suche eines Ich nach seiner Identität, nach seinem erträumten Glück. Man mag bei *Bin* an den Vornamen Albin Zollingers denken, dessen lyrische Impressionen Frisch beeindruckt haben, man kann *Bin* aber auch als verbalen Teil von *Ich bin* betrachten, als anderen Teil des Ich, das Selbst. Wesentlich ist der schwerelose Zustand des Bewusstseins zwischen Traum und Wirklichkeit, dem diese Prosa Ausdruck gibt. Wer in diesem Text aber nur romantische Sehnsucht nach unkonventionellem Leben sieht, verkennt die Fragen dieses Ich an Bin nach dem weiteren Weg, nach Beruf und Berufung und übersieht den zeitgeschichtlichen Kontext, in den sie gestellt werden, den in den Gesprächen zwischen Ich und Bin immer wieder genannten Krieg: »Niemand weiß, wann er aufhören wird und wie.« Der Dramaturg des Zürcher Schauspielhauses, Kurt Hirschfeld, hatte Frisch an Proben von Stücken Brechts, Claudels, Sartres und Giraudoux' teilnehmen lassen und zu Bühnenversuchen ermuntert. Thornton Wilders Dramen hatten ihn schon früher begeistert. Frischs erstes Stück *Santa Cruz. Eine Romanze* (geschrieben 1944, Uraufführung 1946) ist, wie *Bin,* durch den Gegensatz Wirklichkeit und Traum, gelebtes und ungelebtes aber erträumtes Leben geprägt. Es gehört noch nicht zu der gesellschaftlich engagierten Literatur Frischs, ist aber wichtig, weil es schon Grundprinzipien seiner dramatischen Form zeigt. Ein Spielleiter demonstriert Theater nicht als Illusion, sondern als Spiel. Das Gezeigte fingiert nicht Wirklichkeit, sondern Vorgänge des Bewusstseins.

*Bin oder die Reise nach Peking*

### Frühe Stücke nach 1945

1945 bezeichnet eine deutliche Zäsur und Distanz zu früheren Texten, die Frisch später selbst als »Fluchtliteratur« betrachten wird. Fortan sollte man, will man den politisch-gesellschaftskritischen Bezug seiner Prosa wie seiner Dramen verstehen, seine Essays einbeziehen, zum genannten Zeitpunkt vor allem *Über Zeitereignis und Dichtung* (1945). Er bestimmt dort sein Verhältnis zu Deutschland und seine Position zu zeitkritischer Dichtung. Einerseits sieht er den Nachteil des außen stehenden Schweizer Beobachters, der den Krieg nicht am eigenen Leib erlitten hat, andererseits den Vorteil, dass er einer nicht kämpfenden Partei angehört und deshalb weder die unvermeidliche

Verengung des Blicks und Gefühls habe, die dem Kämpfer eigen sei, noch dessen Versuchung zur Rache unterliege. Dennoch betont er die »ungeheuerliche Anmaßung, die jedem Dichten zugrunde liegt«, sieht aber den Traum als Zeugen, der belegt, was uns wirklich bewegt:

> Wie unwillkürlich, wie unausweichlich das Zeitereignis auch von uns erlebt wird, die es nicht mit Augen sehen und die es nicht unmittelbar betrifft, das zeigt uns übrigens der eigene Traum; fast jede Nacht verrät er uns als Genossen einer grauenhaften Zeit. Der Traum aber, glauben wir, sei die einzig unbestechliche und die letzte hörbare Stimme, die wir befragen können, um sicher zu sein, was unter der Oberfläche uns wirklich bewegt, was auszusprechen wir mindestens versuchen sollten im Maße unserer Mittel.

Im Falle Frischs sind es Träume eines Zeitzeugen, der durch viele Reisen und Begegnungen geprägt ist.

Kurz vor Kriegsende, am 29. März 1945, wurde Frischs zweites Bühnenstück *Nun singen sie wieder. Versuch eines Requiems* im Zürcher Schauspielhaus uraufgeführt. Eine Bilderfolge mit drei Schauplätzen: nach einer Geiselerschießung an der Ostfront, in Deutschland in einem Luftschutzkeller und bei einer Gruppe alliierter Flieger, kurz vor dem Einsatz. Es beginnt mit dem Dialog zwischen dem die Exekution kommandierenden Offizier Herbert und dem Soldaten Karl, Sohn des gebildeten aber durch die Nazis korrumpierten Oberlehrers. Der Lehrer versucht seinem Sohn Karl die Schuld auszureden, wird sich aber, nachdem sich der Sohn im Luftschutzkeller erhängt hat, der eigenen Schuld bewusst, bekundet Verständnis für den Gegner, wird denunziert und auf Befehl Herberts erschossen. Auf die Frage »Weshalb?« gibt Herbert als sein ehemaliger Schüler die Antwort, die auf die zentrale Frage des Stücks nach dem Grund des Versagens humanistischer Bildung verweist: »Wir erschießen nicht Sie allein, sondern Ihre Worte, Ihr Denken, alles, was Sie als Geist bezeichnen, Ihre Träume, Ihre Ziele, Ihre Anschauung der Welt, die, wie Sie sehen, eine Lüge war –«. Eine Nachschrift Frischs betont den Charakter des Spiels, welches das Ungeheure des Wirklichen nicht erreichen könne. Dieses Stück ist in einem Leitartikel der *Neuen Zürcher Zeitung* angegriffen worden, da es »die Schuld nicht der brutalen Unmenschlichkeit, sondern dem Versagen des Geistes vor der Gewalt« zuschreibe. In seiner Replik kritisiert Frisch die naive Meinung, es handle sich um zweierlei Menschen, solche, die Mozart spielten und solche, die die Menschen verbrennten und betont das Versagen des Geistes nicht nur in Deutschland, sondern auch in der Schweiz:

> Auch dort, wo das Versagen des Geistes nicht zur aktiven Kriminalität reicht und sich nicht als Massaker darstellt, erkennen wir es als Schuld, beispielsweise in dem Umstand, daß unsere gesamte schweizerische Presse, solange es unser Vaterland hätte gefährden können, zu eben jenen Massakern schweigen mußte und schwieg. Nur daß wir es beim Nachbar als Mangel an bürgerlichem Mut bezeichnen, somit als Schuld, im eigenen Lande aber als Staatsraison.

Auf diese dezidierte Wendung zur Bewältigung der Vergangenheit folgt 1945/46 mit der ersten Fassung von *Die chinesische Mauer. Eine Farce* (überarbeitete Fassungen 1955, 1965, 1973) seine frühe Auseinandersetzung mit dem bedrängendsten Problem der Gegenwart, der atomaren Bedrohung. Am 6. August 1945 hatten die Amerikaner die erste Atombombe über Hiroshima gezündet. Auch hier verbindet Frisch die Perspektiven verschiedener Räume und Zeiten, die Gegenwart in der Figur des Heutigen trifft zusammen mit der Figur Tsin Sche Wang Ti, genannt »der Erste Erhabene Kaiser, [...] der Himmelssohn, der immer im Recht ist« und den Masken von Napoleon,

Pilatus, Brutus und Philipp V. von Spanien. In diesem Theater eines Bewusstseins der Menschheit manifestiert sich die Problematik der Verbindung naturwissenschaftlich-technischer Zivilisation mit den archaischen Strukturen autoritärer Herrschaft. Das Atom wird teilbar, die Sintflut herstellbar. Bleiben diese Modelle der Herrschaft erhalten, steht das Überleben der Menschheit in Frage. »Wir können uns das Abenteuer der Alleinherrschaft nicht mehr leisten, Excellenz«, sagt der Heutige zu Napoleon, »und zwar nirgends auf der Erde; das Risiko ist zu groß.« Frischs nächstes Schauspiel *Als der Krieg zu Ende war* (1947/48, 1962) ist, trotz einiger epischer Einlagen, konventioneller gebaut als die vorangehenden Bewusstseinsspiele, aber deshalb von Bedeutung, weil er hier sein zentrales Motiv »Du sollst Dir kein Bildnis machen« gestaltet und auf die Sprache bezieht. Der Schauplatz ist in Berlin 1945. Frisch hatte 1947 erfahren, dass zu jener Zeit russischer Besetzung die Frau eines an der Ermordung der Juden im Warschauer Ghetto beteiligten deutschen Offiziers, den sie im Keller seiner von einem russischen Obersten besetzten Villa versteckt hatte, sich diesem Oberst hingab, vorerst um ihren Mann zu retten. Dann entstand daraus gegenseitige Liebe, was nur deshalb möglich war, weil sie keine gemeinsame Sprache hatten, sich kein Bildnis machten, weil zu jener Zeit korrumpierter Sprache Sprache – ideologisch erstarrt – nur ein Gefäß des jede Beziehung vernichtenden Vorurteils gewesen wäre. Das Erscheinen des als Besitzer auftretenden Deutschen zerstört die Beziehung. In der ersten Fassung folgte darauf die Enttäuschung der Frau, die sich umbringt, weil sie erkennt, dass ihr ohne Reue schuldiger Mann sich während und nach dem Krieg als gewissenloser Lump erwiesen hat. Frisch hat in der zweiten Fassung diesen dritten Akt gestrichen, da er die Wirkung des Bildnis-Motivs beeinträchtigt.

## *Das* Tagebuch 1946–1949 *als Keimzelle des späteren Werks*

Während des Baus des Freibads Letzigraben entstanden Skizzen und Entwürfe, die dann später, sorgfältig ausgewählt und komponiert, in das *Tagebuch mit Marion* (1947) und mit diesem Tagebuch in das *Tagebuch 1946–1949* (1950) übergingen. Der Marionettenspieler Marion ist gleichsam ein Ideal-Ich des Künstlers. Marion verzweifelt, weil die Menschen sich nicht von innen heraus bewegen, sondern nach dem Zufall, der sie von außen bewegt. Er verfällt dem Irrtum zu meinen, »die Wahrheit eines Menschen liege auf seinen Lippen oder seiner Feder«, gerät deshalb in einen Zustand der Verwirrung und bringt sich um. Er stirbt mit dem Bewusstsein, dass Wahrheit und Wirklichkeit sprachlich nicht zu erfassen sind. In einem »Nachtrag zu Marion« steht ein Engel neben Marion und fragt, was er eigentlich möchte. Marion möchte, einmal wenigstens, über das Wasser wandeln können. Niemand müsse es erfahren und glauben, sagt er zu dem Engel: »Es sei mir genug, wenn ich allein es weiß: Einmal bin ich über das Wasser gegangen, ganz wirklich. Und niemals brauchte es wiederzukehren!« So wird dieser Vorgang zum symbolischen Ausdruck des Ganz-bei-sich-selbst-Seins, des unaussprechlichen Moments der Wahrheit. Frisch hat aus der Sammlung von Kurzgeschichten, Skizzen, Reiseimpressionen und Berichten eine ihm entsprechende Kunstform entwickelt, die nicht mehr rein chronologischen, sondern ästhetischen Ordnungsprinzipien folgt. Im dritten, im Café de la Terrasse geschriebenen Eintrag findet sich ein Abschnitt »Vom Sinn des Tagebuchs«. Seine (des Tagebuchs) Momentaufnahmen blieben relativ, meint er, wir lebten »auf einem laufenden Band«, aber:

Indem man es nicht verschweigt, sondern aufschreibt, bekennt man sich zu sei- nem Denken, das bestenfalls für den Augenblick und für den Standort stimmt, da es sich erzeugt. [...] Man hält die Feder hin, wie eine Nadel in der Erdbeben- warte, und eigentlich sind nicht wir es, die schreiben; sondern wir werden ge- schrieben. Schreiben heißt: sich selber lesen.

Literarisches Schreiben wird zum Medium der Selbsterkenntnis, einer Selbst- erfahrung, die Bewusstes und Unbewusstes, die diskursiv-historische und vi- sionär vergegenwärtigende Zeiterfahrung verbindet: »Unser Bewußtsein als das brechende Prisma, das unser Leben in ein Nacheinander zerlegt, und der Traum als die andere Linse, die es wieder in sein Urganzes sammelt; der Traum und die Dichtung, die ihm in diesem Sinne nachzukommen sucht –«. Allerdings kann sie das nur, wenn sie sich nicht allwissend, sondern forschend und fragend verhält. Deshalb ist die der Literatur gemäße Form nicht das geschlossene Werk, sondern die offene Form, das Fragment, das kein festes Bildnis gibt. In datierten Diarien sammelte er sowohl Momente des Tagesbe- wusstseins, Fakten historischer Erfahrung und Einfälle, Bilder, Fiktionen, die er im literarischen Tagebuch in überlegter Folge gestaltet. In der Zuschrift an den Leser wünscht er ausdrücklich, der Leser möge nicht nach Laune und Zufall hin und her blättern und bestätigt damit, dass dieses Tagebuch nicht chronologischem Zufall folge, sondern seine Ordnung der Komposition poe- tologisch reflektierter Kunstform verdankt. Die Einträge »Du sollst Dir kein Bildnis machen« und »Der andorranische Jude« enthalten Gedanken, die für das Verständnis Frischs grundlegend sind. Sein Schriftverständnis geht aus von einer säkularisierten Form des göttlichen Worts, das Geschichte schafft (Joh. 1,1). Das Göttliche im Menschen ist das, was er nicht ist aber sein könnte, seine utopische Zielform, die wir verleugnen, wenn wir uns vom Mitmenschen ein Bildnis machen: »Gott als das Lebendige in jedem Men- schen, das, was nicht erfaßbar ist. Es ist eine Versündigung, die wir, so wie sie an uns begangen wird, fast ohne Unterlaß wieder begehen – Ausgenommen wenn wir lieben.« Der Liebende erahnt die mit Worten nicht fassbare Le- bensfülle, die Frisch als das Göttliche im Menschen bezeichnet. Im Gegensatz zum Geschichte schaffenden Wort ist das Menschenwort gefährdet durch Vorurteile verbreitende Klischees. Auch die Sprache der Literatur kann wahr und falsch sein, das Geheimnis des Lebens ist letztlich sprachlich nicht fass- bar, nur in unvollkommenen Näherungen und Bildern auszudrücken. Frisch formuliert sein Schriftprinzip im Abschnitt »Zur Schriftstellerei« wie eine säkularisierte Form mystischer Rede:

*Beim Bau des Freibades Letzigraben* (1947–49)

Was wichtig ist: das Unsagbare, das Weiße zwischen den Worten, und immer re- den diese Worte von den Nebensachen, die wir eigentlich nicht meinen. Unser Anliegen, das eigentliche, läßt sich bestenfalls umschreiben. [...] Man sagt, was nicht das Leben ist. Man sagt es um des Lebens willen.

Wer sich vom anderen Menschen ein Bild macht, vergewaltigt ihn: »Wir halten uns für den Spiegel und ahnen nur selten, wie sehr der andere seiner- seits eben der Spiegel unsres erstarrten Menschenbildes ist, unser Erzeugnis, unser Opfer –.« Der paradigmatische Fall ist die Geschichte des andorrani- schen Juden, des Findelkindes Andri, das für einen Juden gehalten wird. Er verhält sich deshalb entsprechend dem Bild, das man sich von ihm gemacht hat. Er wird von den Andorranern ermordet. Erst nach seinem Tod erfahren sie, dass er in Wirklichkeit ein Andorraner gewesen ist. Dieser zentrale As- pekt der Poetologie Frischs und der Einfluss kritischer Stimmen, die während der 70er und 80er Jahre des letzten Jahrhunderts Brecht zum ausschließli- chen Maßstab gesellschaftskritischer Dichtung machten, führte zum Vorwurf, die Sache des eigenen Ich sei Frisch wichtiger als das Engagement für eine Veränderung der Gesellschaft. Zweifellos dominierte in frühen Phasen die Anpassung an die bürgerliche Gesellschaft. Nach 1945 aber sind die Stoffe der Suche nach den offenen Möglichkeiten des Ich und das Engagement für eine zu verändernde Gesellschaft in gegenseitiger Abhängigkeit zu sehen. Die im engeren Sinne literarischen Texte sind immer im Kontext der journalistischen Arbeiten und gesellschaftskritischen Essays zu verstehen. Das gilt ganz besonders für das Tagebuch, in das früher publizierte Notizen und Berichte seiner Reisen nach Deutschland, Frankreich, Polen, Österreich und der Tschechoslowakei eingegangen sind. Verschiedene Stoffe und Parabeln des Tagebuchs wurden zu Keimzellen späterer Werke, wie z.B.: *Als der Krieg zu Ende war, Graf Öderland, Biedermann und die Brandstifter, Andorra*; aber auch die Romane zeigen insofern eine Beziehung zum Tagebuch, als *Stiller, Homo Faber* und *Montauk* vor allem aus Tagebuchteilen und Selbstentwürfen bestehen.

*Begegnung mit Suhrkamp und Brecht*

     Frisch hat im November 1947 zwei für ihn und sein Werk wichtige Partner kennen gelernt. Peter Suhrkamp, sein späterer Verleger, ermunterte ihn zur Fortsetzung des Tagebuchs. Bertolt Brecht besuchte Frisch auf seiner Baustelle des Freibads Letzigraben, beide haben sich häufiger in Herrliberg am Zürichsee getroffen, wo Brecht während seines Schweizer Exils gewohnt hat. Frisch widmet Brecht im zweiten Teil des *Tagebuch 1946–1949* einen längeren Abschnitt. Er schreibt die Faszination, die von Brecht ausgehe, dem Umstand zu, »daß hier ein Leben wirklich vom Denken aus gelebt wird.« Brechts Dialektik setzt Frisch konkrete Fälle als Widerspruch entgegen und nennt ihn »einen Jesuiten des Diesseits.« Er trifft damit präzis, was ihn von Brecht trennt. Während Brecht das Heil in ideologisch eindeutigen Antworten auf die Fragen nach einer besseren Gesellschaft sieht, möchte Frisch als Stückeschreiber seine Fragen so stellen, wie er in einem »Café Odeon« überschriebenen Abschnitt des Tagebuchs ausführt, »daß die Zuschauer von dieser Stunde an ohne eine Antwort nicht mehr leben können – ohne ihre Antwort, ihre eigene, die sie nur mit dem Leben selber geben können.«

## Die Ich-Rollen in den Romanen und im Tagebuch 1966–1971

### Stiller (1954)

Frisch war als Architekt erfolgreich, er erlebte die ersten Bühnenerfolge, war Vater von drei Kindern und hatte sich in die bürgerliche Gesellschaft äußerlich integriert. Doch innerlich muss er diese ursprünglich so sehr ersehnte Integration immer stärker als Gefängnis empfunden haben. Literarisch wurde dies manifest in dem Ausbruchs- und Verzweiflungsmythos *Graf Öderland*. Schon das erste Tagebuch enthielt einige Szenen dieses Stoffes, die erste Fassung des Bühnenstücks wurde in Zürich 1951 aufgeführt, aber von Publikum und Kritik abgelehnt und nach kurzer Spielzeit abgesetzt. Ein Bankbeamter verzweifelt am Sinn seiner Tätigkeit und erschlägt einen ihm Unbekannten mit der Axt. Der diesen Fall beurteilende Staatsanwalt kann sich seinerseits nicht mehr als Diener von Freiheit und Gerechtigkeit verstehen und flieht mit seiner Geliebten, die Axt in der Mappe tragend, auf die Insel Santorin, um von dort aus die Revolution, die die Freiheit bringen soll, auszulösen. Er erfährt aber, gezwungen die Macht zu ergreifen, wie er selbst zum Gefangenen eines neuen Systems wird. Ob dieser Stoff je eine inszenierbare Gestalt finden könnte, blieb fraglich. Als mythisch visionäres Zeitbild aber, das auf kommende Formen des Terrorismus verweist, sollte man diese »Legende«, wie Frisch sie später benannte, ernst nehmen, da sie zeigt, wie aus dem Gefühl der Macht- und Sinnlosigkeit in erstarrten Systemen die verzweifelte Lust an der Gewalt entspringt, freilich mit der Einsicht, die der Präsident dieses Stücks formuliert: »Wer, um frei zu sein, die Macht stürzt, übernimmt das Gegenteil der Freiheit, die Macht.«

Das grundsätzliche Misstrauen, das die Avantgarde der jungen Generation der 50er Jahre der kulturellen Tradition entgegenbrachte, die den Holocaust nicht verhindert hatte, trug dazu bei, dass sich dem französischen Existentialismus zuwandte. Sie las Kierkegaard, Sartre und Camus, war begeistert von Kierkegaards Kategorie des Einzelnen, von Sartres Bestimmung des Menschen als der Möglichkeit, sich selbst zu entwerfen, aber auch geprägt durch die existentielle Erfahrung des Verlusts idealistischer Illusionen nach dem Krieg.

Sie standen aber oft einer Elterngeneration gegenüber, die die während des Krieges notwendige »Igelmentalität« gegenüber den das Land umschließenden Achsenmächten auch in der Nachkriegszeit kultivierte, voller Misstrauen gegen alles Fremde und gegen jede Form der Kritik am Bestehenden. Max Frisch hat, zunehmend enttäuscht von einem erstarrenden Bürgertum, 1951 ein amerikanisches Stipendium erhalten und lebte und reiste darauf bis Mai 1952 in Amerika und Mexiko. Zu dieser Zeit hat er die Genese eines »globalen Menschen« wahrgenommen, der Europa nicht mehr als Weltmitte akzeptiert. Er schrieb dort ein Romanfragment, das er, zurückgekehrt, in *Stiller* verarbeitet hat. Während dieser Arbeit löste er sich vom Beruf des Architekten und von seiner Ehe, offiziell geschieden wurde sie erst 1959.

Ein ebenso einfacher wie genialer erster Satz wird zur treibenden Kraft, zur »Unruhe« des Ganzen. Er ist immer wieder anders richtig und falsch zugleich: »Ich bin nicht Stiller.« Zu Beginn ist er es nicht mehr und war es doch einmal. Der frühere Künstler und Bildhauer kehrt als Mr. White in die Schweiz zurück, gleichsam als wieder neu zu beschreibendes weißes Blatt, wird an der Grenze verhaftet, weil er dem verschollenen Stiller gleicht und wegen eines vagen Verdachts der Beteiligung an der sogenannten Smyrnow-Affäre, der sich als völlig haltlos erweist. Zur Klärung der Identität lädt das Gericht alle, die Stiller gekannt haben, seine Frau Julika, seine Geliebte Sibylle, seinen Bruder und seine Freunde vor, und so protokolliert White-Stiller das Bild, das sie sich von seiner vergangenen Rollenperson gemacht haben. Er kommentiert: »Ich bin nicht ihr Stiller.« Aber er bildet sich aus den verschiedenen Aussagen ein eigenes Bild und kommentiert es: »Ich sehe jetzt ihren verschollenen Stiller schon ziemlich genau: – er ist wohl sehr feminin.« White-Stiller entwirft, vor allem in den Lügengeschichten, die er seinem Wärter Knobel erzählt, gegenüber diesem introvertierten Bild Stillers ein extravertiertes Gegenbild Whites, Stillers Schatten, des Frauenhelden, der z. B. mit der Eroberung der Mulattin Florence renommiert. Seine Kommentare der Protokolle der Zeugen dokumentieren im Verlaufe des Erzählprozesses Wandlungen des Selbstverhältnisses wie seines Verhältnisses zu Julika. Zwar wehrt er sich weiterhin, ihr Stiller zu sein, betrachtet aber sein früheres Leben als sein unechtes Leben, als sein Versagen und kommt zu einem vorläufigen Ergebnis:

> Nur insofern als ich weiß, daß es nie mein Leben gewesen ist, kann ich es annehmen: als mein Versagen. Das heißt, man müßte imstande sein, ohne Trotz durch ihre Verwechslung hindurchzugehen, eine Rolle spielend, ohne daß ich mich selber je damit verwechsle, dazu aber müßte ich einen festen Punkt haben –

Diesen festen Punkt zu gewinnen hieße aber nichts Geringeres, als eine Neugeburt des Ich. Im siebten und letzten Heft von »Stillers Aufzeichnungen im

Gefängnis« bekennt er, in Amerika einen Selbstmordversuch unternommen zu haben. Er erfährt in den Momenten zwischen Leben und Tod einen Schrecken, dem er keinen konkreten Ausdruck zu geben versteht, aber »meinen Engel« nennt:

> Ich hatte ein Leben, das nie eines gewesen war, von mir geworfen. [...] Ich hatte die bestimmte Empfindung, jetzt erst geboren worden zu sein, und fühlte mich mit einer Unbedingtheit, die auch das Lächerliche nicht zu fürchten hat, bereit, niemand anders zu sein als der Mensch, als der ich eben geboren worden bin, und kein anderes Leben zu suchen als dieses, das ich nicht von mir werfen kann.

Der erste Teil – »Stillers Aufzeichnungen aus dem Gefängnis« – schließt mit dem Satz: »Mein Engel halte mich wach.« Man könnte nun diesen Prozess mit Sartre als radikale Tat des Menschen sehen, der sich selbst entwirft, im Gedanken an Kierkegaard und dessen Sätze zur Selbstwahl des Ich, den Motti des Romans, als Gelingen der Genese des Selbst betrachten, oder, mit C. G. Jungs Psychologie, als Individuationsprozess der Integration von bewussten und unbewussten Strebungen. Das Denken dieser Autoren ist Frisch wohl bekannt, deren Spuren könnten im Roman leicht nachgewiesen werden, und doch bliebe ein Analysenrest und doch scheint dieser Prozess nur halb gelungen. Der zweite Teil, das »Nachwort des Staatsanwalts«, der zum Freund Stillers geworden ist, ist von diversen Interpreten als der Teil betrachtet worden, der eindeutigen Aufschluss über die Deutung gebe, zu Unrecht. Der Staatsanwalt, Rolf, bedauert zu Anfang nicht nur, dass Stiller seinen Aufzeichnungen aus dem Gefängnis keine Aufzeichnungen aus der Freiheit habe folgen lassen, sondern betont auch die Grenzen der Wandlung Stillers: »Bei aller Selbstannahme, bei allem Willen dazu, sich endlich unter die eigene Wirklichkeit zu stellen, hatte unser Freund eines noch gar nicht geleistet, nämlich den Verzicht auf die Anerkennung durch die Umwelt.« Der Anerkennung bedarf er vor allem durch Julika. Zwar erkannte er zeitweise, dass seine Beziehung zu Julika insofern gefährdet war, als sie in der Angst lebte, keine Frau, nämlich frigide zu sein und er durch die Angst bestimmt war, kein Mann, nämlich impotent zu sein. Doch gerade diese neurotische Konstellation bewirkt, dass er sich weder von Julika lösen noch auf Dauer eine seinen Wünschen nach Liebe entsprechende Beziehung leben kann. Nach dem vergeblichen Bemühen um eine neue Beziehung zu Julika lebt er nach ihrem Tod allein, in der Karikatur eines Schweizerhauses, im Chalet MON REPOS. »Ein hölzerner Bär war bereit, Schirme in Empfang zu nehmen, darüber ein fleckenweise blinder Spiegel.« So bleibt trotz unbestreitbarer Entwicklungen die Frage offen, ob nicht nur der Versuch einer Erneuerung seiner Beziehung zu seiner Frau misslungen, sondern auch sein Versuch, sein Land zu lieben, tragikomisch gescheitert sei.

*Reaktionen auf* Stiller      Mit *Stiller* gelang Frisch ein Werk, das zwar wegen seiner Schweizkritik zahlreiche Feinde, aber auch schon die Anerkennung der damals bedeutendsten Kritiker fand. Der international bekannte Zürcher Germanist Emil Staiger sprach von einem »grandiosen Einfall« und bewunderte, dass die Gestalt Stiller wie von selbst die moderne Form aus sich selbst erzeuge. Der Feuilletonchef der *NZZ*, Werner Weber, anerkannte Talent und Bedeutung des Buchs, nicht ohne sich allerdings einen mit der Welt und der Schweiz versöhnten Frisch zu wünschen. Die Zustimmung zum Roman einer problematischen Liebesbeziehung war in der Schweiz wie in Deutschland allgemein. In der Schweiz wurde allerdings die Schweizkritik von weniger prominenten Kritikern weniger gut beurteilt, oft scharf ablehnend getadelt, in Deutschland aber kaum zur Kenntnis genommen. Die Liebesbeziehungen der Geschlechter und die problematische Liebe zum Land sind aber untrennbar, in gegenseitiger Abhängigkeit miteinander verbunden. Der Roman ist Bildungs- und Missbildungsroman in einem. White-Stiller distanziert sich vom Heimweh nach dem Vorgestern, das die meisten Menschen in diesem Lande bestimme, von der ländlichen Idylle, vom bäuerlichen Leben als letztem Réduit der Innerlichkeit, in welches selbst die besten Erzählungen die Lesenden entführten. Er beklagt das Fehlen eines Zukunftsentwurfs und verwahrt sich dagegen, dass Demokratie etwas sei, was sich nicht verwandeln könne, sowie gegen den Vorwurf seines Verteidigers Dr. Bohnenblust, er hasse die Schweiz: »Mein Verteidiger irrt sich; ich hasse nicht die Schweiz, sondern die Verlogenheit.« So reagiere er besonders empfindlich auf das Schlagwort von der Freiheit:

> Wer kann es sich denn leisten, Frau und Kinder zu haben, eine Familie mit Zubehör, wie es sich gehört, und zugleich eine freie Meinung nicht bloß in Nebensachen? Dazu braucht es Geld, so viel Geld, dass einer keine Aufträge braucht und keine Kunden und kein Wohlwollen der Gesellschaft.

Bohnenblusts Geschwätz dokumentiert exemplarisch Meinungen, die für die Mentalität weiter Kreise damals repräsentativ waren und lange nachwirkten. White-Stiller gibt Kostproben in seinem Bericht:

> […] mein Verteidiger selbst verheiratet, Schwierigkeiten alle schon erlebt, alle überwunden, aber Opfer vonnöten, Opfer und nochmals Opfer, dafür Friede in der Seele, Seele noch immer das Wichtigste, heutzutage genug Materialismus in der Welt, ein bißchen Glaube an Gott unerläßlich, Zerstörung der wahren Werte durch die Hast unseres modernen Verkehrs, ferner durch Kino und Sport, beispielsweise durch Bau von Stadions, die uns vermassen, vor allem aber durch Kommunismus, […] auch ein anständiger Künstler kann in der Schweiz soviel verdienen, daß eine maßvolle Fortpflanzung nicht als ausgeschlossen bezeichnet werden darf, großartige Stipendien allerenden, Charakter des betreffenden Künstlers vorausgesetzt und dies mit Recht, weiß Gott, mit Recht, keine Kinder von Trinkern und Linksverdächtigen, die Freiheit ist ein köstliches Gut, kurzum die Schweiz noch immer ein ideales Land und nicht zu vergleichen mit dem so traurigen Frankreich, das immer nur streikt […].

Während Bohnenblust unbeirrbar und unkritisch Trivialsprüche des Spießbürgers absondert, ist sich White-Stiller der sich radikal beschleunigenden Prozesse der Zivilisation bewusst, die dazu führen, dass Natur und Kultur zunehmend nur sekundär wahrgenommen werden können:

> Das allermeiste in unserem persönlichen Weltbild haben wir nie mit eigenen Augen erfahren, genauer: wohl mit eigenen Augen, doch nicht an Ort und Stelle; wir sind Fernseher, Fernhörer, Fernwisser. […] Und mit dem menschlichen Innenleben ist es genau so.

Nachdem er führende Autoren der Hochkultur genannt hat, unter anderen Carl Gustav Jung, Hemingway, Kafka und Thomas Mann, kommt er zum Schluss: »Es ist ja wahr, man braucht diese Herrschaften nie gelesen zu haben, man hat sie in sich schon durch seine Bekannten, die ihrerseits auch schon in Plagiaten erleben.« In Bohnenblust und Stiller stehen sich ein bedingungsloser Vertreter der Schweizer Welt von gestern und ein Anwalt der kommenden modernen Schweiz gegenüber. Das Ende Stillers provoziert die Frage, inwiefern er Täter und Opfer zugleich sei, inwiefern seine Selbstwerdung durch den Einsatz des Einzelnen, durch seinen Ausbruch ermöglicht, inwiefern sie durch die Rückkehr in diese sich verändernde Gesellschaft verhindert wurde. Mit der Wahrnehmung des kulturellen Wandels wird aber der nationale Rahmen gesprengt und die Frage brisant, inwiefern unter den Bedingungen sekundärer Wahrnehmung im Zeitalter der Reproduktion überhaupt noch vom Gelingen eines Identitätsprozesses die Rede sein könne.

## Homo Faber. Ein Bericht (1956/57)

Der Techniker Walter Faber ist ein Antitypus zu Stiller. Er wurde in der Zeit rasanter Beschleunigung der technologischen Innovationen und der beginnenden Hochkonjunktur zu einer Leitfigur stets zunehmender Aktualität. Auch dieser Bericht in der Ich-Form enthält viele Bezüge zum Tagebuch und zu Reiseberichten. Faber erzählt die Geschichte eines Menschen, der sich für ein durch und durch naturwissenschaftlich denkendes rationales Wesen hält, an die Berechenbarkeit aller Handlungen glaubt und gerade deshalb schicksalhafte Fügungen erfährt, die ihm allerdings erst retrospektiv, nachdem sein Leben schon unwiderruflich gescheitert ist, bewusst werden. Im ersten Teil wird das Leben Fabers im Rückblick erzählt, achronologisch, von den Ereignissen zwischen Fabers Assistenzzeit an der ETH in Zürich und seiner Jugendliebe zu Hanna bis zum Tod ihrer gemeinsamen Tochter Sabeth am 4. Juni 1957 in Athen. Der zweite, kürzere Teil kombiniert Texte, die über Fabers Reise nach Sabeths Tod nach New York, Caracas und Kuba, über Düsseldorf und Zürich nach Athen, zurück zu Hanna berichten, bis zu den letzten Tagen im Spital, in dem Sabeth starb, wo Faber einer bevorstehenden Krebsoperation mit ungewissem, aber wahrscheinlich tödlichem Ausgang entgegensieht. Der Text beginnt mit dem Flug von New York nach Guatemala, wo der Ingenieur Faber ein Kraftwerk plant und die Installation von Turbinen zu überwachen hat. Er lernt auf diesem Flug Herbert, den Bruder seines Jugendfreunds Joachim, kennen. Joachim hat Fabers Jugendfreundin Hanna geheiratet. Von Herbert erfährt er auch, dass Hanna ein Kind, eine Tochter, hat. Das Flugzeug muss notlanden, er will mit Herbert zusammen den in der weiteren Umgebung verschollenen Joachim besuchen. Sie finden ihn aber nach seinem Selbstmord tot auf. Faber ist aus Überzeugung Single, hat in New York die verheiratete 26-jährige Freundin Ivy zurückgelassen, die ihn heiraten will, der er sich aber verweigert hat. Die durch Herbert und Joachim angeregte Beschäftigung mit seiner Vergangenheit führt ihn zur Reflexion des Scheiterns seiner Jugendliebe zu Hanna, die just, als er seine erste Auslandstelle als Ingenieur bekam, von ihm schwanger wurde. Im Gegensatz zu Stiller, der sich verzweifelt bemüht, sich vom Bild, das sich andere von ihm gemacht haben, zu lösen, muss Faber erkennen, dass er am Bild gescheitert ist, das er sich von sich selbst gemacht hat. Er, der radikale Rationalist, versagt im Gefühl, in der mitmenschlichen Einfühlung. Er verliebt sich in die eigene Tochter, die er einst aus Karrieregründen abtreiben wollte, wodurch er die Mutter verlor, da er die Ungeborene nicht als ihrer beider, sondern als ihr, der Mutter Kind betrachtet hatte und so seine Vaterschaft verleugnete und die Beziehung zur Mutter zerstörte. Die Mutter, Hanna, vertritt im Gegensatz zur männlich-rationalistischen Geschlechtsrolle Fabers die weibliche Haltung mitmenschlicher Einfühlung. Sie liebt die Kunst. Von den meisten Interpreten dieses Textes wird der folgende Textausschnitt als Schlüsselstelle der Interpretation betrachtet:

> Diskussion mit Hanna! – über Technik (laut Hanna) als Kniff, die Welt so einzurichten, daß wir sie nicht erleben müssen. Manie des Technikers, die Schöpfung nutzbar zu machen, weil er sie als Partner nicht aushält, nichts mit ihr anfangen kann; Technik als Kniff, die Welt als Widerstand aus der Welt zu schaffen, bei-

spielsweise durch Tempo zu verdünnen, damit wir sie nicht erleben müssen. (Was Hanna damit meint, weiß ich nicht.) Die Weltlosigkeit des Technikers. (Was Hanna damit meint, weiß ich nicht.) Hanna macht keine Vorwürfe, Hanna findet es nicht unbegreiflich, daß ich mich gegenüber Sabeth so verhalten habe; ich habe (meint Hanna) eine Art von Beziehung erlebt, die ich nicht kannte, und sie mißdeutet, indem ich mir einredete, verliebt zu sein. Es ist kein zufälliger Irrtum gewesen, sondern ein Irrtum, der zu mir gehört (?) wie mein Beruf, wie mein ganzes Leben sonst. Mein Irrtum: daß wir Techniker versuchen, ohne den Tod zu leben. Wörtlich: Du behandelst das Leben nicht als Gestalt, sondern als bloße Addition, daher kein Verhältnis zur Zeit, weil kein Verhältnis zum Tod. Leben sei Gestalt in der Zeit. Hanna gibt zu, daß sie nicht erklären kann, was sie meint. Leben ist nicht Stoff, nicht mit Technik zu bewältigen. Mein Irrtum mit Sabeth: Repetition, ich habe mich so verhalten, als gebe es kein Alter, daher widernatürlich. Wir können nicht das Alter aufheben, indem wir weiter addieren, indem wir unsere eigenen Kinder heiraten.

Faksimile der Titelseite des Typoskripts von *Homo faber*

Manche Interpreten behandeln diesen Text nicht nur als Schlüssel der Interpretation, sondern geradezu als Selbstinterpretation des Texts. Faber wird sich seiner Defizite und Mängel bewusst durch die Erfahrungen mit seiner Tochter und durch die abschließende Reflexion und Diskussion seines bisherigen Lebens mit Hanna. Daraus würde dann allerdings ein gewisser Minderwert des Textes folgen, der gleichsam explizit sagt, was er bedeuten sollte. In der Tat werden die Grunddefizite Fabers hier klar und deutlich. So einfach liegen aber, bei präziser Lektüre, die Dinge nicht. Am Schluss bezeichnet Hanna sich als Idiotin:

> Warum ich das gesagt habe? fragt sie jetzt immerzu. Damals: Dein Kind, statt unser Kind. Ob als Vorwurf oder nur aus Feigheit? Ich verstehe ihre Frage nicht. Ob ich damals gewußt hätte, wie recht ich habe? Und warum ich neulich gesagt habe: Du benimmst dich wie eine Henne! Ich habe diesen Ausspruch schon mehrmals zurückgenommen und widerrufen, seit ich weiß, was Hanna alles geleistet hat; aber es ist Hanna, die nicht davon loskommt. Ob ich ihr verzeihen könne!

Hanna wird sich zum Schluss ebenfalls ihrer Defizite bewusst, auch wenn sie zweifellos nicht so krass, nicht so offensichtlich, viel differenzierter und weniger spektakulär sind. Stellt der Text nicht die Frage, inwiefern Hanna, indem sie das Kind zu ihrem Kind gemacht hat, indem sie ihrem Kind keine Möglichkeit gegeben hat, seinen Vater kennen zu lernen, indem sie jeden Bezug zu ihrer Vergangenheit abgebrochen hat, an der tragischen Entwicklung beteiligt war, die zum tödlichen Ende führte? Stellt der Text wirklich der eindeutig negativ gesehenen Welt Fabers ein eindeutig positiv gesehenes Leben Hannas gegenüber? Fragt dieser Text nicht letzten Endes nach einer menschlichen Haltung, die die konkurrierenden Positionen von Homo Faber einerseits und Kunstfee andererseits, von Ratio und Gefühl, von Mond als Masse und Mond als Erlebnis übersteigt?

## *Mein Name sei Gantenbein* (1960/64)

In diesem Roman distanziert sich Frisch radikal von den Traditionen des realistischen Romans und vermag doch weit mehr als zu demonstrieren, dass Erzählen heute nicht mehr möglich sei. Mit der Sprache gegen die Sprache schreibend, gelingt es ihm, im Modus des »als ob« wie Eulenspiegel den Scherz mit dem Ernst, die Fiktion mit den Erlebensmustern zu verbinden, die auf Wirkliches verweisen. Das Schreiben des Textsubjekts, dieses Ich, das kein Ich ist, probiert unter dem Motto: »Ich stelle mir vor...« Geschichten aus wie Kleider, um zu erproben, ob sie zu seiner Erfahrung passen. Das erzählende Ich grenzt seine vorgestellten Geschichten als reine Fiktionen dezidiert ab von den Geschichten des Barmanns, der ihm sein Leben mit dem einfachen Schluss erzählt: »So war das.« Das erzählende Ich stellt uns die Figur vor, die dem Roman den Titel gibt: »Sein Name sei Gantenbein.« Doch kurz darauf schlüpft dieses Ich selbst in die Rolle Gantenbeins, distanziert sich wieder und berichtet über ihn in der Er-Form. Doch dazu kommen weitere Männer-Rollen, jene des in der ersten Hälfte des Romans dominierenden Altphilologen Enderlin und diejenige des Architekten Svoboda. Sie haben eines gemeinsam, die aktuelle oder vergangene Liebe zu Lila als der gegenwärtigen oder ehemaligen Frau oder Geliebten. Lila erscheint unter verschiedensten Perspektiven und in wechselnden Funktionen als Schauspielerin, als Contessa und als Frau ohne Beruf mit Svoboda. In bestimmten Situationen spalten sich nicht nur die Rolle des Erzählers, sondern auch die Rollen dieser Figuren in eine Ich- und eine Er-Rolle. Gantenbein stellt sich vor, er wäre Enderlin. So erfahren die Lesenden die Verhaltensweisen dieser Männer in der Arbeit und in der Liebe zu Lila polyperspektivisch gebrochen, nicht als objektiv wahre Geschichten, sondern als subjektive Erlebnismuster der Erfahrung von Liebe, Ehe und Eifersucht, psychologisch sensibel und mit Witz und Ironie erzählt. Im Gegensatz zu Stiller, dessen Befreiung nur teilweise gelingt, und zu Faber, dessen Leben als von Grund auf gescheitert erscheint, enthält *Mein Name sei Gantenbein* ein positives Gegenbild zu den Irrungen und Wirrungen der Figuren in Form des orientalischen Märchens von »Ali und Alil«. Gantenbein erzählt es Camilla Huber, die ihm, als ihrem einzigen offiziellen Kunden, die Nägel schneidet, während sie anderen ihre Dienste als Prostituierte anbietet. Ali, ein junger Araber, hat nicht das Geld, um in seiner Heimat den landesüblichen Brautpreis zu bezahlen. Er reist deshalb in den Süden, wo die Preise niedriger sind und bekommt eine schöne aber blinde Braut. Wieder zu Hause, gibt er sein letztes Geld, um ihre Blindheit zu heilen. Sie sieht nun, dass Ali hässlich ist, liebt ihn aber trotzdem, da er ihr alle Farben der Welt gegeben hätte. Doch dann erblindet Ali und vermag, von Eifersucht verstört, nicht mehr an die Liebe Alils zu glauben, schlägt und betrügt sie, wie er meint, mit einer anderen. Da heilt Alils Arzt Ali. Ali, wieder sehend geworden, erkennt, dass Alil als das andere Mädchen in sein Zelt geschlichen war, damit der Eifersüchtige sie weiterhin umarme. Auf die ungläubigen Fragen Camillas, ob dies wirklich nicht nur ein Märchen, sondern eine wahre Geschichte sei, antwortet Gantenbein zweideutig: »Ich finde.« Er bringt damit zum Ausdruck, dass dies zwar nicht in ihrem, wohl aber in seinem Sinne eine wahre Geschichte ist. Die Lesenden aber bemerken natürlich, dass Alil die Inversion von Lila ist und überlegen Analogie und Differenz der Beziehungen Ali/Alil und Gantenbein/Lila. Kurz bevor Gantenbein seine Blindenrolle endgültig ablegt, heißt es: »Lila betrügt ihn nicht. Dafür hat er keine Rolle.« Es verbietet sich freilich, das Märchen 1:1 auf die sich immer wieder verändernden Beziehungsgeschichten von Gantenbein und Lila zu übertragen. Im Roman wie im Märchen sind aber die gegenseitige Abhängigkeit der Mann/Frau-Bezüge der Figuren besonders zu beachten. Mit *Gantenbein* gelingt Frisch ein Roman mit einer adäquaten Form der Darstellung des Ich als Fülle seiner fingierten Möglichkeiten. Man hat Frisch zu verschiedenen Zeiten eine Reprivatisierung der Kunst vorgeworfen. Doch dies scheint auch bei *Gantenbein* nicht zutreffend, noch viel weniger aber gegenüber dem allen politischen Problemen weit offenen *Tagebuch 1966–1971* (1972). Die Identitäts- und Erzählproblematik in *Gantenbein* ist im Kontext der Krise des Ich und der Skepsis gegenüber dem realistischen Erzählen zu sehen, die den

Max Frisch und Friedrich
Dürrenmatt in der
Kronenhalle, Zürich 1963

*Nouveau Roman* prägen. Der innere Zusammenhang des Privaten und der Gesellschaft ist in *Mein Name sei Gantenbein* auch programmatisch formuliert – wenn auch in Klammern gesetzt –, man bemerkt den Einfluss der Kunstskepsis von 1968, aber auch, inwiefern dieser Roman den Geist seiner Zeit übersteigt:

> (Manchmal scheint auch mir, daß jedes Buch, so es sich nicht befaßt mit der Verhinderung des Kriegs, mit der Schaffung einer besseren Gesellschaft und so weiter, sinnlos ist, müßig, unverantwortlich, langweilig, nicht wert, daß man es liest, unstatthaft. Es ist nicht die Zeit für Ich-Geschichten. Und doch vollzieht sich das menschliche Leben oder verfehlt sich am einzelnen Ich, nirgends sonst.)

## Tagebuch 1966–1971 (1972)

Beide Tagebücher wenden sich schon zu Beginn an die Lesenden, das erste aber mit traditioneller Vorrede »An den Leser« und dem Bescheidenheitstopos »vorausgesetzt, daß es ihn gibt, daß jemand ein Interesse hat, diesen Aufzeichnungen und Skizzen eines jüngeren Zeitgenossen zu folgen«. Im *Tagebuch 1966–1971* darf er sich des Interesses sicher sein und überfällt die Lesenden gleich mit einem Fragebogen und der ersten Frage: »Sind Sie sicher, daß Sie die Erhaltung des Menschengeschlechts, wenn Sie und alle ihre Bekannten nicht mehr sind, wirklich interessiert?« Frisch stellt die Fragen aus dem Kontext eines konkreten und praktischen demokratischen Humanismus. Sie werden zu Medien der Selbsterkenntnis, nicht nur im privaten, sondern auch im dezidiert politischen Sinn, so z. B.: »Wenn Sie die Macht hätten zu befehlen, was Ihnen heute richtig erscheint, würden Sie es befehlen gegen den Widerspruch der Mehrheit? Ja oder Nein? Warum nicht, wenn es Ihnen richtig erscheint?« Andere Fragebögen gelten den Beziehungen zu Frauen und Freunden, dem Verhältnis zu Kindern oder zur Heimat, z. B.: »Was bezeichnen Sie als Heimat? a. ein Dorf? b. eine Stadt oder ein Quartier darin? c. einen Sprachraum? d. einen Erdteil? e. eine Wohnung?« Zwischen literarischen Skizzen und Tagebucheinträgen werden verschiedene Sachtexte eingefügt, nicht nur Fragebögen, sondern auch Reiseberichte, Protokolle und historische Dokumente. Doch diese Sachtexte bekommen eine poetische

Funktion, weil sie im Gegensatz zu konventionellen Sachtexten nicht eindeutig Wirkliches feststellen, sondern die Lesenden und konventionelle »Wirklichkeit« in Frage stellen. Die Protokolle einer fiktiven »Gesellschaft Freitod« zur Verjüngung der abendländischen Gesellschaft und Ausschnitte aus dem Handbuch, das diese Gesellschaft verfasst, werden zum Test für die Lesenden, in welchem Zustand der Alterung sie sich selbst befinden, ob sie noch fragend und neugierig sind und in diesem Sinne jung, oder, ob sie schon zu den »Vor-gezeichneten« oder »Gezeichneten« gehören, die am Schwinden der Neugierde leiden und am Wachsen der Langeweile, bis sie auch die Verwirklichung ihrer Wünsche zu langweilen beginnt. Die Reiseberichte aus Moskau, die Gespräche mit kommunistischen Funktionären und die Gespräche mit Henry Kissinger im Weißen Haus in Washington haben bei aller Verschiedenheit der Gesprächspartner gemeinsam, dass Frisch auf seine kritischen Fragen keine Antwort bekommt. In Moskau verkürzt die parteiamtliche Übersetzerin Frischs Fragen schon durch die Übersetzung. In Washington, zwei Tage nach dem Einmarsch in Kambodscha, überhört Kissinger Frischs Frage, was Präsident Nixon mit seiner Macht eigentlich wolle. Verschiedene Textsorten sind in verschiedenen Typen gesetzt und provozieren verschiedene Arten der Rezeption. Persönliche Beobachtungen, kleine Erlebnisse in und aus seinem Haus im Tessin, in Berzona, oder während der Reisen werden im Schreibmaschinensatz gedruckt, so z.B. persönliche Bemerkungen zu einer Antikriegsdemonstration in Amerika, darauf folgt ein in Grotesk gesetztes Dokument aus der *New York Times* über den Kursverfall des Dollars und schließlich eine erzählend-beschreibende literarische Skizze »Brownsville«, die das Leben in schwarzen Slums schildert, in Antiqua. Die Lesenden erkennen die je verschiedenen Bezüge zur Wirklichkeit und können diese Folge der Texte zu einem Zeit- und Geschichtsbild amerikanischer Gesellschaft verbinden. In gleicher Weise komponiert Frisch Zeit- und Geschichtsbilder der Schweiz. Eine besonders eindrückliche Serie beginnt mit einem persönlichen Bericht aus Berzona in Schreibmaschinen-Satz. Jemand berichtet über eine Begegnung Lenin/Robert Walser. Walser hätte an Lenin nur eine Frage gestellt: »Haben Sie auch das Glarner Birnbrot so gern?« Frisch träumt und verteidigt im Traum Robert Walser. Darauf folgt in Grotesk das Zürcher Manifest, das Frisch unterzeichnet hatte. Es wurde von Linksintellektuellen und Künstlern verfasst und bezieht sich auf Auseinandersetzungen zwischen Jugendlichen und der Zürcher Polizei während der sog. Globuskrawalle von 1968. Die Verfasser des Manifests wandten sich gegen die Tendenz, diese Ereignisse zu kriminalisieren. Sie sahen sie im internationalen Kontext, national begründet durch »die Unbeweglichkeit unserer Institutionen.« Mit der Jugend forderten sie ein autonom verwaltetes Diskussionsforum für Jung und Alt. Im Anschluss an das Manifest setzt Frisch in Antiqua ein persönliches Protokoll auf Grund von Berichten seiner jüngsten Tochter, die bei den »Krawallen dabei gewesen war aber weder verprügelt noch verhaftet wurde und ihren Beitrag mit den Worten beendete: das war der Plausch«(= Spass). Darauf folgen Berichte der verschiedenen Aktionen der Demonstrierenden und der Polizei, die auch unbeteiligte Zivilisten niederprügle. Frisch schließt die Serie mit zwei wieder in Grotesk gesetzten Teilen mit Zeitungsausschnitten ab, zuerst Texte zu den Demonstrationen aus der Sicht bürgerlicher Zeitungen, der freisinnigen Partei und verschiedener Behörden, z.B. *NZZ:* »Verkehrsstörungen und Sachbeschädigungen in großem Ausmaß und ein noch nicht abzuschätzender Verlust des Vertrauens der Zürcher in ihre Jugend« / »Wer da randalierte, war richtiges Schlägergesindel.« / »Harter, aber korrekter Einsatz der Polizei.« Zum Schluss rückt Frisch

Ausschnitte der Extra-Ausgabe der *NZZ* vom 24.9.1933 ein, mit der Schlagzeile: »Der Fackelzug der vaterländischen Parteien das Opfer eines organisierten marxistischen Überfalls.« / »Parole der vaterländischen Kundgebung 1933: ›In Zeiten der Not gilt es unsere Stadt einem klassenkämpferischen und nur auf das eigene Wohl bedachten sozialdemokratischen Klüngel zu entreißen.‹« An dieser Kundgebung sprachen ein Vertreter der Freisinnigen Partei und ein Vertreter der Hitler nahe stehenden »Nationalen Front«, die für die Wahlen jenes Jahres mit den bürgerlichen Parteien koalierte. Frischs Haus im Tessin wurde zum Wallfahrtsort kritischer Jugend. Er verstand sich als ihr Anwalt, beschrieb sie mit Verständnis aber auch kritisch und mit sensiblem Spürsinn für kommende Katastrophen. Im März 1968 sitzt er mit deutschen revolutionären Studenten des SDS am Kamin in Berzona: »Aufklärer mit Bereitschaft zur Gewalt, dabei die Zauberformel: Gewalt gegen Sachen, nicht gegen Personen. Und wenn die Sachen bewacht werden von Personen? Es wird Tote geben.« Vergleichbar organisierte Textfolgen gelten dem sog. »Bührle-Skandal« – in der Maschinenfabrik Oerlikon-Bührle hergestellte, illegal ausgeführte Kanonen schossen im Kriegsgebiet Nigeria-Biafra auf Rotkreuzflugzeuge – oder dem Zürcher Literaturstreit. In den mit »Verhör« betitelten, dialogisch organisierten Kolumnen stellt »A« dem Leser von Tolstois Lehren der Gewaltlosigkeit Fragen zur Gewalt und zur Legitimation oder dem Verbot von Gegengewalt anhand exemplarischer Fälle aus Geschichte und Gegenwart.

Das zweite Tagebuch unterscheidet sich von dem ersten durch eine erweiterte Öffnung zur Weltpolitik. In den auf die Schweiz bezogenen Teilen stellt es kritische Fragen an ein Bürgertum, das neben den wirklichen Gefahren des Stalinismus, in einseitiger Opposition gegen links, auch Gespenster sieht, das heißt jeden als Kommunisten betrachtet und verfolgt, der nicht traditionell konservativ denkt, und, blind gegen rechts, den Diktaturen Francos und Salazars und dem Apartheid-Regime Südafrikas mit Rücksicht und Verständnis begegnete. Das Tagebuch wird so nicht nur zum sorgfältig komponierten literarischen Text, sondern auch zum historischen Quellentext mit erweitertem und differenziertem Realitätsverständnis. Es ist sowohl als Kontext für das Verständnis von Frischs Dramen und späten Texten als auch zum Verständnis der gesellschaftlichen Prozesse unverzichtbar, die in den frühen 60er Jahren beginnen, in den Jugendunruhen offenbar werden und den Anfang eines Wandels der Werte und der Geschlechtsrollen anzeigen im Übergang von einer autoritären Traditionsgesellschaft zu einer durch Medien und Märkte gesteuerten Konsumgesellschaft.

## Figurationen des Ich im Drama

### Don Juan (1953)

Frisch hielt die 1951 in Amerika geschriebenen Entwürfe für *Stiller* vorerst für gescheitert und schrieb, um sein Amerika-Stipendium zu rechtfertigen, 1952/53 in sechs Wochen *Don Juan oder die Liebe zur Geometrie*, ein Geniestreich, der ihm nach den gleichzeitigen Uraufführungen in Zürich und in Berlin (1953) internationalen Erfolg einbrachte. Es ist dies eine Komödie mit einer reichen in sich geschlossenen Handlung, voller geistreicher Pointen und mit optischen Effekten des dem barocken Stoff angemessenen Illusionstheaters der spanischen Schlösser und Gärten. Sie gestaltet den Widerspruch zwischen dem Don Juan-Mythos der Tradition, der dem sinnlichen Lebemann galt, und Frischs Don Juan, der nicht der Wollust, sondern der Liebe

Max Frisch während der Proben zu *Don Juan*, mit L. Steckel (2.v.l.) und O. Wälterlin (2.v.r.)

zur Geometrie nachjagt als einem Geist, »der stimmt«, im Bordell Schach spielt, die Liebe zu Frauen als Episode abtun möchte, obwohl sie doch sein ganzes Leben, Höllenfahrt inklusive, bestimmt. Ihn stößt ab, was nicht stimmt, auch was in der Liebe nicht stimmt. Er kann nicht an eine Frau glauben, nicht nur, wie Miranda ihm vorwirft, weil er nur sich selbst und die Frau nur als Weib liebt, sondern weil seine Abenteuer die Voraussetzung solcher Liebe widerlegen, den Glauben an das Einmalige und Unverwechselbare einer Person, den Glauben an die mögliche Wiederkehr des erfüllten Augenblicks. Frisch kannte seit langem Grabbes *Don Juan und Faust* und hatte während seiner Spanienreise *Don Juan Tenorio* von José Zorrilla y Moral gesehen und auf Empfehlung Brechts die *Celestina* des Fernando de Rojas gelesen. Die entsprechenden Stücke von Tirso de Molina und Molière, ja sogar Mozarts *Don Giovanni* und Kierkegaards auf ihn bezogenes Denken interessierten ihn erst, nachdem die Komödie schon fast vollendet war. In »Nachträgliches zu Don Juan« aber schrieb er: »Die beste Einführung zu Don Juan, ausgenommen Kierkegaard, bleibt der Besuch eines spanischen Stierkampfs.« Er sieht Don Juan als Torero, der dem gewaltigen Stier, der naturhaften Gewalt des Geschlechts, »die geometrische Akkuratesse, das Tänzerische«, entgegensetzt, »ein Sieg des spielerischen Geistes.« Allerdings kann er, da er selbst nicht nur ein Geist-, sondern auch ein Triebwesen ist, die Gewalt des Geschlechts nicht töten, ohne sich selbst zu töten. Dies könnte tragisch sein, wäre Don Juans Existenz wirklich und nicht ironisches Rollenspiel eines sich selbst absolut setzenden Geistes. So aber inszeniert Don Juan seine Höllenfahrt als komische Parodie tragischen Untergangs mit der Hure Celestina als Weltenrichterin. Doch das Spiel wird ihm vom Bischof verdorben, da dieser solches Spiel mit dem Tod als Theater entlarvt. Deshalb muss er die Herzogin von Ronda, die einstige Hure Miranda, heiraten, verdammt in ihrem goldenen Gefängnis zu leben, da man, verließe er das Schloss, nicht mehr an seine Höllenfahrt glaubte. Dann aber wäre er verdammt, als Don Juan weiter zu leben.

### Biedermann und die Brandstifter (1952/1957/1958)

Der Stoff des Haarwasserfabrikanten, der aus Mangel an Zivilcourage und weil Anpassung ihm zur zweiten Natur geworden ist die Brandstifter beherbergt, die ihm sein Haus anzünden, findet sich als Prosaskizze mit dem Titel »Burleske« schon im *Tagebuch 1946–1949* (1952), wurde 1953 als Hörspiel des Bayerischen Rundfunks gesendet, auf Anregung des Zürcher Schauspielhauses 1957 als Bühnenstück verfasst und 1958 durch ein Nachspiel ergänzt. Die »Burleske« spricht den Leser in Du-Form an, so, dass der Leser sich selbst als Biedermann sieht, von Vorurteilen geprägt, der Wandlung unfähig, der, um Frieden und keinen Ärger zu haben, den Brandstiftern sogar die Streichhölzer gibt:

> Du sagst Dir mit Recht, daß ein Brandstifter, ein wirklicher, besser ausgerüstet wäre, und gibst auch das, ein Heftlein mit gelben Streichhölzern, und am andern Morgen, siehe da, bist Du verkohlt und kannst dich nicht einmal über deine Geschichte verwundern...

Im Hörspiel tritt, wie in Stücken von Thornton Wilder, ein Spielleiter auf, der die ihm bekannte Geschichte von Biedermann spielen lässt und sie ironisch kommentiert. In diesem Lehrstück ohne Lehre, wie Frisch es ironisch selbst nennt, parodiert der Chor das Chorlied aus Sophokles' *Antigone*:

> Sinnlos ist viel, und nichts
> Sinnloser als diese Geschichte:
> Die nämlich, einmal entfacht,
> Tötete viele, ach, aber nicht alle
> Und änderte gar nichts.

Biedermann wird vom Brandstifter Schmitz als *JEDERMANN! BIEDERMANN* angerufen, doch Biedermann will den Ernst der Anspielung nicht begreifen, nimmt sie als Scherz, bis Schmitz ihn mit dem Ruf: »Ich bin der Geist von Knechtling« doch noch zum Zittern, nicht aber zum Bekenntnis seiner Schuld bringt. Knechtling ist der langjährige Arbeiter von Biedermann, den dieser zum Selbstmord getrieben hat. Während Jedermann die Erfahrung der Nichtigkeit des Irdischen zur Umkehr und zur religiösen Bekehrung treibt, bleibt der in Konventionen erstarrte Biedermann sich selbst gleich. Zwar geht die alte äußere Welt Biedermanns unter, doch im Nachspiel wähnt sich Biedermann im Himmel und hält es, unerschüttert aber zu Unrecht, für unmöglich, dass er und seine unverändert aus Trümmern und Asche wieder erstandene alte Welt nicht im Himmel, sondern in der Hölle sei. Die Deutung des Stücks war und ist umstritten. Man hat es als Parabel der Machtergreifung Hitlers oder des Untergangs des Kapitalismus betrachtet, auch auf den Umsturz in der Tschechoslowakei von 1948 bezogen. Sicher aber stellt es die Frage, ob nicht jedem starren Charakter, jeder Ideologie die Tendenz zur Selbstzerstörung eigne. So könnte es auch auf verschiedene Arten des Terrorismus sowie auf besondere Arten seiner Bekämpfung bezogen werden. Die vielfachen Möglichkeiten der Deutung von Parabelstücken können, je nach literaturtheoretischen Voraussetzungen, als Vorteil oder als Nachteil betrachtet werden. Dies gilt auch für *Andorra*.

### Andorra. Stück in zwölf Bildern (1957/61)

Den Prosaentwurf des Stücks enthält schon das Tagebuch 1946–1949 unter dem Titel: »Der andorranische Jude«. Schon die Veränderung des Titels zeigt auch eine Veränderung der Intention. Die Skizze demonstriert exemplarisch die Konsequenz der Bildtheorie Frischs, die Sünde, sich ein Bild zu machen von einem Menschen, das Lebendige in ihm zu verkennen, sein Bild nach unserem Vorurteil zu gestalten. Im Stück aber geht es nicht nur um Andri, sondern um die Wechselwirkung des Verhältnisses der Andorraner zu dem Sohn ihres Lehrers, Andri, und dessen Selbstverhältnis. Alle halten den jungen Mann für einen Juden, bis er selbst an die Vorurteile glaubt, die ihm die Gesellschaft aufgezwungen hat. Im Schatten Brechts und der Ideologisierung der 68er Generation haben viele Interpreten die Ansicht vertreten, ein Stück sei dann und nur dann gelungen, wenn es eindeutige Anweisungen enthalte, wie es zu verstehen sei. Es ist deshalb entweder als einseitig nur gegen die Schweiz oder eindeutig nur gegen Deutschland gerichtet verstanden oder gar als antisemitisches Schauspiel verurteilt worden. Frisch selbst betonte den Modellcharakter des Stücks. Er sah darin das Modell einer Gemeinschaft, die nicht mit sich selbst identisch ist und das Böse und die Schuld aus sich selbst, durch ihre Vorurteile und durch ihre Feigheit gegenüber den Schwarzen, den Nazis, die Andri ermorden, selbst erzeugt. Das heißt nicht, dass dieses Stück nicht auf konkrete Ereignisse bezogen werden könnte, wohl aber, dass es kraft seines Modellcharakters sich nicht darin erschöpft. *Andorra* demonstriert am Beispiel des Antisemitismus das Funktionieren gesellschaftlichen Rollenzwangs und die Genese des Bösen aus der Ausgrenzung des Fremden als des verleugneten Eigenen. Nach Abschluss des Romans *Gantenbein* wandte sich Frisch von den Parabelstücken ab und überlegte ein neues Konzept der Dramaturgie. Er formulierte sein Unbehagen gegenüber der klassizistischen Dramaturgie wie gegenüber derjenigen der Brecht-Epigonen in der *Schillerpreis-Rede* (1965). Die durch Konvention überlebende klassische Dramaturgie, die meine, ein dramatischer Vorgang könne nur überzeugen, wenn er sich aus seiner Entwicklung als zwingend und sinnvoll darstelle, diese Dramaturgie der Fügung, die den Zufall als dramaturgischen Makel diffamiere, widerspreche unserem modernen Lebensgefühl und verhindere, dass wir im Theater die Erfahrung unserer Existenz erkennen könnten. Da wir in einer Welt der Sinnlosigkeit und des Zufalls lebten, würden gerade diejenigen Momente zum Ereignis, wo die Handlung durch die entscheidende Macht des Zufalls gegen die klassizistische Gewöhnung verstoße. Er versuchte deshalb eine Dramaturgie des Zufalls, der Permutation zu entwickeln und im Stück *Biografie* zu erproben.

Mit dem Regisseur Oskar Wälterlin bei der Probe zu *Biedermann und die Brandstifter* (1958)

### Biografie: Ein Spiel (1966/67)

*Spiel* meint hier keine Gattung, sondern betont den Fiktionscharakter des Gezeigten. Der erste Satz eines als Motto dem Stück vorangestellten Čechov-Zitats formuliert den Wunsch, den das Spiel zu realisieren versucht: »Ich denke häufig: wie, wenn man das Leben noch einmal beginnen könnte, und zwar bei voller Erkenntnis?« Der Verhaltensforscher Kürmann versucht die letzten sieben Jahre seines Lebens noch einmal anders, vor allem ohne seine Frau Antoinette, zu inszenieren. Die Bühne wird wechselweise vom Arbeitslicht beleuchtet, es zeigt die ganze Bühne, und vom Spiellicht erhellt, es lässt einen modernen Wohnraum, den eigentlichen Spielraum, etwas intimer erscheinen. Ein Registrator erscheint mit einem Dossier, das die Szenen von

Kürmanns Leben enthält. Die Möglichkeiten Kürmanns, Varianten seiner Szenen zu wählen, sind durch die Spielregeln des Registrators beschränkt. Ein offenes Spiel verlangte eine offene Textvorlage. Das Dossier enthält aber Konstanten, wie z. B. die vom Registrator eingeblendeten zeitgeschichtlichen Ereignisse. Auch die Spielräume der individuellen Biographie sind eingeschränkt, da Kürmann seine Zukunft kennt und auf seine Erlebnismuster fixiert ist. Zwar scheint er im ersten Teil vorerst alles zu tun, um die Ehe mit Antoinette zu verhindern, doch im zweiten Teil entscheidet er sich wieder für die alte Variante seiner Biographie. Nicht die Zufälle sind entscheidend, sondern die für ihn charakteristische Art, auf sie zu reagieren. Deshalb wünscht er sich eine andere Intelligenz. Doch das sei, so der Registrator, gegen die Spielregeln. Was Kürmann nicht vermag, vermag allerdings Antoinette. Sie entschließt sich im entscheidenden Moment, nicht bei Kürmann zu bleiben, sondern nach Hause zu gehen. Am Ende des Spiels bleibt deshalb offen, wie er die letzten Jahre seines Lebens verbringen wird. Nach der Uraufführung in Zürich und drei Erstaufführungen in Deutschland notierte Frisch im zweiten Tagebuch unter dem Datum des 8. Februar 1968, *Biografie: Ein Spiel* sei aufgeführt worden, mit vierfachem Sieg der Bühne (Zürich, München, Frankfurt, Düsseldorf) über den Autor: »Er bestreitet die Fatalität, die Bühne bestätigt sie – spielend.« In der Tat überzeugen die Varianten des Lebens im Roman *Gantenbein* weit mehr, da das Spiel auf der Bühne schon durch die präzise Datierung des Beginns auf den 26. Mai 1960 dem Eindruck Vorschub leistet, es handle sich um wirklich Geschehenes, das Spiel entfalte nicht, wie der Autor vorgibt, nur Varianten des Möglichen, sondern die Differenzen zwischen wirklich Geschehenem und nur Vorgestelltem. Allerdings führt dies weder zu einer Rückkehr zum klassizistischen Drama noch zum Parabelstück. Es kommt in diesen Jahren, wie Frischs Stellungnahme im Zürcher Literaturstreit zeigt, zu Verschärfung und radikaler Distanz zur älteren Tradition, nur sind die Probleme nicht so leicht durch eine Dramaturgie des Zufalls zu lösen. Es bleibt die Tendenz, die Skepsis gegenüber der Möglichkeit der Literatur, Wirkliches zu zeigen, zu verstärken. In einer Neufassung des *Spiels* (1984) wird der Registrator der früheren Fassung zum Spielleiter, er und nicht mehr Kürmann dominiert die Eingangsszene des Spiels, das Personal wird drastisch reduziert, kurz, Frisch tut alles, um den Fiktionscharakter des Ganzen zu betonen. Zehn Jahre nach *Biografie* erscheint 1978 das letzte dramatische Stück Frischs: *Tryptichon*.

## *Tryptichon. Drei szenische Bilder* (1978/1980)

Die Probleme mit der Dramaturgie der Permutation verstärkten die Vorsicht, mit der Frisch bei der Erstaufführung dieses Endspiels vorging. Die Erstausgabe erschien zwar schon 1978, sie wurde aber für die Bühnenaufführung gesperrt. Die Uraufführung erfolgte 1979 in französischer Sprache in Lausanne. Die überarbeitete deutsche Fassung wurde erst 1981 in Wien erstmals aufgeführt. Im ersten Tagebuch hatte Frisch die höchste Würde des Menschen, das Göttliche in ihm, als das Lebendige im Menschen gesehen. Die ständige Veränderung wird zum Prinzip des Lebens und der Menschlichkeit. In *Tryptichon* wird der Tod zum radikalen Gegensatz, da er hier nicht Übergang zum Leben, sondern Inbegriff des endgültigen Endes ist, das keine Erwartung mehr zulässt, keiner Variation mehr Raum gibt. Es ist ein Stationenspiel, ein Kehraus aller Themen und Motive, die in seinem Werk eine Rolle spielten, reichhaltig und vieldeutig für den, der das Werk kennt und erinnert, asketisch verknappt, an Beckett erinnernd für den, der nur gerade dieses

letzte Spiel vor sich sieht. Die Bühnenangaben geben ein sorgfältig kalkulier-
tes Bild von asketischer Strenge. Die ganze Bühne ist schwarz; je nach Auftritt
verengt oder erweitert grell-weißes Licht den Raum. Man sieht eine Folge
nur wenig belebter Bilder. Die Figuren erscheinen wie Gliederpuppen, die
schon Gelebtes, nie mehr zum Leben zu Erweckendes schattenhaft wiederholen. Das erste Bild endet mit dem schwarzen Raum der Bühne, in deren Mitte
sich ein kleines Viereck befindet, darin der kleine, weiße, leere Schaukelstuhl
des Toten. Nichts geschieht, was nicht schon geschehen wäre. Das zweite
Bild zeigt die ewige Wiederholung, im dritten erscheint Roger, der sich von
seiner Geliebten Francine getrennt hat. Sie erkrankte an Krebs und starb. Er
hofft vergebens: »Es könnte ja sein, dass nichts vergangen ist und wir treffen
uns wieder in dieser Allee, du und ich.« Die Regieanweisung vermerkt: »Sie
sieht zu, wie er ohne Hast den entsicherten Revolver an die Schläfe hält, als
sei er allein: – kein Knall, aber plötzlich Finsternis, dann Tageslicht: die Bank
ist leer, man hört wieder den Verkehrslärm, der jetzt stark ist, alle fünfzig
Sekunden, die Stille zwischen dem Wechsel ist kurz.«

## Die späten Erzählungen

### Montauk (1974/1975)

Frisch übernimmt für *Montauk* die Zueignung Montaignes an den Leser
seiner Essais vom 1. März 1580. Der letzte Satz lautet: »So bin ich selber,
Leser, der einzige Inhalt meines Buches; es ist nicht billig, daß du deine Muße
auf einen so eitlen und geringfügigen Gegenstand verwendest.« Freilich wird
dieser Bescheidenheitstopos mit dem Bezug zu dem großen, skeptischen
Weltbürger mehr als nur kompensiert. Das Buch darf aber für sich in Anspruch nehmen, dass sein Verfasser wirklich dem Wunsch folgt zu erzählen,
ohne irgend etwas dabei zu erfinden und dass er dafür eine Form gesucht
hat, die, in anderer Art als diejenige Montaignes, ebenfalls zum Ausdruck
seiner unverkennbaren Individualität geworden ist. Frisch hat die Erzähler-
position nicht weniger kunstvoll überlegt als diejenige für *Mein Name sei
Gantenbein*. Der Name des Subjekts und des Objekts dieser Erzählung ist
Frisch. Das Wochenende mit der jungen Amerikanerin Lynn in *Montauk*
(11./12. Mai 1974) beschreibt er in einfacher Er-Erzählung, sie und sich
gleichsam von außen betrachtend. Diese Tage wecken aber Erinnerungen an
Freunde und an alle Frauen, die in seinem Leben wichtig waren. Ihre Namen
werden genannt, Erinnertes in Ich-Form erzählt. So erinnert ihn Lynns offenes Haar auf den Kissen an Ingeborg Bachmanns Gedichtzeilen aus dem
Gedicht *Tage in Weiß*:

> IN DIESEN TAGEN STEH ICH AUF MIT DEN BIRKEN
> UND KÄMM MIR DAS WEIZENHAAR AUS DER STIRN
> VOR EINEM SPIEGEL AUS EIS.

Diese Zeilen sind wie die Anrede an die Leser graphisch durch Majuskeln
hervorgehoben, anschließend erzählt er die Geschichte dieser Beziehung. Noch
intimer gestaltet er die Erinnerungen an Marianne, seine zweite Ehefrau. Hier
wechselt er frei vom Ich zum Du und zum Wir, ohne Vermittlung, so, als wäre
das Erzählte unmittelbar gegenwärtig, wenn er den Lesenden glückliche Szenen vor Augen stellt, wechselt dann wieder – nicht mehr zwischen Ich und Du,
sondern Ich und Sie –, als er nach dem Zerbrechen der Beziehung die gemeinsamen Jahre traurig erinnert, oder zitiert in Majuskeln, durch Zwischenräume
vom Kontext getrennt, ihren Satz, der das Scheitern der Beziehung anzeigt:

ICH HABE NICHT MIT DIR GELEBT ALS LITERARISCHES MATERIAL
ICH VERBIETE ES, DASS DU ÜBER MICH SCHREIBST.

So wird Autobiographie zur sorgfältig reflektierten Kunstform. Mit *Mein Name sei Gantenbein* und mit *Montauk* erkundet er, unter gegensätzlichen Voraussetzungen reiner Fiktion und reiner Faktizität, die Möglichkeiten und die Grenzen des Versuchs eines Ichs, sich selbst auszusagen. Die Formen des Erzählens bleiben bis zum Schluss ein immer wieder neues Problem. In *Montauk* berichtet er schon von Versuchen mit dem Stoff der letzten Erzählung: »Eine literarische Erzählung, die im Tessin spielt, ist zum vierten Mal mißraten; die Erzähler-Position überzeugt nicht.«

## Der Mensch erscheint im Holozän (1979)

In *Fragment aus einer Erzählung*, einer Frühform dieses Stoffs, schildert der Erzähler, was geschieht, in der Er-Form und spricht den einsamen, zunehmend senilen Herrn Geiser mit Sie an: »Es ist Nacht, Herr Geiser, es ist Nacht. Sie haben vergessen, dass es Nacht ist. Kein Grund zum Entsetzen. Es ist finster, weil es Nacht ist.« Erzähler und Figur sind deutlich getrennt. Aus dem Fragment entwickelte sich dann die beklemmende Kunstform einer Demenz, die sich in der Form des Erzählens ausdrückt. In *Der Mensch erscheint im Holozän* weiß der Erzähler nur das, was Herr Geiser auch weiß, wo immer es möglich ist, lässt Frisch die Erzählerrede in die erlebte Rede des Protagonisten übergehen. Alles erscheint dann vergegenwärtigt aus der Perspektive Herrn Geisers: »Zum Glück ist es die Lesebrille, die auf den Küchenboden gefallen und zerbrochen ist, zum Glück nicht die andere. Alles durch die Lesebrille zu sehen, macht schwindlig. Lesen kann man zur Not auch mit der Lupe.« Der einsam in seinem zerfallenden Haus im Tessin wohnende Herr Geiser versucht verzweifelt, sein Wissen, sein Gedächtnis und seine elementaren, zum Überleben notwendigen Fähigkeiten zu erhalten, bis er sich selbst abhanden kommt. Mit handschriftlichen Notizen, mit Ausschnitten aus Büchern und Zeitungen versucht er das ihm noch wichtig erscheinende Grundwissen der Erdgeschichte, der Geschichte seines Tals und der Evolution des Menschen zu erinnern, bis er zum Schluss kommt: »Alle die Zettel, ob an der Wand oder auf dem Teppich, können verschwinden. Was heißt Holozän? Die Natur braucht keine Namen.« Der Schauplatz, das vorerst durch einen Erdrutsch abgeschlossene Tal, bekommt nach einem gescheiterten Ausbruchsversuch Geisers endzeitliche Züge. Die Frage bleibt offen, ob sich mit dem langsamen Verschwinden Herrn Geisers nur der Sieg der Natur über einen Menschen oder über die Menschheit ankündigt. Diese Erzählung gewinnt, völlig gelöst vom Autor, allgemeine, jeden Sterblichen berührende Bedeutung. Aber die Widmung »FÜR MARIANNE« erinnert doch sehr deutlich an einen autobiographischen Anlass ihrer Genese. Zusammen mit der fast dreißig Jahre jüngeren Marianne hatte er das Haus im Tessin gebaut, 1973 wurde die Trennung vereinbart, 1979 hatten sie sich im Tessin scheiden lassen. In *Montauk,* wo er sich aller Frauen, die in seinem Leben wichtig waren, erinnert, steht ein Satz, abgesetzt vom vorangehenden Abschnitt der Er-Erzählung über Lynn und von der folgenden Wir-Erzählung über den Hausbau mit Marianne, der radikal formuliert, was die Beziehung zu Lynn von der Beziehung zu den anderen Frauen unterscheidet: »Lynn wird kein Name für eine Schuld.« Dies, weil sie sich zu wenig lange und gleichsam nur von außen kennen, was durch den Wechsel der Erzählperspektiven eindrücklich betont wird. Die anderen Beziehungen sind alle in dieser oder jener Form von Gefühlen der Schuld geprägt. Schuld ist das zentrale Motiv in *Blaubart*, seiner letzten Erzählung, die um den Komplex einer Schuld kreist, ohne sie direkt zu bestimmen.

### Blaubart (1982)

Die Erzählung setzt unmittelbar nach Abschluss des Mordprozesses gegen den Arzt Dr. Felix Schaad ein, der angeklagt worden war, seine sechste Frau Rosalind, die nach der Trennung als Prostituierte tätig war, ermordet zu haben. Schaad ist freigesprochen worden, erinnert aber ununterbrochen Dialoge aus Gerichtsszenen und entsprechende Sequenzen seines eigenen inneren Monologs: »Freispruch mangels Beweis – wie lebt einer damit?« Der Leser folgt vorerst dieser falschen Fährte, meint, es handle sich darum, eine Schuld oder Unschuld zu ergründen, für die das Gericht zwar zuständig, aber erfolglos tätig gewesen sei. Gegen Schluss aber erfährt er den Spruch des Gerichts: »Der Angeklagte Felix Theodor Schaad, Dr. med., ist der eingeklagten Straftat nicht schuldig und wird freigesprochen.« Es folgt der Monolog Schaads: »Mangels Beweis, wieso habe ich das gehört? Das kommt im Urteilsspruch nicht vor.« Offenbar ist dies ein Prozess, den Schaad gegen sich selbst führt. Der im Sinne des Gerichts schuldige Mörder ist ein griechischer Student. Schaad aber sagt in seinem »anderen Schlußwort«: »Seit meinem vierzehnten Lebensjahr habe ich nicht das Gefühl unschuldig zu sein.« – »Nur bin ich nicht der Täter.« Schaads »Schuld« verweist auf seine Beziehungen zu seinen sieben Frauen, auf die Probleme der Sexualität, auf das Verständnis und Missverständnis von Mann und Frau. Die Einsicht, dass diese Frauen mit ihm und er mit ihnen nicht glücklich werden konnten, betrachtet er als seine Schuld. Noch dezidierter als in *Der Mensch erscheint im Holozän* soll der Protagonist ganz unvermittelt sich selbst präsentieren. Keine Erzählerinstanz vermittelt zwischen den differenten Positionen. Wer die biographischen Kontexte kennt, wird dieses oder jenes Detail darauf beziehen, der Zeuge Neuenburger z. B. erinnert nicht nur wegen seines Namens an Dürrenmatt, auch einzelne Aussagen der Frauen verweisen auf autobiographische Kontexte. Gewiss hat der Autor diesen Prozess auch gegen sich selbst geführt. Man sollte sich jedoch davor hüten, ihn als Schlüsselroman zu lesen. Alles ist so verknappt und verfremdet, das gegenseitige Verfehlen von Mann und Frau nicht ohne Humor, aber auch nicht ohne Momente des Tragischen geschildert, so dass die Frage sich aufdrängt, ob Frisch hier nicht ein Endspiel der Institution Ehe geschrieben habe. Jedenfalls bleibt sein Verhältnis zur Institution Ehe, als der Möglichkeit einer inneren, privaten Heimat, so wichtig aber auch so ambivalent wie sein Verhältnis zur äußeren Heimat, zur Schweiz.

### Schweiz als Heimat?

Max Frischs Verhältnis zur Schweiz hat sich im Laufe seines Lebens und Schreibens stark verändert. Die Wandlungen dieses ambivalenten Verhältnisses zeigen sich am radikalsten am Beispiel seiner Einstellung zur Armee. 1935 hat er in der *NZZ* ein *Tagebuch eines Soldaten* veröffentlicht. Er ließ es nie mehr drucken und nannte es später in einem Interview von Volker Hage »furchtbar brav, anpasserisch, uninteressant«, Ergebnis des Brotberufs eines 24 Jahre zählenden Journalisten, der versuchte, seinen Platz in der bürgerlichen Gesellschaft zu finden. Im Grenzdienst nach Kriegsausbruch und in unmittelbarer Erwartung eines Angriffs der deutschen Wehrmacht schrieb er als Kanonier seine *Blätter aus dem Brotsack*, nicht unkritisch aber zutiefst erschüttert vom Ernst der Lage und in guter Erinnerung der Landesausstellung von 1939: »Wir denken noch oft an die Landesausstellung. Natürlich besonders nach unserem Urlaub. Sie kam wohl zur äußersten, zur besten Zeit. Wie begeisterte sie uns, unter viel anderem, für den Grundzug schweizerischer Eidgenossenschaft, für diese freie Bruderschaft verschiedener Sprachen!« Dieses Tagebuch, zweifellos authentisch, aus unmittelbarer Erfahrung geschrieben, unterscheidet sich grundsätzlich in Form und Inhalt vom schon erzähltechnisch ungleich raffinierteren *Dienstbüchlein* (1973). Frisch erzählt hier nicht chronologisch und nicht mehr spontan als aktiver Soldat, sondern komponiert und wählt seine Erinnerungen an die Dienstzeiten mit der Intention, was damals war, von anderem Standpunkt, mit neuer Einstellung zu durchschauen. Dabei ist ihm bewusst, dass seine veränderte, nun radikal gesellschaftskritische Einstellung auch seine Erinnerung verändert hat: »Indem ich mich heute erinnere, wie es damals so war, sehe ich es natürlich nach meiner Denkart heute. Ich wundere mich, wie viel man hat erfahren können, ohne es zu sehen.« Hatte er damals, als aktiver Wehrmann, die Armee als Mittel einer verteidigungswürdigen Demokratie gesehen, so sieht er sie nun, im Rückblick auf seine Dienstzeit, als das Instrument der Verteidigung des Besitzes der Besitzenden. Zu dieser Wendung haben zweifellos verbreitete Tendenzen der Nachkriegszeit beigetragen, eine grundsätzliche Abwehrhaltung gegenüber Fremdem aus der Kriegszeit zu übernehmen und unbesehen und undifferenziert weiter bestehen zu lassen. Während des Kalten Krieges wurden nicht nur Stalinisten, sondern auch Sozialisten und Sozialdemokraten, schließlich fast alle, die den Verdacht erweckten, nicht immer und jederzeit konformistisch zu denken, als Feinde des Staates beobachtet. 1989 wurde bekannt, dass die Bundespolizei 900 000 Karteikarten (= Fichen von frz. la fiche = Zettel) mit Informationen über observierte Personen, darunter auch Max Frisch, angelegt hatte. Im selben Jahr erschien sein letztes kleines Werk *Schweiz ohne Armee? Ein Palaver* in allen vier Landessprachen. Es ist sein Beitrag zur damals aktuellen Volksinitiative über die Abschaffung der Armee. Er enthält einen szenischen Dialog eines Großvaters mit seinem Enkel über Pro und Kontra der Armee. Zum Schluss liest der Großvater (Max Frisch) dem Enkel die letzten Sätze seines *Dienstbüchleins* vor und wirft es dann in den Kamin. Im Gespräch mit dem Enkel aber wird deutlich, dass diese Absage an die Armee gleichzeitig, trotz bitterer Enttäuschung, auch Plädoyer für eine in seinem Sinn lebendige, künftige Schweiz ist.

*Schweiz ohne Armee?*

So fühlte er sich immer wieder mit der Schweiz verbunden, wenn auch oft »in Zorn und Scham«, wie er in seiner Rede zur Verleihung des Großen Schiller-Preises *Die Schweiz als Heimat* (1974) sagte. Sein Zorn und sein Spott galten dem falschen Bild, den Lügen einer nur schönen Schweiz, die die dunklen Seiten der Vergangenheit und der Gegenwart verdrängt, ihre Mythen konserviert, die Zukunft verpasst und nicht merkt, dass ihre Demokratie im Zeitalter der Globalisierung sich verändern muss, will sie nicht zur Folklore verkommen.

Er hat für sein Engagement zu verschiedenen Zeiten verschiedene Formen gewählt. In seiner *Festrede zum Nationalfeiertag am 1. August 1957* nennt er diesen Tag einen »Anlaß, sich zu freuen, daß wir Schweizer sind«, warnt dann aber sein Publikum, wenn es die alten Heldengeschichten von Tell und Winkelried hören wollte, sei es an die falsche Bundesfeier gekommen. In *Wilhelm Tell für die Schule* (1971) parodiert er den in den Primarschulen noch überlebenden Mythos *Tell* mit einem nicht weniger fiktionalen Mythos einer fortschrittlichen Habsburgerdynastie. In der Zeitschrift *Neutralität*, in seinem Artikel *Unbewältigte schweizerische Vergangenheit* (1965), stellte er den jungen Autoren die Frage: »Wie weit wird die schweizerische Vergangenheit, die Zeit von 1933–1945, sichtbar in unserer Literatur?« Doch auch zu den brisanten Problemen seiner Gegenwart bezieht er klar und deutlich Stellung. Zu dem Sammelband von Alex J. Seiler *Gespräche mit Gastarbeitern* schrieb er seinen Text *Überfremdung I* (1965) mit dem immer wieder zitierten, vieles bewegenden Satz: »Ein kleines Herrenvolk sieht sich in Gefahr: man hat Arbeitskräfte gerufen, und es kommen Menschen.« Auf Grund dieses Artikels ist er von den Vertretern der maßgeblichen Behörden, der Vereinigung der kantonalen Fremdenpolizeichefs, eingeladen worden, einen weiteren Vortrag zum Thema zu halten, *Überfremdung II* (1966). Er beurteilt die Lage der Schweiz als »vom Krieg verschont durch Schlauheit und Glück«, »angewiesen auf das Gelingen einer europäischen Union«, aber neutral und »einer Vorstellung von nationaler Souveränität« lebend, die uns verbietet, »in verbindlicher Weise teilzunehmen an der Gestaltung eines neuen Europa.« Er fragt sich, was angesichts des damaligen Bestandes von Fremden (damals nur 14 % der Bevölkerung, 2007 über 20 %) zu tun sei und schließt, nach eingehendem Studium der Akten der Fremdenpolizei, mit dem Abschnitt und der Aufforderung: »Überfremdung als Chance«. Die Schweiz solle sich nicht selbstgerecht als Großartig-Gewordenes erhalten wollen, sondern als Werdendes verstehen. Dazu aber bedürfte sie der Fremden. »Einer davon bin ich!« meint er, und erinnert sich an Vorfahren aus Deutschland und Österreich.

Seine Reden und Artikel sind allzu oft über den literarischen Werken vergessen und letztere mit Schlagworten wie Reprivatisierung oder Rückzug aus der Realität versehen worden. Nicht nur anhand der Tagebücher, sondern auch bei den übrigen Texten lässt sich leicht zeigen, dass die zentralen Grundgedanken alle Gattungen und Textsorten verbinden: Die Opposition gegen Vorurteile, gegen Bildnisse jeder Art, die Absage an unveränderte Bewahrung von Tradition und die Aufforderung zu ständiger Verwandlung, die Freiheit nicht zu beschwören, sondern zu leben, das gilt für das private wie für das öffentliche Leben, für die journalistischen Texte wie für die Literatur, ja schließlich ist es nicht zuletzt eine Eigenart seiner Kunst, dass sich die Grenzen der Gattungen und Textsorten auflösen und neu verbinden, nicht nur, aber vor allem in den Tagebüchern, den vielleicht wichtigsten Quellen und Ergebnissen seiner Kunst.

# Friedrich Dürrenmatt

## Erste Wege aus dem Labyrinth

### Biographische Genese der Stoffe

Dürrenmatt hat aus seinen Stoffen Welttheater kreiert, aber die Herkunft aus seinem Dorf Konolfingen, wo die Straßen Bern-Luzern und Burgdorf-Thun sich kreuzen, nie verleugnet. Doch: »Die Welt ist größer als das Dorf: über den Wäldern stehen die Sterne«, schreibt er am Anfang seiner autobiographischen Einleitung des Bandes *Labyrinth. Stoffe I-III* (1981). Unter *Stoffen* sind nicht einfach Inhalte zu verstehen, sondern durch vorsprachliche Visionen, Bilder, Träume und Tagträume angeregte Einfälle, die er in immer wieder neuen Varianten in Bildern und Texten zu gestalten versucht. Imaginationsräume sind der Kosmos, die Sterne, deren Konstellationen er schon als Primarschüler auf Anregung seines Lehrers Fluri zeichnet, die biblischen Erzäh-

lungen der temperamentvollen Mutter, welche Szenen der Sintflut oder des Stillstands von Sonne und Mond zu Gibeon und im Tal Ajalon so packend zu erzählen wusste, dass er sie vor sich sah. Der Vater brachte ihm die griechischen Mythen nahe, am liebsten habe er »vom königlichen Theseus« erzählt, »wie er die Räuber Prokrustes und Pytiokamptes besiegte, und vom Labyrinth des Minos, von Dädalus erbaut«. Mit gutem Grund hielt Dürrenmatt diese Prägungen für entscheidender als die späteren Einflüsse der Literatur. Labyrinth und Höhle gehörten zu den elementaren Bildern der kindlichen Erfahrungen und Träume. Als Dürrenmatt vierzehn Jahre zählte, vertauschte Vater Dürrenmatt die Stelle des Pfarrers in Konolfingen mit der Funktion des Seelsorgers am Salemspital in der Stadt Bern. Der Sohn kommentierte diesen Wechsel später: »Das Labyrinth wurde Wirklichkeit«. Dürrenmatt besteht mit gewaltiger Anstrengung die Maturprüfung (Abitur) an einer Privatschule, immerhin mit alten Sprachen. Er beginnt ein Germanistikstudium in Bern bei Fritz Strich, 1942/43 in Zürich bei Emil Staiger, um dann, nach kurzem Militärdienst, nach Bern zurückzukehren, wo er vornehmlich Philosophie bei Richard Herbertz, dem Doktorvater Walter Benjamins, studierte und eine Seminararbeit über Platos Höhlengleichnis schrieb. Zwar kam die geplante Dissertation über *Kierkegaard und das Tragische* nicht zustande, aber die Kierkegaard-Lektüre begleitete ihn vor allem in kritischen Phasen seines Lebens, inspirierte sein dramaturgisches Denken und begründete sein Schriftprinzip der indirekten Mitteilung. Zu Recht schrieb er in *Turmbau. Stoffe IV-IX*: »Ohne Kierkegaard bin ich als Schriftsteller nicht zu verstehen«. Seine Bilder an den Wänden seiner Mansarde im neuen Wohnhaus der Eltern sind

Die Berner Mansarde

ein Zeugnis seiner Kämpfe und Vorspiel seiner Werke, ein Gesamtkunstwerk mit dem Titel *Die großen Abenteuer der Menschheit.* Die Bilder erinnern an expressionistische Künstler der *Brücke* und des *Sturm,* an George Grosz und an Figuren der satirischen Zeitschrift *Der Nebelspalter.* Zu sehen ist links außen die Figur Nietzsches. Sie verabschiedet mit zum Hitlergruß ausgestrecktem Arm Repräsentanten der Zeitgeschichte – die Köpfe Hitlers, Mussolinis, Churchills, Stalins und des Schweizer Bundesrats Eduard von Steiger sind unschwer zu erkennen –, doch sind sie seltsam verfremdet, da die Figuren nicht einzeln, sondern ineinander und übereinander gezeichnet erscheinen. Aus dem offenen Hemd eines armlosen griechischen Helden starren die Köpfe Hitlers, Mussolinis und des russischen Außenministers Molotow, aus dem Armstumpf wächst das Gesicht Churchills, das als Sockel eines trojanischen Pferds fungiert. Man glaubt auch Fragmente von Schuschnigg, Pétain und Daladier zu erkennen – kurz ein Kehraus der zeitgeschichtlichen Katastrophen und der Apokalypse humaner Kultur. Über seinem Bett hatte der Pfarrerssohn eine skurrile Kreuzigung gemalt mit einem teilnahmslosen, wohl toten Gottvater in der Stellung Adams aus der sixtinischen Kapelle, in derselben Stellung, die Tischbein für sein berühmtes Bild *Goethe in der Campagna* gewählt hatte. Ein gefesselter Prometheus versucht erfolglos, sich von Gottvater zu lösen. An der Wand, über dem Ort, wo der Schreibtisch stand, ist eine pervertierte Pietà-Komposition zu sehen, mit armlosem, mit Prothesen bewehrtem nackten Oberkörper eines Söldners, der Präfiguration des Soldaten, der an einer Schlüsselstelle von Dürrenmatts spätem Werk *Winterkrieg in Tibet* erscheint. Die Mansarde war ihm Zufluchtsort, sichere Höhle gegen die bankrott erscheinende Welt der Alten, aber auch Spiegelsaal seiner inneren Kämpfe. Für uns ist sie ein Vorspiel des späteren Werks.

### Frühe Prosa

Im Zürcher Freundeskreis des Malers Walter Jonas hatte Dürrenmatt nicht nur expressionistische Bilder, sondern auch die Texte von Kafka, von Georg Heym und von Büchner kennen gelernt. Am Morgen des heiligen Abends 1942 begegnete er dem Gedenkstein Büchners in Zürich, schrieb anschließend die folgenden, an das Märchen der Großmutter in Büchners *Woyzeck* erinnernden Zeilen in sein Notizbuch und fuhr dann nach Bern zum Weihnachtsfest seiner Familie. Es ist dies die erste von ihm autorisierte Erzählung:

> Es war Weihnacht. Ich ging über die weite Ebene. Der Schnee war wie Glas. Es war kalt. Die Luft war tot. Keine Bewegung, kein Ton. Der Horizont war rund. Der Himmel schwarz. Die Sterne gestorben. Der Mond gestern zu Grabe getragen. Die Sonne nicht aufgegangen. Ich schrie. Ich hörte mich nicht. Ich schrie wieder. Ich sah einen Körper auf dem Schnee liegen. Es war das Christkind. Die Glieder weiß und starr. Der Heiligenschein eine gelbe gefrorene Scheibe. Ich nahm das Kind in die Hände. Ich bewegte seine Arme auf und ab. Ich öffnete seine Lider. Es hatte keine Augen. Ich hatte Hunger. Ich aß den Heiligenschein. Er schmeckte wie altes Brot. Ich biß ihm den Kopf ab. Alter Marzipan. Ich ging weiter.

Dies ist zum mindesten eine radikale Absage an konventionelles Christentum, aber nicht unbedingt ein Ausdruck von Nihilismus. Zwar hatte er auf das Namensschild an der Tür seiner Studentenbude »Nihilistischer Dichter« geschrieben, doch die Möglichkeit des Todes Gottes bedeutet für ihn zweifellos nicht, wie bei Nietzsche, einen Akt der Befreiung zu einer Menschlichkeit höheren Werts, sondern Angst vor einem Vakuum, Klage eines Suchenden, eines »Menschen nach der Sintflut«, der noch keinen neuen, auch nicht einen atheistischen Glauben gefunden hat und alles, auch den Atheismus, in Frage stellte. Der junge Dürrenmatt hatte aus Protest gegen den frommen und demokratischen Vater 1938 für einige Wochen einer frontistischen Jugendorganisation angehört. Die Bekanntschaft mit Flüchtlingen und Emigranten veränderte seine Einstellung aber rasch und nachhaltig. Später, in seinen autobiographischen Texten, formuliert er seine damalige Haltung in Sätzen, die man auch als Hilfe zum Verständnis seiner frühen Prosa verstehen kann:

> Das Zusammenkrachen Europas spielte sich für mich wie eine Naturkatastrophe jenseits aller Moral, aber auch jenseits aller Vernunft ab, für mich trugen alle die Schuld an einem Massaker ohnegleichen, die Opfer und die Henker, der Strudel einer unsinnigen Apokalypse riß alle hinab. Der Mensch erschien mir als kosmischer Mißgriff, als Fehlkonstruktion eines offenbar gleichgültigen, wenn nicht stumpfsinnigen Gottes, für den bestenfalls Hitler als Symbol dienen konnte, als Weltfratze, von der allgemeinen Unvernunft heraufbeschworen.

Mit der Erzählung *Der Theaterdirektor* (1945) ist ihm ein Gleichnis gelungen, das Strategien der Verführung zum Bösen am Beispiel einer Inszenierung zeigt. Der Theaterdirektor, »der Mensch, dem die Stadt erliegen sollte, lebte schon unter uns, als wir ihn noch nicht beachteten«. Der Erzähler spricht aus der Sicht der Betroffenen, Verführten, die vorerst über den Direktor lachen, ihm dann aber mit Furcht und in knechtischem Gehorsam begegnen:

> Wir haben uns dann oft gefragt, was die Massen bewog, in sein Theater zu gehen. [...] Wir dachten an einen bösen Trieb, der die Menschen zwingt, ihre Mörder aufzusuchen, um sich ihnen auszuliefern, denn jene Veränderungen enthüllten, daß er die Freiheit zu untergraben bestrebt war, indem er deren Unmöglichkeit nachwies, so daß seine Kunst eine verwegene Attacke auf den Sinn der Menschheit war.

Der Direktor schaltet alles Zufällige aus, so dass sich alles schicksalhaft, zwanghaft ereignet. In der Sprache unterdrückt er die Elemente, »in denen sich die einzelnen Dichter unterscheiden, so daß der natürliche Rhythmus verfälscht wurde, um den gleichmäßigen entnervenden Takt stampfender Kolben zu erreichen«. Sprache wird zum ideologischen Jargon, das Theater zum Medium, jene Macht unversehens zu erlangen, die sich später als roheste Gewalt enthüllen wird. Dem Theaterdirektor steht eine Opponentin gegenüber, die, vorerst im alten Theater gefeiert und vom Direktor unbehelligt, im von diesem erbauten neuen Theater – einem Bau, der sich »als eine ungeheuerliche Mischung aller Stile und Formen darbot, ohne daß man ihm etwas Großartiges hätte absprechen können« – unfreiwillig komisch wirkt und keinen Erfolg mehr hat. Schließlich wird sie von der Menge als Frevlerin gehasst, weil sie »sich anmaßte, einer Gewalt entgegenzutreten, die zwar alles zermalmt, aber auch jede Sünde entschuldigt [...], und ich begriff, daß dies der eigentliche Grund war, durch den die Menge verführt wurde, auf die Freiheit zu verzichten und sich dem Bösen zu ergeben, denn Schuld und Sühne gibt es nur in der Freiheit.« Die Schauspielerin wird unter dem Beifall der Massen im neuen Theater hingerichtet, der Direktor und sein Gesindel ergreifen die Macht.

## Aus den Papieren eines Wärters, Die Stadt

Die frühen Texte sind nicht nur als Angstträume des jungen Autors zu verstehen, sondern zeigen schon seine Eigenart, aus den ihn bewegenden Stoffen Weltmodelle zu gestalten, die unverkennbar durch die historisch-politischen Ereignisse seiner Zeit angeregt worden sind, aber ihre Aktualität durch ihren nicht-mimetischen Modellcharakter bewahren. Gleichzeitig entsteht ab 1945 der dann mehrfach überarbeitete Komplex *Die Stadt* (1952) aus weiterer Überarbeitung der Texte *Aus den Papieren eines Wärters*. Die endgültige Fassung des Stadt-Stoffes ist dann erst in den späten Stoffen, im *Winterkrieg in Tibet* gelungen. Dürrenmatt schwankte während der Studienzeit zwischen dem Wunsch Maler und dem Bedürfnis Schriftsteller zu werden. Er entschied sich für den Beruf des Schriftstellers, aber die Malerei wurde nie nur Nebenarbeit, sondern blieb immer Medium, seine Visionen zu verarbeiten und sprachlich zu gestalten. 1946 lernte Dürrenmatt die Schauspielerin Lotti Geissler kennen. Das Paar heiratete und zog nach Basel, wo Lotti ein Engagement und Fritz im Basler Theaterdirektor Kurt Horwitz und dem Schauspieler Ernst Ginsberg nachhaltige Freunde und Förderer fand.

## Frühe Stücke

### *Es steht geschrieben* (1946)

Dürrenmatt hatte schon 1941 erste Versuche für ein vorerst *Der Knopf*, später *Komödie* genanntes Stück unternommen, überarbeitete es 1951, druckte es aber erst in der Werkausgabe von 1980 erstmals unter dem für sein ganzes Werk bezeichnenden Titel: *Untergang und neues Leben*. Mit einem Geniestreich, der Uraufführung des Wiedertäuferdramas *Es steht geschrieben* am 19. April 1947, eroberte der 24-jährige Autor die Schweizer Theaterszene. Was langfristig besser wirkte als wohltemperierter Beifall: Ein handfester Skandal, Buhrufe und Pfiffe des sonst so braven Zürcher Publikums unterbrechen die Szene, als die zwei Hauptpersonen Knipperdollink und Johann Bockelson zusammen auf den Dächern der Stadt Münster tanzen. Der vormals reiche Ratsherr Knipperdollink, zum Narren Gottes mutiert, hatte die Worte der Bibel wörtlich genommen und seinem Feind, dem Bischof, die Schulden erlassen; dieser finanziert damit die Armee, die die Täufer vernichten sollte. Der vormals arme Bockelson hatte sich des Reichtums und der Frau von Knipperdolink bemächtigt – nun aber tanzen sie, mit Krone und Stab der eine, im zerrissenen Hemd der andere, in obszöner Verbindung, die den Protest des brav-bürgerlichen Publikums entfesselte. Tanzend springen sie von den Dächern und öffnen der Heerschar des Bischofs die Riegel des Stadttors. So befördern sie selbst ihren Untergang, ihren Tod auf den Rädern des Blutgerichts. Knipperdolink endet mit dem Anruf an seinen Herrn: »Die Tiefe meiner Verzweiflung ist nur ein Gleichnis Deiner Gerechtigkeit, und wie in einer Schale liegt mein Leib in diesem Rad, welche Du jetzt mit Deiner Gnade bis zum Rande füllst.« Ob die christliche Paradoxie sich hier selbst ad absurdum führe oder in äußerster Verfremdung erscheine, bleibt den Zuschauenden überlassen. Dürrenmatt verweigert die Antwort auf die Frage nach dem Sinn, nennt aber im Programmheft der Uraufführung seine Intention: »Ich wollte keine Moral geben, sondern nur darstellen, und was ich darstellen wollte, ist eine Welt in ihrem Untergang, in ihrer Verzweiflung, aber auch in ihrem Glanz, der jedem Ding anhaftet, das untergeht.« In der Anmerkung zur Werkausgabe 1980 verweist er auf die Psychose, den Massenwahn der Wiedertäufer, nennt auch das irrationale »Phänomen des Dritten Reichs« und dessen Untergang, nicht ohne Grenzen dieser Analogien zu betonen. Es war dies eher ein lyrischer Bilderbogen als ein Drama, vor allem wirkend dank der expressiven Bildlichkeit der Sprache und der Bühnenbilder Teo Ottos. Dürrenmatt verwahrte sich gegen die Vereinnahmung als christlicher Dichter und ließ deshalb das Stück sperren. Eine zweite Fassung wurde

1967 als Komödie mit dem Titel *Die Wiedertäufer* aufgeführt, völlig verändert durch Konzentration auf die Handlung, Verknappung der Sprache und aktualisierende Anspielungen. Bockelson wird zum politischen Schmierenschauspieler und Volksverführer. Der Bezug zu Hitler liegt nahe. Dürrenmatt betont aber in den für die erste Buchausgabe geschriebenen dramaturgischen Überlegungen, Bockelson sei weder identisch noch ein Parallelfall einer historischen Persönlichkeit, sondern er verhalte sich als Sonderfall nur zur Theatralik, die jedem Mächtigen innewohne.

Illustrationen zur Erstausgabe von *Es steht geschrieben*

## Der *Blinde* (1947)

Ein blinder Herzog, der während des Dreißigjährigen Krieges seine Herrschaft verloren hat, betrachtet sich kraft seines Glaubens noch immer als Herrscher. Sein Gegenspieler da Ponte, General Wallensteins, Figur des Versuchers, des Gegners des Glaubens, spielt dem Herzog den längst vollzogenen Untergang vor und kann ihn dennoch nicht von seinem Glauben abbringen. Der Herzog erkennt zwar schließlich den Verlust: »Es ist von uns genommen, was wir hatten« und bezeugt doch seinen Glauben: »So liegen wir zerschmettert im Angesicht Gottes, und so leben wir in seiner Wahrheit.« *Der Blinde* ist vorerst als Stück eines unkonventionellen, christlichen Dichters verstanden worden. Karl Barth, einer der bedeutendsten Theologen des 20. Jh.s, der in Basel den jungen Autor und sein Theaterstück kennen lernte, sah im *Blin-*

*den* ein christliches Drama, das der Theologie seiner *Römerbriefauslegung* von 1921 entspreche. Obgleich Dürrenmatt sich gegen das Klischee vom christlichen Dichter wandte und sich später zum Atheismus bekannt hat, ist doch sein gründliches Studium der Barthschen Dogmatik noch im Spätwerk der *Stoffe* prägnant dokumentiert. Barths theologische Sprachtheorie kommt zum Schluss, man könne von Gott eigentlich nicht reden, sondern nur auf entweder dogmatische Weise so tun, als ob wir es könnten, auf kritische Weise diese Möglichkeit negieren oder auf dialektische Weise durch den immer scheiternden Versuch christlichen Lebens bezeugen, dass wir es möchten. Er meint damit, wie vor ihm Kierkegaard, dass christliche Rede sich nur indirekt, nämlich durch die christliche Existenz mitteilen lasse. Ebenso versteht Dürrenmatt die Wahrheit der poetischen Rede als eine Wahrheit, die nicht direkt, sondern nur indirekt erschlossen werden könne, indem die Lesenden die Gleichnisse der Texte auf eigene Verantwortung und aus der Erfahrung eigener Existenz auslegen. *Der Blinde* ist als reines Wortdrama bald vergessen und von Dürrenmatt wegen der Gefahr erbaulicher Auslegung gesperrt worden. Das Spiel verdient aber als Parabelstück über das Theater, das Wort gegen Bild setzt, den Fiktionscharakter des Theaters damit zugleich bricht und bestätigt, doch Beachtung.

Im Sommer 1948 verließ die junge Familie Basel und wohnte bis 1952 – drei Kinder wurden inzwischen geboren: Peter (1947), Barbara (1949) und Ruth (1951) – in Schernelz über dem Bielersee. Dürrenmatt arbeitete dort am vorerst missglückten Projekt *Turmbau*, dann aber gelang in kurzer Zeit ein zweiter Wurf: *Romulus der Große*.

## Antihelden – Mutige Menschen

### Romulus der Große. Ungeschichtliche historische Komödie (1948/49, 1957, 1961, 1964, 1980)

Die Uraufführung fand am 23. April 1949 in Basel unter der Regie Ginsbergs statt. Der Text liegt in vier verschiedenen Fassungen verschiedener Inszenierungen und einer Synthese von 1980 vor.

Die Komödie des letzten weströmischen Kaisers, der statt sein Reich zu verteidigen lieber Hühner züchtet, könnte zu falschen Schlüssen führen, insbesondere auf Grund der ersten, schwankhaft inszenierten Fassung. Sein Defaitismus ist aber nicht voraussetzungslos, sondern gilt dem falschen Heroismus eines Reichs, das sich nicht selbst genügt, sondern auf Kosten anderer zur absoluten Weltmacht werden will. Seiner ehrgeizigen Frau Julia, die ihn als Faulpelz und Verräter betrachtet, entgegnet er:

> Ich bezweifle nicht die Notwendigkeit des Staates, ich bezweifle nur die Notwendigkeit unseres Staates. Er ist ein Weltreich geworden und damit eine Einrichtung, die öffentlich Mord, Plünderung, Unterdrückung und Brandschatzung auf Kosten der andren Völker betrieb, bis ich gekommen bin.

In der ersten Fassung dominiert die humanitäre Position des Romulus als Richter über sein Reich. Die letzte Fassung endet mit der resignativen Einsicht, dass der Einzelne den Lauf der Geschichte nicht aufhalten könne. Der abtretende Römer Romulus und der kommende Herrscher, der Germane Odoaker, sind sich zwar einig in ihrem Urteil: »Ich richtete Rom, weil ich seine Vergangenheit fürchtete, du Germanien, weil es dir vor deiner Zukunft grauste.« Aber sie wissen, dass selbst wenn Odoaker seinen nach der Weltherrschaft strebenden Neffen Theoderich tötete, tausend neue Theoderiche aufständen. So bittet denn der abtretende Romulus Odoaker, den Römern und Germanen wenigstens ein paar Jahre Frieden zu schenken: »Machen wir es schnell. Spielen wir noch einmal, zum letzten Mal, Komödie. Tun wir so, als ginge die Rechnung hienieden auf, als siegte der Geist über die Materie Mensch.« Das Verhältnis von Geist und Materie bestimmt auch die Texte der Komödie und des Drehbuchs von *Die Ehe des Herrn Mississippi*.

## *Die Ehe des Herrn Mississippi* (1949/50, 1952, 1961, 1969, 1980)

Diese Komödie wurde 1949/50 geschrieben, 1952 in den Münchner Kammerspielen mit großem Erfolg uraufgeführt; dies war der Durchbruch in Deutschland. Die vier Fassungen sind Resultat praktischer Regiearbeit, der Text von 1980 eine von Dürrenmatt verantwortete Synthese für die Werkausgabe.

Eine der drei Hauptfiguren, Graf Übelohe-Zabernsee, erläutert, »daß es dem neugierigen Autor auf die Frage ankam, ob der Geist – in irgend einer Form – imstande sei, eine Welt zu ändern, die nur existiert, die keine Idee besitzt, ob die Welt als Stoff unverbesserlich sei.« Übelohe-Zabernsee ist idealistischer Christ, hat sein Vermögen den Armen gegeben und möchte die Welt aus dieser persönlichen Überzeugung verwandeln. Er liebt aber ausgerechnet Anastasia, die weder zu ändern noch zu retten ist, weil sie nichts als den Augenblick liebt, »weder dem Himmel noch der Hölle, sondern allein der Welt nachgebildet.« Durch diese Liebe wird er zum Narren, bestenfalls zum Narren in Christo oder zu Don Quijote. Cervantes, Strindberg und Wedekinds *Marquis von Keith* mögen Dürrenmatt zu dieser Figur angeregt haben. Der Zweite im Bunde der Weltverbesserer, der Staatsanwalt Mississippi, steht für fundamentalistische Gerechtigkeit im Sinne des alten Testaments. Er verhängt laufend Todesurteile, klagt Anastasia wegen Mordes an ihrem Gatten an, hat aber seine eigene Gattin ermordet und will diesen Mord durch die Ehe mit Anastasia sühnen. Der Dritte, Mississippis Jugendfreund Saint-Claude, versucht mit vergleichbarem Dogmatismus die Welt nach Karl Marx zu verändern. Auch er scheitert an Anastasia. Er hofft, mit ihrer Hilfe sich die ganze Welt unterwerfen zu können, bemerkt aber noch rechtzeitig ihren Versuch, ihn zu vergiften. Mississippi trinkt den für Saint-Claude bestimmten vergifteten Kaffee und vergiftet seinerseits Anastasia, Saint-Claude wird von seinen Genossen erschossen. Zum Schluss versammelt ein Nachspiel noch einmal alle vier Personen, die noch einmal dem immer wiederkehrenden Wunsch nach Veränderbarkeit der Welt Ausdruck geben. In der ersten Fassung der Komödie hat Übelohe das letzte Wort als scheiternder Narr in Christo. Er spricht von einer ewigen Komödie, »daß aufleuchte Seine Herrlichkeit, genährt durch unsere Ohnmacht«. Im Drehbuch für den Film von 1961 werden die an theologische Tradition erinnernden Zeilen getilgt. Zum Schluss sagt Mississippi, vom Direktor des Irrenhauses als Patient vorgeführt: »Ich wollte doch nur die Welt ändern. Und die Welt muß geändert werden. Es ist mir nicht gelungen. Aber andere werden kommen. Immer wieder. Mit immer neuen Ideen. Die Welt muß geändert werden...«. Parodistisch distanzierende Stilmittel erinnern an Brechts Theater der Verfremdung. Dürrenmatt trifft sich mit ihm im Wunsch nach Veränderung und setzt sich ihm entgegen durch die Demonstration der Kräfte der Selbstzerstörung, die jede Art dogmatischer Ideologie prägen. Die Versuche der Weltverbesserung misslingen, aber trotz allem und dennoch gilt, wie Dürrenmatt in *Theaterprobleme* (1954) ausdrücklich betont:

Der Blinde, Romulus, Übelohe, Akki sind mutige Menschen. Die verlorene Welt-ordnung wird in ihrer Brust wieder hergestellt, das Allgemeine entgeht meinem Zugriff. Ich lehne es ab, das Allgemeine in einer Doktrin zu finden, ich nehme es als Chaos hin. Die Welt [...] steht für mich als ein Ungeheures da, als ein Rätsel an Unheil, das hingenommen werden muß, vor dem es jedoch kein Kapitulieren geben darf.

### Ein Engel kommt nach Babylon. Fragmentarische Komödie (1953, 1957, 1958)

Diese am 22. Dezember 1953 in den Münchner Kammerspielen uraufge-führte Komödie nennt Dürrenmatt »fragmentarisch«, weil es sich nur um den ersten Teil eines ihn seit 1948 beschäftigenden, in drei Teilen geplanten Turmbauprojektes handelt. Ein Engel bringt das vom Himmel aus dem Nichts geschaffene Gnadengeschenk – das Mädchen Kurrubi – zur Erde. Es soll dem ärmsten der Menschen zuteil werden. Nebukadnezar, der Herrscher Babylons, trifft inkognito, als Bettler verkleidet auf Akki den Bettler und auf den Engel mit Kurrubi. Nebukadnezar will den vollkommenen Staat errich-ten, in dem es keine Bettler geben darf. Er unterliegt in einem Bettlerwett-kampf mit Akki und erscheint deshalb vorerst als der Ärmste der Armen, dem das Gnadengeschenk zugesprochen wird. Doch er möchte wohl Kurrubi haben, nicht aber der Ärmste der Armen sein. Er offenbart sich als Herrscher und verliert deshalb Kurrubi an den Bettler Akki. Im Zorn über seinen Ver-lust beschließt er, das Paar hinrichten zu lassen und baut, dem Himmel trot-zend, seinen Turm. Wie Dürrenmatt den ersten Dichter des Staates sagen lässt, ist Kurrubi für einen staatsbewußten Dichter »ein allzu anarchischer Gegenstand«. Nebukadnezar ist aber nicht nur ein Feind des Himmels, son-dern auch der Gegner seines Vorgängers Nimrod. Während Nebukadnezar den sozialen Staat mit der Gewalt des totalen Staates installieren will, möchte sein Gegenherrscher Nimrod so viel Freiheit für die Privatwirtschaft wie möglich und so wenig Staat, wie dieser dienlich. Die Herrschaft scheint his-torisch ständig von einem Extrem zum andern zu wechseln. Akki und Kur-rubi gelingt die Flucht in die Wüste, hinter ihnen Babylon in Ruinen mit zerfallendem Turm, vor ihnen »ein neues Land, tauchend aus der Dämme-rung, [...], voll neuer Verfolgung, voll neuer Verheißung und voll von neuen Gesängen!« Ein zweiter, politischer Teil hätte folgen, ein dritter Teil mit kon-kreter Utopie des neuen Landes hätte die geplante Trilogie abschließen sollen, doch schon im ersten Teil wird deutlich, dass die Suche einem dritten Weg zwischen Ost- und Westgegensatz gilt.

### Hörspiele

Trotz früher Anerkennung war die materielle Lage der Familie Dürrenmatt zu Beginn der 50er Jahre prekär. Zwar konnten sie 1952 mit geliehenem Geld ein renovationsbedürftiges Haus über Neuenburg kaufen, Freunde sammelten Geld und sandten Fresspakete, Dürrenmatt schrieb Theaterkriti-ken, Kriminalromane und Hörspiele, eine von deutschen Sendern gut be-zahlte Auftragsarbeit. Doch das Hörspiel war als künstlerische Form auch eine Herausforderung für viele andere anspruchsvolle Autoren und Autorin-nen wie z.B. Günter Eich, Ingeborg Bachmann, Wolfgang Hildesheimer, Ilse Aichinger, Max Frisch. Dürrenmatt hat 1951–56 sieben Hörspiele geschrie-ben.

Dürrenmatt, *Das Arsenal
des Dramatikers*
(Selbstporträt), 1960

## Nächtliches Gespräch mit einem verachteten Menschen (1952)

Das Hörspiel *Nächtliches Gespräch mit einem verachteten Menschen. Ein
Kurs für Zeitgenossen* ist 1950 geschrieben, 1952 von den Münchner Kammerspielen aufgeführt und vom Bayerischen Rundfunk gesendet worden. In
einem totalitären Staat begegnet ein Schriftsteller dem Henker des Staates,
der ihn umbringen wird. Im Gespräch versucht er diesem verachteten Menschen zu sagen, wofür er ein ganzes Leben gekämpft habe, möchte ihm zeigen, was er unter Freiheit versteht und erfährt, dass der Henker trotz der
Niedertracht seines Berufs nicht unberührt ist von der Würde, der Unschuld
der Sterbenden, dass er erkennt: »Ihren Leib kann ich nehmen, Herr, der ist
der Gewalt verfallen, [...] aber wofür Sie gekämpft haben, darüber habe ich
keine Macht, denn es gehört nicht dem Staub.« Bezüge zu Hitlers und Stalins

Reich liegen nahe und werden durch den Text legitimiert. Das Spiel wirkt als Ars moriendi in aussichtsloser Lage, von Dürrenmatt zweifellos nicht nur im Rückblick auf Vergangenes, sondern auch im Blick auf immer wieder Mögliches geschrieben.

## Stranitzki und der Nationalheld (1952)

Das für die deutsche Nachkriegsgeschichte interessanteste Hörspiel Dürrenmatts ist *Stranitzki und der Nationalheld*. Die Thematik des Rückkehrers der Nachkriegzeit wird hier mit der Kritik an den Schattenseiten des beginnenden Wirtschaftswunders und den Reaktionen medienbestimmter Massengesellschaft verbunden. Es wurde durch die massenhysterische Teilnahme am Tod von Eva Péron im Juli 1952 angeregt und vom Nordwestdeutschen Rundfunk am 6. November dieses Jahres erstmals gesendet. Der Ansager führt zu Beginn die Hauptpersonen und ihre Leiden ein, die Krankheit des Nationalhelden Baldur von Moeve, Ministerpräsident des Landes, den alle kennen, und die Nöte des Invaliden Stranitzky, den niemand kennt. Von Moeve empfängt in Anwesenheit des Rundfunks Stranitzky und seinen Kollegen, die Not leidenden Kriegsversehrten, scheinbar kollegial im Betlehemspital: »Unsere Vaterlandsverteidiger haben die Beine verloren und die Augen und ich bin aussätzig. Da haben wir schließlich alle etwas zu leiden.« Von Moeve hat aber nur eine lepröse Zehe von einem Staatsbesuch in Abessinien. Doch die Invaliden müssen erfahren, dass das große Mitleid des Volkes dem kleinen Leiden des großen Helden gilt und ihr großes Leiden nur den perfekt inszenierten Medienauftritt des Nationalhelden ziert. Die Rede Stranitzkis, mit der er den Nationalhelden für seine und seines Kollegen Projekte zu gewinnen sucht, wird nicht gesendet. Ihre Hoffnungen auf eine Stiftung und Teilhabe an der Regierung von Moeves zerschlagen sich, die Invaliden enden als Wasserleichen – eine bittere Parodie auf »zweierlei Mitleid / ein großes und interessantes und eins im Alltagskleid.« Gegenüber dem bitteren Ernst dieses Hörspiels erscheint *Herkules und der Stall des Augias* als lustvoll heiteres helvetisches Gegenbild und wurde in der Schweiz dennoch, vor allem von konservativen Politikern, als herbe Kritik verstanden.

## Herkules und der Stall des Augias (1954, 1963)

Das Hörspiel ist 1954 im Auftrag des Nordwestdeutschen Rundfunks entstanden und wurde von ihm erstmals gesendet. Die Bühnenfassung entstand 1963 und wurde 1964 im Zürcher Schauspielhaus uraufgeführt. Im Hörspiel fungiert der Historiker Polybios als Erzählinstanz. In der Bühnenfassung spricht er den Prolog und exponiert die Geschichte, in der das Reinlichkeitsbestreben und das Kunstbedürfnis sich in den Haaren liegen. Die Bürger der Insel Elis beklagen den Zustand ihres Landes, das zu einem Schweinestall geworden sei, total vermistet. Ihr Präsident Augias schlägt vor, mit dem Ausmisten Herkules, den Säuberer Griechenlands, zu beauftragen, und, wie im übrigen Griechenland, die Kultur einzuführen. Zwar nimmt der von Schulden geplagte Herkules den lukrativen Auftrag an, doch als die Arbeit beginnen soll, melden sich immer wieder neue Stimmen im Parlament der Elier, die diesen Auftrag zwar bejahen, aber vor Beginn eine ständig wachsende Zahl von Unter-, Ober- und Oberstkommissionen einsetzen wollen, die unterschiedliche Interessen verfolgen. So soll geprüft werden, »ob der Mist, wenn er nicht mehr ist«, die Dörfer verstädtere, die Reichen verarme, den Wirtschaftsfrieden verwüste, der Armee schade oder die Tiefe der Religion ver-

hindere. Weil sich sein Honorar verzögert, tritt Herkules im elischen Natio-
nalzirkus Tantalos als heldisches nationales Symbol auf und verlässt das
Land, ohne ausgemistet zu haben. Der Sohn des Augias fragt den Vater, weshalb er diesen Ausgang schon zuvor geahnt habe und bekommt die Antwort,
weil die Elier sich vor dem fürchteten, was sie wollten und von dem sie wussten, dass es vernünftig sei. Augias führt den Sohn in seinen Garten, den er
den Garten der Entsagung nennt, und empfiehlt ihm, nach seinem Vorbild
den Garten zu pflegen, aus Mist Humus werden zu lassen. Wie in *Romulus*
wird auch hier der heroische Held parodiert, während der mutige Einzelne
Voraussetzungen der Veränderung zu schaffen vermag. In der Hörspielfas-
sung folgt der Sohn dem Wunsch des Vaters, und so endet das Hörspiel ver-
söhnlich und gut demokratisch. In späteren Fassungen aber folgt Augias'
Sohn Phyleus Herkules und verlässt sein Land. Aus dem Mist tauchen die
Parlamentarier auf, »Die Zehn« (Decemviri), die Männer mit außerordentli-
chen Vollmachten. Sie beginnen ihre Warnstrophen:

> So geht denn alles zu Grunde
> Politiker, Helden und Land
> Die Knochen fressen die Hunde
> Das Blut versickert im Sand

Das Stück wirkt je nach zeitgeschichtlichem Kontext nicht nur als Satire auf
Schattenseiten der Demokratie, sondern weckte zweifellos die Erinnerung an
verschiedene Skandale, die die häufig glorifizierte Vergangenheit betrafen. So
wurde schon 1945 bekannt, aber erst 1950 gerichtlich untersucht und festgestellt, dass während des Zweiten Weltkriegs hohe Offiziere, Unternehmer
und Ingenieure dafür verantwortlich waren, dass für einen Teil der Befesti-
gungsanlagen der Armee nur minderwertiges Material geliefert worden war
(Skandal der weichen Bunker).

## *Abendstunde im Spätherbst – Dichterdämmerung* (1956, 1980)

Dürrenmatts letztes Hörspiel präsentiert sich vorerst als witzige Satire auf
den Literaturbetrieb. Der Nobelpreisträger Korbes nennt zu Beginn seinen
Wohnort: »Stellen Sie sich den Salon eines Grandhotel-Apartments vor.« Er
empfängt einen Verehrer seiner Werke, der ihn zu erpressen versucht. Er
weist Korbes nach, dass er die Morde, die er in seinen Romanen schildere,
selbst begangen habe. Korbes erklärt, völlig ungerührt, es sei doch ganz
selbstverständlich, dass ein Autor morden müsse, um lebensecht schreiben zu
können, wie das Publikum es wünsche. Die Literatur sei zu einer Droge geworden, die die Spannung und das Abenteuer biete, das den Massen in unserer Maschinenwelt fehle. Um diese Droge herzustellen, müssten die Schriftsteller das anstrengende Leben führen, das sie beschrieben. Korbes schreitet
gleich zur Tat, eröffnet dem Besucher, dieser habe ihm die Idee zu einem
neuen Hörspiel gegeben, stößt ihn vom Balkon und diktiert das soeben Erlebte: »Stellen Sie sich den Salon eines Grandhotel-Apartments vor.« Der
Inhalt des Spiels propagiert die Genese der Literatur aus dem Erlebnis, seine
zirkuläre Form zeigt die Genese der Literatur aus Literatur. So gelingt Dürrenmatt gleichzeitig die satirische Verspottung der Erlebnisliteratur und die
Demonstration seines eigenen Literaturverständnisses, des Konzepts eines
Autors, der Literatur auf Grund seiner Vorstellungskraft und seines Denkens
als fiktive Gegenwelt gestaltet. In der späteren szenischen Fassung, der Komödie *Dichterdämmerung*, erscheinen sowohl das metareflexive wie das satirische Element erweitert und verstärkt. Dort sagt der Autor: »Die Erlebnis-

literatur ist in eine Sackgasse geraten. Die Gesellschaft verlangt von ihr bald Kannibalismus, geht das so weiter. Ich morde mich zu Tode, um literarisch im Fenster zu bleiben.« Dürrenmatts Kriminalromane sind listige Versuche, »im Fenster zu bleiben«, den Schematismus der Gattung zu zerstören und dem eigenen Literaturverständnis zu entsprechen.

## Die Frage nach der Gerechtigkeit – Parodie des Kriminalromans

### Der Richter und sein Henker (1951)

In seinem ersten Kriminalroman verbindet Dürrenmatt ein Mordrätsel mit einer Parabel vom Rätsel des Bösen und der Funktion des Zufalls. Vorerst meint man, nur die Geschichte der Aufklärung des Mordes an Polizeileutnant Schmid zu lesen. Von der Mitte des Texts an ist die Geschichte aber doppelt zu lesen, als Fortschritt der genannten Detektion und als Entwicklung der mit Bärlach und Gastmanns Wette verbundenen Problematik der Funktion des Zufalls und des Bösen. »Deine These war«, sagt Gastmann im entscheidenden Dialog mit Bärlach, im Rückblick auf eine von beiden abgeschlossene Wette, »daß die menschliche Unvollkommenheit, die Tatsache, daß wir die Handlungsweise anderer nie mit Sicherheit vorauszusagen, und daß wir ferner den Zufall, der in alles hineinspielt, nicht in unsere Überlegung einzubauen vermögen, der Grund sei, der die meisten Verbrechen zwangsläufig zutage fördern müsse.« Gastmann stellt die Gegenthese auf, »daß gerade die Verworrenheit der menschlichen Beziehungen es möglich mache, Verbrechen zu begehen, die *nicht* erkannt werden könnten [...].« Bärlach gewinnt im Kampf gegen Gastmann, aber er gewinnt, indem er nicht seine, sondern Gastmanns These bestätigt. Er benutzt Tschanz, den Mörder Schmids, als Henker Gastmanns. Nicht die Lösung des Mordrätsels um Schmid, sondern das große Rätsel des Bösen hat ihn immer fasziniert, und so ist er vom Richter zum indirekten Henker geworden. Bärlach hat den radikalen Nihilisten, der das Böse ohne Motiv aus reiner Lust am Bösen tut, nicht überführen, aber durch Tschanz hinrichten können und so das Böse durch Böses bezwungen. Kommissar Bärlach gewinnt als Kriminalist gegen Tschanz, verliert als Kriminalist gegen Gastmann, gewinnt aber als Verbrecher gegen Gastmann und verliert seine, Bärlachs Wette, damit die Wette Gastmanns gewinnend. Insofern ist schon Dürrenmatts erster Kriminalroman als ein Requiem auf den Kriminalroman zu verstehen wie sein dritter, der diesen Untertitel trägt, denn schon der erste endet nicht mit dem eindeutigen Sieg des Detektivs und des Rechts, sondern stellt beides in Frage.

### Der Verdacht (1953)

Auch der zweite Kriminalroman erschien vorerst als Fortsetzungsroman in der Zeitschrift *Der Beobachter* (1951/52), 1953 dann, überarbeitet, als Buch. Der todkranke Bärlach verfolgt den durch seinen Berner Arzt Hungertobel angeregten Verdacht, der eine Zürcher Privatklinik leitende Chirurg Emmenberger sei in Wirklichkeit identisch mit dem berüchtigten KZ-Arzt Nehle. Bärlach lässt sich in dessen Klinik einliefern, um ihn zu überführen, doch Emmenberger-Nehle durchschaut ihn, und Bärlach wäre sein wehrloses Opfer geworden, hätte ihn nicht, wie ein *deus ex machina*, der einst von Nehle gefolterte Jude Gulliver in letzter Minute befreit. Wenn man diesen Schluss der Handlung aus der Perspektive des klassischen Kriminalromans betrachtet, wirkt er unglaubwürdig, geradezu märchenhaft. In zwei Gesprächen mit

Emmenberger-Nehle und mit seiner von ihren früheren kommunistischen Idealen enttäuschten, morphinistischen Ärztin Morlock wird Bärlach mit den Thesen eines radikalen Materialismus konfrontiert, der humanistische Ideale und die Möglichkeit von Gerechtigkeit negiert und als einzigen Maßstab die Macht anerkennt. Emmenberger fordert von Bärlach ein ebenso entschiedenes Bekenntnis des Glaubens an die Macht des Guten, wie er, Emmenberger, sich zum Glauben an die Macht des Bösen bekenne. Bärlach schweigt, doch sein Retter, der Jude Gulliver, erklärt, weshalb Bärlach schweigen musste:

> Man kann heute nicht mehr das Böse allein bekämpfen, wie die Ritter einst allein gegen irgendeinen Drachen ins Feld zogen. Die Zeiten sind vorüber, wo es genügt, etwas scharfsinnig zu sein, um die Verbrecher, mit denen wir es heute zu tun haben, zu stellen. Du Narr von einem Detektiv; die Zeit selbst hat Dich ad absurdum geführt!

Die Rettung ist und bleibt märchenhaft, doch durchaus im Sinne des Autors und des Texts, der Bärlach eindeutig als Gescheiterten sieht. – Gulliver relativiert den Menschen, der allein und heroisch kämpft, aber er weiß sich einig mit der Gemeinschaft mutiger Menschen:

> Wir können nur im einzelnen helfen, nicht im gesamten, die Begrenzung des armen Juden Gulliver, die Begrenzung aller Menschen. So sollen wir die Welt nicht zu retten suchen, sondern zu bestehen, das einzige wahrhafte Abenteuer, das uns in dieser späten Zeit noch bleibt.

Ein Kapitel dieses Buchs erzählt die Geschichte vom Untergang des Berner Schriftstellers Fortschig – ein ironisch verfremdetes Selbstbildnis des Autors – der, wie Bärlach, beim Versuch, Emmenberger allein zu enttarnen, scheitert, da niemand an die Wahrheit seiner Anklagen glaubt. Es enthält Anspielungen auf Momente der Verdrängung, mit denen weite Kreise auf Personen und Skandale unbewältigter Vergangenheit der Schweiz reagierten. Der Kriegsverbrecher Emmenberger weiß sehr wohl, dass nicht nur er, sondern viele im Vergleich zu ihm harmlose Bürger auf den Verdacht Bärlachs genauso antworten würden wie er, als er, noch nicht überführt, zu Bärlach sagte: »Das soll doch nicht etwa heißen, daß es in der Schweiz Kriegsverbrecher gebe!« Er lacht belustigt und Bärlach gibt eine Antwort, die nicht nur Emmenberger, sondern auch selbstgerechte Schweizer beschämen sollte: »Was in Deutschland geschah, geschieht in jedem Land, wenn gewisse Bedingungen eintreten. Diese Bedingungen mögen verschieden sein. Kein Mensch, kein Volk ist eine Ausnahme.« Der Roman widerlegt nicht nur die Klischees der Gattung, sondern enthält auch ein meist übersehenes gesellschaftskritisches Element.

## *Das Versprechen. Requiem auf den Kriminalroman* (1958)

Schon 1957 hatte Dürrenmatt eine Filmerzählung für den Film *Es geschah am hellichten Tag* geschrieben; dieser Stoff ist die Grundlage für den Roman. Ein Mädchen wird Opfer eines Triebverbrechers. Ein armer Teufel gesteht und erhängt sich. Doch Kommissär Matthäi ist überzeugt, dass der tote Hausierer nicht der Mörder ist und unzählige Kinder weiterhin in Gefahr sind. Er benutzt ein kleines Mädchen ohne Wissen der Mutter als Köder für den Mörder, der zufällig stirbt, bevor er in die sorgfältig präparierte Falle des umsichtig mit allen psychologischen Raffinessen planenden Detektivs tappen könnte. Die formale und psychologische Logik des Detektivs scheitert am Zufall. Matthäi verzweifelt und endet als Trinker, sich selbst zerstörend. Sein

Vorgesetzter, der Polizeikommandant, der dem Autor diese Geschichte erzählt hat, macht sich Gedanken über diesen Fall und über die Möglichkeiten, ihn zu variieren und zu deuten. Der Dichter müsste nur Matthäi den Mörder fangen lassen, schon hätte man eine erbauliche Geschichte hoher Literatur und aus dem verkommenen Detektiv würde eine geradezu biblische Gestalt an Hoffnung und Glaube. Doch seinem Spott über verschiedene Möglichkeiten trivialer Literatur fügt er eine grundsätzliche Kritik des Kriminalromans aus der Sicht des Praktikers bei. Er kommt zu einem Schluss, der sowohl den armen Matthäi trifft, der wollte, dass seine Rechnung auch in der Wirklichkeit aufgehe, als auch den Dichter, der seinen Stoff als Zeugnis menschlicher Vernunft und des Glaubens gestaltet, sowie auch den traditionellen Kriminalroman, der mit der gelungenen Detektion die Wiederherstellung der Gerechtigkeit feiert. Unser Verstand erhelle die Welt nur notdürftig. Wer das vergesse, schaffe eine imaginäre Welt: »Diese Welt mag vollkommen sein, möglich, aber sie ist eine Lüge.«

### Die Panne (1955/56, 1979)

Auf Grund einer Erzählung entsteht *Die Panne* als Hörspiel 1955 im Auftrag des Bayerischen Rundfunks. Es wird 1956 erstmals gesendet, im selben Jahr erscheint die Erzählung unter dem Titel *Eine noch mögliche Geschichte*, 1957 folgt eine Variante als Fernsehspiel und 1979 die Uraufführung und die Buchausgabe der Komödie. Der Stoff ist in allen Fassungen derselbe: Der Reisende Alfredo Traps ist wegen einer Autopanne gezwungen, bei Unbekannten zu übernachten und gerät deshalb in die Lage, in der Abendunterhaltung dreier pensionierter Herren – einem Staatsanwalt, einem Verteidiger und einem Richter – die Rolle des Angeklagten zu spielen. Die Detektion seines Vorlebens ergibt, dass er den Tod seines herzkranken Vorgängers im Geschäft und Nebenbuhlers im Privatleben zum mindesten gewünscht, wenn nicht gar – auf freilich nach öffentlichem Recht nicht strafbare Weise – gefördert hat. Im Hörspiel weist er die Möglichkeit, ein Mörder zu sein, weit von sich und setzt seine Reise und seine Geschäftspraktiken völlig unerschüttert fort. In der Erzählung nimmt Traps das zum Spaß des Gerichts verhängte Todesurteil zum Entsetzen der Richter ernst und erhängt sich. In der Komödie verhängen die Richter zwei gegensätzliche Urteile: »Bist Du durch die Welt, in der Du lebst, verurteilt worden, so bist Du von der Welt, in der zu leben Du verurteilt bist, freigesprochen.« Sie überlassen dem Angeklagten die Wahl, der aber erschießt sich, während die Richter auf die Götter, die die Welt regieren, schießen. Den Zuschauern bleiben die Fragen, unter welchen juristischen und ideologischen Voraussetzungen Traps schuldig oder unschuldig sei und inwiefern nicht nur die Richter, sondern auch die Institutionen der Gerechtigkeit, in der zu leben sie verurteilt sind, pensionsreif seien.

### Justiz (1985)

Noch radikaler stellt Dürrenmatt die Frage nach der Gerechtigkeit im Roman *Justiz*. Die Bearbeitung des Stoffes wurde als Filmerzählung geplant und 1959/60 begonnen, dann als Fragment beiseite gelegt und erst 1985 als Roman beendet; eine in Zusammenarbeit mit dem Autor geplante Verfilmung wurde dann, nach seinem Tod, 1993 uraufgeführt. Das angesehene Parlamentsmitglied Dr. h. c. Isaak Kohler erschießt ohne erkennbares Motiv in Gegenwart des Polizeikommandanten den Germanistikprofessor Winter. Nach seiner Verurteilung beauftragt Kohler einen jungen Anwalt, den Fall –

unter der Annahme, er, Kohler, sei nicht der Täter – noch einmal zu untersuchen. Anstelle des wirklichen Mörders, Kohler, der einen einwandfreien Leumund und kein Motiv hat, gerät nun Dr. Benno, der einen zweifelhaften Ruf besitzt und ein Motiv hätte, in Verdacht und nimmt sich das Leben. Kohler gelingt damit der Nachweis, dass die Justiz in Gefahr ist, nicht die Wahrheit zu finden, sondern nur die Voraussetzungen ihres Denkens zu erweisen. Der Roman zeigt Spuren seiner lange dauernden Genese, die die Erkenntnis des Zusammenhangs erschweren. Er ist deshalb scharf kritisiert worden. Dürrenmatt hat in einem verwirrenden auktorialen Nachwort auf die Möglichkeit verwiesen, dass Kohler Winter erschossen haben könnte, um in Wirklichkeit Dr. Benno zu treffen. Der Roman zeigt Veränderungen des Textbegriffs und des Autorselbstverständnisses an. Wirkliches wird zunehmend als Sonderfall des Möglichen betrachtet und ist deshalb im Spiel literarischer Fiktionen immer auch anders denkbar.

## Die tragischen Komödien

### Der Besuch der alten Dame (1955/1980)

Dürrenmatt hatte 1954 einen Essay *Theaterprobleme* geschrieben und die These begründet, dass die klassische Tragödie nicht mehr zeitgemäß sei, weil wir heute keine tragischen Helden mehr vorfänden, sondern nur Tragödien, »von Weltmetzgern inszeniert und von Hackmaschinen ausgeführt [...]. Aus Hitler und Stalin lassen sich keine Wallensteine mehr machen.« Das Drama Schillers, die antike Tragödie setzten eine sichtbare Welt, eine echte Staatsaktion und die Möglichkeit voraus, Schuld und Verantwortung wahrzunehmen. Der heutige Staat jedoch sei unüberschaubar, anonym, bürokratisch geworden, deshalb gäbe »es keine Schuldigen und auch keine Verantwortlichen mehr: Alle können nichts dafür und haben es nicht gewollt.« So komme uns nur noch die Komödie und das Groteske bei, »ein sinnliches Paradox, die Gestalt nämlich einer Ungestalt, das Gesicht einer gesichtslosen Welt.« Doch er lehnt den Schluss, die Komödie sei ein Ausdruck der Verzweiflung, als Fehlschluss ab und hält das Tragische für immer noch realisierbar, obgleich die reine Tragödie nicht mehr möglich sei: »Wir können das Tragische aus der Komödie heraus erzielen, hervorbringen als einen schrecklichen Moment, als einen sich öffnenden Abgrund, so sind ja schon viele Tragödien Shakespeares Komödien, aus denen heraus das Tragische aufsteigt.« Dürrenmatt hatte noch 1955 wegen eines Spitalaufenthalts seiner Frau mit bedrückenden finanziellen Sorgen zu kämpfen. Nach der Uraufführung der tragischen Komödie *Der Besuch der alten Dame* am 29. Januar 1956 im Zürcher Schauspielhaus begannen die Jahre seines größten Erfolgs. Er wurde zum weltbekannten Autor. Der erste Untertitel lautete: *Komödie der Hochkonjunktur*, entsprechend der wirtschaftlichen Entwicklung der Schweiz von 1950 bis in die frühen 70er Jahre. Eine alte Dame, einst als schwangeres junges Mädchen von ihrem Geliebten Ill verleugnet, verraten und verlassen, durch falsches Zeugnis vor Gericht zur Hure gemacht, kehrt als reichste Frau der Welt aus Amerika in ihre verarmte Heimatstadt Güllen (Gülle = Dialektausdruck für Jauche) zurück. Claire Zachanassian, geborene Kläri Wäscher, bietet den Bürgern eine Milliarde für Gerechtigkeit. Sie versteht darunter die Ermordung ihres untreuen Geliebten Ill. Der Bürgermeister entgegnet vorerst, Gerechtigkeit könne man nicht kaufen, doch eben dies ist die Frage, die die Bürgerschaft auf die entscheidende Probe stellt. Eine urschweizerische Gemeinde mit Bürgermeister, Pfarrer, Lehrer und weiteren repräsentativen

*Der Besuch der alten Dame* – Bild von der Uraufführung 1956 im Zürcher Schauspielhaus. In der Mitte Gustav Knuth als Ill

Stimmen der Mentalitäten verschiedener Schichten der Gesellschaft wird hier zur dramatischen Einheit und zur Parodie der antiken Polis. Die alte Dame, gesteigert zu monströs-mythischem Format, versteinert in der Erinnerung verlorener Liebe, – sie will den Tod des Geliebten, wünscht aber auch, für die Leiche ein großartiges Mausoleum zu ewigem Gedenken zu errichten – setzt auf das letzte Prinzip des Welttheaters, auf das universale Gesetz des Marktes, die Käuflichkeit ohne Grenzen. Sie zwingt die Güllener zur Offenbarung der Verlogenheit ihrer pseudohumanistischen Kultur. Ihr einst geliebter Gegner aber wandelt sich vom unwürdigen Betrüger zum seine Schuld erkennenden Einzelnen. Er verzichtet darauf zu fliehen und wird zum tragischen Opfer der ihre Ideale verratenden Gesellschaft. Er gehört damit, wie Romulus, Übellohe und Akki, zu den mutigen Menschen, in deren Brust, wie Dürrenmatt sagt, »die verlorene Weltordnung« wieder hergestellt wird. Man sollte aber vor allem den letzten Satz der »Anmerkung 1« des Autors zu seinem Stück beherzigen:

Die *Alte Dame* ist ein böses Stück, doch gerade deshalb darf es nicht böse, sondern muß aufs humanste wiedergegeben werden, mit Trauer, nicht mit Zorn,
doch auch mit Humor, denn nichts schadet dieser Komödie, die tragisch endet,
mehr als tierischer Ernst.

## Frank der Fünfte. Komödie einer Privatbank (1958/60, 1964, 1980)

*Frank der Fünfte* wurde vorerst als Oper, dann als Komödie bezeichnet, ein
Stück über die korrupten Geschäfte einer monarchistisch geführten Privat-
bank, geleitet von Frank dem Fünften und seiner Frau Ottilie. Sie versuchen
den Niedergang vorerst durch Betrug an den Kunden, Ermordung von Mitarbeitern, die sich an verbrecherischen Praktiken nicht beteiligen wollen, und
Korruption aufzuhalten, bis die Staatsbank ihre Schulden tilgt und ihre Kinder die Direktion übernehmen. Der Personalchef Egli stellt die neue Direktion und deren neue Devise vor, mit neuen Mitteln alte Ziele zu erreichen:

Ich stelle vor: die neue Direktion
Es lebe Frank der Sechste!
Das alte Sündenbabel
Ward längst zu unrentabel!
Es wird nicht mehr gemordet, es wird einkassiert:
Weil nur noch Ehrlichkeit zum finstren Ziele führt.

Die lyrischen Einlagen wurden von dem Komponisten Paul Burkhard ver-
tont. Die Uraufführung in Zürich am 19. März 1959 ist vom Premierenpub-
likum begeistert begrüßt, von der Kritik ebenso dezidiert als Nachklang der
*Dreigroschenoper* Brechts zerrissen worden. Der Text wurde als unrealistisch
getadelt, die Musik als zu populär empfunden. Analogien zu Brecht sind
nicht zu verkennen, obgleich Dürrenmatt betont, den Stoff nach dem Modell
der Königsdramen Shakespeares gestaltet zu haben. Eine grundsätzliche Differenz zu Brecht besteht aber eindeutig darin, dass Brecht die Unmöglichkeit,
in diesem Kontext ein guter Mensch zu sein, im politökonomischen System
begründet, während Dürrenmatt den sterbenden Prokuristen Böckmann,
bevor Ottilies Gift ihn zum Schweigen bringt, sagen lässt: »Es gibt kein Erbe,
das nicht auszuschlagen wäre, und kein Verbrechen, das verübt werden
muß.« Freilich steht dem der Schluss-Song der Urfassung und der letzten
Fassung von 1980 entgegen, der ein allzu biederes Fazit verhindert. Er leug-
net die Möglichkeit der Freiheit und der Anerkennung von Schuld nicht, sagt
aber deutlich, weshalb davon nur selten Gebrauch gemacht wird:

Die Freiheit ist schön, ach, das wissen wir alle
Doch willst Du sie greifen, vergeht sie im Nu
Denn wer am Speck sitzt, sitzt in der Falle
Und willst Du hinaus, klappt die Falle zu.

## Die Physiker (1962, 1980)

Dieser zweite Welterfolg ist in politisch äußerst gefährlicher Situation, der
Gefahr des Ausbruchs eines dritten Weltkriegs, entstanden. 1960 wurde ein
amerikanisches Aufklärungsflugzeug von der russischen Abwehr über Swerd-
lowsk abgeschossen, im folgenden Jahr wurde die Berliner Mauer gebaut,
und in Amerika stürzte ein Atombomber der Army ab, eine Mehrheit der Si-
cherungssysteme versagte. Die Frage der Verantwortung der Wissenschaft
war freilich schon seit dem Abwurf der ersten Atombomben über Hiroshima
und Nagasaki aktuell. Dürrenmatt hatte 1956 Robert Jungs Sachbuch *Heller*

*als tausend Sonnen* rezensiert, das die Verantwortung des Physikers reflektiert. Dürrenmatt wählt als Raum, der eine Inszenierung in seinem Sinn ermöglicht, ein Irrenhaus, die vornehme Privatklinik »Les cerisiers«, ein scheinbar künstliches aber symbolträchtiges und überraschende Wendungen ermöglichendes Arrangement. Die Klinik wird von Dr. h. c. Dr. med. Mathilde von Zahnd geleitet, ihr Briefwechsel mit Carl Gustav Jung sei eben erschienen und bei ihr hätte einst »die ganze geistig verwirrte Elite des halben Abendlandes« Zuflucht gefunden, vermeldet die Ortsbeschreibung zu Beginn des Stücks. Es ist nach den klassischen drei Einheiten konstruiert und spielt im Salon der Klinik, in die sich die drei Physiker Newton, Einstein und Möbius zurückgezogen haben. Die Szenen beanspruchen genau so viel Zeit, wie sie in Wirklichkeit beanspruchen würden. Die Handlungen der Figuren entsprechen sich spiegelbildlich. Newton und Einstein sind Agenten der konkurrierenden Weltmächte und heißen in Wirklichkeit Alec Jasper Kilton und Joseph Eisler. Beide wollen Möbius – nach ihrer Meinung der bedeutendste unter ihnen – für ihre Macht gewinnen. Möbius überzeugt sie von der Notwendigkeit, ihr Wissen zurückzunehmen. Doch dann werden sie von Mathilde von Zahnd – im Gegensatz zu ihnen, die Wahnsinn nur fingieren, ist sie wirklich verrückt aber fähig, Normalität zu fingieren – gefangen gesetzt. Die irre Irrenärztin wird nun mit dem Wissen, das die drei Physiker geheim halten wollten, die Weltherrschaft, das heißt die Weltkatastrophe herbeiführen, die jene verhindern wollten. Auch Möbius muss erkennen: »Was einmal gedacht wurde, kann nicht mehr zurückgenommen werden.« Zwar bleiben auch sie noch in der Tradition des mutigen Menschen. Sie haben aus moralischer Verantwortung gegenüber der Menschheit Schuld – sie haben, um ihr Geheimnis zu wahren, ihre Krankenschwestern ermordet – und Gefangenschaft auf sich genommen, aber sie haben damit nur ihr Gewissen, nicht aber die Welt gerettet. Die berühmten Sätze drei und vier aus Dürrenmatts dramaturgischem Manifest *21 Punkte zu den Physikern* wurden realisiert: »Eine Geschichte ist dann zu Ende gedacht, wenn sie ihre schlimmstmögliche Wendung genommen hat. – Die schlimmstmögliche Wendung ist nicht voraussehbar. Sie tritt durch Zufall ein.« Die virtuos konstruierte Form des aristotelischen Dramas – einst Medium der tragischen Rettung der Freiheit des Individuums – parodiert sich hier selbst, da die Freiheit des Individuums, die Möbius intendiert, sich schließlich als tragikomisch scheiternde Fiktion erweist.

## Der Meteor (1966, 1978)

Die Uraufführung in Zürich am 20. Januar 1966 unter der Regie von Leopold Lindtberg war noch einmal ein Großerfolg, nicht bei allen Kritikern, aber dank einem sowohl vom Einfall des Autors als auch von der schauspielerischen Leistung des die Hauptrolle spielenden Leonard Steckel begeisterten Publikum. Meteore sind Lichterscheinungen, ausgelöst durch Kleinkörper, die infolge des Zusammenstoßens zweier Himmelskörper in die Erdatmosphäre eingedrungen sind. In Dürrenmatts Texten und Bildern, z.B. im Bild *Die Katastrophe*, erscheinen zusammenstoßende Himmelskörper als Anzeichen der schlimmstmöglichen Wendung, des Weltuntergangs. Nicht nur seine Zeichnungen und Bilder wimmeln von explodierenden Sonnen (Supernovae), auch seine Texte verweisen immer wieder darauf, dass die Ordnung der Erde nicht nur durch sich selbst, sondern auch durch eine kosmische Unordnung ständig bedroht ist, die, wie der Zufall, ganz plötzlich und unvorhergesehen einbrechen und alles zuvor Geplante zunichte machen kann. Die Hauptperson dieses Stücks, der Literatur-Nobelpreisträger und Maler Wolfgang Schwitter, ein vitales Monstrum mythischen Formats wie die alte Dame, im Spital für tot erklärt, kehrt in sein früheres Atelier zurück, legt sich zum Sterben nieder und erlebt doch immer wieder seine unerwünschte Auferstehung. Sein letztes Wort lautet: »Wann krepiere ich denn endlich?« Sein Nicht-Sterben-Können bleibt trotz Schlusschoral der Heilsarmee heillos. Er ist wie alle Hauptfiguren Dürrenmatts keine Identifikationsfigur, sondern ein Extremtyp, der Hörende und Lesende anzuregen vermag, ihr Leben in anderer Beleuchtung zu sehen.

Im grellen Licht dieses Meteors, welches alles im Lichte des Todes zeigt, wird alles nicht authentische Leben zunichte. Der Pfarrer, der täglich die Auferstehung und das Leben predigt, stirbt über dem Schock, dass Schwitter wirklich wieder aufersteht. Der Maler Nyffenschwander malt unaufhörlich Aktbilder seiner schönen Frau, verpasst aber mit ihr zu leben. Schwitter schläft mit ihr, während Nyffenschwander seine Frau nur als Medium seiner Kunst wahrgenommen hatte. Schwitter vermag zwar den Anlass zu schaffen, dass andere über der Einsicht zusammenbrechen, ihr Leben sei eine Lüge und nicht Wirklichkeit gewesen, doch auch er selbst unterliegt als Künstler demselben Schicksal. Er sieht, dass seine Kunst den Sinn seines Lebens zerstört hat:

> Ich dachte beim Essen einem Auftritt nach und beim Beischlaf einem Abgang. Vor der ungeheuerlichen Unordnung der Dinge kerkerte ich mich in ein Hirngespinst aus Vernunft und Logik ein. Ich umstellte mich mit erfundenen Geschöpfen, weil ich mich mit wirklichen nicht abgeben konnte, denn die Wirklichkeit ist nicht am Schreibtisch fassbar [...].

*Der Meteor* ist vieldeutig, nicht allegorisch zu entschlüsseln, er stellt nicht nur Konvention, Kirche und Moral, sondern mit dem Einbrechen des Irrationalen auch Wissenschaft und Kunst in Frage, auch die Kunst des Autors. Dieses Stück ist auch Ausdruck des Zweifels seines Autors an der Möglichkeit des Theaters, die moderne, immer abstraktere Welt der zweiten technologischen Revolution darzustellen. Auch ahnte er, dass nun sein Theater fiktiver Gegenwelten in den Schatten der dominanten dokumentarischen und engagierten Literatur der späten 60er Jahre geraten und Brecht eine Zeit lang die Szene beherrschen würde. Schwitters Sohn kritisiert seinen Vater sehr deutlich: »Der Schriftsteller engagiert sich oder wird überflüssig.«

Sein Versuch, aus seinem ersten Stück, dem Täuferdrama *Es steht geschrieben*, die politische Komödie *Die Wiedertäufer* zu gestalten, wurde in Zürich 1967 mit mäßigem Erfolg aufgeführt. Die dem Stück beigefügten »Dramaturgischen Überlegungen« zeigen Analogie und Differenz sowohl zu Dürrenmatts früherem Theaterverständnis wie zu seinem Verhältnis zur Verfremdungstheorie Brechts. Dadurch, dass eine Handlung der schlimmstmöglichen Wendung, wie sie für sein Theater charakteristisch ist, paradox wird, stellt sich die Frage nach der Wirklichkeit anders als im frühen Theater von Dürrenmatt oder in den Stücken von Brecht. »Eine paradoxe Handlung ist ein Sonderfall, die Frage lautet, inwiefern sich in diesem Sonderfall die anderen Fälle (der Wirklichkeit) spiegeln.« Dies schließt eine einfache Identifikation mit einer Figur – wie noch im frühen Stück *Der Blinde* – oder eine Identifikation mit der intendierten Veränderung wie bei Brecht aus und fordert vom Publikum Distanz und selbständig kreative Reflexion. Dürrenmatt hatte seinerzeit ein Angebot Brechts abgelehnt, ihm als Dramaturg nach Ost-Berlin zu folgen. Der jeder Ideologie Abgeneigte wäre dort gewiss auch am falschen Platz gewesen. Den Traum des eigenen Theaters, den Brecht realisieren wollte, verfolgte aber auch Dürrenmatt. Während der Arbeit an den *Wiedertäufern* befreundete sich Dürrenmatt mit dem Regisseur Werner Düggelin und folgte dem als Intendant an die Basler Bühnen berufenen im Herbst 1968 als Mitglied der Direktion nach Basel.

## Die Bearbeitungen nach Shakespeare und Strindberg – *Porträt eines Planeten* (1970/71)

In dieser Zeit verändert Dürrenmatt seine Art des Schreibens ständig, wendet sich ab von literarisch-rhetorischer Stilart zu Gunsten immer radikaler verknappter Partituren für die Schauspieler, mit denen er die Texte erprobte. Mit *Play Strindberg* (1969) verwandelte er Strindbergs *Totentanz* zu einem atemraubenden Reigen misslingender Kommunikation, zu einem Schlagabtausch der Geschlechter, der an Rituale des Boxkampfs erinnert. Dies war ein allerletzter Großerfolg auf der Bühne. Doch auch seine Bearbeitungen Shakespeares (*König Johann, Titus Andronicus*) belegen die Fähigkeit zu pointenreicher Aktualisierung.

Das Gastspiel in Basel war intensiv und kurz und musste schließlich daran scheitern, dass Dürrenmatt hoffte, seinen Traum vom eigenen Theater zu realisieren. Dies ließ sich aber mit den vielfältigen Bedingungen und Funktionen eines Dreispartenbetriebs nicht vereinbaren. Dürrenmatt erlitt einen Herzinfarkt, kehrte dann aber nach Zürich zurück und realisierte dort weitere Bearbeitungen, wie z.B. Goethes *Urfaust*, mit Einschüben aus dem Faustbuch von 1587. Das einzige eigene Stück dieser Periode – *Porträt eines Planeten* – wurde noch vor dem Scheitern des Experiments in Basel begonnen, aber erst nach der Rückkehr ans Schauspielhaus Zürich, vorerst in Düsseldorf (1970), dann in revidierter Fassung, unter persönlicher Leitung von Dürrenmatt, in Zürich (1971) aufgeführt.

### *Porträt eines Planeten* (1967, 1969, 1970)

*Porträt eines Planeten* wird, wie schon *Play Strindberg*, als Übungsstück für Schauspieler bezeichnet. Dürrenmatt versucht in beiden Stücken eine Annäherung an die aktuellen Trends des Theaters der 70er Jahre und nimmt auch die entsprechenden Themen auf. Während aber die an Becketts Endspiele erinnernde Verknappung der Sprache die Intensität der Rededuelle im Strindberg-Konzentrat steigerte und das Publikum bewegte, geriet er mit *Porträt eines Planeten* an die Grenzen bühnenwirksamer Darstellbarkeit eines interessanten Einfalls. Die Idee des Stücks ist in den ersten beiden Sätzen des Nachworts zusammengefasst: »Die Wirklichkeit ist die Unwahrscheinlichkeit, die eintritt. Das *Porträt eines Planeten* konfrontiert den Zuschauer mit der Unwahrscheinlichkeit seiner Existenz.« In der Tat ist ja die Unwahrscheinlichkeit, dass auf einem Planeten Leben existiert, im Falle der Erde eingetreten. Entsprechend wäre allerdings auch eine andere Unwahrscheinlichkeit prinzipiell möglich. Wenn die kosmologische Hypothese gilt, was Dürrenmatt voraussetzt, dass Planeten nur dann entstehen, »wenn die auseinanderfegende Materie von explodierenden Sonnen (Supernovae) Wasserstoffwolken beschmutzt, die im Begriffe sind, sich zu Sonnen zusammenzuziehen«, so wäre es zwar unwahrscheinlich aber doch nicht ganz unmöglich, dass die Supernova, der wir unseren Planeten verdanken, bei ihrer Explosion einen Planeten wie den unseren zerstörte. Dürrenmatt fügt freilich hinzu, dass es »unwahrscheinlich wahrscheinlicher sei«, dass die Menschheit sich selber zerstöre, weil die Menschen vergäßen, dass die belebte Erde eine unwahrscheinliche Chance sei. Der Stoff dieses Stücks soll also die Erde zum Zeitpunkt der Katastrophe zeigen: »der ungeheure Lichtblitz der explodierenden Sonne wird zum Blitzlicht einer kosmischen Kamera, die die Erde zum letzten Male porträtiert; darum Porträt eines Planeten.« Das Stück beginnt mit dem Blick auf die Milchstrasse und endet mit der Explosion der Supernova. Doch was als apokalyptisches Bild oder als expressive Lyrik oder Prosa darstellbar wäre, wirkt als Katastrophenrevue, von je vier männlichen und weiblichen Schauspielern mit biblischen Namen gespielt, die in wechselnden Kleidern und Rollen stark klischierte Szenen zur grotesk scheiternden Begegnung der Geschlechter, der Generationen und der Kulturen agieren, allzu oft trivial, im schlimmsten Fall unfreiwillig komisch. Brennend aktuelle Themen der Zeit, der Vietnamkrieg, der Hunger, Umweltkatastrophen, Rassismus, Mondlandung und Drogenszenen erscheinen in ineinander übergehenden Szenen, kaleidoskopartig, ohne zusammenhängende Elemente einer Handlung, dazwischen Fragmente gescheiterter Lebensläufe und Bruchstücke funktionsloser Musik Schuberts oder der Poesie Shakespeares, die wie Trümmer einer untergegangenen Welt in völlig fremde Kulturen versetzt werden, bis schließlich die Supernova, wie es wörtlich heißt, »hops geht.« Die Regieanmerkung nennt mit Recht die Rauschgiftszene die schwierigste Szene des Stücks und schreibt vor: »Die Szene soll nicht realistisch eine Rauschgiftorgie darstellen, sondern die Wirkung des Rauschgifts als Idee verkörpern.« Doch besteht die Gefahr, dass die Szenen dennoch immer wieder realistisch wirken, obgleich sie nur eine Idee verkörpern sollten; was im Bild oder in Filmausschnitten dargestellt werden könnte, zeigt hier kaum überwindbare Grenzen von Dürrenmatts Theatertypus an.

## *Die große Krise:* Der Mitmacher

### *Der Mitmacher. Eine Komödie* (1973)

Dürrenmatt hatte schon im Nachwort zum *Porträt eines Planeten* erklärt, ihm sei bewusst, dass er die Grenzen der Möglichkeiten theatralischer Darstellung erreicht habe. Mit der Komödie *Der Mitmacher* riskierte er ein Experiment, das, nicht nur wegen eines Streits mit dem polnischen Regisseur Andrzej Wajda, schon an der Uraufführung in Zürich am 8. März 1973 ein völliger Misserfolg war. Der Stoff zu diesem Stück fiel ihm während seines ersten Aufenthalts in Amerika ein, als er sich in einem Elendsviertel in Manhattan verirrte. Vorerst notierte er daraufhin das Fragment einer Novelle, die er erst nach dem Scheitern des *Mitmacher* rekonstruierte und im »Nachwort zum Nachwort« des *Mitmacher* unter dem Titel *Smithy* 1976 veröffentlichte. Ort der Handlung ist das Untergeschoss eines alten Lagerhauses. Gezeigt wird eine total korrupte Gesellschaft. Auch die Polizei ist korrupt. Wer ein Verbrechen aufdeckt, wird vernichtet, nicht der Verbrecher. Die Hauptpersonen der Komödie sind der Biochemiker Doc, sein Arbeitgeber Boss und der Polizeichef Cop. Doc war ursprünglich Forscher, wechselte aus finanziellen Gründen in die Privatindustrie, verliert dann aber seinen Posten wegen einsetzender Wirtschaftskrise und entwickelt ein Verfahren zur Auflösung von Leichen, die sog. Nekrodialyse, die ihm ermöglicht, in dieser Unterwelt zu überleben. Boss ist Chef einer Firma, die auf Bestellung und gegen Bezahlung mordet. Die Opfer werden anschließend von Doc beseitigt. Der Polizeichef Cop vollzieht persönlich die Verstaatlichung des Unternehmens, an dem sich die Beamten beteiligen. Erst gegen Schluss wird deutlich, dass der scheinbar korrupte Polizeichef im vorgetäuschten »Mitmachen« die einzige Möglichkeit sieht, sich gegen dieses System von Geld und Macht zu wehren. Allerdings muss er selbst einen Mord begehen, um das größte, weltpolitisch wichtige Geschäft des Unternehmens, den Dauerauftrag, den jeweiligen Präsidenten zu ermorden, zu verderben. Cop ist sich aber bewusst, dass er damit nichts grundsätzlich verändert, auch gilt für ihn nicht, was Romulus, Übellohe, Akki, Kurrubi und Ill für sich in Anspruch nehmen können, dass in seiner Brust die verlorene Weltordnung wiederhergestellt würde. Er erreicht nur eine kurze Pause der schändlichen Geschäfte und eine bescheidene Möglichkeit, sich selbst zu achten: »Ich bilde mir nicht ein, das Unternehmen erledigt zu haben [...]. Doch eine kurze Weltsekunde lang bot ich dem fatalen Abschnurren der Geschäfte Einhalt. Wozu? Man muß sich schließlich doch irgendwie achten können [...].« Cops Tat bewirkt keine öffentlich sichtbare, nach außen wirkende Veränderung. Er agiert bis zum Schluss in der Maske des korrupten Polizisten. Sein letztes Wort, bevor er sich im Kühlraum der Firma erschießen lässt, lautet: »Wer stirbt, macht nicht mehr mit.« Aber die Firma macht ruhig weiter. Dürrenmatt hat Cop später unter dem Eindruck intensiver Kierkegaard-Lektüre im Gegensatz zum »tragischen Helden« als »ironischen Helden« bezeichnet; vom tragischen Helden unterscheidet ihn die objektive Sinnlosigkeit seiner Tat. Dürrenmatt formuliert dies im »Nachwort zum Nachwort« der Komödie prägnant: »[...] sein Tod geschieht seinetwegen, nicht um den Bruch mit dem Allgemeinen aufzuheben, wie es der Tod des tragischen Helden bewirkt, sondern um den Bruch im Subjektiven zu schließen, den Gegensatz im Einzelnen selbst [...].« Die radikale Spaltung von Individuum und korrupter Allgemeinheit hat Konsequenzen für die dramatische Darstellung. Die Wandlung des ironischen Helden ist von außen gesehen nicht mehr verständlich und dramatisch nicht darstellbar, sondern nur noch erzählbar. Nicht nur die Person des klassischen Helden, sondern auch die Formen der Darstellung des klassischen Dramas geraten an ihre Grenzen. Hatte Dürrenmatt bisher die Formen des klassischen Dramas in den Stücken der mutigen Menschen tragikomisch parodiert, das Tragische aus der Komödie entwickelt, so versuchte er mit dem *Mitmacher*, die radikale Perversion der klassischen Ideale in einer unrettbar korrupten Welt ausgerechnet mit den Mitteln moderner Verknappung der Sprache und klassizistischer Stilisierung der Form zu erreichen. Die Einheiten von Raum und Zeit sind im unterirdischen Laboratorium des Todes gegeben. Die Gliederung in fünf Akte ist deutlich zu erkennen. Die Stilisierung der Sprache entspricht der defizienten Identität der Figuren, die mit Ausnahme Cops weder sich selbst noch die anderen erkennen. Klassische Mittel dramatischer Darstellung werden zitiert und in ihrer Funktion pervertiert. Dies bleibt auch so in der Liebesbeziehung Docs zu Ann, der einzigen Beziehung, die sich einem Moment echter Begegnung nähert, aber sogleich auch wieder entfernt. Ann gesteht Doc, dass jemand sie aushalte, mit dem sie nun aber nicht mehr leben könne. Sie will aber seinen Namen nicht nennen, um Doc nicht hineinzuziehen. Doc entgegnet: »Wir sind alle in alles hineingezogen.« Kurz danach folgt ein für Form und Funktion dieser Sprache repräsentativer Dialog:

> ANN: Er würde mich überall finden.
> DOC: Ich bringe dich in Sicherheit.
> ANN: Wo?
> DOC: Bei der Freundin meines Partners.
> ANN: Wer ist Dein Partner?
> DOC: Unwichtig.
> ANN: Auch ein großes Tier?
> DOC: Auch.

Die Figuren nehmen die Formeln des Partners auf, um sich nicht selbständig ausdrücken zu müssen, verschweigen sich das Wichtigste und erkennen selber Wichtiges nicht. Ann bemerkt nicht, dass sie gleichzeitig die Geliebte von Boss und Doc ist und endet, von Boss getötet, im Nekrodialysator Docs. Die klischierte, aber sorgfältig stilisierte Sprache steht für den Identitätsverlust der Figuren und für den Charakter eines nihilistischen Systems, das sie nur als Funktionen einer von ihnen im Einzelnen nicht durchschauten Macht existieren lässt. Während die Bedeutung dieser Sprache den reflektiert Lesenden klar wird, wirkt der Wortlaut auf der Bühne schlicht trivial und bleibt ohne Wirkung. Dürrenmatt hat das Stück erst 1976, zusammen mit einem »Nachwort« und dem »Nachwort zum Nachwort«, publiziert.

## Der Mitmacher. Ein Komplex (1976)

Die revidierte Fassung der Komödie umfasst in der Werkausgabe von 1980 nur 82 Seiten, die Nachworte, Berichte und Erzählungen nehmen fast den dreifachen Raum ein. Dürrenmatt hat im *Komplex* nicht nur seinen Misserfolg verarbeitet und die Voraussetzungen seines Schreibens reflektiert, sondern als Frucht seiner poetologischen Überlegungen ein neues Selbst- und Autorverständnis erarbeitet und erste Beispiele einer anderen Art zu schreiben gegeben, ein glanzvolles Vorspiel der späten Prosa. Während die Gestaltung des Mitmacherstoffes im Drama misslingt, weil das Anschaulich-Durchschaubare der Wandlung Cops fehlt, gelingt die Darstellung desselben Stoffes in der Novelle *Smithy* mittels der Erinnerung des Kontexts des Stoffes in Manhattan. Die Reflexion der Grenzen der dramatischen Darstellung führt Dürrenmatt zu den Grenzen der Selbst- und Welterkenntnis und damit zum wichtigsten Modell dramatischer Gestaltung und unheimlichsten Beispiel der Grenzen der Erkenntnis: der Tragödie des Ödipus und ihres Geheimnisses, des Schicksals als ihres Subjekts. Er versucht, die Geschichte des Ödipus ohne Schicksalsbegriff zu erzählen und ersetzt den Begriff des Schicksals durch den Zufall. Dabei stört ihn aber das Orakel zu Delphi als die Instanz, die mit der Fähigkeit zur Voraussage den Zufall ausschließt. Während die antike Sage den Mythos aus der Sicht des Menschen erzählt, dessen Widerstand gegen die Macht des Schicksals zusammenbricht, da er erkennen muss, dass er gegen sein Wissen und Wollen den Vater getötet und mit der Mutter geschlafen hat, erzählt Dürrenmatt die Geschichte aus der Sicht der Stimme des Orakels, der Pythia. Seine Pythia hat keinen Bezug zu den Göttern und glaubt nicht an Orakel. Als Ödipus sie nach seinen Eltern fragt, erzählt sie ihm »etwas möglichst Unsinniges und Unwahrscheinliches, von dem sie sicher war, daß es nie eintreffen würde, [...] – die inzestbeladenen Götter- und Halbgöttergeschichten hielt sie ohnedies für Märchen.« Doch was sie zum Scherz erzählt hatte, um dem Jüngling Ödipus den Glauben an Orakel für immer auszutreiben, trifft ein, er kommt als Bettler zu ihr zurück mit dem Bekenntnis: »Dein Orakel ging in Erfüllung. Ich habe meinen Vater Laios getötet und meine Mutter Iokaste geheiratet.« Die Pythia setzt sich auf ihren Dreifuß, den Dämpfen entsteigen die Schattenfiguren dieser Sage und erzählen eine von Dürrenmatt mit Witz und Humor veränderte Fassung der Sage. Zuletzt aber erscheint der Seher Teiresias, der Sage nach blind, bei Dürrenmatt aber ist er sehend. Er hatte versucht, Ödipus vor seinem Schicksal zu bewahren und muss nun bekennen: »dein unwahrscheinliches Orakel traf ein, während meine wahrscheinlichen Orakel, vernünftig abgegeben, in der Absicht, Politik zu machen und die Welt im Sinne der Vernunft zu ändern, ins Nichts verpufften.« Die Phantasie der Pythia wurde Wirklichkeit, die Ver-

nunft des Teiresias ist gescheitert. Im gemeinsamen Gespräch erkennen sie
beider Grenzen, aber auch den dauernden Kampf gegensätzlicher Anschauungen: »so werden auf ewige Zeiten jene, für welche die Welt eine Ordnung,
solchen gegenüberstehen, für welche die Welt ein Ungeheuer ist.« Ödipus
aber werde weiterleben als ein Stoff, der uns Rätsel aufgebe. Die Pythia und
Teiresias demonstrieren das Scheitern absolut gesetzter Prinzipien. Auch die
Verbindung von Vernunft und Phantasie, von Erkenntnismodellen der Wissenschaft und von Erfahrungsmodellen der Kunst ermöglicht verschiedene
Perspektiven, Annäherungen an die Wahrheit, aber es bleibt immer ein Analysenrest, es bleibt der Einzelne für Dürrenmatt ein Geheimnis. Dies ist nach
Dürrenmatt »auch ein dramaturgischer Satz; jede Aussage über den Menschen betrifft auch die Dramaturgie, behandelt sie doch die Kunst, den Menschen vermittels der Bühne darzustellen, sie vermag das nur, indem sie ihm
sein Geheimnis beläßt.« Dies trennt Dürrenmatt grundsätzlich von Brechts
Dramaturgie, mit der er sich zum Schluss des »Nachworts zum Nachwort«
und im Anschluss an »Das Sterben der Pythia« auseinandersetzt. Durch die
Reflexion des Scheiterns des *Mitmachers* hat Dürrenmatt auch die Klärung
seiner poetologischen Konzepte erreicht, die seine späten *Stoffe* bestimmen.
Er unternahm, bevor die Problematik der Identität mit größerem Erfolg ein
bestimmendes Motiv seines Spätwerks wurde, noch einen letzten dramatischen Versuch, seinen eigentlichen Abschied vom Theater.

## Achterloo (1983–88)

Dürrenmatt wollte vorerst ein Zeitstück schreiben. Anlass war der Aufstand
gegen die russische Besatzungsmacht in Polen, die zur Militärdiktatur des
polnischen Generals Jaruzelski führte. Jaruzelski ließ Lech Walesa, den Chef
der Gewerkschaft Solidarnosc, verhaften, rief 1981 das Kriegsrecht aus und
begründete dies mit dem Anspruch, damit den Einmarsch der russischen Armee und eine eventuelle Eskalation zu einem dritten Weltkrieg verhindert zu
haben. Das Verhältnis von Macht und Verrat hatte Dürrenmatt schon zur
Zeit des *Romulus* fasziniert. Nun vertrat er die These, Verrat gehöre wesentlich zur Politik, ohne Verrat komme die Politik nicht aus und billigte die Tat
Jaruzelskis. Er sah im System des Kommunismus eine Analogie zum Bona-
partismus, ersetzte Jaruzelski durch Napoleon Bonaparte, Lech Walesa durch
den Ketzer Jan Hus, den polnischen Kardinal Glemp durch Richelieu, den
amerikanischen Botschafter in Warschau durch Benjamin Franklin, den stalinistischen Chefideologen durch Robespierre und die drei Seelen des russischen Generalsekretärs durch Marx I-III (als marxistischer Philosoph, als
dogmatischer Apparatschik, als gewalttätiger Revolutionär), als Stimme des
Volkes ließ er Büchners Woyzeck agieren und entwickelte so das Zeitstück
zum Welttheater. Der humane Landesverräter wird durch die Freiheitsheldin
Marion umgebracht, und zum Schluss entpuppt sich das Ganze als Rollenspiel in einem Irrenhaus. Das Theater im Theater wird in verschiedenen Fassungen immer komplexer zu einem Rollenspiel mit mehreren Identitäten und
Rollen der Figuren, einer Wahnrolle und einer Spielrolle. Es überfordert die
historischen Kenntnisse des Publikums sowie seine Fähigkeit zur Differenzierung der Analogien. Zwei Themenbereiche dominieren immerhin deutlich,
das Rätsel der Identität und das Problem des Verrats. Die Fragen, wer in der
Weltgeschichte welche Rolle in welcher Maske und mit welcher Intention
gespielt habe, wird nicht geklärt, aber mit Witz und Humor durch grotesk-
komische Szenen provoziert. Dürrenmatt versuchte, *Achterloo* von 1983 bis
1988 in vier verschiedenen Fassungen darzustellen, die letzte gemeinsam mit

seiner zweiten Frau Charlotte Kerr unter dem Titel *Rollenspiele*.

Er verstand sein Stück selbst als Abschied vom Theater. Er schließt sein *Zwischenwort* zu den Rollenspielen mit der Aufforderung, es müsste »sich doch jeder fragen, welche Maske er sich wählte, welche Rolle er spielt, vielleicht eine andere als die, deren Maske er trägt, und wer er eigentlich ist.« Er hat sich diese Frage in seinen *Stoffen* selbst gestellt. Sie sind durch die zunehmende Metareflexion ihrer Genese und der Identität des Schreibenden geprägt.

## Späte Stoffe – *Späte Texte*

### Stoffe (1981–1990)

Das Projekt der *Stoffe* ist durch Krisen ausgelöst und durch Krisen in seiner Struktur verändert worden. Dürrenmatt konzipiert in der ersten zusammenhängenden Reinschrift noch eine literarische Autobiographie nach traditionellem Konzept der Entsprechung von Leben und Werk, von den Anfängen bis zur Berufswahl. Die Mitmacherkrise führt zu einem zweiten Konzept der Autobiographie der *Stoffe* mit ihren »Rekonstruktionen«, schließlich wird die Geschichte seiner Schriftstellerei mit einer Dramaturgie der Phantasie und der Genese neuer Texte verbunden. Der erste Band *Labyrinth. Stoffe I-III* enthält die Skizze *Der Rebell*, eine Suche nach dem verlorenen Vater, den monumentalen Komplex *Winterkrieg in Tibet* und die Rekonstruktion des Stoffes *Mondfinsternis*.

Vorstufen zum »Winterkrieg in Tibet« waren die Labyrinthe der frühen Prosa »Aus den Papieren eines Wärters«. Aus einem persönlichen Labyrinth entstand ein Weltlabyrinth. Der Ich-Erzähler, ein Schweizer Offizier, schildert nach einem Atomschlag während des dritten Weltkriegs seine Rückkehr aus dem Engadin durch die zerstörte Schweiz nach Bern. Er erschießt den Anführer der pazifistischen Verwaltung, während die Regierung in einem Alpenbunker realitätsfremde Durchhalteparolen ausgibt. Anschließend verschwindet er zum Kampf aller gegen alle in den Winterkrieg in Tibet, kämpfend, bis er als sein eigener letzter Feind übrig bleibt. Es ist dies nicht nur eine Satire auf die Verteidigungsstrategie der Schweizer Armee im Zweiten Weltkrieg – die Armee sollte sich in die Alpenfestungen zurückziehen, das Volk im Mittelland zurückbleiben –, sondern eine abwechselnd apokalyptische und grotesk-komische Bilderfolge zerstörter Landschaft und der Ruinen Berns, verbunden mit Fragmenten biographischer Erinnerungen des Autors: humorvolles Gericht über die Schweiz, Selbstgericht des Autors und Weltuntergangsszenario in einem.

Der Stoff der *Mondfinsternis* war als Konzept eine Vorstufe der *alten Dame*. Die Rekonstruktion dieses Stoffes wird zu ihrem komplementären Widerspiel. Dem Drama der verratenen jungen Frau, die alt und reich in ihre Stadt zurückkehrt, steht die Novelle des verschmähten Mannes gegenüber, eines in Amerika reich gewordenen Heimkehrers in sein Dorf, der sich die Tötung seines früheren Rivalen erkauft. Die Geschlechtsrollen sind vertauscht, der Gegensatz Stadt-Land markant. Claire Zachanassian und Walt Lotcher repräsentieren komplementär defizitäre Extremfiguren – die in ihrer Existenz getroffene Frau, die, was sie liebt, als tödliche Rächerin vernichtet, aber in ewigem Gedächtnis erhält – der Mann, der seine Jugendliebe vorerst verdrängt und vergisst, dann aber sein verletztes Selbstgefühl mit dem Tod des Rivalen, mit Geld- und Potenzprotzerei zu stabilisieren versucht. Die Bewohner der Stadt Güllen halten vorerst den Schein eines humanistischen

Handschrift zu *Querfahrt – Stoffe IV*

Idealismus aufrecht, bevor sie Ill in den tragischen Untergang treiben und
tarnen ihren Mord als Ritual der Gerechtigkeit. Die Flötenbacher demonstrieren keinen Konflikt zwischen Moral und Mordgeschäft. Der Schein der
Tugend wird ihnen von außen, durch den Ständerat aus der Stadt geliefert,
der die durch Mord und Hurerei reich Gewordenen als echte Bergbauern
lobt, die die einfachen Sitten des Landes bewahren wollten. So kann _Mond-
finsternis_ als Hypertext zum Hypotext _alte Dame_ gelesen werden. Was sich
hier am exemplarischen Beispiel zeigt, gilt für das Spätwerk insgesamt: die
gegenseitigen Spiegelungen der verschiedenen Fassungen der Stoffe ermöglichen es, die einzelnen Texte nicht nur isoliert und linear, sondern in intertextuellen Bezügen zu lesen, die Verwandlung der _Stoffe_ als Stoff der Verwandlung. Die erinnerten _Rekonstruktionen_ sind nicht bloße Reproduktionen
früher gestalteter Texte. Dürrenmatt erfährt und erkennt die nicht nur repro-
duktive, sondern auch produktive Funktion der Erinnerung, die auch zu
Genesen ganz neuer Texte führt. Der Versuch einer Geschichte der Texte
wird verbunden mit einer Reflexion der Genese neuer Texte. Im zweiten
Band der _Stoffe_ dominieren Texte, in denen der Erzähler sein Erzählen und
die Genese der Texte reflektiert, besonders ausgeprägt im Text _Die Brücke_
und in _Das Hirn_, der Darstellung des Ich-Erzählers als Fiktion eines Hirns,
das sich und die Welt erschafft bis zu dem Ort, wo es seine Grenzen erfährt
– Auschwitz: »Es ist, als ob der Ort sich selber erdacht hätte. Er ist nur.
Sinnlos wie die Wirklichkeit und unbegreiflich wie sie und ohne Grund.«
Der erste Band der _Stoffe_ erschien 1981, noch zu Lebzeiten von Dürrenmatts
erster Frau Lotti, von der er wiederholt sagte, ohne sie wäre er im Chaos
untergegangen. Sie starb 1983 unerwartet. Dürrenmatt schildert seine Erfahrung ihres Todes im ersten Abschnitt des zweiten, 1990 erschienenen Bandes
der _Stoffe_, im Kapitel »Begegnungen«. Dass Dürrenmatt nicht in Depression
und völlige Vereinsamung fiel und mit neuer Vitalität ein beeindruckendes
Spätwerk in Prosa gestalten konnte, wäre ohne seine zweite Frau, Charlotte
Kerr, nicht möglich gewesen. Ihr hat er zwei seiner eindrücklichsten späten
Texte gewidmet: _Minotauros_ und _Der Auftrag_.

### Minotauros. Eine Ballade (1985)

Die Labyrinth-Sage gehört zu den _Urstoffen_. Dürrenmatt hat sie in verschiedenen Kontexten nicht nur vielfach variiert, vom Kindheitstrauma im Eltern-
schlafzimmer über den Protest gegen die Autoritäten der Jugend bis zur Situation des sich als Subjekt und Objekt erfahrenden Schriftstellers, sondern im
Prätext zum _Winterkrieg in Tibet_ auch eine »Dramaturgie des Labyrinths«
geschrieben, die das Labyrinth aus den verschiedenen Perspektiven von Dädalus, Theseus und Minotauros reflektiert. In der Charlotte Kerr gewidmeten
Ballade stellt er das Labyrinth aus der Sicht des Minotauros dar, der Mensch
werden möchte. Dürrenmatt zeigt den Minotauros in einem Labyrinth aus
Spiegeln, mit zunehmender Erkenntnis seiner selbst. Doch just als der Mino-
tauros mit geöffneten Armen Theseus begegnet, im Vertrauen darauf, einen
Freund gefunden zu haben, erdolcht ihn Theseus, der ihm im Labyrinth, als
Minotauros maskiert, begegnet. Die Ballade endet mit der Frage nach der
Möglichkeit der Liebe und der Menschlichkeit des Menschen.

## Der Auftrag oder Vom Beobachten des Beobachters der Beobachter. Novelle in vierundzwanzig Sätzen (1986)

Auch in dieser ebenfalls Charlotte Kerr gewidmeten Novelle erscheint die Welt als Labyrinth. Der Psychiater Otto von Lambert gibt der Filmerin F., die eigentlich ein Porträt des Planeten als Film gestalten möchte, den Auftrag, den vermuteten Mord an seiner in der Wüste verschwundenen Gattin Tina von Lambert aufzuklären. Doch die folgende Erzählung stellt sowohl diese Vermutung als auch den prinzipiellen Glauben an eine Identität der Person und die Möglichkeit, ein Porträt des Planeten herstellen zu können, in Frage. Die Figur des Logikers D. erklärt der Filmerin F., das Ich sei eine Fiktion, nur »eine Ansammlung von Erlebnis- und Erinnerungsfetzen, vergleichbar mit einem Laubhaufen, bei dem die untersten Blätter längst zu Humus geworden [...]«. Mit demselben Bild kritisiert er ihr Projekt, ein Porträt des Planeten herzustellen, da sie ja »nicht wissen könne, ob die Blätter, die sie da zusammenschichte, auch zusammengehörten, ja, ob sie am Ende nicht sich selbst porträtiere [...]«. Da F. und D. auf Grund einer Notiz in Tinas Tagebuch die Frage diskutieren, ob die an einer Depression leidende geflüchtet sei, weil sie sich zu wenig oder zu viel beobachtet und beachtet fühlte, entwickelt D. eine dialektische Philosophie des Beobachtens. Sie wird als Natur, Kultur und Politik bestimmendes Prinzip verstanden, getrieben vom Bedürfnis des Menschen, dem Sinnlosen einen Sinn zu geben. Nach F.'s Exkursion in die Wüste scheint sich einiges aufzuklären. Nicht Tina von Lambert, sondern die Journalistin Yitte Sörensen ist in der Wüste ermordet worden, die F. ist um Haares Breite diesem Schicksal entgangen und die schon tot geglaubte Tina kommt aus ihrem Versteck zurück und schenkt einem Knaben das Leben. Alle drei Frauen aber tragen dasselbe Modell eines roten Mantels und werden zeitweilig verwechselt. Es ist dies nicht das einzige, aber das auffälligste Zeichen, dass diese Frauen und ihre Geschichten nicht auf eindeutig Wirkliches, sondern nur auf Varianten verschiedener Möglichkeiten einer Geschichte verweisen. Eindeutig und nachweisbar ist aber, dass Frau Kerr Filmerin ist, von Dürrenmatt einen Film mit dem Titel *Porträt eines Planeten. Von und mit Friedrich Dürrenmatt* drehte und dass sie von Dürrenmatt einen roten Mantel bekam.

## Durcheinandertal. Roman (1989)

Ein prominenter Kritiker hat Dürrenmatts letzten Roman als »metaphysischen Mumpitz« bezeichnet. Vielleicht ist dies eher ein letzter Versuch, mit viel Humor aber auch einer Prise Ernst, Szenen eines barocken Welt- und Endzeittheaters zu schreiben. Moses Melker, ein Prediger, lernt verschiedene Götter kennen, den großen Alten mit Bart, den christlichen Schöpfergott, ideal gedacht aber ohne Macht über den Weltlauf, und den großen Alten ohne Bart, mächtig aber ein weltläufiger Verbrecher. Er lässt sich vom großen Alten ohne Bart ein Kurhaus, das *Haus der Armut* finanzieren und predigt im Sommer den reichen Kurgästen, die dort wie Arme leben, die Gnade des Reichtums. Im Winter verbergen sich dort Gangster im Rückzug, zum Teil mit neuen Gesichtern, von Schönheitschirurgen verpasst. Moses kann vorerst die beiden Götter nicht unterscheiden, dann erkennt er die Differenz und verwirft beide als getrennt Verbundene und kehrt zum Gott seiner Jugend zurück, dem »sinnlichen Gott, [...] der seine Schöpfung liebte und nicht wertete, der sie aus unbändiger Freude erschaffen hatte und aus unbändiger Freude wieder zerstören würde, so wie seine Schöpfung sich selber immer

wieder erschuf und zerstörte«. Das *Durcheinandertal* verbrennt, mit ihm
Moses Melker. Es überlebt nur die schwangere Magd Elsi. Sie lächelt ange-
sichts des Feuers: »Weihnachten, flüsterte sie. Das Kind hüpfte vor Freude in
ihrem Bauch.« So endet die apokalyptische Götterdämmerung mit deutlicher
Anspielung auf Lukas 1,44, auf das Kind der Elisabeth. Gewiss keine Rück-
kehr zum großen Alten mit Bart, wohl aber ein Hinweis auf eine typisch
Dürrenmattsche Wendung, auf eine dem Untergang entspringende neue
Welt.

## Midas oder Die schwarze Leinwand (1990)

Dürrenmatt wollte 1980 ein Filmdrehbuch mit dem Arbeitstitel »Midas oder
das zweite Leben« schreiben. Wenn er für den Film schreibe, klagte er, be-
schreibe er, was die Kamera sehe und sei dann unbefriedigt, weil die Beschreibung ihre Perspektiven nicht mit reflektiere. Deshalb wurde daraus *Ein
Film zum Lesen*, vom Autor 1990 noch autorisiert, aber erst 1991, nach seinem Tod, erstmals im Druck erschienen. Der Text beginnt mit dem Verweis
auf die schwarze Leinwand und mit der Stimme Greens: »Verzeihen Sie mir,
daß Sie in einem Kino, wohin Sie gekommen sind, etwas zu sehen, vorerst
nichts sehen. Sie hören dafür die Stimme eines Toten.« Der Einfall, den Text
mit der Stimme eines Toten aus dem Grabe, der Stimme Richard Greens,
einst einer der reichsten Männer der Welt, beginnen zu lassen, ermöglicht die
vermisste Metareflexion. Die Stimme Greens übernimmt die Erzählerfunk-
tion, ist aber abhängig von konkurrierenden Größen, vorerst von Szenenaus-
schnitten und Videoaufzeichnungen, die sich als trügerisch erweisen. Die
Stimme Greens diskutiert die Probleme der Darstellung der Wirklichkeit und
Wahrheit medialer Darstellung. Die Stimme aus dem Grab erscheint zwar
akustisch authentisch, Green kann aber auf der Leinwand nur als Trugbild
erscheinen. Er, respektive die Stimme versucht zwar dem Modell autobiographischer Rekonstruktion des Lebens zu folgen, erkennt aber, dass dies die
Fiktion eines Autors ist und unterhält sich mit D., dem Autor. So treten das
Modell retrospektiver Rekonstruktion der Autobiographie Greens und, pro-
spektiv fortschreitend, die Textgenese der Fassung um Fassung schreibenden
Autorfigur in Konkurrenz. D. erscheint in doppelter Gestalt als F. D. 1, als
Autorfigur, und als F. D. 2, als Green-Rolle, in die er, F. D. 2, sich versetzt,
wenn er über Green schreibt und ihn sich als Midas vorstellt. Green stellt
einmal die Frage: »Wer hat mich geschrieben? Du mich oder ich Dich?«
Dieser letzte Stoff zeigt eine letzte Steigerung der poetologischen Probleme.
D. beendet den Text mit Brahms *Ernsten Gesängen*, den Zeilen, dass nichts
Besseres sei, als dass »der Mensch fröhlich sei in seiner Arbeit [...]«. Als
Green meint, das habe er aber schön feierlich gemacht, fügt er relativierend
hinzu: »Na ja, den Brahms habe ich hineingeschwindelt.«

## Politische Essays – Reden

Das Schreiben Dürrenmatts fällt mit der Zeit des Kalten Krieges zusammen,
1945 wurde seine erste Erzählung gedruckt, ein Jahr nach der Öffnung der
Berliner Mauer ist er gestorben.

Der Konflikt zwischen zwei Gesellschaftssystemen hat große Teile seines
Werks geprägt. In *Die Ehe des Herrn Mississippi* und in *Die Physiker* ist
dieser Gegensatz durch zentrale Figuren vertreten. Man wird ihm aber weder
Klischees linker noch rechter *political correctness* vorwerfen können. Seine
differenzierte Diskussion komplementärer Defizite und Qualitäten unterschiedlicher Gesellschaftsmodelle bleiben deshalb auch nach 1989 aktuell.

In seinem 1968 an der Universität Mainz gehaltenen, 1969 in erweiterter Fassung gedruckten *Monstervortrag über Gerechtigkeit und Recht* stellt er, Hobbes' staatsphilosophischer Sentenz *homo homini lupus* folgend, dem westlich-kapitalistischen Wolfsspiel das östlich-kommunistische Gute-Hirte-Spiel gegenüber. Das eine geht vom Menschen aus, wie er ist, aber nicht sein sollte, das andere vom Menschen, wie er sein sollte, aber nicht ist. Dürrenmatt entwickelt konkret und amüsant anhand von zwei Geschichten aus *Tausendundeiner Nacht* verschiedene Formen und Kombinationen dieser Spiele und demonstriert, inwiefern das Wolfsspiel die Freiheit zu Lasten der Gleichheit, respektive der sozialen Gerechtigkeit und das Gute-Hirte-Spiel die Gleichheit zu Lasten der Freiheit privilegiert. Sein dramaturgisch-satirisches Denken vermag das Bewusstsein zu schärfen, inwiefern die je unterschiedlichen Begriffe von Freiheit und Gerechtigkeit dieser Spiele die Tendenz haben, ideologisch zu degenerieren. Dürrenmatt versteht sein politisches Denken wie sein dramatisches und literarisches Gestalten nicht als Ergebnis, das einfach zu übernehmen wäre, sondern als Korrektiv, das das eigene Denken der Lesenden entbindet. Ein Korrektiv, das nicht zu dogmatischen Lösungen führt, aber die Spielregeln dieser Spiele zeigt.

Der *Monstervortrag* enthält auch ein »Helvetisches Zwischenspiel«, in dem er die Neutralität der Schweiz satirisch bestimmt:

> Die Schweiz ist ein Überwolf, der sich, indem er sich als neutral erklärt, als ein Überlamm deklariert. Mit anderen Worten: die Schweiz ist ein Überwolf, der verkündet, keine aggressiven Absichten anderen Überwölfen gegenüber zu hegen. Der Erfolg ist denn auch erstaunlich, nicht einmal der Überwolf Hitler fraß den als Lamm verkleideten Überwolf Schweiz auf.

In schwer zu übertreffender Kürze und Differenziertheit charakterisiert er das Verhältnis des ringsum von nationalsozialistischen Diktaturen umschlossenen Kleinstaats mit einer Anspielung auf den Heldenmythos von Wilhelm Tell in *Zur Dramaturgie der Schweiz* (1968/70): »Tell spannte zwar die Armbrust, doch grüßte er den Hut ein wenig – beinahe fast nicht –, und das Heldentum blieb uns erspart.« Er huldigt weder patriotisch heroischer Verklärung der Vergangenheit noch progressiver Verteufelung, sondern stellt ganz nüchtern fest: »Die Schweiz hatte politisch nur eine Aufgabe zu lösen [...]: Den Krieg vermittels ihrer Politik zu vermeiden, und sie vermied ihn vermittels ihrer Politik. [...] So zogen wir uns denn schweizerisch aus einer unmenschlichen Lage: Nicht unklug, mit hohem moralischen Anspruch und mit moralisch oft bedenklicher Praxis.«

Dürrenmatt gehörte keiner Partei an, auch nicht der *Schriftstellergruppe Olten*, deren Mitglieder sich zu einem demokratischen Sozialismus bekannten. Max Frisch, Adolf Muschg, Otto F. Walter und viele weitere namhafte Schweizer Autorinnen und Autoren hatten sich ihr angeschlossen. Zu konkreten Vorfällen nahm er aber klar und deutlich Stellung, z.B. im Essay *Zu den Zürcher Globus-Krawallen* (1968), gewalttätigen Konflikten zwischen Polizei und Jugendlichen, die ein autonomes Jugendzentrum forderten. Er interpretierte diese Unruhen und die Reaktionen der Mehrheit der Bevölkerung als Symptom, dass zwischen der Gesellschaft und ihrer Jugend etwas nicht stimme, als Kurzschluss der Gesellschaftsordnung, reparierbar als Fall, nicht reparierbar als Symptom: »Doch eine Gesellschaft, die nur noch Waren und keine Werte mehr zu produzieren weiß, wirkt unglaubwürdig, appelliert sie an Werte. Das gilt heute für West und Ost. Die Ideologien sind hier wie dort zusammengebrochen, nicht nur durch das, was sie verkünden, vor allem durch die, die sie verkünden.« Er war oft erstaunt und ärgerlich, wenn alles, was nicht gängiger Durchschnittsmeinung entsprach, als kommunistisch bezeichnet wurde. Er entgegnete schon auf Kritik an seinem *Romulus*, er sei nicht Kommunist, sondern Berner, und in seinem »Monstervortrag« bekannte er sich dazu, mit Leidenschaft Schweizer zu sein: »Ich lebe gern in der Schweiz. Ich rede gern Schweizerdeutsch. Ich liebe den Schweizer und liebe es, mich mit ihm herumzuschlagen.« Freilich war ihm immer bewusst, was er in seinem ersten »Schweizerpsalm« zur Schweiz sagt: »Ich liebe Dich anders, als Du geliebt sein willst.«

Auch zu politischen Vorfällen außerhalb der Schweiz nahm er mehrfach Stellung. 1968 organisierte er am Basler Theater eine Protestkundgebung gegen den Einmarsch der Sowjets in die Tschechoslowakei. Das Lebensrecht des Staates Israel hatte er schon 1967 verteidigt, aber auch betont, dass die Geburt dieses Staates nicht im luftleeren Raum geschehen sei, sondern Naturrecht (Israels) gegen Naturrecht (Palästinas) stehe. In seinem während und nach einer Vortragsreise in Israel entstandenen Text *Zusammenhänge. Essay über Israel. Ein Konzept* (1976) beurteilte er die nach den verschiedenen Kriegen entstandenen Lagen und Reaktionen der Parteien und bekannte sich zum heute leider noch weiter als zu seinen Lebzeiten entfernten Ziel: »So klein dieser Landstrich ist, den wir Palästina nennen, ein Nichts auf dem Globus, er hat Platz für zwei Staaten, wie er Platz für viele Kulturen hat. Das setzt voraus, daß die Palästinenser den jüdischen Staat anerkennen und die Juden den palästinensischen. Mit Jerusalem als beider Hauptstadt, aber dennoch ungetrennt.« Dieser Text ist auch methodisch exemplarisch für Dürrenmatts Stil und sein Denken. Er überlegte sein Konzept vor der Reise und veränderte es laufend nach Besichtigungen und Gesprächen vor Ort einerseits und durch Erweiterung seines historischen Horizonts anderseits. Schließlich beginnt er seine historischen Überlegungen nicht mit der Gründung des Staates Israel, sondern 582 vor Christus mit der Liquidation des letzten unabhängigen jüdischen Staates. Seine letzten politischen Vorträge galten Václav Havel und Michail Gorbatschow.

*Reden auf Havel und Gorbatschow*

Václav Havel hatte er als Exponenten des Prager Frühlings kennengelernt, nun hielt er ihm die Laudatio für den Gottlieb-Duttweiler-Preis (Gründer der Genossenschaft Migros). Dürrenmatt zitiert Havels Traum von einer »selbständigen, freien, demokratischen, wirtschaftlich prosperierenden und zugleich sozial gerechten Republik [...].« Er erwähnt, dass auch viele Schweizer diesen Traum träumten, in einer solchen Republik zu leben, fährt dann aber fort: »Doch die Wirklichkeit, in der die Schweizer träumen, ist anders.« Er löste in gouvernementalen Kreisen blankes Entsetzen, in anderen ernste Zustimmung und Heiterkeit aus, als er ausführte, die Schweizer fühlten sich »frei als Gefangene im Gefängnis ihrer Neutralität«. Als frei gälten aber für die Außenwelt nur die Wärter, »denn wären diese nicht frei, wären sie ja Gefangene. Um diesen Widerspruch zu lösen, führten die Gefangenen die allgemeine Wärterpflicht ein: Jeder Gefangene beweist, indem er sein eigener Wärter ist, seine Freiheit.« Weil aber auch die Wärter Gefangene seien, könne unter ihnen der Verdacht aufkommen, sie wären Gefangene und nicht frei, deshalb habe die Gefängnisverwaltung Akten von jedem anlegen lassen, von dem sie vermutete, er fühle sich als Gefangener und nicht frei. Dürrenmatts Anspielungen bezogen sich auf den sogenannten *Fichenskandal*, die Überwachung der Bürger durch einen dilettantischen Geheimdienst. Dürrenmatt wollte sehr bewusst verhindern, dass die Schweiz in einer Situation, die sehr deutliche Differenzen zwischen Ideal und Wirklichkeit zeigte, als Musterstaat präsentiert würde.

Die Rede auf Michail Gorbatschow trägt den Titel: *Die Hoffnung, uns am eigenen Schopfe aus dem Untergang zu ziehen.* Sie gilt dem Mann, der den Kalten Krieg beendet hatte. Dürrenmatt analysiert die damalige weltpolitische Lage ohne die Illusionen, die damals üblich waren, Probleme schon klar sehend, die heute verstärkt aktuell geworden sind und für die weder der Osten noch der Westen bisher Lösungen gefunden hat. Dennoch schließt er mit dem Satz: »Auch eine Scheinordnung, die zerstört wird, schafft eine Unordnung. Aber eine furchtlose Vernunft ist das Einzige, was uns in der Zukunft zur Verfügung steht, diese möglicherweise zu bestehen, uns, nach der Hoffnung Kants, am eigenen Schopfe aus dem Untergang zu ziehen.« Max Frisch hatte sich 1985 von seinen Kolleginnen und Kollegen mit der Rede *Am Ende der Aufklärung steht das goldene Kalb* verabschiedet und die Aufklärung für gescheitert erklärt. Dürrenmatt teilte mit dem Freund und Kollegen die kritische Einstellung zur Konsumgesellschaft. Den Glauben an die Aufklärung aber verteidigt er trotz allem mit dem ihm eigenen Humor. Beide waren in jungen Jahren befreundet, in mittleren Jahren Rivalen, nicht ohne gegenseitige Bosheiten in den Werken und mit deutlich unterschiedlichen Auffassungen ihrer Kunst: der eine seine private Existenz verarbeitend, der andere die Fiktionen einer Gegenwelt gestaltend. In einem Brief zum 75. Geburtstag Max Frischs aber hat Dürrenmatt die komplementären Qualitäten des Freundes dankbar anerkannt: »Als einer, der so entschlossen wie Du seinen Fall zur Welt macht, bist Du mir, der ebenso hartnäckig die Welt zu seinem Fall macht, stets als Korrektur meines Schreibens vorgekommen.«

# Der Zürcher Literaturstreit

Der Zürcher Literaturstreit ist seinerzeit nicht nur in der Schweiz, sondern auch in Deutschland als wichtigste literarische Kontroverse der Nachkriegszeit diskutiert und in der Zeitschrift *Sprache im technischen Zeitalter* ausführlich dokumentiert worden, je nach Perspektive nur als lokal-zürcherisches Ereignis oder als Indiz eines veränderten Literaturverständnisses, als Paradigmawechsel der Germanistik oder als Ereignis im Kontext allgemeiner Literatur- und Kulturgeschichte. Anlass war die Verleihung des Kunstpreises der Stadt Zürich an den Zürcher Ordinarius für Neuere Deutsche Literatur Emil Staiger, einen Gelehrten von internationalem Rang und Ansehen.

Er hielt am 17. Dezember 1966 im Schauspielhaus Zürich die Preisrede mit dem Titel »Literatur und Öffentlichkeit«. Einleitend skizzierte er Sinn und Zweck der älteren und der klassischen Dichtung. Er lobte, dass sie moralischen Sinn und gesellschaftlichen Zusammenhang befördere. Die engagierte Literatur der Gegenwart hingegen sei »nur eine Entartung jenes Willens zur Gemeinschaft, der Dichter vergangener Tage beseelte«. Er zeichnet ein bedrückendes Bild für den, der, wie es Pflicht der Historiker sei, »die Gegenwart an der Vergangenheit mißt«. Staiger entnimmt seinen Maßstab der Dichtung von Schiller, seiner Bestimmung des Klassischen in dessen Rezension von Bürgers Gedichten:

> Alles, was der Dichter uns geben kann, ist seine Individualität. [...] Diese, seine Individualität, so sehr als möglich zu veredeln, zur reinsten, herrlichsten Menschheit hinaufzuläutern, ist sein erstes und wichtigstes Geschäft [...].

Emil Staiger (links) bei
der Verleihung des
Zürcher Literaturpreises
1966

Diese Läuterung vermisst Staiger in der modernen Dichtung:

> Man gehe die Gegenstände der neuesten Romane und Bühnenstücke durch. Sie
> wimmeln von Psychopathen, von gemeingefährlichen Existenzen, von Scheuß-
> lichkeiten großen Stils und ausgeklügelten Perfidien. [...] Doch wenn man uns
> einzureden versucht, dergleichen zeuge von tiefer Empörung, Beklommenheit
> oder von einem doch irgendwie um das Ganze bekümmerten Ernst, so melden
> wir – nicht immer, aber oft – begründete Zweifel an. Wir müßten diesen Ernst in
> dem untergründigen Dröhnen der Sprache vernehmen.

Staiger spielt den klassischen gegen den romantischen Kunstbegriff aus,
wenn er sagt, es sei »ein romantisches Vorurteil zu glauben, Sittlichkeit habe
nichts zu schaffen mit dem ästhetischen Rang«. Er vermisst in der Gegenwartsliteratur die Sittlichkeit, ihren Anspruch, nicht sittlich aber wahr zu
sein, weist er zurück und erhebt den Vorwurf, es sei vieler Dichter »Lebens-
beruf [...], im Scheußlichen und Gemeinen zu wühlen.«

Staiger schließt seine Rede mit dem Appell zur Veränderung der Kunst.
Der programmatische Kernsatz des letzten Teils lautet:

> Versagen wir uns es nicht zu wünschen, daß sie [die Literatur] sich wieder auf
> ihre Pflicht gegenüber der Öffentlichkeit besinne, daß sie das Bild des Lebens
> sich nicht von sogenannten wissenschaftlichen Theorien, auch nicht von den
> heute herrschenden Zuständen vorgeben lasse, sondern selber, aus der Macht-
> vollkommenheit des Schöpferischen, entscheide, wie der Mensch beschaffen und
> wie er nicht beschaffen sein soll. Ziehen wir den schlichten und gediegenen
> Grundriß wieder nach, auf dem das Gebäude jeder großen Kultur errichtet wor-
> den ist!

Unter den Dichtern herrschte große Betroffenheit. Max Frisch, mit Staiger
befreundet, reagierte mit ungewohnter, oft polemischer Schärfe, die seine
persönliche Enttäuschung verrät und ihn verführte, für seine Replik den Titel
»Jetzt darf man es wieder sagen« zu wählen, der durch die Generalisierungen
Staigers zwar provoziert wurde, aber sicher weder seiner Intention noch der
gestellten Frage nach dem Verhältnis von Literatur und Ethik entsprach,

sondern auf den Begriff entarteter Kunst anspielt. Frisch und die junge Generation der Autoren, große Teile der Schüler und Studierenden empörte das völlige Verschweigen des Traditionsbruchs, als ob Zweiter Weltkrieg und Holocaust nie gewesen wären. Frisch:

> So einfach ist das: »Wenn man die Geistesgeschichte kennt«. So einfach, obschon auf diesem Grundriß immer wieder das Ungeheuerlichste möglich geworden ist, Menschenschändung jeder Art und jeden Ausmaßes; obschon eine gewisse Industrialisierung mit Konsequenzen eingetreten und mit Goethe nicht aufzuhalten gewesen ist, so wenig wie Hitler aufzuhalten war mit Heidegger; obschon die Wissenschaft (und die wenigen großen Künstler) dringlichst beschäftigt sind mit der schwierigen Erkenntnis der veränderten Situation, um ihrem wahrscheinlichen Gefälle gewachsen zu sein; obschon gerade Leute, die die Menschheit retten möchten, in Grundrißfragen umzudenken sich gezwungen sehen – so einfach: den Grundriß nachziehen, schlicht und gediegen, um wieder einmal Kultur zu haben, eine Weile lang, behütet von einer Sprache, die, um überzeugend zu sein, den Wandel der Zeit ignoriert.

Staiger generalisiert und verurteilt ohne konkrete Nennung und Begründung die Autoren moderner Literatur, Frisch vereinfacht und verfälscht Forderungen Staigers, denn dieser hatte nicht eine Literatur gefordert, die die Wandlungen der Zeit ignoriert, sondern eine Literatur, die ihren »um das Ganze bekümmerten Ernst« durch ihre Sprache spüren lässt. Freilich vertritt er die fragwürdige These, dass die Gegenwart an der Vergangenheit zu messen sei, als ob sich die Formen des Lebens und der Erfahrung nicht völlig verändert hätten, als ob die ebenfalls fragwürdige aber von ihm selbstverständlich gesetzte Kategorie der »Machtvollkommenheit des Schöpferischen« das hätte verhindern können.

Paul Nizon betont im Gegensatz zu Staiger nicht die Schöpfermacht der Kunst, sondern ein Ohnmachtsgefühl der Kunst. Nizon hält es für

> kaum möglich, daß ein so illustrer Geisteshistoriker vom Wesen des Schöpferischen so wenig begriffen haben sollte. Daß er keine Ahnung davon haben will, daß die dichterische, die künstlerische Tat (die echte) ihren Impetus gerade aus einem Ohnmachtsgefühl empfängt; aus der Fassungslosigkeit nämlich, daß die überkommenen Vorstellungen von Welt- und Wertordnung (auch von Menschlichkeit, von Ordnung und Wertsystem schlechthin) für die jeweils neue Wirklichkeit (der Gegenwart) nicht taugen. Daß überkommenes Weltbild und zeitgenössische Weltwirklichkeit divergieren. Daß die echte künstlerische Tat immer mit dem Untersuchen, Ausmessen, Erschließen und Ergründen einer befremdlichen und chaotischen neuen Wirklichkeit beginnt [...].

Nizons Bestimmung der Funktion des Autors entsprach einer neuen Generation von Autoren, die fortan begannen, das Feld zu bestimmen. Deren Texte repräsentieren kein Allgemeines im Besonderen und keine Stimmigkeit von Teil und Ganzem des Werks, sondern zeigen fragmentierte Aspekte, montierte Weltausschnitte aus der subjektiven Sicht von Figuren problematischer Identität. Kunst und Kunstbegriff orientieren sich nicht mehr am vorbildlich Allgemeinen, sondern am Funktionieren des Besonderen. Dies nicht mehr im Rahmen eines überzeitlich gesehenen Wesens des Menschen, sondern im Kontext ganz konkreter, historischer Macht- und Interessenbereiche. Freilich bleibt dabei die Individualität ihres Schreibens gewahrt und entsprechend die je nachdem sanftere oder radikalere Art, mit der sie die Tradition in Frage stellen.

Dürrenmatt und Frisch hatten, vorerst als Outsider, dann als Stimmführer den Bruch mit der Tradition vorbereitet. Seit 1959/60 hatte sich eine neue Generation zum Wort gemeldet. 1959 erschien z. B. Otto F. Walters Roman

*Bruch mit der Tradition*

*Der Stumme*, der nicht nur mit Traditionen des Klassizismus, sondern auch des Neorealismus gebrochen hat. 1963 erregte *Abwässer* von Hugo Lötscher sowohl wegen des ungewöhnlichen Inhalts wie dank der Raffinesse sprachlicher Form Aufsehen. Dieser Roman stellt präzis, konkret und symbolisch dar, wie sich unter der sauberen Oberfläche einer Stadt ihre Kloake als Gegenbild des Lebens versteckt. 1964 hat Peter Bichsel mit *Eigentlich möchte Frau Blum den Milchmann kennenlernen* Kurzgeschichten vorgelegt, die skeptisches Sprachverständnis bezeugen und Erfahrungen sozialer Kälte und misslingender Kommunikation Ausdruck geben. Kurzprosa wird zum Ausdruck gesellschaftlicher Veränderungen des Bewusstseins sowie der Formen des Lebens und der Literatur. Im Zürcher Literaturstreit und etwas später, 1969, in der Spaltung des Schweizerischen Schriftstellervereins durch die Gruppe Olten, wurde der Gegensatz zwischen unterschiedlichen Auffassungen der Funktion der Literatur und der Stellung des Autors in der Gesellschaft deutlich.

Der Zürcher Literaturstreit blieb als lokales Streitgespräch unbefriedigend, da die Opponenten Generalisierungen nicht differenziert und die unterschiedlichen, stillschweigenden Voraussetzungen nicht diskutiert haben. Als literaturhistorisches Symptom aber ist er von nicht zu unterschätzender Bedeutung. Veränderungen des Lebens und der Literatur waren mit traditionellen Mustern der Wertung und der wissenschaftlichen Methoden nicht mehr zu erfassen. Unter dem Einfluss zeitgenössischer Philosophie und im Kontext der 68er und weiterer Jugendbewegungen wurden alle traditionellen Konzepte der Relationen von Autor-Text-Leser und Gesellschaft erschüttert und verändert. Die gesellschaftlichen Wandlungen zeigen sich deutlich in der Kurzprosa der neuen Generation.

## Eine neue Generation

### Kurzprosa als Form gesellschaftlichen Wandels

Die Gedanken Marions über andorranische Kunst in Max Frischs *Tagebuch 1946–1949* sind nicht für alle, aber für manche Autoren und für viele Lesende lange gültig geblieben: »Was ist eine Welt? Ein zusammenfassendes Bewußtsein. Wer aber hat es? Wo immer ich frage, es fallen die Wände ringsum, die vertrauten und sicheren, sie fallen einfach aus unserem Weltbild heraus, lautlos, nur die Andorraner schreiben noch immer auf diese Wände, als gäbe es sie, immer noch mit dem Anschein einer Vollendung, die in der Luft hängt.« Marion wünscht sich, der Teufel möge diese andorranische Mumie holen und empfiehlt als Konsequenz des fehlenden zusammenhängenden Bewusstseins das Fragment. Der Zürcher Literaturstreit zeigte deutlich, dass eine jüngere Generation über das Bewusstsein dieser Krise verfügte. Die formalen Konsequenzen, die sich daraus ergeben, prägen ihre Texte. Dies gilt in besonderem Maß für die im Kontext gesellschaftlichen Wandels zu verstehende Kurzprosa. Schon zu Beginn der 60er Jahre haben nicht nur Frisch und Dürrenmatt, sondern auch jüngere Autoren und Autorinnen – wie Paul Nizon, Kurt Marti, Jürg Federspiel und Peter Bichsel – kurze Prosatexte geschrieben, die in Bezug auf das Kunstverständnis, auf die Darstellung der Figuren nicht realistischer oder klassizistischer Tradition folgten und auf andere Modi der Rezeption und Interpretation angelegt waren. Auch Heinrich Wiesner, Peter Lehner, Ursula Isler und Urs Jäggi wären in diesem Zusammenhang zu nennen. Dieser Stilwandel erfolgt im Kontext von Veränderungen der Lebens- und Sozialisationsformen und wurde intensiviert durch die in den 50er Jahren einsetzende, bis zur Rezession von 1974 fast ungebrochen sich entfaltende Phase der Hochkonjunktur. Ein rasches Wachstum der Wirtschaft und der Bevölkerung führte zu neuen Siedlungen und Lebensformen am Rand der Städte und zur Reduktion der Bevölkerung in entlegenen Bergregionen. Von 1941 bis 1960 ging der Anteil der in der Landwirtschaft tätigen Bevölkerung auf die Hälfte zurück. Entsprechend wuchs der Anteil der Arbeiter und Angestellten in Industrie und Gewerbe. Der wachsende Bedarf konnte aber nur dank dem Einsatz ausländischer Fremdarbeiter mit Anteilen bis zu 15 % der Gesamtbevölkerung gedeckt werden. Die Industrie wünschte weiterhin zusätzliche ausländische Arbeitskräfte. Volksinitiativen forderten umgekehrt deren Abbau, populistische Politiker sprachen von Überfremdung und bestärkten Ängste vor dem Verlust nationaler Identität. War das 1953 in der deutschen und französischen Schweiz eingeführte, seit 1961 auch in italienischer Sprache sendende Fernsehen vorerst ein ausgesprochenes Unterschichtmedium, von kulturell führenden Kreisen verachtet, so vermochte es doch im Laufe der 60er Jahre als Medium der sich bildenden modernen Konsumgesellschaft weitere soziale Schichten zu erfassen. Im selben Zeitraum haben sich auch die patriarchalischen Strukturen der Familie und die Stellung der Frau zu verändern begonnen, in der Westschweiz früher, in der deutschen Schweiz beschämend spät. Erst 1971 wurde den Frauen das Stimmrecht im Bund zuerkannt. Der Wandel von der konservativen Traditionsgesellschaft zur modernen Konsumgesellschaft brachte einerseits allen Schichten eine zuvor nie gekannte Mehrung des materiellen Wohlstands, aber auch eine Bewusstseinskrise infolge der Veränderung oder des Verschwindens traditioneller Normen der Religion, der nationalen Identität, des Berufes, der Familie und der Geschlechtsrollen. Freilich hat die Literatur als Seismogramm der Veränderungen innerer und äußerer Wirklichkeiten dies früh zum Ausdruck gebracht, während andernorts die Widersprüche zwischen Traditionsbewusstsein und Verunsicherung sich laufend verstärkten und, je nach ideologischem Standort, zu gegensätzlichen Konsequenzen der Anpassung oder des Widerstands gegen die Trends der Entwicklung führten.

*Veränderungen der Lebens- und Sozialisationsformen*

## Paul Nizon

Paul Nizon, in Bern als Sohn eines russischen Emigranten und einer Bernerin aufgewachsen, war vorerst, nach dem Studium der Kunstgeschichte, Museumsassistent in Bern, dann Leiter der Redaktion Kunstkritik der *Neuen Zürcher Zeitung* und lebt seit 1977 als frei schaffender Schriftsteller in Paris. Sein Erstling *Die gleitenden Plätze* (1959) enthält eine Folge kurzer Prosatexte. Der erste Satz lautet: »Nach Italien war ich ausgereist, gleich nach Schulabschluß.« In *Wunschplatz Friseursalon* meint der Erzählende: »Was sollen wir tun, mein Lieber, wenn nicht in Wünschen verreisen?« Auch in der Skizze der kleinen Reise *Radfahren durch die Stadt* dominiert die Geste des Auf- und Ausbruchs: »Vielleicht will er nur einmal ein anderer sein, die Kleider, die Haut, die Rolle, das Ansehn tauschen.« Wenig später, im selben Text: »Die Anker festen Wissens sind gelichtet. Die Grenzen der Gewöhnung aufgehoben.« Auch sein zweites Buch *Canto* (1963), gewöhnlich als Roman bezeichnet, entzieht sich tradierter Form, ist eine Folge rhythmisch gestalteten Erzählflusses von Impressionen der Stadt Rom und Erinnerungen der Kindheit, ein Manifest der Verneinung gegen alles, was sich dem Leben und der Veränderung verweigert. 1970 erschienen seine kunstkritischen Essays

*Die gleitenden Plätze (1959)*

Paul Nizon

*Diskurs in der Enge. Aufsätze zur Schweizer Kunst* mit der provozierenden
These, die Schweiz verscherze ihre Söhne, einige hätte sie geradezu umgebracht. Schon Albin Zollinger hatte von der Gefahr des Vergrasens unserer
Provinz gesprochen. Karl Schmid hat im Versuch einer Analyse des
*Unbehagen*[s] *im Kleinstaat* (1963) zu Recht geschrieben: »Der Entscheid
darüber, ob der Kleinstaat zum Symbol dessen wird, wozu man sich überwinden, oder des anderen, was überwunden werden muß, wird zu einem Teil
auch durch die Epoche präjudiziert.« Den Wechsel der Epochen zu berücksichtigen ist für die Schweiz zum bei einem Teil der Bevölkerung noch andauernden Problem geworden. Die Isolation und die im Zweiten Weltkrieg
überlebensnotwendige Igelstellung, bestärkt durch den nachfolgenden Antikommunismus, wirkten allzu lange nach, und so verfestigten sich Verände-
rungsangst und Verteidigungshaltung gegenüber Neuem und Fremden. Zwar
sind, denken wir an Schriftsteller wie Frisch und Dürrenmatt, auch Künstler
denkbar, deren Talent nicht durch Überanpassung an erstarrte Lebensformen
verkümmert, sondern im Widerstand gegen sie wächst. Zweifellos wurde
aber auch dies durch Opfer erkauft, zweifellos radikalisieren sich zu dieser
Zeit die Widersprüche zwischen den veränderten modernen Lebensformen
und der Fixierung auf traditionelle Formen der Moral und Doppelmoral und
auf traditionelle Deutungsmuster bäuerlich-heroischer nationaler Mythen.
Der Glaube, Demokratie schon aus historischen Gründen zu besitzen, ist
bereits der Anfang, sie zu verlieren, da sie, nie vollständig realisierbar, für
immer wieder andere Lebensformen immer wieder neu errungen werden
muss.

In engem Bezug zum *Diskurs in der Enge* steht Nizons *Im Hause enden
die Geschichten* (1971). Das Haus erscheint als Ort des Zwangs, wenn nicht
der Ordnungs- und Zwangsneurose. In diesem Haus lebt die Familie des Erzählers mit Großmutter, Großtante und mit Pensionären. Sie leben alle in
gemeinsamer Isolation, gleichsam in verschiedenen Gegenden. Etwas Schwes-
terliches oder Verwandtschaftliches kommt zwischen Großmutter und Großtante nur auf, wenn sie zusammen singen: »Dann machen sie gläubige Augen
und nicken eifrig oder hingebungsvoll zu dem zweistimmig gesungenen *Guter Mond Du gehscht soo schtii-ii-lle* [...]. Bei solchen Gelegenheiten taucht
eine Zeit auf und eine Landschaft in unseren Zimmern, die längst versunken,
uns jedenfalls unbekannt ist.« Der Vater stirbt frühzeitig. Im Hause enden
und verenden die Lebensgeschichten. Der Text endet mit den Sätzen: »*Das
Haus ist kein Roman. Nicht einmal eine Geschichte, keine nennenswerte,
keine lebenswerte zumindest. Wir können DAS HAUS abbrechen.*« Der Abbruch des Hauses wird damit nicht nur zur symbolischen Aktion gegen alles
Erstarrte, Versteinerte, provoziert nicht nur die auch für spätere Werke bren-
nende Leitfrage: »Aber wo ist das Leben?«, sondern wird auch zum Symbol
der Suche nach neuer literarischer Form, die das traditionelle Gattungssys-
tem sprengt.

## Kurt Marti

Dorfgeschichten
*(1960)*

Kurt Marti vermittelt in diesen Geschichten eine kleine Summe des Gemein-
delebens eines Dorfes, Skizzen von privaten Irritationen Einzelner und von
Paaren, von Normen-Konflikten innerhalb und außerhalb der Familie bis
zum öffentlichen, politischen Raum einer Gemeindeversammlung. Die Dorf-
idylle zeigt Löcher, beginnt sich zu zersetzen, zeigt aber auch Ansätze neuer
Möglichkeiten. Da erscheinen Figuren, die sich nicht ändern wollen, aber
auch der Mann im Text *Idyll und Perspektive*, der die Unruhe der Stadt ins

Dorf bringt: »Er sagte, grüß Gott, wie geht's Ihnen denn, sieht man Sie heute wieder beim Match, und floh.« Er funktioniert, wie es die Konvention will, erledigt die Rituale des Alltags, vergisst auch nicht einzukaufen, was ihm seine Frau aufgetragen hat. Aber er wartet nirgends auf eine Antwort, lässt sich nie auf jemand anderen ein. Er tut, was man tun muss, dies aber völlig solitär, ohne Dialog. Was immer er tut und sagt, endet stereotyp mit: »Er floh«, bis zum Schluss: »Der Fluchtpunkt war, so möchte man sagen, sein einziger Standpunkt.« In der Geschichte mit dem bezeichnenden Titel *Riß im Leib* werden in äußerster Prägnanz und Verknappung die Konflikte zwischen patriarchalischem und modernem Ehemodell und die unterschiedlichen Positionen des Verhaltens gegenüber dem Fremden in gegenseitiger Verbindung gezeigt. Die Geschichte beginnt mit dem alten Modell: »Er sprach und sie nickte. Sie nickte, bevor er sprach. Sie werden ein Leib sein, sie waren's geworden, ein Leib mit zwei Köpfen, der eine nickte, der andere dachte und sprach.« Da kommt ein Fremder aus Tirol, er hatte schon zwei Jahre in der Schweiz gearbeitet, und bittet um die Hand der Tochter. Der Vater weist ihn diskussionslos ab, es gäbe genug Schweizer. Die Mutter aber spricht mit dem Fremden, fragt ihn, weshalb die Tochter nicht selbst gekommen sei und hört, sie käme nicht mehr nach Hause aus Angst vor dem Vater. Der Schluss zeigt die Wandlung der Verhältnisse. Der Vater fragt die Mutter, ob der Fremde gegangen sei: »Aber sie schwieg. Und nickte auch nicht.« Das Eindringen des Fremden kann als Ferment des Wandels wirken, aber auch als Lust oder Angst bildendes Element der Verunsicherung traditioneller Lebensform. So zum Beispiel in *Indizien vielleicht, vielleicht Gespenster*. Der Mann rühmt gegenüber seiner Frau die Gebräuche Italiens und die schönen Beine der Italienerinnen und beschwichtigt ihren Argwohn, die Italienerinnen möchten ihnen erst die Arbeit und dann die Männer stehlen mit den Worten, sie sehe Gespenster, worauf sie die Geschichte mit der Antwort schließt: »O nein, ich seh' nur, daß das, was er sieht, nichts weniger sind als Gespenster.«

## Jürg Federspiel

Jürg Federspiel verfügt über vielfältige Erfahrungen und Voraussetzungen seines Schreibens durch seine Tätigkeit als Journalist, Filmkritiker und Reporter. Seine Texte sind durch konkrete Anschauung und Erfahrungen seiner Reisen und Aufenthalte in Paris, Berlin und New York geprägt. Der Einfluss der amerikanischen *short story* ist unverkennbar und wird auch von ihm selbst in dem dem Tagebuch ähnlichen, aber durch fiktionale Einlagen diese Form sprengenden Buch *Museum des Hasses. Tage in Manhattan* (1969) bezeugt. Er nennt dort die Kurzgeschichte die Ballade unserer Tage: »Die Kurzgeschichte [...] lebt nicht vom Merkwürdigen, sie lebt vom Denkwürdigen einer Gestalt, vom Denkwürdigen einer Geste, eines Satzes, einer Atmosphäre; sie ist lapidar, schließt psychologische Motivierungen, die längerer Erörterungen bedürfen, aus.« Dies sind die allgemein genannten Quellen seiner Anregung. Aber er kannte, was selten erwähnt wird, auch die Tradition der Literatur aus der Schweiz, kannte Jakob Schaffner, Albin Zollinger, Robert Walser, Friedrich Glauser und Blaise Cendrars. Sein Schreiben ist sowohl durch das Training des Reporters wie durch diese unterschiedlichen Traditionen mitbestimmt und erhält seine spezifische Eigenart dadurch, dass seine kurzen Geschichten in polyphoner Weise lyrisch und dramatisch, realistisch und phantastisch sind. Sein erster Kurzprosaband *Orangen und Tode* ist im selben Jahr wie Thomas Bernhards *Frost* erschienen. Mit Thomas Bernhard teilt er die Neigung, das Leben vom Tod her zu denken, von der

Orangen und Tode
*(1961)*

Jürg Federspiel

Grenze der Wirklichkeiten. Er komprimiert, wählt aus und lässt Bruchstellen, Lücken, konzentriert alles auf prägnante Momente, die die Eigenart des geschilderten Lebens schlaglichtartig erhellen. Der erste Text dieses Bandes – *Calaveras und die Raben* – beginnt mit den letzten Minuten eines Selbstmörders, dieser schreibt einen Brief, imaginiert eine Traumlandschaft, die er nie gesehen hat, bevor der Schuss aus seinem Gewehr ihn tötet, als hätte er ihn nicht selbst ausgelöst. Der Abschnitt schließt: »Der klatschende Knall riß seine Fäuste an die Schläfen, als ließe sich die Sache noch einmal überlegen […].« Nach diesem Vor- und Endspiel folgen, ohne vermittelnden Übergang, die prägnanten Momente der Geschichte des Paares aus der Sicht der hinterbliebenen Frau. Sie hatte sich mit den Briefen des toten Mannes in ein alpines Haus zurückgezogen, außerhalb der Saison, in absoluter Einsamkeit. Sie erinnert sich der ersten gemeinsamen Nacht, die ihr damals wundervoll erschien, aber so geschildert wird, dass die Lesenden erkennen, dass, was ihr natürlich schien, damals schon kein Akt der Liebe, sondern des gegenseitigen Verfehlens war, was ihr erst im Rückblick zu dämmern beginnt. Dann erinnert sie sich seiner Zärtlichkeiten, während derer sie sich »zuweilen wie irgendein pharmazeutisches Produkt vorkam, wie ein Schlaf- und Beruhigungsmittel« und liest noch einmal seinen Brief der Brautwerbung mit der Betonung seiner Stellung im Beruf und dem Versprechen weiteren Aufstiegs sowie seiner Bemerkung, dass er sich einer aus guter Familie stammenden Tochter bestimmt würdig erweisen wolle. Schließlich folgt ihre Entdeckung des Zettels, der ihr den Anlass seines Selbstmords verrät, ein lächerlich kleiner Beitrag von 200 Franken, den die Firma durch sein Verschulden verloren hatte, den er jederzeit hätte ersetzen können. Die prägnanten Momente der Geschichte des Paares verraten die Sinnlosigkeit eines Lebens, das sich durch falsche Tugenden selbst zerstörte, der Mann ohne Bewusstsein der eigenen Tragödie, die Frau schließlich ahnend, dass sie nun rettungslos allein und auch ihr Leben bald zu Ende sei. Nur die Lesenden, die die Lücken, die das Ungesagte zwischen den Zeilen erschließen, kommen zur Erkenntnis der pathologischen Funktion bestimmter Formen bürgerlich-kleinbürgerlicher Sozialisation.

**Der Mann, der das Glück brachte *(1966)***    In einem zweiten Band kurzer Geschichten *Der Mann, der das Glück brachte* (1966) steht die Geschichte *In den Wäldern des Herzens*, auch sie denkt das Leben vom Tod her. Der Erzähler ist in Personalunion der Freund des Toten und der Pfarrer, der die Abdankung halten wird. Seine Erzählung setzt am Vorabend der Bestattung ein und endet nach der Trauerfeier. Der Protagonist, der Verstorbene Baldach, hatte einst dem Knaben Franz Streu das Leben gerettet und wollte das gerettete Leben photographisch dokumentieren, bis er erkennt, dass Streu unwürdig, ein schlechter Mensch ist – »ein ebenso erfolgreicher wie angesehener Mann, der Gesetz und Recht studierte, um es zu hintergehen« –, worauf er im Zorn die Photographien vernichtet. Federspiel legt dem Erzähler die Worte in den Mund, die auch sein eigenes Verständnis der Kunst, die auch seine eigene Faszination durch den Stoff verraten: »Wäre er ein Künstler gewesen, hätte ihn die Tatsache nicht nur unerschüttert gelassen, sondern sogar fasziniert.« Er ist fasziniert vom Scheitern des Menschen und macht durch seine Kunst des Erinnerns vom Tode her seine Texte zu Medien der Erkenntnis des Scheiterns und der Scheiternden.

## Peter Bichsel

Peter Bichsel ist 1964 mit *Eigentlich wollte Frau Blum den Milchmann ken-*
*nenlernen*, einem schmalen Band von knapp fünfzig Seiten, mit einem Schlag
berühmt, in der Schweiz und in Deutschland gelesen und mit Größen wie
Robert Walser und Hebel verglichen worden. Die außergewöhnliche Prägnanz und Konsequenz dieser Texte, ihre Originalität und nicht zuletzt der
historische Zeitpunkt ihres Erscheinens ermöglichten diesen ganz ungewöhnlich raschen und nachhaltigen Erfolg. Bichsel hat auf die bekannte, den Autoren oft lästige Frage: »Was hat Sie veranlaßt zu schreiben?« die den Fragenden verunsichernde Antwort gegeben: »Ich habe mit Schreiben angefangen, weil ich ein schlechter Fußballer war.« Wenn wir erfahren, dass Bichsel
in der Mannschaft seiner Schulklasse nur zweiter Ersatzmann war, also praktisch aus dem Spiel, in Outsider-Position, ist die Antwort sinnvoller als der
Interview-Partner gedacht hat. Die Outsider-Position schärft die Wahrnehmung, die Beobachtungsgabe für die Menschen, für die Sprache, für diejenigen, die aus dem Spiel der »Großen« ausgeschlossen sind.

Anlass zur Titel-Geschichte war nach dem Zeugnis des Autors der erste
Satz, der ihn Monate lang verfolgt habe, insofern sei die Geschichte keine
Geschichte, sondern ein Satz mit Variationen. Der erste Abschnitt lautet:

> Der Milchmann schrieb auf einen Zettel: »Heute keine Butter mehr, leider.« Frau
> Blum las den Zettel und rechnete zusammen, schüttelte den Kopf und rechnete
> noch einmal, dann schrieb sie: »Zwei Liter, 100 Gramm Butter, Sie hatten gestern
> keine Butter und berechneten sie mir gleichwohl.«

Frau Blum möchte den Milchmann kennenlernen, aber sie tut es nicht. Sie
erwägt bloß, man sollte einmal um vier Uhr aufstehen, um den Milchmann
kennenzulernen. Sie fürchtet, er könnte schlecht von ihr denken wegen ihres
verbeulten Milchtopfes. Der Milchmann kannte einmal einen Blum, der hatte
abstehende Ohren, deshalb denkt er, Frau Blum habe vielleicht abstehende
Ohren. Wir finden keine Individual-, sondern nur Eventual- und Pauschalur-
teile. Die Kommunikation ist aufs »Notwendigste«, das heißt auf das Finanzielle beschränkt. Weitere Äußerungen kämen nur dann in Frage, wenn der
Milchmann sich nicht für die falsche Berechnung entschuldigt hätte, oder
wenn Frau Blum die Rechnungen nicht bezahlen würde. Wenn einmal 10
Rappen fehlen, schreibt Frau Blum am nächsten Tag: »›Entschuldigung‹ und
legt die 10 Rappen bei. – ›Nicht der Rede wert‹ oder ›keine Ursache‹, denkt
dann der Milchmann und würde er es auf den Zettel schreiben, dann wäre
das schon ein Briefwechsel. Er schreibt es nicht. Er denkt ans ›Schreiben‹ wie
Frau Blum ans ›Kennenlernen.‹« Die Figuren leben und handeln in Indikativ-
sätzen, sie denken und wünschen im Konjunktiv. Der Konjunktiv könnte zu
Geschichten führen, diese aber finden nicht statt. Die Figuren haben kein
autonomes Ich, sondern sind der Konvention verhaftete Rollenträger, Individuelles erscheint nur als Spurenelement im Konjunktiv, als nur gedachte,
nicht gelebte, immer wieder verpasste Möglichkeit. Frau Blum möchte den
Milchmann kennenlernen, aber niemand kennt ihn, auch sie nicht.

In *San Salvador* schreibt ein Mann, seine Füllfeder ausprobierend: »Mir
ist es hier zu kalt«, dann, »ich gehe nach Südamerika«. Er unterschreibt und
stellt sich vor, wie seine Frau reagieren würde, wenn sie nach Hause käme
und diesen Zettel ohne ihn fände, sie würde Hemden zählen, telefonieren,
lächeln, verzweifeln, die Haare aus dem Gesicht streichen »und sich damit
abfinden, vielleicht.« Zwischen den Zeilen wird deutlich, welche Kälte ihn
nach Südamerika treibt. Doch er bleibt sitzen, bleibt da, bis seine Hildegard

Eigentlich wollte Frau
Blum den Milchmann
kennenlernen *(1964)*

nach Hause kommt und sich die Haare aus dem Gesicht streicht. Diese Geschichten sind nicht alle vom Tod aus gedacht wie diejenigen von Federspiel, wohl aber vom Ende her, vom Ende lebendigen Lebens. Die Figuren bleiben statisch, sie sind nach nirgendwo unterwegs, auch dann, wenn sie noch ihren Wunsch nach anderswo als Wunsch nach Ausbruch aus konventioneller Ritualisierung als seinerseits erstarrtes Ritual weiterhin pflegen. Ein Grenzfall, die Geschichte *Die Löwen*, ist nicht nur in übertragenem Sinn, sondern in diesem Fall ganz konkret vom Tod her gedacht. Sie endet mit der eindeutig kausalen Begründung: »Er ist tot, weil er zu viel trank.« Doch die vorangehenden Zeilen stellen diese Begründung in Frage. Der erste Satz lautet nämlich: »Auch der Großvater wollte Dompteur werden, um all die zu ärgern, die ihm nichts zutrauten.« Er träumte damals von Löwen, aber im Laufe des Lebens waren die Löwen aus seinem Leben verschwunden und mit ihnen die Träume. Deshalb bleibt den Lesenden die zentrale Frage: Hat er zu viel getrunken, weil die Träume verschwanden, oder sind die Träume verschwunden, weil er sie nicht realisierte und stattdessen zu viel trank? Gewiss aber verweist alles auf den Tod wegen ungelebten Lebens. Die Figuren haben kein Bewusstsein ihrer Lage. Sie repräsentieren kein höheres Allgemeines, sie fordern den Leser nicht zur Identifikation auf. Wiederholungen, Variationen, Lücken und Bruchstellen der Sätze sind so sorgfältig kalkuliert, dass die Lesenden zwischen den Zeilen zu lesen vermögen. Der ideale Leser ist nicht der, der sich einfühlt, sondern derjenige, der sich die Fragen stellt: Warum sind die so geworden, wie sie sind? Was hat sie dazu gemacht? Wer hat sie dazu gemacht? Bichsels Texten ist gelegentlich Biederkeit vorgeworfen worden. Dies kann aber nur jemand behaupten, der die höchst kunstvolle Schreibart verkennt und nicht weiß, dass Bichsels Beschäftigung mit Sprache mit der Auseinandersetzung mit Gomringers konkreter Lyrik und mit der Begeisterung für den dekonstruktiv-konstruktiven Dadaismus von Kurt Schwitters *Merzkunst* begann und ihn nachhaltig angeregt und zu selbständiger Weiterentwicklung motiviert hat. Der erste Text dieses Bandes *Stockwerke* beginnt mit dem Satz: »Behelfsmäßig kann man sich ein Haus vorstellen, ein Haus mit vier Stockwerken, mit einer Treppe, die sie verbindet und trennt.« Dieser Satz verrät Bichsels Sprachskepsis. Sprache sagt vor allem etwas aus über sprachliche Vorstellungen, über Fiktionen. Sie hat keinen direkten Wirklichkeitsbezug. – Auch sein nächstes Buch *Die Jahreszeiten* (1967) ist kein Roman, ein Roman setzte ein Sprach- und Werkverständnis voraus, das Bichsel nicht teilt. Es ist dies ein offener, tradierte Form sprengender Text. Der Autor bezieht die Lesenden bewusst in die Textkonstitution mit ein. Erst sie sollten ihm eine mögliche, sicher nicht die einzig richtige Gestalt geben, meint er, wenn er sich wünscht: »Man sollte es auf lose Blätter drucken, die sich der Leser irgendwie zusammenfügt.« Gewiss gibt es unzählige Anregungen, Zusammenhänge zu erschließen, zum Beispiel zwischen mehrfachen Aussagen über Figuren wie Kieninger und Annemarie. Aber über Kieninger wird gesagt: »Wir haben ihm nach und nach bewiesen, daß es ihn nicht gibt. Daß er noch lebt, hat er dem Umstand zu verdanken, daß ich mir vorgenommen habe, ihn innerhalb dieser Geschichte nicht sterben zu lassen.« Und über Annemarie erfahren wir: »Vor drei Jahren versprach Annemarie, uns zu besuchen, und vor zwei Jahren lud sie uns ein. [...] Wir gingen nicht, sie kam nicht. Wir haben uns verpaßt. Das ist die Geschichte, die mich quält.« Denn es ist die Geschichte über die Geschichte vom Leben, das man nicht leben kann.

Konvention zerstört Leben, sie ist aber Grundlage der Gemeinschaft. Gemeinschaft, die nur Konvention erlaubt, aber keine Utopie ermöglicht, wirkt

**Die Jahreszeiten**
*(1967)*

tödlich. Radikale Sprengung der Konvention aber macht einsam. Bichsels *Kindergeschichten* (1969) eignet die radikalste Form des Widerstands gegen erstarrte Norm. Im Text *Ein Tisch ist ein Tisch* gestaltet Bichsel die Figur eines alten Mannes, der, wie der Dichter, der konventionellen Sprache eine eigene Sprache entgegenstellt. Allerdings verfährt er so radikal, dass er die Leute und die Leute ihn nicht mehr verstehen: »Dem Bett sagte er Bild. Dem Tisch sagte er Teppich [...]. Der Zeitung sagte er Bett.« Es ist dies ein Sprachspiel, das Kinder mit ihrem Vermögen und ihrer Lust, spielend verschiedenste Möglichkeiten, wie etwas sein könnte, zu erproben, oft besser verstehen als viele Erwachsene mit verfestigtem Weltbild. Der Scherz des Spiels ist hier allerdings verbunden mit der Einsicht, dass die absolute Freiheit mit der absoluten Einsamkeit bezahlt wird. Der Dichter aber, der der Leben zerstörenden Konvention eindeutiger Wirklichkeit seine Negation der Norm entgegensetzt, fördert das Bewusstsein, dass das erstorbene Leben durch andere Sprach- und Lebensformen wieder neu belebt werden könnte.

Kindergeschichten
*(1969)*

## Zeitroman – Zeitbrüche

### Bruch der realistischen Konvention: Otto F. Walter

Wie Peter Bichsel und Jörg Steiner kommt Otto F. Walter aus einer Region des Schweizer Mittellandes, die von Neuchâtel über Biel, Solothurn und Olten bis nach Aarau reicht und im Norden durch den Jura begrenzt wird. Da noch viele andere Autoren und Autorinnen aus dieser Region kommen, führte dies zum Begriff der Jurasüdfuß-Literatur Es ist kein Zufall, dass zu dieser Zeit so viele neue Impulse von dieser Region ausgingen. Es ist eine offene, früh schon durch den Verkehrsknotenpunkt Olten erschlossene, in der Hochkonjunktur dieser Jahre sich rasch verändernde Region, in der deshalb der Gegensatz zu traditioneller Lesebuchkultur, wo der Bauer im Märzen noch sein Rösslein einspann, während am Rand der Dörfer und Kleinstädte die letzten Höfe verschwinden und Wohnblöcken, Industrie- und Gewerbezonen weichen, besonders krass ausfällt. Otto F. Walters Erstling *Der Stumme* ist für die literarhistorische Entwicklung in mehrfacher Hinsicht exemplarisch. Walter stellt, obgleich von bürgerlich-großbürgerlicher Herkunft, in moderner, origineller Schreibart Schauplätze der Welt der Arbeiter dar, im Zentrum ein Vater-Sohn Konflikt im Kontext zerrütteter Familienverhältnisse. Der Vater hatte im Rausch und im Streit seine Frau getötet. Der Sohn – der Stumme – hat darüber die Sprache verloren. Nachdem der Vater aus dem Zuchthaus entlassen war, arbeiteten beide im selben Bau- und Sprengtrupp, der Vater als Sprengmeister, der Sohn als Hilfsarbeiter. Der Sohn wird auf Grund eines Diebstahls, den der Vater begangen hat, zur Auslösung einer besonders gefährlichen Sprengung verurteilt, der Vater stirbt dabei und der Sohn bekennt sich gegenüber der Polizei als schuldig. Nicht nur der stumme Sohn, der verzweifelt versucht, sich seinem Vater zu erkennen zu geben, findet keine Sprache, auch die Gemeinschaft der Arbeiter erkennt und versteht das Drama, das sich in ihrer Mitte abspielt, nicht. Jeder ist in sich verschlossen. Das Erzählsubjekt lässt den Stummen seine Gefühle, die er nicht kommunizieren kann, im inneren Monolog äußern. Der Erzählende unterbricht seine Erzählung immer wieder, indem er die Arbeiter des Bautrupps, einen nach dem andern in der Du-Form anspricht, ihnen Fragen stellt, die sie eigentlich zur Erkenntnis der Zusammenhänge bringen sollten, denen sie sich jedoch verschließen. Der Leser aber erschließt die Antworten, und der Erzählende ermöglicht dadurch dem Leser, mehr und besser zu sehen als die

Der Stumme *(1959)*

Figuren, ohne in die dem Autor suspekte Rolle des allwissenden Erzählers zu verfallen. Walter kombiniert dabei Formen modernen Erzählens, wie Faulkner und der *nouveau roman* sie verwenden, obgleich er damals zwar Faulkner gelesen, aber Butor noch nicht gekannt hat. So hat er schon seine Erzählform gefunden, die seiner Sprachskepsis und dem Zweifel an der Möglichkeit einer Autonomie des Ich Rechnung trägt. Sie zeigt den Sprengtrupp, scheinbar eine Gemeinschaft, in Wirklichkeit isolierte Rollenfiguren, Abhängige eines undurchschauten Schicksals. Nie verkennen sie Wirklichkeit und Wahrheit mehr als in der tragischen Gerichtsverhandlung, in der sie den Diebstahl untersuchen, den der Vater begangen hat, den sie aber, aus ihren isolierten Perspektiven, nicht ohne Grund und doch falsch, dem Sohn zuschieben. Den Zweifel am Wirklichkeits- und Wahrheitscharakter traditioneller Kunst hat Walters

**Herr Tourel *(1962)*** zweiter Roman *Herr Tourel* (1962) mit dem ersten gemeinsam. Herr Tourel, der Photograph, verzweifelt an der Möglichkeit der Photographie, mehr als zufällige Ansichten zu zeigen. *Der Stumme* spielte in der Umgebung von Jammers, *Herr Tourel* in Jammers selbst, der fiktiven Stadt am Jurasüdfuß. Tourels Frau ist Beth, die Schwester des *Stummen,* eine verstörte Beziehung, wenn auch anderer Art als die ihrer Eltern. Herr Tourel ist völlig vereinsamt, in ständiger Auseinandersetzung und Verteidigung gegen seine inneren Stimmen und gegen die äußeren Stimmen der ihn umgebenden Gesellschaft, die ihn schließlich in den Tod treiben. Er geht zugrunde an der tödlichen Wirkung des Gerüchts und an der falschen Sicherheit konventioneller Sprache. »Ich hasse die Leute, die über andere Bescheid wissen, zumindest ihre Sicherheit geht mir auf die Nerven.« Hier bereitet sich schon der gesellschaftskritische Blick vor, der dann in den Romanen nach 1970, in *Die ersten Unruhen, ein Konzept* (1972) sich ausdrückt und später in *Die Verwilderung* (1977) sich als Verarbeitung der Erfahrungen und Reflexionen der 68er Bewegung konkretisiert. Wie eng begrenzt der Spielraum für Gesellschaftskritik zu jener Zeit war, hat Walter am eigenen Leib erfahren, als der Verwaltungsrat der Walter Verlags AG Olten ihn im Dezember 1966, trotz erfolgreicher Geschäftsführung, als Leiter des literarischen Programms entließ, worauf er die entsprechende Funktion bei Luchterhand in Darmstadt übernahm.

Noch gravierender waren die Reaktionen auf Walter Matthias Diggelmanns Bücher, vor allem auf den Roman *Die Hinterlassenschaft.*

## Gegenwart der Vergangenheit – Walter Matthias Diggelmann

**Die Hinterlassenschaft *(1965)*** Diggelmann wuchs vorerst bei Pflegeeltern auf, hat wegen eines kleinen Delikts eine Uhrmacherlehre abgebrochen, flüchtete nach Italien, wurde dort von den Deutschen als Fremdarbeiter nach Dresden deportiert, ergriff die Flucht und verbrachte die Zeit bis zum Kriegsende in süddeutschen Gefängnissen. Nach seiner Rückkehr in die Schweiz wurde er vorerst in eine Nervenklinik eingewiesen. Dank autodidaktischer Studien vermochte er sich die Voraussetzungen späterer Tätigkeiten als Dramaturg, als Werbetexter und seit 1962 als freier Autor selbständig zu erwerben. Er fühlte sich zeitlebens den Nicht-Privilegierten, speziell der Arbeiterschaft verpflichtet.

Es wurde ihm, oft auch zu Unrecht, immer wieder der Vorwurf gemacht, seine Texte seien zu stark von den eigenen Erfahrungen und Verletzungen geprägt. Abgesehen davon, dass er durchaus auch in der Lage ist, autobiographische Stoffe fiktional zu verwandeln, sind diese Stoffe auch Bedingung seiner kritischen Sicht gesellschaftlicher Missstände und historischer Verdrängung. Sein erster Roman *Das Verhör des Harry Wind* (1962) gestaltet aus seiner Erfahrung als Werbetexter die Techniken der Reklameindustrie.

Sein umstrittenster, aber auch am intensivsten wirkender und nachwirkender Text, der Roman *Die Hinterlassenschaft*, versteht sich selbst als Anatomie eines Skandals, ist dann aber seinerseits wohl als Skandal, aber nur höchst selten als literarischer Text zur Kenntnis genommen worden. Wenn wir heute den Vorspruch des Romans lesen und ihn als These des Romans betrachten, ist dies kaum mehr verständlich:

Walther Matthias
Diggelmann

> Auch wenn diese Geschichte in der Schweiz spielt, ist sie weder als Anklage ge-
> gen die Schweizer gedacht noch als Exkulpierung jener Deutschen, die sich am
> Massenmord beteiligt haben. Als Schweizer Bürger, der in der Schweiz lebt und
> dieses Land beim Namen nennt, statt eine Parabel zu konstruieren, meine ich
> aber auch, daß die größere Schuld die kleinere nicht kleiner mache.

Dieser Aussage würde heute eine Mehrheit zustimmen, auch wenn es immer noch Kreise gibt, die die Unschuld und die Verdienste der Schweiz betonen und nicht die Schuld und die Versäumnisse der Flüchtlingspolitik. Diggelmann wollte, wie die unverkennbare Anspielung auf Frisch erkennen lässt, das Thema Vergangenheit nicht parabolisch gestalten wie jener in *Andorra*, sondern in einer Mischform der Montage von Zitaten, Dokumenten und fiktionalem Roman. Unmittelbarer Schreibanlass war aber nicht die historische Bewältigung der Vergangenheit, sondern ihre Nachwirkung in der Gegenwart, das Entsetzen über einen aktuellen Vorfall, die an nazistische Pogrome erinnernde Verfolgung und Ausgrenzung des marxistischen Kunsthistorikers und Publizisten Konrad Farner in Thalwil während des Ungarnaufstands von 1956. Analogien zu Vorfällen der Vergangenheit sind nicht zu bestreiten. Die Tendenz Diggelmanns, Faschismus und Antikommunismus gleichzusetzen, ist allerdings eine Vereinfachung, die die sachlich-historische und die literarische Qualität des Textes beeinträchtigt. Die Affinität einzelner rechts-bürgerlicher Kreise zur faschistischen Frontenbewegung ist historisch eindeutig belegt und die offizielle Schweizer Flüchtlingspolitik beschämend. Allerdings trifft das nicht die Einstellungen und das Verhalten der gesamten Bevölkerung, die, je nach politischen und religiösen Gruppierungen, sehr unterschiedliche Stellungen zwischen Anpassung und dezidiertem Widerstand sowohl gegenüber nazistischen Bewegungen wie gegenüber der offiziellen Flüchtlingspolitik einnahm, wie schon das im selben Jahr wie Diggelmanns Roman erschienene Buch von Alice Meyer *Anpassung oder Widerstand* (1965) gezeigt hatte. Diggelmann baut Dokumente aus Carl Ludwigs Bericht an den Bundesrat über die Flüchtlingspolitik der Schweiz (Ludwig 1957) und andere historische Dokumente ein, verbindet sie aber mit der fiktiven Geschichte eines jungen Mannes, der erst aus dem Nachlass seines Vaters erfährt, dass dieser nur sein Pflegevater gewesen, dass er selbst Jude und seine Eltern seinerzeit von der Schweizer Fremdenpolizei den Nazis übergeben und deshalb gestorben seien. Der Bezug der historischen Fakten zu dieser individuellen Geschichte ermöglichte Anteilnahme und Identifikation, wie sie dem wissenschaftlichen Bericht versagt ist. Das Buch hatte allerdings bei vielen Lesern nicht die intendierte Wirkung, weil die undifferenzierte Gleichsetzung von Antikommunismus und Faschismus zur Zeit des Ungarnaufstands besonders fragwürdig erschien und weil zu jener Zeit das Verständnis für die Verbindung von dokumentarischer und fiktionaler Literatur dem Literaturbegriff der Meinung bildenden Institutionen widersprach. Diggelmann stand auch ästhetisch zwischen allen Fronten. Als engagierter Autor wandte er sich gegen die klassizistische Tradition, die Sprachskepsis der vom *nouveau roman* inspirierten Modernen aber erschien ihm nihilistisch. *Die Hinterlassenschaft* wurde vom Schweizer Verlag Benziger abgelehnt, erschien dann bei Piper in München und in der DDR. Letzteres aber war ein weiterer Grund, weshalb dieses Buch nicht die allgemeine Diskussion über die Asylpolitik auslösen konnte, die sinnvoll und notwendig gewesen wäre. Was als die Analyse eines historischen Skandals hätte gelesen werden wollen, gab so selbst Anlass zum Skandal.

### Fluchtträume im Gefängnis – Jürg Steiner

Strafarbeit *(1962)*, Ein Messer für den ehrlichen Finder *(1962)*

Jürg Steiner

Steiner teilt mit Bichsel die Sprachskepsis und die Zugehörigkeit zur Region Jurasüdfuß, mit Diggelmann aber das Engagement für Außenseiter der Gesellschaft, die sich nicht anpassen können oder wollen. Er hat seine Tätigkeit als Lehrer, vorerst in einer Anstalt für Schwererziehbare, dann an Primarschulen, immer wieder durch Reisen und Aufenthalte in Europa, Afrika und Amerika unterbrochen und wohnt heute im zweisprachigen Biel. Im Gegensatz zu vielen Autoren und Autorinnen kennt und schätzt er zahlreiche Kolleginnen und Kollegen der französischen Schweiz. Nach frühen Gedichten und Erzählungen schrieb er seinen ersten Roman *Strafarbeit* (1962). Er beginnt und endet in der Halle der Jugendstrafanstalt Brandmoos, aus der der Protagonist flüchtet, gefasst wird und wieder zurückkehrt, um auf Anweisung des Direktors seinen Straf- und Fluchtbericht zu schreiben. Diese Halle, ein kalter Fliesenboden, »geschaffen, den Lärm unserer Holzpantinen unerträglich zu machen«, ist Appellplatz der Zöglinge, sie scheint eigens dazu angelegt, allfällige Fluchten zu verhindern: »Es scheint, das Gehen wäre leicht, und doch ist es, etwa bei einem Fluchtversuch, wie die Jungen erzählen, die wieder zurückgebracht werden, schwer, selbst wenn man, wie sie, lautlos dahingleitet, die Schuhe in der Hand.« Die Musterung der schwarzen und weißen Steinplatten scheint auch die symbolische Ordnung der Anstalt zu repräsentieren, die im Gegensatz zum wirklichen Leben nur weiß und schwarz, Unterwerfung oder Verdammung kennt. Benninger, die Hauptperson des Romans, schreibt zwei Berichte, beide völlig verschieden, im einen ist er Anführer einer Einbrecherbande, im anderen beschreibt er einen Aufenthalt bei einer Sektierergemeinde im Jura. Welcher Bericht der »richtige« ist, bleibt offen. Gewiss aber ist, dass seine Berichte nicht den Diskursen entsprechen, die Direktor und Staatsanwalt von ihm erwarten. Immer wahrscheinlicher aber wird im Verlauf des Textprozesses, dass sie der Wahrheit dort am nächsten kommen, wo es um Benningers Traum der Freiheit geht, dort, wo dieser sich seiner Kinder- und Jugendzeit erinnert und deutlich wird, dass die Behörden sich gegenüber dem Knaben schuldig gemacht haben, den sie ohne jedes Verständnis in unmenschlichen Anstalten versenkten.

Der zweite Roman *Ein Messer für den ehrlichen Finder* (1966) erzählt die Geschichte des jungen Mörders Chose (José), der in *Strafarbeit* Benningers bester Freund war und ihm sein Messer geschenkt hatte, mit dem er als Sechzehnjähriger einen Kameraden im Streit erstach, nachdem ihm dieser sein Rennrad verkauft hatte. Im Gegensatz zu Benninger, dem ein Ausbruch gelingt, hat er resigniert, bleibt in der Anstalt mit der Aussicht auf eine seinen Fähigkeiten nicht entsprechende Hauswartsstelle und auf eine nicht weniger fragwürdige Liebe. So wird seine Geschichte zum Missbildungsroman, zur Kontrafaktur des traditionellen Entwicklungsromans. Das Erzählsubjekt fungiert häufig als »man«. Es wird nicht zum Ich, das es werden könnte, sondern wird, wie Handkes Kaspar, wie schon einmal einer gewesen ist, voll integriert in fragwürdiger Gesellschaft. Zwar bietet ihm sein in Amerika als Wissenschaftler lebender Freund Reubell an, ihm dort zum Nachholen verpasster Studien und zu einem Neuanfang zu verhelfen. Doch Schose lehnt ab, ohne genau zu wissen weshalb, offensichtlich ist er durch vergangene Erfahrungen gelähmt und zieht deshalb eine traurige Sicherheit ungewissen Möglichkeiten eines zukünftigen Glücks vor. Dieser Roman und sein Protagonist ist, präzis datierbar, exemplarisch für die problematische Phase der Schweizer Geschichte zwischen Krieg und Nachkrieg, von Anfang 1943 bis zum Ende des Buches 1950, ein Bild der Gesellschaft, ihrer Mentalität, der Überanpassung an tradierte Normen, die im Krieg noch als sinnvoll empfunden werden konnten, anschließend aber in immer größeren Widerspruch zu den sich rasch verändernden Lebensverhältnissen gerieten. Sechzehn Jahre später hat Steiner in *Das Netz zerreissen* (1982) in der Person Martins einen Antityp zu Schose gestaltet. Der Roman beginnt ebenfalls im Brandmoos mit dem Zögling Martin Knecht, nicht mehr in der Nachkriegszeit, sondern in der Zeit der Hochkonjunktur, der ersten Anti-Vietnam-Demonstrationen in Amerika, wo Martin ein neues Leben beginnen will: » Zu Hause hatte er sich ein aus eigener Kraft gestaltetes Leben nicht vorstellen können. [...] Das war jetzt vorbei.« Das Land wird aber nicht idealisiert: »Martin verstand nicht, warum ihn alles, was er bisher in diesem Land gesehen hatte, an schon früher einmal Gesehenes erinnerte.« Aber nicht nur Martin erweitert seinen Horizont, auch solche, die zu Hause blieben, nehmen sich Freiheiten, zappeln nicht nur im Netz, sondern entwickeln gelegentlich auch Kraft und Gelassenheit, es zu zerreißen.

## Rückblick und Ausblick zur Hochkonjunktur: Hugo Lötscher

Hugo Lötscher ist in einem Arbeiterquartier aufgewachsen und hat politische Wissenschaften, Soziologie und romanische Literaturen studiert. Er war als Literaturkritiker und Feuilletonredaktor verschiedener Zeitungen, aber auch für Radio und Fernsehen tätig. Dank seiner Reisen und Aufenthalte, vor allem in Lateinamerika, in den U.S.A. und im fernen Osten, fühlt er sich weltweit und doch auch in Zürich zu Hause. Er liebt die Eleganz und Klarheit französischer Sprache und ist selbst ein umfassend gebildeter homme de lettres verschiedenster Textsorten und Stilarten geworden, unterscheidet aber sorgfältig, ob er als Journalist argumentiert und Stellung bezieht, oder ob er als literarischer Autor mit besonderem Sensorium für Komposition und Rhythmus und mit ausgeprägtem Sinn für ironische und symbolische Bedeutungen schreibt. Er ist gegenüber naivem Sprachverständnis, das auf eindeutige Bedeutung angelegt ist, skeptisch, aber fasziniert von der Vieldeutigkeit der Sprache, raffiniert weiß er den Spielraum zwischen der begrifflichen und metaphorischen Bedeutung zu nutzen. Dies wird schon deutlich bei Titeln wie *Abwässer* oder *Die Kranzflechterin*.

Dieses Buch war seiner Zeit weit voraus, seine Bedeutung ist erst lange nach seinem Erscheinen erkannt worden. Vorerst schien die sachliche Form des Berichts zwar originell, aber, angesichts der noch immer vorherrschenden ästhetisierenden Tradition, auch befremdlich. Inzwischen aber dürfte man die Raffinesse bewundern, mit der Lötscher präzisestes Wissen der Abwassertechnik mit metaphorischem Spiel übertragener Bedeutung verbindet. Der Text gibt sich als sachlicher Bericht des Abwasserinspektors, der sich nach einem politischen Umsturz bei den neuen Machthaben um seine alte Stelle bewirbt. Er begründet überzeugend, dass seine Tätigkeit für jedes politische System, welcher Ideologie es auch diene, unerlässlich sei. Dies bewahrt den Inspektor vor jedem Utopismus, der annimmt, dass es eine Welt ohne Schmutz und Abwässer überhaupt geben könnte. Er betont,

*Abwässer. Ein Gutachten (1963)*

daß wir von den Abwässern nicht an den reinen Menschen glauben, aber daß wir uns darum sorgen, damit er in möglichst sauberen Bedingungen lebt; wobei wir keine Illusion hätten; je sauberer eine Gesellschaft sich gebe, um so größer sei der Durchmesser der Abzugsrohre.

Er hat den »Abwasserblick« und damit nicht nur die technischen Voraussetzungen, alle Probleme der Klärung von Abwässern wahrzunehmen, sondern auch alle Lügen, jeden moralischen Schmutz zu erfassen, jedes Phänomen der Korruption in der Gesellschaft zu durchschauen. Er beachtet dabei aktuelle Trends der Entwicklung: »Die Verschmutzung der Gewässer hat Formen angenommen, denen in herkömmlicher Weise nicht beizukommen ist; die Industrialisierung hat Folgen.« Das Abwasserproblem könne nur auf internationaler Ebene gelöst werden. Er sieht die Probleme bereits im Kontext der Globalisierung.

Des Inspektors Bericht wird so, obgleich er immer wieder den konkreten Bezug zur Klärung des Wassers herstellt, gleichzeitig im übertragenen Sinn zu einem Medium der moralischen und politischen Aufklärung, verbunden mit dem nüchternen Bewusstsein, dass es Leben ohne Schmutz, ohne menschliche Bedürfnisse aller Sorten nicht gibt, ja dass dies nicht einmal wünschbar, sondern sehr langweilig wäre. Er verhehlt nicht seine Lust an appetitlichen und unappetitlichen Geschichten, die er mit ironischem »Abwasserblick« zur Erheiterung der Lesenden erzählt. Sowohl für die konkrete wie für die übertragene Bedeutung von Abwässern gilt: »Ein Abwasserinspektor legt mit seinen Kanälen kein Sumpfgebiet trocken. Seine Kanäle machen nicht aus unbewohnbarem Land bewohnbares. Aber sie tragen dazu bei, daß bewohntes Land bewohnbar bleibt.« So wird er weder zum Utopisten noch zum Untergangspropheten und bewahrt trotz skeptischer Sicht der selbstzerstörerischen Tendenzen der Entwicklung bescheidene Spuren einer Hoffnung.

Nur ein Jahr nach dem Bericht erschien der erste Roman: *Die Kranzflechterin*. Der Roman beginnt mit dem Satz Annas, der Hauptfigur: »Jeder soll zu seinem Kranze kommen.« Anna, eine Bauerntochter aus der württembergischen Landgemeinde Beffingen, kommt aus dem katholischen Ausland in die protestantische Stadt Zürich. Ihren Brautkranz konnte sie nie seiner Bestimmung gemäß tragen, da ihr Bräutigam sie und das noch nicht geborene gemeinsame Kind noch vor der Heirat verließ. Sie baut sich darauf mit bewunderungswürdiger Energie und Initiative in Zürichs Arbeiterviertel eine Existenz auf, vorerst als Gemüsehändlerin, dann als Kranzflechterin. Lötscher gibt ein lebensvolles, in Bezug auf die vorkommenden Orte bis ins Detail präzises Bild des langsamen Aufstiegs im Quartier samt den Sorgen, den Nöten und der Mentalität seiner Bewohner. Die Drastik der Szenen der Geburt, des Todes und des Schlachtfests nach »Allerseelen«, dem Tag bester Geschäfte, wurde zum Zeitpunkt des Erscheinens noch als anstößig empfunden. Heute erscheint dies gerade als Qualität einer Literatur, die sich gegen falsche Ästhetisierung wendet. Das Verhältnis der Einwohner des Arbeiterquartiers Außersihl zu den »besseren« Quartieren an der Bahnhofstraße, an der Limmat und am Zürichberg wird deutlich, wenn die Kranzflechterin über die Sihlbrücke geht:

> In Außersihl, da hätte es Anna nichts ausgemacht, in der Arbeitsschürze herum zu gehen; aber immer setzte sie sich einen Hut auf, wenn sie die Sihlbrücke überschritt. Dort war die Stadt, nicht nur ein Quartier, das war das andere Ufer, dort saßen Frauen an einem Werktag in der Konditorei.

Dank der Schilderung prägnanter Wendepunkte des langen Lebens der Kranzflechterin wird den Lesenden auch eine kleine Schweizergeschichte

Hugo Loetscher
Les Egouts

Hugo Lötscher *Les égouts*, Umschlagbild

Die Kranzflechterin
*(1964)*

vermittelt, von der Vorkriegszeit des Ersten bis zur Nachkriegszeit des Zweiten Weltkriegs, alles unter der Perspektive des Todes und des Absatzes von Kränzen. Die Grippeepidemie während des Ersten Weltkriegs befördert den Absatz von Kränzen, die Weltwirtschaftskrise enttäuscht. Auf die Nachricht vom Selbstmord amerikanischer Unternehmer und Börsianer kauft Anna viel zu große Vorräte an Blumen und Zweigen in Erwartung analoger Entwicklungen in der Schweiz. Doch in Außersihl wächst nicht die Zahl der Toten, sondern nur die Zahl der Arbeitslosen und der Hungernden, »aber Hungernden flocht man keine Kränze.« Das individuelle Leben Annas tritt immer wieder in den Hintergrund zu Gunsten der Atmosphäre des Quartiers und zu Gunsten der literarischen und sozialen Funktion der Kränze. Anna lässt sich von den Trauernden die Geschichte der Toten erzählen, wählt Blumen, Zweige und Bänder entsprechend aus, so dass die Kränze symbolisch die Geschichten der Toten repräsentieren. Die Abhängigkeit der Kultur von wirtschaftlichen und politischen Konjunkturen wurde bereits in *Abwässer* und in *Die Kranzflechterin* deutlich. In *Noah* wird Konjunktur, wie dies schon der Untertitel anzeigt, zum zentralen Thema.

Das biblische Motiv wird ganz auf die Gegenwart bezogen und entsprechend verändert. Noah ist nicht der Fromme, der auf Weisung des Herrn seine Arche baut, um der Sintflut, die der Herr als Strafe den Gottlosen sendet, zu entkommen. Bei Lötscher ist die Arche Grund des Wirtschaftswunders. Er schildert die Entwicklung zur Hochkonjunktur. Der Bauzeichner der Arche »war für breite Schichten das Idol eines Mannes geworden, der es ohne größere Voraussetzungen zu etwas bringt.« Er macht Bekanntschaften, bildet Netzwerke und lernt: »Nicht die Arbeit ist in dieser Gesellschaft entscheidend, sondern die Beteiligung.« Der Wohlstand steigt, und mit ihm verändern sich das Verhalten und die moralischen Normen: »Nicht nur in den besseren Einkommensklassen wurden jetzt Ehen geschieden, auch der einfachere Mann konnte für die erste Frau aufkommen und die zweite erhalten.« Die weniger angesehenen Arbeiten werden von Fremdarbeitern aus »türkischen Hochländern« übernommen. »Bei den Massenbegräbnissen wegen eingestürzter Stollen oder verschütteter Baugruben waren es ausländische Arbeiter, die man betrauerte, wenn auch hin und wieder ein einheimischer Vorarbeiter in ihrer Mitte aufgebahrt lag.« Korruption und Betrug wachsen, mit ihnen die Zahl der Juristen. Die einheimische Jugend zeigt keine Neigung mehr zur Arbeit noch zur Verteidigung, sondern widmet sich »lässig« vor allem der eigenen Lust und Unterhaltung. Noah kommt rasch zum Schluss: »Ich habe mir die Gesellschaft angeschaut, da fiel mir nur eines ein: regnen lassen.« Die anderen aber sehen in der Arche und ihrem weiteren Ausbau ein Mittel der fortdauernden Steigerung der Konjunktur bis zur Krise kurz vor dem geplanten aber nicht mehr durchgeführten Richtfest. Viele Geschäftsleute werden zahlungsunfähig. Auch Noah hat seinen ganzen Besitz für den Bau der Arche verwendet. Die Krise erfasst nicht nur die Wirtschaft, sondern die ganze Kultur und die Moral. Die Arche verliert ihren Wert. Keiner will sie haben, bis Noah erkennt, dass er nicht für sich, sondern stellvertretend für alle selbst auf die Arche gehen muss. Der letzte Satz lautet: »Jetzt kann ihn nur noch die Sintflut retten.« Die doppelte Ironie dieses Satzes ist zeichenhaft für die satirische Ironie Lötschers als prägende Stilfigur seines Schreibens. Es ist die geeignete Form für einen Autor, der den Zustand unserer Gesellschaft kritisch aber mit Humor und nicht ganz ohne Hoffnung erfasst.

*Noah. Roman einer Konjunktur (1967)*

# Exkurs: Der neue Schweizer Film

Fred Zaugg

Was ist das, der neue Schweizer Film? Ein bereits alt gewordenes Label? Eine ›Schule‹, wie sie etwa hinter den dänischen Dogma-Filmen zu finden ist? Oder handelt es sich dabei um jene paar Schweizer Filme, die in die europäische Filmgeschichte eingegangen sind: *Der Gehülfe* von Thomas Koerfer, *Jonas qui aura vingt-cinq ans en l'an 2000* von Alain Tanner, *L'escapade* von Michel Soutter, *Die plötzliche Einsamkeit des Konrad Steiner* von Kurt Gloor, *La Dentellière* von Claude Goretta, *Le Grand Soir* von Francis Reusser, *TransAtlantique* von Hans-Ulrich Schlumpf, *Geschichte der Nacht* von Clemens Klopfenstein, *Les petites fugues* von Yves Yersin, *Das Boot ist voll* von Markus Imhoof, *Die Erschiessung des Landesverräters Ernst S.* von Richard Dindo, *Die Schweizermacher* von Rolf Lyssy, *Höhenfeuer* von Fredi M. Murer, *Hécate* von Daniel Schmid, *Reise der Hoffnung* von Xavier Koller und so weiter und so fort?

*Absage an das Bisherige*

Der neue Schweizer Film wurde nicht als solcher erfunden, aber bald als solcher erkannt, als eine Absage nämlich an das Bisherige und als Ausdruck einer Jugend, die sich des Mediums bediente, das auch schon als Sprache des 20. Jh.s bezeichnet worden ist, um ihre kritische Position in der Gesellschaft, ihre persönliche Wahrheitssuche und ihr kreatives Potential in die schweizerische Öffentlichkeit zu tragen beziehungsweise dort demonstrativ sichtbar zu machen. In den Nachbarländern der Schweiz hatte sich mit dem Neorealismo Italiens und später mit der Nouvelle Vague in Frankreich, dem englischen Free Cinema und schließlich auch dem Jungen deutschen Film der Bundesrepublik ein neues Filmverständnis herausgebildet, das sich formal und inhaltlich einem allein wirtschaftlich orientierten Unterhaltungskino entgegenstellte.

*»Filmwunder Schweiz«*

Verwandt und doch wieder ganz anders verlief die Entwicklung in der Schweiz. Fast plötzlich war der neue Schweizer Film als etwas eigenständig Fassbares da, als ›Filmwunder Schweiz‹ gepriesen schließlich. So konnten etwa Peter W. Jansen und Wolfram Schütte 1978 in ihrer Monografie *Film in der Schweiz* einleitend schreiben: »Kaum ein Land besitzt augenblicklich ein reicheres Filmschaffen als die Schweiz.« »Reich« ist auf Inhalt und Form sowie die Vielfalt der individuellen Ansätze zu beziehen. Im übrigen trifft »entbehrungsreich« die Situation des Schweizer Films besser, damals wie heute.

Ehrlicherweise muss aber sogleich festgestellt werden, dass Wunder kein Dauerzustand sind. Jedenfalls ist das Filmwunder Schweiz der 1960er bis 80er Jahre längst Geschichte, und der Schweizer Film gegenwärtig trotz quantitativ relativ großer Produktion und immer wieder herausragenden Leistungen in einer Krise. Vor allem gibt es ihn nicht mehr als eine lebendige Bewegung, als eine fast alles möglich machende Entwicklung, als ein kollektiv in vielgestaltiger subjektiver Facettierung angestrebtes Ziel. Zur Zeit sind es Einzelkämpfer und -kämpferinnen, die weiterhin bestrebt sind, ihm seine künstlerische und kritische Unabhängigkeit und sein gesellschaftliches Engagement zu bewahren. Der Rest bemüht sich, ein breites Kinopublikum anzusprechen.

Das Jahr 1960, eine ungefähre runde Zahl, könnte als Beginn des neuen Schweizer Films bezeichnet werden. Möglich wäre auch 1957, als die beiden Genfer Claude Goretta und Alain Tanner am British Film Institute London sind und ihren 19-minütigen Experimentalfilm *Nice Time* rund um den Piccadilly Circus drehen. Ein eher politisches Datum wäre 1963, als das eidgenössische Filmgesetz in Kraft tritt, in welchem nun staatliche Herstellungsbeiträge vorgesehen sind. Oder dann 1964 mit der Landesausstellung, die in mancher Hinsicht als schönfärberisch, ja sogar verlogen bezeichnet wird, andererseits jedoch mit einzelnen Abteilungen landesweit einen Aufbruch in die Zukunft auslöst, nicht zuletzt auch für das schweizerische Filmschaffen. In diesem Rück- und Überblick aus journalistischer Sicht bieten sich deshalb das subjektive Zeugnis, die Erinnerung und Erfahrung und damit auch die persönliche, bewusst nicht repräsentative Auswahl und Gewichtung als Basis an.

## Eine Gesamtschule am Anfang

1961 wurde der Film *Quand nous étions petits enfants* (Die Bubenjahre/ Schön war die Jugendzeit) von Henry Brandt zu einem Höhepunkt des 14. Internationalen Filmfestivals von Locarno. Die durch Friedrich Dürrenmatt präsidierte Internationale Jury verlieh ihm das Silberne Segel, den Preisvorgänger der heutigen Leoparden. Einen einfacheren Film kann es kaum geben: Das Publikum wird eingeladen, in der Abgeschiedenheit des Neuenburger Juras den Lehrer Charles Guyot und seine kleine Schule im Weiler von Taillères, unweit von La Brévine, durch das Jahr zu begleiten. Wo die Arbeit in der Schulstube Gefahr läuft, zu abstrakt und damit wirklichkeitsfremd und langweilig zu werden, führt der Lehrer die Kinder hinaus zum nahen Moor, das nicht nur mit reicher Fauna und Flora aufwartet, sondern zu einem Kapitel im Buch der geologischen Zeiten wird. Bei den Bauern und Handwerkern erschließt sich die Arbeit der Eltern. Und ausgehend von der Festtags- und Werktagskleidung im Dorf öffnet sich der Blick auf fremde Gewänder und Kulturen. *Quand nous étions petits enfants* ist in verschiedener Hinsicht bezeichnend für den erwachenden neuen Schweizer Film: Henry Brandt, ein Mittelschullehrer, ist als Filmschaffender Autodidakt und dreht sein zwischen Dokument und Fiktion angesiedeltes Werk sozusagen im Alleingang. Zwar handelt es sich um eine Auftragsarbeit zum 100-jährigen Bestehen der Pädagogischen Gesellschaft des Kantons Neuenburg, doch davon ist nichts zu spüren. Der Autor verschließt sich jedem Kompromiss und stellt professionelle Ansprüche an sich: Unbeirrt folgt er seinem Weg zum Menschen und in dessen Lebensraum.

Es ist dieses Autorenkino, seine hart errungene, auf spärlichen Mitteln basierende Unabhängigkeit, das den neuen Schweizer Film prägen wird, einen Film, der die Zuschauer nicht als manipulierbare Konsumenten, sondern als mitdenkende Partner versteht und das Medium als Kulturträger und eben als Sprache des 20. Jh.s ernst nimmt. Vorsätze, die Hochachtung verdienen, der Wirtschaftlichkeit jedoch von Beginn an entgegenstehen. Die Kinos der Schweiz sind von den europäischen Nachbarn, vor allem aber von den USA kolonialisiert.

Drei Jahre später, 1964, stellt der gleiche Henry Brandt anlässlich der Schweizerischen Landesausstellung, der *Expo* in Lausanne, mit dem fünfteiligen Film *La Suisse s'interroge* (Die Schweiz im Spiegel) nicht nur existenzielle Fragen an sein Land und die Welt, sondern fasst gleichzeitig visionär jene Themen zusammen, die in den nächsten Jahren die Autorinnen und Autoren des neuen Schweizer Films beschäftigen werden. In fünf winzigen dreiminütigen Filmchen führt Henry Brandt von der Bilderbuchschweiz, wo »alles zum Besten bestellt« ist, zur Schweiz in der Welt, zur Schweiz in der globalen Verantwortung und zu den ungelösten Problemen der Welt. *Weg der Schweiz* heißt der Ausstellungssektor, in dem diese Filme dem breiten

*Quand nous étions petits enfants*

*Autorenkino*

Expopublikum gezeigt werden. Einen Weg in die Realität und die Besinnung weist Henry Brandt den Schweizerinnen und Schweizern – und seinen Kollegen und Kolleginnen.

Ein Gleiches tun im selben Jahr auch Alain Tanner mit *Les Apprentis* und Alexander J. Seiler, Rob Gnant und June Kovach mit *Siamo Italiani*, zwei langen Dokumentarfilmen. Im ersten wird die Jugend im Ausbildungs- und damit auch Arbeitsprozess thematisiert und ihr Missbrauch als billige Arbeitskraft der florierenden Industrie kritisch beleuchtet. Der zweite befasst sich mit der schwierigen Situation der 700 000 vor allem italienischen Fremdarbeiter, die das Wirtschaftswunder Schweiz erst möglich gemacht haben. Er gibt ihnen ein Gesicht, einen Namen und eine Stimme. Das sind neue filmische Auseinandersetzungen mit der Schweiz und ihrer Gegenwart. Auch eine Art Heimatfilme zwar, doch diametral anders als die konservativen, Klischees zementierenden, welche unter diesem Begriff am Ende des alten Schweizer Films stehen.

### Der alte Schweizer Film

*Abschied vom alten Schweizer Film:* Geld und Geist *(1964)*

Ebenfalls als Expo-Film verstanden wissen wollte Franz Schnyder seine Adaption von Jeremias Gotthelfs Roman *Geld und Geist*. Nach *Uli der Knecht* (1954), *Uli der Pächter* (1956), *Die Käserei in der Vehfreude* (1958) und *Anne-Bäbi Jowäger* (1960) sollte *Geld und Geist* die letzte der auch international erfolgreichen Gotthelf-Verfilmungen von Franz Schnyder sein, der sich in Alchenflüh sogar ein eigenes Filmstudio bauen konnte. *Geld und Geist* ist der einzige abendfüllende Schweizer Spielfilm aus dem Jahre 1964, und er kann als eine Art Abschied vom alten Schweizer Film bezeichnet werden. Das neue Filmgesetz sah übrigens vorerst gar keine Förderung von Spielfilmen vor, sondern nur von »Dokumentar-, Kultur- und Erziehungsfilmen«. Hinsichtlich der darin gewünschten Auseinandersetzung mit der Schweizer Kultur, die noch an die »geistige Landesverteidigung« während des Zweiten

*Anne-Bäbi Jowäger* von Franz Schnyder (1960)

Weltkriegs erinnerte, hätte jedoch Schnyder auch mit seiner Fiktion die Bedingungen erfüllt. Seine an sich textgetreuen Gotthelf-Filme mit ihren zweifellos beachtlichen schauspielerischen und inszenatorischen Leistungen stellen weniger die politischen, sozialen und psychologischen Anliegen Jeremias
Gotthelfs ins Zentrum als die bewahrenden, die moralisierenden und akti-
onsgeladenen. Dass *Die Käserei in der Vehfreude* in Deutschland unter dem
Verleihtitel *Wildwest im Emmental* gespielt wurde, spricht Bände. Mit *Der
10. Mai* hat allerdings Franz Schnyder schon 1957 bewiesen, dass er durchaus der kritischen Auseinandersetzung mit der Schweiz seiner Zeit fähig ist.
Es geht um die egoistische Reaktion begüterter Schweizer auf Hitlers Überfall auf Belgien und die Niederlande und um eine fragwürdige, antisemitische
Asylpolitik – später Themen des neuen Schweizer Films, so in Markus Im-
hoofs *Das Boot ist voll* (1981) und auf die moderne Migration bezogen in
*Reise der Hoffnung* (1990) von Xavier Koller, *They teach us how to be happy*
(1996) von Peter von Gunten und *Escape to Paradise* (2001) von Nino Jacusso, um nur gerade vier von zahlreichen möglichen Beispielen zu nennen.
*Der 10. Mai* blieb ohne Erfolg.

Als zweiter Exponent des alten Schweizer Films unmittelbar vor 1960 ist
Kurt Früh zu nennen, eine Art städtischer Gegenpol zum ländlich und literarisch orientierten Franz Schnyder. Er stammt aus der kleinbürgerlichen
Schicht Zürichs und macht kenntnisreich das Kleinbürgertum zu seinem
Thema. *Polizischt Wäckerli* (1955), *Oberstadtgasse* (1956), *Bäckerei Zürrer*
(1957), *Café Odeon* (1959), *Hinter den sieben Gleisen* (1959), *Der Teufel
hat gut lachen* (1960), *Der 42. Himmel* (1962), *Es Dach überem Chopf*
(1962) und *Im Parterre links* (1962) erzählen hintergründig und gleichzeitig
humorvoll Geschichten aus dem vertrauten Milieu des Filmautors und führen dabei bis zu den Randständigen, immer wieder den weichen Kern in der
rauhen Schale suchend und findend. So strebt Kurt Früh mit seinen gesamt-
haft doch recht biederen Unterhaltungskomödien eine gesellschaftliche und
politische Entwicklung an. Erst 1970 dreht Kurt Früh mit *Dällebach Kari*
seinen nicht nur psychologisch feinsten, sondern auch künstlerisch dichtesten
Film. Die Ballade über den Berner Barbier mit Hasenscharte, einen Außenseiter und Witzbold wider Willen, wird zur tief bewegenden Tragödie der Einsamkeit und der Sehnsucht nach Liebe und Verständnis.

Nicht Kurt Früh und auch nicht Franz Schnyder haben indessen dem
Schweizer Film jene Sternstunden beschert, die ihm während und kurz nach
dem Zweiten Weltkrieg eine große Zukunft zu verheißen schienen. Genannt
seien hier Filme wie *Marie Louise* (1943) und *Die letzte Chance* (1945) von
Leopold Lindtberg, dem »Wahlschweizer«, der im kleinen Land mit aktuellen Kriegs- und Nachkriegsthemen Werke von internationaler Ausstrahlung
geschaffen hat. Und erinnert werden muss auch an zwei Ikonen des alten
Schweizer Films, vor allem *Romeo und Julia auf dem Dorfe* aus dem Jahre
1941 nach Gottfried Kellers Novelle von Hans Trommer und Valérien
Schmidely und *Farinet – L'or dans la montagne* (1939) nach Charles Ferdinand Ramuz' Fälschergeschichte von Max Haufler, international besetzt mit
Jean-Louis Barrault in der Titelrolle. In beiden wird eine adäquate Bildspra-
che für die literarische Vorlage gefunden.

## Die Orientierung im Eigenen

Am Anfang des neuen Schweizer Films steht indessen nicht der Spiel-, sondern der Dokumentarfilm. Besser wäre allerdings oft die Bezeichnung ›Realfilm‹. Und auch der heute nur noch für die Fiktion gebräuchliche Ausdruck

*Kurt Früh*

*Romeo und Julia auf dem
Dorfe* (1941)

*Dokumentarfilm*

›Autorenfilm‹ ist treffend für die Besonderheit und die Entwicklung des schweizerischen Dokumentarfilms. Deutlich unterscheidet er sich sowohl von den damals aktuellen Kulturfilmen, die auch der Unkultur des Kolonialismus zu huldigen pflegten, als auch von den Reportagen für die Wochenschauen oder das aufkommende Fernsehen. Es ging nicht um die Orientierung am Fremden oder Äußeren und damit nicht um Exotik, sondern um die Auseinandersetzung mit dem Eigenen, dem Bekannten, dem Land und dem Quartier, mit jener Heimat, die zuvor im Kino als etwas Hehres, etwas Ewiges, Unantastbares gefeiert worden war: Mit einer Heimat aber, in der sich die Jugend fremd und unverstanden zu fühlen begann. Die neue kritische Sicht auf das Land und die Menschen, mit denen man es teilt, ist in erster Linie eine persönliche, eine erfahrene, erlebte und gleichzeitig genau recherchierte. Die Heimat ist nicht mehr Museum. Vielmehr ist sie Lebensraum, bedrohter, aber auch bestellbarer. Als kollektiver Besitz bedarf die Schweiz der individuellen Verantwortung. Diese bezieht sich nicht in heimat- und denkmalschützerischer Manier auf Landschaft und Städte, sondern auf die Bewohnerinnen und Bewohner, auf die Einheimischen und die Fremden, die Angepassten und die Randständigen und auf ihre Geschichte und Geschichten. Heimat in diesem Sinne beschränkt sich nicht auf das Gebiet der politischen Schweiz, das heißt, Grenzen werden anders gesetzt oder gar negiert. Geht es um das Menschsein, werden Heimat und Welt kongruent. Deswegen ist nicht unbedingt die Schweiz selbst Thema. Im Katalog zur Ausstellung *Forschungsreise ins Paradies – Entwicklungslinien im neuen Schweizer Film 1954 bis 1977*, die einen ersten Überblick auf das noch junge Phänomen gewährte, stellt Bernhard Giger die These auf, die ersten Filme des neuen Schweizer Films seien im Ausland entstanden, und belegt sie mit dem frühen, in der nigerianischen Sahelzone gedrehten Dokumentarfilm von Henry Brandt *Les Nomades du Soleil* aus dem Jahre 1953 und dem bereits erwähnten Kurzfilm *Nice Time* von Tanner und Goretta von 1957. »Sage deinen Leuten zu Hause, dass wir auch Menschen sind«, soll ein Nomade Brandt gebeten haben. War es die Fremde, die den Blick für das scheinbar Vertraute, für die Nähe schärfte? Wurde gar die Suche nach der Wahrheit im Innern erst durch die Überschreitung der äußeren Grenzen, durch den Ausbruch aus der schweizerischen Enge möglich?

»Seit seinen Ursprüngen bewegt sich der Schweizer Film zwischen Heimat und Fremde«, schreibt Alexander J. Seiler am Anfang seines Essays zum neuen Schweizer Film, den er 1977 unter dem Titel »Die entfremdete Heimat« als erstes Kapitel des erwähnten Hanser-Taschenbuchs veröffentlichte. Für den Deutschschweizer Pionier des neuen Schweizer Films, der hier als Betroffener und analysierender Chronist zugleich schreibt, ist das Grundmotiv des neuen Schweizer Films die Dialektik von Heimat und Entfremdung, eine Dialektik, die der alte Schweizer Film nicht mehr bewältigen wollte und konnte. Als wirtschaftliches Spekulationsobjekt wurde er nach seinen Erfolgen zwischen Binnen- und Weltmarkt aufgerieben.

Geht man von dieser Feststellung aus, erscheint das gewandelte Filmverständnis als eine einzige groß angelegte Suche nach einer Beheimatung in der Schweiz und gleichzeitig in der Welt, die sich mit dem Gewissen und der persönlichen Verantwortung vereinbaren lässt. Die meisten Autoren des neuen Schweizer Films haben mit ihrer Kamera als kritische, bewusst subjektive Beobachter des Lebens- und Arbeitsraumes begonnen, des eigenen wie jenes ihrer Mitmenschen. Als persönliche, oft sogar vertraulich wirkende Mitteilungen sind ihre Filme verfasst, die bald auch zu gesellschaftspolitisch brisanten Kampfansagen gegenüber dem Establishment, seinem Filz und der

*Sad-is-fiction* von Fredi M. Murer (1969)

menschenverachtenden Wirtschaft werden konnten. Die Spannweite reicht
so bereits in den 1960er und frühen 70er Jahren von *Siamo Italiani* und *Les
Apprentis* bis zu thematisch unterschiedlichsten Dokumentarfilmen wie der
Langzeitstudie *Ursula oder das unwerte Leben* (1966) von Walter Marti und
Reni Mertens, *Die Landschaftsgärtner* (1969) von Kurt Gloor, *Krawall*
(1970) von Jürg Hassler und *Bananera Libertad* (1971) von Peter von Gunten. In knappsten Stichworten ausgedrückt zur Welt eines taubstummen
Mädchens und zu dessen behutsamer Befreiung aus dem Gefängnis seiner
Behinderung, zu den Bergbauern, wo Heidiland zum Entwicklungsland wird,
und dann von dort zur rebellierenden Jugend auf den Zürcher Strassen und
schließlich weiter zu den Ausgebeuteten in den Bananenplantagen der Welt-
konzerne. Zahlreiche andere Beispiele und Vernetzungen sind möglich.

Der neue Schweizer Film, dies gilt es immer wieder zu betonen, musste bei
Null anfangen. Weder gab es für die neue Generation von Filmschaffenden
Ausbildungsmöglichkeiten im eigenen Lande, noch eine ihren Bedürfnissen
entsprechende, ihren Willen zur Unabhängigkeit respektierende Infrastruktur. Der Zürcher Filmjournalist und -chronist Martin Schaub sprach sogar
einmal von einer Drittwelt-Situation. Jedenfalls ging es nicht allein darum,
das Medium als taugliches Mittel des Ausdrucks und der Kommunikation zu
erkennen, sondern den Film als eigene Sprache neu zu erfinden und zu erproben. Deshalb kommt auch dem Experiment eine besondere Bedeutung zu,
der spielerischen Auslotung der vorhandenen Möglichkeiten. Es sind Kurzfilme, an denen vor allem die jungen Deutschschweizer Autoren ihre Kreativität und ihr technisches Können, das sie sich auf verschiedensten Wegen als
Autodidakten erworben haben, erproben. Die Augen der Schweizerinnen
und Schweizer sollten damit der industriellen Filmkonfektion und dem
stumpfen Unterhaltungskonsum entwöhnt und auf neue, andere Themen
und Formen vorbereitet werden. Dabei konnte etwa für Fredi M. Murer die
Begegnung mit dem exzentrischen Underground-Dichter Urban Gwerder in
*Chicorée* (1966) ebenso Auslöser sein wie jene mit dem Maler Alex Sadkowsky in *Sad-is-fiction* (1969). Peter von Guntens erster Kurzfilm *Blumen-
gedicht* (1967) ging von der Poesie Rolf Geissbühlers aus, während er sich
beim zweiten *Im schönsten Wiesengrunde* (1968) mit der Wirkung der Gra-
tulationssendung des Radios im trauten Heim auseinandersetzte. Auch Georg
Radanowicz, Sebastian C. Schroeder, Kurt Gloor, Hans Stürm, Markus Imhoof, Urs und Marlies Graf, die alle den neuen Schweizer Film mitprägten,
haben mit kurzen Experimenten begonnen, in denen sie bereits eine kritische
Position zur helvetischen Gegenwart beziehen. Und wenn schon von Experimenten die Rede ist, darf Hans Helmut Klaus Schoenherr (geb. 1936) nicht
vergessen werden, der mit letzter Konsequenz auf der Basis experimenteller
Kurzfilme eine ganze Philosophie des Sehens und Erkennens aufgebaut hat.
Als ›schräg‹ würde man heute das Schaffen der Gruppe AKS (Urs Aebersold,
Clemens Klopfenstein und Philip Schaad) bezeichnen, die mit Witz und Trick
Kurzfilme, *Wir sterben vor* (1967), schufen, um zum bissigen Wirtschafts-
krimi, *Die Fabrikanten* (1973), vorzustoßen. Clemens Klopfenstein hat in
der Folge ein eigenes faszinierendes Œuvre geschaffen, das bei experimentellen Dokumentarfilmen, *Geschichte der Nacht* (1979) und *Transes – Reiter
auf dem toten Pferd* (1981), einsetzt, in gespielte und improvisierte Gegen-
wartsspiegelungen, *E Nacht lang Füürland* (1981), und schließlich zu eigenwilligen Fiktionen führt, *WerAngstWolf* (2000): eine Geschichte aus klassischen Zitaten, memorierend reisenden Schauspielern und ihren Beziehungen
unter sich und zu den Brettern, die hier italienische Erde sind.

*Tabula rasa*

## Solidarität als Basis

Wenn sich in diesen Anfängen vor allem das Individuelle manifestiert, so ist andrerseits der neue Schweizer Film undenkbar ohne Solidarität. Möglicherweise ist sie sogar kulturstiftende Kraft. Als Linke, ja Revolutionäre von der Bourgeoisie und der politischen Rechten verschrien, sahen sich die Filmschaffenden gezwungen zusammenzuhalten. Aus einer Westschweizer Initiative ging schon 1962 der Verband schweizerischer Filmgestalter, die *Association suisse des réalisateurs de films* hervor, von der Hans-Ulrich Schlumpf anlässlich des Jubiläums zum vierzigjährigen Bestehen schrieb: »Bundesbeamte und Fernsehdirektoren fanden vor den aufsässigen und publizistisch geschickt agierenden Filmern keine Ruhe. Sie mischten sich buchstäblich in alles ein, oft chaotisch, anarchisch und mit wenig Verständnis für die Gepflogenheiten helvetischer Amtsstuben und Direktionszimmer. Die ›Association‹ war deshalb vielen – so auch mir – mehr als eine berufliche Standesorganisation. Sie war ein Stück geistiger Heimat, die den Zeitgeist aufnahm und für den Film und die Kultur ganz allgemein umsetzte.« Ebenfalls in Genf bildeten 1968 Claude Goretta, Jean-Jacques Lagrange, Jean-Louis Roy, Michel Soutter und Alain Tanner die allerdings nur kurz in dieser Zusammensetzung existierende *Groupe 5* als freundschaftliche Verbindung kreativer Cinéasten mit gleichen Zielsetzungen. Filmkollektiv und Filmpool sind weitere Stichworte zur Selbsthilfe. Da die kommerziellen Kinos sich dem neuen Schweizer Film vorerst verweigerten, galt es zudem alternative Spielmöglichkeiten zu suchen oder neu zu schaffen.

Bezeichnenderweise fand der neue Schweizer Film sein erstes Publikum in Filmklubs, in Mehrzwecksälen und Kirchgemeindehäusern, bis dann mit dem Kellerkino in Bern ein erstes alternatives Lichtspieltheater geschaffen wurde, eine private Initiative, die jedoch bereits den noch langen Weg zu kommunalen Kinos wies. Damit wird klar, dass zur inneren Solidarität eine äußere kam, das heißt eine von den Schauenden her, aus dem Kreis der Adressaten, an die sich die Filmschaffenden wandten. Kristallisationsort dafür wurde bald die Stadt Solothurn, die historische Ambassadorenstadt, welche mit ihren Filmtagen seit 1966 zu einer zukunftweisenden Botschafterin des Schweizer Films geworden ist, des damals neuen und bis heute des jeweils aktuellen. Unter dem Titel »Schweizer Film heute« fand das erste Treffen statt, aus dem in den folgenden Jahren die *Solothurner Filmtage* hervorgingen, eine jährlich im Januar stattfindende Werkschau, gleichzeitig jedoch nach wie vor der Treffpunkt aller an einem lebendigen schweizerischen Filmschaffen Interessierten. Viele Filme kamen nie weiter als bis nach Solothurn. Andere gingen hier in heißen Diskussionen durch ein veritables Fegefeuer mit reinigender Wirkung. Doch Solothurn konnte auch der Start zum Erfolg sein, zu einer Tour de Suisse und selten auch zu einer Tour du Monde. Dass der neue Schweizer Film zum wichtigsten kulturellen Schweizer Exportprodukt werden konnte, hängt in erster Linie mit der Öffentlichkeitsarbeit in Solothurn zusammen, zu der 1975 auch die Promotionsarbeit des Schweizerischen Filmzentrums kommt, einer ebenfalls als Selbsthilfeorganisation der ganzen Filmbranche initiierten Stiftung, und selbstverständlich auch die direkte Verbindung ins Ausland durch die Schweizer Kulturstiftung *Pro Helvetia*.

Ohne Zweifel ist die entscheidende Epoche des neuen Schweizer Films in den 80er Jahren ausgeklungen und hat wieder einem kommerzieller ausgerichteten, in mancher Beziehung angepassteren beziehungsweise polyvalenteren Filmschaffen Platz gemacht. Erfreulicherweise gibt es indessen eine ganze

Reihe von Filmautoren und -autorinnen, die etwas vom damaligen Engagement lebendig erhalten haben.

Sie könnten als eine Art von Vertikalen im Sediment der Jahre betrachtet werden, als Konstanten, wobei damit nicht etwa Stagnation, sondern Kompromisslosigkeit, subjektive Zielsetzung und Verantwortung in der Gesellschaft gemeint sind. Nicht von ungefähr hat Alexander J. Seiler fast vierzig *Alexander J. Seiler* Jahre nach *Siamo italiani* die jungen Fremdarbeiter von damals wieder aufgesucht – in Apulien: *Il vento di settembre* (2002) ist nicht allein Wiederbegegnung, sondern Bilanz des Migrantenlebens und seiner latenten Heimatlosigkeit hier wie dort. Mensch und Gesellschaft sind die konstanten Themen Seilers, von dem Peter Bichsel schreibt: »Er begann den neuen Schweizer Film, bevor es ihn gab, und er gewann eine Goldene Palme für Kurzfilme in Cannes, bevor das hier jemand interessierte.« Thema dieses zusammen mit June Kovach und Rob Gnant geschaffenen Films *In wechselndem Gefälle* (1962) ist das Wasser. Eine großartige Bildkomposition, wie sie in der Folge auch die sozialkritischen und politischen Filme Seilers mit ihrem geradezu musikalischen Aufbau und Rhythmus unverkennbar machte.

In einer einzigartigen kreativen Partnerschaft für einen sozial engagierten Dokumentarfilm gelangten Reni Mertens und Walter Marti von ihrer Be- *Reni Mertens,* schäftigung mit den Kindern, den behinderten und benachteiligten vor allen, *Walter Marti* zu Auseinandersetzungen mit dem Schriftsteller Walter M. Diggelmann, dem Klassenkämpfer Dom Helder Camara mit dem *Gebet für die Linke* (1974) und dem Musiker und Maler Peter Mieg (1980). Auf eine wortlose Begegnung mit dem Flamenco (1985) als Ausdruck des Lebens folgte mit *Gib mir ein Wort* (1988) ein Film gegen den Analphabethismus und schließlich ein *Requiem* (1992) für die in den Kriegen des 20. Jh.s Gefallenen, als großes Panorama der Soldatenfriedhöfe ins Bild gefasst. Als »links« wurden sie bezeichnet. Wenn schon, so lebten die beiden nicht einer linken Ideologie, sondern einer linken Philosophie, einer möglichen Veränderung zu einer menschlicheren Gesellschaft. Und sie gaben mit ihrem Können auch diese Berufung weiter.

So beispielsweise an Erich Langjahr, der aus der Zusammenarbeit mit Reni *Erich Langjahr* Mertens und Walter Marti zu einer ganz eigenen Form filmischer Begegnungen gefunden hat, die das Dokumentarische weit übersteigt und als Realfilm, als realitätsbezogener Autorenfilm zu bezeichnen ist. Beginnend mit Kurzfilmen führte er über kritische Auseinandersetzungen mit Geschichte und Gegenwart, Politik und Gesellschaft der Schweiz zu einer Trilogie über die sich wandelnde, in ihrer Tradition bedrohte Landwirtschaft, die 2002 mit *Hirtenreise ins dritte Jahrtausend* abgeschlossen, jedoch 2006 mit *Das Erbe der Bergler (Alpine Saga)* fortgesetzt wurde. Erich Langjahr gehört zu jenen Schweizer Filmschaffenden, die das Credo der ersten Stunde des neuen Schweizer Films für ein kompromisslos persönliches, vom künstlerischen Anspruch und vom subjektiven inhaltlichen Auftrag geprägtes Werk bis heute hochhalten.

Nicht weniger überzeugend tut dies auch Richard Dindo, der mit seinem *Richard Dindo* Œuvre den weiten Horizont des Lebens zu einem berührenden und aufrüttelnden Panorama macht. Er selbst bezeichnet sich oft als Leser. Eine ganze Reihe von seinen Filmen können denn auch als eine Art von visueller Lektüre bezeichnet werden, so etwa *Max Frisch, Journal I-III* (1981), *Max Haufler, ›Der Stumme‹* (1983), *Arthur Rimbaud, une biographie* (1991), *Charlotte, vie ou théâtre?* (1992), *Ernesto ›Che‹ Guevara: le Journal de Bolivie* (1994), *Une Saison au Paradis* (1996), eine Reise mit Breyten Breytenbach aus dem Exil ins ›neue‹ Südafrika, und *Genet ý Chatila* (1999). Schon die Titel ma-

*Ernesto »Che« Guevara:*
*le journal de Bolivie* von
Richard Dindo (1994)

chen klar, dass sich kulturelles und politisches Engagement bei Richard
Dindo nicht trennen lassen. Gleichwertig stehen deshalb neben diesen Werken jene einer kompromisslosen Anwaltschaft für die Kleinen, für die durch
unser System Verfolgten, beginnend bei den *Schweizern im Spanischen Bürgerkrieg* über die Aufarbeitung der Geschichte in *Die Erschiessung des Landesverräters Ernst S.* zu *Dani, Michi, Renato & Max*, jugendlichen Opfern
der Unruhen in den 80er Jahren, und *Verhör & Tod in Winterthur*, einem
Bild des unverändert verständnislosen Umgangs der schweizerischen Gesellschaft und der Rechtsprechung mit der Jugend aus dem Jahre 2002. Auch im
Falle von Richard Dindo handelt es sich kaum um Dokumentarfilme im üblichen Sinne, sondern vielmehr um peinlich genau recherchierte Essays mit
hohem künstlerischem und dialektischem Anspruch oder vielleicht um ein
Tagebuch über alles, was ihn bewegt. In Paris und Zürich wohnend und ar-
beitend, lebt Richard Dindo zudem eine Verbindung der Kulturen vor, die für
sein Kinopublikum zu einer Brücke in eine kulturelle, einzig dem Gewissen
unterstellte Globalisierung wird.

*Peter von Gunten*          Peter von Gunten ist ein weiteres Beispiel ungebrochenen gesellschaftlichen Engagements. In seiner Filmografie durchdringen sich allerdings Dokumentation und Fiktion. Nach den erwähnten Kurzfilmen war es 1970 der
55-minütige Dokumentarfilm *Bananera-Libertad* (Bananenfreiheit), mit dem
er nicht nur auf erschütternde Weise die Zusammenhänge zwischen der Armut im Süden der Welt und dem Reichtum der Industrienationen themati-
sierte, sondern auch seinen persönlichen Durchbruch schuf mit einem Zu-
schauerrekord im Parallelverleih. Mit *El grito del Pueblo* (Der Schrei des
Volkes) (1977), *Terra roubada* (Geraubte Erde) (1980), *Xunan – The Lady*
(1982), *Vozes de Alma* (Stimme der Seele) (1986) und *Terra prometida* (Ge-
lobtes Land) (1993) machte er sich immer wieder zum Anwalt der Ausgebeuteten, Bedrängten und Betrogenen in der sogenannten Dritten Welt. Eine
Brücke lässt sich schlagen von *Die Auslieferung* (1974), dem ersten Spielfilm
von Guntens, zur langen Beobachtung *They teach us how to be happy* (Lernen glücklich zu sein) (1996), geht es doch in beiden Filmen um schweizeri-

*Pestalozzis Berg* Spielfilm
von Peter von Gunten
(1989)

sche Asylverfahren und ihre Problematik. Zu einem für sie »typischen und
entlarvenden Verhalten« habe der russische Revolutionär Sergej Njetschajew
1872 die schweizerische Regierung gezwungen, erklärt der Filmautor zu seiner historisch exakten, klimatisch dichten Geschichte über den Heißsporn.
Zwanzig Jahre später geht er mit vier sudanesischen Familien durch das
schweizerische Asylverfahren. Dass Peter von Gunten indessen nicht allein
nach außen, sondern auch nach innen, in die nächste Nähe zu fokussieren
versteht, hat er mit dem Spielfilm *Kleine frieren auch im Sommer* (1978)
über Jugendliche am Rande und in einer zweiteiligen Auseinandersetzung
mit einer zerbrechenden Ehe und Familie bewiesen. *Pestalozzis Berg*, die
Verfilmung des Romans von Lukas Hartmann mit Gian Maria Volonté in
der Titelrolle, führt zwar ins Jahr 1799 zurück, als sich der Pädagoge auf
dem Gurnigel erholte, bildet jedoch andererseits eine aktuelle psychologisch-
philosophische Basis für die Beschäftigung mit unserer sich dem Menschen
entfremdenden Gegenwart.

　　Der Wille zu rigoroser persönlicher Gestaltung mit dem Ziel einer klaren,
unmissverständlichen Zwiesprache mit dem Publikum ist auch bei Hans-Ul-　　*Hans-Ulrich Schlumpf*
rich Schlumpf bis heute unübersehbar. Mit *Die Schwalben des Goldrauschs*
(2000) greift er die Geschichte jenes Fiebers noch einmal auf, das 1898
Zehntausende an den Klondike lockte, wo sie nach ihrem Glück wühlten.
Die bekannte Geschichte wird indessen ins 20. Jh. und in die Gegenwart geführt. Der Goldrausch hat nicht aufgehört. Mit den Kliffschwalben führt der
Autor aus der durch die Menschen total veränderten Landschaft zur Kraft
der Natur – und aus der Hybris der Menschen in eine Art von Poesie des
Lebens, in der selbst unheilbare Wunden ihre erschreckende Schönheit haben. Von diesem Film von Hans-Ulrich Schlumpf lässt sich ein Bogen zurück-
schlagen zum Kurzfilm *Betonfluss* (1974), mit dem der junge Filmschaffende
sich gegen das Geschwür der Autobahnen wandte, welche die gewachsene
Stadt und ihre urbane Lebensqualität zerstören. Menschenwerk und Men-
schenwahnsinn werden filmisch ergründet sowohl in den Künstlerporträts
*Armand Schulthess – j'ai le téléphone* (1977) und *Bruno Weber* (1991) als

auch in *TransAtlantique* (1983), einer Mischform von Fiktion und Zeugnis, und *Der Kongress der Pinguine* (1993), einem Dokument aus der Antarktis, das von Plünderern, warnenden Wissenschaftlern und »sprechenden Tieren« berichtet.

### Welsche Filmautoren öffnen die Welt

*Jean-Luc Godard*

Es waren vor allem Westschweizer Filmautoren, die mit ihren Spielfilmen nicht nur in der Schweiz, sondern auch über ihre Grenzen hinaus ein Publikum fanden und begeisterten. International den größten Bekanntheitsgrad hat wohl Jean-Luc Godard, der allerdings auch als französischer Filmautor betrachtet wird. Zu Recht, wurde er doch 1930 in Paris geboren, wohin er nach seiner Kindheit in der Schweiz zurückkehrte, Ethnologie studierte, als Filmkritiker für die *Cahiers du Cinéma* schrieb und als Filmautor die Nouvelle Vague mitbegründete, um schon 1959 mit *À bout de souffle*, der Geschichte des kleinen Ganoven Michel Poiccard, zu einem ihrer wichtigsten Exponenten zu werden. Wenn er somit nicht allein dem neuen Schweizer Film zugerechnet werden kann, steht doch sein Filmverständnis und sein Umgang mit dem Medium der Bewegung in der Heimat, vor allem der französischsprachigen Schweiz sehr nahe. Eigentlich ist Jean-Luc Godard bis heute Pionier eines Films geblieben, der so flexibel sein muss wie die Sprache und in dem sich Poesie, Philosophie, Geschichte, Politik, Musik und Kunst zu etwas Eigenständigem verbinden können, einem Bild-Ton-Erlebnis, das einerseits eine intellektuelle Lesart voraussetzt, andrerseits durch seine Ästhetik und Sinnlichkeit tief bewegt.

*Alain Tanner,* Jonas qui aura vingt-cinq ans en l'an 2000

Godard gegenüber sind Alain Tanner, Claude Goretta, Michel Soutter, Francis Reusser und Yves Yersin relativ gradlinige Erzähler, die sich an ein breites Publikum wenden. Das heißt allerdings nicht, dass sie deswegen Unterhaltungskino schaffen. Vielmehr öffnen sie sich den einfachen Menschen aus ihrer Umgebung und ihrer Situation in der schweizerischen Gegenwartsgesellschaft und fordern das Publikum heraus, mitzudenken und das Zusammenleben aktiv mitzugestalten. In dieser Hinsicht hat Alain Tanner mit *Jonas qui aura vingt-cinq ans en l'an 2000* (1976) ein Schlüsselwerk von internationaler Ausstrahlung geschaffen. Rund um den kleinen Jonas führt er acht Personen zusammen, die zum Teil aus seinen früheren Filmen bekannt sind. Wie Jonas werden die Kinder der unterschiedlichen Charaktere das nahende Jahrhundert gestalten. Schon heute kann die Resignation mit gelebten Visionen und Träumen besiegt werden. Auf faszinierende Weise halten sich in *Jonas qui aura vingt-cinq ans en l'an 2000* eine gesellschaftsphilosophische Konstruktion und eine poetische, in der Realität und der Liebe zu den Figuren verwurzelte Poesie die Waage. Zur Jahrtausendwende nimmt Alain Tanner mit *Jonas et Lila, à demain* (1999) die Geschichte wieder auf und begleitet den eben 25-jährig gewordenen Jonas mit abgeschlossener Filmschule und seine farbige Lebensgefährtin Lila durch die ersten Monate des Jahres 2000. Geht es hier um die Erprobung eines Zusammenlebens, das einem jeden seine Selbstverwirklichung ermöglicht, ohne die Gemeinschaft in Frage zu stellen, so ist bereits in *Charles mort ou vif* (1969), Tanners erstem Langspielfilm, der Aussteiger Thema. Charles ist ein Fabrikant, der seine Position, vor allem aber die Routine des geschäftlichen Alltags hinter sich lässt und in die Einsamkeit zieht. Alain Tanner verarbeitet damit seine Enttäuschung über den unterdrückten Aufbruch der Jugend vom Mai 1968. Später wird er in *Dans la ville blanche* (1983) das sinnlich-chaotische Psychogramm eines Schweizer Technikers in der Krise aufzeichnen, der in Lissabon all seine Be-

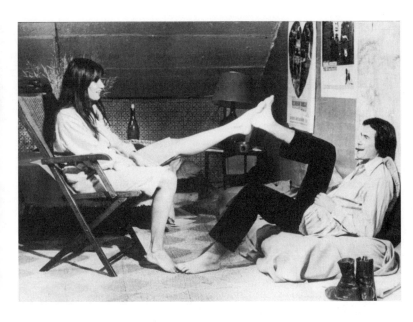

*Le retour d'Afrique* von
Alain Tanner (1973)

ziehungen abbricht. Fluchtpläne und Selbstfindung in einer aktiven Auseinandersetzung mit der Heimat finden sich schon in *Le retour d'Afrique* (1973),
dem konsequentesten und psychologisch feinsten Werk, dem eine Art Gegenstück folgt mit *Le milieu du monde* (1974), der Geschichte der Fremdarbei-
terin Adriana. Alain Tanner bleibt seiner Linie eines Gesellschaftspsychologen
treu, selbst dort, wo er die Sinnlichkeit zum Thema macht oder sich mit einem Dokumentarfilm über den Hafen von Marseille wieder auf den eigenen
Ausgangspunkt zurückbesinnt.

Wenn er hier als Beispiel westschweizerischen Filmschaffens umfangreicher dargestellt wird, soll damit das ebenso eindrückliche Werk seiner Kollegen und Kolleginnen – etwa das äußerst vielgestaltige, stets noch wachsende
Œuvre von Jacqueline Veuve oder *Les Indiens sont encore loin* (1977) und
*Le chemin perdu* (1979) von Patricia Moraz, die den neuen Schweizer Film    *Patricia Moraz*
entscheidend mitprägten – keineswegs disqualifiziert werden. Mit ihren Filmen haben auch etwa Michel Soutter, Claude Goretta, Francis Reusser und
Yves Yersin weit über die Grenzen der Schweiz hinaus ein großes Publikum
bewegt. Der Dokumentarfilm spielte für sie ebenfalls eine wichtige Rolle.
Doch dank der Zusammenarbeit mit dem Westschweizer Fernsehen (TSR)
erhielten sie früh die Möglichkeit Spielfilme zu realisieren, nicht allein Fern-
sehspiele, sondern Kinospielfilme, die großzügig finanziell unterstützt wurden. Aus der Filmografie Michel Soutters sei das erste Schaffensjahrzehnt mit
*La lune avec les dents* (Der Mond mit den Zähnen) (1966), *Haschisch* (1967),
*La pomme* (1969), *James ou pas* (1970), *Les Arpenteurs* (Die Landvermes-
ser) (1972), *L'escapade* (Der Seitensprung) (1973) und *Repérages* (1977) erwähnt, das nicht allein für eine geradezu ideale Kontinuität, sondern auch
für den Weg aus der Schweiz in die Internationalität spricht. Wurden die
beiden erstgenannten Filme noch am Festival von Locarno uraufgeführt, so
waren die folgenden drei bereits nach Cannes eingeladen. In den beiden letzt-
genannten spielte Jean-Louis Trintignant eine Hauptrolle. Inhaltlich geht es
um die Selbstfindung und -realisierung in einer Schweiz, die zusehends un-
wohnlicher und fremder wird.

*Claude Goretta*

Ähnliches gilt für Claude Goretta hinsichtlich des Wegs in die Internationalität und der Arbeit mit großen französischen Stars wie Gérard Depardieu in *Pas si méchant que çà* (Ganz so schlimm ist er auch nicht) (1975) und Isabelle Huppert in *La Dentellière* (Die Spitzenklöpplerin) (1976, nach Pascal Lainé). Claude Goretta hat die engste Verbindung mit der Literatur. Einmal durch zahlreiche Literaturverfilmungen für das Fernsehen, dann aber auch durch die Adaption von Charles Ferdinand Ramuz' *Jean-Luc Persécuté* (1965) oder von Guy de Maupassants *Une Partie de Campagne* in *Le jour de Noces* (1970). Spielerisch wird an Jean Renoirs Verfilmung erinnert. In durchsonnten äußeren legt Claude Goretta innere Landschaften der Emotionen frei. Die dort mögliche Liebe wird in der Realität zur Illusion. Um die Gesellschaft, ihre hierarchische Ordnung und damit ihre Enge und andrerseits um die individuellen Utopien, deren Realisierung zum Scheitern verdammt ist, geht es bei Gorettas sinnlich aufwühlenden Filmen immer wieder. So auch in *L'invitation* (Die Einladung) (1973), wo das Fest des einfachen Mannes für seine Kollegenschaft inklusive Chef zum Schrecken gerinnt, wenn die gegebene Ordnung zerbricht, die Hemmungen fallen gelassen werden und Missgunst mittanzt. Träume sind hierzulande nicht zu leben. Wer es dennoch versucht, gerät ins Abseits.

Mit dieser Auswahl werden bewusst die drei bekanntesten Vertreter des Westschweizer Spielfilms hervorgehoben und zwar nicht mit ihrer bis zum Ende des Jahrhunderts nachgeführten Filmografie, sondern mit Werken des Aufbruchs und der Kontinuität des neuen Schweizer Films. Zahlreiche weitere Autoren wären zu nennen: Francis Reusser, der von intensiven rebellischen Jugendbildern zu Interpretationen von Charles Ferdinand Ramuz führt, Claude Champion mit seinem eigenwilligen vielgestaltigen Werk, Jean-François Amiguet und so weiter und so fort. Nicht übergangen werden darf Yves Yersin, der einzigartige Ethnograf unter den Schweizer Filmschaffenden, welcher 1979 mit *Les petites fugues* einen jener Spielfilme gedreht hat, die zu Ikonen des neuen Schweizer Films geworden sind. Die Geschichte des Bauernknechts Pipe, der dank seiner Altenrente aus der Enge des Hofs ausbricht und schließlich mit einem Alpenflug seinen Horizont über die Schweiz hinaus weitet, kann als poetische Kristallisation des omnipräsenten Themas von Heimat und Fremde, Enge und Sehnsucht gewertet werden.

## Deutschschweizer und ihre Geschichten

Wenn auch die Deutschschweizer Filmschaffenden später zum Spielfilm bzw. zum wirtschaftlich akzeptierten Kinofilm fanden, so haben sie doch eine nicht weniger beeindruckende Reihe von Werken vorzuweisen, die zur Filmgeschichte gehören, der schweizerischen in erster Linie, aber doch auch zumindest der europäischen in besonderen Fällen. Mit *Reise der Hoffnung*

*Xavier Koller*

(1990) hat Xavier Koller nicht allein einen Oscar errungen, sondern auch die Themen Emigration und Asyl, unerträgliche Armut und verlockender Reichtum und dann das brutale Geschäft mit der Not mit einem türkisch-schweizerischen Beispiel als globales Problem und vor allem als menschliches Drama ins Bewusstsein der Welt projiziert. Schon mit seinen grotesken, historisch-gesellschaftskritischen Heimatgeschichten *Das gefrorene Herz* (1979) und *Der schwarze Tanner* (1986) etablierte er sich als audiovisueller Erzähler, der literarische Tradition (Meinrad Inglin) und filmische Aktualität zu verknüpfen weiß. Zur Jahrtausendwende adaptierte er auf sehr persönliche Weise den Roman *Schloss Gripsholm* von Kurt Tucholsky.

*Fredi M. Murer*

*Höhenfeuer* (1985) von Fredi M. Murer hat die Kraft der antiken Tragö-

*Die Schweizermacher*, der
Erfolgsfilm von Rolf
Lyssy (1978) mit Emil
Steigenberger

dien, obwohl die Geschichte eines Geschwisterpaars in den Bergen der Innerschweiz spielt und mit einer Kenntnis der Lebensumstände erzählt wird, über
welche der Autor dank seiner Herkunft verfügt, die er bereits im Dokumentarfilm *Wir Bergler in den Bergen sind eigentlich nicht schuld, dass wir da
sind* (1974) auf ebenso berührende wie genau informierende, sich liebe- und
verständnisvoll der Menschen annehmende Weise zu Darstellung gebracht
hat. Der Vision einer irreal werdenden Welt in *Grauzone* (1978) ließ Fredi
M. Murer 1998 mit *Vollmond* eine weitere folgen, eine Art Revolution der
Kinder, die durch ihr Verschwinden die Erwachsenen zur Besinnung zwingen
wollen. Dabei zeigt sich, dass noch heute auch den bekanntesten Vertretern
des neuen Schweizer Films Grenzen gesetzt sind, materielle vor allem, konnte
doch dieses Projekt nicht als Diptychon, das heißt in zwei Versionen, einmal
aus der Perspektive der Kinder und dann auch aus jener der Eltern, realisiert
werden. Zusammengeführt im Geist werden die Generationen in *Vitus*
(2006).

Eine Sonderstellung unter der Deutschschweizer Erzählern nimmt Rolf
Lyssy ein, der seiner Heimat und der Gegenwartsgesellschaft mit feinem Humor einen Spiegel vorhielt – und verstanden wurde, hat er doch mit seinem
Film *Die Schweizermacher* (1978) den größten Publikumserfolg des neuen
Schweizer Films geschaffen. Nach dieser heiter bedenkenswerten Auseinan-
dersetzung mit den eidgenössischen Immigrations- und Integrationsritualen
hat Rolf Lyssy auch andere moderne Phänomene, von der Partnervermittlung
in *Kassettenliebe* (1981) bis zum Starkult in *Teddy Bär* (1981) und zur
schwierigen Ehe der Kulturen in *Leo Sonnyboy* (1989), witzig durchleuchtet.
Mit *Konfrontation* (1974), der Rekonstruktion des Attentats von David
Frankfurter, einem jüdischen Medizinstudenten, auf Wilhelm Gustloff, den
Landesgruppenleiter der NSDAP in der Schweiz, fand Rolf Lyssy den Weg in
die Kinos. Und mit *Ein klarer Fall* (1995) nahm er noch einmal ein juristisches Thema auf, ein Wahrheits- und Gerechtigkeitssucher im Heiteren wie
im Ernsten.

Eigentlich eine vertrackte Liebes- und Abenteuergeschichte, gibt der Film
*Flammen im Paradies* (1996) Markus Imhoof die Möglichkeit, sich mit der

*Markus Imhoof*

*Der Erfinder* von Kurt
Gloor mit Bruno Ganz in
der Titelrolle (1980)

christlichen bzw. schweizerischen Mission in Indien auseinanderzusetzen.
Psychologisch fein und spannend auf einem Stück Familiengeschichte aufgebaut, verbinden sich hier Recherchen und Unterhaltungselemente zum dichten Kinoerlebnis. Mit *Fluchtgefahr* (1974), *Tauwetter* (1977), *Die Reise*
(1986) und *Der Berg* (1990) hat Markus Imhoof ein Œuvre geschaffen, das
ganz dicht am Menschen bleibt, am in sich und in der Welt gefangenen. Daraus ragt *Das Boot ist voll* (1980) als frühe Auseinandersetzung mit der
schweizerischen Asylpolitik und ergreifende Anklage hervor, ein meisterli-
ches Werk von bleibender Gültigkeit.

Um nah an den Menschen bleiben zu können, hat Kurt Gloor sein Spätwerk für das Fernsehen geschaffen, eindringliche Nachforschungen und Begegnungen, die er stets künstlerisch durchgestaltete. Aus seinem vorangehenden Schaffen sind *Die plötzliche Einsamkeit des Konrad Steiner* (1976, mit
Sigfrit Steiner in der Hauptrolle), *Der Chinese* (1978, nach Friedrich Glauser), *Der Erfinder* (1980) und *Der Mann ohne Gedächtnis* (1983) als gelun-
gene spielerisch intensive (Kino-)Filme haften geblieben.

*Thomas Koerfer*

Die Entwicklung bzw. ihre Unmöglichkeit in einer bourgeoisen Immobili-
tät sind Themen Thomas Koerfers, der 1983 mit *Glut* die Verknüpfung der
schweizerischen Industrie mit dem Krieg führenden nationalsozialistischen
Deutschland in einer Familiengeschichte auf melodramatische Weise entlarvt,
und sie sind es auch in *Der grüne Heinrich* (1993) nach Gottfried Keller. Mit
*Der Tod des Flohzirkusdirektors oder Ottocaro Weiss reformiert seine Firma*
(1973) hat Thomas Koerfer seinen ersten Spielfilm realisiert, ein höchst intellektuelles Werk, das sich mit dem Tod bzw. einer Pestepidemie als Regulativ
auseinandersetzt. Stilistisch streng, doch näher am Publikum interpretiert er
mit *Der Gehülfe* (1976) Robert Walser, um dann 1977 Schweizer Alltagsbil-
dern in *Alzire oder der neue Kontinent* mit Kulturen, Zeiten und Räumen zu
konfrontieren. Rousseau und Voltaire, dessen Stück *Alzire ou les Américains*
in der Gegenwart aufgeführt werden soll, sind die Protagonisten. Literatur
und Film verschränken sich bei Thomas Koerfer auf faszinierende Weise.

*Daniel Schmid*

Von Daniel Schmid schließlich wird etwa gesagt, er habe von Anfang an
ein weniger an der Schweiz als an Europa und der Welt orientiertes Werk

Hors Saison von Daniel
Schmid (1992)

geschaffen. Das stimmt nur sehr bedingt. Gewiss ist der aus dem bündnerischen Flims stammende und immer wieder dorthin zurückkehrende Filmregisseur ein Weltbürger, wobei die Welt zuerst zu ihm kam, ins Hotel der Familie, *Hors Saison* (1992), dann Sehnsucht und Traum wurde, bis die Wege sich öffneten nach Deutschland, *Schatten der Engel* (1976), nach Nordafrika, *Hécate* (1982), nach Italien zu den betagten Sängerinnen und Sängern in der Casa Verdi, *Il Bacio di Tosca* (1984), und nach Japan und in dessen überlieferte Theaterformen, *Das geschriebene Gesicht* (1995). Und dann diese ebenso schwarze wie heitere Komödie *Beresina oder die letzten Tage der Schweiz* (1999), dieses besorgte, listige, visionäre und dennoch mit Realitäten verknüpfte, letztlich indessen liebevolle Bekenntnis zur Heimat, die mehr bedroht ist von ihrem Gestern und ihrem Konservatismus als von der jungen Russin, die durch viele Missverständnisse hindurch den Beresina-Alarm auslöst und zur Monarchin der alten Alpenrepublik wird. Zwar dreht Daniel Schmid internationales Kino und verzichtet etwa auf den für viele zum Problem gewordenen Dialekt, doch hindert ihn dies nicht, seinen Filmen den ganz persönlichen Charme, die feine Poesie zu bewahren.

Die Schweizer Filmschaffenden der Gegenwart seien in einer Krise, wird gesagt. Es ist jedoch mit Bruno Moll, Friedrich Kappeler, Jürg Neuenschwander, Norbert Wiedmer, Bernhard Giger, Nino Jacusso, Felix Tissi, Samir, Werner Schweizer, Christian Iseli, Christof Schertenleib, Christoph Schaub, Stefan Haupt, Thomas Imbach, Silvio Soldini, Denis Rabaglia – um nur gerade diese Namen, eine nie gerecht sein könnende Auswahl, zu nennen – eine mittlere bis junge Generation am Werk, die trotz der sich verändernden Situation an der Unabhängigkeit festhält und ebenso innovative wie engagierte Filme dreht.

*Krise des Schweizer Films?*

Bewusst wurde das Phänomen des neuen Schweizer Films mit einer Auswahl jener Autoren aufgezeigt, die es mitbegründen halfen. Viele, auch ungenannte, kämpfen heute noch für einen engagierten, gesellschafts- und zeitkritischen, von persönlicher Verantwortung in inhaltlicher wie formaler Hinsicht getragenen Film, der sich nicht von der Konsumentenmentalität unterkriegen lässt, sondern Ansprüche an ein waches Publikum stellt. Zu den heute alten Machern des neuen Schweizer Films sind immer wieder jüngere gestoßen, die den revolutionären Geist aufgenommen haben, Tradition, Geschichte, Politik und aktuelle Befindlichkeit durchleuchten und sogar – ganz wie damals – die Frage an sich richten, was denn überhaupt Film sei, und das Medium mit experimentellen Arbeiten für sich ›neu‹ erfinden. In der für das kleine Land großen jährlichen Produktion überwiegt indessen die Suche nach dem international kompatiblen Werk, nach dem Film, der über die Landesgrenzen hinaus Erfolg hat, vor allem auch materiellen, wie er auch von den Filmförderern immer offensichtlicher gefordert wird. Wichtige Exponenten des ›Schweizer Films‹ arbeiten im Ausland, andere haben sich dem Fernsehen verschrieben, und zudem sind die bi- und multilateralen Koproduktionen zu einem Muss für das Überleben des Schweizer Films geworden. Immer wesentlicher erscheint deshalb die Besinnung auf jenen gemeinsamen Aufbruch in den 1960er Jahren, auf die Kollegialität und Solidarität, auf den Mut zum Eigenständigen und auf die Überzeugung, dass Film nicht allein der Unterhaltung, sondern auch der Aufklärung, der Ortung in einer zur Globalisierung gezwungenen Welt, der Suche nach Heimat zwischen hier und dort, gestern und morgen zu dienen hat. Übrigens: Nicht zu ihrem Recht kommen hier die Kameraleute, die Cutter und Cutterinnen und jene Produzenten und Produzentinnen, die ihren Glauben bis heute nicht verloren haben.

# Von der Protest- zur Eventkultur (1970–2000)

Elsbeth Pulver

## 1970: *Ein Ausgangspunkt und eine offene Grenze*

»Une année de révolution vaut dix autres«: der Mauerspruch aus dem Pariser Mai fasst eine Grundstimmung der jungen Franzosen in eine Formel – und trifft auch das Lebensgefühl und die Hoffnungen in anderen Ländern, vielleicht nicht nur die der Jungen. Die Frustration nach dem Scheitern der Bewegung, die für viele eine Revolution war, lässt sich nur verstehen, wenn man dies Element utopischer Hoffnung mit bedenkt. Das Datum 1968 markiert, so gesehen, einen Einschnitt in den Lauf der Jahre, den man nicht gering schätzen sollte. Eine Zeitenwende, wie das Jahr 1945 oder 1989, ist es allerdings nicht.

Vielleicht erkennt man erst im Rückblick, wie viele der Probleme und Themen, die die Jahrzehnte nach 1970 bestimmen, schon in den sechziger Jahren vorhanden waren. Die sich radikalisierende Auseinandersetzung um die Nutzung der Atomkraft, zuerst der militärischen, dann der zivilen, bei der sich von Anfang an zahlreiche Autoren engagierten, war seit den fünfziger Jahren im Gang. Noch stärker emotions- und angstbeladen war von der Mitte der sechziger Jahre an der Komplex der sogenannten Überfremdung. Die rasche Zunahme der von der expandierenden Industrie ins Land gerufenen Fremdarbeiter weckte in der Bevölkerung Existenzängste, die von Volkstribunen geschickt hochgespielt wurden. In der Folge kam es nach 1965 zu mehreren Volksinitiativen, die eine Begrenzung und Reduktion der Fremdarbeiterzahl forderten. Sie wurden an der Urne allerdings allesamt abgelehnt, wenn auch z.T. sehr knapp. Die Beziehung zum Fremden schlechthin, zu den Fremden im eigenen Land und zum Ausland allgemein, ist bis heute ein Thema geblieben, das die Bevölkerung besonders unversöhnlich polarisiert.

Unter der Oberfläche dieser aktuellen Probleme bestimmte aber, wie anderswo auch, der Kalte Krieg die politische Szene. Dabei entwickelte sich, zunächst fast unbemerkt, in der Schweiz eine merkwürdige, an den amerikanischen McCarthyismus erinnernde Stimmung von Misstrauen und Verdächtigungen, die sich nicht nur gegen die wenig zahlreichen aktiven Kommunisten, sondern überhaupt gegen die Linke, auch gegen Nonkonformisten aller Art richtete. Das Misstrauen steigerte sich zum paranoiden Verdacht, die Linke sei bereit, eine kommunistische Unterwanderung des Landes zu unterstützen. In die Netze der einsetzenden, zunächst privaten, dann staatlichen Observierung konnten auch jene geraten, die durch Meinungsäußerung und Teilnahme an Demonstrationen nur ihre demokratischen Rechte wahrnahmen.

Auch was die Literatur angeht, waren die Weichen 1968 weitgehend gestellt. Der von Frisch und Dürrenmatt initiierte Paradigmenwechsel hatte in der zweiten Nachkriegsgeneration schon Ende der fünfziger Jahre eine Fort-

Solothurner Literaturtage

setzung und Konsolidierung gefunden durch eine erstaunlich große Zahl von bedeutenden Autoren (Kurt Marti, Adolf Muschg, Peter Bichsel, Otto F. Walter, Jörg Steiner, Hans Boesch u.a.). Diese »zweite Nachkriegsgeneration« wird sich in den folgenden Jahrzehnten als eine Art Rückgrat der Literatur bewähren, sie blieb bis ins neue Jahrtausend erstaunlich präsent, einflussreich und produktiv; in ihren Reihen fand – in der Nachfolge von Frisch – die engagierte Literatur ihre Vertreter und Vorkämpfer, rekrutierten sich die Redner bei Demonstrationen (Otto F. Walter, Adolf Muschg, Peter Bichsel, Jörg Steiner, Franz Hohler u.a.). Wenn die Gesellschaftskritik gerade dieser Generation sich – neben den europaweit üblichen Themen der 68er – zunehmend auf die schweizerischen Zustände bezog, mag das damit zusammenhängen, dass diese Generation als letzte den Weltkrieg erlebt hatte, einige im Aktivdienst, die meisten als Kinder und Jugendliche; mit dem »Trauma des Verschontseins« (Walter Vogt) hatten sich fast alle auseinanderzusetzen. Dass diese Schweiz-kritische Grundhaltung von Anfang an stereotype Züge aufwies – bis schließlich dem mit Grund kritisierten Konformismus des Establishments ein Konformismus der Opposition entsprach (den man positiv als »kritischen Patriotismus, negativ als »Hassliebe zur Schweiz« bezeichnete) – ist von aufmerksamen Beobachtern früh, aber meist ohne Erfolg beanstandet worden.

Es waren aber hier wie anderswo nicht primär die politischen Strukturen, die in Bewegung gerieten (diese erwiesen sich als erstaunlich stabil), sondern vor allem der Bereich des sogenannten Privaten: der persönlichen Beziehungen und des familiären Lebens, der Auffassung von Sexualität und Liebe – fassbar auch in scheinbar rein äußeren Dingen wie der Kleidung und dem Benehmen. Die stärkste und, wie sich zeigen sollte, eine irreversible Veränderung betraf langfristig gesehen die Situation der Frau, ihre Rolle, ihr Selbstbewusstsein, ihre Einstellung zum Beruf und zu ihrer traditionellen Aufgabe, der Familie. Gerade der epochale Reformstau, die Rückständigkeit der Schweiz auf diesem Gebiet – im Klartext: das Fehlen des weiblichen Stimm- und Wahlrechts (es war 1959 von den allein stimmberechtigten Männern noch einmal abgelehnt worden) – provozierte die in den Turbulenzen der

68er Bewegung selbstbewusst gewordenen jungen Frauen zu einem neuen, offensiven – und endlich erfolgreichen – Vorgehen. Mit einer ad hoc organisierten Demonstration vor dem Bundeshaus erreichten sie, dass es eine neue Volksabstimmung gab, in der nun endlich, 1971, der längst fällige Schritt zur politischen Gleichberechtigung der Frau erfolgte, und damit der Weg frei war für seit langem anstehende Reformen: die Festschreibung der Gleichberechtigung, die Gesetzgebung für ein neues Eherecht, und schließlich die Legalisierung des Schwangerschaftsabbruchs.

Der politische Erfolg in der Frauenfrage hat auch für die Literatur Bedeutung, gab der literarischen Produktion der Frauen einen unerwarteten Aufschwung. Natürlich schrieben die Frauen nicht einfach mehr oder besser, *weil* sie das Stimmrecht hatten. Aber man darf den Symbolgehalt der eingetretenen Veränderung nicht unterschätzen: Ein bisher geltendes Sprachverbot, das politische, war endlich aufgehoben. Es ist vielleicht nicht einfach ein Zufall, dass in den siebziger Jahren die literarische Produktion der Frauen nicht nur zahlenmäßig, sondern auch an innovativer Kraft zunahm.

Und ausgerechnet im Jahr der Frau, 1975, gelang einer Schweizerin, Verena Stefan, mit dem Prosatext *Häutungen* das bisher radikalste Buch der Frauenbewegung, das über Nacht zu einem internationalen Kultbuch wurde. Der Druck eines veralteten Frauenbildes, das in der Schweiz noch mehr Geltung hatte als anderswo, trieb diese junge Frau zu einer radikalen Kritik der herrschenden Männersprache, und zwar auf dem sensiblen Gebiet der Sexualität. Den Mut zu diesem Ausbruch fand die Autorin aber erst, als sie dauerhaft in Deutschland, in Berlin, lebte. Verena Stefan war nicht die einzige Autorin, deren Werk Signalwirkung hatte; im gleichen Jahr erschien der erstaunliche Erstling von Gertrud Leutenegger: *Vorabend*, in dem eine junge Frau in einer Zeit der Demonstrationen bewusst und ebenfalls demonstrativ ihren eigenen Weg geht. Aber die neu belebte Frauenfrage ging nicht nur die Jungen an. Im gleichen Jahr 1975 hielt Meret Oppenheim, die grande dame des Surrealimus, anlässlich des ihr verliehenen Basler Kunstpreises eine Rede, die für das künstlerische Schaffen beider Geschlechter grundlegende Gedanken öffentlich machte:

> Aus einem grossen Werk der Dichtung, der Kunst, der Musik, der Philosophie spricht immer der ganze Mensch. Und dieser ist sowohl männlich wie weiblich. Im alten Griechenland waren es die Musen, die die grossen Männer inspirierten. Das heisst, das Geistig-Weibliche in ihnen selbst war beteiligt am Werk, und das ist auch heute noch so. Ebenso hat das Geistig-Männliche teil an den Werken der Frauen. Für dieses haben wir noch kein Bild noch einen Namen.

Radikale Thesen wie die in Deutschland diskutierte Totsagung der Literatur fanden dagegen in der Schweiz jener Jahre kaum Beachtung. Im Gegenteil: um 1970 gewann der dringend nötige Ausbau der literarischen Infrastruktur neuen Schwung. Es kam vorwiegend aus politischen Gründen zu der seit langem fälligen Spaltung des zahlenmäßig großen, aber stagnierenden Schriftstellervereins – und nach einigem Zögern zur Neugründung einer dissidenten Vereinigung. Die »Gruppe Olten«, sogenannt nach ihrem Gründungsort, gab sich, der Zeit entsprechend, eine politische Ausrichtung durch die in die Präambel aufgenommene Forderung, eine »demokratische und sozialistische Gesellschaft« anzustreben (die Formel blieb, ergänzt durch eine ökologische Bestimmung, gegen Widerstand in den Reihen der Mitglieder, bis in die neunziger Jahre bestehen!). Zur gleichen Zeit wurden neue, vor allem auf junge Autoren ausgerichtete Verlage gegründet: als erste der Zytglogge- und der Lenos-Verlag; dazu kam eine erste Zeitschrift (der *dreh-*

*punkt*). Diese drei Neugründungen hatten bis heute Bestand und waren als Vorreiter von zahlreichen anderen, verwandten Unternehmungen wichtig (vor kurzem erst hat der *drehpunkt* sein Erscheinen eingestellt oder einstellen müssen).

Auch der Staat blieb nicht untätig: 1969 gab der Bundesrat Auftrag zu einer Bestandsaufnahme der bestehenden Kulturförderung. Deren Ergebnisse, 1975 als »Clottu-Bericht« veröffentlicht, stellen den Anfang einer finanziell wesentlich verbesserten Kulturförderung dar. Eine solche war und ist für die Schweizer Autoren besonders wichtig, sind diese doch – abgesehen von Berühmtheiten wie Frisch und Dürrenmatt – so gut wie ausnahmslos auf eine nicht literarische Berufstätigkeit angewiesen; für eine Existenz als – auch wirtschaftlich – freier Autor ist der Absatz im viersprachigen Land zu klein. Die seit den siebziger Jahren verbesserte Kulturförderung konnte hier helfen. Eine wesentliche Verbesserung der finanziellen Situation fand aber erst in den späten neunziger Jahren unter dem Einfluss der neuen Event-Kultur statt.

## Sich wandelnde Konstanten

*Die Schweiz – ein Land »ohne welthaltige Stoffe«? Ein neuer Regionalismus und sein Gegenpol*

Aber ausgerechnet in jenen Jahren, da die schweizerische Literatur von allen Seiten Anerkennung fand und entsprechend, sogar von Seite des Staates, als unterstützungswürdig galt, wurde ihr durch ein viel gelesenes, noch heute zitiertes Buch eine allgemeine, überregionale Bedeutung abgesprochen:

Die Schweiz biete ihren Künstlern keine »welthaltigen Stoffe«; die Enge des Landes, die geographische und vor allem die geistige, erdrücke und lähme die produktivsten Kräfte; wer als Künstler internationale Geltung erlangen wolle, sei zur »Reisläuferei«, lies Emigration, gezwungen. Diese hier zur Formel reduzierte These steht, apodiktisch und zugleich elegant formuliert und leidenschaftlich vorgetragen, im zwischen Essay und Pamphlet schillernden Buch von Paul Nizon: *Diskurs in der Enge* (1970). Mit dem Klischeewort »Enge« offerierte Nizon dem öffentlichen Diskurs einen Alleskleber, der in der gediegenen akademischen Diskussion wie am Stammtisch Verwendung fand und auch im Zeitalter der Globalisierung noch findet. Nizon war von Anfang an umgetrieben vom Drang nach einer radikalen Selbstverwirklichung als Künstler, von der Sehnsucht nach der Großstadt; dies mit einer Ausschließlichkeit, wie man sie bei anderen Nestflüchtern selten findet. Entsprechend war er blind für die eigentlich nicht zu übersehende Tatsache, dass zahlreiche seiner Kollegen, unter ihnen die bedeutendsten, gerade mit Erfolg daran waren, die Welthaltigkeit der Provinz schreibend zu beweisen.

Dieser »neue Regionalismus« ist seit den sechziger Jahren geradezu mit Händen zu greifen. Die literarische Landschaft, vor allem in der Gegend am Jurasüdfuss, ist übersät mit fiktiven, dennoch in der realen Landschaft verwurzelten Namen. Sie heißen »Jammers« bei Otto F. Walter; »Schilten«, »Brunsleben« und »Menzenmang« bei Hermann Burger, diesem Benennungssüchtigen; »Amrain« bei Gerhard Meier; »Ruch« bei Reto Hänny; »Urwil« im gleichnamigen Roman von Ernst Halter. Manchmal hält schon der Name die Färbung fest, die der Autor dem Ort verpassen will. Am meisten bei Gerold Späth, der »sein« Rapperswil in den ersten seiner Romane

(*Unschlecht*, 1971; *Stimmgänge*, 1972; *Balzapf oder Als ich auftauchte*, 1977) als »Spiessbünzen«, »Barbarswila«, »Molchgüllen« denunziert. Andere Autoren dagegen verzichten bewusst auf einen Namen. So Peter Bichsel, Jörg Steiner, Kurt Marti; auch für den etwas jüngeren Klaus Merz würde ein fiktiver Name wohl zu viel Besitzanspruch enthalten, ebenfalls für Ernst Burren.

*Gerold Späth*

Ernst Burren ist der herausragende Mundartautor der letzten Jahrzehnte, der die von Marti »aus der Totenstarre« befreite Mundart als Literatursprache auf eigenständige Art weiterentwickelte. Für ihn ist, wie für die früheren Mundartautoren – und wie neuerdings für Guy Krneta – die Mundart die für ihn unverzichtbare Literatursprache. Nur in ihr findet er den Sprachklang, der seinen Figuren die Zunge löst: diesen am solothurnischen Weissenstein beheimateten, meist alten Menschen, in deren Gerede der Autor die menschliche Bosheit und Grausamkeit entdeckt, aber auch – mit dem Jean Paulschen »Herzohr« gleichsam – die Litanei der Einsamkeit, der Sehnsucht, der Todesangst: die Condition humaine im Banalen. Burren sucht seine Stoffe in der Nähe, seine Vorbilder aber findet er in der Weltliteratur. Kenner attestieren ihm einen weltliterarischen Rang, der aber – eben weil er sich konsequent der Mundart bedient – außerhalb der Schweiz schwer zu erkennen und zu beweisen ist. Seine zahlreichen, stets schmalen Bücher (*Scho wider Sundig*, 1971; *I Waud go Fahne schwinge* 1974; *Begonie u Stifmüetterli*, 1980; *Rio Negro*, 1989; *Chrüzfahrt*, 2003; *Blaui Blueme*, 2007) sind nicht fiktive oder reale Protokolle, wie sie deutschen Vorbildern entsprochen hätten, es sind eher Nachdichtungen des Gehörten in rhythmischen Sprecheinheiten, die wie Verse wirken. Zwar sind es immer Einzelne, die reden, aber es ist nicht nur ihr eigenes Leben, das da zum Ausdruck kommt, sondern auch das anderer Menschen, so dass sich in diesem unablässigen Reden das spiegelt, was man ein zeitgenössisches Bewusstsein der kleinen Leute nennen könnte: die faits divers, aus denen modernes Leben besteht, mit Untergangsängsten, Einsamkeit, Hilflosigkeit, unerfüllten Wünschen, Neugier.

*Ernst Burren*

*Ein zeitgenössisches Bewusstsein der kleinen Leute*

Das Kernland dieses neuen Regionalismus ist der Südfuß des Juras, ein offenes Land, das von Neuenburg bis in den Aargau und nach Basel reicht; aber auch Autoren anderer Gebiete sind dazu zu rechnen, so der im Kanton Uri wohnende Martin Stadler (*Bewerbung eines Igels*, 1982; *Bruchzeiten*, 1983; *Hungertuch*, 2000). Doch weist die Literatur, die sich hier entwickelt, keinen einheitlichen Stil auf; was die Autoren verbindet, ist die Aufmerksamkeit für das Unspektakuläre und Nahe, der Verzicht auf Pathos und große Worte. Die Provinz erhält den Rang eines literarischen Ortes, aber nicht im Sinne der früheren Heimatliteratur, sondern weil sich hier genauer als in den Zentren und in der omnipräsenten Fernsehwelt auch das Unbedeutende, Kleine und Leise wahrnehmen lässt – und in ihm der Umriss des Universalen. Der neue Regionalismus beschwört nicht etwa eine heile Welt, und gerade bei den bedeutenden Autoren wird man keine künstlerische Selbstbeschränkung finden. Im Gegenteil: Gerade unter ihnen befinden sich die innovativsten, auch die sprachbewusstesten Schriftsteller der Schweiz: Gerhard Meier, E. Y. Meyer, Otto F. Walter, Peter Bichsel, aber auch der poeta doctus Hermann Burger. Auffallend, dass nicht wenige unter diesen Regionalisten, ob bewusst oder unbewusst, in der Nähe des Nouveau roman stehen. Diese Nähe erhellt zu haben – und zwar anhand einer genauen, auf die Verwendung der Fürwörter konzentrierten Sprachanalyse – ist das Verdienst der Romanistin Gerda Zeltner, deren Buch *Das Ich ohne Gewähr* (1980) noch immer die beste Sprach-Analyse der Gegenwartsliteratur der deutschen Schweiz enthält.

*Das Unspektakuläre und das Universale*

Gerhard Meier

Der herausragende Vertreter dieser überraschenden Nähe des Regionalismus zum Nouveau roman ist, neben Otto F. Walter, Gerhard Meier – und dies, obgleich er die Franzosen – in erster Linie Claude Simon und Marcel Proust – nur in Übersetzungen lesen konnte und kann! Er ist aber auch ein herausragender Repräsentant des Regionalimus selbst: ausnahmehaft durch die enge Verbindung zwischen der Verwurzelung im Dorf, der Nähe zum Konkreten – und, andererseits, der Transparenz, die diesem Konkreten zuwachsen kann, dessen Öffnung ins Universelle. Man müsse ein Provinzler sein, um ein Weltbürger werden zu können, sagt er ohne Wenn und Aber.

Die 68er hätten ihn gerne als Arbeiterdichter vorgezeigt, und nicht völlig ohne Grund, hat er doch 33 Jahre in der gleichen Fabrik gearbeitet, von der Pike auf, zuletzt als Designer und technischer Leiter. Aber gerade *weil* er die Welt der Arbeit und der Technik von innen kennt wie kaum ein zweiter Autor, ist er – in dieser Hinsicht dem Tiefbauingenieur Hans Boesch verwandt – gefeit gegen die Verführungen der politischen und technokratischen Ideologien. Dass eine so lange und zwangsläufig intensive Berufserfahrung im Werk keine Spuren hinterlässt, ist undenkbar – auch wenn davon kaum je die Rede ist, ja vielleicht gerade deshalb. »Das Ungesagte ist das Bewahrte«, ein Satz von Erika Burkart. Und wer ihn aufmerksam liest, erkennt die Prägung durch die Welt der Arbeit und der Technik auch in den wenigen Worten, die Meier ihnen widmet, ja schon nur im Titel des zweiten Romans *Der schnurgerade Kanal* (1977): dieser klassischen Chiffre für die begradigte Welt. Hans Boesch hat Meier um diesen Titel beneidet.

Dass das Geburtsjahr von Meier (1917) in der Mitte zwischen dem von Frisch und Dürrenmatt liegt, ist zu Unrecht in Vergessenheit geraten. Doch garantiert die Zugehörigkeit zur gleichen Generation gerade hier nicht einfach innere Nähe. Als Frisch und Dürrenmatt in den 30er und 40er Jahren zu schreiben begannen, arbeitete Meier noch jahrelang in der Fabrik. Und als er, nach langer, nicht immer leicht auszuhaltender Abstinenz, während einer schweren Krankheit (Lungentuberkulose), den Schritt zurück zur Literatur wagte (das war 1955/56), da beachteten die beiden längst Arrivierten den Newcomer nicht, und, überraschender, dieser hat sich umgekehrt auch mit ihnen kaum beschäftigt, ungleich weniger als mit den anderen Großen der Moderne, von William Carlos Williams bis zu Claude Simon und Marcel Proust. Es gibt wenig, was ihn mit den beiden berühmten Schweizern verbindet: Was ihn von ihnen trennt, ist nicht nur sein Regionalismus und nicht nur seine Erfahrung der Arbeitswelt. Wenn es stimmt, was Dürrenmatt in seinem letzten Brief vom 11. Mai 1986 an den ihm längst entfremdeten Freund schrieb: dass Frisch »seinen Fall zur Welt« mache, er, Dürrenmatt aber »die Welt zu seinem Fall«, wenn das stimmt, hat Meier tatsächlich wenig mit beiden zu tun (und umgekehrt). Sein Schreiben ist bestimmt von dem, was Handke die »poetische Gerechtigkeit« nannte: eine Wahrnehmung, die die Strenge der Gerechtigkeit verbindet mit dem Ungreifbaren der Poesie; die nichts auslässt, auch die kleinsten und die gewöhnlichen Dinge nicht übersieht. Vor Pathos und vor der Überschätzung der Literatur war er von früh an gefeit durch seine christliche Haltung und seine Skepsis. Er sei »Ästhet und Christ«, sagte er in einem Interview, und Gott hat er den »obersten der Poeten« genannt.

*Meiers »poetische Gerechtigkeit«*

Mit Gedichten hat er angefangen (*Das Gras grünt*, 1964; *Im Schatten der Sonnenblumen*, 1967), nicht als ein Naiver, wie man hätte denken können. Ehe der erste Gedichtband erschien, hatte er sich gründlich umgesehen im *Museum der modernen Poesie*, dieser Bahn brechenden Anthologie von Hans Magnus Enzensberger, und es gab Grund zur Vermutung, hier habe ein genuiner Lyriker auf Anhieb seine Form gefunden. Aber er ist überraschend früh zur Kurzprosa übergegangen – und er verdankt dieser Form seine kühnsten und freiesten Texte (*Kübelpalmen träumen von Oasen*, 1969; *Es regnet in meinem Dorf*, 1971). Es sind wahre Explosionen der Sprachlust und der Spielfreude, wie sie sich der Autor später nie mehr erlauben wird: als feierte er, unterwegs zu großen Formen, den Abschied von den kleinen und die neu gewonnene sprachliche Freiheit.

Das darauf folgende Prosastück *Der andere Tag* (1974) steht an einer Schaltstelle des Werks, kurz vor dem Übergang zum Roman. Es ist ein Porträt des Dorfes Niederbipp (dem der Autor etwas später den Namen Amrain geben wird) und zugleich eine Einübung in eine Erzählweise, die ganz seine eigene werden soll: die der indirekten Rede, des Konjunktivs, der den direkten Zugriff auf die anderen Menschen und die Welt verhindert – und sie im Indirekten desto lebendiger werden lässt. Das Prosastück verwirklicht unauffällig die älteste Form des Erzählens: die der mündlichen Überlieferung, die einen leiblich anwesenden Zuhörer voraussetzt, der das Gehörte bewahrt und vielleicht weitererzählt. Jahre später wird diese Erzählform in der Tetralogie *Baur und Bindschädler* ihre volle Entfaltung finden, in einem Reden, das man dialogisch nennen darf – aber nicht weil da ein ausgewogenes, gleichsam vorbildliches Gespräch stattfände. Gerade andersherum: da entwickeln sich Dialoge, die kein Gleichgewicht kennen. Aber gerade die Asymmetrie weist den Weg zu einem neuen Gleichgewicht, das sich im Erzählen verwirklicht und im Zuhören erlebbar wird

*Das Gesetz der Erzählung: Reden, Zuhören, Weitererzählen*

Ehe er zu seinem Opus magnum kam, entstanden in den beiden rasch aufeinander folgenden Büchern *Der Besuch* (1976) und *Der schnurgerade Kanal* (1977) zwei Romane, die man wohl Etüden der Einsamkeit nennen darf. Es sind die finstersten Werke, die Meier geschrieben hat: eingefärbt von der Ahnung, das Leben könnte misslingen, an seinem Ende könnte der Wahnsinn stehen oder der Selbstmord: Möglichkeiten, wie sie auch im späteren Werk immer wieder aufscheinen, aber nie so deutlich wie im *Schnurgeraden Kanal*.

Die Hauptfigur in *Der Besuch* ist – wie Meier selber sagt – ein »sanfter Irrer«, der in seinem Klinikzimmer sonntags umsonst auf Besuch wartet und sich über seine Einsamkeit hinweghilft, indem er dem abwesenden Besucher von einem anderen, einem realen Besuch erzählt: von einem munteren Spaghetti-Essen in der Provinz, in einer Zeit, als der *Mann auf Zimmer 212* (212: nach der Zahl der Knochen im menschlichen Skelett) noch außerhalb der Klinikmauern lebte. Das Zusammensein wird im Hin und Her des Geredes so hyperrealistisch erzählt, dass die Beschreibung manchmal geradezu ins Experimentelle kippt (schon hier schimmern die Muster des nouveau roman durch). Nur gerade angedeutet wird die Tatsache, dass der »sanfte Irre« einmal »selber unter die Schreiber« gehen wollte, aber (ohne dass ein Grund genannt würde) sein Ziel nicht erreichte, verstummte – und schließlich in der Klinik landete. Dass die Abstinenz von der Literatur, der sich Meier selber jahrzehntelang mitleidlos unterzog, keine ungefährliche Sache ist und den betroffenen Menschen aus allen sicheren Gleisen werfen kann, diese Ahnung oder Erfahrung hat im *Mann auf Zimmer 212* ein Gesicht erhalten.

**Der schnurgerade Kanal – *Chiffre für die begradigte Welt***

*Der schnurgerade Kanal*, der formal kühnste, auch der schwierigste unter den Romanen Meiers, endet mit einer Laienpredigt, die der Autor in der Kirche von Vaduz gehalten und anschließend im Klagenfurter Wettbewerb als ein Stück Literatur auch vorgetragen hat. Dieser Hinweis auf das Christentum, das auf der Seite der Schwachen steht und die Friedfertigen seligspricht, stellt ein Gegengewicht dar zu der Einsamkeit der beiden Hauptfiguren des Romans, der Protagonisten einer großen Jugendliebe, die keine Erfüllung findet, aber in beiden als eine nicht nur glückliche Erinnerung weiterlebt. Man kann sich keinen einsameren Menschen denken als den Architekten Isidor, der nach einem in der Welt der Technik zugebrachten Berufsleben aus Australien zurückkehrt und in seinen letzten Wochen jene Kontemplation nachholt, die seinem Wesen gemäß ist – und dem Warten auf den Krebstod schließlich zuvorkommt durch den Sturz in eben jenen »schnurgeraden Kanal«, der als ein Symbol der begradigten Welt über dem Roman steht: ein Bild, das lange Analysen ersetzt.

**Baur und Bindschädler – *eine dialogische Ezählinstanz***

Dass die unmittelbar auf den *Schnurgeraden Kanal* folgende Tetralogie *Baur und Bindschädler* nicht nur das Hauptwerk Meiers wurde, ein Opus magnum – sondern auch sein »Erfolgsbuch«, das am meisten gelesene, gerühmte, zitierte, hat wohl damit zu tun, dass darin das Muster der allgemein beliebten Gattung des Familienromans durchschimmert, der mit einem Fast-Nichts an Handlung auskommt. Ein Spaziergang der beiden im Titel genannten Freunde durch das novemberliche Olten (*Toteninsel*, 1977); ein Wochenende, das Bindschädler bei Baur in Amrain verbingt (*Borodino*, 1982), ein Besuch Bindschädlers beim todkranken Baur im Spital (*Die Ballade vom Schneien*, 1985): das sind die Elemente, aus denen die Gegenwart gebaut ist – und in ihr können sich die Erinnerungen desto freier entfalten. Der vierte Band dann (*Land der Winde*, 1990), ein Nachzügler zu einem Werk, das bereits als Trilogie präsentiert wurde, evoziert einen Besuch Bindschädlers bei Baurs Witwe. Den überraschenden Anfang dieses Besuchs aber macht der Aufenthalt Bindschädlers an Baurs Grab – wobei er dessen Stimme aus einem Strauss von Winterastern deutlich hören kann. Mit einem ungeheuren Selbstbewusstsein entwirft der in seiner Lebensweise und in seinem Auftreten so bescheidene Mann seine Poetik und grenzt sich gegen seine Schriftsteller-Kollegen ab, die er die »Macher« nennt – während er selber sein Werk im »Sneewittchenland« der Kunst verwurzelt weiß und als seine eigentlichen Kollegen nur die Grossen der Weltliteratur nennt.

Dieses Selbstbewusstsein hat etwas Bestürzendes. Denn Baur hat, wie der *Mann auf Zimmer 212*, so gut wie nichts aufgeschrieben von den Bildern und Gedanken, die in ihm aufschienen; er hat sie, wenn er keinen Bindschädler an seiner Seite wusste, dem »Weltenwind« anvertraut, dem auch die anderen Menschen und die Tiere ihre Litaneien anvertrauen. Seine Sätze fallen also nicht ins Leere, sondern werden aufgehoben und weiter getragen. Und anders als der Mann auf 212 erlebt Baur sich selber als einen genuinen Poeten, was der Überzeugung des Autors entspricht, Dichtung sei in erster Linie eine Sache des Erlebens und Wahrnehmens, nicht des Schreibens, es könne sich also schon ein Kind als Dichter fühlen. Das lässt daran denken, dass Meier vor der Niederschrift kaum Notizen machte, und seine Bleistiftentwürfe (mit einer Ausnahme) nach Abschluss des Werkes mitleidlos wegwarf.

*Der Weltenwind – Medium einer umfassenden Erinnerung*

Dass aus den scheinbar verwehenden Worten ein Buch, sogar eine einigermaßen umfangreiche Romanfolge wird, das verdankt sich einem Einfall des Autors, der mehr ist als ein Geniestreich: Er kreiert in Gestalt der beiden ins Gespräch versunkenen Freunde eine Erzählinstanz, die einigermaßen einmalig sein dürfte – bestehend aus einem (Baur), der redet und sich erinnert, und einem anderen (Bindschädler), der vor allem zuhört und der, als ein getreuer Statthalter, das »Gerede« des Freundes nach dessen Tod aufschreiben und so vor dem Verflattern retten wird (*Land der Winde* könnte vielleicht bereits als ein Bild dieses Romans gelesen werden). Und natürlich sind die Figuren der beiden Freunde einerseits Spiegelungen wirklicher Personen (in Bindschädler lebt, nicht zufällig, die Erinnerung an einen Freund aus dem Militärdienst) und zugleich innere Figuren des Autors, die beide – Baur, der »Redselige«, Bindschädler, der »Denkselige« – Haltungen vertreten, die für das Entstehen des Werkes unabdingbar sind. Aus ihnen beiden redet der Autor, der seltsame Dialog konstituiert das Werk.

Auch E. Y. Meyer, fast 30 Jahre jünger als Gerhard Meier, gehört vor allem in seinen Anfängen in den Umkreis des Regionalismus, freilich nicht in den »seiner« eigenen Region, sondern einer (es ist das bernische Emmental), die er sich gleichsam angeeignet hat. Er ist, wie sein Namensvetter, ein Gegner der Vereinheitlichung der Welt, ein leidenschaftlicher Verteidiger der Vielfalt und der Differenz.

*E. Y. Meyer*

Ein frühes Meisterwerk ist der erste Roman *In Trubschachen* (1973). Der Inhalt dieses handlungsarmen Buches, das in einem typischen, eher unauffälligen Emmentaler Dorf angesiedelt ist, besteht aus nichts anderem als dem Aufenthalt eines begabten, im Leben noch nicht richtig verwurzelten Studenten in Trubschachen, und zwar ausgerechnet in der gefährlichen, der dämonischen Zeit des Jahreswechsels. In den wenigen Tagen seines Aufenthalts, in der er das gute Essen im Gasthof genießt, erfährt der Protagonist heftiger denn je die Unsicherheit und tiefe Gefährdung des Lebens, die Todesnähe, die jederzeit aufbrechen kann, sogar in einem Hotelzimmer, und vor allem auf einsamen Wegen, auf Eis und Schnee. Die Erzählung findet ihren großartigen Höhepunkt in der aus innerer Not geborenen Auseinandersetzung des Studenten mit Kants Moralbegriff, die schließlich in einer leidenschaftlichen Rede am Stammtisch aus ihm herausbricht. Diese »Rede von der Pflicht« gipfelt in einer Attacke gegen den Kategorischen Imperativ Kants und in einem großen Plädoyer für das Glück und auch für die Güte, die angesichts der prekären Situation des Menschen in der Welt allein Sinn haben.

*Die Rede von der Pflicht: Attacke gegen den Kategorischen Imperativ*

Und Paul Nizon, dieser Gegenpol, ja Gegner des Regionalismus? Er brauchte mehr Zeit als erwartet, bis er das in seinem Erstling *Canto* (1963) Begonnene fortsetzen konnte, bis er von dem, was er als »Enge« hasste, frei war. Eine Stufe in diesem Ablösungsprozess ist sein nächstes Buch, der Roman *Im Hause enden die Geschichten* (1971), ein literarisch überzeugendes Pendant zum *Diskurs*, und eines der schönsten Kindheitsbücher der Schweizer Literatur: Evokation der Kindheitsjahre in Bern und zugleich ein großar-

*Paul Nizon*

*Großstadt als Inbegriff des Lebens*

tiges, aus dem Fremdheitsgefühl entstandenes Bild der Stadt und ein Akt der Befreiung aus ihrer »steinernen Umarmung«. Auch Nizons nächstes Buch, der Roman *Stolz* (1975), führt noch nicht in seine Sehnsuchtsstadt, die Metropole Paris, sondern in die lähmende Einsamkeit des Spessart, wo sich der lebensschwache Protagonist, der zu keiner geistigen Leistung findet, schließlich in die Depression und die tödliche Kälte des winterlichen Waldes sinken lässt. Nicht zufällig wurde das Buch zu Nizons erstem internationalen Erfolg; mit der verhängnisvollen Lebensferne des Protagonisten sprach er eine allgemeine Erfahrung der Zeit an. Vor allem aber evozierte er eine Gefahr, die ihn selber in seinen Schaffenskrisen bedrohte, und die er nur im Schreiben überwand. Erst 1977 nahm er Wohnsitz in Paris, und erst mit dem Roman *Das Jahr der Liebe* (1981), später mit den Caprichos *Im Bauch des Wals* (1989), kommt er dazu, jenes fast handlungslose Sprachkunstwerk zu schreiben, das ihm seit dem *Canto* (1963) vorschwebte. Aber eigenartigerweise hat er nie darauf verzichtet, Erinnerungen und Skizzen aus dem Schweizer Ambiente in seine Großstadtbücher einzufügen. Wie Gerhard Meier für seine in der Provinz verwurzelte Welt den Gegenpol einer schließlich ins Kosmische reichenden Weite brauchte, so Nizon das Enge und Kleine als Spannungselement zur Großstadt. In der Spannung zwischen den Polen gelangen diese beiden so gegensätzlichen Poeten zum Sprachkunstwerk, das sie beide unter Umgehung eines handlungsreichen Romans suchen.

Nizon ist natürlich nicht der einzige Nestflüchter in der gegenwärtigen schweizerischen Literatur, aber vorläufig der radikalste. In einer von Beatrice von Matt und Michael Wirth herausgegebenen Anthologie über solche Nestflüchter (*Abends um acht*, 1990), vor allem jene, die in Berlin lebten und leben, gibt es dazu Beispiele genug, gerade unter den jüngeren und jüngsten Autoren. Die Herausgeberin will sogar in der jüngsten Literatur einen schweizerischen »Metropolendiskurs« erkennen. Nizon ist einer der ersten, der im 20. Jh. diesen Metropolendiskurs wieder aufgenommen und weitergeführt hat.

## *Krankheit und Tod als Themen der Literatur*

Sie gehören zusammen wie die beiden Seiten der gleichen Münze: das unsterbliche *Heidi* von Johanna Spyri und der Bericht *Mars* (1976) von Fritz Zorn: Das gesunde Bergkind, das, nach Frankfurt verpflanzt, magersüchtig und somnambul wurde, und das genas, kaum war es wieder auf der Alp – und der als Sohn wohlhabender Eltern am rechten Ufer des Zürichsees aufgewachsene Fritz Zorn, der, kaum dreißig, an Krebs erkrankte und starb. Und der, todkrank, begriff, dass er nie richtig gelebt hatte – und aus seiner Lebens- und Leidensgeschichte *Mars* eine große Anklageschrift gegen seine großbürgerliche Umgebung, insbesondere gegen seine gut meinenden, eher lebensschwachen Eltern machte, in deren Lebensflucht er den Ursprung seiner Krankheit zu finden glaubte. Er gab den Eltern die Schuld an seinem Krebs, den er gleichzeitig als seine »ungeweinten Tränen« bezeichnete.

Heidi *und* Mars: *Mythos und Kultbuch*

Heidi wurde zu einem Mythos, den weder kitschige Adaptionen noch touristische Vermarktung bisher ganz entwerten konnten, *Mars*, der eiskaltmitreißende Bericht über die – nach Zorn – Lebensferne der Zürcher upper class, wurde sofort zu einem Kultbuch, nicht nur in der Schweiz; er traf offensichtlich einen Nerv der siebziger Jahre, entsprach auch dem allgemeinen, gerade von den 68ern praktizierten Trend, die Schuld an eigenen Fehlentwicklungen der gesellschaftlichen Umgebung und den Eltern anzulasten. Die nahtlos enge Verbindung von Krankheit-Gesellschaft-Schreiben ist es, was das Thema Krankheit im Rahmen der siebziger Jahre so quälend-interessant macht.

Natürlich sind Tod und Krankheit menschliche und also auch literarische Grundthemen, nicht nur in der Schweiz. Dass es in den siebziger Jahren zu einem eigentlichen »Boom« dieser Thematik kommt, könnte mit der spezifischen Geschichte der Schweiz in den letzten Jahrzehnten zusammenhängen. Das Land war aus zwei mörderischen Weltkriegen unversehrt hervorgegangen, die Gebäude unzerstört inmitten einer Trümmerlandschaft: vor diesem Hintergrund erhielten Themen wie Krankheit und Tod unversehens eine makabre Bedeutung als Hinweis an die Nachgeborenen, es sei auf diese äußere Unversehrtheit des Landes kein Verlass, es gebe keine Lebenssicherheit mehr.

Hermann Burger, der gleichen Generation angehörig wie Zorn, schrieb wie dieser von früh an um sein Leben, aber in einem anderen Sinn: Er schrieb immer zugleich um seine Existenz als ein Künstler von höchstem Anspruch. Sein erster Roman *Schilten. Schulbericht zuhanden der Inspektorenkonferenz* (1976), eines der zahlreichen Winterbücher dieser Jahre (neben *Grünsee* von Christoph Geiser, *In Trubschachen* von E. Y. Meyer, *Die Ballade vom Schneien* von Gerhard Meier, *Stolz* von Paul Nizon, *Winterdorf* von Gertrud Wilker) stellt noch heute für viele den frühen Höhepunkt im Werk dieses so begabten wie ehrgeizigen, von Krankheit heimgesuchten Künstlers dar. Seine Inspirationsquelle war ein (real existierendes) in der Nähe eines Feldfriedhofs gelegenes, mit diesem funktional, ja geradezu symbiotisch verbundenes Schulhaus in der aargauischen Provinz. Mit unheimlicher Konsequenz zeichnet Burger – durch die Feder seines todessüchtigen Protagonisten – eine eigentliche Totenwelt, er lässt den Blick der Schüler wie des Lehrers geradewegs auf die vom Totengräber offengelegten Gräber fallen. Der Lehrer Schiltknecht hat keine eigene Biographie, seinem Namen entsprechend ist er gleichsam von dieser Landschaft hervorgebracht worden als ihr Produkt und Kind, und er gibt, unter einem Zwang oder Wahn stehend, seine Todesperspektive an seine Schüler weiter. Er vermittelt statt Lebenskunde Todeskunde, behandelt den Scheintod oder das Verschollensein als Kardinalthemen im Unterricht (beide sind auch als Chiffren für die den Autor schon damals bedrohende Depression zu lesen). Er doziert auch weiterhin seine Todeskunde, als seine Schüler schon lange von ihren erschreckten Eltern heimgeholt wurden.

Hermann Burger

*Todeskunde statt Lebenskunde*

Und ausgerechnet mit dieser krankhaften Konzentration auf das Todesthema findet der poeta doctus Burger, der in einem ersten Erzählband (*Bork*, 1970) einen eher konventionell-eleganten Stil pflegte, zu seiner eigenen, einer unverwechselbaren Sprache, die, von Thomas Bernhard beeinflusst, doch nicht einfach dessen Nachahmung ist. Statt seine wissenschaftliche Sprache, die er als habilitierter Germanist und Literaturdozent beherrschte, zu verstecken, wagt Burger den Salto Mortale: die wissenschaftliche Sprache und Perspektive zu verwenden und zugleich durch Neologismen und durch abseitiges, oft erfundenes Wissen ad absurdum zu führen.

In späteren Werken gerät der Autor noch in anderer Hinsicht in die Nähe Zorns; in ihnen bestimmt die Klage über die, wie er meint, in der Kindheit erlebte Kälte und Lebensfeindlichkeit der Mutter den Text; den subjektiv erfahrenen Liebesmangel deutet er als die Ursache lebenslanger Krankheit. So in der Novelle *Diabelli* (1979), so vor allem im Roman *Die Künstliche Mutter* (1983); dass gerade mit diesen Büchern ein breiter Erfolg einsetzte, beweist, wie sehr das Motiv dem Zeitgeist entsprach. Erst als seine Selbsterforschung diese Wendung genommen hat, wird, so scheint es, sein Leiden ausweglos, sein Schreiben eine Art Wettlauf mit dem Tod. So sagt er es in den

*Schreiben als Reaktion auf eine »höchste Notsituation«*

*Frankfurter Poetik-Vorlesungen* (1985/86): »Darf ich wiederholen, dass Schreiben bei mir immer eine lebensrettende oder -verlängernde Langzeitmaßnahme als Reaktion auf eine höchste Notsituation war und bleibt.«

Das ist eines der vielen Notsignale, die sich immer häufiger in seinen Werken finden und deren Rezipienten einem mehr oder minder bewusst ausgeübten Druck aussetzen. Der imminente Tod, aber auch der Tod im Leben ist von Anfang an ein großes, zunächst halb verstecktes Thema in seinem Schaffen. Sein letztes Werk, die bereits als Opus magnum angekündigte Tetralogie *Brenner* (1989) ist als ein hybrides Werk geplant; es sollte alles sein: Kindheitserinnerung und Rettung dieser verletzten Kindheit, die Geschichte seiner Familie, eine Hommage an den verehrten Fontane und die in dessen Romanen evozierte Atmosphäre einer humanen Geselligkeit umfassen – dazu eine enzyklopädische (und in ihrer Redundanz wohl so gut wie jeden Leser vergraulende) Geschichte der Tabaksgewinnung und -industrie.

*Brenner – eine Hommage an Fontane?*

Es ist wohl nicht falsch, gerade in diesem letzten Buch seltsame Anzeichen eines (symbolischen oder wirklichen?) Abschieds von der Literatur, ja eine Art Wunsch nach Rückkehr ins Bürgertum zu sehen. Sein in den meisten Eigenschaften und Fakten autobiographischer Protagonist ist in einem Punkt, dem wichtigsten, als Gegensatz des Autors angelegt: Er ist kein Dichter, nicht einmal ein Literat, will von Kunst nie etwas verstanden haben. Dafür sehnt er sich in die Zeit zurück, da seine Vorfahren selber im Tabakgeschäft tätig waren. Zunehmend rückt der Selbstmord ins Zentrum von Burgers Denken: Was er im *Tractatus logico suicidalis – Über die Selbsttötung* (1988) in einer oft schon fast peinlichen Anlehnung an Jean Améry explizit formulierte, wird er 1989, am Tag, an dem *Brunsleben* herauskam, vollziehen.

Sowohl Adolf Muschg wie Walter Vogt, beide fast eine Generation älter als Burger, haben schon in den sechziger Jahren die Krankheitserfahrung und Todesangst thematisiert. Krankheit im weitesten Sinn ist für beide Impuls zum Schreiben und auch literarisches Motiv, und beide haben sie auch wichtige Essays darüber geschrieben, der Germanist Muschg gestützt auf seine geisteswissenschaftliche, der Arzt Vogt gemäß seiner naturwissenschaftlich-psychiatrischen Schulung. Aber beide wahrten sie mehr Distanz zum Thema als sowohl Zorn wie Burger.

*Adolf Muschg*

Adolf Muschg hat für *Mars* einen Verlag gesucht, ein Nachwort geschrieben; Fritz Zorn war wohl für ihn eine Art Stellvertreter, der bis in die letzte Konsequenz auslebte, was ihn, Muschg, als Lebens- und Literaturthema begleitete und verstörte. Schon im Drama *Rumpelstilz* (1968) hat er die hypochondrische Krebsangst eines politisch engagierten und zugleich frustrierten Lehrers beschrieben, wohl aus eigener Erfahrung. Krankheit und vor allem die Angst vor Krebs gehen durch sein Werk. Muschg ist allerdings viel zu reflektiert, als dass es bei ihm zu Dramatisierung und Heroisierung der Krankheit käme wie zuletzt bei Burger. Er bleibt als Autor selbstkritisch, auch seiner eigenen Hypochondrie gegenüber, ohne sich befreien zu können. So konnte ihm auch ein aufschlussreiches, umfassendes Werk zum Thema Krankheit und Kunst gelingen: die Poetikvorlesungen *Literatur als Therapie?* (1981). Das Modethema der Zeit wird hier aus der vereinfachenden Deutung gelöst, die ihm damals zuteil wurde und entsprechend seiner Komplexität von allen Seiten kenntnisreich, persönlich und differenziert behandelt, interessant auch in den Bezügen zur Politik und zur gesellschaftlichen Situation – und mit einem großen germanistischen Finale. In diesem weist der Autor energisch, ja unerbittlich die modische These von der therapeutischen Aufgabe und Wirkung des Schreibens (und Lesens) zurück, obgleich die Hoffnung auf Heilung auch seinen eigenen Wünschen entsprach. Das Ziel der

Kunst – so das Fazit – ist das Gelingen des Werks, das aber (vielleicht) ohne die Krankheit nicht entstehen könnte.

*Kunst als Krankheit und als Therapie* (1982) heißt Walter Vogts großer Essay, in dessen Titel vor allem der Unterschied zu dem Muschgs interessant ist. Nicht die Angst vor der Krankheit, sondern die Krankheit selbst, ja sogar eine gewisse »Lustangst«, bezeichnet Vogt als Impuls seines Schaffens; Krankheit ist sein lebenslanges Thema. Seine schriftstellerische Karriere setzte während einer schweren Krankheit spät und explosiv ein. Aber nicht die eigene Krankheit war in seinen ersten Büchern das Thema, sondern »seine Kollegen, die Ärzte«; er behandelte das Thema satirisch und kritisch, aber, wie sich herausstellte, nicht unrealistisch: nach den Erzählungen *Husten* besonders eindrücklich in *Wüthrich, Monolog eines sterbenden Arztes* (1965).

Walter Vogt

Das Buch, ein großer Erfolg (aber ein Ärgernis bei den Ärzten, die damals noch nicht an öffentliche Kritik gewöhnt waren), evoziert nicht einfach den Tod eines Arztes, sondern das Sterben eines mächtigen Klinikchefs, der noch im Amt ist, obgleich längst die Assistenten seine Geschäfte führen. Ihn trifft das Sterben als ein Machtverlust in mehrfachem Sinn: Er verliert die Fähigkeit, über sich selbst zu bestimmen, aber auch die, zu helfen und zu heilen, und ihm kommt auch seine Machtposition an der Spitze der Klinik abhanden. Mit dem Nahblick des Kollegen und zugleich aus der Distanz eines außen stehenden Beobachters hat Vogt früh den Macht- und Dominanzanspruch und damit die Gefahren und Dunkelseiten der Götter in Weiß demaskiert.

In den siebziger Jahren bestimmen dann eigene Krankheiten sein Werk. (Es ist bezeichnend, dass die Rolle des Arztes und die des Patienten sich nicht selten überschneiden.) Zuerst die Drogensucht, der er sich anfangs scheinbar bewusst, aus Lust am Experiment aussetzte – in Wirklichkeit war er wohl von früh an getrieben vom Verlangen nach der Ekstase, danach, die Welt immer wieder zu sehen, wie er sie in frühen Halluzinationen gesehen hatte: wie am ersten Schöpfungstag. Seine von Depressionen begleitete Entziehungskur hat er unter dem Titel *Vergessen und Erinnern* (1978) zu einem kleinen Tagebuch-Roman gestaltet; im Tagebuch *Altern* evoziert er die im Titel genannte Erfahrung des Alterns an der eigenen Person und an der Welt und erweist sich dabei als ein ausgezeichneter Selbstbeobachter, der sich, je subjektiver die Perspektive ist, desto gezielter der Tagebuchform bedient. Doch ist Vogt nicht nur ein Egomane, ein Kranker, Süchtiger, sondern auch ein kluger, immer wieder provozierender Diagnostiker der Zeit und ein Gegenläufer ihrer Moden.

Die beschriebene Form der Psychologisierung der Krankheit – mit der darin enthaltenen Hoffnung, die Heilung setze ein, wenn man nur ihre Ursache finde, – dauert nur wenige Jahre und weicht schon in *Schatten. Tagebuch einer Krankheit* (1977), dem eindrücklichen letzten Buch von Walter Matthias Diggelmann, aber auch in den *Diktaten über Sterben und Tod* des Rechtsprofessors Peter Noll der Einsicht, dass Krankheit und Tod unabdingbar zur condition humaine gehören. Ein eigentliches Gegenbuch zu *Mars*, obgleich nicht als ein solches konzipiert, stellt der Roman *Fuss fassen* (1980) von Maja Beutler dar, geschrieben unter dem Eindruck einer lebensbedrohenden Krankheit, gegen die im Buch alle Kräfte mobilisiert werden, nicht nur der Widerstand, sondern auch die Phantasie und der Traum. Fragen nach dem therapeutischen Wert der Kunst, nach dem psychologischen Grund der Krankheit treten jetzt in den Hintergrund, die Suche nach Schuldigen verschwindet. Noch einmal eine neue Perspektive zeigt sich in den Krankheitsbüchern der achtziger Jahre, bei Thomas Hürlimann und Klaus Merz. Beide

*Walter Matthias Diggelmann, Peter Noll, Maja Beutler*

schreiben sie nicht aus der Erfahrung der eigenen Krankheit, dennoch nicht als Unbeteiligte, sondern unter dem Eindruck dessen, was in ihrer Familie geschieht.

*Thomas Hürlimann:*
Die Tessinerin

Thomas Hürlimann wird in seinen literarischen Anfängen stark bestimmt, ja recht eigentlich zum Schreiben getrieben durch die Krebserkrankung seines um fünf Jahre jüngeren Bruders. Die besondere Qualität seiner ersten Publikation *Die Tessinerin* (1960) hat mit der bewundernswerten Balance zwischen Mit-Leiden und Distanz zu tun, welche der Erzähler wahrt – eine Distanz, die aus dem Bemühen kommt, die Intimität des Leidenden, Sterbenden nicht zu verletzen. Die (an den Schluss gestellte) ziemlich linear erzählte Titelgeschichte, die das Sterben einer ortsfremden Frau in einem abgelegenen Tal mit eher rauen Bewohnern evoziert, gibt dem Autor eine Möglichkeit, »über etwas zu reden, von dem er nicht reden kann und doch reden muss«. Indem er vom elenden Sterben der Frau erzählt (die gar keine »Tessinerin« ist, nur keine Einheimische), schreibt er auch über seinen Bruder – ohne dass er die Sterbende zur bloßen Platzhalterin degradierte.

Das Gartenhaus

Im zweiten Buch, der Novelle *Das Gartenhaus* (1988), nimmt der Autor sich selber aus der Familiengeschichte heraus, lässt andere, und doch nicht fremde Eltern ihre Trauer um den verstorbenen Sohn in einem grotesken Zweikampf ausleben – und führt die beiden erst am Schluss in ihrem schon fast vergessenen Gartenhaus zusammen, wo sich die zerfallende Modelleisenbahn des verstorbenen Sohnes befindet und gleichsam einen Weltuntergang in Miniaturform (eindrücklicher vielleicht als im Großformat!) darstellt.

*Klaus Merz:*
Jakob schläft

Klaus Merz ist noch stärker geprägt durch die Scheu, seine Familie als literarisches Thema zu benützen, gar zu vermarkten. Erst 15 Jahre nach seinem Debut als Autor schrieb er zum ersten Mal von seinem Bruder Martin, der durch ein Geburtstrauma zum Behinderten wurde und trotz dieser Behinderung (einem damals unheilbaren Hydrocephalus), vielmehr aus ihr heraus zum Dichter wurde. In der Erzählung *Report* (in *Tremolo Trümmer*, 1985) ist offenbar eine fast gewaltsame, groteske Verfremdung nötig (erzählt wird in der Umgebung eines Schlachthofs), damit das Leiden und die Gedichte des Bruders zur Sprache kommen können. Krankheit ist gerade bei Merz kein Einbruch in eine einmal als heil erfahrene Welt, sie ist für ihn von Anfang an Teil der condition humaine, wie er sie schon als Kind erfuhr: Der ältere Bruder war tot zur Welt gekommen, der Vater litt an einer späten Epilepsie, die Mutter an schweren Depressionen. Nur allmählich, stufenweise wird Merz das Familienthema literarisch weiter verfolgen; und erst nach vielen Jahren kommt er dazu, die verschiedenen Linien zu bündeln, so dass, überraschend bei diesem Meister der Kurzprosa, der Roman *Jakob schläft. Eigentlich ein Roman* (1997) entsteht – ein Roman, der, so schmal er ist, sich trotz seiner Kürze als ein klassisches Werke des Genres präsentiert: als ein Kosmos, der sogar eine eigene Sonne hat. (*Sonne* nämlich wird der behinderte jüngere Bruder genannt, der nicht nur, wie viele Behinderte, zum »Sonnenschein« der Familie wird, sondern auch das Zentrum darstellt, um das der Roman gebaut ist.)

*Markus Werner:*
Bis bald

Markus Werner führt in seinem Roman *Bis bald* (1992) das Todesthema zu einer großartigen Coda, obgleich – oder weil – es bei ihm nicht in der gleichen Art omnipräsent ist wie bei den bisher genannten Autoren. Zentral sind bei Werner eher ein tiefer, meist satirisch verbrämter und verschärfter Pessimismus, der bis zum Lebensekel geht; dazu die Überzeugung, dass die Welt eigentlich »unhaltbar« sei, und, das Wichtigste, die erfahrene Schwierigkeit menschlicher Beziehungen. *Bis bald* ist ein Todesbuch, zu dem man nicht leicht etwas Ebenbürtiges finden wird – auch wenn es nicht der einzige geglückte Roman des Autors ist, der bisher immer wieder, meist mit stark satirischem Einschlag, Menschen auf der Flucht aus beruflichen und gesellschaftlichen Zwängen gezeigt hat (*Zündels Abgang*, 1984; *Froschnacht*, 1985; *Die kalte Schulter*, 1989). Auch der Protagonist von *Bis bald*, der noch nicht alte Denkmalpfleger Hatt, kennt den kritischen, ja bösen Blick auf die anderen Menschen, aber das wird sich ändern. Dass sein Herz durch eine Reihe von Infarkten zerstört wird (so dass schließlich die Transplantation eines »Spenderherzens« als einzige Lösung bleibt), kann man als Ausdruck seines eigenen Liebesmangels sehen; aber der Autor – das trägt zu der ungewöhnlichen Qualität des Werkes bei – hütet sich vor jeder kurzschlüssigen Deutung. Was Hatt umtreibt, ist am Schluss nicht die Todesangst, es sind die Zwänge und Versprechungen der Spitzenmedizin. Auf die Erfüllung dieser Versprechungen – im Klartext: auf den Tod eines anderen, ihm unbekannten Menschen – wartet der Kranke zunächst. Und er begreift allmählich das Unmenschliche dieses Wartens und die eigene Unfreiheit, in die er gerät. Er verzichtet schließlich auf seine vermutlich letzte Chance. Das Buch ist ein Meisterwerk, nicht in erster Linie, weil der Autor sich an ein heikles Thema wagt, sondern weil er souverän auf eine diskursive Behandlung der Spitzenmedizin verzichtet und doch, in der bloßen Erzählung, alles Nötige sagt. Die menschliche Tiefe erhält das Werk vor allem durch die raffiniert eingefügte Nacherzählung eines Klassikers der deutschen Literatur: des *Armen Heinrich* des Hartmann von Aue, in dem der Verzicht eines an Aussatz Erkrankten auf ein wirkliches, nämlich ein freiwillig offeriertes »Spenderherz« vom Sieg der Menschlichkeit kündet. Doch wird dieser Klassiker, der sich nicht weniger als der berühmtere *Parsifal* als Folie unserer Zeit eignet, nicht zu Ende erzählt – sondern nur so weit, bis der Leser sich selber seinen Vers machen kann. Auch die nächsten Bücher von Werner, *Festland* (1997), die Geschichte von einem, der sich als »Ritter der Landstrasse« bewährt, aber die Frau, die er liebt, nicht retten kann, und das Gesprächsbuch *Am Hang* (2004) über die absolute und die flüchtige Liebe handeln von letzten Dingen und verlieren bei allem Ernst nie völlig eine unangestrengte Heiterkeit.

# Vier Längsschnitte entlang von Formen und Gattungen

## Das Tagebuch als Dokument und literarische Form

Die Tagebücher, mit denen Frisch in der Kriegszeit und nach Kriegsende dem Tagebuch zu neuen Formen und stärker Bedeutung verhalf, aber auch die freien Aufzeichnungen, *Notizen* genannt, mit denen Ludwig Hohl früh den Anspruch eines geschlossenen Werkes zurückwies, stellen den Auftakt zu einer Reihe von Tagebüchern dar, die sich bis in die neunziger Jahre zieht, und die Kurt Marti vom Anfang der siebziger Jahre an kontinuierlich fortsetzt. | *Kurt Marti*

Mit dem Tagebuch erschließt sich der lange Jahre durch die Berufspflichten eines Pfarrers in Anspruch genommene Autor eine ihm besonders entsprechende längere Form. Neben den z.T. hervorragenden Erzählungen in den *Bürgerlichen Geschichten* (1981) und den *Nachtgeschichten* (1987) wird es die wichtigste Prosaform des Autors bleiben: die Form, die, anders als der Roman, durch ihre Offenheit seinem schriftstellerischen Temperament entgegen kommt. | *Tagebuch als offene Form*

Kurt Marti

Den Anfang macht sein *Politisches Tagebuch*, erschienen 1972, als Auftakt der stark politisch geprägten siebziger Jahre, zwar gewiss nicht das am meisten gelesene unter den Texten der »engagierten Literatur«, aber eines der haltbarsten und glaubwürdigsten. Die Ichform ist hier nicht Ausdruck der Subjektivität, sondern ein Medium der Sachlichkeit, des Widerstands gegen Phrasen. Das Tagebuch ist das Werk eines Mannes, der, als Pfarrer, Autor, Bürger mit beeindruckender Klarheit und Konstanz an der Bedeutung der res publica und der Würde des einzelnen Bürgers festhielt.

Das Grundthema der im klassischen Tagebuchstil chronologisch angeordneten Aufzeichnungen ist die im ersten Abschnitt erwähnte Bespitzelung und Verdächtigung aller wirklich oder vermeintlich linken Kräfte, die wir als eine schweizerische Abart des McCarthyismus bezeichneten. Ins Schussfeld der selbsternannten Staatsschützer war auch Marti selber geraten, er provozierte in der Rolle eines Pfarrers wohl ebenso wie als Schriftsteller. Auf die gegen ihn und andere gerichtete Kampagne reagierte er nicht mit dem Lamento eines Opfers, sondern mit dem Selbstbewusstsein des Bürgers, der sich seiner Rechte bewusst ist: Sachlich und genau hielt er im Tagebuch die gegen ihn verbreiteten Verdächtigungen und Denunziationen fest. Dabei ist der McCarthyismus nicht das einzige Thema des Buches, er dient eher als Impuls, im kleinen Kreis, d.h. in der politischen Szene der Bundeshauptstadt die Mechanismen ausfindig zu machen, die möglicherweise auch der großen Politik zugrunde liegen. Marti tut es sachlich und kritisch zugleich, bereit zu Anerkennung, wenn diese am Platz ist (so gibt es sogar – entgegen den gängigen Klischees – eine Art »Beamtenlob«). Und es wird, besonders interessant, die Frage aufgeworfen, ob Menschen von verschiedener politischer Haltung auch unterschiedliche Träume hätten, die Politik also mit dem Unbewussten verbunden, von diesem gelenkt sei.

Man muss das diaristische Werk Martis als Ganzes betrachten, um seine Form und Bedeutung zu erkennen. Jedes der auf das erste folgenden drei Tagebücher hat ein besonderes Thema und seine eigene Form. *Unruhe und Ordnung. Aufzeichnungen, Abschweifungen* (1984) kommt der Komplexität der Frischschen Aufzeichnungen am nächsten; hier holt Marti nach, was im *Politischen Tagebuch* bewusst ausgespart blieb: seine eigene Autobiographie kommt fragmentarisch und verhalten zur Sprache, immer vor dem jeweiligen geschichtlichen Hintergrund. In den beiden *Fussgängerbüchern* (*Tagebuch mit Bäumen*, 1985, und *Högerland*, 1990) wird die Umgebung Berns zu Fuß ausgemessen, die Verwandlung der Landschaft, ihre Zerstörung festgehalten, ihre Vergangenheit evoziert. Das beschränkte Tempo des Menschen, der gegen den Strich der Zeit zu Fuß unterwegs ist, erlaubt, im Widerstand gegen die wachsende Beschleunigung, den genauen und geduldigen Blick auf das Konkrete. Das Tagebuch in seinen verschiedenen Varianten bewährt sich als eine Möglichkeit, fern von den üblichen Schablonen durch bloße Aufzeichnung vom Zustand der Welt zu reden.

Aber erst in den neunziger Jahren wird Marti die Möglichkeiten, die in der Tagebuchform stecken, ganz ausloten. Im Prosaband *Im Sternbild des Esels. Aufzeichnungen, Abschweifungen* (1995), einem der reichsten und hintergründigsten Bücher der Zeit, werden Beobachtungen, Einfälle, Gedanken, wird Surreales, Poetisches, Spielerisches in reicher Fülle aufgezeichnet, wird der Zorn über die Perversionen der im Zeichen der Globalisierung zunehmend wirtschaftshörigen Gegenwart, wird aber auch Mitleid mit den Menschen und ihren Mitgeschöpfen, den Tieren, in eine unauffällig-raffinierte Balance gebracht.

Es ist vielleicht nicht nur ein Zufall, dass gerade um 1970 herum viele

Tagebücher erschienen – vielleicht als eine Antwort auf die in Umbruch befindliche Zeit, der mit übergreifenden Formen nicht mehr beizukommen ist. Neben denjenigen von Frisch und Marti erscheinen die Amerika-Aufzeichnungen von Jürg Federspiel *Museum des Hasses* (1969) (eines seiner besten Bücher) und diejenigen von Gertrud Wilker, *Collages USA* (1968): geschrieben von einer Autorin, die während eines zweijährigen Aufenthalts in der amerikanischen Provinz nicht nur das Land zur Zeit der Rassenunruhen beobachtet, sondern inmitten der fremden Sprache ihre eigene, die deutsche Sprache neu gewinnt.

Als Sensation zu werten sind dann, trotz ihrer Unauffälligkeit, die unter dem Lichtenberg-Titel *Sudelhefte* (1974) publizierten Aufzeichnungen von Mani (eigentlich Hanspeter) Matter. Nicht dass Matter die von seinem Freund Kurt Marti erneuerte Tagebuch-Tradition damit fortgesetzt hätte; er hat seine Aufzeichnungen ja wesentlich früher begonnen als Marti die seinen, noch in den späten fünfziger Jahren. An eine Publikation dieser Aufzeichnungen dachte er erst kurz vor seinem frühen Unfalltod. Dabei war er seit Jahren einer der bekanntesten Künstler der Schweiz – und er ist es auch nach dem Tod geblieben, obgleich die von ihm gewählte Form, das damals sehr beliebte berndeutsche Chanson, eigentlich nur für den Tag bestimmt war. Das Weiterleben der in »Liedli« raffiniert verpackten Gedichte Matters (über die heute Dissertationen geschrieben werden) beruht auf ihrer herben, unter der Oberfläche eines scheinbar nur unterhaltenden Genres versteckten Poesie, auf der Verbindung von Spielfreude und Ernst, Humor und Weisheit.

Nicht weniger wichtig sind seine Aufzeichnungen. In einem seltenen Ausmaß kommt uns in seinen *Sudelheften*, und auch im *Rumpelbuch*, eine Freiheit des Denkens, eine radikale Unvoreingenommenheit und Offenheit entgegen, wie sie in diesen Jahren des Aufbruchs (aber eben vielleicht nur diesem Mann) möglich waren, ehe eine neue ideologische Verhärtung einsetzte. Matter, kein Diarist im engeren Sinn, suchte von früh an eine Form des Schreibens, für die er im Mainstream der üblichen epischen Formen kein brauchbares Vorbild fand: eine Art »Gedankendichtung«, wie er sie in der Vergangenheit bei Lichtenberg, in der Gegenwart bei Ludwig Hohl fand. Im Gegensatz zu vielen seiner Kollegen hat er den unter Intellektuellen als »Geheimtipp« gehandelten und aus heutiger Sicht wohl eher überschätzten Hohl nicht persönlich gekannt, aber er hat von ihm gelernt und sich mit ihm auseinandergesetzt, dies im Gegensatz zu den meisten anderen nicht unkritisch. Seinem Gespür konnte eine gewisse Starrheit von Hohls Denken nicht entgehen – und er hat dies genau und sachlich am Arbeitsbegriff Hohls, diesem zentralen Element in dessen Denken gezeigt. Hohl hat die Aufzeichnungen Matters leider erst nach dessen Tod gelesen, und er hat in dem ihm Unbekannten einen wunderbaren Leser und geistigen Gefährten erkannt.

Nicht nur die Tagebücher Martis ziehen ihre Spur durch die folgenden Jahrzehnte. Kurz vor seinem Tod, zwischen Operationen, Hoffnungen und Heimkehr diktierte Walter Matthias Diggelmann eine Art Tagebuch, das postum unter dem Titel *Schatten. Tagebuch einer Krankheit* (1979) erschien. Zwei tagebuchähnliche Werke hat Martin Dean geschrieben (*Ausser mir. Journal*, 1990; *Monsieur Fume oder Das Glück der Vergesslichkeit*, 1998), die in ihrer schon durch die Form erlaubten Lockerheit ein glückliches Gegengewicht zu den manchmal etwas konstruierten Romanen des Autors darstellen. Vor allem das zweite Werk, das fiktive Tagebuch einer Figur, die an den in Genf geborenen, aber mehr in Frankreich beheimateten Romancier Robert Pinget erinnert, ist reizvoll. Erica Pedretti suchte und fand in einem bewusst gestalteten Tagebuch (*Heute*, 1999) eine Verbindung ihrer künstleri-

*Mani Matter*

*»Värslischschmied und Philosoph«*

Mani Matter

*Diaristen: Walter Matthias Diggelmann, Martin Dean, Erica Pedretti, Peter K. Wehrli, Paul Nizon*

schen und literarischen Arbeit und ihrer politischen Aufmerksamkeit, indem sie Wahrnehmungen des Tages auf Zeitungsblättern des gleichen Datums festhielt.

In einem weitesten Sinn kann man den exuberanten *Katalog von allem*, dieses »work in progress«, an dem Peter K. Wehrli seit Jahren arbeitet, als eine Art Tagebuch auffassen: nicht als Spiegel des Schreibenden, sondern als Abbild der Zeit, ihrer Splitter und Fragmente.

Eine gewisse Sensation stellt am Ende der neunziger Jahre das Erscheinen der Tagebücher Paul Nizons dar (*Die Innenseite des Mantels*, 1995; *Drehbuch der Liebe*, 1998), die er, der das Schreiben immer auch als Lebensstütze brauchte (*Am Schreiben gehen* heißt der Titel seiner Frankfurter Vorlesungen, 1985), seit den sechziger Jahren neben seinem literarischen Werk verfasste: als Steinbruch der Ideen und Einfälle, als Kommentar und auch als ein Begleittext zum Werk. Von allen bis jetzt genannten Tagebüchern entsprechen die Nizons am meisten dem klassischen Journal intime.

## Kurzprosa – eine Fortsetzung der siebziger Jahre

Die Feststellung, fast ein Triumphschrei, es werde endlich »wieder erzählt« – wie er sich zu Beginn der siebziger Jahre auch in der Schweiz erhob – stützt sich so gut wie nie auf die epischen Kurzformen. Gemeint waren und sind immer wieder die lebensprallen Romane, die dem Leser suggerieren, es sei die Wirklichkeit selbst, die Buchstaben mache. Als Beispiele dafür galten damals, nach 1970, Romane wie die dem Schelmenroman nahen Werke *Kneuss* (1970) von Beat Brechbühl und vor allem die voluminösen, gargantuesken Werke *Unschlecht* (1970) und *Stimmgänge* (1972) von Gerold Späth.

Diese Gleichsetzung des Erzählens mit dem umfangreichen realistischen Roman ist für die Autoren der deutschen Schweiz kein Vorteil. Denn gerade die kurzen und offenen Formen – und zwar in allen Varianten – entsprechen der Begabung von nicht wenigen Autoren besser. Die unter dem Titel *Fremdkörper* (1968) und *Liebesgeschichten* (1972) erschienenen ersten Erzählungen von Adolf Muschg sind in ihrer Mischung von Andeutung, Aussparen, Beschreiben eigentliche Kabinettstücke des Genres. Das gleiche gilt fast ausnahmslos für seine späteren Sammlungen; es gilt aber auch für die Texte von Jürg Federspiel, die sich an der amerikanischen Kurzgeschichte orientieren. Jürg Amann hat seit 1978 immer wieder Erzählungen geschrieben, oft literarische Porträts (*Nachgerufen*, 1983). Mit der Erzählung *Rondo* (gedruckt in *Die Baumschule*, 1982) hat er 1982 den Ingeborg Bachmann-Preis gewonnen. Auch Heinrich Kuhn hat neben meist kürzeren Romanen beachtliche Erzählungen geschrieben, in denen er – so in *Harrys Lächeln* (1992) – den Ritualen und Beschränkungen des Lebens nachgeht oder – in *Der Traumagent* (1987) – der Nachtseite der Existenz, die sich ihren eigenen Raum schafft.

*Die großen Namen: Robert Walser, Peter Bichsel, Gerhard Meier, Heinrich Wiesner*

Erzählungen und klassische Kurzgeschichten sind natürlich keine spezifisch schweizerischen Formen. Dagegen wäre diese Bezeichnung passend für eine Form, die literaturgeschichtlich noch kaum festgelegt ist und die man als »Prosastück« bezeichnen könnte (sowohl Robert Walser wie Kurt Marti wie Gerhard Meier haben dieses Wort verwendet, sogar als Titel). Es sind Texte, in denen erzählende Elemente vorkommen dürfen, aber nicht müssen, die sich aber auch zu Aphorismen verdichten oder ins Lyrische öffnen können. Diese Kurzprosa gibt es nicht erst in den siebziger Jahren, Meister und Erfinder ist Robert Walser; sie auf eigenständige Weise zu neuem Leben erweckt und ihr in der Öffentlichkeit zu einem geradezu sensationellen Erfolg verholfen hat Peter Bichsel, der sehr zu Unrecht anfangs als Nachfahre und Adept von Robert Walser gesehen wurde. Aber wie das Tagebuch erfährt auch das Prosastück um und nach 1970 eine neue Blüte, seine Akzeptanz verstärkt sich; dafür gibt es Beispiele genug. Mit einer Vielzahl von schwer rubrizierbaren, eigenwilligen, auch exzentrischen Texten reagieren die Autoren auf die unruhig gewordene Zeit; sie reagieren auf die bestehende Unsicherheit nicht mit Pamphleten, sondern mit den Elementen des Spiels, des Absurden, Surrealen. Das ist das Feld von Jürg Schubiger, der eine Dissertation über Kafka geschrieben hat und später eine psychologische Praxis führte. Er gehört zu denen, die sich den Kinderblick bewahrt haben; mit dessen Hilfe erkennen sie, dass die unbedeutendsten Dinge beachtenswert sind. Das kann – so in *Die vorgezeigten Dinge* (1970) – eine ganz gewöhnliche Polstergruppe sein, die auf dem Trottoir steht, oder, geheimnisvoller, ein Stein, der auf einmal anfängt zu atmen.

Der »Star« der Kurzprosa war in den siebziger Jahren Franz Hohler, er ist es im Ganzen geblieben. Damals schon ein bekannter Kabarettist, Cellospieler, Sprachspieler, grenzt Hohler in seinen literarischen Texten (*Idyllen*, 1970; *Der Rand von Ostermundigen*, 1973; *Wo?*, 1976) gleichsam das Terrain ab, auf dem er seine Texte ansiedelt, den Raum, in dem sich der Alltag abspielt, der ihn interessiert und in den – ein Grundmuster seines Schreibens – unversehens etwas Überraschendes, gar Unheimliches einbrechen kann.

Kurt Marti stellt mit seiner Lexifiction *Abratzky oder die kleine Brockhütte. Ein Lexikon in einem Band* (1971) das herkömmliche Lexikonwissen in Frage, ersetzt es durch Abseitiges, durch eigene Erfindung; Margrit Baur schafft mit ihren drei aphoristischen Romanen *Von Strassen, Plätzen und ferneren Umständen* (1971) eine Alternative zu den redundanten Erzählformen gerade dieser Jahre; Gerhard Meier schreibt auf dem Weg zur größeren Form seine innovativsten, kühnsten Texte (gesammelt unter dem Titel *Papierrosen*, 1976). Die somnambulen Texte von Renato P. Arlati (*Und spür' ich im Aufstehn im Gras eine Wendung*, 1977; *Hast du mein Gesicht gesehen*, 1988) seien hier ebenfalls genannt.

*Renato P. Arlati, Kurt Aebli, Werner Schmidli, Peter Weibel, Rudolf Bussmann*

Etwas später als Arlati, in den achtziger Jahren, hat Kurt Aebli mit Schreiben begonnen und sich früh völlig auf die kurzen Formen, Prosa und Lyrik, ausgerichtet. Mit *Küss mich einmal ordentlich* (1984) ist er zum Suhrkamp Verlag gewechselt. Mit seinen geschliffenen, manchmal auch gesuchten Texten kann er Kritiker mit Sinn für die nicht-realistische Form und für das Experiment interessieren, doch blieb er bis heute ein Geheimtipp. Der Band *Der ins Herz getroffene Punkt* (2006) ist wieder bei einem kleineren Verlag erschienen: Mit einer Spur Humor ausgestattet, lockerer und auch reicher als frühere Texte, könnte er eine Stufe zu neuen freieren Formen des Schreibens sein. Welch ein sprachbewusster Schriftsteller Werner Schmidli ist, zeigt besonders deutlich das Bändchen: *Sagen Sie nicht, beim Geld hört der Spass auf* (1970), das sich auf feste, fast ausschließlich auf das Geld bezogene Wendungen stützt und so, durch nichts als durch eine weitgehend vorgeprägte Sprache, die innere und äußere Welt der kleinen Leute illuminiert, als deren Chronist sich der Autor vor allem in seinen frühen Romanen und später in Kriminalgeschichten bewähren wird. Gerold Späth fügte seinen voluminösen Romanen einen Band von Kurzporträts bei (*Sindbadland*), und Silvio Blatter gelang mit den frühen Berichten *Schaltfehler* (1972) ein differenziertes Buch aus der Arbeitswelt – ehe er zu seinen großen, im ländlichen Ambiente spielenden Romanen überging.

Ein wichtiger Vertreter der Kurzprosa war von früh an Heinrich Wiesner, einer der konsequenten Lakoniker unserer Literatur. Durch den internationalen Erfolg Bichsels sind Leute wie er in den Schatten geraten; weiter geschrieben haben sie trotzdem. Wiesner hat schon 1945 mit Gedichten begonnen, sich damit in eine Kürze eingeübt, die er nie mehr ganz aufgab. In den sechziger Jahren fiel er mit seinen *Lakonischen Zeilen* (1965/1972) und den *Lapidaren Geschichten* (1967) auf, nicht zuletzt weil er, strenger Pazifist, in den *Lapidaren Geschichten* die Mechanismen des militärischen Denkens, das damals in der Schweiz eine heute kaum mehr vorstellbare Rolle spielte, mit literarischen Mitteln aufzeigte und denunzierte. Auch wenn er nach 1970 vorwiegend längere Texte schrieb, – den Roman *Schauplätze* (1969), eine in ihrer Art einmalige Darstellung des Zweiten Weltkriegs aus der Perspektive eines Bauernjungen; dazu Bücher aus dem Erfahrungsbereich eines eigenständigen und sorgfältigen Lehrers – merkt man ihnen, zu ihrem Vorteil, die strenge Schulung durch die selbst gewählte Kürze an.

Bemerkenswert sind ebenfalls die kurzen Texte des Arztes Peter Weibel: *Schmerzlose Sprache* (1982), *Flussleben* (1990).

Auch Rudolf Bussmann, ein behutsamer, sorgfältiger Schreiber, Verfasser von drei beachtlichen Romanen, hatte sich durch seine Lyrik bereits in die Kürze eingeübt, als er – ein Höhepunkt und Sonderfall der Geschichte der Kurzprosa – sich erfolgreich an das gegenwärtig eher seltene Genre des Aphorismus wagte (*Das 25-Stundenbuch. Aphorismen und Bagatellen*, 2006.) »Zuhören«, heißt es da, »ist die sanfteste unter den Praktiken der Liebe.«

*Peter Bichsel*

Und Peter Bichsel, der als Meister der Kurzprosa früh und dauerhaft Berühmte? Ausgerechnet er veröffentlichte nach den *Kindergeschichten* (1969) kein neues Buch bis zu den *Geschichten zur falschen Zeit* (1979) – die als eine Sammlung von Kolumnen oder Feuilletons von manchen Lesern und Kritikern damals nicht ganz ernst genommen wurden. (Aber gerade von Bichsel wird man lernen, das Feuilleton in seinen Höhepunkten zu bewundern.) 1982 dann erschienen seine (wichtigen) Poetikvorlesungen – *Der Leser. Das Erzählen. Frankfurter Poetik-Vorlesungen* (1982) – die sich über Jahrzehnte als poetologische und als poetische Texte bewähren werden. Und erst 16 Jahre nach den *Kindergeschichten* kam das nächste Werk heraus, das der Autor als Erzählung bezeichnete, *Der Busant* (1989), noch einmal Jahre später die Mini-Geschichten *Zur Stadt Paris* (1993). Der Band entlehnt seinen Titel einer damals in ländlichen Gebieten und kleinen Städten häufigen Kleine-Leute-Warenhaus-Kette; entsprechend den dort gebotenen »Kurzwaren« erprobt der Autor in diesem so reizvollen wie kühnen Buch, wie kurz eine Geschichte sein darf. Und noch einmal nach großem Abstand folgte der Meistertext *Cherubim Hammer und Cherubim Hammer* (1999), in dem einer, der eigentlich nicht schreiben kann, im Tiefsten dennoch ein Dichter ist.

Peter Bichsel

Die langen Produktionspausen Bichsels haben ohne Zweifel damit zu tun, dass er in den siebziger Jahren als enger Mitarbeiter eines Bundesrats jahrelang dessen Reden verfasste – noch mehr hängt es mit der Art seines Schreibens zusammen. Seine *Frankfurter Vorlesungen*, ein Schlüsseltext, deuten implizit den Grund an. Auch wenn er wusste und sagte, dass die Geschichte letztlich auf dem Papier geschieht, ist das Erzählen für ihn nicht eine Sache der Literaten, sondern des Menschen schlechthin, der, ob er nun ein Gebildeter oder ein halber Clochard ist, nur überlebt, wenn er erzählt – auch wenn er dabei nicht die Absicht hat, ein Kunstwerk zu schaffen. Offensichtlich ist der Prozess des Erzählens für Bichsel wichtiger als die daraus entstehende Literatur. So wurde er, wie er selber sagt, ein Wenigschreiber; aber das gilt nur für jene Texte, die, einem traditionellen Literaturbegriff folgend, zur Li-

*Erzählen um zu überleben*

teratur gezählt werden. Aber nicht zufällig sagt er am Anfang seiner Poetik-Vorlesungen: »Der Autor muss auch Unbedeutendes tun dürfen.« Das ist eine für Bichsels Schreiben und dessen Poetik zentrale Bemerkung, die sich gegen jenen lähmenden Erwartungsdruck zur Wehr setzt, unter den er wider Willen als Autor der *Milchmann*-Geschichten geriet und dem die *Jahreszeiten* (1967), eines seiner schönsten Bücher, gewissermaßen zum Opfer fielen, weil sie von den maßgebenden Instanzen der Kritik an den traditionellen Vorstellungen eines Romans gemessen wurden.

Aber er ist nur in einem Teil seines Werks ein Wenigschreiber. Was seine Zeitungskolumnen angeht, die er regelmäßig und zuverlässig für verschiedene Medien verfasste und verfasst, entwickelte er sich zum »Vielschreiber«; der leere Platz in der Zeitung, der ihm freigehalten wurde und für den man sein Schreiben brauchte, ermöglichte ihm, »Unbedeutendes zu tun«, das dann zum Bedeutenden werden konnte. So wurde er neben Widmann (der ebenfalls zu jenen gehörte, die manchmal das »Unbedeutende« taten) der beste Feuilletonist, den es in der deutschen Schweiz je gab, und entwickelte in dieser Rolle – mit einem großartigen Höhepunkt in *Doktor Schleyers isabellenfarbener Winterschule* (2003) – eine ganz eigene Poesie, wie sie seit je zum Feuilleton gehört, aber nur von den Großen des Genres realisiert wird.

*Der Poet unter den Feuilletonisten*

## Die Lyrik im Spannungsfeld der Prosa

In den fünfziger und sechziger Jahren war die Lyrik – die einzige Gattung, die von Frisch und Dürrenmatt nicht oder kaum verwendet wurde – eine Schrittmacherin der literarischen Innovation. Diese zentrale Funktion verlor sie nach 1970. Die führenden Lyriker wandten sich vermehrt, wenn auch nicht ausschließlich der Prosa zu: dem Tagebuch (Kurt Marti) und vor allem dem Roman (Erika Burkart, Kuno Raeber, Beat Brechbühl, Gerhard Meier). Die ohnehin sparsam-strenge Produktion von Rainer Brambach ging stark zurück, Walter Gross, ein wichtiger, aber von früh an gefährdeter Repräsentant der sechziger Jahre verstummte völlig. Das heißt nicht, dass die Lyrik versiegte. Nur Gerhard Meier gibt die kurzen Formen bewusst und für immer auf, gewinnt dafür den Roman als einen weiten Raum für das poetische Kunstwerk, das ihm vorschwebte. Die anderen dagegen (Kurt Marti, Erika Burkart, Beat Brechbühl, Kuno Raeber, Klaus Merz) wandten sich früher oder später wieder der Lyrik zu, die beiden Formen stehen fortan in ihrem Werk gleichwertig nebeneinander. Dass die siebziger Jahre in der deutschen Schweiz kein »lyrisches Jahrzehnt« waren, heißt also nicht, dass es keine bemerkenswerten Lyriker gab. Es gibt sie sogar in beachtlicher Zahl, so dass wir im Folgenden auf viele nur hinweisen können.

Eine gewisse Infrastruktur für Lyrik war in der Schweiz durchaus vorhanden; es gab Dichterlesungen, wenn auch z.T. vor verschwindend kleinem Publikum, und in den Zeitungen, auch in kleineren, regionalen, erschienen (noch) regelmäßig Gedichte (heute fast ausschließlich in der *NZZ*). Dass Lyrik nach 1968 die Funktion eines Zeitdokuments angenommen hatte und sich schon dadurch von den oft etwas weihevollen Gedichten früherer Jahrzehnte unterschied, führt die fünfbändige Anthologie *Kurzwaren* vor Augen, deren einzelne Bände zwischen 1975 und 1985 im Zytglogge-Verlag erschienen und die – neben einigen bekannten Autoren wie Franz Hohler, Christoph Geiser, Klaus Merz, Beat Brechbühl – zur Hauptsache unbekannten, jungen Autoren vorbehalten war. Dem Titel entsprechend, wird da ein neues sachliches Lyrikverständnis vorausgesetzt; das lakonische Gedicht dominiert; aus

*»Kurzwaren«: Dominanz des lakonischen Gedichts*

dem breiten Spektrum der Gedichte Kurt Martis ist offenbar nur diese Variante bei jungen Autoren fruchtbar geworden; eine Verengung, die sich später bei vielen als Sackgasse erweisen wird.

*Peter Lehner und Dieter Fringeli*

Peter Lehner war seit den fünfziger Jahren ein wichtiger Vertreter des lakonischen, aber auch des konsequent politischen Gedichts, einer, der seine tiefe Schwermut hinter dem unterkühlten Begriff »Wortsport« versteckte, und ebenso Dieter Fringeli (der zusammen mit Charles Linsmayer große Verdienste in der Wiederentdeckung der Autoren aus der ersten Hälfte des 20. Jh.s hat). Bei Fringeli wird das lakonische Gedicht oft zur Sentenz zugespitzt, Wortspiele nehmen den Wörtern ihre trügerische Sicherheit. (»Der Pfarrer / schloss mich ein / in sein Gebet. Wie komme ich da / wieder raus«.)

*Werner Lutz*

Ihre poetische Qualität zeigt die lakonische Form vor allem in jenen Gedichten, die das Vieldeutige und Hintergründige auch in der knappen Form aufscheinen lassen, die Nuancen auch in der Verkürzung nicht aussparen. Neben Rainer Brambach, dieser einmaligen poetischen Persönlichkeit, ist hier vor allem der Graphiker Werner Lutz als Meister einer nuancenreichen, poetischen Kürze zu erwähnen. Seine ersten Gedichte (*Ich brauche dieses Leben*, 1978) hat er verhältnismäßig spät bei Suhrkamp publiziert, spätere Bände (*Flusstage*, 1992; *Die Mauern sind unterwegs*, 1996) erschienen in schweizerischen Verlagen. Schon die Titel machen deutlich, wie stark und wichtig das Moment der Bewegung darin ist. Werner Lutz setzt auf die Kürze und zugleich auf einen lockeren, weichen Sprachduktus; es gibt bei ihm Einwort- und Einzeilengedichte, ohne dass sie gekünstelt wirken würden.

> Gerade noch so viel Licht für ein Selbstgespräch

heißt ein Gedicht in *Die Mauern sind unterwegs*, und, noch knapper, ein anderes:

> Die Steine öffnen
> nachsehen.

*Beat Brechbühl*

Beat Brechbühl war von seinen ersten Gedichten an (z.B. *Gesunde Predigt eines Dorfbewohners*) in der Lyrikszene präsent und zwar in der doppelten Funktion eines Lyrikers, der sich frei und sicher in vielen Formen bewegt, und eines überaus aktiven Vermittlers von Lyrik: als Verleger und Organisator von Lesungen und Tagungen. Schon die Titel machen deutlich, welch ein vitaler und variantenreicher Lyriker er ist. *Der geschlagene Hund pisst an die Säulen des Tempels* (1972); *Draussen ein ähnlicher Mond wie in China* (1975); *Traumhämmer* (1977); *Die Nacht voll Martinshörner* (1984); *Das Wesen des Sommers mit Zuckerfrau* (1991) etc.

*Franz Wurm*

Franz Wurm, der als Kind von seinen Eltern nach England geschickt wurde und so, anders als die Eltern, den Holocaust überlebte, blieb durch diese Verwandtschaft des Geschicks lebenslang mit Paul Celan verbunden; der Briefwechsel zwischen beiden (1995) gehört auch zu Wurms Werk. Nach Jahren der Berufstätigkeit in Deutschland kam er in die Schweiz und spielte hier im Kulturleben eine wichtige Rolle: als Leiter des Feldenkrais-Instituts und als der wichtigste Vertreter eines Surrealismus, der mehr das Schwanken aller Gewissheiten als die Freude am Phantasiespiel bezeugt (*Anmeldung*, 1959; *In diesem Fall*, 1989; *Dirzulande*, 1990).

*Jürgen Theobaldy*

Jürgen Theobaldy, der seinen Wohnsitz ebenfalls aus Deutschland in die Schweiz verlegte, allerdings erst in den achtziger Jahren, kam wie Wurm aus einer Tradition, die es in der Schweiz kaum gab: der Alltagslyrik, deren wohl prominentester Vertreter er war. Die Lyrik, die in der Schweiz entstand, zeigt, wie schwierig gerade hier eine Ablösung war, die nicht in eine kämpferische

Distanzierung mündet. Sie vollzieht sich in den Bänden *In den Aufwind* (1990), *Der Nachtbildsammler* (1992), und wohl am eindrücklichsten wenn er Figuren einfügt, die in der 68er Welt nichts zu suchen haben (Tiere, sogar Engel). Konstituierend für sein Werk ist der paradoxe Grundsatz, den er in poetologischen Texten formulierte: dass, einerseits, die Wörter des täglichen Gebrauchs in der Lyrik verwendbar seien – dass aber, umgekehrt, im Gedicht kein Wort die gleiche Bedeutung habe wie in der Wirklichkeit.

Als die herausragenden Lyriker ihrer Zeit bestätigten sich bis in die Gegenwart Erika Burkart und Kurt Marti. Beide haben sie für die jüngeren Autoren eine wichtige Rolle gespielt, als Anreger, Freunde, Vorbilder, und beide beeindrucken durch die ungewöhnliche Kontinuität ihres Schaffens, das ohne Ermüdungserscheinungen und Qualitätsverlust bis ins neue Jahrtausend reicht.

*Erika Burkart und Kurt Marti: Anreger und große Vorbilder*

Kurt Marti hat das reiche Instrumentarium seiner Lyrik bis ins neue Jahrhundert bewahrt und variiert, sogar die Gedichte in der Berner Umgangssprache mit einem neuen Band an ein Ende geführt (*undereinisch*, 1973), ebenso die Muster der konkreten Lyrik (*gott gerneklein*, 1995). Ein unbestrittener Höhepunkt ist der Band *abendland* (1980), er erhellt das Spektrum von Martis Formen und weitet sie den Erfahrungen der Zeit entsprechend: Politische Gedichte deuten die vom Menschen verursachte Apokalypse an; poetische Gedichte, eine Art Fortsetzung der früheren sprachspielerischen, verbinden sich mit den religiösen. Und schließlich erschien im neuen Jahrtausend noch ein Band in einem verhaltenen, zugleich leichten und dunkeln Ton (*Zoe Zebra*, 2005) – der Titel liest sich als Anspielung auf den Mix von Hell und Dunkel, aus dem im Rückblick das Leben besteht.

Auch die Entwicklung Erika Burkarts ist erstaunlich, die Veränderungen markanter als man hätte voraussagen können. Das betrifft nicht nur die Ergänzung ihrer Lyrik durch bedeutende Romane und Erinnerungen, zuletzt noch durch den interessanten Bericht ihrer Lehrerinnenzeiten *Die Vikarin* (2007), sondern ebenso sehr die tiefe Verwandlung ihrer Lyrik. Das große Thema ihrer mittleren und späten Jahre ist die Besorgnis um die Welt. Es gelingt ihr wie nur wenigen, die Angst vor deren Zerstörung und Verarmung als eine elementare Erfahrung darzustellen, die sich mit den Schatten des Alters vermischt. (*Das Licht im Kahlschlag*, 1977; *Sternbild des Kindes*, 1984; *Schweigeminute*, 1988; *Stille fernster Rückruf*, 1997; *Langsamer Satz*, 2002).

Eine erwähnenswerte Koinzidenz will es, dass Erika Burkart mit ihrem ganz in Naturnähe verwurzelten Werk in den siebziger Jahren ein gegensätzliches Pendant in Elisabeth Meylan und ihrer nach Atmosphäre und Themen ganz dem Urbanen zugehörigen Lyrik fand. Elisabeth Meylan (die auch Romane und kurze Prosa geschrieben hat) arbeitet mit den Materialien einer modernen Welt, aber weder auf eine epigonale noch auf eine modernistische Art, sondern leise, schwebend, beiläufig. *Die Dinge herankommen lassen*, heißt ihre poetologische Devise, die ein Lebensgefühl verrät, das von der Identifikation Erika Burkarts weit entfernt ist, aber einen nicht minder unverwechselbaren poetischen Raum ausmisst (*Entwurf zu einer Ebene*, 1973; *Im Verlauf eines einzigen Tages*, 1978; *Die allernächsten Dinge*, 1995).

*Elisabeth Meylan*

Eine singuläre Erscheinung innerhalb der deutschschweizerischen Lyrik dieser Jahrzehnte ist Kuno Raeber. Er ist geprägt vom Innerschweizer Katholizismus – aber ebenso sehr durch seine Ablösung vom großen Gebäude der Kirche. Er hätte ihn nicht vollziehen können, sagt er, wenn ihm die Feindschaft der Kirche gegen den Körper und die Sexualität nicht unerträglich gewesen wäre. Er brauchte Zeit, bis er sich aus Ehe und Beruf gelöst hatte

*Kuno Raeber*

und in einer repressiven Zeit offen zu seiner Homosexualität zu stehen wagte. Nach prägenden Aufenthalten in Rom ließ er sich auf die Dauer in München nieder, kehrte nur besuchsweise in seine Heimatstadt Luzern zurück, die ihn doch nie ganz losließ.

*Abtrünniger Katholik und Nostalgiker des römischen Reichs*

Kuno Raeber

Er begann früh, anfangs der fünfziger Jahre, mit Lyrik, zunächst in schmalen Bänden mit kleinen Auflagen – *Gesicht um Mittag* (1950); *Die verwandelten Schiffe* (1957); *Gedichte* (1960); *Flussufer* (1963). Die Gedichte zeigen seine Bindung an die Traditionen der vorderen Jahrhundertwende, an George und Hofmannsthal; aber früh zeichnet sich der Anspruch auf eigenständige Verse ab, der sich aber erst nach einer Pause von 18 Jahren ganz erfüllen wird; in der Zeit, in der er seine großen Romane schrieb (*Alexius unter der Treppe oder Geständnisse einer Katze*, 1973; *Das Ei*, 1981), verstummte der Lyriker. Seine Gedichte der achtziger Jahre – *Reduktionen* (1981) und *Abgewandt Zugewandt* (1985) – umfassen fast die Hälfte seines lyrischen Gesamtwerks, und erst in ihnen findet er zu einem ganz eigenen Ton. Der Band *Reduktionen* ist von der Zahl der Gedichte her der umfangreichste, was die einzelnen Texte angeht, dagegen der sprachkargste, mit Gedichtformeln von 6 Zeilen, die eine Reduktion aufs Unerlässliche fordern, den Grund und die Gesetzhaftigkeit der Dinge sichtbar machen (Verben kommen fast nur in der Grundform vor). Außergewöhnlich ist aber vor allem der Band *Abgewandt Zugewandt* (die Wendung spielt auf ein Gedicht des von Raeber bewunderten C.F. Meyer an), besonders durch seine Anlage: hochsprachliche und Mundartgedichte stehen beziehungsreich neben- und gegeneinander. Die Verwendung der Mundart ist unerwartet bei einem Autor, der, im Gegensatz zu allen seinen deutschschweizerischen Kollegen mit Ausnahme von Ludwig Hohl, sich auch im Gespräch nie der Mundart bediente (obgleich er sie bis zuletzt perfekt beherrschte) und der sich in seinen geschichtlichen Visionen und Träumen zurück in die Einheit des alten römischen Reiches sehnte. Die alemannischen Gedichte Raebers bekunden auf überzeugende Art, dass der Dialekt immer noch literaturfähig ist. Anders als Kurt Marti entwickelt Raeber seine Lyrik nicht im Spiel mit der heutigen »Umgangssprache«, sondern indem er das Luzerner Alemannisch als eine archaische Sprachform wiederentdeckte. Die beiden Sprachformen des Deutschen stehen in diesem Buch in einer komplexen Beziehung. Das zeigen exemplarisch die beiden Gedichte *Meerkrebs* und *De Chräbs*. Das hochsprachliche Gedicht *Meerkrebs* lässt das Tier an die Oberfläche aufsteigen – und dann, seiner Natur entsprechend, zurückkehren zum Grund des Wassers. Ganz anders das Mundart-Gedicht *De Chräbs*: hier wird durch den Konjunktiv die (utopische) Möglichkeit ins Auge gefasst, dass der Krebs, vielleicht gerade weil er kein Meerkrebs ist, sondern aus einem Tümpel kommt, im Licht bleiben könnte:

*Gedichte in einem archaischen Luzerner Dialekt*

> Wenner use
> chrableti usem Tömpel
> use ond ufe
> a Rand chäm ond wit osse em Meer
> ofem blaue
> Wasser äs blaus
> Sägel gsäch onderem blaue
> Hemel
> we chönd deh dä Chräbs no
> zrogg ond abe chrable
> vom Rand e Tömpel abe ond Chräbs
> blibe ond hocke
> blibe em Tonkle
> we chönnter?

Klaus Merz

> Wenn er heraus / aus dem Tümpel krabbelte / heraus und hinauf / zum Uferrand
> käme und weit draußen im Meer auf dem blauen / Wasser ein blaues / Segel säh'
> unterm blauen / Himmel / wie könnt' da der Krebs noch / zurück- und hinab-
> krabbeln / vom Rand in den Tümpel hinab und Krebs / bleiben und sitzen- /
> bleiben im Dunkeln / wie könnt' er?

Klaus Merz hat, von Erika Burkart ermuntert, früh mit Gedichten begonnen
und er hat auch seinen um fünf Jahre jüngeren, behinderten Bruder Martin
mitgerissen, der trotz oder wegen seiner Behinderung (einem damals unheilbaren Hydrocephalus) sich zu einem der interessantesten Schweizer Lyriker
dieses Jahrzehnts entwickelte (Martin Merz, *Zwischenland. Die gesammelten Gedichte*, 2003). Das erste Bändchen von Klaus Merz (*Mit gesammelter
Blindheit*) erschien in der 68er Zeit, aber die Gedichte folgen zunächst einer
älteren Tradition (Bachmann, Celan, Eich). In den nächsten Jahren werden
sie spröder, verkürzt zu Abbreviaturen. Als Merz sich der Prosa zuwandte
und darin einen langen Entwicklungsweg einschlug, verstummte der Lyriker
– wie Kuno Raeber – für Jahrzehnte. Und nach der langen Pause änderte sich
die äußere Präsentation der Gedichte auf eine interessante Weise. Sie erschienen nicht mehr in gesonderten Bänden, sondern zusammen mit kurzen, kür-
zesten Prosatexten; so zuerst in *Bootsvermietung* (1985), schließlich auch im
Sammelband *Kurze Durchsage* (1995), und in *LöwenLöwen*, der lyrischen
Ernte eines Venedig-Aufenthaltes. Offenbar widerstrebte es dem Autor, Lyrik
und Kurzformen der Prosa streng zu trennen. Ähnlich wie dies Kuno Raeber
im Tagebuch für seine eigene Produktion beschrieb, wurde Merz offenbar
jeweils erst im Verlauf der Arbeit klar, ob aus einem Motiv ein Gedicht oder
ein kurzes Prosastücke werden sollte. In der Verbindung der beiden Genres
vergewissert sich der Prosa-Autor, zu dem Merz geworden ist, seiner lyrischen Ursprünge, der Lyriker umgekehrt des neu eingeschlagenen Wegs in
der Prosa.

Ging wochenlang
im Kreis. Immer
nachmittags.
Kam gestern ans Tor
sagte, dass er sich wieder
vorstellen könne:
Einen Menschen
aus Staub geformt.

## Schwierigkeiten und Chancen des Dramas

Die Klagen der Dramatiker über ihre Nichtbeachtung durch die deutschschweizerischen Bühnen ziehen sich auch durch die zweite Hälfte des 20.
Jh.s. Der Welterfolg von Frisch und Dürrenmatt hat – vielleicht wider Erwarten – ihre Situation nicht verbessert, im Gegenteil. Erst als der Bühnenerfolg
der beiden Berühmten nachließ, kamen auch die »anderen« zur Aufführung.
Und ausgerechnet die Krise des Zürcher Schauspielhauses (eine Folge der
Entlassung der Hoffnungsträger Klaus Völker, Peter Stein und Volker Hesse)
erwies sich als eine Chance. Denn der neue, zunächst wenig geliebte Direktor
Harry Buckwitz suchte sich dadurch zu profilieren, dass er in kurzer Zeit
mehrere Stücke von Deutschschweizer Dramatikern auf die Bühne brachte.
Vor allem der schon theatererfahrene Herbert Meier, aber auch der um zehn
Jahre jüngere »Debütant« Hansjörg Schneider, wussten die Gunst der Stunde
zu nutzen.

Der im Katholizismus verwurzelte Herbert Meier war kein Achtundsech-
ziger, aber dennoch bewegt von den Ideen und der Unruhe der Zeit. Er suchte
einen Weg, der nicht zu ideologischen Fixierungen führte. (»Der neue Mensch
steht weder rechts noch links, er geht«: ein viel zitierter Satz aus dem gleichnamigen Essay aus dem Jahr 1968.) In drei Dramen (*Stauffer-Bern*, 1975;
*Dunant*, 1976; *Bräker*, 1978) hat Meier die spannungsvolle Beziehung einer
ungewöhnlichen Persönlichkeit zu ihrer mediokren, aber mächtigen Umgebung dargestellt. Am eindrücklichsten im erstgenannten, seinem erfolgreichsten Stück, in dem er den Konflikt zwischen dem genialisch-hochbegabten,
ehrgeizigen Maler Stauffer und den wirtschaftlichen und politischen Macht-
habern der helvetischen Gründerzeit evozierte und realitätsgetreu in der
Zerstörung des Künstlers und dessen Geliebten enden ließ.

Nicht in erster Linie die außergewöhnliche Persönlichkeit ist es, was
Hansjörg Schneider inspiriert, sondern die sozialen Konflikte, die Leiden
derer, die ohnehin zu den Zukurzgekommenen gehören. Vor allem sein erstes
Theaterstück ist vom Thema her eine Trouvaille: das einer alten Sage nachge-
dichtete *Sennetuntschi* (1972), eine Art Endspiel um eine Stoffpuppe, die sich
Sennen auf der Alp als Sexualobjekt basteln – und die vor dem Alpabzug
dem letzten von ihnen die Haut abzieht. Schneider, der sich zu einem sehr
produktiven Dramatiker entwickeln wird, kommt zugute, dass er keinerlei
Berührungsscheu gegenüber der Mundart und dem Volkstheater zeigt. Er hat
Szenenbücher für Landschaftstheater verfasst (so 2003 beim Gedenken an
den Bauernkrieg) und er hat für mehrere Stücke neben der hochdeutschen
eine mundartliche Fassung geschrieben.

In den siebziger Jahren gerät die Theaterszene überhaupt in Bewegung; die
Notwendigkeit einer praktischen Dramatikerförderung wird von den Stadt-
behörden und von den Bühnen erkannt und in die Wege geleitet. Die größeren Städte und die Bühnen unternahmen es, gemeinsam den jüngeren Dramatikern als »Hausautoren« praktische Erfahrung zu ermöglichen. Da ein
Problem des helvetischen Theaterschaffens darin liegt, dass die gesprochene

Sprache in der Schweiz die Mundart ist, die schriftdeutsche Bühnensprache also leicht etwas papieren gerät, wird jetzt vermehrt auch auf großen Bühnen die Mundart zugelassen. Das kommt nicht wenigen Autoren zugute:

Heinz Stalder hat Bauernstücke – oder eher Antibauernstücke geschrieben, in denen die Schwierigkeiten, aber auch die Degeneration des Bauernstandes meist in der Form einer etwas deftigen Groteske dargestellt werden (*Lerchenfeld*, 1981; *Wie Unghür us Amerika*, 1986; *Der Todesfahrer*, 1986; *Hellträumer*, 1996). Der beste Text Stalders, der am ehesten den Tag überleben wird, ist aber kein Drama und kein Dialektstück, sondern ein Roman, der allerdings die Handschrift des Dramatikers zeigt: *Marschieren* (1984), ein großer Monolog, den ein Bauer – der zweite Ehemann der Bäuerin, der vor allem als Arbeitskraft benützt und entsprechend gedemütigt wird – am Totenbett seiner Frau spricht, die er, der jahrelangen Verachtung und Ausnützung müde, ermordet hat und doch immer noch liebt.

*Heinz Stalder*

Urs Widmer bringt eine andere Tradition in die schweizerische Theaterszene: die des Slapsticks, des Clownhaften, des »armen« Theaters, das vor allem auf der kleinen Bühne am richtigen Platz ist. Es ist im weitesten Sinn die Beckett-Tradition, die Widmer vertritt, am eindrücklichsten mit einer baseldeutschen Übersetzung von *Warten auf Godot* (1980), dazu mit dem in der Schweiz auch in Mundart aufgeführten Zweipersonenstück *Nepal* (1974) über zwei Clochards, die der Welt in die Einsamkeit entfliehen wollen, aber, ohne es recht zu merken, ausgerechnet auf der Bühne landen. Widmer ist ein Multitalent, als Erzähler, Essayist und als ein Dramatiker, der viele Formen beherrscht. So schrieb er ein Volksstück – *Jeanmaire. Ein Stück Schweiz*, 1992 – über einen Politskandal aus der Zeit des Kalten Kriegs, in dem ein hoher Offizier wegen des Verrats eher harmloser militärischer Geheimnisse unverhältnismäßig streng bestraft wurde (seine Schuld, eher sein Verhängnis, lag wohl vor allem in seiner Naivität). Und schließlich *Topdogs* (1997), eine raffiniert einfache, z.T. auf Recherchen gestützte Satire über Manager, die nicht darauf gefasst waren, dass auch sie der Entlassungswelle zum Opfer fallen könnten.

*Urs Widmer*

Urs Widmer

Urs Widmers *Nepal* ist nicht das einzige Zweipersonenstück dieser Jahre. Es gibt zahlreiche szenische Werke, welche die besonderen Möglichkeiten der in vielen Städten neu gegründeten Kleintheater ausnützen, aber manchmal auch auf der großen Bühne oder im Fernsehen ihren Platz finden. Walter Vogt, ein dramatisches Talent, das wohl nicht genügend zum Zug kam, machte aus den finanziellen Limiten, die ihm das Fernsehen für ein Auftragsstück setzte, eine Tugend und schrieb ein Zweipersonenstück über zwei alte Männer in einer Mansarde, die sich in tödlichen *Spielen der Macht* (1972) verstricken und mit einem Brand einen Weltuntergang im Kleinen anrichten.

# Romane der siebziger Jahre – Zwischen Resignation und Widerstand

## Gibt es einen »achtundsechziger-Roman«?

Es fehlt nicht an Romanen, in denen Schriftsteller sich mit den Ereignissen der 68er Jahre und dem Ende der anfänglichen Träume und Hoffnungen auseinandersetzen. Deren Autoren sind aber, zunächst überraschend, in ihrer Mehrzahl nicht die Jungen, welche die Bewegung auf die Straße trugen; sie gehören vielmehr der Generation der Begleiter und »Führer« an und stammen fast ausnahmslos aus der Generation »nach Frisch und Dürrenmatt«. Deren belletristische Bücher thematisieren nicht in erster Linie die Ereignisse, sondern eher die Frustration, die sich beim Erlahmen der Bewegung einstellte. Seine Generation habe das Scheitern einer öffentlichen Hoffnung als persönliche Krise erlebt – so umreißt Adolf Muschg im Rückblick seine eigene und eine allgemeine Erfahrung. Nicht zufällig liegt bei allen diesen Autoren eine längere Pause zwischen der Produktion der sechziger und jener der siebziger Jahre, findet eine deutliche Veränderung, zumeist eine Politisierung des Schreibens statt.

*Otto F. Walter*

Bei Otto F. Walter zeigt sich das besonders deutlich. Zehn Jahre liegen zwischen dem *Herrn Tourel* und den *Ersten Unruhen* (1972); Jahre, in denen der Autor auch in seinen poetologischen Vorstellungen in besonderem Ausmaß politisiert wurde. Das geschah bei Walter nicht nur durch die Revolte selbst, sondern noch mehr durch die ideologische Diskussion, in die er in Deutschland als Leiter des Luchterhand-Verlags geriet. Die Spannung zwischen dem politisch Engagierten, der in die Zeit einzugreifen versucht – und dem bewussten Künstler, der in der Form das entscheidende politische Potential sieht, wird Walters Werk bis zuletzt prägen, nicht immer zu dessen Vorteil.

*Spannung zwischen*
*Engagement und Kunst*

Geglückt ist die Verbindung im Roman *Die ersten Unruhen*, der eines der seltenen Beispiele eines formal innovativen politischen Romans darstellt. In Form einer Collage werden Passagen aus Sachbüchern, Sagen, Zeitungsnachrichten neben- und gegeneinander gestellt; aus ihnen ergibt sich das Bild einer frustrierten und nicht nur latent gewalttätigen Gesellschaft. Der Roman ist bewundernswert in seiner formalen Konsequenz, für die politische Wirkung, an der Walter gelegen war, ist er wohl zu streng konstruiert. Das mag der Grund sein, weshalb der Autor im nächsten Roman *Die Verwilderung* (1977) zwar immer noch mit den Elementen der Collage arbeitet, aber eine eher konventionell erzählte, emotionelle Liebesgeschichte einfügt, die, zusammen mit der Gründung einer genossenschaftlichen Werkstätte, den Ansatz zu einer Real-Utopie bildet. Für das letztere, die Mitbestimmung der Arbeitnehmer, setzte sich Walter auch in der Realität, als Mitglied der schweizerischen sozialdemokratischen Partei ein. Nicht zufällig verfasste sein Freund und Gesinnungsgenosse, der Schriftsteller Rolf Niederhauser einen fesselnden Bericht über den schwierigen Aufbau einer solchen Genossenschaft (*Das Ende der blossen Vermutung*, 1978).

Otto F. Walter

Schon in den sechziger Jahren hat Urs Jaeggi die soziologische mit einer literarischen Karriere verbunden; auch hat er schon als Kind leidenschaftlich gezeichnet und gemalt (obgleich er ein »umerzogener« Linkshänder war). In den siebziger Jahren dann kam er, nach dem Wechsel von einer schweizerischen an eine deutsche Universität, in die Mitte der intellektuellen Diskussion und der Auseinandersetzung zwischen Professoren und Studenten. Die Spannungen in dieser reich instrumentierten Persönlichkeit bezeugen seine beiden Romane *Brandeis* (1978) und *Grundrisse* (1981) – aber aus einem sehr anderen erzählerischen Ansatz als er sich bei Walter findet. Erst in diesen Romanen wagte Jaeggi es, ganz von seinen eigenen Erfahrungen auszugehen.

*Urs Jaeggi*

Der Protagonist des ersten Buches, ein alter ego des Autors, gerät nach dem Ausbruch der Revolte zwischen die Fronten, geht den Uni-Kollegen in seiner Solidarisierung mit den Studenten zu weit, für diese dagegen ist er schon ein Anpasser; ein Verräter ist er für beide Seiten. (Nicht zufällig hat Jaeggi in den achtziger Jahren einen ausgezeichneten Essay über den Verrat, vor allem den Selbstverrat geschrieben.) In *Grundrisse* verlässt der Autor bewusst die universitäre Welt; sein Protagonist, der Architekt Knie, steht dem konkreten Erleben, der aufgewühlten Zeit näher als Brandeis; er erfährt Berlin als eine »Stadt im Verletzungszustand«, erlebt sein »Chaosjahr« fast als Stadtstreicher. Mit feinem Gespür für die Veränderung der Zeit nimmt Jaeggi hier schon die neuen Protestformen der achtziger Jahre auf, vor allem in der Figur der halbwüchsigen Tochter Knies – in der dem Autor ein Porträt einer aufbegehrenden Jugendlichen gelungen ist, wie man es selten findet. *Brandeis* und *Grundrisse* zeigen nicht nur eine politische Entwicklung, sondern auch Stufen auf einem Weg, der aus der Abstraktion des Wissenschaftlers hinaus und näher zum Konkreten, Lebendigen auch in der Kunst führt. Es ist kein Zufall, dass Jaeggi sich zunehmend seiner ihm aus der Kindheit tief vertrauten Arbeit als Maler und Bildhauer widmet.

Adolf Muschgs Roman *Im Sommer des Hasen* gehört zusammen mit den ersten Romanen Steiners, Walters, Loetschers zu den Erstlingswerken, die nicht nur auffielen, sondern sich auch in der Zeit bewährten. Seine Qualität liegt weniger in der Innovation – in dieser Hinsicht sind ihm die anderen überlegen – als in seiner immer wieder verblüffenden und auch bewunderten Beweglichkeit. Er sei mit allen stilistischen Wassern gewaschen und jedem Thema gewachsen, so heißt ein Urteil über Muschg, das sich wiederholt, mitsamt den leicht kritischen Zwischentönen, die sich in die Bewunderung mischen und die Muschg selber nicht selten bestätigt. Bewegt durch das, was sich in den europäischen Städten und auch auf den Straßen Zürichs abspielte, rückt er im Roman *Albissers Grund* (1974) sich selber auf den Leib. Die Hauptfigur, der Gymnasiallehrer Albisser, ist eine Art alter ego, allerdings so kritisch, mit so viel Aufmerksamkeit für seine Schwächen dargestellt, dass es fast wie ein Zerrbild der eigenen Person wirkt. Der noch junge Gymnasiallehrer Albisser bemüht sich, wie die Protagonisten Jaeggis, Schüler und Lehrlinge in ihrer Auflehnung gegen das Establishment zu begleiten und zu stützen; mutig verweigert der Offizier den Militärdienst und geht dafür ins Gefängnis. In der Führerrolle, in die er gerät, aber auch in seiner Neigung zur Hypochondrie, die ihn zum Psychiater Zerrut treibt, gleicht er dem Autor. Zum führenden Intellektuellen taugt er aber, ganz im Gegensatz zu seinem Autor, nicht. Seine Hypochondrie steigert seine Sensibilität für die Unzufriedenen – aber sie lähmt auch seinen Mut, bis er am Schluss als ein ängstlicher Anpasser eine neue Integration in die Gesellschaft vollzieht.

Albisser wirkt wie ein Negativbild zu der Rolle, welche sein Autor sucht – und auch erreicht: die Rolle eines führenden Intellektuellen, der sich bei allen politischen und kulturellen Fragen einmischt und Einfluss hat, seien es die Jungendunruhen oder Theaterfragen. Die geradezu karikaturistische Schärfe, mit der sowohl das Zürcher Establishment wie Albisser gezeichnet werden, macht es den Lesenden schwierig, das Zeitbild und seine Figuren ganz ernst zu nehmen.

Jörg Steiners literarische Entwicklung verläuft in jenen Jahren sehr gegensätzlich zu der seiner literarischen Weggefährten. Nie hat er sich im Schreiben so sehr von seinen Gesinnungsgenossen und Freunden entfernt wie in den siebziger Jahren, ja er scheint die Literatur hinter sich lassen zu wollen. Zwischen der 1972 erschienenen Erzählung *Schnee bis in die Niederungen* und dem Roman *Das Netz zerreissen* (1982) erschien kein Prosawerk von diesem in den sechziger Jahren so fruchtbaren Romancier. Eine tief verwurzelte Abneigung gegen die unvermeidbar scheinenden Denkschablonen, gegen die abgenützte Sprache blockierte jahrelang seine künstlerische Produktion bis zum Verstummen. Der Zweifel, ob die Wirklichkeit sich überhaupt verlässlich formulieren lasse, wird in *Schnee bis in die Niederungen* nicht einfach thematisiert (wie das in vielen Büchern auch durch andere Autoren geschah),

*Adolf Muschg*

Adolf Muschg

*Jörg Steiner*

*Sprachzweifel als existentielle Erfahrung: Schnee bis in die Niederungen*

er ist gleichsam in das Buch eingegangen und bestimmt den Rhythmus der Sätze, in denen es weniger um die Gegenwart geht als um Zukunftsängste, welche die Tendenzen der achtziger Jahre vorwegnehmen (»Amerika vergletschert und Europa liegt wieder als Packeisscholle vor Asien«). Steiner lebt und formuliert so radikal wie kein anderer die Spannung zwischen Schreiben und Verstummen, die trotz des gesellschaftlichen Engagements, ja vielleicht gesteigert durch dieses, auch für diese »politischen« Jahre bezeichnend ist. Einen Ausweg findet er einerseits in der Lyrik und andrerseits in der Arbeit an Kinderbüchern, die er zusammen mit dem Künstler Jörg Müller verfasste (z. B. *Der Bär, der ein Bär bleiben wollte*, 1976; *Die Kanincheninsel*, 1977). Mit Grund war ihnen ein außergewöhnlicher, langfristiger Erfolg beschieden. Denn es geht darin nicht einfach um die kindgerechte Formulierung aktueller Probleme; da werden grundsätzliche Fragen der Zeit in einfache Bilder und Geschichten gefasst: die Unterdrückung des Elementaren durch die Zivilisation, aber auch der mögliche Widerstand dagegen. Über das Kinderbuch und die Lyrik fand der Autor zu seinem nächsten Roman, der das für ihn so wichtige Motiv der Gefangenschaft aufnimmt – aber schon im Titel etwas wie Befreiung andeutet: *Das Netz zerreissen* (1982). Mit einem weiteren Roman *Weissenbach und die anderen* (1994) und vor allem mit seinen herausragenden Erzählungen (*Olduvai*, 1985; *Fremdes Land*, 1989) wird er sein Werk kontinuierlich fortsetzen bis zu einem späten Höhepunkt in den je um eine Doppelfigur kreisenden, neuartigen Erzählungen *Der Kollege* (1996) und *Wer tanzt schon zur Musik von Schostakowitsch* (2000): Die erste erzählt die Geschichte eines Arbeitslosen, der sich, um nicht zugrunde zu gehen, seinen eigenen Kollegen als steten Begleiter erfindet, die zweite eine raffinierte, völlig neuartige Kain-und-Abel-Geschichte.

## Gegenbilder: ein Zwischenkapitel

Hugo Loetscher

*Hugo Loetscher*

Von einigen Autoren ist zum vornherein kein »achtundsechziger-Buch« zu erwarten: nicht weil sie sich um die Gegenwart nicht kümmern würden, sondern weil sie deren Probleme aus einer anderen Perspektive und nicht unter dem Zeichen der Revolution und des Fortschritts sehen. Was die beiden im Folgenden genannten Autoren – Hugo Loetscher und Hans Boesch – verbindet, ist ihre Resistenz gegen die Anpassung an die gerade geltenden Trends und Ideologien. Untereinander sind sie dennoch so verschieden wie denkbar: Hugo Loetscher ist der Repräsentant eines urbanen und kosmopolitischen Lebensgefühls, Boesch dagegen eher ein Vertreter des Ländlichen, Sesshaften, was nicht identisch ist mit bloß Idyllischem. Während die meisten der Generationsgenossen – Muschg, Bichsel, Steiner, Walter – Frisch nahe stehen, ist Loetscher einer der weniger zahlreichen Dürrenmatt-Freunde; Boesch dagegen gehört, nachdem seine Freundschaft mit Otto F. Walter in der 68er Zeit zerbrach, keiner Autorengruppierung an.

Hugo Loetscher kann schon deshalb kein Buch zur 68er Bewegung schreiben, weil er *sein* Revolutionsbuch schon 1963 unter dem Titel *Abwässer* geschrieben – und darin die Illusion, durch Umsturz entstehe eine bessere, eine reine Welt, verabschiedet hatte. Diese skeptische, aber nicht zynische Haltung prägt auch den großen Roman *Der Immune* (1975), in den Erfahrungen eingegangen sind, wie sie einer macht und bedenkt, der als Journalist und Südamerika-Spezialist immer wieder unterwegs ist und die Probleme, Schwierigkeiten und Nöte nicht nur im Rahmen Europas oder gar der Schweiz sieht. Wie dieser, ein Intellektueller, es schafft, die nicht nur unvollkommene, sondern zerstörerische Welt zu ertragen, ohne sich zu verhärten, aber auch ohne zu zerbrechen, diese Frage – und ein Antwortversuch – steckt hinter dem seltsamen Titel »Der Immune«. Der Mann, auf den er sich bezieht und in dem der Autor eine Möglichkeit geschaffen hat, von sich selber zu reden, will nicht etwa unempfindlich werden; er will überleben, ohne zu verzweifeln und ohne die Handlungsfähigkeit und das Mitgefühl zu verlieren. So immunisiert er sich als Beobachter und Reisender gleichsam lebenslang in kleinen Dosen gegen die Gefahr, am Zustand der Welt und am Leiden der Menschen zu zerbrechen. Das Buch besteht aus einzelnen Kapiteln, die für sich gelesen werden können und doch zusammengehören, und die in vielen Varianten Lebensgefühl und Zeiterfahrung eines Menschen zeigen, der weder die Vielfalt der Welt zum Schema reduzieren noch die verschiedenen, widersprüchlichen Seiten des eigenen Wesens in eine (künstliche) Identität zwingen will. Diese Absicht bestimmt die Kompositionsform auch in späteren Büchern, *Die Papiere des Immunen* (1986) und *Die Augen des Mandarin* (1999).

*Poeta doctus –*
*Journalist – Erzähler –*
*Anti-Ideologe*

Kürzere Romane (Herausragend: *Wunderwelt, eine brasilianische Begegnung*, 1979 – ein imaginäres Gespräch mit einem toten Kind, dem der Autor, als Journalist unterwegs, wortlos erzählt, was es, das Kind, hätte sehen und erleben können, wäre es nicht zu früh gestorben, daneben auch Erzählungen: *Die Fliege und die Suppe*, 1989; *Der Buckel*) ergänzen diese zentralen Werke in weniger komplexen Formen. Nicht zu vergessen, dass das erzählerische Werk Loetschers begleitet wird durch Reportagen und zahlreiche Essays, zuletzt ein in vielen Formen entfalteter Band über die Schweizer (nicht nur die Deutschschweizer) Literatur: *Lesen statt Klettern* (2006).

Hans Boesch kommt aus einer sehr anderen Welt als Loetscher, einer vor allem ländlichen, ja beinahe archaischen. Diese frühen elementaren Erfahrungen prägen sein ganzes Werk, vom Erstlingsroman *Der junge Os* (1957) bis zum Spätwerk *Schweben* (2003). Dennoch ist Boesch kein Fossil einer versunkenen ländlichen Welt. Er ist früh in den Bann der Technik geraten, empfand sie als Schutz vor der übermächtigen Naturerfahrung, der er ausgesetzt war. Als Tiefbauingenieur lernte er die Möglichkeiten, aber zunehmend auch die Gefahren der Technik so genau und unmittelbar kennen wie nur wenige andere Autoren. Diese Haltung prägt seine berufliche Arbeit der siebziger Jahre. Als Dozent an der Abteilung für Regionalplanung der Eidgenössischen Technischen Hochschule entwickelte er neuartige Formen der Stadt- und Quartiergestaltung, um die Stadt als einen sinnlich greifbaren Ort des Lebens aus der Dominanz des technisch Machbaren zurück zu gewinnen. Die sinnlich-unmittelbare Naturerfahrung und die zunehmend kritische Auseinandersetzung mit der Technik sind, beide, in eine lockere Werkfolge eingegangen, die der Autor – allerdings erst im Nachhinein und eher metaphorisch – »Trilogie der Technik« nannte. Während die ersten Romane – *Das Gerüst* (1960), *Die Fliegenfalle* (1968) – auf realen, dem Autor aus seinem Beruf sehr genau bekannten Schauplätzen, vor allem Baustellen spielen, entspringt der dritte, wichtigste Roman, *Der Kiosk* (1976), zu großen Teilen der Vision einer virtuellen Welt, die man sich damals erst durch »primitive« Rechnungscomputer veranschaulichen konnte – und von denen Boesch dennoch eine genaue Vorstellung der künftigen Entwicklung ableitete. *Der Kiosk* umreißt in seiner ersten Hälfte in einer leidenschaftlich-sinnlichen Sprache das Leben in einer keineswegs idyllischen Natur und die Tragödie einer großen Liebe – in der zweiten dann entwirft er eine verrückte, brandschwarze Utopie, wie es sie in der Schweizer Literatur kaum je gegeben hat. Diese existiert allerdings erst als ein finsterer Zukunftsplan im Kopf eines genialen, aber halbverrückten Wissenschafters (und deckt sich so mit der Feststellung Loetschers, der schrecklichste Ort der Welt sei das Gehirn des Menschen). Um die Welt vor

*Hans Boesch*

*»Trilogie der Technik«*

*Angst vor dem Verlust*
*des Konkreten*

der Zerstörung durch die unbelehrbaren Menschen zu schützen, sollen nach den Kalkulationen dieses »homo faber« die besten von ihnen in einer Unterwasserstadt, dem »künstlichen Paradies« einer virtuellen Welt, eingeschlossen werden, wo ihnen jeder Wunsch auf Knopfdruck erfüllt wird, bis das Fehlen des konkreten und sinnlich erfahrbaren Lebens gar nicht mehr in ihr Bewusstsein dringt.

### Und die Generation der »eigentlichen« Achtundsechziger?

Auch in Romanen von jungen Autoren werden die 68er Ereignisse kaum je geschildert, sondern höchstens indirekt thematisiert. Das hängt vor allem mit den poetologischen Vorstellungen der Schreibenden zusammen – die, obwohl politisch engagiert, doch aus künstlerischen Gründen vor einer direkten Politisierung der Literatur zurückscheuen.

*Otto Marchi*

Der promovierte Historiker Otto Marchi hat 1971 eine *Schweizer Geschichte für Ketzer* veröffentlicht, etwa gleichzeitig mit dem *Wilhelm Tell für die Schule* von Max Frisch: ein echtes »68er-Buch«, das die Entmythologisierung der Schweizer Geschichte vorantreibt. Man konnte von seinen Romanen also durchaus literarische Recherchen der Studentenunruhen erwarten. Aber der Autor ist ein zu bewusster Schriftsteller, als dass er sich mit einer Literarisierung der politischen Aktualität einfach zufrieden gegeben hätte. In seinem ersten Roman von 1978 (*Rückfälle*) mischt sich in die Lust an Veränderung bereits die Erfahrung, dass die Verweigerung der Anpassung, die ein Einzelner in beruhigter Zeit versucht, schwieriger ist als die begeisterte Teilnahme an einer Demonstration. Marchi blieb allerdings der 68er Problematik, und damit der Aufklärung, treu, aber in einem vertieften Sinn. Seine literarischen Recherchen schließen das Individuum, die eigene Person als veränderungsbedürftig mit ein. Dass die Revolution auch die Dimension des Privaten und Persönlichen berührt, ist diesem Altachtundsechziger selbstverständlich und wird in den späteren Romanen *Sehschule* (1983) und *Landolts Rezept* (1989) einmal ernsthaft und einmal humorvoll variiert. Die autobiographischen Protagonisten machen dabei meist nicht die beste Figur – auch nicht in Marchis letztem Roman: *So viel ihr wollt* (1994) – in dem ein nicht mehr ganz junger Mann versucht, sich gleichsam postum an einem Lehrer, einer Ikone in der Bildungswelt der katholischen Innerschweiz, für ein vermeintlich ihm angetanes Unrecht zu rächen. Im Verlauf der journalistischen Recherche erfährt er das Unerwartete, dass ihm gleichsam der Feind abhanden kommt – wie andere selbstkritische 68er muss er erfahren, dass die Auseinandersetzung mit der älteren Generation immer auch eine – oft schmerzhafte – Auseinandersetzung mit dem eigenen Ich beinhaltet.

*Keine direkte Politisierung der Literatur*

*Christoph Geiser*

Als bekennender Marxist – der als Dienstverweigerer im Gefängnis war – schien Christoph Geiser dazu prädestiniert, die 68er Zeit zu thematisieren. Aber gerade er war ein zu bewusster und ehrgeiziger Künstler, als dass er die Gefahren einer direkten Darstellung der politischen Aktualität hätte übersehen können. In seinen Romanen (*Grünsee*, 1978, *Brachland*, 1980) verfolgt er konsequent und zugleich mit bewundernswerter Subtilität die Verwicklungen und Katastrophen seiner eigenen, einer großbürgerlich-patrizischen Familie. Diese frühen Romane sind sofort und mit Recht bewundert worden. Die raffiniert-unauffällige Komposition, die Verhaltenheit der meist indirekten Darstellung privater Dinge, in denen untergründig gesellschaftliche Zwänge sichtbar werden, haben nichts Anfängerhaftes an sich. Die Stärke Geisers, ausnahmehaft für einen so jungen Autor, ist das Differenzierte und Verhaltene der Darstellung, der Verzicht auf schnelle Verallgemeinerungen, die Einsicht in die Last der Vergangenheit und die Blockierung durch innere und gesellschaftliche Zwänge – und, dies vor allem, die Fähigkeit der indirekten und doch entzifferbaren Darstellung. Als er mit *Brachland* an das Ende seiner Familien-Recherche gekommen ist, setzt er seine künstlerische Energie für die Klärung seiner Homosexualität ein. Der Roman *Wüstenfahrt* (1982) geriet, als eine Geschichte über sein Coming Out, dabei in eine gefährliche Nähe zum Schlüsselroman, wie sie den Intentionen des ehrgeizigen Künstlers auf die Dauer nicht genügen konnte. In Zukunft brachte er die Erforschung seiner sexuellen Obsessionen in den spannungsvollen, vor allem sprachlich reichen und kunstvollen Zusammenhang mit wichtigen Repräsentanten der Kulturgeschichte von Caravaggio bis zum Marquis de Sade (*Das geheime Fieber*, 1987; *Das Gefängnis der Wünsche*, 1992; *Die Baumeister*, 1998). Mit dem jüngsten, tagebuchartigen Werk *Passagen* (2003) vollzieht er eine Wende zu der von ihm gelebten Gegenwart (Aufenthalte in den heftig, auch etwas klischeehaft abgelehnten USA und in Dresden), und damit zu anderen Techniken des Schreibens.

Christoph Geiser

Urs Widmer schien noch mehr als Marchi und Geiser zur literarischen Thematisierung der 68er Zeit prädestiniert: Er hatte sie in Frankfurt erlebt, als Mitstreiter der Suhrkamp-Autoren, als es um die (vom Verlag abgelehnte) Mitbestimmung ging, und als Gründungsmitglied des »Verlags der Autoren«. Seine Sicht dieser Jahre hat er ein Jahrzehnt später in einem intelligenten, differenzierten Essay beschrieben (*1968*, erschienen 1978); aber ein Roman zu diesem Thema hätte seinem Literaturverständnis nicht entsprochen. Wie kaum ein anderer ist bei ihm die Phantasie ein unerlässlicher Impuls nicht nur des Schreibens, sondern auch der gesellschaftlichen Veränderung. Er lässt seine Geschichten scheinbar frei und mit unerwarteten Wendungen laufen – ohne doch zu vergessen, dass die Normalität sich dem freien Walten der Phantasie machtvoll entgegenstellt. Das zeigt exemplarisch der Roman *Die Forschungsreise* (1974), die ironische Geschichte einer groß aufgezogenen Expedition, die doch nur durch bereits erschlossene Gegenden Europas führt. Nicht zufällig zieht sich das Motiv der Reise, der Flucht, des Ortswechsels – sei es in den Urwald (*Im Kongo*, 1996), sei es in eine utopische Welt (*Indianersommmer*, 1985, eine seiner schönsten Geschichten) oder zurück in die eigene Kindheit (*Der blaue Syphon*, 1992) – durch sein Werk: als Suche nach der Utopie, deren Schein durch die Normalität nie ganz verdrängt wird.

*Urs Widmer*

*Phantasie als Impuls der Veränderung*

Mit Widmer scheint auf den ersten Blick Jürg Läderach verwandt, der eigenwilligste und sprachmächtigste Surrealist der Schweizer Literatur, der 1974 die Literaturszene mit dem schmalen Band *Einfall der Dämmerung* betritt. Aber er ist von einer anderen, oft erschreckenden Radikalität, ihm fehlt das, was ein deutscher Kritiker als Widmers Menschenfreundlichkeit bezeichnet hat. Erste Leser und Bewunderer des Autors mochten erwarten, er werde in spätern Werken seine Einfälle zügeln. Aber er wurde eher radikaler in den raschen Richtungswechseln, den heftigen Brechungen der Perspektive; ohne Unterschied, ob es sich um Erzählungen (besonders reizvoll: *69 Arten den Blues zu spielen*, 1984) oder Romane oder Dramen handelt.

*Jürg Läderach*

# Die achtziger Jahre: Katastrophenängste

## Die Jugendunruhen

Die »Zürcher Jugendunruhen« (die es, weniger massiv, auch in anderen Schweizer Städten gab), werden zu Unrecht als Fortsetzung oder Wiederholung der Studentenbewegung interpretiert; die Unterschiede sind nicht zu übersehen. Die 68er hatten einigermaßen klare, manchmal auch sture Pläne, wie die Gesellschaft aussehen sollte; sie konnten ihre Feinde benennen (die Elterngeneration, die verkrusteten Strukturen) – die Achtziger dagegen, jünger, weniger gebildet und rationalen Argumenten schwer zugänglich, kämpften gegen etwas Umfassenderes: gegen den Beton, für Freiräume, für Jugendkultur. »Autonomes Jugendzentrum«, das war ein Zauberwort und ein Schlachtruf zugleich, gerichtet gegen alles, was in der dicht besiedelten Schweiz doppelt beengte. Die Parolen wirkten oft absurd (»Macht aus dem Staat Gurkensalat«, »Freiheit für Grönland«) und waren gerade deshalb vom Establishment schwer zu entkräften. Wie sehr die Vorstellung, im *Packeis* gefangen zu sein, einer Erfahrung der Zeit entsprach, die zu ihrem Ausdruck das Bild brauchte, zeigt der Titel, den Lukas Hartmann, ein damals bereits gestandener Autor, über seinen vor den Unruhen entstandenen autobiographischen Roman setzte: *Gebrochenes Eis* (1980). Sein umfangreiches, zunehmend aus den Materialien der Geschichte aufgebautes Werk zeigt, dass er die Erstarrung der eigenen Produktivität erfolgreich durchbrochen hatte.

*Lukas Hartmann*

Eines der wichtigsten Bücher der Zeit, das, aus der Mitte des Wirbels geschrieben, ein unersetzliches Dokument und ein Sprachkunstwerk zugleich ist, stammt, wie die Bücher der siebziger Jahre, nicht aus der Feder eines Jugendlichen. Sein Titel hält Ort und Zeit fest: *Zürich im September* (1981). Der Autor, Reto Hänny, der bereits mit seinem Erstling *Ruch* (1978) als eigenwilliger Sprachkünstler Erfolg hatte, war kein Demonstrant, sondern ein faszinierter und besorgter Beobachter der Ereignisse, als er in einer außer Kontrolle geratenen Razzia zusammen mit fliehenden Jugendlichen in den Polizeiwagen gerissen, geschlagen und beschimpft wurde. Schon während der anschließenden Haft setzte er sich schreibend zur Wehr, und zwar in der ihm eigenen, experimentellen und zugleich traditionsgesättigten Dichtersprache; er setzte seine Kunstsprache den Beschimpfungen durch die Polizei als das entgegen, was der sprachbesessene Autor als das uneinnehmbar Eigene empfand, das es zu verteidigen galt. Das Buch ist eine Kampfschrift und ein Aufschrei – und zugleich ein Artefakt, bei dem es unwichtig ist, ob er verstanden wird oder nicht.

*Reto Hänny* – Zürich im September: *Kampfschrift, Aufschrei und Artefakt*

Wandmalereien an Jugendzentren

Die erlittene Verletzung hat, begreiflicherweise, Schatten auf das künftige Werk geworfen und die künstlerische Entwicklung dieses Hochbegabten zugleich blockiert und auch angeregt – sie tangierte sogar den Roman *Flug* (1985), der Hännys schönstes Buch und eine herausragende Kindheits- und Entwicklungsgeschichte ist. Dass diese Entwicklungsgeschichte räumlich nur auf dem Wechsel vom Bergdorf in die nahe gelegene Kleinstadt Chur beruht, sagt nichts gegen ihre Bedeutung und Tiefe. Auf einem begrenzten geographischen Raum misst sie gewaltige Abstände in der Sprache aus: im Zusammenprall des ländlichen Dialekts mit der Literatursprache eines James Joyce, dessen Werk ein Lehrer dem begabten Schüler vermittelte, und zwar zu einer Zeit, als dieser in der Rechtschreibung noch ums Überleben kämpfte.

Der Bericht über eine Polenreise geriet dem Autor dann zu einer Beschimpfung der Schweiz, die auch Bewunderer des Dichters befremdete. Für eine Lesung aus *Helldunkel. Ein Bilderbuch* (1994) erhielt er den Ingeborg

Bachmann-Preis, wurde anschließend in der Boulevard Presse mit verbalen Schlägen attackiert, die ihn nicht weniger verletzten als die Schläge im Polizeiwagen. Ein neues Buch hat er seither nicht geschrieben, wohl aber von *Flug* eine stark veränderte Ausgabe veröffentlicht (2007).

Literarische Werke, die sich auf die achtziger Unruhen beziehen, sind sonst nicht häufig; Sgraffiti und Wandmalereien, auch Filme eignen sich besser als Ausdruck einer weitgehend sprachlosen Generation. Ein seltsam friedliches Bild einer Zeit, als deren dominierendes Merkmal die Straßenkämpfe galten, erhält man in einem schmalen Buch von Robert Peterhans, seinem einzigen: *Schneller werdender Blues* (1980), Beinahe-Idyllen aus der Hausbesetzer-Szene vor dem Hintergrund einer umfassenden Unsicherheit. Während der Zürcher Unruhen hat Hansjörg Schertenleib zu schreiben angefangen. »Mein Weltbild lag in Scherben, und schreibend hatte ich die Hoffnung, diese Scherben neu und auf meine Art zusammenfügen zu können«, sagt er im Rückblick. Tatsächlich enthält sein Erstling *Grip* (1982) viel von der manchmal stockenden, dann wieder mitreißenden Bewegung der Zeit, auch in jenen Passagen, die nicht in Zürich spielen. Auch die Texte von Franz Böni, die mit *Ein Wanderer im Alpenregen* (1979) zu erscheinen beginnen und die sich erstaunlich dicht und unverwechselbar durch die achtziger Jahre ziehen (*Der Knochensammler*, 1981; *Die Wanderarbeiter*, 1981; *Alle Züge fahren nach Salem*, 1984; *Am Ende aller Tage. Erzählungen aus 15 Jahren*, 1989; *Die Ferienkolonie*, 2000), haben mit jenen Jahren zu tun, auch wenn sie in ländlichen, fast archaischen Gegenden spielen, in einem gleichförmigen, zugleich bedrohlichen und bedrohten Ödland: als ob sie beweisen wollten, dass die Schweiz nicht mehr bewohnbar und die Lage ausweglos sei.

*Robert Peterhans, Hansjörg Schertenleib, Franz Böni*

Dass turbulente Ereignisse, auch wenn sie von begrenzter Ausstrahlung sind, bis zu ihrer literarischen Gestaltung ihre Zeit brauchen, zeigt sich auch bei den Jugendunruhen. »Erst« 1987 erscheint ein ausgereifter Roman, in dem die Unruhen aus der Sicht eines jungen Menschen dargestellt werden, der die Zeit und auch die Gewalt live, aber wohl aus einer gewissen Distanz erlebt hatte. Als Sohn eines italienischen Vaters und einer schweizerischen Mutter in Zürich geboren, war Dante Andrea Franzetti der erste der »Secondos« (Italiener der zweiten, der in der Schweiz geborenen Generation), der die Spannungen seiner Herkunft literarisch überzeugend fruchtbar machte, zuerst mit dem Erstling *Der Grossvater* (1985), dann mit dem Roman *Cosimo und Hamlet* (1987), der schon durch die Anspielungen auf Shakespeare und Italo Calvino verrät, dass hier ein junger poeta doctus am Werk ist. Um das Buch dem eindeutig Autobiographischen zu entziehen, arbeitet der Autor mit den Figuren von zwei seiner eigenen Generation angehörigen Brüder, von denen der eine sich der Zeit rückhaltlos aussetzt und dabei Widerstandswillen und Kreativität verliert, während der zweite, der Erzähler, dem *Baron auf den Bäumen* im Roman von Italo Calvino vergleichbar, eine gewisse Distanz zu den Ereignissen wahrt, die ihn schützt, aber auch isoliert.

*Dante Andrea Franzetti*

Zu ergänzen bleibt hier, dass mit und nach Franzetti andere »Secondos« mit Schreiben begannen und beeindruckend reiche und differenzierte Werke publizierten, in denen sie nicht nur von ihrer eigenen, sondern auch von der weit härteren Erfahrung ihrer weitgehend sprachlosen Eltern Zeugnis ablegten. Die Texte dieser Autoren wirken in unserer Literatur durchaus nicht exotisch. Mit einem durch die Fremdheitserfahrung geschärften Gespür werden die Risse und Sprünge unserer Gesellschaft wahrgenommen, die auch Einheimische beunruhigen. Neben Franzetti sind Francesco Micieli (*Ich weiss nur, dass mein Vater grosse Hände hat. Tagebuch eines Kindes*, 1986; *Das Lachen der Schafe*, 1989; *Meine italienische Reise*, 1996) und Franco

Supino (_Musica leggera_, 1995; _Die Schöne der Welt oder Der Weg zurück_, 1997) unter den ursprünglich Italienischsprachigen jener Jahre die vorläufig Interessantesten.

### Signale künftiger Katastrophen

Die globale Gefährdung unserer Lebensgrundlagen ist seit dem Ende des Zweiten Weltkriegs bekannt. Ein anderes ist es aber, wenn dies Wissen durch reale, wenn auch begrenzte Katastrophen leibhaftige Gestalt annimmt. Kurz nach 1980 hörte man erstmals den Namen der neuen Seuche Aids; die Reaktorpanne von Harrisburg und später der Gau von Tschernobyl (1986) gaben den Warnungen recht, für die man die seit 1960 in der Schweiz sehr aktive Anti-Atom-Bewegung, später die Partei der Grünen belächelt und bekämpft hatte. Und im gleichen Jahr 1986 zeigte sich beim Brand in den Magazinen des Ciba-Konzerns, dass es technische Pannen mit nicht abgrenzbaren Folgen auch in der unmittelbaren Nähe gab. Dazu erzeugte in der Ära Reagan das Wettrüsten der beiden Supermächte (Stichwort: Mittelstreckenraketen) neue Kriegsängste, in deren Folge auch in der Schweiz große Friedensdemonstrationen stattfanden. Wenn 1988 der Staatsrechtler Peter Saladin, ein namhafter Vertreter seines Fachs, die Forderung erhob, die »Rechte künftiger Generationen« – das Recht auf gesunde Luft, gesunde und ausreichende Gewässer, fruchtbaren Boden, eine kulturelle Erbschaft – seien in die Jurisprudenz einzubeziehen, zog er nur die Konsequenz aus einer offen zu Tage liegenden Situation.

_Für die »Rechte künftiger Generationen«_

Die klaren Begriffe des Juristen würden, tauchten sie in einem literarischen Werk auf, diesem den Todesstoß versetzen. Kein Thema zieht so rasch den Vorwurf der Übertreibung, der Panikmache auf sich wie Hinweise auf eine globale Katastrophe oder die Sorge um die Umwelt – doppelt, wenn sie in einem literarischen Werk auftreten. Dessen sind sich die Autoren offenbar sehr bewusst. Es gibt in der Schweiz kaum ein Werk, das so direkt und realistisch auf einen Katastrophenfall Bezug nimmt wie das Tagebuch _Störfall_ von Christa Wolf, das im Bewusstsein eigener Verantwortung und Hilflosigkeit um den Gau von Tschernobyl kreist.

_Hermetische Kunst_

Und ausgerechnet in diesen frühen achtziger Jahren, als die Gefährdung der Welt alle Aufmerksamkeit auf sich zu ziehen schien, treten die wichtigsten Vertreter der hermetischen Kunst markant an die Öffentlichkeit: Felix Philipp Ingold (längst als Literaturwissenschaftler bekannt und erfolgreich) und Bruno Steiger, Autoren, die beide die Autonomie der Kunst, ihre Differenz zur Realität betonen. Ein Zeichen, dass die Literatur der deutschen Schweiz nie ganz in der Darstellung der Wirklichkeit aufging.

_E.Y. Meyer_

E.Y. Meyer war für die eingangs genannten Themen erstaunlich früh und gründlicher als die meisten gerüstet. Schon seine ersten Erzählungen _Ein Reisender in Sachen Umsturz_ (1972), ebenso der weiter oben besprochene Roman _In Trubschachen_ (1973) evozieren eine zutiefst unsichere, bedrohliche Welt. In seinem zweiten Roman _Die Rückfahrt_ (1978), von frühen Bewunderern rasch und nicht zu Unrecht als Opus magnum gewertet, werden diese Gefahren dann philosophisch untermauert und reflektiert. Anhand einer zum Teil rückwärts erzählten individuellen Entwicklungsgeschichte evoziert der Autor überaus kenntnisreich eine Rückfahrt zu den Anfängen der Menschheit, die ihm als Grundlage einer umfassenden Kritik am Fortschrittsdenken und an der linearen Zeitauffassung dient. Meyers Doppelbegabung als Philosoph und Autor prädestiniert ihn zum Erfassen von Zeiterfahrungen, enthält aber für den Schriftsteller die Gefahr eines Überhangs an begrifflicher Deutlichkeit. Diese belastet vor allem die Werke der achtziger Jahre: sowohl das Künstlerdrama *Sunday Morning* (1984) wie den großen, an sich raffiniert aus Erzählung und Reflexion gemischten Essay von 1982, der den noch heute valablen Kerngedanken schon im Titel präsentiert: *Plädoyer. Für die Erhaltung der Vielfalt der Natur beziehungsweise für deren Verteidigung gegen die drohende Vernichtung durch die Einfalt des Menschen.* Meyer gerät ausgerechnet in den achtziger Jahren, in denen seine Haltung und seine Kenntnisse hilfreich hätten sein können, in eine Schaffenskrise; das geplante und bereits begonnene große Werk *Das Naturtheater* wurde nicht vollendet; er sah sich gedrängt, den Verlag zu wechseln. Die Krise schien sich in den neunziger Jahren durch neuartige Werke und einen neuen Verlag zu lösen. Aber der nächste Roman, *Das System des Doktor Maillard oder Die Welt der Maschinen* (1994), ein Irrenhaus-Roman in der Nachfolge Dürrenmatts, der mit wunderbaren Landschaftsbeschreibungen aufwartet, krankt an einem Zuviel direkter Diskussionen, und auch daran, dass Meyer nun – wie auch im *Venezianischen Zwischenspiel* (1997) – einzelne Figuren als Repräsentanten des »Bösen« auftreten lässt. In seinem jüngsten Buch, der Erzählung *Der Ritt* (2005), wählt er wieder das Emmental als Hintergrund, eine Landschaft, die ihm, obgleich sie nicht der Ort seiner Herkunft ist, zutiefst entspricht. In ungewohnt kurzen Sätzen evoziert er den Ritt des Dichter-Pfarrers Jeremias Gotthelf nach Lützelflüh, zum Ort seiner späteren Pfarrei, als Ausweg aus einer tiefen Krise existenzieller Sinnlosigkeit; die dem Autor nahe Landschaft und die gut ausgewählten, in den Ritt integrierten Briefe Gotthelfs lassen dem Text eine Stimmung und eine Kraft zukommen, die an die ersten Werke erinnert.

E.Y. Meyer

Auch Jürg Federspiels Werk folgt von Anfang an den Spuren des Unheimlichen, des drohenden Untergangs; der Autor kann, wie er selber sagt, das Leben nur aus der Perspektive des Todes sehen; er verfügt über eine Art Katastrophenfühligkeit. Dabei ist er schon durch seine journalistische Erfahrung gefeit gegen ein Zuviel an Reflexion oder begrifflicher Überdeutlichkeit; nicht Umweltschutzgedanken leiten ihn, eher eine Mischung aus Faszination und Angst. Auch in seinen Reportagen, die literarischen Rang haben, ist er dem Zerstörerischen, Morbiden auf der Spur, er beobachtet Menschen am Rand der Gesellschaft, nicht nur der Großstadt, sondern auch der Schweiz, die – wie der Sprayer von Zürich – deutlicher als andere die Fragwürdigkeiten der Gegenwart ahnen und aufzeigen (*Die beste Stadt für Blinde und andere Berichte*, 1980; *Wahn und Müll*, 1983/1990). So gelingt es ihm, im Roman *Die Ballade von der Typhoid Mary* (1982) eine Figur zu schaffen, die zum Symbol für die Bedrohungen des Jahrzehnts, der Vergiftung der Welt durch den Menschen werden konnte. Er benützt dafür reale Ereignisse (eine Typhusepidemie in New York) und eine reale Person: eine Frau, am Anfang ein Mädchen von acht Jahren, das nach einer langen Irrfahrt auf dem Meer im New York des 19. Jahrhunderts ankommt und das, da seine Verwandten nicht mehr leben, sich als Köchin verdingt und ohne es zu wissen, seine Arbeitgeber mit Typhus-Bazillen infiziert, gegen die es selber immun ist. (Nur einmal und beiläufig zieht der mit expliziten Deutungen sparsame Federspiel eine Parallele zur Umweltgefährdung durch die mangelhafte Entsorgung giftiger Abfälle.)

*Jürg Federspiel*

Franz Hohler ist nicht nur in diesem Jahrzehnt der Autor, der die Menschen am besten zugleich zum Lachen und zum Nachdenken bringen konnte – und der wohl die größte Resonanz hatte, wenn es darum ging, das diffuse Unbehagen, die Ängste und die Verdrängungsmechanismen wiederzugeben. Das liegt nicht nur daran, dass er ein erfolgreicher und auch im Umgang mit

*Franz Hohler*

Kindern sehr kommunikativer Kabarettist war und ist. Auch als Autor versteht er es, ohne Anleihen ans Kabarett das Reale ins Surreale kippen zu lassen und in bedrohlichen Situationen einen leichten Ton anzuschlagen. Die surrealen Elemente mit genauer Beobachtung verbindend, stellt er in einer glänzenden Erzählung – *Die Rückeroberung* (1982) – die Rückkehr der wilden Tiere in die Städte dar, aus denen sie durch die Zivilisation vertrieben wurden (dies zu einer Zeit, als Stadtfüchse noch keine alltägliche Erscheinung waren). Nur einmal, und sicher nicht zufällig gerade in diesem Jahrzehnt, hat Hohler, dieser Liebhaber der Kürze, einen Roman geschrieben: *Der neue Berg* (1989). Obgleich kein innovativer Roman, gibt das Buch wie kaum ein anderes eine wichtige Erfahrung der Zeit wieder: die Verdrängungspraktiken der Menschen, ihr Nichtsehenwollen dessen, was der Logik und der Erfahrung zu widersprechen scheint; des Unerwarteten und vermeintlich Unmöglichen, das sich dennoch ereignet: Der Boden unter der Schweiz erweist sich als vulkanisch, und in einer gewaltigen Explosion, die Tausende von ahnungslosen Menschen begräbt, entsteht ein neuer Berg.

*Kuno Raeber:*
Wirbel im Abfluss

Im gleichen Jahr wie das erwähnte Buch von Hohler erschien auch der sprachmächtige Roman von Kuno Raeber *Sacco di Roma* (1989; der ursprüngliche und richtige Titel lautet: *Wirbel im Abfluss*). Es ist ein eigentliches Untergangsszenarium, was da, rückgreifend auf das historische Ereignis der Plünderung Roms durch deutsche Soldaten (1527), mit einem unerhörten Sprachreichtum evoziert wird: ein gewaltiger Sturz durch die Jahrhunderte, unaufhaltsam, wie durch ein gewaltiges Abflussrohr. Natürlich ist ein Werk wie dieses nicht als Reaktion auf die sichtbaren Gefahren der Zeit zu erklären; es ist ein universales Werk, das auf dem immensen historischen Wissen und den Visionen des Autors beruht – aber indirekt auch auf die Zeiterfahrungen, auch die subkutanen, reagiert.

## Debütanten der frühen achtziger Jahre

Es gibt in den achtziger Jahren eine überraschend große Zahl von Erstlingswerken, die durch Originalität auffielen und rasch Erfolg hatten und deren Rang auch heute noch anerkannt ist. In rascher Folge erschienen erste Werke von Thomas Hürlimann: die bereits früher vorgestellten Erzählungen *Die Tessinerin* (1981) und *Das Gartenhaus* (1989), dazu das Theaterstück *Grossvater und Halbbruder* (1981); von Matthias Zschokke erschien *Max* (1982), von Martin Dean *Die verborgenen Gärten* (1982) und von Beat Sterchi *Blösch* (1983). Mit den aufständischen Achtzigern scheinen diese nur wenig älteren Autoren nichts gemein zu haben. Es sind disziplinierte Spracharbeiter, keine Chaoten – in ihrer Sprache, gut versteckt, lebt dennoch der Aufruhr – der in Sterchis umfassendem Zeit- und Bauernroman auch tatsächlich stattfindet und zwar an einem Ort, wo es eigentlich keinen Widerstand mehr geben kann: im Schlachthof.

*Beat Strechi:* Blösch

Beat Sterchis Roman *Blösch* ist nicht einfach ein origineller Bauernroman, auch nicht nur ein Tierroman und nicht nur ein Fremdarbeiterroman. Er ist das alles und mehr, ein umfassendes Werk, das die Extreme zusammen sieht, den letzten Bauernroman mit einem Fremdarbeiterroman verbindet (weil das »Ende« des einen Berufsstandes mit dem Auftreten des zweiten zusammenfällt); ein Buch, das, zugespitzt gesagt, nur zwei Hauptfiguren (dazu viele Nebenfiguren) aufweist: erstens die stolze Kuh Blösch, die zwar keinen weiblichen Nachwuchs zustande bringt, aber als exemplarisches Prachtstier die Königin im Stall wird, und der spanische Knecht Ambrosio, der, ohne Brecht gelesen zu haben, begreift, wie sehr seine Situation derjenigen Blöschs gleicht, und dass auch er »am Strick geht«, wenn Blösch am Schluss in den Schlachthof geführt wird. Das Buch ist ein Jahrhundertwerk, in dem die alten bäuerlichen Traditionen kaum noch leben und schließlich untergehen. Am erbärmlichen Zustand, in dem die Leitkuh Blösch im Schlachthof auftaucht, ist nicht ihr Besitzer schuld, der einen Musterbetrieb führte und Tiere und Menschen respektierte, sondern die nur noch auf Rendite ausgerichtete Milchwirtschaft und der durch Überdüngung vergiftete Boden. Wie es aber ans Sterben geht, bäumt sich Blösch, das geduldige Nutzvieh, noch einmal auf und bringt im Tod den ganzen Schlachthof durcheinander. Der Aufstand der Arbeiter, den die »Teufelskuh« auslöst, rührt an vergessene archaische Schichten, die für einen Augenblick stärker sind als die technisierte Welt. Bewunderswert reich und differenziert ist die Sprache, in der, gestützt auf große Vorbilder der Weltliteratur, die vielschichtige Wirklichkeit zwischen Bauernhof und Schlachthof evoziert wird. Die Lust am Sprachspiel, vor allem am kritischen Spiel mit der Mundart wird bei Sterchi in den folgenden Jahren in einer großen Zahl von kurzen Texten und Theaterstücken zur Wirkung kommen.

Martin Deans Erstlingsroman *Die verborgenen Gärten* (1982) ist das (bewundernswerte, etwas kopflastige) Werk eines jungen poeta doctus, der sein Wissen in langen Diskussionen, beinahe Vorlesungen, darlegt. Aber die sinnliche Wahrnehmung fehlt nicht und kommt dem Werk vor allem in opulenten Landschaftsbeschreibungen zugute:

*Martin Dean – Ein poeta doctus*

Ein großartiger, etwas verwilderter Park in Südfrankreich wird zum Schauplatz der handlungsarmen Geschichte, die sich vor allem in langen Gesprächen ausbreitet, und schließlich zum Exempel der zerstörerischen Wirkung des Menschen auf die Natur wird. Der Besitzer des Gartens (er trägt den bezeichnenden Namen »Brosamer«), ein Gelehrter, aber ein etwas degenerierter, sieht sich als Herrscher über die Natur, nicht als ihr Beschützer – und kann doch, wie sich zeigt, nicht einmal über sich selber verfügen, hat er doch nicht nur seinen Reichtum, sondern auch sein Gedächtnis verloren. Sein jugendlicher Gesprächspartner, der Ich-Erzähler, soll ihm dies ersetzen, indem er Erfahrungen, die er als Hüter des Parks macht, aufschreibt, aber ohne dass er die Vergangenheit einbezieht. Wie bei E. Y. Meyer spielen Gedächtnisverlust und Wiedergewinn der Erinnerung eine bedeutende Rolle; wie bei Meyer treten – auch in späteren Büchern Deans – ältere Männer auf, bei denen die jugendlichen Protagonisten ein überlegenes Wissen suchen. Nur dass diese »Mentoren« bei Meyer tatsächlich Überlegene, Weise sind, bei Dean aber im Innersten Beschädigte. (Das gilt auch für den Protagonisten des zweiten Romans *Das verlorene Licht*, den berühmten Schriftsteller Loderer, dem offenbar am Schluss nichts anderes bleibt, als sich selbst zu zerstören.) Auch im Erstlingswerk ist der hybride Plan des scheinbar überlegenen Brosamer, sich ein fremdes Gedächtnis anzueignen, zum Scheitern verurteilt; der Park wird am Schluss mit einem Fabrikgebäude überbaut.

Nicht nur in diesem Erstlingswerk Deans spielt die Identitätssuche eine wichtige Rolle, das Motiv zieht sich durch das ganze Werk; in dieser Hinsicht ist der Autor ein später Nachfahre Frischs. Der letzte Roman *Meine Väter* (2003) ist in mancher Hinsicht eine Art Schlüsselroman (was nichts gegen seine Qualität aussagt); er erhellt nicht nur die Biographie und die Familiengeschichte Deans, sondern auch seine früheren Bücher. Der Protagonist dieses letzten Buches, der dem Autor zum Verwechseln gleicht, hat seinen aus Trinidad stammenden leiblichen Vater nie bewusst gesehen, und sein Stiefvater kann ihn dem Heranwachsenden auch mit dem besten Willen nicht ersetzen. Dieses Manko und der Wunsch des Protagonisten, mehr über seine Herkunft zu erfahren, setzt die Erzählung in Gang. Die Vatersuche verbindet sich mit einer zum Teil abenteuerlichen, nicht ohne Humor erzählten Reise durch die verschiedenen Kulturen, eine Reise, die vermutlich zu einer Beruhigung des Ruhelosen führt, sicher zu einem differenzierteren Blick auf die Welt.

Thomas Hürlimann

Das Werk Thomas Hürlimanns setzt ein mit den Erzählwerken *Die Tessinerin* und *Das Gartenhaus*, die nicht wenige immer noch als einen frühen Höhepunkt im ganzen Werk des Autors ansehen und die, zusammen mit dem frühen Drama *Grossvater und Halbbruder*, ein Debut jenseits alles Anfängerhaften markieren. Was den Erfolg angeht, werden sie – ungeachtet ihrer Qualität – durch die publikumsfreundlicheren Genres der späteren Dramen und später durch die Romane übertroffen.

In seinen Theaterstücken hat Hürlimann Katastrophenängste und Zusammenbrüche des Jahrzehnts deutlicher und direkter als andere evoziert, grotesk verfremdet und ernsthaft zugleich, wie es dem Jahrzehnt entspricht. Nicht zufällig wurde er der erfolgreichste Schweizer Dramatiker der achtziger und frühen neunziger Jahre. Das hat mit der Aktualität seiner Themen zu tun, mehr noch damit, dass der Autor sich in Berlin eine beachtliche Theatererfahrung aneignen konnte und später in der Schweiz die Chance einer kontinuierlichen Arbeit als Hausautor am Zürcher Schauspielhaus erhielt.

Zu seinem ersten Theaterstück, *Grossvater und Halbbruder* (1981), ist er auch inhaltlich in Berlin inspiriert worden. Der Prozess der Vergangenheitsbewältigung, der dort im Gang war, wies ihn auf die entsprechende unerledigte Thematik in der Schweiz hin; in der Form schloss er, ob bewusst oder unbewusst, an die schweizerische Tradition an. Wie Andri in Frischs *Andorra* agiert der in die Schweiz geflüchtete Jude Alois in *Grossvater und Halbbruder* aus einer zerrissenen Identität heraus. Während Andri eine fremde Identität übergestülpt bekommt, erfindet sich der Jude Alois aus Not eine solche, und zwar eine absurde: Er gibt vor, ein Halbbruder von Hitler zu sein. So wenig glaubhaft das Konstrukt ist, es gibt Alois eine Rettungsmöglichkeit in prekärer Situation und ermöglicht dem Autor, in karikaturistischer Schärfe die ambivalente und schwankende Haltung der Bevölkerung gegenüber dem Nationalsozialismus und gegenüber den Juden darzustellen.

*Groteskes Bild der achtziger Jahre*

Ein grotesk verfremdender Spiegel der achtziger Jahre sind dann vor allem die beiden Stücke *Stichtag* (1985) und *Der letzte Gast* (1991): Das erste spielt vor dem Hintergrund einer Hühnerfabrik, deren krebskranker Besitzer in ihr sein Lebenswerk untergehen sieht, das zweite in der Umgebung eines unrettbar verschmutzten, das heißt bereits »gekippten« Sees. Kein Autor hat so direkt und konkret die Umweltgefährdung und -zerstörung thematisiert wie Hürlimann. Das hat gewiss zum Erfolg der Stücke beigetragen, mag aber auch ein Grund dafür sein, dass sie trotz ihres Erfolgs eher selten neu aufgeführt werden: denn die Verhältnisse haben sich geändert, ja verglichen mit ursprünglichen Befürchtungen sogar verbessert; als dramatisches Katastrophenszenarium eignen sie sich nicht mehr.

Wenn Hürlimann als Dramatiker jene Probleme aufgriff, die in der Öffentlickeit besonders präsent waren, hält er sich, in auffallendem Gegensatz dazu, an den privaten Umkreis seiner Familie, sobald er Romane schreibt. Seine Romane stellen eine Fortschreibung der Familiengeschichte dar, deren erste Anfänge schon in der *Tessinerin* und dann im *Gartenhaus* zu finden sind. Offensichtlich ist die Kindheit und die Familiengeschichte (der kranke, dann der sterbende jüngere Bruder, aber auch der Politiker-Vater) der Ort und die Atmosphäre seiner Inspiration.

Der Roman *Der grosse Kater* (1998) evoziert die Welt des Vaters, mit einem diesem wohl einigermaßen verwandten, dennoch fiktiven Protagonisten, der, aus einfachen Verhältnissen stammend, wie der Vater zu einem erfolgreichen und geachteten Politiker wurde, bis er, als Bundespräsident gerade auf dem Gipfel der Macht stehend (soweit das rotierende Amt des Bundespräsidenten einen solchen darstellt) von einem einstigen Freund aus dem Amt gemobbt wurde. *Vierzig Rosen* (2006) evoziert die Entwicklung der Mutter, die eine erfolgreiche Pianistin hätte werden können, aber die mögliche Karriere aufgab, um ihre gesellschaftliche Begabung als *First lady* einzusetzen (eine Rolle, die es in der Schweiz nicht gibt – was den romanhaften Anstrich des Ganzen verstärkt).

Beide, Thomas Hürlimann wie Matthias Zschokke, sind Wahlberliner der ersten Stunde, beide sind sowohl Romanciers wie Dramatiker (Zschokke dazu noch Filmemacher); dennoch sind sie alles andere als literarische Zwillinge. Im Gegensatz zu Hürlimann, der in erster Linie die Schweiz als Schauplatz wählt, spielen die Romane Zschokkes mit erstaunlicher Konstanz im Ambiente Berlins; in der Schweiz hat er, wie Nizon, kein festes Domizil, ohne sich doch, im Gegensatz zu Nizon, als Emigrant zu fühlen oder zu präsentieren.

*Matthias Zschokke*

Zschokke hat eine Schauspielschule besucht, aber den Beruf nie ausgeübt. Er weiß so gut wie der Protagonist seines ersten Romans (*Max*, 1982), dass das Publikum im Theater »das Gefühl haben will, die Menschen seien durchschaubar, auffächerbar, auffädelbar« – und dass er, Zschokke, so gut wie seine Protagonisten dies Gefühl weder vermitteln kann noch will. Die Verweigerung dieser und anderer Publikums-Erwartungen prägt seine Schreibhaltung bis in die Wörter hinein. Eine wichtige Anregung für diesen frühen Roman, überhaupt für sein Schreiben, ist der späte, erst postum gedruckte Roman *Der Räuber* von Robert Walser mit dem damals ungewöhnlichen Wechsel der Pronomen Ich und Er: eine Stilfigur, die bei Zschokke eine wichtige Rolle spielt.

*Frühe Nähe zu Robert Walser*

Die großen Themen und die großen Wörter (Umweltschutz, Vergangenheitsbewältigung, Fortschritt), die damals wie heute gleichsam in der Luft liegen, widerstreben diesem Autor, er versteckt sie in kleinen Bemerkungen oder lässt sie weg.

Seine Romane (nach *Max* entstand *Prinz Hans*, 1984; dann *ErSieEs*, 1986; dann *Die Piraten*, 1991) haben etwas von einem Tagebuch an sich; sie folgen den freien Gedanken und Wahrnehmungen eines am Anfang noch jungen Mannes, der sich gerne in einer Kaskade von Einfällen, von scheinbar launigen Sätzen und überraschender Zurücknahme dieser Sätze ergeht. Man könnte den Autor für einen leichtfüßigen Causeur halten, wäre da nicht der dunkle Untergrund dieses Gedanken-Pingpongs. Dieser dunkle Untergrund heißt Schwermut, heißt Zweifel, heißt auch Resignation.

Zschokkes Schreiben wird sich in den Jahren nach dem Mauerfall ändern, aber nicht im Gleichschritt mit der politischen Veränderung, sondern eher gegen sie. Der entstehenden Großstadt-Euphorie entzieht er sich. Seine nächsten Romane – *Der dicke Dichter* (1995); *Das lose Glück* (1999) und der herausragende Erzählungsband *Ein neuer Nachbar* (2002) – sind an den Orten angesiedelt, von denen sich Fortschritt und Aufschwung fern halten; wo die Verlierer und Zukurzgekommenen sich treffen – vielmehr aneinander vorbeigehen. Nicht dem Fortschritt, nicht dem »Hier ist etwas los« gehört die Aufmerksamkeit des Autors, sondern dem Unspektakulären, Kleinen, er staunt über das Kind, das verzückt sammelt, was im Rinnstein liegen bleibt, jeden Fetzen Papier für wertvoll hält. Die Forderung des Zeitgeists, es müsse ein Wenderoman, Großstadtroman, Berlinroman geschrieben werden, mag ihn berühren, verunsichern, zu beeinflussen vermag sie ihn nicht. In der lan-

*Geschichten von Scheiternden; Freude am Unspektakulären*

Matthias Zschokke

gen Reihe seiner Romane hat er bereits jahrelang an diesem Berlin-Buch, das zugleich ein Ich-Buch ist – fort und fort geschrieben. Den Schluss dieser langen Romanreihe bildet das Buch *Maurice mit Huhn* (2006), in dem sich endlich der bekannte literarische Zwilling von Max präsentiert: der älter, ruhiger, aber auch melancholischer gewordene Moritz. Der Titel verdankt sich einem Aquarell des Malers Albert Anker, der meistens im gleichen Dorf lebte, in dem Zschokke seine Jugend verbrachte. Nicht irgendein zum Kuscheln geeignetes Tier trägt sein Sohn Maurice, der dem Vater hier Modell steht, in den Armen, sondern ein Huhn, ein Wesen, das symbolisch nicht befrachtet ist, sondern seiner Bedeutungslosigkeit entsprechend sein Leben lebt, ohne vom Tod zu wissen.

Auch wenn das Hauptgewicht von Zschokkes Schaffen auf der Prosa liegt, hat er kontinuierlich Filme gemacht und Theaterstücke geschrieben. Das bekannteste ist wohl die Satire auf den Literaturbetrieb *Die Alphabeten* – das zugleich ein Abgesang auf die Sprache ist, welche die Schreibenden verführt, ihr Innerstes der Öffentlichkeit preiszugeben. Eine Art Höhepunkt stellen zwei Theaterstücke dar (*Der reiche Freund*, 1994; *Die Einladung*, 2000), die gleichsam seitenverkehrt um das gleiche Lustspiel-Thema kreisen, aus dem sich hier kein Lustspiel ergibt: die Geldsuche eines mittellosen Mannes bei einem reichen Freund. Doch der Freund ist kein helfender Mentor, wie bei E. Y. Meyer, schon gar nicht der rettende Gott, den es brauchte, dem mittellosen und auch ungeschickten Architekten zu helfen; auch er, dieser Reiche, bleibt in seine Einsamkeit und Hilflosigkeit eingeschlossen, wie alle.

# Die neunziger Jahre: Kehraus des Jahrhunderts und ein Paradigmenwechsel im literarischen Leben

Der Fall der Mauer und der Zerfall der Sowjetunion setzte auch in der Schweiz der Polarisierung des Kalten Krieges ein Ende; die anfängliche Euphorie brach aber hier vielleicht noch rascher zusammen als in anderen Staaten. Die neunziger Jahre sind in der Schweiz – wie in der DDR – zunächst die Zeit einer nachgeholten, z.T. von außen erzwungenen Vergangenheitsbewältigung, in der sich ziemlich bald die Polarisierung des Kalten Kriegs als Streit um die »richtige« Erinnerung fortsetzte. Der sogenannte Fichenskandal brachte ans Tageslicht, was man seit langem vermuten konnte: die jahrzehntelange Bespitzelung nicht konformer Bürger, von der schon am Anfang dieses Kapitels die Rede war. Die Ablehnung des Beitritts zum »Europäischen Wirtschaftsraum« (1992) spaltete das Land und auch die (sonst im Politischen meist einigen) Autoren in zwei Lager; die von jüdischen Organisationen mit Hilfe Amerikas geforderte Bereinigung der namenlosen Konten jüdischer Flüchtlinge aus den Kriegs- und Vorkriegszeiten, dazu die Arbeit der vom Bundesrat 1997 eingesetzten »Unabhängigen Historikerkommission« über das Verhalten der Schweiz zur Nazizeit (ein Novum nicht nur in der Schweiz) erzeugten allgemein eine Mischung von schlechtem Gewissen und Widerstand gegen den Druck von außen. Und als im Anschluss an den fast zeitgleichen Tod Dürrenmatts und Frischs (1990/91) in den Medien allen Ernstes die Frage diskutiert wurde, ob die Schweizer Literatur jetzt an ihr Ende gelangt sei, schien der große Kehraus der Geschichte gekommen.

*Eine »unabhängige Historikerkommission«*

Das Engagement der Autoren schäumte phasenweise noch einmal auf, als beispielsweise Adolf Muschg, auch jetzt ein Anführer der Diskussion und des Protests, Auschwitz gewissermaßen in der Schweiz stattfinden ließ (*Wenn Auschwitz in der Schweiz liegt*, 1997) – und ging dann merklich zurück. Dieser Rückgang, nach Jahrzehnten von routinemäßigen politischen Wortmeldungen überfällig, hat weniger mit Eskapismus zu tun, als mit der Einsicht, die zunehmende Komplexität heutiger Probleme entziehe sich den Schnellschüssen der öffentlichen Meinungsäußerung. Dazu mochte auch beitragen, dass in den neunziger Jahren, anschließend an die Abstimmung über den EWR, ausgerechnet eine bisher staatstragende Partei (die Schweizerische Volkspartei) anfing, eine rechtslastige Opposition auch gegen unverzichtbare schweizerische Errungenschaften und Traditionen zu machen – und viele Vernünftige diese Opposition nicht von links her verstärken wollten. Wenn zur Zeit der Jahrtausendwende die Literatur weniger »politisch« auftritt als früher, braucht das kein Nachteil zu sein.

Wie nie zuvor ist in den neunziger Jahren die Schweiz von außen zur Rechenschaft über ihr Verhalten in der Kriegszeit, also zur bewussten Erinnerung gedrängt worden. Dass die Forschungen der Historikerkommission eine Be- und auch Verurteilung der Vergangenheit aus der Sicht der Gegenwart implizierte, war unvermeidlich, aber weckte, wie jedes Urteil, in breiten Kreisen Widerstand. Dass die Autoren sich mit direkten Einmischungen zunehmend zurückhielten, heißt nicht, dass die Vergangenheit für sie obsolet geworden war; wohl aber suchten die meisten und bedeutendsten unter ihnen etwas anderes als einen verordneten Rückblick. Davon zeugen die literarischen Werke, die seither entstanden. Bei zwei Autoren wird die Erinnerung auffallend häufig und explizit thematisiert und reflektiert: bei Silvio Blatter und bei Urs Faes. Wobei Blatter diese Erinnerung eher als Reichtum begreift, der dem zuwächst, der sich mit der Vergangenheit beschäftigt (Beispiel dafür seine Freiämter Romanfolge: *Zunehmendes Heimweh*, 1978; *Kein schöner Land*, 1980; *Das sanfte Gesetz*, 1988), während Faes die Erinnerung vor allem als ein zunächst quälendes Bewusstmachen schmerzhafter oder schuldhafter Verdrängungen begreift. Dafür stehen vor allem seine Romane *Bis ans Ende der Erinnerung* (1986), *Und Ruth* (2000), *Das Liebesarchiv* (2007).

*Die »richtige« Erinnerung*

*Silvio Blatter, Urs Faes*

## Eine Renaissance des großen Romans

Was bei den älteren Autoren dieses Jahrzehnts auffällt, ist eine in der Schweiz eher ungewöhnliche Tendenz zu Werken, die man als Opus magnum bezeichnen könnte. Wenn für die siebziger Jahre die kurze Prosa bezeichnend ist, so drängt sich seit den neunziger Jahren eher der große Roman vor. Wobei sich natürlich nicht alle so plakativ das Ziel eines Großromans setzen wie Hermann Burger, der auf dem Titelblatt zu *Brunsleben* (1989) mit dem Konterfei von vier Zigarren die geplante und nur mit einem ersten Band verwirklichte Tetralogie *Brenner* vorwegnahm. Dass ein Autor wie Guido Bachmann schon in jungen Jahren mit einem Erstling – *Gilgamesch* (1966) – ein Opus magnum beginnt, das er später unter dem Titel *Zeit und Ewigkeit* (1989) fertig stellt, ist vorläufig eine Ausnahme geblieben: Das Opus Magnum ist im allgemeinen das Werk gestandener Autoren. Die erstaunlich große Zahl umfangreicher Romane bekundet am Jahrhundertende noch einmal die vielfältigen Begabungen, die es innerhalb der schweizerischen Literatur immer noch gibt. Diese Werke sollen hier auf eine eher lockere Art in der notwendigen Kürze präsentiert werden.

*Guido Bachmann: Zeit und Ewigkeit*

*Adolf Muschg: Eine*
*Geschichte von* Parsifal

Wissenschaft und Dichtung zu verbinden, ist ein Grundzug, der das Werk von Adolf Muschg von Anfang an und immer tiefer prägt, zuletzt als Vorstellung eines umfassenden Gesamtkunstwerks. Zeichen dafür gibt es schon im Frühwerk, sie werden unübersehbar in jenem Roman, der schon vor dem *Parsifal* eine Art Gesamtkunstwerk darstellte, *Das Licht und der Schlüssel.*

*Der Traum vom*
*Gesamtkunstwerk*

*Erziehungsroman eines Vampirs* (1984). Die diesen Roman abschließenden, allgemein bewunderten *Briefe über das Stilleben* haben manche Leser mit der Vampir- und Krankheitsgeschichte versöhnt. Nicht nur eine Gratwanderung zwischen Dichtung und Wissenschaft, sondern eine untrennbare, im einzelnen verwirklichte Symbiose zwischen beidem findet sich schließlich im *Roten Ritter. Eine Geschichte von Parsifal* (1993). Dies allein wäre schon ein Grund, das Buch als ein Opus magnum zu bezeichnen, und nicht nur im äußeren Sinn. Wie abzusehen, erhielt Muschg dafür den Büchnerpreis, und in schöner Konsequenz verglich er anschließend das Ereignis mit einem Ritterschlag. Überaus kunstvoll hat sich Muschg hier seine eigene mittelalterliche Sprache erschrieben, unterlegt mit imposanten wissenschaftlichen Kenntnissen der Epoche. Natürlich ist das Buch nicht einfach eine Vivifizierung des Klassikers. Es ist geschrieben von einem, der die Fragen der Gegenwart in die Lektüre des mittelalterlichen Epos einbringt, es mit den Augen eines Heutigen liest und darin Einsichten sucht, die sich in unserer Gegenwart anwenden lassen. Das betrifft, sehr vereinfacht gesagt, vor allem zwei Fragen. Erstens die Darstellung der Frauen, die sich bei ihm gleichsam in der Morgenröte des heutigen Feminismus bewegen und fast durchgehend als den Männern überlegen erweisen (auch wenn das nicht immer so plakativ formuliert wird wie im Satz des Amfortas »Der Mann ist ein Tier, die Frau nicht«). Und es betrifft, zweitens, die völker- und rassenübergreifende Verwandtschaft von Feirefiz und Parsifal, wobei sich Feirefiz durchwegs – und manchmal auf etwas aufdringliche Art – als der Menschliche, Friedfertige, der spielerisch Begabtere erweist.

*Pierre Imhasly:* Die
Rhone Saga

Als der *Parsifal* erschien und mit ihm die ersten Rezensionen, erschien er vielen, vielleicht den meisten als *das* Opus magnum der neunziger Jahre. Nicht vorauszusehen war, eine wie große Zahl von Werken erscheinen würde, die dieser Bezeichnung auf andere Art ebenfalls entsprechen. Beispielhaft für die Tendenz zur Größe und zum Ungewöhnlichen ist – über den Parsifal hinaus – die *Rhone Saga* (1996) des im Wallis beheimateten Pierre Imhasly. Ungewöhnlich bereits, dass der zweisprachige Kanton Wallis (der in den letzten Jahren in der deutschschweizerischen Literatur wenig in Erscheinung trat), darin eine Hauptrolle spielt: als Quelle und Anfang der Rhone, deren Verlauf und Wirkung auf das umgebende Land bis zur Mündung wortgewaltig evoziert wird. Der überbordende Sprachreichtum (das Deutsche wird oft durch französische Gedichte unterbrochen) ist das zweite Merkmal dieses auch durch das beigefügte Bildmaterial als Gesamtkunstwerk angelegten Buches,

*Wasser als Ursprung*
*und Quell der*
*Kreativität*

das nicht in erster Linie eine direkte Hommage an das Wasser ist, sondern eine großartige Evokation der Welt, die der Strom gleichsam an seinen Ufern entstehen lässt und nährt. Das Buch enthält aber auch ein hochemotionales, pathetisches Liebesgedicht und – für viele befremdend und ein Grund, Seiten zu überspringen – eine Hommage an den Stierkampf. Das Werk – und auch dies ist wertvoll – ruft schon durch Hauptmotiv und Titel in Erinnerung, dass die Schweiz auch ein Land der Ströme, Flüsse und Seen ist – was neben ihrem klassischen Emblem, dem Berg, oft dem Vergessen anheim fällt, aber gerade in den neunziger Jahren in bedeutenden Werken neu entdeckt wird (Das nächste Werk von Pierre Imhasly ist allerdings einem Berg gewidmet, einem durch Form und Größe exzeptionellen und berühmten: dem Matterhorn.)

Gerade bei Hansjörg Schneider ist das Wasser immer wieder Ambiente und Lebenselement, vor allem in seinen späteren Werken (*Der Wels*, 1988; *Silberkiesel*, 1993), sogar in seinen erfolgreichen Kriminalromanen, die um die imposante und sympathische Figur des alternden Kommissars Hunkeler aufgebaut sind. Der Rhein ist in diesen Romanen omnipräsent, das Wasser spielt auch in den banalen Varianten eines Schwimmbads eine Rolle: als ein immer wieder auftauchender Ort, wo der Kommissar Entspannung und Inspiration sucht.

*Hansjörg Schneider: Das Wasserzeichen*

Doch in erster Linie ist der eigenartige Roman *Das Wasserzeichen* (1997) ein Opus magnum und eine Hommage an das Wasser als schöpferisches Element. Gestützt auf Vorstellungen des Paracelsus kreiert der Autor die Figur eines Mannes, der am Hals eine kiemenartige Öffnung aufweist, durch die er unter Wasser atmen kann – und die ihm das Leben unerträglich macht, wenn er zu lange auf dem Trockenen ist. Das Werk stellt in seiner anspruchsvollen Konzeption und in der Evokation der aargauischen Auenlandschaften auch eine Art Hommage an den bewunderten Freund Hermann Burger dar – als eine eigenwillige Gegenbewegung zum Erstarren, gegen den Todessog, der dessen Werk bestimmt und prägt. Wenn man bedenkt, was für eine Rolle Kälte und Eis, Erstarren und Sterben nicht nur bei Burger, sondern in vielen Büchern der siebziger und achtziger Jahre spielen, zuletzt noch einmal in den Dramen von Thomas Hürlimann, erkennt man in einem Buch wie *Das Wasserzeichen*, aber auch in der *Rhone Saga* und der *Simon-Mittler-Tetralogie* von Hans Boesch einen gewaltigen Widerstand des Lebens gegen den Todessog, der frühere Werke seit den siebziger Jahren prägt.

Dieser Widerstand bestimmt insgeheim auch den dritten Roman von Pascal Mercier, *Nachtzug nach Lissabon*: Das Werk eines Autors, der eher in einem universitären als in einem literarischen Ambiente zu Hause ist (seit Jahren ist er Philosophieprofessor in Berlin, hat sein Amt erst kürzlich – eine Art Protest gegen die wachsende Vereinheitlichung durch die Bologna-Reform – aufgegeben) sein Erfolg als Romancier übertrifft dennoch den vieler namhafter Schriftstellerkollegen bei weitem. In *Nachtzug nach Lissabon* (2004) wählt er einen entsprechenden, ihm verwandten Protagonisten zum Icherzähler: den Gymnasiallehrer Gregorius. Der Ausgangspunkt des Romans liegt in der Schweiz, in Bern: mit seinem traditionsreichen Gymnasium im Villen-Vorort Kirchenfeld, das Generationen von Schülern vertraut ist, mit den hohen Brücken, die Selbstmörder in Versuchung führen oder erlösen, mit verborgenen, aber nicht einfach verstaubten Antiquariaten. Und was das Thema angeht: es erinnert an das klassische Muster von Flucht und Heimkehr, das wir aus der Schweizer Literatur der letzten Jahrzehnte zur Genüge kennen, aber gibt ihm eine ganz eigene Variante: Aus der Bahn geworfen durch eine zufällige, geheimnisvolle Begegnung mit einer vielleicht verzweifelten Frau und später durch die Entdeckung eines ihm völlig unbekannten portugiesischen Autors, flieht Gregorius Hals über Kopf aus der Stadt, aus seinen Verpflichtungen an der Schule, und reist nach Lissabon. Aber er tut es nicht, um in der Fremde sich selbst und seine wahre Identität zu finden; dieses seit Frisch und seinen Nachfahren bekannte Thema interessiert weder den Protagonisten noch den Autor. Gregorius ist so gebannt von der Persönlichkeit des fremden, eben entdeckten Autors, dass er alles daran setzt, um nicht nur dessen Leben kennen zu lernen, sondern, weit anspruchsvoller, um zu erfahren, was es hieß, *dieser Mensch zu sein*. Die fast besessene Recherche, die nun einsetzt, das Verlangen nach einer dem Protagonisten bisher unbekannten Art der Identifikation mit einem anderen Leben, das ist das Exzeptionelle dieses Buches, das tief in die Geschicke der

*Pascal Mercier: Nachtzug nach Lissabon*

portugiesischen Widerstandsbewegung zur Zeit Salazars hineinführt – aber auch in die Rätsel eines hoch begabten und schwierigen Menschen. Wenn Muschg sich im *Roten Ritter* in ihm und vielen anderen tief vertrautes Gelände begibt, gleichsam ins Urgestein der deutschen Literatur, schickt Mercier seinen Erzähler tatsächlich in die Fremde, in ein Gebiet, von dem er nicht einmal die Anfangsgründe der Sprache kennt, in die er, der Philologe, sich hineinlebt, hineinarbeitet, hineindenkt.

## Familienromane als Medium der Erinnerung

Es mag ein Zufall sein – aber sicher kein belangloser –, dass gleichsam als Auftakt der neunziger Jahre der unerwartete letzte Band von Gerhard Meiers Opus magnum *Baur und Bindschädler* erschien: *Land der Winde*, der »Nachzügler« eines scheinbar abgeschlossenen Werkes, zugleich ein Höhepunkt, der das Ganze erst zum Kosmos des erinnerten Lebens zusammenschloss und der bereits ein Zeichen setzt für das kommende Jahrzehnt, in dem auch in Werken anderer Autoren die Erinnerung ihre stillen Triumphe feiern wird.

Die Erinnerung durchdringt und nährt die besten Werke der älteren Generation. Eine »Trilogie der Erinnerung« hat Christian Haller denn auch seine Familiengeschichte genannt – das Wort könnte zu Recht auch über anderen Werken stehen, vor allem über der Romanfolge von Hans Boesch, die jetzt, und auch dies nicht zu Unrecht, unter dem Namen eines »Landvermessers« steht. Denn das ist ja der Beruf des autobiographischen Protagonisten Simon Mittler.

*Otto F. Walter:*
Die Zeit des Fasans

Das erste dieser umfangreichen Familien- und Erinnerungsbücher, vielleicht das ambitionierteste, ist der Roman *Zeit des Fasans* (1988), mit dem sich Otto F. Walter offensichtlich das für ihn, den frühen Vertreter des Regionalismus, ungewöhnliche Ziel setzte, die Geschichte einer Industriellenfamilie (zu der Figuren der eigenen Familie Modell gestanden haben) als Grundmuster eines repräsentativen Schweizer Romans zu nutzen – und damit ein dem Klassiker des Genres, Meinrad Inglins *Schweizerspiegel* (1938) vergleichbares Werk zu schaffen. Anders als bei Inglin ist allerdings die Familie, die hier als Repräsentantin der schweizerischen Gesellschaft eingesetzt wird, im Innersten durch den Alkoholismus des Vaters beschädigt und geschwächt. Andrerseits wird die Geschichte dieser Schweizer Sippe nach dem Muster der Atridensage mit Gatten- und Muttermord und rächenden Erinnyen erzählt und so ins Große überhöht und stilisiert. Einen Weg durch das Gestrüpp von Schuld, Schicksal und Krankheit muss sich der Sohn Thom, ein studierter Historiker, schlagen, in einem Prozess persönlicher Erinnerung, der sich gegen die Verdrängung der Vergangenheit zur Wehr setzt. In dieser Hinsicht steht das 1988 erschienene, also schon in den achtziger Jahren entstandene Buch den Intentionen der Historikerkommission besonders nahe, indem es sie gleichsam vorwegnimmt. Der Roman ist überaus kunstvoll und vielschichtig gebaut; den sprachlich innovativen Walter der frühen Jahre allerdings wird man erst in seiner letzten Erzählung (über einen jungen Gewalttätigen) *Die verlorene Geschichte* (1993) wieder finden.

*Ein moderner*
Schweizerspiegel

*Hans Boesch: Die*
*Simon-Mittler-Roman-*
*folge*

Anders als Walter hat der etwa gleichaltrige, mit ihm in den sechziger Jahren befreundete Hans Boesch seine zweite Romanfolge, ein spätes Meisterwerk, wohl nicht programmatisch als Opus magnum konzipiert, sondern in großen zeitlichen Abständen zu einem solchen heranwachsen lassen, wobei die beruflichen Verpflichtungen des Autors als Dozent an der ETH zunächst den zeitlichen Rahmen bestimmten (*Der Sog*, 1988; *Der Bann*, 1996; *Der Kreis*, 1998; *Schweben*, 2003).

Das Wasser ist es auch hier, was bei Boesch das (wechselnde) landschaftliche Ambiente bestimmt als ein Element des Lebens und des Todes zugleich. Im ersten Band, der nach der Absicht des Autors *Im Brunnen* hätte heißen und so die Nähe des Kindes Simon zu der in der »Brunnenstube« gefassten Quelle evozieren sollen, gibt mit dem Anfang des Buches auch seinen Grundton an. Das Wasser, dazu Märchen und Gedichte, geleiten und verzaubern die Kindheit von Simon; der Rhein, der in unmittelbarer Nähe vorbeifließt, ist in den dreißiger Jahren die konkret erfahrbare Schicksalsgrenze und eine Bedrohung, die schließlich dem noch kleinen Kind die Mutter rauben wird. Der Zürcher See bestimmt die Landschaft des zweiten, vor dem Hintergrund der Jugendunruhen spielenden Bandes, und der dritte, das gedanklich zentrale Werk *Der Kreis* (1998), führt ins Engadin und ins Tal der Albula, in deren Quelle ein von Heimweh Getriebener stürzt. Die zur Tetralogie erweiterte Romanfolge endet mit dem Band *Schweben* bei den kleinen Seen im Albula-Gebiet und in der großen Bewegung einer frei schweifenden Erinnerung. Das ganze Werk umfasst in Einzelbildern ein Jahrhundert Geschichte der Schweiz, vor allem in ihren Grenzregionen; aber, und das unterscheidet das Buch markant von den expliziten »Schweizer Romanen« Inglins und Walters, das Wort Schweiz wird kaum je und höchstens beiläufig gebraucht, und die entscheidenden Ereignisse des Jahrhunderts werden sehr sparsam behandelt, die nationalen Institutionen und Figuren bewusst ausgespart. Diese Auslassungen prägen das Buch. Es geht darin nicht um die Schweiz, wie sie sich in nationalen Personen und Emblemen präsentiert, sondern um das Leben, wie es von einzelnen Menschen in diesem Jahrhundert gelebt wurde, auch von jenen, die durch Zufall oder aus Not hierher gelangten. Mit dem Verzicht auf den Namen »Schweiz« fallen wie von selbst die üblichen Klischees weg, die sich in Verbindung mit dem Land gebildet haben, und es gibt Raum für eine nicht von Vorurteilen umstellte Lebendigkeit, für eine individuelle, freie Erinnerung, die bei Boesch den mächtigsten Impuls des Erzählens und des Widerstands gegen den Tod darstellt. »Solang du von einem erzählst, lebt er«, das ist ein zentraler Grundsatz seiner Poetologie, ein Leitsatz vor allem im *Kreis*, diesem zentralen Werk der Erinnerung, in dem die Menschen ihre Verschollenen nicht aufgeben, auch wenn sie diese gar nicht gekannt haben.

*Erinnerung als Impuls der Erzählung und Widerstand gegen den Tod*

Obgleich Christian Haller um rund 20 Jahre jünger ist als sein Kollege Hans Boesch, verbindet die beiden Autoren manches: beispielsweise die (kritische) Nähe zur Welt der Technik, die in der Schweizer Literatur nicht häufig in diesem Ausmaß thematisiert wird. (Als weitere Ausnahme seien hier die Romane von Urs Karpf genannt, vor allem die Geschichte einer Arbeiterfamilie *Alles hat seine Stunde*, 1993). Entsprechend zeigen sie beide, Boesch wie Haller, in ihren Romanen andere Aspekte der Schweiz als das üblicherweise dominante Politische. Nahe sind die beiden sich auch durch die Verbundenheit mit der Natur – und durch die Distanz zu ideologischen Klischees.

*Christian Haller: Eine Trilogie der Erinnerung*

Haller schreibt seit den achtziger Jahren – aber erst gegen das Jahrhundertende wagte er sich an sein großes Thema: die Geschichte seiner Familie, in der gegensätzliche Welten zusammenkamen, die sich nie verbinden konnten. Die Mutter stammte aus einer Auslandschweizerfamilie, die im Bukarest der Vorkriegszeit noch für einige Augenblicke in der »Welt von gestern« das Leben von kultivierten Geschäftsleuten leben und genießen konnte. Die Herkunft des Vaters führt in die Armut von dessen Jugend, dann mit ihm in die Fremdenlegion – und schließlich mit dem Reichgewordenen in die Chefetagen und Gründungszellen der aargauischen Schwerindustrie, des *Schwarzen Eisens* (Titel des zweiten Bandes, 2003).

Die Romanfolge beginnt mit der Geschichte der Mutter, *Die verschluckte Musik* (2001); dies erste Buch ist wohl das schönste, voller Poesie. Bukarest bleibt für die älter werdende und schließlich uralte Frau eine frühe, kindliche Wunscherfüllung, eine Welt der Musik und Schönheit – an die sie sich nach der Rückkehr in die Schweiz, »bei diesen nüchternen Menschen«, nicht richtig zu erinnern wagt. Die von ihr »verschluckte« Musik wird erst, als sie sehr alt ist, beängstigend in ihrem Inneren ertönen, als befänden sich die Musikanten dort, als wäre sie selbst nichts als ein Gefäß für die nicht zugelassenen Erinnerungen.

Es wäre denkbar, den Titel, der über dem ersten Band steht, über die ganze Trilogie zu setzen. Denn alle, auch die nüchternen Schweizer, hören »verschluckte« Stimmen in ihrem Inneren, von denen sie weder reden wollen noch dürfen. Das gilt auch für den »Urvater«, den Patriarchen und Despoten Hans H.: Lebenslang hört er, immer wieder, die Stimmen der Unteroffiziere, die ihn in der Fremdenlegion schikanierten und bedrohten. Und das Gleiche gilt für seine beiden Söhne (die noch als längst erwachsene Männer seinem Befehl gehorchen müssen und diese Erfahrung nicht loswerden), es gilt für seine beiden Enkel (einer von ihnen ist der Autor), die sich erst nach langen Umwegen von den fremden Stimmen in ihrem Inneren befreien.

*Charles Lewinsky:*
Melnitz

In eine andere Welt – thematisch wie stilistisch – gelangen wir mit Charles Lewinskys Roman *Melnitz*, den man wohl ein Jahrhundertbuch nennen darf. Er umfasst die Schicksale einer jüdischen Familie auf ihrem Weg durch hundert Jahre nicht nur der Schweizer, sondern der europäischen Geschichte. Lewinsky war durch langjährige professionelle Arbeit bei Radio und Fernsehen ein bekannter Mann, als er Ende der neunziger Jahre zunächst mit dem Roman *Johannistag* (2000) seine zweite und wohl eigentliche literarische Karriere begann und sich dabei als ein mitreißender Erzähler erwies.

Die Geschichte der Familie Meijers in *Melnitz* kann gelesen werden als Gegensatz, aber auch als Ergänzung zu *Alles in allem*, dem großen Roman von Kurt Guggenheim. Dieser schrieb aus der Perspektive eines jüdischen Schriftstellers, der zugleich ein schweizerischer Patriot ist – Patriot aus einer spezifisch jüdischen, aber auch sehr persönlichen Erfahrung. Die Schweiz war für Guggenheim mehr als für jeden anderen Schweizer unersetzlich – als das damals einzige Land, in dem ein deutschsprachiger jüdischer Autor nicht nur überleben, sondern in deutscher Sprache schreiben konnte. Das Leben hätte für ihn Grundlage und Sinn verloren, wäre das Land von den Deutschen besetzt worden. Das war der Grund für seinen Patriotismus, dem er auch nach dem Krieg, in einem anderen, weltläufigeren Klima – zum Befremden mancher Kollegen – nicht abschwor.

Für den ein halbes Jahrhundert später geborenen Lewinsky dagegen ist das Land eher eine mit leiser Ironie betrachtete Umgebung, in der sich jüdisches Leben besser und sicherer abspielen konnte als in den benachbarten Ländern, die sich dennoch (es gibt keine Inseln) in das Leben der Familie Meijers einmischen. Der Stammvater, Salomon Meijer, öffnete sein Haus nicht ohne Zögern jungen Männern, die aus dem Ausland kamen, vielleicht aus dem Krieg, sich hier eine Existenz aufbauten und ziemlich planmäßig in die Familie hineinheirateten. Wie um eine schreckliche Balance herzustellen, kamen in den beiden Weltkriegen dennoch Nachkommen der Eingeheirateten in Frankreich und Deutschland um.

*Ein »ewiger Jude« der Moderne*

Da gelingt ein realistisch und lebendig erzähltes, oft unterhaltendes Werk, das aber nie den Ernst an die Unterhaltung verrät. Die Schrecken der Geschichte werden festgehalten in der großartigen Figur des Melnitz, der, ein ewiger Jude, auch im 20. Jh. nicht zur Ruhe kommt. Mit entsetzlicher Regelmäßigkeit durchkreuzt dieser lebendige Tote die Hoffnungen der sich in der Schweiz einigermaßen sicher fühlenden Familie, indem er den Mitgliedern die Schreckensnachrichten weitererzählt, die ihm aus aller Welt zugetragen werden. In seiner Figur konzentrieren sich die Dunkelseiten der Erinnerung, die bei anderen Autoren des Jahrzehnts im ganzen Werk verteilt sind.

Natürlich bedarf es keines umfangreichen Romans, um die Geschichte einer Familie zu erzählen; ein Text von hundert Seiten kann genügen. Das herausragende Beispiel dafür ist das Werk *Jakob schläft* von Klaus Merz (das früher charakterisiert wurde). Aber auch Urs Widmer hat in drei eher kurzen Büchern die Geschichte der Kleinfamilie dargestellt, in der er (»Ich, das Kind«) aufwuchs. Zuerst in *Der blaue Syphon* (1992), einem spielerisch-poetischen Text, der einen phantastischen Ausflug des Erwachsenen in seine Kindheitswelt evoziert (immer noch das schönste der drei »Familien-Bücher« Widmers); dann in einem Roman, der leider zu stark als ein freilich interessanter Schlüsselroman gelesen werden kann, *Der Geliebte der Mutter* (2000), und schließlich, 2004, als Pendant und Korrektiv dazu, *Die Geschichte des Vaters*, in dem das Leben des literatur-besessenen Vaters (des seinerzeit bekannten Übersetzers Walter Widmer) realistisch und auch mit kühnen Erfindungen nacherzählt wird.

Das Thema Familie und darin die Kindheit erlebt überhaupt eine überraschende Blüte und wird auf sehr andere Art interpretiert als in früheren Werken, die vorwiegend unter dem Zeichen der Abrechnung mit den Eltern standen. In diesem Punkt hat offensichtlich ein Paradigmenwechsel stattgefunden; es zeichnet sich eine neue Offenheit gegenüber den Eltern ab. So führt z. B. Jürg Amann in zwei Erzählungen (*Am Ufer des Flusses*, 2001, und *Mutter töten*, 2003) seine schwierige Beziehung zur Mutter zur Klarheit und zu einem versöhnlichen Ende. Auch das Kind wird häufig aus anderer Perspektive gesehen, nicht nur als Opfer elterlicher Macht und Kälte, sondern in seiner (freilich mit Verletzlichkeit verbundenen) Kraft. Wunderbar ist das Bruno Steiger in seiner Erzählung *Der Billardtisch* (2001) gelungen; die Figur seines kleinen Sohnes lockert den strengen Hermetismus, für den Steiger berühmt ist, und lässt auch den Humor des Autors hervortreten. Verletzlich und stark zugleich ist auch das Kind in Daniel Ganzfrieds Roman *Der Absender* (1995). Nicht seine eigene Kindheit erzählt der in der Schweiz aufgewachsene, hier beheimatete Autor, sondern (gestützt auf Tonbandaufnahmen) diejenige seines Vaters, der als Kind 1944 zusammen mit den anderen Juden seines (ungarischen) Dorfes nach Auschwitz deportiert wurde und das Lager nicht zuletzt mit Hilfe seiner Kinderfreunde überlebte. Die bewegende Erzählung ist verknüpft mit einer überaus interessanten Reflexion auch der fragwürdigen Seiten des offiziellen Gedenkens an den Holocaust.

Nicht selten gelingt mit dem Thema Kindheit und Jugend einem Autor sein bestes Buch. So Dieter Bachmann mit dem Roman *Grimsels Zeit* (2002), der ein glückliches Gleichgewicht zwischen einem Selbstporträt als Kind und dem Bild der Zeit wahrt. Gerold Späth findet in *Stilles Gelände* (1992), einem Porträt von Rapperswil aus der Erfahrung von Kindern, neue Töne, dunkle, angstvolle, weniger gargantueske als früher. Ein Höhepunkt im Werk des Autors ist auch *Die Stimme des Atems. Wörterbuch einer Kindheit* (2003) von Ernst Halter, zugleich ein Beispiel dafür, dass es immer wieder neue Formen gibt, die Kindheit zu erzählen – und dass scheinbar veraltete Formen auf einmal ihre Lebendigkeit erweisen. Halter, seiner Neigung zu enzyklopädischer Fülle folgend, vermeidet die geltende Doktrin, die Umgebung des Kindes müsse aus dessen Sicht beschrieben werden, er wahrt die Perspektive des Erwachsenen, zu dem das Kind geworden ist. Das Erleben seines jüngeren Ichs, das ein altkluges und zugleich träumerisches Kind ist, wird dennoch nicht verfälscht.

## Ausblick ins nächste Jahrhundert

*Das Problem der Ideologien*

Die bisher jüngsten Autoren, die Debütanten der neunziger Jahre, sind, anders als in früheren Jahrzehnten, von Presse und Kollegen rasch als eine neue Generation mit eigenem Gesicht wahrgenommen worden. Die jungen Autoren (Peter Weber, Urs Richle, Ruth Schweikert, Perikles Monioudis) präsentierten sich von Anfang an selber als eine Gruppe, die sie »NETZ« nannten, als eine lockere Verbindung, frei von einem ideologischen Programm, wie es die »Gruppe Olten« bis zuletzt in ihren Statuten festgeschrieben hatte. Das ist bereits ein markanter Unterschied.

Der neue Paradigmenwechsel, der sich erstaunlich rasch nach dem Mauerfall in den neunziger Jahren abzeichnet, macht sich zuerst im Literatur*betrieb* bemerkbar: in der zunehmenden Dominanz der Eventkultur. Dass auch die Literatur zum »Ereignis« gemacht werden kann, ist eine nicht nur erfreuliche Entwicklung, verstörend für jene, die in einer idealistischeren Auffassung von Kultur aufgewachsen sind. Aber so viel sich dagegen einwenden lässt – gegen die Literaturfestivals, die Lesungen an ungewöhnlichen Orten, in Thermalbädern und auf Pässen – dieser neue Aktivismus hat die Lage der Autoren verbessert. Viele von ihnen können auch in der Schweiz von ihren eigenen Auftritten im Rahmen und am Rande literarischer Events besser leben als zuvor.

Die Literaturkritikerin Pia Reinacher hat nicht einfach unrecht, wenn sie in ihrer z.T. polemischen Untersuchung zur Schweizer Literatur in den neunziger Jahren einen Paradigmenwechsel auszumachen glaubt (*Je suisse*, 2004). Der Wert dieser Erkenntnis wird freilich beschnitten durch die starke Tendenz der Autorin zu Verallgemeinerung und Simplifizierung auch komplexer Phänomene. Die »Alten« sind bei ihr bestimmt durch ihre »Hassliebe« zur Schweiz – die Jungen dagegen, frei von diesem zugegeben unfruchtbaren Gefühl, huldigen den Themen »Grossstadt, Sex und Partnerstress«. Würde das zutreffen, man könnte die Schweizer Literatur ohne Federlesen ad acta legen. Allerdings lässt sich nicht abstreiten, dass die »Hassliebe zur Schweiz« den helvetischen Diskurs über Jahrzehnte verengte und pervertierte. Dass sich zahlreiche Autoren (u.a. Gerhard Meier, Hans Boesch, auch Hugo Loetscher, Kurt Marti, Klaus Merz, dazu viele Autorinnen) solchen Ritualen entzogen, dafür von den Medien entsprechend weniger beachtet wurden, wird von vielen konsequent übersehen.

*Der Autor ist hier eher »Wettermacher« als »Gewissen der Nation«*

Der Haltung der Jungen entsprechen solche Formeln sicher nicht. Es ist mit ihnen eine größere Offenheit und Gelassenheit in die Literatur gekommen, eine neue Sachlichkeit bestimmt gerade ihre Art, von der Schweiz zu reden. Einen »Wettermacher« hat Peter Weber den Protagonisten und Titel gebenden Ich-Erzähler seines ersten Romans genannt: Das wäre einer, der es mit dem Wechselhaften und Ungreifbaren zu tun hat, das sich dem Willen des Autors auch entziehen kann – und dessen Veränderung, soviel haben wir inzwischen erkannt, von Bedeutung für unser Fortleben ist. In der Rolle des Wettermachers ist der Schriftsteller weder Konstrukteur noch Planer, noch Gewissen der Nation.

## *Eine junge Autorengeneration I: Romanciers*

Der Roman *Der Wettermacher* (1993) des damals 25-jährigen Peter Weber ist ein Erstlingsroman, der sich schon bei seinem Erscheinen einen festen Platz in der Literaturgeschichte sicherte. Weber bringt darin das Land seiner Herkunft, das Toggenburg, wieder in die Literatur ein, in der es seit Ulrich Bräker nicht mehr richtig präsent war. Er setzt, so gesehen, die Tradition des »neuen Regionalismus« fort, und er öffnet diesen Begriff zugleich bis zur Auflösung aller Konturen. Der Icherzähler lässt sich gleichsam in den Erzählfluss fallen und von ihm tragen, erfährt das Wasser als Redefluss, Zeitfluss, als Regen, wie er auch im Toggenburg reichlich fällt, aber auch als Tränenstrom, als das Lebendige schlechthin und als Medium des Todes – und kreiert so ein ausferndes Werk, das in der Reihe der oben genannten großen Wasserbücher der gestandenen Autoren nicht einfach ein kleiner Bruder ist. Dass

Peter Weber

das Werk von einer so überreichen Sprachphantasie nicht auseinander birst, hat wohl damit zu tun, dass Fixpunke gesetzt sind, die es zusammenhalten: der Arbeitstisch des Autors in einem Keller in Zürich; der Informationshut des Bahnbeamten-Vaters, der das Toggenburg mit der Welt verbindet, und dann vor allem die Form der wiederholten, insistierenden Anrede, ja Anrufung einer geheimnisvollen Person (»meine Liebe«), ein Sprachgestus, der sich ähnlich wie bei Hermann Burger die Anrufung der »Instanzen« durch das Ganze zieht. Man begreift, dass die späteren Bücher von Weber – *Silber und Salbader* (1999), ein Bäderroman, und *Bahnhofsprosa* (2002) keine Wiederholung oder Steigerung dieses umfassenden, ausfernden Erstlings sein konnten. Beachtlich sind beide, und einen neuen Weg, noch mehr in Richtung offener Formen, deutet der jüngste Roman *Die melodielosen Jahre* (2007) an.

Das erste Buch des ebenfalls in Wattwil aufgewachsenen Urs Richle (*Ein Loch in der Decke der Stube*, 1992) zeigt eindrücklich, wie ein junger Autor sich von den Vorurteilen befreit, in denen er anfangs gefangen war. Der Roman entwirft ein Horrorszenario aus der Provinz, zusammengesetzt aus Verschweigen, Gewaltausbrüchen, Einsamkeit, Enge. Der Standort des Erzählers aber liegt außerhalb, in Berlin, und der Gegensatz zwischen der Provinz, an die er sich erinnert, mit ihren Kontrollmechanismen, und der Großstadt, in der einer zwar frei ist, aber »frei« auch dazu, unbeachtet zu Grunde zu gehen – dieser ins Buch eingebaute Gegensatz setzt einen inneren Prozess in Gang, der von klischeehaften Vorstellungen wegführt. Die Enge gebe es überall, wird Richle etwas später sagen, »die gibt es sogar in den eng abgeschlossenen Ghettos der Autonomen und Besetzerszene«. Da wird der Nizonsche *Diskurs in der Enge* von einer neuen Generation ad absurdum geführt.

*Urs Richle*

Perikles Monioudis richtet sein Augenmerk zuerst auf die nähere, die ihm vertraute Umgebung. Als Sohn von Auslandgriechen in Glarus geboren und aufgewachsen, hat er im Gegensatz zu den italienischen »Secondos« seine eigene Situation eines Halbfremden, dem der Ort vertraut ist und der doch nicht ganz dazu gehört, nicht explizit beschrieben. Sie ist eingegangen in seine von Anfang an unverwechselbare, hoch bewusste Erzählperspektive: in die Distanz, die er wahrt, und in die hyperrealistische Beschreibung, mit der er das Vertraute immer wieder ins Absurde kippen lässt. Wie nicht wenige gerade der besten Autoren hat er von Thomas Bernhard gelernt, ohne sein Nachahmer zu sein; sein Stil bewährt sich sowohl am ländlichen, z.T. archaisierend dargestellten Ambiente seiner Kindheit (glänzend vor allem in den Erzählungen *Die Forstarbeiter, die Lichtung*, 1996), wie auch an der anony-

*Perikles Monioudis*

men Geschäftswelt (*Das Passagierschiff*, 1995) und zuletzt an seiner neuen Wahlheimat Berlin (*Palladium*, 2000). Das *Passagierschiff* ist, erstens, eine glänzende Satire auf den Fichenskandel; und es erinnert, zweitens, durch die wechselseitige Beobachtung, zu der die Angestellten eines internationalen Konzerns angehalten werden, an Dürrenmatts Erzählung *Der Auftrag*: Was sich bei Dürrenmatt als grotesker Vorgang in bedrohlicher Situation abspielt, findet hier in der sich harmlos gebenden Normalität des Geschäftsalltags statt. Im Berlin-Roman *Palladium* dann erschließt sich der Autor eine neue Umgebung, ein neues Thema. Eindrücklich, wie es ihm gelingt, das reichlich abgenutzte Motiv eines Seitensprungs so subtil und zugleich beherrscht zu erzählen, dass das Abgebrauchte wieder zum Besonderen und der für normal gehaltene Seitensprung zu einer Erfahrung tiefen Ernstes wird.

*Peter Stamm*

Peter Stamm ist kein »Wettermacher«, kein Meister des Atmosphärischen wie Peter Weber, aber auch fern von der hyperrealistischen Exaktheit eines Monioudis. Seine Figuren bewegen sich in manchmal modisch anmutender Weltläufigkeit in verschiedenen Ländern – und doch im immergleichen Ambiente einer internationalen Zivilisation, das leicht zum Grau in Grau wird, zu einer *Ungefähren Landschaft* (so der Titel seines dritten Buches, 2000). Stamm steht, wie Federspiel, vor allem in seinen Anfängen, in der Tradition der angelsächsischen Kurzgeschichte, bewährt sich darin als ein Meister der Auslassung. Dass diese bei ihm nicht nur eine literarische Technik ist, zeigt sein erfolgreicher Erstling *Agnes* (1998), sein bisher hintergründigstes Werk: nicht nur eine Liebesgeschichte zwischen zwei beziehungsunfähigen Menschen (Prototypen bei Stamm), sondern auch, vielleicht vor allem, ein Buch über die Macht der Sprache, die tödlich sein kann: Auf Wunsch der Freundin schreibt der Erzähler die gemeinsame Geschichte auf, auch deren zukünftige Entwicklung, und unmerklich gewinnt die Fiktion Macht über die Realität. Agnes stirbt schließlich den Tod, den der Freund für sie im Computer erfunden hat (einen Tod in dem für die schweizerische Literatur so häufigen Ambiente von Kälte und Schnee). Dass der Sprache eine zerstörerische Macht eigen sein kann, diese Erfahrung mag die Scheu des Autors vor einer zu großen Nähe zu seinen Figuren erklären.

Zahlreiche Autoren der gleichen Generation können hier nur gerade genannt werden: Der aus Rumänien stammende Catalin Dorian Florescu (*Wunderzeit*, 2001; *Der blinde Masseur*, 2006) beschreibt die Geschichte seiner Kindheit und der verschiedenen Emigrationen und, im zweiten Buch, fast im Stil des Schelmenromans, einen Besuch in der einstigen Heimat. Und Tim Krohn, in Deutschland aufgewachsen, später in Glarus zu Hause, verwendet in seinem postmodernen Buch *Quatemberkinder und wie das Vreneli die Gletscher brünnen machte* (1998) den Glarner Dialekt als Grundlage einer mit der Hochsprache eigenwillig vermischten Kunstsprache und beweist im spielerischen Umgang mit einer ihm zunächst fremden Mundart, dass diese sich immer noch als Literatursprache eignet. Zu erwähnen ist auch das Buch von Daniel Zahno, *Dr. Turban* (1996); und, schon im neuen Jahrhundert, der an Kafka erinnernde Roman *Die Spange* (2006) von Michel Mettler.

### Eine junge Autorengeneration II: Theaterstücke und Lyrik

Wenn die Debütanten der frühen neunziger Jahre den Roman bevorzugten, bestätigt das nur einen längst selbstverständlich gewordenen Trend. Desto überraschender, dass am Ende der neunziger Jahre bei einer nur wenig jüngeren Autorengruppe ausgerechnet Drama und Lyrik zu bevorzugten Genres avancieren, das heißt jene Gattungen, in denen man dem Schweizer Schrift-steller traditionsgemäß keine besondere Leistung zutraute. Gerade auf diesen beiden Gebieten haben sie aber in diesen letzten Jahren beachtliche Erfolge vorzuweisen:

Der Lyriker Raphael Urweider hat als erster Schweizer den Leonce-und-Lena Preis errungen; er ist auf Anhieb beim renommierten Dumont-Verlag untergekommen. Armin Sensers erster und alle folgenden Gedichtbände (*Grosses Erwachen*, 1999; *Jahrhundert der Ruhe*; *Kalte Kriege*, 2007) er-schienen alle im renommierten Hanser Verlag; Christian Uetz (*Luren*, 1993; *Reeden*, 1994; *Nichte*, 1998), der älteste unter diesen neuen Lyrikern, ein Sprachspieler und Rezitator, dessen Werke lange Zeit im Waldgut erschienen, ist zuerst ein Droschl- dann ein Suhrkamp-Autor geworden. Der junge Dra-matiker Lukas Bärfuss (*Der Bus, Die sexuellen Neurosen unserer Eltern*) ist in Deutschland mehrfach ausgezeichnet und häufig aufgeführt worden. Alle Erfolge stellt aber Igor Bauersima in den Schatten, der schon mit den ersten Stücken auffiel, und mit *norway.today* genau an der Jahrhundertwende einen internationalen Erfolg lancierte.

Dieser ungewohnte Erfolg des dramatischen Schaffens ist ein Stück weit erklärbar: Die seit Jahren bestehende, ständig verbesserte schweizerische Dramatikerförderung und -schulung beginnt offenbar zu wirken. Für den Boom der Lyrik und ihren Erfolg gibt es keine so offensichtliche Erklärung; denn das Literaturinstitut in Biel, wo Lyriker und Prosaautoren eine der Dramatikerförderung vergleichbare Schulung erhalten sollen, gibt es erst seit 2006, seine Wirkung ist noch nicht abzusehen.

Dass der Berühmteste unter den Schweizer Dramatikern, eben Bauersima, durch das schweizerische Förderungsmodell hätte profitieren können, ist al-lerdings mehr als zweifelhaft. Er ist eine singuläre Erscheinung, schon was die Vielseitigkeit der Begabung und seiner Aktivitäten angeht; er ist studierter Architekt, Filmemacher, Dramatiker, Regisseur, ein Multitalent, das vor kei-nem thematischen Tabu zurückschreckt. Bauersima ist 1968 als Vierjähriger mit seinen Eltern aus Prag in die Schweiz gekommen, hat hier die Schulen besucht, Architektur studiert. Seit 1993 arbeitete er als Dramatiker erfolg-reich mit einer Zürcher Gruppe. Der internationale Durchbruch kam mit

Lukas Bärfuss, Szenenbild aus dem Theaterstück *Die sexuellen Neurosen unserer Eltern* (Gießen, 2004)

dem Stück *norway.today*, dessen Stoff der Autor einer Notiz im *Spiegel* ent-
nahm: Zwei junge Menschen, die sich im Internet kennen gelernt haben,
stürzen sich vom legendären, 600 m über einem norwegischen Fjord gelegenen »Predigerstuhl«. Bauersima verfolgt das Thema in seinem Stück nicht bis
in diese tödliche Konsequenz, er deutet den Weg ins Leben an. Das Werk
mutet dennoch wie ein Hors-Sol-Produkt an, es kann überall gespielt und
verstanden werden. Und das gleiche gilt für seine anderen Stücke, *future de
luxe* (2000), *tattoo* (2000); es sind Beispiele von Theaterstücken, welche die
Globalisierung in sich aufgenommen haben, vielleicht auch von ihr ver-
schluckt worden sind.

Auch Lukas Bärfuss, ebenfalls ein begabter, überaus erfolgreicher Dramatiker, sucht die Aktualität, gelegentlich etwas zu bewusst, zu zielgerichtet.
Dabei spielt das Thema Krankheit, das in den siebziger Jahren so wichtig
war, auch jetzt und gerade bei Bärfuss eine bedeutende Rolle, aber anders als
damals: Es ist weniger der erkrankte als der beschädigte, der behinderte
Mensch, der Bärfuss interessiert – und vielleicht sind für den Autor die Reaktionen, welche die Behinderten bei den »Gesunden« hervorrufen, noch wichtiger. Es sind auch andere Krankheiten, die jetzt Autoren wie Öffentlichkeit
beschäftigen; die Protagonisten sind z.B. geistig Behinderte, die für die Angehörigen eine Last und eine Herausforderung darstellen, dazu eine permanente
Versuchung, mit Hilfe therapeutischer Eingriffe Schadensbegrenzung zu
üben. So im sehr gelungenen und erfolgreichen Theaterstück *Die sexuellen
Neurosen unserer Eltern* (2003). Noch mehr spitzt sich die Problematik zu,
wenn die Autoren sich der gerade aktuellen Diskussion nähern: so der Frage
der Sterbehilfe bei Depressionen. Darum geht es in Lukas Bärfuss' *Alices
Reise in die Schweiz* (2006). Noch pointierter erscheint das Thema bei Marianne Freidig, in deren Stück *Gift* (2006) es um eine Depression bei einer
Halbwüchsigen geht, deren selbst gewählter Tod für die jungen Eltern
schließlich die Befreiung von einem Klotz am Bein ist. Die Gefahr des Reiße-
rischen ist bei diesem Thema offenbar nicht zu vermeiden.

Das Thema Krankheit taucht auch in der Lyrik auf, in der zweiten Publikation von Raphael Urweider, *Das Gegenteil von Fleisch* (1906). Und es
wird hier eindringlich und verhalten gestaltet und bestätigt den Rang des
jungen Lyrikers. In zwei Zyklen, die den Gedichten etwas Episches geben,
begleitet der Dichter zwei Menschen in den Tod: seinen Mentor Artmann
und einen Geologen, den wir zunächst nur auf dem Weg zur Klinik sehen.
Nur sehr allmählich häufen sich die an sich unauffälligen Krankheitszeichen
(Schwalben, Steine) und verdeutlichen den wohl aussichtslosen Kampf gegen
die Krebserkrankung.

Man darf in der Event-Kultur nicht einfach einen Feind der Lyrik sehen.
Es gibt eine beachtliche Zahl Lyriker, die von den neuen Auftrittsmöglichkei-
ten profitieren, als Rapper Erfolg haben und offenbar die ungleichen Präsen-
tationsformen von Rap und Lyrik nebeneinander pflegen. Die bekanntesten
dieser Doppelbegabungen sind Raphael Urweider und Jürg Halter (*Ich be-
rühre dieses Leben*, 2006). Die Performance mit ihrer Tendenz einer rasanten
Unterhaltung entfaltet paradoxerweise gerade bei der stillsten Gattung, der
Lyrik, ihre stärkste Wirkung.

*Armin Senser und
Raphael Urweider*

Armin Senser (Hanser) und Raphael Urweider (Dumont) publizierten fast
gleichzeitig ihre ersten Werke – wobei man sich kaum gegensätzlichere Begabungen vorstellen kann. Urweider ist der jüngere von beiden, ihm ist eine
selbstverständliche Musikalität gegeben; Senser dagegen ist der Prototyp des
philosophischen Lyrikers, der offensichtlich Tradition und theoretische
Grundlagen braucht. Dass Lyriker wie er, deren Gedichte sich für die heuti-

gen Formen der Performance weniger eignen, es schwieriger haben als die begabten Performer, ist die Kehrseite der Event-Kultur, über deren rein literarischen Ertrag noch kein abschließendes Urteil möglich ist. Ohne Anspielung auf diese Konkurrenz hält Armin Senser mit Nachdruck fest, dass und in welcher Form auch die Ratio zur Lyrik gehöre. »Lyrik ist keine analytische Philosophie, doch sie hat eine gleichrangige Erkenntnisweise. Poesie muss nicht bei der rationalen Argumentation aufhören. Die Erkenntnisweise der Poesie ist aber vielleicht die einzige, die das Leben als Ganzes ernst nimmt.«

Ein unerwartetes Phänomen der Jahrhundert- oder Jahrtausendwende ist auch das erneute Auftauchen des Dialekts als Kunstsprache, und zwar als innovative Kunstform. Dies, obgleich viele behaupteten, seine Zeit sei im Zug der Globalisierung und der programmierten Mehrsprachigkeit vorbei. Auch wenn es eine Minderheit von Autoren ist, fast nur eine Handvoll, die den Dialekt auf eine innovative Art einsetzt, ist das Phänomen bemerkenswert. *Bern ist überall* heißt eine »spoken word«-Gruppe, die beachtliche Erfolge feiert und deren Mitglieder wohl noch enger miteinander verbunden sind als bei NETZ, da die Künstler ihre jeweiligen Auftritte gemeinsam und immer neu erarbeiten. *Bern ist überall*: der Name kann gelesen werden als eine ironische Variante zum Untertitel, den Kurt Marti seinerzeit seinem *politischen Tagebuch* gab: *z. B. Bern 1972*. Das heißt: überall findet sich, wenn auch in verschiedener Dosierung, die Mischung von Provinz und Welt, wie es sie beispielsweise in der Stadt Bern gibt, die zwar die Hauptstadt des Landes, aber, global gesehen, zugleich eine Provinzstadt ist. Zu der genannten Gruppe gehören sehr gegensätzliche Autoren wie Pedro Lenz, Stefanie Grob, Michael Stauffer, Gerhard Meister, Beat Sterchi und Guy Krneta; die beiden letzteren verwenden so gut wie ausschließlich den Dialekt, z. T. in Form oft hintersinniger Sprachspiele. Der Dialekt ist eine Art Gegengewicht, ein Akt des Widerstands gegen die vorläufig siegreiche Globalisierung und deren sprachliche Fertigprodukte.

*Dialekt als Kunstsprache*

Guy Krneta, der in mancher Hinsicht interessanteste Autor der Gruppe, hat erfolgreiche Theaterstücke geschrieben (z. B. *Das Leben ist zu kurz, um offene Weine zu trinken*, 2005, ein szenischer Dialog zweier Politiker aus gegensätzlichen Parteien, deren Stimmungslage dennoch fast identisch ist). Besonders interessant sind bei ihm jene Texte, denen man nur schwer einen Namen geben kann: Monologe, Prosagedichte. Das Wort *Möbu* (Möbel) gibt den Anstoß zu einer hintersinnigen Betrachtung über den Wunsch, die eigenen Kinder doch wieder – als Grundlage des Lebens – mit Möbeln auszustatten, und der Einsicht, dass das unmöglich ist. Zeitlose Gutscheine wären ein Ausweg. Im längsten Text Krnetas (*Zmitts im Gjät usse*) kreisen Schnurren, Anekdoten, philosophische Texte phantasievoll um das Thema Gruppenreisen und Reiseleiter. Dies in einem Text, der sich als polyvalent erweist, indem er sich als Theaterstück, Hörspiel, Erzählung lesen und auch aufführen lässt. Die Tatsache dass der Autor sich des Berndeutschen bedient, ändert nichts daran, dass im Text eine globale Verlorenheit der Menschen fühlbar wird.

Guy Krneta

# Der Aufbruch der Frauen (1970–2000)

Beatrice von Matt

Demonstrantinnen der Frauenbewegung

Man kann mit guten Gründen der Meinung sein, Sprache habe kein Geschlecht und überbrücke alle Geschlechterdifferenzen. Jede Autorin, jeder Autor schaffe eine je andere Literatur. Diese Meinung erfuhr in den 1970er Jahren eine epochenspezifische Färbung, eine Einschränkung gar. Zur Rebellion der 68er Bewegung gehörte der Aufstand der Frauen gegen eine von Männern beherrschte Gesellschaft. Er bewirkte gerade auch unter Schriftstellerinnen eine Besinnung auf sich als Frau. So entwickelten viele ein Bewusstsein der Weiblichkeit ihres Schreibens, theoretisch und literarisch. Aus diesem Bewusstsein heraus ergaben sich thematische und formale Tendenzen. Sie lassen sich vor allem aus erzählerischen Texten ablesen.

## *Neues Terrain erkunden*

Autorinnen verstanden sich bei ihrem Tun oft als nicht-männlich, auch wenn sie gar keine eigentliche Frauenliteratur liefern wollten. Die Frage nach der Weiblichkeit des Schreibens eröffnete neue stilistische und inhaltliche Möglichkeiten – nicht nur in der Literatur selber, auch auf dem Markt. Große Verlage lancierten Frauenreihen, es entstanden Frauenbuchhandlungen, Frauenverlage. Literaturwissenschaftlerinnen fahndeten in der Geschichte nach zu kurz gekommenen Dichterinnen, nach Opfern männlicher Konkurrenz. Sie schufen eigentliche Opfermythen. Der bald einsetzende Kult um Ingeborg Bachmann etwa bezog hieraus seine Energie.

*Frauenliteratur, ein Ghetto*

Doch die Selbstfindung erwies sich als Ghetto. Je erfolgreicher Frauenliteratur wurde, desto mehr drohte sie zum Gefängnis zu werden. Sigrid Weigel etwa, die mit ihren feministischen Literaturtheorien (*Der schielende Blick*; *Die Stimme der Medusa*) gefeiert wurde, nicht zuletzt in Zürich, erkannte das Stigma und schwor dieser Richtung ihrer Wissenschaft ab.

Schriftstellerinnen verwarfen alles Programmatische, das mit dem Wort Frauenliteratur verbunden war. Schon in den 80er Jahren zeichneten sich solche Absetzbewegungen ab, in den 90er Jahren sowieso. Junge Autorinnen konnten es sich jetzt leisten, die Emanzipation zu leben und sie zugleich abzulehnen, sie verbiestert, verkrampft, ideologisch zu schimpfen.

In den letzten dreißig Jahren des 20. Jh.s hat sich aber auf Seite der Frauen soviel getan, dass es sich lohnt darüber nachzudenken und eine eigene weibliche Schriftspur auch in der Schweiz auszumachen.

Ginge es hier um männliche Schriftsteller, so wäre in der Betrachtung der einzelnen Werke weit mehr vom Staat die Rede – oft von der Opposition gegen ihn. Bei den schreibenden Frauen liegt die Sache anders. Die politische Schweiz war bis zur Einführung des Frauenstimmrechts 1971 fest in Männerhand. Das hat dazu geführt, dass sich Fragen der konkreten staatspolitischen Debatten bei Schriftstellerinnen eher im Hintergrund hielten, zumal in der Schweiz kaum archetypische Frauenfiguren ins politische Gedächtnis

Eingang gefunden haben. Marie Salander, Gottfried Kellers Verkörperung der Republik, hätte sich sehr wohl dafür geeignet, würde das Land etwas mehr auf dichterische Bilder achten.

## Das Jahrzehnt der Frauen

Trotzdem erweisen sich die 70er Jahre als ein Jahrzehnt der Frauen, auch in der Schweizer Literatur. Literarisch ästhetisch war der Aufbruch von Schriftstellerinnen in jenen Jahren beeindruckend. Junge Stimmen verschafften sich Gehör. Das Augenmerk richtete sich dabei auf neue Lebensentwürfe. Neben den dokumentarischen Frauenprotokollen fallen in dieser Zeit die Ich-Bücher auf, jene Bücher von Frauen, die einen eigenen Ort und eine eigene Sprache erst suchen und die diese Suche auch oft thematisieren.

*Weibliche Subjektivität*

Man dachte wenig geschichtlich damals, darum spielten Vorbilder, die wohl auszumachen gewesen wären, kaum eine Rolle. Einsame Pionierinnen wie Regina Ullmann, Cécile Ines Loos, Lore Berger, Elisabeth Aman-Volkart oder Annemarie Schwarzenbach waren tot und vergessen. Sie wurden erst später – zeitweilig – aus der Versenkung geholt.

Der eigentliche Elan kam aus der eigenen Gegenwart, die sich eine andere Zukunft erträumte. Man rang um eine Subjektivität, die nicht von Männern definiert worden war. Dieser anderen Subjektivität stand noch keine Sprache zu Verfügung.

## Zeitgenössische Leitfiguren

Autorinnen aus der damaligen DDR verhießen, dass eine solche zu finden wäre, etwa Christa Wolfs Romane *Nachdenken über Christa T.* (1968) und *Kindheitsmuster* (1976). Flammendes Interesse erregte auch Irmtraud Morgners *Leben und Abenteuer der Trobadora Beatriz nach Zeugnissen ihrer Spielfrau Laura* (1974). Die opulent märchenhafte Männerkritik hat in der Schweiz eingeschlagen wie später nur noch Wolfs *Kassandra* (1983). Der Untertitel des Buches *Geschlechtertausch. Drei Geschichten über die Umwandlung der Verhältnisse* (1975/1980) von Sarah Kirsch, Morgner, Wolf wurde Programm.

Ingeborg Bachmanns Roman *Malina* (1971) erweist sich im Nachhinein als luzideste Analyse des dunklen Territoriums von Männlichkeit und Weiblichkeit. Eine einzige Person trägt das Spannungsfeld aus: die Ich-Erzählerin. Durch sie hindurch läuft der Riss. Sie ist gespalten zwischen einer männlichen und einer weiblichen Selbstdeutung. Geordnet und klar erscheint die Welt von Malina aus, dem Mann, ungewiss und verworren hingegen aus der Warte von dessen alter ego, der weiblichen Ich-Figur. Zu einem Ausgleich kommt es nicht.

Das vielleicht innovativste Werk jener Jahre in der Schweiz, *Vorabend* (1975) von Gertrud Leutenegger, endet nicht weniger in der Krise.

## Selbstgewissere Töne

In den 80er Jahren erklingen schon selbstgewissere Töne. Die Differenz »männlich, weiblich« fällt weniger ins Gewicht. Eveline Hasler, Erica Pedretti, Laure Wyss öffnen die Problematik hin auf geschichtliche Frauenfiguren, lassen jetzige Frauen mit ihnen ins Gespräch treten. Kühne, formal entschlossene Autorinnen wie Helen Meier und Adelheid Duvanel melden sich zu Wort. Friederike Kretzen (*Die Souffleuse*, 1989) und Mariella Mehr

Laure Wyss

(*Das Licht der Frau*, 1984) spüren ganz unterschiedlichen Gestalten nach: einer Souffleuse, einer Torera. Man goutiert ironisch spielerische Attitüden, etwa bei Isolde Schaad. Ein Titel wie *KüsschenTschüss. Sprachbilder und Geschichten zur öffentlichen Psychohygiene* verspricht Gesellschaftskritik als vergnügliche Sprachkritik.

## Polyphonie der Stimmen

Schaut man auf die 90er Jahre, so fallen neue Schreibweisen auf. Eine Tochtergeneration lässt sich vernehmen, die unverfrorener auftritt – lockerer mit sich selbst beschäftigt als ihre Vorfahrinnen aus der 68er Generation: Milena Moser, Kristin T. Schnider, Andrea Simmen, Nicole Müller, Monica Cantieni… Den Müttern wird der Prozess gemacht wie bei Ruth Schweikert oder sie werden verzweifelt gesucht wie bei Theres Roth-Hunkeler oder Zoë Jenny.

*Neue Schreibweisen in den 90ern*

Die Generation aus den 70er Jahren schreibt indessen weiter. Der Kunstcharakter tritt deutlicher in den Vordergrund; die Suche nach dem weiblichen Ort hat die Dringlichkeit eingebüßt. Da sind makellos komponierte, ins Surreale spielende Bücher zu vermerken wie *Schneefessel* (1998) von Margrit Schriber oder *Universalgeschichte der Monogamie* (1997) von Hanna Johansen. Gerade an diesem mokanten Monumentalwerk faszinieren der Mut zur Groteske, die Technik der Brechungen und ständigen Neuanfänge.

Die Fremdheit in der Welt würde sich verflüchtigen, wenn eine eigene Ausdrucksweise existentielles Vertrauen schüfe, Ich-Stärke. Diese Überzeugung prägt die ganze Epoche seit 1970. So versammelt die Literatur dieses Zeitraums ganz individuelle Sprachen. Die sie schreiben, sind Männer, aber auch Frauen, viel mehr als früher. Sie lassen eine Polyphonie von Stimmen ertönen, die man gewiss nicht einfach als »weiblich« deklarieren kann. Die Stimmen formen sich aber aus der Dämmerung eines neuen Bewusstseins. Auf sie soll nun im Einzelnen geachtet werden.

## Große Autorinnen, die weiterschreiben

Vier damals schon bestandene Autorinnen seien kurz vorweggenommen: die Künstlerin Meret Oppenheim, die auch als Schriftstellerin hervorgetreten ist; Silja Walter, die seit 1948 im Kloster Fahr bei Zürich lebt; Erika Burkart, die ab 1953 Lyrik und von 1970 an auch bedeutende Prosawerke vorlegt; Gertrud Wilker, die jedes ihrer Bücher neu anging.

Oppenheim war eine waghalsige Erforscherin der Sprache. Oft traurig gestimmt, schaute sie sich selber vergnügt zu, wenn sie schrieb. Sie beobachtet ihre Einfälle und was die so alles anrichten. Sie verfolgt, wie Klänge sich weiterzeugen, welche Silben und Wörter sie nach sich ziehen, etwa so: »Kacherache, panache, / Lob dem schüchternen Wallachen.« (1933) Das freie Assoziieren setzt den gewohnten thematischen Zusammenhalt des Gedichts außer Kraft. Dieser Auflösung setzt Oppenheim eine neue Kohärenz entgegen: Kontraste, verblüffende Verbindungen, Stab- und Binnenreime, seltene Endreime, vor allem aber genaueste rhythmische Maßnahmen. So werden freischwebende Bilder aufgefangen. Der graphische Umriss wirkt auffällig geschlossen. Die Texte, die eine inhaltliche Lesart ad absurdum führen, zeigen Konsequenz in der Form.

Oppenheims Prosa, die man im Nachlass fand, hat ähnliche Qualitäten. Sie springt manchmal gleich ins Gelächter, biegt aber ständig vom eingeschlagenen Weg ab: ins Ungemütliche oder in eine radikale Gegenwelt.

Silja Walter, der Mystikerin von unvergleichlicher Leichtigkeit, verdanken wir einzigartige Lyrik, Liebesgedichte vor allem, die sie schon im Alter von 20 Jahren verfasst, darunter hinreißende Texte wie die Zyklen *Weisser Kerbel* und *Tänzerin,* etwas später *Der Tanz des Gehorsams* (1960). Gleichzeitig entstehen Spiele, hauptsächlich religiöse, deren Botschaft die Poesie nicht beeinträchtigt. Von den 60ern an überrascht sie mit schlanken Erzählungen, den Miniaturen etwa zum monastischen Tag *Tanz des Gehorsams* (1960). Ihre eigene – versöhnliche – Version der Familiengeschichte in Rickenbach bei Olten erzählt sie in *Wolkenbaum. Meine Kindheit im alten Haus* (1994). Sie antwortet damit auf den düsteren Roman ihres Bruders Otto F. Walter *Zeit des Fasans* (1988).

Erika Burkart

Erika Burkarts erster Roman erscheint – nicht von ungefähr – erst 1970. *Moräne. Der Roman von Lilith und Laurin* ist eines der Ich-Bücher, wie jene Zeit sie begünstigt, eine tiefsinnige Liebesgeschichte und ein poetischer Protest obendrein. Das Schreiben verheißt die Wiederauferstehung der Erzählerin Lilith vom »seelischen Tod«, den sie durch ihre tragische Liebe zu Laurin erlitten hat. Dieser lyrisierende Debütroman spricht von dem fast mythischen Glauben ans Schreiben. Burkart auf die Gedichte allein festzulegen, bedeutete also einen groben Irrtum. Ihr Prosaschaffen ist aus den drei Jahrzehnten nicht wegzudenken: Es erscheinen 1979 der Roman *Der Weg zu den Schafen,* 1985 *Die Spiele der Erkenntnis* und 1994 *Das Schimmern der Flügel. Jugendmythen.* Diese Bücher suchen das An-Denken. Am schönsten beschäftigen sie sich mit der Kindheit im aargauischen Freiamt.

Wilker, die Wortfetischistin und kühne Experimentatorin, läutet ihre 70er Jahre ein mit dem Prosaband *Einen Vater aus Wörtern machen* (1970). Im Aufsehen erregenden Erzählband *Winterdorf* (1977) führt sie das Wörtermachen spannungsvoll weiter. Wenn sie schon im Roman *Altläger bei kleinem Feuer* (1971) eine Dorfgemeinschaft und nicht einen Einzelhelden Sprache werden ließ, so verfolgt sie dieses Ziel in einem etwas anderen Milieu auch in der Titelerzählung *Winterdorf.* Das künstlerische Anliegen erinnert an Charles Ferdinand Ramuz, der in seinen Bergromanen das Kollektiv zum Protagonisten erkor. Doch anders als Ramuz schildert Wilker in ihrem Bergdorf eine verrottete Gesellschaft. Diese verdient die Sprache eigentlich nicht. Das »in fast engelhafter« Schönheit strahlende »Winternest« selber allerdings schon. Zwischen der Bosheit der Menschen und der paradiesischen Umgebung klafft eine Diskrepanz, die an William Goldings Roman *Herr der Fliegen* erinnert. Die Ich-Reporterin, regelmäßiger Feriengast, schaltet sich mit gedichtähnlichen Kommentaren ein. So wird die Helligkeit jener Schneewelt wenigstens in der Sprache gerettet.

Ähnlich sprachbewusst verfährt die Autorin in der exzellenten Erzählung *Flaschenpost* (im Band *Winterdorf*): Liebefeld ist verstrahlt worden. Die Einwohner gehen einem langsamen Sterben entgegen. Eines der Opfer des Atomunfalls schreibt. Die Frau möchte mit Wörtern, die selber Tatsachen seien, der Katastrophe entgegentreten. Wenigstens die Namen sollen bleiben, das hofft sie auch für sich: »Ich finde für mich keinen Namen als ich.« Ein Glaube an die Wörter flackert auf: aussichtslos und hoffnungsfroh.

## Erstlinge, aufbrechende Generation

Die Brüche zwischen einem heftigen Sprachglauben und der Wirklichkeit, die einen umtreibt, förderten in jener Zeit ein Ich-Sagen, das – literarisch – bis heute trägt. Die Erstlinge der seit den 70er Jahren aufbrechenden Generation, die Bücher von Leutenegger, Pedretti, Margrit Baur, Maja Beutler,

Margrit Baur

Vorabend –
*ein Kultbuch*

Schriber, Johansen, Rahel Hutmacher, Elisabeth Meylan, Claudia Storz, Verena Stössinger, Margrit Yla von Dach, und – schon etwas älter – Laure Wyss gehören noch immer zu den schönsten im Werk dieser Schriftstellerinnen. Die Ästhetik der zerschlagenen Formen, eine ungefestigte Struktur verleihen diesen frühen Texten dichterische Kraft. Sie bedeuteten Terraingewinn jenseits der vorgefundenen Verhältnisse.

Es sind vor allem Erzählerinnen, die für einen Neuanfang stehen. Diese bewegten sich gelegentlich auch auf dem Feld der Dramatik (Leutenegger, Beutler, später Kretzen und Meier) und der Lyrik. Eigentliche Lyrikerinnen seien – abgesehen von Oppenheim, Walter, Burkart – wenigstens genannt: Maria Lutz-Gantenbein, Ingeborg Kaiser, Lilly Ronchetti, Brigitte Meng, Magdalena Vogel, Iren Baumann, Irène Bourquin, etwas später Brigitte Fuchs und Heidy Gasser. Neuerdings macht die hochbegabte Sabina Naef auf sich aufmerksam, eine Meisterin der lyrischen Miniatur. 1998 legt sie ihren ersten Gedichtband *Zeitkippe* vor.

Die eigene Sprache zu finden, wurde eine breit abgestützte Forderung, die vor allem die Frauen selber an ihr Schreiben richteten. Im Sinne etwa des ersten Satzes des Kultbuches der 70er Jahre, *Häutungen* (München 1975), der damals in Berlin lebenden Bernerin Verena Stefan: »beim schreiben dieses buches […] bin ich wort um wort […] an der vorhandenen sprache angeeckt.«

Stefans feministische Programmschrift wirkt von heute aus gesehen zeitgebunden. Deshalb soll ein Erstling ins Zentrum rücken, der damals kaum weniger Aufsehen erregt hat und dessen Qualität nach wie vor überzeugt: Leuteneggers *Vorabend* (1975).

*Vorabend*: Eine junge Frau. Sie geht durch Zürich und erzählt. Was sie lebt und was sie erinnert. Sie wird »Gertrud« gerufen, ist eine Romanfigur und ganz unverblümt die Autorin selbst. Diese will »ich« sagen können in ihrem Buch. Die Kapitel sind nach den Strassen abgeteilt, durch die der Weg führt. Sobald der Ort festgemacht ist, hebt die Erzählerin ab, als stecke sie in einem Ballon. Die Kindheit zwischen dem Lauerzer- und dem Vierwaldstättersee taucht auf. Sie denkt an Te, den Freund, an Ce, die Freundin, an die Fasnacht und die Kilbi. Sie ist wieder bei den Taubstummen, mit denen sie gearbeitet hat, und als Pflegerin bei den Irren in der Anstalt. Sie beschwört das Landhaus Parugiano bei Prato herauf oder ein nasskaltes England. Alles ist konkret, auch wenn es durcheinander treibt. Das Zürcher Tram klingelt, daneben wäscht die Verwalterin Virginia Kuhmägen. Leuteneggers Erzählen wird zu einem Fest der Sinne. Alles Gefügte soll »locker« werden. Das ist die Regel ihrer Kunst. Wahrhaftig erfahren wir die Welt nur in Bruchstücken, so wie einst Walter Benjamin in der *Berliner Kindheit* seine Stadt auferstehen ließ. Dieses Buch, sagt Leutenegger, habe ihren ersten Roman ausgelöst. Sie hat ihn in Berlin geschrieben. Ob er zuhause auch so herausgekommen wäre?

## Thema: mein Leben

Die Frau im *Vorabend* behauptet, sie habe kein Thema. Sie hat aber eines und verteidigt es durch alle Böden ihrer tausend Wirklichkeiten hindurch. Am Vortag eines Protestmarsches durch Zürich veranstaltet sie eine Art Gegendemonstration, und diese heißt insgeheim: *mein* Leben. Die einsame Rebellin trägt – unsichtbar – eine Fahne vor sich her, eine in eigener Sache. Dass man nur dieser eigenen Sache von Tag zu Tag trauen soll, das lernt man hier. Man erkennt, dass dies heute genau so gilt wie in jenem Jahr, das im Buch genannt wird: 1975. Es war die Zeit, als politische Kollektive alles auslö-

Gertrud Leutenegger

schen wollten, was nach Einzelleben aussah. Dagegen wandte sich der Roman.

Die Heldin spricht in geisterhaftem Wortgefecht mit einem nicht näher umschriebenen Chefideologen. Dieser wird anderntags die Kolonnen anführen. Sie schilt ihn ein »Machtinstrument des Zynismus«. Er schimpft sie »veraltete Traumfabrik«. Worauf sie Spott ausgießt über seine Floskeln, über Sprüche wie: »Werden Sie konkret. Glauben Sie an eine an eine bessere Welt?« Und flugs stiehlt sie sich in den brennenden, den allergegenwärtigsten Augenblick, der bald ein Jetzt, bald eine Erinnerung ist. Ihr »Ich« sprengt alles, was mit dem Etikett »Gesellschaft« zugeklebt wurde.

*Macht des Individuums*

Dass dieser singuläre Erstlingsroman der 1948 geborenen Schwyzerin heute noch leuchtet und einleuchtet, verdankt er seiner Musikalität und der dichten Beschreibung alles dessen, was war und ist.

Die Kindheit ist immer nah. Das Geringste kann sie aufwecken. Das Gelb der Fußgängerstreifen holt die Quitten der Mutter wieder heran. Beobachtungen im Heute münden in einen Weg zurück. Die abstrakten Begriffe zerfallen. Sogar ein Wort wie Straße zerstiebt in »Formen […] Glanzpunkte. Verfinsterungen«. Ein Ding explodiert ins andere: Omeletten in Planeten und Planeten in Augen. In die Augen des Freundes Te. Doch das Paar driftet auseinander.

So leidenschaftlich kämpft der Roman um das Recht auf den eigenen Tag, die eigene Wahrheit, dass er in der Krise enden muss. Sie ereilt alle wichtigen Figuren: Ce, Te und das Ich. Dieses fürchtet, eines Tages in einer Verwahrlosten-Pinte an der Langstrasse zu verkommen. Der Anpassungsdruck erscheint plötzlich übermächtig. Ce, die Lustige, die ganz im Moment aufgehen konnte, ist zuletzt ein Schatten ihrer selbst, quält sich im Büro mit Zahlen und Listen ab. Te, Mathematiker, bezweifelt den Sinn seiner Arbeit. Ist alles umsonst? Die Lust des gelebten Augenblicks nur Illusion?

Mitte und Rand strukturieren das Buch. In der Mitte hocken beide, die marxistischen Parolen und die bürgerlichen Erwartungen. Der Ich-Figur fehlt, wie der Chefideologe meint, »das Indiz der Zugehörigkeit«. Sie hält es

mit Randständigen, sagt, die Mädchen vom Drogenstrich wüssten mehr als
andere. Das irre Lieschen, das im Wasser um sich schlägt, bekommt den Eh-
rentitel »Marat in der Badewanne«.

## Französische Theoretikerinnen

Die einsame Gegendemonstration der jungen Frau hört in der Finsternis
auf.

Aber die Bilder und Erregungen, die Sprachmusik, die körperhaften
Rhythmen, der Kindheitstaumel und die Liebe, alles, was den Glanz dieses
Werks ausmacht, werden dadurch nicht widerlegt. Leutenegger versteht es,
den Satzbau bloß zu umspielen oder ganz aufzulösen.

*Literatur und*      Die abrupt wechselnden Reden greifen auf einer poetischen Ebene Themen
*feministische Theorie* auf, die französische Analytikerinnen und Sprachtheoretikerinnen wie Luce
Irigaray und Hélène Cixous gleichzeitig entwickelt haben (Irigaray etwa in
*Spéculum de l'autre femme*, 1974, Cixous in *Die unendliche Zirkulation des
Begehrens*, 1977): Das weibliche literarische Sprechen folge nicht einer vor-
gegebenen Richtung, es sei kreisend, fluktuierend.

Solchem Sprechen korrespondiere das weibliche Begehren. Es greife auf
präödipale Lebensphasen (auf die semiotische *chora* als den Ort der Mutter)
zurück, sagt Julia Kristeva, und lege sich nicht aufs Geschlecht fest. Die Erotik, die *Vorabend* als Atmosphäre durchwebt, weist genau solche Züge auf:
Ein zielloses Sich-Sehnen treibt die Ich-Figur bald zur Freundin Ce, bald zum
Freund Te. Das Selbst erfährt sich in der Entgrenzung. Der Roman ist keiner
programmatischen *écriture féminine* verpflichtet, sondern ist selber eine solche *écriture* – mit rein literarischen Mitteln.

## Zwischenzustände

*Vorabend* endet in einer Art Niemandsland. »Warum bin ich nie an dem Ort,
an dem ich bin, dann, wenn ich dort bin?« fragt die Ich-Figur in Pedrettis
*Unvereinbarkeiten*   Erstling *Harmloses bitte* (1970). *Hier* und *Dort*, zwei unvereinbare Lebensräume, strukturieren den Text. *Hier*: das ist die helle schneeglänzende Gegenwart im Engadin, der geregelte Schweizer Alltag. *Dort* meint den dunklen
Bezirk der Erinnerung, die wuchernden Sommergärten des Kindes in Mäh-
ren, den einbrechenden Krieg. Die beiden Bereiche wechseln ab, erklingen in
je anderen Tonarten. *Eine* Sprache, in der *Hier* und *Dort* gemeinsam aufgehoben wären, gibt es nicht. Die Ich-Figur ist gespalten in zwei Welten. Dabei
lässt sich die alte nur bruchstückhaft wiedererwecken. Kein Wunder, dass
das versunkene Land des Chaos und der Wärme die Autorin in fast jedem
Buch neu heimsucht, vom *Heiligen Sebastian* (1972) über *Engste Heimat*
(1995) bis zu *Kuckuckskind oder was ich ihr unbedingt noch sagen wollte*
(1998).

Ein gespaltenes Bewusstsein konstituiert auch Beutlers Roman *Fuss fassen*
(1980). Ein rascher Wechsel findet statt zwischen zwei Befindlichkeiten. Auf
der einen Seite herrschen Verstand und gedächtnisarme Klarheit, welche jedes Mal mit dem Namen *Objektiv* gekennzeichnet sind. Dem gegenüber
meldet sich angstvolle Ungewissheit, die sich in stockenden Worten kundtut.
Die Sprachen prallen aneinander ab.

Margrit Baur schrieb 1977 an einer kaum ermutigenderen Bilanz. Sie
zählte damals vierzig Jahre und nannte ihren Prosaband *Überleben* (1981).
Der Anfang lautet: »Ich habe mich nicht gewöhnt: nicht an die Welt, nicht an
mich in ihr.«

1978 entwarf Verena Stössinger tagebuchähnliche Prosa *Nina,* aus der
später das Buch *Ninakind* erwuchs. Im Zentrum steht das Thema Kind und
Identität der Frau: »Bin ich jemand anders, weil ich jetzt ein Kind habe?«

Unter dem Titel *Dinge, bedeckt mit Schatten* (1975) erschien in der CH-
Reihe die Übersetzung eines Buches der aus Italien stammenden Westschwei-
zerin Anne Cuneo: *Mortelle maladie* (1969). Keine ihrer späteren Publikationen stieß in der deutschsprachigen Schweiz auf ein ähnlich starkes Interesse.
Das Motto von Scott F. Fitzgerald spricht die sprachliche Verlorenheit der
Ich-Figur an: Sie sei angekommen in einem Geisterland, das *nicht mehr Hier*
und *noch nicht Da* sei. Ihr lyrisierendes Reden umkreist das zu erwartende
Kind. Dagegen lässt sich in lebloser Diktion immer wieder eine offizielle, eine
männliche Stimme vernehmen.

*Durchlässige
Sprachgrenzen*

Mauern zwischen den Sprachgrenzen im eigenen Land waren in den 70er
Jahren möglicherweise durchlässiger als heute. Das könnte auch an den vorzüglichen Übersetzungen liegen: Cuneo wurde vom Schriftsteller Pierre Imhasly übertragen und der Erstling *Quasi Heimweh* (1970) der aus Lugano
gebürtigen Anna Felder vom Lyriker Federico Hindermann. Felder thematisiert Fremdheit und Heimat. Ihre Heldin ist eine junge Lehrerin aus Nordita-
lien, welche italienischen Gastarbeiterkindern im Kanton Aargau Unterricht
in ihrer Muttersprache erteilt. Die Ich-Erzählerin oszilliert zwischen zwei
Sprachen, Italienisch und Deutsch, und mehreren Orten, Tessin, Lombardei
und Aarau. Auch dieser Roman wurde in der deutschen Schweiz sofort bekannt.

## Körper und Krankheit

Keine Autorin führt einen konkreteren Körper-Diskurs als Claudia Storz in
ihrem Debütroman *Jessica mit Konstruktionsfehlern* (1977). Das Thema
Frau und Gesellschaft verschärft sich zum Thema kranke Frau und »rücksichtslos Gesunde«, kranke Frau und Befehlsgewalt der Ärzte, zum Thema
Krankheit und Tabu, Krankheit und Sexualität.

Die junge Jessica – manchmal heißt sie »ich« – leidet an Morbus Krohn.
Ihre Bauchhöhle ist »von innen aufgebrochen, wie eine faule Frucht«. Auf
ihrem Körper treten verschiedene medizinische Theorien gegeneinander an.
Der Chirurg verordnet einen künstlichen Darmausgang, der Internist warnt.
Der Lebensraum der Patientin ist »ein eingezäuntes Gärtchen, über das ich
ängstlich wache, denn von allen Seiten treten meine Freunde die Hecken
ein.« Den eigenen »dehnbaren« Ort hat ihr die Krankheit geraubt. Jessica
erfährt ihre Krankheit als Schuld und wendet ihre Aggression gegen sich
selbst, den bösen Leib. Im Traum kämpft sie gegen Abel. Ihre Wunde wird
zum Kainsmal.

*Der böse Leib*

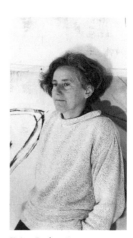

Erst Jahre später bekommt die Krankheit eine andere gesellschaftliche
Anerkennung. Etwa bei Pedretti durch die Figur der krebskranken Valerie,
die ihr Leiden in eine eigene künstlerische Schrift umwandelt (*Valerie oder
das unerzogene Auge,* 1984), oder bei Ruth Schweikert, wo die anorektische
Esther und der aidskranke Raymond einen rettenden Bund eingehen, der
über die gewohnten Beziehungen triumphiert (»Christmas« in *Erdnüsse,*
1998).

Die unvereinbaren Orte, wie sie Pedretti, Beutler, Cuneo und auch Storz
festmachen, drängen sich in *Trocadero* (1980), dem zweiten Buch Johansens,
zusammen. Sie verschlingen sich traumartig zu einem Labyrinth. Eine irre-
führende Anlage von Räumen, Treppen und Gängen baut sich auf: ein Bild,
wie es scheint, für die patriarchalische Weltgeschichte. In dieser Unübersicht-

Erica Pedretti

lichkeit wird der weiblichen Ich-Figur eine kaum zu bewältigende Aufgabe gestellt. Sie muss aus zwei eingeflogenen Fischen ein Bankett zubereiten – wobei entrüstete »Herren in ihren Livreen« ein Tribunal inszenieren. Die Protagonistin unterläuft die Zumutung mit Verweigerungsstrategien aller Art. Insofern siegt sie über das undurchschaubare Männerdiktat. Ein nicht geheures Rätsel bleibt bestehen, und aus dem Alptraum gibt es kein Erwachen.

## Medusa: weiblicher Mythos

Margrit Schriber

Der andere Ort mag locken, eine andere Seinsweise, eine weibliche, eine, die vom Gefühl, vom Imaginären, der Kreativität bestimmt wäre. Der Zugang jedoch bleibt verbaut. Er steht hinter Glas wie in *Aussicht gerahmt* (1976) von Margrit Schriber. 1939 in Brunnen geboren, hat die Autorin vielerlei aussichtslose Frauenbiographien gestaltet (nur im Roman *Schneefessel* gelingt ein eigener Lebensentwurf, bezeichnenderweise durch das Schreiben).

Die Frau als Opfer ihrer Sprachlosigkeit: Schriber führt sie mit besonderer Überzeugungskraft im Roman *Muschelgarten* (1984) vor. Auf die Heldin ließe sich die Denkfigur der vor Schrecken starren Medusa anwenden – ein Mythos, der in jenen Jahren in den Schriften von Hélène Cixous und Sigrid Weigel beschworen wird. Medusa als der stumme *Engel der Geschichte*:

> Medusa sieht, was geschieht, ohne dafür eine Stimme zu haben [...] aber, wenn sie zu reden begänne, müsste sie aus ihrer erstarrten Position heraustreten und in die Position jener hinüberwechseln, die an ihrer Bändigung und Domestizierung beteiligt waren. Denn eine Stimme der Medusa *als* Medusa gibt es nicht – es sei denn ihre andere, lautlose ›Sprache‹.

Der Engel der Geschichte, so wie ihn Walter Benjamin beschreibt, erinnert Weigel »an die mythische Figur der Medusa«: Angesichts der Trümmer der Geschichte sind dem Engel Augen und Mund »vor Schreck erstarrt, so wie das Antlitz der Medusa Sinnbild des Schreckens geworden ist«. Das Vor-den-Mund-Geschlagensein hat mit einer übermächtigen männlichen Vergangenheit zu tun. Die »Deterritorialisierung« (Gilles Deleuze/Félix Guattari) wird zwar erkannt – die Worte dafür aber bleiben den Frauen im Halse stecken.

### Die Todesrolle

Von einem solchen Verstummen erzählt *Muschelgarten*. Ein Garten mit muschelgesäumten Wegen ist die letzte Rückzugsmöglichkeit einer begabten Frau, der nur als »Arnolds Frau« und als »Wirtin« eine Existenzberechtigung zuerkannt wird. Sie versagt in der Welt der Tüchtigkeit, erstickt allmählich in sich selbst. Sie wandert in immer engeren Kreisen bis zum Stillstand, in dem sie verharrt, drapiert mit ausgefallenen Tüchern. Sie macht sich selber zur Puppe, zur Schneiderpuppe, denn das Schneidern wäre ihre bevorzugte Arbeit, ihre Kunst gewesen. Sie wird bald von außen gesehen, bald von innen. Der ständige Wechsel der Perspektive zeigt ihre Verlorenheit an. Dornröschen kann nicht erlöst werden. Eine fiktive Trauergemeinde findet sich ein. Sie nimmt an der eigenen Abdankung teil, aufrecht mit lackiertem Kopf, angetan mit dem schwarzen selbst genähten Spitzenkleid. Eine Abgestorbene, eine Puppenfrau, denkt sie. Das denken auch die Trauergäste. Das Spielen mit farbigen Stoffen hätte für die »Wirtin« eine eigene Ausdrucksweise werden können. Doch die Verhältnisse, bestimmt von Arnold, ihrem Mann, die waren nicht so. Ein Freiraum blieb ihr versagt. So wählte sie die Todesrolle.

## Meisterin der »kleinen Literatur«: Adelheid Duvanel

Solche Figuren, verbogen wie im Starrkrampf, stellte die Basler Autorin Adelheid Duvanel in den Mittelpunkt ihrer kurzen Erzählungen, die sie schon in den 60er Jahren da und dort veröffentlichte. Erst von 1980 an publizierte sie in einem anerkannten Verlag, angefangen von den *Windgeschichten* (1980) über *Anna und ich* (1985) und *Das verschwundene Haus* (1988) bis zum Band *Die Brieffreundin* (1995), dem letzten, der zu ihren Lebzeiten erschien. Im Juli 1996 fand man Duvanel tot in einem Wald bei Basel. Sie hatte eine beträchtliche Dosis Schlafmittel zu sich genommen und starb – laut ärztlichem Befund – an Unterkühlung.

In ihrer unerbittlich kargen Prosa nimmt sich Duvanel Leute vom Rande der Gesellschaft vor, nagelt sie fest auf winziger Fläche. Wie bei ihren Vorfahrinnen Ullmann, Loos und Marieluise Fleisser sind es häufig Frauen, manchmal Kinder. Wenn Schriber in *Muschelgarten* die kaum merkliche Entwicklung hin zu einem gänzlichen Selbstverlust nachzeichnet, so sind die Duvanel-Figuren immer schon angekommen im Endzustand.

In ihrer Kürze gleichen die Prosaminiaturen unhörbaren Schreien. Mitleid lehnen die Figuren ab. Sie wollen sich nicht helfen lassen. Stur entheben sie sich auch noch des kleinsten Lebensraums. Sie haben keinen Ort, nirgends. Wenn das nicht auch eine politische Aussage ist!

Adelheid Duvanel

Duvanel erweist sich als *die* Vertreterin einer »kleinen Literatur« (Deleuze/ Guattari), einer bis anhin »marginalen« Literatur. Das seien »die revolutionären Bedingungen« jeder Literatur, die sich innerhalb einer sogenannten etablierten – in diesem Fall männlichen – Literatur befinde, einer »etablierten« oder »grossen« Literatur, wie Deleuze/Guattari auch sagen:

> Wer das Unglück hat, in einem Land mit grosser Literatur geboren zu sein, muss in seiner Sprache schreiben [...] wie ein Hund sein Loch buddelt, wie eine Maus ihren Bau gräbt. Dazu ist erst einmal der Ort der eigenen Unterentwicklung zu finden, das eigene Kauderwelsch, die eigene Dritte Welt, die eigene Wüste.

Die beiden französischen Philosophen reden zwar von schreibenden Juden in Prag und usbekischen Autoren in Russland; ihre sozioliterarische Standortanalyse lässt sich jedoch gut auf Schriftstellerinnen wie Duvanel übertragen. Zeitlebens arbeitete sie im Abseits, lebte nie anders als unter dem Existenzminimum. Ihr ging es wie Ullmann und Loos. Der Literaturbetrieb verweigerte ihr die breite Anerkennung, obwohl sie zu den souveränsten Autorinnen und Autoren gehört, welche die Schweiz je hatte. Über die Düsternis ihrer Erzählungen triumphieren die überlegenen Textstrategien einer großen Künstlerin. Den schrecklichen Einsamkeiten in ihren Geschichten stehen die Verknüpfungen der Geschichten untereinander gegenüber: Echowirkungen, Variationen, Reihungen fast serieller Art.

Ihre Figuren üben sich in stolzer Rache, indem sie Liebe und Mitgefühl von sich weisen. Sie lehnen Veränderungsvorschläge ab und versinken in solcher Verlassenheit, dass sie nicht einmal mehr an ihrem Zustand leiden. Ihre Phantasie verschiebt die bösen Verhältnisse in monströse Bilder; sie schauen sich darin selber zu und glauben zu schrumpfen oder an der Wand zu kleben. Trotzig lassen sie nur die eigene Weltsicht gelten und veranstalten verschrobene Selbstinszenierungen.

Zeichnung von
Adelheid Duvanel

*Ohne Lebensraum*

Im Band *Die Brieffreundin* hat sich Franziska ein luftiges Reich eingerichtet:

> Sie lebt wie ein Vogel im Nest, ist umgeben von kleinen, weißen Federn, die überall aus dem Kopfkissen und dem Federbett quellen, in die sie mit der Zigarette Löcher gebrannt hat. Die Federn schweben im ganzen Zimmer umher, weil der Wind zum Fenster hereinbläst.

Im Verlauf der gut zwanzig Jahre, da Duvanel geschrieben hat, verlieren die Inszenierungen alles Bunte. Immer grauer und kauziger werden die Phantasien, bittere Überlebenstricks. Da ist dann wohl das Äußerste an Verweigerung erreicht. Die fratzenhaften Verschiebungen erschrecken nicht minder als bei Poe, dessen Name gelegentlich in einem Text aufblitzt. Nur kommt das bei Duvanel gewöhnlicher daher, ausgestattet mit ärmlichen Schauplätzen und Erzählmaterialien – wie bei Robert Walser.

Duvanels Figuren haben keinen Lebensraum und keinen Seelenraum. Sie wohnen in einem Auto, einem fensterlosen Zimmer, auf einer Treppe, auf Abruf in einer fremden Wohnung, sie stellen sich vor, sie gehörten in einen hohlen Baum. Sie retten sich in eine Schrumpfexistenz. Eine, zwei Ideen tragen sie im Kopf, von denen andere keine Ahnung haben. Sie wollen auch gar nicht, dass andere eine Ahnung haben. Für sie gibt es keine Verständigung unter den Menschen.

Dem entspricht die minimale Ausdehnung der Geschichten. Kaum je umfassen sie mehr als eine oder zwei Seiten. Jede wortreiche Handlung könnte den Figuren einen lebbaren Ort zurückgeben. Beschreibungen über den beengten Fluchtraum hinaus erschienen dieser Autorin als zuviel des Guten.

Da ist etwa das Prosastück »Der Schrei« (in *Das verschwundene Haus*, 1988). Es handelt von einer namenlosen jungen Frau mit »tauben« Lippen. Sie sagt, dass sie nicht zu wohnen verstehe. Der plötzliche Schrei ist die einzige Verlautbarung, die ihr zur Verfügung steht. Wie sie kein Geld mehr hat, will sie sterben: »›Ich lebe‹, sagt die junge Frau, zündet zwölf Kerzen in ihrer Wohnung an, sitzt und schweigt.« Das Bild vom medusenhaften Engel der Geschichte lässt sich anhand dieser Prosa gewiss nicht widerlegen.

## Lebensprotokolle

*Chroniken des Alltags*

Selbst die traurigsten Geschichten, wie sie die Zürcher Schriftstellerin Laure Wyss in *Frauen erzählen ihr Leben* (1976) aufgezeichnet hat, muten im Vergleich zu Duvanel noch irgendwie hoffnungsfroh an. Und sei es nur durch die vitale Sprache, eine Mischung häufig von Hochdeutsch und Dialekt. Solche Berichte herzustellen, zählte in den 70er Jahren zu den beliebtesten schriftstellerischen Verfahren. Maxie Wanders Protokolle aus der DDR, *Guten Morgen, du Schöne* (1977), sind dafür ein bekanntes Beispiel. Frauen ihren oft wenig spektakulären Alltag darlegen zu lassen, erschien als das zeitgemäße Mittel einer *recherche féminine*. Man fand es aufregend, Geschichte von unten zu schreiben. Begriffe wie »authentisch« und »dokumentarisch« verliehen eine Aura von Modernität.

Sie betrachte sich »als Schreiber« einer ganz gewöhnlichen Chronik, »der bekannten, unbekannten Welt hiesiger Frauen«, meinte Wyss im Vorwort. So sind die Geschichten einer Arbeiterin und Marktfrau entstanden, einer Sekretärin, Geschäftsfrau, Bibliothekarin, Coiffeuse, Photographin, Serviertochter, Hausfrau I und Hausfrau II.

Das Unternehmen bekam Zuspruch vonseiten der Politikerinnen, wie ja überhaupt Literatur und fortschrittliche Öffentlichkeit in jenem Jahrzehnt eng zusammenrückten. Die spätere Parlamentarierin Lilian Uchtenhagen-Brunner hat Wyss' Unternehmen ein Nachwort angefügt und betont, dass Frauen nicht in erster Linie Theorien suchten, sondern Geschichten, »wahre« Geschichten. Die Politikerin und Autorin Doris Morf begrüßt Frauenreporte mit dem Ausruf: »Heute, endlich werden auch jene Menschen dargestellt, welche die Mehrheit von uns ausmachen [...] Arbeiter, Kleinbauern – und Frauen«. Auf ein ähnliches Interesse stieß damals der kräftige Familien- und Hausfrauenroman *Keine Hand frei* (1980) von Hedi Wyss.

Für die Schweizer Gegenwart wurde in diesen Protokollen geleistet, was Virginia Woolf 1929 für die Vergangenheit gefordert hatte: »Aber von unseren Müttern, unseren Grossmüttern, unseren Urgrossmüttern – was bleibt?« Antworten lägen »verschlossen in alten Tagebüchern, im Gedächtnis der Hochbetagten halb ausgelöscht«.

Frauen-Geschichte, Frauen-Alltagsgeschichte: Wissenschaftlich und literarisch begann man daran zu arbeiten. Günter Grass schrieb eine Köchinnengeschichte über die Jahrhunderte hinweg im Roman *Der Butt* (1977). Fast zufällig sei er auf das Thema gestoßen, den anonymen Anteil der Frauen an der Geschichte.

*Frauengeschichte*

Wenn von literarisierter Frauengeschichte als einem Desiderat die Rede ist, so hat ein solches – in der Schweizer Literatur – vor allem Eveline Hasler erfüllt. Ihre prägnantesten Bücher sind dieser Aufgabe verpflichtet.

## Fahrten zurück

Gegen Ende der 70er und in den 80er Jahren sind in der Literatur allenthalben »Fahrten zurück« (Grass) festzustellen: ob bei Max Frisch (*Der Mensch erscheint im Holozän*), Friedrich Dürrenmatt (*Stoffe*), E. Y. Meyer (*In Trubschachen*), Peter Bichsel (*Der Busant*) oder Otto F. Walter (*Zeit des Fasans*). Schicksale will man nicht mehr nur auf ihre gesellschaftskritischen Komponenten hin betrachten. Die bloße Zukunftshaltigkeit der Gegenwart erscheint plötzlich einspurig. Die Vergangenheit gewinnt an Bedeutung.

Man versucht, heutige Lebensläufe vor dem Hintergrund von Geschichte und alten Geschichten anders zu verstehen. Überlieferte Erzählstoffe geben modernen Erzählungen eine Tiefendimension. Man lässt tradierte Motive aus Sagen und Märchen an dramaturgisch entscheidenden Stellen in die Stories einbrechen und ihnen eine andere Richtung geben. So arbeiten in Österreich etwa Barbara Frischmuth (*Die Mystifikationen der Sophie Silber*, 1978), später auch Elfriede Jelinek (*Die Kinder der Toten*, 1995), in der Schweiz u. a. Leutenegger. Wenn sie in ihrer Erzählung *Das verlorene Monument* (1979) eine alte Alpensage einflicht, steigert das die Aussagekraft. Diese Geschichte erweist sich im nachhinein als das erste Signal einer Wende. In den 80er Jahren beginnen alte Stoffe neu zu faszinieren.

*Sagenhaftes, Überkommenes*

### Verfolgte Frauen aus der Geschichte

Geschichtliches gewinnt an Anziehungskraft, gerade bei Autorinnen. Es ist die Zeit, da man die historische Stellung der Frau wissenschaftlich untersucht, etwa die Verfolgung der Hexen. Konsterniert wurde man sich bewusst: Die Hexen wurden nicht im Mittelalter verbrannt, sondern in der Zeit der frühen Aufklärung, des humanistisch bürgerlichen Aufbruchs. Sigrid Schade dazu:

Die ›ungeschriebene Geschichte der Frauen‹ stellte sich heraus als das Verdrängte der geschriebenen, als eine ungeschriebene Geschichte geschlechtsspezifischer Körperpolitiken, eine ungeschriebene Geschichte der ›anderen Seite‹ der abendländischen Rationalität.

»Andere Seite« meint hier jene Seite, »die als Ort des Begehrens, der Unvernunft und des Unbewussten markiert war«.

*Hexe und weise Frau*

In feministischen Zirkeln werden die Hexen neu gedeutet. Man einigt sich auf das Bild der unabhängigen und darum aufgeopferten Frau. Die Hexe als tradierte Verkörperung des Bösen ersetzt man durch die Figur der Weisen, der Kräutersammlerin und Heilerin. Spiegelverfahren zwischen neu und alt verheißen dabei andere künstlerische Möglichkeiten. Die Luzernerin Gisela Widmer (geb. 1958) geht in ihrem ersten Buch *Clara Wendel. Gaunerweib und Flammenzauberblick* (Zürich 1983) genau so vor: Die heutige Erzählerin befragt die historische, von den Obrigkeiten verfolgte Clara Wendel aus dem frühen 19. Jh. (geb. 1804). Im Kindesalter von Männern missbraucht, erschuf sich Clara eine andere, eine männliche Identität. Sie zog als Anführerin einer Diebesbande umher. Dafür wurde sie mit zwölf Jahren Zuchthaus bestraft und anschließend in ein Irrenhaus gesteckt, wo sie starb.

Eveline Hasler (geb. 1933 im Kanton Glarus) schreibt ihr erstes Erfolgsbuch mit einem doppelten Blick: *Anna Göldin* (1982) fasst das tragische Schicksal der letzten »Hexe« im Glarnerland ins Auge. 1782 ist die schöne Bedienstete in Glarus mit dem Schwert hingerichtet worden. Die Autorin meint aber auch die Gegenwart: Sie zeigt Ausgrenzungsmechanismen auf, wie sie bis heute selbstbewussten und attraktiven Frauen gegenüber in Gang kommen. Sie haben für ihren Körper, für die Wünsche, die er weckt, zu büßen. Abhängigkeit beruflicher, finanzieller Art wird ausgenützt – oft bis zum bitteren Ende, wie im Fall der Anna Göldin.

Eveline Hasler

Eine der traurigen Biographien, wie sie Akademikerinnen der ersten Stunde mit erschreckender Häufigkeit aufweisen, ist in Haslers Roman *Die Wachsflügelfrau. Geschichte der Emily Kempin-Spyri* (1991) nachzulesen.

»Mulier erecta«, die aufgerichtete Frau, muss gebeugt werden. Der gerade Blick von gleich zu gleich provoziert. Männer ertragen ihn schlecht. Sie fordern das Opfer der ebenbürtigen Frau. Diese wird mit Zurücksetzung oder schlimmerer Folter bestraft. Diffamierte Frauen leben auch heute unter uns, nur spricht man nicht von Hexen. Die Rachegelüste sind besser getarnt. Auffällig häufig kommen Frauen in der von Männern geschriebenen Literatur zu Tode. Was eine berühmt gewordene Theorie ins Bewusstsein gebracht hat: Elisabeth Bronfens Schrift *Nur über ihre Leiche. Tod, Weiblichkeit und Ästhetik* (1992).

## Hexenkinder

Hasler ist über die Landesgrenzen hinaus für ihre gut recherchierten Historienbilder bekannt. Sie sind in viele Sprachen übersetzt worden und beschäftigen in den USA und in Großbritannien Forscherinnen aus dem Bereich *gender studies*. Mitte der 90er Jahre verlagert sich das Augenmerk von den Frauen weg auf die ausgebeuteten Kinder. Die Opfertheorien, die man anhand von weiblichen Lebensläufen entwickelt hat, schärfen die Sicht für das Ausgeliefertsein der Kinder. 1997 hat Hasler mit dem Roman *Die Vogelmacherin* die Geschichte von Hexenkindern aufgegriffen. Der Mechanismus läuft ähnlich ab: Unschuldige werden dafür bestraft, dass sie anders sind, erfinderisch, unberechenbar – und sexuell anziehend. Die Autorin im Vorwort dazu:

Vor Jahren, bei meinen Recherchen über Anna Göldin, die ›letzte Hexe‹ Europas, bin ich immer wieder auf Kinder gestossen, die, in den Verdacht der Hexerei geraten, mit dem Tod bestraft worden sind. Im 17. und zu Beginn des 18. Jahrhunderts zieht sich eine Verfolgungswelle von Italien, Frankreich, der Schweiz, Deutschland weiter nach Finnland und Schweden bis in die Neuenglandstaaten [...]. Ihre Opfer: Kinder [...]. Beim Lesen der Gerichtsprotokolle fallen die sexuellen Projektionen der Erwachsenen auf die Kinder auf, im Gegenzug bedienen sich die Kinder, um ihre Probleme auszudrücken, der Hexen- und Dämonenvorstellungen der Erwachsenen [...].

Zwischen 1652 und 1664 sind in Luzern sieben Kinder hingerichtet worden. Aus den Prozessakten griff Hasler u. a. jene der elfjährigen Katharina Schmidlin aus Romoos heraus. Das Kind wurde durch Beschluss von Schultheiss und Räten »im thurn one abkündigung des lebens stranguliret«, weil es behauptete, es stehe mit einem »schwartzen buob« im Bunde und könne Vögel machen. Oder wie es im Gerichtsurteil heißt, »ein klein meidtelin namens cathrin schmidlin von 11 iahren« habe »vernemmen lassen, das es kleine vögelin machen könde«.

*Sündenbock Kind*

Wenn Hasler Aufklärung anstrebt, so greift Gabrielle Alioth (1955 in Basel geboren, wohnhaft in Irland) auf Geschichte als Arsenal üppiger Historien und Mythen zurück. Sie sucht schöne, exotisch gewandete Zeitlosigkeit. Nicht das, was wahr sei, überdaure die Zeit, heißt es im Roman *Der Narr* (1990), sondern das, was sich in unseren Erinnerungen eingeprägt habe, unseren Wünschen und Träumen. Es stehen aber eingehende Recherchen hinter ihren Büchern, auch hinter den späteren: *Wie ein kostbarer Stein* (1994) oder *Die stumme Reiterin* (1998). Das ausgehende Mittelalter hat es Alioth angetan, was das Leben im Kloster, bei Hofe oder in aufstrebenden Städten betrifft.

In eine abgerückte Ferne zieht es auch die Aargauerin Monica Cantieni (geb. 1965) in der Erzählung *Hieronymus' Kinder* (1996). *Ihre* Zeitlosigkeit liegt in einem ländlichen Süden mit Fischern, archaischem Leben und antikisch verstandener Schuld. Kantige Sätze, hartgeschnittene Szenen evozieren einen neuen expressionistischen Stil, als müsste Anna Seghers' *Aufstand der Fischer von St. Barbara* (1928) wiedererweckt werden.

Spiegelverfahren sind beliebt, auch wenn die zeitliche Distanz geringer ausfällt, wie in *Nauenfahrt* (1997) von Sibylle Severus (geb. 1937). Die Ich-Erzählerin erfährt von einer Toten, deren Biographie Parallelen zu ihrer eigenen aufweist.

Laure Wyss spielt in *Weggehen ehe das Meer zufriert* (1994), ihrem komplexesten Buch, ein raffiniertes Spiel zwischen Damals und Heute. Sie schreibt das Thema der weiblichen Selbsterforschung materialreich fort, indem sie heutige Erlebnisse mit jenen der Christina von Schweden verwebt: der barocken Königin also, die abdankt, zum Katholizismus konvertiert, nach Rom zieht und am Ende ihres Lebens sagen kann: »Ich bin frei geboren, ich lebe frei, ich werde befreit sterben.«

*Laure Wyss:*
*Inszenierte Historie*

Wyss entwickelte eine eigene Dramaturgie, Christinas Schriften und Briefe an der Aktualität zu messen und umgekehrt. 300 Jahre liegen zwischen den beiden Frauen, die ihre Befreiungspläne je anders wahr machen. Die Ich-Figur vergegenwärtigt Christina, indem sie sie zitiert und sich die Antriebe zu ihrem Handeln vorstellt. So schafft die Autorin über Epochen hinweg ein Frauenterritorium, dem sie noch weitere Lebensgänge aus anderen Ländern und Jahrhunderten anfügt.

Der Ich-Figur begegnen wir auf der Suche nach einer verlorenen Phase ihres Lebens: In den 40er Jahren lebte sie verheiratet in Schweden. Wie

Christina, die Tochter Gustav Adolfs, musste auch sie einen Befreiungscoup wagen und eine erstarrte Ehe aufgeben: Eben weggehen bevor die Ostsee zufriert.

Die Frage nach der Verwandlung stellt sich als moralische Frage. Nicht der Erfolg ist das Kriterium, sondern der Mut zur Veränderung. Dieser Mut verbindet zwei Frauen: königlich, souverän die eine, demokratisch, suchend die andere.

## Das dichtende Modell

*Erica Pedretti:*
*Gespiegelte Epochen*

Erica Pedretti zeichnet eine heutige Frau, Valerie, vor dem Bildnis einer Toten, Valentine Godet-Darel. Diese war die Geliebte Ferdinand Hodlers, der ihr Sterben auf vielen Bildern festgehalten hat. Nur noch so konnte er sich ihr nähern, indem er sie über das Werk von sich entfernte. Pedretti schreibt eine ähnliche Geschichte: *Valerie oder das unerzogene Auge* (1986).

Valerie ist an Krebs erkrankt. Franz, ihr Geliebter und Vater ihres Kindes, nimmt sie zeichnend zum Modell, teilt sie ein in Proportionen. Die Zerstückelung durch den Blick des Malers ließe sich als Fragmentierung des Subjekts im Sinne von Jacques Lacan deuten. Der Mann wahrt die Außenansicht und hält sich von Einfühlung fern. Er begründet sein Tun mit ästhetischen Ausführungen. Gerade dadurch trennt er die Kranke von sich ab.

Die Krankheit macht Valerie hellwach. Sie lernt, ein inneres Leben zu leben, sie hängt Phantasien nach, schreibt sie auf. Daraus webt sie eine neue Textur. Erst durch die Bilder der Valentine Godet-Darel aber hat Pedretti den Rückhalt gefunden für ihre flirrende Figur. Deren Spiegelung in der historischen Frau verleiht dem Unterfangen etwas wie Gültigkeit.

## Zwei Zeichensysteme

Zwei Zeichensysteme, jene des Mannes und der Frau, geraten sich in die Quere. Dabei gelingt die Auflösung des männlichen Zeichensystems auch mimetisch, mit der Sprache selber. Die Machtverteilungen werden nicht nur explizit in Frage gestellt, sondern auch aus dem Innern der Sätze und Wörter. »Etwas der Verwilderung abringen«, so bezeichnet Valerie ihr Schreibprogramm. Sie entwirft Impressionen, die sie dem Augenblick verdankt: »Ein eigenartiges Leuchten auf den Gleisen [...] eine warme, nicht genau benennbare, irisierend strahlende Farbe aus Rot, Orange und Braun, von den Schienen scharf glänzend durchschnitten [...]. Jetzt fährt der Schnellzug ein, überfährt die Farbe, schlagartig ist alles dahin.«

Ein neues Sehen wird geboren, ein neues Sprechen, ähnlich wie in *Vorabend.*

*Körperarbeit*

Man kann auch sagen, der kranke Körper zeitige eine Seele, die sich in scharfgesichtigen Traumbildern offenbart, in Valeries China-Visionen etwa. Während Storz' kranke Jessica sich als Ausgestoßene einer Gesellschaft fühlt, deren oberste Norm Gesundheit und Leistungsfähigkeit heißt, widerlegt Valerie selbstbewusst ihre Umgebung.

Zur Zeit der Entstehung von Pedrettis Roman sitzt die amerikanische Künstlerin Cindy Sherman an einer gegensätzlichen Körperarbeit. Ihre Serie *Untitled = 167* (1986) führt den sich auflösenden Körper vor. Der Zerfall wird zelebriert. Da ist nichts als Materie, der freilich Schönheit nicht abgesprochen wird. Shermans Körperbild steht sowohl Valeries Selbstumwandlung in einen durchlebten Sprachkörper entgegen, wie auch dem Ausmessen des Körpers durch den zeichnenden Franz.

Tabus wie weibliche Sexualität oder das Altern und das Sterben werden als solche immer weniger anerkannt. Mannigfache Inszenierungen des Leibes geben in den 80er und 90er Jahren zu denken und zu schreiben.

Der Terror des Schlankheitsgebots wird zu den vielfältigen Zwängen eines Frauendaseins gezählt. Etwa von Kretzens scharfsinniger Theaterfrau im Souffleurkasten: Essbedürfnisse würden einem als Schuld angerechnet. Der geheime Befehl laute, man möge eingehen ins Nichts:

> Die Kalorien sind uns die […] gefährlichsten Mitbewohner am eigenen Leib […] entweder du hungerst oder du bekommst das Sündenspeckhemd übergeworfen. Stehst plötzlich dumm und dick geworden da. Unsere traurige Fleischwelt. Kein Wunder, dass unsere Sehnsucht nach dem Nichts immer stärker wird, die Hoffnung, Stille zu finden. (*Die Souffleuse*)

Der Blick auf den Körper lenkt unseren Blick auf eine Literatur zurück, die zunächst ganz der Gegenwart verpflichtet scheint.

### Vitale Schreiblust: Helen Meier

Meiers (geb. 1929 in Mels) frühe Texte üben den illusionslosen Blick, die kühle Sprache. In den 80er Jahren lesen sich ihre Geschichten als Gegenveranstaltungen zu den tastenderen Sprachbewegungen, wie wir sie bei den subtilen Sucherinnen wahrnehmen. Illusionen, was eine gerechtere Verteilung der Geschlechterrollen betrifft, hegt Meier zunächst kaum. Frauen sind aus ihrer Sicht auch keineswegs besser als Männer. Schonungslos legt sie den Finger auf die Havarie in den Beziehungen. Für verlorene Liebesmüh entschädigt das Glück der künstlerischen Souveränität. Es gibt Schriftsteller, für die das Schreiben eine Last bedeutet. Für Meier ist es eine Lust. Jeder ihrer Sätze vibriert vor Vergnügen darüber, dass er in die Welt gesetzt werden durfte. Die Energie ihrer Kunst überträgt sich auf die Lesenden. Dieser Autorin ist es um Darstellung zu tun, um eine Urteilsfindung höchstens in zweiter Linie. Um herkömmliche Moral geht es schon gar nicht. Aufgewachsen in den rückwärtsgewandten 30er und 40er Jahren, hat sie erfahren, wie verengte Moral den Menschen schädigt. Ihre lustvolle Ethik heißt Rhythmus und Kontur.

Helen Meier

# Erzählte Mädchenkindheiten

Eine Kernszene eröffnet Meiers stark autobiographischen Roman *Lebenleben* (1989). Wie eine Pythia sitzt Großmutter auf dem Stuhl, den ihre violettschwarzen Röcke bedecken. Während sie strickt, erzählt sie Geschichten. Eine löst die andere ab. Die Variationenketten ihrer Erzählungen gleichen den Strickmustern. An die Großmutter gedrängt, sitzt die Autorin in Gestalt der Enkelin Anna. Sie ist die Hauptfigur, und sie lauscht mit allen Sinnen, dem ganzen Körper.

Die Großmutter hat das Mädchen an den Kreislauf der erzählenden Menschheit angeschlossen. Ihre Worte wird es später weiter tragen und mit eigenem Sinn füllen. Ob sich bei Meier alles so abgespielt hat in der Zeitlosigkeit der frühen Kindheit, wissen wir nicht. Sie aber schreibt so unbedingt aus ihrer ganzen Existenz heraus, dass man ruhig die Urszene mit der Großmutter an den Anfang ihrer Kunst stellen darf.

*Urszene mit Großmutter*

*Ganzheitliches*
*Textbegehren*

Ein ganzheitliches Textbegehren leitet diese Autorin. Sprache muss in den Eingeweiden beginnen, soll sie an die Wahrheit herankommen. Die Dichterin sucht in ihrer Prosa das, was man die Melodie des Leibes nennen könnte. Diese stimmt mit der Melodie der Seele überein. Häufig ist vom Sich-Einverleiben die Rede – vom Sich-Einverleiben des Gekochten, vom Sich-Einverleiben des Geliebten, der Geliebten.

Von ihrer Liebessprache ist zu reden, die sich am Umgang der Autorin mit ihren Figuren entzündet. »Sie haben recht, das Schreiben ist für mich Erotik«, hat sie 1994 in einem Gespräch geantwortet, »Ich liebe alle meine Figuren [...] sie sind ein Teil von mir. In der Liebe kann auch Abneigung sein, Aggression [...]. Das ist gleichgültig. Die Hauptsache ist eine starke Gefühlsbeziehung.«

Das Lauwarme ist ihre Sache nicht. Könnte man ihren Büchern den Puls messen, würde man feststellen, dass er heftig schlägt. Das kann sich bis zur Fieberhitze steigern und doch bleibt alles souverän geformt. Immer stehen Leute im Mittelpunkt, die sie liebt oder ablehnt. Fremdbestimmungen wecken ihren Widerstand. Mit Vehemenz kann sie der Herrschaft der Kirche zürnen, etwa im Roman *Die Novizin* (1995).

Wie aber sehen diese Figuren konkret aus, die Meier erschafft, um sie gewissermaßen aus sich herauszutreiben? Gerade in ihrem früheren Werk finden wir welche, die sich den Autoritäten ausliefern. Es sind Menschen, welche die Umstände, an denen sie ersticken, selber herstellen. Sie wagen es nicht, ein anderes Leben nur schon zu denken. Sie sind das Produkt ihrer Verhältnisse. Ohne Liebesrisiko leben sie dahin.

*horror vacui*

Der horror vacui, der horror mortis sitzt vielen dieser Figuren im Nacken. Sie lassen ihr Leben dahingehen, als wäre es etwas Fremdes, wofür sie nicht verantwortlich sind (*Haus mit Aussicht*). Wie ganz anders beispielsweise die Protagonistin des Romans *Die Novizin*. Ihr kann der Passwind nicht wild genug wehen. Oder: wie prächtig wird in *Lebenleben* Meiers Kindheitsgegend im Sarganserland wiedererweckt. Da gibt es ein durchsonntes, föhndurchwehtes Sommer-Mels und ein blaues Winter-Mels.

Anna, das Kind, hört, schaut und lässt sich verwandeln, die Paare in »Haus mit Aussicht« treten jedoch auf der Stelle. Den Mutlosen setzt die Autorin Unbändige entgegen. Sie suchen Unmögliches, probieren Verrücktes. Sie ersehnen etwas und sei es noch so ungreifbar. So sind sie nicht zum Verwechseln: »Du hast keine Echtheitsgarantie, du selbst bist die Garantie.«

## Die Jahre der Selbstwerdung

*Thema Kindheit*

Kindheitsberichte verbinden die verschiedenen Generationen, von Meier, Mehr über Leutenegger und Schriber bis Theres Roth-Hunkeler. Von Pedretti, Johansen oder Zsuzsanna Gahse bis Christina Viragh, Ruth Schweikert, Zoë Jenny. Darum sollen hier die Erscheinungsdaten der Bücher wie auch die Jahrgänge der Verfasserinnen nicht chronologisch präsentiert werden.

Jede der Erzählerinnen liebt das Kind in sich oder doch das Kind, das sie in ihrem Buch zeichnet. Darum gleichen sich die schonungslosen und die verklärenden Blicke auf die Jahre der Selbstwerdung. Es wäre verlockend, eine Literaturgeschichte der Kindheitsbücher zu schreiben.

Was die Heftigkeit des Tons angeht, ließe sich Mariella Mehr (geb. 1947) als Meiers jüngere Verwandte verstehen. Als Jenische, wie sich die Fahrenden in der Schweiz nennen, begreift diese Schriftstellerin ihre Herkunft ausschließlich von ihrer Mutter her. Früh wurde sie von ihr getrennt und in ein Erziehungsheim für »Kinder der Landstrasse« gesteckt. In jedem ihrer Bücher hadert Mehr mit diesem Geschick, beklagt sie den vom Staat verordneten Mutterverlust.

In *Steinzeit*, ihrem ersten Buch, hat sie jene verstörende Erfahrung und die Schrecken der Anstalt beschrieben – schreiend. Im starken Roman *Daskind* (1995) greift die Autorin indirekt mit einem kindlichen Racheengel auf jenen Zusammenhang von Gewalt und Scheinheiligkeit zurück. Schauplatz: ein Dorf in den 50er Jahren. Das Kind, das keine Sprache hat, macht eine Schleuder zu seiner Sprache. Es tötet Vögel, Rosen und seine Peiniger. Diese hatten ihm nicht einmal einen Namen gegeben:

> Hat keinen Namen, Daskind. Darf nicht heissen [...]. Wer sagt schon Saumarie, Hurenvreni, Dreckrosi. Gewiss könnte man das sagen, aber es ist zu [...] umständlich, sich den Namen des Kindes zu merken.

Mariella Mehr

Vorenthaltene Sprache oder das Glück einer mitgeteilten Welt: der schicksalhafte Komplex gibt offen oder versteckt das entscheidende Thema fast all dieser Kindheitsdarstellungen ab. Mehrs »Daskind« hat nicht das Glück von Meiers Anna, eine Großmutter auf einem »unsichtbaren Stuhl« zu wissen, eine Großmutter, die strickt und erzählt. Jedem Kind, legen die Geschichten nahe, wäre ein Erzählklima zu wünschen, so etwas wie eine Biosphäre von Mensch und Sprache.

## Lernen vom kleinen Sohn: Eleonore Frey

Auch Kinder könnten die Sprache der Erwachsenen bilden, wie das die Zürcher Autorin Eleonore Frey (geb. 1939) in ihrer Erzählung »Das Senfkorn« schildert. Die Mutter lernt von Konrad, ihrem geistig behinderten Sohn, eine andere Wahrnehmung. Es verwirrt Konrad, dass sich alle als »ich« bezeichnen und doch jeder anders aussieht, vor und hinter der »Ich«-Maske ganz anders. So sagt er anfangs lieber »du« zu sich selber. Er rettet sich damit vor der Konfusion, all diesen verdächtigen Ichs ein weiteres anzufügen, seines, von dem er selber zu wenig weiß und dem er nicht traut. »Konrad trug seinen Körper wie ein Ritter seine Rüstung [...]. Du, Konrad, sagte er zu dem Kind, das in ihm schlief, die Welt ist voller Dornen. Es ist besser, du bleibst, wo du bist, sagte er, sonst kommt ein Ich mit spitzem Spiess und sticht dich tot.« Konrad schafft mit seiner selbstgetreuen Wortwahl ein Existenzgefühl, in dem er sich zurechtfindet und das er andern voraus hat – sogar der Mutter.

Ihre Ich-Souveränität bekommt Risse durch die kindliche Art, die Welt der Menschen, der Ichs und der Dus, zu erfahren. Die Optik des Sohnes verhilft der Mutter zu einer Weltsicht, die weniger, als sie es gewohnt war, auf Subjekt-Objektspaltung ausgerichtet ist, eine, die ungeteilt im Innern wohnt. »Ich bin ich und du bist die Zielscheibe«, so möchte sie nicht mehr reden. Die Sprache des Sohnes hat die Sprache und damit das Weltgefühl der Mutter verändert.

Die Erzählung hat einen autobiographischen Hintergrund. Frey selber verdankt – nach eigener Aussage – das Schreiben ihrem Sohn. Ein Schreiben, dem sie sich überlässt wie einer traumartigen Erinnerung: »Ich fange irgendwo an, und danach sind es meistens die Worte, die Bilder hervorrufen [...]. So kann mich ein Wort über den Wortklang zu einem erinnerten Bruchstück führen, dessen Herkunft mir dann nicht immer bekannt ist.«

Die Autorin markiert in diesem Kontext eine Ausnahme. Frauen verstehen sich sonst öfters als Töchter, die nach der Mutter-Sprache verlangen, ob ihnen diese nun durch Väter, Mütter oder Großmütter nahe gebracht wird.

In Schribers Kindheitsbeschreibung *Das Kartenhaus* führt der Vater, von Beruf Wunderdoktor, die stimulierende Sprache im Mund. Während die Mutter schweigt und wartet, schweift der Abenteurervater – sprachlich, geistig – aus. Einer Lichtgestalt gleich trägt er das Kind durch die Nachkriegsjahre, macht Brunnen, sein Dorf am Vierwaldstättersee, weit. »Dein Vater hat Zulauf«, sagen die Leute. »Ich nickte. Ich wusste nicht, was dieses Wort bedeutete; es war selbstverständlich, dass Vater hatte, was andere nicht hatten.«

## Mutterrecherchen

Christina Viragh legte 1997 eine außergewöhnliche Mutterrecherche vor: *Mutters Buch*, das Buch der Tochter Jolan. Es spielt in Budapest, wo die Autorin 1953 geboren wurde, und Luzern, wohin sie 1960 emigriert ist. Hauptperson ist bei Viragh stets die Sprache. In *Mutters Buch* ist es die Sprache der Mutter, die Magie, die ihren Wörtern in den Ohren der Tochter innewohnt. Die Deutung liegt nahe, das Schreiben dieser Autorin sei in den Wörtern der Mutter begründet – ob »Jolan« oder »Mutter« im letzten Buch nun autobiographisch festgemacht sind oder nicht. Mutter erfindet die Stichwörter, die die Tochter notiert. Sie kann sich deren Wörter auch visuell vorstellen, zum Beispiel als Quadrat. Mutters Assoziationen schieben »den Satz in die eben noch unkultivierte Landschaft«. Eine Sprache ist das, die somnambul aufgenommen, scheinbar halbbewusst weiter gesprochen wird.

Manche der Figuren kennt man seit *Unstete Leute* (1992), Viraghs Debut: die Tanten aus Budapest, die ungemütliche Haushälterin, dazu Ella, die lockere Großmutter. Immer sind es Frauen, die diese Bücher bestimmen, im Guten und im Bösen. Die Hauptfigur ist und bleibt Lia, die Mutter. Sie ist unumgänglich. Sie ist der Brennpunkt, auch später in *Pilatus* (2003) – obwohl sie dort von Anfang an verschwunden ist. Oder gerade deshalb. Seit ihrem Fehlen gibt sie eine Leerstelle ab, welche das ganze Denken der Töchter, Jolans und ihrer Schwester, auf sich zieht, vampirisch aufsaugt. So müssen sie sich unablässig mit ihr beschäftigen. Dabei war Lia selber eine Verlorene, eine aber auch, die ihrer Lebensenergie immer wieder vertraut hat. Das hatte sie ihren Töchtern voraus. Sie mochte sich freuen, trotz allem, ging an die Fasnacht und auf den Berg, trotz allem, las, forschte, versuchte es mit einem neuen Mann, trotz allem. Sie schien um die Absurdität allen Wünschens und Hoffens gewusst zu haben und wünschte und hoffte trotzdem. Sie ist als femme révoltée gezeichnet, im Sinne Albert Camus', als eine weibliche Variante gewissermaßen des »Mythos von Sisyphos«. Sie kannte die Verlockungen eines diffusen Nichts und hielt ziellos tapfer dagegen.

## Krieg und Nachkrieg

Johansens fünfjähriges Mädchen in der Erzählung *Die Analphabetin* (1982) lehnt die Sprache der Erwachsenen als eine Nicht-Sprache ab. Diese treibt den Verhältnissen – es sind die letzten Kriegsmonate in einer norddeutschen Großstadt – die Wahrheit aus. Sie sei eine Verdrängersprache. So redet das Kind mit sich selber, mit Dingen, Tieren, Wolken.

Auch wenn es sich bei dem kleinen Mädchen um eine Kunstfigur handelt, dürften seine Überlebensstrategien einen autobiographischen Hintergrund haben. Johansen hat die Schreckensjahre in Bremen verbracht. Die eigenwilligen Konstruktionen, wie sie ihre Romane und Erzählungen kennzeichnen, der kühle Blick auf die von Männern und Machthaberinnen hergerichtete

*Christina Viraghs matriarchale Figuren*

Welt dürften in Erfahrungen gründen, wie sie in der *Analphabetin* zum Ausdruck kommen.

Friederike Kretzen wohnt seit 1983 in Basel. In ihrem Kindheitsroman *Indiander* (1996) gibt es keinen Krieg mehr. Trotzdem bleibt er das Hauptthema. Zu Recht. Scharfsichtig wird geschildert, wie er auch die 50er und 60er Jahre beherrscht. Wenn Mutter die Augen zumacht, dann ist Krieg. Dass die Tochter einen Krieg im Fernsehen anschaut, verbietet die Mutter. Vater ist anders. Wenn Mutter weit weg ist, erzählt er gelegentlich vom Krieg. Er sagt, er habe in Griechenland hinten im Flugzeug gelegen und Soldaten gesehen, die hätten Kinder gegen Wände geschleudert:

> Mit dem Kopf zuerst. Ich bin sehr stolz, einen Vater zu haben. Wenn wir zu meinem Onkel nach Oberkassel fahren und mein Vater uns eine Woche später abholt, wenn [...] ich seine Hände halte, sie sind trocken und haben eine ganz andere Temperatur als alles, was ich sonst anfassen kann, weiss ich, er kommt von woanders, und da will auch ich hin.

### Sätze gegen die Angst

»Dora wollte Sätze gegen die Angst [...] denken«, das hört sich an wie eine Lebensformel für die Heldin von Roth-Hunkelers Roman *Gehschule* (1992). Bis sie erwachsen ist, wird sie im Roman »das Kind« genannt. Sie ist das Kind, das zuviel fragt, das in Bücher schlüpft und zu nichts zu gebrauchen ist. Es wohnt auf dem Land. Die Autorin, 1953 in Hochdorf geboren, ist mit der beklemmenden Atmosphäre des bäuerlichen Milieus in den 50er Jahren vertraut. Man schuftet und schweigt: »Keine Zeit für Geschichten. Nie [...]. Das Kind [...] sitzt in der Ecke und liest. Es schlüpft ins Buch, wird unsichtbar, hört nur halb, wie der Vater zu ihm sagt: Regen macht schön. Dich müsste man tagelang in den Regen stellen.«

Vater presst die Lippen zusammen, Mutter räumt den Tisch ab: So sieht hier das Leben aus. Einer, Hans, kann nur mit dem Hund reden. Sonst stottert er, dass es ihn schüttelt. Hans stirbt. Das Kind denkt, dass er an all den Wörtern erstickt sei, die er nicht herausbringen konnte. Die Unausweichlichkeit einer Familie, der versteckte Irrsinn des gewöhnlichen Landlebens: karger und trauriger könnte man das nicht fassen als es Roth-Hunkeler gelingt. 1991 ist sie in Klagenfurt für diesen Debütroman ausgezeichnet worden.

Franziska Greising, Stückeschreiberin und Prosaautorin, ebenfalls aus Luzern, gestaltet in ihrer ersten Publikation *Kammerstille* einen ähnlich eindrücklichen Kindheitsbericht voller Schrecken.

Etwas später legte Rosemarie Keller einen ergreifenden Kindheitsroman vor: *Die Wirtin* (Zürich 1996). Mit Jahrgang 1937 schrieb die Aargauer Autorin damit auch ein Buch über die Schweiz im Zweiten Weltkrieg.

*Milieu des Schweigens*

# Die Töchter

Schonungslose Familiengeschichten, die Radikalität von Autorinnen wie Mehr oder Duvanel, die Souveränität Meiers: Sie bereiten die Unabhängigkeit junger Autorinnen vor, die sich zu Beginn der 90er Jahre zu Wort melden. Ihre Rolle als Frau ist weniger erlitten, aber auch weniger reflektiert. Sie ist für die in den 60er Jahren, Anfang der 70er Geborenen mit einer gewissen Selbstverständlichkeit gegeben: für Kristin T. Schnider, Andrea Simmen, Ni-

*Emanzipation selbstverständlich*

cole Müller, Milena Moser, Ruth Schweikert. Für Sabine Reber, die 1998 einen Familienroman vorlegt: *Der Schattenkönig*. Diese Schriftstellerinnen teilten den unzimperlichen Blick, den Sinn fürs Paradox, vor allem Immunität gegen Ideologien aller Art, auch die feministische. Ihre Aufmüpfigkeit verbarg eine klamme Fremdheit vor der Welt, die sie vorfanden.

## Geboren nach 1960

Während Kristin T. Schnider (1960 in Zürich geb.) im Roman *Die Kodiererin* (1992) ganz unsentimental gegen seelentötende Wohn- und Arbeitsverhältnisse angeht, liebt Milena Moser (geb. 1963) das Spiel mit Trivialmythen. Was schon die Titel ihrer Bücher verraten: *Gebrochene Herzen oder Mein erster bis elfter Mord* (1990), *Die Putzfraueninsel* (1991), *Das Schlampenbuch* (1993), *Blondinenträume* (1994). Moser hat Witz und freut sich an absurden Einfällen. Ihre Schlampen befreien vom Kunststress, vom Emanzipationsstress. Hinter den Erfindungen steht eine nicht nur vergnügte Welteinsicht: »Le monde entier est un cactus / il est impossible de s'assoir«, so das Motto von *Blondinenträume*.

Die 2005 im Alter von 45 Jahren verstorbene Andrea Simmen vertraute einer betont ungepflegten Prosa, die mit zürcherisch-helvetischem Slang durchsetzt war. *Ich bin ein Opfer des Doppelpunkts* (1991): Die abgerissenen Texte wirkten wie Cartoons. Da sich die destruktive Lust weniger gegen die Figuren richtete, als gegen das, was sie kaputtmacht, lag viel Menschlichkeit in den bösen Skizzen verborgen. Seit sie am Schreiben war, bestand Simmen auf einer Sprache »in Varianten des Lachens«. Nie hat sie dieses Lachen verlernt, auch nicht in ihrem letzten Werk *Der eingeschneite Hund* (2001). Was daran anders war als früher: Das Lachen tönte hinter einem Schleier von Stille hervor. Die Erzählerin richtete ihre Sommersonnengeschichte aus dem Tessin an einen Winterhund, der sich einschneien lässt. In den Erzählungen *Landschaft mit Schäfer und anderen Reizen* (1993) erreichte sie einen Höhepunkt. Zu ihrer Sprache gehörte, dass aus Substantiven Verben wurden und in atemlosem Tempo über die Seiten hetzten. Unverhofft versetzte sie die rauen Verlautbarungen mit Bekenntnissen zu Dichtern, Theodor Kramer etwa oder Morgenstern. Manchmal gab sie den Sätzen einen popähnlichen Anstrich wie im Prosatext *Das ist Zürich* (1993). Sie hing Zerstörungsphantasien nach. Das Gewöhnliche konnte einem grauenvoll vorkommen, wenn man bei ihr davon las. So erinnerte sie manchmal an Duvanel. Auch bei Simmen geriet die kurze Prosa zur eigentlichen Disziplin.

*Denn das ist das Schreckliche an der Liebe* (1992): Mit dem heftigen Liebesroman hat die Baslerin Nicole Müller (geb. 1962) Aufsehen erregt. In knappen, bis 498 nummerierten Passagen wird ein lesbisches Beziehungsdebakel erzählt, eine Geschichte von Verfallensein und Befreiung. »Wir schworen uns immer die Wahrheit zu sagen. Selbst bzw. gerade dann, wenn die Liebe vorbei ist. Nun ist es soweit.« So die nüchterne Nummer 61. Müller bezieht sich explizit auf Frisch. Leidenschaftlich und karg zugleich wird erzählt: »Meine Geliebte hat mich verlassen. Meine Geliebte mit dem Samsonite-Koffer und den seidigen Wimpern. Ich hab sofort eine Zigarette angezündet.«

## Im Herzinnern der Stadt: Ruth Schweikert

An den »Solothurner Literaturtagen« 1994 trat die damals 29-jährige Schweikert erstmals auf. Ihre Erzählung *Christmas* aus dem Band *Erdnüsse*.

*Saloppheit als Stilprinzip*

*Totschlagen* erregte Interesse. Das Publikum empfand ihr Schreiben als aktuell: Themen wie Aids, Homosexualität, No-future-Gefühl, Drogen, Aussteigen und – die Verweigerung einer Karriere, wie sie die Mutter erfolgreich durchlaufen hat.

Junge Autorinnen machen in den 90er Jahren den Müttern den Prozess. In *Christmas* übt Schweikert scharfe Kritik. Den Forderungen einer neueren Frauenbewegung schlägt die Mutter und Ärztin ins Gesicht, wiewohl sie Karriere und Familie äußerlich bravourös verbindet. Die Effizienz hat ihr die Seele ausgetrieben. Diese Frau hat alles entwickelt, nur keine Fähigkeit zur Empathie. Somit auch keine Sprache. Die mütterliche Autorität hat in der Tochter einst die Sprache ausgelöscht. Esther sieht bei einer zufälligen Begegnung in London »blitzartig aufleuchtend ihr längst vergessenes Schweigen«. Dagegen setzt sie eine Beziehung, die die Mutter schockieren würde, jene zum homosexuellen Raymond. Er ist ihr »schwuler Wahlbruder«, ihre »Vertrauensperson« und lehrt sie wieder reden. Er nennt sie »Modi«, sie ihn »Buebeli«. Nach sieben Jahren verlässt sie ihn, weil er ihre Mütterlichkeit überbeansprucht.

Die aussichtslose Gemeinschaft kommt erneut zum Tragen, als Raymonds Aidskrankheit sich verschlimmert. »Modi« jauchzt Raymond im Spital, wie Esther bei ihm ist, »es war ein Jauchzen, das hinter der Todesfratze leuchtete«.

In ihrem ersten Roman *Augen zu* (1998) wendet sich Schweikert einer chaotischen Gegenwart zu. Sie entwirft Geschichten, verlässt sie und greift sie wieder auf: Realitäten aus den letzten fünfzig bis sechzig Jahren. Die Protagonistin, die 30-jährige Aleks, radikale Künstlerin und überlastete Mutter, spiegelt sich in anderen Figuren, in einer jüdischen Halbschwester in Prag, in einer überdrehten Freundin, gegen Ende des Romans sogar in der weißhaarigen »Alten vom Hauptbahnhof Zürich«. Angekommen ist Aleks irgendwann in einem symbolischen Zentrum: »Die Schweiz war in den Atlanten das Herz von Europa, Zürich das heimliche Herz der Schweiz [...] und der Hauptbahnhof war das Herzinnere der Stadt. Dort blieb sie stehen.« Sichtbar wird durch diese Frauenfigur die Schweiz als ein Land der »kleinen, banalen Katastrophen«, das mit Renovieren und Betonieren ständig seine Spuren auswische, eines, in dem man sich trotz seiner Kleinheit alle 24 Stunden neu orientieren müsse. Ein Land, in dem man warte wie die Alte am Bahnhof, ohne dass das Erwartete eintrifft. Ein Land aber auch mit verliebten Frauen, mit Männern, die sich dieser Liebe ausliefern, mit Kindern, die sich in wechselnden Familien ganz gut arrangieren. Auch wenn sie zwischen hinein irgendwo Barbiepuppen stehlen und diesen Puppen die Köpfe abschneiden – auch das eine der »kleinen, banalen Katastrophen«.

Gestaltet ist hier eine Schweiz von Dreißigjährigen. Wirklich schwer haben es ihre Eltern. Die Mutter der Hauptfigur etwa, die als Kind den Bombenkrieg in Deutschland erlebt und alle ihre Angehörigen verloren hat. Jahrzehnte später erliegt sie dem Kriegstrauma und stirbt in einer psychiatrischen Klinik. Es erwachen Erinnerungen an jüdische Flüchtlinge, die an der Grenze zurückgeschickt worden sind, es fallen Bemerkungen zum Kalten Krieg und wie man sich im Ostblock umgetan hat. Einer erzählt von der drôle de guerre, die er als Aktivdienstsoldat erlebte. Doch diese Geschichten klingen wie Sagen aus einer abgelebten Zeit. Die erwachsenen Kinder, die im Hauptbahnhof den Zügen zustreben, wissen oft nicht, dass sie jüdische Mütter haben, heißt es einmal rätselhaft und aussagekräftig zugleich. Nicht nur die Landesgrenzen, auch die festen Identitäten scheinen sich aufzulösen.

*Attacken gegen Mütter*

*Welt der Dreißigjährigen*

## Verbannung aus dem Mutterland: Zoë Jenny

Zoë Jenny

Abwesende Mütter und Väter erzeugen ein Vakuum, in dem sich Jugendliche verlieren, wie etwa die Tochter Jo in Jennys Roman *Das Blütenstaubzimmer.* Dieses Buch spricht von einer eigentlichen Verbannung aus dem, was man als Mutterland bezeichnen könnte. Die Mutter verlässt die Familie und zieht in eine andere Stadt. So schafft sie einen Raum von Abwesenheit, in dem Jo nichts anderes mehr erstrebt als Lucy, die Mutter, zu finden. Alleingelassen entwickelt Jo eine unbändige Sehnsucht nach Geschichten. Die Mutter sollte sie ihr erzählen. So geht sie, indem sie der Mutter nachspürt, auf Sprachsuche. Wie Jo 18 Jahre alt wird, stöbert sie sie endlich auf. Lucy liegt – genesend von einem Autounfall – im Spital einer südlichen Stadt. Endlich glaubt die Tochter, dass eine Rückeroberung gelingen könnte. Die Mutter würde keine verborgene Macht mehr haben, ihr nicht mehr »wie ein hungriges Raubtier« den eigenen Lebensraum verschlingen. Betrogene Hoffnung! Lucy hat einen neuen Freund gefunden, einen, der sie zuschüttet mit Worten. Einen, der nicht wissen soll, dass sie 45 ist. »Hör mal, Jo« sagt die Mutter, »er hat keine Ahnung, dass ich eine Tochter habe. Ich dachte, wir sagen der Einfachheit halber, du seist meine jüngere Schwester«. Jo gibt klein bei. Die Rückeroberung der Mutter ist gescheitert.

Krise der Mütter, Krise der Väter, Geschichtenlosigkeit, Sprachlosigkeit: solches wird gerade von Autorinnen und Autoren festgestellt, die in den 60er und 70er Jahren geboren sind. Kindheitsgeschichten beziehen ihre Substanz meistens aus dem Leben, auch wenn sie gar nicht autobiographisch gemeint sind. Es können nicht genug solche Geschichten erzählt werden, zumal sie oft eine besondere dichterische Qualität aufweisen.

## Kunst wird betont

*Spiel mit Zeichen*

Oft verschwindet jedoch die Konfession aus dem Text. Sei's dass das Spiel mit Wörtern vorherrschen soll oder die kühn ausgedachte Komposition. Frey, Ilma Rakusa, Viragh, Zsuzsanna Gahse erweisen sich als erfinderische Sprachspielerinnen – was keineswegs bedeutet, dass ein existentieller Bezug fehlt. Nur wird er verwandelt, über-spielt.

Frey gelingt in *Schnittstellen* die Auflösung der Welt in akustische Zeichen, was sie zum Ursprung des Schreibens zurückführt. Ungreifbare Stimmen treffen auf Adam, der ein Buch anfangen will und den ersten Satz nicht findet. Er wird zum Medium der zahllosen Stimmen, die in jedem Körper, in jedem Gegenstand anwesend sind – seit Jahrhunderten. Und schon ist er da, der erste Satz.

Etwas anders befragt Frey ihre Sprache im *Siebentagebuch.* Aus Sätzen des Gebrauchs entwickelt sie über sieben Tage hinweg eine eigene Sprachschöpfung. Auch diese hat mit einem Kind zu tun: »Mein Kind hat das Licht der Welt nicht erblickt, als es zur Welt kam. Es ist blind. Herausgeworfen aus der Schöpfung [...].« Das Erschaffen der Sätze und die Rettung des Kindes: Eines scheint das andere zu bedingen.

Wenn Frey in *Schnittstellen* mit akustischen Zeichen operiert, so blickt Gahse im *Kellnerroman* auf optische Signale – löst sie ab von den bekannten Oberflächen. Zug und Luzern dienen als Schauplätze der faszinierenden poetischen Prozedur. Im Sommer 1996 hielt Gahse Poetikvorlesungen an der Universität Bamberg, erzählte Geschichten von der Entstehung des Textes. Es gehe dabei »immer um ein Gelände, um einen Raum, der eingerichtet wird«. In diesem Raum müsse etwas sichtbar werden, eine Art Zentrum. Im *Kellner-*

*roman* z.B. der Kellner Ferdinand. Seine Gewohnheiten, sein Aussehen sind der Ausgangsort. Von dort aus wird der Textraum installiert. Die Autorin »blickt drauf«, auf Gegenstände, Personen. Sie blickt nicht hinein, bedient sich nicht der psychologischen Innenschau. Psychologie sei verfügbar geworden, in Fernseh-Serien eingezogen und darum aus dem Text vorderhand zu verbannen. So inventarisiert die Schriftstellerin, was sich ihrem Blick darbietet. Was sie sieht, treibt sie weiter, reißt es hinein in ihr wirbliges Assoziationenspiel. Man kann dieses Akrobatisieren mit und zwischen den Bedeutungen, das unentwegte Gepurzel von Identitäten als Gahses besondere Kunst bezeichnen.

*Gepurzel von Identitäten*

## Das Serielle

Rakusa vertraut im Band *Ein Strich durch alles* auf die Serie. Neunzig Neunzeiler strukturieren Wahrnehmungen aller Art, Stimmungen, Beobachtungen. Dabei gleiten die Kategorien übereinander und ineinander, was eine neue, eine schwimmende Sicht auf die Dinge ermöglicht. Mit zeitlichen Kategorien schauen die Texte auf Räume und mit räumlichen Kategorien auf Sprache: »In den Pausen zwischen den Bäumen: Schnee / in den Räumen zwischen den Worten: Schnee / [...] in den Träumen zwischen den Feldern: Schnee / in den Tellern und Falten: Schnee.«

Serielle Texte stellten für die Autorin früh schon ein Erzählmuster dar. Sie begegnete solchen im Märchen, dem ungarischen Kettenmärchen etwa, das sie in Budapest erzählt bekam. Dann aber auch in der Bibel, schließlich bei Gertrude Stein, und noch später bei der Dänin Inger Christensen.

Rakusa wie auch Gahse und Johansen nehmen die Amerikanerin in Paris, Gertrude Stein, mit ihren musikähnlichen repetitiven Prosatexten, ihrem kubistischen Blick auf die Dinge, ihrer Abkehr von der Kausalität als Urahnin ihrer Literatur in Anspruch.

Ilma Rakusa

Alle drei berufen sich auf sie: Rakusa in *Farbband und Randfigur*, der Grazer Poetikvorlesung (1994), Johansen in der Zürcher Rede *Braucht man Heimat?* (1998). Für Gahse bedeutet Stein-Lektüre tägliches Brot.

*Vorbild: Gertrude Stein*

Weder Bekenntnis noch Selbstfindung werden in den Spitzenwerken der 90er Jahre zum obersten Prinzip erhoben, sondern Sprache und Komposition. Diese standen de facto und insgeheim zwar auch in den guten Bekenntnisbüchern des Aufbruchsjahrzehnts an oberster Stelle, doch war der Eros der Lesenden damals mehr auf den Inhalt als auf die Form gerichtet. In den 90ern legten Frauen eine Reihe kühner Bücher vor. Neben den schon genannten sind das Leuteneggers *Acheron* (1994), Pedrettis *Engste Heimat* (1995) Johansens *Universalgeschichte der Monogamie* (1997), Schribers *Schneefessel* (1998). Sie betonen auf unterschiedliche Weise den Kunstcharakter von Literatur.

Es wird wieder erzählt, was gerade auch junge Autorinnen wie Schweikert und Jenny unter Beweis stellen, doch geschieht das mit Anspruch. Zu den formbewussten Erzählerinnen, die sich mit ersten Büchern zu Wort melden, gehört Elisabeth Binder. Eine raffinierte Erzählanlage und Genauigkeit der Wahrnehmung, auch kleinster Details, zeichnen ihren Erstlingsroman *Der Nachtblaue* (2000) aus. Das Schicksal einer Dezembertouristin aus der Schweiz ist verwoben mit der ewigen Stadt Rom oder doch mit deren Atmosphäre – vor Kirchenaltären, vor dem »heidnischen« Caravaggio. Über dem Ganzen liegt eine Bedrohung: Der ungreifbare »Nachtblaue« macht die Reise gefährlich.

## Eingewanderte, Ausgewanderte

*Schreiben im Ausland*   Die Schweizer Literatur wurde in jenen Jahren mitgeprägt von eingewanderten und ausgewanderten Schriftstellerinnen. Fleur Jaeggy, aufgewachsen in der deutschen Schweiz und seit 1968 wohnhaft in Mailand, schuf mit dem autobiographischen Jugendbericht *Die seligen Jahre der Züchtigung* (1996) ein beklemmendes kleines Meisterwerk. Die deutsche Übersetzung des italienischen Originals geriet zu einer Aufsehen erregenden Publikation.

Regi Claire (als Regula Staub geb.) lebt seit den 90er Jahren in Edinburgh und schreibt englisch. Ihre Prosa ist reich an Zwischentönen und variablen Klangfolgen. Dazwischen fahren einzelne Sätze fast chirurgisch ins Textgewebe. Die Dialoge können messerscharf sein. Meistens sagt darin einer mehr, als er verraten will. Manchmal kommt eine Geschichte nicht vom Fleck, anderswo überstürzen sich die Ereignisse – bis zu Mord und Totschlag. In Claires erstem Erzählband *Inside~outside* (Edinburgh 1998) gibt es keine Angst vor Plots. Dass Handlungsarmut literarisch besonders reizvoll sei, ist eine Fama, die zum deutschsprachigen Betrieb gehört.

*Immigrantinnen bereichern die Literatur*   Agota Kristofs (geb. 1935) Kindheitstrilogie genießt in der Übersetzung ins Deutsche ein Renommee, das dem des Originals in nichts nachsteht: *Das grosse Heft* (1985), *Der Beweis* (1989), *Die dritte Lüge* (1993). Die 1956 emigrierte ungarische Autorin, die in Neuenburg lebt und französisch schreibt, hört man als eine der überzeugendsten Stimmen der gesamten hiesigen Literatur.

Die Kroatin Dragica Rajcic flüchtete im Bosnienkrieg und fing in St. Gallen zu schreiben an. Sie legt Gedichtbücher und Essays vor aus dem Spannungsfeld zwischen serbokroatisch und deutsch, zwischen dem Balkan und der Schweiz.

*Warum das Kind in der Polenta kocht* (1999), der erste Roman Aglaja Veteranyis, hatte, kaum war er auf dem Markt, einen Anhänger gefunden, der es wissen musste: Peter Bichsel. Der Autor der *Kindergeschichten* empfahl das Buch dringend seinen eigenen Lesern. Veteranyi schreibt aus der Sicht eines Kindes. Die lapidaren Sätze sind oft als Fragen formuliert, das Kind einer rumänischen Artistenfamilie muss viele neue Welten erlernen. Außerhalb des Wohnwagens fängt die Fremde an: »Ich öffne die Tür vom Wohnwagen so wenig wie möglich, dass das Zuhause nicht verdampft.« Die kunstvoll hergestellte Einfachheit fand auf Anhieb viele Anhänger.

Melitta Breznik arbeitete einige Jahre als Ärztin in Zürich, heute als Oberärztin an einer Psychiatrischen Klinik in Cazis, Graubünden. Sie ist mit der Erzählung *Nachtdienst* (1995) und dem zweiten Prosaband *figuren* (1999) als Schriftstellerin von hoher künstlerischer Intelligenz hervorgetreten. In *Nachtdienst*, dem Bericht über die eigene Kindheit, zeigte sich – anhand der Figur des Vaters – ihre außergewöhnliche Fähigkeit, schwierige Menschen präzise zu zeichnen. Ihre Gestalten sind Geschädigte, die mit ärztlich klarem Blick erfasst sind – jenseits aller Klischees.

Irena Brezna, 1950 in Bratislava, Slowakei, geboren und 1968 in die Schweiz emigriert, ist in Basel zuhause. Von dort aus unternimmt sie ihre Fahrten in Kriegsgebiete wie Tschetschenien. Seit sie 1996 erstmals dort war, sind über 60 Texte erschienen, u.a. über ihr Engagement in Frauenprojekten gegen den Krieg. Die Berichte hiezu sind zusammengefasst im Band *Die Wölfinnen von Sernodowsk* (1997). Die Kunst der literarischen Reportage widmet sie oft den Grenzüberschreitungen zum europäischen Osten, aus dem sie fliehen musste. Davon zeugen die Bände *Falsche Mythen. Reportagen aus*

*Mittel- und Osteuropa nach der Wende* (1996) und *Die Sammlerin der Seelen. Unterwegs in meinem Europa* (2003).

## Fazit

In den 70er Jahren haben sich – auch in der Schweiz – die Frauen neu definiert, was bewirkte, dass sie anders schrieben. Aus diesem Grund rechtfertigt es sich, dass man gesondert betrachtet, was sie in den letzten paar Jahrzehnten literarisch erbrachten und wie sie dabei vorgingen. Der Paradigmenwechsel erfasste mit der Zeit das ganze Selbstverständnis der westlichen Gesellschaft, kulturell und politisch. Dass der weibliche Aufbruch ein für allemal geleistet oder die Gleichstellung der Geschlechter erreicht seien, wird niemand behaupten. Trotzdem, so will es einem vorkommen, scheint auf dem Gebiet von Kunst und Literatur eine Art Gleichberechtigung gewonnen zu sein. Aus diesem Grund darf man wohl von jetzt an – bis auf weiteres – auf eine Sonderbehandlung der von Frauen geschriebenen Literatur verzichten. Vorausgesetzt man bleibt wachsam und achtet auf Zeichen von Rückfällen ins Überwundene.

## Exkurs: Ein eigenes Frauen-Zimmer? Die aktuelle Situation nach 2000

Regula Fuchs

Im Nachhinein ist man immer schlauer. Diese Küchenweisheit gilt auch für die Literaturbetrachtung, gerade wenn es darum geht, einen Überblick über eine Gruppe oder eine Generation von Literaturschaffenden zu vermitteln. Anders als in der Natur wird das Bild erst aus der Distanz klarer, werden Ähnlichkeiten deutlich oder stilistische Gemeinsamkeiten sichtbar. Außerdem sondert sich der Weizen des Wichtigen von der Spreu des Vernachlässigbaren. Aus der Distanz wird auch erkennbar, was den Moment überdauert und was mit der Zeit an Bedeutung verliert.

Beatrice von Matt wirft im vorangehenden Kapitel einen Blick auf die weibliche Literaturgeschichte in der Schweiz, indem sie aus der Vielstimmigkeit einzelne Stimmen herausholt. Die weibliche Schriftspur, die von Matt bis zum Jahrtausendwechsel verfolgt, soll hier bis in die jüngste Gegenwart verlängert werden: Im Zentrum stehen Autorinnen und Werke der letzten Jahre. Dieses literarische Gebiet soll und kann allerdings nicht genau kartografiert und exakt vermessen werden – das Folgende versteht sich als subjektive Umschau, als erstmaliges, assoziatives Rekognoszieren dieses noch frischen literarischen Terrains.

*Subjektive Umschau*

### Vorgeschichten

Beatrice von Matt verfolgt im Kapitel *Der Aufbruch der Frauen* weibliches Schreiben von den 70er Jahren bis in die 90er Jahre, wobei sie eine Phase des Aufbruchs in den 70er Jahren, eine des Ausbaues der geschaffenen Positionen in den 80er Jahren und eine der neuen Klänge und des Infragestellens des Erreichten in den 90er Jahren unterscheidet. Viele literarische Stimmen, die in dieser Zeit wichtige Wegmarken gesetzt haben, sind noch immer deutlich hörbar: Erica Pedretti, Gertrud Leutenegger, Helen Meier, Hanna Johansen oder Ruth Schweikert prägen den Schweizer Literaturbetrieb auch im neuen Jahrtausend.

### Abschiede

Viele jener Autorinnen, die seit den 70er und 80er Jahren die Schweizer Literatur entscheidend geprägt haben, sind literarisch noch immer präsent. Es verwundert natürlich nicht, dass bei dieser Autorinnengeneration Themen wie Alter, Vergänglichkeit, Erinnerung und Tod nun auffallend häufig in Erscheinung treten. Erica Pedretti nimmt in *Kuckuckskind oder Was ich ihr unbedingt noch sagen wollte* (1998) die Bewohnerin eines Pflegeheims und ihr Pflegekind, das für die alte Frau mit erdrückender Hingabe sorgt, in den Fokus. Hanna Johansen lässt in *Lena* (2002) eine Achtzigjährige auf ihr Leben zurückblicken, wobei sich die Ungeordnetheit, die Assoziativität der Erinnerungen im Schreibstil spiegelt. Helen Meier erzählt in *Schlafwandel* (2006) von einer Altersliebe und lässt die Protagonistin gleichzeitig eine Recherche über das Alter betreiben, in der verschiedene Stimmen ihre Ansichten über den letzten Lebensabschnitt zu Protokoll geben: »Altwerden ist eine Grenzbesichtigung und eine verdammte Demütigung«, sagt etwa die Schriftstellerin Ruth Kahn, und: »Sobald man sich seines Alterns bewusst wird, beginnt das Verlieren von Welt.«

Pomona: *Wider das Vergessen*

Gertrud Leuteneggers Roman *Pomona* (2004) thematisiert dieses Verlieren von Welt unablässig, und gleichzeitig ist das Buch selber ein literarisches Bollwerk gegen den Verlust und das Vergessen. *Pomona* ist ein Buch der Abschiede: Eine Ich-Erzählerin spricht im Moment, als sie von einem Tessiner Dorf wegzieht und ihren Mann verlässt, zu ihrer bereits abgereisten Tochter, die in diesem Dorf eine lebhafte Kindheit verbrachte. Dabei werden Erinnerungen an die eigene Mutter wach und in das dichte Erzählgeflecht gewoben – etwa wie die Mutter im Keller steht und dem Kind einen Apfel reicht. Die Frucht, differenziert beschrieben in ihren Eigenschaften wie Haut, Fleisch, Krankheiten und Geschmack, verwendet Leutenegger als sinnliche Bereicherung des Erzählten und als vielseitige Metapher, die nicht nur den Abschied aus dem Paradies der Kindheit markiert. So wie etwa ein Boskop von außen ganz gesund erscheinen kann, im Inneren aber bereits restlos verfault ist, so ist die Vergänglichkeit und Hinfälligkeit in *Pomona* stets gegenwärtig: im wiederkehrenden Bild der toten Mutter der Erzählerin; in den dörflichen Prozessionen, die dem Vergessen anheim fallen werden; in der verfallenden Villa Giambattista mit dem barocken Deckengemälde; schließlich in den unzähligen Apfelsorten von Astrachan bis Sauergrauech, die von industrialisierten Einheits-Äpfeln abgelöst worden sind. Der Tod steht im Leben wie der Friedhof beim Tessiner Dorf: »An anderen Abenden ging ich auf den Friedhof, der mit seinen häuserartigen Grabkapellen eine wirkliche kleine Totenstadt bildete und so nah von uns hinter dem Kirchplatz lag, dass wir an Allerheiligen vor dem Einschlafen die angezündeten Lichter flackern sahen, als wären dort alle noch wach und unterhielten sich miteinander.« Auf diesem Friedhof liegt Celestina, ein gutgläubiges Mädchen, das, um die Jahrhundertwende geboren, mit siebzehn Jahren von einem Mann zum Selbstmord verführt wurde. Überhaupt erscheinen Männer in Leuteneggers Roman entweder destruktiv oder abwesend oder beides, so wie Orion, der alkoholkranke und gewalttätige Ehemann der Ich-Erzählerin, der nächtelang mit seinem Teleskop den Himmel beobachtet und sich lebendig vom Leben abschottet. Im Gegensatz dazu und zur Begrenztheit alles Lebendigen steht das Kontinuum der drei weiblichen Generationen und der Geschichten, die sie einander überliefern: »Ich [...] fühlte plötzlich, auf eine fast erschreckend neue, ebenso intensive wie noch vage Weise, die Unteilbarkeit mit meiner Mutter.«

Wie die Meister des Barock auf ihren Stilleben das Memento mori als greifbare, üppige Sinnlichkeit inszenieren, ist auch Leuteneggers Erzählen atmosphärisch, atmend, flüsternd. Gleichzeitig, und auch das erinnert an barocke Formstrenge bei überbordender Sinnlichkeit, komponiert die Autorin ihren Roman wie ein Musikstück: Motive und Themen werden wiederholt und variiert, Anfang und Ende entsprechen sich.

*Sinnlichkeit und Formstrenge*

Trost angesichts der unzähligen Abschiede, die ein Leben bereithält, bietet das Festhalten der Welt in Worten, wie Leutenegger in jener Episode suggeriert, als die Ich-Erzählerin ihrer Tochter beim Abstillen zum Trost Worte mitgibt: »Und da mir nichts Hilfreicheres einfiel, sagte ich dir alle ersten Wörter vor, die du schon kanntest, eines nach dem anderen, die ganze Reihe [...], eine magische Litanei, bis du getröstet eingeschlummert warst [...].« Ist Leuteneggers *Vorabend* gemäß Beatrice von Matt die literarische Erfindung einer *écriture féminine*, so dokumentiert *Pomona* die Fähigkeit weiblichen Sprechens, sich als Kontinuum und ein Stück Ewigkeit gegenüber dem Vergessen und dem Tod zu behaupten.

### »Alles nur Sprache«

Der Tod klingt auch als Leitmotiv im Werk einer jungen Schriftstellerin an, die Ende der 90er Jahre mit einem frischen, ungewöhnlichen Schreibstil eine größere Öffentlichkeit erreichte, deren literarische Tonart jedoch eine ganz andere ist als Leuteneggers: Aglaja Veteranyi. Der Satz »Wir sind viel länger tot als lebendig, deswegen brauchen wir als Tote viel mehr Glück« ist Veteranyis zweitem Roman *Das Regal der letzten Atemzüge* (2002) als Motto vorangestellt – das Buch erschien postum, nachdem sich die Autorin im Februar 2002 das Leben genommen hatte. Geschildert wird das Sterben der Tante der Ich-Erzählerin, erprobt werden verschiedene Formen, wie das Unfassbare sprachlich erfasst werden kann – handfest (»Der Tod stank. Die Krankenschwester rieb die Tante mit Lavendelgeist ein«) oder metaphorisch (»Als die Tante starb, froren unsere Gesichter im Spiegel«). Dem gegenüber stellt Veteranyi eine Alltagssprache, welche die Gefühle angesichts des Todes nicht akzentuiert, sondern zudeckt, eine abgegriffene Sprache, die stumpf und unscharf ist: »Es ist besser so, sagte der Pfleger. Wenn uns nichts mehr einfällt, fallen uns solche Sätze ein, dachte ich. Es ist besser so. Sie sieht friedlich aus. Jetzt ist sie erlöst.«

Aglaja Veteranyi

Wie in ihrem ersten Roman *Warum das Kind in der Polenta kocht* (1999) werden in *Das Regal der letzten Atemzüge* Teile der stark biografisch gefärbten Geschichte des rumänischen Zirkuskindes rekapituliert – die familiären Beschädigungen, die das durch Europa, Afrika und Südamerika nomadisierende Kind erleidet, die Ankunft und Sesshaftigkeit in der Schweiz. In ihrem Erstling erschuf Veteranyi mit der kindlichen Erzählstimme eine Erzählinstanz, die es ihr erlaubte, sich über Konventionen des literarischen Erzählens, ja der Logik und Folgerichtigkeit hinwegzusetzen, wie Werner Morlang im Nachwort zu *Vom geräumten Meer, den gemieteten Socken und Frau Butter* schreibt: »Das ›Kind‹ ist freilich nicht nur als Figur [...] anwesend, sondern insbesondere als dichterisches Ingenium, das sich aus eigener Machtvollkommenheit über Realien und Gepflogenheiten hinwegsetzt und sich ein Reich nach seinem Gutdünken schafft.« Auch wenn in *Das Regal der letzten Atemzüge* die Erzählerstimme einer erwachsenen Person gehört, so bleiben der trotzige, bisweilen tiefschwarze Humor, die erzählerische Anarchie, die sich zwar über die Konventionen der Mimesis hinwegsetzt, gleichzeitig aber Psychologie und Einfühlsamkeit nicht außer Acht lässt.

*Prosaminiaturen nach dem Vorbild Daniil Charms'*

Von den meisten gängigen Konventionen des Prosa-Erzählens löst sich Veteranyi in den Prosaminiaturen, die 2004 im Band *Vom geräumten Meer, den gemieteten Socken und Frau Butter* erschienen. Die kurze Form betrachtete Veteranyi offenbar als ihre eigentliche Domäne, wie Werner Morlang schreibt: »Ich erinnere mich an ein lebhaftes Gespräch, in welchem sie mit Berufung auf ihren russischen Lieblingsdichter Daniil Charms die Radikalität ihrer Prosaminiaturen gegen ihren erfolgreichen, weil leichter bekömmlichen Roman ins Feld führte.« In den Kürzestgeschichten erprobt Veteranyi die Sprache auf ihre narrative und expressive Fähigkeit hin, oft bis über die Grenzen der Logik hinaus: Zeiten und Chronologien verschwimmen, Körperfunktionen und Verwandtschaftsverhältnisse werden auf den Kopf gestellt, Worte umgedeutet. Gemäß der Logik eines Traumes gibt es unzählige Verdichtungen und Verschiebungen, so lautet etwa die Geschichte *Das Buch*:

> Gestern hat Angela von ihren Eltern geträumt. Keine Angst, hat sie gesagt, bevor ich gehe, werde ich euch ein Grab kochen. Gestern sind Angelas Eltern gestorben. Gestern hat Angela ein Kind bekommen, und das Kind ist gestern 59 Jahre alt geworden. Gestern hat Angela gesagt, die Haut weiß nicht, wann sie aufhören soll zu sterben. Gestern stand in der Zeitung: *Gestern ist Angela gestorben*. Gestern sagte die Tochter, ich wünsche mir ein Buch voller Schnee.

Auch die Fähigkeit der Sprache, mit reduziertesten Mitteln eine Geschichte zu erzählen, wird erprobt, etwa im Text *Eine Geschichte*:

> Tisch. Eine Frau. Ein Mann.
> Auf dem Tisch Haut.
> Frau nimmt Haut und bläst Luft rein.
> Haut wird Auge.
> Mann schaut zu. Wundert sich.
> Mann bittet Frau: Bück dich.
> Frau lehnt sich auf den Tisch. Mann lehnt sich auf Frau.
> Das ist eine Geschichte.
> Mann. Frau. Tisch. Auge. Frau gebückt. Mann auch.
> Jetzt: das alles gibt's nicht.
> Frau und Mann. Tisch. Auge. Alles nur Sprache. Eine Geschichte.

*»Alles nur Sprache«*

»Alles nur Sprache« – vielleicht ist es kein Zufall, dass gerade eine Autorin wie Aglaja Veteranyi Sprache nicht in erster Linie als Mittel, die Welt abzubilden, begreift, sondern sie gründlich abklopft und aus ihr Beunruhigendes, Verstörendes, Abgründiges und gleichzeitig Heiteres und Surreales herauspurzeln lässt. Veteranyi hat nämlich erst mit siebzehn Jahren Deutsch sowie Lesen und Schreiben gelernt, sich die Fremdsprache also als Erwachsene bewusst angeeignet. Mit ihrer Schreibweise nimmt Veteranyi in der Literatur der Schweiz einen nicht besonders stark frequentierten Platz ein, allein ist sie damit aber nicht.

## Eine literarische Topografie

Auch Zsuzsanna Gahse schreibt nicht in ihrer Muttersprache. Die 1946 in Budapest geborene Autorin und Übersetzerin, die mit ihren Eltern nach dem Ungarnaufstand 1956 nach Wien floh, schreibt seit Ende der 70er Jahre auf Deutsch und lebt seit den 90er Jahren in der Schweiz. Sie ist, ebenso wie Aglaja Veteranyi, Ilma Rakusa, Sabine Wen-Ching Wang oder Melinda Nadj Abonji, zweifelsohne in die Reihe jener Autorinnen zu zählen, die eine ganz eigene Tonart innerhalb der jüngsten Schweizer Literatur prägten, ein Schreiben, das seine Kraft primär aus der Sprache selbst schöpft. In ihrem Schreiben offenbaren sich kulturelle und sprachliche Reibungsflächen, an denen sich ganz eigene stilistische Formen entzünden. Diese Autorinnen nur als Botschafterinnen einer diffusen Größe des »Fremden« wahrzunehmen, hieße sie in ihrer literarischen Autonomie und Bedeutung für die Schweizer Literatur zu unterschätzen. Schließlich ist in Zeiten ständiger Mobilität die Frage nach der Zugehörigkeit zu einem Land nicht mehr eine, die mit der Farbe des Reisepasses beantwortet werden kann, was Gahse in der Prosa-Sammlung *Instabile Texte* (2005) augenzwinkernd kommentiert:

Zsuzsanna Gahse

> Er (wer auch immer) wurde in Hamburg geboren und lebte dann in München, er wurde in Hamburg geboren, lebte dann zwei Jahre in Paris, später in Rom; ein Hamburger. Er war in Hamburg auf die Welt gekommen, lebte jedoch in Kiew, später in Melnik, so dass er ein Tscheche war, er lebte eine Weile dort, der Hamburger war ein Tscheche, einige Jahre danach war er in Rom angelangt. Dort traf er eines Abends jenen Mann, der in Zürich auf die Welt gekommen war und in Genf lebte, der Genfer kam an, und es wurde ein wichtiger Abend, für beide Römer. Sie verabredeten sich und trafen sich in Graz wieder, wo auch die Frau des einen der beiden Römer hinzukam, sie war keine Römerin, war nie in Rom gewesen, nie in Hamburg, hingegen wurde sie in Baar geboren, war im Tessin aufgewachsen, nun fuhr sie mit den beiden Römern nach Graz, sie waren drei Grazer.

Ort und Sprache als etwas anzunehmen, das einem nicht selbstverständlich ist, hat literarisch fruchtbare Folgen, wie Zsuzsanna Gahses Werk zeigt – eine literarische Landkarte der Schweiz, die vom Blick der Autorin schreibend ertastet wird. In *durch und durch. Müllheim / Thur in drei Kapiteln* (2004) sitzt die Erzählerin an ihrem Schreibtisch und registriert das Geschehen auf der Dorfstrasse, eine Verbindungsachse von Ost nach West, von West nach Ost, in der ein ständiger Durchzug herrscht: »[...] die halbe Welt fährt hier durch, Lastwagen, Lieferwagen, landwirtschaftliche Maschinen, Tiertransporter, Panzer, Reisebusse, Postbusse, und dass jemand einmal anhält, fällt kaum ins Gewicht.« Indem der schreibende Blick möglichst genau erfassen will, was auf der Strasse und dem Dorfplatz vor sich geht, führt Gahse vor, wie man vom Zählen zum Erzählen kommt. Denn die leichtfüßigen Protokolle sind durchwoben mit Geschichts- und Geschichtenfetzen, der Blick bohrt sich zudem in die Vergangenheit Müllheims, bis hin zu den ungarischen Reitern, welche die Siedlungen einst verwüsteten. Durch diese ständigen Erzählbewegungen den Himmelsrichtungen und Zeitachsen entlang bekommt die »Menschenlandschaft« ein unverkennbares Antlitz, ohne dass Gahse darauf angewiesen wäre, einzelne Figuren zu charakterisieren oder in den Zusammenhang einer Geschichte zu stellen. Miniaturporträts und Charakter-Splitter fügen sich collageartig zu einem Müllheimer Welttheater, das sich auf der Bühne vor dem Fenster der Schreiberin abspielt.

*Müllheimer Welttheater*

Was es bedeutet, in einer Sprache zuhause zu sein, erforscht Gahse in *Instabile Texte*, indem sie die Größen Ort und Sprache in engste Nachbarschaft

bringt. So erwandert die Erzählerin im Text *Pierre* die Grammatik der ab-
schüssigen Stadt Lausanne, dieser »Wadengegend«, wo man die Höhenun-
terschiede in den Beinen spürt wie die verschiedenen grammatikalischen
Zeiten:

> Hier unten in Ouchy ist die Gegenwart, haben wir gesagt, wir, wir trinken einen
> ersten Wein, trinken, weiter oben ist die Zukunft, wir werden trinken, ganz oben
> ist es weiter als die Zukunft, eine Art Möglichkeit, Möglichkeitsform am oberen
> Ende der Stadt, ein Konditional, wir würden trinken, wir würden das gerne tun,
> so dass wir es tun werden.

*»Instabile Texte«*

In Gahses Gattung der instabilen Texte geht es darum, sich in Sprachen und
an Orten zurechtzufinden, Landschaften und ihre dazugehörigen Klänge
auszuhorchen, Orte und Worte zu beobachten, Menschen und Grammatiken
kennen zu lernen. Im Text *Höhenmeter* überlegt sich die Schreiberin, was mit
der Stimme in den Bergen passiert – sie versteht Sprache zunächst als Klang,
der sich je nach Umgebung verändert: »In einer flachen Landschaft entfernt
sich die Stimme ruhig, sie geht weg, weiter weg und verliert sich dann. Die
Berge hingegen verschlucken die Stimmen, manche werfen sie zurück oder
verändern sie […].« Die Erkenntnis daraus ist, dass die Sprache von der
Landschaft abhängt, von der Topografie, die überall anders ist. So wie die
Schweiz im Text *Eine Sammlung* in Täler zerfällt, so zerfällt auch Europa,
und so differenzieren sich die Sprachen (»in jedem Tal sitzt eine andere«), die
so vielfältig und voller Falten sind wie die gebirgige Landschaft, die sie um-
gibt. – Eine ungewöhnliche These über ein modernes Europa, das – in Um-
kehrung der aktuellen politischen Prozesse – nicht zusammenwächst, sondern
ins Kleinräumige zerfällt.

### Die Unordnung der Dinge

Das Disparate drückt auch dem jüngsten Roman von Ruth Schweikert, *Ohio*
(2005), den Stempel auf: Grund dafür ist aber nicht die Versprengtheit im
geografischen oder sprachlichen Sinn, sondern die puzzleartige Konstitution
der Erinnerung, ja des Lebens an sich. Dieser Disparatheit entspricht die
Komposition des Romans, dessen Einzelheiten sich am Ende aber nicht zu
einem Ganzen zusammenfügen wollen: »›Jeder Geschichte fehlt etwas, und
wenn sie tausend Seiten hat‹, hatte Peter ihr gesagt, ›eine Geschichte zu erzählen ist stets der mehr oder minder geglückte Versuch, der Unendlichkeit
Grenzen zu setzen.‹«

*Disparatheit von
Leben und Erinnerung*

Eine Geschichte zu rekonstruieren, darum geht es in *Ohio*. »Aber wie und
womit hat es angefangen«, fragt Merete zu Beginn des Buches, als die Liebe
zwischen ihr und Andreas zu Ende ist. Diese Frage treibt den Roman an, die
Geschichte des Paars wird aufgerollt, weiter jene von Andreas' Eltern und
Grosseltern. Im Gegensatz dazu ist Meretes Geschichte eine einzige Leerstelle: Sie ist ein Findelkind.

So wie Paul Klee, über den Merete dissertiert, gewisse Bilder zerschnitten
hat, um das eigene hierarchische Denken zu brechen, so funktioniert auch
Schweikerts ästhetisches Prinzip: mit Rückblenden und Überblendungen,
sprunghaft und mit einer Fülle an Erzählstoff, wuchernd und doch bewusst
komponiert. Natürlich will die Autorin nicht nur der Trennungsgeschichte
von Andreas und Merete auf die Spur kommen, sondern sie spürt wie in
früheren Erzählungen den Befindlichkeiten einer Generation nach, zeichnet
ein Porträt der um 1965 Geborenen, der Post-68er-Generation, die in den
80er Jahren aufbegehrte, in den 90er Jahren aber gar nicht mehr so weit von

den Lebensentwürfen der Eltern entfernt ist. Schweikert schildert den »zunehmenden Hoffnungsverlust«, die »rätselhafte Melancholie« dieser Generation, die »forever young« auf der Stirne trägt und doch resigniert feststellen muss: »Ich bin das, was ich verlor.« Um dieses Generationenporträt zu zeichnen, flicht Schweikert einiges an Realität – den 11. September 2001, das Swissair-Grounding, das Attentat von Zug – in ihren Roman ein. Diese Fülle an Erzählstoff dient nicht nur atmosphärischen Zwecken, sondern ist auch inhaltlich motiviert: Wo die Disparatheit herrscht, da geraten auch die Glücksansprüche der Figuren in Gefahr. Wenn sich die Dinge nämlich zusammenzufügen scheinen, entsteht keine Stimmigkeit, wie im Moment, als Andreas sich vor seinem geplanten Suizid ankleidet:

Ruth Schweikert

> Genau dasselbe hatte er getragen, fiel ihm ein, als wir einander zum ersten Mal sahen, Merete und ich, und für einen Moment fühlte sich alles wunderbar beschissen und richtig an, als läge im blinden Zufall, dass er an diesem Morgen dieselben Kleider tragen würde wie damals, jene helle grausame unpersönliche Ordnung der Dinge, der man sich bloss zu überlassen brauchte.

Das Leben, das Erinnern und das Erzählen haben kein Zentrum, auf das der Blick des Betrachters zu lenken wäre – dasselbe gilt auch für den Blick auf einen anderen Menschen, scheint Ruth Schweikert zu sagen am Ende, als Meretes Liebhaber fragt: »›Und glaubst du wirklich‹, fuhr Peter fort, ›Andreas würde sich in deinem Roman wieder erkennen, wenn er noch lebte? Eine Figur, die du zusammengekleistert hast aus tausend Einzelheiten, von denen du selbst nicht mehr weisst, woher du sie genommen hast?‹«

Die Autorschaft über das eigene Leben ist also ebenso unsicher wie jene des Autors über seinen Text – Ruth Schweikerts Roman *Ohio* ist gleichzeitig eine Reflexion über die heutigen Bedingungen, ein Leben zu führen und über die Bedingungen, einen Text zu schreiben. Damit betritt Schweikert eine Ebene der literarischen Selbstreflexion, was in der jüngsten literarischen Produktion der Schweiz nicht besonders häufig zu beobachten ist.

## Waidwunde Liebende

Natürlich besetzen die jüngeren Autorinnen in der Schweiz nicht nur singuläre literarische Territorien, sondern auch solche, die gängig sind – zum Beispiel eines, das in der Literatur häufig aufgesucht wird: Das Schreiben über Familien- und Liebesgefüge, über Beziehungen und Freundschaften, das vor allem von der Einfühlung und der psychologischen Stimmigkeit lebt.

*Psychologisierendes Schreiben*

Ursula Fricker erzählt in *Fliehende Wasser* (2004) aus der Kinderperspektive – ein Verfahren, das in den 90er Jahren oft praktiziert wurde, auch von Schweizer Autorinnen wie Zoë Jenny, und das die Authentizität des kindlichen Blicks für seine oft schmerzhaften Geschichten nutzbar macht. Fricker rollt die Geschichte einer Kindheit, die Privat-Historie einer Schweizer Familie seit den 40er Jahren auf – und packt neben die Erzählung der familiären Debakel auch eine Ahnung schweizerischer Mentalitäten dieser Zeit.

Historische Adäquatheit, Einfühlung in die Figuren, psychische Dispositionen und zwischenmenschliche Seismografien sind die Charakteristika dieses Schreibens. Auch Annette Mingels legt Wert auf psychologische Stimmigkeit und variiert in ihren Romanen das Thema der – meist nicht glückenden – Liebe und das des Betrugs, der Freundschaften oder bestehende Liebesbeziehungen ruiniert. Immer wieder kommt Mingels' Figuren ihr Begehren in die Quere, sei es der Frau in *Der aufrechte Gang* (2006), die dem Werben des

Sohnes ihrer besten Freundin nachgibt, sei es dem Lehrer in *Die Liebe der Matrosen* (2005), der sich mit einer Schülerin einlässt und dabei seine Ehe aufs Spiel setzt – und ein gemeinsames Leben:

> Was nach sechsundzwanzig Jahren bleibt: Zwei Töchter und ein Enkelsohn, die Erinnerung an einen hellen Hund, an zahllose Kaninchen, Meerschweinchen, Hamster, an die Amseln, die gegen die Scheibe des Wohnzimmers geflogen sind und sich dabei das Genick gebrochen haben, allesamt begraben im Beet vor dem Fenster, mit einem kleinen Holzkreuz aus zwei Ästen auf dem Grab, immer dem gleichen.

*Katharina Faber: Geschichten vom Misslingen*

Von unglücklich Liebenden schreibt auch Katharina Faber in der Sammlung von Kurzprosa *Mit einem Messer zähle ich die Zeit. Über Liebende* (2005) – im Gegensatz zu den genannten Autorinnen tut sie dies jedoch in einer ganz anderen Tonart. Hier sind die scheiternden Zwischenmenschlichkeiten in ein avantgardistisches und nicht in erster Linie psychologisierendes Erzählen gekleidet, die kurzen Prosageschichten sind assoziative, impressionistische Momentaufnahmen vom Misslingen des zweisamen Glücks. Gespielt wird mit unterschiedlichen Erzählperspektiven, und als Zeichen der Unmöglichkeit der Paarbeziehungen greift Faber oft auf metaphorische, manchmal surreale Wendungen zurück wie die Verwandlung der waidwunden Liebenden in der Geschichte *Gestern, als du gingst*. Diese Protagonistin, deren Liebhaber im Begriff ist, zu seiner Frau zurückzukehren, stößt sich im morgendlichen Taumel an ihrem Geliebten, worauf sich an ihrer Schläfe zwei Höcker bilden: Sie selbst wird zur Gehörnten – »mein Schädel bricht durch die Stirnhaut und wächst mir seitlich in zwei Höckern wohl bald zum Geweih.« Die vieldeutige Metapher entlädt sich in der Blamage, die der Geliebten widerfährt, wenn sie vom Raubtier zum Beutetier mit Geweih wird: »Bin dir nachgefahren und habe dich verwünscht, weil du mich entstellst mit deiner neuen Frau, weil ein altes Raubtier mit Geweih unmöglich ist, peinlich, läppisch wie ein gläserner Berg [...].« Blamabel ist das menschliche Sein am Ende auch in der Geschichte *Von der losgelösten Gier und ihrer Beute*. Die Rede ist von einer noch knapp funktionierenden Paarbeziehung, in der allerdings schon der Keim des Misslingens schlummert und die Ahnung, dass nach dem Ende der Liebe nur noch pures Begehren folgt, sodass in Anspielung auf Heine gefragt wird: »Was soll das bedeuten, dass ich so gierig bin«. Die Vision der losgelösten Gier, »die niemandem gehört, die freigelassen von einem Kopf zum andern springt, wie von Zimmer zu Zimmer, die sich in schon kaputte Herzen krallt als schneller Puls kurz vor dem ersten Kuss«, kulminiert im unangenehmen Gedanken, dass die Menschen einzig Beute dieser körperlichen Gier sind und Opfer der tragischen Verstrickung zum Tode hin, welche die Liebe darstellt.

## *Spielerinnen*

Wie Katharina Faber wählen Autorinnen der jüngsten Generation oft die kurze Form für ihre Veröffentlichungen, was ihnen die Gelegenheit gibt, in verschiedenen Texten einen Themenbereich literarisch herauszuschälen, Tonlagen und Stimmungen zu erproben und zu finden. Eine Autorin, die bereits in ihrer ersten Publikation einen eigenen Ton fand, ist Monique Schwitter. Die ausgebildete Schauspielerin hält in den Kurzgeschichten *Wenn's schneit beim Krokodil* (2005) das Vergrößerungsglas über die Regungen ihrer Protagonisten und die Art, wie sie kommunizieren. Denn Schwitters Figuren stehen ständig unter Beobachtung – vor allem durch sich selber –, schätzen die Wirkung des Gesagten bei ihrem Gegenüber ab, durchschauen sich selbst und ihre Gefühle, kaschieren, verbergen, tarnen und verstellen sich.

Wie diese Art der Kommunikation unterliegen auch Beziehungen zu anderen Menschen den Gesetzen des Spiels, bei dem ständig alles möglich ist; eines Spiels, das sich oft im Voraus berechnen lässt: »Sie lachte und mir wurde wohlig. Das war nun ganz entschieden mein Spiel. Sie war meiner Einladung gefolgt und Gast bei mir, in meinem Spiel.« Schwitters Hauptfiguren sind Frauen, deren meist flüchtige Beziehungen stets in der Schwebe sind, ungeklärt und ungesichert. Dies gilt auch für jene Frau in der Geschichte *Ein Anflug*, die am Flughafen auf die Ankunft eines Liebhabers wartet und einem Wildfremden mehr verrät, als ihr Liebhaber von ihr weiß – sie tut dies notabene an einem Un-Ort, wo es keine Jahres- und Tageszeiten, keine gemeinsame Sprache, keine Verbindlichkeiten und keine Verwurzelung gibt.

Diese Unbehaustheit und die dazugehörige Lebensweise, die Simulation, ist bei Schwitter aber nichts Verwerfliches, sondern gehört ganz substanziell zu den Figuren und ist manchmal auch der Kitt, der Beziehungen überhaupt zusammenhält: »Ich hörte Selbstmitleid in dieser Stimme, ich hörte die Absicht. Diese Stimme wollte matt klingen. Es tat mir leid, dass ich das hörte. Er tat mir leid, weil ich sein Spiel nicht glaubwürdig fand.«

Schwitter gibt dieses postmoderne Spiel der Identitäten und Rollen, das den Figuren in Fleisch und Blut übergegangen ist, gerne in Metaphern des Sehens, des Durchschauens oder Spiegelns wieder und scheint damit auf literarische Verfahren der Romantik zurückzugreifen – etwa im Text *Mützenmärchen*. Hier folgt ein einsames weibliches Großstadt-Ich dem sogenannten »Haarabschneider«, der Frauen mit einer Schere ihre Haarpracht raubt. Vielleicht sind die nächtlichen Observationen, ist die Mär des Haarabschneiders nur Imagination, vielleicht nur Nachspielen von Handlungen aus Kriminalgeschichten – die Protagonistin verkleidet sich mit einer Mütze und einer, wie sie beteuert, originalen Dürrenmatt-Brille. Gleich wie der Leser der unzuverlässigen Erzählerin zu misstrauen beginnt, sind auch die Blicke der Protagonistin stets indirekt, treffen nie unvermittelt auf das Betrachtete: Rahmen schieben sich dazwischen oder nächtlich spiegelnde Glasfenster, womit das Thema der Täuschung spielerisch in Szene gesetzt wird.

Monique Schwitter gehört zu jener Generation der in den 70er Jahren geborenen Autorinnen, für die nicht nur die literarischen Techniken von Anspielung und Zitat, sondern auch die Pluralität der Lebensweisen und der Identitäten, die Unverbindlichkeit und gleichzeitige Möglichkeit, sich selbst immer wieder neu zu definieren, eine Selbstverständlichkeit ist – was ihr Schreiben sehr zeitgemäß erscheinen lässt.

Schwitters Protagonistinnen sind denn auch versiert im Umgang mit der Ironie und der Fähigkeit, sich selber zu durchschauen. Diese Distanziertheit, dieses Spiel mit den eigenen Gefühlen, erweckt den Eindruck von Apathie, was umgekehrt aber vielleicht nur ein Zeichen für die Heftigkeit der Affekte ist. Monique Schwitter lässt dies, kein Wunder, allerdings häufig in der Schwebe.

Tania Kummer, die bisher vor allem mit Lyrik an die Öffentlichkeit getreten ist, listet in einem Text der Kurzgeschichtensammlung *Platzen vor Glück* (2006) die Merkmale einer Generation auf, die sich selber mit distanziertem, oft belächelndem Blick von außen betrachtet. Die Altersgruppe der um die Dreißigjährigen definiert sich in *Meine Generation* über Phänomene der Popkultur, beschäftigt sich gerne mit der Suche nach einer Lebensphilosophie, hält sich körperlich fit und verschiebt die Familienplanung auf später. Der selbstironische Ton des Textes, die Auflistung von Klischees, die aus Lifestyle-Magazinen stammen könnten, hält vor Augen, dass hier nur eines

*Monique Schwitter:
Beziehungsspiele*

Platzen vor Glück

ganz ernst gemeint ist, nämlich, dass man sich selber nur aus sicherer Distanz betrachtet: »Meine Generation ist multifunktional, […] pflegt einen zarten Hang zur Selbstironie, übt sich im Zynismus, und mit der Lakonie klappt es auch schon ganz gut.«

Auch wenn diese Haltung den Protagonistinnen und dem literarischen Ich gegenüber natürlich nicht generalisiert werden kann, so zeigt sie doch die Entfernung auf zwischen dem distanzierten, unverkrampften Umgang mit dem weiblichen Ich in jüngster Zeit, und dem Willen vieler Autorinnen der 70er Jahre, die, um überhaupt »Ich« sagen zu können, erst ein literarisches Terrain erobern mussten.

### Ein eigenes Zimmer

*Distanz zur Generation des Aufbruchs*

Der Abstand zu der Generation des Aufbruchs in den 70er Jahren ist bei vielen Autorinnen der jüngeren Generation markant. Dies mag ein Text von Bettina Spoerri verdeutlichen, der 1997 in der Literaturzeitschrift *orte* publiziert wurde: *Ein Zimmer für sie* spielt dem Titel nach direkt auf Virginia Woolfs Essay *A Room of One's Own* von 1929 an, der die Metapher des eigenen Raums ins Zentrum stellt – gemeint nicht nur als Zimmer in einem Haus, der weibliches Schreiben örtlich ermöglicht, sondern auch als Bild für weibliche geistige Unabhängigkeit und einen eigenen diskursiven Raum in der Geschichte. In Spoerris kurzem Text ist das Zimmer allerdings eine nüchterne Zelle, die nicht ein unabhängiges Sein ermöglicht, sondern im Gegenteil eine Art Gefängnis ist, vermutlich in einer psychiatrischen Klinik, in der die offensichtlich geistig verwirrte Mutter der Ich-Erzählerin eingesperrt ist. Die Anspielung auf Woolf dient Spoerri also dazu, den Zustand des Eingesperrtseins noch schärfer zu konturieren, ist aber kein Kommentar zur Möglichkeit oder Unmöglichkeit weiblichen Schreibens, was der Titel allein durchaus suggerieren könnte.

Diese Frage, die sowieso in literarischen Werken kaum je auftaucht, wird auch im akademischen Diskurs nicht mehr in dieser Form gestellt. Isolde Schaad äußert sich dazu in *Vom Einen. Literatur und Geschlecht* (2004): »Gibt es ein weibliches Schreiben? Das ist im Jahre 2004 eine Frage, die eine Gendergesellschaft, welche Differenz und Vielfalt anstrebt, neu stellen muss, indem sie jeder Autorschaft Autonomie zuschreibt.« Eine individuelle, nicht eine geschlechtsspezifische Perspektive ist also gefordert. Dies wird angesichts von Spoerris Text deutlich, indem die Autorin eine Anspielung auf den literarischen Feminismus für ihre Geschichte nutzbar macht und nicht innerhalb des literarischen Bezugssystems kommentiert.

*Individuelle écritures*

Statt einer *écriture féminine* sind die jüngeren Autorinnen also auf der Suche nach ganz individuellen *écritures*: Ihnen steht zu diesem Zweck ein ganzes Repertoire an unterschiedlichen Formen und Tonarten zur Verfügung, sie orientieren sich an unterschiedlichen Stilen, lehnen ihre Schreibweisen bewusst oder unbewusst an verschiedenen literarischen Vorbildern an. Ein exakt zu kartografierender Ort ist die weibliche Literatur in der Schweiz also nicht, auch das Etikett »Literatur von Frauen« vermag diese Literatur nicht zu einem Ganzen zu bündeln, zu unterschiedlich sind die Selbstverständnisse dieser jüngsten Literatinnen, die Ansichten darüber, was Literatur kann und soll. Dennoch tendiert die Literaturwissenschaft – und da macht dieser Essay keine Ausnahme – noch immer dazu, Autorinnen separate Räume zuzuteilen, ihnen gesonderte Beachtung zukommen zu lassen. So gut gemeint diese Perspektive ist, so wenig scheinen die einzelnen Werke sie zu verlangen. Es liegt also an der Rezeption, die weibliche Literatur aus ihrem eigenen Zimmer zu befreien.

# Literatur der französischen Schweiz

Doris Jakubec (Übersetzung: Michèle Stäuble)

Der Begriff »littérature romande, Literatur der französischen Schweiz« ist in jeglicher Hinsicht problematisch und wird von den Schriftstellern und ihren Lesern, Kritikern und Forschern eher als Arbeitshypothese verstanden denn als eine eigentliche von den institutionellen Instanzen oder einer gleichartigen Tradition gegebene Realität. Für die Protagonisten beinhaltet dieser Begriff eine Vielzahl von Fragen und lässt sie ratlos; seine Daseinsberechtigung wird regelmäßig in Frage gestellt, doch ein sichtbares und anregendes Zeichen wird in jeder Epoche von denjenigen literarischen Werken gesetzt, die sich durchsetzen, zur Diskussion anregen und, wiewohl nicht immer im Moment selbst, neue Perspektiven eröffnen und den Horizont erweitern – sei dies auf dem Gebiet der Belletristik, Lyrik oder Kritik.

*»Littérature romande«: eine Arbeitshypothese*

In doppelter Hinsicht in der Minderheit, gegenüber der deutschen Schweiz, die sie politisch und wirtschaftlich dominiert, und gegenüber Frankreich, das ein kulturelles Schwergewicht ist, versucht die französische Schweiz eine Identität zu finden; diese beruft sich zeitweise auf die geografische Lage, was den Regionalismus fördert, zeitweise auf die historische Vergangenheit, was zu komparatistischen oder differentiellen Analysen führen kann; dies wiederum kann Konfrontation und Austausch erlauben, nicht nur mit den anderen nationalen Literaturen, sondern auch mit den europäischen und sogar mit den außer-europäischen Literaturen, im Zusammenhang mit den heutigen Immigrationsströmungen.

Die französische Schweiz setzt sich zusammen aus vier rein frankophonen (Genf, Jura, Neuenburg und Waadt) und drei zweisprachigen, französisch-deutschen Kantonen (Bern, Freiburg und Wallis), wobei jeder einzelne Kanton seine eigene historische Beziehung zur Eidgenossenschaft hat und ursprünglich weder eine konfessionelle noch eine soziokulturelle Identität gegenüber den anderen empfand; abgesehen von ihren Unterschieden führt dies dazu, dass die französische Schweiz zentrifugalen Tendenzen – die man hauptsächlich in Genf und im Jura wahrnimmt – sowie den Versuchungen ausgesetzt ist, sich in die Enge des »Kantönligeistes« (dieser in der Schweiz gebräuchliche Ausdruck ist im Duden registriert) zurückzuziehen.

Seit kurzem verfügen wir über ein grundlegendes Referenzwerk: die von Roger Francillon geleitete und von Spezialisten redigierte vierbändige *Histoire de la littérature en Suisse romande*: Bd. 1: *Du moyen âge à 1815*; Bd. 2: *De Töpffer à Ramuz*; Bd. 3: *De l'après-guerre aux années 70* und Bd. 4: *La littérature romande aujourd'hui*. Jede Epoche wird von einem historischen Kapitel eingeführt, das die politische, wirtschaftliche und soziale Situation der einzelnen Kantone beleuchtet, was eine perspektivische Sicht auf die französische Schweiz in Bezug auf ihre verschiedenen äußeren und inneren Grenzen erlaubt.

Der französisch sprechende Teil der Schweiz nennt sich im allgemeinen »Suisse romande« (Welsche Schweiz, Welschland oder Westschweiz, Bezeichnungen, die in der deutschen Schweiz gebräuchlich sind), ein Begriff, der ursprünglich die franko-provenzalischen Dialekte Genfs und der Waadt bezeichnete. Aber die in der Westschweiz im 14. und 15. Jh. gesprochene Spra-

*»Suisse romande« – die französische Schweiz*

che war ein seltsames Gemisch, an der Grenze zwischen Altprovenzalisch und Französisch; so verhält es sich zum Beispiel mit dem noch heute im jetzigen Kanton Jura gesprochenen Dialekt, der demjenigen der französischen Freigrafschaft gleicht. Roger Francillon schreibt, dass die französische Schweiz im Allgemeinen »in sprachlicher Hinsicht sozusagen dazu verurteilt war, eine approximative Sprache zu verwenden, in welcher der Einfluss des Französischen der Ile-de-France erkenntlich war«. Der Ausdruck »Romandie« als Sammelbegriff für die französischsprechenden Kantone bezeichnet keinerlei Dachorganisation der welschen Schweiz, da die Kantone die einzigen politisch und kulturell verantwortlichen Einheiten sind; die Bezeichnung »Romandie« wurde durch die Gründung des Kantons Jura aufgewertet, als dieser sich 1979 von Bern ablöste.

*Kulturelle Einheit durch den Protestantismus*

Stärker als die Sprache hat die Religion als treibende Kraft zu einer ersten kulturellen Einheit beigetragen. Für die welsche Schweiz beginnt alles im 16. Jh. mit der Einführung der Reformation. 1536 ist ein praktischer Anhaltspunkt. In diesem Jahr trifft Calvin in der kleinen unabhängigen Republik Genf ein; Bern erobert das Waadtland und setzt die Reformation durch; es ist auch das Jahr einer nach mittelalterlicher Tradition organisierten theologischen Disputation in Lausanne, wo die Anliegen der Protestanten von Viret, Farel und Calvin siegreich vertreten werden. Das Fürstentum Neuenburg tritt schon 1530 dem neuen Glauben bei. Beeinflusst von dieser Wahl, wendet sich die französische Schweiz den reformierten Kantonen der Deutschschweiz zu (Zürich, Schaffhausen, Basel und Bern) sowie Holland, Deutschland, Schottland und Böhmen und kommt so langsam ins Blickfeld der Eidgenossenschaft. Dies bedeutet gleichzeitig, dass sie ihre Distanz zu Frankreich wahren will, trotz gleicher Sprache und geographischer Nähe. Die Kantone Jura, Freiburg und Wallis sind ganz katholisch geblieben, gleichwohl ist aus historischer Sicht der Protestantismus als gemeinsamer Nenner für die frankophonen Kantone wichtig.

## Reformation

Mit Ausnahme Pierre Virets, der in Orbe im Kanton Waadt zur Welt kam, sind die großen Reformatoren, die aus Neuenburg, Genf und Lausanne Hochburgen des Protestantismus machen, allesamt französische Flüchtlinge; der Älteste, Guillaume Farel, ist der Erste, der das neue Wort in Neuenburg predigt; Jean Calvin macht trotz einiger Schwierigkeiten aus Genf das protestantische Rom; sein Nachfolger Théodore de Bèze (zu deutsch Theodor Beza), Dichter und Dramaturg, war Professor an der Akademie von Lausanne und dann an derjenigen von Genf. Diese Ausnahmegestalten verwandeln die welsche Schweiz in eine geistige Hochburg, in ein Zentrum, dessen Ausstrahlung über das ganze reformierte Europa und bis nach Amerika reicht.

*Die Reformatoren und ihre Literatur*

Die Entwicklung der Akademien und Druckereien fördern die Verbreitung des neuen Glaubens: Brillante Humanisten wie Mathurin Cordier oder Henri Estienne, Autor des berühmten Traktates *De la précellence du langage français* (1579), finden in Genf Zuflucht, ebenso wie die Dichter Clément Marot und später Agrippa d'Aubigné, der Autor der *Tragiques*.

Die Reformationsliteratur versteht sich hauptsächlich als Kampfliteratur: Glaubensbekenntnis, Katechismus, satirische Dialoge gegen die Papisten, flammende Predigten; dazu kommen umfangreiche lateinische und französische Briefwechsel, die sich hauptsächlich mit Fragen der Ekklesiologie und der Hermeneutik beschäftigen und das geradezu doktrinäre Konstruieren von Glaubensgrundsätzen auf Basis exegetischer Analysen und Neuübersetzungen dokumentieren. In dieser Flut von Publikationen gewinnt Französisch langsam die Oberhand über Latein; die von Calvin selbst verfertigte französische Übersetzung seiner eigenen *Institution de la religion chrétienne* ist ein Meilenstein in der Geschichte der französischen Prosa; ihre Entwicklung kann an den Varianten zwischen der Erstausgabe von 1541 und der definitiven Version von 1560 abgelesen werden.

## Pierre Viret

1536 wird Pierre Viret, der einzige einheimische Reformator und zugleich derjenige, der am wenigsten gelesen wurde und am unbekanntesten ist, im Anschluss an die theologische Disputation, die zur Einführung des neuen Glaubens führt, zum ersten Pfarrer von Lausanne ernannt, eine Funktion, die er bis 1559 innehat; in Folge von Meinungsverschiedenheiten mit der theologischen Obrigkeit in Bern ist er gezwungen, Lausanne zu verlassen; zuerst zieht er nach Genf, dann in die Region Béarn im Süden Frankreichs.

Er spielt eine wichtige Rolle bei der Gründung der Akademie von Lausanne und dem darin erteilten Unterricht. Er schreibt viel, hauptsächlich in Form von Dialogen, was ihm erlaubt, verschiedene Perspektiven darzulegen und zugleich seinen eigenen Standpunkt zu vertreten, und ihm gleichzeitig ermöglicht, seiner satirischen Leichtigkeit freien Lauf zu lassen; er stützt sich auf die Gebiete des Rechts und der Medizin oder auf lokale Anekdoten und familiäre Beispiele, meditiert über Sprachprobleme, ähnlich wie viele Autoren des 16. Jh.s, und versucht, sich leicht verständlich auszudrücken; sein Gesamtwerk enthält spannende Dokumente über eine Zeit der Fermentation der Ideen und der veränderten Lebensformen in der welschen Schweiz. Eine 2004 in Angriff genommene Neuausgabe seiner *Instruction chrestienne* (1556 erschienen und 1564 vervollständigt) wird einen Vergleich mit dem bekannteren Werk von Jean Calvin ermöglichen.

Die *Disputations chrestiennes* (1544 erschienen und 1552 erweitert) spiegeln die damaligen theologischen Debatten und die Verteidigung der Reformation durch Pierre Viret wider: Er bekämpft die von der Kirche gelehrten Untugenden mit satirischen Mitteln, die zum Teil auf der Tradition von Rabelais, zum Teil auf einer straffen argumentativen Strategie basieren. Seine *Dialogues du desordre qui est a present au monde* (1545, 1561 erweitert) bieten hingegen weniger eine doktrinäre Diskussion als eine anthropologische Reflexion, welche, oft auf Vergleiche gestützt, die Natur des Menschen analysiert und sich durch heterogene Argumente absichert. R. I. Vulcan bemerkt in *Savoir et rhétorique dans les dialogues français entre 1515 et 1550*: »Die Besonderheit dieses Diskurses basiert auf der für einen modernen Leser befremdenden Assoziation von zoologischen Bemerkungen, symbolischen Gegebenheiten, sozialen und moralischen Betrachtungen über den Menschen, die Gesellschaft und die Kirche.«

Pierre Viret schreibt sich in die Kunst des gesprochenen, rationalen und familiären Wortes ein, die den humanistischen Dialog charakterisiert; er verwendet die Sprache des Alltags, auch wenn sie grob und ungenau ist, weil es die Sprache des Landes und auch die seinige ist; im Vorwort zu seinen *Disputations chrestiennes* von 1544 heißt es:

*Disputations chrestiennes*

[...] da ich die Eigenart des Landes, aus dem ich stamme, kenne, habe ich manchmal ganz bewusst gewisse Wörter benutzt, die von denjenigen, die sich für die Reinheit der französischen Sprache einsetzen, nicht anerkannt würden, aber ich mache das um der Herbheit und dem Fassungsvermögen der Ungebildetsten entgegenzukommen, die diese Wörter aus ihrem Sprachrepertoire besser verstehen als andere exquisitere.

Gilbert Guisan kommentiert dieses Zitat in einem Artikel, der sich auch mit unserem Autor befasst:

Diese Unabhängigkeit, die in der Literaturgeschichte ein Zeichen setzt – in derjenigen Frankreichs und in der unsrigen – verleiht Viret den Status eines der ersten welschen Schriftsteller und macht ihn gewissermaßen [...] zu einem Vorläufer von Ramuz.
Letztlich wird sich diese Unabhängigkeit weniger in der Wortwahl als in der Illustration bemerkbar machen.

### Dichtung und Theater des Protestantismus

*Ideal der Einfachheit*

Die Reformation fördert in der Westschweiz das Erblühen einer eigenständigen und einheitlichen Literatur, die sich in zwei komplementäre Richtungen bewegt: Die Gläubigen sollen direkt am Gottesdienst teilhaben können, und die französische Umgangssprache soll auf Kosten des Lateins und der frankoprovenzalischen Dialekte gefördert werden. Die Dichtung und das Theater der Reformationszeit, die dasselbe Ziel verfolgen, prägen eine neue Poetik, die auf stilistischer Schlichtheit und einem Ideal der Einfachheit beruht, was auf ethischer Ebene Zurückhaltung und Bescheidenheit entspricht. So kommt es, dass die Dichter, wie es Calvin selbst ausgedrückt hat, »diese ungeschliffene, fast fröhliche Einfachheit« dem »schönen Sprachgebrauch der modischen Rhetoriker« vorziehen.

Während des ganzen 16. Jhs. wird die durch Clément Marot begonnene Übersetzungsarbeit der Psalmen weitergeführt: Sie sollen in klarer und geballter Form einen hugenottischen Psalter bilden und den Bedürfnissen des Gottesdienstes entgegenkommen. 1562 publiziert Théodore de Bèze in Paris *Les cent et cinquante Pseaumes de David, mis en ryme Françoise: c'est à sçavoir quaranteneuf par Clement Marot, et le surplus par Theodore de Beze.* Die Worte dieser Psalmen haben in ihrer Form als Chorgesang die Jahrhunderte überlebt und die Grenzen überschritten.

Psalmen und hugenottisches Gesangbuch sollten lange der reformierten Frömmigkeit Genüge tun, sogar bis zum Übermaß, was dem Spott Voltaires nicht entging; doch auch die protestantische Dichtung öffnet sich langsam den profanen Gattungen, passt sich an die Lyrik an und rivalisiert mit der Gegenreformation.

*Théodore de Bèze:*
*Abraham Sacrifiant*

In dem Moment, in dem die Reformierten gegen Mitte des Jahrhunderts über ihre eigene Dichtung verfügen, wenden sie sich auch dem Theater zu, das ebenfalls auf der Suche nach einer dem Theaterpublikum verständlichen Sprache ist. *Abraham sacrifiant* von Théodore de Bèze, 1550 durch Studenten der Akademie von Lausanne uraufgeführt, ist das erste Stück der französischen Theaterliteratur; es greift gleichzeitig auf die Mysterienspiele und die antike Tragödie zurück. In seinem »Salut aux lecteurs« schreibt Bèze: »Ich wollte weder Ausdrücke noch Redewendungen verwenden, die dem allgemeinen Gebrauch allzu fremd sind.« Noch heute besticht der Text durch seine rigorose, sehr einfache Versform, die sich durch Parallelismen und Antithesen, Anaphern und Wiederholungen sowie die Prägnanz der Redewendungen auszeichnet.

Olivier Pot schreibt:

> Zentral ist die Ablehnung des Bildes und der Figuren, die Abschaffung jeglicher Form rhetorischer Darstellung, welche durch die Schlichtheit des reinen Wortes signalisiert wird. Philippe Jaccottet wird diese Askese der Sprache weiterführen, die Wahl einer rein verinnerlichten, meditativen und konzeptuellen Inspiration, die von den Dichtern des Barock oder den englischen »metaphysical poets« ausgeschlachtet wurde, führt eine neue Intonation der Poesie der Seele in die literarische Produktion jener Epoche ein, wo Verängstigung, Einsamkeit und Tod dominieren, die aber auch durch die Anhörung des göttlichen Gesangs sublimiert wird.

Agrippa d'Aubigné ist eng mit Genf verbunden, wo er zwischen 1565 und 1566 ein prägendes Studienjahr verbringt. Sehr wahrscheinlich ist ebenfalls Genf der Erscheinungsort der zweiten Auflage der *Tragiques* (1623), und nahe bei Genf, im Château du Crest bei Jussy, verbringt er seine letzten zehn Lebensjahre, schreibt sein Testament und veröffentlicht es mit dem bescheidenen Titel *Petites Œuvres meslees* (1630); seine in verschiedenen Versformen verfassten Gedichte zeichnen sich in ihrem Kern durch eine innere Ruhe aus, die über die Leidenschaften gesiegt hat.

*Agrippa d'Aubigné*

# Das 18. Jahrhundert

Während in Frankreich der Klassizismus triumphiert, gleicht das 17. Jh. in der welschen Schweiz einer Wüste, was zwei Ursachen haben kann. Eine sozio-historische Ursache gründet in der Isolationssituation der französischen Schweiz und in ihrer Aufsplitterung – die dreizehn Orte der Eidgenossenschaft, ein- und deutschsprachig, kämpften nicht nur gegenüber dem Reich, sondern auch gegenüber den Expansionsgelüsten Frankreichs um ihre Unabhängigkeit, und versuchten, tragende wirtschaftliche und politische Strukturen aufzubauen, wie Roger Francillon in seinem Kapitel »Le cas de Genève: un laboratoire de la Révolution« darlegt. Als zweite Ursache kann man die dominierende Rolle des calvinistisch geprägten theologischen Unterrichts erwähnen, welche weder der Entfaltung der Künste, noch der Literatur zuträglich ist und sogar jegliche Theateraufführung verbietet; aber dank der Wissbegierde, welche die Anfänge der Reformation gekennzeichnet hat, werden sich die normativen, didaktischen, genauen und naturwissenschaftlichen Fächer entwickeln und im 18. Jh. zur Blüte gelangen.

In diesem Jahrhundert entsteht in Europa auch der Mythus der Schweiz als Ideen- und Repräsentationsträger, der durch die Gegenüberstellung und den Vergleich verschiedener Länder, Kulturen und Sitten seine Eigendynamik entwickelt. Der Erste, Béat de Muralt (dt. Beat von Muralt), ein französisch sprechender Berner Patrizier, verfasst, nach seiner 1694–1695 erfolgten Reise nach England und einem Aufenthalt in Frankreich, seine *Lettres sur les Anglais et les Français*, gefolgt von den *Lettres sur les voyages*, die er im Laufe des letzten Jahrzehnts des Jahrhunderts redigiert, aber erst 1725 veröffentlicht; in gewisser Hinsicht kündigen sie Montesquieus *Lettres persanes* (1721) und Voltaires *Lettres anglaises* (1734) an. Der Reisende schwört auf die Überlegenheit Englands, was eine anti-französische Geisteshaltung einläutet; er schwärmt für Einfachheit der Sitten, die Ehrlichkeit der Menschen und deren Liebe zur Natur; er verurteilt die Reisläuferei und glaubt, dass die Neutralität der einzig sinnvolle Weg für die sich formierende Schweiz dar-

*Béat de Muralt*

stellt. Seine Ausführungen aus der Sicht eines Fremden legen den Grundstein
zur Infragestellung der französischen Werte, obwohl Muralt auf Französisch
schreibt (seine Briefe richten sich an einen anonym gebliebenen Berner
Freund); Rousseau wird diese Technik in all seinen Werken anwenden (Jean
Starobinski hat in seinem Artikel *L'Ecart romanesque* die Situation des Zu-
schauers als »écart fécond«, fruchtbare Distanz, bezeichnet und sie auf einen
Teil der welschen Produktion angewandt). Muralts Briefe, mutig und sogar
provozierend, kämpfen mit ihrer schlichten Sprache gegen den französischen
Imperialismus; sie stoßen auf ein enormes Echo und können als erster Aus-
druck des literarischen Kosmopolitismus angesehen werden.

*Jean-Jacques Rousseau*     Jean-Jacques Rousseau ist es schließlich, der diesem Mythus der Schweiz
seine europäische Dimension verleiht; in der *Nouvelle Héloïse* lässt er aufs
Schönste die Gegend des Genfersees in die Weltliteratur einfließen. Neben
Rousseau, auf den wir hier nicht weiter eingehen, arbeiten Gelehrte, die zugleich Schriftsteller sind und deren Werke der zweiten Hälfte des 18. Jh.s
Reichtum und Vielfältigkeit verleihen. Albrecht von Haller, dessen große,
neuartige Dichtung *Die Alpen* 1750 auf Französisch übersetzt wurde, erlebt
einen europaweiten Erfolg; der Genfer Henri Mallet, dessen Einführung zu
einer *Histoire du Danemark* (1755) die nordischen Mythologien und ihren
Reiz bekannt macht; der Naturwissenschaftler und Philosoph Charles Bonnet widerspricht Voltaire in seiner *Contemplation de la nature* (1764), indem
er behauptet, dass »das Christentum die beste Philosophie ist, weil es die
Perfektion der Vernunft verkörpert«. Und zuletzt hat noch Horace-Bénédict
de Saussure, Pionier der Geologie, mit seinen *Voyages dans les Alpes* (1779),
nicht nur wissenschaftlich sehr präzise Forschungen, sondern auch denkwür-
dig schöne Seiten über die Berge verfasst.

## »*Das Land der Chimären*«, endlich

Im Laufe der zweiten Hälfte des 18. Jhs. erobert sich der Roman einen Platz
auf allen Gebieten der literarischen Produktion der Westschweiz; er bezieht
das weitläufige Feld der Imagination mit ein, in dem er auf Gefühle und
Sensibilität zurückgreift, was auch die Schriftstellerinnen zum Zuge kommen
lässt.

*La Nouvelle Héloïse*       Es ist die *Nouvelle Héloïse* (1761), die dank ihrer inneren und äußeren
Kräfte eine Bresche schlägt in einem Umfeld, wo Unterhaltung verpönt ist,
und in schwierigen Zeiten für die Schweiz und Europa. Das »Land der Chi-
mären« installiert seine ambivalenten Koordinaten in der kleinen aber großartigen Genferseegegend und wartet darauf, ausgebreitet, erklärt und durch-
ackert zu werden. Michel Delon schreibt:

> Kein Werk illustriert so lebhaft das Ideal einer Schweiz als Vermittlerin wie die
> *Nouvelle Héloïse*. Der Roman, der einer größten Erfolge des Jahrhunderts war
> und ganz Europa zum Weinen brachte, bezieht seine emotionale Stärke aus der
> Schönheit des Genfersees, aus dem Verhältnis, das Rousseau zur Gegend seiner
> Jugend unterhielt, und aus der symbolischen Lage der Handlungsorte. So wie es
> der Autor verstand, seinem individuellen Fall eine allgemeine Tragweite zu ver-
> leihen, so erhalten die Seeufer unter seiner Feder eine universelle Dimension.

Um dieser politischen, sozialen und kulturellen Übergangsepoche halbwegs
gerecht zu werden, vergleicht man am besten die Situation dreier Romanschriftstellerinnen miteinander, die dank ihrer Erziehung mit gewissen Zügen
des Ancien Régime verbunden bleiben; sie sind aber auch die mehr oder weniger direkten Vorboten einer Neuorientierung der Sensibilität und der Gedankenwelt und treten alle drei in die Fußstapfen Jean-Jacques Rousseaus.

In Neuenburg unterhält Isabelle de Charrière ein weit gefächertes Netz von Brieffreundschaften mit hoch stehenden Persönlichkeiten, aber auch mit Leuten jeglichen Ranges und Standes; sie ist ein gutes Beispiel einer Dame von Welt, die sich für alle Kunstgattungen interessiert, aber mit Vorliebe Literatur und Musik praktiziert. Ihre aristokratische Erziehung, ihre Lebensumstände und Lebenserfahrungen lassen sie die Unsicherheiten einer beängstigenden Zukunft erahnen. Sie verfasst kurze Briefromane, die in einer lokalen, familiären Wirklichkeit spielen, deren Genauigkeit und Wahrhaftigkeit der Beschreibungen an die Genrebilder der Malerei erinnern: *Lettres neuchâteloises* (1784), *Lettres de Mistress Henley* (1784), *Lettres écrites de Lausanne* (1788), oder andere, die sich durch ihre subtilen narrativen Strategien auszeichnen, wie *Trois femmes* (1797). Sie selbst schreibt ihren Romanen keinen hohen Stellenwert zu, währenddem besonders die neuere Kritik in ihrem Werk die große Kohärenz, die schwärmerische Schlagkraft, die einfühlsame und psychologische Vielfalt, die offenen Enden lobt. Sie bleibt »honnête, ehrlich« in ihrer Kunst, so wie es die Künstler des Ancien Régime waren. Abgesehen vom Thema des Ehrgeizes, das in den meisten Werken der Zeit vorkommt, geht sie, mit Hilfe der Debattiertechnik der verschiedenen Protagonisten, auf die Wichtigkeit von Kants Philosophie ein und begegnet dem Begriff des Pflichtbewusstseins mit dem Skeptizismus eines Montaigne. Ihre Romane wurden vom welschen Publikum, und vorzüglich in Lausanne und Neuenburg, ungnädig aufgenommen, denn es war nicht gewöhnt, »sich in Erzählungen abgebildet zu sehen, die weder dem ›romanhaft‹ Exotischen, noch der moralisch sozialen Idealisierung« opferten, wie Claire Jaquier es formuliert. Um sie herum tauchen etliche Nacheiferinnen auf, Romanschreiberinnen oder Übersetzerinnen, aber auch Erzieherinnen.

Isabelle de Montolieu, Autorin der »école de Lausanne, der Schule von Lausanne« nach einem Ausdruck Napoleons, veröffentlicht Erzählungen, Romane, historische Abhandlungen; 1824 adaptiert und vollendet sie den Roman von Johann David Wyss, *Le Robinson suisse, ou journal d'un père de famille naufragé avec ses enfants* (*Der Schweizer Robinson oder der Schweizer-Prediger und seine Familie*, herausgegeben und bearbeitet von Johann Rudolf Wyss, 1812–1827). Sie verfasst gefühlsbetonte Serien, ihren größten Erfolg feiert sie mit *Caroline de Lichtfield* (1786), einem Roman mit glücklichem Ausgang, denn »Herz und soziale Gesetze stimmen ein auf eine Harmonie, die wie eine versüßlichte Variante der Julie der *Nouvelle Héloïse* aussieht«, wie Claire Jaquier sagt. Ihre Themen adaptiert sie von den zeitgenössischen deutschen und englischen Romanen, die sie teilweise auch übersetzt. Sie lebt von ihrer Feder und produziert dementsprechend viel. Sie schreibt eher Unterhaltungs- als Bildungsromane und hat ein mehrheitlich weibliches Publikum im Visier. Sie ist eine Vorläuferin der zukünftigen Romanschriftstellerinnen, wie zum Beispiel George Sand, allerdings in einem ganz anderen sozio-politischen Umfeld.

Germaine Necker, Baronin von Staël-Holstein, hat wie die ganze Gruppe von Coppet politische, historische und kritische Essais verfasst, unter anderem auch einen über die Rolle der Fiktionen; in ihren zwei berühmten Romanen, *Delphine* (1802) und *Corinne* (1807), versucht sie gewissermaßen, die Ideen, welche die Revolution und ihre Auswüchse ins Bewusstsein gebracht haben, durch die freie narrative Gestaltung auf die Probe zu stellen; sie experimentiert mit den Gefühlen, ringt mit der äußeren Realität, das heißt mit der Geschichte und all ihren sozialen Konsequenzen.

Sie arbeitet auch an Form und Struktur, nach einem Kunstverständnis, das sie im Rahmen der Salonkonversation erlernt hat. Ihr Erstling ist ein Briefro-

*Isabelle de Charrières Briefromane*

Isabelle de Charrière

*Isabelle de Montolieu*

*Germaine de Staël*

Germaine de Staël

*Die Gruppe von Coppet*

man, in dem sich verschiedene Meinungen überkreuzen, der zweite Roman ist einer der ersten, der in der dritten Person abgefasst ist und kündigt den Realismus an. Die Themen, die sie anschneidet, insbesondere das Thema des Genies und des Glücks, das einer neuen Idee im 18. Jh. entspricht und es erlaubt, die Distanz zu messen, die sie von Isabelle de Charrière trennt, diese Themen gehören schon zur Romantik, die sie dank ihrer Diskussionen und Gespräche mit einigen der berühmtesten deutschen Schriftstellern ihrer Zeit, darunter den Gebrüdern Schlegel, kennen gelernt hatte.

Germaine de Staël und Benjamin Constant bilden auf Grund ihres familiären Hintergrundes und ihrer unterschiedlichen Interessen die beiden Pole, welche die »Gruppe von Coppet« beleben, wie sie im nachhinein genannt wurde; sie repräsentieren aufs Trefflichste den Kosmopolitismus und die Interdisziplinarität, die ihnen in einer Zeit des Übergangs ihre Stärke verleiht. Sie treiben »die Funktion einer Schweiz als Mediatorin, um die kulturellen, religiösen, ideologischen und fachlichen Verschiedenheiten zu überwinden« voran, wie es Michel Delon ausdrückt. Sie animieren einen Ort, das Schloss von Coppet, wohin Germaine de Staël von Napoleon verbannt worden war, an dem sie Ideen sammeln und voller Tatendrang ihre Umsetzung planen.

Die Originalität der Gruppe beruht zum Ersten auf ihrer »spontanen Organisation« (wenn man es wagen darf dieses Oxymoron anzuwenden) um mehrere Kulturen (die sich im Lauf des 19. Jh.s zu Nationen oder Nationalitäten entwickeln werden, Begriffe, die übrigens gerade durch die Gruppe von Coppet in Umlauf gebracht wurden), um mehrere Generationen (die dementsprechend verschiedene Ansichten über den Verlauf der Geschichte haben) und um mehrere Studien- und Kenntnisbereiche. Ihre oftmals unterschiedlichen Positionen und Meinungen verleihen dem Dialog Auftrieb und gefährden nicht das gemeinsame Ziel: Das Interesse für die Ideen soll fortbestehen, die philosophischen Prinzipien und besonders der kantische Idealismus sollen die Grundlage bilden, um das notwendige Substrat der verschiedenen Disziplinen, inbegriffen Moral und Religion, zu sichern und der Ästhetik einen hervorragenden Platz einzuräumen, der es insbesondere erlauben soll den Begriff des Geschmacks zu erweitern.

Ihre Modernität beruht auch auf dem gewichtigen Rang, welcher der Politik und der Aktion zugeschrieben wird. Simone Balayé schreibt 1972 in einem innovativen Kapitel über die Gruppe von Coppet: »Auch wenn die Übereinstimmung nicht total ist, so herrscht im Großen und Ganzen doch der gleiche Liberalismus wie in der Literatur.«

Und schließlich fußt ihre Innovationskraft auf dem dialektischen Hin und Her, das sie zwischen den spekulativen Ideen und der Kreativität, im Besonderen der literarischen, herstellen, anstatt sie zu trennen. Den Fiktionen wohnt diese Dynamik inne, dass sie die verschiedenen Visionen der Welt sowie die kulturellen Repräsentationen, welche die Kunstwerke je nach Thema und Form darstellen, auf die Probe stellen. Mythen, Tragödien, Erzählungen, alles wird zum Ausgangspunkt für Überlegungen über die Gegenwart, die versucht, sich von der Tradition zu lösen und eine Offenheit gegenüber Europa zu konstruieren.

1795 veröffentlicht Mme de Staël einen *Essai sur les fictions*, der verdeutlicht, was sie von einer nicht auf Unterhaltung ausgerichteten Gattung erwartet: Diese müsse die Fähigkeit haben, die Verschiedenartigkeit der Charaktere, der Gefühle und der sozialen Gegebenheiten darzustellen. Ihrem Wunsch entsprechend sollen die Fiktionen thematisch erweitert werden; sie würden es auch erlauben, einen Blick auf die neuere und sogar zeitgenössische Geschichte zu werfen. Zusätzlich betrachtet sie in ihren Werken *De la littérature dans ses rapports avec l'institution* (1800) und *De l'Allemagne* (1810) die literarische Produktion als Ganzes (im weitesten Sinn des Wortes).

Bei Benjamin Constant ist es die nach innen gerichtete Schreibweise in der ersten Person, die alle Register zieht, sei dies in seinem Roman *Adolphe* (1816, 1806 verfasst) oder in seinem *Journal intime,* das sich auf dieselbe Stufe stellen lässt wie seine Traktate und Essais über politische, wirtschaftliche, moralische oder religiöse Fragen. Sogar der Wirtschaftsspezialist Simonde de Sismondi publiziert einen historischen Roman, *Julia Sévéra, ou l'an quatre cent quatre-vingt-douze* (1822), der den wirtschaftlichen, historischen und sozialen Fragen, die den Autor interessieren, mehr Platz einräumt als es den Anschein hat. In seinem schon erwähnten Artikel schreibt Michel Delon:

*Benjamin Constant und Simonde de Sismondi*

> Indem er die Liebe zwischen der heidnischen Julia und dem christlichen Felix im 5. Jh. beschreibt, prangert Sismondi ohne Anachronismen den gotischen Aberglauben an und zeigt die wirtschaftlichen und sozialen Realitäten Galliens zu jener Zeit auf. Die Nachwelt hat den Roman nicht für erinnerungswert gehalten; nichtsdestotrotz ist er Teil eines kreativen Aufschwungs, der die Fiktion mit der Theorie und das Erfundene mit der Geschichte assoziiert.

Die Geschichte einer Gruppe zu skizzieren ist ein schwieriges Unterfangen, wenn man sie nicht auf ihre herausragenden Vertreter beschränken will. Wenn die Gruppe von Coppet noch heute ein faszinierendes Studienobjekt ist, so liegt das einerseits an den historischen Umständen, unter welchen die verschiedenen Teilnehmer ihren politischen liberal ausgerichteten Aktionismus praktiziert haben und andererseits an ihrem ungebrochenen Arbeitswillen, theoretisch wie praktisch, dessen Ziel es war, mögliche Artikulationen in allen Disziplinen des Geistes, einschließlich der Künste, aufzuzeigen. Michel Delon beschließt seinen Artikel folgendermaßen:

> Außerhalb der Hauptstädte und der Machtzirkel haben eine Hand voll Freunde und ihre Korrespondenten bewiesen, dass man gleichzeitig den Dialog und den Sinn für die Unterschiede, die Einheit des Wissens und die Vielfältigkeit der Kulturen pflegen konnte. Die Zerreißproben des Exils und die Divergenzen der Persönlichkeiten haben aus dieser Allianz keinen Ort der Ruhe gemacht, aber das Gleichgewicht zwischen den verschiedenen Nationalitäten, die trennend wirken, und der Geschichte, die zusammenführt, bleibt ein Vorbild und ein Ideal.

# Das 19. Jahrhundert

Es ist die Bundesverfassung von 1848, die im Jahrhundert der Nationalitäten die Grundlage für die Schweiz, wie wir sie heute kennen, legt: ein mehrsprachiger und multikultureller Staat. In Bezug auf die französische Schweiz kann man das Jahrhundert in drei Perioden aufteilen.

Die erste, von 1815 bis 1848, ist die Zeit, in der sich die Schweiz politisch, wirtschaftlich und administrativ organisiert; Schriftsteller, Denker, Philosophen, Künstler setzen es sich zum Ziel, der Schweiz zu einer nationalen Literatur zu verhelfen. In der französischen Schweiz paart sich die Suche nach einer welschen Identität mit der je nach Schriftsteller mehr oder weniger ausgeprägten Ablehnung der spezifischen Werte Frankreichs.

Die zweite Periode dauert bis zu den Jahren um 1880: Die Aufgabe der Schriftsteller und Künstler ist gegeben, und ihre Werke werden nicht nach einem ästhetischen Gesichtspunkt beurteilt, sondern nach ihrer Konformität mit den identifizierenden Bedürfnissen des Landes. Die Distanz zu Frankreich nimmt erheblich zu und geht in Richtung Abkapselung, ja sogar Ausgrenzung.

Die dritte Periode betrifft die Jahrhundertwende, wo Nationalfeiern und Werke wie die *Histoires littéraires* von Philippe Godet und Virgile Rossel die Solidität und den Reichtum der Literatur der welschen Schweiz feierlich bestätigen, ohne dass es ihnen gelingt, die Anzeichen des Überdrusses von all dieser »bonne littérature«, guten Literatur, die mit soviel »bons sentiments«, guten Gefühlen, gemacht worden ist, ganz zu verbergen; ein Gefühl der Unruhe macht sich innerhalb der Texte bemerkbar; die ersten Zeichen einer neuen Kunstauffassung können erkannt werden, die sich auf der Suche nach Autonomie und Freiheit trotzdem am Handwerk und an ästhetischen Grundsätzen orientiert.

*Programmatische Schriften*

Drei Arten von literarischen Werken kennzeichnen das ganze Jahrhundert. Programmatische Texte wie Manifeste, Leitartikel in Zeitschriften, Flug- und Schmähschriften oder Pamphlete legen mit ihren Widersprüchen und Gegensätzen, aber auch mit dem sie kennzeichnenden Wunsch nach Veränderung Zeugnis ab von der Suche nach der problematischen Identität. Das berühmteste Werk dieser Art ist eine Abhandlung von Henri-Frédéric Amiel mit ihrem neoklassischen Titel *Du mouvement littéraire dans la Suisse romane, et de son avenir* (1849), die eine welsche Schweiz im Werden wie eine »symbolische Vorwegnahme der geistigen Einheit, welche die Zukunft realisieren kann« als These präsentiert. Indem er auf bitterböse Art dem französischen Zentralismus den schweizerischen Föderalismus gegenüberstellt unterstreicht er, dass die Zukunft der Schweiz nicht bei Frankreich, sondern in Europa liegt. Am Ende des Jahrhunderts, wie als eine Antwort auf Amiel, verfasst der in Paris ansässige Romancier aus der Waadt, Samuel Cornut, in einem Vorwort zu seinem fast patriotisch betitelten Roman *Regards vers la montagne* (1895), ein in die Zukunft gerichtetes Manifest zugunsten des welschen Romans mit dem Titel »Déclaration«; darin versucht er die literarischen und ästhetischen Prinzipien zu formulieren, welche die stilistischen Qualitäten, die dem Französischen innewohnen, mit den Tugenden einer Weltanschauung vereinigen, die gegenüber Europa offen ist. Die Bildungsromane von Romain Rolland, wie *Jean-Christophe* (1904–1912), nähern sich diesem Vorbild ebenso an wie das noch später entstandene Werk von Guy de Pourtalès *La Pêche miraculeuse* (1937).

*Naturwissenschaftliche Werke*

Daneben existiert eine Gruppe beschreibender Werke, in denen enzyklopädischer Geist und Sensibilität gegenüber der Region und der Natur, naturwissenschaftliche Beobachtung und anthropologische Neugierde, Vorliebe für Erzählungen und Legenden, die aus einer nationalen volkstümlichen Schatzkiste schöpfen, und das Bedürfnis, sich historisch abzusichern, aufeinander treffen; sie versuchen, die Fiktion in ein größeres Ganzes zu integrieren. Juste Olivier fasst in *Le Canton de Vaud* (1837) eine umfassende Betrachtung ins Auge, die er sowohl in ihrer Breite wie Tiefe ausloten kann. Daniel Maggetti schreibt in seinem Artikel über die *Ecrivains romantiques*:

> Die Anhänglichkeit an die zauberhaften Landschaften der Alpen und des Genfersees, die Liebe zum Volk, zu seinen Traditionen und Gebräuchen, charakterisieren das Werk Oliviers, das somit zu einer grundlegenden Etappe auf dem Weg zur Kristallisierung der literarischen Identität der französischen Schweiz wird.

Eugène Rambert inszeniert in den *Alpes suisses* (6 Bände, 1865–1886), einem vielfältigen und schwierig einzuordnenden Werk, die doppelte Inspiration, die dem Diskurs über die Berge zu Grunde liegt: Mit den Novellen vermischt er Erzählungen von Besteigungen und Spaziergängen, Skizzen, literarische und historische Essais, botanische und zoologische Abhandlungen, sodass sich daraus eine Reihe von Sittenbildern und poetischen Evokationen ergeben; die berühmtesten heißen: *Le Chevrier de Praz-de-Fort, La Batelière de Postunen* oder *La Marmotte au collier* (Murmeltier, das in seinem Bau philosophiert). Der Vielfalt der Materie und des Tonfalls liegt aber der Wille zur Synthese zugrunde: Es soll ein wissenschaftliches und poetisches Werk entstehen, das die Berge und ihre Komponenten wie eine »kulturell originelle Totalität« darstellt, um es mit Mondher Kilani auszudrücken.

Eugène Rambert

Daneben entstehen dichterische Werke mit didaktischer, moralischer und nationalistischer Ausrichtung, an denen man den Rückzug auf das eigene Land, die Berge und den Himmel ablesen kann, und, bei den besten unter den Lyrikern, die romantische Nostalgie der verlorenen Einheit und des Urgesangs. Das Naturgefühl, die Nähe zu idyllischen Gegenden, die in Opposition zur mineralischen Schroffheit der Berggipfel stehen, gehen Hand in Hand mit der Suche nach den historischen Orten und den legendären oder mythischen Helden; man versucht eine Poesie des Erhabenen in Harmonie mit dem zu kreierenden nationalen Ideal zu schaffen. Diese oft in gekonnter Versform komponierte Lyrik erstarrt sehr schnell und setzt sich bald nur noch aus einer beschränkten Anzahl von Klischees zusammen. Der einzige romantische Dichter, der eine gewisse Aufmerksamkeit verdient, ist Juste Olivier: Sein Zurückgreifen auf vielfältige Gattungen, seine Liebe zum Lied und zur Volksdichtung sowie sein besonderer Sinn für die Natur prägen seine *Chansons lointaines* (1847) oder seine *Chansons du soir* (1867). Ein paar begabte Meteoren, die aber durch tragische Umstände früh aus dem Leben schieden, haben Spuren bis ans Ende des Jahrhunderts hinterlassen: zum Beispiel Imbert Galloix, der von Victor Hugo in Paris empfangen wurde, Frédéric Monneron und Henri Durand, die von metaphysischen Zweifeln geplagt wurden, oder Etienne Eggis, eine beispielhafte Figur die Bohème, die in Deutschland umherirrte, und zum Schluss die sehr junge und ehrgeizige Alice de Chambrier, deren postume Gedichte *Au-delà* (1883) auf einen erstaunlichen Widerhall in der französischen Schweiz stießen.

*Moraldidaxe, Naturgefühl und Nationalismus*

Der Hauptvertreter der Literaturkritik ist Alexandre Vinet, Theologe, 1817–1837 Professor der französischen Sprache und Literatur in Basel, 1837–1845 Professor für praktische Theologie an der Akademie von Lausanne und schließlich 1845–1846 für französische Literatur. Seine ganze Existenz, sein Leben, seine Taten und Gefühle sind von einer protestantisch religiösen Vision geprägt: Er spricht nie von Kalvinismus, sondern nimmt immer den allgemein übergreifenden Standpunkt des Christentums ein. Er übte seinen immensen Einfluss mit dem Wort aus – sei dies dasjenige des Pädagogen, des Professors für französische Sprache und Literatur oder des engagierten Theologen – und mit kritischen Artikeln über Literatur, Soziologie oder Religion. Im Grunde ist er ein Klassiker aus Überzeugung und Pflichtgefühl, wie seine *Etudes sur Blaise Pascal* (1848) beweisen. Trefflichkeit und Öffnung gegenüber dem Absoluten charakterisieren Vinet und Pascal, die beide, jeder zu seiner Zeit, normative Disziplinen studiert haben, der eine Theologie, der andere Mathematik; Vinet ist stark von der Lektüre der zeitgenössischen romantischen Schriftsteller beeindruckt, deren farbenfroher und subjektiver Stil ihn fasziniert: Chateaubriand, Lamartine oder Michelet, Victor Hugo oder George Sand. Seine *Etudes sur la littérature française au XIXe siècle* (1849–1851) legen Zeugnis ab von dieser Bewunderung und offenbaren zugleich seine eigene moralische Selbstzensur.

*Alexandre Vinet*

Seine Sprachauffassung ist ethisch, was eine genaue Kenntnis der Grammatik und der Rhetorik voraussetzt; sie ist das Instrument zur Selbsterkenntnis, zur Kenntnis des Anderen und Gottes: Die Nichtbeherrschung der Sprache hätte seiner Meinung nach verheerende Folgen und würde zur absoluten Vereinsamung führen; in seinen *Etudes sur la littérature française au XIXe siècle* hat er geschrieben: »In den Gedanken Gottes gibt es kein *ungefähr*.«

Vor diesem literarischen Hintergrund heben sich zwei Schriftsteller ab, die zwar auch, mit mehr oder weniger glücklicher Hand, am nationalen, literarischen und moralischen Programm mitgearbeitet haben, die es aber vorgezogen haben, gewisse unerwartete und seltsame Wege einzuschlagen, denen sie heute ihre Modernität verdanken: Töpffer und Amiel. Zur Illustration der Jahrhundertwende dienen Edouard Rod und Philippe Monnier.

## Rodolphe Töpffer

Als Internatsvorsteher und Professor für Rhetorik und Literatur an der Akademie von Genf verfasst er Novellen, u.a. *La biliothèque de mon oncle* in seinen *Nouvelles genevoises* (1841), zwei Romane: *Le Presbytère* (1832) und *Rosa et Gertrude* (1847), Notizen über die schönen Künste (*Réflexions et menus propos d'un peintre genevois*, 1832–1843) und Reisebeschreibungen (*Voyages en zigzag*, 1844 und *Nouveaux voyages en zigzag*, 1854). Seine Geschichten, die das nahe Liegende, Familiäre zum Thema haben, zeichnen sich aus durch den Humor, der die Ordnung der Dinge verschiebt, die Prioritäten umkehrt, Ursache und Wirkung umkrempelt, die Proportionen verändert, den Träumereien freien Lauf lässt und die Erinnerung in den Vordergrund schiebt, die immer reeller ist als eine störende und unvorhersehbare Gegenwart. Töpffer weicht konstant vom Zentrum seiner Erzählung ab und unterbricht den roten Faden durch Exkurse. So lässt er das von Freud entdeckte Unheimliche des Lebens erkennen, die Schwankungen der Menschen und Dinge, des Willens und der Wünsche; er bedient sich eines freudigen Tempos, treffender Ausdrücke, verspielter Rhetorik, einer Polyphonie der Stimmen, wobei diejenigen Stimmen, die aus den Büchern stammen, mit denjenigen der Kinder, der Halbwüchsigen, der Verliebten oder der Dienstboten kontrastieren. Spielend deckt er die Schattenseite der Welt auf, er lässt sie wie ein Kreisel sich konstant um sich selbst drehen, um das Verschwiegene, das heuchlerische Schweigen, die Schlaumeiereien und die Manipulationen bloßzustellen.

*Ein Vorläufer des Comics*

Sein originellstes Werk ist aber die Erfindung des »livre en estampes, des Buches mit Stichen«, ein innovativer Vorläufer der Comics. Zeichnungen und Texte erzählen zusammen eine Geschichte: drei Federzeichnungen pro Seite, jede leicht eingerahmt, und unter jeder Zeichnung die Geschichte, kurz und bündig, elliptisch, handgeschrieben; zu pathetischen Situationen findet sich nur eine Zeichnung, um das Erhabene, die Apotheose, besser hervorzuheben, während zur Darstellung dramatischer und aufregender Momente die Zeichnungen dicht gedrängt sind. Töpffer vervielfältigt die Blätter nach dem Verfahren der Autographie, beschränkt sich auf sehr kleine Auflagen, verschenkt sie oder leiht sie an seine Bekannten aus. Sie sind unter dem allgemeinen Titel *Caricatures* zusammengefasst, wegen der Art der Zeichnungen, der Parodie von Abenteuer- oder Bildungsromanen, die ihnen zu Grunde liegen, der sozialen Satire, wie zum Beispiel über die Phrenologie Lavaters, über die Fortschritte der Psychologie und der Erziehung, über die romantische Subjektivität: *Monsieur Pencil, Histoire de M. Cryptogame, Les amours de M. Vieux Bois, M. Crépin, M. Jabot, Histoire d'Albert, Le Docteur Festus.*

Jeder Band wird von einem Vorwort eingeleitet, das immer auf einen festen Envoi folgt: »Geh, kleines Buch, und wähle deine Leute aus, denn wer bei den Verrücktheiten nicht lacht, der gähnt; wer sich nicht hingibt, leistet Widerstand; wer argumentiert, täuscht sich; und wer ernst bleiben will, darf das ruhig.« Die Nachwelt hat Töpffer Recht gegeben, denn seine illustrierten Geschichten werden heute regelmäßig neu aufgelegt.

### Henri-Frédéric Amiel

Der Professor für Literatur und Ästhetik, dann für Philosophie an der Akademie von Genf, ist der Verfasser eines monumentalen Tagebuches, an dem er sein Leben lang arbeitete und das unveröffentlicht blieb, wie es damals für Werke dieser Gattung üblich war. Bekannt waren nur Fragmente oder Auszüge, doch weckte sein Tagebuch ein breites Interesse, sei dies von Seiten seiner Kritiker oder von Seiten seiner Bewunderer, von Renan über Gide und Mauriac. Die 17.000 Seiten wurden erst im letzten Viertel des 20. Jh.s publiziert (11 Bände, 1976–1995) und sind von grundlegender Bedeutung.

Henri-Frédéric Amiel

Dieses Tagebuch offenbart einen Autor, der einerseits das Gefühl hat, persönlich und intellektuell ein unnützes und steriles Leben zu führen, und andererseits im Geheimen hellsichtig eine rahmensprengende, und in dieser Art seltene, introspektive Betrachtung umsetzt. Amiel hat die Gewissenserforschung, die dem Protestantismus zu Grunde liegt, in die Praxis umgesetzt; er hat sie, vor allem durch einen aufmerksamen, minutiösen und präzisen Stil verdeutlicht, aber auch synonymisch und bilderstark, wie das den Metamorphosen und Träumen eigen ist. Seine Schriften sind gleichermaßen hellsichtig und verspielt, so daß man sich fragen mag, ob er sich wohl der Bedeutung eines *work in progress* bewusst war, die ihn zwischen Montaigne, Rousseau und Freud ansiedelt.

Das zweite Merkmal erlaubt es, die intellektuellen Grundlagen Amiels und die Genesis eines welschen philosophischen Geistes offen zu legen; er sträubt sich gegen die doppelte Abhängigkeit von der intellektuellen Vorherrschaft Frankreichs und Deutschlands und sucht nach einer genferischen, welschen und nationalen Spezifik. Sein ganzes Leben lang vergleicht er die deutschen und französischen Vorbilder, ohne einen Mittelweg zu finden, um dessen Notwendigkeit er aber weiß.

Das dritte Kennzeichen lässt erkennen, dass Amiel, trotz seiner Philosophie und Wissenschaft, zu den Künstlern gehört, die durch die Melancholie geprägt werden. In einem Kapitel seiner *Métamorphoses du cercle* kommentiert G. Poulet das Symbol der Seifenblase, das von den Intimisten besonders geschätzt wird:

> Als altes barockes Symbol der Eitelkeit und der ephemeren Erscheinungen gefällt die Seifenblase Amiel, weil alles an ihr, ihre Form, ihre Reflexe, ihre Karriere und ihr Schicksal es erlauben, über die Leere, die sie aufsaugt, zu philosophieren. […] Er nannte sie, nicht ohne Pedanterie, den ›*pompholyx*‹: Ich bin, sagte er, ein über dem Abgrund hängender *pompholyx*.

Dieser Unentschiedenheit entspricht die Rückkehr zum Zentrum, was Amiel *réimplication* nannte, eine regressive Bewegung, die es erlaubt

> sich von Raum, Zeit, Körper und Leben zu befreien und abzutauchen, Kreis um Kreis, bis in die dunkelsten Winkel seines primitiven Seins und, dank unendlichen Metamorphosen, die Emotion seiner eigenen Genesis wieder zu empfinden, indem man sich in sich selbst zurückzieht bis zum virtuellen Limbus.

### Die Jahrhundertwende: Edouard Rod

Noch während seines Studiums in Lausanne reist der zukünftige Schriftsteller Rod nach Paris, um dort Zola kennen zu lernen »und eine Karriere als Schriftsteller« einzuschlagen. Dieser wichtige Schritt weist auf eine neue Haltung in der welschen Literatur hin: bewusst den Beruf des Schriftstellers ergreifen und sich unter die Fittiche eines Lehrmeisters stellen. Rod wird ein Schüler Zolas, der Naturalismus prägt seine ersten Romane: *Palmyre Veulard* (1881) und *La Femme d'Henri Vanneau* (1884), die Geschichte eines Künstlers aus der Provinz, der nach Paris geht und versagt. Mit *La Course à la mort* (1885), dem ein immenser Erfolg beschieden war, distanziert sich Rod von Zola: Er optiert für die Formel des Innenlebens und lässt seinen illusionslosen und melancholischen Helden die Fiktion eines intimen Tagebuches verfassen. Dieser lässt sich auf einer abwärts gerichteten Spirale in eine immer größer werdende Passivität treiben. Er verwischt die letzten Spuren der Zeit, die seine Einträge punktieren, zugunsten eines mechanischen Aneinanderreihens der Worte. Der Autor, der nie mit seinem anonymen Helden gleichzusetzen ist, spricht mit einer persönlicheren Stimme, und andere als nur französische Einflüsse schimmern durch, besonders Schopenhauers Pessimismus. Im Vorwort zur Neuauflage des Romans schreibt Rod: »Ich weiß nicht, inwiefern *La Course à la mort* zur Gattung ›Roman‹ zu zählen ist und wenn ich einen anderen Begriff gefunden hätte, um das Buch zu kennzeichnen, hätte ich diesen ohne zu zögern angewendet.«

*In Paris als Schüler Zolas*

*Internationale Romantradition*

Dass Rod den zeitgenössischen französischen Roman in Frage stellen kann, wie manch anderer Schriftsteller aus dem Kreis von Médan, geht auf seine Kenntnisse fremder Literaturen und Künste zurück: die italienische Literatur mit einer Übersetzung Vergas und einer Präsentation Leopardis, der schopenhauersche Pessimismus und die Musik Wagners, die er während eines längeren Deutschlandaufenthaltes gehört hat, die englische Dichtung, »welche die Immaterialität der Wörter und der Bilder« lehrt, und schließlich der russische Roman, vom Vicomte de Vogüé mit Leidenschaft bekannt gemacht, der vor allem die moralischen Werte hervorhebt, die Gogol, Dostojewski und Tolstoi zu vertreten scheinen. Dank seiner Sprachkenntnisse unterrichtet er von 1886 bis 1893, als Nachfolger des Dichters Marc Monnier, Vergleichende Literaturwissenschaft an der Universität Genf. Er hat einen wirklich europäischen Horizont, dessen Zentrum im Moment Paris wäre.

Mehr als in seinem literarischen Werk klagt Rod in seinen allgemeinen Stellungnahmen die moralischen und didaktischen Zwänge an, welche die literarische Tätigkeit behindern, verteidigt die professionelle Stellung des Schriftstellers, prangert die Trennung von Form und Inhalt an und bedauert die fehlende Neugier des Publikums. Er unterstützt die neuere Generation der welschen Schriftsteller, wie C. F. Ramuz oder E. Gilliard, und trägt dazu bei, dass die Literatur der französischen Schweiz zu ihrer eigenen künstlerischen Unabhängigkeit findet und sich aus dem 19. Jh. löst.

*... und Philippe Monnier*

Der französisch geprägten und berufsbedingten Orientierung Rods steht die welsche, die nationalen Interaktionen berücksichtigende Ausrichtung eines Philippe Monnier gegenüber. Der Sohn des Polygraphen Marc Monnier beginnt mit dem Studium der Rechte, bevor er sich der Literatur zuwendet. Da er sich in Paris nicht wohl fühlt und den mondänen Verpflichtungen gegenüber abgeneigt ist, wählt er Florenz als Wohnsitz und arbeitet an gelehrten Werken: *Le Quattrocento. Essai sur l'histoire du XVe siècle italien* (1901) und *Venise au XVIIIe siècle* (1907); gleichzeitig sendet er Novellen und Gedichte an Schweizer Periodika, wie *La Bibliothèque universelle* und *La Se-*

*maine littéraire*. Zurück in Genf, setzt er seine literarische Tätigkeit fort; er orientiert sich an den vielfältigen Möglichkeiten der Chronik, die es ihm erlaubt, seine Beobachtungen und seinen Tonfall freier zu gestalten und nach Belieben zwischen Humor und Melancholie, Hedonismus und Moralismus hin und her zu wechseln. Er erfindet eine künstlerische Sprache, die er an seine Eindrücke und an den Charme der Wörter anpasst. Er verteidigt die ortseigenen Vokabeln, denn er liebt die »alten träfen Ausdrücke und ihre direkte Herkunft« und bedient sich ihrer wie ein Feinschmecker.

Seine Chroniken, *Causeries genevoises* (1902), *Le Livre de Blaise* (1904), das Episoden aus dem Leben im Collège Calvin erzählt, *Mon village* (1909), über das Dorf Cartigny, und, postum, *La Genève de Töpffer* (1914), stoßen auf die sofortige Zustimmung der Leser. Sie befolgen drei Kompositionsprinzipien: die realistische Beobachtung mit ihren typisierten Porträts, ihren Szenen und ihrem Dekor; der Humor, bis auf die Spitze der Bissigkeit getrieben, um die Unzulänglichkeiten und Lächerlichkeiten des Nächsten und Familiärsten bloßzustellen; und die Rückblende, die es erlaubt, eine für immer verschwindende Welt einen Moment lang einzufangen.

*Chroniken*

Der Genfer Schriftsteller repräsentiert eine Epoche des Übergangs, was seine zwei Gesichter erklärt: Einerseits ist er Moralist und Zensor, schnell bereit, Vergnügen und Feste zu verurteilen, und andererseits Dichter und Ästhet, der bestrebt ist, sich eine Sprache zu eigen zu machen und das Vergnügen der Worte und des Textes zu genießen. Ramuz und seine Freunde werden die richtige Wahl treffen.

# Die erste Hälfte des 20. Jahrhunderts

## Die Autonomie der Kunst

Ein großes Verdienst von Ramuz und seiner Generation ist es, von vornherein jegliche moralisierende und didaktische Literatur abgelehnt zu haben; dieser wirft man vor, dass sie alles den Ideen, der Abstraktion, der sogenannten wissenschaftlichen Objektivität und nichts der Kunst verdankt. Ramuz geißelt sie in seinem *Journal*, das er seit seinem 17. Lebensjahr regelmäßig führt, aber auch in seinem Briefwechsel mit seinen Freunden oder in den ersten kritischen Artikeln. Um das Sehen zu erlernen, bevor man mit Schreiben oder Malen anfängt, müsse man als erstes Buchwissen, Schulwissen und ›Nützliches‹ verlernen und Tabula rasa machen. Aus diesem notwendigen Ringen mit der Kunst entsteht ihre Autonomie und die sich daraus ergebende Suche nach neuen Ausdrucksformen.

*Absage an Moraldidaxe, Buchgelehrsamkeit und Tradition*

Auf seinem ästhetischen Bildungsweg trifft Ramuz 1900 Alexandre Cingria, einen Genfer Zeitgenossen und Kosmopoliten, der Maler werden will, viel gereist ist und alle Museen Italiens kennt. Sie teilen den Enthusiasmus und den Wunsch »Werke voller Schönheit« zu erfinden. Von ähnlichem kreativem Schwung beseelt, gesellen sich der zukünftige Schriftsteller Charles-Albert Cingria, der jüngere Bruder Alexandres, der Schriftsteller werden wird, und der Kritiker und Kunsthistoriker Adrien Bovy zu ihnen. Sie nehmen an allen, von Ramuz ins Leben gerufenen, kollektiven Aktivitäten teil, von den *Pénates d'argile* (1904), Ausgangspunkt einer neuen welschen Literatur, bis hin zu *Aujourd'hui* (1929–1931), über *La Voile latine* (1905–1910) und die *Cahiers vaudois* (1914–1920). Auch weitere Freunde schließen sich ihnen augenblicklich an: Edmond Gilliard, Intellektueller und Dichter, Fernand Chavannes, Dramaturg, Paul Budry, Schriftsteller und Kunstkritiker, und, zur nächsten Generation gehörend, Gustave Roud; Maler wie René Auberjonois oder Henry Bischoff, der Musiker Ernest Ansermet, der Ramuz dank seines Formen- und Innovationssinns sehr nahe steht. Sie entscheiden sich, nach dem Motto Hodlers oder Cézannes »groß an Ort und Stelle zu sein«, mit der Absicht, eine offene und kreative Identität, ein authentisches und anspruchsvolles kulturelles Leben aufzubauen, ein widerspenstiges oder uninteressiertes Publikum anzusprechen, und den Kunstbegriff mit zahlreichen Interaktionen zu erweitern: Publikationen, Periodika, Ausstellungen, Vorträge, Konzerte, Autorenlesungen. Die *Histoire du soldat* (1918, Datum der Uraufführung in Lausanne), deren Text von Ramuz, die Musik von Igor Strawinski, die Orchesterleitung von Ernest Ansermet, das Dekor von Auberjonois sind, illustrieren besonders gut die Übereinstimmung der Künste und wie diese Generation den Weg in die Modernität eingeschlagen hat.

## Charles Ferdinand Ramuz

*Lebensstationen: Lausanne – Paris – Genfersee*

Mit 18 Jahren vertraut Ramuz seiner Mutter den Wunsch an, lieber Schriftsteller als Lehrer, Advokat oder Pfarrer zu werden. In Lausanne geboren, Sohn eines Kaufmanns, väterlicherseits Enkel von Bauern und mütterlicherseits von Weinbauern, durchläuft er wie ein braves Kind seine ganze Schulzeit bis zum Abschluss 1900 mit einem Lizenziat in klassischer Philologie an der Universität Lausanne; hinter dieser Folgsamkeit versteckt sich ein von Zweifeln geplagter und ehrgeiziger Halbwüchsiger, Ästhet und Melancholiker, der bereit ist, alles der Kunst, seinem einzigen Lebensziel, zu opfern. Von 1900 bis 1914 lebt und publiziert er in Paris und verbringt die Sommermonate in der Schweiz. 1907 entdeckt er das Wallis, dessen heftige Kontraste er zu würdigen weiß, seien diese landschaftlich, menschlich oder sozial; seine schönsten Romane spielen vor diesem wilden Hintergrund.

Im Mai 1914 lässt er sich mit seiner Frau und seiner Tochter in Treytorrens am Ufer des Genfersees nieder; im Mai 1930 kauft er in Pully, zwischen Weinbergen und See, ein großes Weinbauernhaus, La Muette (der Name weist auf ein Jagdrelais, in dem die Meute gehalten wird), wo er seine Tage beenden wird.

Nach 1903 verläuft sein Leben zum größten Teil im Gleichklang mit der regelmäßigen, wenn auch oft schwierigen Herausgabe seines Werkes. Er ist ein bemerkenswerter Briefschreiber und ein langatmiger Selbstbeobachter: Er hält von 1895 bis 1947 täglich seine Betrachtungen über die Schreibmodalitäten, seine verlegerische Arbeit, seine Kunst, zu leben und zu sterben fest.

*Ethik und Ästhetik*

Ramuz hat mit Nachdruck in einem Manifest, *Raison d'être* (1914), in seiner *Lettre à Bernard Grasset* (1928–1929) oder in *Paris, notes d'un Vaudois* (1938) über die problematische Identität des welschen Schriftstellers reflektiert, über seine Situation der Nähe und der Distanz, der Vertrautheit und des Fremdseins gegenüber Frankreich. Das Überqueren der Juragrenze während seiner Hin- und Rückfahrten zwischen Lausanne und Paris oder die Transgressionen aller Art, die seine Sprache und seinen Stil kennzeichnen, illustrieren diese dialektische Pendelbewegung zwischen Innen und Außen, zwischen Identität und Anderssein.

Da die französische Sprache mit all ihren Zwängen und unendlichen Möglichkeiten das Ausgangsmaterial des Schriftstellers ist, wird Ramuz als Nichtfranzose seine eigene Sprache erfinden, die seine ersten sensorischen Erfahrungen und Modulationen berücksichtigt; er wird nie aufhören, sie in

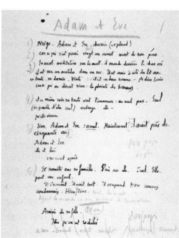

seinem Gedächtnis zu erforschen und ihre Kontraste und Rhythmen in seiner
Prosa wiederzugeben. Auf der Suche nach seinem eigenen Stil zieht er es vor,
nicht das Vokabular, das zur Kategorie des Pittoresken gehört, sondern die
Syntax in Frage zu stellen; er erfindet eine »langue-geste, Sprachgestik«,
konkret, präzis, ganz auf Wiederholungen und Ellipsen, Missklängen und
Symmetrien, singenden oder kontrastreichen Intonationen, Erklärungen und
Auslassungen aufgebaut, wie die gesprochene Sprache. Er stellt diese Sprache
der Bewegung, der Konfrontation der Stimmen und des Schweigens, der
»langue-signe, der Zeichensprache« gegenüber, abstrakt, elegant und konzis.
Er verteidigt seine expressiven Praktiken des Schreibens in seiner »Lettre à
Bernard Grasset«, die übrigens für alle sich der polyphonen Werte einer
Sprache bewussten Schriftsteller ihre Gültigkeit hat.

Charles-Ferdinand Ramuz

Manuskript *Adam und Eva* von Ramuz

Romane und Novellen bilden den Hauptteil seines Werkes. In einer ersten
Phase konstruiert Ramuz ein realistisches Werk, mit Ausblicken auf das Fan-
tastische und Tragische, zentriert auf ein Individuum und dessen Schicksal:
von *Aline* (1905) bis *Vie de Samuel Belet* (1913) über *Jean-Luc persécuté*
(1909). In einer zweiten Phase wendet er sich kleinen besonnenen, fast vergessenen Kollektivitäten zu, die von sich nähernden kosmischen Katastrophen, Kriegen, fremden Gestalten bedroht werden: von *Règne de l'esprit
malin* (1917) bis *Passage du poète* (1923). Während der dritten Phase meditiert er über die großen metaphysischen Herausforderungen: Bergromane,
die Menschen vor den Urkräften der Natur darstellen – *La Grande Peur dans
la montagne* (1926), *Derborence* (1934), *Si le soleil ne revenait pas* (1937) –
wechseln sich ab mit Seeromanen, die Individuen im Kampf mit dem Absoluten zum Thema haben – *L'Amour du monde* (1925), *La Beauté sur la terre*
(1827), *Adam et Eve* (1932), *Le Garçon savoyard* (1936). Die Grenzen zwischen den beiden Gruppen sind beweglich, wie das Beispiel *Farinet ou la
fausse monnaie* (1932) beweist, ein Roman, der nicht nur die Beziehung zum
Geld behandelt, sondern die viel wichtigere zur Freiheit. Die Novellen begleiten die Romane wie ein Versuchslabor, in dem die narrativen und poetischen
Möglichkeiten ausprobiert werden.

*Ein tragisches Universum*

In seinen theoretischen Essais kommt Ramuz einerseits auf seine zentralen
ästhetischen und ethischen Stellungnahmen zurück, die er in seinen Romanen behandelt hat: die wichtige Bauernfrage, die Rolle der Technik, des
Fortschritts, der Städte. Er reflektiert die Bedeutung seiner Gegenwart, in der

*Die Sorge um das Zeitgenössische*

Ideologien des Christentums und des Kommunismus aufeinanderprallen. Mit dem Verleger Henry-Louis Mermod und dem Dichter Gustave Roud gründet er die Wochenzeitung *Aujourd'hui* (1929–1931); er zeichnet ihre Hauptlinien im Leitartikel und geht ohne Übergang vom Konkreten zum Metaphysischen über: »Die Liebe, die man seiner Zeit gegenüber empfindet, hat nur einen Sinn, wenn sie mit der Liebe gegenüber dem Menschen selbst verschmilzt.« In *Taille de l'homme* (1933), *Questions* (1935), *Besoin de grandeur* (1937) wendet er den fragenden Modus an, was ihm erlaubt, offen und hellsichtig gegenüber seiner Zeit zu bleiben, trotz seiner pessimistischen Imagination und seiner Hoffnungslosigkeit, die derjenigen eines Bernanos oder Unamunos in nichts nachsteht.

In *Decouverte du monde* (1939) lässt er seine Kindheit wieder aufleben, evoziert die unterschiedlichen Aspekte seines Charakters (Scheu, Stolz, Melancholie, Wünsche, Mitleid, Ehrgeiz) auf dem Hintergrund einer fast ontologischen Einsamkeit und kommt auf den Ursprung seiner literarischen Berufung zurück. In *Paris, notes d'un Vaudois* (1938) zieht er in Form von freien und ausschweifenden Notizen die Bilanz seiner Pariser Erfahrungen, was ihm erlaubt, seine Schuld gegenüber Paris einzulösen, Paris, das ihm die Möglichkeit gegeben hat, aus sich selbst auszubrechen und seine unbeugsame Andersartigkeit, ja seine Fremdheit zu unterstreichen.

Eine neue kritische Gesamtausgabe des Werks von Ramuz soll seine Arbeit genetisch, historisch und kontextuell beleuchten. In diesem Sinn schlägt sie neue Wege ein: Sie deckt die Kreativität Ramuz' in Bezug auf Sprache, Formen und Gattungen auf, und verdeutlicht, dass er den Akzent auf die Suche nach der ihm eigenen Sprache setzt und nach dem Universellen strebt.

Dank des Einflusses, den Ramuz auf mehrere Schriftstellergenerationen ausgeübt hat, hat er es der Literatur der französischen Schweiz erlaubt, sich zu emanzipieren und ihre kritisch ästhetische Doppelfunktion wahrzunehmen.

## Charles-Albert Cingria

Die beiden gegensätzlichen Schriftsteller sind befreundet, schätzen und mögen sich. Obwohl er nichts von der bei Ramuz thematisierten Bauernwelt wissen will und auch keine engere Beziehung zum Roman hat, versteht Charles-Albert Cingria die stilistische Suche und die Anschauungsart seines Zeitgenossen vollkommen. Ramuz wiederum bewundert den schillernden Stil Cingrias, schätzt seinen verwunderten Blick auf die Gegenwart und seinen Humor, der Selbstverständlichkeiten in Frage stellt.

*Gattungs-*
*transgressionen*

Die Werke Cingrias können keiner Gattung zugeordnet werden, sie stehen außerhalb jeder Kategorie, jeder Klassifikation, vermischen Fiktion und Parodie, Fabel und Erinnerung, Essay und Reisebeschreibung, Gesehenes, Alltägliches oder Außerordentliches. Meist in der ersten Person Singular und im Präsens geschrieben, gehören sie nicht zur introspektiven Tradition, die von der welschen Literatur mit Vorliebe gepflegt wurde: Das Ich ist ein aktives Subjekt, das die Welt wie ein Buch oder eine musikalische Partitur liest, und dies anschließend direkt einem imaginären Gesprächspartner erzählt, den es zum Zeugen nimmt, provoziert, zum Lachen oder zum Schweigen bringt. Die Kunst der Epistel fasziniert Cingria, von der Antike bis zu Petrarca hauptsächlich, dank der Möglichkeit der Umsetzung von Freiheit und Subjektivität.

Feindlich gesinnt gegenüber Grenzen und allem Trennenden, liebt es Cingria nach Lust und Laune im Raum zu zirkulieren, sei dieser geographisch, historisch oder kulturell, bereit, ihn auf Grund seiner Beobachtungen, Kennt-

Umschlagprojekt von
Charles Albert Cingria

nisse oder Intuition neu zu formulieren. Hier hat wahrscheinlich auch eine
der originellsten Strukturen seiner Schreibweise, seiner Konversation oder
seiner Briefe ihren Ursprung: die Exkurse, die eine mit klugen und raffinier-
ten Kombinationen zusammengesetzte Fragmentierung zur Folge haben; sie
sind Teil seiner Modernität, die bis heute wenig analysiert worden ist.

Drei Kriterien erlauben es, sein Werk nach einer thematischen statt einer
chronologischen Ordnung einzuteilen. Die erste Gruppe bildet eine Serie beschreibender und poetischer Prosatexte, die auf den Ruf der Welt in ihrer
Verschiedenartigkeit antworten: *Le Petit Labyrinthe harmonique* (1929), *Le
Canal exutoire* (1931), *Impressions d'un passant à Lausanne* (1932), *Musiques de Fribourg* (1945) oder *Le Camp de César* (1945). Darunter befinden
sich auch einige Fiktionen, die sich als initiatorische Suche, schelmische
Abenteuer, aber immer mit enttäuschendem Ausgang, präsentieren: *Les Au-
tobiographies de Brunon Pompose* (1928, sein erstes veröffentlichtes Buch),
*Le 16 juillet* (1929) oder *Pendeloques alpestres* (1929), daneben zahlreiche
Artikel, die in verschiedensten schweizerischen oder französischen Zeitschriften abgedruckt wurden.

Die zweite Gruppe umfasst gelehrte Werke über Geschichte und Musiko-
logie zwischen dem 10. und 14. Jh., die von anderen Büchern und Bibliotheken angeregt werden: *La Civilisation de Saint-Gall* (1929), *Pétrarque* (1932)
und *La Reine Berthe et sa famille, 906–1002* (1947); dazu gesellen sich unzählige Artikel, Übersetzungen, Anthologien und bis jetzt noch unveröffentlichte Texte. Es handelt sich um den willentlich konstruierten Teil seines
Werkes, um denjenigen, der ihm die beharrlichste Arbeit abgerungen hat.
Sein Wissen ist immens und seine Quellen sind vielfältig, Polemik und Kritik
schimmern oft durch. Aber er geht als Dichter und Erzähler an Geschichte
und Musik heran; seine gigantischen Tabellen, Chronologien und Genealo-
gien, seine illuminierten und mit Anmerkungen versehenen Dokumente äh-
neln dank ihrer Linien, Zeichnungen, Kollagen, ihrem Kolorit den schönsten
Seiten des »Art brut«, der primitiven Kunst, die dazu bestimmt sind, die
Herausforderungen jeglichen organisierenden Denkens aufzuzeigen.

*Werkgruppen:
beschreibende und
poetische Prosa*

*Historiographische
und musikwissen-
schaftliche Werke*

*Chroniken*

Die dritte Gruppe umfasst die Chroniken, die mit Hilfe der Bücher, Ausstellungen, Konzerte und Wettbewerbe, Tendenzen und Strömungen einfangen, welche die zeitgenössische Welt charakterisieren. Er beruft sich auf ein paar große universelle Referenzen, wie Sankt Thomas und Chesterton, seinen Bruder Alexandre, den Maler, René Auberjonois und Ramuz, Claudel und Max Jacob, Satie und Strawinski, Petrarca und Notker. Jedoch legt er sich auch einige Feindbilder zu, wie André Gide und, nach dem Bruch ihrer Freundschaft, Blaise Cendrars. Eine Lektüre der Dreißiger Jahre durch die Brille Cingrias ist anregend und erfrischend, denn sie ist parteiisch, subjektiv und verspielt. »Charles-Albert Cingria, das ist die Freiheit«, hat Jacques Chessex in *Alliance culturelle romande* geschrieben:

> Ich kenne wenig Schriftsteller seiner Generation, die sich so freudig und befreit durch das Jahrhundert und die Texte bewegt haben und so von den Konventionen, Moden, diversen philosophischen oder literarischen Terrorismen, deren Ziel es war, die Zeitgenossen einzuschüchtern, losgelöst haben.

Seine Poetik der Überraschung sowie das Prinzip des offenen Werkes gehören zum Universum des Barock. Eine Auswahl der Prosawerke ist 1985 von F. Kemp und W. Promies mit dem Titel *Dieses Land, das ein Tal ist* ins Deutsche übersetzt worden.

### Blaise Cendrars

Cingria und Cendrars hatten ähnliche Neigungen: Musik, das Latein des Mittelalters, die Landschaften Frankreichs und vor allem die Lektüre ihrer Werke. Der große Unterschied besteht darin, dass Cingria auf seinen Wanderschaften die mediterranen Gegenden mit den drei Schwerpunkten Paris, Rom und Genf bevorzugte, während Cendrars den ganzen Planeten durchstreifte, von der Schweiz bis nach Kalifornien, von Feuerland bis Peking, von Moskau bis nach Amazonien und, seinem Wunsch entsprechend, die ganze Welt zu bewohnen, sich sogar ein »Grundstück im Himmel« ausdachte. Der Erste ist ein Hedonist, der Andere ein Eroberer, sei dies auch nur des imaginären Raums oder der vulkanartigen Eingeweide des Menschen und der Erde.

*La main coupée* von Blaise Cendrars

Blaise Cendrars ist das Pseudonym von Frédéric Sauser. Mit diesem Pseudonym hat der Schriftsteller eine Laufbahn eingeschlagen, die sich entgegen seiner Schweizer Abstammung entwickelt: »Von der ›braise‹, Glut des Vornamens (BLAISE) zur ›cendre ardente‹ (CENDRARS), glühenden Asche des Namens,« schreibt Anne-Marie Jaton, »installiert sich ein ewig zurückkehrender Zyklus, der vom Feuer zur Glut, von der Glut zur immer wieder aufglühenden Asche führt«. Er betritt das literarische Parkett mit einem Paukenschlag: *Les Pâques à New York* (1912), dann *La Prose du Transsibérien et de la petite Jehanne de France* (1912–1913), eine Dichtung, die musikalisch anmutend durch die Farben und Formen Sonia Delaunays illustriert wird. Der ausgeschlossene und vergewaltigte Mensch steht im Mittelpunkt seiner Poetik. Cendrars wirft die Konventionen und Regeln über den Haufen und erneuert die Dichtung dank seiner Themen, Rhythmen und Bilder, ohne mit der volkstümlichen lyrischen Tradition eines Villon oder Péguy zu brechen.

Im September 1914 heuert Cendrars in der französischen Armee an; im September 1915 wird er von einem Geschoss getroffen, das ihm den rechten Arm abreißt. Dieses Trauma und die hautnahe Erfahrung der Gewalt bilden einen wichtigen Wendepunkt in seinem Leben und Werk. Er sucht leidenschaftlich nach einer Ausdrucksweise, die ihn kennzeichnen und repräsentieren soll, versucht sich im Journalismus, Film, in Reportagen, die Fiktion scheint seinem Bedürfnis nach Geschwindigkeit und Wechsel nicht gerecht zu werden. 1924 erkennt er in Brasilien ein magisches Land, das seinen Obsessionen und Träumen entspricht. Er veröffentlicht *L'Or, la merveilleuse histoire du général Johan August Suter* (1924), ähnlich einem großen historischen Film ganz auf Eroberung und Verlust ausgerichtet, und das komplex strukturierte Werk *Moravagine* (1926), das mit Hilfe des monströsen Helden seine inneren Doppelgänger austreiben soll.

Nach einer längeren Schweigepause, die er in Aix verbringt, entdeckt er die Schreibweise, die es ihm erlaubt, die Erlebnisse, die sein geträumtes wie auch sein reales Leben miteinander verwoben haben, mit voller Intensität und anscheinender Diskontinuität umzusetzen, einen rhapsodischen Stil und seine Mythobiographie zu erfinden. 1943 beginnt er seine »Tetralogie« und verfasst nacheinander *L'Homme foudroyé* (1945), *La Main coupée* (1946), *Bourlinguer* (1948) und *Le Lotissement du ciel* (1949). Cendrars konstruiert bewusst eine kombinierende Ästhetik, die ihre Beispiele in der Wissenschaft findet, alle Sprachebenen berücksichtigt und ihren Rhythmus durch die Rezitation, die Wiederholung, gewinnt. Anne-Marie Jaton definiert das so: »Zu dieser barocken Ästhetik des Unvollendeten, wo die Texte gleichzeitig nicht vollendet und unendlich sind, gesellt sich eine tief empfundene und geheime Freudenstimmung, die das ganze Werk durchzieht.«

*Die Tetralogie*

## Guy de Pourtalès

Im Gegensatz zu den eben besprochenen Schriftstellern, die dank ihrer Suche nach einem eigenen Weg, Ablehnung der Meister oder Vorbilder, kreativem Wagemut die Väter der Modernität waren, hat ihr Zeitgenosse Guy de Pourtalès eine traditionellere, französischere, ja sogar pariserische Haltung eingenommen. Seit 1905 lebt er in Paris, hat 1912 seine französische Staatsbürgerschaft zurückbekommen und schlägt pragmatisch die Schriftstellerkarriere ein. Er eignet sich eine literarische Formation nach seinem eigenen Geschmack und demjenigen der gerade als Lehrmeister empfundenen Schriftsteller an; daher rührt eine große stilistische Unsicherheit, die seine Dandyallüren überdecken können.

Einige Züge der Persönlichkeit von Pourtalès weisen aber auf eine gewisse Distanz zu Frankreich hin und machen aus ihm einen überzeugten Europäer. In Berlin geboren, verbringt er seine Kindheit zwischen Genf und Lausanne am Genfersee. Seine Familie ist aristokratisch und wohlhabend, ohne einer konkreten Tätigkeit nachzugehen; sie interessiert sich für Wissenschaft und Sport, aber nicht für die Künste. Unter dem Vorwand eines Chemiestudiums geht er nach Deutschland, wo er eine komplette musikalische Ausbildung durchläuft und mit Leidenschaft Wagners Opern entdeckt. Seine Familie ist kosmopolitisch, der erste Weltkrieg wird ihre zahlreichen Verbundenheiten und jegliches Gefühl einer Zugehörigkeit außer zur Kunst und/oder zur Bibel problematisch machen.

*Ein europäisches Triptychon*

Sein Werk, von bescheidenen Dimensionen, ordnet er im Nachhinein unter dem Signet »des romantischen Europa« ein; es bildet ein Triptychon. Der erste erzählerische Teil umfasst drei subjektiv realistische, stark autobiographisch geprägte Romane: *Marins d'eau douce* (1919), die Erzählung einer Kindheit am Genfersee, wo der Held Jean die Macht der Musik in enger Verbindung mit der Landschaft und der affektiven Einsamkeit entdeckt; *Montclar* (1926), »éducation sentimentale«, sentimentale Erziehung im Stile eines Benjamin Constant, wo in Briefen, Memoiren und Tagebüchern Subjektivität in komplexer Form aufgezeichnet wird – Denis de Rougemont sah in diesem seinem Lieblingsbuch sein Spiegelbild; *La Pêche miraculeuse* (1937), der Bildungsroman eines Musikers von seiner Kindheit als Waise bis zur Hochzeit, mit der Entdeckung der wahren Liebe auf der Asche jeglicher romantischer Gefühle; der Held erlebt die Kriegserfahrungen als soziale und menschliche Lehrjahre, als intime Kenntnis des erlebten Schmerzes, als eine Zeit, in der die Widerstandsmöglichkeiten dank der Musik und der Kunst auf die Probe gestellt werden. Diesen Fiktionen kann man eine Reisebeschreibung in den fernen Osten zurechnen, *Nous, à qui rien n'appartient* (1931), in der sich eine zu Ende gehende Liebesgeschichte vor dem Hintergrund einer Reise ins Land der Khmer abspielt.

*Reisebeschreibung, Biographik und autobiographische Schriften*

Die zweite Facette seines Werks ist historisch reflektierend und umfasst einerseits sechs Biographien von Musikern oder von musikbegeisterten Künstlern, wie *Louis II de Bavière ou Hamlet-Roi* (1929) und *Nietzsche en Italie* (1930), *La Vie de Franz Liszt* (1925), *Chopin ou le poète* (1927), *Wagner, histoire d'un artiste* (1932) und, um mit einem französischen Künstler, einem »Visionär des Übermaßes«, zu enden, *Berlioz et l'Europe romantique* (1939); und andererseits Gedanken zu klassischen und romantischen Schriftstellern: *De Hamlet à Swann* (1924) und *Les Affinités instinctives* (1934). Pourtalès sieht in Shakespeare gleichermaßen wie in Bach, Beethoven oder Schumann den Inbegriff der Figur des Künstlers: Er übersetzt *Maß für Maß*, *Hamlet* und den *Sturm* (*Trilogie shakespearienne*, 1928).

Die dritte Gruppe bilden autobiographische Schriften: ein *Journal*, das sich als nützlich für die Analyse der Dreißiger Jahre erweist, da er als Beteiligter doch zugleich distanziert berichtet (*Journal 1912–1919*, in Auszügen 1980 veröffentlicht und *Journal 1919–1941*, 1991 publiziert) sowie unvollendete Lebenserinnerungen: *Chaque mouche a son ombre* (teilweise als erster Teil des *Journal 1912–1919* publiziert). Seine Kriegstagebücher und seine Korrespondenz, von großer Wichtigkeit für die französisch-schweizerischen und europäischen Beziehungen, sind im Druck.

Das Werk Pourtalès verdankt seine Bedeutung der Vision eines romantischen Europa, verankert im Judeo-Christentum und seinen ästhetischen und kulturellen Werten, die vom Ersten Weltkrieg hinweggefegt worden sind. Die Zukunft Europas lässt ihn perplex zurück; als Humanist fühlt er sich mit den Enttäuschungen und Nöten der Zeit konfrontiert, deren letzte Barbareien er nicht erleben wird.

## Die Möglichkeiten der Dichtung

Mit seinem Band *Le Petit Village* versucht sich Ramuz 1903 als Erster im freien Versmaß; sein Thema ist prosaisch, seine Dichtung heischt nicht Effekt, seine Lyrik ist schlicht und verhalten. Durch diese augurale Geste zeigt er den Weg einer befreiten Poesie, die nur ästhetischen Zwängen gehorcht. Im Mai 1915 publizieren die *Cahiers vaudois* ein Heft, in dem junge Dichter zu Wort kommen: Gustave Roud und Pierre-Louis Matthey, 18 und 20 Jahre alt, sind unter den Mitarbeitern. Eine neue Generation erwacht zum poetischen Wort, der Nachwuchs ist gesichert. Die Poesie hat ihre Vorzeichen geändert und geht zu neuen Aufgaben über.

*Eine neue Generation*

## Gustave Roud

Die drei ersten in den *Cahiers vaudois* erschienenen Gedichte von Roud, *Homme*, *Vienne l'été* und *D'aube*, kündigen die wichtigsten Themen seines

Werkes an: die Erwartung der königlichen Jahreszeit, das heißt des Sommers, die angeborene Einsamkeit, den schwierigen Übergang zwischen Licht und Nacht. Es sind einige von den wenigen Gedichten seines Werkes in freien Versen, die für seinen dichterischen Werdegang aufschlussreich sind. Nach zahlreichen Versuchen, von denen sein *Journal* Zeugnis ablegt, findet er zur poetischen Prosa, die für ihn am treffendsten die Suche nach den Zeichen und die Rufe der Welt auszudrücken vermag. Er verzichtet auf die Prosodie zugunsten eines freieren Satzes, der fähig ist, die leisesten Regungen des Wesens und die unscheinbarsten Nuancen der Erinnerungsarbeit wider- *Musikalische Prosa* zuspiegeln. Die Interpunktion, die ihn bei der Versifikation vor unlösbare Probleme stellte, bedeutet nicht dasselbe für die beiden Stilarten; sie wird musikalisch.

Sein gedrängtes und konzentriertes Werk ist spiralförmig konstruiert. Es reicht von der Trennung zum »Wieder-Sehen«, vom Tod zum Leben, von der Antwort zur Frage in einer dem Lebenszyklus entgegengesetzten Ordnung. Es stellt mit starrsinniger Hartnäckigkeit die Frage, wie man »ein totes Blatt an den lebenden Baum« zurückbringen kann. Signifikanterweise beginnt es nach Manier der Romantiker mit einem *Adieu* (1927), einem großen enigmatischen Gedicht über die Trennung des Dichters von der Welt und über den herumirrenden, »von den Menschen verworfenen« Dichter. Es findet seinen poetischen Abschluss in *Requiem* (1967), mit der Präsenz der toten Mutter, deren Stimme der Dichter eines Tages gehört hat, und deren verbindende Zeichen er ängstlich erspäht, um die Wunde der Trennung zu heilen und um ihr »im Lichte der Ewigkeit« nachzufolgen. Dazwischen drei größere Werke: *Essai pour un paradis* (1932), *Pour un moissoneur* (1941) und kon- *Einfluss der Romantik* trapunktisch dazu *Air de la solitude* (1945). Seine zentralen Werke sind von seinen Übersetzungen der deutschen Romantiker befruchtet und zeigen die Tiefen seiner poetischen Suche auf. Und schließlich, wie nach einer langen Pause à la Poussin, *Le Repos du cavalier* (1958) und *Campagne perdue* (1972); dieser Band nimmt die schon durchlaufenen Erfahrungen wieder auf, um den unaufhaltsamen Verlust der Bauernwelt, aber auch seine lebendige Gegenwart aufzuzeigen, und ist durch den Rhythmus der Gedächtnisarbeit geprägt.

Zwei andersartig ausgerichtete Sammelwerke runden das Œuvre ab: *Feuillets* (1929), ausgewählte Auszüge aus seinem *Journal*, lyrisch angeordnet, was seiner Suche nach den Zeichen entspricht; *Petit Traité de la marche en plaine* (1932) lässt einen verspielteren, mit Ramuz über die alpinen Tugenden polemisierenden Autor in Erscheinung treten; lebhaft, voller Humor und Ironie, ohne etwas für Kompromisse und Hypokrisien übrig zu haben, so wie er es oft im Leben war.

Heute erfreut sich das Werk Rouds, dessen Nachleben lange Zeit auf die welsche Schweiz beschränkt war, einer französischen Leserschaft; dank der integralen Veröffentlichung des *Journal* (1916–1971) wird das Werk durch eine autobiographische Seite ergänzt, die eine Weltoffenheit aufzeigt, die durch das poetische Werk niemals durchschimmert. Zu diesem Bild trägt auch die Herausgabe zahlreicher Briefwechsel bei: mit René Auberjonois und C. F. Ramuz, Philippe Jaccottet, Maurice Chappaz, Albert Béguin, Catherine Colomb, Yves Velan, Jacques Chessex sowie mit seinen Altergenossen Pierre-Louis Matthey und Edmond-Henri Crisinel.

## Pierre-Louis Matthey

*Aufbegehren
gegen die Heimat*

Pierre-Louis Matthey hat 1914 angefangen, seine ersten Texte in den *Cahiers vaudois* zu publizieren; diese richten sich in revoltierendem Tonfall gegen seine Heimat und sein Milieu, wo Idylle und Schulmeister triumphieren: »Durchrüttle deine Weiden; öffne die Furchen deiner Wiesen bis in die Tiefe, von der man sagt, sie sei im Zentrum der Erde, lerne uns das Fürchten.« Was ihn betrifft, so strebte er nach individueller Freiheit und folgte dem harten Gesetz des Körpers.

Auch sein Werk kann in drei Gruppen aufgeteilt werden. Er publiziert drei Jugendsammlungen: *Seize à vingt* (1914 in den *Cahiers vaudois*), *Semaines de passion* (1919) und *Même sang* (1920), von gewaltiger Lyrizität, verbittert, mit subversiven Formen, auf die Spitze getriebenen Bildern und mit stockenden Rhythmen. Nach einer langen Unterbrechung, während der er englische Dichter sowie den *Sturm* von Shakespeare unter der Aufsicht von Jacques Copeau, der es zur Aufführung bringen will, übersetzt, veröffentlicht er ein weit ausholendes und majestätisches Gedicht mit mythologischen Dimensionen: *Alcyonée à Pallène* (1941); die Form ist traditionell, aber reich, ja überbordend an Bildern und Kontrasten, die dem Gedicht eine hermetische Note verleihen, aber die musikalische Dimension voll in Erscheinung treten lassen. Er setzt seine poetischen, parodistischen, erotischen Spielereien fort in der Bearbeitung antiker und mythologischer Fabeln: *Déméter sous la neige* (1942), *Vénus et le sylphe* (1945). In *Triade* (1953) vermischt er die beiden Inspirationsstränge und knüpft wieder an seine Kindheit an, in deren Zentrum ein Garten steht, aus dem er sich damals vertrieben wähnte; er evoziert die verängstigte Mutter, den mehr der Gärtnerei als dem Pfarramt zugeneigten Vater und das Kind, das er war: »dieses schmächtige dünne Kind, Freund einer Gießkanne / [...] /, das spielte und das spielt und bis zum Abend spielen wird.«

Die letzte Phase ist diejenige des älteren Dichters, der sein gesamtes dichterisches Werk und die Übersetzungen im Hinblick auf die Gesamtausgabe *Poésies complètes* (1967) überarbeitet. Er bearbeitet insbesondere seine Gedichte in Bezug auf Titel und Form und verleiht ihnen dank einer barocken Dramatisierung der Form eine neue Perfektion, eine andere Musikalität und feinere Nivellierung der Gegensätze. Die Interpretation des Werkes von Matthey bleibt aber eine delikate Angelegenheit, wie die differenzierten Analysen von Philippe Jaccottet und Jean-Charles Potterat zeigen.

## Edmond-Henri Crisinel

Für das andere Extrem steht der Dichter Crisinel, der Roud zu seinem Vertrauten und besten Leser erhebt. Er litt unter Verfolgungswahn, was mehrere Aufenthalte in einer psychiatrischen Klinik (1919, 1930–1931 und 1948, den letzten und fatalen) zur Folge hatte. Kuriert und einem festgelegten Tagesablauf unterworfen, hat er ruhige Perioden, während denen er 1921–1948 seinem Beruf als Journalist in Lausanne mit größter professioneller Gewissenhaftigkeit nachgehen kann. 1936 kommt er auf die Poesie zurück und ruft wie nach dem Erwachen aus einer langen Nacht aus: »Wunder eines einzigen Verses nach soviel Schweigen! / Wunder einer Wiedergeburt für einen Tag!« Er veröffentlicht *Le Veilleur* (1939), *Alectone* (1944), eine lange und grausame poetische Prosa, und *Nuit de juin* (1945); seine Gedichte werden 1949 von Edmond Jaloux unter dem Titel *Poésies* zusammengestellt und herausgegeben.

Das einzige Thema seiner Dichtung ist seine Erfahrung des Wahnsinns, die Crisinel als ein Abtauchen in die Hölle empfindet, wie Virgils Verse am Anfang des *Veilleur* es umschreiben: »Sie gingen, obskur, in einsamer Nacht, durch den Schatten…«. Der Dichter akzeptiert sein Schicksal, aber er will von seinem Kampf gegen die ihn verfolgenden schwarzen Kräfte Zeugnis ablegen. Er will ihnen ins Gesicht schauen, sie beobachten, sie beim Namen nennen können; seiner Würde entspricht es aufzupassen, seinem Mut, sie an den Tag zu bringen. Da er Opfer des Ungebändigten in seiner Seele ist, wählt er prosodisch regelmäßige, strikte Formen, nach der Art von Valéry, nicht wegen einer Vorliebe für die Klassik, aber um dieses *Unnennbare* zu beschwören, indem er es benennt. Das Gedicht *Elégie de la maison des morts* ist von zentraler Bedeutung, um nicht nur seinen eigenen Schmerz, sondern denjenigen der anderen, der noch härter zu akzeptieren ist, zu erhören. Der Kampf selbst erhält seinen ganzen Sinn und wird spirituell: »Ein paar Geheimnisse, den Nächten der starken Winde entrissen / Haben mir Lichtblicke gelassen, die meine Hoffnung nähren.« Die Dichtung Crisinels gehört zum großen schmerzhaften Lyrikstrang der zerrissenen menschlichen Seelen.

*Poesie und Erfahrung des Wahnsinns:* Le Veilleur

# Die zweite Hälfte des 20. Jahrhunderts

Ein radikaler Bruch trennt die erste von der zweiten Hälfte des 20. Jh.s. Zwei Ereignisse, der Genozid am über ganz Europa zerstreut lebenden jüdischen Volk und der Einsatz der Atombombe, Auschwitz und Hiroshima symbolisieren das Scheitern des Humanismus und seiner jüdisch-christlichen Wurzeln. Sie sind das Ergebnis der sachkundig eingeführten Sprachabweichungen und der Denksysteme, Militarismen und Terrorismen, die sie getragen haben. Die Menschheit, zumindest die westliche, hat jeden kulturellen oder der Erinnerung würdigen Anhaltspunkt verloren, die eine lange Denktradition, kritischer und kreativer Natur, durch die Jahrhunderte (die allerdings alles andere als friedfertig waren) angereichert hatte. Das Ergebnis ist der unwiderrufliche Tod des christlichen Gottes oder der Götter.

Die ganze Gesellschaft sitzt in einer bis heute bestehenden Falle der Sprache und ihrer Konfigurationen, zwischen Manipulation und Verweigerung. Man hätte Tabula rasa machen, bei Null anfangen, die Wörter und die Syntax aller sogenannten Nationalsprachen von ihren spezifischen Prägungen befreien sollen. Künstler, Intellektuelle, Philosophen, alle Handwerker des Wortes waren besonders betroffen. Wie sollte man die Worte erneuern? Diese historische Situation Europas hat in der Kunst verschiedene Strategien entwickelt, die sich im Bewusstsein dessen manifestieren, was Jérôme Thélot, im Zusammenhang mit der Poesie, als »prekär« bezeichnet hat. Die dichterische Arbeit Celans über die Sprache des Henkers ist eines der Schlüsselzeugnisse.

*Sprache nach dem Epochenbruch*

Man kann diese 2. Hälfte des 20. Jh.s in drei Perioden einteilen:
– Die erste (1945–1960), die direkte Nachkriegszeit, mit ihren sukzessiven Enthüllungen und Traumata, wäre die Zeit, in der man den Einfluss der Literatur engagiert und kampflustig in Frage stellt: »Niemals wieder« ist die Parole, aus der sich die Suche nach neuen Haltungen, Vielfalt des Geschriebenen, Bildung von Gruppen und Gründung von Zeitschriften ergibt. Die Frühwerke von Philippe Jaccottet, Anne Perrier, Maurice Chappaz oder Georges Haldas legen davon Zeugnis ab.

- Die zweite (1960–1980) wäre die Epoche der Neugründung der welschen Literatur, ergänzt durch kritische Studien und neue Verlage, wie Bertil Galland, L'Aire/Rencontre, L'Age d'homme. Das Centre de recherches sur les lettres romandes an der Universität Lausanne, dessen hauptsächliches Ziel die Archivierung und Veröffentlichung fiktionaler oder poetischer, programmatischer oder autobiographischer Texte ist, wurde schon 1965 von Professor Gilbert Guisan gegründet.
- Die dritte (1980–2000) wäre einerseits der Diversifikation und dem Auseinanderbersten und andererseits der Spezialisation und der Debatte gewidmet in einem Rahmen, wo das Buch in Frage gestellt wird, wegen seiner Kosten und der Ausweitung des Internets, aber auch wegen der universal sich ausbreitenden anderen Künste, wie Tanz und Oper.

## Die Nachkriegszeit (1945–1960)

### Das Erstarken der Autorinnen

*Ramuz und* La Guilde du Livre

Ende der Dreißiger Jahre zeichnet sich die weibliche Schreibweise durch eine kühne ästhetische Voreingenommenheit aus, die mit den traditionell heimatverbundenen Autoren nichts gemeinsam hat. Zwei Elemente haben sich zusammengefunden: Einerseits die starke Präsenz von Ramuz, der die Romanprosa für Kontraste, Dissonanzen und Brüche mit der Oralität sensibilisiert und die Erzählkunst aufgewertet hat, andererseits fällt die Gründung des ersten Lausanner Korrespondenzverlagshauses, La Guilde du Livre, ins Gewicht. Sein Ziel ist die Förderung der Literatur, aber hauptsächlich der lebenden Schriftsteller. Es steht bei der Gründung 1936 unter dem Patronat von Ramuz, Gustave Roud und Jacques Chenevière. Monique Saint-Hélier, Catherine Colomb, Corinna Bille und Alice Rivaz erfinden jede auf ihre Art und im Geheimen »l'écriture-femme«, eine spezifisch »weibliche« Schreibweise und den Roman von morgen; dies rückt sie in die Nähe der zeitgenössischen englischen Romanautorinnen, zwischen Catherine Mansfield und Virginia Woolf.

### Monique Saint-Hélier

*Die Saga der Familie Alérac*

Catherine Colomb und Monique Saint-Hélier schlagen den »Weg des Gedächtnisses« und dessen assoziativer Logik ein. Sie sind besorgt über die Häufung der Unglücksfälle in den Familien, den Verfall der Wohnsitze und der Wald- oder Rebgüter und rufen mit Grausamkeit, ja sogar Wollust, die Verluste und Skandale in Erinnerung. Monique Saint-Hélier entwirft in der Saga der Familie Alérac, umfangreich im Zeitablauf, eingeengt im Raum (*Bois-mort*, 1934 und *Le Cavalier de paille*, 1936, *Le Martin-Pêcheur*, 1953 und *L'Arrosoir rouge*, 1955), auf dem tragischen Hintergrund einer Liebesgeschichte eine unvollendete Freske, in der die Liebe nie erwidert wird; Wunsch, Begierde, Berechnung stacheln sich gegenseitig auf und führen jeden in seine Verdammnis; alle ihre Personen kämpfen mit einem Engel: Für den einen ist es die Kunst, die moralische Eleganz, der Stoizismus, für andere der Glaube, für nochmals andere die erste Liebe, von der man nicht loskommt. Im Verlauf einer fragmentarischen Erzählung, deren wichtigster Intertext die Bibel ist, delegiert die Autorin das Wort an ihre Protagonisten nach den flexiblen und variablen Formen der direkten und indirekten Rede, sodass sich die wieder gefundenen Wahrnehmungen voll entfalten können. Ihr eigener Part ist der Humor, der in die Wirklichkeit zurückführt, die synthetische Formel, die das Schweigen überhöht, das Bild, welches das Leid verständlich macht, ohne seinen mysteriösen Aspekt preiszugeben.

Nach der Veröffentlichung ihrer Korrespondenz und ihres Kriegstagebuches wird es möglich sein, ihre ästhetischen Orientierungen in all ihren Implikationen zu erfassen. Ihre sehr originellen Kompositionsformen beruhen auf Expansion und Rückblick auf das Vergangene, also auf Kausalität, sind aber auf Gegenwart und nahe Zukunft gerichtet, auf Entropie, das heißt auf das Nichts: Schmerz, Misere, Tod. Auf dem Spiel stünde die Übertragung des realen Lebens »in eine beginnende Ewigkeit«, nach dem Ausdruck von Blaise Briod, Monique Saint-Héliers Ehemann.

## Catherine Colomb

Die unvergleichbare stilistische und moderne Originalität ihrer Romantrilogie gibt Einblick in eine enigmatische Vision der Welt: Sie setzt sich zusammen aus *Châteaux en enfance* (1945), *Les Esprits de la Terre* (1953) und *Le Temps des Anges* (1962) und fährt mit einem unvollendeten Manuskript fort: »Les Royaumes combattants« (1993, in *Œuvres complètes* publiziert), vorangegangen war ein erster, der realistischen Ästhetik verpflichteter Roman *Pile ou face* (1934).

Die Autorin vereinigt nach dem Muster des Lebens zwei nicht aufeinander abgestimmte Register, das Groteske und das Lyrische, die der Einteilung der Menschen in zwei unterschiedliche und ungleiche Kategorien entsprechen: auf der einen Seite die Jäger, diese Gruppe repräsentiert die Welt aller »Erwachsenen«, wobei deren physische Mängel, die ihre Begierde verraten, wie Karikaturen erscheinen; auf der anderen Seite die Ausgegrenzten, die Kinder, vor allem die Waisen, die Gedemütigten und Ungeliebten, Objekte einer nicht aufhörenden Suche nach der verlorenen Zärtlichkeit, den verstorbenen Müttern. Im Herzen der Gedemütigten aber haben sich Hass, Rachsucht, Mordlust und Zorn gegenüber den Ungerechtigkeiten des Lebens aufgestaut, die sie zur Tat antreiben: César in *Les Esprits de la Terre*, Joseph in *Le Temps des Anges*, Ernest in *Les Royaumes combattants* brüten im Geheimen Taten aus, welche die Welt verändern, die pervertierte Ordnung der Dinge umkrempeln, die Ungerechtigkeiten reparieren sollen, und dann gehen sie fort. Sie sind Träumer, aber sie stören; sie sind innerlich freie Menschen, aber sie sind in eine Falle geraten. Über den Umweg dieser protestierenden, weil im Innersten getroffenen Menschen, denen sie dank ihres poetischen Potenzials den Vorzug gibt, liefert Catherine Colomb die Essenz ihrer Überzeugung: hartnäckig der Welt widerstehen, wie sie war, ist und sein wird, indem man ihr die Kraft des Traumes und der entwaffnenden Anmut, der Kindheit entgegenhält.

*Colombs Protagonisten: Gedemütigte und Geschlagene – »displaced persons«*

Les Royaumes combattants

Mit ihrer Subversivität steht die Autorin für die Generation, die den Krieg durchgemacht hat, von dem ein Gefühl der totalen Ohnmacht in Erinnerung bleibt; so spiegelt sich zum Beispiel ihre tief empfundene Besorgnis darin, dass sie die Romanfigur César immer als D.P. bezeichnet (»displaced person«, nach der Sprache der UNO). In *Les Royaumes combattants* (dessen Titel voller vorahnender Tragweite ist) stellt sie die Frage nach der Zukunft der Menschheit, die versucht, mit erschreckenden Herausforderungen fertig zu werden: Überbevölkerung, Ersticken der Erde, Geschwindigkeit, planetare Entdeckungen, Technologien werden dargestellt durch den freien Raum des Sees, der mit Schiffshäusern besiedelt und vom Unternehmergeist bedroht wird. Ihre Geschichten, in die sie sich immer wieder einschaltet, um den Sinn ihrer Arbeit und ihrer Personen zu hinterfragen, hängen nicht nur an der Erinnerungswelt, sondern geben eine Vorahnung des heutigen und des zukünftigen Menschen, auseinander gerissen, fragmentarisch, entfremdet, auf der Suche nach Überlebensmöglichkeiten, die sie zitternd am Horizont aufgehen sieht.

## Alice Rivaz

Sie legt besonderes Gewicht auf die Art und Weise, wie ihre Figuren, Vertreter der unteren arbeitsamen Schichten, die Welt sehen und erleben, beschreibt die facettenreiche Stellung der Frau und ist die Wortführerin eines ganzen »immensen und neuen Volkes« (1945) nach dem Titel eines ihrer Essays, der in *Ce nom qui n'est pas le mien* (1980) wieder abgedruckt wurde. Sie stellt hohe Ansprüche an die Schreibkunst, sucht nach einem Tonfall und nach Formen, die sie als Frau charakterisieren; schon in ihrem ersten Roman, *Nuages dans la main* (1940), den sie Ramuz zu lesen gibt, stattet sie ihre Heldinnen mit den beschränkten Kompetenzen aus, die von ihrer Stellung in der Welt vorgegeben sind, d.h. die Protagonistinnen schildern, was sie durch ihre spezifisch weibliche Sensibilität wahrnehmen und wie sie den Alltag als Frauen erleben. In ihren Romanen *La Paix des ruches* (1947), *Le Creux de la vague* (1967) und in ihren Novellen *Sans alcool* (1961) oder *De mémoire et d'oubli* (1973) zeigt sie den mit Hindernissen gepflasterten Weg auf, der zur Unabhängigkeit der modernen Frau führt: Beruf und Geldverdienen sind nur der äußerlichste Aspekt der neu zu erfindenden und neu zu definierenden zwischenmenschlichen Beziehungen. Ihre persönlichen Erfahrungen schlagen sich in autobiographischen Erzählungen in einem seltenen Register nieder – demjenigen des keuschen Ungestüms: *Comptez vos jours* (1966) und *L'Alphabet du matin* (1968), einer leicht distanzierten Erzählung über ihre Kindheit, hin und her gerissen zwischen dem militant sozialistischen Vater und der sensiblen, konformistischen und ängstlichen Mutter, die sich vorgenommen hatte, Krankenschwester und Diakonisse zu werden. In ihrem letzten veröffentlichten Roman *Jette ton pain* (1979) alterniert sie zwischen Person und Nichtperson, um den komplexen Werdegang einer schreibenden Frau aufzuzeigen. Ihre Berufung kann erst am Schluss des Lebensweges verwirklicht werden, außerhalb jeglicher gesellschaftlichen Zwänge, das heißt in totaler Einsamkeit und im vollen Bewusstsein der eigenen Grenzen und, was unendlich wertvoll ist, vom kostbarsten Erinnerungsvermögen, demjenigen des Körpers und der Sinne genährt.

Alice Rivaz hat ihr Leben lang Tagebuch geführt, das zu einem großen Teil unter dem Titel *Traces de vie* (1983) publiziert wurde; hier kann die Entwicklung ihres ethischen wie auch ihres ästhetischen Engagements nachvollzogen werden.

## Corinna Bille

Sie ist die Tochter von Edmond Bille, einem berühmten, kultivierten, geistig unabhängigen, pazifistischen Maler, und verbringt den Hauptteil ihrer Kindheit im Wallis, wo sich ihr Vater aus Neuenburg niedergelassen hatte. Sie beschließt schon sehr früh, eine Karriere als Schriftstellerin einzuschlagen, die für sie absolute Priorität hat, auch wenn sie sich nur langsam aufbauen lässt. Nach einem Aufenthalt in Paris und einer ersten missratenen Ehe heiratet sie Maurice Chappaz, der wie sie Schriftsteller ist. Sie ziehen drei Kinder auf, aber sie zieht sich jeden Moment zum Schreiben zurück.

Corinna Bille verfasst Geschichten und Novellen mit einer realistischen Optik, beschreibt die Gebräuche und Feste, die Jahreszeiten und Tage im

*Romandebüt:* Nuages dans la main

Walliser Umfeld in ihrer elementaren, patriarchalischen und archaischen Dimension. Aber sie sprengt alle Zwänge, indem sie Heldinnen wählt, für die einzig und allein die Liebe im weitesten Sinne des Wortes zählt und die stets im Konflikt mit dem Tod oder dem Absoluten stehen. Unterschwellige Tragik beherrscht dieses Universum der Leidenschaft, wie in *Théoda* (1944), ihrem ersten Roman, oder ihren ersten Novellensammlungen: von *Sabot de Vénus* (1952) bis *Juliette éternelle* (1971).

*Billes Heldinnen*

Seit ihrer Jugend faszinierten sie die Träume, die sie nach ihrem Erwachen in ihren Carnets festhält. Sie wendet die Prinzipien des Abstandes an, der Verschiebungen, der Metamorphosen, borgt sich beim Fantastischen, Traumhaften und Wundersamen Kompositionselemente aus, die alle Formen des »Unheimlichen« (Freud) zum Leben erwecken. Lang oder kurz, schlicht oder spiralartig spiegeln ihre Geschichten eine Welt wider, die sie selbst als barock bezeichnet hat, und unterstreichen damit Breite und Intensität ihrer Schöpfung: von *Cent petites histoires cruelles* bis *Bal double*, welches nach ihrem Tod 1980 veröffentlicht wird.

Gedichtsammlungen punktieren ihre literarische Laufbahn: *Le Pays secret* (1961) oder *La Montagne déserte* (1978) sowie Theaterstücke und Kinderbücher: *Le Mystère du monstre* (1966).

## Dichtung oder das lyrische Engagement

Gestützt auf die kreative Authentizität der vorhergehenden Generationen engagieren sich die Dichter, die stark von den historischen Ereignissen ihrer Jugendzeit geprägt sind. Sie leisten im übertragenen Sinn des Wortes mit ihren Werken Widerstand und stehen im Dienste der Schönheit und des Lebens: Anne Perrier, Maurice Chappaz und Philippe Jaccottet, Jean-Georges Lossier und der Pfarrer und Dichter Edmond Jeanneret, Georges Haldas und der Theatermann Henri Deblüe. Davon legen zum Beispiel *Trois poèmes aux démons* (1945) und *Requiem* (1947) von Philippe Jaccottet Zeugnis ab. Anne Perrier, Georges Haldas, Edmond Jeanneret veröffentlichen ihre Gedichte in den *Cahiers du Rhône*, die von Albert Béguin herausgegeben werden, und befinden sich so in Gesellschaft französischer Dichter, wie Jean Cassou, Paul Éluard oder Louis Aragon, Saint-John Perse, Pierre Emmanuel oder Jules Supervielle, die sich alle gegen die Banalisierung des Bösen und die sprachlichen Abweichungen stemmen. Die ersten kritischen Texte von Jean Starobinski, wie auch seine Übersetzungen Kafkas, datieren aus diesen Kriegsjahren, in denen die Dichtung versucht, ein »Wort zu finden, welches das Unglück wiedergutmachen soll« – so im Artikel »Introduction à la poésie de l'événement«, der im Januar 1943 in der Zeitschrift *Lettres* (Genf) erschienen ist.

In der Dichtkunst lässt sich der Widerstand nicht auf einen bestimmten historischen Moment einengen: Die Poesie verlangt – und dies gilt bis heute – eine konstante Wachsamkeit gegenüber dem Gebrauch und der Auswahl der Wörter und Bilder sowie bezüglich der Angemessenheit der Stimmlage und der Schärfe der Kritik.

*Protagonisten des lyrischen Widerstands*

## Philippe Jaccottet

1941 lernt er den Dichter Gustave Roud kennen, der durch seine Lebensart, seine Askese und seinen Sinn fürs Absolute Jaccottets eigene Berufung beeinflusst. 1968 widmet er Roud sein erstes wichtiges Buch. Er studiert Literaturwissenschaft an der Universität Lausanne und wird vom Griechischprofessor

André Bonnard in die griechische Zivilisation und die Kunst des Übersetzens eingeführt; 1951 übersetzt er Platons *Bankett* und 1955 Homers *Odyssee*, nicht als Philologe, sondern als Poet.

*Krieg und Tod, Licht und Dunkelheit*

Sein dichterisches Werk umfasst zwei Facetten. Die eine, dunkle geht auf den Krieg, der seine Jugend gekennzeichnet hat, und auf den in uns und um uns wirkenden Tod zurück; der Dichter, hellsichtig wie er ist, findet eine Form, um auszudrücken, was zerstört, trennt, erdrückt, zum Schweigen, ja zum Verstummen bringt, wie zum Beispiel in *Trois poèmes aux démons* (1945), *Leçons* (1969) oder *Chants d'en bas* (1974). Die andere Facette ist diejenige des Lichts und der Dunkelheit, der Bäume und Blumen, der geordneten Landschaften, des Wassers und der Vögel. Der Dichter schaut, meditiert, spaziert, geht staunend und bewundernd vorbei, befragt alle diese Dinge, vom Grashalm bis zur fremdartigen Nacht, wie in *Airs* (1967), *A la lumière d'hiver* (1977), *Pensées sous les nuages* (1983).

Ergänzt wird die dichterische Arbeit durch seine Reflexionen über Dichtung, Poetik, Ethik und Ästhetik; diese finden ihren Niederschlag in meditativen und fragenden, in poetischer Prosa abgefassten Essays, wie in *La Promenade sous les arbres* (1957), *Eléments d'un songe* (1961), *Paysages avec figures absentes*, (1970).

Tagebuchnotizen, präzis, fein, drollig oder sorgenvoll, verweisen auf den Dichter, der sich mit sich selbst und der zeitgenössischen Welt auseinandersetzt; die Titel *La Semaison* und später *Journées* werfen ein Licht auf die fragmentarische und offene Schreibweise, bei der manchmal erste Anklänge des Gesangs durchschimmern.

*Literarische Übersetzungen*

Von Anfang an stürzt er sich in die literarische Übersetzung. Er beginnt mit der germanischen Welt, mit Thomas Manns *Tod in Venedig* (1947), gefolgt von den Werken Musils und Rilkes, dem er 1970 eine Studie widmet; er wendet sich Hölderlin zu und sammelt seine eigenen Übersetzungen und diejenigen anderer Übersetzer, wie Gustave Roud, für die Reihe *La Pléiade* (1967); er überträgt einige österreichische und zeitgenössische Deutschschweizer Autoren, wie Adolf Muschgs *Liebesgeschichten – Histoires d'amour* (1977) und Ludwig Hohls *Nächtlicher Weg – Chemin de nuit* (1979). Italien ist sein Lieblingsland mit dem beindruckenden Ungaretti, Montale, Leopardi und dem Romanautor Carlo Cassola. Er exploriert das preziöse Universum des portugiesischen Dichters Gongora und erweitert seine Kenntnisse der slawischen Welt, indem er sich für die Dichter Ossip Mandelstam, Vladimir Holan und Jan Skacel interessiert, aber auch für die Gedichte Chagalls. Die vorwiegend europäische Auswahl seiner Übersetzungen bildet die Grundlage eines herausragenden interkulturellen Dialogs, der auch politisch bedeutend ist.

Das Werk Jaccottets ist eines der wenigen, das dank seines Ausmaßes und seiner Vielfalt die ganze zweite Hälfte des 20. Jh.s dominiert, sowohl in Frankreich wie auch in der welschen Schweiz. Es zeigt die Wichtigkeit der dichterischen und dialogischen Traditionen der humanistischen, europäischen und universellen Gedankenwelt in unserer Zeit auf.

Drei weitere Dichter aus Jaccottets Generation lassen ihre starken, volltönenden, komplementären und verschiedenartigen Stimmen erklingen und verhelfen der Poesie zu einer wichtigen Rolle: Maurice Chappaz, Anne Perrier und Pierre Chappuis.

## Maurice Chappaz

Chappaz, Schriftsteller aus Berufung, erfand mehrere Figuren, mit denen er sich mit Brillanz, Ehrlichkeit, Humor, ja sogar Selbstverspottung und Ironie identifiziert hat: Etwa den Vagabunden, Pilger und Verbannten in seinen ersten beiden Werken, *Les Grandes Journées de printemps* (1944) und *Verdures de la nuit* (1945), die unter dem Einfluss Gustave Rouds stehen, mit dem er seit 1939 korrespondiert. Er protestiert gegen die zerstörerische Gesellschaft, die er prophetenhaft geißelt; der Beschauliche begehrt als Dichter die Schönheit: *Testament du Haut-Rhône* (1953), *Le Valais au gosier de grive* (1960) und *Le Chant de la Grande-Dixence* (1965). In *Portrait des Valaisans en légende et en vérité* (1965), *Le Match Valais-Judée* (1968) und *Les Maquereaux des cimes blanches* (1976) findet sich ein polemisch-burlesker Erzähler. Auf dem Gebiet der Poesie rekurriert er auf den karnevalesken Pakt, die beunruhigende Energie des Lachens und des ausgewogenen Ernstes zusammenzubringen – etwa in *A rire et à mourir* (1982). Zuletzt kehrt er zurück zum intimen autobiographischen Schreiben und setzt sich mit seinem Lebensumfeld, mit dem Älterwerden und dem Altern, mit Tod und Trauer auseinander: in *Le Livre de C*, bestehend aus kurzen Texten in poetischer Prosa (1979) – einem teilweise veröffentlichten Tagebuch, das er von 1981 bis 1988 geführt hat; Erinnerungen, autobiographische Erzählungen und Briefwechsel runden das Werk ab.

Maurice Chappaz

Diese Metamorphosen des Dichters in Form verschiedenartiger Figuren finden ihren krönenden Abschluss in zwei Werken, die alle Themen von Chappaz miteinander verbinden, ausbreiten und zugleich eng umschlingen: *La Haute Route* (1974) ist dem Thema der Berge und des Wanderns, der Nächte und Abgründe gewidmet, gleichermaßen Inventar der Naturkräfte und mystischer Lebensweg, *L'Evangile selon Judas* (2002) ist nicht nur ein ausführliches Werk um die Figur des Judas, sondern es greift verschiedene Themen auf. Chappaz kümmert sich mitnichten um verallgemeinernde Unterscheidungen, sondern vielmehr um die Erfindung einer Sprache, die fähig sein soll, die Vergangenheit der Welt einzufangen, die alle Idiome einschließt, und sucht hauptsächlich die Konfrontation mit der Gegenwart, ohne ihr nachzugeben; auch wenn es sich darum handelt »in der Nähe des Abgrundes zu schreien«, so muss man aber auch singen und die zeitlosen lebendigen Kräfte und Bilder neu erfinden können.

*Metamorphosen des Dichters*

## Anne Perrier

Im Zentrum der Dichtung Anne Perriers steht eine persönliche Verletzung, die sie früh spürte, ohne sie benennen zu können, und die sie mit Hilfe der Kunst und damit verbundenen Konzentration auf das eigene Erleben offenhält. Sie wählt dazu die Poesie, die sie mit Formen der Musik und des Gesangs anreichert, und in der sie die Erforschung des Schweigens, der Pausen, der antiken Zivilisationen thematisiert. Dies verknüpft sie mit der täglichen Beobachtung einer Welt, die ihrem Untergang zustrebt, einer Welt, die sie, wie Ophelia, mit ganzen Kräften liebt und die sie zu erlösen hofft.

Anne Perrier liegt die Klarheit am Herzen, woraus sich ein einfacher, für alle verständlicher Wortschatz ergibt, mit einem präzisen Takt, einigen langen und ausgefallenen Wörtern, einer klaren Syntax ohne Floskeln, die von wenigen sehr persönlichen Bildern verstärkt werden, basierend auf Sinnesempfindungen und Träumereien über Ursprung und Anfang. Das Gedicht bildet ein Ganzes, bei dem sich Sinn und Musik ergänzen; es ist aus einem Guß mit stark wachrüttelnder Energie.

Ihre Themen sind, ebenso einfach wie allgemeingültig, diejenigen des täglichen Lebens, aber mit einer gleichzeitig immanenten und transzendenten Bedeutung, konkret und metaphysisch, alltäglich und episch: Vögel, Blumen, Bäume, Meer, Krankheit und Tod, Verlust, Freude, Wüste, Steine, Garten und Nacht, Erwartung und Ungeduld. Sie hat alle ihre Gedichtbände von 1952 bis 1994 unter dem Titel *Œuvre poétique* zusammengefasst (1996); so erscheinen ihre Sammlungen wie eine Folge von musikalischen Variationen, mit leichtfüßiger und freier Erfindungskraft, oft kühn, mehrstimmig, nach der Art eines Gesangs.

### Pierre Chappuis

Das dichterische Werk von Pierre Chappuis, ausführlich und vielfältig, findet seinen Ursprung im Schweigen und stellt die Frage nach dem Sinn der Wörter, Sätze, Sprache. Es beginnt beim Nichts und befragt die Dinge, das Gegenwärtige, die Landschaften. Der Dichter ist derjenige, der schaut und sich wundert. Er steht dem Maler nahe, der seine Farben aufträgt und den Gegenstand auf der Leinwand zum Leben erweckt, oder dem Musiker, der mit seinen Noten, Klängen und Instrumenten die Stille durchbricht. Pierre Chappuis arbeitet manchmal mit zeitgenössischen Künstlern zusammen, Malern oder Bildhauern. Er betrachtet die Welt aus einer kritischen Distanz, eher beunruhigt als hoffnungsvoll, eher im Bewusstsein der Entropie als der »strahlenden Zukunft«. Daraus leitet sich das Misstrauen ab, das auf den Wörtern lastet, auf der Sprache, auf dem Schwung und dem Rhythmus der Sätze, auf ihrer semantischen Tragweite und ihren schwarzen Schatten. Wenngleich er schon früh mit dem Schreiben angefangen hat, so hat er doch erst spät publiziert, im Gegensatz zu Philippe Jaccottet, Anne Perrier oder Maurice Chappaz. Bei ihm sind Umsicht und das langsame Erkennen, wie man die Klippen der Sprache umschiffen kann, wegweisend.

*Essays und Gedicht-sammlungen*     Seine ersten poetischen Essays, *Ma femme ô mon tombeau* (1969) und *Distance aveugle* (1974) entstehen parallel zu seinen kritischen Essays über Michel Leiris (1973) und André Du Bouchet (1979) sowie zu einer Sammlung von Texten über Malerei mit dem viel sagenden Titel: *L'Invisible Parole* (1977). Die Gedichtsammlungen erscheinen in regelmäßigen Abständen und tragen meist einen Titel im Zusammenhang mit der Poetik: *Décalages* (1982), *Eboulis & autres poèmes* (1984), *Un Cahier de nuages* (1989), das von Radierungen von André Siron illustriert wird, *Soustrait au temps* (1990). Nach 1990 findet er mit José Corti in Paris einen dauerhaften Verleger, was ihm erlaubt, seine eigenartige und redliche Stimme bekannter zu machen, die Stimme der Zerbrechlichkeit und des abseits Stehenden, der inneren Widerstandskraft und des hellsichtigen Blickes auf den Nächsten, fähig auf die angekündigten Zweifel und Katastrophen zu antworten, und sei dies auch nur andeutungsweise: *D'un pas suspendu* (1994), *Pleines marges* (1997), *A portée de la voix* (2002), *Mon murmure, mon souffle* (2005); seine letzten Essays: *La Preuve par le vide* (1992), *Le Biais des mots* (1999), *Tracés d'incertitude* (2003). Für Pierre Chappuis bedeutet das Wort das Maß der Unruhe, ist also fragmentarisch. Das Wort ist ein Geschenk, das sich nicht aufdrängt.

Mehrere Dichtergenerationen sind aufeinander gefolgt; jeder dieser Dichter hat seine einmalige Stimme, ist von der jeweiligen, der Dichtkunst wenig zugetanen Gegenwart gekennzeichnet, folgt seinem inneren Trieb und der Freude, seine Sicht der Welt zum Ausdruck zu bringen, und sei diese noch so schwarz und verzweifelt, wie bei Francis Giauque, oder ambivalent, wie bei Jean-Pierre Schlunegger. Ihre Werke setzen sich mit den lebendigen Kräften und den oft paradoxen Herausforderungen des alltäglichen Lebens auseinander. Wichtig ist, dass das Wort der Dichter gehört und zur Kenntnis genommen wird, denn es erlaubt dem Gegenwärtigen Gestalt anzunehmen. Maurice Chappaz hat die Situation des welschen Dichters zusammengefasst, nicht gemessen am Standpunkt des Lesers, sondern an dem des Dichters selbst und seiner Suche: »Französische Schweiz: ein Himmel und ein Gefängnis«. Die Dichter bearbeiten, gestützt auf unterschiedliche poetische Ausrichtungen, die Gedankenwelt und die Situation des Heute, wie eine unaufhörliche Feuerstelle der Besorgnis, dem Zwang und dem Vergnügen zu schreiben folgend: Vahé Godel, nahe bei Michel Butor, Jean Pache, Pierre-Alain Tâche, Jacques Roman, Pierre Voélin, Frédéric Wandelère, François Debluë, José-Flore Tappy, Sylviane Dupuis, Alain Rochat und, unter den jüngsten, Claire Genouy und Caroline Schumacher.

*»Ein Himmel und ein Gefängnis« für Lyriker*

## Der Roman

Der Roman bleibt, wie schon für Ramuz, ein privilegiertes Werkzeug zur Erforschung einer Vielzahl zentripetaler oder zentrifugaler Beziehungen. Im Verlauf der zweiten Hälfte des 20. Jh.s erlebt er eine bemerkenswerte Hochblüte und Vielfalt.

Die realistische Ästhetik ist eines der privilegierten Instrumente des Sitten- und Atmosphärenromans vom 19. Jh. bis heute: Sie erlaubt alle Fragmentierungen, Durchleuchtungen und Rhythmen; sie passt sich dank der Dialoge und Beschreibungen der Objektivität und Subjektivität an, auch wenn sie die erzählte Geschichte und den Standpunkt des Erzählers favorisiert. Sie räumt den Personen einen wichtigen Platz ein, sei es, um sie auf Typen zu reduzieren, sei es, um die sozialen und moralischen Zwänge aufzuzeigen, sei es, um die psychologischen Triebfedern zu analysieren. Diese Ästhetik ist für die welsche Schweiz sehr geeignet, sie vereinigt die voneinander getrennten Provinzen. Die Romandie ist fortwährend auf der Suche nach einer problematischen Identität und einer Legitimität, die vom Siegel der Minorität oder der Marginalität gekennzeichnet ist. Dazu fühlt sich der Leser immer von diesen »wahrhaften« Romanen angezogen, wo er den Eindruck hat, den Grund gewisser Lebensgeheimnisse zu erforschen, in Milieus, Zirkel, Orte einzudringen, die ihm normalerweise verschlossen bleiben; er ist sich auch der kritischen Ausstrahlung des Romans bewusst.

*Der Bildungs- und Analysenroman*

Mit ihrem klassischen Stil stellen die Werke von Jacques Mercanton eine Suchbewegung dar, die das menschliche Schicksal kennzeichnet, und bei der der Reiz der Musik sich mit spirituellen Intuitionen verbindet und wie durch einen Schrägblick das Mysterium des Seins erhellt, das unentziffert bleibt. Seine Novellen und Romane spielen zur heutigen Zeit, die beschriebenen Orte liegen in Europa – Böhmen, Österreich, Italien, Spanien oder Portugal, mit ein paar Streifzügen ins von Nietzsche und Pierre Jean Jouve geliebte Oberengadin – und die Personen sind meist Intellektuelle oder Künstler, vorwiegend mit Geschichte, Metaphysik und Religion beschäftigt. *La Sibylle* (1967) führt den Untertitel *Récits italiens*, *Le soleil ni la mort* (1948) evoziert Prag, die Grenze zwischen Österreich und Böhmen bildet den enigmatischen Rahmen von *L'Eté des Sept-Dormants* (1974). Unter dem kreativen Werk Mercantons schimmert die kritische Lektüre nicht nur des Grand Siècle durch, sondern auch von Dichtern wie T. S. Eliot oder Saint-John Perse, Romanautoren wie James Joyce und Thomas Mann, über die er auch gearbeitet hat: *Poètes de l'univers* (1947) und *Les Heures de James Joyce* (1967). Seine *Œuvres complètes* sind gesammelt und herausgegeben worden.

*Jacques Mercanton*

*Jacques Chessex*

Innerhalb der realistischen Strömung ist Jacques Chessex sicherlich einer der bekanntesten Autoren. Seine zahlreichen Romane, die bei Grasset erschienen sind, wechseln ab mit lyrischen Werken (in drei Bänden), Essais über Schriftsteller oder Maler, einem großartigen *Portrait des Vaudois* (1969) und einem barocken Bild des Künstlers und dessen Metamorphosen: *Carabas* (1971). In seinen Romanen, *L'Ogre* (1973), *L'Ardent Royaume* (1975), *Les Yeux jaunes* (1979), *Judas le transparent* (1982), *Jonas* (1987), *Morgane Madrigal* (1990), *La Mort d'un juste* (1996) und *L'Imitation* (1998), hebt er die tiefgreifende Dualität des Menschen hervor: Eine gierige und kühne Sinnlichkeit kämpft gegen die Grenzen des menschlichen Daseins, die Todesfaszination gegen die leidenschaftliche Liebe zum Leben, alle Formen der Natur gegen die Kultur. Seine Romane sind in der welschen Schweiz verankert, deren bäuerlichen Hintergrund, Würze, Düfte, brüske Widersprüche sie zur Geltung bringen. Daniel Maggetti schreibt:

> Diese Dualität wird durch einen rachsüchtigen, urwüchsigen, farbenprächtigen Stil übermittelt, der zeitweise einer realistischen Ästhetik, von betontem Naturalismus, zeitweise aber dem barocken Manierismus verpflichtet ist. Ziel von Chessex ist es, dem Ganzen einen metaphysischen und universellen Charakter zu verleihen, indem er sich auf das Todesgefühl und den Erotismus abstützt; auf diese Weise vereinigen sich in seinen Büchern der Einfluss der Reformation, die zu einem vertikalen und ontologischen Schwung ausholt, und die oft gewollt provokative Reaktion auf den Kalvinismus, die ihn dazu verleitet Konventionen und Schicklichkeit zu verletzen.

Gestützt auf die Lektüre seiner Lehrmeister Flaubert, Maupassant oder Ponge, aber auch auf welsche Autoren, die ihm mehr oder weniger nahe stehen, wie *Charles-Albert Cingria* (1967) und *Ramuz* (2005), zelebriert er in *Les Saintes Ecritures* (1972) eine originär welsche Literaturtradition, in der die religiöse Rastlosigkeit dominiert.

*Jean-Pierre Monnier*

Jean-Pierre Monnier ist ein Romancier der Erwartung, der Unsicherheiten, der Dialoge mit sich selbst, der inneren Kämpfe wie in *La Clarté de la nuit* (1956) oder *Ces vols qui n'ont pas fui* (1986). Er stützt sich diskret auf die Landschaft des Juras ab, karg, von weiten Steinmäuerchen durchzogen, von Tannen und Ebereschen umrahmt. Tschechow und die langmütige Geduld, der kalt werdende Tee, die verlorenen Nachmittage schimmern bei ihm durch. Aber wenn die Leidenschaft erwacht, geht sie mit Entschiedenheit ihrem Untergang entgegen, wie in *L'Allégement* (1975), das einem Film von M. Schupbach zugrunde liegt; sogar der Tod glänzt im Schneegestöber. Aber was sein Werk am trefflichsten kennzeichnet, sind die offenen Enden, die den Leser geradezu in der Luft hängen lassen. Er hat drei kritische Werke mit Überlegungen zur Literatur und Schreibkunst veröffentlicht, in denen er nach und nach zu seiner eigenen Poetik findet: *L'Age ingrat du roman* (1967), *Ecrire en Suisse romande entre le ciel et la nuit* (1976) und *Pour mémoire* (1987). Seine *Œuvres complètes* sind kurz vor seinem Tod zusammengestellt worden.

*Jean Vuilleumier*

Jean Vuilleumier siedelt seine Romane im grauen Alltag der Stadt an, in ihrer traurigen, nichts Gutes versprechenden Banalität, und die Hauptperson ist die kranke, sich auflösende Gesellschaft. Alles dekliniert sich bei ihm nach dem subjektiven Modus der Enttäuschung und Frustration: *Le Mal Eté* (1968), *L'Ecorchement* (1972), *Le Pensionnaire* (1979), *La Désaffection* (1980), *L'Ombre double* (1986), alles in einem grauen, neutralen, scheinbar leb- und farblosen Stil. Seine komplexen und in der Erinnerung verhafteten Erzählungen werden aber durch poetische Impressionen, ironische Bemerkungen, provozierende und kaustische Anspielungen zur Geltung gebracht, wie in *La Déposition* (1990) oder *La Substitution* (1995). Die Romane von

Vuilleumier strahlen ein Gefühl des Mitleids gegenüber dieser entropischen Menschheit aus, mit der er sich brüderlich verbunden fühlt. In der Hoffnung, eine weniger unmenschliche Welt retten zu können, knüpft er mit ihr einen Dialog an. Er hat zwei Essais über Autoren verfasst, die für ihn wichtig sind: Georges Haldas, dem er sich sehr verbunden fühlt, und Amiel, der ihm einige Rätsel aufgibt.

Georges Borgeaud, Georges Piroué, Jean-Claude Fontanet, Henri Debluë sind ihre Zeitgenossen, und ihr Fiktionsuniversum weist ähnliche Züge auf: Suche nach dem Vater, Frage nach der Identität oder nach der für alle Künste grundlegenden Rolle der Musik.

Diese innere Durchleuchtung nimmt in der aktuellen Belletristik (Novellen und Romane) sehr verschiedenartige Formen an, die sich durch ebensoviel Kühnheit wie Geschmack, Tradition wie Modernität, Erfindungsreichtum wie Tiefe auszeichnen: Jacques-Etienne Bovard, in *Demi-sang suisse* (1994), der Satire *Nains de jardin* (1996) oder *Les Beaux Sentiments* (1998); Catherine Safonoff, in *Retour, retour* (1984), *Comme avant Galilée* (1993) oder *Le Nord du capitaine* (2001); Sylviane Roche, in *Les Passantes* (1987), *Le Salon Pompadour* (1990) oder *Le Temps des cerises* (1997); Marie-Claire Dewarrat, in *L'Eté sauvage* (1985), *Carême* (1987), *Les Territoires indiens* (1993); Sylviane Châtelain, in *Les Routes blanches* (1986), *La Part d'ombre* (1988) oder *Le Manuscrit* (1993); Rose-Marie Pagnard, in *La Période Fernandez* (1988), *La leçon de Judith* (1993) oder *Dans la forêt la mort s'amuse* (1998); Claude Darbellay, in *L'Ile* (1987), *Le Ciel plié* (1995) oder *Les Prétendants* (1998); Antonin Moeri, in *Le Fils à maman* (1989), *L'Ile intérieure* (1990), *Cahier marine* (1995) oder *Igor* (1998).

*Jüngste Belletristik*

## Roman und Geschichte

Monique Laederach, Anne-Lise Grobéty und Yvette Z'Graggen untersuchen, neben Fragen der weiblichen Identität, ebenso anspruchsvoll wie hellsichtig die Spiegelung der Geschichte in der welschen Schweiz – zum Beispiel das Echo des Zweiten Weltkrieges in *Trop petits pour Dieu* (1986) von M. Laederach und *Les Années silencieuses* (1982) von Yvette Z'Graggen – oder den Einfluss der sozialen Veränderungen der 70er Jahre in *La Femme séparée* (1982) von Monique Laederach und *Zéro positif* (1975) von Anne-Lise Grobéty. Ihre Schriften ergründen die Frauenfrage im Zusammenhang mit dem Schreiben; sie vernetzen Autobiographisches mit Fiktionalem, was es den Autorinnen erlaubt, eine andere Auffassung der Geschichte und des Lebens zu vertreten, nach den Formen neuer Aussagen zu suchen, Breschen zu schlagen zwischen der Revolte, der Ironie oder dem Spott und der Verankerung in einer persönlich geprägten Sprache.

Gaston Cherpillod und Anne Cuneo legen in ihren mehrheitlich autobiographischen Werken ein vehementes, weil politisch engagiertes Zeugnis ihrer Zeit ab: *Le Chêne brûlé* (1969) und *Alma Mater* (1971) des ersteren; *Les Portes du jour* (1981) und *Le Temps des loups blancs* (1982) der letzteren. Sie prangern die Ungerechtigkeiten, Hypokrisien und Verschrobenheiten der bürgerlichen Gesellschaft an; andererseits wollen sie aber die kreativen Aktivitäten aufwerten, sei es auf materiellem (sie lehnen literarische Gratisarbeit ab) oder auf erzieherischem Gebiet. Parallel zu ihren autobiographischen Erzählungen versucht Anne Cuneo die Schicksale und Personen zu verstehen, die aus den sozio-historischen Normen herausfallen und sich in die Geschichte einfügen; so in *Le Piano du pauvre – Vie de Denise Letourneur musicienne* (1975), das, wie in einem Roman Zolas, das Leben einer Lausan-

Monique Laederach

ner Akkordeonspielerin aufrollt. Sie hat Romane verfasst, in denen sich geschichtliche Vorgänge mit persönlichen Schicksalen vermischen, wie in *Prague aux doigts de feu* (1989) und *Station Victoria* (1990), große historische Fresken aus der elisabethanischen Epoche in *Trajet d'une rivière* (1993) und *Objets de splendeur* (1996) oder aus der Zeit der Reformation und des Beginns des Druckwesens in *Le Maître de Garamond* (2002).

*François Conod*        Die letzten Romane von François Conod können als Parodien der historischen Romane, in denen das Spiel dominiert, eingestuft werden: In *Janus aux quatre fronts* (1991) und *Le Tyrannosaure* (1993) wird die Rekonstruktion zu einem großen Karneval; alles wird auf den Kopf gestellt, sei es auf dem vom Gelehrten bis zum Groben reichenden Sprachniveau, sei es auf soziopolitischem Niveau, wo Angst, also Repression herrscht.

In seinen Romanen *A nous deux Ferdinand* (1990), *La Ligne bleue* (1994), *Bleu siècle* (1996) oder *Gris bleu* (1999) exploriert Daniel de Roulet, gemäß seinem links-extremen politischen Engagement und anti-nuklearen Aktivismus, die Zufälligkeit revolutionärer Aktivitäten und terroristischer Aktionen; in *Double. Un rapport* (1998), der auch gleichzeitig auf Deutsch erschienen ist, benützt er seine eigene Geschichte, um die Verdächtigungen während der Fichen-Affäre in der Schweiz offen zu legen. Er schreibt ebenso fließend deutsch wie französisch, und seine ersten Romane sind auf Deutsch erschienen.

## Utopischer Roman

Andere Autoren wenden sich der Utopie zu, um frei in der Zeit zu reisen und die Jahrhunderte, Epochen und Kulturen zu durchqueren. Ihre spekulativen, auf Mutmaßungen, ja sogar Wetten basierenden Spiele appellieren an die Einbildungskraft, die sie mit den ephemeren Realitäten einer Gesellschaft oder eines sich verändernden Zeitalters vergleichen. Sie charakterisieren wahrscheinlich unsere eigene Geschichte, unsicher, verängstigt, manchmal spöttisch, beängstigend Unbekanntes skizzierend. Diese visionären Romane wirken wie Fabeln, Märchen, Gleichnisse, mit dem Ziel, soziale Mechanismen und Geheimnisse der Macht zu offenbaren. Und schließlich können diese Ausflüge in utopische Welten wie eine Metapher der Arbeit des Schriftstellers verstanden werden. Diese polymorphen Möglichkeiten sind auf fruchtbaren Boden gefallen und haben viele Autoren inspiriert, wie das die großen Vorbilder Zamiatine, Čapek, Kafka oder Hrabal beweisen.

*Claude Delarue*       Claude Delarue untersucht die kryptischen Spuren verschwundener Zivilisationen. Seine Romanhelden sind Gelehrte, die beauftragt sind, die vergessenen Schriften zu entziffern und die verlorenen Codices zu entdecken, oder Künstler: ein Archäologe in *La Mosaïque* (1986) oder *Le Triomphe des éléphants* (1992), ein Geologe in *En attendant la guerre* (1989), ein Orientalist in *L'Herméneute* (1982), ein Musiker in *L'Opéra de brousse* (1976), ein Maler in *La Faiblesse de Dieu* (1996). Alle leben gleichzeitig auf zwei Ebenen, die sich manchmal schwindelerregend kreuzen: Die technische Arbeit des Entzifferns, der Bestimmung des Standortes, des Rodens des Ortes, das Studium der Objekte sind die Garanten ihres Selbstvertrauens. Das Rätsel verschlingt den Menschen, nach einem Gesetz der Dekomposition des Menschen und der Entropie des Alls.

*Yves Laplace*         Yves Laplace projiziert in seinem ideologischen Antizipationsroman *On* (1992) die Ängste unserer Zeit auf ein hierarchisch perfekt und fehlerlos funktionierendes Universum: Entfremdung, Passivität, Freiheits-, Identitäts- und Gefühlsverlust. Jegliche kriegerische Gesellschaft wird so in ihren vorgetäuschten Aspirationen nach Gerechtigkeit und in ihren pseudospirituellen Bestrebungen stigmatisiert. Laplace ist auch Dramaturg und engagierter Essayist.

## Die Verweigerung der Fiktion

Schriftsteller wie Georges Haldas, Christophe Gallaz oder Luc Weibel lehnen die Fiktion ab und bedienen sich einer Form, die der Zeit und dem täglich Erlebten näher liegt: der Chronik. Ohne Transposition oder Phantasiegebilde spiegelt sie Gesehenes und Erlebtes wider, ohne den Humor, den Weitblick oder die Analyse auszuschalten. Ihre Gemeinsamkeit liegt im Willen, das *hic et nunc*, das Aktuelle, den Augenblick, die allgegenwärtige Betrachtung einzufangen. Alle sind mehr oder weniger Voyeure. *Die Chronisten*

Georges Haldas trennt sein Werk in zwei Kategorien. Eine deskriptive und analytische Tagesproduktion setzt sich aus Chroniken und Notizen zusammen und dokumentiert das Verhältnis des Autors zur Außenwelt. Die sogenannte Nachtproduktion umfasst das lyrische dichterische Werk. *Georges Haldas*

Die Chroniken von Georges Haldas folgen einer organischen und vom Leben diktierten Ordnung; ihr Merkmal liegt darin, dass sie retrospektiv sind und der Erinnerung eine primäre Rolle zukommt. Alles spielt sich so ab, als ob die Identität des Menschen nicht im direkt Gelebten, sondern in der Wiedererfassung der sensorischen Kräfte, der Hauptlinien, der psychischen Orientierung gefunden würde. Leben bedeutet Wiedererleben; und der Akt des Schreibens ist die Haupttriebfeder dieser aktiven Erinnerung. Eine intuitive Entdeckung von Georges Haldas betrifft das Mysterium der Inkarnation, die aus dem Menschen gleichermaßen ein leidenschaftliches, von Mordtrieb dominiertes und ein spirituelles, an der Transzendenz teilhabendes Wesen macht. Einige Chroniken sind den Eltern gewidmet, die wie Säulen die Beziehung zu sich selbst und zu den anderen stützen: *Boulevard des Philosophes* (1966), eine anti-freudianische Chronik, in der »der Mann/Mensch, mein Vater« im Mittelpunkt steht und *Chronique de la Rue Saint-Ours* (1973), die die Figur »der kleinen Mutter« evoziert. Andere betreffen Freunde und Bekannte, Lehrmeister und Passanten, Klienten und Patrons der frequentierten Cafés und sind damit breiter angelegt: *Le Jardin des espérances* (1969), *Légende des cafés* (1976), *Le Livre des passions et des heures* (1980).

Im Gegensatz zum Werk von Georges Haldas, das dem Heil der Menschheit gewidmet ist, werden die Chroniken von Christophe Gallaz (für schweizerische oder französische Zeitschriften verfasst) vom Gesetz der Entropie dominiert, die nicht nur jedes Lebewesen, sondern den ganzen Planeten dem Untergang, der Zerstörung, dem Tod weiht. Sport, Medien, Festivals, politische und andere Zusammenkünfte, aber auch Cafés, Terrassen und Parks sind seine bevorzugten Beobachtungsposten. In *Les Chagrins magnifiques* (1980), *Les Musiques défaites* (1989) und *La Chronique des jours glissants* (1991) denunziert Gallaz die Lebensmüdigkeit. *Christophe Gallaz*

Auch Luc Weibel ist ein Anhänger kurzer Texte; er spaziert durch seine Geburtsstadt Genf, besucht die Orte wieder und erinnert sich, nimmt die Eigenarten unter die Lupe, als entdeckte er die Inkas oder die Indianer Neu-Mexikos. Mit kritischer Distanz zwischen Geschichte und persönlichen Eindrücken sucht der Autor nach dem Ungewöhnlichen oder Skurrilen, fühlt sich immer wie im Theater: Distanziert lädt er den Leser schmunzelnd dazu ein, diese Wirklichkeit wie er sie wahrnimmt zu betrachten – vom *Promeneur* (1982) bis *Arrêt sur image* (1988), *L'Echappée belle* (1993) und *Le Monument* (1994). *Luc Weibel*

Nicolas Bouvier

Ähnlich den Chronisten bewegen sich die Reiseschriftsteller im Raum, durchqueren Kulturen und Jahrhunderte. Adrien Pasquali hat über Nicolas Bouvier, Ella Maillart oder Lorenzo Pestelli geschrieben, dass »sie in der Reise nicht nur den Stoff für wahrnehmbare Erfahrungen, sondern eine Form des Zutritts zur Sprache, einen Impuls zu sagen und zu erzählen gefunden haben«.

Nicolas Bouvier, der berühmteste unter ihnen, singt das Lob der Schweizer Nomaden und steht in der Nachfolge eines Thomas Platter und der Wandergelehrten des 16. Jh.s.: arm an Mitteln, reich an Wissen und Erfahrung, neugierig gegenüber allem Menschlichen, heiter, farbenfroh, erfinderisch.

Die Reisebeschreibungen von Nicolas Bouvier – *L'Usage du monde* (1963), *Chronique japonaise* (1975), *Le Poisson-Scorpion* (1981), *Journal d'Aran et d'autres lieux* (1990) sowie *Routes et Déroutes* (1992), eine Sammlung von Gesprächen ähnlich einer Reise ins Zentrum seines Lebens – unterscheiden sich grundlegend von denjenigen der großen Reporter, gleichwohl sie alle die besuchten Landschaften, Atmosphäre, charakteristische Details und hervorstechende Merkmale erfassen. Für Bouvier bedeutet Reisen als erstes Verschwinden, Sterben lernen. Die Offenheit gegenüber den Anderen, die Disponibilität, die Gastfreundschaft sind Tugenden, die nur durch die Selbstvergessenheit errungen werden können. Anders ausgedrückt, eine Übung in Bescheidenheit.

Fröhlichkeit des Stils, Vergleich des Hier und Dort, amüsierte Komposition der Erzählung, perspektivische Sicht des Andersartigen, kulturelle Referenzen, Spiel der Bilder, verbal oder ikonenartig, das sind die Zutaten dieser erzählten Reisen. Sie strömen eine verspielte Weisheit aus, raffiniert und höflich, wobei der Humor, der eine Verzweiflung zu verbergen sucht, immer die Oberhand behält.

Sein Gedichtband *Le Dehors et le Dedans* (1982), eng mit der Zeit und dem Raum des Reisens verbunden, beruht auf einer Komplementarität zwischen Ortsveränderung und sich Zurückziehen, Leben und Tod, Nomadentum und Verinnerlichung, und dokumentiert die Suche nach Gleichgewicht und Einheit.

## Bruch mit dem Roman

Der Romancier spinnt eine zufallsbedingte Verbindung zwischen dem Erzähler und seinen Personen, sodass es unzählige Spielarten der Narration gibt. Eine Geschichte zu erzählen, wäre weniger wichtig als die Zufälle aufzudecken, die Modalitäten vorzustellen, das Wie zu zeigen. »Ein echter Roman beginnt außerhalb der Geschichte, die in Szene gesetzt wird«, sagt Etienne Barilier und Yves Velan wendet den berühmten Titel von Francis Ponge, »Die Fabrik des Romans« auf sich selbst an.

Yves Velan feilt ausgiebig an seinen Romanen; jeder einzelne entspricht einem langatmigen politisch-kritischen Unterfangen; er verleiht ihnen ein Maximum an Konzentration und Ausdruckskraft, indem er die ganze literarische Arbeit bis in ihre entlegensten Winkel ausschöpft. Dementsprechend publiziert er rigoros, langsam und selten: *Je* (1959), dessen Rezeption außerordentlich war und unter anderem auch eine Würdigung von Roland Barthes in seinen *Mythologies* erfuhr, *La Statue de Condillac retouchée* (1973), *Soft Goulag* (1977); er arbeitet an einem vierten Roman. Er verleiht der Literatur eine kritische Funktion, gleichermaßen pragmatisch und theoretisch. Immer wieder kommt der Roman auf sich selbst zurück; sogar die illustrierte Kindergeschichte *L'Histoire du chat Muche* (1986) entgeht nicht diesem Bumerangeffekt und »schmeißt uns [...] das vitriolhaltige Bild des Kinderbuches, wie unsere Kultur es konzipiert hat, ins Gesicht zurück«, nach den Worten von Philippe Renaud.

Etienne Barilier publiziert sehr viel, als ob er alles ausdrücken müsste, bevor es zu spät ist, bevor das Gesicht des Menschen deformiert ist und die Bücher eingestampft sind. Daraus ergibt sich eine reichhaltige Reihe von Romanen abwechselnd mit Essais: von *Orphée* (1971) über *La Créature* (1984) und *Musique* (1988) bis *La Crique des perroquets* (1990), seine Dissertation über Albert Camus (1977) bis *La Ressemblance humaine* (1991) und *Contre l'obscurantisme* (2001). Er bevorzugt die Verschachtelung der Themen und der Romanformen, um Stellung und Verantwortung des Menschen gegenüber der Welt zu hinterfragen. Er vertritt eine platonische Vision der menschlichen Einheit, eher intuitiv als deduktiv; er versucht, sich ihr mit Hilfe der Fiktion zu nähern, die in seinen Augen eher diesem Blindflug zuträglich ist, eher geeignet, dem Realen näher zu kommen, ohne es auszuschalten. Seine Romane und Essais sind durch eine Doppelbewegung gekennzeichnet: Suche und Ernüchterung, Befragung und Zweifel.

*Etienne Barilier*

Auch Adrien Pasquali beteiligt sich daran und verbindet ebenfalls Romane und kritische Essais miteinander. Er publiziert acht Romane von *L'Eloge du migrant* (1984) über *Un amour irrésolu* (1988) und *Une vie de livre* (1993) bis *Pain de silence* (1999). Seine Romane sind Forschungsreisen in »formesense«, Form-und-Sinn, wie Jean Rousset gesagt hat, wo auch das Spiel seinen Platz hat. Er behilft sich bis zu seinen Titeln mit allerlei Metaphern – vom »Migranten« zum »Nachtwächter«, vom unermüdlichen Spaziergänger zum unersättlichen Leser – und macht dem Leser Lust auf die Begegnungen und Namen, macht ihm kleinste Details und Beobachtungen deutlich. Zwischen Identität und Alterität entdecken die Personen von Pasquali die »métissages, Rassenkreuzungen«, die Sprachen, die Verkleidungen, die Grenzen.

*Adrien Pasquali*

Von Robert Pinget, dessen immenses Werk schon fast zu den Klassikern zählt, hebe ich hier zwei Elemente hervor; das eine gehört ins Register des Lachens, das andere ist die Verwendung der Umgangssprache. Fantasie, ungezügelte Imagination, besonders in *Graal Flibuste* (1956), Humor, Anprangerung des Absurden, Beobachtung der banalsten und kuriosesten Details oder des Unpassenden bilden das Salz von Pingets Romanen. Lachen ist ein Königsweg für den Romancier, aber es ist, allem Anschein zum Trotz, ein asketischer Weg: Er erlaubt es, Tabula rasa zu machen, alles offen zu lassen, dem Schweigen, dieser anderen Form des Nichts, entgegenzutreten, auf ein anderes Lachen, auf ein größeres, vielleicht auf ein definitives Lachen zu warten. In einer Unterhaltung hat Pinget bemerkt: »Die Hälfte seines Lebens dafür zu geben, um über die andere zu lachen, das hätte ich ohne zu zögern gemacht.« Die andere große Kunst Pingets besteht in seiner von Ramuz inspirierten Art, die Gegebenheiten der gesprochenen Sprache zu bearbeiten: Interpunktion, Intonation, Eigennamen, unterbrochene Sätze, Ellipsen und Redundanzen, Wiederholungen und Variationen sowie die Verwendung des Konditionals. Der Musik der Wörter lauschend, hat er davon den Rhythmus seiner Sätze inspirieren lassen. Lachen und gleichzeitig auf die Welt hören, dies ist die paradoxe Herausforderung Pingets in seinen Romanen.

*Robert Pinget*

Diese Herausforderung hat unter anderen Amélie Plume angenommen, indem sie eine burleske Ästhetik gewählt hat, die nichts und niemanden und im Besonderen nicht sie selbst verschont. In ihrer Trilogie, die die Abenteuer von Plumette aufrollt, ihre Ehe, ihre Schwierigkeiten und Krisen (*Les Aventures de Plumette et de son premier amant*, 1981, *Oui Emile pour la vie*, 1984, *En bas tout en bas dans la plaine*, 1986), beschreibt sie als Ethnologin

Amélie Plume

die Geschichte des modernen, mit einer neuen Freiheit ringenden Ehepaares. In ihren nachfolgenden Romanen, *Marie Mélina s'en va* (1988), *La Mort des forêts ni plus ni moins* (1989), *Promenade avec Emile L* (1992), *Toute une vie pour se déniaiser* (2001), geht sie anderen aktuellen Themen nach, wie den Fragen des Alters, der Ökologie oder des Reisens. Ihre Originalität beruht demnach nicht auf den behandelten Themen, sondern auf der Einbeziehung des Burlesken in das Schreiben und der Ausarbeitung aller szenischen und Unruhe stiftenden Implikationen: Vereinfachung, Reduktion, Trivialität, Übertreibung.

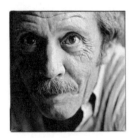

Jean-Luc Benoziglio

Jean-Luc Benoziglio beutet mit einer fabulierenden Vitalität und einer an Rabelais gemahnenden sprachlichen Verve die heroisch-komischen Abenteuer seiner Figuren aus und bearbeitet mit größtem Vergnügen ihr Leben und Sterben. Er erforscht alle möglichen Prozesse der Entfremdung – von der Farce zum Sarkasmus, von der intertextuellen Anspielung zur Ellipse, von der Parodie zur Ironie und behilft sich mit burlesken Inversionen und der Beschreibung einer grotesken Körpersprache. Der Erzähler setzt sich selbst in Szene, nimmt die Pose des Zynikers ein, des grobschlächtigen Flegels oder des Künstlers. In seinen Romanen von *Quelqu'unbis est mort* (1972) bis *L'Ecrivain fantôme* (1978), von *Cabinet-portrait* (1980) und *Tableau d'une ex* (1989) bis *Peinture avec pistolet* (1993) verstecken sich Wut und Schmerz hinter grimmiger Heiterkeit.

*Agota Kristof*

Agota Kristof, die aus Ungarn geflohen ist und seit 1957 in der französischen Schweiz lebt, hält Einzug in die Literatur ihres Exillandes mit einem minimalistischen, andeutungsvollen, lakonischen Stil, bestehend aus einer entblößten Syntax und kurzen Sätzen, Tätigkeitsverben im Präsens, Sachbezeichnungen; es gibt weder Adjektive noch Bilder. Ein unvergleichlicher schwarzer Humor beherrscht alles und wird nur eingeschränkt durch den Drang, wenig zu sagen, um Gewalt und Obszönität zum Explodieren zu bringen. Ihre Trilogie, in der die Zwillinge Claus und Lucas die Helden verkörpern sollten, ist ein Bildungsroman mit umgekehrten Vorzeichen, wo Leben schlimmer als Sterben ist: *Le Grand Cahier* (1986), *La Preuve* (1988) und, aussagekräftig, *Le Troisième Mensonge* (1991), in dem die Autorin definitiv die Fährten verwischt. Ergänzt wird die literarische Produktion von *Hier* (1995) und einer autobiographischen Erzählung, kennzeichnend für die diskriminierende Wirklichkeit des Exils: *L'Analphabète* (2004).

*Jean-Marc Lovay*

Jean-Marc Lovay pendelt in seinen Romanen zwischen Wunschdenken und Irreellem hin und her. Er stellt eine Welt nach den Kataklysmen dar, in der nur noch Spuren des früher vom *homo faber* bewohnten Universums zu finden sind: eine Wasserstelle, eine Hütte, ein Hangar, ein Anhänger, Stoffe, eine Leiter, hier und dort ein Fahrrad oder ein unbrauchbar gewordenes Werkzeug. Menschen werden reduziert auf ihre elementaren Triebe, deren Tätigkeiten sich auf das strikte Minimum beschränken. Überlieferte, wie Rituale ausgeführte Bewegungsabläufe bewahren die Welt vor dem Hereinbrechen der Unordnung und der bösartigen Kräfte so wie die Syntax die Sprache vor dem Delirium und den halluzinierenden Bildern bewahrt. Die beschwörende Sprache Lovays, mit ihrer wie von Besessenheit skandierten Rhythmen und ihrer ins Extreme getriebenen Präzision, hat die feierliche Kraft einer Liturgie, deren Sinn verloren gegangen ist. So in *Le Baluchon maudit* (1979) oder *Polenta* (1980).

In *Le Convoi du colonel Fürst* (1985), *Un soir au bord de la rivière* (1990) oder *Aucun de mes os ne sera troué pour servir de flûte enchantée* (1997) bevorzugt Lovay als Objekt des Romans eher die Pannen, die Funktionsstörungen und die Antworten ohne Fragen als das Abenteuer, und als Strukturmuster der Erzählung wählt er eher den Exkurs als die Weiterentwicklung. So offeriert er dem Leser Sicht- und Handlungsfreiheit, eine Einladung über die Welt nachzusinnen statt sie zu beherrschen, eine Aufforderung, eine erfinderische Beziehung zur Welt und zu den Lebewesen aufzubauen – so wie es die schöne Formel von Jérôme Meizoz zusammenfasst, die uns der Antike annähert: »die Geschichten Lovays lösen keine Probleme, sie sublimieren die Rätsel.«

Durch ihre Verankerung in einem präzis umrissenen Raum, genauso wie durch ihre Besonderheiten anderen Weltliteraturen gegenüber sowie die Mischung der Sprachen und die Formen gegenüber offene Ästhetik drücken die welschen Schriftsteller – auf verschlungenen Pfaden – eine tiefgreifende Besorgnis aus. Sie schlagen vielfältige Tonarten an und hinterfragen ihre Gegenwart mit Hilfe der literarischen Arbeit.

Jean-Marc Lovay

# Literatur der italienischen Schweiz

Antonio Stäuble

*Geographie und Population*

Die italienische Schweiz umfasst den Kanton Tessin (etwa 300 000 Einwohner), sowie vier Italienisch sprechende Alpentäler im Kanton Graubünden (etwa 13 000 Einwohner): Poschiavo (deutsch Puschlav), Bregaglia (Bergell), Mesolcina und Calanca; die zwei letzteren bilden zusammen das Moesano (Misox). Es handelt sich somit um etwa 4 % der Bevölkerung der Schweiz. Allerdings leben in den anderen Sprachregionen des Landes gegen 200 000 Personen (Einwanderer aus Italien und aus dem Tessin), die bei der Volkszählung im Jahr 2000 Italienisch als Muttersprache angegeben haben. Die Italophonen auf dem gesamten Gebiet der Eidgenossenschaft machen somit etwa 7% der Bevölkerung aus. Umgekehrt haben sich viele Anderssprachige (meist Deutschsprachige) in der italienischen Schweiz niedergelassen, was in der Vergangenheit gelegentlich als Bedrohung der sogenannten »italianità« empfunden wurde: eine übertriebene Schwarzmalerei, da die Integration relativ leicht vor sich geht. Das Gespenst der Germanisierung ist seit Jahrzehnten immer wieder heraufbeschworen worden, aber die Situation hat sich nicht wesentlich geändert; in der italienischen Schweiz selbst sind die italienische Sprache und Kultur keineswegs bedroht; kritisch ist die Lage wirklich nur in kleinen Randgebieten, wie im Weiler Maloggia (dt. Maloia; am gleichnamigen Pass zwischen Bergell und Engadin) und in Bivio (am Julierpass); Bivio ist offiziell noch italienischsprachig (die einzige italienische Enklave nördlich des Alpenkamms), aber die Mehrheit der Bevölkerung dieses Dorfes ist heute deutscher Muttersprache.

*Selbstverständnis als Minderheit*

Das Gefühl, eine kleine Minderheit zu sein, spielt eine Rolle im Selbstverständnis der Bevölkerung (und somit der Schriftsteller) und zwar in doppelter Hinsicht: politisch gegenüber der Eidgenossenschaft und kulturell gegenüber Italien; bei den Italienischbündnern sogar dreifach, innerhalb der italienischen Schweiz, d.h. dem Tessin gegenüber, als Minderheit gegenüber Italien und gegenüber dem deutschen Hauptteil des Kantons. Aus verschiedenen Gründen fühlen sich die Bewohner der italienischen Schweiz von den Mehrheiten angezogen; ihre Loyalität gegenüber der Eidgenossenschaft ist unbestritten, während die Liebe zur Muttersprache eine enge Bindung an Italien bedingt; aber gerade deshalb wollen sie die Unterschiede nicht verwischen und möchten sich gegenüber den beiden »Riesen« im Norden und im Süden profilieren: Das Thema der Identität zieht sich untergründig wie ein roter Faden durch die Literatur.

*Zwischen Italien und der »Svizzera interna«*

Das Tessin hat viele Beziehungen zu Italien, die über die Sprachgemeinschaft hinausgehen und das kulturelle und wirtschaftliche Leben im Allgemeinen betreffen; die Nähe der Lombardei und der Metropole Mailand spielt eine wichtige Rolle (das Tessin ist die einzige Gegend der Schweiz, die so nah bei einer europäischen Millionenstadt liegt). Andererseits weisen viele wirtschaftliche und berufliche Bindungen nach der »Svizzera interna«, wie die Tessiner die Schweiz nördlich des Gotthards nennen. In beiden Richtungen stellt man ein ständiges Hin und Her fest, eine Dialektik zwischen Anziehung und Distanzierung, zwischen Italianität und Helvetismus.

Bevor wir auf die einzelnen Schriftsteller eingehen, ist es vielleicht angebracht einige historische Fakten in Erinnerung zu rufen. Das Tessin und Graubünden wurden im gleichen Jahr, 1803, zu vollberechtigten Kantonen der Eidgenossenschaft, hatten aber eine grundverschiedene Vergangenheit hinter sich. Das Tessin hatte im Mittelalter zum Herzogtum Mailand gehört und wurde im 15.–16. Jh. von den Eidgenossen erobert und als Untertanenland regiert; die »Eroberer« waren weitsichtig genug, die Sprache und Kultur der Untertanen zu respektieren und versuchten nicht, sie zu germanisieren. Die Bündner Täler hingegen hatten zu den selbstständigen mehrsprachigen drei Bünden gehört und waren somit Alliierte und nie Untertanen der Eidgenossen gewesen. Der Kanton Tessin ist italienischsprachig (eine einzige Gemeinde, das Bergdorf Bosco Gurin, ist deutschsprachig), während die Bündner Täler Teile des dreisprachigen Kantons Graubünden (Deutsch, Italienisch, Rätoromanisch) und somit auch innerhalb des eigenen Kantons eine kleine Minderheit sind. Dazu kommen konfessionelle Unterschiede: Das Tessin und das Misox sind katholisch, während das Bergell eine protestantische Tradition hat und das mehrheitlich katholische Puschlavtal eine relativ große reformierte Minderheit kennt. In einem so stark vom föderalistischen Denken geprägten Land wie der Schweiz sind solche Unterschiede von Bedeutung und es ist wichtig, sie in Erinnerung zu behalten.

*Historie, Sprache, Konfession*

Wenn wir uns nun der Literatur zuwenden, so müssen wir ein quantitatives und qualitatives Übergewicht des 19. und vor allem des 20. Jh.s feststellen. Freilich gab es auch früher ein kulturelles Leben. Das bezeugt zum Beispiel der Druckerei-Verlag Agnelli in Lugano in der zweiten Hälfte des 18. Jh.s, der unter anderem die Wochenzeitung *Nuove di diverse corti e paesi principali d'Europa* (später *Gazzetta di Lugano*) edierte; diese war die erste italienischsprachige Zeitung, die im August 1776 Auszüge aus der Unabhängigkeitserklärung der Vereinigten Staaten veröffentlichte, während die italienischen Zeitschriften *Notizie del mondo* und *Gazzetta universale* es erst am 3. September taten; zur Zeit der Französischen Revolution druckte sie auch den vollständigen Text der Menschenrechtserklärung ab. Im bündnerischen Poschiavo wurden seit 1547 Bücher gedruckt in der Druckerei Landolfi, die später an die Familie Menghini überging, die sie heute noch in der fünften Generation betreibt. In Poschiavo wurde unter anderem die erste italienische Übersetzung von Goethes *Werther* veröffentlicht (1782, Druckerei Ambrosioni).

*Verlage, Zeitungen, Zeitschriften*

Auch in der Zeit zwischen dem 16. und dem 18. Jh. verdienen einige Namen selbst in einem kurzen Überblick festgehalten zu werden: so zum Beispiel Francesco Ciceri, der Euripides und Terenz kommentierte und als Lehrer zuerst in seiner Heimatstadt Lugano, dann aber für längere Zeit und bis zu seinem Tode in Mailand wirkte, und der Bündner Paganino Gaudenzi, Autor von zahlreichen literarischen und historischen Werken, Professor an den Universitäten von Rom und Pisa.

Im 18. Jh. stechen hervor: Giampietro Riva, Giuseppe Fossati und vor allem Francesco Soave, Autor von Novellen, philosophischen Werken und Schulbüchern, aber auch Übersetzer: Er übertrug nicht nur griechische und lateinische Klassiker, sondern auch zwei der prominentesten Vertreter der europäischen Sensibilität der Zeit, den Engländer Edward Young und den Zürcher Salomon Gessner, sowie die *Lectures on Rhetoric and Belles-Lettres* von Hugh Blair. Auch Riva und Fossati waren als Übersetzer tätig: Der Erstere übertrug Molière und Racine ins Italienische, der Letztere Albrecht von Haller. Wir stoßen hier auf einen nicht unwesentlichen Aspekt des literarischen Schaffens in der italienischen Schweiz: die Übersetzungen. Auch unter

Die erste italienische Übersetzung von Goethes *Werther*, erschienen in Poschiavo

den neueren Schriftstellern finden wir hervorragende Übersetzer von literarischen Werken, vor allem aus den anderen Landessprachen (u. a. Menghini, Bonalumi, Giorgio Orelli, Fasani, Isella, Pusterla): eine Tätigkeit, die die Situation dieses kleinen Landes am Kreuzweg verschiedener Kulturen verdeutlicht. Riva und Soave lebten längere Zeit in Italien und wurden beide in die Accademia dell'Arcadia aufgenommen.

*Identitätssuche*

Die Gründung der Kantone Graubünden und Tessin verstärkte die Bindungen zur Schweiz, aber auch das Bedürfnis, die eigene Identität zu unterstreichen; gleichzeitig traten die Unterschiede zu Italien stärker zutage; dies umso mehr, als wenige Jahrzehnte später die verschiedenen, teilweise nicht unabhängigen, italienischen Staaten zu einem größeren zentralistischen Königreich vereint wurden. Die Italienischschweizer hatten im Allgemeinen die Ereignisse des Risorgimento mit Sympathie verfolgt; einige von ihnen hatten sogar aktiv als Kämpfer daran teilgenommen (was die Beziehungen zwischen der Schweiz und Österreich trübte), während die kleine Druckerei von Capolago liberales Schrifttum verlegte und in Italien vertrieb. Nun aber hätte die Frage aufkommen können, ob nicht der neue Staat alle Italophonen hätte vereinigen sollen. Dies wurde allerdings nie zu einer wirklichen Gefahr für die italienische Schweiz; während der faschistischen Zeit wurden vereinzelt sogenannte »irredentistische« Stimmen laut, hauptsächlich in der Zeitschrift *Adula*, die 1935 aus sicherheitspolitischen Gründen von der Schweizer Regierung verboten wurde; aber es handelte sich immer nur um verschwindend kleine Minderheiten.

In den neugegründeten Kantonen standen politische, administrative und gesellschaftliche Themen im Blickpunkt der Öffentlichkeit; es ist daher kein Zufall, wenn in der Literatur des 19. Jh.s vor allem Persönlichkeiten hervorstechen, die keine Literaten im eigentlichen Sinne des Wortes waren, sondern eher Vertreter der Politik und der Wissenschaft. Dabei ist hauptsächlich an Stefano Franscini zu denken, Autor von Schulbüchern und von historischen und volkswirtschaftlichen Studien; er wurde in erster Linie als Politiker bekannt und spielte eine Rolle im Tessin und in der Eidgenossenschaft: Zuerst Mitglied der Kantonsregierung, wurde er, nach Inkrafttreten der Bundesverfassung von 1848, in den Bundesrat (Bundesregierung) gewählt und stand dem Departement des Inneren vor.

*Literaten aus Politik und Wissenschaft*

Bei den Gelehrten ist der Bündner Giovanni Andrea Scartazzini die herausragende Gestalt; neben seiner Tätigkeit als protestantischer Pfarrer im Bergell und in der deutschen Schweiz, widmete er sich der Exegese von Dantes *Göttlicher Komödie*: Über dieses Thema verfasste er zahlreiche Studien auf Italienisch und auf Deutsch (darunter *Dante in Germania*, 1881, eine breit angelegte Untersuchung über die Dante-Rezeption in Deutschland) sowie einen beim Stand der damaligen Forschung bahnbrechenden Kommentar zur *Divina Commedia*, der noch über Jahrzehnte in den italienischen Schulen verwendet wurde. Einem anderen Bündner Theologen, Giovanni Luzzi, Professor an der theologischen Fakultät der Waldenser Kirche in Italien, verdankt man eine kommentierte Übersetzung der Bibel auf Italienisch (1906–1931). Aus dem Bergell, wie Scartazzini, stammte Giovanni Andrea Maurizio, der ein historisches Theaterstück in Bergeller Mundart hinterlassen hat, *La Stria, ossia i stinqual da l'amur* (*Die Hexe oder die Scherze der Liebe*, 1875): eine Liebesgeschichte, vor dem Hintergrund der Einführung der Reformation im Bergell im 16. Jh.; spätromantische Motive schwingen mit und werden durch Anklänge an Manzoni, sowie an Goethe und Schiller unterstrichen.

Die um 1870 geborene Generation hat dem literarischen Schaffen im Tessin neue Impulse verliehen. Angelo Nessi hat Dialektkomödien, Libretti für die Oper und einen autobiographischen Roman, *Cip* (1934), verfasst, in dem er die Erinnerungen an seine Heimatstadt Locarno aufleben lässt.

Die dominierende Gestalt dieser Generation ist aber zweifellos Francesco Chiesa, der dank seines umfassenden Werkes, seiner pointierten Stellungnahmen zu kulturellen und politischen Fragen (über Heimatschutz, über die »italianità« des Tessins) und auch seines außerordentlich langen Lebens als wahrhaftiger Patriarch der Tessiner Literatur betrachtet wurde (und auch deshalb haben die Vertreter der nachfolgenden Generationen versucht, sich von ihm zu distanzieren). Chiesa vertrat eine traditionelle Auffassung der Literatur und stand den Avantgarden skeptisch gegenüber. Durch seine Romane und Erzählungen (*Racconti puerili*, 1921, dt. *Bubengeschichten*, 1922; *Racconti del mio orto*, 1929; *Sant'Amarillide*, 1938, dt. *Sankt Amaryllis*, 1939 sowie der berühmteste von allen, *Tempo di marzo*, 1925, dt. *Märzenwetter*, 1927) aber auch durch seine Gedichte vermittelt er ein idyllisches Bild der engeren Heimat, in dem die alten ruralen Sitten mit der beginnenden Industrialisierung auf etwas idealisierte Art koexistieren: ein heiterer, ein wenig moralisierender aber nicht humorloser Optimismus. Die Präsenz des Landes und seiner Einwohner wird auch später, wenn auch viel kritischer, zu einem wichtigen Thema der Literatur in der italienischen Schweiz werden.

Francesco Chiesa

Unter den um die Jahrhundertwende geborenen Autoren erwähnen wir Giuseppe Zoppi, Italienischprofessor an der Eidgenössischen Technischen Hochschule Zürich, Verfasser einiger Romane und vor allem des *Libro dell'Alpe* (1922, dt. *Das Buch von der Alp*, 1939), einer Folge von Texten in poetischer Prosa, den elegischen Dichter Valerio Abbondio und Piero Bianconi, Kunsthistoriker und Essayist, sehr verbunden mit der sozialen und kulturellen Aktualität; in *Albero genealogico* (1969, dt. *Der Stammbaum*, 1990), seinem berühmtesten Werk, geht Bianconi den Spuren seiner Vorfahren nach und behandelt das im Tessin oft präsente Thema der Emigration.

Guido Calgari

Der folgenden Generation gehören an der Dramatiker Carlo Castelli (der vor allem Stücke für das Radio und das Fernsehen geschrieben hat), der Romancier und Dichter Adolfo Jenni, der Bündner Felice Menghini, dessen Gedichte von einer tief empfundenen, aber nicht problemlosen Religiosität und von einer echten Beziehung zur engeren Heimat zeugen, und der Nachfolger Zoppis auf dem Zürcher Lehrstuhl, Guido Calgari, der 1933 ein Buch herausgab, dessen Titel *Quando tutto va male* (dt. *Karge Erde. Novellen aus den Tälern der Leventina*, 1940) den von Chiesa verbreiteten Optimismus in Frage zu stellen schien.

Aber eine wirkliche Erneuerung kam erst mit den Schriftstellern, die ihre Arbeit während des Zweiten Weltkrieges begannen; man pflegt der 1943 erfolgten Veröffentlichung von *Signore dei poveri morti* (dt. *Herr Gott der armen Seelen*, 1945) des Bildhauers Felice Filippini eine symbolische Bedeutung beizumessen: Durch die Originalität des Themas, durch den lyrischen und fragmentarischen Stil, bricht dieser Roman mit den idealisierenden Tendenzen der ersten Jahrzehnte des Jahrhunderts und bringt bewusst eine harte und beunruhigende Wirklichkeit zum Ausdruck.

Felice Menghini

Die Kriegsjahre bilden zweifellos eine Zäsur im literarischen Schaffen der italienischen Schweiz. Einige Faktoren haben dazu beigetragen. Eine große Rolle spielte dabei der vom italienischen Schriftsteller Giovan Battista Angioletti geleitete *Circolo italiano di lettura* in Lugano; die von Angioletti durchgeführten Veranstaltungen brachten frischen Wind in das literarische Klima des Tessins und machten das Publikum mit den neuesten Strömungen der italienischen Literatur bekannt. Allerdings ging dies nicht ohne politische Spannungen vor sich, da der *Circolo* von der faschistischen Regierung finanziert wurde und Angioletti italienischer Staatsbeamter war; es kam daher zu Konflikten vor allem mit den helvetistischen und antifaschistischen Kreisen, die in der Zeitschrift *Svizzera italiana* ihr Sprachrohr hatten; diese Zeitschrift wurde von Guido Calgari herausgegeben (unter seinen Werken erwähnen wir, neben dem bereits zitierten *Quando tutto va male*, eine Geschichte der vier Literaturen der Schweiz und den Essay-Band *Ticino degli uomini*, 1966), einer starken und manchmal umstrittenen Persönlichkeit, die eine antifaschistische und von der geistigen Landesverteidigung geprägte Linie vertrat (er war auch eine Zeit lang Zentralpräsident der Neuen Helvetischen Gesellschaft).

*Konflikte mit Guido Calgari und der Svizzera italiana*

Diese Spannungen führten dazu, dass nach dem Krieg die Tessiner Regierung Angiolettis Aufenthaltsbewilligung nicht erneuerte: Ein harter und auch ungerechter Entscheid, wenn man bedenkt, dass Angioletti selber eigentlich kein aktiver Faschist gewesen war (er konnte auch ohne politische Hindernisse seine Arbeit im befreiten Italien wieder aufnehmen). Um die Animosität der Kreise um Calgari gegen den als »faschistischen« Funktionär verschrieenen Angioletti in den richtigen historischen Rahmen einzufügen, darf man einiges nicht vergessen: die ständig bedrohte Isolation der Schweiz, die seit 1940 von den Achsenmächten vollständig eingekreist war, der in faschistischer Zeit wiedererwachte (wenn auch nicht sehr verbreitete) »Irredentismus« und die Tatsache, dass *Svizzera italiana* in Italien verboten und ihrem Herausgeber Calgari sowie dem wichtigsten Mitarbeiter Arminio Janner (Professor an der Universität Basel) die Einreise nach Italien untersagt wurden (diese Verbote wurden selbstverständlich nach dem Sturz des Faschismus widerrufen).

*Führende Persönlichkeiten und literarische Reihen*

Weitere Punkte haben während des Krieges das intellektuelle Leben in der italienischen Schweiz geprägt: Führende italienische Persönlichkeiten waren damals in der Schweiz, aus beruflichen Gründen, wie der Philologe Gianfranco Contini (der als Professor an der Universität Freiburg intensive Kontakte zum Tessin pflegte), oder auch als politische Flüchtlinge, wie der spätere Staatspräsident Luigi Einaudi. Eine wichtige Rolle spielten auch zwei Literatur-Reihen, die »Collana di Lugano« von Pino Bernasconi (wo unter anderem die Gedichtbände *Finisterre* von Eugenio Montale und *Ultime Cose* von Umberto Saba zum ersten Mal erschienen; beide Manuskripte waren heimlich von Contini über die Grenze gebracht worden) und »L'ora d'oro« von Felice Menghini in Poschiavo.

Der Generation, die ihre Arbeit während und unmittelbar nach dem Krieg aufnahm, gehören einige der heute noch führenden Namen der Literatur der italienischen Schweiz an. Es ist zunächst Giorgio Orelli zu erwähnen, der bald Eingang in fast alle italienischen Anthologien des 20. Jh.s fand. Seine Gedichtsammlungen (*Né bianco né viola*, 1944, *L'ora del tempo*, 1962, *Sinopie*, 1977, *Spiracoli*, 1989, *Il collo dell'anitra*, 2001) weisen eine Tendenz zum Fragmentarischen auf, sowie eine gekonnte Anwendung rhetorischer Figuren und einen wachen Sinn für den Rhythmus, haben aber auch oft den Alltag zum Thema und lassen gelegentlich Stellungnahmen zu aktuellen gesellschaftlichen und ethischen Fragen durchblicken; eine zweisprachige Auswahl seiner Gedichte ist unter dem Titel *Rückspiel/Partita di ritorno* 1998 erschienen.

Giorgio Orelli

Bei Remo Fasani spielt die existentielle Situation des Dichters, der den größten Teil seines Lebens fern von seiner bündnerischen Heimat verbracht hat, eine Rolle. Viele seiner Gedichte haben starke ökologische Komponenten und unterstreichen die Divergenz zwischen der konsumorientierten und technologischen Gesellschaft und einer immer mehr in ihrer Intaktheit bedrohten Natur. Fasani (der Professor an der Universität Neuenburg gewesen ist) ist ein ausgewiesener Philologe und Metrik-Spezialist, was auch in der formalen Pflege seiner Gedichte zum Ausdruck kommt. Seine früheren Gedichte wurden 1987 im Band *Le Poesie (1941–1986)* gesammelt; hinzu kommen *Un luogo della terra*, 1992, *Giornale minimo*, 1993, *Sonetti morali*, 1995, *A Sils Maria nel mondo*, 2000. Eine Auswahl seiner Gedichte mit deutscher Übersetzung ist 2006 unter dem Titel *Der reine Blick auf die Dinge* erschienen.

Remo Fasani

Eine kritische Haltung gegenüber der modernen Gesellschaft zeichnet auch andere Dichter aus, wie Amleto Pedroli, der die modernen Wolkenkratzer »Türme von Babel« nennt, Angelo Casè und Alberto Nessi (eine dt. Auswahl von Nessis Gedichten erschien unter dem Titel *Mit zärtlichem Wahnsinn*, 1995). Andere sind weniger durch die schweizerische Aktualität bestimmt, wie Fabio Muggiasca und der Bündner Grytzko Mascioni, dessen Gedichte (*Poesia – 1952–1982*; *Ex Illyrico Tristia*, 1994; *Angstbar,* 2003) gerne existentielle Motive behandeln; Mascioni, der sich breiter Anerkennung in Italien erfreut, hat auch Romane geschrieben, einige davon lassen alte griechische Mythen wiederaufleben (*La notte di Apollo*, 1990, *Saffo di Lesbo*, 1991), während der teilweise autobiographische Roman *Puck* (1996) zwischen erlebter Wirklichkeit und erträumter Imagination hin und her schwankt.

Unter den jüngeren Dichtern haben sich einige einen Namen gemacht, der gelegentlich auch über die Grenzen hinweg Beachtung gefunden hat: Gilberto Isella, Aurelio Buletti, Antonio Rossi, Fabio Pusterla (eine zweisprachige Auswahl seiner Gedichte erschien 2002 unter dem Titel *Solange Zeit bleibt – Dum vacat*) und Dubravko Pušek, ein in Lugano ansässiger Kroate, der Italienisch schreibt. Den vielversprechenden Karrieren von Roberto Tuena und von Marius Gessler setzte der frühe Tod ein Ende.

Viel stärker als bei den Dichtern kommt der Bezug zu aktueller Problematik naturgemäß bei den Romanciers vor. Hier kann man eine sehr starke Präsenz des heutigen Tessins und darüber hinaus der heutigen Schweiz feststellen. Die unaufhaltsame Urbanisierung des ehemals ländlichen Tessins findet eine eindringliche Darstellung in den *Sette racconti* von Martino Della Valle (Pseudonym von Remo Beretta); 1964 zum ersten Mal erschienen, sind sie 2002 wieder aufgelegt worden und erlauben so aus heutiger Perspektive eine Rückblende in die Zeit der Hochkonjunktur. In Plinio Martinis Romanen *Il fondo del sacco* (1970, dt. *Nicht Anfang und nicht Ende*, 1974) und *Requiem per zia Domenica* (1976, dt. *Requiem für Tante Domenica*, 1975 vor dem italienischen Original erschienen) geht es um Emigration und Rückkehr in die kleine Bergheimat; zwischen dem Drang nach der großen weiten Welt und der Verbundenheit mit der Heimat entsteht eine Spannung und die Heimkehr erfolgt nicht ohne Anpassungsschwierigkeiten, die die Verschiedenheiten der Lebensbedingungen und der Moralvorstellungen thematisieren. Eine ähnliche Problematik finden wir auch in *La cava della sabbia* (1948) von Pio Ortelli und in den Romanen von Rinaldo Spadino, der stark handicapiert sein ganzes Leben im kleinen Dorf Augio (Calancatal) verbrachte (*Nebbia su Ginevra*, 1974; *Buon dì signor dottore*, 1976, dt. *Grüss Gott, Herr Doktor; und andere Erzählungen*, 1987; *L'ultima radice*, 1978 und *Tania*, 1981).

Der Romancier, der am stärksten der Aktualität verpflichtet ist und sie auch recht polemisch angeht, ist zweifellos Giovanni Orelli (auch als Lyriker hervorgetreten; eine Auswahl seiner Gedichte mit deutscher Übersetzung findet sich im Band *Vom schönen Horizont. E mentre a Belo Horizonte* 2003). Er wurde mit *L'anno della valanga* (1965, dt. *Der lange Winter*, 1983)

*Giovanni Orelli*

bekannt, in dem ein Lawinenniedergang in einem entlegenen Bergtal (dem Val Bedretto, Heimat der Familie Orelli) und die erfolgte Evakuation der Bevölkerung den Hintergrund bilden zu einer Schilderung des Konfliktes zwischen der ruralen Welt und der städtisch-industriellen Gesellschaft. In den folgenden Romanen vernimmt man hinter manchmal recht fantastischen Geschichten deutliche Kritik an öffentlichen Institutionen, wie der Armee (*La festa del ringraziamento*, 1970, dt. *Ein Fest im Dorf*, 1974; gemeint ist der Eidgenössische Dank-, Buß- und Bettag) und den Banken (*Il giuoco del Monopoly*, 1980, dt. *Monopoly*) und an der Art wie man mit politischen und menschlichen Problemen, wie der Haltung gegenüber den Fremden (*Il sogno di Walacek*, 1991, *Il treno delle italiane*, 1995), fertig oder nicht fertig wird.

**Fremdsein in der Schweiz**

Giovanni Orelli

Das Fremdsein in der Schweiz: Eine aktuelle Situation wird oft zum literarischen Thema stilisiert. Die Schweiz kennt heute eine sehr starke ausländische Bevölkerung (um 20%), aber dies ist eine relativ neue Erscheinung. Früher und über Jahrhunderte war die Schweiz ein Emigrationsland. Es waren manchmal Künstler (Francesco Borromini, Carlo Fontana, Carlo Maderno, zahlreiche Architekten und Stukkatoren, die hauptsächlich in Österreich und Bayern arbeiteten), aber meistens ärmere Leute, die ihr Glück als Söldner, Handwerker oder Arbeiter in fernen Ländern suchten. Die Erinnerung an diese Vergangenheit erklärt, warum so oft Auswanderung und Rückkehr zu beliebten literarischen Themen geworden sind. Aber umgekehrt erklärt sie auch, warum ebenfalls Verständnis und Sympathie für die (meistens ärmeren) ausländischen Einwanderer in die Schweiz bei verschiedenen Schweizer Schriftstellern zum Ausdruck kommen, so z.B. in den Romanen von Giovanni Orelli und den Erzählungen von Alberto Nessi (*Terra matta*, 1984, dt. *Terra matta: drei Erzählungen*, 1983, vor dem italienischen Original erschienen; *La lirica*, 1988, dt. *Die Wohnwagenfrau*, 1998; *Fiori d'ombra*, 1997, dt. *Schattenblumen*, 2000), der auch eine Anthologie *Rabbia di vento* (1986), die verschiedene Aspekte des Lebens im Tessin kritisch durchleuchtet, zusammengestellt hat.

Aber denken wir auch an den Roman *Tra dove piove e non piove* (1972, dt. *Quasi Heimweh*, 1970 vor dem Original erschienen) von Anna Felder (ebenfalls Autorin u.a. von *La disdetta*, 1974, dt. *Umzug durch die Katzentür*, 1975; *Stretti congiunti*, 1980, dt. *Die nächsten Verwandten*, 1993; *Nati complici*, 1999, dt. *No grazie*, 2002). In der Novelle *La rifugiata* (1996), einer der besten Erzählungen des Bündners Paolo Gir, geht es um zwei Flüchtlinge, um eine legal eingereiste Chilenin, die einem mysteriösen Mord zum Opfer fällt, und um einen Türken, der keine Einreisebewilligung hat und letztlich die Schweiz verlassen muss, um einer ungewissen Zukunft entgegen zu gehen. Gir hat viele Gedicht- und Prosabände publiziert; erwähnen wir hier sein neuestes Werk, *Le vie della notte – Racconti*, 2002 erschienen. In *Quell'albergo sul fiume* (1999) lässt Ketty Fusco die Erinnerung an ihren wegen Antifaschismus zum Exil gezwungenen italienischen Vater aufleben. Aber auch in poetischen Werken kommt das Thema der Ausländer und der Ausgegrenzten vor, so in einigen Gedichten von Giorgio Orelli, Remo Fasani und Alberto Nessi.

In diesem Zusammenhang wollen wir nicht vergessen, dass auch einige italienische Emigranten, die sich in der Schweiz niedergelassen haben, literarisch tätig sind; auch hier steht natürlich (aber nicht ausschließlich) das Thema der Emigration, des Lebens in der Fremde im Vordergrund.

Die Bindung an das gesellschaftliche Umfeld ist (mindestens unterschwellig) auch bei Romanen vorhanden, die individuelle Schicksale erzählen und die man als Bildungsromane definieren könnte. Ich denke dabei an zwei

Werke von Giovanni Bonalumi: In *Gli ostaggi* (1954) geht es um einen jungen Mann, der seine Ausbildung in einem katholischen Priesterseminar erhält und sich nach vielen inneren und äußeren Konflikten davon trennt, während *Per Luisa* (1980) den politischen und sentimentalen Werdegang eines jungen Intellektuellen schildert. Als Bildungsroman im engeren Sinn gilt *Sentieri di vetro* (1998) von Renato Martinoni, dessen Handlung ins 18. Jh. verlegt wird. Persönliche Schicksale beleben auch die Erzählungen des jungen Bündners Vincenzo Todisco, die er 1999 im Band *Il culto di Gutenberg* vereint hat (dt. *Das Krallenauge*, 2001): Bei der Novelle, die dem Buch den Titel gibt, geht es um das problematische Verhältnis eines begeisterten Anhängers der Druckkunst zu den neuen elektronischen Mitteln.

›*Bildungsromane*‹

Die Stellung der Frau in Gesellschaft und Familie ist auch in der italienischen Schweiz ein aktuelles Thema. Neben der bereits zitierten Anna Felder sollen in erster Linie zwei in Italien ansässige Schriftstellerinnen schweizerischer Herkunft erwähnt werden. Die Romane von Alice Ceresa *La figlia prodiga* (1967) und *Bambine* (1990, dt. *Bambine: Geschichte einer Kindheit*, 1997) haben dank ihrer experimentellen Form einen Platz gefunden im Umfeld der italienischen Avantgarde. Fleur Jaeggy erzählt in *I beati anni del castigo* (1989; dt. *Die seligen Jahre der Züchtigung*, 1996) die Erlebnisse in einem Mädcheninternat; in *Proleterka* (bereits in mehrere Sprachen, darunter deutsch, übersetzt), geht es um ein problematisches Vater-Tochter Verhältnis in der Zeit des Erwachsenwerdens der Letzteren (neben den anderen Titeln erwähnen wir: *La statua d'acqua*, 1980, dt. *Wasserstatuen*, 1984; *La paura del cielo*, 1994, dt. *Die Angst vor dem Himmel*, 1997).

Um den Überblick über die Literatur der italienischen Schweiz zu vervollständigen, muss noch gesagt werden, dass auch die Dialektliteratur recht lebendig ist und nicht bloß als Folklore abgetan werden kann. In diesem Zusammenhang sei noch Sergio Maspoli genannt, der zahlreiche Theaterstücke für das Radio und das Fernsehen hinterlassen hat, zudem Giovanni Bianconi, Bruder von Piero Bianconi, dem wir oben begegnet sind, Giulietta Martelli-Tamoni und Fernando Grignola, Gabriele Alberto Quadri und der schon erwähnte Giovanni Orelli.

Das hier skizzierte Bild des literarischen Schaffens in der italienischen Schweiz muss selbstverständlich in den Gesamtrahmen der italienischen Literatur überhaupt gestellt werden: Eine Literatur definiert sich durch die Sprache und nicht etwa durch die Staatsangehörigkeit ihrer Vertreter. Es ist deshalb fraglich, ob eine Kategorie wie »Literatur der italienischen Schweiz« gebraucht werden soll (und einige Tessiner Schiftsteller lehnen dieses Etikett rundweg ab, da sie befürchten, dass auf diese Art ihre Zugehörigkeit zur großen italienischen Literatur in Frage gestellt werden könnte, was keineswegs die Absicht des vorliegenden Aufsatzes ist); man zieht es deshalb manchmal vor, von »Literatur in der italienischen Schweiz« oder von »Schriftstellern in der italienischen Schweiz« zu sprechen. Damit brächte man zum Ausdruck, dass es sich dabei um eine der vielen regionalen (und geographisch peripheren, aber deshalb nicht minder bedeutenden) Stimmen handelt, die man im Chor der italienischen Literatur vernehmen kann. Dies umso mehr, als es nicht schwierig ist, die Schweizer Schriftsteller in bestimmte Tendenzen der italienischen Literatur einzureihen und gewisse große Vorbilder zu identifizieren. Die Anthologie von Giovanni Orelli *Svizzera italiana* ist in einer Reihe erschienen, die der literarischen Tätigkeit in den verschiedenen Regionen Italiens gewidmet ist.

*Eine Literatur zwischen Italianität und Helvetismus*

Eine Anthologie von Dichtern aus der Schweiz

Der soeben geschilderte Standpunkt ist im Großen und Ganzen richtig; man kann jedoch nicht bestreiten, dass bei vielen Schriftstellern eine helvetische Komponente vorhanden ist, die im Inhalt der Werke, in der Auseinandersetzung mit dem öffentlichen Leben, gar im politischen Engagement, in der Mentalität und teilweise in der sprachlichen Färbung (neben Regionalismen, die allgemein oberitalienisch sind, kommen auch vereinzelt ausgesprochene Helvetismen vor) und auch im historischen Hintergrund erkennbar ist: Eine fünf Jahrhunderte alte Grenze (und in der Vergangenheit bedeutete diese Grenze auch völlig verschiedene politische Institutionen und gesellschaftliche Systeme) hinterlässt zwangsläufige Spuren: Giovanni Orelli hat auf diese Verschiedenheit hingewiesen, als er den Entscheid begründete, seine Manuskripte dem Schweizer Literaturarchiv in Bern (und nicht einer entsprechenden prestigiösen Institution in Pavia) zu übergeben (siehe seine Stellungnahme in der vom Schweizerischen Literaturarchiv herausgegeben Zeitschrift *Quarto*, März 1993, S. 40–43).

*Arbeitsbedingungen und Publikationsprobleme*

Die Schweizer Autoren italienischer Zunge bilden, in Italien wie in der Schweiz, eine kleine Minderheit und viele von ihnen spüren es besonders dann, wenn es um eine vitale Frage eines jeden Schriftstellers geht: die Suche nach einem Verlag und nach einem Publikum. Sie stoßen dabei einerseits an die Sprachgrenze (obwohl man anerkennen muss, dass die eidgenössischen Instanzen die Kultur der sprachlichen Minderheiten kräftig unterstützen) und andererseits an die politische Grenze (sie werden manchmal in Italien als Außenseiter betrachtet). In einem Nachwort zu seinem Roman *Per Luisa* hat Giovanni Bonalumi diese Situation treffend geschildert, indem er die verschiedenen Hürden, die der Roman überwinden musste, um schließlich in die Öffentlichkeit zu gelangen, aufgezählt hat. Gelegentlich ist es vorgekommen, dass die deutsche Übersetzung eines Werkes schneller einen Verleger gefunden hat und somit früher erschienen ist als das italienische Original (es war der Fall, wie wir oben gesehen haben, bei Anna Felder, Plinio Martini und Alberto Nessi). Es sei auch erwähnt, dass es keinem Autor der italienischen Schweiz je gelungen ist, seinen Broterwerb ausschließlich aus der Literatur zu bestreiten; alle haben einen anderen Beruf ausgeübt, meistens im Unterrichtswesen, sei es an der Schule (Chiesa, Anna Felder, Giorgio und Giovanni Orelli, Martini, Pedroli, Isella, Pusterla, usw.) oder an der Universität (Bonalumi, Calgari, Fasani, Jenni, Martinoni, Zoppi, usw.), aber auch im Bereich des Journalismus (Alberti, Castelli, Mascioni, Ketty Fusco, Scanziani, usw.).

Mit diesem Hinweis auf die Arbeitsbedingungen wollen wir nicht eine Trennwand zwischen schweizerischen und italienischen Schriftstellern errichten, sondern nur einen Beitrag zur Definition einer Identität leisten. Es sei zum Schluss hervorgehoben, dass diese Autoren, die in einer Region von nur etwa 300 000 Einwohnern arbeiten, Resultate erreicht haben, die sich sehen lassen können und ein wichtiger Beitrag zum kulturellen Leben der Schweiz sind.

# Rätoromanische Literatur in Graubünden im 16./17. Jahrhundert

Ricarda Liver

## Einleitung

Die literarische Tradition setzt in Romanischbünden spät ein, zu einer Zeit, da in benachbarten Sprachen (Deutsch, Italienisch) seit Jahrhunderten schriftliche Dokumente verschiedenster Art vorliegen. Im Engadin entsteht im 16. Jh. ein verhältnismäßig umfangreiches Schrifttum in der einheimischen Sprache, im rheinischen Gebiet (Sutselva und Surselva) beginnt eine kontinuierliche Schrifttradition (sporadisch sind ältere Zeugnisse vorhanden) erst zu Beginn des 17. Jahrhunderts.

Die Gründe für den späten Übergang des Rätoromanischen zur Schriftlichkeit sind vielfältig. Ein Blick auf die Frühgeschichte des heutigen Kantons Graubünden zeigt, dass die Voraussetzungen für die Entstehung einer rätoromanischen Schriftkultur im Mittelalter fehlten. Das 15 v. Chr. von Rom eroberte Rätien erfreute sich in den fünf Jh.en römischer Herrschaft einer gewissen Unabhängigkeit und Selbständigkeit. Das gilt auch für die kurze Periode ostgotischer Herrschaft nach dem Untergang Westroms und für die ersten Jahrhunderte unter fränkischer Oberhoheit. Im 7./8. Jh. standen an der Spitze des churrätisch-fränkischen Kirchenstaates sogenannte *Praesides* aus einheimischem Adel. Insbesondere die Familie der Zacconen/Viktoriden, im Vorderrheintal heimisch, spielte eine bestimmende Rolle. Trotz dieser an sich günstigen Ausgangslage kam es in Churrätien nicht dazu, dass sich ein kulturelles Zentrum bildete, das Träger einer rätoromanischen Schrifttradition hätte werden können. Der Hauptgrund liegt in der Umorientierung Rätiens nach dem germanischen Norden im Zuge der politischen Reorganisation, die Karl d. Gr. um 800 vornahm. In der Hauptstadt Chur tritt von nun an eine deutschsprachige Oberschicht an die Stelle des einheimischen, romanischsprachigen Adels. Auch in den Klöstern (Disentis, Pfäfers, Müstair), die neben Chur die kulturellen Zentren des rätoromanischen Raumes bildeten, war schon im 9. Jh. der Anteil an deutschsprachigen Mönchen hoch.

Die Germanisierung Rätiens schreitet in der Folge auf verschiedenen Wegen voran: im Innern durch die eben skizzierte Ersetzung der einheimischen Führungsschicht durch deutschsprachige Amtsträger, von außen her durch das Vordringen des Alemannischen als Umgangssprache rheinaufwärts. Eine lange Phase der Zweisprachigkeit im Rheintal nördlich von Chur endet im 12. Jh. mit dem Sprachwechsel dieses Gebiets zum Deutschen. Die Walsereinwanderung seit dem Ende des 13. Jh.s stellt einen dritten Weg der Germanisierung dar, auf dem im Laufe des 14. Jh.s das Rätoromanische in Davos, im Prättigau und im Schanfigg dem Deutschen weicht.

Aufgrund dieser Situation erstaunt es nicht, dass beim Übergang vom Mittelalter zur Neuzeit in Graubünden nicht das Rätoromanische, sondern

*Später Übergang zur Schriftlichkeit*

*Zurückdrängung des Rätoromanischen im Zuge der Germanisierung*

das Deutsche das Latein als Schriftsprache ablöst. Die spärlichen Zeugnisse, die Auskunft geben über mittelalterliches Rätoromanisch, sind nicht einmal für die Linguistik ergiebig, geschweige denn für die Literaturgeschichte.

Wenn im 16. Jh. im Engadin trotz diesen ungünstigen Voraussetzungen eine literarische Tradition einsetzt, die beachtliche Resultate erbringt und in der Folgezeit ununterbrochen weiterlaufen wird, müssen besondere Bedingungen vorliegen, die einen solchen Aufbruch erlaubten.

Diese Bedingungen lassen sich in drei Stichworten zusammenfassen: Reformation, Humanismus und politisches Selbstbewusstsein.

*Voraussetzungen einer rätoromanischen Schriftlichkeit*

Die Literatur, die im 16. Jh. im Engadin in rätoromanischer Sprache entsteht, ist wesentlich mit diesen kulturellen Faktoren verbunden. Mehr als eigentlich literarische sind es praktische Ziele, die die literarische Produktion bestimmen. In der historischen Rückschau stehen entsprechend weniger ästhetisch-literarische Gesichtspunkte im Vordergrund als vielmehr die Modalitäten des Übergangs zur Schriftlichkeit, der hier in einer besonderen Ausprägung stattgefunden hat. Im Vergleich mit den romanischen Nachbarsprachen, aber auch mit dem Deutschen, setzt die Schrifttradition im rätoromanischen Raum mit erheblicher Verspätung ein. Andererseits weisen die ersten Zeugnisse der rätoromanischen Schriftlichkeit einen erstaunlich hohen Grad an Elaboriertheit auf, der sich wohl dadurch erklärt, dass die Autoren der ersten Texte in einem Bildungsklima arbeiten, das von humanistischer Tradition und Vielsprachigkeit geprägt ist. Das Vorbild anderer Sprachen, die eine lange Schrifttradition aufweisen (Lateinisch, Deutsch, Italienisch), ist in den Erzeugnissen der ersten rätoromanischen Autoren auf Schritt und Tritt spürbar.

## Die Anfänge der engadinischen Literatur

Drei Namen stehen im Vordergrund: Gian Travers, Giachem Bifrun, Durich Chiampel.

*Gian Travers*

Gian Travers aus Zuoz im Oberengadin gehört zu den bedeutendsten Engadiner Persönlichkeiten des 16. Jh.s. Als Politiker erfüllte er wichtige Aufgaben: Er war Kanzler und Hofmeister des Bischofs von Chur, dreizehn Mal Landammann des Gerichts Oberengadin, von 1523 bis 1527 Statthalter im Veltlin. Aber auch im kulturellen Leben der Zeit, das wesentlich von den religiösen Auseinandersetzungen im Zusammenhang mit der Reformation geprägt war, spielte Travers eine hervorragende Rolle. Wenn er auch erst 1552 zum neuen Glauben übertrat, hatte er sich doch seit langem mit den Fragen beschäftigt, die Altgläubige und Reformer damals umtrieben. In der Glaubensdisputation, die 1537 in Susch abgehalten wurde (nota bene in rätoromanischer Sprache und mit reger Beteiligung der einheimischen Bevölkerung), zeichnete er sich durch eine objektiv abwägende Haltung aus, die den Positionen beider Parteien gerecht zu werden versuchte.

Travers übersetzte verschiedene Theaterstücke aus anderen Sprachen (vor allem aus dem Deutschen) ins Rätoromanische und brachte sie mit der einheimischen Jugend zur Aufführung. Origineller als diese Texte ist jedoch seine *Chianzun dalla guerra dagl Chiaste da Müs* von 1527, eine epische Gestaltung zeitgenössischer Ereignisse in Versen, die zu Recht als das älteste bedeutende Zeugnis der rätoromanischen Literatur gilt.

Allerdings wurde die *Chianzun*, die uns nur in Abschriften aus der Zeit nach 1600 überliefert ist, zum Zeitpunkt ihrer Entstehung nicht gedruckt, sondern höchstens auf privatem Wege verbreitet. Sowohl Chiampel als auch dessen Lehrer Philipp Gallicius erwähnen jedoch das Werk in der zweiten Hälfte des 16. Jh.s.

Das Gedicht von Gian Travers, das in 704 paarweise gereimten Versen, meist Elfsilbern, aber auch kürzeren Versen, eine Episode im sogenannten 1. Müsserkrieg, einer Auseinandersetzung zwischen den Bündnern und dem Herzogtum Mailand, beschreibt, in der Travers selbst eine entscheidende Rolle spielte, ist ein Beispiel für politisch motivierte Literatur, wie sie zu jener Zeit auch in deutschen »Sprüchen« und »Reden« praktiziert wurde. Travers gibt zu verstehen, dass er sein Gedicht als Rechtfertigung des eigenen Verhaltens im 1. Müsserkrieg geschrieben hat. Er und seine Begleiter, die auf der Rückkehr von einer (erfolglosen) Mission beim Herzog von Mailand auf dem Comersee vom Kastellan von Musso gekidnappt und in Gefangenschaft gesetzt wurden, waren offenbar in der Heimat für ihr Verhalten kritisiert worden.

*Chianzun dalla guerra dagl Chiaste da Müs*

In Vers 625 ist die Rede von einer »svargugnusa chianzun«, einem schändlichen Lied, das im Bergaell über die Gefangenschaft der Bündner Gesandten kursierte. Travers schildert die Ereignisse in einem lebhaften, ungekünstelten Stil, in der Sprache des Oberengadins (puter), seiner Muttersprache. Die Verse, in denen der Kastellan von Musso Gian Travers apostrophiert, mögen dies illustrieren:

> La guerra vus havais fat â nus,
> Dess eir uossa dvanter cun vus,
> Johan Travers, traversô taunt m hest tü
> Ch'eau nun vöelg tü 'm traversast plü,
> Damaun stuvais schriver â voas Sgnuors,
> Sch'vus vulais esser our d'duluors

> (Ihr habt Krieg gegen uns geführt, das soll jetzt auch euch passieren. Johann Travers, du bist mir so sehr in die Quere gekommen [Wortspiel mit dem Namen *Travers* und dem Verb *traverser* ›in die Quere kommen‹], dass ich nicht will, dass du mir weiterhin in die Quere kommst. Morgen müsst ihr an eure Obrigkeit schreiben, wenn ihr aus der Patsche kommen wollt).

Dass Travers literarische Vorbilder aus anderen Sprachen kannte und anwendete, zeigen die Elemente rhetorischer Technik, die das ganze Gedicht durchziehen: Exordium, Conclusio, topische Floskeln.

Travers hat sein episches Gedicht nicht aus dem Nichts geschaffen. Vergleichbares in deutscher und italienischer Sprache musste ihm bekannt sein. Dass auch innerhalb des Rätoromanischen eine gewisse vorliterarische, mündlich überlieferte Tradition politischer Literatur vorhanden war, wissen wir durch Aussagen Chiampels in der *Historia Raetica*.

Die literarische Produktion von Gian Travers zeugt vom kulturellen Aufbruch, der im Engadin des 16. Jh.s stattgefunden hat. Da seine Werke aber nicht im Druck erschienen, hatten sie keine direkte Auswirkung auf die Entwicklung der engadinischen Schriftsprache. Anders die Schriften von Bifrun und Chiampel, die im Zuge der reformatorischen Bewegung gezielt verbreitet wurden und so sowohl der religiösen Reform als auch der neuen Schriftlichkeit in rätoromanischer Sprache den Weg ebneten.

Giachem Bifrun, ein Oberengadiner wie Travers (aus Samaden), hat mit seiner Übersetzung des Neuen Testaments ins Rätoromanische, die er 1560 »auf eigene Kosten« in Basel drucken ließ, eine Pionierleistung erbracht. Bifrun, der nach dem Besuch der Lateinschule in Zürich in Paris Jurisprudenz studiert hatte, bekleidete in seiner Heimat wichtige Ämter. Schon 1552 hatte

*Giachem Bifrun*

Das Schloss Musso am
Comersee

er einen Katechismus und eine Fibel für den Elementarunterricht in seiner
rätoromanischen Muttersprache veröffentlicht. Die Übersetzung des Neuen
Testaments, die er auf der Grundlage der lateinischen Version des Erasmus
von 1522 erarbeitet hat, zeugt von Mut und Geschick.

*Ein »rätoromanischer*        Wenn Bifrun zuweilen als »rätoromanischer Luther« gefeiert wird, so ist
*Luther«?*                  dieses Lob wohl etwas übertrieben. Die Übersetzung von Bifrun ist bestimmt
eine beachtliche Leistung, wenn man die Sprachsituation des Rätoromani-
schen zu jener Zeit bedenkt. Sie erreicht jedoch bei weitem nicht die Prägnanz
und Originalität der Sprache Luthers; die enge Anlehnung an den Ausgangs-
text des Erasmus und eine gewisse Pedanterie, die mit Bifruns juristischer
Schulung zusammenhängen mag, beeinträchtigen oft die Natürlichkeit der
Sprache.

Eine hochinteressante Quelle für die Sprachsituation der Zeit ist das Vorwort, das Bifrun seiner Übersetzung vorausschickt, gerichtet an die »christi-
auna giuventüd d'Agnedina«, die christliche Jugend des Engadins. Er rechtfertigt darin sein kühnes Unterfangen und widerspricht einer *communis
opinio*, die dem Rätoromanischen die Eignung abspricht, als Schriftsprache
zu funktionieren. In diesem Vorwort und in denen von Philipp Gallicius zu
Bifruns Bibelübersetzung und zu Chiampels *Cudesch da psalms* sowie in
*Durich Chiampel*          Chiampels eigenem Vorwort zu seinen Psalmen stößt man immer wieder auf
den Ausdruck eines neuen Selbstbewusstseins, das die kulturell aktiven Engadiner der Zeit beflügelt haben muss. Es ist die Rede von »guten Köpfen«,
von Begabungen und Kapazitäten, die dem Engadin in Politik und Kultur zur
Verfügung stehen.

Eine gute humanistische Bildung spricht aus den Werken von Travers und
Bifrun. Der dritte Autor, der im 16. Jh. an der Begründung des rätoromanischen Schrifttums im Engadin beteiligt ist, Durich Chiampel, steht ebenfalls
in dieser Tradition. Er hat nicht nur in seinem heimischen Unterengadini-
schen (vallader) eine Sammlung von versifizierten Psalmen geschaffen, son-

dern auch in zwei lateinischen Werken wertvolle Quellen für die Geschichte und die Heimatkunde Graubündens hinterlassen.

Das 1562 in Basel erschienene Psalmenbuch, *Ün cudesch da Psalms*, enthält vorwiegend ladinische Umdichtungen von deutschen Kirchenliedern, die unter dem Titel *Nüw gsangbüchle von vil schönen Psalmen und geistlichen Liedern* in Konstanz entstanden und in Zürich bei Froschauer 1540 gedruckt wurden, daneben aber auch eigenständige Bearbeitungen von lateinischen Psalmen und Hymnen und einige Originaldichtungen, zum Teil in Zusammenarbeit von Durich Chiampel mit seinem Vater Chasper entstanden. Wie frei Chiampel mit seinen Vorbildern umging, zeigt etwa die als »Ün vexilla regis prodeunt in Ladin« bezeichnete *chianzun* nr. 84, in der man den spätantiken Hymnus des Venantius Fortunatus kaum wiedererkennt. Weniger weit weg vom Original ist Chiampels Version von Luthers »Ein feste Burg ist unser Gott«, Psalm 46, deren erste Strophe lautet:

> Ün ferm friungk ilg noass Dies ais
> Da tuottas plain d' virtüdse;
> Ell ns haa da tuott bsoengs fry dafais,
> In ls quaus nuo eirn' atuutse.
> Ilg uèlg noass fadyw strauers è chiatyw,
> Cun foartz' è fusdad schgrischusamaingk pinad
> Nun chiatt' in lg muond parailge

(wörtlich übersetzt: Eine starke Festung ist unser Gott, reich an allen Kräften. Er hat uns aus allen Nöten wohl errettet, in denen wir gefangen waren. Unser alter Feind, heuchlerisch und böse, schrecklich gerüstet mit Macht und Falschheit, hat nicht seinesgleichen auf der Welt).

Wie Travers hat auch Chiampel literarisch zu jener Welle rätoromanischer Theaterbegeisterung beigetragen, die die Engadiner Jugend im 16. Jh. bewegte: Sein Drama *Judith und Holofernes*, dessen Text leider nicht überliefert ist, wurde 1549 in Susch aufgeführt.

In seinem letzten Lebensabschnitt widmete sich Chiampel in lateinischer Sprache zwei Werken der Gelehrsamkeit, die der Natur, der Kultur und der Geschichte seiner Heimat gewidmet waren. Die auf Anregung von Josias Simmler verfasste *Raetiae alpestris topographica descriptio*, 1573 beendet, beschreibt Land und Leute der Drei Bünde, mit einer massiven Bevorzugung des Engadins. Die *Historia Raetica*, eine Darstellung der bündnerischen Geschichte von den Anfängen bis zur Gegenwart, endet mit dem Jahr 1582, dem Todesjahr Chiampels. Sie ist vor allem als Quelle für die Zeitgeschichte, die Chiampel aus der Sicht des direkt Beteiligten minutiös darstellt, von Bedeutung. Aber auch für die Kultur- und Sprachgeschichte liefert Chiampel Wertvolles, so die Schilderung der erwähnten Disputation in Susch von 1537, die Rückschlüsse auf die damalige Sprachsituation und den Bildungsstand erlaubt, und die wiederholten Hinweise auf eine Tradition oraler Literatur, an die Travers in seiner *Chianzun da Müs* anknüpft. Die beiden lateinischen Werke sind bis ins 19. Jh. Manuskript geblieben, da Chiampel die Mittel für den Druck fehlten.

Gedenkstein für Chiampel

Nicht als Wissenschaftssprache, sondern als Medium dichterischen Ausdrucks benutzten das Latein zwei Bündner Autoren des 16. Jh.s, die im Ausland schrieben: Simon Lemnius und der mit ihm befreundete Marcus Tatius Alpinus. Simon Lemnius Emporicus oder Mercator, im Münstertal geboren, hatte seinen Namen Schimun Lemm-Margadant nach humanistischer Manier latinisiert. Sein bekanntestes Werk ist das virgilisierende Epos *Raeteis*, das den Krieg der Bündner gegen Maximilian I. mit dem Höhepunkt der Calvenschlacht (1499) besingt. Von Lemnius stammt ferner die erste vollständige Übersetzung der Odyssee ins Lateinische, und schließlich erinnert man sich an das unflätige Pamphlet mit dem Titel *Monachopornomachia* (Mönchshurenkrieg), mit dem er (mit fatalen Folgen) Martin Luther angegriffen hatte.

*... und Marcus Tatius Alpinus*

Auch Marcus Tatius Alpinus, ein Tach aus Zernez, Professor für Rhetorik und Poesie in Ingolstadt und bischöflicher Kanzler in Freising, ist in der Geschichte der neulateinischen Dichtung bekannt. Beide Bündner Humanisten haben keine Zeile in ihrer rätoromanischen Muttersprache hinterlassen. Dennoch gehören sie mit ins kulturelle Umfeld, in dem die Werke der ersten rätoromanischen Autoren entstanden sind.

## Die Anfänge der rätoromanischen Literatur im rheinischen Gebiet (Sutselva und Surselva)

Seit dem Anfang des 17. Jh.s tauchen im rheinischen Gebiet die ersten rätoromanischen Texte auf, zuerst in der Sutselva, kurz darauf in der Surselva. Es ist jedoch anzunehmen, dass auch hier, genau wie im engadinischen Bereich, die Schriftlichkeit nicht einfach aus dem Nichts entstand; vielmehr dürfte es eine schriftliche Betätigung in verschiedenen Bereichen gegeben haben, deren Zeugnisse uns nicht erhalten geblieben sind.

*Das älteste Zeugnis surselvischer Schriftlichkeit*

Eine Ausnahme ist vielleicht (wenn die vorgeschlagene Datierung sich als richtig erweist) ein scherzhafter Text, der schon von G. C. Muoth 1890 publiziert worden war; Martin Bundi hat ihn 1998 einer neuen Analyse unterzogen. Er könnte 1571 entstanden sein, im Zusammenhang mit einem Fastnachtsbrauch, den die Jugend von Sagogn (untere Surselva) übte, und wäre somit das älteste Zeugnis surselvischer Schriftlichkeit. Es geht um einen Knödel (*litgun*), der bei dieser Gelegenheit verspeist wird. Nach Bundi zierte er die Fahne der Knabenschaft. Der Text, der sich als ein alt überliefertes Statut der Knabenschaft ausgibt, parodiert den Stil von Statuten und anderen juristischen Dokumenten, mit einer karnevalesken Verquickung von lokalen Details mit globaler Geschichte und Geographie. Dies und Anspielungen auf antike Literatur lassen im Autor einen humanistisch gebildeten Schüler oder Erwachsenen vermuten.

Die Tradition gedruckter Werke setzt jedoch erst im 17. Jh. ein. Die Sutselva geht voran, gibt jedoch in der Folge die einheimische Schrifttradition zugunsten surselvischer Normen wieder auf; erst im 20. Jh. wird wieder sutselvisch geschrieben. Die surselvische Tradition dagegen dauert von ihren Anfängen im frühen 17. Jh. bis in die Gegenwart ununterbrochen an.

Die ersten rätoromanischen Druckwerke aus dem rheinischen Raum stehen ausnahmslos im Dienste der konfessionellen Auseinandersetzungen.

1601 übersetzt ein junger protestantischer Lehrer aus dem Domleschg, Daniel Bonifaci aus Fürstenau, den deutschen Katechismus von J. Pontisella in seine sutselvische Muttersprache. Der letzte Teil enthält ein Art Knigge für Schüler. Hier kommt die einheimische Sprache besonders natürlich und ausdrucksstark zur Geltung:

> Bigchia schbletschar, scò ün pierg, dintaunt cha tij mandigias, bigchia schgrattar igl teu cheu, bigchiae traer igl malmundügn or digl nâs
> Mangear & schantschar insemmel ees da pur. Savents sternidar & tussir statt ear mal

(Sudle nicht wie ein Schwein, während du isst, kratz dich nicht am Kopf, zieh nicht den Unrat aus der Nase. Essen und gleichzeitig reden ist bäurisch. Oft niesen und husten macht sich auch schlecht.)

Katholischerseits kommt das Sutselvische, bevor die neue Tradition wieder abbricht, zweimal zum Zuge. 1611 publiziert Gion Antoni Calvenzano, ein italienischer Geistlicher, der im Domleschg mit dem Rätoromanischen in Kontakt gekommen war, in einem stark von Italianismen durchsetzten Sutselvisch einen Katechismus mit dem Titel *Curt mossament, et introuidament de quellas causas, las qualas scadin fideuel Christian è culpant da saver* (Kurze Unterweisung und Einführung in jene Dinge, die jeder gläubige Christ wissen muss). 1615, nachdem er als Pfarrer ins Lugnez gekommen war, ließ er den Katechismus in surselvischer Version drucken, in Mailand, wie schon die erste Fassung.

Sutselvisch schreibt auch Adam Nauli, ein katholischer Geistlicher aus dem Domleschg, der 1618 in Lyon eine Widerlegung derjenigen Schrift publiziert, die am Anfang der protestantischen Schrifttradition der Surselva steht: *Ilg Vêr Sulaz da pievel giuvan* (Die wahre Ergötzung der jungen Leute), die Steffan Gabriel 1611 in Basel hatte drucken lassen.

Steffan Gabriel, um 1570 in Ftan im Unterengadin geboren, gehört zu den zahlreichen protestantischen Pfarrern, die das Engadin zu jener Zeit in andere Teile Graubündens exportierte. Er wirkte zunächst in Flims, später (mit einem Unterbruch, bedingt durch ein Exil im zürcherischen Altstätten, das er sich mit seinen politischen Aktivitäten eingehandelt hatte) in Ilanz/Glion. *Ilg Vêr Sulaz da pievel giuvan*, das erste Druckwerk in surselvischer Sprache, enthält eine kurze Zusammenfassung der wichtigsten Glaubensinhalte, einen Katechismus und einen Anhang von Psalmen, geistlichen Liedern und Gebeten. Das Werklein muss eine große Wirkung gehabt haben. Davon zeugen einerseits die zahlreichen rätoromanischen Neuauflagen (13) und die Übersetzungen ins Deutsche (11) und Italienische (7), andererseits die Tatsache, dass die von Gabriel verwendete Schriftsprache für die protestantische Surselva bis zum Ende des 19. Jh.s verbindlich blieb. Das betrifft die zum Teil vom Engadinischen beeinflusste Orthographie, aber auch morphologische Züge wie etwa die Verwendung einer einheitlichen Form *Deis* ›Gott‹ in allen syntaktischen Funktionen, während die katholische Surselva eine Subjektsfunktion *Dieus* von einer unmarkierten Form *Diu* unterschied. Als Beispiel für die Prosa Gabriels mag ein Ausschnitt aus dem Vorwort zum *Vêr Sulaz* stehen:

*Protestantische rätoromanische Druckwerke*

> Cuntut, ô vus Babs, a Mummas, musseit cun flys voss uffonts da pitschen si la vera cunaschientscha da Deus; par ch'els cun vus ansemmel possen survangyr la vitta perpettna: O vus, ils quals veits ilg uffici d'ilg Oberkait, veias quitau par viess pievel, ch'el amprendig d'ancanuscher Deus bein andreg: O vus survients d'ilg plaid da Deus, ô vus pasturs, vallgeit par vossas nurssas, sparngeias bucca breia da las manar tiers vêra cunaschientscha da Deus, zenza la quala nagin na pô survangir la vitta perpetna.
> (Also, oh ihr Väter und Mütter, unterrichtet fleißig eure Kinder von klein auf in der wahren Erkenntnis Gottes, damit sie mit euch zusammen das ewige Leben erlangen mögen. Oh ihr, die ihr das Amt der Obrigkeit innehabt, kümmert euch um euer Volk, damit es Gott ganz richtig kennenlerne. Oh ihr Diener des Wortes Gottes, oh ihr Hirten, wacht über eure Schafe, spart nicht an Mühe, sie zur wahren Erkenntnis Gottes zu führen, ohne die keiner das ewige Leben erlangen kann.)

Bei aller pastoralen Rhetorik scheut sich Steffan Gabriel nicht, in seine Sprache auch die im lokalen Gebrauch der Zeit geläufigen Germanismen aufzunehmen, wie *flys* und *Oberkait*. Die Sprachtradition des Vaters Steffan wird auch der Sohn Luci Gabriel fortführen, der 1648 mit seiner Übersetzung des Neuen Testaments einen weiteren Meilenstein in der Geschichte der surselvischen Schrifttradition setzt.

Auf katholischer Seite beginnt die schriftliche Tradition des Surselvischen mit dem 1615 publizierten Katechismus *In Cuort Muossament* [...] von Gion Antoni Calvenzano, einer surselvischen Version des erwähnten sutselvischen Katechismus von 1611.

*Übersetzungen des Neuen Testaments*

Eine umfassende katholische Bibelübersetzung gibt es im 17. Jh. noch nicht, jedoch eine Teilübersetzung des Neuen Testaments, die einen aufschlussreichen Vergleich mit der Version von Luci Gabriel erlaubt. Sie stammt von Balzer Alig, Pfarrer in Vrin im Lugnez, und ist 1674 in Chur unter dem Titel *Epistolas ad Evangelis sin tuttas domeingias, a firaus, a gijs della quareisma* erschienen. Während Luci Gabriel (wie auch sein Vater Steffan) einen eher gehobenen Stil pflegt, ähnlich dem der Engadiner Reformatoren des 16. Jh.s, steht die Sprache von Balzer Alig dem gesprochenen Surselvisch der Zeit deutlich näher. So ist etwa das Erzähltempus bei ihm durchweg das analytische Perfekt, während Gabriel das bestimmt nicht volkstümliche synthetische Praeteritum braucht (z.B. *ha parturiu* vs. *parturè*, Luk. 2,7). In der Wortwahl bevorzugt Alig eher Umgangssprachliches, einschließlich »kruder« Germanismen wie *aber* und *oder*, und nicht selten glossiert er einen Ausdruck, den er von Gabriel übernimmt, mit einer geläufigeren Alternative (Gabriel: *a vilgiavan la noig sur lur triep*. Alig: *a partgiravan la noig lur triep oder nursas*, Luk. 2,8).

Verschiedene Schriften aus dem rheinischen Gebiet im 17. Jh. sind der konfessionellen Polemik gewidmet. Auf die erwähnte *Anatomia dil sulaz*, in der Adam Nauli Steffan Gabriels *Vêr Sulaz da pievel giuvan* zerpflückt, antwortet Gabriel 1625 mit *Ünna stadera da pasar qual seig vera cardienscha* (Eine Waage um zu wägen, welches der wahre Glaube sei). Grosses Aufsehen erregte die Konversion des adligen Oberengadiners Friedrich v. Salis zum Katholizimus (1694); sie löste eine Reihe von Kommentaren aus beiden Lagern aus, teils auf lateinisch, teils auf rätoromanisch verfasst.

*Konfessionelle Polemik, Erbauungsschriften und Lieder*

In beiden Konfessionen entstehen im 17. Jh. zahlreiche Erbauungsschriften. Vielfach wird der Umgang mit dem Tod und der Todesfurcht thematisiert, so im *Cunfiert da l'olma cartenta ancunter la temma da la mort* (Trost der gläubigen Seele gegen die Todesfurcht, Zürich 1692) des (reformierten) Pfarrers von Versam, Andrea Nicka. Der bedeutendste Autor von katholischer Erbauungsliteratur ist der italienische Kapuziner Zacharia da Salò, der bis zu seinem Tod (1705) in Cumbel im Lugnez als Pfarrer wirkte. Sein Hauptwerk ist eine Art Kirchen- und Heiligengeschichte, *La glisch sin il candelier invidada* (Das Licht, das auf dem Leuchter brennt, 1685).

Zacharia da Salò hat sich auch als Herausgeber von geistlichen Liedern betätigt. Im Abstand von 10 Jahren (1685 und 1695) veröffentlichte er zwei Liedersammlungen, die Texte in vier Sprachen, vorwiegend jedoch rätoromanische, enthalten (Lateinisch, Deutsch, Italienisch und Rätoromanisch). Auch Balzer Alig hatte schon 1674 ein Liederbuch veröffentlicht, das weitgehend Übersetzungen des Konstanzer Liederbuchs von 1594 enthielt. Aus diesen Liedersammlungen, vereinzelten Flugblattdrucken und deutschen Vorlagen (vor allem *Geistlicher Blumen Garten*, 1685 in Vals gedruckt, und die *Trutz-Nachtigall* des Friedrich von Spee) schöpfte der Disentiser Benediktinerpater Carli Decurtins, der 1690 die erste Ausgabe der *Consolaziun dell'olma devoziusa* (Die Tröstung der frommen Seele) herausgab. Diese Liedersammlung, die neun Auflagen erfuhr, sollte für 250 Jahre zum beliebtesten Kirchengesangbuch der katholischen Surselva werden. Die erste Strophe eines Weihnachtsliedes, das mit seinem markanten Rhythmuswechsel jeweils in den vier letzten Versen eine mitreißende Fröhlichkeit aufkommen lässt, mag einen Eindruck geben von der Wirkung dieser Lieder:

> O stalla ventireivla,
> Tgei bialla nova ei quei,
> Che glisch a schi legreivla
> De noig terlische en tei.
> O tgei bialla scomgnada,
> La tiarra en ciel midada,
> Tgei stalla nuialla,
> Clarezzia, bellezzia,
> Charina divina
> Ei mai cieu de veer.

> (Oh glückseliger Stall, welch schöne Nachricht ist das, dass ein so fröhliches Licht in der Nacht in dir leuchtet. Oh was für ein schöner Tausch: die Erde verwandelt in den Himmel. Was für ein neuartiger Stall: liebliche, göttliche Heiligkeit, Schönheit ist hier zu sehen.)

# Engadinisches Schrifttum im 17. Jahrhundert

So profilierte Persönlichkeiten wie das 16. hat das 17. Jh. nicht aufzuweisen. Der im 16. Jh. beginnende Fluss der literarischen Tätigkeit strömt jedoch unvermindert weiter; das Schreiben in romanischer Sprache ist im Engadin unterdessen zu einer Selbstverständlichkeit geworden.

Bibelübersetzungen, Erbauungsliteratur, Kirchenlieder, politische Dichtung und Rechtstexte zeugen von einer intensiven literarischen Tätigkeit.

*Engadinische Bibelübersetzungen*

Lüci Papa, ein Enkel von Giachem Bifrun, dem Pionier der engadinischen Bibelübersetzung, brachte 1606 die Übersetzung des Neuen Testaments seines Großvaters in zweiter Auflage heraus. Er selbst übersetzte mit Geschick das Buch Jesus Sirach (Ecclasiasticus, Poschiavo 1613), wobei er hauptsächlich der lateinischen Zürcher Bibel von Leo Jud (und Mitarbeitern) folgte.

1640 erschien in Basel eine neue oberengadinische Übersetzung des Neuen Testaments von Joann Lucius Gritti, einem Laien aus Zuoz, der direkt aus dem griechischen Urtext übersetzte.

Im Unterengadin folgen in der zweiten Hälfte des 17. Jh.s einige Teilübersetzungen des Alten Testaments, die auf die große Gesamtausgabe der Bibel, die *Bibla da Scuol* von 1679, hinführen.

*Die* Bibla da Scuol

1657 erschien in Zürich eine Genesis-Übersetzung des Unterengadiner Pfarrers Joan Pitschen Saluz, 1662 in Scuol ein Exodus auf rätoromanisch, vom gleichen Autor. 1666 publiziert Jacobus Antonius Vulpius (Jachen Antoni Vulpi), Pfarrer in Ftan, eine rätoromanische Bearbeitung der Psalmen unter dem Titel *Biblia pitschna* (Kleine Bibel). Das Werk war schon 1655 von seinem inzwischen verstorbenen Vater fertiggestellt worden, aber unveröffentlicht geblieben.

Diese intensive Publikationstätigkeit war möglich geworden durch eine unternehmerische Leistung von Joan Pitschen Saluz, der 1659 zusammen mit seinem Sohn Andrea und dem jungen Jachen Dorta aus Vulpera in Scuol, wo dieser als Pfarrer wirkte, eine Druckerei einrichtete. Auf Jachen Dorta gingen in der Folge die Rechte an der Druckerei über; er assoziierte sich seinerseits mit Jachen Antoni Vulpius. Die beiden Geistlichen und Druckereiinhaber fassten den Plan, eine vollständige engadinische Bibelübersetzung zu realisie-

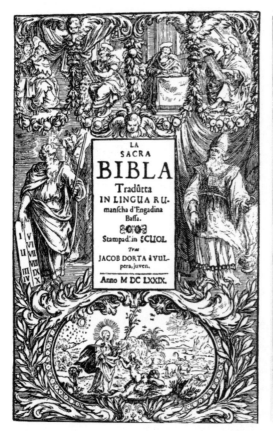

Frontispiz der *Bibla da Scuol*, 1679

Titelseite der *Bibla da Scuol*, 1679

ren. Tatsächlich erschien 1679, nach fünf Jahren Drucklegung, die als *Bibla da Scuol* in die Geschichte eingegangene unterengadinische Bibel. Die Übersetzung von Vulpius und Dorta machte den Engadinern des 17. Jh.s erstmals die gesamte Bibel in ihrer Muttersprache zugänglich. Trotz einem stolzen Preis scheint sich die in 2000 Exemplaren gedruckte Erstausgabe gut verkauft zu haben. 1743 kam es zu einer zweiten Auflage.

Die Sprache der Schulser Bibel ist wohl weniger originell und bodenständig als diejenige Giachem Bifruns, des ersten engadinischen Bibelübersetzers; sie ist jedoch gut lesbar und versah ihren Dienst im religiösen Leben der Zeit. Störend sind allerdings die vielen Italianismen, die von den Übersetzern bewusst eingesetzt wurden, um der *scarsdà da nossa lingua*, der Beschränktheit der einheimischen Sprache, entgegenzuwirken, wie sie im Vorwort erklären. Ein Beispiel aus Lukas 2,5:

> Bifrun: per s'fer scriuer se cun Maria chi era agli spusêda mugliêr, quaela chi era purtaunta
> Vulpius/Dorta: Per esser rassegnâ cun Maria, ch'eira la muglier chi l'eira statta spusada, la quala eira gravida
> (Luther: auf dass er sich schätzen ließe mit Maria, seinem vertrauten Weibe, die war schwanger).

Wie in der Surselva entstehen auch im Engadin im 17. Jh. zahlreiche Schriften, die der religiösen Erbauung dienen. Prosa und Kirchenlieder werden oft kombiniert. Wir erwähnen einige besonders profilierte Autoren.

Lurainz Wietzel, 1627 in Zuoz geboren und Jurist von Beruf, publiziert 1661 in Basel eine Sammlung von Kirchenliedern unter dem Titel *Ils Psalms da David*, eine oberengadinische Nachdichtung der Lieder von Ambrosius Lobwasser und einiger Texte von Martin Luther. Zwei Neuauflagen im 18. Jh. zeugen vom Erfolg des Werkes. Auch die ursprünglich englische Anleitung zu einem christlichen Leben desselben Autors, *La Prattica da Pietaet* (Scuol 1668), fand gute Aufnahme. Ein in Ilanz wirkender Unterengadiner Pfarrer, Christian Gaudents, übersetzte dieselbe Schrift zwei Jahre später ins Surselvische (*Praxis pietatis, Quei ei la prattica, ner, exercizi da la temma da Deus*, Basel 1670).

Kirche von Tschlin

Im *Speculum Christianum* des Pfarrers von Guarda Johan Jüst Ander, der in seinem Heimatort auch eine Lateinschule betrieb, konnte sich der Christ über seinen Namen, seinen Status und seine Pflichten informieren. Der letzte Teil des umfangreichen Werkes, das 1681 in der neuen Druckerei in Tschlin erschien, enthält Psalmen und geistliche Lieder.

Ebenfalls in Tschlin wurde 1684 die erfolgreiche Liedersammlung gedruckt, die Johannes Martinus ex Martinis, Pfarrer in Ramosch, unter dem Titel *Philomela. Quai ais canzuns spirituales Sün divers temps & occasiuns* [...] (Philomela, das ist: geistliche Lieder für verschiedene Zeiten und Gelegenheiten [...]) herausgab. Johannes Martinus, der auch als Autor des Erbauungsbuches *Abyss da l'Aeternitat* (Zürich 1693, unter Mitarbeit seines Schulser Amtskollegen Andrea Rauch) bekannt ist, vereinigte in der *Philomela* Bearbeitungen anderssprachiger Lieder, eigene Gedichte und solche seines Vaters Martinus ex Martinis. Das bekannteste der letzteren ist die *Chanzun da la libertat da nossas 3 Ligias*, welche den 1652 erfolgten Loskauf und damit die Unabhängigkeit des Engadins von Österreich feiert. Die Integration von politischen Liedern in eine Sammlung von geistlichen Texten ist nicht ungewöhnlich in jener bewegten Zeit, wo Geistliche aktiv (zuweilen allzu aktiv) in die Politik eingriffen. Das Lob der Freiheit von Martinus ex Martinis zeichnet sich allerdings, anders als viele andere politische Lieder der Zeit, durch eine vom Tagesgeschehen gelöste, ins Allgemeine gehobene Sicht und einen zwar bewegten, aber unpathetischen Ton aus. Hier einige Strophen zur Illustration:

*Johannes und Martinus ex Martinis*

1.  A Tots pagiais e natiuns
    Parta Dies oura da seis duns,
    Mo'l principal ais cur Deis dâ
    Ilg seis soinch plaed cun LIBERTAT.

(Allen Ländern und Völkern teilt Gott seine Gaben aus. Aber die Hauptsache ist, wenn Gott sein heiliges Wort zusammen mit Freiheit verleiht.)

9.  Quant saung hvai spons vuo Pardavants
    Per sa spendrar our suot tyrans
    Cun pauc daner ha Deis güdâ
    Ch'nuo hvain cumprâ la LIBERTAT.

(Wieviel Blut habt ihr Vorfahren vergossen, um euch von den Tyrannen zu befreien! Mit wenig Geld hat Gott dazu geholfen, dass wir die Freiheit erkauft haben.)

10. Ilg plaed da Deis nett vain praedgiâ
    Seis Sacramaints administrâ
    Quai poust güdair our d'tema quâ
    Quai fa la nöbla LIBERTAT.

(Das reine Wort Gottes wird gepredigt, seine Sakramente gespendet. Das kannst du frei von Furcht hier genießen. Das macht die edle Freiheit.)

Tschantamaints da Segl,
1591

11.  Tü poust semnar, tschuncar, manar
     Far tias lavuors la pro cantar,
     Poust dir l'ais mieu, quai Dieu am' dâ
     Quai fa la noebla LIBERTAT.

(Du kannst säen, ernten, ausführen, deine Arbeit verrichten und dazu singen. Du kannst sagen: es ist mein, Gott hat es mir gegeben. Das macht die edle Freiheit.)

# Rechtstexte

Die ältesten engadinischen Rechtsquellen (Dorfordnungen, Zivil- und Kriminalstatuten) sind lateinisch, seltener deutsch abgefasst (so die Münstertaler Statuten von 1427 und 1592). Die in engadinischer Sprache überlieferten Rechtsquellen setzen im Oberengadin Ende 16., im Unterengadin anfangs 17. Jh. ein. Es ist jedoch bezeugt, dass 1508 eine (leider verlorene) rätoromanische Version des Strafgesetzes, das das Unterengadin damals aus dem Oberengadin übernahm, erstellt wurde.

Außer diesem expliziten Hinweis auf eine ältere rechtssprachliche Tradition legt auch der Charakter der Prosa der engadinischen Autoren des 16. Jh.s die Existenz einer älteren rechtssprachlichen (wie übrigens auch kirchensprachlichen) Schriftlichkeit nahe.

Im rheinischen Raum setzen rätoromanisch redigierte Rechtstexte später ein. Aus der Mitte des 17. Jh.s sind einige Prozessordnungen aus dem Lugnez überliefert, so die *Fuorma da menar il dreig* von 1659. Die Sprache dieser Dokumente ist weit von der stilistisch elaborierten Form der erwähnten religiösen Schriften aus der Surselva des 17. Jh.s entfernt. Dass die Termini technici mehrheitlich deutsch sind (*il zuosaz, ilg Seckelmeister, ilg nies velg uertrag* etc.) erklärt sich aus der juristischen Praxis der Zeit, wo *il Keiserlich Recht* geübt wurde.

### Rückblick auf die beiden ersten Jahrhunderte rätoromanischer Schriftlichkeit

In weniger als zweihundert Jahren hat sich im vorher schriftlosen Romanischbünden eine Schrifttradition entwickelt, die die einheimische Sprache zu einer ebenbürtigen Konkurrentin des Deutschen und des Italienischen und zu einer tauglichen Nachfolgerin des nach und nach in den Hintergrund tretenden Lateinischen machte. Am Anfang steht der Aufbruch des Engadins im 16. Jh., bedingt durch eine humanistisch geprägte, vielsprachige Kultur der geistigen Elite und vor allem durch die Impulse der Reformation, die der Volkssprache eine neue, größere Bedeutung verlieh. Der rheinische Raum folgte bald nach, und die Auseinandersetzung zwischen den Anhängern des alten und des neuen Glaubens beförderte die literarische Tätigkeit zusätzlich. Diese kulturellen Voraussetzungen, aber auch die Kleinräumigkeit der Verhältnisse und der damit verbundene Partikularismus der einzelnen Gebiete sind jedoch auch schuld an der Tatsache, dass die Rätoromanen Graubündens nicht eine einzige Schriftsprache entwickelten, sondern deren viele, eine ober- und eine unterengadinische, eine sutselvische (deren Tradition allerdings bald wieder versiegte) und zwei surselvische Varianten, eine katholische und eine protestantische.

# Literatur der rätoromanischen Schweiz (18.–20. Jahrhundert)

Clà Riatsch

## Aufklärung, Entstehung einer weltlichen Literatur (1700–1850)

Eine Skizze der romanischen Literatur des 18. Jh.s sieht sich mit Ordnungs-begriffen wie »Spätbarock« und »Frühaufklärung« konfrontiert. Wer rück-wärts schaut, kann hervorheben, wie sehr die kleine Randliteratur auch noch im 18. Jh. barock, religions- und konfessionsfixiert bleibt, Katechismen, glaubenskämpferische Traktate, erbauliche Lieder, Konversionsfabeln und Heiligenviten hervorbringt. Wer vorwärts schaut, wird sich dagegen auf erste Indizien einer weltlichen Literatur konzentrieren.

Im frühen 18. Jh. verfasst der Sentner Pfarrer Conradin Riola seine *Trom-meta spirituala* (1709), ein Traktat über die Sünde des Kirchenschlafes, das auch manche Details über die sündigen Schläfer enthält und damit von sozi-alhistorischem Interesse ist. Riola ist auch der Übersetzer des verbreiteten *Martyrologium magnum oder il Cudesch grand dels Martyrs* (1718). Nach der Mitte des 18. Jh.s entstehen die teils übersetzten, teils originalen *Canzuns spirituaelas* (1765) des pietistischen Pfarrers Giovanni Battista Frizzoni aus Celerina, ein Werk, das als »Cudesch da Schlarigna« bis ins 20. Jh. hinein in Gebrauch war. Die im Titel als neu propagierten geistlichen Lieder, die *Novas canzuns spiritualas* (1784), die der Schamser Pfarrer und »Franzosenfreund« Mattli Conrad gegen Ende des 18. Jh.s verfasst, übersetzt und adaptiert, sind als solche weniger neu als ihre Einleitung. In ihr ist von der »Societad Oeco-nomica« und vom »Sammler« die Rede, vom Wohlergehen der Öffentlichkeit und dem Zustand des Staates. Dies zeigt exemplarisch, dass auch das religi-öse Schrifttum des 18. Jh.s von aufklärerischen Einflüssen nicht verschont bleibt. Dass es sich auch ohne diese Einflüsse wandelt, zeigen Heiligenviten und Konversionsfabeln, die sich immer deutlicher in Richtung einer exotisie-renden Abenteuer- und Unterhaltungsliteratur verschieben. Beispiele dafür wären die aus dem Provenzalischen ins Ladin übersetzte *L'istorgia dall caval-lier Peter et da la bella Magullonia* oder die in mehreren surselvischen Manu-skripten des 18. und frühen 19. Jh.s zirkulierende, orientalische *Historia da Barlaam e Giosafat*.

*Frizzonis* Cudesch da Schlarigna

Ein erstes Anzeichen einer beginnenden Öffnung und allmählichen Ver-weltlichung des bündnerromanischen Schrifttums ist die sich ausweitende Neubesetzung alter Textsorten wie des Reiseberichts, des enzyklopädischen Traktats, aber auch des Dramas, der Erzählung und der Poesie mit neuen, nicht (oder nicht ausschließlich) religiösen Themen.

Neben der traditionsreichen Jerusalemreise oder der Pilgerfahrt nach Rom oder Lourdes werden eine Reise nach Madagaskar oder die Teilnahme an einem Feldzug nach Ägypten zum Gegenstand von Reiseberichten. Nach der südlich von Madagaskar gelegenen »Isla de Frontscha« reist im Jahre 1765 Gion Casper Collemberg aus Lumbrein. In seinem (nur auszugsweise veröf-fentlichten) Bericht mit dem Titel *Viadi, che jau, Gion Casper Collemberg*

*Reiseberichte*

*vai faig il onn 1765 en L'isla de Frontscha* beschreibt er nicht nur die Landschaft der bereisten Insel, spricht nicht nur von Produkten und ihren Preisen, sondern auch von den Produzenten, den von französischen Herren gehaltenen und misshandelten schwarzen Sklaven:

> Con quella paupra gliaut fan ei il Comers, grad Scho nus fiein denter nus cun la Salv bistgia; ei venden, datten en pagament quella gliaut, Scho nus marcadein, cun daners blouts, et ei traten quels Esclafs, Scho nus tratain la Biestgia [...].
> (Mit diesen armen Leuten handeln sie, grad so wie wir mit dem Vieh handeln; sie verkaufen sie, verwenden sie als Zahlungsmittel, so wie wir mit baren Münzen handeln, und sie behandeln diese Sklaven, wie wir das Vieh behandeln [...].)

Nach Ägypten verschlägt es Gion Paul Tomaschet aus Truns, der zur Zeit der napoleonischen Kriege als Sergent im englischen Royal-Etranger-Regiment dient. 1801 wird er in der Schlacht um Alexandrien verletzt und kehrt als ausbezahlter Invalider heim. Sein Bericht, *Ina curta descripziun dil viadi* [...], ist ein nüchterner Abriss der Ereignisse, in dem der schreibende Zeuge immer im Hintergrund bleibt und alles Persönliche strikt ausklammert.

*Autobiographie*

Die Reise als erzählenswerte Besonderheit und der Topos der Lebensreise verbindet den Reisebericht mit dem Tagebuch und der Autobiographie, die dem Persönlichen gegenüber dem »Historischen« zunehmend Platz einräumt. Dies zeigt sich etwa in der leider nur in einer späteren Übersetzung und Nacherzählung überlieferten Autobiographie des Duitg Balletta aus Breil, seinem *Cudisch e Remarcas de mia vetta manada*, wo sich Erinnerung an Privates und historischer Zeugenbericht auf vielfache Art vermischen.

*Chronik*

Mit Reisebericht und Autobiographie eng verbunden ist auch die sehr heterogene Textsorte der Chronik. Neben der berühmtesten, auf deutsch geschriebenen Chronik des 18. Jh.s, Nicolin Sererhards *Einfalte Delineation aller Gemeinden gemeiner dreyen Bünden* (1742) ist die ungedruckte romanische Chronik des Ftaners Martin Peider Schmid de Grüneg erwähnenswert. Unter dem Titel *Chiantun verd* verfasst der aus französischen Diensten zurückgekehrte Angehörige des kleinen Dorfadels zwischen 1773 und 1782 eine fast zweitausendseitige, bis heute nur auszugsweise veröffentlichte Chronik, die sich nicht nur der üblichen Familiengeschichte und dem Lob des Herkommens widmet, sondern »la situatiun del temp, ils meurs, modas, stylos et üsanzas de nos pajais« in einer Fülle von minuziösen Beschreibungen festhält, die diese Chronik zu einer wertvollen Quelle für Volkskunde und Alltagsgeschichte machen.

Unter dem Einfluss aufklärerischer Gelehrsamkeit des 18. Jh.s entstehen erste romanische Schriften zur Volksmedizin und Heilkunde, wie der vielleicht von Pater Antoni Soliva kompilierte surselvische *Cudisch da medischinas* (um 1700) oder der engadinische *Cudesch da maschdinas* (1747) der Brüder Curadin und Clo Stupan. Dem Einfluss der europäischen Aufklärung ist auch ein wachsendes Interesse an Bildung und Erziehung zuzuschreiben, das besonders die adligen Familien der Plantas, Salis und Tscharners erfasst und u. a. zur Gründung des Seminars in Haldenstein (1761) durch Martin Planta aus Susch (und den deutschen Pädagogen Peter Nesemann) führt. Sein Neffe, Josef Planta, wird erster Bibliothekar im British Museum in London,

*Die erste Studie über das Rätoromanische*

wo er die erste nennenswerte Studie über Herkunft und Geschichte des Rätoromanischen verfasst und 1776 in der Royal Academy vorstellt: *An account of the Romanish language*. Der bekannteste Vertreter eines naturwissenschaftlichen, aber auch historischen Enzyklopädismus ist Pater Placidus a Spescha, »il curios pader«. Der vielfältig interessierte Pater des Klosters Disentis beschäftigt sich mit Geographie und Geologie, legt eine umfangreiche mineralogische Sammlung an, versucht sich immer wieder als Bergsteiger und hinterlässt ein sehr umfangreiches, weitgehend Manuskript gebliebenes Werk. Die auch persönlich erfahrene Verachtung für seine romanische Muttersprache könnte einen wichtigen Anstoß zu deren Erforschung und Propagierung gegeben haben. Als »Franzosenfreund« verschrien, verbringt er zwei Jahre (1799–1801) in österreichischer Gefangenschaft, wo er den Pfarrer und Lexikographen Mattli Conrad (vgl. oben) trifft. Die beiden sind sich über die Notwendigkeit einig, das Rätoromanische zu erhalten und auszubauen. Das erste Ergebnis von Pater a Speschas diesbezüglichen Bemühungen ist ein *ABC alpin*, es folgen eine erste Geschichte der romanischen Schrifttraditionen mit dem Titel *Literatura Grisuna vaedra, e nova* (1805), zwei lateinisch-romanische Grammatiken (1814, 1815), ein *Codish de Literatura Romantsha* (1819). Sein Ziel ist der Ausbau einer einheitlichen romanischen Schrift- und Gelehrtensprache als Basis der Wissenschaft und als einigender Faktor einer romanischen Nation. Schon die Griechen hätten eine solche Sprache aus verschiedenen Dialekten geschaffen:

*ABC alpin: Sicherung des Rätoromanischen*

> Wenn also dies ihnen möglich und nützlich war, warum [sollte es] nicht auch uns seyn. Wenn es möglich, gedeihlich und ehrbar war, der romanischen Sprache zu entsagen, um die deutsche an sich zu nehmen, warum sollte es uns nicht eben so gedeihlich, möglich und ehrbar seyn, uns zu vereinigen, um aus unsren verschiedenen Dialekten den Stoff zu nehmen, um eine Schrift- und Gelehrtensprache hervorzubringen, um dadurch vermittelst der Sprache eine selbständige Nation zu werden?

Zu den interessanten Beispielen einer adaptierenden Verarbeitung aufklärerischen Gedankenguts gehört eine fragmentarische Übersetzung von J. J. Rousseaus *Contrat social* (1762). Der Übersetzer, wahrscheinlich Johann Anton Pedretti aus Savognin, setzt den Text als eine Art Einleitung an den Anfang der Kreisstatuten des Oberhalbsteins. Gegen die aus Frankreich eingeschleppte egalitäre »Freiheitsseuche« gibt es aber auch Reaktionen. Eine davon ist das Drama *La Ligia Grischa,* das der Dramen-Übersetzer und Landrichter Gion Theodor de Castelberg nach dem während der Revolutionszeit entstandenen deutschen Original von Ulysses von Salis-Marschlins übersetzt und adaptiert. Ein vom Herzog von Mailand gedungener Unruhestifter versucht, als »Waldbrueder« maskiert, die Bündner Bauern des 15. Jh.s gegen einen Bund mit dem Adel einzunehmen und zur Revolte anzustiften. Seine Suaden sind Parodien der sich auf Bibel und Natur berufenden, egalitären Propaganda des späten 18. Jh.s. So fragt der Waldbrueder in der 6. Szene:

*Aufklärung und konservative Propaganda auf dem Theater*

> Han buca tuta glieut élgs per ver, ureglias per udyr, buca per migliar, meuns per luvrar, peis per yra? Han buca tuts ils medems basens: fom, seit, moziun e ruaus? Pertgei dejen ina part mo migliar, mo beiber, mo ruessar, als auters luvrar per els?
> (Haben nicht alle Menschen Augen zum Sehen, Ohren zum Hören, einen Mund zum Essen, Hände zum Arbeiten, Füsse zum Gehen? Haben nicht alle dieselben Bedürfnisse: Hunger, Durst, Bewegung und Ruhe? Warum soll ein Teil nur essen, nur trinken, nur ruhen, während die andern für sie arbeiten?)

De Castelberg, der Dramen von G. E. Lessing, U. v. Salis-Marschlins, F. X. Jann und A. Kotzebue ins Surselvische übersetzt, braucht die Bühne als politische Kanzel seiner konservativen Propaganda für eine ständische Gesellschaft. Allerdings ist ihm schmerzlich bewusst, dass diese in ihrer alten Form nicht wiederhergestellt werden kann. Eine weitere wichtige Figur der bewegten Übergangszeit der Helvetik ist der Arzt Georg Anton Vieli. Als Franzosenfreund verbringt er die Jahre zwischen 1799 und 1801 (wie Placidus a Spescha) in österreichischer Gefangenschaft. In seinen bissigen politischen

Liedern ruft er die Parteien zur Mäßigung auf, versucht zu vermitteln und den Clerus von seiner antinapoleonischen Hetze abzubringen.

## Sprachbewegung, Heimat- und Bauernliteratur (1850–1950)

Pater Placidus a Spescha versteht seinen Aufruf zur Schaffung einer gesamtromanischen Gelehrtensprache als Grundlage einer romanischen Nation offensichtlich auch als notwendige Maßnahme gegen einen immer bedrohlicher sich abzeichnenden Sprachwechsel:

> Man tat und tut noch heute grosses Unrecht, wenn man einer Nation eine andere Sprache und Schreibart aufzwingt, als sie von ihren Vorfahren ererbt und Gott sie ihr zugewiesen hat.

Gerade dieses »Unrecht« einer nicht nur hingenommenen, sondern auch bewusst vorangetriebenen Germanisierung zeichnete sich im 19. Jh. immer deutlicher ab. Die Eingliederung Graubündens in die Eidgenossenschaft und die Einführung einer allgemeinen Schulpflicht verleihen der Sprachfrage neue Brisanz. Während eine von der Aufklärung beeinflusste Oberschicht und *Gegen Germanisierung* Lehrerschaft eine forcierte Germanisierung als Bedingung von Fortschritt, *und Modernisierung* Prosperität und Modernisierung propagiert, melden sich in der Presse und der Literatur zunehmend Stimmen zu Wort, die auf den Wert regionaler ethnischer Traditionen pochen. Von verschiedenen konservativen Bewegungen des 19. und 20. Jh.s begünstigt, erkämpft sich die regionale romanische Sprach- und Kulturbewegung eine immer breitere Akzeptanz. Der Historiker Jon Mathieu hat die heutige Sprachkultur treffend als »ideologisches Gegenstück zur Modernisierung« charakterisiert. Ein solches Gegenstück ist auch die entstehende romanische Belletristik, die sich im Laufe des 19. Jh.s immer deutlicher auf Lob und beschreibende Verherrlichung des sprachlich und kulturell »Eigenen« spezialisiert. Verstärkt wird dieser Trend durch bauern- und heimatliterarische Traditionen der Jahrhundertwende, die bis auf den heutigen Tag nachwirken und den Bauer und seine als archaisch stilisierte und zugleich mit volkskundlicher Liebe zum Detail beschriebene Welt zur wichtigsten literarischen Figur machen.

Zu einem der bekanntesten romanischen Texte überhaupt wurde das Lied *Il pur suveran* (1863–65) des Oberländers Gion Antoni Huonder, der infolge beruflicher Misserfolge gegen Ende seines Lebens zu immer subalterneren Arbeiten gezwungen war, völlig verarmte und in Chur früh verstarb. Sein souveräner Bauer dagegen beruft sich stolz auf seinen ererbten Besitz, seine *»libra paupradat«* königliche Unabhängigkeit, seine »libra paupradat« (freie Armut), die er verteidigen will:

> Quei ei miu grepp, quei ei miu crapp,
> Cheu tschentel jeu miu pei,
> Artau hai jeu vus de miu bab,
> Sai a negin marschei.
> (Das ist mein Fels, das ist mein Stein
> darauf setz' ich meinen Fuß,
> geerbt habe ich euch von meinem Vater,
> bin niemandem Dank schuldig.)

Schon bald wird dieser mythische Bauer auch zum Garanten sprachlicher Kontinuität stilisiert und behält diese Rolle bis gegen Ende des 20. Jh.s.

Wie sehr die literarische Beschäftigung mit dem sprachlich und kulturell »Eigenen« von der deutschen Romantik beeinflusst ist, zeigt sich beim surselvischen Historiker und Dichter Giacun Hasper Muoth, der in München unter anderem bei W. H. Riehl studierte. Seine Idyllen, historischen Epen und Balladen feiern die Alltags- und Festtagskultur und die historischen Taten einer Bauerngesellschaft und sind zugleich Manifeste gegen den »Modernismus«, gegen alles Fremde und Städtische. Muoths poetische Tiraden gegen Überfremdung und sprachlich-kulturelle Anpassung machen den »freien Bauern« ebenfalls zum Garanten der Kontinuität alpiner Kultur und romanischer Sprache. Muoths Manifest *Al pievel romontsch* von 1887 wurde zu einer Art romanischer Hymne:

Giacun Hasper Muoth

> Stai si, defenda,
> Romontsch, tiu vegl lungatg
> (Steh auf, Romane, verteidige
> deine alte Sprache)

Dieser Aufruf passt bestens zum Motto der 1885 im dritten Anlauf gegründeten »Societad Retorumantscha«, die ihr Hauptanliegen als »Conservar nos linguatg, nos character e nossa naziunalitad« umschreibt. Ein engagierter Vordenker der romanischen Bewegung der Jahrhundertwende ist der konservative Politiker und Freiburger Universitätsprofessor Caspar Decurtins, dessen dreizehnbändige *Rätoromanische Chrestomathie* (1888–1916) die bis heute wichtigste romanische Textsammlung darstellt. Unter ihrem Einfluss entstehen eine ganze Reihe romantisierender Nachdichtungen volkstümlicher Stoffe wie die *Historias dil Munt sogn Gieri* (1921) des surselvischen Priesters Flurin Camathias.

In der »Societad Retorumantscha« sind auch die Akademiker und Dichter des Engadins vertreten. Die engadinische Literatur des 19. Jh.s besteht vor allem aus der »Heimwehlyrik« von Emigranten, die die Täler und die Sprache ihrer Jugend aus der verklärenden Sicht des von Heimweh geplagten Auswanderers idealisieren. Die wichtigste Figur dieser größtenteils in Italien lebenden Dichter wie Conradin de Flugi oder Gian Fadri Caderas ist der Unterengadiner Peider Lansel. Von ihm stammt das sprachkämpferische Motto: »Ni Italians, ni Tudaischs, Rumantschs vulains restar«, das auf ein Hauptanliegen der romanischen Bewegung des ersten Drittels des 20. Jh.s verweist: den Kampf gegen den italienischen Irredentismus, mit seiner These, das Bündnerromanische sei ein italienischer Dialekt. In seinem berühmten Gedicht *Tamangur* (1923) vergleicht Lansel die Rätoromania mit dem bedrohten Arvenwald dieses Namens und fordert die Romanen dazu auf, am Eigenen festzuhalten:

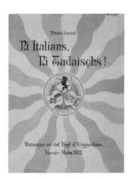

Peider Lansels sprach-
kämpferisches Motto

> Tgnain vi dal nos sco'ls oters vi dal lur,
> e'ns algordain la fin da Tamangur.
> (Halten wir am Unsrigen fest, wie die andern am Ihrigen
> und denken wir an das Ende von Tamangur.)

Die irredentistische Bedrohung hat nicht nur die Romanen mobilisiert, sie ist auch zu einem wichtigen Faktor der offiziellen Anerkennung des Bündnerromanischen als vierte Landessprache der Schweiz im Jahr 1938 geworden.

Themen und Formen der erzählenden Literatur wie der Dichtung bleiben, bis weit über den Zweiten Weltkrieg hinaus, von der konservativen Besorgnis um den Weiterbestand des Eigenen geprägt.

Die Bauernerzählung des 20. Jh.s befasst sich mit Abwanderung, touristischer Umnutzung der Alpen und der davon bedrohten Kontinuität der alpinen Agrargesellschaft. Surselvische Erzähler wie Giachen Michel Nay, Gian Fontana, Flurin Darms, Gion Deplazes oder Toni Halter beschränken sich nicht auf eine detaillierte Dokumentation des schnellen Wandels, sie suchen auch nach historischen, sozialen und psychologischen Erklärungen für die verschiedenen Modernisierungsprozesse. Im Engadin befassen sich der humoristische Dichter Men Rauch und der Dramatiker Jon Semadeni sehr intensiv mit dieser Problematik. Die idealtypischen Antagonisten des Bauern sind der Emigrant, der reiche Tourist, der technokratische Funktionär und der städtische Proletarier als Repräsentanten von »Verstädterung« und Moderne. Am deutlichsten überwunden wird diese starre Antithese zwischen Tradition und Moderne im realistischen Roman *La müdada* (1962) des Engadiners Cla Biert. In dieser vollständigsten literarischen Enzyklopädie der alten bäuerlichen Sprach- und Sachkultur werden Bauerntum und Emigration, Heimweh und Fernweh zum ersten Mal zu dialogisch offenen, gleichwertigen Alternativen. Zugleich wird auch hier nach den tieferen Gründen des Wandels gefragt. Der alte Joannes antwortet darauf:

> L'orma dal pövel s'ha müdada. [...] i'm para chi hajan pers la sana superbgia dad esser ün ajen pövel, d'avair ün'aigna tschantscha, aigna istorgia, aigna cultura.
> (Die Seele des Volkes hat sich gewandelt. [...] Mir scheint, sie haben den gesunden Stolz verloren, ein eigenes Volk zu sein, eine eigene Sprache zu haben, eine eigene Geschichte, eine eigene Kultur.)

Als Ideal ergibt sich auf individueller Ebene eine Verbindung von Weltoffenheit und Verbundenheit mit der Heimat, wie sie emblematisch vom Adler, dem Wappentier der Familie Tach, vorgeführt wird:

> »Schi, l'aglia. Quella chi sa svolar sur tuot las muntognas e tuottüna bricha nu tillas banduna!«
> (»Ja, der Adler. Der kann über alle Berge hinwegfliegen und verlässt sie doch nicht!«)

Auch in der Lyrik bleiben die Natur und die Jahreszeiten, Emigration, Heimweh und Rückkehr, Heimatort, Schönheit und Bedrohung der Muttersprache, Bauernkultur und die Bedrohung ihrer Kontinuität durch touristische Spekulation die kanonischen literarischen Themen. Ein Beispiel für die Nachwirkung religiöser Traditionen in der Lyrik und zugleich ein Beispiel auffällig elaborierter »vormoderner« Lyrik sind die Gedichte von Aita Stricker.

*Humoristische Gegenstimmen zur »Romanischen Bewegung«*

Eine dialogische »Gegenstimme« findet die Bauern- und Heimatliteratur in »niederen« Textsorten, die sich manchmal auf gutartig humoristische, manchmal auf bissig satirische Weise vom Ernst der sprachlich-kulturellen Verteidigung der »Romanischen Bewegung« absetzen. So relativiert etwa Simeon Caratsch schon früh die Bedeutung der »neuen« romanischen Lyrik des 19. Jh.s. Ein betont anti-puristischer Sprachspieler wie Chasper Po bildet eine eigentliche Gegenstimme zum elegischen Pathos Lansels, freche Reime von Dichtern wie Gion Cadieli, Men Rauch oder Artur Caflisch relativieren vielerlei Tendenzen zur Selbstüberschätzung, vor denen auch sie selber nicht immer gefeit sind. Dass sich die selbstkritische Distanz immer wieder auch auf den Literaturbetrieb der Minderheitenliteratur bezieht, zeigt ein bekanntes Gedicht des Oberhalbsteiner Priesters Alexander Lozza, der den romanischen Dichter mit einem armen Huhn vergleicht, das seine Eier selber frisst:

Sez scretg e sez stampo e sez ligia
ol l'atgna, tgera poesia!

In diesen humoristisch-satirischen Gegenstimmen sind viele Indizien der sich ankündigenden, »verspäteten« literarischen Moderne zu orten.

Formal betrachtet, bleiben Prosa und Poesie bis nach dem Zweiten Weltkrieg weitgehend den Traditionen des 19. Jh.s verhaftet. Zu dieser heimatliterarisch geprägten romanischen »Vormoderne« passt, dass ihre Autorenschaft zu einem sehr großen Teil aus Pfarrern und Lehrern besteht. Besonders auffällig ist andererseits auch der hohe Anteil an schreibenden Frauen.

Peider Lansel

# Öffnung und Modernisierung im 20. Jahrhundert

Wer romanische Literatur des 20. Jh.s mit Blick auf die Kontinuität von Traditionen liest, wird Vormodernes und Heimatliterarisches auch noch am Ende des Jahrhunderts in vielen Texten finden. Andererseits gibt es deutliche Brüche und klare Indizien dafür, dass auch in der romanischen Regionalliteratur das literarisch-ästhetische Moment immer stärker betont wird, während sprachkämpferisch-konservative Präokkupationen immer mehr in den Hintergrund treten. Im Folgenden sollen nur einige dieser Indizien genannt werden.

## Thematische Aktualisierung in der Prosa

Der Wandel von einer vorwiegend bäuerlichen zu einer pluralistischen und mobileren Gesellschaft und der Versuch der Autorenschaft, literarisch von ihrer Zeit zu zeugen und sie mitzugestalten, hat zu einer auffälligen Erweiterung des thematischen Radius der romanischen Literatur geführt. Romanische Erzählungen spielen längst nicht mehr ausschließlich in den Alpentälern oder im Emigrantenmilieu, großräumige, großstädtische und multikulturelle Szenarien sind häufiger geworden, die raumgebundenen Wertungen von »Heimat« und »Fremde« sind verschwunden. Deutlich zeigt sich dies etwa in den Romanen und Erzählungen von Oscar Peer, deren Protagonisten sehr häufig unterwegs sind und rastlos nach einer ganz andern als einer räumlichen »Heimat« suchen. Auch in seiner durchsichtig fiktionalisierten Autobiographie und Familiengeschichte *La rumur dal flüm* (1999) sprengt Oscar Peer romanische Erzähltraditionen mit einer lakonisch unprätentiösen, verblüffend authentischen Prosa.

Die »thematische Öffnung« macht nicht nur endgültig alle Gegenstände und Themen zum möglichen Anlass literarischer Arbeit, sie schlägt sich auch in einer deutlichen Bemühung um Aktualität nieder. Diskriminierung aller Art, Umweltverschmutzung, Drogen, Kriminalität, Pornographie und Gewalt, Bürgerkrieg, Flüchtlingselend, Gentechnologie u. v. m. gehören ganz selbstverständlich zu den Themen neuerer romanischer Texte. Besonders klar zeigt sich der Trend zum Brisanten im sehr umfangreichen Werk von Vic Hendry, vor allem in seinen literarischen Tagebüchern, Kurzgeschichten und Reportagen, etwa *Discours cugl assassin* (1970) oder *En schurnada* (1983). Ein weiteres Beispiel für »thematische Aktualisierung« wäre Silvio Camenisch, dessen Romane und Erzählungen, etwa *Smaledetta primavera* (1986), häufig im Milieu von Jugendlichen spielen und sich mit sprachlicher und sachlicher »Jugendkultur« befassen.

Dass aktuelle Themen und »internationale« Schauplätze keine Garanten für die Modernität literarischer Texte sind, zeigt sich an der Verbindung thematischer Aktualität mit ideologisch expliziten, manchmal unbedarft belehrenden Diskursen, die den Leser nicht weniger bevormunden, als dies die alte »Heimatliteratur« tat.

*Tabubrüche*

Literatursoziologisch interessant sind die seltener werdenden literarischen Skandale, die sich vor allem an inhaltlichen »Tabubrüchen« zu entzünden scheinen und zeigen, dass literarische Innovation nicht immer ohne öffentliches Aufsehen bleibt. Die heißesten Eisen sind Sexualität und Religion. Im Engadin leistete Bierts *La runa* (1956) Pionierarbeit; die vergnügliche Geschichte der Verführung eines romanischen Bauern durch eine französische Pianistin machte die Sexualität literaturfähig. In der katholischen Surselva sind mit Theo Candinas *Historias da Gion Barlac* (1975), Ursicin G. G. Derungs *Il saltar dils morts* (1982) und Leo Tuors *Giacumbert Nau* (1988) drei späte Skandale zu nennen. Candinas provoziert mit literarischer Spiegelung alltagssprachlicher Rede über Sexualität, Derungs mit Kritik am institutionellen Katholizismus, Tuor mit der Figur eines Outsider-Hirten, der sich im Namen elementarer und wilder Lebenserfahrung gegen die Konventionen und Verlogenheiten politischer und religiöser Instanzen wendet.

Dass Innovationen auch im Zeichen inhaltlicher Konstanz stattfinden können, zeigen auf eindrückliche Weise zwei Texte von Jon Semadeni. Sowohl *La jürada* (1967) wie *Il giat cotschen* (1980) stehen inhaltlich in der Tradition der Bauernepik und Dorfgeschichte, während sie formal mit völlig neuen Diskurs- und Erzähltechniken experimentieren. Ein erzähltechnisch interessanter, unauffälliger, doch nachhaltig wirksamer Beitrag zur Erneuerung romanischer Prosa ist die Erzählung *Il bitsch* (1967) von Margarita Gangale-Uffer.

### Freie Verse, moderne Lyrik

*Formale Neuorientierung*

Im Bereich der Lyrik ist der Traditionsbruch nach dem Zweiten Weltkrieg auch im Formalen sehr deutlich. Hier wechseln, unter dem Eindruck moderner Lyrik der Nachbarsprachen, Lyriker wie Andri Peer (*Poesias*, 1988), die Lyrikerin Luisa Famos (*Poesias*, 1995) oder, im Surselvischen, Hendri Spescha (*Uss. Poesias / Jetzt. Gedichte*, 1998), von reimenden Versen und festen Strophen zur reimlosen Zeile, dem »freien Vers« des modernen, manchmal symbolisch hermetischen Gedichts. Auch hier kommt es zu einer Erneuerung des thematischen Repertoires und zum grundlegenderen Wechsel von einer moralisch belehrenden Lyrik zu einer experimentierenden Lyrik, die nicht behauptet und belehrt, sondern sich fragend an ihre Gegenstände herantastet, Automatismen und falsche Gewissheiten unterläuft.

> D'ingionder ch'eu vegn
> Ingio ch'eu giarà
> Chi'm sa dir
> (Woher ich komme
> wohin ich gehe
> wer kann es mir sagen)

Der Anfang dieses Gedichts von Luisa Famos zeigt exemplarisch den Unterschied zur älteren Lyrik, die gerade in Sachen Herkunft keine offenen Fragen hatte. Von Innovation und Traditionsbruch ist auch in poetologischen Manifesten immer wieder die Rede, wie etwa in Peers *Pisser*:

Ün'otra poesia fa dabsögn:
davent cullas metafras bellas!
Meis cour, tü laschast,
giond amunt,
striblas cotschnas aint il verd.
(Eine andere Dichtung ist nötig:
weg mit den schönen Metaphern!
Mein Herz, du hinterlässt,
beim Hinaufgehen,
rote Streifen im Grünen.)

Die Einflüsse der Pioniere Peer, Famos und Spescha zeigen sich in der nachfolgenden Generation in aller Deutlichkeit. Trotz der sich multiplizierenden intertextuellen Einflüsse sind die Werke von Famos und Peer in der Engadiner Lyrik, von Leta Semadeni (*Monolog per Anastasia*, 2001), von Clo Duri Bezzola (*Das gestohlene Blau. Il blau engulà*, 1998), von Rut Plouda (*Föglias aint il vent…*,1986) gut sichtbar. Dasselbe gilt für Einflüsse von Hendri Spescha in der Surselva, wo etwa Felix Giger auf dem Weg der reduktionistischen Hermetik weitergeht.

Bei der aktuellen Lyrik kann man sich manchmal fragen, ob nicht die Angst, provinziell und didaktisch zu sein, den »Hermetismus« zu weit treibt, ob nicht die »verborgene Referenz« allzu leichtfertig als Kriterium von Qualität durchgeht.

## Parodie und kritische Reflexion

Klare Indizien von Brüchen mit der Tradition und Modernisierung sind parodistische oder offen kommentierte kritische Reflexionen, die Elemente der Tradition zum Gegenstand haben.

Der trotzige Bauer, der sich in Bierts *La müdada* (1962) auf Huonders *Pur suveran* beruft, erhält eine emblematische Antwort:

»Eu sun pur suveran.« »Quel es mort, char cumpar«, disch Josch e til metta il man sül bratsch, »viva es plü be la chanzun.«
(»Ich bin ein freier Bauer.« »Der ist tot, mein Lieber«, sagt Josch und legt ihm die Hand auf die Schulter, »lebendig ist nur noch das Lied.«)

Distanzierende Kommentare und immer bissigere Parodien von Huonders *Pur suveran* können als Indiz für eine programmatische und definitive Überwindung der »Bauernliteratur« gelten. *Il pur subvenziun*, so heißt er jetzt bei Eichenhofer (1986), während Tuor der Katalog-Strophe des *Pur* eine Aufzählung dessen entgegensetzt, was verschwunden ist: »Svanius ei il tachi, e svanius se'l clavau« statt: »Quei ei miu prau, quei miu clavau«.

Zum Gegenstand von Parodie und Kritik wird auch die eigene Situation und Ideologie einer sprachlichen Minderheit. Auch die romanische »Renaissance« mit ihren Mythen, Institutionen und kulturbürokratischen Leerläufen bleibt davon nicht verschont. In seiner *Renaschentscha dals Patagons* (1949) macht sich Reto Caratsch in reizvoller Travestie und bissiger Satire über die Papierkriege, Verstiegenheiten und absurden Partikularismen der romanischen Sprachbürokratie lustig. Zur romanischen Renaissance bemerkt er ironisch:

Unanimamaing braman ils Patagons da gnir sül muond üna seguonda vouta.
(Einhellig wünschen sich die Rätoromanen, ein zweites Mal auf die Welt zu kommen.)

Nach Caratsch wird die Lage der subventionierten Kleinsprache und ihrer Treibhauskultur immer häufiger zum Gegenstand von Satire, Selbstparodie und harter Polemik seitens romanischer Autoren. In Dumenic Andrys *I dat da quels che numnan la bartga artga...* (2002) ist die offizielle Rätoromania auf einem Narrenschiff, wo dieselben Leute beständig neue Funktionen übernehmen. Das Schiff hat Anker geworfen und bewegt sich im Kreis:

> Ma il bastiment resta en moviment! E quai è l'essenzial!
> (Aber das Schiff bleibt in Bewegung! Und das ist die Hauptsache!)

An die Stelle der Selbstverherrlichung und Apologie ist in vielen neueren Texten die Lust an kritischer Selbstzerfleischung getreten.

## Literatur und Mehrsprachigkeit

Zum Selbstverständnis romanischer Belletristik gehörte, dass sie »von unserer Welt in unserer Sprache« erzählt und dichtet. Darauf gründete, neben den speziellen, persönliche Beziehungen nutzenden Verkaufsarten, auch der Markterfolg romanischer Bücher, deren Bestseller sich bis zu 1.500 Mal verkauften, was bei einer in Frage kommenden Leserschaft von maximal 25.000 Leuten (als Sprecher des größten Idioms, des Surselvischen) eine sehr hohe Zahl ist. Mittlerweile hat die durchgehende Zweisprachigkeit der Autoren- wie der Leserschaft ihre Auswirkungen im Bereich der Poetologien wie der Lesegewohnheiten. Rätoromanische Literatur soll gute Literatur auf Rätoromanisch sein, ein für schlecht befundener Text findet heute weder bei Kritikern noch bei Lesern Gnade, nur weil er auf romanisch geschrieben ist. Auch die traditionsreiche Vorstellung einer sprachpflegerischen Aufgabe der Literatur als Mittel der Entwicklung und beispielhafter Vorführung eines »guten« oder gar »reinen« Romanischen verliert rasant an Boden. Die sprachlichen Mittel müssen, nach heute sehr verbreiteter Vorstellung, dem Text dienen, nicht der Sprache.

Entsprechend häufiger finden sich Selbstübersetzungen romanischer Autoren ins Deutsche, entsprechend häufiger wird auch die zweisprachige literarische Produktion. Autoren wie Oscar Peer, Flurin Spescha, Clo Duri Bezzola, Rico Tambornino oder Linard Bardill schreiben und veröffentlichen romanische und deutsche Texte. In vielen Fällen werden die beiden Sprachen nicht nur alternierend nebeneinander, sondern auch im »mischsprachlichen« Miteinander verwendet. Expressivistische, experimentelle Mehr- und Mischsprachigkeit in komischer oder satirischer Funktion sind Indizien des tatsächlich immer engeren Sprachkontakts zwischen Romanisch und Deutsch. Auch die neue Schriftkoine, das Rumantsch Grischun, ist zum Anlass und Mittel literarischen Experimentierens geworden. Erste längere Texte sind Flurin Speschas *Fieu e flomma* (1993) und Linard Bardills *Fortunat Kauer* (1998). Mit dem Gebrauch von Rumantsch Grischun verbinden sich manchmal übertriebene Hoffnungen auf eine sprachbedingte und damit automatisch garantierte literarische Erneuerung.

# Bibliographie

## Allgemeine Nachschlagewerke und Literaturgeschichten

Arnold, Heinz Ludwig: Kritisches Lexikon der deutschsprachigen Gegenwartsliteratur (KLG). München 1978 ff.

Baechtold, Jakob: Geschichte der Deutschen Literatur in der Schweiz. Frauenfeld 1892.

Calgari, Guido: Storia delle quattro litterature della Svizzera. Milano 1958/Firenze 1968 [dt.: Die vier Literaturen der Schweiz. Olten/Freiburg 1966].

Camartin, Iso/Francillon, Roger/Jakubec-Vodoz, Doris/Käser, Rudolf/Orelli, Giovanni/Stocker, Beatrice: Die vier Literaturen der Schweiz. Zürich 1995, 2. Aufl. 1998.

Ermatinger, Emil: Dichtung und Geistesleben der deutschen Schweiz. München 1933.

Gsteiger, Manfred (Hg.): Die zeitgenössischen Literaturen der Schweiz (Kindlers Literaturgeschichte der Gegenwart, 4). 2. Aufl. 1980.

Historisches Lexikon der Schweiz. Basel 2002 ff. [Online abrufbar unter: http://www.snl.ch/dhs/externe/protect/deutsch.html].

Jenny, Ernst/Rossel, Virgile: Geschichte der schweizerischen Literatur. 2 Bde. Bern 1910.

Kohlschmidt, Werner: Schweizerische Literatur. In: Reallexikon der deutschen Literaturgeschichte. Bd. 3. Berlin 1977, S. 708–785.

Messmer, Beatrix (Hg.): Geschichte der Schweiz und der Schweizer. Basel 2004.

Nadler, Josef: Literaturgeschichte der deutschen Schweiz. Leipzig/Zürich 1932.

Pezold, Klaus (Hg.): Geschichte der deutschsprachigen Schweizer Literatur im 20. Jahrhundert. Berlin 1991.

Walzer, Pierre-Olivier (Hg.): Lexikon der Schweizer Literaturen. Basel 1991.

## Von den Anfängen bis 1700

Bärmann, Michael: Herr Göli. Neidhart Rezeption in Basel. Berlin/New York o. J.

Beer, Ellen J./Gramaccini, Norberto/Gutscher-Schmid, Charlotte/Schwinges, Rainer C. (Hg.): Berns grosse Zeit. Das 15. Jahrhundert neu entdeckt. Bern 1999.

Bolduan, Viola: Minne zwischen Ideal und Wirklichkeit. Studien zum späten Schweizer Minnesang. Frankfurt a. M. 1982.

Bonorand, Conradin: Joachim Vadian. In: Füssel, Stephan/Paschen, Christine (Hg.): Deutsche Dichter der frühen Neuzeit (1450 1600): Ihr Leben und Werk. Berlin 1993, S. 345–358.

Brandt, Rüdiger: Konrad von Würzburg. Kleinere epische Werke. Berlin 2000.

Brinker, Claudia/Flühler-Kreis, Dione (Hg.): edele frouwen – schoene man. Die Manessische Liederhandschrift in Zürich. Ausstellungskatalog. Zürich 1991.

Brülisauer, Josef/Hermann, Claudia (Hg.): Die Spreuerbrücke in Luzern. Ein barocker Totentanz von europäischer Bedeutung. Luzern 1996.

Dilg, Peter/Rudolph, Hartmut (Hg.): Neue Beiträge zur Paracelsus-Forschung. Stuttgart 1995.

Fischer, Ursel: Meister Johans Hadloub: Autorbild und Werkkonzeption der Manessischen Liederhandschrift. Stuttgart 1996.

Füssel, Stephan (Hg.): Deutsche Dichter der Frühen Neuzeit (1450–1600). Ihr Leben und Werk. Berlin 1993.

Gaberell, Roger: Der Psalter Notkers III. von St. Gallen und seine Textualität. St. Gallen 2000.

Gaier, Ulrich: Vadian und die Literatur des 16. Jahrhunderts. In: Wunderlich, Werner (Hg.): St. Gallen: Geschichte einer literarischen Kultur; Kloster – Stadt – Kanton – Region. Bd. 1: Darstellung. St. Gallen 1999, S. 249–298.

Gamper, Rudolf: Bibliotheca Vadiani. St. Gallen 2001.

Greco-Kaufmann, Heidy: Vor rechten lütten ist guot schimpfen. Der Luzerner Marcolfus und das Schweizer Fastnachtspiel des 16. Jahrhunderts. Bern u. a. 1994.

Haage-Naber, Helga: Probleme einer Paracelsus-Biographie: sein Leben im Spiegel seiner Werke. Göppingen 1998.

Haas, Alois M.: Kunst rechter Gelassenheit. Themen und Schwerpunkte von Heinrich Seuses Mystik. Bern/Berlin u. a. 1995.

Historisches Lexikon der Schweiz. Basel 2002 ff. [Online abrufbar unter: http://www.snl.ch/dhs/externe/protect/deutsch.html].

Isler, Ursula: Elsbeth Stagel. In: Isler, Ursula (Hg.): Frauen aus Zürich. Zürich 1991, S. 9–35.

Keller, Hildegard Elisabeth (Hg.): Jakob Ruf, ein Zürcher Stadtchirurg und Theatermacher im 16. Jahrhundert. Unter Mitarbeit von Andrea Kauer u. Stefan Schöbi. Zürich 2006.

Koller-Weiss, Katharina/Sieber, Christian (Hg.): Aegidius Tschudi und seine Zeit. Basel 2002.

Ledermann-Weibel, Ruth: Zürcher Hochzeitsgedichte im 17. Jahrhundert. Untersuchungen zur barocken Gelegenheitsdichtung. Zürich/München 1984.

Lienert, Elisabeth: Geschichte und Erzählen. Studien zu Konrads von Würzburg »Trojanerkrieg«. Wiesbaden 1996.

Lutz, Eckart Conrad: Spiritualis Fornicatio. Heinrich Wittenwiler, seine Welt und sein ›Ring‹. Sigmaringen 1990.

Meier, Pirmin: Ich Bruder Klaus von Flüe. Eine Geschichte aus der inneren Schweiz. Zürich 1997.

Meier, Pirmin: Paracelsus, Arzt und Prophet: Annäherungen an Theophrastus von Hohenheim. Zürich 1993.

Niklaus Manuel Deutsch. Maler, Dichter, Staatsmann. Ausstellungskatalog Bern, Kunstmuseum. Bern 1979.

Paulus, Julian: Paracelsus-Bibliographie 1961–1996. Heidelberg 1997.

Pfaff, Carl: Die Welt der Schweizer Bilderchroniken. Schwyz 1991.

Riha, Ortrun: Die Forschung zu Heinrich Wittenwilers »Ring«: 1988–1998 (mit einer Bibliographie). In: Klein, Dorothea (Hg.): Vom Mittelalter zur Neuzeit. FS für Horst Brunner. Wiesbaden 2000, S. 423–430.

Ruh, Kurt/Wachinger, Burghart (Hg.): Die deutsche Literatur des Mittelalters: Verfasserlexikon. Begr. von Wolfgang Stammler. Berlin 1981–2004.

Schiendorfer, Max: Das «konkretisierte» Minnelied: inszenierter Minnesang; Johannes Hadlaub, ›Ach, mir was lange‹. In: Tervooren, Helmut (Hg.). Gedichte und Interpretationen Mittelalter. Stuttgart 1993, S. 251–283.

Schiendorfer, Max: Heinrich Rost, Kirchherr von Sarnen, Zürcher Abteischreiber. In: Dauven-van Knippenberg, Carla/Birkhan, Helmut (Hg.): »Sô wold ich in fröiden singen«. Festgabe für Anthonius H. Touber zum 65. Geburtstag. Amsterdam 1995, S. 409–432.

Ströle, Ingeborg: Totentanz und Obrigkeit: illustrierte Erbauungsliteratur von Conrad Meyer im Kontext reformierter Bilderfeindlichkeit im Zürich des 17. Jahrhunderts. Frankfurt a.M. 1999.

Theaterlexikon der Schweiz. Dictionnaire du Théâtre en Suisse. Dizionario teatrale svizzero. Lexicon da teater svizzer. Hg. v. Andreas Kotto u.a. 3 Bde. Zürich 2005.

Thomke, Hellmut: Die Literatur der Eidgenossenschaft im Zeitalter des Barock. In: Garber, Klaus (Hg.): Stadt und Literatur im deutschen Sprachraum der Frühen Neuzeit. Bd. 1. Tübingen 1998, S. 145–155.

Wunderlich, Werner (Hg.): St. Gallen: Geschichte einer literarischen Kultur; Kloster - Stadt – Kanton – Region. 2 Bde. St. Gallen 1999.

Wyss, Regula: Heilkundige, Gelehrte, Autorin. Hortensia Gugelberg von Moos. In: Ryter, Elisabeth (Hg.): Und schrieb und schrieb wie ein Tiger aus dem Busch. Über Schriftstellerinnen in der deutschsprachigen Schweiz. Zürich 1994, S. 13–19.

Zahnd, Urs Martin: Die autobiographischen Aufzeichnungen Ludwig von Diesbachs. Studien zur spätmittelalterlichen Selbstdarstellung im oberdeutschen und schweizerischen Raume. Bern 1986.

Zeller, Rosmarie: Heutelia zwischen Reisebeschreibung, Utopie und Satire. In: Simpliciana 22 (2000), S. 291–311.

Zellmann, Ulrike: Lanzelet. Der Biographische Artusroman als Auslegungsschema dynastischer Willensbildung. Düsseldorf 1996.

## Das achtzehnte Jahrhundert (1700–1830)

Albrecht, Beatrice: Die Lyrik Albin Zollingers. Zürich 1964.

Bänziger, Hans: Heimat und Fremde: Ein Kapitel »Tragische Literaturgeschichte« in der Schweiz: Jakob Schaffner, Robert Walser, Albin Zollinger. Bern 1958.

Bartlin, Elisabeth: Cécile Ines Loos: Eine Einführung in ihre Werke. Phil. Diss. Basel 1968.

Bettex, Albert: Die Literatur der deutschen Schweiz von heute. Olten 1949.

Bürgerlichkeit und Unbürgerlichkeit in der Schweizer Literatur. Hg. v. Werner Kohlschmidt. Bern/München 1978.

Comment, Francois: Der Erzähler Jakob Bosshart. Bern/Stuttgart 1990.

Ermatinger, Emil: Dichtung und Geistesleben in der deutschen Schweiz. München 1933.

Faesi, Robert: Die Dichtung der deutschen Schweiz und der Weltkrieg. In: Ders.: Gestalten und Wandlungen schweizerischer Dichtung. Zürich/Leipzig/Wien 1922, S. 251–282.

Fringeli, Dieter: Dichter im Abseits: Schweizer Autoren von Glauser bis Hohl. Zürich 1974.

Fringeli, Dieter: Von Spitteler zu Muschg: Literatur der deutschen Schweiz seit 1900. Basel 1975.

Günther, Werner: Dichter der neueren Schweiz. 3 Bde. Bern 1963–1986.

Haltmar, Jan: Max Pulver und sein Roman »Himmelpfortgasse«. Phil. Diss. Zürich 1979.

Haupt, Sabine: »Ich habe ein Leben wie ein Hund.« Die Schweizer Literatur der Zwischenkriegszeit und die These vom »Abseits«. In: Literatur in der Schweiz. Hg. v. Heinz Ludwig Arnold. Sonderband Text und Kritik. München 1998, S. 28–41.

Humm, Robert Jakob: Bei uns im Rabenhaus: Aus dem literarischen Zürich der dreißiger Jahre. Zürich 1963.

Huonker, Gustav: Literaturszene Zürich: Menschen, Geschichten und Bilder 1914 bis 1945. Zürich 1985.

Kappeler-Borowska, Halma: Otto Wirz. Dichter und Mensch. Phil. Diss. Zürich 1978.

Lengborn, Thorbjörn: Schriftsteller und Gesellschaft in der Schweiz. Eine Studie zur Behandlung der Gesellschaftsproblematik bei Zollinger, Frisch und Dürrenmatt. Frankfurt a.M. 1972.

Literatur geht nach Brot: Die Geschichte des Schweizeri-schen Schriftsteller-Verbandes. Hg. v. SSV. Frankfurt a. M./Salzburg 1987.

Marti, Erwin: Carl Albert Loosli 1877–1959. Bd. 1: Zwischen Jugendgefängnis und Pariser Boheme (1877–1907). Zürich 1996; Bd. 2: Eulenspiegel in helvetischen Landen (1904–1914). Zürich 1999.

Pezold, Klaus (Hg.): Geschichte der deutschsprachigen Schweizer Literatur im 20. Jahrhundert. Berlin 1991.

Rindslibacher, Ulrich: Die Familie in der Literatur der Krise: Regressive und emanzipatorische Tendenzen in der Deutschschweizer Romanliteratur um 1935. Bern/Stuttgart 1987.

Saner, Gerhard: Friedrich Glauser. Bd. 1: Eine Biogra-phie; Bd. 2: Eine Werkgeschichte. Zürich/Frankfurt a. M. 1990.

## Der liberale Bundesstaat (1830–1848–1914)

Adank, Thomas: Dokumente zu Radio- und Radiopoli-tik. In: Baumann, Felix (Hg.): Dreißiger Jahre Schweiz. Ein Jahrzehnt im Widerspruch. Katalog Kunsthaus Zürich 1982, S. 416–433.

Aeppli, Felix: »Das isch wider en anderi Luft!«. Der Schweizer Film der dreißiger Jahre. In: Baumann, Fe-lix (Hg.): Dreißiger Jahre Schweiz. Ein Jahrzehnt im Widerspruch. Katalog Kunsthaus Zürich 1982, S. 406–413.

Amrein, Ursula: Diskurs der Mitte. Antimoderne Dich-tungstheorien in der Schweizer Germanistik vor und nach 1945. In: Internationales Archiv für Sozialge-schichte der deutschen Literatur (IASG) 26 (2001), H. 1, S. 36–57.

Amrein, Ursula: »Los von Berlin!«. Die Literatur- und Theaterpolitik der Schweiz und das »Dritte Reich«. Zürich 2004.

Arnold, Armin/Röthlisberger, Rolf: Cäsar von Arx und Philipp Etter. Bern/Frankfurt a. M./New York 1985.

Caluori, Reto: »Leben und Werk« von Albert J. Welti. In: Caluori, Reto: »Steibruch« und andere Texte. Bern/Stuttgart/Wien 2002.

Charbon, Rémy: »Fremd machen«. Abgrenzungsstrate-gien gegen Deutschland in der Schweizer Literatur der Geistigen Landesverteidigung. In: Hess-Lüttich, Ernest W.B./Siegrist, Christoph/Würffel, Stefan Bodo (Hg.): Fremdverstehen in Sprache, Literatur und Me-dien. Bern 1987, S. 191–207.

Charbon, Rémy: Die Bundesfeier von 1941. In: Engler, Balz/Kreis, Georg (Hg.): Das Festspiel: Formen, Funk-tionen, Perspektiven. Willisau 1988, S. 166–185.

Dreyfuß, Eric: Die Schweiz und das Dritte Reich. Vier deutschschweizerische Zeitungen im Zeitalter des Faschismus 1933–1939. Frauenfeld/Stuttgart 1971.

Fritschi, Oskar Felix: Geistige Landesverteidigung wäh-rend des Zweiten Weltkrieges. Dietikon/Zürich 1972.

Häsler, Alfred A.: Das Boot ist voll. Die Schweiz und die Flüchtlinge 1933–45. Zürich 1968.

Hammer, Stephan: »Wärst Du doch zu Haus geblie-ben!«: Otto Heinrich Weissert, das Cabaret Corni-chon und der Kampf ums Bleiberecht. In: Prominente Flüchtlinge im Schweizer Exil. Hg. v. Bundesamt für Flüchtlinge. Bern 2004, S. 98–135.

Jorio, Marco: Geistige Landesverteidigung. In: Histori-sches Lexikon der Schweiz (HLS). Bern [Online ab-rufbar unter: www.snl.ch/dhs/externe/protect/textes/D17426.html].

Kägi, Markus/Weibel, Paul: Theater und Nation. In: Baumann, Felix (Hg.): Dreißiger Jahre Schweiz. Ein Jahrzehnt im Widerspruch. Katalog Kunsthaus Zü-rich 1982, S. 456–471.

Kreis, Georg: Zensur und Selbstzensur. Die schweizeri-sche Pressepolitik im Zweiten Weltkrieg. Frauenfeld/Stuttgart 1972.

Lasserre, André: Schweiz: Die dunkeln Jahre. Öffentli-che Meinung 1939–1945. Zürich 1992.

Leimgruber, Walter/Gabriela Christen: Begleitband zu: Sonderfall? Die Schweiz zwischen Réduit und Eu-ropa. Schweizerisches Landesmuseum. Zürich 1992.

Linsmayer, Charles: Die Krise der Demokratie als Krise ihrer Literatur. Die Literatur der deutschen Schweiz im Zeitalter der geistigen Landesverteidigung. In: Frühling der Gegenwart. Erzählungen. Bd. 3. Zürich 1983, S. 436–493.

Möckli, Werner: Schweizergeist–Landigeist? Das Schweizer Selbstverständnis beim Ausbruch des Zweiten Weltkriegs. Zürich 1973.

Münch-Küng, Helen (Hg.): Eduard Korrodi. Ausge-wählte Feuilletons. Bern 1995.

Rings, Werner: Schweiz im Krieg. 1933–1945. Ein Be-richt. Zürich 1974.

Sandberg, Beatrice: Der »Sonderfall Schweiz«: Vom Mythos zum Alptraum in der literarischen Auseinan-dersetzung mit der faschistischen Bedrohung. In: Larsen, Stein Ugelvik/Sandberg, Beatrice (Hg.): Fa-schismus und europäische Literatur/Fascism and Eu-ropean Literature. Bern 1991, S. 399–423.

Wider, Werner: Der Schweizer Film 1929–1964. Die Schweiz als Ritual. 2 Bde. Zürich 1981.

## Von 1914 bis zum Zweiten Weltkrieg

Albrecht, Beatrice: Die Lyrik Albin Zollingers. Zürich 1964.

Bänziger, Hans: Heimat und Fremde: Ein Kapitel »Tra-gische Literaturgeschichte« in der Schweiz. Jakob Schaffner, Robert Walser, Albin Zollinger. Bern 1958.

Bartlin, Elisabeth: Cécile Ines Loos: Eine Einführung in ihre Werke. Phil. Diss. Basel 1968.

Bettex, Albert: Die Literatur der deutschen Schweiz von heute. Olten 1949.

Bettex, Albert: Spiegelungen der Schweiz in der deutschen Literatur 1870–1950. Zürich 1954.

Caduff, Corinna (Hg.): Figuren des Fremden in der Schweizer Literatur. Zürich 1997.

Chopin, Isabelle: Albin Zollinger: Entre politique et poésie (1933–1939). Bern u. a. 2000.

Comment, Francois: Der Erzähler Jakob Bosshart. Bern/Stuttgart 1990.

Delp, Ellen: Regina Ullmann. Eine Biographie. Einsiedeln 1960.

Faesi, Robert: Gestalten und Wandlungen schweizerischer Dichtung. Zürich/Leipzig/Wien 1922, S. 251–282.

Fringeli, Dieter: Dichter im Abseits: Schweizer Autoren von Glauser bis Hohl. Zürich 1974.

Fringeli, Dieter: Von Spitteler zu Muschg: Literatur der deutschen Schweiz seit 1900. Basel 1975.

Dem Gedenken der Dichterin Elisabeth Gerter. Aarau o.J. [1965].

Haltmar, Jan: Max Pulver und sein Roman »Himmelpfortgasse«. Phil. Diss. Zürich 1979.

Haupt, Sabine: »Ich habe ein Leben wie ein Hund.«: Die Schweizer Literatur der Zwischenkriegszeit und die These vom »Abseits«. In: Literatur in der Schweiz. Hg. v. Heinz Ludwig Arnold. Sonderband Text und Kritik. München 1998, S. 28–41.

Humm, Robert Jakob: Bei uns im Rabenhaus: Aus dem literarischen Zürich der dreißiger Jahre. Zürich 1963.

Huonker, Gustav: Literaturszene Zürich: Menschen, Geschichten und Bilder 1914 bis 1945. Zürich 1985.

Jakob Bührer zu Ehren: Eine Dokumentation. Hg. v. Dieter Zeller. Basel 1975.

Kappeler-Borowska, Halma: Otto Wirz. Dichter und Mensch. Phil. Diss. Zürich 1978.

Kohlschmidt, Werner (Hg.): Bürgerlichkeit und Unbürgerlichkeit in der Schweizer Literatur. Bern/München 1978.

Korrodi, Eduard: Schweizerische Literaturbriefe. Frauenfeld 1918.

Korrodi, Eduard: Schweizerdichtung der Gegenwart. Frauenfeld/Leipzig 1924.

Kuster, Robert: Hans Mühlestein: Beiträge zu seiner Biographie und zum Roman »Aurora«. Zürich 1984.

Lang, Paul: Das Schweizer Drama 1914–1944. Elgg 1944.

Lengborn, Thorbjörn: Schriftsteller und Gesellschaft in der Schweiz. Eine Studie zur Behandlung der Gesellschaftsproblematik bei Zollinger, Frisch und Dürrenmatt. Frankfurt a.M. 1972.

Literatur geht nach Brot: Die Geschichte des Schweizerischen Schriftsteller-Verbandes. Hg. v. SSV. Frankfurt a.M./Salzburg 1987.

Marti, Erwin: Carl Albert Loosli 1877–1959. Bd. 1: Zwischen Jugendgefängnis und Pariser Boheme (1877–1907). Zürich 1996; Bd. 2: Eulenspiegel in helvetischen Landen (1904–1914). Zürich 1999.

Marti, Kurt: Die Schweiz und ihre Schriftsteller – die Schriftsteller und ihre Schweiz. Zürich 1966.

Matt, Beatrice von: Meinrad Inglin: Eine Biographie. Zürich 1976.

Matt, Beatrice von: Lesarten: Zur Schweizer Literatur von Walser bis Muschg. Zürich 1985.

Matt, Peter von: Die tintenblauen Eidgenossen: Über die literarische und politische Schweiz. München 2001.

Moser, Jean: Le roman contemporain en Suisse allemande: De Carl Spitteler à Jakob Schaffner. Lausanne 1934.

Niederer, Ulrich: Geschichte des Schweizerischen Schriftsteller-Verbandes. Kulturpolitik und individuelle Förderung: Jakob Bührer als Beispiel. Tübingen/Basel 1994.

Pezold, Klaus (Hg.): Geschichte der deutschsprachigen Schweizer Literatur im 20. Jahrhundert. Berlin 1991.

Rindslibacher, Ulrich: Die Familie in der Literatur der Krise: Regressive und emanzipatorische Tendenzen in der Deutschschweizer Romanliteratur um 1935. Bern/Stuttgart 1987.

Saner, Gerhard: Friedrich Glauser. Bd. 1: Eine Biographie; Bd. 2: Eine Werkgeschichte. Zürich/Frankfurt a.M. 1990.

Schaub, Fritz: Otto Wirz: Aufbruch und Zerfall des neuen Menschen. Bern 1970.

Stadler, Peter: Robert Faesi (1883–1971) und Jakob Bührer (1882–1975): Kulturpolitisches Doppelprofil zweier literarischer Zeitgenossen. Zürich 1994.

Stern, Martin: Literarischer Expressionismus in der Schweiz 1910–1925. In: Expressionismus in der Schweiz. Bd. 2. Hg. v. M. Stern. Bern/Stuttgart 1981, S. 223–291.

Waminster, Christoph: Felix Moeschlin: Leben und Werk. Phil. Diss. Basel. Bern 1982.

Wehrli, Max: Gegenwartsdichtung der deutschen Schweiz. In: Deutsche Literatur in unserer Zeit. Göttingen 1959, S. 105–124.

Zäch, Alfred: Die Dichtung der deutschen Schweiz. Zürich 1951.

## Die Zeit der Geistigen Landesverteidigung (1933–1945)

Adank, Thomas: Dokumente zu Radio- und Radiopolitik. In: Baumann, Felix (Hg.): Dreißiger Jahre Schweiz. Ein Jahrzehnt im Widerspruch. Katalog Kunsthaus Zürich 1982, S. 416–433.

Aeppli, Felix: »Das isch wider en anderi Luft!«. Der Schweizer Film der dreißiger Jahre. In: Baumann, Felix (Hg.): Dreißiger Jahre Schweiz. Ein Jahrzehnt im Widerspruch. Katalog Kunsthaus Zürich 1982, S. 406–413.

Amrein, Ursula: Diskurs der Mitte. Antimoderne Dichtungstheorien in der Schweizer Germanistik vor und nach 1945. In: Internationales Archiv für Sozialgeschichte der deutschen Literatur (IASG) 26 (2001), H. 1, S. 36–57.

Amrein, Ursula: »Los von Berlin!«. Die Literatur- und Theaterpolitik der Schweiz und das »Dritte Reich«. Zürich 2004.

Arnold, Armin/ Röthlisberger, Rolf: Cäsar von Arx und Philipp Etter. Bern/Frankfurt a. M./New York 1985.

Caluori, Reto: »Leben und Werk« von Albert J. Welti. In: Caluori, Reto (Hg.): »Steibruch« und andere Texte. Bern/Stuttgart/Wien 2002.

Charbon, Rémy: »Fremd machen«. Abgrenzungsstrategien gegen Deutschland in der Schweizer Literatur der Geistigen Landesverteidigung. In: Hess-Lüttich, Ernest W.B./Siegrist, Christoph/Würffel, Stefan Bodo (Hg.): Fremdverstehen in Sprache, Literatur und Medien. Bern 1987, S. 191–207.

Charbon, Rémy: Die Bundesfeier von 1941. In: Engler, Balz/Kreis, Georg (Hg.): Das Festspiel: Formen, Funktionen, Perspektiven. Willisau 1988, S. 166–185.

Dreyfuß, Eric: Die Schweiz und das Dritte Reich. Vier deutschschweizerische Zeitungen im Zeitalter des Faschismus 1933–1939. Frauenfeld/Stuttgart 1971.

Fritschi, Oskar Felix: Geistige Landesverteidigung während des Zweiten Weltkrieges. Dietikon/Zürich 1972.

Häsler, Alfred A.: Das Boot ist voll. Die Schweiz und die Flüchtlinge 1933–45. Zürich 1968.

Hammer, Stephan: »Wärst Du doch zu Haus geblieben!«: Otto Heinrich Weissert, das Cabaret Cornichon und der Kampf ums Bleiberecht. In: Prominente Flüchtlinge im Schweizer Exil. Hg. v. Bundesamt für Flüchtlinge. Bern 2004, S. 98–135.

Jorio, Marco: Geistige Landesverteidigung. In: Historisches Lexikon der Schweiz (HLS). Bern [Online abrufbar unter: www.snl.ch/dhs/externe/protect/textes/D17426.html].

Kägi, Markus/Weibel, Paul: Theater und Nation. In: Baumann, Felix (Hg.): Dreißiger Jahre Schweiz. Ein Jahrzehnt im Widerspruch. Katalog Kunsthaus Zürich 1982, S. 456–471.

Kreis, Georg: Zensur und Selbstzensur. Die schweizerische Pressepolitik im Zweiten Weltkrieg. Frauenfeld/Stuttgart 1972.

Lasserre, André: Schweiz: Die dunkeln Jahre. Öffentliche Meinung 1939–1945. Zürich 1992.

Leimgruber, Walter/Christen, Gabriela: Begleitband zu: Sonderfall? Die Schweiz zwischen Réduit und Europa. Schweizerisches Landesmuseum. Zürich 1992.

Linsmayer, Charles: Die Krise der Demokratie als Krise ihrer Literatur. Die Literatur der deutschen Schweiz im Zeitalter der geistigen Landesverteidigung. In: Frühling der Gegenwart. Erzählungen, Bd. 3. Zürich 1983, S. 436–493.

Matt von Beatrice: Meinrad Inglin. Zürich 1976.

Möckli, Werner: Schweizergeist–Landigeist? Das Schweizer Selbstverständnis beim Ausbruch des Zweiten Weltkriegs. Zürich 1973.

Müller, Dominik: »Geistige Landesverteidigung« und literarischer Eigensinn. Die Rückkehrthematik bei Albert J. Welti und Albin Zollinger. In: Partir de Suisse, revenir en Suisse. Von der Schweiz weg, in die Schweiz zurück. Strasbourg 2003, S. 79–95.

Münch-Küng, Helen (Hg.): Eduard Korrodi. Ausgewählte Feuilletons. Bern 1995.

Rings, Werner: Schweiz im Krieg. 1933–1945. Ein Bericht. Zürich 1974.

Sandberg, Beatrice: Der »Sonderfall Schweiz«: Vom Mythos zum Alptraum in der literarischen Auseinandersetzung mit der faschistischen Bedrohung. In: Larsen, Stein Ugelvik/Sandberg, Beatrice (Hg.): Faschismus und europäische Literatur/Fascism and European Literature. Bern 1991, S. 399–423.

Wider, Werner: Der Schweizer Film 1929–1964. Die Schweiz als Ritual. 2 Bde. Zürich 1981.

## *Nachkrieg – Frisch – Dürrenmatt – Zürcher Literaturstreit – Eine neue Generation (1945–1970)*

Aeschbacher, Marc: Tendenzen der schweizerischen Gegenwartsliteratur (1964–1994). Bern/Berlin 1997.

Arnold, Heinz Ludwig (Hg.): Friedrich Dürrenmatt. Text+Kritik 50/51. Neufassung München 2003.

Arnold, Heinz Ludwig: Kritisches Lexikon der deutschsprachigen Gegenwartsliteratur (KLG). München 1978 ff.

Bachmann, Dieter: Momente und Motive. Bemerkungen zur deutschschweizerischen Lyrik seit 1945. Zürich 1975.

Bettex, Albert: Die Literatur der deutschen Schweiz von heute. Olten 1950.

Böhler, Michael: Der ›neue‹ Zürcher Literaturstreit. Bilanz nach zwanzig Jahren. In: Schöne, Albrecht (Hg.): Kontroversen, alte und neue. Akten des VII. Kongresses der internationalen Vereinigung für germanische Sprach- und Literaturwissenschaft. Bd. II. Tübingen 1986, S. 250–62.

Bräm, Max E.: Dichterporträts aus dem heutigen Schweizer Schrifttum. Bern/München 1963.

Bucheli, Roman: Alexander Xaver Gwerder. Untersuchungen zur Lyrik. Zürich 1994.

Bucher, Werner/Ammann, Georges: Schweizer Schriftsteller im Gespräch. Basel 1970/71.

Butler, Michael/Pender, Malcolm (Hg.): Rejection and Emancipation. Writing in German-speaking Switzerland 1945–1991. New York/Oxford 1991.

Dewulf, Jeroen/Zeller, Rosemarie (Hg.): In alle Richtungen gehen. Reden und Aufsätze über Hugo Lötscher. Zürich 2005.

Ehrich-Häfeli, Verena: Werner Zemp. Das Problem einer deutschen »poésie pure«. Zürich 1967.

Goertz, Heinrich: Dürrenmatt. Mit Selbstzeugnissen und Bilddokumenten. Reinbek bei Hamburg 1987.

Hage, Volker: Max Frisch. Mit Selbstzeugnissen und Bilddokumenten dargestellt. Reinbek bei Hamburg 1997.

Höllerer, Walter (Hg.): Beginn einer Krise. Sprache im technischen Zeitalter 26 (1968).

Höllerer, Walter (Hg.): Der Zürcher Literaturstreit. Eine Dokumentation. Sprache im Technischen Zeitalter 22 (1967).

Hoven, Herbert (Hg.): »In Olten umsteigen«. Über Peter Bichsel. Frankfurt a. M. 2000.

Käser, Rudolf: Die Literatur der deutschsprachigen Schweiz. Zweiter Teil. In: Camartin, Iso u. a. (Hg.): Die vier Literaturen der Schweiz. Zürich 1995 S. 31–82.

Knapp, Gerhard P.: Friedrich Dürrenmatt. 2. Aufl. Stuttgart 1993.

Krättli, Anton: Jürg Federspiel. In: KLG.

Linsmayer, Charles: Literaturszene Schweiz. 157 Kurzporträts von Rousseau bis Gertrud Leutenegger. Zürich 1989.

Lötscher, Hugo: Der Lehrer der Sprache, der Anwalt der Bildung – Max Rychner. In: Lötscher, Hugo: Lesen statt klettern. Aufsätze zur literarischen Schweiz. Zürich 2003.

Lüthi, Hans Jürg: Max Frisch: »Du sollst Dir kein Bildnis machen«. 2. Aufl. Tübingen/Basel 1997.

Matt, Peter von: Die tintenblauen Eidgenossen. Über die literarische und politische Schweiz. München 2001.

Niederhauser, Rolf/Zingg, Martin (Hg.): Geschichten aus der Geschichte der Deutschschweiz nach 1945. Darmstadt 1983.

Petersen, Jürgen H.: Max Frisch. 3. Aufl. Stuttgart 2002.

Pezold, Klaus (Hg.): Geschichte der deutschsprachigen Schweizer Literatur im 20. Jahrhundert. Berlin 1991.

Pulver, Elsbeth: Die deutschsprachige Literatur der Schweiz seit 1945. In: Gsteiger, Manfred (Hg.): Kindlers Literaturgeschichte der Gegenwart. Bd. 7. 2. Aufl. Frankfurt a. M. 1980, S. 137–484.

Pulver, Elsbeth: Kurt Marti. In: KLG.

Pulver, Elsbeth: Nichts als eine lange Nachkriegszeit? Konstanten, Veränderungen, Wiederholungen in der Literatur der deutschen Schweiz. In: Krebs, Gérard (Hg.): Schweiz 1998. Beiträge zur Sprache und Literatur der deutschen Schweiz. Helsinki 1998, S. 154–79.

Quarto. Zeitschrift des Schweizerischen Literaturarchivs (SLA) 2 (1993): Otto F. Walter.

Rivière, Philipe de: Paul Nizon – Das Leben am Werk. Frankfurt a. M. 2003.

Rusterholz, Peter/Wirtz, Irmgard (Hg.): Die Verwandlung der »Stoffe« als Stoff der Verwandlung. Friedrich Dürrenmatts Spätwerk. Berlin 2000.

Schafroth, Heinz F.: Jürg Steiner. In: KLG.

Schmitz, Walter (Hg.): Max Frisch. Frankfurt a. M. 1987.

Schweizerisches Literaturarchiv (SLA) (Hg.): CH – Lit.

Mitteilungen zur deutschsprachigen Literatur der Schweiz.

Stern, Martin: Zur deutschen Literatur nach 1945. In: Text und Kontext 11 (1983), H. 2, S. 242–256.

Vogt-Baumann, Frida: Von der Landschaft zur Sprache. Die Lyrik von Erika Burkart. Zürich 1977.

Walzer, Pierre-Olivier (Hg.): Lexikon der Schweizer Literaturen. Basel 1991.

Weber, Ulrich: Friedrich Dürrenmatt. Von der Lust, die Welt nochmals zu erdenken. Bern/Stuttgart/Wien 2006.

Weber, Werner: Arnold Kübler. Zürich 1978.

Weber, Werner: Die Entwicklung der Lyrik seit 1945 in der Schweiz. In: Weissenberger, Klaus (Hg.): Zwischen Botschaft und Spiel. Düsseldorf 1981.

Wellnitz, Philippe (Hg.): Max Frisch. La Suisse en question? Strasbourg 1997.

Zeller, Dieter (Hg.): Jakob Bührer zu Ehren. Eine Dokumentation. Basel 1975.

Zeller, Rosmarie: Der neue Roman in der Schweiz. Die Unerzählbarkeit der modernen Welt. Fribourg 1992.

Zeltner, Gerda: Das Ich ohne Gewähr. Gegenwartsautoren aus der Schweiz. Zürich 1980.

## Exkurs: Der neue Schweizer Film

Dumont, Hervé: Geschichte des Schweizer Films. Spielfilme 1896–1965. Schweizer Filmarchiv/Cinemathèque suisse, 1987.

Forschungsreise ins Paradies. Entwicklungslinien im neuen Schweizer Film, 1954–1977. Ausstellungskatalog Kunstgewerbemuseum der Stadt Zürich. Zürich 1978.

Jansen, Peter W./Schütte, Wolfram (Hg.): Film in der Schweiz. Mit Beiträgen von Bernhard Giger, Urs Jäggi, Hans Günther Pflaum, Wilhelm Roth, Karl Saurer Martin Schaub, Alexander J. Seiler. München/Wien 1978.

Seiler, Alexander J.: Die entfremdete Heimat. Entwurf einer Perspektive zum Schweizer Film. In: Jansen, Peer W. /Schütte, Wolfram (Hg.): Film in der Schweiz. München/Wien 1978, S. 7–42.

## Von der Protest- zur Eventkultur (1970–2000)

Aeschbacher, Marc: Tendenzen der schweizerischen Gegenwartsliteratur 1964–1994. Exemplarische Untersuchungen zur Frage nach dem Tod der Literatur. Bern 1994.

Arnold, Heinz Ludwig: Literatur in der Schweiz. München 1998.

Bachmann, Plinio: Die Sprache der verlorenen Heimat. In: Deutschsprachige Gegenwartsliteratur. Wider ihre Verächter. Hg. v. Christian Döring. Frankfurt a. M. 1995, S. 246–270.

Butler, Michael/Pender, Malcolm (Hg.): Rejection and Emancipation. Writing in German-speaking Switzerland 1945–1991. New York/Oxford 1991.

Dahinden, Martin (Hg.): Zeitspuren. Aufsätze und Reden. Zürich 1988.

Gsteiger, Manfred (Hg.): Die zeitgenössischen Literaturen der Schweiz [darin: Manfred Gsteiger: Einführung; Elsbeth Pulver: Die deutschsprachige Literatur]. In: KLG. München/Frankfurt a.M. 1974/1980.

Krättli, Anton: Ein gefährliches Individuum. Aufsätze zur Literatur der siebziger Jahre und zur Frage nach der literarischen Gegenwart. Aarau 1982.

Krättli, Anton: Momentan nicht im Gespräch. Kritik und Vermittlung. Aarau 2002.

Linsmayer, Charles: Literaturszene Schweiz. 157 Kurzporträts von Rousseau bis Gertrud Leutenegger. Zürich 1989.

Loetscher, Hugo: Lesen statt klettern. Aufsätze zur literarischen Schweiz. Zürich 2003.

Matt, Beatrice von: Lesarten. Zur Schweizer Literatur von Walser bis Muschg. Zürich 1985.

Matt, Beatrice von (Hg.): Antworten. Die Literatur der deutschsprachigen Schweiz in den achtziger Jahren. Zürich 1991.

Matt, Beatrice von/Wirth, Michael (Hg.): Abends um acht. Schweizer Autorinnen und Autoren in Berlin. Zürich 1998.

Matt, Peter von: Die tintenblauen Eidgenossen. Über die literarische und politische Schweiz. München 2001.

Pezold, Klaus (Hg.): Geschichte der deutschsprachigen Schweizer Literatur im 20. Jahrhundert. Berlin 1991.

Pulver, Elsbeth: Tagebuch mit Büchern. Essays zur Gegenwartsliteratur. Hg. v. Anna Stüssi, Vorwort v. Dominik Müller. Zürich 2005.

Pulver, Elsbeth (Hg.): Zwischenzeilen. Schriftstellerinnen der deutschen Schweiz [darin: Einleitung von Elsbeth Pulver]. Dossier Pro Helvetia. Bern 1985.

Pulver, Elsbeth (Hg.): Zeitspuren [darin: Nachwort von Elsbeth Pulver]. Kurzprosa. Zürich 1988.

Pulver, Elsbeth: Als es noch Grenzen gab. In: Acker, Robert/Burkhard, Marianne: Blick auf die Schweiz. Zur Frage der Eigenständigkeit der Schweizer Literatur seit 1970. Amsterdam 1987.

Pulver, Elsbeth: Nichts als eine lange Nachkriegszeit? Konstanten, Veränderungen, Wiederholungen in der Literatur der deutschen Schweiz. In: Der Ginkgo-Baum. Germanistisches Jahrbuch für Nordeuropa, Sechzehnte Folge. Schweiz 1998. Hg. v. Gérard Krebs. Helsinki 1998.

Reinacher, Pia: Je suisse. Zur aktuellen Lage der Schweizer Literatur. Zürich 2003.

Spielberg, Sven: Diskurs in der Leere. Aufsätze zur aktuellen Schweizer Literatur. Bern 1990.

Walzer, Pierre Olivier (Hg.): Lexikon der Schweizer Literaturen. Basel 1991.

Zeller, Rosmarie: Der neue Roman in der Schweiz. Die Unerzählbarkeit der modernen Welt. Fribourg 1992.

Zeltner, Gerda: Das Ich ohne Gewähr. Gegenwartsautoren aus der Schweiz. Zürich 1980.

## Der Aufbruch der Frauen. Von 1970 bis 2000

Bronfen, Elisabeth: Nur über ihre Leiche. Tod, Weiblichkeit und Ästhetik. Deutsch v. Thomas Lindquist. München 1994.

Deleuze, Gilles/Guattari, Félix: Kafka: Für eine kleine Literatur. Frankfurt a.M. 1976.

Matt, Beatrice von: Frauen schreiben die Schweiz. Aus der Literaturgeschichte der Gegenwart. Frauenfeld u.a. 1998.

Matt, Beatrice von (Hg.): Antworten. Die Literatur der deutschsprachigen Schweiz in den achtziger Jahren. Zürich 1991.

Postl, Gertrude: Weibliches Sprechen. Feministische Entwürfe zu Sprache und Geschlecht. Wien 1991.

Pulver, Elsbeth (Hg.): Zwischenzeilen. Schriftstellerinnen der deutschen Schweiz. Dossier Pro Helvetia. Zürich 1985.

Reinacher, Pia: Je Suisse. Zur aktuellen Lage der Schweizer Literatur. Zürich 2003.

Ryter, Elisabeth u.a. (Hg.): Und schrieb und schrieb wie ein Tiger aus dem Busch. Über Schriftstellerinnen in der deutschsprachigen Schweiz. Zürich 1994.

Schaad, Isolde: Vom Einen. Literatur und Geschlecht. Elf Porträts aus der Gefahrenzone. Zürich 2004.

Schade, Sigrid: Flaschenpost und Postkarte. Korrespondenzen zwischen Kritischer Theorie und Poststrukturalismus. Hg. v. Sigrid Weigel. Wien/Köln/Weimar 1995.

Weigel, Sigrid: Die Stimme der Medusa. Schreibweisen in der Gegenwartsliteratur von Frauen. Reinbek bei Hamburg 1989.

Woolf, Virginia: Frauen und Literatur. Essays. Deutsch v. Hannelore Faden u. Helmut Viebrock. Hg. v. Klaus Reichert. Frankfurt a.M. 1989.

Zeltner, Gerda: Das Ich ohne Gewähr. Gegenwartsautoren aus der Schweiz. Frankfurt a.M. 1980.

## Literatur der französischen Schweiz

Ambrière, Madeleine (Hg.): Dictionnaire du XIXe siècle [darin: Artikel v. Doris Jakubec über die welsche Literatur und über Amiel, Töpffer, Rod und Vinet]. Paris 1996, 2. Aufl. 2007.

Berchtold, Alfred: La Suisse romande au cap du XXe siècle. Portrait littéraire et moral. Lausanne 1964; 2. Aufl. 1984.

Bergé, Aline: Philippe Jaccottet : trajectoires et constellations. Lieux, livres, passages. Lausanne 2003.

Bridel, Yves/Pasquali, Adrien: Théâtres d'écritures. Bern 1993.

Courten, Maryke de: L'Imaginaire dans l'œuvre de Corinna Bille. Neuenburg 1989.

Courten, Maryke de (Hg.): Erudition et liberté. L'univers
de Charles-Albert Cingria. Paris 2000.

Francillon, Roger (Hg.): Histoire de la littérature en
Suisse romande. 4 Bde. Lausanne 1996–1999.

Francillon, Roger/Jaquier, Claire/Pasquali, Adrien: Filia-
tions et filatures. Littérature et critique en Suisse romande. Genf 1991.

Godet, Philippe: Histoire de la littérature en Suisse française. Neuenburg/Paris 1890; 2. Aufl. Neuenburg
1895.

Hofmann, Etienne/Rosset, François: Le Groupe de Coppet. Lausanne 2005.

Jaquier, Claire: Gustave Roud et la tentation du roman-
tisme. Lausanne 1987.

Jarrety, Michel (Hg.): Dictionnaire de poésie: de Baude-
laire à nos jours [darin: Artikel über die welsche
Poesie und M. Chappaz, P. Chappuis, E.-H. Crisinel,
F. Debluë, Ph. Jaccottet, A. Perrier, G. Roud, P. Voélin
u. Revue de Belles-Lettres]. Paris 2001.

Jaton, Anne-Marie: Nicolas Bouvier. Lausanne 2003.

Jeanneret, Michel: Poésie et tradition biblique au XVIe
siècle. Recherches stylistiques sur les paraphrases des
Psaumes de Marot à Malherbe. Paris 1969.

Maggetti, Daniel: L'Invention de la littérature romande
(1830–1910). Lausanne 1995.

Maggetti, Daniel (Hg.): Rodolphe Töpffer. Genf 1996.

Meizoz, Jérôme: L'Age du roman parlant (1919–1939).
Ecrivains, critiques, linguistes et pédagogues en débat.
Genf 2001.

Rossel, Virgile: Histoire littéraire de la Suisse romande
des origines à nos jours. Genf/Basel 1889–1891. 2.
Aufl. Neuenburg 1903. Neuauflage in 3 Bdn. Lausanne 1990.

Starobinski, Jean: Un décalage fécond. In: Jean Jacques
Rousseau – La Transparence et l'Obstacle. Paris
1971.

Thibault, André/Knecht, Pierre: Dictionnaire suisse romand. Genf 1997. Neuaufl. 2004.


Zu den behandelten AutorInnen vgl. die Reihen der
Verlage Seghers (Paris; ›Poètes d'aujourd'hui‹); Zoé
(Genf; ›Ecrivains‹); Presses polytechniques romandes
(Lausanne; ›Le Savoir suisse‹); Presses universitaires
de Fribourg (Fribourg; ›Cristal‹) sowie die Sonder-
nummern der Zeitschriften: Ecriture (Lausanne);
Etudes de Lettres (Lausanne); Europe (Paris); La
Licorne (Poitiers); La Revue de Belles-Lettres (Genf);
ritm (Paris); Versants (Genf).

## Literatur der italienischen Schweiz

Bianconi, Sandro: Lingua di frontiera. Una storia lingu-
istica della Svizzera italiana dal Medioevo al 2000.
Bellinzona 2001.

Bonalumi, Giovanni/Martinoni, Renato/Mengaldo, Pier
Vincenzo (Hg.): Cento anni di poesia nella Svizzera
italiana. Locarno 1997.

Bonalumi, Giovanni/Snider, Vincenzo (Hg.): Situazioni e
testimonianze. Bellinzona 1976.

Bonalumi, Giovanni: Il pane fatto in casa. Capitoli per
una storia delle lettere nella Svizzera italiana e altri
saggi. Bellinzona 1988.

Caduff, Corina (Hg.): Figuren des Fremden in der
Schweizer Literatur [italienische Beiträge: P.-G. Conti,
»Die Grenze, das Unheimliche und die Trauer in der
Literatur der italienischen Schweiz«; J.-J. Marchand,
»Die Fremde, der Fremde, das Fremdartige: Nation,
Territorium und Tradition in der Literatur der italie-
nischen Schweiz nach 1960«]. Zürich 1997.

Calgari, Guido: Storia delle quattro letterature della
Svizzera. Mailand 1958; 2. Aufl. Florenz 1968 [dt.:
Die vier Literaturen der Schweiz. Olten/Freiburg i. Br.
1966].

Castagnola, Raffaella/Martinoni, Henny (Hg.): A chiu-
sura di secolo: Prose letterarie nella Svizzera italiana
(1970–2000). Florenz 2002.

Castagnola, Raffaella/Parachini, Paolo (Hg.): Per una
comune civiltà letteraria: rapporti culturali tra Italia
e Svizzera negli anni 40. Florenz 2003.

Fontana, Pio: Arte e mito della piccola patria. Mailand
1974.

Gibellini, Pietro: L'Adda ha buona voce. Studi di letteratura lombarda dal Sette al Novecento. Rom 1984.

Grotzner, Peter (Hg.): Aspekte der Verweigerung in der
neueren Literatur der Schweiz [darin: P.-G. Conti:
Heimat, Realismus, Linke. Standort und Nicht-
Standort einer rebellischen Epoche; Antonio Stäuble:
Die Verweigerung der Dichter; A. Dolfi: »Engagement
und Zerstörung der Erinnerung. Einige exemplarische
Fälle aus der Prosa der italienischen Schweiz«].
Zürich 1988.

Guglielminetti, Marziano/Marchand, Jean-Jacques:
Scrittori e scriventi italiani esuli ed emigrati in Svi-
zera dall'Otto al Novecento. Lausanne 1996.

Lurati, Ottavio: Dialetto e italiano regionale nella Svizzera italiana. Lugano 1976.

Marchand, Jean-Jacques: Die Schriftsteller der italienischen Schweiz und ihre Region. In: Liber. Internationales Jahrbuch für Literatur und Kultur 2 (1998), S.
119–126.

Marchand, Jean-Jacques: I poeti della Svizzera italiana
nell'ultimo ventennio (1969–1989). Lausanne 1990.

Marchand, Jean-Jacques: La letteratura dell'emigra-
zione. Gli scrittori di lingua italiana nel mondo. Turin
1991.

Nessi, Alberto (Hg.): Rabbia di vento, Bellinzona 1986
[dt.: Grenzraum. Zürich 1986].

Orelli, Giovanni: La Svizzera italiana. In: Asor Rosa,
Alberto (Hg.): Letteratura italiana Einaudi. Storia e
geografia. III: L'età contemporanea. Turin 1989, S.
887–918.

Orelli, Giovanni: Svizzera italiana. Brescia 1986.

Schriftstellerinnen und Schriftsteller der Gegenwart. Ecrivaines et écrivains d'aujourd'hui. Scrittrici e scrittori d'oggi, Scripturas e scripturs da nos dis. Aarau/ Frankfurt a.M./Salzburg 1988.

Stäuble, Antonio (Hg.): Lingua e letteratura italiana in Svizzera. Bellinzona 1989.

Stäuble, Antonio/Stäuble, Michèle: Scrittori del Grigioni Italiano. Antologia letteraria. Locarno 1998.

Vollenweider, Alice: Die italienischsprachige Literatur der Schweiz seit 1945. In: Gsteiger, Manfred (Hg.): Die zeitgenössischen Literaturen der Schweiz. Zürich/ München 1974; 2. aktualisierte Aufl. Frankfurt a.M. 1980.

## *Rätoromanische Literatur in Graubünden im 16./17. Jh.*

Bezzola, Reto R.: Litteratura dals rumauntschs e ladins. Cuira 1979.

Bundi, Martin: Lungatg vegl sursilvan en litteratura e documents communals. In: Annalas da la Societad Retorumantscha 111 (1998), S. 7–43.

Decurtins, Caspar (Hg.): Rätoromanische Chrestomathie. Bd. 1. Erlangen 1888.

Deplazes, Gion: Funtaunas. Istorgia da la litteratura rumantscha per scola e pievel. Tom 1. Cuira 1993.

Deplazes, Gion: Funtaunas. Istorgia da la litteratura rumantscha per scola e pievel. Tom 2. Cuira 1988.

Gartner, Theodor (Hg.): Das Neue Testament. Erste rätoromanische Übersetzung von Jakob Bifrun 1560. Dresden 1913.

Kaiser, Reinhold: Churrätien im frühen Mittelalter. Basel 1998.

Kind, Christian Immanuel (Hg.): Ulrici Campelli Raetiae alpestris topographica descriptio. Basel 1884.

Liver, Ricarda: Die subordinierenden Konjunktionen im Engadinischen des sechzehnten Jahrhunderts. Ein Beitrag zur Frühgeschichte der rätoromanischen Schriftsprache. Bern 1969.

Liver, Ricarda: La Sabgienscha, die altengadinische Ecclesiasticus-Übersetzung des Lucius Papa. In: Bündner Monatsblatt (1972), S. 4–45.

Liver, Ricarda: Dieus pertgiri! – Per l'amur da Diu! Zur angeblichen Erhaltung einer Kasusopposition im Bündnerromanischen. In: Holtus, Günter/Kramer, Johannes/Schweickard, Wolfgang (Hg.): Italica et Romanica. Festschrift für Max Pfister zum 65. Geburtstag. Tübingen 1997. Bd. 2, S. 87–97.

Liver, Ricarda: Rätoromanisch. Eine Einführung in das Bündnerromanische. Tübingen 1999.

Maissen, Alfons/Schorta, Andrea: Rätoromanische Volkslieder. Erste Folge: Die Lieder der Consolaziun dell'olma devoziusa. 1. Teil: Die Melodien; 2. Teil: Kritischer Text. Basel 1945.

Pieth, Friedrich: Bündnergeschichte. Chur 1945.

Plattner, Placidus (Hg.): Ulrici Campelli Historia Raetica. Bd. 1/2. Basel 1887–90.

Schorta, Andrea (Hg.): Rechtsquellen des Kantons Graubünden. Der Gotteshausbund. 4 Bde. Aarau 1980–85.

Schorta, Andrea/Gantenbein, Berta: Gian Travers. La chianzun dalla guerra dagl Chiaste da Müs. In: Annalas da la Societad Retorumantscha 56 (1942), S. 7–60.

Ulrich, Jacob (Hg.): Der engadinische Psalter des Chiampel. Dresden 1906.

## *Literatur der rätoromanischen Schweiz (18.–20. Jh.)*

Bezzola, Reto R.: Litteratura dals Rumauntschs e Ladins. Cuira 1979.

Camartin, Iso: Rätoromanische Gegenwartsliteratur in Graubünden. Disentis 1976.

Camartin, Iso: Rätoromanische Literatur heute. Zur Charakteristik einer schweizerischen Randliteratur. In: Versants 1 (1981), S. 143–155.

Camartin, Iso: Bündnerromanische Literatur Quo vadis? In: Versants 20 (1991), S. 15–23.

Decurtins, Alexi: Sprachbewusstsein und Sprachverständnis bei Placidus a Spescha. In: Jäger, Georg (Hg.): Pater Placidus a Spescha – »il curios pader«. Beiheft Nr. 4 zum Bündner Monatsblatt. Chur 1995, S. 25–48.

Deplazes, Gion: Funtaunas. Istorgia da la litteratura rumantscha per scola e pievel. Tom 2. Cuira 1988.

Deplazes, Gion: Funtaunas. Istorgia da la litteratura rumantscha per scola e pievel. Tom 3. Cuira 1990.

Deplazes, Gion: Funtaunas. Istorgia da la litteratura rumantscha per scola e pievel. Tom 4. Cuira 1993.

Deplazes, Gion: Die Rätoromanen. Ihre Identität in der Literatur. Disentis 1991.

Deplazes, Gion: La spina ella spatla. In: Ischi 80/7 (2001), S. 171–186.

Derungs-Brücker, Heidi: Igl irredentissem. Relaziuns tut specialas denter il Grischun e l'Italia, in: Ischi semestril 65/15 (1980), S. 48–62.

Jäger, Georg (Hg.): Pater Placidus a Spescha – »il curios pader«. Beiheft Nr. 4 zum Bündner Monatsblatt. Chur 1995.

Mathieu, Jon: Scenas our da la vita populara in Engiadina Bassa dal 18avel tschientiner (Descrittas da Martin Peider Schmid aint il »Chiantun verd«). In: ASR XCV (1982), S. 87–137.

Mathieu, Jon: Die Organisation der Vielfalt. Sprachwandel und Kulturbewegungen in Graubünden seit dem Ancien Régime. In: Bündner Monatsblatt 3 (1988), S. 153–170.

Mathieu, Jon: In der Kirche schlafen. Eine sozialgeschichtliche Lektüre von Conradin Riolas »Geistlicher Trompete«. In: Schweizerisches Archiv für Volkskunde 87 (1991), H. 3/4, S. 121–143.

Pult, Chasper: Rut & Leo & Benni & others. Aspekte der zeitgenössischen rätoromanischen Literatur. In: metaphorà 2 (1998), H. 3/4, S. 247–249.

Riatsch, Clà: Mehrsprachigkeit und Sprachmischung in der neueren bündnerromanischen Literatur. Chur 1998.

Riatsch, Clà: »Quei ei miu joint....«. Critica e parodia da »Il pur suveran« da G.A. Huonder. In: ASR 115 (2002), S. 115–132.

Riatsch, Clà/Walther, Lucia: Literatur und Kleinsprache. Studien zur bündnerromanischen Literatur seit 1860. Romanica Raetica. Bde. 11–12. Disentis 1993.

# Personenregister

Abbondio, Valerio
(1891–1958), S. 479
*Abrogans* (8. Jh.), S. 4
Adam, Adolphe (1803–
1856), S. 95
Adelphus, Johann (ca.
1485–1523), S. 47
Aebersold, Urs (*1944),
S. 479
Aebli, Kurt (*1955),
S. 363
Aichinger, Ilse (*1921),
S. 288
Alberti, Arnaldo (*1936),
S. 484
Albrecht, Marschall von
Raprechtswil (Ende 13.
Jh.?), S. 23
Aleman, Niklaus s. Manuel,
Niklaus Deutsch
Alig, Balzer (um 1625–
1677), S. 492
Alioth, Gabrielle (*1955),
S. 413
Aman-Volkart, Elisabeth
(1888–1966), S. 401
Amann, Jürg (*1947),
S. 167, 362, 393
Amberger, Olga (1882–
1970), S. 200
Ambühl, Johann Ludwig
(auch Am Bühl,
1750–1800), S. 49, 75,
78 f., 86, 88
Améry, Jean (eig. Hans
Mayer, 1912–1978),
S. 356
Amiel, Henri-Frédéric
(1821–1881), S. 444,
446 f., 469
Ander, Johan Jüst (1642–
1710), S. 495
Andry, Dumenic (*1960),
S. 506
Anker, Albert (1831–1910),
S. 80
Ansermet, Ernest (1883–
1969), S. 450
Anshelm, Valerius (gen. Rüd,
1475–1547), S. 42
Apollinaire, Guillaume
(1880–1918), S. 252
*Appenzeller Reimchronik*
(um 1400), S. 42
Appenzeller, Johann Conrad
(1775–1850), S. 103
Appet (Apt), Jakob (Anf./
Mitte 14. Jh.?), S. 28

Ariosto, Ludovico (dt.
Ariost, 1474–1533),
S. 150
Aristoteles (384–322 v. Chr.),
S. 11, 72
Arlati, Renato P. (1936–
2005), S. 363
Arnet, Edwin (1901–1962),
S. 224
Arnim, Achim von
(1781–1831), S. 93
Arnim, Bettina von (geb.
Brentano, 1785–1859),
S. 109
Arouet, François-Marie
s. Voltaire
Arp, Hans (1887–1966),
S. 184–186, 252
Arx, Cäsar von (1895–
1949), S. 40, 225, 234,
Auberjonois, René
(1872–1957), S. 450, 454,
457
Aubigné, Agrippa d'
(1552–1630), S. 436, 439
Auerbach, Berthold
(1812–1882), S. 108 f.,
130
Auersperg, Arnton
Alexander Graf von
s. Grün, Anastasius
Ausländer, Rose (1901–
1988), S. 249

B
─────────────────

Bachmann, Dieter (*1940),
S. 393
Bachmann, Guido
(1940–2003), S. 387
Bachmann, Ingeborg
(1926–1973), S. 276, 288,
362, 369, 379, 400 f.
Baechtold, Jakob (1848–
1897), S. 3, 30, 145
Ball, Hugo (1826–1927),
S. 185, 198, 252
Balletta, Duitg (1760–1842),
S. 498
Balsamo, Giuseppe s.
Cagliostro, Alessandro
Graf von
Balthasar, Franz Urs (von)
(1689–1763), S. 69, 78
Bänninger, Konrad
(1890–1981), S. 187
Bardill, Linard (*1956),
S. 506

Bärfuss, Lukas (*1971),
S. 397 f.
Barilier, Etienne (*1947),
S. 472 f.
Barrault, Jean-Louis
(1910–1994), S. 331
Barth, Karl (1886–1968),
S. 222, 234, 285
Bartsch, Karl Friedrich Adolf
Konrad (1832–1888),
S. 20
*Basler Alexander* (15. Jh.),
S. 8
*Basler Totentanz* (ca.
1440/50), S. 40
Bauersima, Igor (*1964),
S. 397 f.
Baumann, Iren (*1939),
S. 404
Baur, Margrit (*1937),
S. 363, 403 f., 406
Beauvoir, Simone de
(1908–1986), S. 203
Becher, Johannes R.
(1891–1958), S. 232
Becher, Ulrich (1910–1990),
S. 237
Beckett, Samuel (1906–
1989), S. 275, 300
Beethoven, Ludwig van
(1770–1827), S. 95, 130
Béguin, Albert (1901–1957),
S. 457, 463
Bender, Hans (*1919), S. 250
Benjamin, Walter (1892–
1940), S. 232, 237, 281
Benn, Gottfried (1886–
1956), S. 204, 248 f.,
251
Benoziglio, Jean-Luc
(*1941), S. 474
Bense, Max (1910–1990),
S. 254
Beretta, Remo s. Della Valle,
Martino
Berger, Lore (1921–1943),
S. 202, 212, 401
Bergson, Henri-Louis
(1859–1941), S. 188
*Berner Weltgerichtsspiel*
(1462), S. 32
Bernhard, Thomas
(1931–1989), S. 317, 355,
395
Beroldingen, Joseph von
(1738–1816), S. 78
Besson, Benno (1922–2006),
S. 240

Beutler, Maja (*1936),
S. 357, 403 f., 406 f.
Bèze, Théodore de
(1519–1605), S. 438
Bezzola, Clo Duri
(1945–2004), S. 505 f.
Bianconi, Giovanni
(1891–1981), S. 483
Bianconi, Piero (1899–1984),
S. 479, 483
Bichsel, Peter (*1935),
S. 167, 314, 319–321,
324, 335, 346, 349,
362–365, 374, 411, 425
Bieri, Peter s. Mercier, Pascal
Biert, Cla (1920–1981),
S. 502, 504 f.
Bifrun, Giachem (1506–
1572), S. 486–488, 493 f.
Bill, Max (1908–1994),
S. 252
Bille, Corinna (1912–1979),
S. 460, 462 f.
Bille, Edmond (1878–1959),
S. 462
Binder, Elisabeth (*1951),
S. 423
Bischoff, Henry (1882–
1951), S. 450
Bisselius, Johannes
(1601–1682), S. 30
Bitter, Arthur (eig. Samuel
Haberstich, 1821–1872),
S. 127
Bitzius, Albert s. Gotthelf,
Jeremias
Blatter, Silvio (*1946),
S. 363, 387
Bletz, Zacharias (1511–
1570), S. 32, 35
Bloch, Ernst (1885–1977),
S. 237, 239, 256
Blum, Ruth (1913–1975),
S. 218
Böcklin, Arnold (1829–
19021), S. 162
Bodmer, Johann Jakob
(1698–1783), S. 51, 53,
55, 57, 59–64, 67 f., 72,
76 f., 79 f.
Boesch, Hans (1926–2003),
S. 346, 350, 374 f.,
389–391, 394
Boethius, Anicius Manlius
Torquatus Severinus
(ca. 480–524), S. 11
Böhme, Jacob (1575–1624),
S. 250

Boileau-Despréaux, Nicolas (1636–1711), S. 60

Boltz, Valentin (vor 1515–1550), S. 36

Bonalumi, Giovanni (1920–2002), S. 478, 483 f.

Bondeli, Julie (1732–1778), S. 55, 65

Boner, Ulrich (gen. Bonerius, Mitte 14. Jh.), S. 10, 27 f.

Böni, Franz (*1952), S. 379

Bonifaci, Daniel (um 1574–1639), S. 490

Bonnet, Charles (1720–1793), S. 59, 73, 440

Bonstetten, Karl Viktor von (1745–1832), S. 54, 83 f., 94, 98

Borgeaud, Georges (1914–1998), S. 469

Bosshart, Jakob (1862–1924), S. 174–177, 181, 187

Bourquin, Irène (*1950), S. 404

Bouvier de la Motte, Jeanne-Marie s. Guyon, Mme

Bouvier, Nicolas (1929–1998), S. 472

Bovard, Jacques-Etienne (*1961), S. 469

Bovet, Ernest (1870–1941), S. 160

Bovy, Adrien (1880–1957), S. 449

Brahms, Johannes (1833–1897), S. 152, 308

Bräker, Ulrich (1735–1798), S. 78, 84–87, 104, 132, 395

Brambach, Rainer (1917–1983), S. 250, 365 f.

Brandt, Henry (1921–1998), S. 329 f., 332

Brant, Sebastian (1457–1521), S. 8, 29

Brechbühl, Beat (*1939), S. 362, 365 f.

Brecht, Bertolt (1898–1956), S. 224, 232, 237, 239 f., 258, 262, 272, 274, 287, 297, 299, 304

Breitinger, Johann Jakob (1575–1645), S. 30, 41, 48

Breitinger, Johann Jakob (1701–1776), S. 59–64, 72, 76

Bremer, Claus (1924–1996), S. 254

Brenner, Paul Adolf (1910–1967), S. 244 f.

Brentano, Bernard von (1901–1964), S. 237 f.

Brentano, Bettina s. Arnim, Bettina von

Brentano, Clemens (1778–1842), S. 93

Breytenbach, Breyten (*1939), S. 335

Brezna, Irena (*1950), S. 424

Breznik, Melitta (*1961), S. 424

Bridel, Philippe-Sirice (gen. Doyen Bridel, 1757–1845), S. 50

Briod, Blaise (1896–1981), S. 461

Broch, Hermann (1886–1951), S. 239

Brock-Sulzer, Elisabeth (1903–1981), S. 247

Brockes, Barthold H(e)inrich (1680–1747), S. 51

Bronner, Franz Xaver (1758–1850), S. 100

Bruckner, Ferdinand (eig. Theodor Tagger, 1891–1958), S. 235

Bruder Klaus s. Nik(o)laus von Flüe

Bruhin, Caspar Aloys (1824–1895), S. 134

Brupbacher, Fritz (1874–1945), S. 184

Büchner, Georg (1813–1837), S. 113, 119, 231, 282, 304

Budry, Paul (1883–1949), S. 450

Budzislawski, Hermann (1901–1978), S. 232

Bührer, Jakob (1882–1975), S. 190–192, 201, 215–218, 222, 240, 243

Buletti, Aurelio (*1946), S. 481

Bullinger, Heinrich (1504–1575), S. 42

Burckhardt, Jacob (1818–1897), S. 115, 137, 141 f., 146, 150, 160

Bürger, Gottfried August (1747–1794), S. 311

Burger, Hermann (1942–1989), S. 348 f., 355 f., 387, 389, 395

Burkart, Erika (*1922), S. 249, 350, 365, 367, 369, 402–404

Burkhard, Paul (1911–1977), S. 297

Burren, Ernst (*1944), S. 349

Butor, Michel (*1926), S. 322

Byron, George Gordon Noel (gen. Lord Byron, 1788–1824), S. 98

C

Caderas, Gian Fadri (1830–1891), S. 501

Cadieli, Gion (1876–1952), S. 502

Caflisch, Artur (1893–1971), S. 502

Cagliostro, Alessandro Graf von (eig. Giuseppe Balsamo, 1743–1795), S. 75

Calderón de la Barca, Pedro (1600–1681), S. 33

Calgari, Guido (1905–1969), S. 479 f., 484

Calvenzano, Gion Antoni, S. 491 f.

Calvin, Jean (1509–1564), S. 2, 7, 436–439

Calvino, Italo (1923–1985), S. 379

Camara, Dom Hélder (1909–1999), S. 335

Camathias, Flurin (1871–1942), S. 501

Camenisch, Silvio (*1953), S. 503

Camenzind, Josef Maria (1904–1984), S. 218

Camus, Albert (1913–1960), S. 263

Candinas, Theo (*1929), S. 504

Canetti, Elias (1905–1994), S. 167

Cantieni, Monica (*1965), S. 402, 413

Capella, Martianus Mineus Felix (2. Hälfte 4. Jh.), S. 12

Caratsch, Reto (1901–1978), S. 505 f.

Caratsch, Simeon (1826–1895), S. 502

Carossa, Hans (1878–1956), S. 201

Casè, Angelo (*1936), S. 481

Castelberg, Gion Theodor de (1748–1818), S. 499

Castelli, Carlo (1909–1982), S. 479, 484

Čechov, Anton P. (1860–1904), S. 274

Celan, Paul (1920–1970), S. 366, 369, 459

Cendrars, Blaise (eig. Frédéric Sauser, 1887–1961), S. 317, 454 f.

Ceresa, Alice (1923–2002), S. 483

Cervantes, Miguel de (1547–1616), S. 84, 287

Chambrier, Alice de (1861–1882), S. 445

Chamisso, Adelbert von (1781–1838), S. 98

Chappaz, Maurice (*1916), S. 457, 459, 462–467

Chappuis, Pierre (*1930), S. 464, 466

Charms, Daniil (1905–1942), S. 428

Charrière, Isabelle de (1740–1805), S. 441 f.

Châtelain, Sylviane (*1950), S. 469

Chavannes, Fernand (1868–1936), S. 450

Chenevière, Jacques (1886–1976), S. 460

Cherpillod, Gaston (*1925), S. 469

Chessex, Jacques (*1934), S. 454

Chiampel, Durich (1510–1582), S. 486–489

Chiesa, Francesco (1871–1973), S. 479, 484

*Churer Weltgerichtsspiel* (1517), S. 32

Ciceri, Francesco (1521–1596), S. 477

Cingria, Alexandre (1879–1945), S. 449

Cingria, Charles-Albert (1883–1954), S. 452–454, 468

Claire, Regi (eig. Regula Staub, *1960), S. 424

Claudel, Camille (1864–1943), S. 258

Claudius, Eduard (1911–1976), S. 239

Claudius, Matthias (1740–1815), S. 250

Codex Manesse s. Manessische Liederhandschrift

Collemberg, Gion Caspar, S. 497 f.

Colomb, Catherine (eig. Marie-Louise Colomb Reymond, 1892–1965), S. 457, 460 f.

Conod, François (*1945), S. 470

Conrad, Mattli (1745–1832), S. 497, 499

Constant, Benjamin (1767–1830), S. 98, 442 f., 455

Cordier, Mathurin (1479–1564), S. 436

Corneille, Pierre (1606–1684), S. 55
Cornut, Samuel (1861–1918), S. 444
Corrodi, Wilhelm August (1826–1885), S. 115
Crauer, Franz Regis (1739–1806), S. 77, 79
Crisinel, Edmond-Henri (1897–1948), S. 457–459
Cuneo, Anne (*1936), S. 407, 469
Cysat, Renward (1545–1614), S. 2, 10, 32, 36, 41

D

Dach, Margrit Yla von (*1946), S. 404
Dante Alighieri (1265–1321), S. 62, 68, 139
Darbellay, Claude (*1953), S. 469
Darms, Flurin (*1918), S. 502
Dean, Martin (*1955), S. 361, 382 f.
Deblüe, François (*1950), S. 467
Deblüe, Henri (1924–1988), S. 463, 469
Decurtins, Carli (um 1650–1712), S. 492
Decurtins, Caspar (1855–1916), S. 501
Delarue, Claude (*1944), S. 470
Della Valle, Martino (eig. Remo Beretta, *1922), S. 481
Deplazes, Gion (*1918), S. 502
Derleth, Ludwig (1870–1948), S. 201
Derungs, Ursicin G. G. (*1935), S. 504
Dewarrat, Marie-Claire (*1949), S. 469
Diessenhofener Schwestern-buch (Ende 14. Jh.), S. 37
Diggelmann, Walter Matthias (1927–1979), S. 322 f., 335, 357, 361
Dindo, Richard (*1944), S. 328, 335 f.
Disteli, Martin (1802–1844), S. 103
Döblin, Alfred (1878–1957), S. 234, 237, 239
Döhl, Reinhard (1934–2004), S. 254
Dorta, Jachen Andri († 1696), S. 493 f.
Dostoevskij, Fëdor M. (1821–1881), S. 237

Dranmor (eig. [Ludwig] Ferdinand Schmid, 1823–1888), S. 145–147
Drollinger, Carl Friedrich (1688–1742), S. 51, 55
Düggelin, Werner (*1929), S. 300
Dupuis, Sylviane (*1956), S. 467
Durand, Henri (1818–1842), S. 445
Dürrenmatt, Friedrich (1921–1990), S. 101, 104, 134, 152, 199, 240 f., 247, 269, 280–284, 286, 288–314, 316, 329, 345, 348, 350 f., 365, 370, 372, 374, 381, 386, 396, 411, 433
Dutli-Rutishauser, Maria (*1903), S. 218
Duvanel, Adelheid (1936–1996), S. 401, 409 f., 419 f.

E

Ebel, Johann Gottfried (1764–1830), S. 94
Eberhard von Sax (urk. bez. 1309), S. 7, 20, 23
Eckardt, Ludwig (1827–1871), S. 129 f.
Eckart, Meister (eig. Eckart von Hochheim, um 1260–1327/28), S. 14, 38
Eckstein, Utz (ca. 1490–1558), S. 36, 44
Edlibach, Gerold (1456–1530), S. 41 f.
Eggis, Etienne (1830–1867), S. 445
Ehrenstein, Albert (1886–1950), S. 219, 239
Ehrismann, Albert (1908–1998), S. 219, 222, 224, 245 f.
Eich, Günter (1907–1972), S. 244, 249 f., 288
Eichenhofer, Wolfgang, S. 505
Eimann Briod, Berthe s. Saint-Hélier, Monique
Einstein, Albert (1879–1955), S. 232
Einstein, Alfred (1880–1952), S. 237
Ekkehard IV. (nach 980–ca. 1060), S. 19, 26, 41
Elsbeth von Oye (ca. 1290–ca. 1340), S. 37
Engels, Friedrich (1820–1895), S. 109
Enzensberger, Hans Magnus (*1929), S. 351

Erasmus von Rotterdam (ca. 1466–1536), S. 8 f., 44
Ermatinger, Emil (1873–1953), S. 3, 222
Estienne, Henri (1528–1598), S. 436
Etter, Philipp (1891–1977), S. 161, 210 f., 219, 226
Etterlin, Petermann (1430/40–ca. 1509), S. 42

F

Faber, Katharina (*1952), S. 432
Faes, Urs (*1947), S. 387
Faesi, Robert (1883–1972), S. 215, 217, 227, 241
Falke, Konrad (eig. Karl Frey, 1880–1942), S. 162
Famos, Luisa (1930–1974), S. 504 f.
Fankhauser, Alfred (1890–1973), S. 197 f.
Farel, Guillaume (1489–1565), S. 436
Fasani, Remo (*1922), S. 478, 480–482, 484
Faulkner, William (1897–1962), S. 322
Federer, Heinrich (1866–1928), S. 153–155, 162, 175
Federspiel, Jürg (1931–2007), S. 250, 314, 317 f., 361 f., 381, 396
Felder, Anna (*1937), S. 407, 482–484
Feuchtwanger, Lion (1884–1958), S. 205, 232, 237
Feuerbach, Ludwig (1804–1872), S. 131 f.
Filippini, Felice (1917–1988), S. 479
Fleck, Konrad (um 1220?), S. 25
Fleißer, Marieluise (1901–1974), S. 203
Florescu, Catalin Dorian (*1967), S. 396
Flugi, Conradin de (1787–1879), S. 501
Follen, August Adolf Ludwig (1794–1855), S. 120
Fontana, Gian (1897–1935), S. 502
Fontane, Theodor (1819–1898), S. 126, 133, 140
Fontanet, Jean-Claude (*1925), S. 469
Fossati, Giuseppe (1759–1811), S. 477
Frank, Bruno (1887–1945), S. 232

Frank, Leonhard (1882–1961), S. 235
Franscini, Stefano (1796–1857), S. 478
Franzetti, Dante Andrea (*1959), S. 379
Freidig, Marianne (*1968), S. 398
Freiligrath, Ferdinand (1810–1874), S. 120
Frell, Georg (1530–1597), S. 47
Freud, Sigmund (1856–1939), S. 151
Frey, Adolf (1855–1920), S. 148
Frey, Eleonore (*1939), S. 417, 422
Frey, Jakob (1824–1875), S. 49, 114, 126–128, 132, 155
Frey, Karl s. Falke, Konrad
Fricker, Thüring (ca. 1429–1519), S. 15, 41
Fricker, Ursula (*1965), S. 431
Friedli, Emanuel (1846–1939), S. 156
Fringeli, Dieter (1942–1999), S. 248, 366
Frisch, Max (1911–1991), S. 49, 101, 104, 132, 162, 167, 217, 220 f., 225 f., 229, 240 f., 257–280, 288, 309, 311–314, 316, 323, 335, 345 f., 348, 350 f., 359–361, 365, 370, 372, 374, 376, 383 f., 386, 389, 411, 420
Frizzoni, Giovanni Battista (1726–1800), S. 497
Fröbel, Julius (1805–1893), S. 118, 120
Fröhlich, Abraham Emanuel (1796–1865), S. 103, 114–116, 126, 129, 131
Froschauer, Christoph (1490–1564), S. 7
Früh, Kurt (1915–1979), S. 224, 245, 331
Fründ, Hans (?–1469), S. 41
Funckelin, Jakob (auch Fünkelin, Fünckly, ca. 1520–1564), S. 34
Fusco, Ketty (*1926), S. 482, 484
Fuseli, Henry s. Füßli, Johann Heinrich
Füßli, Johann Heinrich („Obmann", 1745–1832), S. 86
Füßli, Johann Heinrich (auch gen. Henry Fuseli, 1741–1825), S. 44, 61, 65, 67 f., 75, 79, 89

## G

Gabriel, Luci (1595–1663),
S. 492

Gabriel, Steffan (1570–
1638), S. 491 f.

Gahse, Zsuzsanna (*1946),
S. 416, 422 f., 429 f.

Gallaz, Christophe (*1948),
S. 471

Gallicius, Philipp (1504–
1566), S. 487 f.

Galloix, Imbert (1807–
1828), S. 445

Gangale-Uffer, Margarita
(*1921), S. 504

Ganghofer, Ludwig
(1855–1920), S. 49

Ganz, Hans (1890–1957),
S. 187 f.

Ganzfried, Daniel (*1958),
S. 393

Gaudenzi, Paganino
(1595–1648), S. 477

Geerk, Frank (*1946), S. 250

Geibel, [Franz] Emanuel
[August] (1815–1884),
S. 145

Geiger, Ludwig (1848–1919),
S. 188

Geiser, Christoph (*1949),
S. 355, 365, 376 f.

Geissbühler, Rolf (*1970),
S. 333

Gellert, Christian Fürchtegott (1715–1769), S. 62

Gengenbach, Pamphilus (ca.
1480–1525), S. 35 f.

Genoux, Claire (*1971),
S. 467

George, Stefan Anton
(1868–1933), S. 143, 187,
245

Gerter, Elisabeth (1895–
1955), S. 200 f.

Gessler, Marius (1947–
1968), S. 481

Gessner, Conrad (1516–
1565), S. 48

Gessner, Salomon (1730–
1788), S. 64 f., 69, 71,
76 f., 84, 100, 104

Gfeller, Simon (1868–1943),
S. 157

Giehse, Therese (1898–
1975), S. 237, 240

Giger, Felix (*1946), S. 505

Gilliard, Edmond (1875–
1969), S. 448 f.

Ginsberg, Ernst (1904–
1964), S. 286

Gir, Paolo (*1918), S. 482

Giraudoux, Jean (1882–
1944), S. 258

Glarean(us) (eig. Heinrich
Loriti, 1488–1563), S. 43

Glauser, Friedrich (1896–
1938), S. 114, 173, 186,
192, 198, 199, 202 f., 205,
212, 227, 229, 241, 317,
342

Gleim, Johann Wilhelm
Ludwig (1719–1803),
S. 59

Gliers, der von (urk. bez.
1267–1308), S. 21

Glutz von Blotzheim, Aloys
(1789–1827), S. 94

Godard, Jean-Luc (*1930),
S. 338

Godel, Vahé (*1931),
S. 467

Godet, Philippe (1850–
1922), S. 444

Goeli (13. Jh.), S. 22

Goethe, Johann Wolfgang
(von) (1749–1832),
S. 67 f., 71, 75 f., 78, 82,
84, 89, 95, 111, 123 f.,
170, 248, 257, 300, 313,

Gogh, Vincent van
(1853–1890), S. 252

Gomringer, Eugen (*1925),
S. 252–255, 320

Goretta, Claude (*1929),
S. 328, 332, 334, 338–340

Gottfried von Straßburg
(Ende 12. Jh.–um 1215),
S. 20

Gotthelf, Jeremias (eig.
Albert Bitzius, 1797–
1854), S. 40, 49, 67, 101,
104–118, 120 f., 123 f.,
126 f., 129, 131–134,
137–140, 146, 148 f.,
155 f., 162, 175, 198, 215,
330 f., 381

Gottsched, Johann Christoph
(1700–1766), S. 51, 55,
60–62, 72

Grabbe, Christian Dietrich
(1801–1836), S. 272

Graf, Oskar Maria
(1894–1967), S. 232

Graffenried, Marie von
(1802–1855), S. 103

Greising, Franziska (*1943),
S. 419

Gretser, Jakob (1562–1625),
S. 37

Greyerz, Otto von
(1863–1940), S. 156 f.,
197

Grignola, Fernando (*1932),
S. 483

Grimm, Jakob Ludwig Karl
(1785–1863), S. 111

Grimm, Wilhelm (1786–
1859), S. 93, 111

Grimmelshausen, Hans

Jakob Christoffel von
(1626–1676), S. 3, 108

Gritti, Joann Lucius
(1579–1639), S. 493

Grob, Johannes (1643–
1697), S. 24, 44, 51

Grob, Konrad (1828–1904),
S. 80

Grob, Stefanie (*1975),
S. 399

Grobéty, Anne-Lise (*1949),
S. 469

Gross, Walter (1924–1999),
S. 365

Grossmann, Kurt Richard
(1897–1942), S. 232

Grosz, George (1893–1959),
S. 282

Grün, Anastasius (eig.
Arnton Alexander Graf
von Auersperg,
1806–1876), S. 118

Gryphius, Andreas
(1616–1664), S. 36, 84

Gugelberg von Moos,
Hortensia s. Salis,
Hortensia von

Guggenbühl, Adolf
(1896–1971), S. 229

Guggenheim, Kurt
(1896–1983), S. 218, 227,
229, 231, 242 f., 392

Guggenheim, Werner
Johannes (1895–1946),
S. 222, 225

Gundelfinger, Mathias
(?–1518), S. 32

Gunten, Peter von (*1941),
S. 331, 333, 336 f.

Günther, Johann Christian
(1695–1723), S. 51

Guyon, Mme (eig.
Jeanne-Marie Bouvier de
la Motte, 1648–1717),
S. 84

Gwerder, Alexander Xaver
(1923–1962), S. 251 f.

Gwerder, Urban (*1944),
S. 333

*Gyrenrupfen* (1523), S. 29

## H

Haberstich, Samuel s. Bitter,
Arthur

Hadlaub, Johannes (2.
Hälfte 13.–Anfang 14.
Jh.), S. 6, 13, 21, 23

Haffner, Franz (1609–1671),
S. 41

Häfliger, Jost Bernhard
(1759–1837), S. 92

Hagedorn, Friedrich von
(1708–1754), S. 62

Haldas, Georges (*1917),
S. 459, 463, 469, 471

Haller, Albrecht von (auch:
Albert de Haller,
1708–1777), S. 55–59, 70,
75, 84, 89, 94, 104, 440,
477

Haller, Christian (*1943),
S. 390 f.

Halter, Ernst (*1938), S. 348,
393

Halter, Jürg (*1980), S. 398

Halter, Toni (1914–1986),
S. 502

Hamann, Johann Georg
(1730–1788), S. 250

Hamo s. Morgenthaler, Hans

Hamsun, Knut (1859–1952),
S. 206

Handke, Peter (*1942),
S. 324, 351

Hänny, Reto (*1947), S. 348,
378

Hardenberg, Friedrich von
s. Novalis

Haringer, Jakob (1898–
1948), S. 238

Hartmann von Aue (letztes
Drittel 12. Jh.), S. 25, 359

Hartmann, Alfred
(1814–1897), S. 129, 127

Hartmann, Lukas (*1944),
S. 337, 378

Hasler, Eveline (*1933),
S. 401, 411–413

Hassler, Jürg (*1938), S. 333

Haufler, Max (1910–1965),
S. 331, 335

Haupt, Stefan (*1961),
S. 343

Hauptmann, Gerhart Johann
Robert (1862–1946),
S. 114, 181

Haydn, Joseph (1732–1809),
S. 95

Hebel, Johann Peter
(1760–1826), S. 93, 114,
319

Heer, Jakob Christoph
(1859–1925), S. 153–155,
174

Hegner, Ulrich (1759–1840),
S. 96 f.

Heidegger, Martin
(1889–1976), S. 250, 313

Heine, Christian Johann
Heinrich (1797–1856),
S. 147

Heinrich von Frauenberg
(2. Hälfte 13. Jh.), S. 23

Heinrich von Sax (13. Jh.),
S. 23

Heinrich von St. Gallen
(ca. 1350–?), S. 5

Heinrich von Tettingen
(13. Jh.), S. 21

Heissenbüttel, Helmut
(1921–1996), S. 254

Helbig, Walter (1878–1968), S. 184

Held, Kurt (eig. Kurt Kläber, 1897–1959), S. 237 f.

Hemingway, Ernest (1899–1961), S. 265

Hendry, Vic (*1920), S. 503

Henne am Rhyn, Otto (1828–1914), S. 111

Henne, Josef Anton (1798–1870), S. 94, 111

Hennings, Emmy (1885–1948), S. 185, 198

Henzi, Samuel (1701–1749), S. 54 f.

Herbertz, Richard (1878–1959), S. 281

*Herbst und Mai* (um 1350), S. 33

Herder, Johann Gottfried (1744–1803), S. 68, 75 f., 89, 93 f.

Hermlin, Stephan (eig. Rudolf Leder, 1915–1997), S. 238

Herwegh, Georg Friedrich Rudolph Theodor (1817–1875), S. 118, 120

Heß, David (1770–1843), S. 96 f.

Hesse, Hermann (1877–1962), S. 162 f., 166, 170, 174 f., 177 f., 181, 183, 189 f., 192, 194–196, 198, 216, 234, 239

Hesso von Rinach (13. Jh.), S. 22

Hettner, Hermann Theodor (1821–1882), S. 124

Heym, Georg (1887–1912), S. 282

Heyse, Paul (1830–1914), S. 125

Hildesheimer, Wolfgang (1916–1991), S. 288

Hiller, Kurt (1885–1972), S. 232

Hiltbrunner, Hermann (1893–1963), S. 248

Hilty, Hans Rudolf (1925–1994), S. 248 f., 251

Hirschfeld, Kurt (1902–1964), S. 240, 242, 258

Hirzel, Hans Caspar (1751–1817), S. 66 f., 81, 86

Hirzel, Isaac (1756–1833), S. 89

*Historia da Barlaam e Giosafat*, S. 497

Hochheim, Eckhart von s. Eckhart, Meister

Hochwälder, Fritz (1911–1986), S. 238

Hodler, Ferdinand (1853–1918), S. 156, 162, 171 f., 192, 198, 414, 450

Hofmannsthal, Hugo von (eig. Hugo Laurenz August Hofmann, Edler von Hofmannsthal, 1874–1929), S. 143 f.

Hohenheim, Teophrast Bombast von s. Paracelsus

Hohl, Ludwig (1904–1980), S. 205, 212, 216, 231, 359, 361, 368, 464

Hohler, Franz (*1943), S. 346, 363, 365, 381 f.

Hölderlin, [Johann Christian] Friedrich (1770–1843), S. 145, 215

Höllerer, Walter (1922–2003), S. 250

Holz, Arno (1863–1929), S. 252

Homer (Ende 8. Jh. v. Chr.?), S. 62, 68

Horváth, Ödön von (eig. Edmund Josef von Horváth, 1901–1938), S. 237

Hottinger, Johann Jakob (1750–1819), S. 76

Huber, Fortunat (1896–1985), S. 229

Huelsenbeck, Richard (1892–1974), S. 185 f.

Huggenberger, Alfred (1867–1960), S. 153, 155, 174, 218

Humm, Rudolf Jakob (1895–1977), S. 192 f., 195, 214, 229, 230, 234, 236 f., 244

Huonder, Gion Antoni (1824–1867), S. 500, 505

Hürlimann, Thomas (*1950), S. 33, 357 f., 382, 384 f., 389

Husserl, Edmund (1859–1938), S. 188

Hutmacher, Rahel (*1944), S. 404

Hutten, Ulrich von (1488–1523), S. 8

I

Ilg, Paul (1875–1957), S. 162–165, 171, 174, 177, 182–184, 190, 227

Imbach, Thomas (*1962), S. 343

Imhasly, Pierre (*1939), S. 388

Imhoof, Markus (*1941), S. 328, 331, 333, 341 f.

Inglin, Meinrad (1893–1971), S. 181, 203, 205–207, 212, 216–218, 241–243, 340, 390 f.

Ingold, Felix Philipp (*1942), S. 380

Interlinearversion der *Benediktinerregel* (9. Jh.), S. 47

Iseli, Christian (*1934), S. 343

Iselin, Isaak (1728–1782), S. 69, 71, 78, 82, 76

Isella, Gilberto (*1943), S. 478, 481, 484

Isler, Ursula (*1923), S. 314

*L'istorgia dall cavallier Peter et da la bella Magullonia*, S. 497

J

Jaccottet, Philippe (*1925), S. 439, 457–459, 463 f., 466

Jäckle, Erwin (1909–1997), S. 247 f., 251

Jacobus de Cessolis (nachgew. 1288–1322), S. 30

Jacusso, Nino (*1955), S. 331, 343

Jaeggi, Urs (*1931), S. 314, 372 f.

Jaeggy, Fleur (*1940), S. 424, 483

Jakob von Wil († ca. 1619), S. 40

Jakob III. von Warte (urk. bez. 1274–1331), S. 7, 22

Janco, Marcel (1895–1963), S. 184 f.

Jandl, Ernst (1925–2000), S. 254

Janet, Pierre (1859–1947), S. 188

Jean Paul (eig. Johann Paul Friedrich Richter, 1763–1825), S. 106, 151, 195

Jeanneret, Edmond (1914–1990), S. 463

Jelinek, Elfriede (*1946), S. 167

Jenatsch, Georg (1596–1639), S. 3

Jenni, Adolfo (1911–1997), S. 479, 484

Jenny, Ernst (1874–1959), S. 160, 162

Jenny, Zoë (*1974), S. 402, 416, 422 f., 431

Joachim, Joseph (1834–1904), S. 49

Johann von Ringgenberg I. (urk. bez. 1291–1350), S. 20, 22

Johann von Winterthur (ca. 1300–1348), S. 41

Johannes von Konstanz (urk. bez. 1281–1312), S. 7

Johansen, Hanna (*1939), S. 404, 407, 416, 418, 423, 426

Jonas, Walter Hermann (1910–1979), S. 282

Joyce, James (1882–1941), S. 231, 247

Jud, Leo (1482–1542), S. 7, 48

Jung, Carl Gustav (1875–1961), S. 115, 151, 264 f., 298

Jung-Stilling, Heinrich (1740–1817), S. 87

Jungk, Robert (1913–1995), S. 297

Justinger, Konrad (?–1438), S. 10, 41

K

Kafka, Franz (1883–1924), S. 134, 166, 170, 188, 265, 282

Kaiser, Georg (1878–1945), S. 234, 237 f.

Kaiser, Ingeborg (*1935), S. 404

Kant, Immanuel (1724–1804), S. 58, 69

Kantorowicz, Alfred (1899–1979), S. 232

Kappeler, Friedrich (*1949), S. 343

Karpf, Urs (*1938), S. 391

*Karsthans* (1521), S. 44

Kasics, Tibor (1904–1986), S. 237

Kassner, Rudolf (1873–1959), S. 201

Kästner, Erich (1899–1974), S. 203

Kaufmann, Christoph (1753–1895), S. 76

*Das Kegelspiel* (1522), S. 44

Keller, Gottfried (1819–1890), S. 13, 49, 64, 70, 96, 99, 101, 103–105, 109, 114–127, 129–143, 145–149, 153–155, 158, 162, 175, 182, 215, 227, 257, 331, 342, 401

Keller, Hans Wilhelm (1897–1980), S. 223

Keller, Rosemarie (*1937), S. 419

Kerr, Alfred (1867–1948), S. 232

Kessler, Harry Graf (1868–1937), S. 232

Kessler, Johannes (1502/03–1574), S. 42

Kiburger, Elogius (1. Drittel 15. Jh.–ca. 1506), S. 42
Kierkegaard, Søren (1813–1855), S. 263 f., 272, 281, 286, 302
Kirchner, Ernst Ludwig (1880–1938), S. 177
Kissling, Richard (1848–1919), S. 153
Kläber, Kurt s. Held, Kurt
Klee, Paul (1879–1940), S. 167
Kleist, Ewald Christian von (1715–1759), S. 59
Kleist, Heinrich von (1777–1811), S. 57
Klinger, Friedrich Maximilian (1752–1792), S. 76
Klopfenstein, Clemens (*1944), S. 328, 333
Klopstock, Friedrich Gottlieb (1724–1803), S. 63, 68, 72, 83
Knittel, John (1891–1979), S. 218
Koerfer, Thomas (*1944), S. 328, 342
Koestler, Arthur (1905–1983), S. 232
Koller, Xavier (*1944), S. 328, 331, 340
Kolross, Johannes (ca. 1487–1558/60), S. 34, 48
König, Franz Niklaus (1765–1832), S. 94 f.
Konrad Schenk von Landeck (2. Hälfte 13./Anf. 14. Jh.), S. 23
Konrad von Altstetten (2. Hälfte 13. Jh.), S. 23
Konrad von Ammenhausen (3. Viertel 13.–1. Hälfte 14. Jh.?), S. 30
Konrad von Würzburg (?–1287), S. 6, 8, 12 f., 19 f.
Korrodi, Eduard (1885–1955), S. 162 f., 165, 206, 232
Kosegarten, Ludwig Theobul (1758–1818), S. 131
Kraft von Toggenburg (2. Hälfte 13. Jh.), S. 23
Krauer, Johann Georg (1792–1845), S. 94
Kraus, Karl (1874–1936), S. 160
Kreidolf, Ernst (1863–1956), S. 158
Kretzen, Friederike (*1956), S. 404, 410, 415, 419
Kristof, Agota (*1935), S. 424, 474
Krneta, Guy (*1964), S. 349, 399

Krohn, Tim (*1965), S. 114, 396
Krolow, Karl (1915–1999), S. 204, 249, 251
Kübler, Arnold (1890–1983), S. 219, 231, 243 f.
Kuchimaister, Christian (Anfang 14. Jh.), S. 5, 41
Kuhn, Gottlieb Jakob (1775–1849), S. 92–94, 97
Kuhn, Heinrich (*1939), S. 362
Kummer, Tania (*1976), S. 433

**L**

La Fontaine, Jean de (1621–1695), S. 62
La Mettrie, Julien Offray de (1709–1751), S. 57
Läderach, Jürg (*1945), S. 377
Laederach, Monique (1938–2004), S. 469
Lagrange, Jean-Jacques (*1929), S. 334
Lamprecht, Pfaffe (2. Hälfte 12. Jh.), S. 8
Lang, Siegfried (1887–1970), S. 187
Lange, Samuel Gotthold (1711–1781), S. 62
Langhoff, Wolfgang (1901–1966), S. 229, 239
Langjahr, Erich (*1944), S. 335, 392
Lansel, Peider (1863–1943), S. 501–503
Laplace, Yves (*1958), S. 470 f.
Laroche, Sophie von (1731–1807), S. 65
Lasker-Schüler, Else (1869–1945), S. 232, 238
Lauber, Cécile (1887–1981), S. 200 f.
Lavater, Johann Caspar (1741–1801), S. 49, 57, 65, 67 f., 70, 72–77, 82, 88, 90, 92
Lavater-Sloman, Mary (1891–1980), S. 218
Le Corbusier (eig. Charles Edouard Jeanneret-Gris, 1887–1965), S. 215
Leder, Rudolf s. Hermlin, Stephan
Lehmann, Wilhelm (1882–1968), S. 204, 248 f.
Lehner, Peter (1922–1987), S. 314, 366
Leibniz, Gottfried Wilhelm (1646–1716), S. 60, 73 f.

Lemberger, Leopold s. Lindtberg, Leopold
Lemnius, Simon (auch Simon Emporicus/Mercator, Schimun Lemm Margadant, 1511–1550), S. 489
Lenz, Hans (?–1541), S. 42
Lenz, Pedro (*1965), S. 399
Lesch, Walter (1908–1958), S. 214, 222 f.
Lessing, Gotthold Ephraim (1729–1781), S. 60, 62, 72, 77, 131, 248
Leu, Johann Jacob (1689–1768), S. 59
Leutenegger, Gertrud (*1948), S. 347, 401, 403–406, 411, 416, 423, 426 f.
Leuthold, Heinrich (1827–1879), S. 145–147
Lewinsky, Charles (*1946), S. 392
Lichtenberg, Georg Christoph (1742–1799), S. 74, 361
*Lied vom Güminenkrieg* (1331/32), S. 24
Lienert, Meinrad (1865–1933), S. 157 f.
Lindtberg, Leopold (eig. Leopold Lemberger, 1902–1984), S. 199, 227, 241, 298, 331
Linsmayer, Charles (*1945), S. 366
*Lob der rheinischen Städte* (1. Hälfte 13. Jh.), S. 8
Loerke, Oskar (1884–1941), S. 204
Loetscher, Hugo (*1929), S. 314, 325–327, 373, 375, 394
Löffelholz, Franz s. Mon, Franz
Lohenstein, Daniel Caspar (von) (1635–1683), S. 60
Loos, Cécile Ines (1883–1959), S. 200 f., 401, 409
Loosli, Carl Albert (1877–1959), S. 156, 162, 174, 182, 198
Loriti, Heinrich s. Glarean(us)
Lossier, Jean-Georges (1911–2004), S. 463
Lovay, Jean-Marc (*1948), S. 474 f.
Lozza, Alexander (1880–1943), S. 502
Ludwig von Diesbach (1452–1527), S. 45
Luther, Martin (1483–1546), S. 7, 9, 16, 44

Lüthy, Oscar (1882–1945), S. 184
Lutz, Werner (*1930), S. 366
Lutz-Gantenbein, Maria (1902–1986), S. 404
*Luzerner Osterspiel* (Aufführungen 1453–1583), S. 32
Luzzi, Giovanni (1856–1948), S. 478
Lyssy, Rolf (*1936), S. 328, 341

**M**

Maaler, Josua (1528–1599), S. 47 f.
Mahler, Johannes (Ende 16. Jh.–1634), S. 34, 36
Maillart, Ella (1903–1997), S. 472
Mallarmé, Stéphane (1842–1898), S. 245, 252
Mallet, Henri (1730–1807), S. 440
Manesse, Rüdiger (1252–1304), S. 6, 20, 22
Manessische Liederhandschrift (auch Codex Manesse, um 1300), S. 6, 13 f., 21 f., 25, 63, 104
Mann, Erika (1905–1969), S. 202, 214, 232, 237
Mann, Heinrich (1871–1950), S. 177, 232, 237, 239
Mann, Klaus (1906–1949), S. 202, 232, 237
Mann, Thomas (1875–1955), S. 144, 157, 177, 181, 201, 204, 206, 232 f., 235–238, 248, 265
Mannheim, Karl (1893–1947), S. 237
Manuel, Hans Rudolf (1525–1571), S. 24
Manuel, Niklaus Deutsch (auch Niklaus Aleman, 1484–1530), S. 10, 15–17, 29, 35, 40, 42, 44
Marchi, Otto (1942–2004), S. 376 f.
Marchwitza, Hans (1890–1965), S. 239
*Mariensequenz von Muri* (Ende 12. Jh.), S. 19
Maro, Publius Vergilius s. Vergil
Martelli-Tamoni, Giulietta (1890–1975), S. 483
Marti, Kurt (*1921), S. 248, 254–257, 314, 316, 346, 349, 359–363, 365–368, 394, 399
Marti, Walter (1923-1999), S. 333, 335

Martini, Plinio (1923–1979), S. 481, 484

Martinoni, Renato (*1952), S. 483 f.

Martinus ex Martinis d. Ä., Johannes (1619–1668), S. 495

Martinus ex Martinis d. J., Johannes (1644–1703), S. 495

Mascioni, Grytzko (1936–2003), S. 481, 484

Maspoli, Sergio (1920–1987), S. 483

Matter, Mani (eig. Hanspeter Matter, 1935–1972), S. 361

Matthey, Pierre-Louis (1893–1970), S. 456–458

Matthisson, Friedrich (von) (1761–1831), S. 89

Maupassant, Guy de (1850–1893), S. 340, 468

Mauriac, François (1885–1970), S. 201

Maurizio, Giovanni Andrea (1815–1885), S. 478

Mayer, Hans s. Améry, Jean

Mechthild von Magdeburg (um 1208/1210–1282), S. 38

Meglinger, Caspar (1595–1670), S. 40

Mehr, Mariella (*1947), S. 401, 416 f., 419

Mehring, Walter (1896–1981), S. 232

Meier, Gerhard (*1917), S. 167, 348–355, 362 f., 365, 390, 394

Meier, Helen (*1929), S. 401, 404, 415–417, 419, 426

Meier, Herbert (*1928), S. 370

Meier, Walther (1898–1982), S. 229

Meinecke, Friedrich (1862–1954), S. 188

Meister, Henri (1744–1826), S. 55

*Melker Marienlied* (1. Hälfte 12. Jh.), S. 19

Meng, Brigitte (*1932), S. 404

Menghini, Felice (1909–1947), S. 478–480

Mercanton, Jacques (1910–1996), S. 467

Mercier, Pascal (eig. Peter Bieri, *1944), S. 389 f.

Mermod, Henry-Louis (1891–1962), S. 452

Mertens, Reni (1918–2000), S. 333, 335

Merz, Johannes (1776–1840), S. 102

Merz, Klaus (*1945), S. 349, 357 f., 365, 369, 393 f.

Merz, Martin (*1950), S. 369

Mettler, Michel (*1964), S. 396

Meyenburg, Leo von (1886–1936), S. 187

Meyer von Knonau, Ludwig (1705–1785), S. 62, 103

Meyer von Schauensee, Franz Josef Leonti (1720–1789), S. 78, 92

Meyer, Alice (†1970), S. 323

Meyer, Conrad (1618–1689), S. 40

Meyer, Conrad Ferdinand (1825–1898), S. 49, 105, 136–150, 155, 187, 204, 368

Meyer, E. Y. (eig. Peter Meyer, *1946), S. 349, 353, 355, 380 f., 383, 386, 411

Meyer, Rudolph (1791–1833), S. 102

Meyer, Sebastian (1465–1545), S. 44

Meyer-Merian, Theodor (1818–1867), S. 115

Meylan, Elisabeth (*1937), S. 367, 404

Michelangelo Buonarrotti (1475–1564), S. 139

Micieli, Francesco (*1956), S. 379

Mieg, Peter (1906–1990), S. 335

Milton, John (1608–1674), S. 59, 62 f., 68, 72, 77

Mingels, Annette (*1971), S. 431

Moeri, Antonin (*1953), S. 469

Moeschlin, Felix (1882–1969), S. 162, 174 f., 177, 181 f., 222, 228 f.

Molière (eig. Jean-Baptiste Poquelin, 1622–1673) 272

Moll, Bruno (*1948), S. 343

Mon, Franz (eig. Franz Löffelholz, *1926), S. 254

Monioudis, Perikles (*1966), S. 394–396

Monneron, Frédéric (1813–1837), S. 445

Monnier, Jean-Pierre (1921–1997), S. 468

Monnier, Marc (1829–1885), S. 448

Monnier, Philippe (1864–1911), S. 446, 448

Montaigne, Michel de (1533–1592), S. 276

Montesquieu (eig. Charles de Secondat, Baron de la Brède et de Montesquieu, 1689–1755), S. 50

Montolieu, Isabelle de (1751–1832), S. 441

Morf, Doris (1927–2003), S. 411

Morgenthaler, Hans (gen. Hamo, 1890–1928), S. 173, 191, 195

Mörikofer, Johann Caspar (1799–1877), S. 130

Moritz, Karl Philipp (1756–1793), S. 82, 87

Morus, Thomas (eig. Thomas More, 1478–1535), S. 30

Möser, Justus (1720–1794), S. 79

Moser, Milena (*1963), S. 402, 420

Mozart, Wolfgang Amadeus (eig. Johannes Chrysostomus Wolfgangus Theophilus Mozart, 1756–1791), S. 272

Muggiasca, Fabio (*1933), S. 481

Mühlestein, Hans (1887–1969), S. 192, 198, 201, 222

Mühsam, Erich (1878–1934), S. 232

Mulhauser, Jules (1806–1871), S. 128

Müller, Christoph Heinrich (1740–1807), S. 63

Müller, Friedrich (1749–1825), S. 76

Müller, Johannes (von) (1752–1809), S. 43, 79 f., 80, 83 f., 88, 101

Müller, Nicole (*1962), S. 402, 420

Müller, Rosalie (eig. Anna Rothpletz, geb. Meiss, 1786–1846), S. 103

Münster, Sebastian (1488–1552), S. 8

Muoth, Giacun Hasper (1844–1906), S. 500 f.

Muralt, Beat Ludwig von (1665–1749), S. 54–57, 69, 78, 439 f.

Murer, Fredi M. (*1940), S. 328, 332 f., 340 f.

Murer, Jos (1530–1580), S. 34

Murner, Thomas (1475–1537), S. 29

Muschg, Adolf (*1934), S. 162, 309, 346, 356 f., 362, 372–374, 387 f., 390, 464

Muschg, Walter (1898–1965), S. 222, 228

Musil, Robert (1880–1942), S. 166, 170, 234, 237 f.

**N**

Nadj Abonji, Melinda (*1968), S. 429

Naef, Sabina (*1974), S. 404

Nägeli, Hans Georg (1773–1836), S. 89

Nauli, Adam (ca. 1580/90–vor 1680), S. 491 f.

Nay, Giachen Michel (1860–1920), S. 502

Neidhart (gen. von Reuental, 1. Hälfte 13. Jh.), S. 22

Nesemann, Johann Peter (1720–1802), S. 498

Nessi, Alberto (*1940), S. 481 f., 484

Nessi, Angelo (1873–1932), S. 478

Neuenschwander, Jürg (*1953), S. 343

Newton, Sir Isaac (1643–1727), S. 74

*Nibelungenlied* (um 1200), S. 5, 68

Nicka, Andrea, S. 492

Niederhauser, Rolf (*1951), S. 372

Nietzsche, Friedrich Wilhelm (1844–1900), S. 150, 152, 160, 169, 180–182, 206, 282

Nik(o)laus von Flüe (auch Bruder Klaus, 1417–1487), S. 2, 24, 36 f., 39, 44, 218, 224

Nizon, Paul (*1929), S. 173, 313–316, 348, 353–355, 361 f., 385, 395

Noll, Peter (1926–1982), S. 357

Notker I. Balbulus (ca. 840–912), S. 19

Notker III. Labeo/Teutonicus (ca. 950–1022), S. 4, 11 f., 47

Novalis (eig. Friedrich von Hardenberg, 1772–1801), S. 103

**O**

Oekolampad, Johannes (1482–1531), S. 8

Oeri, Jakob (1844–1908), S. 141

*Oetenbacher Schwesternbuch* (um 1340), S. 37

Olden, Rudolf (1885–1940), S. 232

Olivier, Juste (1806–1876), S. 444 f.

Opitz, Martin (1597–1639), S. 30, 36, 60

Oppenheim, Meret (1913–1985), S. 347, 402, 404

Oprecht, Emil (1895–1952), S. 214, 234

Orelli, Giorgio (*1921), S. 478, 480, 482, 484

Orelli, Giovanni (*1926), S. 481–484

Ortelli, Pio (1910–1963), S. 481

Ossietzky, Carl von (1889–1938), S. 232

*Osterspiel von Muri* (ca. 1240/60), S. 31 f.

Ott, Arnold (1840–1910), S. 152 f.

Otte, Friedrich (eig. Johann Georg Friedrich Zetter, 1819–1872), S. 111

Otto von Passau (2. Hälfte 14. Jh.), S. 38

Otto, Teo (1904–1968), S. 284

**P**

Pache, Jean (1933–2001), S. 467

Pagnard, Rose-Marie (*1943), S. 469

Pantaleon, Heinrich (1522–1595), S. 47

Papa, Lüci (1566–1632), S. 493

Paracelsus (eig. Teophrast Bombast v. Hohenheim, 1493/94–1541), S. 9

Pasquali, Adrien (1958–1999), S. 472 f.

Pedretti, Erica (*1930), S. 361, 401, 403, 406 f., 414, 416, 423, 426

Pedroli, Amleto (*1922), S. 481, 484

Peer, Andri (1920–1985), S. 504 f.

Peer, Oscar (*1928), S. 503, 506

Perrier, Anne (*1922), S. 459, 463–466

Pestalozzi, Johann Heinrich (1746–1827), S. 71, 80–84, 88, 90, 92, 101, 103 f., 106, 108 f., 224

Pestelli, Lorenzo (1935–1977), S. 472

Peterhans, Robert (*1958), S. 379

*Pfäferser Fragment* (14. Jh.), S. 32

Pfänder, Alexander (1879–1941), S. 188

Pfander, Gertrud (1874–1898), S. 145, 147

Pfemfert, Franz (1879–1954), S. 186, 232

Pinget, Robert (1919–1997), S. 361, 473

Piroué, Georges (1920–2005), S. 469

Planta, Josef (1744–1827), S. 498

Planta, Martin (1727–1772), S. 69, 498

Platen, August von (eig. Karl August Georg Maximilian Graf von Platen-Hallermünde, 1796–1835), S. 145 f.

Plato (427 v. Chr.–347 v. Chr.), S. 281

Platter, Felix (1536–1614), S. 8, 48

Platter, Thomas (1499–1582), S. 46

Plievier, Theodor (bis 1933 Plivier, 1892–1955), S. 232

Plouda, Rut (*1948), S. 505

Plume, Amélie (*1943), S. 473

Po, Chasper (1856–1936), S. 502

Pope, Alexander (1688–1744), S. 62

Poquelin, Jean-Baptiste s. Molière

Pourtalès, Guy de (1881–1941), S. 444, 455 f.

Preczang, Ernst (1870–1949), S. 239

Proust, Marcel (1871–1922), S. 247 f., 350 f.

Pulver, Max (1889–1952), S. 187–189

Pusek, Dubravko (*1956), S. 481

Pusterla, Fabio (*1957), S. 478, 481, 484

Pyra, Immanuel Jakob (1715–1744), S. 62

**Q**

Quadri, Gabriele Alberto (*1950), S. 483

**R**

Raabe, Wilhelm (1831–1910), S. 133, 140

Rabaglia, Denis (*1966), S. 343

Raeber, Kuno (1922–1992), S. 365, 367–369, 382

Rajcic, Dragica (*1959), S. 424

Rakusa, Ilma (*1946), S. 429

Rambert, Eugène (1830–1886), S. 129, 444 f.

Ramuz, Charles Ferdinand (1878–1947), S. 155, 331, 340, 403, 435, 438, 448–452, 454, 456 f., 460, 462, 467 f., 473

Ratbert (ca. 840/50–ca. 900), S. 4, 19, 41

Rauch, Men (1888–1958), S. 502

Reber, Sabine (*1970), S. 420

Reichardt, Johann Friedrich (1752–1814), S. 89

Reinacher, Pia (*1954), S. 394

*Reinfried von Braunschweig* (ca. 1291), S. 25

Reinhardt, Max (1873–1943), S. 165

Reinhart, Josef (1875–1957), S. 157, 218

Reinmar von Brennenberg († um 1276), S. 23

Reithard, Johann Jakob (1805–1857), S. 108, 111, 115, 127

Remarque, Erich Maria (eig. Erich Paul Remark, 1898–1970), S. 232, 237

Renoir, Jean (1894–1979), S. 340

Reusser, Francis (*1942), S. 328, 338–340

Reynold, Conzague de (1880–1970), S. 160

Richardson, Samuel (1689–1761), S. 62

Richle, Urs (*1965), S. 394 f.

Richter, Johann Paul Friedrich s. Jean Paul

Rickert, Heinrich (1863–1936), S. 188

Righini, Vincenzo (1756–1812), S. 89

Rilke, Rainer Maria (1875–1926), S. 187 f., 201

Riola, Conradin (1668–1743), S. 497

Rist, Johann (1607–1667), S. 36

Riva, Giampietro (1696–1785), S. 477 f.

Rivaz, Alice (1901–1998), S. 460, 462

Rochat, Alain (*1961), S. 467

Roche, Sylviane (*1949), S. 469

Rod, Edouard (1857–1910), S. 448

Rodenberg, Julius (1831–1914), S. 132, 136 f., 148

Roelli, Hans (1889–1962), S. 187

Rojas, Fernando de (zw. 1461 u. 1476–1541), S. 272

Rolland, Romain (1866–1944), S. 161

Roman, Jacques (*1948), S. 467

Romang, Johann Jakob (1831–1884), S. 134

Ronchetti, Lilly (1928–1997), S. 404

Ronus, Susanne (1769–1835), S. 103

Rossel, Virgile (1858–1933), S. 160, 162, 444

Rossi, Antonio (*1952), S. 481

Rossini, Gioacchino (1792–1868), S. 95

Rost, Kirchherr von Sarnen (Ende 13./Anf. 14. Jh.–1330), S. 22

Roth, Dieter (1930–1998), S. 254

Roth-Hunkeler, Theres (*1953), S. 401, 416, 419

Rothmund, Heinrich (1888–1961), S. 223

Rothpletz, Anna s. Müller, Rosalie

Roud, Gustave (1897–1976), S. 450, 452, 456–458, 460, 463–465

Rougemont, Denis de (1906–1985), S. 222, 456

Roulet, Daniel de (*1944), S. 470

Rousseau, Jean-Jacques (1712–1778), S. 54, 57, 59, 65 f., 68 f., 71, 80, 84, 90, 95, 342, 440, 447, 499

Rousset, Jean (1910–2002), S. 473

Rüd, Valerius s. Anshelm, Valerius

Rudolf von Ems (?–1250/54), S. 5

Rudolf von Fenis-Neuenburg (2. Hälfte 12. Jh.), S. 21

Rudolf von Steinach (urk. bez. 1209–1221), S. 5

Ruf, Jakob (ca. 1500–1558), S. 32, 34–36

Rühmkorf, Peter (*1929), S. 249

Russ, Melchior (ca. 1450–1499), S. 40 f.

Rüte, Hans von (ca. 1500–1558), S. 34

Rychner, Max (1897–1965), S. 229, 246 f., 251
Ryff, Andreas (1550–1603), S. 47

## S

Sachs, Nelly (1891–1970), S. 249
Sadkowsky, Alex (*1934), S. 333
Safonoff, Catherine (*1939), S. 469
Sahl, Hans (eig. Hans Salomon, 1902–1993), S. 237, 240
Saint-Hélier, Monique (eig. Berthe Eimann Briod, 1895–1955), S. 460 f.
Salat, Hans/Johannes (1498–1561), S. 32, 34, 42, 44
Salis, Hortensia von (verh. Gugelberg von Moos, gen. Zenobia, 1659–1715), S. 17
Salis, Jean Rudolf von (1901–1996), S. 208, 221 f., 227, 238
Salis-Seewis, Johann Gaudenz von (1762–1834), S. 89, 103
Salò, Zacharia da (1615–1705), S. 492
Salomon, Hans s. Sahl, Hans
Samir (*1955), S. 343
Sartre, Jean-Paul (1905–1980), S. 237, 258, 263 f.
Sauser, Frédéric s. Cendrars, Blaise
Saussure, Horace-Bénédict de (1740–1799), S. 440
Saussure, Théodore de (1824–1903), S. 128
Scanziani, Piero (1908–2003), S. 484
Scartazzini, Giovanni Andrea (1837–1901), S. 478
Schaad, Isolde (*1944), S. 402, 434
Schaad, Philip, S. 333
Schäffer, Albrecht (1885–1950), S. 201
Schaffner, Jakob (1875–1944), S. 162–165, 169 f., 177–182, 187, 204, 317
Schaub, Christoph (*1952), S. 343
Scheffel, Joseph Victor von (1826–1886), S. 139, 150
Scheler, August (1819–1890), S. 188
Schellenberg, Johann Rudolf (1740–1806), S. 75
Scherr, Ignaz Thomas (1801–1870), S. 118

Schertenleib, Christof (*1958), S. 343
Schertenleib, Hansjörg (*1957), S. 379
Scheuchzer, Johann Jakob (1672–1733), S. 52, 56
Schickele, René (1883–1940), S. 232
Schiller, Friedrich (von) (1759–1805), S. 43, 57 f., 71 f., 79, 83, 128, 130, 153, 156, 311
Schilling d. Ä., Diebold (ca. 1430–1483), S. 10, 42
Schilling d. J., Diebold (1460–ca. 1520), S. 42
Schinz, Johann Rudolf (1745–1790), S. 67
Schlegel, August Wilhelm (von) (1767–1845), S. 98
Schleuniger, Johann Nepomuk (1810–1874), S. 115
Schlumpf, Hans-Ulrich (*1939), S. 328, 334, 337
Schlunegger, Jean-Pierre (1925–1964), S. 466
Schmid, [Ludwig] Ferdinand s. Dranmor
Schmid, Daniel (1941–2006), S. 328, 342 f.
Schmid, Karl (1907–1974), S. 221 f., 316
Schmidely, Valérien, S. 331
Schmidli, Werner (1939–2005), S. 363
Schmidlin, Johannes (1722–1772), S. 70
Schneider, Hansjörg (*1938), S. 370, 389
Schnider, Kristin T. (*1960), S. 402, 419 f.
Schnitzler, Arthur (1862–1931), S. 167
Schnyder, Franz (1910–1993), S. 227, 328, 330 f.
Schodoler d. Ä., Werner (1490–1541), S. 42
Schoenherr, Hans Helmut Klaus (*1936), S. 333
Schönlank, Bruno (1891–1965), S. 239
Schopenhauer, Arthur (1788–1860), S. 146
Schradin, Niklaus (letztes Drittel 15. Jh.–2. Drittel 16. Jh.), S. 42
Schriber, Margrit (*1939), S. 402, 404, 408 f., 416, 418, 423
Schroeder, Sebastian C. (*1939), S. 333
Schubert, Franz (1797–1828), S. 89, 301
Schubiger, Jürg (*1936), S. 363

Schulz, Wilhelm (1797–1860), S. 118
Schumacher, Caroline (*1977), S. 467
*Schwabenspiegel* (um 1275), S. 6
Schwarzenbach, Annemarie (1908–1942), S. 202–205, 212, 401
Schwarzschild, Leopold (1891–1950), S. 232
Schweikert, Ruth (*1965), S. 394, 402, 407, 416, 420 f., 423, 426, 430 f.
*Schweizer Anonymus* (15. Jh.?), S. 28
Schweizer, Richard (1900–1965), S. 227
Schweizer, Werner (*1955), S. 343
Schwitter, Monique (*1974), S. 432 f.
Schwitters, Kurt (1887–1948), S. 320
Scott, Walter (1771–1832), S. 102
Scribe, Eugène (1791–1861), S. 95
Secondat, Charles, Baron de la Brède et de Montesquieu, s. Montesquieu
Seelig, Carl (1894–1962), S. 166, 234, 237
Seger, Martin (ca. 1470–ca. 1534), S. 44
Seghers, Anna (1900–1983), S. 237
Seiler, Alexander J. (*1928), S. 280, 330, 332, 335
Seippel, Paul (1858–1926), S. 160
Semadeni, Jon (1910–1981), S. 502, 504
Semadeni, Leta (*1944), S. 505
*Sempacherlied, großes* (16. Jh.), S. 24
*Sempacherlied, kleines* (15. Jh.), S. 24
Semper, Gottfried (1803–1879), S. 138
Senn, Jakob (1824–1879), S. 114 f.
Senser, Armin (*1964), S. 397–399
Sererhard, Nicolin (1669–1756), S. 498
Seuse, Heinrich (ca. 1295/97–1366), S. 14 f., 37–39
Severus, Sibylle (*1937), S. 413
Shakespeare, William (1564–1616), S. 62 f., 68, 76, 86, 153, 297, 300 f.

Siegfried, Walther (1858–1947), S. 147
Silone, Ignazio (1900–1978), S. 237
Simenon, Georges Christian (1903–1989), S. 199
Simmen, Andrea (1960–2005), S. 402, 419 f.
Simmler, Josias (1530–1576), S. 489
Simon, Claude (1913–2005), S. 350 f.
Sismondi, Jean-Charles-Léonard Simonde de (1773–1842), S. 443
Soave, Francesco (1743–1806), S. 477 f.
Soldini, Silvio (*1958), S. 343
Sophokles (496/497 v. Chr.–406/405 v. Chr.), S. 273
Soutter, Michel (1932–1991), S. 328, 334, 338 f.
Spadino, Rinaldo (1925–1982), S. 481
Späth, Gerold (*1939), S. 348 f., 362 f., 393
Sperber, Manès (1905–1984), S. 238
Spescha, Flurin (1958–2000), S. 506
Spescha, Hendri (1928–1982), S. 504 f.
Spescha, Placidus a (1752–1833), S. 498–500
Spitteler, Carl (Pseud. Carl Felix Tandem, 1845–1924), S. 131 f., 148, 151, 153–155, 157–164, 170 f., 211
Spoerri, Bettina (*1968), S. 434
Spreng, Johann Jakob (1699–1768), S. 55
Springer, Julius (1817–1877), S. 109
Sproß, Balthasar (ca. 1490–1521), S. 36 f.
Sprüngli, Bernhard (?–1568), S. 42
Spyri, Johanna (1827–1901), S. 124, 155, 354
*St. Galler Credo* (8. Jh.), S. 47
*St. Galler Paternoster* (8. Jh.), S. 47
*St. Galler Schreibervers* (9. Jh.), S. 18
*St. Galler Spottverse* (2. Hälfte 9. Jh.), S. 18
*St. Galler Weihnachtsspiel* (letztes Drittel 13. Jh.), S. 33
Stadler, Martin (*1944), S. 349

Staël-Holstein, Germaine de (1766–1817), S. 98, 441 f.

Stagel, Elsbeth (auch Staglin, um 1300–1360), S. 14, 37–39

Staiger, Emil (1908–1987), S. 226, 229, 265, 281, 311–313

Stalder, Franz Josef (1757–1833), S. 94

Stalder, Heinz (*1939), S. 371

Stamm, Karl (1890–1919), S. 187

Stamm, Peter (*1963), S. 396

Starobinski, Jean (*1920), S. 440, 463

Staub, Regula s. Claire, Regi

Stauffer-Bern, Karl (1857–1891), S. 147 f.

Stcckcl, Leonard (1900–1971), S. 240, 272

Stefan, Verena (*1947), S. 347, 404

Steffen, Albert (1884–1963), S. 162 f., 165, 177, 182 f., 201

Steiger, Bruno (*1946), S. 380, 393

Steinberg, Salomon David (1889–1965), S. 187

Steiner, Jörg (*1930), S. 167, 256 f., 321, 324 f., 346, 349, 373 f.

Steiner, Rudolf (1861–1925), S. 163, 183

Steiner, Sigfrit (1906–1988), S. 342

Steiner, Werner (1492–1542), S. 42

Steinmar (13. Jh.), S. 21

Sterchi, Beat (*1949), S. 382 f., 399

Stettler, Michael (1580–1641), S. 10, 36, 42

Stickelberger, Emanuel (1884–1962), S. 218

Stifter, Adalbert (1805–1868), S. 113

Storm, Theodor (1817–1888), S. 126

Storz, Claudia (*1948), S. 404, 407, 414

Stössinger, Verena (*1951), S. 404, 407

Stramm, Karl (1890–1919), S. 187

Strasser, Charlot (1884–1950), S. 182, 187

Strauß, David Friedrich (1808–1874), S. 119, 138

Strawinski, Igor (1882–1971), S. 450, 454

Strich, Fritz (1882–1963), S. 281

Stricker (?–ca. 1250), S. 5

Stricker, Aita (1906–1995), S. 502

Strindberg, [Johan] August (1849–1912), S. 287, 300

Stumpf, Johannes (1500–1577/78), S. 41, 43

Stürm, Hans (1942–2002), S. 333

Stutz, Jakob (1801–1877), S. 49, 85, 114 f.

Suhrkamp, Peter (1891–1951), S. 262

Sulzer, Johann Georg(e) (1730–1779), S. 68, 71 f., 75 f.

Supino, Franco (*1965), S. 380

Susman, Margarete (verh. Margarete von Bende-mann, 1872–1966), S. 238

Sutermeister, Heinrich (1919–1995), S. 210

Swift, Jonathan (1667–1745), S. 62

T

Tâche, Pierre-Alain (*1940), S. 467

Taeubner, Sophie (1889–1943), S. 185

Tagger, Theodor s. Bruckner, Ferdinand

Tambornino, Rico (*1950), S. 506

Tandem, Carl Felix s. Spitteler, Carl

Tanner, Alain (*1929), S. 328, 330, 332, 334, 338 f.

Tanner, Karl Rudolf (1794–1849), S. 103, 120

Tappy, José-Flore (*1954), S. 467

Tatius, Marcus Alpinus (M. Tach, um 1505–um 1570), S. 489 f.

Tauler, Johannes (um 1300–1361), S. 38

Tavel, Rudolf von (1866–1934), S. 157, 159, 161

*Tellenlied* (um 1477), S. 24, 70

Téllez, Gabriel s. Tirso di Molina

Teschler, Heinrich Meister (letztes Drittel 13.–Anfang/1. Drittel 14. Jh.), S. 7, 22

Tetzner, Lisa (1894–1963), S. 238

Theobaldy, Jürgen (*1944), S. 366

Theophrast Bombast von Hohenheim (gen.

Paracelsus, 1493/94–1541), S. 48 f.

Thomasius, Christian (1655–1728), S. 49

Thürer, Georg (1908–2000), S. 222

Thüring von Ringoltingen (ca. 1415–ca. 1483), S. 10, 26

Tirso di Molina (eig. Gabriel Téllez, 1585–1648), S. 272

Tissi, Felix (*1955), S. 343

Todisco, Vincenzo (*1964), S. 483

Toller, Ernst (1893–1939), S. 232

Tomaschet, Gion Paul, S. 498

Töpffer, Rodolphe (1799–1846), S. 435, 446 f., 449

Travers, Gian (1483/4–1563), S. 486–489

Traz, Robert de (1884–1951), S. 160

Trechsel, Hans (2. Hälfte 15. Jh.), S. 32

Trommer, Hans (1904–1989), S. 331

Trösch, Robert (1911–1986), S. 237

Tschachtlan, Benedict (?–1493), S. 41

Tscharner, Niklaus Emanuel von (1727–1794), S. 81

Tscharner, Vinzenz Bernhard von (1728–1778), S. 66

Tschechow, Anton P. s. Čechov, Anton P.

Tschudi, Aegidius (1505–1572), S. 5, 41, 43 f., 79

Tucholsky, Kurt (1890–1935), S. 232, 239, 340

Tuena, Roberto (1942–1980), S. 481

Tuor, Leo (*1959), S. 504 f.

Tuotilo (ca. 850–912/13), S. 19

Turel, Adrien (1890–1957), S. 212

Tzara, Tristan (1896–1963), S. 185

U

Uetz, Christian (*1963), S. 397

Ullmann, Regina (1884–1961), S. 200 f., 401, 409

Ulrich von Singenberg, Truchsess (urk. bez. 1209–ca. 1231), S. 23

Ulrich von Türheim (Mitte 13. Jh.), S. 6

Ulrich von Zatzikhoven

(Ende 12./Anfang 13. Jh.), S. 25

Ulrich III. (urk. bez. ab 1209, † um 1230), S. 23

Ulrich, Joseph Balthasar (1817–1876), S. 115

*Urner Tellenspiel* (1512/1513?), S. 36

Urweider, Raphael (*1974), S. 397 f.

Usteri, Johann Martin (1763–1827), S. 89, 96 f.

V

Vadian(us) s. Watt, Joachim von

Valéry, Paul (1871–1945), S. 245, 247 f.

Veiras, Hans Franz (1572–1672), S. 29

Velan, Yves (*1925), S. 457, 472

Vergil (eig. Publius Vergilius Maro, 70–129 v. Chr.), S. 12

Veteranyi, Aglaja (1962–2002), S. 424, 427–429

Vetsch, Jakob (1879–1942), S. 193 f.

Veuve, Jacqueline (*1930), S. 339

Vieli, Georg Anton (1745–1800), S. 499

Viertel, Berthold (1885–1953), S. 232

Vinet, Alexandre (1797–1847), S. 445

Viragh, Christina (*1953), S. 416, 418, 422

Viret, Pierre (1511–1571), S. 436–438

Voélin, Pierre (*1949), S. 467

Vogel, Magdalena (*1932), S. 404

Vogel, Traugott (1894–1975), S. 205, 248

Vogt, Walter (1927–1988), S. 346, 356 f., 371

Volonté, Gian Maria (1933–1994), S. 337

Voltaire (eig. François-Marie Arouet, 1694–1778), S. 54, 57, 59, 87, 90

*Vorauer Marienlob* (um 1130/40), S. 19

Vuilleumier, Jean (*1934), S. 468 f.

Vulpius, Jachen Antoni(us) (um 1630–1706), S. 493 f.

W

Wackernagel, Wilhelm (1806–1869), S. 115

Wagner, Hanns (gen. Ioannes Carpentarius, 1522–1590), S. 34

Wagner, Richard (1813–1883), S. 138

Walden, Herwarth (1878–1941), S. 186

Waldstetter, Ruth (1882–1952), S. 162, 200

*Walenstadter Weltgerichtsspiel* (1653; verloren), S. 32

Walser, Karl (1877–1943), S. 172

Walser, Robert (1878–1956), S. 105, 162–173, 177, 180, 182 f., 212, 241, 270, 317, 319, 342, 362 f., 385, 410

Walter von Klingen (ca. 1220–1284), S. 8, 22

Walter, Bruno (176–1962), S. 235

Walter, Otto F. (1928–1994), S. 309, 313, 321 f., 346, 348–350, 372–374, 390, 403 f., 411

Walter, Silja (*1919), S. 402 f.

Wälterlin, Oskar (1895–1961), S. 240, 272, 274

*Waltharius* (10. Jh.?), S. 27

Walther von der Vogelweide (um 1170–um 1230), S. 23

Wälti, Christian (1819–1862), S. 120

Wandelère, Frédéric (*1949), S. 467

Waser, Maria (1878–1939), S. 200 f.

Wassermann, Jakob (1873–1934), S. 157, 237

Watt, Joachim von (gen. Vadian(us), 1484–1551), S. 6, 41–43

Weber, Peter (*1968), S. 394–396

Weber, Robert (1824–1896), S. 127, 130 f.

Wedekind, Frank (1864–1918), S. 153, 287

Wehrli, Peter K. (*1939), S. 361 f.

Weibel, Luc (*1943), S. 471

Weibel, Peter (*1947), S. 363 f.

Weigel, Hans (1908–1991), S. 238

Weigl, Joseph (1766–1846), S. 95

Weinert, Erich (190–1953), S. 239

Weiss, Peter (1916–1982), S. 234

Weissenbach, Johann Caspar (1633–1678), S. 36

Weissert, Otto Heinrich (1903–1969), S. 235

Welti, Albert Jacob (1894–1965), S. 216 f., 222–224, 227, 242

Wen-Ching Wang, Sabine (*1973), S. 429

Wenger, Lisa (1858–1941), S. 200

Werfel, Franz (190–1945), S. 235

Werner, Markus (*1944), S. 358 f.

Wernher von Homberg (1283–1320), S. 23

Wernher von Teufen (13. Jh.), S. 22

Werthmüller, Hans, S. 256

Wetter, David (ca. 1586–1639), S. 31

Wetter, Josua (1622–1656), S. 36

Widmann, Joseph Viktor (1842–1911), S. 130 f., 148, 151 f., 160, 165

Widmer, Gisela (*1958), S. 412

Widmer, Urs (*1938), S. 167, 371, 377, 393

Wiedmer, Norbert (*1953), S. 343

Wieland, Christoph Martin (1733–1813), S. 55, 63, 65, 68, 72, 77, 84, 89

Wiesner, Heinrich (*1925), S. 314, 362–364

Wietzel, Lurainz (*1627), S. 495

Wilder, Thornton (1897–1975), S. 258, 272, 274

Wilker, Gertrud (1924–1984), S. 167, 355, 361, 402, 403

Wille, Eliza (1809–1893), S. 138

Wille, François (1811–1896), S. 138

Williams, William Carlos (1881–1963), S. 351

Wirz, Otto (1877–1946), S. 195–198

Wittenwiler, Heinrich (Ende 14./Anf. 15. Jh.), S. 28, 42

Wolf, Christa (*1929), S. 380, 401

Wolf, Friedrich (1888–1953), S. 232

Wolfensberger, William (1889–1918), S. 154 f., 175

Wolff, Kurt (1887–1963), S. 166

Wolff, Theodor (1868–1943), S. 232

Wölfli, Adolf (1864–1930), S. 173

Wolfram von Eschenbach (letztes Drittel 12./1. Drittel 13. Jh.), S. 5 f.

Wolfskehl, Karl (1869–1948), S. 201, 232, 239

Woolf, Virginia (1882–1941), S. 411, 434, 460

*Wülkers Weltgerichtsspiel* (verloren), S. 32

Wundt, Wilhelm Maximilian (1832–1920), S. 188

Wurm, Franz (*1926), S. 366

Wurstisen, Christian (1544–1588), S. 8, 41

Wyle, Niklas von (1415–1479), S. 47

Wyß d. J., Johann Rudolf (1782–1830), S. 93–95, S. 97 f.

Wyß, Johann David (1743–1818), S. 98

Wyss, Bernhard (ca. 1463–1531), S. 42

Wyss, Hedi (*1940), S. 411

Wyss, Laure (1913–2002), S. 401, 404, 410 f., 413

**Y**

Yersin, Yves (*1942), S. 328, 338 f., 340

**Z**

Z'Graggen, Yvette (*1920), S. 469

Zahn, Ernst (1867–1952), S. 153–156, 159, 161, 174, 218

Zahno, Daniel (*1963), S. 396

Zedler, Johann Heinrich (1706–1751), S. 59

Zemp, Werner (1906–1959), S. 245

Zenobia s. Salis, Hortensia von

Zetter, Johann Georg Friedrich s. Otte, Friedrich

Ziely, Wilhelm († 1542), S. 26

Zimmermann, Johann Georg (1728–1795), S. 55, 65, 73, 75, 79

Zimmermann, Joseph Ignaz (1737–1797), S. 77

Zollinger, Albin (1895–1941), S. 104, 162, 166, 200, 203–205, 207, 215, 217–219, 225, 228, 241, 243, 258, 316 f.

Zolner, Mathis (?–1507/08), S. 24

Zoppi, Giuseppe (1896–1952), S. 479, 484

Zorn, Fritz (1944–1976), S. 354–356

Zorrilla y Moral, José (1817–1893), S. 272

Zschokke, Heinrich (1771–1848), S. 92, 100–102, 109

Zschokke, Matthias (*1954), S. 382, 385 f.

Zuckmayer, Carl (1896–1977), S. 234

*Zürcher Lazarusspiel* (1550), S. 34

*Zürcher Legenden* (1474/1478), S. 26

Zurlauben, Beat Fidel (1720–1799), S. 55

Zweig, Arnold (1887–1968), S. 232

Zweig, Stefan (1881–1942), S. 157

Zwingli, Huldrych (1485–1531), S. 2, 7, 29, 42–44, 46, 48, 138

# Bildquellen

Nicht in allen Fällen war es möglich, die Rechtsinhaber geschützter Bilder zu ermitteln. Selbstverständlich wird der Verlag berechtigte Ansprüche auch nach Erscheinen des Buches erfüllen.

*Umschlagabbildungen*
Bildarchiv Preußischer Kulturbesitz, Berlin (Rückseite, 1. v.l.: Gottfried Keller)
Rosemarie Clausen (Vorderseite: Friedrich Dürrenmatt)
Interfoto (Rückseite, 4. v.l.: Erica Pedretti)
Klischee-Anstalt (Rückseite, 2. v.l.: Ricarda Huch)
Isolde Ohlbaum (Rückseite, 3. v.l.: Adolf Muschg)

Akademie der Künste, Berlin – Ferdinand-Bruckner-Archiv 235
Akademie der Künste, Berlin – Georg-Kaiser-Archiv 234
akg-images 64, 137, 166, 172, 237 f., 442
Bayerische Staatsbibliothek, München; 2 Inc.c.a. 295, f. 8a 27
Bayerische Staatsbibliothek, München; Meininger Hs. fol. 1v 28
Bibliographisches Institut und F.A. Brockhaus, Mannheim 179
Bibliothèque Cantonale et Universitaire Lausanne 451
Bildarchiv ETH-Bibliothek, Zürich 128
Bildarchiv Preußischer Kulturbesitz, Berlin 105
Bircher, Martin/Lammel, Gisold (Hg.): Helvetien in Deutschland. Schweizer Kunst aus Residenzen deutscher Klassik 1770–1830. Zürich 1991, S. 19, 97, 89, 125: 72, 65, 68, 81
Yvonne Böhler 253, 315, 346, 357, 364, 368 f., 372, 381, 401, 403 f., 407, 409 f., 412, 417, 481
Carl-Albert-Loosli Gesellschaft 156
Centre de recherches sur les lettres romandes, Lausanne 453

Cinemanufacture-Films d'ici Lang 336
Comet Photo, Zürich 274
Dadò-Verlag, Locarno 483
Datoteca DRG (Dicziunari rumantsch grischun) 488, 495
Département iconographique de la Bibliothèque de Genève 447
Deplazes, Gion: Funtaunas. Istorgia da la litteratura rumantscha per scuola e pievel 1. Cuira 1993, S. 70: 496
Deplazes, Gion: Funtaunas. Istorgia da la litteratura rumantscha per scuola e pievel 2. Cuira 1988, S. 18: 494
Deutschsprachige Schriftsteller im Schweizer Exil 1933–1950. Eine Ausstellung des Deutschen Exilarchivs 1933–1945 Der Deutschen Bibliothek. Wiesbaden 2002, S. 326: 236
Dreißiger Jahre Schweiz. Ein Jahrzehnt im Widerspruch. Ausstellungskatalog Kunsthaus Zürich 1982, S. 519: 228 f.
Dürst, Arthur: Jos Murers Planvedute der Stadt Zürich von 1576. Eine Begleitschrift, Zürich 1996, S. 3/Holzschnitt aus: Stumpf, Johannes: Gemeiner loblicher Eydgenossenschaft Stetten. Landen und Volckeren Chronikwirdiger thaaten beschreybung. Bd. 2. Zürich 1547 7
ETH Zürich – Max-Frisch-Archiv 261, 272
FM Murer 332
Forschungs- und Gedenkstätten Weimar 73
Fotostiftung Schweiz/VG Bild-Kunst, Bonn 2007 193, 226
Frey-Scotoni/SSR/ZDF/Gloor Produktion 342
Peter Friedli 377, 386, 408, 465

Friedrich Dürrenmatt – Schriftsteller und Maler. Ausstellungskatalog. Hg. v. Schweizerischen Literaturarchiv Bern und dem Kunsthaus Zürich. Bern/Zürich 1994 285, 289, 305
Gegen rote und braune Fäuste. 380 Zeichnungen, gesammelt aus den Nebelspalter-Jahrgängen 1932 bis 1948. Rorschach 1949 214
Grethlein&Co, Leipzig/Zürich 183
Heinz Guggenbühl, Zürich 223
Renate Hauser 400
Holl, Hanns Peter: Jeremias Gotthelf. Leben, Werk, Zeit. Zürich 1988 109
Sebastian Hoppe 399
Huonker, Gustav: Literaturszene Zürich: Menschen, Geschichten und Bilder 1914 bis 1945. Zürich 1985, S. 13: 185
Vera Isler 378
L'istorgia da Tschlin, S. 30: 489
Kantonsbibliothek St. Gallen; Pin. SG, Schubl. X 84
Korporations-Verwaltung Luzern/Aus: Schilling, Diepold: Luzerner Chronik. 206r 9
Korrodi, E. (Hg.): Johann Gaudenz von Salis-Seewis. Zürich 1937 89
©2007 Kunsthaus Zürich – Gottfried-Keller-Stiftung. Alle Rechte vorbehalten 147
©2007 Kunsthaus Zürich. Alle Rechte vorbehalten 61, 117
Leimgruber, Walter/Christen, Gabriela (Hg.): Sonderfall? Die Schweiz zwischen Réduit und Europa. Zürich 1992 209
Lexikon der Schweizer Literaturen. Hg. v. Pierre-Olivier Walzer. Basel 1991, S. 242: 326
Metzler-Archiv 202

Mittenzwei, Werner: Exil in der Schweiz. Leipzig 1978, Abb. 6: 213
Jean Mohr 472
Morgarten Verlag, Zürich/Leipzig 219
Felix von Muralt 324, 360, 384, 431, 469, 473 ff., 480
Friedl Murauer 207
Musée de l'Elysée, Lausanne 445
Museum der bildenden Künste, Leipzig 76
Erich Natter 293
Neue Film AG/Praesens Film AG 330
Isolde Ohlbaum 303, 317, 355, 370, 373 f., 395, 405, 415, 423, 429
Andrea Paganini 478
Pezold, Klaus (Hg.): Die Geschichte der deutschsprachigen Schweizer Literatur im 20. Jahrhundert. Berlin 1991, S. 309: 361
Photopress-Archiv 478
picture-alliance/dpa 177, 199, 422
picturemaxx AG/Comet Photo 269, 312
Piltz, Georg (Hg.): Ein Sack voll Ablass. Bildsatiren der Reformationszeit. Berlin 1983 45
Praesens Films/Stella Film/Eleppi/DEFA/DRS Cinov-Cinerent 337
Pro Film 331
Pro Helvetia, Bern 230
Camille Ruf 175
Sahl, Hans: Jemand. Ein Chorwerk. Hg. v. Gregor Ackermann/Momme Brodersen. Berlin 2003 240
Schauspielhaus Zürich 239
Schloss Salenegg, Maienfeld/Familie von Gugelberg 17
Schloss Zuylen 441
Schütt, Julian (Hg.): Max Frisch – Jetzt ist Sehenszeit. Briefe, Notate, Dokumente 1943–1963. Frankfurt a.M. 1998, S. 153, 157: 257, 267
Schweizer Literaturarchiv,

Bern 57, 100, 454, 478, 501, 503

Schweizerische Werbestelle für das Buch, Zürich 243, 323

Schweizerisches Bundesarchiv BAR B (0); Nr. 1435, fol. 98 91

L. Staackmann Verlag, München 217

Staatsarchiv Basel-Stadt; BSL, Bild Visch. F 32/Aus: Egger, Franz: Basler Totentanz. Basel 1990, S. 40: 8

Stadtarchiv Zürich 296

Stadtbibliothek Nürnberg; Cod. Cent V, 10a, ca. 1460 14

Niklaus Stauss 482

Stern, Martin (Hg.): Expressionismus in der Schweiz II. Dramen, Essayistik. Bern/Stuttgart 1981, Tafeln S. 9f., 7: 187f., 191

Stiftsbibliothek St. Gallen; Antiphonarium S. Galli, Cod. Sang. 1452b., 1691 5

Stiftsbibliothek St. Gallen; Cod. Sang. 21, um 11251150, S. 9: 12

T&C Film AG Zürich/ Willora/Ecco/DRS 341

T&C Films/Metropolis Film/ Grise prod./ZDF/SSR/ Marignac 343

Thomas-Mann-Archiv 233

TSR/Groupe 5/Filmantrophe/Nouvelle Edition de Films 339

Dominique Uldry 281

Ullstein Bilderdienst 350

Universitätsbibliothek Basel 141, 250

Universitätsbibliothek Basel; FM' XI 5, Nr. 11/Aus: Thomke, Hellmut (Hg.): Deutsche Spiele und Dramen des 15. und 16. Jahrhunderts. Frankfurt a.M. 1996, S.94: 35

Universitätsbibliothek Heidelberg; spg 848, fol. 191r 20

Universitätsbibliothek Heidelberg; Manessische Liederhandschrift, cpg. 848, fol 383r und fol. 371r 12f.

Verlag Oprecht und Helbing, Zürich 215

Walser, Robert: Fritz Kochers Aufsätze. Frankfurt a.M. 1904 168

Rolf K. Wegst 397

Wysling, Hans (Hg.): Gottfried Keller.1819– 1890. Zürich/München 1990, S. 117: 119

Wyss, Johann Rudolf: Sammlung von Schweizer Kühreihen und Volksliedern. Bern 1826 93

Ayse Yavas 427

Zentralbibliothek Zürich 11, 80, 107, 136, 142f., 151, 190, 204

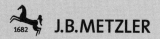